THE GREEK TESTAMENT

Η ΚΑΙΝΗ
ΔΙΑΘΗΚΗ

READINGS ADAPTED BY THE REVISERS
OF THE AUTHORISED VERSION

AND WITH

REFERENCES IN THE MARGIN TO PARALLEL PASSAGES
OF THE OLD AND NEW TESTAMENT

E.H. Palmer

Simon Wallenberg Press

© 2007 Simon Wallenberg ISBN 1-84356-023-2

© Enlarged Typesetting & Typeface
© Cover design

>The Greek Testament
>Second Edition

This is a enlarged typeface to the original edition of 1881
For easier reading

All rights reserved. Printed in the USA. No part of this book may be used or reproduced in any form or by any means, or stored in a database or retrieval system, without prior written permission of the publisher and the author except in the case of brief quotations embodied in critical articles and reviews.

Published by The Simon Wallenberg Press

Printed in the USA and the UK

Printed on acid free paper

Η ΚΑΙΝΗ
ΔΙΑΘΗΚΗ

**The Greek Testament with the Readings
Adopted by the Revisers of
the Authorised Version.**

**Published as a companion to the Revised
Version of the New Testament**

Simon Wallenberg London

**Edward Henry Palmer,
born 1840, died 1882.**

This Greek Bible, is compiled from the Greek readings adopted by the revisers of the authorised version of 1881

The readings adopted by the committee of revisers are presented in a continuous Greek text in this Bible, which includes marginal notes showing every departure from the Greek text presumed to underlie the King James version, see the preface for detailed explanations of the principles and method of revision.

THIS volume is intended to serve as a companion to the Revised Version of the New Testament. The Revisers are not responsible for its publication. It is stated in the Preface to their Revision, that they did not esteem it within their province 'to construct a continuous and complete Greek text'. They adopted, however, a large number of readings which deviated 'from the text presumed to underlie the Authorised Version'; and they put a list of these readings into the hands of the Delegates and Syndics of the Oxford and Cambridge University Presses, in order that they might be brought in one way or another before the public. The Delegates of the Oxford Press have thought it most convenient to introduce them into a continuous Greek text, and to set at the foot of each page the readings which they displace, together with those readings which are noticed in the Margin of the Revised Version.

The body of the text in this volume is taken from the third edition of Stephanus, published in 1550. This edition was distinguished among the editions of the sixteenth century by the beauty and accuracy of its typography, and also by the exhibition in its Margin of various readings derived from the Complutensian Polyglott and from MSS. of which Stephanus had procured collations. Mill reprinted its text in 1707 with very few variations. He did not put forth a new text of his own. It is on the Prolegomena and Apparatus Criticus which he added that his fame rests. This reprint of Stephanus by Mill has formed the basis of all Oxford editions from 1707 to the present day. Within the last twenty years the original text of Stephanus has been carefully reprinted by Dr. Scrivener in the well-known editions which exhibit its points of difference from certain texts put forth by Beza, Elzevir, Lachmann,

Tregelles, and Tischendorf. By the kind permission of Mr. George Bell I have been enabled to make free use of Dr. Scrivener's labours.

I have adhered closely to the text and orthography of Stephanus in all cases in which the Revisers did not express a preference for other readings. On this principle I have invariably followed him in the titles of the books contained in the New Testament, and have preserved in a great majority of instances his spelling of Proper Names. Where it was my duty to introduce into the text a reading adopted by the Revisers, which was not the reading of Stephanus, I have placed his reading at the foot of the page. Even peculiarities of Stephanus, which appeared to be typographical errors, I have recorded in the same way. A few accents, however, have been corrected silently; and in combinations of words adhering more or less closely together, such as οὐκ ἔτι, ἐπὶ τὸ αὐτό, τοῦτ' ἔστιν, and the like, I have not always conformed to Stephanus' method of printing. With regard to the question between αὑτοῦ and αὐτοῦ, etc., where the pronoun seems to refer to the subject of the sentence, it was the habit of Stephanus (as of Erasmus before him and of Beza afterwards) to use the aspirate, though not with perfect consistency. I have uniformly employed the smooth breathing in these cases, because the Revisers decided in its favour in a crucial instance, John ii. 24, where they had adopted the reading AYTON in the place of EAYTON. It would have been waste of labour to record every example of this change, but I have exhibited Stephanus' usage wherever this pronoun occurred in readings of his which had to be placed at the foot of the page.

In the distribution of the text into paragraphs I have followed the Revised Version. I have placed in the margin the familiar notation of chapters and verses. Stephanus marked the chapters in his edition of 1550. The division into verses, of which he was himself the inventor, appears only in his fourth edition, which was published in 1551. The punctuation of Stephanus I have not attempted to reproduce, nor has it been indicated at the foot of the page except in special cases. I have followed, so far as it seemed to be suitable for a Greek text, the punctuation of the Revised Version.

The notation employed in this volume is as follows:—

A. denotes the Authorised Version of 1611.
S. ,, the third edition of Stephanus, published in 1550.
M. ,, the Margin of the Revised Version.

To the great mass of readings placed below the text no distinguishing letter has been added. These are readings found in Stephanus' edition of 1550, and presumed (in the absence of evidence to the contrary) to have been accepted by the Translators of 1611. They might have been denoted by the letters A.S.; but it seemed needless to repeat that combination so often. It has been employed in special cases only, as for example where a reading of the Margin is recorded in the same note.

When A. stands without S., it denotes a reading apparently followed in the Authorised Version, which is not found in Stephanus' edition of 1550, but is found in some other edition of the Greek text published in the sixteenth century.

When S. stands without A., it denotes a reading found in Stephanus' edition of 1550, which does not seem to have been followed in the Authorised Version.

With regard to the readings distinguished by the letter M., no attempt has been made in this volume to discriminate the various kinds and degrees of authority, which the Revisers ascribe to the readings noticed in their Margin. It is presumed that the Revised Version will be in the hands of the reader.

It remains for me to acknowledge my obligations to Dr. Scrivener, who has looked over these sheets as they passed through the press, and has verified my statement of the readings adopted by the Revisers of the Authorised Version. The assistance of so accurate and experienced a critic would have been of no small value under any circumstances. In the present case it was rendered almost indispensable by the fact that Dr. Scrivener kept the record for the New Testament Revision Company of the readings which it adopted, and prepared the list of these readings which was communicated to the University Presses.

E. PALMER.

OXFORD, *Feb.* 8, 1881.

IT has been thought desirable, in reprinting this volume, to add references to parallel passages of the Old and the New Testament. For the choice of these references I am alone responsible. Almost all of them are taken from larger collections which have appeared in the margin of Greek Testaments or English Bibles printed at the Clarendon Press.

E. P.

OXFORD, *Jan.* 1, 1882.

ΤΟ ΚΑΤΑ ΜΑΤΘΑΙΟΝ
ΑΓΙΟΝ ΕΥΑΓΓΕΛΙΟΝ.

1 Βίβλος γενέσεως Ἰησοῦ Χριστοῦ, υἱοῦ Δαβίδ, υἱοῦ Ἀβραάμ.
2 Ἀβραὰμ ἐγέννησε τὸν Ἰσαάκ· Ἰσαὰκ δὲ ἐγέννησε τὸν Ἰακώβ· Ἰακὼβ δὲ ἐγέννησε τὸν Ἰούδαν καὶ τοὺς ἀδελφοὺς 3 αὐτοῦ· Ἰούδας δὲ ἐγέννησε τὸν Φαρὲς καὶ τὸν Ζαρὰ ἐκ τῆς Θάμαρ· Φαρὲς δὲ ἐγέννησε τὸν Ἐσρώμ· Ἐσρὼμ δὲ ἐγέννησε 4 τὸν Ἀράμ· Ἀρὰμ δὲ ἐγέννησε τὸν Ἀμιναδάβ· Ἀμιναδὰβ δὲ ἐγέννησε τὸν Ναασσών· Ναασσὼν δὲ ἐγέννησε τὸν Σαλμών· 5 Σαλμὼν δὲ ἐγέννησε τὸν Βοὸζ ἐκ τῆς Ῥαχάβ· Βοὸζ δὲ ἐγέννησε τὸν Ὠβήδ ἐκ τῆς Ῥούθ· Ὠβὴδ δὲ ἐγέννησε τὸν 6 Ἰεσσαί· Ἰεσσαὶ δὲ ἐγέννησε τὸν Δαβὶδ τὸν βασιλέα.

Δαβὶδ δὲ ᵃ⁻ᵈ ἐγέννησε τὸν Σολομῶντα ἐκ τῆς τοῦ Οὐρίου· 7 Σολομὼν δὲ ἐγέννησε τὸν Ῥοβοάμ· Ῥοβοὰμ δὲ ἐγέννησε 8 τὸν Ἀβιά· Ἀβιὰ δὲ ἐγέννησε τὸν ᵇ Ἀσάφ· Ἀσάφ δὲ ἐγέννησε τὸν Ἰωσαφάτ· Ἰωσαφὰτ δὲ ἐγέννησε τὸν Ἰωράμ· 9 Ἰωρὰμ δὲ ἐγέννησε τὸν Ὀζίαν· Ὀζίας δὲ ἐγέννησε τὸν Ἰωάθαμ· Ἰωάθαμ δὲ ἐγέννησε τὸν Ἄχαζ· Ἄχαζ δὲ ἐγέννησε 10 τὸν Ἐζεκίαν· Ἐζεκίας δὲ ἐγέννησε τὸν Μανασσῆ· Μανασσῆς δὲ ἐγέννησε τὸν ᶜ Ἀμώς· Ἀμὼς δὲ ἐγέννησε τὸν Ἰωσίαν· 11 Ἰωσίας δὲ ἐγέννησε τὸν Ἰεχονίαν καὶ τοὺς ἀδελφοὺς αὐτοῦ ἐπὶ τῆς μετοικεσίας Βαβυλῶνος.

12 Μετὰ δὲ τὴν μετοικεσίαν Βαβυλῶνος Ἰεχονίας ἐγέννησε 13 τὸν Σαλαθιήλ· Σαλαθιὴλ δὲ ἐγέννησε τὸν Ζοροβάβελ· Ζορο-

---

ᵃ add ὁ βασιλεύς   ᵇ Ἀσά· Ἀσὰ   ᶜ Ἀμών· Ἀμὰν

2 ΕΥΑΓΓΕΛΙΟΝ 1. 13—

βάβελ δὲ ἐγέννησε τὸν Ἀβιούδ· Ἀβιοὺδ δὲ ἐγέννησε τὸν
Ἐλιακείμ· Ἐλιακεὶμ δὲ ἐγέννησε τὸν Ἀζώρ· Ἀζὼρ δὲ 14
ἐγέννησε τὸν Σαδώκ· Σαδὼκ δὲ ἐγέννησε τὸν Ἀχείμ· Ἀχεὶμ
δὲ ἐγέννησε τὸν Ἐλιούδ· Ἐλιοὺδ δὲ ἐγέννησε τὸν Ἐλεάζαρ· 15
Ἐλεάζαρ δὲ ἐγέννησε τὸν Ματθάν· Ματθὰν δὲ ἐγέννησε τὸν
Ἰακώβ· Ἰακὼβ δὲ ἐγέννησε τὸν Ἰωσήφ, τὸν ἄνδρα Μαρίας, 16
ἐξ ἧς ἐγεννήθη Ἰησοῦς ὁ λεγόμενος Χριστός.

Πᾶσαι οὖν αἱ γενεαὶ ἀπὸ Ἀβραὰμ ἕως Δαβὶδ γενεαὶ δεκα- 17
τέσσαρες· καὶ ἀπὸ Δαβὶδ ἕως τῆς μετοικεσίας Βαβυλῶνος
γενεαὶ δεκατέσσαρες· καὶ ἀπὸ τῆς μετοικεσίας Βαβυλῶνος
ἕως τοῦ Χριστοῦ γενεαὶ δεκατέσσαρες.

Cp. Lk. 1. Τοῦ δὲ ᵈἸησοῦ Χριστοῦ ἡ ᵉγένεσις οὕτως ἦν· μνηστευ- 18
26. θείσης ᶠ—ᵍ τῆς μητρὸς αὐτοῦ Μαρίας τῷ Ἰωσήφ, πρὶν
ἢ συνελθεῖν αὐτούς, εὑρέθη ἐν γαστρὶ ἔχουσα ἐκ Πνεύματος
Cp. Deut. Ἁγίου. Ἰωσὴφ δὲ ὁ ἀνὴρ αὐτῆς, δίκαιος ὤν, καὶ μὴ θέλων 19
24. 1. αὐτὴν παραδειγματίσαι, ἐβουλήθη λάθρα ἀπολῦσαι αὐτήν.
ταῦτα δὲ αὐτοῦ ἐνθυμηθέντος, ἰδού, ἄγγελος Κυρίου κατ' 20
ὄναρ ἐφάνη αὐτῷ λέγων, Ἰωσήφ, υἱὸς Δαβίδ, μὴ φοβηθῇς
παραλαβεῖν Μαριὰμ τὴν γυναῖκά σου· τὸ γὰρ ἐν αὐτῇ
γεννηθὲν ἐκ Πνεύματός ἐστιν Ἁγίου. τέξεται δὲ υἱόν, καὶ 21
καλέσεις τὸ ὄνομα αὐτοῦ Ἰησοῦν, αὐτὸς γὰρ σώσει τὸν
λαὸν αὐτοῦ ἀπὸ τῶν ἁμαρτιῶν αὐτῶν. τοῦτο δὲ ὅλον 22
γέγονεν, ἵνα πληρωθῇ τὸ ῥηθὲν ὑπὸ τοῦ Κυρίου διὰ τοῦ
Isa. 7. 14. προφήτου λέγοντος, Ἰδού, ἡ παρθένος ἐν γαστρὶ ἕξει, καὶ 23
τέξεται υἱόν, καὶ καλέσουσι τὸ ὄνομα αὐτοῦ Ἐμμανουήλ·
ὅ ἐστι μεθερμηνευόμενον Μεθ' ἡμῶν ὁ Θεός. ᵍἐγερθεὶς δὲ 24
ὁ Ἰωσὴφ ἀπὸ τοῦ ὕπνου ἐποίησεν ὡς προσέταξεν αὐτῷ ὁ
ἄγγελος Κυρίου, καὶ παρέλαβε τὴν γυναῖκα αὐτοῦ· καὶ οὐκ 25
Cp. Lk. 2. ἐγίνωσκεν αὐτήν, ἕως οὗ ἔτεκεν ʰυἱόν· καὶ ἐκάλεσε τὸ
21. ὄνομα αὐτοῦ ΙΗΣΟΥΝ.

ᵈ om. Ἰησοῦ M.   ᵉ γέννησις   ᶠ add γὰρ   ᵍ διεγερθεὶς
ʰ τὸν υἱὸν αὐτῆς τὸν πρωτότοκον

ΚΑΤΑ ΜΑΤΘΑΙΟΝ.

2 Τοῦ δὲ Ἰησοῦ γεννηθέντος ἐν Βηθλεὲμ τῆς Ἰουδαίας ἐν ἡμέραις Ἡρώδου τοῦ βασιλέως, ἰδού, μάγοι ἀπὸ ἀνατολῶν 2 παρεγένοντο εἰς Ἱεροσόλυμα λέγοντες, Ποῦ ἐστὶν ὁ τεχθεὶς βασιλεὺς τῶν Ἰουδαίων; εἴδομεν γὰρ αὐτοῦ τὸν ἀστέρα ἐν 3 τῇ ἀνατολῇ, καὶ ἤλθομεν προσκυνῆσαι αὐτῷ. ἀκούσας δὲ Ἡρώδης ὁ βασιλεὺς ἐταράχθη, καὶ πᾶσα Ἱεροσόλυμα μετ' 4 αὐτοῦ. καὶ συναγαγὼν πάντας τοὺς ἀρχιερεῖς καὶ γραμματεῖς τοῦ λαοῦ ἐπυνθάνετο παρ' αὐτῶν ποῦ ὁ Χριστὸς 5 γεννᾶται. οἱ δὲ εἶπον αὐτῷ, Ἐν Βηθλεὲμ τῆς Ἰουδαίας· 6 οὕτω γὰρ γέγραπται διὰ τοῦ προφήτου, Καὶ σύ, Βηθλεέμ, γῆ Ἰούδα, οὐδαμῶς ἐλαχίστη εἶ ἐν τοῖς ἡγεμόσιν Ἰούδα· ἐκ σοῦ γὰρ ἐξελεύσεται ἡγούμενος, ὅστις ποιμανεῖ τὸν λαόν 7 μου τὸν Ἰσραήλ. τότε Ἡρώδης, λάθρα καλέσας τοὺς μάγους, ἠκρίβωσε παρ' αὐτῶν τὸν χρόνον τοῦ φαινομένου 8 ἀστέρος. καὶ πέμψας αὐτοὺς εἰς Βηθλεὲμ εἶπε, Πορευθέντες ἀκριβῶς ἐξετάσατε περὶ τοῦ παιδίου· ἐπὰν δὲ εὕρητε, ἀπαγγείλατέ μοι, ὅπως κἀγὼ ἐλθὼν προσκυνήσω αὐτῷ. 9 οἱ δὲ ἀκούσαντες τοῦ βασιλέως ἐπορεύθησαν· καὶ ἰδού, ὁ ἀστήρ, ὃν εἶδον ἐν τῇ ἀνατολῇ, προῆγεν αὐτούς, ἕως ἐλθὼν 10 ἔστη ἐπάνω οὗ ἦν τὸ παιδίον. ἰδόντες δὲ τὸν ἀστέρα 11 ἐχάρησαν χαρὰν μεγάλην σφόδρα. καὶ ἐλθόντες εἰς τὴν οἰκίαν ¹εἶδον τὸ παιδίον μετὰ Μαρίας τῆς μητρὸς αὐτοῦ, καὶ πεσόντες προσεκύνησαν αὐτῷ, καὶ ἀνοίξαντες τοὺς θησαυροὺς αὐτῶν προσήνεγκαν αὐτῷ δῶρα, χρυσὸν καὶ λίβανον 12 καὶ σμύρναν. καὶ χρηματισθέντες κατ' ὄναρ μὴ ἀνακάμψαι πρὸς Ἡρώδην δι' ἄλλης ὁδοῦ ἀνεχώρησαν εἰς τὴν χώραν αὐτῶν.
13 Ἀναχωρησάντων δὲ αὐτῶν, ἰδού, ἄγγελος Κυρίου φαίνεται κατ' ὄναρ τῷ Ἰωσὴφ λέγων, Ἐγερθεὶς παράλαβε τὸ παιδίον καὶ τὴν μητέρα αὐτοῦ, καὶ φεῦγε εἰς Αἴγυπτον, καὶ ἴσθι ἐκεῖ ἕως ἂν εἴπω σοί· μέλλει γὰρ Ἡρώδης ζητεῖν τὸ παιδίον,

---

¹ εὗρον S.

τοῦ ἀπολέσαι αὐτό. ὁ δὲ ἐγερθεὶς παρέλαβε τὸ παιδίον καὶ 14 τὴν μητέρα αὐτοῦ νυκτός, καὶ ἀνεχώρησεν εἰς Αἴγυπτον, καὶ ἦν ἐκεῖ ἕως τῆς τελευτῆς Ἡρώδου· ἵνα πληρωθῇ τὸ 15 ῥηθὲν ὑπὸ τοῦ Κυρίου διὰ τοῦ προφήτου λέγοντος, Ἐξ Αἰγύπτου ἐκάλεσα τὸν υἱόν μου. τότε Ἡρώδης, ἰδὼν ὅτι 16 ἐνεπαίχθη ὑπὸ τῶν μάγων, ἐθυμώθη λίαν, καὶ ἀποστείλας ἀνεῖλε πάντας τοὺς παῖδας τοὺς ἐν Βηθλεὲμ καὶ ἐν πᾶσι τοῖς ὁρίοις αὐτῆς, ἀπὸ διετοῦς καὶ κατωτέρω, κατὰ τὸν χρόνον ὃν ἠκρίβωσε παρὰ τῶν μάγων. τότε ἐπληρώθη τὸ ῥηθὲν 17 ᵏδιὰ ᶦ Ἰερεμίου τοῦ προφήτου λέγοντος, Φωνὴ ἐν Ῥαμᾶ 18 ἠκούσθη, ˡ⁻ˡ κλαυθμὸς καὶ ὀδυρμὸς πολύς, Ῥαχὴλ κλαίουσα τὰ τέκνα αὐτῆς, καὶ οὐκ ἤθελε παρακληθῆναι, ὅτι οὐκ εἰσί.

Τελευτήσαντος δὲ τοῦ Ἡρώδου, ἰδού, ἄγγελος Κυρίου κατ' 19 ὄναρ φαίνεται τῷ Ἰωσὴφ ἐν Αἰγύπτῳ λέγων, Ἐγερθεὶς 20 παράλαβε τὸ παιδίον καὶ τὴν μητέρα αὐτοῦ, καὶ πορεύου εἰς γῆν Ἰσραήλ· τεθνήκασι γὰρ οἱ ζητοῦντες τὴν ψυχὴν τοῦ παιδίου. ὁ δὲ ἐγερθεὶς παρέλαβε τὸ παιδίον καὶ τὴν μητέρα 21 αὐτοῦ, καὶ ἦλθεν εἰς γῆν Ἰσραήλ· ἀκούσας δὲ ὅτι Ἀρχέλαος 22 βασιλεύει ἐπὶ τῆς Ἰουδαίας ἀντὶ Ἡρώδου τοῦ πατρὸς αὐτοῦ ἐφοβήθη ἐκεῖ ἀπελθεῖν· χρηματισθεὶς δὲ κατ' ὄναρ ἀνεχώρησεν εἰς τὰ μέρη τῆς Γαλιλαίας, καὶ ἐλθὼν κατῴκησεν εἰς 23 πόλιν λεγομένην Ναζαρέτ· ὅπως πληρωθῇ τὸ ῥηθὲν διὰ τῶν προφητῶν, ὅτι Ναζωραῖος κληθήσεται.

Ἐν δὲ ταῖς ἡμέραις ἐκείναις παραγίνεται Ἰωάννης ὁ Βαπ- 3 τιστὴς κηρύσσων ἐν τῇ ἐρήμῳ τῆς Ἰουδαίας, ᵐ⁻ˡ λέγων, 2 Μετανοεῖτε· ἤγγικε γὰρ ἡ βασιλεία τῶν οὐρανῶν. οὗτος 3 γάρ ἐστιν ὁ ῥηθεὶς ⁿδιὰ ᶦ Ἡσαΐου τοῦ προφήτου λέγοντος, Φωνὴ βοῶντος ἐν τῇ ἐρήμῳ, Ἑτοιμάσατε τὴν ὁδὸν Κυρίου, εὐθείας ποιεῖτε τὰς τρίβους αὐτοῦ. αὐτὸς δὲ ὁ Ἰωάννης εἶχε 4 τὸ ἔνδυμα αὐτοῦ ἀπὸ τριχῶν καμήλου καὶ ζώνην δερματίνην περὶ τὴν ὀσφὺν αὐτοῦ· ἡ δὲ τροφὴ αὐτοῦ ἦν ἀκρίδες καὶ μέλι

ᵏ ὑπὸ   ˡ add θρῆνος καὶ   ᵐ add καὶ   ⁿ ὑπὸ

ΚΑΤΑ ΜΑΤΘΑΙΟΝ.

5 ἄγριον. τότε ἐξεπορεύετο πρὸς αὐτὸν Ἱεροσόλυμα, καὶ
6 πᾶσα ἡ Ἰουδαία, καὶ πᾶσα ἡ περίχωρος τοῦ Ἰορδάνου· καὶ
ἐβαπτίζοντο ἐν τῷ Ἰορδάνῃ ⁰ποταμῷ ⁷ ὑπ' αὐτοῦ ἐξομο-
7 λογούμενοι τὰς ἁμαρτίας αὐτῶν. ἰδὼν δὲ πολλοὺς τῶν
Φαρισαίων καὶ Σαδδουκαίων ἐρχομένους ἐπὶ τὸ βάπτισμα Lk. 3. 7.
αὐτοῦ εἶπεν αὐτοῖς, Γεννήματα ἐχιδνῶν, τίς ὑπέδειξεν ὑμῖν
8 φυγεῖν ἀπὸ τῆς μελλούσης ὀργῆς; ποιήσατε οὖν ᵖκαρπὸν
9 ἄξιον ⁷ τῆς μετανοίας· καὶ μὴ δόξητε λέγειν ἐν ἑαυτοῖς,
Πατέρα ἔχομεν τὸν Ἀβραάμ· λέγω γὰρ ὑμῖν, ὅτι δύναται
ὁ Θεὸς ἐκ τῶν λίθων τούτων ἐγεῖραι τέκνα τῷ Ἀβραάμ.
10 ἤδη δὲ ᵠ⁻⁷ ἡ ἀξίνη πρὸς τὴν ῥίζαν τῶν δένδρων κεῖται· πᾶν
οὖν δένδρον μὴ ποιοῦν καρπὸν καλὸν ἐκκόπτεται καὶ εἰς πῦρ
11 βάλλεται. ἐγὼ μὲν βαπτίζω ὑμᾶς ἐν ὕδατι εἰς μετάνοιαν· Mk. 1. –.
ὁ δὲ ὀπίσω μου ἐρχόμενος ἰσχυρότερός μου ἐστίν, οὗ οὐκ Joh. 1. 19.
εἰμὶ ἱκανὸς τὰ ὑποδήματα βαστάσαι· αὐτὸς ὑμᾶς βαπτίσει ἐν
12 Πνεύματι Ἁγίῳ καὶ πυρί· οὗ τὸ πτύον ἐν τῇ χειρὶ αὐτοῦ, καὶ
διακαθαριεῖ τὴν ἅλωνα αὐτοῦ, καὶ συνάξει τὸν σῖτον αὐτοῦ
εἰς τὴν ἀποθήκην, τὸ δὲ ἄχυρον κατακαύσει πυρὶ ἀσβέστῳ.
13 Τότε παραγίνεται ὁ Ἰησοῦς ἀπὸ τῆς Γαλιλαίας ἐπὶ τὸν Mk. 1. ⁹,
Ἰορδάνην πρὸς τὸν Ἰωάννην, τοῦ βαπτισθῆναι ὑπ' αὐτοῦ. cp. Joh.
14 ὁ δὲ Ἰωάννης διεκώλυεν αὐτὸν λέγων, Ἐγὼ χρείαν ἔχω ὑπὸ 1. 3-.
15 σοῦ βαπτισθῆναι· καὶ σὺ ἔρχῃ πρός με; ἀποκριθεὶς δὲ ὁ
Ἰησοῦς εἶπε πρὸς αὐτόν, Ἄφες ἄρτι· οὕτω γὰρ πρέπον ἐστὶν
ἡμῖν πληρῶσαι πᾶσαν δικαιοσύνην. τότε ἀφίησιν αὐτόν.
16 καὶ βαπτισθεὶς ὁ Ἰησοῦς ἀνέβη εὐθὺς ἀπὸ τοῦ ὕδατος· καὶ
ἰδού, ἀνεῴχθησαν ʳαὐτῷ⁷ οἱ οὐρανοί, καὶ εἶδε τὸ Πνεῦμα τοῦ
Θεοῦ καταβαῖνον ὡσεὶ περιστεράν, καὶ ἐρχόμενον ἐπ' αὐτόν·
17 καὶ ἰδού, φωνὴ ἐκ τῶν οὐρανῶν λέγουσα, Οὗτός ἐστιν ὁ υἱός
μου ὁ ἀγαπητός, ἐν ᾧ εὐδόκησα.
4 Τότε ὁ Ἰησοῦς ἀνήχθη εἰς τὴν ἔρημον ὑπὸ τοῦ Πνεύματος, Mk. 1. 12,
Lk. 4. 1.

⁰ om. ποταμῷ   ᵖ καρποὺς ἀξίους   ᵠ add καὶ   ʳ om.
αὐτῷ M.

6 ΕΥΑΓΓΕΛΙΟΝ 4. 1-

πειρασθῆναι ὑπὸ τοῦ διαβόλου. καὶ νηστεύσας ἡμέρας 2
τεσσαράκοντα καὶ νύκτας τεσσαράκοντα ὕστερον ἐπείνασε.
καὶ προσελθὼν ᵍ⁻⁷ ὁ πειράζων εἶπεν ᵗαὐτῷ⁷, Εἰ υἱὸς εἶ 3
τοῦ Θεοῦ, εἰπὲ ἵνα οἱ λίθοι οὗτοι ἄρτοι γένωνται. ὁ δὲ 4
Deut. 8. 3. ἀποκριθεὶς εἶπε, Γέγραπται, Οὐκ ἐπ᾽ ἄρτῳ μόνῳ ζήσεται
ᵘὁᵘ ἄνθρωπος, ἀλλ᾽ ἐπὶ παντὶ ῥήματι ἐκπορευομένῳ διὰ στόματος Θεοῦ. τότε παραλαμβάνει αὐτὸν ὁ διάβολος εἰς τὴν 5
ἁγίαν πόλιν, καὶ ˣἔστησενᵘ αὐτὸν ἐπὶ τὸ πτερύγιον τοῦ
ἱεροῦ, καὶ λέγει αὐτῷ, Εἰ υἱὸς εἶ τοῦ Θεοῦ, βάλε σεαυτὸν 6
Ps. 91 (90). κάτω· γέγραπται γὰρ ὅτι Τοῖς ἀγγέλοις αὐτοῦ ἐντελεῖται
11. περὶ σοῦ, καὶ ἐπὶ χειρῶν ἀροῦσί σε, μήποτε προσκόψῃς
πρὸς λίθον τὸν πόδα σου. ἔφη αὐτῷ ὁ Ἰησοῦς, Πάλιν 7
Deut. 6. γέγραπται, Οὐκ ἐκπειράσεις Κύριον τὸν Θεόν σου. πάλιν 8
16. παραλαμβάνει αὐτὸν ὁ διάβολος εἰς ὄρος ὑψηλὸν λίαν, καὶ
δείκνυσιν αὐτῷ πάσας τὰς βασιλείας τοῦ κόσμου καὶ τὴν
δόξαν αὐτῶν, καὶ ʸεἶπενᵘ αὐτῷ, Ταῦτα πάντα σοι δώσω, ἐὰν 9
πεσὼν προσκυνήσῃς μοι. τότε λέγει αὐτῷ ὁ Ἰησοῦς, Ὕπαγε, 10
Deut. 6. Σατανᾶ· γέγραπται γάρ, Κύριον τὸν Θεόν σου προσκυνήσεις,
13. καὶ αὐτῷ μόνῳ λατρεύσεις. τότε ἀφίησιν αὐτὸν ὁ διάβολος· 11
καὶ ἰδού, ἄγγελοι προσῆλθον καὶ διηκόνουν αὐτῷ.
Mk. 1. 14. Ἀκούσας δὲ ᶻ⁻ ὅτι Ἰωάννης παρεδόθη ἀνεχώρησεν εἰς τὴν 12
Γαλιλαίαν, καὶ καταλιπὼν τὴν Ναζαρὲτ ἐλθὼν κατῴκησεν 13
εἰς Καπερναούμ τὴν παραθαλασσίαν ἐν ὁρίοις Ζαβουλὼν καὶ
Νεφθαλείμ· ἵνα πληρωθῇ τὸ ῥηθὲν διὰ Ἡσαΐου τοῦ προφή- 14
Is. 9. 1. του λέγοντος, Γῆ Ζαβουλὼν καὶ γῆ Νεφθολείμ ὁδὸν θα- 15
λάσσης πέραν τοῦ Ἰορδάνου, Γαλιλαία τῶν ἐθνῶν, ὁ λαὸς 16
ὁ καθήμενος ἐν σκότει εἶδε φῶς μέγα, καὶ τοῖς καθημένοις ἐν
χώρᾳ καὶ σκιᾷ θανάτου φῶς ἀνέτειλεν αὐτοῖς. ἀπὸ τότε 17
ἤρξατο ὁ Ἰησοῦς κηρύσσειν καὶ λέγειν, Μετανοεῖτε· ἤγγικε
γὰρ ἡ βασιλεία τῶν οὐρανῶν.

ˢ add αὐτῷ   ᵗ om. αὐτῷ   ᵘ om. ὁ   ˣ ἵστησιν
ʸ λέγει   ᶻ add ὁ Ἰησοῦς

ΚΑΤΑ ΜΑΤΘΑΙΟΝ.

18 Περιπατῶν δὲ ᵃ⁻⁷ παρὰ τὴν θάλασσαν τῆς Γαλιλαίας εἶδε δύο ἀδελφούς, Σίμωνα τὸν λεγόμενον Πέτρον καὶ Ἀνδρέαν τὸν ἀδελφὸν αὐτοῦ, βάλλοντας ἀμφίβληστρον εἰς τὴν θά-
19 λασσαν· ἦσαν γὰρ ἁλιεῖς. καὶ λέγει αὐτοῖς, Δεῦτε ὀπίσω
20 μου, καὶ ποιήσω ὑμᾶς ἁλιεῖς ἀνθρώπων. οἱ δὲ εὐθέως
21 ἀφέντες τὰ δίκτυα ἠκολούθησαν αὐτῷ. καὶ προβὰς ἐκεῖθεν εἶδεν ἄλλους δύο ἀδελφούς, Ἰάκωβον τὸν τοῦ Ζεβεδαίου καὶ Ἰωάννην τὸν ἀδελφὸν αὐτοῦ, ἐν τῷ πλοίῳ μετὰ Ζεβεδαίου τοῦ πατρὸς αὐτῶν, καταρτίζοντας τὰ δίκτυα αὐτῶν· καὶ
22 ἐκάλεσεν αὐτούς. οἱ δὲ εὐθέως ἀφέντες τὸ πλοῖον καὶ τὸν πατέρα αὐτῶν ἠκολούθησαν αὐτῷ.
23 Καὶ περιῆγεν ᵇἐν ὅλῃ τῇ Γαλιλαίᾳ ᶜὁ Ἰησοῦς, διδάσκων ἐν ταῖς συναγωγαῖς αὐτῶν, καὶ κηρύσσων τὸ εὐαγγέλιον τῆς βασιλείας, καὶ θεραπεύων πᾶσαν νόσον καὶ πᾶσαν μαλακίαν
24 ἐν τῷ λαῷ. καὶ ἀπῆλθεν ἡ ἀκοὴ αὐτοῦ εἰς ὅλην τὴν Συρίαν· καὶ προσήνεγκαν αὐτῷ πάντας τοὺς κακῶς ἔχοντας, ποικίλαις νόσοις καὶ βασάνοις συνεχομένους, ᵈ⁻'' δαιμονιζομένους καὶ σεληνιαζομένους καὶ παραλυτικούς· καὶ ἐθεράπευσεν αὐτούς.
25 καὶ ἠκολούθησαν αὐτῷ ὄχλοι πολλοὶ ἀπὸ τῆς Γαλιλαίας καὶ Δεκαπόλεως καὶ Ἱεροσολύμων καὶ Ἰουδαίας καὶ πέραν τοῦ Ἰορδάνου.

5 Ἰδὼν δὲ τοὺς ὄχλους ἀνέβη εἰς τὸ ὄρος· καὶ καθίσαντος
2 αὐτοῦ προσῆλθον αὐτῷ οἱ μαθηταὶ αὐτοῦ· καὶ ἀνοίξας τὸ
3 στόμα αὐτοῦ ἐδίδασκεν αὐτοὺς λέγων, Μακάριοι οἱ πτωχοὶ τῷ πνεύματι· ὅτι αὐτῶν ἐστιν ἡ βασιλεία τῶν οὐρανῶν.
4,5 ᵉμακάριοι οἱ πενθοῦντες· ὅτι αὐτοὶ παρακληθήσονται. μακά-
6 ριοι οἱ πραεῖς· ὅτι αὐτοὶ κληρονομήσουσι τὴν γῆν.'' μακάριοι οἱ πεινῶντες καὶ διψῶντες τὴν δικαιοσύνην· ὅτι αὐτοὶ χορ-
7 τασθήσονται. μακάριοι οἱ ἐλεήμονες· ὅτι αὐτοὶ ἐλεηθήσονται.
8 μακάριοι οἱ καθαροὶ τῇ καρδίᾳ· ὅτι αὐτοὶ τὸν Θεὸν ὄψονται.

ᵃ add ὁ Ἰησοῦς   ᵇ ὅλην τὴν Γαλιλαίαν   ᶜ om. ὁ Ἰησοῦς M.   ᵈ add καὶ   ᵉ transp. vv. 4, 5 M.

8 ΕΥΑΓΓΕΛΙΟΝ 5. 9-

μακάριοι οἱ εἰρηνοποιοί· ὅτι αὐτοὶ υἱοὶ Θεοῦ κληθήσονται. 9
μακάριοι οἱ δεδιωγμένοι ἕνεκεν δικαιοσύνης· ὅτι αὐτῶν ἐστιν 10
ἡ βασιλεία τῶν οὐρανῶν. μακάριοί ἐστε, ὅταν ὀνειδίσωσιν 11
ὑμᾶς καὶ διώξωσι, καὶ εἴπωσι πᾶν πονηρὸν ᶠ—ᶦ καθ᾽ ὑμῶν
ψευδόμενοι, ἕνεκεν ἐμοῦ. χαίρετε καὶ ἀγαλλιᾶσθε· ὅτι ὁ 12
μισθὸς ὑμῶν πολὺς ἐν τοῖς οὐρανοῖς· οὕτω γὰρ ἐδίωξαν τοὺς
προφήτας τοὺς πρὸ ὑμῶν.

Ὑμεῖς ἐστε τὸ ἅλας τῆς γῆς· ἐὰν δὲ τὸ ἅλας μωρανθῇ, ἐν 13
τίνι ἁλισθήσεται; εἰς οὐδὲν ἰσχύει ἔτι, εἰ μὴ ᵍβληθὲν ἔξω"
καταπατεῖσθαι ὑπὸ τῶν ἀνθρώπων. ὑμεῖς ἐστε τὸ φῶς τοῦ 14
κόσμου· οὐ δύναται πόλις κρυβῆναι ἐπάνω ὄρους κειμένη·
οὐδὲ καίουσι λύχνον καὶ τιθέασιν αὐτὸν ὑπὸ τὸν μόδιον, ἀλλ᾽ 15
ἐπὶ τὴν λυχνίαν, καὶ λάμπει πᾶσι τοῖς ἐν τῇ οἰκίᾳ· οὕτω 16
λαμψάτω τὸ φῶς ὑμῶν ἔμπροσθεν τῶν ἀνθρώπων, ὅπως
ἴδωσιν ὑμῶν τὰ καλὰ ἔργα, καὶ δοξάσωσι τὸν πατέρα ὑμῶν
τὸν ἐν τοῖς οὐρανοῖς.

Μὴ νομίσητε ὅτι ἦλθον καταλῦσαι τὸν νόμον ἢ τοὺς 17
προφήτας· οὐκ ἦλθον καταλῦσαι, ἀλλὰ πληρῶσαι. ἀμὴν 18
γὰρ λέγω ὑμῖν, ἕως ἂν παρέλθῃ ὁ οὐρανὸς καὶ ἡ γῆ, ἰῶτα ἓν
ἢ μία κεραία οὐ μὴ παρέλθῃ ἀπὸ τοῦ νόμου, ἕως ἂν πάντα
γένηται. ὃς ἐὰν οὖν λύσῃ μίαν τῶν ἐντολῶν τούτων τῶν 19
ἐλαχίστων, καὶ διδάξῃ οὕτω τοὺς ἀνθρώπους, ἐλάχιστος
κληθήσεται ἐν τῇ βασιλείᾳ τῶν οὐρανῶν· ὃς δ᾽ ἂν ποιήσῃ καὶ
διδάξῃ, οὗτος μέγας κληθήσεται ἐν τῇ βασιλείᾳ τῶν οὐρανῶν.
λέγω γὰρ ὑμῖν, ὅτι ἐὰν μὴ περισσεύσῃ ἡ δικαιοσύνη ὑμων 20
πλεῖον τῶν γραμματέων καὶ Φαρισαίων, οὐ μὴ εἰσέλθητε εἰς τὴν
βασιλείαν τῶν οὐρανῶν.

Ex. 20. 13 Ἠκούσατε ὅτι ἐρρέθη τοῖς ἀρχαίοις, Οὐ φονεύσεις, ὃς 21
(15),
Deut.5.17. δ᾽ ἂν φονεύσῃ, ἔνοχος ἔσται τῇ κρίσει· ἐγὼ δὲ λέγω 22
ὑμῖν, ὅτι πᾶς ὁ ὀργιζόμενος τῷ ἀδελφῷ αὐτοῦ ʰ—ᶦ ἔνοχος
ἔσται τῇ κρίσει· ὃς δ᾽ ἂν εἴπῃ τῷ ἀδελφῷ αὐτοῦ, Ῥακά,

ᶠ add ῥῆμα   ᵍ βληθῆναι ἔξω καὶ   ʰ add εἰκῇ Λ.S.M.

ἔνοχος ἔσται τῷ συνεδρίῳ· ὃς δ' ἂν εἴπῃ, Μωρέ, ἔνοχος 23 ἔσται εἰς τὴν γέενναν τοῦ πυρός. ἐὰν οὖν προσφέρῃς τὸ δῶρόν σου ἐπὶ τὸ θυσιαστήριον, κἀκεῖ μνησθῇς ὅτι ὁ ἀδελφός 24 σου ἔχει τι κατὰ σοῦ, ἄφες ἐκεῖ τὸ δῶρόν σου ἔμπροσθεν τοῦ θυσιαστηρίου, καὶ ὕπαγε, πρῶτον διαλλάγηθι τῷ ἀδελφῷ 25 σου, καὶ τότε ἐλθὼν πρόσφερε τὸ δῶρόν σου. ἴσθι εὐνοῶν τῷ ἀντιδίκῳ σου ταχύ, ἕως ὅτου εἶ ¹μετ' αὐτοῦ ἐν τῇ ὁδῷ · μήποτέ σε παραδῷ ὁ ἀντίδικος τῷ κριτῇ, καὶ ὁ κριτὴς ᵏσε 26 παραδῷ ¹ τῷ ὑπηρέτῃ, καὶ εἰς φυλακὴν βληθήσῃ· ἀμὴν λέγω σοι, οὐ μὴ ἐξέλθῃς ἐκεῖθεν, ἕως ἂν ἀποδῷς τὸν ἔσχατον κοδράντην.
27, 28 Ἠκούσατε ὅτι ἐρρέθη ˡ- . Οὐ μοιχεύσεις· ἐγὼ δὲ λέγω Εx. _o. 14
ὑμῖν, ὅτι πᾶς ὁ βλέπων γυναῖκα πρὸς τὸ ἐπιθυμῆσαι αὐτῆς Deut.5.18.
29 ἤδη ἐμοίχευσεν αὐτὴν ἐν τῇ καρδίᾳ αὐτοῦ. εἰ δὲ ὁ ὀφθαλμός σου ὁ δεξιὸς σκανδαλίζει σε, ἔξελε αὐτὸν καὶ βάλε ἀπὸ σοῦ· συμφέρει γάρ σοι ἵνα ἀπόληται ἓν τῶν μελῶν σου. καὶ μὴ 30 ὅλον τὸ σῶμά σου βληθῇ εἰς γέενναν. καὶ εἰ ἡ δεξιά σου χείρ σκανδαλίζει σε, ἔκκοψον αὐτὴν καὶ βάλε ἀπὸ σοῦ· συμφέρει γάρ σοι ἵνα ἀπόληται ἓν τῶν μελῶν σου, καὶ μὴ ὅλον 31 τὸ σῶμά σου ᵐεἰς γέενναν ἀπέλθῃ . ἐρρέθη δὲ ὅτι Ὃς ἂν Cp. Deut.
32 ἀπολύσῃ τὴν γυναῖκα αὐτοῦ, δότω αὐτῇ ἀποστάσιον· ἐγὼ δὲ 4. 1 (3)·
λέγω ὑμῖν, ὅτι ⁿ πᾶς ὁ ἀπολύων τὴν γυναῖκα αὐτοῦ, παρεκτὸς λόγου πορνείας, ποιεῖ αὐτὴν ᵒ μοιχευθῆναι · καὶ ὃς ἐὰν ἀπολελυμένην γαμήσῃ, μοιχᾶται.
33 Πάλιν ἠκούσατε ὅτι ἐρρέθη τοῖς ἀρχαίοις, Οὐκ ἐπιορκήσεις, Cp.Ex.20.7
34 ἀποδώσεις δὲ τῷ Κυρίῳ τοὺς ὅρκους σου· ἐγὼ δὲ λέγω ὑμῖν Deut.5.11,
μὴ ὀμόσαι ὅλως· μήτε ἐν τῷ οὐρανῷ, ὅτι θρόνος ἐστὶ τοῦ Cp.Isa.66.
35 Θεοῦ· μήτε ἐν τῇ γῇ, ὅτι ὑποπόδιόν ἐστι τῶν ποδῶν αὐτοῦ· 1.
μήτε εἰς Ἱεροσόλυμα, ὅτι πόλις ἐστὶ τοῦ μεγάλου βασιλέως· Cp. Ps. 48
36 μήτε ἐν τῇ κεφαλῇ σου ὀμόσῃς, ὅτι οὐ δύνασαι μίαν τρίχα (47). 2.

¹ ἐν τῇ ὁδῷ μετ' αὐτοῦ   ᵏ om. σε παραδῷ M.   ˡ add τοῖς ἀρχαίοις   ᵐ βληθῇ εἰς γεενναν   ⁿ ὃς ἂν ἀπολύσῃ   ᵒ μοιχᾶσθαι

λευκὴν ἢ μέλαιναν ποιῆσαι. P ἔστω δὲ ὁ λόγος ὑμῶν, Ναὶ 37
ναί, Οὒ οὔ· τὸ δὲ περισσὸν τούτων ἐκ τοῦ πονηροῦ ἐστιν.
Ἠκούσατε ὅτι ἐρρέθη, Ὀφθαλμὸν ἀντὶ ὀφθαλμοῦ, καὶ 38
ὀδόντα ἀντὶ ὀδόντος· ἐγὼ δὲ λέγω ὑμῖν μὴ ἀντιστῆναι τῷ 39
πονηρῷ· ἀλλ᾽ ὅστις σε ᵃῥαπίζει εἰς ¹ τὴν δεξιάν σου σιαγόνα,
στρέψον αὐτῷ καὶ τὴν ἄλλην· καὶ τῷ θέλοντί σοι κριθῆναι 40
καὶ τὸν χιτῶνά σου λαβεῖν ἄφες αὐτῷ καὶ τὸ ἱμάτιον· καὶ 41
ὅστις σε ἀγγαρεύσει μίλιον ἕν, ὕπαγε μετ᾽ αὐτοῦ δύο· τῷ 42
αἰτοῦντί σε δίδου, καὶ τὸν θέλοντα ἀπὸ σοῦ δανείσασθαι
μὴ ἀποστραφῇς.

Ἠκούσατε ὅτι ἐρρέθη, Ἀγαπήσεις τὸν πλησίον σου, καὶ 43
μισήσεις τὸν ἐχθρόν σου· ἐγὼ δὲ λέγω ὑμῖν, ἀγαπᾶτε τοὺς 44
ἐχθροὺς ὑμῶν, ʳ⁻ⁱ καὶ προσεύχεσθε ὑπὲρ τῶν ˢ⁻ⁱ διωκόντων
ὑμᾶς· ὅπως γένησθε υἱοὶ τοῦ πατρὸς ὑμῶν τοῦ ἐν οὐρανοῖς· 45
ὅτι τὸν ἥλιον αὐτοῦ ἀνατέλλει ἐπὶ πονηροὺς καὶ ἀγαθούς, καὶ
βρέχει ἐπὶ δικαίους καὶ ἀδίκους. ἐὰν γὰρ ἀγαπήσητε τοὺς 46
ἀγαπῶντας ὑμᾶς, τίνα μισθὸν ἔχετε; οὐχὶ καὶ οἱ τελῶναι τὸ
αὐτὸ ποιοῦσι; καὶ ἐὰν ἀσπάσησθε τοὺς ἀδελφοὺς ὑμῶν 47
μόνον, τί περισσὸν ποιεῖτε; οὐχὶ καὶ οἱ ᵗἐθνικοὶ" ᵘτὸ αὐτὸ¹
ποιοῦσιν; ἔσεσθε οὖν ὑμεῖς τέλειοι, ˣὡς¹ ὁ πατὴρ ὑμῶν ὁ 48
ʸοὐράνιος¹ τέλειός ἐστι.

Προσέχετε τὴν ᶻδικαιοσύνην¹ ὑμῶν μὴ ποιεῖν ἔμπροσθεν 6
τῶν ἀνθρώπων πρὸς τὸ θεαθῆναι αὐτοῖς· εἰ δὲ μήγε, μισθὸν
οὐκ ἔχετε παρὰ τῷ πατρὶ ὑμῶν τῷ ἐν τοῖς οὐρανοῖς.

Ὅταν οὖν ποιῇς ἐλεημοσύνην, μὴ σαλπίσῃς ἔμπροσθέν 2
σου, ὥσπερ οἱ ὑποκριταὶ ποιοῦσιν ἐν ταῖς συναγωγαῖς καὶ ἐν
ταῖς ῥύμαις, ὅπως δοξασθῶσιν ὑπὸ τῶν ἀνθρώπων· ἀμὴν
λέγω ὑμῖν, ἀπέχουσι τὸν μισθὸν αὐτῶν. σοῦ δὲ ποιοῦντος 3

ᵖ ἔσται Μ. ᑫ ῥαπίσει ἐπὶ ʳ add εὐλογεῖτε τοὺς κατα-
ρωμένους ὑμᾶς, καλῶς ποιεῖτε τοὺς μισοῦντας ὑμᾶς, ˢ add
ἐπηρεαζόντων ὑμᾶς καὶ ᵗ τελῶναι ᵘ οὕτω ˣ ὥσπερ
ʸ ἐν τοῖς οὐρανοῖς ᶻ ἐλεημοσύνην

-6. 17. ΚΑΤΑ ΜΑΤΘΑΙΟΝ. 11

ἐλεημοσύνην, μὴ γνώτω ἡ ἀριστερά σου τί ποιεῖ ἡ δεξιά σου·
4 ὅπως ᾖ σου ἡ ἐλημοσύνη ἐν τῷ κρυπτῷ· καὶ ὁ πατήρ σου ὁ
βλέπων ἐν τῷ κρυπτῷ ᵃ⁻ˡ ἀποδώσει σοι ᵇ⁻ˡ.
5 Καὶ ὅταν ᶜπροσεύχησθε ˡ οὐκ ᵈἔσεσθε ᶜὡς ˡ οἱ ὑποκριταί·
ὅτι φιλοῦσιν ἐν ταῖς συναγωγαῖς καὶ ἐν ταῖς γωνίαις τῶν
πλατειῶν ἑστῶτες προσεύχεσθαι, ὅπως ἂν φανῶσι τοῖς
ἀνθρώποις· ἀμὴν λέγω ὑμῖν, ὅτι ἀπέχουσι τὸν μισθὸν αὐτῶν.
6 σὺ δέ, ὅταν προσεύχῃ, εἴσελθε εἰς τὸ ταμιεῖόν σου, καὶ
κλείσας τὴν θύραν σου πρόσευξαι τῷ πατρί σου τῷ ἐν τῷ
κρυπτῷ· καὶ ὁ πατήρ σου ὁ βλέπων ἐν τῷ κρυπτῷ ἀποδώσει
7 σοι ᶠ⁻ˡ. προσευχόμενοι δὲ μὴ βαττολογήσητε, ὥσπερ οἱ
ἐθνικοί· δοκοῦσι γὰρ ὅτι ἐν τῇ πολυλογίᾳ αὐτῶν εἰσακου-
8 σθήσονται. μὴ οὖν ὁμοιωθῆτε αὐτοῖς· οἶδε γὰρ ᵍ⁻ʰ ὁ πατὴρ
9 ὑμῶν ὧν χρείαν ἔχετε πρὸ τοῦ ὑμᾶς αἰτῆσαι αὐτόν. οὕτως
οὖν προσεύχεσθε ὑμεῖς· Πάτερ ἡμῶν ὁ ἐν τοῖς οὐρανοῖς, Cp. Lk. 11.
10 ἁγιασθήτω τὸ ὄνομά σου· ἐλθέτω ἡ βασιλεία σου· γενηθήτω   2.
11 τὸ θέλημά σου, ὡς ἐν οὐρανῷ, καὶ ἐπὶ ʰ⁻ˡ γῆς· τὸν ἄρτον
12 ἡμῶν τὸν ἐπιούσιον δὸς ἡμῖν σήμερον· καὶ ἄφες ἡμῖν τὰ
ὀφειλήματα ἡμῶν, ὡς καὶ ἡμεῖς ⁱἀφήκαμεν ˡ τοῖς ὀφειλέταις
13 ἡμῶν· καὶ μὴ εἰσενέγκῃς ἡμᾶς εἰς πειρασμόν, ἀλλὰ ῥῦσαι
14 ἡμᾶς ἀπὸ τοῦ πονηροῦ. ᵏ⁻   ἐὰν γὰρ ἀφῆτε τοῖς ἀνθρώποις
τὰ παραπτώματα αὐτῶν, ἀφήσει καὶ ὑμῖν ὁ πατὴρ ὑμῶν ὁ
15 οὐράνιος· ἐὰν δὲ μὴ ἀφῆτε τοῖς ἀνθρώποις τὰ παραπτώματα
αὐτῶν, οὐδὲ ὁ πατὴρ ὑμῶν ἀφήσει τὰ παραπτώματα ὑμῶν.
16 Ὅταν δὲ νηστεύητε, μὴ γίνεσθε, ˡὡς οἱ ὑποκριταί, σκυθρω-
ποί· ἀφανίζουσι γὰρ τὰ πρόσωπα αὐτῶν, ὅπως φανῶσι τοῖς
ἀνθρώποις νηστεύοντες· ἀμὴν λέγω ὑμῖν, ὅτι ἀπέχουσι τὸν
17 μισθὸν αὐτῶν. σὺ δὲ νηστεύων ἄλειψαί σου τὴν κεφαλήν,

ᵃ add αὐτός   ᵇ add ἐν τῷ φανερῷ   ᶜ προσεύχῃ   ᵈ ἔσῃ
ᵉ ὥσπερ   ᶠ add ἐν τῷ φανερῷ   ᵍ add ὁ Θεὸς Μ.   ʰ add τῆς
ⁱ ἀφίεμεν   ᵏ add ὅτι σοῦ ἐστιν ἡ βασιλεία καὶ ἡ δύναμις καὶ
ἡ δόξα εἰς τοὺς αἰῶνας. ἀμήν. A.S.M.   ˡ ὥσπερ

ΕΥΑΓΓΕΛΙΟΝ 6. 17-

καὶ τὸ πρόσωπόν σου νίψαι· ὅπως μὴ φανῇς τοῖς ἀνθρώποις 18 νηστεύων, ἀλλὰ τῷ πατρί σου τῷ ἐν τῷ κρυπτῷ· καὶ ὁ πατήρ σου ὁ βλέπων ἐν τῷ κρυπτῷ ἀποδώσει σοι ᵐ—⸍.

Μὴ θησαυρίζετε ὑμῖν θησαυροὺς ἐπὶ τῆς γῆς, ὅπου σὴς 19 καὶ βρῶσις ἀφανίζει, καὶ ὅπου κλέπται διορύσσουσι καὶ κλέπτουσι· θησαυρίζετε δὲ ὑμῖν θησαυροὺς ἐν οὐρανῷ, ὅπου οὔτε 20 σὴς οὔτε βρῶσις ἀφανίζει, καὶ ὅπου κλέπται οὐ διορύσσουσιν οὐδὲ κλέπτουσιν· ὅπου γάρ ἐστιν ὁ θησαυρὸς ⁿσου, ἐκεῖ 21 ἔσται καὶ ἡ καρδία ⁿσου. ὁ λύχνος τοῦ σώματός ἐστιν 22 ὁ ὀφθαλμός· ἐὰν οὖν ὁ ὀφθαλμός σου ἁπλοῦς ᾖ, ὅλον τὸ σῶμά σου φωτεινὸν ἔσται· ἐὰν δὲ ὁ ὀφθαλμός σου πονηρὸς ᾖ, 23 ὅλον τὸ σῶμά σου σκοτεινὸν ἔσται· εἰ οὖν τὸ φῶς τὸ ἐν σοὶ σκότος ἐστί, τὸ σκότος πόσον; οὐδεὶς δύναται δυσὶ κυρίοις 24 δουλεύειν· ἢ γὰρ τὸν ἕνα μισήσει καὶ τὸν ἕτερον ἀγαπήσει, ἢ ἑνὸς ἀνθέξεται καὶ τοῦ ἑτέρου καταφρονήσει· οὐ δύνασθε Θεῷ δουλεύειν καὶ μαμμωνᾷ. διὰ τοῦτο λέγω ὑμῖν, μὴ 25 μεριμνᾶτε τῇ ψυχῇ ἱμῶν, τί φάγητε °ἢ τί πίητε· μηδὲ τῷ σώματι ὑμῶν, τί ἐνδύσησθε· οὐχὶ ἡ ψυχὴ πλεῖόν ἐστι τῆς τροφῆς, καὶ τὸ σῶμα τοῦ ἐνδύματος; ἐμβλέψατε εἰς τὰ 26 πετεινὰ τοῦ οὐρανοῦ, ὅτι οὐ σπείρουσιν, οὐδὲ θερίζουσιν, οὐδὲ συνάγουσιν εἰς ἀποθήκας, καὶ ὁ πατὴρ ὑμῶν ὁ οὐράνιος τρέφει αὐτά· οὐχ ὑμεῖς μᾶλλον διαφέρετε αὐτῶν; τίς δὲ 27 ἐξ ὑμῶν μεριμνῶν δύναται προσθεῖναι ἐπὶ τὴν ἡλικίαν αὐτοῦ πῆχυν ἕνα; καὶ περὶ ἐνδύματος τί μεριμνᾶτε; καταμάθετε 28 τὰ κρίνα τοῦ ἀγροῦ, πῶς αὐξάνει· οὐ κοπιᾷ, οὐδὲ νήθει· λέγω δὲ ἱμῖν, ὅτι οὐδὲ Σολομὼν ἐν πάσῃ τῇ δόξῃ αὐτοῦ 29 περιεβάλετο ὡς ἓν τούτων. εἰ δὲ τὸν χόρτον τοῦ ἀγροῦ, 30 σήμερον ὄντα, καὶ αὔριον εἰς κλίβανον βαλλόμενον, ὁ Θεὸς οὕτως ἀμφιέννυσιν, οὐ πολλῷ μᾶλλον ὑμᾶς, ὀλιγόπιστοι; μὴ οὖν μεριμνήσητε λέγοντες, Τί φάγωμεν; ἢ Τί πίωμεν; 31 ἢ Τί περιβαλώμεθα; πάντα γὰρ ταῦτα τὰ ἔθνη ἐπιζητεῖ· 32

ᵐ add ἐν τῷ φανερῷ   ⁿ ὑμῶν   ᶜ καὶ

ΚΑΤΑ ΜΑΤΘΑΙΟΝ.

οἶδε γὰρ ὁ πατὴρ ὑμῶν ὁ οὐράνιος ὅτι χρῄζετε τούτων
33 ἁπάντων· ζητεῖτε δὲ πρῶτον τὴν βασιλείαν ᵖ⁻ καὶ τὴν
34 δικαιοσύνην αὐτοῦ, καὶ ταῦτα πάντα προστεθήσεται ὑμῖν. μὴ
οὖν μεριμνήσητε εἰς τὴν αὔριον· ἡ γὰρ αὔριον μεριμνήσει
ᑫ⁻ ἑαυτῆς· ἀρκετὸν τῇ ἡμέρᾳ ἡ κακία αὐτῆς.

7 1, 2 Μὴ κρίνετε, ἵνα μὴ κριθῆτε· ἐν ᾧ γὰρ κρίματι κρίνετε
κριθήσεσθε, καὶ ἐν ᾧ μέτρῳ μετρεῖτε ʳμετρηθήσεται ὑμῖν.
3 τί δὲ βλέπεις τὸ κάρφος τὸ ἐν τῷ ὀφθαλμῷ τοῦ ἀδελφοῦ
4 σου, τὴν δὲ ἐν τῷ σῷ ὀφθαλμῷ δοκὸν οὐ κατανοεῖς; ἢ πῶς
ἐρεῖς τῷ ἀδελφῷ σου, Ἄφες ἐκβάλω τὸ κάρφος ˢ ἐκ τοῦ
ὀφθαλμοῦ σου· καὶ ἰδού, ἡ δοκὸς ἐν τῷ ὀφθαλμῷ σου;
5 ὑποκριτά, ἔκβαλε πρῶτον τὴν δοκὸν ἐκ τοῦ ὀφθαλμοῦ σου,
καὶ τότε διαβλέψεις ἐκβαλεῖν τὸ κάρφος ἐκ τοῦ ὀφθαλμοῦ
τοῦ ἀδελφοῦ σου.

6 Μὴ δῶτε τὸ ἅγιον τοῖς κυσί, μηδὲ βάλητε τοὺς μαργαρίτας
ὑμῶν ἔμπροσθεν τῶν χοίρων, μήποτε καταπατήσωσιν αὐτοὺς
ἐν τοῖς ποσὶν αὐτῶν, καὶ στραφέντες ῥήξωσιν ὑμᾶς.

7 Αἰτεῖτε, καὶ δοθήσεται ὑμῖν· ζητεῖτε, καὶ εὑρήσετε·
8 κρούετε, καὶ ἀνοιγήσεται ὑμῖν· πᾶς γὰρ ὁ αἰτῶν λαμβάνει,
9 καὶ ὁ ζητῶν εὑρίσκει, καὶ τῷ κρούοντι ἀνοιγήσεται. ἢ τίς
ἐστιν ἐξ ὑμῶν ἄνθρωπος, ὃν ᵗαἰτήσει ὁ υἱὸς αὐτοῦ ἄρτον,
10 μὴ λίθον ἐπιδώσει αὐτῷ; ᵘἢ καὶ ἰχθὺν αἰτήσει, μὴ ὄφιν
11 ἐπιδώσει αὐτῷ; εἰ οὖν ὑμεῖς, πονηροὶ ὄντες, οἴδατε δόματα
ἀγαθὰ διδόναι τοῖς τέκνοις ὑμῶν, πόσῳ μᾶλλον ὁ πατὴρ
12 ὑμῶν ὁ ἐν τοῖς οὐρανοῖς δώσει ἀγαθὰ τοῖς αἰτοῦσιν αὐτόν; πάντα οὖν ὅσα ἂν θέλητε ἵνα ποιῶσιν ὑμῖν οἱ ἄνθρωποι, οὕτω καὶ
ὑμεῖς ποιεῖτε αὐτοῖς· οὗτος γάρ ἐστιν ὁ νόμος καὶ οἱ προφῆται.

13 Εἰσέλθετε διὰ τῆς στενῆς πύλης· ὅτι πλατεῖα ˣἡ πύλη
καὶ εὐρύχωρος ἡ ὁδὸς ἡ ἀπάγουσα εἰς τὴν ἀπώλειαν, καὶ
14 πολλοί εἰσιν οἱ εἰσερχόμενοι δι' αὐτῆς· ʸὅτι στενὴ ἡ πύλη

ᵖ add τοῦ Θεοῦ.   ᑫ add τὰ   ʳ ἀντιμετρηθήσεται
ˢ ἀπὸ   ᵗ ἐὰν αἰτήσῃ   ᵘ καὶ ἐὰν ἰχθὺν αἰτήσῃ.   ˣ om.
ἡ πύλη Μ.   ʸ τί Μ.

καὶ τεθλιμμένη ἡ ὁδὸς ἡ ἀπάγουσα εἰς τὴν ζωήν, καὶ ὀλίγοι εἰσὶν οἱ εὑρίσκοντες αὐτήν. Προσέχετε ᶻ⁻ᵈ ἀπὸ τῶν ψευδοπροφητῶν, οἵτινες ἔρχονται 15 πρὸς ὑμᾶς ἐν ἐνδύμασι προβάτων, ἔσωθεν δέ εἰσι λύκοι ἅρπαγες. ἀπὸ τῶν καρπῶν αὐτῶν ἐπιγνώσεσθε αὐτούς. 16 μήτι συλλέγουσιν ἀπὸ ἀκανθῶν σταφυλήν, ἢ ἀπὸ τριβόλων σῦκα; οὕτω πᾶν δένδρον ἀγαθὸν καρποὺς καλοὺς ποιεῖ, τὸ δὲ 17 σαπρὸν δένδρον καρποὺς πονηροὺς ποιεῖ. οὐ δύναται δέν- 18 δρον ἀγαθὸν καρποὺς πονηροὺς ποιεῖν, οὐδὲ δένδρον σαπρὸν καρποὺς καλοὺς ποιεῖν. πᾶν δένδρον μὴ ποιοῦν καρπὸν 19 καλὸν ἐκκόπτεται καὶ εἰς πῦρ βάλλεται. ἄραγε ἀπὸ τῶν 20 καρπῶν αὐτῶν ἐπιγνώσεσθε αὐτούς. οὐ πᾶς ὁ λέγων μοι, 21 Κύριε, Κύριε, εἰσελεύσεται εἰς τὴν βασιλείαν τῶν οὐρανῶν, ἀλλ' ὁ ποιῶν τὸ θέλημα τοῦ πατρός μου τοῦ ἐν οὐρανοῖς. πολλοὶ ἐροῦσί μοι ἐν ἐκείνῃ τῇ ἡμέρᾳ, Κύριε, Κύριε, οὐ τῷ 22 σῷ ὀνόματι προεφητεύσαμεν, καὶ τῷ σῷ ὀνόματι δαιμόνια ἐξεβάλομεν, καὶ τῷ σῷ ὀνόματι δυνάμεις πολλὰς ἐποιήσαμεν; καὶ τότε ὁμολογήσω αὐτοῖς ὅτι Οὐδέποτε ἔγνων 23 ὑμᾶς· ἀποχωρεῖτε ἀπ' ἐμοῦ, οἱ ἐργαζόμενοι τὴν ἀνομίαν. πᾶς οὖν ὅστις ἀκούει μου τοὺς λόγους τούτους, καὶ ποιεῖ 24 αὐτούς, ᵃὁμοιωθήσεταιᵈ ἀνδρὶ φρονίμῳ, ὅστις ᾠκοδόμησε τὴν οἰκίαν αὐτοῦ ἐπὶ τὴν πέτραν· καὶ κατέβη ἡ βροχὴ καὶ 25 ἦλθον οἱ ποταμοὶ καὶ ἔπνευσαν οἱ ἄνεμοι, καὶ προσέπεσον τῇ οἰκίᾳ ἐκείνῃ, καὶ οὐκ ἔπεσε· τεθεμελίωτο γὰρ ἐπὶ τὴν πέτραν. καὶ πᾶς ὁ ἀκούων μου τοὺς λόγους τούτους, καὶ μὴ 26 ποιῶν αὐτούς, ὁμοιωθήσεται ἀνδρὶ μωρῷ, ὅστις ᾠκοδόμησε τὴν οἰκίαν αὐτοῦ ἐπὶ τὴν ἄμμον· καὶ κατέβη ἡ βροχὴ καὶ 27 ἦλθον οἱ ποταμοὶ καὶ ἔπνευσαν οἱ ἄνεμοι, καὶ προσέκοψαν τῇ οἰκίᾳ ἐκείνῃ, καὶ ἔπεσε· καὶ ἦν ἡ πτῶσις αὐτῆς μεγάλη.

Καὶ ἐγένετο ὅτε ᵇἐτέλεσενᵍ ὁ Ἰησοῦς τοὺς λόγους τού- 28

Cp. Mk. I. τους, ἐξεπλήσσοντο οἱ ὄχλοι ἐπὶ τῇ διδαχῇ αὐτοῦ· ἦν γὰρ 29
22.
Lk. 4. 32.

ᶻ add δὲ   ᵃ ὁμοιώσω αὐτὸν   ᵇ συνετέλεσεν

διδάσκων αὐτοὺς ὡς ἐξουσίαν ἔχων, καὶ οὐχ ὡς οἱ γραμματεῖς ͨαὐτῶν.

8 Καταβάντι δὲ αὐτῷ ἀπὸ τοῦ ὄρους ἠκολούθησαν αὐτῷ 2 ὄχλοι πολλοί. καὶ ἰδού, λεπρὸς ͩπροσελθὼν προσεκύνει 3 αὐτῷ λέγων, Κύριε, ἐὰν θέλῃς, δύνασαί με καθαρίσαι. καὶ ἐκτείνας τὴν χεῖρα ἥψατο αὐτοῦ ͤ⁻ λέγων, Θέλω, καθα-4 ρίσθητι. καὶ εὐθέως ἐκαθαρίσθη αὐτοῦ ἡ λέπρα. καὶ λέγει αὐτῷ ὁ Ἰησοῦς, Ὅρα μηδενὶ εἴπῃς· ἀλλ᾽ ὕπαγε, σεαυτὸν δεῖξον τῷ ἱερεῖ, καὶ προσένεγκε τὸ δῶρον ὃ προσέταξε Μωσῆς, εἰς μαρτύριον αὐτοῖς. Mk. 1. 40. Lk. 5. 12. Cp. Lev. 14. 2 sqq.

5 ͧΕἰσελθόντος δὲ αὐτοῦ ͪ εἰς Καπερναοὺμ προσῆλθεν Lk. 7. 1. 6 αὐτῷ ἑκατόνταρχος παρακαλῶν αὐτὸν καὶ λέγων, Κύριε, ὁ παῖς μου βέβληται ἐν τῇ οἰκίᾳ παραλυτικός, δεινῶς βασανι-7 ζόμενος. καὶ λέγει αὐτῷ ͬ⁻, Ἐγὼ ἐλθὼν θεραπεύσω αὐτόν. 8 καὶ ἀποκριθεὶς ὁ ἑκατόνταρχος ἔφη, Κύριε, οὐκ εἰμὶ ἱκανὸς ἵνα μου ὑπὸ τὴν στέγην εἰσέλθῃς· ἀλλὰ μόνον εἰπὲ ͪλόγῳ, 9 καὶ ἰαθήσεται ὁ παῖς μου. καὶ γὰρ ἐγὼ ἄνθρωπός εἰμι ὑπὸ ἐξουσίαν ͥ⁻, ἔχων ὑπ᾽ ἐμαυτὸν στρατιώτας· καὶ λέγω τούτῳ, Πορεύθητι, καὶ πορεύεται· καὶ ἄλλῳ, Ἔρχου, καὶ ἔρχεται· 10 καὶ τῷ δούλῳ μου, Ποίησον τοῦτο, καὶ ποιεῖ. ἀκούσας δὲ ὁ Ἰησοῦς ἐθαύμασε, καὶ εἶπε τοῖς ἀκολουθοῦσιν, Ἀμὴν λέγω ὑμῖν, ͫοὐδὲ ἐν τῷ Ἰσραὴλ τοσαύτην πίστιν ͫ εὗρον. 11 λέγω δὲ ὑμῖν, ὅτι πολλοὶ ἀπὸ ἀνατολῶν καὶ δυσμῶν ἥξουσι, καὶ ἀνακλιθήσονται μετὰ Ἀβραὰμ καὶ Ἰσαὰκ καὶ Ἰακὼβ ἐν 12 τῇ βασιλείᾳ τῶν οὐρανῶν· οἱ δὲ υἱοὶ τῆς βασιλείας ἐκβληθήσονται εἰς τὸ σκότος τὸ ἐξώτερον· ἐκεῖ ἔσται ὁ κλαυθμὸς 13 καὶ ὁ βρυγμὸς τῶν ὀδόντων. καὶ εἶπεν ὁ Ἰησοῦς τῷ ἑκατοντάρχῳ, Ὕπαγε, ¹⁻¹ ὡς ἐπίστευσας γενηθήτω σοι. καὶ ἰάθη ὁ παῖς ͫ⁻ ἐν τῇ ὥρᾳ ἐκείνῃ.

ͨ om. αὐτῶν   ͩ ἐλθών   ͤ add ὁ Ἰησοῦς   ͧ Εἰσελθόντι δὲ τῷ Ἰησοῦ   ͭ add ὁ Ἰησοῦς   ͪ λόγον   ͥ a!d τασσόμενος M.   ͣ παρ᾽ οὐδενὶ τοσαύτην πίστιν ἐν τῷ Ἰσραὴλ M.   ¹ add καὶ   ͫ add αὐτοῦ

Μκ. 1. 29, Καὶ ἐλθὼν ὁ Ἰησοῦς εἰς τὴν οἰκίαν Πέτρου εἶδε τὴν 14
Lk. 4. 38. πενθερὰν αὐτοῦ βεβλημένην καὶ πυρέσσουσαν· καὶ ἥψατο 15
τῆς χειρὸς αὐτῆς, καὶ ἀφῆκεν αὐτὴν ὁ πυρετός· καὶ ἠγέρθη,
Μκ. 1. 32, καὶ διηκόνει ⁿ αὐτῷ ᵗ. ὀψίας δὲ γενομένης προσήνεγκαν αὐτῷ 16
Lk. 4. 40. δαιμονιζομένους πολλούς· καὶ ἐξέβαλε τὰ πνεύματα λόγῳ,
καὶ πάντας τοὺς κακῶς ἔχοντας ἐθεράπευσεν· ὅπως πληρωθῇ 17
Cp.Isa.53. τὸ ῥηθὲν διὰ Ἡσαΐου τοῦ προφήτου λέγοντος, Αὐτὸς τὰς
4. ἀσθενείας ἡμῶν ἔλαβε, καὶ τὰς νόσους ἐβάστασεν.
Μκ. 4. 35. Ἰδὼν δὲ ὁ Ἰησοῦς πολλοὺς ὄχλους περὶ αὐτὸν ἐκέλευσεν 18
Lk. 9. 57. ἀπελθεῖν εἰς τὸ πέραν. καὶ προσελθὼν εἷς γραμματεὺς εἶπεν 19
αὐτῷ, Διδάσκαλε, ἀκολουθήσω σοι, ὅπου ἐὰν ἀπέρχῃ. καὶ 20
λέγει αὐτῷ ὁ Ἰησοῦς, Αἱ ἀλώπεκες φωλεοὺς ἔχουσι, καὶ τὰ
πετεινὰ τοῦ οὐρανοῦ κατασκηνώσεις· ὁ δὲ υἱὸς τοῦ ἀνθρώπου
οὐκ ἔχει, ποῦ τὴν κεφαλὴν κλίνῃ. ἕτερος δὲ τῶν μαθητῶν 21
ᵒ⁻ εἶπεν αὐτῷ, Κύριε, ἐπίτρεψόν μοι πρῶτον ἀπελθεῖν καὶ
θάψαι τὸν πατέρα μου. ὁ δὲ Ἰησοῦς ᵖ λέγει ʹ αὐτῷ, Ἀκο- 22
λούθει μοι, καὶ ἄφες τοὺς νεκροὺς θάψαι τοὺς ἑαυτῶν νεκρούς.
Μκ 4. 36, Καὶ ἐμβάντι αὐτῷ εἰς ᑫ⁻ πλοῖον ἠκολούθησαν αὐτῷ οἱ 23
Lk. 8. 22. μαθηταὶ αὐτοῦ. καὶ ἰδού, σεισμὸς μέγας ἐγένετο ἐν τῇ 24
θαλάσσῃ, ὥστε τὸ πλοῖον καλύπτεσθαι ὑπὸ τῶν κυμάτων·
αὐτὸς δὲ ἐκάθευδε. καὶ προσελθόντες ʳ⁻ ʹ ἤγειραν αὐτὸν 25
λέγοντες, Κύριε, ˢ σῶσον· ʹ ἀπολλύμεθα. καὶ λέγει αὐτοῖς, 26
Τί δειλοί ἐστε, ὀλιγόπιστοι; τότε ἐγερθεὶς ἐπετίμησε τοῖς
ἀνέμοις καὶ τῇ θαλάσσῃ, καὶ ἐγένετο γαλήνη μεγάλη. οἱ δὲ 27
ἄνθρωποι ἐθαύμασαν λέγοντες, Ποταπός ἐστιν οὗτος, ὅτι
καὶ οἱ ἄνεμοι καὶ ἡ θάλασσα ὑπακούουσιν αὐτῷ;
Μκ. 5. 1. Καὶ ἐλθόντι αὐτῷ εἰς τὸ πέραν εἰς τὴν χώραν τῶν 28
Lk. 8. 26. ᵗ Γαδαρηνῶν ὑπήντησαν αὐτῷ δύο δαιμονιζόμενοι ἐκ τῶν
μνημείων ἐξερχόμενοι, χαλεποὶ λίαν, ὥστε μὴ ἰσχύειν τινὰ
παρελθεῖν διὰ τῆς ὁδοῦ ἐκείνης· καὶ ἰδού, ἔκραξαν λέγοντες, 29

ⁿ αὐτοῖς   ᵒ add αὐτοῦ   ᵖ εἶπεν   ᑫ add τὸ   ʳ add
οἱ μαθηταὶ αὐτοῦ   ˢ σῶσον ἡμᾶς·   ᵗ Γεργεσηνῶν

ΚΑΤΑ ΜΑΤΘΑΙΟΝ.

Τί ἡμῖν καὶ σοί, [u]— υἱέ τοῦ Θεοῦ; ἦλθες ὧδε πρὸ καιροῦ
30 βασανίσαι ἡμᾶς; ἦν δὲ μακρὰν ἀπ' αὐτῶν ἀγέλη χοίρων
31 πολλῶν βοσκομένη. οἱ δὲ δαίμονες παρεκάλουν αὐτὸν λέ-
γοντες, Εἰ ἐκβάλλεις ἡμᾶς, [v]ἀπόστειλον ἡμᾶς] εἰς τὴν ἀγέλην
32 τῶν χοίρων. καὶ εἶπεν αὐτοῖς, Ὑπάγετε. οἱ δὲ ἐξελθόντες
ἀπῆλθον εἰς [w]τοὺς χοίρους · καὶ ἰδού, ὥρμησε πᾶσα ἡ ἀγέλη
[x—] κατὰ τοῦ κρημνοῦ εἰς τὴν θάλασσαν, καὶ ἀπέθανον ἐν
33 τοῖς ὕδασιν. οἱ δὲ βόσκοντες ἔφυγον, καὶ ἀπελθόντες εἰς
τὴν πόλιν ἀπήγγειλαν πάντα, καὶ τὰ τῶν δαιμονιζομένων.
34 καὶ ἰδού, πᾶσα ἡ πόλις ἐξῆλθεν εἰς συνάντησιν τῷ Ἰησοῦ·
καὶ ἰδόντες αὐτὸν παρεκάλεσαν ὅπως μεταβῇ ἀπὸ τῶν ὁρίων
αὐτῶν.
9 Καὶ ἐμβὰς εἰς [y]— πλοῖον διεπέρασε, καὶ ἦλθεν εἰς τὴν Mk. 2. 1.
2 ἰδίαν πόλιν. καὶ ἰδού, προσέφερον αὐτῷ παραλυτικὸν ἐπὶ Lk. 5. 17.
κλίνης βεβλημένον· καὶ ἰδὼν ὁ Ἰησοῦς τὴν πίστιν αὐτῶν
εἶπε τῷ παραλυτικῷ, Θάρσει, τέκνον, ἀφέωνταί [z]σου αἱ
3 ἁμαρτίαι [a—]. καὶ ἰδού, τινὲς τῶν γραμματέων εἶπον ἐν
4 ἑαυτοῖς, Οὗτος βλασφημεῖ. καὶ [b]εἰδὼς ὁ Ἰησοῦς τὰς ἐν-
θυμήσεις αὐτῶν εἶπεν, Ἱνατί [c—] ἐνθυμεῖσθε πονηρὰ ἐν ταῖς
5 καρδίαις ὑμῶν; τί γάρ ἐστιν εὐκοπώτερον; εἰπεῖν, Ἀφέωνταί
6 [d]σου αἱ ἁμαρτίαι; ἢ εἰπεῖν, Ἔγειραι καὶ περιπάτει: ἵνα δὲ
εἰδῆτε ὅτι ἐξουσίαν ἔχει ὁ υἱὸς τοῦ ἀνθρώπου ἐπὶ τῆς γῆς
ἀφιέναι ἁμαρτίας, (τότε λέγει τῷ παραλυτικῷ) Ἐγερθεὶς
7 ἆρόν σου τὴν κλίνην, καὶ ὕπαγε εἰς τὸν οἶκόν σου. καὶ
8 ἐγερθεὶς ἀπῆλθεν εἰς τὸν οἶκον αὐτοῦ. ἰδόντες δὲ οἱ ὄχλοι
[e]ἐφοβήθησαν], καὶ ἐδόξασαν τὸν Θεὸν τὸν δόντα ἐξουσίαν
τοιαύτην τοῖς ἀνθρώποις.
9 Καὶ παράγων ὁ Ἰησοῦς ἐκεῖθεν εἶδεν ἄνθρωπον καθήμενον Mk. 2. 14.
ἐπὶ τὸ τελώνιον, Ματθαῖον λεγόμενον, καὶ λέγει αὐτῷ, Ἀκο- Lk. 5. 27.
λούθει μοι. καὶ ἀναστὰς ἠκολούθησεν αὐτῷ.

[u] add Ἰησοῦ, [v] ἐπίτρεψον ἡμῖν ἀπελθεῖν [w] τὴν ἀγέλην
τῶν χοίρων [x] add τῶν χοίρων [y] add τὸ [z] σοι
[a] add σου [b] ἰδὼν S.M. [c] add ὑμεῖς [d] σοι [e] ἐθαύμασαν

C

Καὶ ἐγένετο αὐτοῦ ἀνακειμένου ἐν τῇ οἰκίᾳ, καὶ ἰδού, 10 πολλοὶ τελῶναι καὶ ἁμαρτωλοὶ ἐλθόντες συνανέκειντο τῷ Ἰησοῦ καὶ τοῖς μαθηταῖς αὐτοῦ. καὶ ἰδόντες οἱ Φαρισαῖοι 11 εἶπον τοῖς μαθηταῖς αὐτοῦ, Διατί μετὰ τῶν τελωνῶν καὶ ἁμαρτωλῶν ἐσθίει ὁ διδάσκαλος ὑμῶν; ὁ δὲ ᶠ⁻ᶠ ἀκούσας 12 εἶπεν ᵍ⁻, Οὐ χρείαν ἔχουσιν οἱ ἰσχύοντες ἰατροῦ, ἀλλ' οἱ κακῶς ἔχοντες. πορευθέντες δὲ μάθετε τί ἐστιν, Ἔλεον 13 θέλω, καὶ οὐ θυσίαν· οὐ γὰρ ἦλθον καλέσαι δικαίους, ἀλλ' ἁμαρτωλούς ʰ⁻ᶦ.

Τότε προσέρχονται αὐτῷ οἱ μαθηταὶ Ἰωάννου λέγοντες, 14 Διατί ἡμεῖς καὶ οἱ Φαρισαῖοι νηστεύομεν ʲπολλά‖, οἱ δὲ μαθηταί σου οὐ νηστεύουσι; καὶ εἶπεν αὐτοῖς ὁ Ἰησοῦς, Μὴ 15 δύνανται οἱ υἱοὶ τοῦ νυμφῶνος πενθεῖν, ἐφ' ὅσον μετ' αὐτῶν ἐστιν ὁ νυμφίος; ἐλεύσονται δὲ ἡμέραι ὅταν ἀπαρθῇ ἀπ' αὐτῶν ὁ νυμφίος, καὶ τότε νηστεύσουσιν. οὐδεὶς δὲ ἐπι- 16 βάλλει ἐπίβλημα ῥάκους ἀγνάφου ἐπὶ ἱματίῳ παλαιῷ· αἴρει γὰρ τὸ πλήρωμα αὐτοῦ ἀπὸ τοῦ ἱματίου, καὶ χεῖρον σχίσμα γίνεται. οὐδὲ βάλλουσιν οἶνον νέον εἰς ἀσκοὺς παλαιούς· 17 εἰ δὲ μήγε, ῥήγνυνται οἱ ἀσκοί, καὶ ὁ οἶνος ἐκχεῖται, καὶ οἱ ἀσκοὶ ʲἀπόλλυνται ᶦ· ἀλλὰ βάλλουσιν οἶνον νέον εἰς ἀσκοὺς καινούς, καὶ ἀμφότερα συντηροῦνται.

Ταῦτα αὐτοῦ λαλοῦντος αὐτοῖς, ἰδού, ἄρχων ᵏεἷς‖ ἐλθὼν 18 προσεκύνει αὐτῷ λέγων ὅτι Ἡ θυγάτηρ μου ἄρτι ἐτελεύτησεν· ἀλλὰ ἐλθὼν ἐπίθες τὴν χεῖρά σου ἐπ' αὐτήν, καὶ ζήσεται. καὶ ἐγερθεὶς ὁ Ἰησοῦς ἠκολούθησεν αὐτῷ, καὶ οἱ 19 μαθηταὶ αὐτοῦ. καὶ ἰδού, γυνὴ αἱμορροοῦσα δώδεκα ἔτη, 20 προσελθοῦσα ὄπισθεν, ἥψατο τοῦ κρασπέδου τοῦ ἱματίου αὐτοῦ· ἔλεγε γὰρ ἐν ἑαυτῇ, Ἐὰν μόνον ἅψωμαι τοῦ ἱματίου 21 αὐτοῦ, σωθήσομαι. ὁ δὲ Ἰησοῦς ˡστραφεὶς ˡ καὶ ἰδὼν 22 αὐτὴν εἶπε, Θάρσει, θύγατερ· ἡ πίστις σου σέσωκέ σε. καὶ

ᶠ add Ἰησοῦς   ᵍ add αὐτοῖς   ʰ add εἰς μετάνοιαν
ᶦ om. πολλά M.   ʲ ἀπολοῦνται   ᵏ om. εἷς   ˡ ἐπιστραφεὶς

23 ἐσώθη ἡ γυνὴ ἀπὸ τῆς ὥρας ἐκείνης. καὶ ἐλθὼν ὁ Ἰησοῦς
εἰς τὴν οἰκίαν τοῦ ἄρχοντος, καὶ ἰδὼν τοὺς αὐλητὰς καὶ τὸν
24 ὄχλον θορυβούμενον, ᵐἔλεγεν ᵠ, Ἀναχωρεῖτε· οὐ γὰρ ἀπέ-
θανε τὸ κοράσιον, ἀλλὰ καθεύδει. καὶ κατεγέλων αὐτοῦ.
25 ὅτε δὲ ἐξεβλήθη ὁ ὄχλος, εἰσελθὼν ἐκράτησε τῆς χειρὸς
26 αὐτῆς, καὶ ἠγέρθη τὸ κοράσιον. καὶ ἐξῆλθεν ἡ φήμη αὕτη
εἰς ὅλην τὴν γῆν ἐκείνην.
27 Καὶ παράγοντι ἐκεῖθεν τῷ Ἰησοῦ ἠκολούθησαν αὐτῷ δύο
τυφλοὶ κράζοντες καὶ λέγοντες, Ἐλέησον ἡμᾶς, υἱὲ Δαβίδ.
28 ἐλθόντι δὲ εἰς τὴν οἰκίαν προσῆλθον αὐτῷ οἱ τυφλοί· καὶ
λέγει αὐτοῖς ὁ Ἰησοῦς, Πιστεύετε ὅτι δύναμαι τοῦτο ποιῆσαι;
29 λέγουσιν αὐτῷ, Ναί, Κύριε. τότε ἥψατο τῶν ὀφθαλμῶν
30 αὐτῶν λέγων, Κατὰ τὴν πίστιν ὑμῶν γενηθήτω ὑμῖν. καὶ
ἀνεῴχθησαν αὐτῶν οἱ ὀφθαλμοί. καὶ ἐνεβριμήσατο αὐτοῖς
31 ὁ Ἰησοῦς λέγων, Ὁρᾶτε, μηδεὶς γινωσκέτω. οἱ δὲ ἐξελ-
θόντες διεφήμισαν αὐτὸν ἐν ὅλῃ τῇ γῇ ἐκείνῃ.
32 Αὐτῶν δὲ ἐξερχομένων, ἰδού, προσήνεγκαν αὐτῷ ⁿ⁻ᵠ Cp. 12. 22,
33 κωφὸν δαιμονιζόμενον. καὶ ἐκβληθέντος τοῦ δαιμονίου Lk. 11. 14.
ἐλάλησεν ὁ κωφός· καὶ ἐθαύμασαν οἱ ὄχλοι λέγοντες, ᵒ⁻ᵠ
34 Οὐδέποτε ἐφάνη οὕτως ἐν τῷ Ἰσραήλ. οἱ δὲ Φαρισαῖοι
ἔλεγον, Ἐν τῷ ἄρχοντι τῶν δαιμονίων ἐκβάλλει τὰ δαιμόνια. Cp. Mk. 3.
35 Καὶ περιῆγεν ὁ Ἰησοῦς τὰς πόλεις πάσας καὶ τὰς κώμας, 22.
διδάσκων ἐν ταῖς συναγωγαῖς αὐτῶν, καὶ κηρύσσων τὸ εὐαγ-
γέλιον τῆς βασιλείας, καὶ θεραπεύων πᾶσαν νόσον καὶ πᾶσαν
36 μαλακίαν ᵖ⁻ᵠ. ἰδὼν δὲ τοὺς ὄχλους ἐσπλαγχνίσθη περὶ
αὐτῶν, ὅτι ἦσαν ᵠἐσκυλμένοι καὶ ἐρριμμένοι ὡσεὶ πρόβατα
37 μὴ ἔχοντα ποιμένα. τότε λέγει τοῖς μαθηταῖς αὐτοῦ, Ὁ
38 μὲν θερισμὸς πολύς, οἱ δὲ ἐργάται ὀλίγοι· δεήθητε οὖν τοῦ
κυρίου τοῦ θερισμοῦ, ὅπως ἐκβάλῃ ἐργάτας εἰς τὸν θερισμὸν
10 αὐτοῦ. καὶ προσκαλεσάμενος τοὺς δώδεκα μαθητὰς αὐτοῦ Mk. 6. 7,
Lk. 9. 1.

ᵐ λέγει αυτοις   ⁿ add ἄνθρωπον   ᵒ add ὅτι S.
ᵖ add ἐν τῷ λαῷ   ᵠ ἐκλελυμένοι

C 2

20   ΕΥΑΓΓΕΛΙΟΝ   10. 1–

ἔδωκεν αὐτοῖς ἐξουσίαν πνευμάτων ἀκαθάρτων, ὥστε ἐκβάλλειν αὐτά, καὶ θεραπεύειν πᾶσαν νόσον καὶ πᾶσαν μαλακίαν. Τῶν δὲ δώδεκα ἀποστόλων τὰ ὀνόματά ἐστι ταῦτα· πρῶτος 2 Σίμων ὁ λεγόμενος Πέτρος, καὶ Ἀνδρέας ὁ ἀδελφὸς αὐτοῦ· Ἰάκωβος ὁ τοῦ Ζεβεδαίου, καὶ Ἰωάννης ὁ ἀδελφὸς αὐτοῦ· Φίλιππος, καὶ Βαρθολομαῖος· Θωμᾶς, καὶ Ματθαῖος ὁ τελώνης· Ἰάκωβος ὁ τοῦ Ἀλφαίου, καὶ ʳ‑ᵘ Θαδδαῖος· Σίμων 4 ὁ ˢ Κανανᾶιος , καὶ Ἰούδας Ἰσκαριώτης ὁ καὶ παραδοὺς αὐτόν. τούτους τοὺς δώδεκα ἀπέστειλεν ὁ Ἰησοῦς παραγγείλας αὐτοῖς, λέγων, 5

Εἰς ὁδὸν ἐθνῶν μὴ ἀπέλθητε, καὶ εἰς πόλιν Σαμαρειτῶν μὴ εἰσέλθητε· πορεύεσθε δὲ μᾶλλον πρὸς τὰ πρόβατα τὰ ἀπολωλότα οἴκου Ἰσραήλ. πορευόμενοι δὲ κηρύσσετε λέγοντες ὅτι Ἤγγικεν ἡ βασιλεία τῶν οὐρανῶν. ἀσθενοῦντας 8 θεραπεύετε, ᵗνεκροὺς ἐγείρετε, λεπροὺς καθαρίζετε,ǁ δαιμόνια ἐκβάλλετε· δωρεὰν ἐλάβετε, δωρεὰν δότε. μὴ κτήσησθε 9 χρυσὸν μηδὲ ἄργυρον μηδὲ χαλκὸν εἰς τὰς ζώνας ὑμῶν, μὴ πήραν εἰς ὁδόν, μηδὲ δύο χιτῶνας, μηδὲ ὑποδήματα, μηδὲ 10 ᵘ ῥάβδον ǁ· ἄξιος γὰρ ὁ ἐργάτης τῆς τροφῆς αὐτοῦ ἐστιν. εἰς ἣν δ᾽ ἂν πόλιν ἢ κώμην εἰσέλθητε, ἐξετάσατε τίς ἐν αὐτῇ 11 ἄξιός ἐστι, κἀκεῖ μείνατε, ἕως ἂν ἐξέλθητε. εἰσερχόμενοι 12 δὲ εἰς τὴν οἰκίαν ἀσπάσασθε αὐτήν· καὶ ἐὰν μὲν ᾖ ἡ οἰκία 13 ἀξία, ἐλθέτω ἡ εἰρήνη ὑμῶν ἐπ᾽ αὐτήν· ἐὰν δὲ μὴ ᾖ ἀξία, ἡ εἰρήνη ὑμῶν πρὸς ὑμᾶς ἐπιστραφήτω. καὶ ὃς ἐὰν μὴ 14 δέξηται ὑμᾶς, μηδὲ ἀκούσῃ τοὺς λόγους ὑμῶν, ἐξερχόμενοι ᵛ ἔξωǁ τῆς οἰκίας ἢ τῆς πόλεως ἐκείνης ἐκτινάξατε τὸν κονιορτὸν τῶν ποδῶν ὑμῶν· ἀμὴν λέγω ὑμῖν, ἀνεκτότερον ἔσται 15 γῇ Σοδόμων καὶ Γομόρρων ἐν ἡμέρᾳ κρίσεως ἢ τῇ πόλει ἐκείνῃ.

Ἰδού, ἐγὼ ἀποστέλλω ὑμᾶς ὡς πρόβατα ἐν μέσῳ λύκων· 16

ʳ add Λεββαῖος ὁ ἐπικληθεὶς   ˢ Κανανίτης   ᵗ λεπροὺς καθαρίζετε, νεκροὺς ἐγείρετε,   ᵘ ῥάβδους Λ.   ᵛ om. ἔξω

ΚΑΤΑ ΜΑΤΘΑΙΟΝ.

γίνεσθε οὖν φρόνιμοι ὡς οἱ ὄφεις, καὶ ἀκέραιοι ὡς αἱ περισ-
17 τεραί. προσέχετε δὲ ἀπὸ τῶν ἀνθρώπων· παραδώσουσι γὰρ
ὑμᾶς εἰς συνέδρια, καὶ ἐν ταῖς συναγωγαῖς αὐτῶν μαστιγώ-
18 σουσιν ὑμᾶς· καὶ ἐπὶ ἡγεμόνας δὲ καὶ βασιλεῖς ἀχθήσεσθε
19 ἕνεκεν ἐμοῦ, εἰς μαρτύριον αὐτοῖς καὶ τοῖς ἔθνεσιν. ὅταν δὲ
παραδιδῶσιν ὑμᾶς, μὴ μεριμνήσητε πῶς ἢ τί λαλήσητε·
20 δοθήσεται γὰρ ὑμῖν ἐν ἐκείνῃ τῇ ὥρᾳ τί λαλήσετε· οὐ γὰρ
ὑμεῖς ἐστε οἱ λαλοῦντες, ἀλλὰ τὸ Πνεῦμα τοῦ πατρὸς ὑμῶν
21 τὸ λαλοῦν ἐν ὑμῖν. παραδώσει δὲ ἀδελφὸς ἀδελφὸν εἰς θάνα-
τον, καὶ πατὴρ τέκνον· καὶ ἐπαναστήσονται τέκνα ἐπὶ γονεῖς,
22 καὶ θανατώσουσιν αὐτούς· καὶ ἔσεσθε μισούμενοι ὑπὸ πάν-
των διὰ τὸ ὄνομά μου· ὁ δὲ ὑπομείνας εἰς τέλος, οὗτος σωθή-
23 σεται. ὅταν δὲ διώκωσιν ὑμᾶς ἐν τῇ πόλει ταύτῃ, φεύγετε
εἰς τὴν ˣἑτέραν . ἀμὴν γὰρ λέγω ὑμῖν, οὐ μὴ τελέσητε τὰς
πόλεις τοῦ Ἰσραήλ, ἕως ἂν ἔλθῃ ὁ υἱὸς τοῦ ἀνθρώπου.
24 Οὐκ ἔστι μαθητὴς ὑπὲρ τὸν διδάσκαλον, οὐδὲ δοῦλος
25 ὑπὲρ τὸν κύριον αὐτοῦ. ἀρκετὸν τῷ μαθητῇ ἵνα γένηται
ὡς ὁ διδάσκαλος αὐτοῦ, καὶ ὁ δοῦλος ὡς ὁ κύριος αὐτοῦ.
εἰ τὸν οἰκοδεσπότην Βεελζεβοὺλ ʸἐπεκάλεσαν‖, πόσῳ μᾶλ-
26 λον τοὺς οἰκιακοὺς αὐτοῦ; μὴ οὖν φοβηθῆτε αὐτούς· οὐδὲν
γάρ ἐστι κεκαλυμμένον, ὃ οὐκ ἀποκαλυφθήσεται, καὶ κρυ-
27 πτόν, ὃ οὐ γνωσθήσεται. ὃ λέγω ὑμῖν ἐν τῇ σκοτίᾳ, εἴπατε
ἐν τῷ φωτί· καὶ ὃ εἰς τὸ οὖς ἀκούετε, κηρύξατε ἐπὶ τῶν
28 δωμάτων. καὶ μὴ φοβηθῆτε ἀπὸ τῶν ἀποκτεινόντων τὸ
σῶμα, τὴν δὲ ψυχὴν μὴ δυναμένων ἀποκτεῖναι· φοβήθητε
δὲ μᾶλλον τὸν δυνάμενον καὶ ψυχὴν καὶ σῶμα ἀπολέσαι ἐν
29 γεέννῃ. οὐχὶ δύο στρουθία ἀσσαρίου πωλεῖται; καὶ ἓν ἐξ
30 αὐτῶν οὐ πεσεῖται ἐπὶ τὴν γῆν ἄνευ τοῦ πατρὸς ὑμῶν· ὑμῶν
31 δὲ καὶ αἱ τρίχες τῆς κεφαλῆς πᾶσαι ἠριθμημέναι εἰσί. μὴ
32 οὖν φοβηθῆτε· πολλῶν στρουθίων διαφέρετε ὑμεῖς. πᾶς
οὖν ὅστις ὁμολογήσει ἐν ἐμοὶ ἔμπροσθεν τῶν ἀνθρώπων,
ὁμολογήσω κἀγὼ ἐν αὐτῷ ἔμπροσθεν τοῦ πατρός μου τοῦ

ˣ ἄλλην   ʸ ἐκάλεσαν

ἐν οὐρανοῖς· ὅστις δ' ἂν ἀρνήσηταί με ἔμπροσθεν τῶν ἀν- 33
θρώπων, ἀρνήσομαι αὐτὸν κἀγὼ ἔμπροσθεν τοῦ πατρός μου
τοῦ ἐν οὐρανοῖς.

Μὴ νομίσητε ὅτι ἦλθον βαλεῖν εἰρήνην ἐπὶ τὴν γῆν· οὐκ 34
ἦλθον βαλεῖν εἰρήνην, ἀλλὰ μάχαιραν. ἦλθον γὰρ διχάσαι 35
Cp. Mic. 7. ἄνθρωπον κατὰ τοῦ πατρὸς αὐτοῦ, καὶ θυγατέρα κατὰ τῆς
6.   μητρὸς αὐτῆς, καὶ νύμφην κατὰ τῆς πενθερᾶς αὐτῆς· καὶ 36
ἐχθροὶ τοῦ ἀνθρώπου οἱ οἰκιακοὶ αὐτοῦ. ὁ φιλῶν πατέρα ἢ 37
μητέρα ὑπὲρ ἐμὲ οὐκ ἔστι μου ἄξιος· καὶ ὁ φιλῶν υἱὸν ἢ
θυγατέρα ὑπὲρ ἐμὲ οὐκ ἔστι μου ἄξιος· καὶ ὃς οὐ λαμβάνει 38
τὸν σταυρὸν αὐτοῦ καὶ ἀκολουθεῖ ὀπίσω μου, οὐκ ἔστι μου
ἄξιος. ὁ εὑρὼν τὴν ψυχὴν αὐτοῦ ἀπολέσει αὐτήν· καὶ ὁ 39
ἀπολέσας τὴν ψυχὴν αὐτοῦ ἕνεκεν ἐμοῦ εὑρήσει αὐτήν.

Ὁ δεχόμενος ὑμᾶς ἐμὲ δέχεται, καὶ ὁ ἐμὲ δεχόμενος δέχεται 40
τὸν ἀποστείλαντά με· ὁ δεχόμενος προφήτην εἰς ὄνομα 41
προφήτου μισθὸν προφήτου λήψεται, καὶ ὁ δεχόμενος δίκαιον
εἰς ὄνομα δικαίου μισθὸν δικαίου λήψεται· καὶ ὃς ἐὰν ποτίσῃ 42
ἕνα τῶν μικρῶν τούτων ποτήριον ψυχροῦ μόνον εἰς ὄνομα
μαθητοῦ, ἀμὴν λέγω ὑμῖν, οὐ μὴ ἀπολέσῃ τὸν μισθὸν αὐτοῦ.

Καὶ ἐγένετο ὅτε ἐτέλεσεν ὁ Ἰησοῦς διατάσσων τοῖς δώδεκα 11
μαθηταῖς αὐτοῦ, μετέβη ἐκεῖθεν τοῦ διδάσκειν καὶ κηρύσσειν
ἐν ταῖς πόλεσιν αὐτῶν.

Lk. 7. 18. Ὁ δὲ Ἰωάννης, ἀκούσας ἐν τῷ δεσμωτηρίῳ τὰ ἔργα τοῦ 2
Χριστοῦ, πέμψας ᶻδιὰ ᴵ τῶν μαθητῶν αὐτοῦ εἶπεν αὐτῷ, 3
Σὺ εἶ ὁ ἐρχόμενος; ἢ ἕτερον προσδοκῶμεν; καὶ ἀποκριθεὶς 4
ὁ Ἰησοῦς εἶπεν αὐτοῖς, Πορευθέντες ἀπαγγείλατε Ἰωάννῃ
Cp. Isa. ἃ ἀκούετε καὶ βλέπετε· τυφλοὶ ἀναβλέπουσι, καὶ χωλοὶ 5
35. 5.   περιπατοῦσι· λεπροὶ καθαρίζονται, καὶ κωφοὶ ἀκούουσι·
61. 1.
ᵃκαὶ νεκροὶ ἐγείρονται, καὶ πτωχοὶ εὐαγγελίζονται· καὶ 6
Lk. 7. 24. μακάριός ἐστιν, ὃς ἐὰν μὴ σκανδαλισθῇ ἐν ἐμοί. τούτων 7
δὲ πορειομένων ἤρξατο ὁ Ἰησοῦς λέγειν τοῖς ὄχλοις περὶ
Ἰωάννου, Τί ἐξήλθετε εἰς τὴν ἔρημον θεάσασθαι; κάλαμον

ᶻ δύο   ᵘ om. καὶ

8 ὑπὸ ἀνέμου σαλευόμενον; ἀλλὰ τί ἐξήλθετε ἰδεῖν; ἄνθρωπον ἐν μαλακοῖς ᵇ⁻ ἠμφιεσμένον; ἰδού, οἱ τὰ μαλακὰ φοροῦντες 9 ἐν τοῖς οἴκοις τῶν βασιλέων εἰσίν. ἀλλὰ τί ᶜἐξήλθετε; ἰδεῖν προφήτην;ᶦ ναί, λέγω ὑμῖν, καὶ περισσότερον προφήτου. 10 οὗτός ᵈ⁻ᶦ ἐστι περὶ οὗ γέγραπται, Ἰδού, ἐγὼ ἀποστέλλω τὸν Mal. 3. 1. ἄγγελόν μου πρὸ προσώπου σου, ὃς κατασκευάσει τὴν ὁδόν 11 σου ἔμπροσθέν σου. ἀμὴν λέγω ὑμῖν, οὐκ ἐγήγερται ἐν γεννητοῖς γυναικῶν μείζων Ἰωάννου τοῦ βαπτιστοῦ· ὁ δὲ μικρότερος ἐν τῇ βασιλείᾳ τῶν οὐρανῶν μείζων αὐτοῦ ἐστιν. 12 ἀπὸ δὲ τῶν ἡμερῶν Ἰωάννου τοῦ βαπτιστοῦ ἕως ἄρτι ἡ βασιλεία τῶν οὐρανῶν βιάζεται, καὶ βιασταὶ ἁρπάζουσιν 13 αὐτήν. πάντες γὰρ οἱ προφῆται καὶ ὁ νόμος ἕως Ἰωάννου 14 προεφήτευσαν. καὶ εἰ θέλετε δέξασθαι, αὐτός ἐστιν Ἠλίας Cp. Mal. 15, 16 ὁ μέλλων ἔρχεσθαι. ὁ ἔχων ὦτα ᵉἀκούειν ᵈ ἀκουέτω. τίνι ⁴·⁵· δὲ ὁμοιώσω τὴν γενεὰν ταύτην; ὁμοία ἐστὶ ᶠπαιδίοις ἐν 17 ἀγοραῖς καθημένοις,ᵍ ἃ προσφωνοῦντα τοῖς ἑταίροις λέγουσιν, Ηὐλήσαμεν ὑμῖν, καὶ οὐκ ὠρχήσασθε· ἐθρηνήσαμεν ʰ⁻, 18 καὶ οὐκ ἐκόψασθε. ἦλθε γὰρ Ἰωάννης μήτε ἐσθίων μήτε 19 πίνων, καὶ λέγουσι, Δαιμόνιον ἔχει. ἦλθεν ὁ υἱὸς τοῦ ἀνθρώπου ἐσθίων καὶ πίνων, καὶ λέγουσιν, Ἰδού, ἄνθρωπος φάγος καὶ οἰνοπότης, τελωνῶν φίλος καὶ ἁμαρτωλῶν. καὶ ἐδικαιώθη ἡ σοφία ἀπὸ τῶν ⁱἔργων αὐτῆς. 20 Τότε ἤρξατο ὀνειδίζειν τὰς πόλεις, ἐν αἷς ἐγένοντο αἱ 21 πλεῖσται δυνάμεις αὐτοῦ, ὅτι οὐ μετενόησαν. Οὐαί σοι, Cp. Lk. Χοραζίν, οὐαί σοι, Βηθσαϊδάν, ὅτι εἰ ἐν Τύρῳ καὶ Σιδῶνι ¹⁰·¹· ἐγένοντο αἱ δυνάμεις αἱ γενόμεναι ἐν ὑμῖν, πάλαι ἂν ἐν σάκκῳ 22 καὶ σποδῷ μετενόησαν. πλὴν λέγω ὑμῖν, Τύρῳ καὶ Σιδῶνι 23 ἀνεκτότερον ἔσται ἐν ἡμέρᾳ κρίσεως ἢ ὑμῖν. καὶ σύ,

---

ᵇ add ἱματίοις   ᶜ ἐξήλθετε ἰδεῖν: προφήτην; A.S.M.
ᵈ add γὰρ   ᵉ om. ἀκούειν M.   ᶠ παιδαρίοις   ᵍ καὶ προσφωνοῦσι τοῖς ἑταίροις αὐτῶν καὶ λέγουσιν.   ʰ add ὑμῖν
ⁱ τέκνων A.S.M.

Καπερναούμ, ἡ μὴ ἕως τοῦ οὐρανοῦ ὑψωθήσῃ; ἕως ᾅδου καταβήσῃ· ὅτι εἰ ἐν Σοδόμοις ἐγένοντο αἱ δυνάμεις αἱ γενόμεναι ἐν σοί, ἔμειναν ἂν μέχρι τῆς σήμερον. πλὴν λέγω ὑμῖν, 24 ὅτι γῇ Σοδόμων ἀνεκτότερον ἔσται ἐν ἡμέρᾳ κρίσεως ἢ σοί.

Ἐν ἐκείνῳ τῷ καιρῷ ἀποκριθεὶς ὁ Ἰησοῦς εἶπεν, Ἐξομολογοῦ- 25 μαί σοι, πάτερ, Κύριε τοῦ οὐρανοῦ καὶ τῆς γῆς, ὅτι ἀπέκρυψας ταῦτα ἀπὸ σοφῶν καὶ συνετῶν, καὶ ἀπεκάλυψας αὐτὰ νηπίοις· ναί, ὁ πατήρ, ὅτι οὕτως ἐγένετο εὐδοκία ἔμπροσθέν σου. 26 πάντα μοι παρεδόθη ὑπὸ τοῦ πατρός μου· καὶ οὐδεὶς ἐπιγινώ- 27 σκει τὸν υἱόν, εἰ μὴ ὁ πατήρ· οὐδὲ τὸν πατέρα τις ἐπιγινώσκει, εἰ μὴ ὁ υἱός, καὶ ᾧ ἐὰν βούληται ὁ υἱὸς ἀποκαλύψαι. δεῦτε πρός 28 με, πάντες οἱ κοπιῶντες καὶ πεφορτισμένοι, κἀγὼ ἀναπαύσω ὑμᾶς· ἄρατε τὸν ζυγόν μου ἐφ' ὑμᾶς, καὶ μάθετε ἀπ' ἐμοῦ, ὅτι 29 πρᾷός εἰμι καὶ ταπεινὸς τῇ καρδίᾳ, καὶ εὑρήσετε ἀνάπαυσιν ταῖς ψυχαῖς ὑμῶν· ὁ γὰρ ζυγός μου χρηστός, καὶ τὸ φορτίον μου 30 ἐλαφρόν ἐστιν.

Ἐν ἐκείνῳ τῷ καιρῷ ἐπορεύθη ὁ Ἰησοῦς τοῖς σάββασι διὰ 12 τῶν σπορίμων· οἱ δὲ μαθηταὶ αὐτοῦ ἐπείνασαν, καὶ ἤρξαντο τίλλειν στάχυας καὶ ἐσθίειν. οἱ δὲ Φαρισαῖοι ἰδόντες εἶπον 2 αὐτῷ, Ἰδού, οἱ μαθηταί σου ποιοῦσιν ὃ οὐκ ἔξεστι ποιεῖν ἐν σαββάτῳ. ὁ δὲ εἶπεν αὐτοῖς, Οὐκ ἀνέγνωτε τί ἐποίησε 3 Δαβίδ, ὅτε ἐπείνασε, καὶ οἱ μετ' αὐτοῦ; πῶς εἰσῆλθεν 4 εἰς τὸν οἶκον τοῦ Θεοῦ, καὶ τοὺς ἄρτους τῆς προθέσεως ἔφαγεν, οὓς οὐκ ἐξὸν ἦν αὐτῷ φαγεῖν, οὐδὲ τοῖς μετ' αὐτοῦ, εἰ μὴ τοῖς ἱερεῦσι μόνοις; ἢ οὐκ ἀνέγνωτε ἐν τῷ νόμῳ, ὅτι 5 τοῖς σάββασιν οἱ ἱερεῖς ἐν τῷ ἱερῷ τὸ σάββατον βεβηλοῦσι, καὶ ἀναίτιοί εἰσι; λέγω δὲ ὑμῖν, ὅτι τοῦ ἱεροῦ μεῖζόν 6 ἐστιν ὧδε. εἰ δὲ ἐγνώκειτε τί ἐστιν, Ἔλεον θέλω καὶ οὐ 7 θυσίαν, οὐκ ἂν κατεδικάσατε τοὺς ἀναιτίους. κύριος γάρ 8 ἐστι τοῦ σαββάτου ὁ υἱὸς τοῦ ἀνθρώπου.

ʲ ἡ   ᵏ ὑψωθεῖσα,   ˡ καταβιβασθήσῃ·   ᵐ ἐπείνασεν αὐτὸς
ⁿ ἔφαγον M.   ᵒ μείζων   ᵖ add καὶ

9 Καὶ μεταβὰς ἐκεῖθεν ἦλθεν εἰς τὴν συναγωγὴν αὐτῶν. Mk. 3. 1.
10 καὶ ἰδού, ἄνθρωπος ᑫ⁻ χεῖρα ἔχων ξηράν· καὶ ἐπηρώτησαν Lk. 6. 6.
αὐτὸν λέγοντες, Εἰ ἔξεστι τοῖς σάββασι θεραπεύειν; ἵνα
11 κατηγορήσωσιν αὐτοῦ. ὁ δὲ εἶπεν αὐτοῖς, Τίς ἔσται ἐξ
ὑμῶν ἄνθρωπος, ὃς ἕξει πρόβατον ἕν, καὶ ἐὰν ἐμπέσῃ τοῦτο
τοῖς σάββασιν εἰς βόθυνον, οὐχὶ κρατήσει αὐτὸ καὶ ἐγερεῖ;
12 πόσῳ οὖν διαφέρει ἄνθρωπος προβάτου; ὥστε ἔξεστι τοῖς
13 σάββασι καλῶς ποιεῖν. τότε λέγει τῷ ἀνθρώπῳ, Ἔκτεινον
τὴν χεῖρά σου. καὶ ἐξέτεινε, καὶ ἀποκατεστάθη ὑγιὴς ὡς
14 ἡ ἄλλη. ʳἐξελθόντες δὲ οἱ Φαρισαῖοι συμβούλιον ἔλαβον
15 κατ' αὐτοῦ, ὅπως αὐτὸν ἀπολέσωσιν. ὁ δὲ Ἰησοῦς γνοὺς
ἀνεχώρησεν ἐκεῖθεν· καὶ ἠκολούθησαν αὐτῷ ˢ⁻ʼ πολλοί, καὶ
16 ἐθεράπευσεν αὐτοὺς πάντας· καὶ ἐπετίμησεν αὐτοῖς, ἵνα μὴ
17 φανερὸν αὐτὸν ποιήσωσιν· ὅπως πληρωθῇ τὸ ῥηθὲν διὰ
18 Ἡσαΐου τοῦ προφήτου λέγοντος, Ἰδού, ὁ παῖς μου, ὃν Isa. 42. 1.
ᾑρέτισα· ὁ ἀγαπητός μου, εἰς ὃν εὐδόκησεν ἡ ψυχή μου·
θήσω τὸ Πνεῦμά μου ἐπ' αὐτόν, καὶ κρίσιν τοῖς ἔθνεσιν
19 ἀπαγγελεῖ. οὐκ ἐρίσει, οὐδὲ κραυγάσει· οὐδὲ ἀκούσει τις ἐν
20 ταῖς πλατείαις τὴν φωνὴν αὐτοῦ· κάλαμον συντετριμμένον οὐ
κατεάξει, καὶ λίνον τυφόμενον οὐ σβέσει, ἕως ἂν ἐκβάλῃ εἰς
21 νῖκος τὴν κρίσιν. καὶ ᵗ⁻ τῷ ὀνόματι αὐτοῦ ἔθνη ἐλπιοῦσι.
22 Τότε προσηνέχθη αὐτῷ δαιμονιζόμενος τυφλὸς καὶ κωφός· Lk. 11. 14.
καὶ ἐθεράπευσεν αὐτόν, ὥστε τὸν ᵘ⁻ʼ κωφὸν ᵛ⁻ʼ λαλεῖν καὶ
23 βλέπειν. καὶ ἐξίσταντο πάντες οἱ ὄχλοι καὶ ἔλεγον, Μήτι
24 οὗτός ἐστιν ὁ υἱὸς Δαβίδ; οἱ δὲ Φαρισαῖοι ἀκούσαντες εἶπον,
Οὗτος οὐκ ἐκβάλλει τὰ δαιμόνια εἰ μὴ ἐν τῷ Βεελζεβοὺλ Cp. 9. 34,
25 ἄρχοντι τῶν δαιμονίων. εἰδὼς δὲ ˣ⁻ τὰς ἐνθυμήσεις αὐτῶν Mk. 3. 22.
εἶπεν αὐτοῖς, Πᾶσα βασιλεία μερισθεῖσα καθ' ἑαυτῆς ἐρη-
μοῦται, καὶ πᾶσα πόλις ἢ οἰκία μερισθεῖσα καθ' ἑαυτῆς οὐ

ᑫ add ἦν τὴν   ʳ οἱ δὲ Φαρισαῖοι συμβούλιον ἔλαβον κατ'
αὐτοῦ ἐξελθόντες,   ˢ add ὄχλοι   ᵗ add ἐν   ᵘ add τυφ-
λὸν καὶ   ᵛ add καὶ   ˣ add ὁ Ἰησοῦς

σταθήσεται· καὶ εἰ ὁ Σατανᾶς τὸν Σατανᾶν ἐκβάλλει, ἐφ' 26
ἑαυτὸν ἐμερίσθη· πῶς οὖν σταθήσεται ἡ βασιλεία αὐτοῦ;
καὶ εἰ ἐγὼ ἐν Βεελζεβοὺλ ἐκβάλλω τὰ δαιμόνια, οἱ υἱοὶ ὑμῶν 27
ἐν τίνι ἐκβάλλουσι; διὰ τοῦτο αὐτοὶ ὑμῶν ἔσονται κριταί.
εἰ δὲ ἐγὼ ἐν Πνεύματι Θεοῦ ἐκβάλλω τὰ δαιμόνια, ἄρα 28
ἔφθασεν ἐφ' ὑμᾶς ἡ βασιλεία τοῦ Θεοῦ. ἢ πῶς δύναταί τις 29
εἰσελθεῖν εἰς τὴν οἰκίαν τοῦ ἰσχυροῦ καὶ τὰ σκεύη αὐτοῦ
διαρπάσαι, ἐὰν μὴ πρῶτον δήσῃ τὸν ἰσχυρόν; καὶ τότε τὴν
οἰκίαν αὐτοῦ διαρπάσει. ὁ μὴ ὢν μετ' ἐμοῦ κατ' ἐμοῦ ἐστι, 30
καὶ ὁ μὴ συνάγων μετ' ἐμοῦ σκορπίζει. διὰ τοῦτο λέγω 31
ὑμῖν, πᾶσα ἁμαρτία καὶ βλασφημία ἀφεθήσεται ʸ⁻ᵍ τοῖς
ἀνθρώποις· ἡ δὲ τοῦ Πνεύματος βλασφημία οὐκ ἀφεθήσε-
ται ᶻ⁻. καὶ ὃς ἂν εἴπῃ λόγον κατὰ τοῦ υἱοῦ τοῦ ἀνθρώπου, 32
ἀφεθήσεται αὐτῷ· ὃς δ' ἂν εἴπῃ κατὰ τοῦ Πνεύματος τοῦ
Ἁγίου, οὐκ ἀφεθήσεται αὐτῷ οὔτε ἐν τούτῳ τῷ αἰῶνι οὔτε ἐν
τῷ μέλλοντι. ἢ ποιήσατε τὸ δένδρον καλὸν καὶ τὸν καρπὸν 33
αὐτοῦ καλόν, ἢ ποιήσατε τὸ δένδρον σαπρὸν καὶ τὸν καρπὸν
αὐτοῦ σαπρόν· ἐκ γὰρ τοῦ καρποῦ τὸ δένδρον γινώσκεται.
γεννήματα ἐχιδνῶν, πῶς δύνασθε ἀγαθὰ λαλεῖν πονηροὶ 34
ὄντες; ἐκ γὰρ τοῦ περισσεύματος τῆς καρδίας τὸ στόμα
λαλεῖ. ὁ ἀγαθὸς ἄνθρωπος ἐκ τοῦ ἀγαθοῦ θησαυροῦ ᵃ⁻ 35
ἐκβάλλει ᵇ⁻ ἀγαθά· καὶ ὁ πονηρὸς ἄνθρωπος ἐκ τοῦ πονηροῦ
θησαυροῦ ἐκβάλλει πονηρά. λέγω δὲ ὑμῖν, ὅτι πᾶν ῥῆμα 36
ἀργόν, ὃ ἐὰν λαλήσωσιν οἱ ἄνθρωποι, ἀποδώσουσι περὶ
αὐτοῦ λόγον ἐν ἡμέρᾳ κρίσεως· ἐκ γὰρ τῶν λόγων σου 37
δικαιωθήσῃ, καὶ ἐκ τῶν λόγων σου καταδικασθήσῃ.

Τότε ἀπεκρίθησαν ᶜ αὐτῷ ᶠ τινὲς τῶν γραμματέων καὶ 38
Φαρισαίων λέγοντες, Διδάσκαλε, θέλομεν ἀπὸ σοῦ σημεῖον
ἰδεῖν. ὁ δὲ ἀποκριθεὶς εἶπεν αὐτοῖς, Γενεὰ πονηρὰ καὶ 39
μοιχαλὶς σημεῖον ἐπιζητεῖ· καὶ σημεῖον οὐ δοθήσεται αὐτῇ,

ʸ add ὑμῖν M.   ᶻ add τοῖς ἀνθρώποις   ᵃ add τῆς καρδίας
ᵇ add τὰ   ᶜ om. αὐτῷ

-13. 2. ΚΑΤΑ ΜΑΤΘΑΙΟΝ. 27

40 εἰ μὴ τὸ σημεῖον Ἰωνᾶ τοῦ προφήτου· ὥσπερ γὰρ ἦν Jonah 1. 17
Ἰωνᾶς ἐν τῇ κοιλίᾳ τοῦ κήτους τρεῖς ἡμέρας καὶ τρεῖς νύκτας, (v. 1).
οὕτως ἔσται ὁ υἱὸς τοῦ ἀνθρώπου ἐν τῇ καρδίᾳ τῆς γῆς τρεῖς
41 ἡμέρας καὶ τρεῖς νύκτας. ἄνδρες Νινευῖται ἀναστήσονται
ἐν τῇ κρίσει μετὰ τῆς γενεᾶς ταύτης, καὶ κατακρινοῦσιν
αὐτήν· ὅτι μετενόησαν εἰς τὸ κήρυγμα Ἰωνᾶ, καὶ ἰδού,
42 πλεῖον Ἰωνᾶ ὧδε. βασίλισσα νότου ἐγερθήσεται ἐν τῇ 1 Kings 10.
κρίσει μετὰ τῆς γενεᾶς ταύτης. καὶ κατακρινεῖ αὐτήν· ὅτι 2 Chr. 9. 1.
ἦλθεν ἐκ τῶν περάτων τῆς γῆς ἀκοῦσαι τὴν σοφίαν Σολομῶν-
43 τος, καὶ ἰδού, πλεῖον Σολομῶντος ὧδε. ὅταν δὲ τὸ ἀκά- Lk. 11. 24.
θαρτον πνεῦμα ἐξέλθῃ ἀπὸ τοῦ ἀνθρώπου, διέρχεται δι'
44 ἀνύδρων τόπων ζητοῦν ἀνάπαυσιν, καὶ οὐχ εὑρίσκει. τότε
λέγει, Ἐπιστρέψω εἰς τὸν οἶκόν μου, ὅθεν ἐξῆλθον· καὶ
ἐλθὸν εὑρίσκει σχολάζοντα, σεσαρωμένον καὶ κεκοσμημένον.
45 τότε πορεύεται καὶ παραλαμβάνει μεθ' ἑαυτοῦ ἑπτὰ ἕτερα
πνεύματα πονηρότερα ἑαυτοῦ, καὶ εἰσελθόντα κατοικεῖ ἐκεῖ.
καὶ γίνεται τὰ ἔσχατα τοῦ ἀνθρώπου ἐκείνου χείρονα τῶν
πρώτων. οὕτως ἔσται καὶ τῇ γενεᾷ ταύτῃ τῇ πονηρᾷ.
46 Ἔτι d- αὐτοῦ λαλοῦντος τοῖς ὄχλοις, ἰδού, ἡ μήτηρ καὶ Mk. 3. 31,
οἱ ἀδελφοὶ e- εἱστήκεισαν ἔξω ζητοῦντες αὐτῷ λαλῆσαι. Lk. 8. 19.
47 f εἶπε δέ τις αὐτῷ, Ἰδού, ἡ μήτηρ σου καὶ οἱ ἀδελφοί σου
48 ἔξω ἑστήκασι ζητοῦντές σοι λαλῆσαι. ὁ δὲ ἀποκριθεὶς
εἶπε τῷ εἰπόντι αὐτῷ, Τίς ἐστιν ἡ μήτηρ μου; καὶ τίνες
49 εἰσὶν οἱ ἀδελφοί μου; καὶ ἐκτείνας τὴν χεῖρα αὐτοῦ ἐπὶ τοὺς
μαθητὰς αὐτοῦ εἶπεν, Ἰδού, ἡ μήτηρ μου καὶ οἱ ἀδελφοί μου·
50 ὅστις γὰρ ἂν ποιήσῃ τὸ θέλημα τοῦ πατρός μου τοῦ ἐν
οὐρανοῖς, αὐτός μου ἀδελφὸς καὶ ἀδελφὴ καὶ μήτηρ ἐστίν.
13 Ἐν g- τῇ ἡμέρᾳ ἐκείνῃ ἐξελθὼν ὁ Ἰησοῦς ἀπὸ τῆς οἰκίας Mk. 4. 1,
2 ἐκάθητο παρὰ τὴν θάλασσαν· καὶ συνήχθησαν πρὸς αὐτὸν Lk. 8. 4.
ὄχλοι πολλοί, ὥστε αὐτὸν εἰς h- πλοῖον ἐμβάντα καθῆσθαι·

d add δὲ e add αὐτοῦ f om. ver. 47 M. g add δὲ
h add τὸ

καὶ πᾶς ὁ ὄχλος ἐπὶ τὸν αἰγιαλὸν εἱστήκει. καὶ ἐλάλησεν 3
αὐτοῖς πολλὰ ἐν παραβολαῖς λέγων, Ἰδού, ἐξῆλθεν ὁ σπείρων τοῦ σπείρειν. καὶ ἐν τῷ σπείρειν αὐτὸν ἃ μὲν ἔπεσε 4
παρὰ τὴν ὁδόν· καὶ ἦλθε τὰ πετεινά, καὶ κατέφαγεν αὐτά.
ἄλλα δὲ ἔπεσεν ἐπὶ τὰ πετρώδη, ὅπου οὐκ εἶχε γῆν πολλήν· 5
καὶ εὐθέως ἐξανέτειλε διὰ τὸ μὴ ἔχειν βάθος γῆς, ἡλίου δὲ 6
ἀνατείλαντος ἐκαυματίσθη, καὶ διὰ τὸ μὴ ἔχειν ῥίζαν ἐξηράνθη.
ἄλλα δὲ ἔπεσεν ἐπὶ τὰς ἀκάνθας· καὶ ἀνέβησαν αἱ ἄκανθαι, 7
καὶ ἀπέπνιξαν αὐτά. ἄλλα δὲ ἔπεσεν ἐπὶ τὴν γῆν τὴν 8
καλήν, καὶ ἐδίδου καρπόν, ὃ μὲν ἑκατόν, ὃ δὲ ἑξήκοντα, ὃ δὲ
τριάκοντα. ὁ ἔχων ὦτα ⁱ⁻ʲ ἀκουέτω. 9
Καὶ προσελθόντες οἱ μαθηταὶ εἶπον αὐτῷ, Διατί ἐν παρα- 10
βολαῖς λαλεῖς αὐτοῖς ; ὁ δὲ ἀποκριθεὶς εἶπεν αὐτοῖς ὅτι Ὑμῖν 11
δέδοται γνῶναι τὰ μυστήρια τῆς βασιλείας τῶν οὐρανῶν,
ἐκείνοις δὲ οὐ δέδοται. ὅστις γὰρ ἔχει, δοθήσεται αὐτῷ, καὶ 12
περισσευθήσεται· ὅστις δὲ οὐκ ἔχει, καὶ ὃ ἔχει ἀρθήσεται
ἀπ᾽ αὐτοῦ. διὰ τοῦτο ἐν παραβολαῖς αὐτοῖς λαλῶ, ὅτι 13
βλέποντες οὐ βλέπουσι, καὶ ἀκούοντες οὐκ ἀκούουσιν οὐδὲ
συνιοῦσι. καὶ ἀναπληροῦται ʲ⁻ʲ αὐτοῖς ἡ προφητεία 14
Ἡσαΐου ἡ λέγουσα, Ἀκοῇ ἀκούσετε, καὶ οὐ μὴ συνῆτε· καὶ
βλέποντες βλέψετε, καὶ οὐ μὴ ἴδητε· ἐπαχύνθη γὰρ ἡ 15
καρδία τοῦ λαοῦ τούτου, καὶ τοῖς ὠσὶ βαρέως ἤκουσαν, καὶ
τοὺς ὀφθαλμοὺς αὐτῶν ἐκάμμυσαν· μήποτε ἴδωσι τοῖς ὀφθαλμοῖς, καὶ τοῖς ὠσὶν ἀκούσωσι, καὶ τῇ καρδίᾳ συνῶσι, καὶ
ἐπιστρέψωσι, καὶ ᵏἰάσομαι" αὐτούς. ὑμῶν δὲ μακάριοι οἱ 16
ὀφθαλμοί, ὅτι βλέπουσι, καὶ τὰ ὦτα ὑμῶν, ὅτι ἀκούει·
ἀμὴν γὰρ λέγω ὑμῖν, ὅτι πολλοὶ προφῆται καὶ δίκαιοι 17
ἐπεθύμησαν ἰδεῖν ἃ βλέπετε, καὶ οὐκ εἶδον, καὶ ἀκοῦσαι ἃ
ἀκούετε, καὶ οὐκ ἤκουσαν. ὑμεῖς οὖν ἀκούσατε τὴν παρα- 18
βολὴν τοῦ σπείροντος. παντὸς ἀκούοντος τὸν λόγον τῆς 19
βασιλείας καὶ μὴ συνιέντος, ἔρχεται ὁ πονηρός, καὶ ἁρπάζει

ⁱ add ἀκούειν A.S.M.   ʲ add ἐπ᾽   ᵏ ἰάσωμαι

τὸ ἐσπαρμένον ἐν τῇ καρδίᾳ αὐτοῦ· οὗτός ἐστιν ὁ παρὰ τὴν
20 ὁδὸν σπαρείς. ὁ δὲ ἐπὶ τὰ πετρώδη σπαρείς, οὗτός ἐστιν
ὁ τὸν λόγον ἀκούων καὶ εὐθὺς μετὰ χαρᾶς λαμβάνων αὐτόν·
21 οὐκ ἔχει δὲ ῥίζαν ἐν ἑαυτῷ, ἀλλὰ πρόσκαιρός ἐστι, γενομένης
δὲ θλίψεως ἢ διωγμοῦ διὰ τὸν λόγον εὐθὺς σκανδαλίζεται.
22 ὁ δὲ εἰς τὰς ἀκάνθας σπαρείς, οὗτός ἐστιν ὁ τὸν λόγον
ἀκούων, καὶ ἡ μέριμνα τοῦ αἰῶνος [1] καὶ ἡ ἀπάτη τοῦ
23 πλούτου συμπνίγει τὸν λόγον, καὶ ἄκαρπος γίνεται. ὁ δὲ
ἐπὶ τὴν γῆν τὴν καλὴν σπαρείς, οὗτός ἐστιν ὁ τὸν λόγον
ἀκούων καὶ συνιών· ὃς δὴ καρποφορεῖ, καὶ ποιεῖ ὁ μὲν
ἑκατόν, ὁ δὲ ἑξήκοντα, ὁ δὲ τριάκοντα.
24 Ἄλλην παραβολὴν παρέθηκεν αὐτοῖς λέγων, Ὡμοιώθη
ἡ βασιλεία τῶν οὐρανῶν ἀνθρώπῳ [m]σπείραντι [1] καλὸν σπέρμα
25 ἐν τῷ ἀγρῷ αὐτοῦ· ἐν δὲ τῷ καθεύδειν τοὺς ἀνθρώπους
ἦλθεν αὐτοῦ ὁ ἐχθρὸς καὶ [n]ἐπέσπειρε [1] ζιζάνια ἀνὰ μέσον
26 τοῦ σίτου, καὶ ἀπῆλθεν. ὅτε δὲ ἐβλάστησεν ὁ χόρτος, καὶ
27 καρπὸν ἐποίησε, τότε ἐφάνη καὶ τὰ ζιζάνια. προσελθόντες
δὲ οἱ δοῦλοι τοῦ οἰκοδεσπότου εἶπον αὐτῷ, Κύριε, οὐχὶ
καλὸν σπέρμα ἔσπειρας ἐν τῷ σῷ ἀγρῷ; πόθεν οὖν ἔχει [o–]
28 ζιζάνια; ὁ δὲ ἔφη αὐτοῖς, Ἐχθρὸς ἄνθρωπος τοῦτο ἐποίησεν.
οἱ δὲ δοῦλοι [p]αὐτῷ λέγουσι, Θέλεις οὖν ἀπελθόντες συλ-
29 λέξωμεν αὐτά; ὁ δὲ [q]φησίν, Οὔ· μήποτε συλλέγοντες τὰ
30 ζιζάνια ἐκριζώσητε ἅμα αὐτοῖς τὸν σῖτον. ἄφετε συναυξά-
νεσθαι ἀμφότερα μέχρι τοῦ θερισμοῦ· καὶ ἐν τῷ καιρῷ τοῦ
θερισμοῦ ἐρῶ τοῖς θερισταῖς, Συλλέξατε πρῶτον τὰ ζιζάνια,
καὶ δήσατε αὐτὰ εἰς δέσμας πρὸς τὸ κατακαῦσαι αὐτά· τὸν
δὲ σῖτον συναγάγετε εἰς τὴν ἀποθήκην μου.
31 Ἄλλην παραβολὴν παρέθηκεν αὐτοῖς λέγων, Ὁμοία ἐστὶν   Mk. 4. 30,
ἡ βασιλεία τῶν οὐρανῶν κόκκῳ σινάπεως, ὃν λαβὼν ἄνθρωπος   Lk. 13. 18.
32 ἔσπειρεν ἐν τῷ ἀγρῷ αὐτοῦ· ὃ μικρότερον μέν ἐστι πάντων

---

[1] add τούτου [m] σπείροντι S. [n] ἔσπειρε [o] add τὰ
[p] εἶπον αὐτῷ [q] ἔφη

τῶν σπερμάτων, ὅταν δὲ αὐξηθῇ, μεῖζον τῶν λαχάνων ἐστί, καὶ γίνεται δένδρον, ὥστε ἐλθεῖν τὰ πετεινὰ τοῦ οὐρανοῦ καὶ κατασκηνοῦν ἐν τοῖς κλάδοις αὐτοῦ. Ἄλλην παραβολὴν ἐλάλησεν αὐτοῖς, Ὁμοία ἐστὶν ἡ βα- 33 σιλεία τῶν οὐρανῶν ζύμῃ, ἣν λαβοῦσα γυνὴ ἐνέκρυψεν εἰς ἀλεύρου σάτα τρία, ἕως οὗ ἐζυμώθη ὅλον. Ταῦτα πάντα ἐλάλησεν ὁ Ἰησοῦς ἐν παραβολαῖς τοῖς 34 ὄχλοις, καὶ χωρὶς παραβολῆς ʳ οὐδὲν ⁷ ἐλάλει αὐτοῖς· ὅπως 35 πληρωθῇ τὸ ῥηθὲν διὰ τοῦ προφήτου λέγοντος, Ἀνοίξω ἐν παραβολαῖς τὸ στόμα μου· ἐρεύξομαι κεκρυμμένα ἀπὸ καταβολῆς ˢ κόσμου ⁷.

Τότε ἀφεὶς τοὺς ὄχλους ἦλθεν εἰς τὴν οἰκίαν ᵗ⁻ · καὶ 36 προσῆλθον αὐτῷ οἱ μαθηταὶ αὐτοῦ λέγοντες, ᵘ Διασάφησον ⁷ ἡμῖν τὴν παραβολὴν τῶν ζιζανίων τοῦ ἀγροῦ. ὁ δὲ ἀπο- 37 κριθεὶς εἶπεν ᵛ⁻ , Ὁ σπείρων τὸ καλὸν σπέρμα ἐστὶν ὁ υἱὸς τοῦ ἀνθρώπου· ὁ δὲ ἀγρός ἐστιν ὁ κόσμος· τὸ δὲ καλὸν 38 σπέρμα, οὗτοί εἰσιν οἱ υἱοὶ τῆς βασιλείας· τὰ δὲ ζιζάνιά εἰσιν οἱ υἱοὶ τοῦ πονηροῦ· ὁ δὲ ἐχθρὸς ὁ σπείρας αὐτὰ ἐστιν 39 ὁ διάβολος· ὁ δὲ θερισμὸς συντέλεια ˣ⁻⁷ αἰῶνός ἐστιν· οἱ δὲ θερισταὶ ἄγγελοί εἰσιν. ὥσπερ οὖν συλλέγεται τὰ 40 ζιζάνια, καὶ πυρὶ κατακαίεται, οὕτως ἔσται ἐν τῇ συντελείᾳ τοῦ αἰῶνος ʸ⁻ . ἀποστελεῖ ὁ υἱὸς τοῦ ἀνθρώπου τοὺς 41 ἀγγέλους αὐτοῦ, καὶ συλλέξουσιν ἐκ τῆς βασιλείας αὐτοῦ πάντα τὰ σκάνδαλα καὶ τοὺς ποιοῦντας τὴν ἀνομίαν, καὶ 42 βαλοῦσιν αὐτοὺς εἰς τὴν κάμινον τοῦ πυρός· ἐκεῖ ἔσται ὁ κλαυθμὸς καὶ ὁ βρυγμὸς τῶν ὀδόντων. τότε οἱ δίκαιοι ἐκ- 43 λάμψουσιν ὡς ὁ ἥλιος ἐν τῇ βασιλείᾳ τοῦ πατρὸς αὐτῶν. ὁ ἔχων ὦτα ᶻ⁻⁷ ἀκουέτω.

ᵃ Ὁμοία ⁷ ἐστὶν ἡ βασιλεία τῶν οὐρανῶν θησαυρῷ κεκρυμ- 44

ʳ οὐκ ˢ om. κόσμου M. ᵗ add ὁ Ἰησοῦς ᵘ Φράσον
ᵛ add αὐτοῖς ˣ add τοῦ ʸ add τούτου ᶻ add ἀκούειν
A.S.M. ᵃ Πάλιν ὁμοία

μένῳ ἐν τῷ ἀγρῷ, ὃν εὑρὼν ἄνθρωπος ἔκρυψε, καὶ ἀπὸ τῆς χαρᾶς αὐτοῦ ὑπάγει, καὶ πάντα ὅσα ἔχει πωλεῖ, καὶ ἀγοράζει τὸν ἀγρὸν ἐκεῖνον.

45 Πάλιν ὁμοία ἐστὶν ἡ βασιλεία τῶν οὐρανῶν ἀνθρώπῳ 46 ἐμπόρῳ ζητοῦντι καλοὺς μαργαρίτας· ᵇεὑρὼν δὲ ἕνα πολύτιμον μαργαρίτην ἀπελθὼν πέπρακε πάντα ὅσα εἶχε, καὶ ἠγόρασεν αὐτόν.

47 Πάλιν ὁμοία ἐστὶν ἡ βασιλεία τῶν οὐρανῶν σαγήνῃ βληθείσῃ εἰς τὴν θάλασσαν, καὶ ἐκ παντὸς γένους συναγαγούσῃ· 48 ἣν ὅτε ἐπληρώθη ἀναβιβάσαντες ἐπὶ τὸν αἰγιαλόν, καὶ καθίσαντες, συνέλεξαν τὰ καλὰ εἰς ἀγγεῖα, τὰ δὲ σαπρὰ ἔξω 49 ἔβαλον. οὕτως ἔσται ἐν τῇ συντελείᾳ τοῦ αἰῶνος· ἐξελεύσονται οἱ ἄγγελοι, καὶ ἀφοριοῦσι τοὺς πονηροὺς ἐκ μέσου 50 τῶν δικαίων, καὶ βαλοῦσιν αὐτοὺς εἰς τὴν κάμινον τοῦ πυρός· ἐκεῖ ἔσται ὁ κλαυθμὸς καὶ ὁ βρυγμὸς τῶν ὀδόντων.

51 ᶜ⁻ᶠ Συνήκατε ταῦτα πάντα; λέγουσιν αὐτῷ, Ναὶ ᵈ⁻. 52 ὁ δὲ εἶπεν αὐτοῖς, Διὰ τοῦτο πᾶς γραμματεὺς μαθητευθεὶς ᵉτῇ βασιλείᾳ τῶν οὐρανῶν ὅμοιός ἐστιν ἀνθρώπῳ οἰκοδεσπότῃ, ὅστις ἐκβάλλει ἐκ τοῦ θησαυροῦ αὐτοῦ καινὰ καὶ παλαιά.

53 Καὶ ἐγένετο ὅτε ἐτέλεσεν ὁ Ἰησοῦς τὰς παραβολὰς ταύτας, Mk. 6. 1. 54 μετῆρεν ἐκεῖθεν· καὶ ἐλθὼν εἰς τὴν πατρίδα αὐτοῦ ἐδίδασκεν cp. Lk. 4. 16. αὐτοὺς ἐν τῇ συναγωγῇ αὐτῶν, ὥστε ἐκπλήττεσθαι αὐτοὺς καὶ λέγειν, Πόθεν τούτῳ ἡ σοφία αὕτη καὶ αἱ δυνάμεις; 55 οὐχ οὗτός ἐστιν ὁ τοῦ τέκτονος υἱός; οὐχὶ ἡ μήτηρ αὐτοῦ Cp. Joh. 6. λέγεται Μαριάμ, καὶ οἱ ἀδελφοὶ αὐτοῦ Ἰάκωβος καὶ ᶠἸωσὴφᵍ 42. 56 καὶ Σίμων καὶ Ἰούδας; καὶ αἱ ἀδελφαὶ αὐτοῦ οὐχὶ πᾶσαι 57 πρὸς ἡμᾶς εἰσι; πόθεν οὖν τούτῳ ταῦτα πάντα; καὶ ἐσκανδαλίζοντο ἐν αὐτῷ. ὁ δὲ Ἰησοῦς εἶπεν αὐτοῖς, Οὐκ ἔστι προφήτης ἄτιμος εἰ μὴ ἐν τῇ πατρίδι αὐτοῦ καὶ ἐν τῇ οἰκίᾳ 58 αὐτοῦ. καὶ οὐκ ἐποίησεν ἐκεῖ δυνάμεις πολλὰς διὰ τὴν ἀπιστίαν αὐτῶν.

ᵇ ὃς εὑρὼν   ᶜ add Λέγει αὐτοῖς ὁ Ἰησοῦς.   ᵈ add Κύριε
ᵉ εἰς τὴν βασιλείαν   ᶠ Ἰωσῆς

ΕΥΑΓΓΕΛΙΟΝ 14. 1-

Ἐν ἐκείνῳ τῷ καιρῷ ἤκουσεν Ἡρώδης ὁ τετράρχης τὴν 14 ἀκοὴν Ἰησοῦ, καὶ εἶπε τοῖς παισὶν αὐτοῦ, Οὗτός ἐστιν 2 Ἰωάννης ὁ βαπτιστής· αὐτὸς ἠγέρθη ἀπὸ τῶν νεκρῶν, καὶ διὰ τοῦτο αἱ δυνάμεις ἐνεργοῦσιν ἐν αὐτῷ. ὁ γὰρ Ἡρώδης 3 κρατήσας τὸν Ἰωάννην ᵍἔδησε¹ καὶ ἔθετο ἐν φυλακῇ διὰ Ἡρωδιάδα τὴν γυναῖκα Φιλίππου τοῦ ἀδελφοῦ αὐτοῦ· ἔλεγε γὰρ αὐτῷ ὁ Ἰωάννης, Οὐκ ἔξεστί σοι ἔχειν αὐτήν. 4 καὶ θέλων αὐτὸν ἀποκτεῖναι ἐφοβήθη τὸν ὄχλον, ὅτι ὡς 5 προφήτην αὐτὸν εἶχον. ʰ γενεσίοις δὲ γενομένοις ⁱ τοῦ 6 Ἡρώδου ὠρχήσατο ἡ θυγάτηρ τῆς Ἡρωδιάδος ἐν τῷ μέσῳ, καὶ ἤρεσε τῷ Ἡρώδῃ· ὅθεν μεθ' ὅρκου ὡμολόγησεν αὐτῇ 7 δοῦναι ὃ ἐὰν αἰτήσηται. ἡ δὲ προβιβασθεῖσα ὑπὸ τῆς 8 μητρὸς αὐτῆς, Δός μοι, φησίν, ὧδε ἐπὶ πίνακι τὴν κεφαλὴν Ἰωάννου τοῦ βαπτιστοῦ. καὶ ἐλυπήθη ὁ βασιλεύς, διὰ δὲ 9 τοὺς ὅρκους καὶ τοὺς συνανακειμένους ἐκέλευσε δοθῆναι· καὶ 10 πέμψας ἀπεκεφάλισε τὸν Ἰωάννην ἐν τῇ φυλακῇ. καὶ 11 ἠνέχθη ἡ κεφαλὴ αὐτοῦ ἐπὶ πίνακι, καὶ ἐδόθη τῷ κορασίῳ· καὶ ἤνεγκε τῇ μητρὶ αὐτῆς. καὶ προσελθόντες οἱ μαθηταὶ 12 αὐτοῦ ἦραν τὸ ʲπτῶμα, καὶ ἔθαψαν ʲαὐτόν· καὶ ἐλθόντες ἀπήγγειλαν τῷ Ἰησοῦ.

ᵏἈκούσας δὲ ˡ ὁ Ἰησοῦς ἀνεχώρησεν ἐκεῖθεν ἐν πλοίῳ εἰς 13 ἔρημον τόπον κατ' ἰδίαν· καὶ ἀκούσαντες οἱ ὄχλοι ἠκολούθησαν αὐτῷ πεζῇ ἀπὸ τῶν πόλεων. καὶ ἐξελθὼν ¹⁻ εἶδε 14 πολὺν ὄχλον, καὶ ἐσπλαγχνίσθη ἐπ' ᵐαὐτούς, καὶ ἐθεράπευσε τοὺς ἀρρώστους αὐτῶν. ὀψίας δὲ γενομένης προσῆλθον 15 αὐτῷ οἱ μαθηταὶ ⁿ⁻ᵢ λέγοντες, Ἔρημός ἐστιν ὁ τόπος, καὶ ἡ ὥρα ἤδη παρῆλθεν· ἀπόλυσον τοὺς ὄχλους, ἵνα ἀπελθόντες εἰς τὰς κώμας ἀγοράσωσιν ἑαυτοῖς βρώματα. ὁ δὲ Ἰησοῦς 16 εἶπεν αὐτοῖς, Οὐ χρείαν ἔχουσιν ἀπελθεῖν· δότε αὐτοῖς ὑμεῖς φαγεῖν. οἱ δὲ λέγουσιν αὐτῷ, Οὐκ ἔχομεν ὧδε εἰ μὴ πέντε 17

ᵍ ἔδησεν αὐτὸν ʰ γενεσίων δὲ ἀγομένων ⁱ σῶμα ʲ αὐτό
ᵏ Καὶ ἀκούσας ˡ add ὁ Ἰησοῦς ᵐ αὐτοὺς (for αὐτοῖς?) S.
ⁿ add αὐτοῦ

18 ἄρτους καὶ δύο ἰχθύας. ὁ δὲ εἶπε, Φέρετέ μοι αὐτοὺς ὧδε.
19 καὶ κελεύσας τοὺς ὄχλους ἀνακλιθῆναι ἐπὶ τοὺς χόρτους, καὶ λαβὼν τοὺς πέντε ἄρτους καὶ τοὺς δύο ἰχθύας, ἀναβλέψας εἰς τὸν οὐρανόν, εὐλόγησε, καὶ κλάσας ἔδωκε τοῖς 20 μαθηταῖς τοὺς ἄρτους, οἱ δὲ μαθηταὶ τοῖς ὄχλοις. καὶ ἔφαγον πάντες, καὶ ἐχορτάσθησαν· καὶ ἦραν τὸ περισσεῦον 21 τῶν κλασμάτων, δώδεκα κοφίνους πλήρεις. οἱ δὲ ἐσθίοντες ἦσαν ἄνδρες ὡσεὶ πεντακισχίλιοι, χωρὶς γυναικῶν καὶ παιδίων.
22 Καὶ εὐθέως ἠνάγκασε ο— τοὺς μαθητὰς p— ἐμβῆναι εἰς Mk. 6. 4:.
τὸ πλοῖον, καὶ προάγειν αὐτὸν εἰς τὸ πέραν, ἕως οὗ ἀπολύσῃ Joh. '. 10
23 τοὺς ὄχλους. καὶ ἀπολύσας τοὺς ὄχλους ἀνέβη εἰς τὸ ὄρος κατ᾿ ἰδίαν προσεύξασθαι· ὀψίας δὲ γενομένης μόνος ἦν 24 ἐκεῖ. τὸ δὲ πλοῖον ἤδη qμέσον τῆς θαλάσσης ἦν, βασανιζό-
25 μενον ὑπὸ τῶν κυμάτων, ἦν γὰρ ἐναντίος ὁ ἄνεμος. τετάρτῃ δὲ φυλακῇ τῆς νυκτὸς rἦλθε πρὸς αὐτοὺς s—, περιπατῶν 26 ἐπὶ tτὴν θάλασσαν. καὶ ἰδόντες αὐτὸν οἱ μαθηταὶ ἐπὶ uτῆς θαλάσσης ǀ περιπατοῦντα ἐταράχθησαν λέγοντες ὅτι 27 Φάντασμά ἐστι· καὶ ἀπὸ τοῦ φόβου ἔκραξαν. εὐθέως δὲ ἐλάλησεν αὐτοῖς ὁ Ἰησοῦς λέγων, Θαρσεῖτε· ἐγώ εἰμι· μὴ 28 φοβεῖσθε. ἀποκριθεὶς δὲ αὐτῷ ὁ Πέτρος εἶπε, Κύριε, εἰ σὺ 29 εἶ, κέλευσόν με πρός σε ἐλθεῖν ἐπὶ τὰ ὕδατα. ὁ δὲ εἶπεν, Ἐλθέ. καὶ καταβὰς ἀπὸ τοῦ πλοίου ὁ Πέτρος περιεπάτησεν 30 ἐπὶ τὰ ὕδατα, vἐλθεῖν πρὸς τὸν Ἰησοῦν. βλέπων δὲ τὸν ἄνεμον x—ǀ ἐφοβήθη, καὶ ἀρξάμενος καταποντίζεσθαι ἔκραξε 31 λέγων, Κύριε, σῶσόν με. εὐθέως δὲ ὁ Ἰησοῦς ἐκτείνας τὴν χεῖρα ἐπελάβετο αὐτοῦ, καὶ λέγει αὐτῷ, Ὀλιγόπιστε, εἰς τί 32 ἐδίστασας; καὶ y ἀναβάντων ǀ αὐτῶν εἰς τὸ πλοῖον ἐκόπασεν

o add ὁ Ἰησοῦς   p add αὐτοῦ   q σταδίους πολλοὺς ἀπὸ τῆς γῆς ἀπεῖχε M.   r ἀπῆλθε   s add ὁ Ἰησοῦς   t τῆς θαλάσσης   u τὴν θάλασσαν   v καὶ ἦλθε M.   x add ἰσχυρὸν A.S M.   y ἐμβάντων

34 ΕΥΑΓΓΕΛΙΟΝ 14. 32-

ὁ ἄνεμος· οἱ δὲ ἐν τῷ πλοίῳ ᶻ⁻∥ προσεκύνησαν αὐτῷ λέ- 33
γοντες, Ἀληθῶς Θεοῦ υἱὸς εἶ.

Mk. 6. 53. Καὶ διαπεράσαντες ἦλθον ᵃἐπὶ∥ τὴν γῆν ᵇεἰς∥ Γεννησα- 34
ρέτ. καὶ ἐπιγνόντες αὐτὸν οἱ ἄνδρες τοῦ τόπου ἐκείνου 35
ἀπέστειλαν εἰς ὅλην τὴν περίχωρον ἐκείνην, καὶ προσήνεγκαν
αὐτῷ πάντας τοὺς κακῶς ἔχοντας· καὶ παρεκάλουν αὐτόν, ἵνα 36
μόνον ἅψωνται τοῦ κρασπέδου τοῦ ἱματίου αὐτοῦ· καὶ ὅσοι
ἥψαντο, διεσώθησαν.

Mk. 7. 1. Τότε προσέρχονται τῷ Ἰησοῦ ᶜ⁻∥ ἀπὸ Ἱεροσολύμων ᵈΦαρι- 15
σαῖοι καὶ γραμματεῖς∥ λέγοντες, Διατί οἱ μαθηταί σου παρα- 2
βαίνουσι τὴν παράδοσιν τῶν πρεσβυτέρων; οὐ γὰρ νίπτονται
τὰς χεῖρας ᵉ⁻∥ ὅταν ἄρτον ἐσθίωσιν. ὁ δὲ ἀποκριθεὶς εἶπεν 3
αὐτοῖς, Διατί καὶ ὑμεῖς παραβαίνετε τὴν ἐντολὴν τοῦ Θεοῦ
Ex. 20. 12. διὰ τὴν παράδοσιν ὑμῶν; ὁ γὰρ Θεὸς ᶠεἶπε∥, Τίμα τὸν πατέρα 4
Deut. 5. 16;
Ex. 21. 17 ᵍ⁻∥ καὶ τὴν μητέρα· καί, Ὁ κακολογῶν πατέρα ἢ μητέρα
(16). θανάτῳ τελευτάτω· ὑμεῖς δὲ λέγετε, ʰΟς ἂν εἴπῃ τῷ πατρὶ ἢ 5
τῇ μητρί, Δῶρον, ὃ ἐὰν ἐξ ἐμοῦ ὠφεληθῇς, ʰ⁻∥ οὐ μὴ 6
ⁱτιμήσει ∥ τὸν πατέρα αὐτοῦ ᵏ⁻∥· καὶ ἠκυρώσατε ˡτὸν λόγον∥
τοῦ Θεοῦ διὰ τὴν παράδοσιν ὑμῶν. ὑποκριταί, καλῶς 7-
Isa. 29. 13. προεφήτευσε περὶ ὑμῶν Ἡσαΐας λέγων, ᵐὉ λαὸς∥ οὗτος 8
ⁿ⁻∥ τοῖς χείλεσί με τιμᾷ, ἡ δὲ καρδία αὐτῶν πόρρω ἀπέχει
ἀπ᾽ ἐμοῦ· μάτην δὲ σέβονταί με, διδάσκοντες διδασκαλίας 9
ἐντάλματα ἀνθρώπων. καὶ προσκαλεσάμενος τὸν ὄχλον 10
εἶπεν αὐτοῖς, Ἀκούετε καὶ συνίετε· οὐ τὸ εἰσερχόμενον εἰς 11
τὸ στόμα κοινοῖ τὸν ἄνθρωπον· ἀλλὰ τὸ ἐκπορευόμενον ἐκ
τοῦ στόματος, τοῦτο κοινοῖ τὸν ἄνθρωπον. τότε προσελ- 12
θόντες οἱ μαθηταὶ ᵒ⁻∥ εἶπον αὐτῷ, Οἶδας ὅτι οἱ Φαρισαῖοι

ᶻ add ἐλθόντες   ᵃ εἰς   ᵇ om. εἰς   ᶜ add οἱ
ᵈ γραμματεῖς καὶ Φαρισαῖοι   ᵉ add αὐτῶν   ᶠ ἐνετείλατο
λέγων   ᵍ add σου   ʰ add καὶ   ⁱ τιμήσῃ   ᵏ add ἢ
τὴν μητέρα αὐτοῦ A.S.M.   ˡ τὴν ἐντολὴν A.S.: τὸν νόμον M.
ᵐ Ἐγγίζει μοι ὁ λαὸς   ⁿ add τῷ στόματι αὐτῶν καὶ
ᵒ add αὐτοῦ

ΚΑΤΑ ΜΑΤΘΑΙΟΝ.

13 ἀκούσαντες τὸν λόγον ἐσκανδαλίσθησαν; ὁ δὲ ἀποκριθεὶς εἶπε, Πᾶσα φυτεία, ἣν οὐκ ἐφύτευσεν ὁ πατήρ μου ὁ οὐράνιος, 14 ἐκριζωθήσεται. ἄφετε αὐτούς· ὁδηγοί εἰσι τυφλοί ᴾ⁻ᶫᶫ· τυφλὸς δὲ τυφλὸν ἐὰν ὁδηγῇ, ἀμφότεροι εἰς βόθυνον πεσοῦνται. 15 ἀποκριθεὶς δὲ ὁ Πέτρος εἶπεν αὐτῷ, Φράσον ἡμῖν τὴν παρα-16 βολήν ᑫ⁻ᶫ. ὁ δὲ ʳ⁻ εἶπεν, Ἀκμὴν καὶ ὑμεῖς ἀσύνετοί ἐστε; 17 ˢοὐ ᶫ νοεῖτε ὅτι πᾶν τὸ εἰσπορευόμενον εἰς τὸ στόμα εἰς τὴν 18 κοιλίαν χωρεῖ, καὶ εἰς ἀφεδρῶνα ἐκβάλλεται; τὰ δὲ ἐκπορευόμενα ἐκ τοῦ στόματος ἐκ τῆς καρδίας ἐξέρχεται, κἀκεῖνα 19 κοινοῖ τὸν ἄνθρωπον. ἐκ γὰρ τῆς καρδίας ἐξέρχονται διαλογισμοὶ πονηροί, φόνοι, μοιχεῖαι, πορνεῖαι, κλοπαί, 20 ψευδομαρτυρίαι, βλασφημίαι· ταῦτά ἐστι τὰ κοινοῦντα τὸν ἄνθρωπον· τὸ δὲ ἀνίπτοις χερσὶ φαγεῖν οὐ κοινοῖ τὸν ἄνθρωπον.
21 Καὶ ἐξελθὼν ἐκεῖθεν ὁ Ἰησοῦς ἀνεχώρησεν εἰς τὰ μέρη Mk. 7. 24. 22 Τύρου καὶ Σιδῶνος. καὶ ἰδού, γυνὴ Χαναναία ἀπὸ τῶν ὁρίων ἐκείνων ἐξελθοῦσα ἐκραύγασε ᵗ⁻ᶫ λέγουσα, Ἐλέησόν με, 23 Κύριε, υἱὲ Δαβίδ· ἡ θυγάτηρ μου κακῶς δαιμονίζεται. ὁ δὲ οὐκ ἀπεκρίθη αὐτῇ λόγον. καὶ προσελθόντες οἱ μαθηταὶ αὐτοῦ ἠρώτων αὐτὸν λέγοντες, Ἀπόλυσον αὐτήν, ὅτι κράζει 24 ὄπισθεν ἡμῶν. ὁ δὲ ἀποκριθεὶς εἶπεν, Οὐκ ἀπεστάλην εἰ μὴ 25 εἰς τὰ πρόβατα τὰ ἀπολωλότα οἴκου Ἰσραήλ. ἡ δὲ ἐλθοῦσα 26 προσεκύνει αὐτῷ λέγουσα, Κύριε, βοήθει μοι. ὁ δὲ ἀποκριθεὶς εἶπεν, Οὐκ ἔστι καλὸν λαβεῖν τὸν ἄρτον τῶν τέκνων, 27 καὶ βαλεῖν τοῖς κυναρίοις. ἡ δὲ εἶπε, Ναί, Κύριε· καὶ γὰρ τὰ κυνάρια ἐσθίει ἀπὸ τῶν ψιχίων τῶν πιπτόντων ἀπὸ τῆς 28 τραπέζης τῶν κυρίων αὐτῶν. τότε ἀποκριθεὶς ὁ Ἰησοῦς εἶπεν αὐτῇ, Ὦ γύναι, μεγάλη σου ἡ πίστις· γενηθήτω σοι ὡς θέλεις. καὶ ἰάθη ἡ θυγάτηρ αὐτῆς ἀπὸ τῆς ὥρας ἐκείνης.
29 Καὶ μεταβὰς ἐκεῖθεν ὁ Ἰησοῦς ἦλθε παρὰ τὴν θάλασσαν Mk. 7. 31.

ᴾ add τυφλῶν   ᑫ add ταύτην   ʳ add Ἰησοῦς   ˢ οὔπω
ᵗ add αὐτῷ

τῆς Γαλιλαίας· καὶ ἀναβὰς εἰς τὸ ὄρος ἐκάθητο ἐκεῖ. καὶ 30 προσῆλθον αὐτῷ ὄχλοι πολλοί, ἔχοντες μεθ' ἑαυτῶν χωλούς, τυφλούς, κωφούς, κυλλούς, καὶ ἑτέρους πολλούς, καὶ ἔρριψαν αὐτοὺς παρὰ τοὺς πόδας ᵘαὐτοῦ · καὶ ἐθεράπευσεν αὐτούς·

Cp. Isa. 35. 5. ὥστε ˣτὸν ὄχλον θαυμάσαι βλέποντας κωφοὺς λαλοῦντας, 31 κυλλοὺς ὑγιεῖς, ʸκαὶ ' χωλοὺς περιπατοῦντας, καὶ τυφλοὺς βλέποντας· καὶ ἐδόξασαν τὸν Θεὸν Ἰσραήλ.

Mk. 8. 1. Ὁ δὲ Ἰησοῦς προσκαλεσάμενος τοὺς μαθητὰς αὐτοῦ εἶπε, 32 Σπλαγχνίζομαι ἐπὶ τὸν ὄχλον, ὅτι ἤδη ᶻἡμέραι' τρεῖς προσμένουσί μοι, καὶ οὐκ ἔχουσι τί φάγωσι· καὶ ἀπολῦσαι αὐτοὺς νήστεις οὐ θέλω, μήποτε ἐκλυθῶσιν ἐν τῇ ὁδῷ. καὶ 33 λέγουσιν αὐτῷ οἱ μαθηταί ᵃ⁻', Πόθεν ἡμῖν ἐν ἐρημίᾳ ἄρτοι τοσοῦτοι, ὥστε χορτάσαι ὄχλον τοσοῦτον; καὶ λέγει αὐτοῖς 34 ὁ Ἰησοῦς, Πόσους ἄρτους ἔχετε; οἱ δὲ εἶπον, Ἑπτά, καὶ ὀλίγα ἰχθύδια. καὶ ᵇπαραγγείλας τῷ ὄχλῳ' ἀναπεσεῖν ἐπὶ 35 τὴν γῆν ᶜἔλαβε τοὺς ἑπτὰ ἄρτους καὶ τοὺς ἰχθύας, ᵈκαὶ 36 εὐχαριστήσας ἔκλασε, καὶ ᶜἐδίδου' τοῖς μαθηταῖς ᶠ⁻, οἱ δὲ μαθηταὶ ᵍτοῖς ὄχλοις'. καὶ ἔφαγον πάντες, καὶ ἐχορτά- 37 σθησαν· καὶ ἦραν τὸ περισσεῦον τῶν κλασμάτων, ἑπτὰ σπυρίδας πλήρεις. οἱ δὲ ἐσθίοντες ἦσαν τετρακισχίλιοι ἄνδρες, 38 χωρὶς γυναικῶν καὶ παιδίων. καὶ ἀπολύσας τοὺς ὄχλους 39 ἐνέβη εἰς τὸ πλοῖον, καὶ ἦλθεν εἰς τὰ ὅρια ʰΜαγαδάν.

Mk. 8. 11. Καὶ προσελθόντες οἱ Φαρισαῖοι καὶ Σαδδουκαῖοι πειρά- 16 ζοντες ἐπηρώτησαν αὐτὸν σημεῖον ἐκ τοῦ οὐρανοῦ ἐπιδεῖξαι

Cp. Lk. 12. 54. αὐτοῖς. ὁ δὲ ἀποκριθεὶς εἶπεν αὐτοῖς, ⁱὈψίας γενομένης 2 λέγετε, Εὐδία· πυρράζει γὰρ ὁ οὐρανός· καὶ πρωί, Σήμερον 3 χειμών· πυρράζει γὰρ στυγνάζων ὁ οὐρανός. ᵏ⁻ˡˡ τὸ μὲν πρόσωπον τοῦ οὐρανοῦ γινώσκετε διακρίνειν, τὰ δὲ σημεῖα

ᵘ τοῦ Ἰησοῦ   ˣ τοὺς ὄχλους   ʸ om. καὶ   ᶻ ἡμέρας
ᵃ add αὐτοῦ   ᵇ ἐκέλευσε τοῖς ὄχλοις   ᶜ καὶ λαβὼν
ᵈ om. καὶ   ᵉ ἔδωκε   ᶠ add αὐτοῦ   ᵍ τῷ ὄχλῳ
ʰ Μαγδαλά   ⁱ om. Ὀψίας γενομένης—οὐ δύνασθε. M.   ᵏ add ὑποκριταί,

4 τῶν καιρῶν οὐ δύνασθε. γενεὰ πονηρὰ καὶ μοιχαλὶς σημεῖον Cp. 12. 39.
ἐπιζητεῖ· καὶ σημεῖον οὐ δοθήσεται αὐτῇ, εἰ μὴ τὸ σημεῖον Lk. 11. 29.
Ἰωνᾶ ¹⁻ᵠ. καὶ καταλιπὼν αὐτοὺς ἀπῆλθε.
5 Καὶ ἐλθόντες οἱ μαθηταὶ ᵐ⁻ εἰς τὸ πέραν ἐπελάθοντο Mk. 8. 14.
6 ἄρτους λαβεῖν. ὁ δὲ Ἰησοῦς εἶπεν αὐτοῖς, Ὁρᾶτε καὶ
προσέχετε ἀπὸ τῆς ζύμης τῶν Φαρισαίων καὶ Σαδδουκαίων.
7 οἱ δὲ διελογίζοντο ἐν ἑαυτοῖς λέγοντες ὅτι Ἄρτους οὐκ
8 ἐλάβομεν. γνοὺς δὲ ὁ Ἰησοῦς εἶπε ⁿ⁻, Τί διαλογίζεσθε
9 ἐν ἑαυτοῖς, ὀλιγόπιστοι, ὅτι ἄρτους οὐκ ᵒἔχετε ; οὔπω νοεῖτε,
οὐδὲ μνημονεύετε τοὺς πέντε ἄρτους τῶν πεντακισχιλίων,
10 καὶ πόσους κοφίνους ἐλάβετε ; οὐδὲ τοὺς ἑπτὰ ἄρτους τῶν
11 τετρακισχιλίων, καὶ πόσας σπυρίδας ἐλάβετε ; πῶς οὐ νοεῖτε,
ὅτι οὐ περὶ ᵖἄρτων εἶπον ᵠἱμῖν ; προσέχετε δὲ ἀπὸ τῆς
12 ζύμης τῶν Φαρισαίων καὶ Σαδδουκαίων. τότε συνῆκαν, ὅτι
οὐκ εἶπε προσέχειν ἀπὸ τῆς ζύμης ʳτῶν ἄρτων , ἀλλ᾽ ἀπὸ
τῆς διδαχῆς τῶν Φαρισαίων καὶ Σαδδουκαίων.
13 Ἐλθὼν δὲ ὁ Ἰησοῦς εἰς τὰ μέρη Καισαρείας τῆς Φιλίππου Mk. 8. 27.
ἠρώτα τοὺς μαθητὰς αὐτοῦ λέγων, Τίνα ˢ⁻ˡ λέγουσιν οἱ Lk. 9. 18.
14 ἄνθρωποι εἶναι τὸν υἱὸν τοῦ ἀνθρώπου ; οἱ δὲ εἶπον, Οἱ μὲν
Ἰωάννην τὸν βαπτιστήν· ἄλλοι δὲ Ἠλίαν· ἕτεροι δὲ Ἱερε-
15 μίαν, ἢ ἕνα τῶν προφητῶν. λέγει αὐτοῖς, Ὑμεῖς δὲ τίνα με
16 λέγετε εἶναι ; ἀποκριθεὶς δὲ Σίμων Πέτρος εἶπε, Σὺ εἶ ὁ Cp. Joh. 6.
17 Χριστός, ὁ υἱὸς τοῦ Θεοῦ τοῦ ζῶντος. ᵗἀποκριθεὶς δὲ ⁷ 68.
ὁ Ἰησοῦς εἶπεν αὐτῷ, Μακάριος εἶ, Σίμων Βὰρ Ἰωνᾶ, ὅτι
σὰρξ καὶ αἷμα οὐκ ἀπεκάλυψέ σοι, ἀλλ᾽ ὁ πατήρ μου ὁ ἐν
18 τοῖς οὐρανοῖς. κἀγὼ δέ σοι λέγω, ὅτι σὺ εἶ Πέτρος, καὶ
ἐπὶ ταύτῃ τῇ πέτρᾳ οἰκοδομήσω μου τὴν ἐκκλησίαν, καὶ
19 πύλαι ᾅδου οὐ κατισχύσουσιν αὐτῆς. ᵘ⁻ˡ δώσω σοὶ τὰς κλεῖς Cp. 18. 18.
τῆς βασιλείας τῶν οὐρανῶν· καὶ ὃ ἐὰν δήσῃς ἐπὶ τῆς γῆς, Joh. 20. 23.

ˡ add τοῦ προφήτου ᵐ add αὐτοῦ ⁿ add αὐτοῖς
ᵒ ἐλάβετε ᵖ ἄρτου ᵠ ὑμῖν προσέχειν ʳ τοῦ ἄρτου
ˢ add με A.S.M. ᵗ καὶ ἀποκριθεὶς ᵘ add καὶ

ἔσται δεδεμένον ἐν τοῖς οὐρανοῖς· καὶ ὃ ἐὰν λύσῃς ἐπὶ τῆς γῆς, ἔσται λελυμένον ἐν τοῖς οὐρανοῖς. τότε διεστείλατο 20 τοῖς μαθηταῖς ˣ⁻⁷ ἵνα μηδενὶ εἴπωσιν, ὅτι αὐτός ἐστιν ʸ⁻⁷ ὁ Χριστός.

Ἀπὸ τότε ἤρξατο ᶻ ὁ Ἰησοῦς⁰ δεικνύειν τοῖς μαθηταῖς 21 αὐτοῦ, ὅτι δεῖ αὐτὸν ἀπελθεῖν εἰς Ἱεροσόλυμα, καὶ πολλὰ παθεῖν ἀπὸ τῶν πρεσβυτέρων καὶ ἀρχιερέων καὶ γραμματέων, καὶ ἀποκτανθῆναι, καὶ τῇ τρίτῃ ἡμέρᾳ ἐγερθῆναι. καὶ προσ- 22 λαβόμενος αὐτὸν ὁ Πέτρος ἤρξατο ἐπιτιμᾶν αὐτῷ λέγων, Ἵλεώς σοι, Κύριε· οὐ μὴ ἔσται σοι τοῦτο. ὁ δὲ στραφεὶς 23 εἶπε τῷ Πέτρῳ, Ὕπαγε ὀπίσω μου, Σατανᾶ· σκάνδαλον ᵃεἶ ἐμοῦ· ὅτι οὐ φρονεῖς τὰ τοῦ Θεοῦ, ἀλλὰ τὰ τῶν ἀνθρώπων. τότε ὁ Ἰησοῦς εἶπε τοῖς μαθηταῖς αὐτοῦ, Εἴ τις θέλει 24 ὀπίσω μου ἐλθεῖν, ἀπαρνησάσθω ἑαυτόν, καὶ ἀράτω τὸν σταυρὸν αὐτοῖ, καὶ ἀκολουθείτω μοι. ὃς γὰρ ἂν θέλῃ τὴν 25 ψυχὴν αὐτοῦ σῶσαι, ἀπολέσει αὐτήν· ὃς δ' ἂν ἀπολέσῃ τὴν ψυχὴν αὐτοῦ ἕνεκεν ἐμοῦ, εὑρήσει αὐτήν· τί γὰρ ᵇὠφελη- 26 θήσεται⁷ ἄνθρωπος, ἐὰν τὸν κόσμον ὅλον κερδήσῃ, τὴν δὲ ψυχὴν αὐτοῦ ζημιωθῇ; ἢ τί δώσει ἄνθρωπος ἀντάλλαγμα τῆς ψυχῆς αὐτοῦ; μέλλει γὰρ ὁ υἱὸς τοῦ ἀνθρώπου ἔρχεσθαι 27 ἐν τῇ δόξῃ τοῦ πατρὸς αὐτοῦ μετὰ τῶν ἀγγέλων αὐτοῦ, καὶ τότε ἀποδώσει ἑκάστῳ κατὰ τὴν πρᾶξιν αὐτοῦ. ἀμὴν 28 λέγω ὑμῖν, εἰσί τινες τῶν ὧδε ἑστηκότων, οἵτινες οὐ μὴ γεύσωνται θανάτου, ἕως ἂν ἴδωσι τὸν υἱὸν τοῦ ἀνθρώπου ἐρχόμενον ἐν τῇ βασιλείᾳ αὐτοῦ.

Καὶ μεθ' ἡμέρας ἓξ παραλαμβάνει ὁ Ἰησοῦς τὸν Πέτρον 17 καὶ Ἰάκωβον καὶ Ἰωάννην τὸν ἀδελφὸν αὐτοῦ, καὶ ἀναφέρει αὐτοὺς εἰς ὄρος ὑψηλὸν κατ' ἰδίαν· καὶ μετεμορφώθη ἔμ- 2 προσθεν αὐτῶν· καὶ ἔλαμψε τὸ πρόσωπον αὐτοῦ ὡς ὁ ἥλιος, τὰ δὲ ἱμάτια αὐτοῦ ἐγένετο λευκὰ ὡς τὸ φῶς. καὶ ἰδού, 3

ˣ add αὐτοῦ   ʸ add Ἰησοῦς   ᶻ Ἰησοῦς Χριστὸς M.
ᵃ μου εἶ   ᵇ ὠφελεῖται

ὤφθησαν αὐτοῖς Μωσῆς καὶ Ἠλίας μετ' αὐτοῦ συλλαλοῦντες.
4 ἀποκριθεὶς δὲ ὁ Πέτρος εἶπε τῷ Ἰησοῦ, Κύριε, καλόν ἐστιν
ἡμᾶς ὧδε εἶναι· εἰ θέλεις, ᶜποιήσω|| ὧδε τρεῖς σκηνάς, σοὶ
5 μίαν, καὶ Μωσῇ μίαν, καὶ ᵈἨλίᾳ μίαν⁷. ἔτι αὐτοῦ λα-
λοῦντος, ἰδού, νεφέλη φωτεινὴ ἐπεσκίασεν αὐτούς· καὶ ἰδού,
φωνὴ ἐκ τῆς νεφέλης λέγουσα, Οὗτός ἐστιν ὁ υἱός μου ὁ
6 ἀγαπητός, ἐν ᾧ εὐδόκησα· αὐτοῦ ἀκούετε. καὶ ἀκούσαντες
οἱ μαθηταὶ ἔπεσον ἐπὶ πρόσωπον αὐτῶν, καὶ ἐφοβήθησαν
7 σφόδρα. καὶ προσελθὼν ὁ Ἰησοῦς ἥψατο αὐτῶν, καὶ εἶπεν,
8 Ἐγέρθητε καὶ μὴ φοβεῖσθε. ἐπάραντες δὲ τοὺς ὀφθαλμοὺς
αὐτῶν οὐδένα εἶδον, εἰ μὴ τὸν Ἰησοῦν μόνον.
9 Καὶ καταβαινόντων αὐτῶν ᵉἐκ τοῦ ὄρους ἐνετείλατο Mk. 9. 9.
αὐτοῖς ὁ Ἰησοῦς λέγων, Μηδενὶ εἴπητε τὸ ὅραμα, ἕως οὗ ὁ
10 υἱὸς τοῦ ἀνθρώπου ἐκ νεκρῶν ἀναστῇ. καὶ ἐπηρώτησαν αὐτὸν
οἱ μαθηταὶ αὐτοῦ λέγοντες, Τί οὖν οἱ γραμματεῖς λέγουσιν,
11 ὅτι Ἠλίαν δεῖ ἐλθεῖν πρῶτον; ὁ δὲ ᶠ⁻⁷ ἀποκριθεὶς εἶπεν
ᵍ⁻⁷, Ἠλίας μὲν ἔρχεται ʰ⁻⁷, καὶ ἀποκαταστήσει πάντα· Cp. Mal.
12 λέγω δὲ ὑμῖν, ὅτι Ἠλίας ἤδη ἦλθε, καὶ οὐκ ἐπέγνωσαν αὐτόν, 4. 5.
ἀλλ' ἐποίησαν ἐν αὐτῷ ὅσα ἠθέλησαν· οὕτω καὶ ὁ υἱὸς τοῦ
13 ἀνθρώπου μέλλει πάσχειν ὑπ' αὐτῶν. τότε συνῆκαν οἱ μα-
θηταί, ὅτι περὶ Ἰωάννου τοῦ βαπτιστοῦ εἶπεν αὐτοῖς.
14 Καὶ ἐλθόντων ⁱ⁻⁷ πρὸς τὸν ὄχλον προσῆλθεν αὐτῷ Mk. 9. 14,
15 ἄνθρωπος γονυπετῶν ᵏαὐτὸν καὶ λέγων, Κύριε, ἐλέησόν Lk. 9. 37.
μου τὸν υἱόν, ὅτι σεληνιάζεται καὶ κακῶς πάσχει· πολλάκις
16 γὰρ πίπτει εἰς τὸ πῦρ, καὶ πολλάκις εἰς τὸ ὕδωρ. καὶ
προσήνεγκα αὐτὸν τοῖς μαθηταῖς σου, καὶ οὐκ ἠδυνήθησαν
17 αὐτὸν θεραπεῦσαι. ἀποκριθεὶς δὲ ὁ Ἰησοῦς εἶπεν, Ὦ γενεὰ
ἄπιστος καὶ διεστραμμένη, ἕως πότε ἔσομαι μεθ' ὑμῶν; ἕως
18 πότε ἀνέξομαι ὑμῶν; φέρετέ μοι αὐτὸν ὧδε. καὶ ἐπετίμησεν
αὐτῷ ὁ Ἰησοῦς, καὶ ἐξῆλθεν ἀπ' αὐτοῦ τὸ δαιμόνιον, καὶ

ᶜ ποιήσωμεν   ᵈ μίαν Ἠλίᾳ   ᵉ ἀπὸ   ᶠ add Ἰησοῦς
ᵍ add αὐτοῖς   ʰ add πρῶτον   ⁱ add αὐτῶν   ᵏ αὐτῷ

ἐθεραπεύθη ὁ παῖς ἀπὸ τῆς ὥρας ἐκείνης. τότε προσελ- 19 θόντες οἱ μαθηταὶ τῷ Ἰησοῦ κατ' ἰδίαν εἶπον, Διατί ἡμεῖς οὐκ ἠδυνήθημεν ἐκβαλεῖν αὐτό; ὁ δὲ 1—|| ᵐλέγει|| αὐτοῖς, 20 Διὰ τὴν ⁿὀλιγοπιστίαν| ὑμῶν· ἀμὴν γὰρ λέγω ὑμῖν, ἐὰν ἔχητε πίστιν ὡς κόκκον σινάπεως, ἐρεῖτε τῷ ὄρει τούτῳ, Μετάβηθι ἐντεῦθεν ἐκεῖ, καὶ μεταβήσεται· καὶ οὐδὲν ἀδυνατήσει ὑμῖν. ᵒ—|

Mk. 9. 30, ᵖ Ἀναστρεφομένων δὲ αὐτῶν ἐν τῇ Γαλιλαίᾳ εἶπεν αὐ- 22
Lk. 9. 43. τοῖς ὁ Ἰησοῦς, Μέλλει ὁ υἱὸς τοῦ ἀνθρώπου παραδίδοσθαι εἰς χεῖρας ἀνθρώπων, καὶ ἀποκτενοῦσιν αὐτόν, καὶ τῇ τρίτῃ 23 ἡμέρᾳ ἐγερθήσεται. καὶ ἐλυπήθησαν σφόδρα.

Cp. Ex. 30. Ἐλθόντων δὲ αὐτῶν εἰς Καπερναοὺμ προσῆλθον οἱ τὰ 24
13. δίδραχμα λαμβάνοντες τῷ Πέτρῳ, καὶ εἶπον, Ὁ διδάσκαλος ὑμῶν οὐ τελεῖ τὰ δίδραχμα; λέγει, Ναί. καὶ ὅτε εἰσῆλθεν 25 εἰς τὴν οἰκίαν, προέφθασεν αὐτὸν ὁ Ἰησοῦς λέγων, Τί σοι δοκεῖ, Σίμων; οἱ βασιλεῖς τῆς γῆς ἀπὸ τίνων λαμβάνουσι τέλη ἢ κῆνσον; ἀπὸ τῶν υἱῶν αὐτῶν, ἢ ἀπὸ τῶν ἀλλοτρίων; ᑫεἰπόντος δέ,| Ἀπὸ τῶν ʳἀλλοτρίων,|| ἔφη αὐτῷ ὁ Ἰησοῦς, 26 Ἄραγε ἐλεύθεροί εἰσιν οἱ υἱοί. ἵνα δὲ μὴ σκανδαλίσωμεν αὐ- 27 τούς, πορευθεὶς εἰς τὴν θάλασσαν βάλε ἄγκιστρον, καὶ τὸν ἀναβάντα πρῶτον ἰχθὺν ἆρον· καὶ ἀνοίξας τὸ στόμα αὐτοῦ εὑρήσεις στατῆρα· ἐκεῖνον λαβὼν δὸς αὐτοῖς ἀντὶ ἐμοῦ καὶ σοῦ.

Mk. 9. 33, Ἐν ἐκείνῃ τῇ ὥρᾳ προσῆλθον οἱ μαθηταὶ τῷ Ἰησοῦ 18
Lk. 9. 46. λέγοντες, Τίς ἄρα μείζων ἐστὶν ἐν τῇ βασιλείᾳ τῶν οὐρανῶν; καὶ προσκαλεσάμενος ˢ—|| παιδίον ἔστησεν αὐτὸ ἐν μέσῳ 2 αὐτῶν, καὶ εἶπεν, Ἀμὴν λέγω ὑμῖν, ἐὰν μὴ στραφῆτε καὶ 3 γένησθε ὡς τὰ παιδία, οὐ μὴ εἰσέλθητε εἰς τὴν βασιλείαν τῶν οὐρανῶν. ὅστις οὖν ταπεινώσῃ ἑαυτὸν ὡς τὸ παιδίον 4

---

¹ add Ἰησοῦς   ᵐ εἶπεν   ⁿ ἀπιστίαν   ᵒ add ver. 21 τοῦτο δὲ τὸ γένος οὐκ ἐκπορεύεται εἰ μὴ ἐν προσευχῇ καὶ νηστείᾳ. A.S.M.   ᵖ Συστρεφομένων M.   ᑫ λέγει αὐτῷ ὁ Πέτρος, ʳ ἀλλοτρίων.   ˢ add ὁ Ἰησοῦς

τοῦτο, οὗτός ἐστιν ὁ μείζων ἐν τῇ βασιλείᾳ τῶν οὐρανῶν.
5 καὶ ὃς ἐὰν δέξηται παιδίον τοιοῦτον ἓν ἐπὶ τῷ ὀνόματί μου,
6 ἐμὲ δέχεται· ὃς δ' ἂν σκανδαλίσῃ ἕνα τῶν μικρῶν τούτων
τῶν πιστευόντων εἰς ἐμέ, συμφέρει αὐτῷ, ἵνα κρεμασθῇ
μύλος ὀνικὸς [t] περὶ [l] τὸν τράχηλον αὐτοῦ, καὶ καταποντισθῇ
7 ἐν τῷ πελάγει τῆς θαλάσσης. οὐαὶ τῷ κόσμῳ ἀπὸ τῶν σκαν- Cp.Lk.17.
δάλων· ἀνάγκη γάρ ἐστιν ἐλθεῖν τὰ σκάνδαλα· πλὴν οὐαὶ 1.
8 τῷ ἀνθρώπῳ ἐκείνῳ, δι' οὗ τὸ σκάνδαλον ἔρχεται. εἰ δὲ
ἡ χείρ σου ἢ ὁ πούς σου σκανδαλίζει σε, ἔκκοψον [u] αὐτὸν [l]
καὶ βάλε ἀπὸ σοῦ· καλόν σοι ἐστὶν εἰσελθεῖν εἰς τὴν ζωὴν
[v] κυλλὸν ἢ χωλόν [l], ἢ δύο χεῖρας ἢ δύο πόδας ἔχοντα
9 βληθῆναι εἰς τὸ πῦρ τὸ αἰώνιον. καὶ εἰ ὁ ὀφθαλμός σου
σκανδαλίζει σε, ἔξελε αὐτὸν καὶ βάλε ἀπὸ σοῦ· καλόν σοι
ἐστὶ μονόφθαλμον εἰς τὴν ζωὴν εἰσελθεῖν, ἢ δύο ὀφθαλμοὺς
10 ἔχοντα βληθῆναι εἰς τὴν γέενναν τοῦ πυρός. ὁρᾶτε μὴ
καταφρονήσητε ἑνὸς τῶν μικρῶν τούτων· λέγω γὰρ ὑμῖν, ὅτι
οἱ ἄγγελοι αὐτῶν ἐν οὐρανοῖς διὰ παντὸς βλέπουσι τὸ πρό-
12 σωπον τοῦ πατρός μου τοῦ ἐν οὐρανοῖς. [x—l] τί ὑμῖν Cp.Lk.15.
δοκεῖ; ἐὰν γένηταί τινι ἀνθρώπῳ ἑκατὸν πρόβατα, καὶ πλα- 4.
νηθῇ ἓν ἐξ αὐτῶν, οὐχὶ ἀφεὶς τὰ ἐννενηκονταεννέα, ἐπὶ τὰ
13 ὄρη πορευθείς, ζητεῖ τὸ πλανώμενον; καὶ ἐὰν γένηται εὑρεῖν
αὐτό, ἀμὴν λέγω ὑμῖν, ὅτι χαίρει ἐπ' αὐτῷ μᾶλλον, ἢ ἐπὶ
14 τοῖς ἐννενηκονταεννέα τοῖς μὴ πεπλανημένοις. οὕτως οὐκ
ἔστι θέλημα ἔμπροσθεν τοῦ πατρὸς [y] ὑμῶν [l] τοῦ ἐν οὐρανοῖς,
ἵνα ἀπόληται εἷς τῶν μικρῶν τούτων.
15 Ἐὰν δὲ ἁμαρτήσῃ [z] εἰς σέ [l] ὁ ἀδελφός σου, ὕπαγε, [a—l]
ἔλεγξον αὐτὸν μεταξὺ σοῦ καὶ αὐτοῦ μόνου· ἐάν σου ἀκούσῃ,
16 ἐκέρδησας τὸν ἀδελφόν σου. ἐὰν δὲ μὴ ἀκούσῃ, παράλαβε
μετὰ σοῦ ἔτι ἕνα ἢ δύο, ἵνα ἐπὶ στόματος δύο μαρτύρων ἢ Cp. Deut.
19. 15.

[t] ἐπὶ   [u] αὐτὰ   [v] χωλὸν ἢ κυλλόν   [x] add ver. 11 ἦλθε
γὰρ ὁ υἱὸς τοῦ ἀνθρώπου σῶσαι τὸ ἀπολωλός. A.S.M.   [y] μου M.
[z] om. εἰς σὲ M.   [a] add καὶ

τριῶν σταθῇ πᾶν ῥῆμα. ἐὰν δὲ παρακούσῃ αὐτῶν, εἰπὲ τῇ 17
ἐκκλησίᾳ· ἐὰν δὲ καὶ τῆς ἐκκλησίας παρακούσῃ, ἔστω σοι
ὥσπερ ὁ ἐθνικὸς καὶ ὁ τελώνης. ἀμὴν λέγω ὑμῖν, ὅσα ἐὰν 18
δήσητε ἐπὶ τῆς γῆς, ἔσται δεδεμένα ἐν τῷ οὐρανῷ· καὶ ὅσα
ἐὰν λύσητε ἐπὶ τῆς γῆς, ἔσται λελυμένα ἐν τῷ οὐρανῷ.
πάλιν λέγω ὑμῖν, ὅτι ἐὰν δύο ὑμῶν συμφωνήσωσιν ἐπὶ τῆς 19
γῆς περὶ παντὸς πράγματος οὗ ἐὰν αἰτήσωνται, γενήσεται
αὐτοῖς παρὰ τοῦ πατρός μου τοῦ ἐν οὐρανοῖς. οὗ γάρ εἰσι 20
δύο ἢ τρεῖς συνηγμένοι εἰς τὸ ἐμὸν ὄνομα, ἐκεῖ εἰμὶ ἐν μέσῳ
αὐτῶν.
Τότε προσελθὼν ᵇὁ Πέτρος εἶπεν αὐτῷ ", Κύριε, ποσάκις 21
ἁμαρτήσει εἰς ἐμὲ ὁ ἀδελφός μου, καὶ ἀφήσω αὐτῷ; ἕως
ἑπτάκις; λέγει αὐτῷ ὁ Ἰησοῦς, Οὐ λέγω σοι ἕως ἑπτάκις, 22
ἀλλ' ἕως ἑβδομηκοντάκις ἑπτά. διὰ τοῦτο ὡμοιώθη ἡ βασι- 23
λεία τῶν οὐρανῶν ἀνθρώπῳ βασιλεῖ, ὃς ἠθέλησε συνᾶραι
λόγον μετὰ τῶν δούλων αὐτοῦ. ἀρξαμένου δὲ αὐτοῦ συναί- 24
ρειν προσηνέχθη αὐτῷ εἷς ὀφειλέτης μυρίων ταλάντων. μὴ 25
ἔχοντος δὲ αὐτοῦ ἀποδοῦναι, ἐκέλευσεν αὐτὸν ὁ κύριος αὐτοῦ
πραθῆναι, καὶ τὴν γυναῖκα αὐτοῦ καὶ τὰ τέκνα, καὶ πάντα
ὅσα εἶχε, καὶ ἀποδοθῆναι. πεσὼν οὖν ὁ δοῦλος προσεκύνει 26
αὐτῷ λέγων, Κύριε, μακροθύμησον ἐπ' ἐμοί, καὶ πάντα σοι
ἀποδώσω. σπλαγχνισθεὶς δὲ ὁ κύριος τοῦ δούλου ἐκείνου 27
ἀπέλυσεν αὐτόν, καὶ τὸ δάνειον ἀφῆκεν αὐτῷ. ἐξελθὼν δὲ 28
ὁ δοῦλος ἐκεῖνος εὗρεν ἕνα τῶν συνδούλων αὐτοῦ, ὃς ὤφειλεν
αὐτῷ ἑκατὸν δηνάρια, καὶ κρατήσας αὐτὸν ἔπνιγε λέγων,
Ἀπόδος ᶜ⁻" ᵈεἴ τι" ὀφείλεις. πεσὼν οὖν ὁ σύνδουλος 29
αὐτοῦ ᵉ⁻" παρεκάλει αὐτὸν λέγων, Μακροθύμησον ἐπ' ἐμοί,
καὶ ᶠ⁻ᵍ ἀποδώσω σοι. ὁ δὲ οὐκ ἤθελεν, ἀλλὰ ἀπελθὼν 30
ἔβαλεν αὐτὸν εἰς φυλακήν, ἕως οὗ ἀποδῷ τὸ ὀφειλόμενον.
ἰδόντες ᵍοὖν" οἱ σύνδουλοι αὐτοῦ τὰ γενόμενα ἐλυπήθησαν 31

ᵇ αὐτῷ ὁ Πέτρος εἶπε   ᶜ add μοι   ᵈ ὅ τι   ᵉ add εἰς
τοὺς πόδας αὐτοῦ   ᶠ add πάντα   ᵍ δὲ

σφόδρα· καὶ ἐλθόντες διεσάφησαν τῷ κυρίῳ αὐτῶν πάντα 32 τὰ γενόμενα. τότε προσκαλεσάμενος αὐτὸν ὁ κύριος αὐτοῦ λέγει αὐτῷ, Δοῦλε πονηρέ, πᾶσαν τὴν ὀφειλὴν ἐκείνην ἀφῆκά 33 σοι, ἐπεὶ παρεκάλεσάς με· οὐκ ἔδει καὶ σὲ ἐλεῆσαι τὸν 34 σύνδουλόν σου, ὡς καὶ ἐγώ σε ἠλέησα; καὶ ὀργισθεὶς ὁ κύριος αὐτοῦ παρέδωκεν αὐτὸν τοῖς βασανισταῖς, ἕως οὗ 35 ἀποδῷ πᾶν τὸ ὀφειλόμενον [h-i]. οὕτω καὶ ὁ πατήρ μου ὁ ἐπουράνιος ποιήσει ὑμῖν, ἐὰν μὴ ἀφῆτε ἕκαστος τῷ ἀδελφῷ αὐτοῦ ἀπὸ τῶν καρδιῶν ὑμῶν [i-i].

19 Καὶ ἐγένετο ὅτε ἐτέλεσεν ὁ Ἰησοῦς τοὺς λόγους τούτους, Mk. 10. 1. μετῆρεν ἀπὸ τῆς Γαλιλαίας, καὶ ἦλθεν εἰς τὰ ὅρια τῆς 2 Ἰουδαίας πέραν τοῦ Ἰορδάνου· καὶ ἠκολούθησαν αὐτῷ ὄχλοι πολλοί, καὶ ἐθεράπευσεν αὐτοὺς ἐκεῖ.

3 Καὶ προσῆλθον αὐτῷ [k-i] Φαρισαῖοι πειράζοντες αὐτὸν Mk. 10. 2. καὶ λέγοντες [l-], Εἰ ἔξεστιν [m-] ἀπολῦσαι τὴν γυναῖκα 4 αὐτοῦ κατὰ πᾶσαν αἰτίαν; ὁ δὲ ἀποκριθεὶς εἶπεν [n-i], Οὐκ ἀνέγνωτε ὅτι ὁ °ποιήσας" ἀπ' ἀρχῆς Ἄρσεν καὶ θῆλυ Gen. 1. 27. 5 ἐποίησεν αὐτούς, καὶ εἶπεν, Ἕνεκεν τούτου καταλείψει ἄν- Gen. 2. 24. θρωπος τὸν πατέρα καὶ τὴν μητέρα, καὶ προσκολληθήσεται 6 τῇ γυναικὶ αὐτοῦ, καὶ ἔσονται οἱ δύο εἰς σάρκα μίαν; ὥστε οὐκέτι εἰσὶ δύο, ἀλλὰ σὰρξ μία. ὁ οὖν ὁ Θεὸς συνέζευξεν, 7 ἄνθρωπος μὴ χωριζέτω. λέγουσιν αὐτῷ, Τί οὖν Μωσῆς Cp. Deut. ἐνετείλατο δοῦναι βιβλίον ἀποστασίου, καὶ ἀπολῦσαι αὐτήν; 24. 1 (.). 8 λέγει αὐτοῖς ὅτι Μωσῆς πρὸς τὴν σκληροκαρδίαν ὑμῶν ἐπέτρεψεν ὑμῖν ἀπολῦσαι τὰς γυναῖκας ὑμῶν· ἀπ' ἀρχῆς δὲ 9 οὐ γέγονεν οὕτω. λέγω δὲ ὑμῖν, ὅτι ὃς ἂν ἀπολύσῃ τὴν Mk. 10. 11: γυναῖκα αὐτοῦ, P εἰ μὴ ἐπὶ πορνείᾳ, καὶ γαμήσῃ ἄλλην, cp. Mat. 10 μοιχᾶται·" q καὶ ὁ ἀπολελυμένην γαμήσας μοιχᾶται." λέ- Lk. 16. 18.

---

[h] add αὐτῷ   [i] add τὰ παραπτώματα αὐτῶν   [k] add οἱ A.S.M.   [l] add αὐτῷ   [m] add ἀνθρώπῳ   [n] add αὐτοῖς [o] κτίσας M.   [p] παρεκτὸς λόγου πορνείας, ποιεῖ αὐτὴν μοιχευθῆναι. M.   [q] om. καὶ ὁ ἀπολελυμένην γαμήσας μοιχᾶται. M.

γουσιν αὐτῷ οἱ μαθηταί ʳ⁻, Εἰ οὕτως ἐστὶν ἡ αἰτία τοῦ ἀνθρώπου μετὰ τῆς γυναικός, οὐ συμφέρει γαμῆσαι. ὁ δὲ 11 εἶπεν αὐτοῖς, Οὐ πάντες χωροῦσι τὸν λόγον τοῦτον, ἀλλ' οἷς δέδοται. εἰσὶ γὰρ εὐνοῦχοι, οἵτινες ἐκ κοιλίας μητρὸς 12 ἐγεννήθησαν οὕτω· καί εἰσιν εὐνοῦχοι, οἵτινες εὐνουχίσθησαν ὑπὸ τῶν ἀνθρώπων· καί εἰσιν εὐνοῦχοι, οἵτινες εὐνούχισαν ἑαυτοὺς διὰ τὴν βασιλείαν τῶν οὐρανῶν. ὁ δυνάμενος χωρεῖν χωρείτω.

Τότε προσηνέχθη αὐτῷ παιδία, ἵνα τὰς χεῖρας ἐπιθῇ 13 αὐτοῖς, καὶ προσεύξηται· οἱ δὲ μαθηταὶ ἐπετίμησαν αὐτοῖς. ὁ δὲ Ἰησοῦς εἶπεν, Ἄφετε τὰ παιδία καὶ μὴ κωλύετε αὐτὰ 14 ἐλθεῖν πρός με· τῶν γὰρ τοιούτων ἐστὶν ἡ βασιλεία τῶν οὐρανῶν. καὶ ἐπιθεὶς αὐτοῖς τὰς χεῖρας ἐπορεύθη ἐκεῖθεν. 15

Καὶ ἰδού, εἷς προσελθὼν ᵍαὐτῷ εἶπε ᵗ, Διδάσκαλε ᵗ⁻ᵗ, τί 16 ἀγαθὸν ποιήσω, ἵνα ἔχω ζωὴν αἰώνιον; ὁ δὲ εἶπεν αὐτῷ, 17 ᵘΤί με ἐρωτᾷς περὶ τοῦ ἀγαθοῦ; εἷς ἐστιν ὁ ἀγαθός·ᵗ εἰ δὲ θέλεις εἰσελθεῖν εἰς τὴν ζωήν, τήρησον τὰς ἐντολάς. λέγει 18 αὐτῷ, Ποίας; ὁ δὲ Ἰησοῦς εἶπε, Τὸ Οὐ φονεύσεις· Οὐ μοιχεύσεις· Οὐ κλέψεις· Οὐ ψευδομαρτυρήσεις· Τίμα τὸν 19 πατέρα σου καὶ τὴν μητέρα· καί, Ἀγαπήσεις τὸν πλησίον σου ὡς σεαυτόν. λέγει αὐτῷ ὁ νεανίσκος, Πάντα ταῦτα 20 ἐφυλαξάμην ˣ⁻· τί ἔτι ὑστερῶ; ἔφη αὐτῷ ὁ Ἰησοῦς, Εἰ 21 θέλεις τέλειος εἶναι, ὕπαγε, πώλησόν σου τὰ ὑπάρχοντα, καὶ δὸς ʸτοῖς ᵗ πτωχοῖς, καὶ ἕξεις θησαυρὸν ἐν οὐρανῷ· καὶ δεῦρο, ἀκολούθει μοι. ἀκούσας δὲ ὁ νεανίσκος τὸν λόγον 22 ἀπῆλθε λυπούμενος· ἦν γὰρ ἔχων κτήματα πολλά.

Ὁ δὲ Ἰησοῦς εἶπε τοῖς μαθηταῖς αὐτοῦ, Ἀμὴν λέγω ὑμῖν, 23 ὅτι δυσκόλως πλούσιος εἰσελεύσεται εἰς τὴν βασιλείαν τῶν

ʳ add αὐτοῦ   ˢ εἶπεν αὐτῷ   ᵗ add ἀγαθέ A.S.M.   ᵘ Τί με λέγεις ἀγαθόν; οὐδεὶς ἀγαθός, εἰ μὴ εἷς, ὁ Θεός· A.S.M.   ˣ add ἐκ νεότητός μου   ʸ om. τοῖς

24 οὐρανῶν. πάλιν δὲ λέγω ὑμῖν, εὐκοπώτερόν ἐστι κάμηλον
διὰ τρυπήματος ῥαφίδος διελθεῖν, ἢ πλούσιον εἰς τὴν βασι-
25 λείαν τοῦ Θεοῦ εἰσελθεῖν. ἀκούσαντες δὲ οἱ μαθηταὶ ᶻ⁻'
ἐξεπλήσσοντο σφόδρα λέγοντες, Τίς ἄρα δύναται σωθῆναι;
26 ἐμβλέψας δὲ ὁ Ἰησοῦς εἶπεν αὐτοῖς, Παρὰ ἀνθρώποις τοῦτο
27 ἀδύνατόν ἐστι, παρὰ δὲ Θεῷ πάντα δυνατά ἐστι. τότε
ἀποκριθεὶς ὁ Πέτρος εἶπεν αὐτῷ, Ἰδού, ἡμεῖς ἀφήκαμεν
28 πάντα, καὶ ἠκολουθήσαμέν σοι· τί ἄρα ἔσται ἡμῖν; ὁ δὲ
Ἰησοῦς εἶπεν αὐτοῖς, Ἀμὴν λέγω ὑμῖν, ὅτι ὑμεῖς οἱ ἀκολου-
θήσαντές μοι, ἐν τῇ παλιγγενεσίᾳ ὅταν καθίσῃ ὁ υἱὸς τοῦ Cp. 16. 27.
ἀνθρώπου ἐπὶ θρόνου δόξης αὐτοῦ, καθίσεσθε καὶ ὑμεῖς ἐπὶ
δώδεκα θρόνους κρίνοντες τὰς δώδεκα φυλὰς τοῦ Ἰσραήλ.
29 καὶ πᾶς ὃς ἀφῆκεν οἰκίας, ἢ ἀδελφούς, ἢ ἀδελφάς, ἢ πατέρα,
ἢ μητέρα, ᵃ⁻' ἢ τέκνα, ἢ ἀγρούς, ἕνεκεν τοῦ ὀνόματός μου,
ᵇἑκατονταπλασίονα" λήψεται, καὶ ζωὴν αἰώνιον κληρονο-
30 μήσει. πολλοὶ δὲ ἔσονται πρῶτοι ἔσχατοι, καὶ ἔσχατοι
20 πρῶτοι. ὁμοία γάρ ἐστιν ἡ βασιλεία τῶν οὐρανῶν ἀνθρώπῳ
οἰκοδεσπότῃ, ὅστις ἐξῆλθεν ἅμα πρωῒ μισθώσασθαι ἐργάτας
2 εἰς τὸν ἀμπελῶνα αὐτοῦ. συμφωνήσας δὲ μετὰ τῶν ἐργατῶν
ἐκ δηναρίου τὴν ἡμέραν ἀπέστειλεν αὐτοὺς εἰς τὸν ἀμπελῶνα
3 αὐτοῦ. καὶ ἐξελθὼν περὶ τὴν τρίτην ὥραν εἶδεν ἄλλους
4 ἑστῶτας ἐν τῇ ἀγορᾷ ἀργούς, κἀκείνοις εἶπεν, Ὑπάγετε καὶ
ὑμεῖς εἰς τὸν ἀμπελῶνα, καὶ ὃ ἐὰν ᾖ δίκαιον δώσω ὑμῖν.
5 οἱ δὲ ἀπῆλθον. πάλιν ἐξελθὼν περὶ ἕκτην καὶ ἐννάτην
6 ὥραν ἐποίησεν ὡσαύτως. περὶ δὲ τὴν ἑνδεκάτην ᶜ⁻' ἐξελ-
θὼν εὗρεν ἄλλους ἑστῶτας ᵈ⁻', καὶ λέγει αὐτοῖς, Τί ὧδε
7 ἑστήκατε ὅλην τὴν ἡμέραν ἀργοί; λέγουσιν αὐτῷ, Ὅτι οὐ-
δεὶς ἡμᾶς ἐμισθώσατο. λέγει αὐτοῖς, Ὑπάγετε καὶ ὑμεῖς
8 εἰς τὸν ἀμπελῶνα ᵉ⁻". ὀψίας δὲ γενομένης λέγει ὁ κύριος

ᶻ add αὐτοῦ   ᵃ add ἢ γυναῖκα, A.S.M.   ᵇ πολλαπλασίονα
M.   ᶜ add ὥραν   ᵈ add ἀργούς   ᵉ add καὶ ὃ ἐὰν ᾖ
δίκαιον λήψεσθε

τοῦ ἀμπελῶνος τῷ ἐπιτρόπῳ αὐτοῦ, Κάλεσον τοὺς ἐργάτας, καὶ ἀπόδος αὐτοῖς τὸν μισθὸν ἀρξάμενος ἀπὸ τῶν ἐσχάτων ἕως τῶν πρώτων. καὶ ἐλθόντες οἱ περὶ τὴν ἐνδεκάτην ὥραν 9 ἔλαβον ἀνὰ δηνάριον. ᶠκαὶ ἐλθόντες⁷ οἱ πρῶτοι ἐνόμισαν 10 ὅτι πλείονα λήψονται· καὶ ἔλαβον καὶ αὐτοὶ ἀνὰ δηνάριον. λαβόντες δὲ ἐγόγγυζον κατὰ τοῦ οἰκοδεσπότου λέγοντες 11, 12 ὅτι Οὗτοι οἱ ἔσχατοι μίαν ὥραν ἐποίησαν, καὶ ἴσους ἡμῖν αὐτοὺς ἐποίησας τοῖς βαστάσασι τὸ βάρος τῆς ἡμέρας καὶ τὸν καύσωνα. ὁ δὲ ἀποκριθεὶς εἶπεν ἑνὶ αὐτῶν, Ἑταῖρε, οὐκ 13 ἀδικῶ σε· οὐχὶ δηναρίου συνεφώνησάς μοι; ἆρον τὸ σὸν καὶ 14 ὕπαγε· θέλω δὲ τούτῳ τῷ ἐσχάτῳ δοῦναι ὡς καὶ σοί. ᵍ⁻⁷ 15 οὐκ ἔξεστί μοι ποιῆσαι ὃ θέλω ἐν τοῖς ἐμοῖς; ʰ ἢ⁷ ὁ ὀφθαλμός σου πονηρός ἐστιν, ὅτι ἐγὼ ἀγαθός εἰμι; οὕτως ἔσονται οἱ 16 ἔσχατοι πρῶτοι, καὶ οἱ πρῶτοι ἔσχατοι ⁱ⁻⁷.

Mk. 10. 32, Καὶ ἀναβαίνων ὁ Ἰησοῦς εἰς Ἱεροσόλυμα παρέλαβε τοὺς 17
Lk. 18. 31. δώδεκα μαθητὰς κατ' ἰδίαν, ᵏκαὶ ἐν τῇ ὁδῷ εἶπεν αὐτοῖς, Ἰδού, ἀναβαίνομεν εἰς Ἱεροσόλυμα, καὶ ὁ υἱὸς τοῦ ἀνθρώπου 18 παραδοθήσεται τοῖς ἀρχιερεῦσι καὶ γραμματεῦσι, καὶ κατακρινοῦσιν αὐτὸν θανάτῳ, καὶ παραδώσουσιν αὐτὸν τοῖς ἔθνεσιν 19 εἰς τὸ ἐμπαῖξαι καὶ μαστιγῶσαι καὶ σταυρῶσαι· καὶ τῇ τρίτῃ ἡμέρᾳ ˡἐγερθήσεται⁷.

Mk. 10. 35. Τότε προσῆλθεν αὐτῷ ἡ μήτηρ τῶν υἱῶν Ζεβεδαίου μετὰ 20 τῶν υἱῶν αὐτῆς προσκυνοῦσα καὶ αἰτοῦσά τι παρ' αὐτοῦ. ὁ δὲ εἶπεν αὐτῇ, Τί θέλεις; λέγει αὐτῷ, Εἰπὲ ἵνα καθίσωσιν 21 οὗτοι οἱ δύο υἱοί μου, εἷς ἐκ δεξιῶν σου, καὶ εἷς ἐξ εὐωνύμων ᵐσου⁷, ἐν τῇ βασιλείᾳ σου. ἀποκριθεὶς δὲ ὁ Ἰησοῦς εἶπεν, 22 Οὐκ οἴδατε τί αἰτεῖσθε. δύνασθε πιεῖν τὸ ποτήριον, ὃ ἐγὼ μέλλω πίνειν ⁿ⁻ ; λέγουσιν αὐτῷ, Δυνάμεθα. ᵒ⁻⁷ λέγει 23

ᶠ ἐλθόντες δὲ ᵍ add ἤ ʰ εἰ S. ⁱ add πολλοὶ γάρ εἰσι κλητοὶ ὀλίγοι δὲ ἐκλεκτοί ᵏ ἐν τῇ ὁδῷ, καὶ ˡ ἀναστήσεται ᵐ om. σου ⁿ add καὶ τὸ βάπτισμα ὃ ἐγὼ βαπτίζομαι βαπτισθῆναι ᵒ add καὶ

-21. 4. ΚΑΤΑ ΜΑΤΘΑΙΟΝ. 47

αὐτοῖς, Τὸ μὲν ποτήριόν μου πίεσθε ᵖ— · τὸ δὲ καθίσαι ἐκ
δεξιῶν μου καὶ ἐξ εὐωνύμων ᑫ—ᵘ οὐκ ἔστιν ἐμὸν δοῦναι, ἀλλ'
24 οἷς ἡτοίμασται ὑπὸ τοῦ πατρός μου. καὶ ἀκούσαντες οἱ δέκα
25 ἠγανάκτησαν περὶ τῶν δύο ἀδελφῶν. ὁ δὲ Ἰησοῦς προσκαλε-
σάμενος αὐτοὺς εἶπεν, Οἴδατε ὅτι οἱ ἄρχοντες τῶν ἐθνῶν
κατακυριεύουσιν αὐτῶν, καὶ οἱ μεγάλοι κατεξουσιάζουσιν
26 αὐτῶν. οὐχ οὕτως ʳ—ᵘ ἔσται ἐν ὑμῖν· ἀλλ' ὃς ἐὰν θέλῃ ἐν
27 ὑμῖν μέγας γενέσθαι, ˢἔσται ὑμῶν διάκονος· καὶ ὃς ἐὰν
28 θέλῃ ἐν ὑμῖν εἶναι πρῶτος, ˢἔσται ὑμῶν δοῦλος· ὥσπερ ὁ
υἱὸς τοῦ ἀνθρώπου οὐκ ἦλθε διακονηθῆναι, ἀλλὰ διακονῆσαι,
καὶ δοῦναι τὴν ψυχὴν αὐτοῦ λύτρον ἀντὶ πολλῶν.
29 Καὶ ἐκπορευομένων αὐτῶν ἀπὸ Ἱεριχὼ ἠκολούθησεν αὐτῷ Mk. 10. 46
30 ὄχλος πολύς. καὶ ἰδού, δύο τυφλοὶ καθήμενοι παρὰ τὴν Lk. 18. 35.
ὁδόν, ἀκούσαντες ὅτι Ἰησοῦς παράγει, ἔκραξαν λέγοντες,
31 ᵗΚύριε, ἐλέησον ἡμᾶς ⁹, υἱὸς Δαβίδ. ὁ δὲ ὄχλος ἐπετίμησεν
αὐτοῖς, ἵνα σιωπήσωσιν· οἱ δὲ μεῖζον ἔκραζον λέγοντες,
32 ᵗΚύριε, ἐλέησον ἡμᾶς ⁹, υἱὸς Δαβίδ. καὶ στὰς ὁ Ἰησοῦς
33 ἐφώνησεν αὐτούς, καὶ εἶπε, Τί θέλετε ποιήσω ὑμῖν; λέγουσιν
34 αὐτῷ, Κύριε, ἵνα ἀνοιχθῶσιν ἡμῶν οἱ ὀφθαλμοί. σπλαγχνισ-
θεὶς δὲ ὁ Ἰησοῦς ἥψατο τῶν ὀφθαλμῶν αὐτῶν· καὶ εὐθέως
ἀνέβλεψαν ᵘ—, καὶ ἠκολούθησαν αὐτῷ.
21 Καὶ ὅτε ἤγγισαν εἰς Ἱεροσόλυμα, καὶ ἦλθον εἰς Βηθφαγῆ Mk. 11. 1.
ˣεἰςˡˡ τὸ ὄρος τῶν ἐλαιῶν, τότε ὁ Ἰησοῦς ἀπέστειλε δύο Lk. 19. 29.
2 μαθητὰς λέγων αὐτοῖς, Πορεύθητε εἰς τὴν κώμην τὴν cp. Joh. 12. 12.
ἀπέναντι ὑμῶν, καὶ εὐθέως εὑρήσετε ὄνον δεδεμένην, καὶ
3 πῶλον μετ' αὐτῆς· λύσαντες ἀγάγετέ μοι. καὶ ἐάν τις ὑμῖν
εἴπῃ τι, ἐρεῖτε ὅτι Ὁ Κύριος αὐτῶν χρείαν ἔχει· εὐθέως δὲ
4 ἀποστελεῖ αὐτούς. τοῦτο δὲ ʸ— γέγονεν, ἵνα πληρωθῇ τὸ

ᵖ add καὶ τὸ βάπτισμα ὃ ἐγὼ βαπτίζομαι βαπτισθήσεσθε
ᑫ add μου   ʳ add δὲ   ˢ ἔστω   ᵗ Ἐλέησον ἡμᾶς,
Κύριε   ᵘ add αὐτῶν οἱ ὀφθαλμοί   ˣ πρὸς   ʸ add
ὅλον

48 ΕΥΑΓΓΕΛΙΟΝ 21. 4-

Cp. Isa. 62. ῥηθὲν διὰ τοῦ προφήτου λέγοντος, Εἴπατε τῇ θυγατρὶ Σιών, 5
Zech. 9. 9. Ἰδού, ὁ βασιλεύς σου ἔρχεταί σοι πραῢς καὶ ἐπιβεβηκὼς
ἐπὶ ὄνον καὶ *ἐπὶ⁷ πῶλον υἱὸν ὑποζυγίου. πορευθέντες δὲ 6
οἱ μαθηταί, καὶ ποιήσαντες καθὼς ᵃσυνέταξεν‖ αὐτοῖς ὁ
Ἰησοῦς, ἤγαγον τὴν ὄνον καὶ τὸν πῶλον, καὶ ἐπέθηκαν 7
ἐπάνω αὐτῶν τὰ ἱμάτια αὐτῶν· καὶ ᵇἐπεκάθισεν‖ ἐπάνω
αὐτῶν. ὁ δὲ πλεῖστος ὄχλος ἔστρωσαν ἑαυτῶν τὰ ἱμάτια 8
ἐν τῇ ὁδῷ· ἄλλοι δὲ ἔκοπτον κλάδους ἀπὸ τῶν δένδρων,
καὶ ἐστρώννυον ἐν τῇ ὁδῷ. οἱ δὲ ὄχλοι οἱ προάγοντες 9
Cp. Ps. 11ᶜ ᶜαὐτὸν' καὶ οἱ ἀκολουθοῦντες ἔκραζον λέγοντες, Ὡσαννὰ
(117). 25 τῷ υἱῷ Δαβίδ· εὐλογημένος ὁ ἐρχόμενος ἐν ὀνόματι Κυρίου·
sq.
Ὡσαννὰ ἐν τοῖς ὑψίστοις. καὶ εἰσελθόντος αὐτοῦ εἰς 10
Ἱεροσόλυμα ἐσείσθη πᾶσα ἡ πόλις λέγουσα, Τίς ἐστιν
οὗτος; οἱ δὲ ὄχλοι ἔλεγον, Οὗτός ἐστιν ᵈὁ προφήτης, 11
Ἰησοῦς⁷, ὁ ἀπὸ Ναζαρὲτ τῆς Γαλιλαίας.
Mk. 11. 15, Καὶ εἰσῆλθεν ὁ Ἰησοῦς εἰς τὸ ἱερὸν ᵒτοῦ Θεοῦ', καὶ 12
Lk. 19. 45; ἐξέβαλε πάντας τοὺς πωλοῦντας καὶ ἀγοράζοντας ἐν τῷ ἱερῷ,
cp. Joh.
2. 14. καὶ τὰς τραπέζας τῶν κολλυβιστῶν κατέστρεψε καὶ τὰς
καθέδρας τῶν πωλούντων τὰς περιστεράς, καὶ λέγει αὐτοῖς, 13
Cp. Isa. 56. Γέγραπται, Ὁ οἶκός μου οἶκος προσευχῆς κληθήσεται· ὑμεῖς
Jer. 7. 11. δὲ αὐτὸν ᶠποιεῖτε σπήλαιον λῃστῶν. καὶ προσῆλθον αὐτῷ 14
τυφλοὶ καὶ χωλοὶ ἐν τῷ ἱερῷ· καὶ ἐθεράπευσεν αὐτούς.
ἰδόντες δὲ οἱ ἀρχιερεῖς καὶ οἱ γραμματεῖς τὰ θαυμάσια ἃ 15
ἐποίησε, καὶ τοὺς παῖδας ᵍτοὺς⁷ κράζοντας ἐν τῷ ἱερῷ καὶ
λέγοντας, Ὡσαννὰ τῷ υἱῷ Δαβίδ, ἠγανάκτησαν, καὶ εἶπον 16
αὐτῷ, Ἀκούεις τί οὗτοι λέγουσιν; ὁ δὲ Ἰησοῦς λέγει αὐτοῖς,
Ps. 8. 2. Ναί· οὐδέποτε ἀνέγνωτε ὅτι Ἐκ στόματος νηπίων καὶ θηλαζόντων κατηρτίσω αἶνον; καὶ καταλιπὼν αὐτοὺς ἐξῆλθεν 17
ἔξω τῆς πόλεως εἰς Βηθανίαν, καὶ ηὐλίσθη ἐκεῖ.

ᶻ om. ἐπὶ   ᵃ προσέταξεν   ᵇ ἐπεκάθισαν A.   ᶜ om.
αὐτὸν   ᵈ Ἰησοῦς ὁ προφήτης   ᵒ om. τοῦ Θεοῦ M.
ᶠ ἐποιήσατε   ᵍ om. τοὺς

18,19 Πρωίας δὲ ἐπανάγων εἰς τὴν πόλιν ἐπείνασε. καὶ
ἰδὼν συκῆν μίαν ἐπὶ τῆς ὁδοῦ ἦλθεν ἐπ' αὐτήν, καὶ οὐδὲν
εὗρεν ἐν αὐτῇ εἰ μὴ φύλλα μόνον, καὶ λέγει αὐτῇ, Μηκέτι
ἐκ σοῦ καρπὸς γένηται εἰς τὸν αἰῶνα. καὶ ἐξηράνθη παρα-
20 χρῆμα ἡ συκῆ. καὶ ἰδόντες οἱ μαθηταὶ ἐθαύμασαν λέγοντες,
21 Πῶς παραχρῆμα ἐξηράνθη ἡ συκῆ; ἀποκριθεὶς δὲ ὁ Ἰησοῖς
εἶπεν αὐτοῖς, Ἀμὴν λέγω ὑμῖν, ἐὰν ἔχητε πίστιν, καὶ μὴ
διακριθῆτε, οὐ μόνον τὸ τῆς συκῆς ποιήσετε, ἀλλὰ κἂν τῷ
ὄρει τούτῳ εἴπητε, Ἄρθητι καὶ βλήθητι εἰς τὴν θάλασσαν,
22 γενήσεται· καὶ πάντα ὅσα ἂν αἰτήσητε ἐν τῇ προσευχῇ,
πιστεύοντες, λήψεσθε.
23 Καὶ [h]ἐλθόντος αὐτοῦ[1] εἰς τὸ ἱερὸν προσῆλθον αὐτῷ δι-
δάσκοντι οἱ ἀρχιερεῖς καὶ οἱ πρεσβύτεροι τοῦ λαοῦ λέγοντες,
Ἐν ποίᾳ ἐξουσίᾳ ταῦτα ποιεῖς; καὶ τίς σοι ἔδωκε τὴν ἐξου-
24 σίαν ταύτην; ἀποκριθεὶς δὲ ὁ Ἰησοῦς εἶπεν αὐτοῖς, Ἐρω-
τήσω ὑμᾶς κἀγὼ λόγον ἕνα, ὃν ἐὰν εἴπητέ μοι, κἀγὼ ὑμῖν ἐρῶ
25 ἐν ποίᾳ ἐξουσίᾳ ταῦτα ποιῶ. τὸ βάπτισμα Ἰωάννου πόθεν
ἦν; ἐξ οὐρανοῦ; ἢ ἐξ ἀνθρώπων; οἱ δὲ διελογίζοντο παρ'
ἑαυτοῖς λέγοντες, Ἐὰν εἴπωμεν, Ἐξ οὐρανοῦ, ἐρεῖ ἡμῖν,
26 Διατί οὖν οὐκ ἐπιστεύσατε αὐτῷ; ἐὰν δὲ εἴπωμεν, Ἐξ ἀν-
θρώπων, φοβούμεθα τὸν ὄχλον· πάντες γὰρ ἔχουσι τὸν
27 Ἰωάννην ὡς προφήτην. καὶ ἀποκριθέντες τῷ Ἰησοῦ εἶπον,
Οὐκ οἴδαμεν. ἔφη αὐτοῖς καὶ αὐτός, Οὐδὲ ἐγὼ λέγω ὑμῖν
28 ἐν ποίᾳ ἐξουσίᾳ ταῦτα ποιῶ. τί δὲ ὑμῖν δοκεῖ; ἄνθρωπος
εἶχε τέκνα δύο· καὶ προσελθὼν τῷ πρώτῳ εἶπε, Τέκνον,
29 ὕπαγε, σήμερον ἐργάζου ἐν τῷ ἀμπελῶνι [i]-. ὁ δὲ ἀπο-
κριθεὶς εἶπεν, Οὐ θέλω· ὕστερον δὲ μεταμεληθεὶς ἀπῆλθε.
30 καὶ προσελθὼν τῷ δευτέρῳ εἶπεν ὡσαύτως. ὁ δὲ ἀποκριθεὶς
31 εἶπεν, Ἐγώ, κύριε· καὶ οὐκ ἀπῆλθε. τίς ἐκ τῶν δύο ἐποίησε
τὸ θέλημα τοῦ πατρός; λέγουσιν [j]-//, Ὁ πρῶτος. λέγει
αὐτοῖς ὁ Ἰησοῦς, Ἀμὴν λέγω ὑμῖν, ὅτι οἱ τελῶναι καὶ αἱ

[h] ἐλθόντι αὐτῷ [i] add μου [j] add αὐτῷ

πόρναι προάγουσιν ὑμᾶς εἰς τὴν βασιλείαν τοῦ Θεοῦ. ἦλθε 32
γὰρ πρὸς ὑμᾶς Ἰωάννης ἐν ὁδῷ δικαιοσύνης, καὶ οὐκ ἐπιστεύσατε αὐτῷ· οἱ δὲ τελῶναι καὶ αἱ πόρναι ἐπίστευσαν αὐτῷ·
ὑμεῖς δὲ ἰδόντες ᵏοὐδὲ ˡ μετεμελήθητε ὕστερον, τοῦ πιστεῦσαι
αὐτῷ.
Ἄλλην παραβολὴν ἀκούσατε· ἄνθρωπος ¹⁻ˡ ἦν οἰκοδεσ- 33
πότης, ὅστις ἐφύτευσεν ἀμπελῶνα, καὶ φραγμὸν αὐτῷ περιέθηκε, καὶ ὤρυξεν ἐν αὐτῷ ληνόν, καὶ ᾠκοδόμησε πύργον,
καὶ ἐξέδοτο αὐτὸν γεωργοῖς, καὶ ἀπεδήμησεν. ὅτε δὲ ἤγγισεν 34
ὁ καιρὸς τῶν καρπῶν, ἀπέστειλε τοὺς δούλους αὐτοῦ πρὸς
τοὺς γεωργούς, λαβεῖν τοὺς καρποὺς αὐτοῦ· καὶ λαβόντες οἱ 35
γεωργοὶ τοὺς δούλους αὐτοῦ ὃν μὲν ἔδειραν, ὃν δὲ ἀπέκτειναν, ὃν δὲ ἐλιθοβόλησαν. πάλιν ἀπέστειλεν ἄλλους 36
δούλους πλείονας τῶν πρώτων· καὶ ἐποίησαν αὐτοῖς ὡσαύτως.
ὕστερον δὲ ἀπέστειλε πρὸς αὐτοὺς τὸν υἱὸν αὐτοῦ λέγων, 37
Ἐντραπήσονται τὸν υἱόν μου. οἱ δὲ γεωργοὶ ἰδόντες τὸν 38
υἱὸν εἶπον ἐν ἑαυτοῖς, Οὗτός ἐστιν ὁ κληρονόμος· δεῦτε, ἀποκτείνωμεν αὐτόν, καὶ ᵐ σχῶμενǁ τὴν κληρονομίαν αὐτοῦ. καὶ 39
λαβόντες αὐτὸν ἐξέβαλον ἔξω τοῦ ἀμπελῶνος καὶ ἀπέκτειναν.
ὅταν οὖν ἔλθῃ ὁ κύριος τοῦ ἀμπελῶνος, τί ποιήσει τοῖς 40
γεωργοῖς ἐκείνοις ; λέγουσιν αὐτῷ, Κακοὺς κακῶς ἀπολέσει 41
αὐτούς, καὶ τὸν ἀμπελῶνα ἐκδόσεται ἄλλοις γεωργοῖς,
οἵτινες ἀποδώσουσιν αὐτῷ τοὺς καρποὺς ἐν τοῖς καιροῖς
αὐτῶν. λέγει αὐτοῖς ὁ Ἰησοῦς, Οὐδέποτε ἀνέγνωτε ἐν ταῖς 42
γραφαῖς, Λίθον ὃν ἀπεδοκίμασαν οἱ οἰκοδομοῦντες, οὗτος
ἐγενήθη εἰς κεφαλὴν γωνίας· παρὰ Κυρίου ἐγένετο αὕτη, καὶ
ἔστι θαυμαστὴ ἐν ὀφθαλμοῖς ἡμῶν ; διὰ τοῦτο λέγω ὑμῖν, ὅτι 43
ἀρθήσεται ἀφ' ὑμῶν ἡ βασιλεία τοῦ Θεοῦ, καὶ δοθήσεται
ἔθνει ποιοῦντι τοὺς καρποὺς αὐτῆς. ⁿκαὶ ὁ πεσὼν ἐπὶ τὸν 44
λίθον τοῦτον συνθλασθήσεται· ἐφ' ὃν δ' ἂν πέσῃ, λικμήσει

ᵏ οὐ   ˡ add τις   ᵐ κατάσχωμεν   ⁿ om. καὶ ὁ πεσὼν
... λικμήσει αὐτόν. M.

-22. 14. ΚΑΤΑ ΜΑΤΘΑΙΟΝ. 51

45 αὐτόν.^η καὶ ἀκούσαντες οἱ ἀρχιερεῖς καὶ οἱ Φαρισαῖοι τὰς
46 παραβολὰς αὐτοῦ ἔγνωσαν ὅτι περὶ αὐτῶν λέγει· καὶ ζητοῦντες αὐτὸν κρατῆσαι ἐφοβήθησαν τοὺς ὄχλους, ἐπειδὴ
°εἰς¹ προφήτην αὐτὸν εἶχον.

22 Καὶ ἀποκριθεὶς ὁ Ἰησοῦς πάλιν εἶπεν ^pἐν παραβολαῖς
2 αὐτοῖς^η λέγων, Ὡμοιώθη ἡ βασιλεία τῶν οὐρανῶν ἀνθρώπῳ Cp. Lk. 1;
3 βασιλεῖ, ὅστις ἐποίησε γάμους τῷ υἱῷ αὐτοῦ, καὶ ἀπέστειλε   16.
τοὺς δούλους αὐτοῦ καλέσαι τοὺς κεκλημένους εἰς τοὺς γά-
4 μους· καὶ οὐκ ἤθελον ἐλθεῖν. πάλιν ἀπέστειλεν ἄλλους
δούλους λέγων, Εἴπατε τοῖς κεκλημένοις, Ἰδού, τὸ ἄριστόν
μου ^qἡτοίμακα^η· οἱ ταῦροί μου καὶ τὰ σιτιστὰ τεθυμένα, καὶ
5 πάντα ἕτοιμα· δεῦτε εἰς τοὺς γάμους. οἱ δὲ ἀμελήσαντες
ἀπῆλθον, ὁ μὲν εἰς τὸν ἴδιον ἀγρόν, ὁ δὲ ^rἐπὶ^η τὴν ἐμπορίαν
6 αὐτοῦ· οἱ δὲ λοιποὶ κρατήσαντες τοὺς δούλους αὐτοῦ ὕβρισαν
7 καὶ ἀπέκτειναν. ^sὁ δὲ βασιλεὺς¹ ὠργίσθη, καὶ πέμψας τὰ
στρατεύματα αὐτοῦ ἀπώλεσε τοὺς φονεῖς ἐκείνους, καὶ τὴν
8 πόλιν αὐτῶν ἐνέπρησε. τότε λέγει τοῖς δούλοις αὐτοῦ, Ὁ μὲν
γάμος ἕτοιμός ἐστιν, οἱ δὲ κεκλημένοι οὐκ ἦσαν ἄξιοι·
9 πορεύεσθε οὖν ἐπὶ τὰς διεξόδους τῶν ὁδῶν, καὶ ὅσους ἂν
10 εὕρητε, καλέσατε εἰς τοὺς γάμους. καὶ ἐξελθόντες οἱ δοῦλοι
ἐκεῖνοι εἰς τὰς ὁδοὺς συνήγαγον πάντας ὅσους εὗρον, πονηρούς τε καὶ ἀγαθούς· καὶ ἐπλήσθη ὁ γάμος ἀνακειμένων.
11 εἰσελθὼν δὲ ὁ βασιλεὺς θεάσασθαι τοὺς ἀνακειμένους εἶδεν
12 ἐκεῖ ἄνθρωπον οὐκ ἐνδεδυμένον ἔνδυμα γάμου· καὶ λέγει
αὐτῷ, Ἑταῖρε, πῶς εἰσῆλθες ὧδε μὴ ἔχων ἔνδυμα γάμου;
13 ὁ δὲ ἐφιμώθη. τότε ^tὁ βασιλεὺς εἶπε^η τοῖς διακόνοις,
Δήσαντες αὐτοῦ πόδας καὶ χεῖρας ^{u—η}ἐκβάλετε ^xαὐτὸν^η
εἰς τὸ σκότος τὸ ἐξώτερον· ἐκεῖ ἔσται ὁ κλαυθμὸς καὶ ὁ
14 βρυγμὸς τῶν ὀδόντων. πολλοὶ γάρ εἰσι κλητοί, ὀλίγοι δὲ
ἐκλεκτοί.

^o ὡς   ^p αὐτοῖς ἐν παραβολαῖς   ^q ἡτοίμασα   ^r εἰς
^s ἀκούσας δὲ ὁ βασιλεὺς   ^t εἶπεν ὁ βασιλεὺς   ^u add ἄρατε
αὐτὸν καὶ   ^x om. αὐτὸν

E 2

Τότε πορευθέντες οἱ Φαρισαῖοι συμβούλιον ἔλαβον ὅπως 15 αὐτὸν παγιδεύσωσιν ἐν λόγῳ. καὶ ἀποστέλλουσιν αὐτῷ 16 τοὺς μαθητὰς αὐτῶν μετὰ τῶν Ἡρωδιανῶν ʸλέγοντας ⁱ, Διδάσκαλε, οἴδαμεν ὅτι ἀληθὴς εἶ, καὶ τὴν ὁδὸν τοῦ Θεοῦ ἐν ἀληθείᾳ διδάσκεις, καὶ οὐ μέλει σοι περὶ οὐδενός· οὐ γὰρ βλέπεις εἰς πρόσωπον ἀνθρώπων. εἰπὲ οὖν ἡμῖν, τί σοι 17 δοκεῖ; ἔξεστι δοῦναι κῆνσον Καίσαρι; ἢ οὔ; γνοὺς δὲ ὁ 18 Ἰησοῦς τὴν πονηρίαν αὐτῶν εἶπε, Τί με πειράζετε, ὑποκριταί; ἐπιδείξατέ μοι τὸ νόμισμα τοῦ κήνσου. οἱ δὲ προσή- 19 νεγκαν αὐτῷ δηνάριον. καὶ λέγει αὐτοῖς, Τίνος ἡ εἰκὼν αὕτη 20 καὶ ἡ ἐπιγραφή; λέγουσιν αὐτῷ, Καίσαρος. τότε λέγει 21 αὐτοῖς, Ἀπόδοτε οὖν τὰ Καίσαρος Καίσαρι, καὶ τὰ τοῦ Θεοῦ τῷ Θεῷ. καὶ ἀκούσαντες ἐθαύμασαν, καὶ ἀφέντες αὐτὸν 22 ἀπῆλθον.

Ἐν ἐκείνῃ τῇ ἡμέρᾳ προσῆλθον αὐτῷ Σαδδουκαῖοι, ᶻ⁻ᵈ 23 λέγοντες μὴ εἶναι ἀνάστασιν, καὶ ἐπηρώτησαν αὐτὸν λέ- 24 γοντες, Διδάσκαλε, Μωσῆς εἶπεν, Ἐάν τις ἀποθάνῃ μὴ ἔχων τέκνα, ἐπιγαμβρεύσει ὁ ἀδελφὸς αὐτοῦ τὴν γυναῖκα αὐτοῦ, καὶ ἀναστήσει σπέρμα τῷ ἀδελφῷ αὐτοῦ. ἦσαν δὲ παρ᾽ 25 ἡμῖν ἑπτὰ ἀδελφοί· καὶ ὁ πρῶτος γαμήσας ἐτελεύτησε, καὶ μὴ ἔχων σπέρμα ἀφῆκε τὴν γυναῖκα αὐτοῦ τῷ ἀδελφῷ αὐτοῦ· ὁμοίως καὶ ὁ δεύτερος, καὶ ὁ τρίτος, ἕως τῶν ἑπτά. 26 ὕστερον δὲ πάντων ἀπέθανεν ᵃ⁻ⁱ ἡ γυνή. ἐν τῇ ᵇἀνα- 27, 28 στάσει οὖν ⁱ τίνος τῶν ἑπτὰ ἔσται γυνή; πάντες γὰρ ἔσχον αὐτήν. ἀποκριθεὶς δὲ ὁ Ἰησοῦς εἶπεν αὐτοῖς, Πλανᾶσθε, μὴ 29 εἰδότες τὰς γραφάς, μηδὲ τὴν δύναμιν τοῦ Θεοῦ. ἐν γὰρ τῇ 30 ἀναστάσει οὔτε γαμοῦσιν, οὔτε ἐκγαμίζονται, ἀλλ᾽ ὡς ἄγγελοι ᶜ⁻ⁱ ἐν οὐρανῷ εἰσι. περὶ δὲ τῆς ἀναστάσεως τῶν νεκρῶν, 31 οὐκ ἀνέγνωτε τὸ ῥηθὲν ὑμῖν ὑπὸ τοῦ Θεοῦ λέγοντος, Ἐγώ 32 εἰμι ὁ Θεὸς Ἀβραάμ, καὶ ὁ Θεὸς Ἰσαάκ, καὶ ὁ Θεὸς Ἰακώβ;

ʸ λέγοντες   ᶻ add οἱ   ᵃ add καὶ   ᵇ οὖν ἀναστάσει
ᶜ add τοῦ Θεοῦ A.S.M.

33 οὐκ ἔστιν ὁ Θεὸς d-7 νεκρῶν, ἀλλὰ ζώντων. καὶ ἀκούσαντες οἱ ὄχλοι ἐξεπλήσσοντο ἐπὶ τῇ διδαχῇ αὐτοῦ.
34 Οἱ δὲ Φαρισαῖοι, ἀκούσαντες ὅτι ἐφίμωσε τοὺς Σαδδου-
35 καίους, συνήχθησαν ἐπὶ τὸ αὐτό· καὶ ἐπηρώτησεν εἷς ἐξ
36 αὐτῶν νομικὸς πειράζων αὐτόν e-, Διδάσκαλε, ποία ἐντολὴ
37 μεγάλη ἐν τῷ νόμῳ; ὁ δὲ f- εἶπεν αὐτῷ, Ἀγαπήσεις Κύριον τὸν Θεόν σου ἐν ὅλῃ τῇ καρδίᾳ σου, καὶ ἐν ὅλῃ τῇ
38 ψυχῇ σου, καὶ ἐν ὅλῃ τῇ διανοίᾳ σου. αὕτη ἐστὶν g ἡ
39 μεγάλη καὶ πρώτη 7 ἐντολή. δευτέρα δὲ ὁμοία h αὕτη,
40 Ἀγαπήσεις τὸν πλησίον σου ὡς σεαυτόν. ἐν ταύταις ταῖς δυσὶν ἐντολαῖς ὅλος ὁ νόμος i κρέμαται καὶ οἱ προφῆται ".
41 Συνηγμένων δὲ τῶν Φαρισαίων ἐπηρώτησεν αὐτοὺς ὁ
42 Ἰησοῦς λέγων, Τί ὑμῖν δοκεῖ περὶ τοῦ Χριστοῦ; τίνος υἱός
43 ἐστι; λέγουσιν αὐτῷ, Τοῦ Δαβίδ. λέγει αὐτοῖς, Πῶς οὖν
44 Δαβὶδ ἐν Πνεύματι κύριον αὐτὸν καλεῖ λέγων, Εἶπεν ὁ Κύριος τῷ κυρίῳ μου, Κάθου ἐκ δεξιῶν μου, ἕως ἂν θῶ τοὺς
45 ἐχθρούς σου j ὑποκάτω 1 τῶν ποδῶν σου; εἰ οὖν Δαβὶδ
46 καλεῖ αὐτὸν κύριον, πῶς υἱὸς αὐτοῦ ἐστι; καὶ οὐδεὶς ἐδύνατο αὐτῷ ἀποκριθῆναι λόγον· οὐδὲ ἐτόλμησέ τις ἀπ' ἐκείνης τῆς ἡμέρας ἐπερωτῆσαι αὐτὸν οὐκέτι.

23 Τότε ὁ Ἰησοῦς ἐλάλησε τοῖς ὄχλοις καὶ τοῖς μαθηταῖς
2 αὐτοῦ λέγων, Ἐπὶ τῆς Μωσέως καθέδρας ἐκάθισαν οἱ γραμ-
3 ματεῖς καὶ οἱ Φαρισαῖοι· πάντα οὖν ὅσα ἂν εἴπωσιν ὑμῖν k-l, l ποιήσατε καὶ τηρεῖτε · κατὰ δὲ τὰ ἔργα αὐτῶν μὴ
4 ποιεῖτε· λέγουσι γὰρ καὶ οὐ ποιοῦσι. δεσμεύουσι m δὲ 7 φορτία βαρέα n καὶ δυσβάστακτα ', καὶ ἐπιτιθέασιν ἐπὶ τοὺς ὤμους τῶν ἀνθρώπων· ο αὐτοὶ δὲ τῷ 7 δακτύλῳ αὐτῶν οὐ
5 θέλουσι κινῆσαι αὐτά. πάντα δὲ τὰ ἔργα αὐτῶν ποιοῦσι

---

d add Θεὸς   e add καὶ λέγων   f add Ἰησοῦς   g πρώτη καὶ μεγάλη A.S.M.   h αὐτῇ A.S.M.   i καὶ οἱ προφῆται κρέμανται   j ὑποπόδιον   k add τηρεῖν   l τηρεῖτε καὶ ποιεῖτε   m γὰρ   u om. καὶ δυσβάστακτα Μ.   o τῷ δὲ

ΕΥΑΓΓΕΛΙΟΝ 23. 5–

πρὸς τὸ θεαθῆναι τοῖς ἀνθρώποις· πλατύνουσι ᵖ γὰρ ‖ τὰ
φυλακτήρια αὐτῶν, καὶ μεγαλύνουσι τὰ κράσπεδα ᑫ⁻‖, φι- 6
λοῦσι ʳ δὲ‖ τὴν πρωτοκλισίαν ἐν τοῖς δείπνοις, καὶ τὰς
πρωτοκαθεδρίας ἐν ταῖς συναγωγαῖς, καὶ τοὺς ἀσπασμοὺς 7
ἐν ταῖς ἀγοραῖς, καὶ καλεῖσθαι ὑπὸ τῶν ἀνθρώπων ˢ ῥαββί‖.
ὑμεῖς δὲ μὴ κληθῆτε ῥαββί· εἷς γάρ ἐστιν ὑμῶν ὁ ᵗδιδάσκα- 8
λος‖ ᵘ⁻‖· πάντες δὲ ὑμεῖς ἀδελφοί ἐστε. καὶ πατέρα μὴ 9
καλέσητε ὑμῶν ἐπὶ τῆς γῆς· εἷς γάρ ἐστιν ὁ πατὴρ ὑμῶν,
ὁ ᵛοὐράνιος‖. μηδὲ κληθῆτε καθηγηταί· εἷς γὰρ ὑμῶν ἐστιν 10
ὁ καθηγητής, ὁ Χριστός. ὁ δὲ μείζων ὑμῶν ἔσται ὑμῶν 11
διάκονος. ὅστις δὲ ὑψώσει ἑαυτόν, ταπεινωθήσεται· καὶ 12
ὅστις ταπεινώσει ἑαυτόν, ὑψωθήσεται.

Οὐαὶ ˣ δὲ‖ ὑμῖν, γραμματεῖς καὶ Φαρισαῖοι, ὑποκριταί, ὅτι 13
κλείετε τὴν βασιλείαν τῶν οὐρανῶν ἔμπροσθεν τῶν ἀνθρώπων·
ὑμεῖς γὰρ οὐκ εἰσέρχεσθε, οὐδὲ τοὺς εἰσερχομένους ἀφίετε
εἰσελθεῖν. ʸ⁻‖

Οὐαὶ ὑμῖν, γραμματεῖς καὶ Φαρισαῖοι, ὑποκριταί, ὅτι περι- 15
άγετε τὴν θάλασσαν καὶ τὴν ξηρὰν ποιῆσαι ἕνα προσήλυτον,
καὶ ὅταν γένηται, ποιεῖτε αὐτὸν υἱὸν γεέννης διπλότερον ὑμῶν.

Οὐαὶ ὑμῖν, ὁδηγοὶ τυφλοί, οἱ λέγοντες,°Ὅς ἂν ὀμόσῃ ἐν 16
τῷ ναῷ, οὐδέν ἐστιν· ὃς δ' ἂν ὀμόσῃ ἐν τῷ χρυσῷ τοῦ ναοῦ,
ὀφείλει. μωροὶ καὶ τυφλοί· τίς γὰρ μείζων ἐστίν; ὁ χρυσός; 17
ἢ ὁ ναὸς ὁ ᶻἁγιάσας‖ τὸν χρυσόν; καί,°Ὃς ἐὰν ὀμόσῃ ἐν 18
τῷ θυσιαστηρίῳ, οὐδέν ἐστιν· ὃς δ' ἂν ὀμόσῃ ἐν τῷ δώρῳ
τῷ ἐπάνω αὐτοῦ, ὀφείλει. ᵃ⁻‖ τυφλοί· τί γὰρ μεῖζον; τὸ 19
δῶρον; ἢ τὸ θυσιαστήριον τὸ ἁγιάζον τὸ δῶρον; ὁ οὖν 20

ᵖ δὲ   ᑫ add τῶν ἱματίων αὐτῶν   ʳ τε   ˢ ῥαββί, ῥαββί
ᵗ καθηγητής   ᵘ add ὁ Χριστός   ᵛ ἐν τοῖς οὐρανοῖς
ˣ om. δὲ S.   ʸ add ver. 14 οὐαὶ (δὲ S.) ὑμῖν, γραμματεῖς καὶ
Φαρισαῖοι, ὑποκριταί, ὅτι κατεσθίετε τὰς οἰκίας τῶν χηρῶν, καὶ
προφάσει μακρὰ προσευχόμενοι· διὰ τοῦτο λήψεσθε περισσότε-
ρον κρίμα. A.S.M.: transp. vv. 13, 14 S.   ᶻ ἁγιάζων   ᵃ add
μωροὶ καὶ

ΚΑΤΑ ΜΑΤΘΑΙΟΝ. -23. 34. 55

ὀμόσας ἐν τῷ θυσιαστηρίῳ ὀμνύει ἐν αὐτῷ καὶ ἐν πᾶσι τοῖς
21 ἐπάνω αὐτοῦ· καὶ ὁ ὀμόσας ἐν τῷ ναῷ ὀμνύει ἐν αὐτῷ καὶ ἐν
22 τῷ κατοικοῦντι αὐτόν· καὶ ὁ ὀμόσας ἐν τῷ οὐρανῷ ὀμνύει ἐν
τῷ θρόνῳ τοῦ Θεοῦ καὶ ἐν τῷ καθημένῳ ἐπάνω αὐτοῦ.
23 Οὐαὶ ὑμῖν, γραμματεῖς καὶ Φαρισαῖοι, ὑποκριταί, ὅτι ἀπο-
δεκατοῦτε τὸ ἡδύοσμον καὶ τὸ ἄνηθον καὶ τὸ κύμινον, καὶ
ἀφήκατε τὰ βαρύτερα τοῦ νόμου, τὴν κρίσιν καὶ τὸν ἔλεον
καὶ τὴν πίστιν· ταῦτα ᵇδὲ ⫽ ἔδει ποιῆσαι, κἀκεῖνα μὴ ᶜἀφεῖ-
24 ναι⫽. ὁδηγοὶ τυφλοί, οἱ διϋλίζοντες τὸν κώνωπα, τὴν δὲ
κάμηλον καταπίνοντες.
25 Οὐαὶ ὑμῖν, γραμματεῖς καὶ Φαρισαῖοι, ὑποκριταί, ὅτι καθα-
ρίζετε τὸ ἔξωθεν τοῦ ποτηρίου καὶ τῆς παροψίδος, ἔσωθεν δὲ
26 γέμουσιν ἐξ ἁρπαγῆς καὶ ἀκρασίας. Φαρισαῖε τυφλέ, καθά-
ρισον πρῶτον τὸ ἐντὸς τοῦ ποτηρίου καὶ τῆς παροψίδος, ἵνα
γένηται καὶ τὸ ἐκτὸς ᵈαὐτοῦ⫽ καθαρόν.
27 Οὐαὶ ὑμῖν, γραμματεῖς καὶ Φαρισαῖοι, ὑποκριταί, ὅτι παρο-
μοιάζετε τάφοις κεκονιαμένοις, οἵτινες ἔξωθεν μὲν φαίνονται
ὡραῖοι, ἔσωθεν δὲ γέμουσιν ὀστέων νεκρῶν καὶ πάσης ἀκα-
28 θαρσίας. οὕτω καὶ ὑμεῖς ἔξωθεν μὲν φαίνεσθε τοῖς ἀνθρώ-
ποις δίκαιοι, ἔσωθεν δὲ μεστοί ἐστε ὑποκρίσεως καὶ ἀνομίας.
29 Οὐαὶ ὑμῖν, γραμματεῖς καὶ Φαρισαῖοι, ὑποκριταί, ὅτι οἰκο-
δομεῖτε τοὺς τάφους τῶν προφητῶν, καὶ κοσμεῖτε τὰ μνημεῖα
30 τῶν δικαίων, καὶ λέγετε, Εἰ ἦμεν ἐν ταῖς ἡμέραις τῶν πατέρων
ἡμῶν, οὐκ ἂν ἦμεν κοινωνοὶ αὐτῶν ἐν τῷ αἵματι τῶν προφητῶν.
31 ὥστε μαρτυρεῖτε ἑαυτοῖς, ὅτι υἱοί ἐστε τῶν φονευσάντων
32 τοὺς προφήτας. καὶ ὑμεῖς πληρώσατε τὸ μέτρον τῶν πατέρων
33 ὑμῶν. ὄφεις, γεννήματα ἐχιδνῶν, πῶς φύγητε ἀπὸ τῆς
34 κρίσεως τῆς γεέννης; διὰ τοῦτο, ἰδού, ἐγὼ ἀποστέλλω πρὸς Cp. Lk. 11.
ὑμᾶς προφήτας καὶ σοφοὺς καὶ γραμματεῖς· ᵉ⫽ ἐξ αὐτῶν 49.
ἀποκτενεῖτε καὶ σταυρώσετε, καὶ ἐξ αὐτῶν μαστιγώσετε ἐν
ταῖς συναγωγαῖς ὑμῶν, καὶ διώξετε ἀπὸ πόλεως εἰς πόλιν·

ᵇ om. δὲ   ᶜ ἀφιέναι   ᵈ αὐτῶν   ᵉ add καὶ

ὅπως ἔλθῃ ἐφ' ὑμᾶς πᾶν αἷμα δίκαιον ἐκχυνόμενον ἐπὶ τῆς 35
γῆς, ἀπὸ τοῦ αἵματος *Ἄβελ τοῦ δικαίου ἕως τοῦ αἵματος
Ζαχαρίου υἱοῦ Βαραχίου, ὃν ἐφονεύσατε μεταξὺ τοῦ ναοῦ
καὶ τοῦ θυσιαστηρίου· ἀμὴν λέγω ὑμῖν, ἥξει ταῦτα πάντα 36
ἐπὶ τὴν γενεὰν ταύτην.

Ἰερουσαλήμ, Ἰερουσαλήμ, ἡ ἀποκτείνουσα τοὺς προφήτας 37
καὶ λιθοβολοῦσα τοὺς ἀπεσταλμένους πρὸς αὐτήν, ποσάκις
ἠθέλησα ἐπισυναγαγεῖν τὰ τέκνα σου, ὃν τρόπον ἐπισυνάγει
ὄρνις τὰ νοσσία ἑαυτῆς ὑπὸ τὰς πτέρυγας, καὶ οὐκ ἠθελήσατε.
ἰδού, ἀφίεται ὑμῖν ὁ οἶκος ὑμῶν ᶠἔρημος". λέγω 38, 39
γὰρ ὑμῖν, οὐ μή με ἴδητε ἀπ' ἄρτι, ἕως ἂν εἴπητε, Εὐλογημένος
ὁ ἐρχόμενος ἐν ὀνόματι Κυρίου.

Καὶ ἐξελθὼν ὁ Ἰησοῦς ᵍἀπὸ τοῦ ἱεροῦ ἐπορεύετο"· καὶ 24
προσῆλθον οἱ μαθηταὶ αὐτοῦ ἐπιδεῖξαι αὐτῷ τὰς οἰκοδομὰς
τοῦ ἱεροῦ. ὁ δὲ ʰ—" ⁱἀποκριθεὶς" εἶπεν αὐτοῖς, Οὐ βλέπετε 2
πάντα ταῦτα; ἀμὴν λέγω ὑμῖν, οὐ μὴ ἀφεθῇ ὧδε λίθος ἐπὶ
λίθον, ὃς οὐ ʲ—" καταλυθήσεται. καθημένου δὲ αὐτοῦ ἐπὶ 3
τοῦ ὄρους τῶν ἐλαιῶν προσῆλθον αὐτῷ οἱ μαθηταὶ κατ'
ἰδίαν λέγοντες, Εἰπὲ ἡμῖν, πότε ταῦτα ἔσται; καὶ τί τὸ
σημεῖον τῆς σῆς παρουσίας, καὶ τῆς συντελείας τοῦ αἰῶνος;
καὶ ἀποκριθεὶς ὁ Ἰησοῦς εἶπεν αὐτοῖς, Βλέπετε, μή τις ὑμᾶς 4
πλανήσῃ. πολλοὶ γὰρ ἐλεύσονται ἐπὶ τῷ ὀνόματί μου 5
λέγοντες, Ἐγώ εἰμι ὁ Χριστός, καὶ πολλοὺς πλανήσουσι.
μελλήσετε δὲ ἀκούειν πολέμους καὶ ἀκοὰς πολέμων· ὁρᾶτε, 6
μὴ θροεῖσθε· δεῖ γὰρ ᵏ—" γενέσθαι· ἀλλ' οὔπω ἐστὶ τὸ
τέλος. ἐγερθήσεται γὰρ ἔθνος ἐπὶ ἔθνος, καὶ βασιλεία ἐπὶ 7
βασιλείαν· καὶ ἔσονται λιμοὶ ˡ—" καὶ σεισμοὶ κατὰ τόπους·
πάντα δὲ ταῦτα ἀρχὴ ὠδίνων. τότε παραδώσουσιν 8, 9
ὑμᾶς εἰς θλῖψιν, καὶ ἀποκτενοῦσιν ὑμᾶς, καὶ ἔσεσθε μισούμενοι
ὑπὸ πάντων τῶν ἐθνῶν διὰ τὸ ὄνομά μου· καὶ τότε 10

ᶠ om. ἔρημος M.   ᵍ ἐπορεύετο ἀπὸ τοῦ ἱεροῦ   ʰ add Ἰησοῦς
ⁱ om. ἀποκριθεὶς   ʲ add μὴ   ᵏ add πάντα   ˡ add καὶ λοιμοὶ

σκανδαλισθήσονται πολλοί, καὶ ἀλλήλους παραδώσουσι, καὶ
11 μισήσουσιν ἀλλήλους· καὶ πολλοὶ ψευδοπροφῆται ἐγερ-
12 θήσονται, καὶ πλανήσουσι πολλούς· καὶ διὰ τὸ πληθυνθῆναι
13 τὴν ἀνομίαν ψυγήσεται ἡ ἀγάπη τῶν πολλῶν· ὁ δὲ ὑπο-
14 μείνας εἰς τέλος, οὗτος σωθήσεται. καὶ κηρυχθήσεται τοῦτο
τὸ εὐαγγέλιον τῆς βασιλείας ἐν ὅλῃ τῇ οἰκουμένῃ, εἰς μαρ-
τύριον πᾶσι τοῖς ἔθνεσι· καὶ τότε ἥξει τὸ τέλος.
15 Ὅταν οὖν ἴδητε τὸ βδέλυγμα τῆς ἐρημώσεως τὸ ῥηθὲν Mk. 13. 14,
διὰ Δανιὴλ τοῦ προφήτου ἑστὸς ἐν τόπῳ ἁγίῳ (ὁ ἀνα- Lk. 21. 20:
cp.Dan.
16 γινώσκων νοείτω), τότε οἱ ἐν τῇ Ἰουδαίᾳ φευγέτωσαν ἐπὶ 9. 27,
17 τὰ ὄρη· ὁ ἐπὶ τοῦ δώματος μὴ καταβαινέτω ἆραι ᵐτὰ" ἐκ 12. 11.
18 τῆς οἰκίας αὐτοῦ· καὶ ὁ ἐν τῷ ἀγρῷ μὴ ἐπιστρεψάτω ὀπίσω
19 ἆραι ⁿτὸ ἱμάτιον" αὐτοῦ. οὐαὶ δὲ ταῖς ἐν γαστρὶ ἐχούσαις
20 καὶ ταῖς θηλαζούσαις ἐν ἐκείναις ταῖς ἡμέραις· προσεύχεσθε
δὲ ἵνα μὴ γένηται ἡ φυγὴ ὑμῶν χειμῶνος, μηδὲ ᵒ—' σαββάτῳ·
21 ἔσται γὰρ τότε θλῖψις μεγάλη, οἵα οὐ γέγονεν ἀπ' ἀρχῆς
22 κόσμου ἕως τοῦ νῦν, οὐδ' οὐ μὴ γένηται· καὶ εἰ μὴ ἐκολο-
βώθησαν αἱ ἡμέραι ἐκεῖναι, οὐκ ἂν ἐσώθη πᾶσα σάρξ· διὰ δὲ
23 τοὺς ἐκλεκτοὺς κολοβωθήσονται αἱ ἡμέραι ἐκεῖναι. τότε ἐάν Cp. Lk. 17.
τις ὑμῖν εἴπῃ, Ἰδού, ὧδε ὁ Χριστός, ἢ ὧδε, μὴ πιστεύσητε· 23 sqq.
24 ἐγερθήσονται γὰρ ψευδόχριστοι καὶ ψευδοπροφῆται, καὶ
δώσουσι σημεῖα μεγάλα καὶ τέρατα, ὥστε πλανῆσαι, εἰ
25, 26 δυνατόν, καὶ τοὺς ἐκλεκτούς. ἰδού, προείρηκα ὑμῖν. ἐὰν
οὖν εἴπωσιν ὑμῖν, Ἰδού, ἐν τῇ ἐρήμῳ ἐστί, μὴ ἐξέλθητε·
27 Ἰδού, ἐν τοῖς ταμείοις, μὴ πιστεύσητε· ὥσπερ γὰρ ἡ
ἀστραπὴ ἐξέρχεται ἀπὸ ἀνατολῶν καὶ φαίνεται ἕως δυσμῶν,
28 οὕτως ἔσται ᵖ—" ἡ παρουσία τοῦ υἱοῦ τοῦ ἀνθρώπου· ὅπου
ᑫ—" ἐὰν ᾖ τὸ πτῶμα, ἐκεῖ συναχθήσονται οἱ ἀετοί.
29 Εὐθέως δὲ μετὰ τὴν θλῖψιν τῶν ἡμερῶν ἐκείνων ὁ ἥλιος Mk. 13. 24
σκοτισθήσεται, καὶ ἡ σελήνη οὐ δώσει τὸ φέγγος αὐτῆς, καὶ sqq.: cp.
Lk. 21.
οἱ ἀστέρες πεσοῦνται ἀπὸ τοῦ οὐρανοῦ, καὶ αἱ δυνάμεις τῶν 25 sqq.

ᵐ τι ⁿ τὰ ἱμάτια ᵒ add ἐν ᵖ add καὶ ᑫ add γὰρ

οὐρανῶν σαλευθήσονται· καὶ τότε φανήσεται τὸ σημεῖον τοῦ 30 υἱοῦ τοῦ ἀνθρώπου ἐν τῷ οὐρανῷ· καὶ τότε κόψονται πᾶσαι αἱ φυλαὶ τῆς γῆς, καὶ ὄψονται τὸν υἱὸν τοῦ ἀνθρώπου ἐρχόμενον ἐπὶ τῶν νεφελῶν τοῦ οὐρανοῦ μετὰ δυνάμεως καὶ δόξης πολλῆς. καὶ ἀποστελεῖ τοὺς ἀγγέλους αὐτοῦ μετὰ σάλπιγγος 31 ʳφωνῆς‖ μεγάλης, καὶ ἐπισυνάξουσι τοὺς ἐκλεκτοὺς αὐτοῦ ἐκ τῶν τεσσάρων ἀνέμων, ἀπ' ἄκρων οὐρανῶν ἕως ἄκρων αὐτῶν. Ἀπὸ δὲ τῆς συκῆς μάθετε τὴν παραβολήν· ὅταν ἤδη ὁ 32 κλάδος αὐτῆς γένηται ἁπαλός, καὶ τὰ φύλλα ἐκφύῃ, γινώσκετε ὅτι ἐγγὺς τὸ θέρος· οὕτω καὶ ὑμεῖς, ὅταν ἴδητε πάντα 33 ταῦτα, γινώσκετε ὅτι ἐγγύς ἐστιν ἐπὶ θύραις· ἀμὴν λέγω 34 ὑμῖν, οὐ μὴ παρέλθῃ ἡ γενεὰ αὕτη, ἕως ἂν πάντα ταῦτα γένηται. ὁ οὐρανὸς καὶ ἡ γῆ παρελεύσονται, οἱ δὲ λόγοι 35 μου οὐ μὴ παρέλθωσι. περὶ δὲ τῆς ἡμέρας ἐκείνης καὶ 36 ˢ⁻ᴵ ὥρας οὐδεὶς οἶδεν, οὐδὲ οἱ ἄγγελοι τῶν οὐρανῶν, ᵗοὐδὲ ὁ υἱός,‖ εἰ μὴ ὁ πατὴρ ᵘ⁻‖ μόνος. ὥσπερ δὲ αἱ ἡμέραι τοῦ 37 Νῶε, οὕτως ἔσται ᵛ⁻ ἡ παρουσία τοῦ υἱοῦ τοῦ ἀνθρώπου. ὥσπερ γὰρ ἦσαν ἐν ταῖς ἡμέραις ˣἐκείναις‖ ταῖς πρὸ τοῦ 38 κατακλυσμοῦ τρώγοντες καὶ πίνοντες, γαμοῦντες καὶ ἐκγαμίζοντες, ἄχρι ἧς ἡμέρας εἰσῆλθε Νῶε εἰς τὴν κιβωτόν, καὶ 39 οὐκ ἔγνωσαν ἕως ἦλθεν ὁ κατακλυσμὸς καὶ ἦρεν ἅπαντας, οὕτως ἔσται ᵛ⁻ᴵ ἡ παρουσία τοῦ υἱοῦ τοῦ ἀνθρώπου. τότε 40 δύο ἔσονται ἐν τῷ ἀγρῷ· ʸ⁻ εἷς παραλαμβάνεται, καὶ ʸ⁻‖ εἷς ἀφίεται· δύο ἀλήθουσαι ἐν τῷ ᶻμύλῳ‖· μία παραλαμβάνεται, 41 καὶ μία ἀφίεται. γρηγορεῖτε οὖν, ὅτι οὐκ οἴδατε ποίᾳ ᵃἡμέρᾳ‖ 42 ὁ κύριος ὑμῶν ἔρχεται. ἐκεῖνο δὲ γινώσκετε, ὅτι εἰ ᾔδει 43 ὁ οἰκοδεσπότης ποίᾳ φυλακῇ ὁ κλέπτης ἔρχεται, ἐγρηγόρησεν ἄν, καὶ οὐκ ἂν εἴασε διορυγῆναι τὴν οἰκίαν αὐτοῦ. διὰ τοῦτο 44 καὶ ὑμεῖς γίνεσθε ἕτοιμοι· ὅτι ᾗ ὥρᾳ οὐ δοκεῖτε ὁ υἱὸς τοῦ

ʳ om. φωνῆς M.   ˢ add τῆς   ᵗ om. οὐδὲ ὁ υἱός, A.S.M.
ⁿ add μου   ᵛ add καὶ   ˣ om. ἐκείναις   ʸ add ὁ
ᶻ μύλωνι   ᵃ ὥρᾳ

ΚΑΤΑ ΜΑΤΘΑΙΟΝ.

45 ἀνθρώπου ἔρχεται. τίς ἄρα ἐστὶν ὁ πιστὸς δοῦλος καὶ
φρόνιμος, ὃν κατέστησεν ὁ κύριος [b-] ἐπὶ τῆς [c]οἰκετείας[||]
46 αὐτοῦ, τοῦ διδόναι αὐτοῖς τὴν τροφὴν ἐν καιρῷ; μακάριος
ὁ δοῦλος ἐκεῖνος, ὃν ἐλθὼν ὁ κύριος αὐτοῦ εὑρήσει ποιοῦντα
47 οὕτως· ἀμὴν λέγω ὑμῖν, ὅτι ἐπὶ πᾶσι τοῖς ὑπάρχουσιν
48 αὐτοῦ καταστήσει αὐτόν. ἐὰν δὲ εἴπῃ ὁ κακὸς δοῦλος ἐκεῖνος
49 ἐν τῇ καρδίᾳ αὐτοῦ, Χρονίζει ὁ κύριός μου [d-||], καὶ ἄρξηται
τύπτειν τοὺς συνδούλους [e]αὐτοῦ, [f]ἐσθίῃ[||] δὲ καὶ [g]πίνῃ
50 μετὰ τῶν μεθυόντων, ἥξει ὁ κύριος τοῦ δούλου ἐκείνου ἐν
51 ἡμέρᾳ ᾗ οὐ προσδοκᾷ, καὶ ἐν ὥρᾳ ᾗ οὐ γινώσκει, καὶ διχοτομήσει αὐτόν, καὶ τὸ μέρος αὐτοῦ μετὰ τῶν ὑποκριτῶν θήσει·
ἐκεῖ ἔσται ὁ κλαυθμὸς καὶ ὁ βρυγμὸς τῶν ὀδόντων.

25 Τότε ὁμοιωθήσεται ἡ βασιλεία τῶν οὐρανῶν δέκα παρθένοις, αἵτινες λαβοῦσαι τὰς λαμπάδας αὐτῶν ἐξῆλθον εἰς
2 ἀπάντησιν τοῦ νυμφίου. πέντε δὲ ἦσαν ἐξ αὐτῶν [h]μωραί,
3 καὶ [i-||] πέντε [j]φρόνιμοι[||]. [k]αἱ γὰρ[|] μωραί, λαβοῦσαι τὰς
4 λαμπάδας ἑαυτῶν, οὐκ ἔλαβον μεθ᾽ ἑαυτῶν ἔλαιον· αἱ δὲ φρόνιμοι ἔλαβον ἔλαιον ἐν τοῖς ἀγγείοις αὐτῶν μετὰ τῶν λαμ-
5 πάδων αὐτῶν. χρονίζοντος δὲ τοῦ νυμφίου ἐνύσταξαν
6 πᾶσαι καὶ ἐκάθευδον. μέσης δὲ νυκτὸς κραυγὴ γέγονεν,
7 Ἰδού, ὁ νυμφίος[1-l]· ἐξέρχεσθε εἰς ἀπάντησιν αὐτοῦ. τότε
ἠγέρθησαν πᾶσαι αἱ παρθένοι ἐκεῖναι, καὶ ἐκόσμησαν τὰς
8 λαμπάδας αὐτῶν. αἱ δὲ μωραὶ ταῖς φρονίμοις εἶπον,
Δότε ἡμῖν ἐκ τοῦ ἐλαίου ὑμῶν, ὅτι αἱ λαμπάδες ἡμῶν σβέν-
9 νυνται. ἀπεκρίθησαν δὲ αἱ φρόνιμοι λέγουσαι, Μήποτε
[m]οὐ μὴ[|] ἀρκέσῃ ἡμῖν καὶ ὑμῖν· πορεύεσθε [n-|] μᾶλλον πρὸς
10 τοὺς πωλοῦντας, καὶ ἀγοράσατε ἑαυταῖς. ἀπερχομένων δὲ
αὐτῶν ἀγοράσαι ἦλθεν ὁ νυμφίος· καὶ αἱ ἕτοιμοι εἰσῆλθον μετ᾽ αὐτοῦ εἰς τοὺς γάμους, καὶ ἐκλείσθη ἡ θύρα.

---

[b] add αὐτοῦ   [c] θεραπείας   [d] add ἐλθεῖν   [e] om. αὐτοῦ
[f] ἐσθίειν   [g] πίνειν   [h] φρόνιμοι   [i] add αἱ   [j] μωραι
[k] αἵτινες   [l] add ἔρχεται   [m] οὐκ   [n] add δὲ

ὕστερον δὲ ἔρχονται καὶ αἱ λοιπαὶ παρθένοι λέγουσαι, Κύριε, 11
κύριε, ἄνοιξον ἡμῖν. ὁ δὲ ἀποκριθεὶς εἶπεν, Ἀμὴν λέγω 12
ὑμῖν, οὐκ οἶδα ὑμᾶς. γρηγορεῖτε οὖν, ὅτι οὐκ οἴδατε τὴν 13
ἡμέραν οὐδὲ τὴν ὥραν ᵒ⁻ᵛ.

Ὥσπερ γὰρ ἄνθρωπος ἀποδημῶν ἐκάλεσε τοὺς ἰδίους δού- 14
λους, καὶ παρέδωκεν αὐτοῖς τὰ ὑπάρχοντα αὐτοῦ· καὶ ᾧ μὲν 15
ἔδωκε πέντε τάλαντα, ᾧ δὲ δύο, ᾧ δὲ ἕν, ἑκάστῳ κατὰ τὴν
ἰδίαν δύναμιν· καὶ ᴾἀπεδήμησεν. εὐθέως πορευθεὶς⁷ ὁ τὰ 16
πέντε τάλαντα λαβὼν εἰργάσατο ἐν αὐτοῖς, καὶ ἐποίησεν ἄλλα
πέντε τάλαντα. ὡσαύτως καὶ ὁ τὰ δύο ἐκέρδησεν ᵠ⁻ᵗ ἄλλα 17
δύο. ὁ δὲ τὸ ἓν λαβὼν ἀπελθὼν ὤρυξε ʳγῆνᵘ, καὶ ἀπέκρυψε 18
τὸ ἀργύριον τοῦ κυρίου αὐτοῦ. μετὰ δὲ χρόνον πολὺν ἔρχεται 19
ὁ κύριος τῶν δούλων ἐκείνων, καὶ συναίρει μετ' αὐτῶν λόγον.
καὶ προσελθὼν ὁ τὰ πέντε τάλαντα λαβὼν προσήνεγκεν 20
ἄλλα πέντε τάλαντα λέγων, Κύριε, πέντε τάλαντά μοι παρέ-
δωκας· ἴδε, ἄλλα πέντε τάλαντα ἐκέρδησα ˢ⁻ᵛ. ἔφη ᵗ⁻ᵛ 21
αὐτῷ ὁ κύριος αὐτοῦ, Εὖ, δοῦλε ἀγαθὲ καὶ πιστέ, ἐπὶ ὀλίγα
ἦς πιστός, ἐπὶ πολλῶν σε καταστήσω· εἴσελθε εἰς τὴν χαρὰν
τοῦ κυρίου σου. προσελθὼν δὲ καὶ ὁ τὰ δύο τάλαντα ᵘ⁻⁷ εἶπε, 22
Κύριε, δύο τάλαντά μοι παρέδωκας· ἴδε, ἄλλα δύο τάλαντα
ἐκέρδησα ˢ⁻ᵛ. ἔφη αὐτῷ ὁ κύριος αὐτοῦ, Εὖ, δοῦλε ἀγαθὲ 23
καὶ πιστέ, ἐπὶ ὀλίγα ἦς πιστός, ἐπὶ πολλῶν σε καταστήσω·
εἴσελθε εἰς τὴν χαρὰν τοῦ κυρίου σου. προσελθὼν δὲ καὶ 24
ὁ τὸ ἓν τάλαντον εἰληφὼς εἶπε, Κύριε, ἔγνων σε ὅτι σκληρὸς
εἶ ἄνθρωπος, θερίζων ὅπου οὐκ ἔσπειρας, καὶ συνάγων ὅθεν
οὐ διεσκόρπισας· καὶ φοβηθεὶς ἀπελθὼν ἔκρυψα τὸ τάλαν- 25
τόν σου ἐν τῇ γῇ· ἴδε, ἔχεις τὸ σόν. ἀποκριθεὶς δὲ ὁ κύριος 26
αὐτοῦ εἶπεν αὐτῷ, Πονηρὲ δοῦλε καὶ ὀκνηρέ, ᾔδεις ὅτι θερίζω
ὅπου οὐκ ἔσπειρα, καὶ συνάγω ὅθεν οὐ διεσκόρπισα· ἔδει οὖν 27

ᵒ add ἐν ᾗ ὁ υἱὸς τοῦ ἀνθρώπου ἔρχεται   ᴾ ἀπεδήμησεν
εὐθέως. πορευθεὶς δὲ   ᵠ add καὶ αὐτὸς   ʳ ἐν τῇ γῇ   ˢ add
ἐπ' αὐτοῖς   ᵗ add δὲ   ᵘ add λαβὼν

σε βαλεῖν τὸ ἀργύριόν μου τοῖς τραπεζίταις, καὶ ἐλθὼν ἐγὼ
28 ἐκομισάμην ἂν τὸ ἐμὸν σὺν τόκῳ. ἄρατε οὖν ἀπ᾿ αὐτοῦ τὸ
29 τάλαντον, καὶ δότε τῷ ἔχοντι τὰ δέκα τάλαντα· τῷ γὰρ
ἔχοντι παντὶ δοθήσεται, καὶ περισσευθήσεται· ˣτοῦ δὲ" μὴ
30 ἔχοντος, καὶ ὃ ἔχει ἀρθήσεται ἀπ᾿ αὐτοῦ· καὶ τὸν ἀχρεῖον
δοῦλον ἐκβάλλετε εἰς τὸ σκότος τὸ ἐξώτερον· ἐκεῖ ἔσται ὁ
κλαυθμὸς καὶ ὁ βρυγμὸς τῶν ὀδόντων.
31 Ὅταν δὲ ἔλθῃ ὁ υἱὸς τοῦ ἀνθρώπου ἐν τῇ δόξῃ αὐτοῦ, καὶ Cp. 16. 27.
πάντες οἱ ʸ⁻" ἄγγελοι μετ᾿ αὐτοῦ, τότε καθίσει ἐπὶ θρόνου
32 δόξης αὐτοῦ, καὶ συναχθήσεται ἔμπροσθεν αὐτοῦ πάντα τὰ Cp. Joh. 5.
ἔθνη, καὶ ἀφοριεῖ αὐτοὺς ἀπ᾿ ἀλλήλων, ὥσπερ ὁ ποιμὴν Acts 10.42,
33 ἀφορίζει τὰ πρόβατα ἀπὸ τῶν ἐρίφων, καὶ στήσει τὰ μὲν ¹⁷. ³¹,
34 πρόβατα ἐκ δεξιῶν αὐτοῦ, τὰ δὲ ἐρίφια ἐξ εὐωνύμων. τότε ¹⁰,
ἐρεῖ ὁ βασιλεὺς τοῖς ἐκ δεξιῶν αὐτοῦ, Δεῦτε, οἱ εὐλογημένοι Rev.20.12.
τοῦ πατρός μου, κληρονομήσατε τὴν ἡτοιμασμένην ὑμῖν
35 βασιλείαν ἀπὸ καταβολῆς κόσμου. ἐπείνασα γάρ, καὶ
ἐδώκατέ μοι φαγεῖν· ἐδίψησα, καὶ ἐποτίσατέ με· ξένος
36 ἤμην, καὶ συνηγάγετέ με· γυμνός, καὶ περιεβάλετέ με· ἠσθέ-
νησα, καὶ ἐπεσκέψασθέ με· ἐν φυλακῇ ἤμην, καὶ ἤλθετε πρός
37 με. τότε ἀποκριθήσονται αὐτῷ οἱ δίκαιοι λέγοντες, Κύριε,
πότε σὲ εἴδομεν πεινῶντα, καὶ ἐθρέψαμεν; ἢ διψῶντα, καὶ
38 ἐποτίσαμεν; πότε δέ σε εἴδομεν ξένον, καὶ συνηγάγομεν; ἢ
39 γυμνόν, καὶ περιεβάλομεν; πότε δέ σε εἴδομεν ἀσθενῆ, ἢ ἐν
40 φυλακῇ, καὶ ἤλθομεν πρός σε; καὶ ἀποκριθεὶς ὁ βασιλεὺς
ἐρεῖ αὐτοῖς, Ἀμὴν λέγω ὑμῖν, ἐφ᾿ ὅσον ἐποιήσατε ἑνὶ τούτων
41 τῶν ἀδελφῶν μου τῶν ἐλαχίστων, ἐμοὶ ἐποιήσατε. τότε
ἐρεῖ καὶ τοῖς ἐξ εὐωνύμων, Πορεύεσθε ἀπ᾿ ἐμοῦ, ᶻ⁻ κατηρα-
μένοι, εἰς τὸ πῦρ τὸ αἰώνιον τὸ ἡτοιμασμένον τῷ διαβόλῳ
42 καὶ τοῖς ἀγγέλοις αὐτοῦ. ἐπείνασα γάρ, καὶ οὐκ ἐδώκατέ
43 μοι φαγεῖν· ἐδίψησα, καὶ οὐκ ἐποτίσατέ με· ξένος ἤμην, καὶ
οὐ συνηγάγετέ με· γυμνός, καὶ οὐ περιεβάλετέ με· ἀσθενής,

ˣ ἀπὸ δὲ τοῦ   ʸ add ἅγιοι   ᶻ add οἱ

καὶ ἐν φυλακῇ, καὶ οὐκ ἐπεσκέψασθέ με. τότε ἀποκριθήσον- 44
ται ᵃ⁻∥ καὶ αὐτοὶ λέγοντες, Κύριε, πότε σὲ εἴδομεν πεινῶντα,
ἢ διψῶντα, ἢ ξένον, ἢ γυμνόν, ἢ ἀσθενῆ, ἢ ἐν φυλακῇ, καὶ
οὐ διηκονήσαμέν σοι; τότε ἀποκριθήσεται αὐτοῖς λέγων, 45
Ἀμὴν λέγω ὑμῖν, ἐφ᾽ ὅσον οὐκ ἐποιήσατε ἑνὶ τούτων τῶν
ἐλαχίστων, οὐδὲ ἐμοὶ ἐποιήσατε. καὶ ἀπελεύσονται οὗτοι 46
εἰς κόλασιν αἰώνιον, οἱ δὲ δίκαιοι εἰς ζωὴν αἰώνιον.

Mk. 14. 1, Καὶ ἐγένετο ὅτε ἐτέλεσεν ὁ Ἰησοῦς πάντας τοὺς λόγους 26
Lk. 22. 1.
τούτους, εἶπε τοῖς μαθηταῖς αὐτοῦ, Οἴδατε ὅτι μετὰ δύο 2
ἡμέρας τὸ πάσχα γίνεται, καὶ ὁ υἱὸς τοῦ ἀνθρώπου παραδίδο-
ται εἰς τὸ σταυρωθῆναι. τότε συνήχθησαν οἱ ἀρχιερεῖς ᵇ⁻∥ 3
καὶ οἱ πρεσβύτεροι τοῦ λαοῦ εἰς τὴν αὐλὴν τοῦ ἀρχιερέως
τοῦ λεγομένου Καϊάφα, καὶ συνεβουλεύσαντο ἵνα τὸν Ἰησοῦν 4
κρατήσωσι δόλῳ καὶ ἀποκτείνωσιν· ἔλεγον δέ, Μὴ ἐν τῇ 5
ἑορτῇ, ἵνα μὴ θόρυβος γένηται ἐν τῷ λαῷ.

Mk. 14. 3, Τοῦ δὲ Ἰησοῦ γενομένου ἐν Βηθανίᾳ ἐν οἰκίᾳ Σίμωνος τοῦ 6
Joh. 12. 3:
cp. Lk.   λεπροῦ προσῆλθεν αὐτῷ γυνὴ ἀλάβαστρον μύρον ἔχουσα 7
7. 37.   βαρυτίμου, καὶ κατέχεεν ἐπὶ ᶜτῆς κεφαλῆς∥ αὐτοῦ ἀνακει-
μένου. ἰδόντες δὲ οἱ μαθηταὶ ᵈ⁻∥ ἠγανάκτησαν λέγοντες, 8
Εἰς τί ἡ ἀπώλεια αὕτη; ἠδύνατο γὰρ τοῦτο ᵉ⁻∥ πραθῆναι 9
πολλοῦ, καὶ δοθῆναι πτωχοῖς. γνοὺς δὲ ὁ Ἰησοῦς εἶπεν 10
αὐτοῖς, Τί κόπους παρέχετε τῇ γυναικί; ἔργον γὰρ καλὸν
εἰργάσατο εἰς ἐμέ· πάντοτε γὰρ τοὺς πτωχοὺς ἔχετε μεθ᾽ 11
ἑαυτῶν, ἐμὲ δὲ οὐ πάντοτε ἔχετε· βαλοῦσα γὰρ αὕτη τὸ 12
μύρον τοῦτο ἐπὶ τοῦ σώματός μου πρὸς τὸ ἐνταφιάσαι με
ἐποίησεν· ἀμὴν λέγω ὑμῖν, ὅπου ἐὰν κηρυχθῇ τὸ εὐαγγέλιον 13
τοῦτο ἐν ὅλῳ τῷ κόσμῳ, λαληθήσεται καὶ ὃ ἐποίησεν αὕτη
εἰς μνημόσυνον αὐτῆς.

Mk. 14. 10, Τότε πορευθεὶς εἷς τῶν δώδεκα, ὁ λεγόμενος Ἰούδας 14
Lk. 22. 3:
cp. Joh.   Ἰσκαριώτης, πρὸς τοὺς ἀρχιερεῖς, εἶπε, Τί θέλετέ μοι δοῦναι, 15
13. 2.

ᵃ add αὐτῷ   ᵇ add καὶ οἱ γραμματεῖς   ᶜ τὴν κεφαλὴν
ᵈ add αὐτοῦ   ᵉ add τὸ μύρον

-26. 31.   ΚΑΤΑ ΜΑΤΘΑΙΟΝ.   63

κἀγὼ ὑμῖν παραδώσω αὐτόν; οἱ δὲ ἔστησαν αὐτῷ τριάκοντα Cp. 27. 3.
16 ἀργύρια· καὶ ἀπὸ τότε ἐζήτει εὐκαιρίαν ἵνα αὐτὸν παραδῷ. Zech. 11.
17 Τῇ δὲ πρώτῃ τῶν ἀζύμων προσῆλθον οἱ μαθηταὶ τῷ Mk. 14. 12.
Ἰησοῦ λέγοντες f—ˡ, Ποῦ θέλεις ἑτοιμάσωμέν σοι φαγεῖν Lk. 22. 7.
18 τὸ πάσχα; ὁ δὲ εἶπεν, Ὑπάγετε εἰς τὴν πόλιν πρὸς τὸν
δεῖνα, καὶ εἴπατε αὐτῷ, Ὁ διδάσκαλος λέγει, Ὁ καιρός μου
ἐγγύς g ἐστι ˡˡ· πρὸς σὲ ποιῶ τὸ πάσχα μετὰ τῶν μαθητῶν μου.
19 καὶ ἐποίησαν οἱ μαθηταὶ ὡς συνέταξεν αὐτοῖς ὁ Ἰησοῦς, καὶ
20 ἡτοίμασαν τὸ πάσχα. ὀψίας δὲ γενομένης ἀνέκειτο μετὰ τῶν
21 δώδεκα ʰ μαθητῶν · καὶ ἐσθιόντων αὐτῶν εἶπεν, Ἀμὴν λέγω Mk. 14. 18.
22 ὑμῖν, ὅτι εἷς ἐξ ὑμῶν παραδώσει με. καὶ λυπούμενοι σφόδρα Joh. 13. 21.
ἤρξαντο λέγειν αὐτῷ ⁱ εἷς ἕκαστος ˡ, Μήτι ἐγώ εἰμι, Κύριε;
23 ὁ δὲ ἀποκριθεὶς εἶπεν, Ὁ ἐμβάψας μετ᾽ ἐμοῦ ʲτὴν χεῖρα ἐν
24 τῷ τρυβλίῳ ˡˡ, οὗτός με παραδώσει. ὁ μὲν υἱὸς τοῦ ἀνθρώπου
ὑπάγει, καθὼς γέγραπται περὶ αὐτοῦ· οὐαὶ δὲ τῷ ἀνθρώπῳ
ἐκείνῳ, δι᾽ οὗ ὁ υἱὸς τοῦ ἀνθρώπου παραδίδοται· καλὸν ἦν
25 αὐτῷ, εἰ οὐκ ἐγεννήθη ὁ ἄνθρωπος ἐκεῖνος. ἀποκριθεὶς δὲ
Ἰούδας ὁ παραδιδοὺς αὐτὸν εἶπε, Μήτι ἐγώ εἰμι, ῥαββί;
26 λέγει αὐτῷ, Σὺ εἶπας. ἐσθιόντων δὲ αὐτῶν λαβὼν ὁ Ἰησοῦς Mk. 14. 22.
k—ˡˡ ἄρτον καὶ εὐλογήσας ἔκλασε, καὶ ˡδοὺς τοῖς μαθηταῖς ˡˡ Lk. 22. 19.
27 εἶπε, Λάβετε, φάγετε· τοῦτό ἐστι τὸ σῶμά μου. καὶ λα- 25. cp.
βὼν m—ˡˡ ποτήριον καὶ εὐχαριστήσας ἔδωκεν αὐτοῖς λέγων, 51.
28 Πίετε ἐξ αὐτοῦ πάντες· τοῦτο γάρ ἐστι τὸ αἷμά μου, τὸ τῆς Cp.Ex. 24.
n—ˡ διαθήκης, τὸ περὶ πολλῶν ἐκχυνόμενον εἰς ἄφεσιν 8.
29 ἁμαρτιῶν. λέγω δὲ ὑμῖν, ὅτι οὐ μὴ πίω ἀπ᾽ ἄρτι ἐκ τούτου
τοῦ γεννήματος τῆς ἀμπέλου, ἕως τῆς ἡμέρας ἐκείνης ὅταν
αὐτὸ πίνω μεθ᾽ ὑμῶν καινὸν ἐν τῇ βασιλείᾳ τοῦ πατρός μου.
30   Καὶ ὑμνήσαντες ἐξῆλθον εἰς τὸ ὄρος τῶν ἐλαιῶν.   Mk. 14. 26.
31   Τότε λέγει αὐτοῖς ὁ Ἰησοῦς, Πάντες ὑμεῖς σκανδαλισθή- Mk.14. 27.

---

f add αὐτῷ   g ἐστιν S.   h om. μαθητῶν A.S.M.   i ἕκαστος
αὐτῶν   j ἐν τῷ τρυβλίῳ τὴν χεῖρα   k add τὸν   l ἐδίδου τοῖς
μαθηταῖς καὶ   m add τὸ A.S.M.   n add καινῆς A.S.M.

64 ΕΥΑΓΓΕΛΙΟΝ 26. 32–

Cp. Zech. 13. 7. σεσθε ἐν ἐμοὶ ἐν τῇ νυκτὶ ταύτῃ· γέγραπται γάρ, Πατάξω τὸν ποιμένα, καὶ διασκορπισθήσεται τὰ πρόβατα τῆς ποίμνης.
Cp. 28. 7. μετὰ δὲ τὸ ἐγερθῆναί με προάξω ὑμᾶς εἰς τὴν Γαλιλαίαν. 32 ἀποκριθεὶς δὲ ὁ Πέτρος εἶπεν αὐτῷ, Εἰ ᵒ⁻‖ πάντες σκανδαλι- 33
Mk. 14. 30: σθήσονται ἐν σοί, ἐγὼ οὐδέποτε σκανδαλισθήσομαι. ἔφη 34
cp. Lk. 22. 34, αὐτῷ ὁ Ἰησοῦς, Ἀμὴν λέγω σοι, ὅτι ἐν ταύτῃ τῇ νυκτί, πρὶν
Joh. 13. 38. ἀλέκτορα φωνῆσαι, τρὶς ἀπαρνήσῃ με. λέγει αὐτῷ ὁ Πέτρος, 35 Κἂν δέῃ με σὺν σοὶ ἀποθανεῖν, οὐ μή σε ἀπαρνήσομαι. ὁμοίως καὶ πάντες οἱ μαθηταὶ εἶπον.
Mk. 14. 32, Τότε ἔρχεται μετ' αὐτῶν ὁ Ἰησοῦς εἰς χωρίον λεγόμενον 36
Lk. 22. 39, Joh. 18. 1. Γεθσημανῆ, καὶ λέγει τοῖς μαθηταῖς ᵖ αὐτοῦ ‖, Καθίσατε αὐτοῦ, ἕως οὗ ἀπελθὼν ᵠἐκεῖ προσεύξωμαι‖. καὶ παραλαβὼν 37 τὸν Πέτρον καὶ τοὺς δύο υἱοὺς Ζεβεδαίου ἤρξατο λυπεῖσθαι καὶ ἀδημονεῖν. τότε λέγει αὐτοῖς, Περίλυπός ἐστιν ἡ ψυχή 38 μου ἕως θανάτου· μείνατε ὧδε καὶ γρηγορεῖτε μετ' ἐμοῦ.
Cp. Joh. 12. 27, καὶ προελθὼν μικρὸν ἔπεσεν ἐπὶ πρόσωπον αὐτοῦ προσευ- 39
Heb. 5. 7. χόμενος καὶ λέγων, Πάτερ μου, εἰ δυνατόν ἐστι, παρελθέτω ἀπ' ἐμοῦ τὸ ποτήριον τοῦτο· πλὴν οὐχ ὡς ἐγὼ θέλω, ἀλλ' ὡς σύ. καὶ ἔρχεται πρὸς τοὺς μαθητάς, καὶ εὑρίσκει αὐτοὺς 40 καθεύδοντας, καὶ λέγει τῷ Πέτρῳ, Οὕτως οὐκ ἰσχύσατε μίαν ὥραν γρηγορῆσαι μετ' ἐμοῦ; γρηγορεῖτε καὶ προσεύχεσθε, 41 ἵνα μὴ εἰσέλθητε εἰς πειρασμόν· τὸ μὲν πνεῦμα πρόθυμον, ἡ δὲ σὰρξ ἀσθενής. πάλιν ἐκ δευτέρου ἀπελθὼν προσηύξατο 42 λέγων, Πάτερ μου, εἰ οὐ δύναται τοῦτο ʳ⁻‖ παρελθεῖν ˢ⁻ʲ, ἐὰν μὴ αὐτὸ πίω, γενηθήτω τὸ θέλημά σου. καὶ ἐλθὼν 43 ᵗπάλιν εὗρεν αὐτοὺς‖ καθεύδοντας, ἦσαν γὰρ αὐτῶν οἱ ὀφθαλμοὶ βεβαρημένοι. καὶ ἀφεὶς αὐτοὺς ᵘπάλιν ἀπελθὼν‖ 44 προσηύξατο ἐκ τρίτου, τὸν αὐτὸν λόγον εἰπὼν ˣπάλιν‖. τότε ἔρχεται πρὸς τοὺς μαθητάς ʸ⁻‖, καὶ λέγει αὐτοῖς, 45

ᵒ add καί   ᵖ om. αὐτοῦ   ᵠ προσεύξωμαι ἐκεῖ   ʳ add τὸ ποτήριον   ˢ add ἀπ' ἐμοῦ   ᵗ εὑρίσκει αὐτοὺς πάλιν   ᵘ ἀπελθὼν πάλιν   ˣ om. πάλιν   ʸ add αὐτοῦ

-26. 59. ΚΑΤΑ ΜΑΤΘΑΙΟΝ. 65

Καθεύδετε τὸ λοιπὸν καὶ ἀναπαύεσθε· ἰδού, ἤγγικεν ἡ ὥρα,
καὶ ὁ υἱὸς τοῦ ἀνθρώπου παραδίδοται εἰς χεῖρας ἁμαρτωλῶν.
46 ἐγείρεσθε, ἄγωμεν· ἰδού, ἤγγικεν ὁ παραδιδούς με.
47 Καὶ ἔτι αὐτοῦ λαλοῦντος, ἰδού, Ἰούδας εἷς τῶν δώδεκα Mk. 14.43,
ἦλθε, καὶ μετ' αὐτοῦ ὄχλος πολὺς μετὰ μαχαιρῶν καὶ ξύλων Lk. 22. 47,
Joh. 18. 3.
48 ἀπὸ τῶν ἀρχιερέων καὶ πρεσβυτέρων τοῦ λαοῦ. ὁ δὲ παρα-
διδοὺς αὐτὸν ἔδωκεν αὐτοῖς σημεῖον λέγων, Ὃν ἂν φιλήσω,
49 αὐτός ἐστι· κρατήσατε αὐτόν. καὶ εὐθέως προσελθὼν τῷ
50 Ἰησοῦ εἶπε, Χαῖρε, ῥαββί, καὶ κατεφίλησεν αὐτόν. ὁ δὲ
Ἰησοῦς εἶπεν αὐτῷ, Ἑταῖρε, ᶻἐφ' ὃ πάρει.¹ τότε προσελ-
θόντες ἐπέβαλον τὰς χεῖρας ἐπὶ τὸν Ἰησοῦν, καὶ ἐκράτησαν
51 αὐτόν. καὶ ἰδού, εἷς τῶν μετὰ Ἰησοῦ ἐκτείνας τὴν χεῖρα
ἀπέσπασε τὴν μάχαιραν αὐτοῦ, καὶ πατάξας τὸν δοῦλον τοῦ
52 ἀρχιερέως ἀφεῖλεν αὐτοῦ τὸ ὠτίον. τότε λέγει αὐτῷ ὁ
Ἰησοῦς, Ἀπόστρεψόν σου τὴν μάχαιραν εἰς τὸν τόπον αὐτῆς·
πάντες γὰρ οἱ λαβόντες μάχαιραν ἐν μαχαίρᾳ ἀπολοῦνται.
53 ἢ δοκεῖς ὅτι οὐ δύναμαι ᵃ— παρακαλέσαι τὸν πατέρα μου,
καὶ παραστήσει μοι ᵇἄρτι ¹ πλείους ἢ δώδεκα λεγεῶνας
54 ἀγγέλων; πῶς οὖν πληρωθῶσιν αἱ γραφαί, ὅτι οὕτω δεῖ
55 γενέσθαι; ἐν ἐκείνῃ τῇ ὥρᾳ εἶπεν ὁ Ἰησοῦς τοῖς ὄχλοις, Ὡς
ἐπὶ λῃστὴν ἐξήλθετε μετὰ μαχαιρῶν καὶ ξύλων συλλαβεῖν
με; καθ' ἡμέραν ᶜἐν τῷ ἱερῷ ἐκαθεζόμην διδάσκων, καὶ
56 οὐκ ἐκρατήσατέ με. τοῦτο δὲ ὅλον γέγονεν, ἵνα πληρωθῶσιν
αἱ γραφαὶ τῶν προφητῶν. τότε οἱ μαθηταὶ πάντες ἀφέντες
αὐτὸν ἔφυγον.
57 Οἱ δὲ κρατήσαντες τὸν Ἰησοῦν ἀπήγαγον πρὸς Καϊάφαν Mk. 14. 53,
τὸν ἀρχιερέα, ὅπου οἱ γραμματεῖς καὶ οἱ πρεσβύτεροι συνή- Lk. 22. 54:
cp. Joh.
58 χθησαν. ὁ δὲ Πέτρος ἠκολούθει αὐτῷ ἀπὸ μακρόθεν ἕως 18.12,24.
τῆς αὐλῆς τοῦ ἀρχιερέως, καὶ εἰσελθὼν ἔσω ἐκάθητο μετὰ
59 τῶν ὑπηρετῶν, ἰδεῖν τὸ τέλος. οἱ δὲ ἀρχιερεῖς ᵈ— καὶ τὸ

ᶻ ἐφ' ᾧ πάρει;   ᵃ add ἄρτι   ᵇ om. ἄρτι   ᶜ πρὸς ὑμᾶς
ἐκαθεζόμην διδάσκων ἐν τῷ ἱερῷ   ᵈ add καὶ οἱ πρεσβύτεροι

F

συνέδριον ὅλον ἐζήτουν ψευδομαρτυρίαν κατὰ τοῦ Ἰησοῦ, ὅπως αὐτὸν θανατώσωσι· καὶ οὐχ ᵉεὗρον ⁿ πολλῶν ᶠπροσ- 60 ελθόντων ψευδομαρτύρων.ⁿ ὕστερον δὲ προσελθόντες δύο ᵍ-ⁿ εἶπον, Οὗτος ἔφη, Δύναμαι καταλῦσαι τὸν ναὸν 61 τοῦ Θεοῦ, καὶ διὰ τριῶν ἡμερῶν οἰκοδομῆσαι αὐτόν. καὶ ἀναστὰς ὁ ἀρχιερεὺς εἶπεν αὐτῷ, Οὐδὲν ἀποκρίνῃ; τί 62 οὗτοί σου καταμαρτυροῦσιν; ὁ δὲ Ἰησοῦς ἐσιώπα. καὶ 63 ʰ-ⁿ ὁ ἀρχιερεὺς εἶπεν αὐτῷ, Ἐξορκίζω σε κατὰ τοῦ Θεοῦ τοῦ ζῶντος, ἵνα ἡμῖν εἴπῃς, εἰ σὺ εἶ ὁ Χριστός, ὁ υἱὸς τοῦ Θεοῦ. λέγει αὐτῷ ὁ Ἰησοῦς, Σὺ εἶπας· πλὴν λέγω 64 ὑμῖν, ἀπ' ἄρτι ὄψεσθε τὸν υἱὸν τοῦ ἀνθρώπου καθήμενον ἐκ δεξιῶν τῆς δυνάμεως καὶ ἐρχόμενον ἐπὶ τῶν νεφελῶν τοῦ οὐρανοῦ. τότε ὁ ἀρχιερεὺς διέρρηξε τὰ ἱμάτια αὐτοῦ λέγων 65 ὅτι Ἐβλασφήμησε· τί ἔτι χρείαν ἔχομεν μαρτύρων; ἴδε, νῦν ἠκούσατε τὴν βλασφημίαν ⁱ-ⁿ· τί ὑμῖν δοκεῖ; οἱ δὲ ἀπο- 66 κριθέντες εἶπον, Ἔνοχος θανάτου ἐστί. τότε ἐνέπτυσαν εἰς 67 τὸ πρόσωπον αὐτοῦ, καὶ ἐκολάφισαν αὐτόν· οἱ δὲ ἐρράπισαν λέγοντες, Προφήτευσον ἡμῖν, Χριστέ· τίς ἐστιν ὁ παίσας 68 σε;

Ὁ δὲ Πέτρος ἔξω ἐκάθητο ἐν τῇ αὐλῇ· καὶ προσῆλθεν 69 αὐτῷ μία παιδίσκη λέγουσα, Καὶ σὺ ἦσθα μετὰ Ἰησοῦ τοῦ Γαλιλαίου. ὁ δὲ ἠρνήσατο ἔμπροσθεν πάντων λέγων, Οὐκ 70 οἶδα τί λέγεις. ἐξελθόντα δὲ αὐτὸν εἰς τὸν πυλῶνα εἶδεν 71 αὐτὸν ἄλλη, καὶ λέγει τοῖς ἐκεῖ, Καὶ οὗτος ἦν μετὰ Ἰησοῦ τοῦ Ναζωραίου. καὶ πάλιν ἠρνήσατο μεθ' ὅρκου ὅτι Οὐκ 72 οἶδα τὸν ἄνθρωπον. μετὰ μικρὸν δὲ προσελθόντες οἱ ἑστῶτες 73 εἶπον τῷ Πέτρῳ, Ἀληθῶς καὶ σὺ ἐξ αὐτῶν εἶ· καὶ γὰρ ἡ λαλιά σου δῆλόν σε ποιεῖ. τότε ἤρξατο ᵏκαταθεματίζεινⁿ 74 καὶ ὀμνύειν ὅτι Οὐκ οἶδα τὸν ἄνθρωπον. καὶ εὐθέως ἀλέκτωρ

ᵉ εὗρον· καὶ   ᶠ ψευδομαρτύρων προσελθόντων οὐχ εὗρον.
ᵍ add ψευδομάρτυρες   ʰ add ἀποκριθεὶς   ⁱ add αὐτοῦ
ᵏ καταναθεματίζειν

-27. 15.   ΚΑΤΑ ΜΑΤΘΑΙΟΝ.   67

75 ἐφώνησε. καὶ ἐμνήσθη ὁ Πέτρος τοῦ ῥήματος τοῦ Ἰησοῦ
εἰρηκότος ¹⁻‖ ὅτι Πρὶν ἀλέκτορα φωνῆσαι, τρὶς ἀπαρνήσῃ
με· καὶ ἐξελθὼν ἔξω ἔκλαυσε πικρῶς.

27 Πρωΐας δὲ γενομένης συμβούλιον ἔλαβον πάντες οἱ ἀρχι- Mk. 15. 1:
ερεῖς καὶ οἱ πρεσβύτεροι τοῦ λαοῦ κατὰ τοῦ Ἰησοῦ, ὥστε cp. Lk.
                                                         22. 66.
2 θανατῶσαι αὐτόν· καὶ δήσαντες αὐτὸν ἀπήγαγον, καὶ παρέ- Lk. 23. 1,
δωκαν ᵐ⁻‖ Πιλάτῳ τῷ ἡγεμόνι.   Joh.18.28.
3 Τότε ἰδὼν Ἰούδας ὁ παραδιδοὺς αὐτόν, ὅτι κατεκρίθη,
μεταμεληθεὶς ⁿἔστρεψε‖ τὰ τριάκοντα ἀργύρια τοῖς ἀρχι- Cp. 26. 15.
4 ερεῦσι καὶ ᵒ⁻‖ πρεσβυτέροις λέγων, Ἥμαρτον παραδοὺς
5 αἷμα ᵖἀθῶον‖. οἱ δὲ εἶπον, Τί πρὸς ἡμᾶς; σὺ ὄψει. καὶ
ῥίψας τὰ ἀργύρια ᵍεἰς τὸν ναόν, ἀνεχώρησε· καὶ ἀπελθὼν
6 ἀπήγξατο. οἱ δὲ ἀρχιερεῖς λαβόντες τὰ ἀργύρια εἶπον, Οὐκ Cp.Acts 1.
ἔξεστι βαλεῖν αὐτὰ εἰς τὸν κορβανᾶν, ἐπεὶ τιμὴ αἵματός ἐστι.   18.
7 συμβούλιον δὲ λαβόντες ἠγόρασαν ἐξ αὐτῶν τὸν ἀγρὸν τοῦ
8 κεραμέως, εἰς ταφὴν τοῖς ξένοις. διὸ ἐκλήθη ὁ ἀγρὸς ἐκεῖνος
9 Ἀγρὸς αἵματος ἕως τῆς σήμερον. τότε ἐπληρώθη τὸ ῥηθὲν
διὰ ʳἹερεμίου‖ τοῦ προφήτου λέγοντος, Καὶ ἔλαβον τὰ τριά- Cp. Zech.
κοντα ἀργύρια, τὴν τιμὴν τοῦ τετιμημένου, ὃν ἐτιμήσαντο   11. 13.
10 ἀπὸ υἱῶν Ἰσραήλ, καὶ ˢἔδωκαν⁾ αὐτὰ εἰς τὸν ἀγρὸν τοῦ
κεραμέως, καθὰ συνέταξέ μοι Κύριος.
11 Ὁ δὲ Ἰησοῦς ἔστη ἔμπροσθεν τοῦ ἡγεμόνος· καὶ ἐπη- Mk. 15. 2,
ρώτησεν αὐτὸν ὁ ἡγεμὼν λέγων, Σὺ εἶ ὁ βασιλεὺς τῶν Lk. 23. 3,
                                                       Joh. 18.33.
12 Ἰουδαίων; ὁ δὲ Ἰησοῦς ἔφη αὐτῷ, Σὺ λέγεις. καὶ ἐν τῷ κα-
τηγορεῖσθαι αὐτὸν ὑπὸ τῶν ἀρχιερέων καὶ ᵗ⁻‖ πρεσβυτέρων
13 οὐδὲν ἀπεκρίνατο. τότε λέγει αὐτῷ ὁ Πιλάτος, Οὐκ ἀκούεις
14 πόσα σοῦ καταμαρτυροῦσι; καὶ οὐκ ἀπεκρίθη αὐτῷ πρὸς
15 οὐδὲ ἓν ῥῆμα, ὥστε θαυμάζειν τὸν ἡγεμόνα λίαν. κατὰ δὲ Mk. 15. 6,
ἑορτὴν εἰώθει ὁ ἡγεμὼν ἀπολύειν ἕνα τῷ ὄχλῳ δέσμιον, ὃν Joh.18.39:
                                                          cp. Lk.
                                                          23. 18.

¹ add αὐτῷ   ᵐ add αὐτὸν Ποντίῳ   ⁿ ἀπέστρεψε
ᵒ add τοῖς   ᵖ δίκαιον M.   ᵍ ἐν τῷ ναῷ   ʳ Ἱερεμίου S.
ˢ ἔδωκα M.   ᵗ add τῶν

F 2

ἤθελον. εἶχον δὲ τότε δέσμιον ἐπίσημον, λεγόμενον Βα- 16
ραββᾶν. συνηγμένων οὖν αὐτῶν εἶπεν αὐτοῖς ὁ Πιλάτος, 17
Τίνα θέλετε ἀπολύσω ὑμῖν; Βαραββᾶν; ἢ Ἰησοῦν τὸν λεγόμενον
Χριστόν; ᾔδει γὰρ ὅτι διὰ φθόνον παρέδωκαν αὐτόν. 18
καθημένου δὲ αὐτοῦ ἐπὶ τοῦ βήματος ἀπέστειλε πρὸς αὐτὸν 19
ἡ γυνὴ αὐτοῦ λέγουσα, Μηδέν σοι καὶ τῷ δικαίῳ ἐκείνῳ·
πολλὰ γὰρ ἔπαθον σήμερον κατ' ὄναρ δι' αὐτόν. οἱ δὲ 20
ἀρχιερεῖς καὶ οἱ πρεσβύτεροι ἔπεισαν τοὺς ὄχλους, ἵνα αἰτήσωνται
τὸν Βαραββᾶν, τὸν δὲ Ἰησοῦν ἀπολέσωσιν. ἀποκρι- 21
θεὶς δὲ ὁ ἡγεμὼν εἶπεν αὐτοῖς, Τίνα θέλετε ἀπὸ τῶν δύο
ἀπολύσω ὑμῖν; οἱ δὲ εἶπον, Βαραββᾶν. λέγει αὐτοῖς ὁ 22
Πιλάτος, Τί οὖν ποιήσω Ἰησοῦν τὸν λεγόμενον Χριστόν;
λέγουσι ᵘ⁻ᵘ πάντες, Σταυρωθήτω. ὁ δὲ ᵛ⁻ᵘ ἔφη, Τί γὰρ 23
κακὸν ἐποίησεν; οἱ δὲ περισσῶς ἔκραζον λέγοντες, Σταυρωθήτω.
ἰδὼν δὲ ὁ Πιλάτος, ὅτι οὐδὲν ὠφελεῖ, ἀλλὰ μᾶλλον 24
θόρυβος γίνεται, λαβὼν ὕδωρ ἀπενίψατο τὰς χεῖρας ἀπέναντι
τοῦ ὄχλου λέγων, Ἀθῷός εἰμι ἀπὸ τοῦ αἵματος ˣτοῦ δικαίου ˡ
τούτου· ὑμεῖς ὄψεσθε. καὶ ἀποκριθεὶς πᾶς ὁ λαὸς εἶπε, Τὸ 25
αἷμα αὐτοῦ ἐφ' ἡμᾶς καὶ ἐπὶ τὰ τέκνα ἡμῶν. τότε ἀπέλυσεν 26
αὐτοῖς τὸν Βαραββᾶν· τὸν δὲ Ἰησοῦν φραγελλώσας παρέδωκεν
ἵνα σταυρωθῇ.

Mk. 15. 16,   Τότε οἱ στρατιῶται τοῦ ἡγεμόνος, παραλαβόντες τὸν 27
Joh. 19. 2. Ἰησοῦν εἰς τὸ πραιτώριον, συνήγαγον ἐπ' αὐτὸν ὅλην τὴν
σπεῖραν. καὶ ʸἐκδύσαντες ᵘ αὐτὸν περιέθηκαν αὐτῷ χλαμύδα 28
κοκκίνην· καὶ πλέξαντες στέφανον ἐξ ἀκανθῶν ἐπέθηκαν 29
ἐπὶ ᶻτῆς κεφαλῆς ˡ αὐτοῦ, καὶ κάλαμον ᵃἐν τῇ δεξιᾷᵘ αὐτοῦ·
καὶ γονυπετήσαντες ἔμπροσθεν αὐτοῦ ἐνέπαιζον αὐτῷ λέγοντες,
Χαῖρε, ὁ βασιλεὺς τῶν Ἰουδαίων· καὶ ἐμπτύσαντες 30
εἰς αὐτὸν ἔλαβον τὸν κάλαμον καὶ ἔτυπτον εἰς τὴν κεφαλὴν
αὐτοῦ. καὶ ὅτε ἐνέπαιξαν αὐτῷ, ἐξέδυσαν αὐτὸν τὴν χλαμύδα, 31

ᵘ add αὐτῷ   ᵛ add ἡγεμὼν   ˣ om. τοῦ δικαίου M.
ʸ ἐνδύσαντες M.   ᶻ τὴν κεφαλὴν   ᵃ ἐπὶ τὴν δεξιὰν

καὶ ἐνέδυσαν αὐτὸν τὰ ἱμάτια αὐτοῦ, καὶ ἀπήγαγον αὐτὸν εἰς τὸ σταυρῶσαι.

32 Ἐξερχόμενοι δὲ εὗρον ἄνθρωπον Κυρηναῖον, ὀνόματι Σίμωνα· τοῦτον ἠγγάρευσαν ἵνα ἄρῃ τὸν σταυρὸν αὐτοῦ. Mk. 15.21, Lk. 23.26: cp. Joh.
33 καὶ ἐλθόντες εἰς τόπον λεγόμενον Γολγοθᾶ, ὅς ἐστι λεγό- 19. 17.
34 μενος Κρανίου τόπος, ἔδωκαν αὐτῷ πιεῖν [b] οἶνον [1] μετὰ χολῆς Cp. Ps. 69
35 μεμιγμένον· καὶ γευσάμενος οὐκ ἤθελε πιεῖν. σταυρώσαντες (68). 21.
δὲ αὐτὸν διεμερίσαντο τὰ ἱμάτια αὐτοῦ βάλλοντες κλῆ- Cp. Ps. 22
36, 37 ρον· [c—ll] καὶ καθήμενοι ἐτήρουν αὐτὸν ἐκεῖ. καὶ ἐπέθηκαν (21). 18.
ἐπάνω τῆς κεφαλῆς αὐτοῦ τὴν αἰτίαν αὐτοῦ γεγραμμένην,
38 Οὗτός ἐστιν Ἰησοῦς ὁ βασιλεὺς τῶν Ἰουδαίων. τότε Cp.Isa.53.
σταυροῦνται σὺν αὐτῷ δύο λῃσταί, εἷς ἐκ δεξιῶν καὶ εἷς ἐξ 12.
39 εὐωνύμων. οἱ δὲ παραπορευόμενοι ἐβλασφήμουν αὐτὸν Cp. Ps. 22
40 κινοῦντες τὰς κεφαλὰς αὐτῶν καὶ λέγοντες, Ὁ καταλύων (21). 7.
τὸν ναὸν καὶ ἐν τρισὶν ἡμέραις οἰκοδομῶν, σῶσον σεαυτόν· Joh. 2. 19.
41 εἰ υἱὸς εἶ τοῦ Θεοῦ, κατάβηθι ἀπὸ τοῦ σταυροῦ. ὁμοίως
[d—l] καὶ οἱ ἀρχιερεῖς ἐμπαίζοντες μετὰ τῶν γραμματέων καὶ
42 πρεσβυτέρων ἔλεγον, Ἄλλους ἔσωσεν, ἑαυτὸν οὐ δύναται
[e] σῶσαι.ll [f—] βασιλεὺς Ἰσραήλ ἐστι· καταβάτω νῦν ἀπὸ τοῦ
43 σταυροῦ, καὶ πιστεύσομεν [g] ἐπ' αὐτόν [l]. πέποιθεν ἐπὶ τὸν Cp. Ps. 22
Θεόν· ῥυσάσθω νῦν αὐτόν, εἰ θέλει αὐτόν· εἶπε γὰρ ὅτι (21). 8.
44 Θεοῦ εἰμι υἱός. τὸ δ' αὐτὸ καὶ οἱ λῃσταὶ οἱ συσταυρωθέντες Mk.15.32:
αὐτῷ ὠνείδιζον αὐτῷ. cp. Lk. 23. 39.
45 Ἀπὸ δὲ ἕκτης ὥρας σκότος ἐγένετο ἐπὶ πᾶσαν τὴν γῆν ἕως Mk. 15. 33,
46 ὥρας ἐννάτης. περὶ δὲ τὴν ἐννάτην ὥραν ἀνεβόησεν ὁ Ἰησοῦς Lk. 23. 44.
φωνῇ μεγάλῃ λέγων, Ἠλί, Ἠλί, λαμὰ σαβαχθανί; τοῦτ' Ps.22 (21).
47 ἔστι, Θεέ μου, Θεέ μου, ἱνατί με ἐγκατέλιπες; τινὲς δὲ τῶν 1.
ἐκεῖ ἑστώτων ἀκούσαντες ἔλεγον ὅτι [h] Ἠλίαν[ll] φωνεῖ οὗτος.
48 καὶ εὐθέως δραμὼν εἷς ἐξ αὐτῶν, καὶ λαβὼν σπόγγον πλήσας Cp. Joh.
19. 29,
[b] ὄξος [c] add ἵνα πληρωθῇ τὸ ῥηθὲν ὑπὸ τοῦ προφήτου, Ps. 69(68).
Διεμερίσαντο τὰ ἱμάτιά μου ἑαυτοῖς, καὶ ἐπὶ τὸν ἱματισμόν μου 21.
ἔβαλον κλῆρον. [d] add δὲ [e] σῶσαι; M. [f] add εἰ [g] αὐτῷ
[h] Ἠλίαν S.

τε ὄξους καὶ περιθεὶς καλάμῳ, ἐπότιζεν αὐτόν· οἱ δὲ λοιποὶ 49
ἔλεγον, Ἄφες, ἴδωμεν εἰ ἔρχεται Ἡλίας σώσων αὐτόν. ⁱ⁻ⁱⁱ
ὁ δὲ Ἰησοῦς πάλιν κράξας φωνῇ μεγάλῃ ἀφῆκε τὸ πνεῦμα. 50
καὶ ἰδού, τὸ καταπέτασμα τοῦ ναοῦ ἐσχίσθη εἰς δύο ἀπὸ 51
ἄνωθεν ἕως κάτω, καὶ ἡ γῆ ἐσείσθη, καὶ αἱ πέτραι ἐσχίσθησαν,
καὶ τὰ μνημεῖα ἀνεῴχθησαν, καὶ πολλὰ σώματα τῶν κεκοιμη- 52
μένων ἁγίων ἠγέρθη, καὶ ἐξελθόντες ἐκ τῶν μνημείων μετὰ 53
τὴν ἔγερσιν αὐτοῦ εἰσῆλθον εἰς τὴν ἁγίαν πόλιν, καὶ ἐνεφανί-
σθησαν πολλοῖς. ὁ δὲ ἑκατόνταρχος καὶ οἱ μετ' αὐτοῦ 54
τηροῦντες τὸν Ἰησοῦν, ἰδόντες τὸν σεισμὸν καὶ τὰ γενόμενα,
ἐφοβήθησαν σφόδρα λέγοντες, Ἀληθῶς Θεοῦ υἱὸς ἦν οὗτος.
ἦσαν δὲ ἐκεῖ γυναῖκες πολλαὶ ἀπὸ μακρόθεν θεωροῦσαι, 55

Cp. Lk. 8. αἵτινες ἠκολούθησαν τῷ Ἰησοῦ ἀπὸ τῆς Γαλιλαίας διακονοῦ-
2. σαι αὐτῷ· ἐν αἷς ἦν Μαρία ἡ Μαγδαληνή, καὶ Μαρία ἡ τοῦ 56
Ἰακώβου καὶ Ἰωσῆ μήτηρ, καὶ ἡ μήτηρ τῶν υἱῶν Ζεβεδαίου.

Mk. 15. 42, Ὀψίας δὲ γενομένης ἦλθεν ἄνθρωπος πλούσιος ἀπὸ 57
Lk. 23. 50,
Joh. 19. 38. Ἀριμαθαίας, τοὔνομα Ἰωσήφ, ὃς καὶ αὐτὸς ἐμαθήτευσε τῷ
Ἰησοῦ· οὗτος προσελθὼν τῷ Πιλάτῳ ᾐτήσατο τὸ σῶμα τοῦ 58
Ἰησοῦ. τότε ὁ Πιλᾶτος ἐκέλευσεν ἀποδοθῆναι ʲ⁻ʲ. καὶ 59
λαβὼν τὸ σῶμα ὁ Ἰωσὴφ ἐνετύλιξεν αὐτὸ σινδόνι καθαρᾷ,
καὶ ἔθηκεν αὐτὸ ἐν τῷ καινῷ αὐτοῦ μνημείῳ, ὃ ἐλατόμησεν ἐν 60
τῇ πέτρᾳ· καὶ προσκυλίσας λίθον μέγαν τῇ θύρᾳ τοῦ μνημείου
ἀπῆλθεν. ἦν δὲ ἐκεῖ Μαρία ἡ Μαγδαληνή, καὶ ἡ ἄλλη Μαρία, 61
καθήμεναι ἀπέναντι τοῦ τάφου.

Τῇ δὲ ἐπαύριον, ἥτις ἐστὶ μετὰ τὴν παρασκευήν, συνήχθη- 62
σαν οἱ ἀρχιερεῖς καὶ οἱ Φαρισαῖοι πρὸς Πιλάτον λέγοντες, 63

Cp. 16. 21, Κύριε, ἐμνήσθημεν ὅτι ἐκεῖνος ὁ πλάνος εἶπεν ἔτι ζῶν, Μετὰ
17. 23,
20. 19. τρεῖς ἡμέρας ἐγείρομαι. κέλευσον οὖν ἀσφαλισθῆναι τὸν 64
τάφον ἕως τῆς τρίτης ἡμέρας· μήποτε ἐλθόντες οἱ μαθηταὶ
αὐτοῦ ᵏ⁻ᵏ κλέψωσιν αὐτόν, καὶ εἴπωσι τῷ λαῷ, Ἠγέρθη ἀπὸ

ⁱ add ἄλλος δὲ λαβὼν λόγχην ἔνυξεν αὐτοῦ τὴν πλευράν, καὶ
ἐξῆλθεν ὕδωρ καὶ αἷμα. Μ. ʲ add τὸ σῶμα ᵏ add νυκτὸς

-28. 13.   ΚΑΤΑ ΜΑΤΘΑΙΟΝ.   71

τῶν νεκρῶν· καὶ ἔσται ἡ ἐσχάτη πλάνη χείρων τῆς πρώτης.
65 ἔφη ¹⁻ⁱ αὐτοῖς ὁ Πιλᾶτος, Ἔχετε κουστωδίαν· ὑπάγετε,
66 ἀσφαλίσασθε ὡς οἴδατε. οἱ δὲ πορευθέντες ἠσφαλίσαντο
τὸν τάφον σφραγίσαντες τὸν λίθον μετὰ τῆς κουστωδίας.
28 Ὀψὲ δὲ σαββάτων, τῇ ἐπιφωσκούσῃ εἰς μίαν σαββάτων, Mk. 16. 1,
ἦλθε Μαρία ἡ Μαγδαληνή, καὶ ἡ ἄλλη Μαρία, θεωρῆσαι τὸν Lk. 24. 1:
                                                           cp. Joh.
2 τάφον. καὶ ἰδού, σεισμὸς ἐγένετο μέγας· ἄγγελος γὰρ 20. 1.
Κυρίου καταβὰς ἐξ οὐρανοῦ ᵐκαὶⁱ προσελθὼν ἀπεκύλισε
3 τὸν λίθον ⁿ⁻ⁱⁱ, καὶ ἐκάθητο ἐπάνω αὐτοῦ. ἦν δὲ ἡ ἰδέα
αὐτοῦ ὡς ἀστραπή, καὶ τὸ ἔνδυμα αὐτοῦ λευκὸν ὡσεὶ χιών.
4 ἀπὸ δὲ τοῦ φόβου αὐτοῦ ἐσείσθησαν οἱ τηροῦντες, καὶ
5 ἐγένοντο ὡσεὶ νεκροί. ἀποκριθεὶς δὲ ὁ ἄγγελος εἶπε ταῖς
γυναιξί, Μὴ φοβεῖσθε ὑμεῖς· οἶδα γὰρ ὅτι Ἰησοῦν τὸν
6 ἐσταυρωμένον ζητεῖτε. οὐκ ἔστιν ὧδε· ἠγέρθη γάρ, καθὼς Cp. 12. 40,
                                                           16. 21,
7 εἶπε. δεῦτε, ἴδετε τὸν τόπον ὅπου ἔκειτο ᵒὁ Κύριος ⁱ. καὶ 17. 23,
ταχὺ πορευθεῖσαι εἴπατε τοῖς μαθηταῖς αὐτοῦ ὅτι Ἠγέρθη   20. 19.
ἀπὸ τῶν νεκρῶν· καὶ ἰδού, προάγει ὑμᾶς εἰς τὴν Γαλιλαίαν· Cp. 26. 32.
8 ἐκεῖ αὐτὸν ὄψεσθε. ἰδού, εἶπον ὑμῖν. καὶ ᵖἀπελθοῦσαιⁱ
ταχὺ ἀπὸ τοῦ μνημείου, μετὰ φόβου καὶ χαρᾶς μεγάλης,
9 ἔδραμον ἀπαγγεῖλαι τοῖς μαθηταῖς αὐτοῦ. ᑫ⁻ⁱⁱ καὶ ἰδού, ὁ
Ἰησοῦς ἀπήντησεν αὐταῖς λέγων, Χαίρετε. αἱ δὲ προσελθοῦ-
σαι ἐκράτησαν αὐτοῦ τοὺς πόδας, καὶ προσεκύνησαν αὐτῷ.
10 τότε λέγει αὐταῖς ὁ Ἰησοῦς, Μὴ φοβεῖσθε· ὑπάγετε, ἀπαγγεί-
λατε τοῖς ἀδελφοῖς μου, ἵνα ἀπέλθωσιν εἰς τὴν Γαλιλαίαν,
κἀκεῖ με ὄψονται.
11   Πορευομένων δὲ αὐτῶν, ἰδού, τινὲς τῆς κουστωδίας ἐλθόντες
εἰς τὴν πόλιν ἀπήγγειλαν τοῖς ἀρχιερεῦσιν ἅπαντα τὰ γενό-
12 μενα. καὶ συναχθέντες μετὰ τῶν πρεσβυτέρων, συμβούλιόν
13 τε λαβόντες, ἀργύρια ἱκανὰ ἔδωκαν τοῖς στρατιώταις λέγοντες,

---

ˡ add δὲ   ᵐ om. καὶ   ⁿ add ἀπὸ τῆς θύρας   ᵒ om.
ὁ Κύριος Μ.   ᵖ ἐξελθοῦσαι   ᑫ add ὡς δὲ ἐπορεύοντο
ἀπαγγεῖλαι τοῖς μαθηταῖς αὐτοῦ,

Εἴπατε ὅτι Οἱ μαθηταὶ αὐτοῦ νυκτὸς ἐλθόντες ἔκλεψαν αὐτὸν ἡμῶν κοιμωμένων. καὶ ἐὰν ἀκουσθῇ τοῦτο ἐπὶ τοῦ ἡγεμόνος, 14 ἡμεῖς πείσομεν αὐτόν, καὶ ὑμᾶς ἀμερίμνους ποιήσομεν. οἱ 15 δὲ λαβόντες τὰ ἀργύρια ἐποίησαν ὡς ἐδιδάχθησαν· καὶ διεφημίσθη ὁ λόγος οὗτος παρὰ Ἰουδαίοις μέχρι τῆς σήμερον.

Οἱ δὲ ἕνδεκα μαθηταὶ ἐπορεύθησαν εἰς τὴν Γαλιλαίαν, εἰς 16 τὸ ὄρος οὗ ἐτάξατο αὐτοῖς ὁ Ἰησοῦς. καὶ ἰδόντες αὐτὸν 17 προσεκύνησαν ʳ⁻ᵖ· οἱ δὲ ἐδίστασαν. καὶ προσελθὼν ὁ Ἰησοῦς 18 ἐλάλησεν αὐτοῖς λέγων, Ἐδόθη μοι πᾶσα ἐξουσία ἐν οὐρανῷ

Mk. 16. 15. καὶ ἐπὶ γῆς. πορευθέντες οὖν μαθητεύσατε πάντα τὰ ἔθνη, 19
Cp. Joh. βαπτίζοντες αὐτοὺς εἰς τὸ ὄνομα τοῦ Πατρὸς καὶ τοῦ Υἱοῦ
3. 5. καὶ τοῦ Ἁγίου Πνεύματος, διδάσκοντες αὐτοὺς τηρεῖν πάντα 20 ὅσα ἐνετειλάμην ὑμῖν· καὶ ἰδού, ἐγὼ μεθ᾽ ὑμῶν εἰμι πάσας τὰς ἡμέρας ἕως τῆς συντελείας τοῦ αἰῶνος. ˢ⁻ᵗ

ΤΟ ΚΑΤΑ ΜΑΡΚΟΝ
ΑΓΙΟΝ ΕΥΑΓΓΕΛΙΟΝ.

Ἀρχὴ τοῦ εὐαγγελίου Ἰησοῦ Χριστοῦ, ᵃυἱοῦ τοῦ Θεοῦ ᵗ. 1
Mal. 3. 1, ᵇ Καθὼς ᵘ γέγραπται ἐν ᶜτῷ Ἡσαΐᾳ τῷ προφήτῃ ᵘ, Ἰδού, 2
Isa. 40. 3. ἐγὼ ἀποστέλλω τὸν ἄγγελόν μου πρὸ προσώπου σου, ὃς κατασκευάσει τὴν ὁδόν σου ᵈ⁻ᵖ· φωνὴ βοῶντος ἐν τῇ ἐρήμῳ, 3 Ἑτοιμάσατε τὴν ὁδὸν Κυρίου, εὐθείας ποιεῖτε τὰς τρίβους
Mat. 3. 1, αὐτοῦ· ἐγένετο Ἰωάννης ᵒ ὁ ᵘ βαπτίζων ἐν τῇ ἐρήμῳ καὶ 4
Lk. 3. 3, κηρύσσων βάπτισμα μετανοίας εἰς ἄφεσιν ἁμαρτιῶν. καὶ 5
Joh. 1. 6.

ʳ add αὐτῷ   ˢ add ἀμήν.   ᵃ om. υἱοῦ τοῦ Θεοῦ Μ.   ᵇ Ὡς
ᶜ τοῖς προφήταις Α.S.M.   ᵈ add ἔμπροσθέν σου   ᵉ om. ὁ

-1. 19.   ΚΑΤΑ ΜΑΡΚΟΝ.   73

ἐξεπορεύετο πρὸς αὐτὸν πᾶσα ἡ Ἰουδαία χώρα, καὶ οἱ
Ἱεροσολυμῖται ᶠπάντες, καὶ ἐβαπτίζοντο" ἐν τῷ Ἰορδάνῃ
ποταμῷ ὑπ' αὐτοῦ ἐξομολογούμενοι τὰς ἁμαρτίας αὐτῶν.
6 ἦν δὲ Ἰωάννης ἐνδεδυμένος τρίχας καμήλου καὶ ζώνην δερ-
ματίνην περὶ τὴν ὀσφὺν αὐτοῦ, καὶ ἐσθίων ἀκρίδας καὶ μέλι
7 ἄγριον. καὶ ἐκήρυσσε λέγων, Ἔρχεται ὁ ἰσχυρότερός μου   Mat. 3. 11,
ὀπίσω μου, οὗ οὐκ εἰμὶ ἱκανὸς κύψας λῦσαι τὸν ἱμάντα τῶν   Lk. 3. 15,
8 ὑποδημάτων αὐτοῦ. ἐγὼ ᵍ⁻" ἐβάπτισα ὑμᾶς ἐν ὕδατι, αὐτὸς
δὲ βαπτίσει ὑμᾶς ἐν Πνεύματι Ἁγίῳ.
9 Καὶ ἐγένετο ἐν ἐκείναις ταῖς ἡμέραις, ἦλθεν Ἰησοῦς ἀπὸ   Mat. 3. 13,
Ναζαρὲτ τῆς Γαλιλαίας, καὶ ἐβαπτίσθη ὑπὸ Ἰωάννου εἰς τὸν   Lk. 3. 21:
10 Ἰορδάνην. καὶ εὐθέως ἀναβαίνων ʰἐκ τοῦ ὕδατος εἶδε σχιζο-   cp. Joh.
μένους τοὺς οὐρανούς, καὶ τὸ Πνεῦμα ⁱὡς ⁱ περιστερὰν κατα-   1. 32.
11 βαῖνον ἐπ' αὐτόν· καὶ φωνὴ ἐγένετο ἐκ τῶν οὐρανῶν, Σὺ εἶ ὁ
υἱός μου ὁ ἀγαπητός, ἐν ᵏσοὶ ʲ εὐδόκησα.
12 Καὶ εὐθὺς τὸ Πνεῦμα αὐτὸν ἐκβάλλει εἰς τὴν ἔρημον.   Mat. 4. 1,
13 καὶ ἦν ˡ⁻ʲ ἐν τῇ ἐρήμῳ ἡμέρας τεσσαράκοντα πειραζόμενος   Lk. 4. 1.
ὑπὸ τοῦ Σατανᾶ, καὶ ἦν μετὰ τῶν θηρίων, καὶ οἱ ἄγγελοι
διηκόνουν αὐτῷ.
14 Μετὰ δὲ τὸ παραδοθῆναι τὸν Ἰωάννην ἦλθεν ὁ Ἰησοῦς εἰς   Mat. 4. 12.
15 τὴν Γαλιλαίαν κηρύσσων τὸ εὐαγγέλιον ᵐ⁻ τοῦ Θεοῦ, καὶ
λέγων ὅτι Πεπλήρωται ὁ καιρός, καὶ ἤγγικεν ἡ βασιλεία τοῦ
Θεοῦ· μετανοεῖτε, καὶ πιστεύετε ἐν τῷ εὐαγγελίῳ.
16 ⁿ Καὶ παράγων" παρὰ τὴν θάλασσαν τῆς Γαλιλαίας εἶδε   Mat. 4. 18,
Σίμωνα καὶ Ἀνδρέαν τὸν ἀδελφὸν ᵒτοῦ Σίμωνος" Ρ ἀμφιβάλ-   Lk. 5. 1.
17 λοντας ʲ ἐν τῇ θαλάσσῃ· ἦσαν γὰρ ἁλιεῖς. καὶ εἶπεν αὐτοῖς
ὁ Ἰησοῦς, Δεῦτε ὀπίσω μου, καὶ ποιήσω ὑμᾶς γενέσθαι
18 ἁλιεῖς ἀνθρώπων. καὶ εὐθέως ἀφέντες τὰ δίκτυα ᵠ⁻ʲ ἠκο-
19 λούθησαν αὐτῷ. καὶ προβὰς ʳ⁻ʲ ὀλίγον εἶδεν Ἰάκωβον τὸν

ᶠ καὶ ἐβαπτίζοντο πάντες   ᵍ add μέν   ʰ ἀπὸ   ⁱ ὡσεὶ
ᵏ ᾧ   ˡ add ἐκεῖ   ᵐ add τῆς βασιλείας   ⁿ Περιπατῶν δὲ
ᵒ αὐτοῦ   ᵖ βάλλοντας ἀμφίβληστρον   ᵠ add αὐτῶν
ʳ add ἐκεῖθεν

τοῦ Ζεβεδαίου καὶ Ἰωάννην τὸν ἀδελφὸν αὐτοῦ, καὶ αὐτοὺς ἐν τῷ πλοίῳ καταρτίζοντας τὰ δίκτυα. καὶ εὐθέως ἐκάλεσεν 20 αὐτούς· καὶ ἀφέντες τὸν πατέρα αὐτῶν Ζεβεδαῖον ἐν τῷ πλοίῳ, μετὰ τῶν μισθωτῶν, ἀπῆλθον ὀπίσω αὐτοῦ.

Lk. 4. 31. Καὶ εἰσπορεύονται εἰς Καπερναούμ· καὶ εὐθέως τοῖς σάβ- 21
Cp. Mat. 7. βασιν εἰσελθὼν εἰς τὴν συναγωγὴν ἐδίδασκε. καὶ ἐξεπλήσ- 22
29. σοντο ἐπὶ τῇ διδαχῇ αὐτοῦ· ἦν γὰρ διδάσκων αὐτοὺς ὡς ἐξουσίαν ἔχων, καὶ οὐχ ὡς οἱ γραμματεῖς. καὶ ˢεὐθὺς‖ ἦν ἐν 23 τῇ συναγωγῇ αὐτῶν ἄνθρωπος ἐν πνεύματι ἀκαθάρτῳ, καὶ ἀνέκραξε λέγων, ᵗΤί‖ ἡμῖν καὶ σοί, Ἰησοῦ Ναζαρηνέ; 24 ἦλθες ἀπολέσαι ἡμᾶς; οἶδά σε τίς εἶ, ὁ ἅγιος τοῦ Θεοῦ. καὶ ἐπετίμησεν αὐτῷ ὁ Ἰησοῦς λέγων, Φιμώθητι, καὶ ἔξελθε 25 ἐξ αὐτοῦ. καὶ σπαράξαν αὐτὸν τὸ πνεῦμα τὸ ἀκάθαρτον, καὶ 26 ᵘφωνῆσαν‖ φωνῇ μεγάλῃ, ἐξῆλθεν ἐξ αὐτοῦ. καὶ ἐθαμβή- 27 θησαν πάντες, ὥστε συζητεῖν πρὸς ˣἑαυτοὺς‖ λέγοντας, Τί ἐστι τοῦτο; ʸδιδαχὴ καινή·‖ ᶻ—‖ κατ᾽ ἐξουσίαν καὶ τοῖς πνεύμασι τοῖς ἀκαθάρτοις ἐπιτάσσει, καὶ ὑπακούουσιν αὐτῷ. ἐξῆλθε δὲ ἡ ἀκοὴ αὐτοῦ εὐθὺς ᵃπανταχοῦ‖ εἰς ὅλην τὴν 28 περίχωρον τῆς Γαλιλαίας.

Mat. 8. 14, Καὶ εὐθέως, ἐκ τῆς συναγωγῆς ᵇἐξελθόντες, ἦλθον‖ εἰς 29
Lk. 4. 38. τὴν οἰκίαν Σίμωνος καὶ Ἀνδρέου μετὰ Ἰακώβου καὶ Ἰωάννου. ἡ δὲ πενθερὰ Σίμωνος κατέκειτο πυρέσσουσα· καὶ εὐθέως 30 λέγουσιν αὐτῷ περὶ αὐτῆς· καὶ προσελθὼν ἤγειρεν αὐτὴν 31 κρατήσας τῆς χειρὸς αὐτῆς, καὶ ἀφῆκεν αὐτὴν ὁ πυρετὸς ᶜ—‖, καὶ διηκόνει αὐτοῖς.

Mat. 8. 16, Ὀψίας δὲ γενομένης, ὅτε ἔδυ ὁ ἥλιος, ἔφερον πρὸς αὐτὸν 32
Lk. 4. 40. πάντας τοὺς κακῶς ἔχοντας καὶ τοὺς δαιμονιζομένους. καὶ ἡ 33 πόλις ὅλη ἐπισυνηγμένη ἦν πρὸς τὴν θύραν. καὶ ἐθεράπευσε 34 πολλοὺς κακῶς ἔχοντας ποικίλαις νόσοις, καὶ δαιμόνια πολλὰ

ˢ om. εὐθὺς   ᵗ Ἔα, τί   ᵘ κράξαν   ˣ αὐτοὺς S.
ʸ τίς ἡ διδαχὴ ἡ καινὴ αὕτη;   ᶻ add ὅτι   ᵃ om. πανταχοῦ
ᵇ ἐξελθών, ἦλθεν M.   ᶜ add εὐθέως

-2. 4. ΚΑΤΑ ΜΑΡΚΟΝ. 75

ἐξέβαλε· καὶ οὐκ ἤφιε λαλεῖν τὰ δαιμόνια, ὅτι ᾔδεισαν
αὐτόν d–".
35 Καὶ πρωΐ ͤἔννυχα" λίαν ἀναστὰς ἐξῆλθε, καὶ ἀπῆλθεν εἰς Lk. 4. 42.
36 ἔρημον τόπον, κἀκεῖ προσηύχετο. καὶ κατεδίωξαν αὐτὸν ὁ
37 Σίμων καὶ οἱ μετ' αὐτοῦ· καὶ ͬεὗρον αὐτόν, καὶ ᶦ λέγουσιν
38 αὐτῷ ὅτι Πάντες ζητοῦσί σε. καὶ λέγει αὐτοῖς, Ἄγωμεν
ᵍἀλλαχοῦ" εἰς τὰς ἐχομένας κωμοπόλεις, ἵνα κἀκεῖ κηρύξω·
39 εἰς τοῦτο γὰρ ʰἐξῆλθον". καὶ ᶦἦλθε" κηρύσσων ᵏεἰς τὰς
συναγωγὰς" αὐτῶν εἰς ὅλην τὴν Γαλιλαίαν, καὶ τὰ δαιμόνια
ἐκβάλλων.
40 Καὶ ἔρχεται πρὸς αὐτὸν λεπρὸς παρακαλῶν αὐτόν, ¹καὶ Mat. 8. 2.
γονυπετῶν αὐτόν," καὶ λέγων αὐτῷ ὅτι Ἐὰν θέλῃς, δύνασαί Lk. 5. 12.
41 με καθαρίσαι. ᵐκαὶ" σπλαγχνισθείς, ἐκτείνας τὴν χεῖρα,
42 ἥψατο αὐτοῦ, καὶ λέγει αὐτῷ, Θέλω, καθαρίσθητι. καὶ ⁿ–"
43 εὐθέως ἀπῆλθεν ἀπ' αὐτοῦ ἡ λέπρα, καὶ ἐκαθαρίσθη. καὶ
44 ἐμβριμησάμενος αὐτῷ εὐθέως ἐξέβαλεν αὐτόν, καὶ λεγει αὐτῷ,
Ὅρα, μηδενὶ μηδὲν εἴπῃς· ἀλλ' ὕπαγε, σεαυτὸν δεῖξον τῷ Cp. Lev.
ἱερεῖ, καὶ προσένεγκε περὶ τοῦ καθαρισμοῦ σου ἃ προσέταξε 14.2sqq.
45 Μωσῆς, εἰς μαρτύριον αὐτοῖς. ὁ δὲ ἐξελθὼν ἤρξατο κηρύσ-
σειν πολλὰ καὶ διαφημίζειν τὸν λόγον, ὥστε μηκέτι αὐτὸν
δύνασθαι φανερῶς εἰς πόλιν εἰσελθεῖν· ἀλλ' ἔξω ἐν ἐρήμοις
τόποις ἦν· καὶ ἤρχοντο πρὸς αὐτὸν ᵒπάντοθεν".
2 Καὶ ᵖεἰσελθὼν πάλιν" εἰς Καπερναοὺμ δι' ἡμερῶν ᵠ–" Mat. 9. 1,
2 ἠκούσθη ὅτι εἰς οἶκόν ἐστι. καὶ ʳ–" συνήχθησαν πολλοί, Lk. 5. 17.
ὥστε μηκέτι χωρεῖν μηδὲ τὰ πρὸς τὴν θύραν· καὶ ἐλάλει
3 αὐτοῖς τὸν λόγον. καὶ ἔρχονται ˢφέροντες πρὸς αὐτὸν παρα-
4 λυτικὸν" αἰρόμενον ὑπὸ τεσσάρων· καὶ μὴ δυνάμενοι ᵗπροσ-

ᵈ add Χριστὸν εἶναι Μ.   ᵉ ἔννυχον   ᶠ εὑρόντες αὐτὸν
ᵍ om. ἀλλαχοῦ   ʰ ἐξελήλυθα   ᶦ ἦν   ᵏ ἐν ταῖς συναγω-
γαῖς   ˡ om. καὶ γονυπετῶν αὐτόν, Μ.   ᵐ ὁ δὲ Ἰησοῦς
ⁿ add εἰπόντος αὐτοῦ   ᵒ πανταχόθεν   ᵖ πάλιν εἰσῆλθεν
ᵠ add καὶ   ʳ add εὐθέως   ˢ πρὸς αὐτὸν παραλυτικὸν φέροντες
ᵗ προσενέγκαι Μ.

ΕΥΑΓΓΕΛΙΟΝ 2. 4–

ἐγγίσαι" αὐτῷ διὰ τὸν ὄχλον ἀπεστέγασαν τὴν στέγην ὅπου ἦν, καὶ ἐξορύξαντες χαλῶσι τὸν κράββατον, ἐφ' ᾧ ὁ παραλυτικὸς κατέκειτο. ᵘκαὶ ἰδὼν" ὁ Ἰησοῦς τὴν πίστιν 5 αὐτῶν λέγει τῷ παραλυτικῷ, Τέκνον, ἀφέωνταί ˣσου¹ αἱ ἁμαρτίαι ʸ⁻". ἦσαν δέ τινες τῶν γραμματέων ἐκεῖ καθή- 6 μενοι καὶ διαλογιζόμενοι ἐν ταῖς καρδίαις αὐτῶν, Τί οὗτος 7 οὕτω ᶻλαλεῖ; βλασφημεῖ·" τίς δύναται ἀφιέναι ἁμαρτίας, εἰ μὴ εἷς, ὁ Θεός; καὶ εὐθέως ἐπιγνοὺς ὁ Ἰησοῦς τῷ πνεύματι 8 αὐτοῦ, ὅτι οὕτως διαλογίζονται ἐν ἑαυτοῖς, ᵃλέγει" αὐτοῖς, Τί ταῦτα διαλογίζεσθε ἐν ταῖς καρδίαις ὑμῶν; τί ἐστιν εὐ- 9 κοπώτερον; εἰπεῖν τῷ παραλυτικῷ, Ἀφέωνταί ᵇσουᵈ αἱ ἁμαρτίαι; ἢ εἰπεῖν,"Εγειραι, καὶ ἆρόν σου τὸν κράββατον, καὶ περιπάτει; ἵνα δὲ εἰδῆτε ὅτι ἐξουσίαν ἔχει ὁ υἱὸς τοῦ 10 ἀνθρώπου ᶜἐπὶ τῆς γῆς ἀφιέναι" ἁμαρτίας (λέγει τῷ παραλυτικῷ), Σοὶ λέγω, ἔγειραι, ᵈ⁻" ἆρον τὸν κράββατόν σου, 11 καὶ ὕπαγε εἰς τὸν οἶκόν σου. καὶ ἠγέρθη ᵉ⁻", καὶ ᶠεὐθὺς" 12 ἄρας τὸν κράββατον ἐξῆλθεν ἐναντίον πάντων· ὥστε ἐξίστασθαι πάντας, καὶ δοξάζειν τὸν Θεὸν λέγοντας ὅτι Οὐδέποτε οὕτως εἴδομεν.

Καὶ ἐξῆλθε πάλιν παρὰ τὴν θάλασσαν· καὶ πᾶς ὁ ὄχλος 13
Mat. 9. 9, ἤρχετο πρὸς αὐτόν, καὶ ἐδίδασκεν αὐτούς. καὶ παράγων εἶδε 14
Lk. 5. 27. Λευΐν τὸν τοῦ Ἀλφαίου καθήμενον ἐπὶ τὸ τελώνιον, καὶ λέγει αὐτῷ, Ἀκολούθει μοι. καὶ ἀναστὰς ἠκολούθησεν αὐτῷ. καὶ ἐγένετο ᵍ⁻¹ κατακεῖσθαι αὐτὸν ἐν τῇ οἰκίᾳ αὐτοῦ, καὶ 15 πολλοὶ τελῶναι καὶ ἁμαρτωλοὶ συνανέκειντο τῷ Ἰησοῦ καὶ τοῖς μαθηταῖς αὐτοῦ· ἦσαν γὰρ πολλοί, καὶ ʰἠκολούθουν¹ αὐτῷ. καὶ οἱ γραμματεῖς ⁱτῶν Φαρισαίων", ἰδόντες ʲὅτι 16 ἐσθίει¹ μετὰ τῶν ᵏἁμαρτωλῶν καὶ τελωνῶν¹, ἔλεγον τοῖς

ᵘ ἰδὼν δὲ   ˣ σοι   ʸ add σου   ᶻ λαλεῖ βλασφημίας;
ᵃ εἶπεν   ᵇ σοι   ᶜ ἀφιέναι ἐπὶ τῆς γῆς   ᵈ add καὶ   ᵉ add εὐθέως   ᶠ om. εὐθὺς   ᵍ add ἐν τῷ   ʰ ἠκολούθησαν   ⁱ καὶ οἱ Φαρισαῖοι A.S.M.   ʲ αὐτὸν ἐσθίοντα   ᵏ τελωνῶν καὶ ἁμαρτωλῶν

-2. 26.   ΚΑΤΑ ΜΑΡΚΟΝ.   77

μαθηταῖς αὐτοῦ ¹ὅτι Μετὰ" τῶν τελωνῶν καὶ ἁμαρτωλῶν
17 ἐσθίει ᵐ καὶ πίνει."' καὶ ἀκούσας ὁ Ἰησοῦς λέγει αὐτοῖς,
Οὐ χρείαν ἔχουσιν οἱ ἰσχύοντες ἰατροῦ, ἀλλ' οἱ κακῶς ἔχοντες·
οὐκ ἦλθον καλέσαι δικαίους, ἀλλὰ ἁμαρτωλούς ⁿ⁻".

18 Καὶ ἦσαν οἱ μαθηταὶ Ἰωάννου καὶ οἱ ᵒΦαρισαῖοι" νηστεύ- Mat. 9. 14,
οντες· καὶ ἔρχονται καὶ λέγουσιν αὐτῷ, Διατί οἱ μαθηταὶ Lk. 5. 33.
Ἰωάννου καὶ οἱ ᵖμαθηταὶ" τῶν Φαρισαίων νηστεύουσιν, οἱ
19 δὲ σοὶ μαθηταὶ οὐ νηστεύουσι; καὶ εἶπεν αὐτοῖς ὁ Ἰησοῦς,
Μὴ δύνανται οἱ υἱοὶ τοῦ νυμφῶνος, ἐν ᾧ ὁ νυμφίος μετ'
αὐτῶν ἐστι, νηστεύειν; ὅσον χρόνον μεθ' ἑαυτῶν ἔχουσι τὸν
20 νυμφίον, οὐ δύνανται νηστεύειν. ἐλεύσονται δὲ ἡμέραι ὅταν
ἀπαρθῇ ἀπ' αὐτῶν ὁ νυμφίος, καὶ τότε νηστεύσουσιν ἐν
21 ᑫἐκείνῃ τῇ ἡμέρᾳ. ʳ⁻" οὐδεὶς ἐπίβλημα ῥάκους ἀγνάφου
ἐπιρράπτει ἐπὶ ˢ ἱμάτιον παλαιόν · εἰ δὲ μή, αἴρει τὸ πλήρωμα
ᵗἀπ'" αὐτοῦ, τὸ καινὸν τοῦ παλαιοῦ, καὶ χεῖρον σχίσμα
22 γίνεται. καὶ οὐδεὶς βάλλει οἶνον νέον εἰς ἀσκοὺς παλαιούς·
εἰ δὲ μή, ᵘῥήξει' ὁ οἶνος ˣ⁻ⁱ τοὺς ἀσκούς, καὶ ὁ οἶνος
ʸἀπόλλυται" καὶ οἱ ἀσκοί ᶻ⁻'· ἀλλὰ οἶνον νέον εἰς ἀσκοὺς
καινούς ᵃ⁻".

23 Καὶ ἐγένετο ᵇαὐτὸν ἐν τοῖς σάββασι διαπορεύεσθαι' διὰ Mat. 12. 1,
τῶν σπορίμων, καὶ ἤρξαντο οἱ μαθηταὶ αὐτοῦ ὁδὸν ποιεῖν Lk.6.1: cp.
24 τίλλοντες τοὺς στάχυας. καὶ οἱ Φαρισαῖοι ἔλεγον αὐτῷ, 25(24.1).
25 Ἴδε, τί ποιοῦσι ᶜ⁻" τοῖς σάββασιν ὃ οὐκ ἔξεστι; καὶ ᵈ⁻
ἔλεγεν αὐτοῖς, Οὐδέποτε ἀνέγνωτε, τί ἐποίησε Δαβὶδ, ὅτε 1 Sam. 21.
26 χρείαν ἔσχε καὶ ἐπείνασεν αὐτὸς καὶ οἱ μετ' αὐτοῦ; πῶς 6.
εἰσῆλθεν εἰς τὸν οἶκον τοῦ Θεοῦ ἐπὶ Ἀβιάθαρ ᵉ⁻" ἀρχιερέως,
καὶ τοὺς ἄρτους τῆς προθέσεως ἔφαγεν, οὓς οὐκ ἔξεστι Cp. Lev.
24. 9

¹ Τί ὅτι μετὰ   ᵐ καὶ πίνει; A.S.: om. καὶ πίνει Μ.   ⁿ add
εἰς μετάνοιαν   ᵒ τῶν Φαρισαίων   ᵖ om. μαθηταὶ   ᑫ ἐκείναις
ταῖς ἡμέραις   ʳ add καὶ   ˢ ἱματίῳ παλαιῷ   ᵗ om. ἀπ'
ᵘ ῥήσσει   ˣ add ὁ νέος   ʸ ἐκχεῖται,   ᶻ add ἀπολοῦνται
ᵃ add βλητέον   ᵇ παραπορεύεσθαι αὐτὸν ἐν τοῖς σάββασι
ᶜ add ἐν   ᵈ add αὐτὸς   ᵉ add τοῦ A.S.M.

φαγεῖν εἰ μὴ τοῖς ἱερεῦσι, καὶ ἔδωκε καὶ τοῖς σὺν αὐτῷ οὖσι; καὶ ἔλεγεν αὐτοῖς, Τὸ σάββατον διὰ τὸν ἄνθρωπον 27 ἐγένετο, ᶠκαὶ" οὐχ ὁ ἄνθρωπος διὰ τὸ σάββατον· ὥστε κύριός 28 ἐστιν ὁ υἱὸς τοῦ ἀνθρώπου καὶ τοῦ σαββάτου.

Καὶ εἰσῆλθε πάλιν εἰς τὴν συναγωγήν· καὶ ἦν ἐκεῖ ἄνθρωπος 3 ἐξηραμμένην ἔχων τὴν χεῖρα. καὶ παρετήρουν αὐτὸν εἰ τοῖς 2 σάββασι θεραπεύσει αὐτόν, ἵνα κατηγορήσωσιν αὐτοῦ. καὶ 3 λέγει τῷ ἀνθρώπῳ τῷ ᵍτὴν χεῖρα ἔχοντι ξηράν", Ἔγειραι εἰς τὸ μέσον. καὶ λέγει αὐτοῖς, Ἔξεστι τοῖς σάββασιν ἀγαθο- 4 ποιῆσαι; ἢ κακοποιῆσαι; ψυχὴν σῶσαι; ἢ ἀποκτεῖναι; οἱ δὲ ἐσιώπων. καὶ περιβλεψάμενος αὐτοὺς μετ᾽ ὀργῆς, συλ- 5 λυπούμενος ἐπὶ τῇ πωρώσει τῆς καρδίας αὐτῶν, λέγει τῷ ἀνθρώπῳ, Ἔκτεινον τὴν χεῖρά σου. καὶ ἐξέτεινε· καὶ ἀπο- κατεστάθη ἡ χεὶρ αὐτοῦ ʰ⁻". καὶ ἐξελθόντες οἱ Φαρισαῖοι 6 εὐθέως μετὰ τῶν Ἡρωδιανῶν συμβούλιον ἐποίουν κατ᾽ αὐτοῦ, ὅπως αὐτὸν ἀπολέσωσι.

Καὶ ὁ Ἰησοῦς ⁱμετὰ τῶν μαθητῶν αὐτοῦ ἀνεχώρησε" πρὸς 7 τὴν θάλασσαν· καὶ πολὺ πλῆθος ἀπὸ τῆς Γαλιλαίας ἠκολούθησαν ᵏ⁻". καὶ ἀπὸ τῆς Ἰουδαίας, καὶ ἀπὸ Ἱεροσολύμων, 8 καὶ ἀπὸ τῆς Ἰδουμαίας, καὶ πέραν τοῦ Ἰορδάνου, καὶ ˡ⁻ᶦ περὶ Τύρον καὶ Σιδῶνα, πλῆθος πολύ, ᵐἀκούοντες" ὅσα ἐποίει, ἦλθον πρὸς αὐτόν. καὶ εἶπε τοῖς μαθηταῖς αὐτοῦ, ἵνα 9 πλοιάριον προσκαρτερῇ αὐτῷ διὰ τὸν ὄχλον, ἵνα μὴ θλίβωσιν αὐτόν· πολλοὺς γὰρ ἐθεράπευσεν, ὥστε ἐπιπίπτειν αὐτῷ, ἵνα 10 αὐτοῦ ἅψωνται, ὅσοι εἶχον μάστιγας. καὶ τὰ πνεύματα τὰ 11 ἀκάθαρτα, ὅταν αὐτὸν ἐθεώρει, προσέπιπτεν αὐτῷ, καὶ ἔκραζε λέγοντα ὅτι Σὺ εἶ ὁ υἱὸς τοῦ Θεοῦ. καὶ πολλὰ ἐπετίμα 12 αὐτοῖς, ἵνα μὴ αὐτὸν φανερὸν ποιήσωσι.

Καὶ ἀναβαίνει εἰς τὸ ὄρος, καὶ προσκαλεῖται οὓς ἤθελεν 13

ᶠ om. καὶ ὡς ἡ ἄλλη   ᵍ ἐξηραμμένην ἔχοντι τὴν χεῖρα   ʰ add ὑγιὴς   ⁱ ἀνεχώρησε μετὰ τῶν μαθητῶν αὐτοῦ   ᵏ add αὐτῷ   ˡ add οἱ   ᵐ ἀκούσαντες

14 αὐτός· καὶ ἀπῆλθον πρὸς αὐτόν. καὶ ἐποίησε δώδεκα, ⁿ—
ἵνα ὦσι μετ' αὐτοῦ, καὶ ἵνα ἀποστέλλῃ αὐτοὺς κηρύσσειν,
15, 16 καὶ ἔχειν ἐξουσίαν ᵒ⁻" ἐκβάλλειν τὰ δαιμόνια· ᵖ— καὶ Cp. Mat.
17 ἐπέθηκε τῷ Σίμωνι ὄνομα Πέτρον· καὶ Ἰάκωβον τὸν τοῦ Joh. 1. 42.
Ζεβεδαίου καὶ Ἰωάννην τὸν ἀδελφὸν τοῦ Ἰακώβου, καὶ ἐπ-
18 έθηκεν αὐτοῖς ὀνόματα Βοανεργές, ὅ ἐστιν Υἱοὶ βροντῆς· καὶ
Ἀνδρέαν, καὶ Φίλιππον, καὶ Βαρθολομαῖον, καὶ Ματθαῖον,
καὶ Θωμᾶν, καὶ Ἰάκωβον τὸν τοῦ Ἀλφαίου, καὶ Θαδδαῖον,
19 καὶ Σίμωνα τὸν ᵠΚαναναῖον", καὶ Ἰούδαν Ἰσκαριώτην, ὃς καὶ
παρέδωκεν αὐτόν.
20 Καὶ ʳἔρχεται ʲ εἰς οἶκον. καὶ συνέρχεται πάλιν ᴮὁ ὄχλος,
21 ὥστε μὴ δύνασθαι αὐτοὺς ᵗ μηδὲ ἄρτον φαγεῖν. καὶ ἀκού-
σαντες οἱ παρ' αὐτοῦ ἐξῆλθον κρατῆσαι αὐτόν· ἔλεγον γὰρ
22 ὅτι Ἐξέστη. καὶ οἱ γραμματεῖς οἱ ἀπὸ Ἱεροσολύμων κατα- Cp. Mat.
βάντες ἔλεγον ὅτι Βεελζεβοὺλ ἔχει, καὶ ὅτι Ἐν τῷ ἄρχοντι 9. 34.
23 τῶν δαιμονίων ἐκβάλλει τὰ δαιμόνια. καὶ προσκαλεσάμενος Lk. 11. 15.
αὐτοὺς ἐν παραβολαῖς ἔλεγεν αὐτοῖς, Πῶς δύναται Σατανᾶς
24 Σατανᾶν ἐκβάλλειν; καὶ ἐὰν βασιλεία ἐφ' ἑαυτὴν μερισθῇ,
25 οὐ δύναται σταθῆναι ἡ βασιλεία ἐκείνη· καὶ ἐὰν οἰκία ἐφ'
ἑαυτὴν μερισθῇ, οὐ ᵘ δυνήσεται " σταθῆναι ἡ οἰκία ἐκείνη·
26 καὶ εἰ ὁ Σατανᾶς ἀνέστη ἐφ' ἑαυτὸν καὶ ˣἐμερίσθη, οὐ
27 δύναται σταθῆναι, ἀλλὰ τέλος ἔχει. ʸἀλλ' οὐ δύναται
οὐδεὶς ᶻεἰς τὴν οἰκίαν τοῦ ἰσχυροῦ εἰσελθὼν τὰ σκεύη αὐτοῦ
διαρπάσαι," ἐὰν μὴ πρῶτον τὸν ἰσχυρὸν δήσῃ, καὶ τότε τὴν
28 οἰκίαν αὐτοῦ διαρπάσει. ἀμὴν λέγω ὑμῖν, ὅτι πάντα ἀφεθή-
σεται ᵃτοῖς υἱοῖς τῶν ἀνθρώπων τὰ ἁμαρτήματα", καὶ ᵇαἰ"
29 βλασφημίαι ᶜὅσα" ἂν βλασφημήσωσιν· ὃς δ' ἂν βλασφημήσῃ

ⁿ add οὓς καὶ ἀποστόλους ὠνόμασεν, Μ.   ᵒ add θεραπεύειν
τὰς νόσους καὶ   ᵖ add καὶ ἐποίησε τοὺς δώδεκα· Μ.   ᵠ Κα-
νανίτην   ʳ ἔρχονται   ˢ om. ὁ   ᵗ μήτε   ᵘ δύναται
ˣ μεμέρισται   ʸ om. ἀλλ'   ᶻ τὰ σκεύη τοῦ ἰσχυροῦ, εἰσ-
ελθὼν εἰς τὴν οἰκίαν αὐτοῦ, διαρπάσαι.   ᵃ τὰ ἁμαρτήματα τοῖς
υἱοῖς τῶν ἀνθρώπων   ᵇ om. αἱ   ᶜ ὅσας

εἰς τὸ Πνεῦμα τὸ Ἅγιον, οὐκ ἔχει ἄφεσιν εἰς τὸν αἰῶνα, ἀλλ' ἔνοχός ἐστιν αἰωνίου ᵈ ἁμαρτήματος¹. ὅτι ἔλεγον, Πνεῦμα 30 ἀκάθαρτον ἔχει.

Mat.12.46. ᵉΚαὶ ἔρχονται ἡ μήτηρ αὐτοῦ καὶ οἱ ἀδελφοὶ αὐτοῦ‖, καὶ 31
Lk. 8. 19. ἔξω ἑστῶτες ἀπέστειλαν πρὸς αὐτὸν φωνοῦντες αὐτόν. καὶ 32 ἐκάθητο ὄχλος περὶ αὐτόν· ᶠκαὶ λέγουσιν‖ αὐτῷ, Ἰδού, ἡ μήτηρ σου καὶ οἱ ἀδελφοί σου ἔξω ζητοῦσί σε. καὶ ᵍἀποκρι- 33 θεὶς αὐτοῖς λέγει‖, Τίς ἐστιν ἡ μήτηρ μου ʰκαὶ‖ ·οἱ ἀδελφοί μου; καὶ περιβλεψάμενος ⁱτοὺς περὶ αὐτὸν κύκλῳ‖ καθη- 34 μένους λέγει, Ἴδε, ἡ μήτηρ μου καὶ οἱ ἀδελφοί μου. ὃς γὰρ 35 ἂν ποιήσῃ τὸ θέλημα τοῦ Θεοῦ, οὗτος ἀδελφός μου καὶ ἀδελφὴ ᵏ−¹ καὶ μήτηρ ἐστί.

Mat. 13. 1, Καὶ πάλιν ἤρξατο διδάσκειν παρὰ τὴν θάλασσαν. καὶ 4
Lk. 8. 4. ˡσυνάγεται‖ πρὸς αὐτὸν ὄχλος ᵐπλεῖστος‖, ὥστε αὐτὸν ⁿεἰς πλοῖον ἐμβάντα‖ καθῆσθαι ἐν τῇ θαλάσσῃ· καὶ πᾶς ὁ ὄχλος πρὸς τὴν θάλασσαν ἐπὶ τῆς γῆς ᵒἦσαν‖. καὶ ἐδίδασκεν 2 αὐτοὺς ἐν παραβολαῖς πολλά, καὶ ἔλεγεν αὐτοῖς ἐν τῇ διδαχῇ αὐτοῦ, Ἀκούετε· ἰδού, ἐξῆλθεν ὁ σπείρων τοῦ σπεῖραι· καὶ 3,4 ἐγένετο ἐν τῷ σπείρειν, ὃ μὲν ἔπεσε παρὰ τὴν ὁδόν· καὶ ἦλθε τὰ πετεινά ᵖ−‖, καὶ κατέφαγεν αὐτό. ᵠκαὶ ἄλλο‖ 5 ἔπεσεν ἐπὶ τὸ πετρῶδες, ὅπου οὐκ εἶχε γῆν πολλήν· καὶ εὐθέως ἐξανέτειλε διὰ τὸ μὴ ἔχειν βάθος γῆς, ʳκαὶ ὅτε 6 ἀνέτειλεν ὁ ἥλιος⁷ ἐκαυματίσθη, καὶ διὰ τὸ μὴ ἔχειν ῥίζαν ἐξηράνθη. καὶ ἄλλο ἔπεσεν εἰς τὰς ἀκάνθας· καὶ ἀνέβησαν 7 αἱ ἄκανθαι, καὶ συνέπνιξαν αὐτό, καὶ καρπὸν οὐκ ἔδωκε. καὶ ˢἄλλα¹ ἔπεσεν εἰς τὴν γῆν τὴν καλήν· καὶ ἐδίδου καρπὸν 8 ἀναβαίνοντα καὶ ᵗ αὐξανόμενα‖, καὶ ἔφερεν ᵘεἰς‖ τριάκοντα,

ᵈ κρίσεως   ᵉ Ἔρχονται οὖν οἱ ἀδελφοὶ αὐτοῦ καὶ ἡ μήτηρ αὐτοῦ   ᶠ εἶπον δὲ   ᵍ ἀπεκρίθη αὐτοῖς λέγων   ʰ ἡ ⁱ κύκλῳ τοὺς περὶ αὐτὸν   ᵏ add μου   ˡ συνήχθη   ᵐ πολύς   ⁿ ἐμβάντα εἰς τὸ πλοῖον   ᵒ ἦν   ᵖ add τοῦ οὐρανοῦ ᵠ ἄλλο δὲ   ʳ ἡλίου δὲ ἀνατείλαντος   ˢ ἄλλο   ᵗ αὐξάνοντα ᵘ ἓν

9 καὶ ᵘεἰς ᶦ ἑξήκοντα, καὶ ᵘεἰς ἑκατόν. καὶ ἔλεγεν ˣ⁻, ʸˢΟς ἔχει" ὦτα ἀκούειν ἀκουέτω.
10 ᶻΚαὶ ὅτε" ἐγένετο καταμόνας, ᵃἠρώτων" αὐτὸν οἱ περὶ αὐτὸν
11 σὺν τοῖς δώδεκα ᵇτὰς παραβολάς". καὶ ἔλεγεν αὐτοῖς, Ὑμῖν
ᶜτὸ μυστήριον δέδοται" τῆς βασιλείας τοῦ Θεοῦ· ἐκείνοις δὲ
12 τοῖς ἔξω ἐν παραβολαῖς τὰ πάντα γίνεται· ἵνα βλέποντες Cp. Isa. 6.
βλέπωσι, καὶ μὴ ἴδωσι, καὶ ἀκούοντες ἀκούωσι, καὶ μὴ 9.
13 συνιῶσι· μήποτε ἐπιστρέψωσι, καὶ ἀφεθῇ αὐτοῖς ᵈ⁻". καὶ
λέγει αὐτοῖς, Οὐκ οἴδατε τὴν παραβολὴν ταύτην; καὶ πῶς
14 πάσας τὰς παραβολὰς γνώσεσθε; ὁ σπείρων τὸν λόγον
15 σπείρει. οὗτοι δέ εἰσιν οἱ παρὰ τὴν ὁδόν, ὅπου σπείρεται
ὁ λόγος, καὶ ὅταν ἀκούσωσιν, εὐθέως ἔρχεται ὁ Σατανᾶς καὶ
16 αἴρει τὸν λόγον τὸν ἐσπαρμένον ᵉεἰς αὐτούς". καὶ οὗτοί
εἰσιν ὁμοίως οἱ ἐπὶ τὰ πετρώδη σπειρόμενοι, οἵ, ὅταν ἀκού-
17 σωσι τὸν λόγον, εὐθέως μετὰ χαρᾶς λαμβάνουσιν αὐτόν, καὶ
οὐκ ἔχουσι ῥίζαν ἐν ἑαυτοῖς, ἀλλὰ πρόσκαιροί εἰσιν· εἶτα
γενομένης θλίψεως ἢ διωγμοῦ διὰ τὸν λόγον εὐθέως σκανδα-
18 λίζονται. καὶ ᶠἄλλοι ᶦ εἰσιν οἱ εἰς τὰς ἀκάνθας σπειρόμενοι·
19 ᵍοὗτοί εἰσιν" οἱ τὸν λόγον ʰἀκούσαντες", καὶ αἱ μέριμναι τοῦ
αἰῶνος ⁱ⁻" καὶ ἡ ἀπάτη τοῦ πλούτου καὶ αἱ περὶ τὰ λοιπὰ
ἐπιθυμίαι εἰσπορευόμεναι συμπνίγουσι τὸν λόγον, καὶ ἄκαρ-
20 πος γίνεται. καὶ ʲἐκεῖνοί" εἰσιν οἱ ἐπὶ τὴν γῆν τὴν καλὴν
σπαρέντες, οἵτινες ἀκούουσι τὸν λόγον καὶ παραδέχονται,
καὶ καρποφοροῦσιν ᵏἐν" τριάκοντα, καὶ ᵏἐν" ἑξήκοντα, καὶ
ᵏἐν" ἑκατόν.
21 Καὶ ἔλεγεν αὐτοῖς, Μήτι ὁ λύχνος ἔρχεται, ἵνα ὑπὸ τὸν Lk. 8. 16:
μόδιον τεθῇ ἢ ὑπὸ τὴν κλίνην; οὐχ ἵνα ἐπὶ τὴν λυχνίαν cp. Mat.
22 ˡτεθῇ"; οὐ γάρ ἐστί τι κρυπτόν, ᵐἐὰν μὴ ἵνα" φανερωθῇ· Lk. 11. 33.

ᵘ ἐν   ˣ add αὐτοῖς   ʸ Ὁ ἔχων   ᶻ Ὅτε δὲ   ᵃ ἠρώ-
τησαν   ᵇ τὴν παραβολήν   ᶜ δέδοται γνῶναι τὸ μυστήριον
ᵈ add τὰ ἁμαρτήματα   ᵉ ἐν ταῖς καρδίαις αὐτῶν   ᶠ οὗτοί
ᵍ om. οὗτοί εἰσιν A.   ʰ ἀκούοντες   ⁱ add τούτου   ʲ οὗτοί
ᵏ ἐν   ˡ ἐπιτεθῇ   ᵐ ὃ ἐὰν μὴ

G

82 ΕΥΑΓΓΕΛΙΟΝ 4. 22-

οὐδὲ ἐγένετο ἀπόκρυφον, ἀλλ' ἵνα εἰς φανερὸν ἔλθῃ. εἴ τις 23
ἔχει ὦτα ἀκούειν, ἀκουέτω. καὶ ἔλεγεν αὐτοῖς, Βλέπετε τί 24
ἀκούετε· ἐν ᾧ μέτρῳ μετρεῖτε, μετρηθήσεται ὑμῖν· καὶ
προστεθήσεται ὑμῖν ᵘ⁻‖. ὃς γὰρ ᵒἔχει‖, δοθήσεται αὐτῷ· 25
καὶ ὃς οὐκ ἔχει, καὶ ὃ ἔχει ἀρθήσεται ἀπ' αὐτοῦ.

Καὶ ἔλεγεν, Οὕτως ἐστὶν ἡ βασιλεία τοῦ Θεοῦ, ὡς ᵖ⁻ʲ 26
ἄνθρωπος βάλῃ τὸν σπόρον ἐπὶ τῆς γῆς, καὶ καθεύδῃ καὶ 27
ἐγείρηται νύκτα καὶ ἡμέραν, καὶ ὁ σπόρος βλαστάνῃ καὶ
μηκύνηται ὡς οὐκ οἶδεν αὐτός. αὐτομάτη ᑫ⁻‖ ἡ γῆ καρπο- 28
φορεῖ, πρῶτον χόρτον, εἶτα στάχυν, εἶτα πλήρη σῖτον ἐν τῷ
στάχυϊ. ὅταν δὲ παραδῷ ὁ καρπός, εὐθέως ἀποστέλλει τὸ 29
δρέπανον, ὅτι παρέστηκεν ὁ θερισμός.

Καὶ ἔλεγε, ʳΠῶς‖ ὁμοιώσωμεν τὴν βασιλείαν τοῦ Θεοῦ; 30
ἢ ἐν ˢτίνι αὐτὴν παραβολῇ θῶμεν‖; ὡς κόκκῳ σινάπεως, ὅς, 31
ὅταν σπαρῇ ἐπὶ τῆς γῆς, ᵗμικρότερον ὂν‖ πάντων τῶν
σπερμάτων ᵘ⁻ʲ τῶν ἐπὶ τῆς γῆς, καὶ ὅταν σπαρῇ, ἀναβαίνει, 32
καὶ γίνεται ˣμεῖζον πάντων τῶν λαχάνων‖, καὶ ποιεῖ κλάδους
μεγάλους, ὥστε δύνασθαι ὑπὸ τὴν σκιὰν αὐτοῦ τὰ πετεινὰ
τοῦ οὐρανοῦ κατασκηνοῦν.

Καὶ τοιαύταις παραβολαῖς πολλαῖς ἐλάλει αὐτοῖς τὸν 33
λόγον, καθὼς ἠδύναντο ἀκούειν· χωρὶς δὲ παραβολῆς οὐκ 34
ἐλάλει αὐτοῖς· κατ' ἰδίαν δὲ τοῖς ʸἰδίοις μαθηταῖς‖ ἐπέλυε
πάντα.

Καὶ λέγει αὐτοῖς ἐν ἐκείνῃ τῇ ἡμέρᾳ ὀψίας γενομένης, 35
Διέλθωμεν εἰς τὸ πέραν. καὶ ἀφέντες τὸν ὄχλον παρα- 36
λαμβάνουσιν αὐτὸν ὡς ἦν ἐν τῷ πλοίῳ. καὶ ἄλλα ᶻ⁻‖
ᵃπλοῖα‖ ἦν μετ' αὐτοῦ. καὶ γίνεται λαῖλαψ ἀνέμου μεγάλη, 37
ᵇκαὶ τὰ‖ κύματα ἐπέβαλλεν εἰς τὸ πλοῖον, ὥστε ᶜἤδη γεμί-

ᵘ add τοῖς ἀκούουσιν ᵒ ἂν ἔχῃ ᵖ add ἐὰν ᑫ add γὰρ
ʳ Τίνι ˢ ποίᾳ παραβολῇ παραβάλωμεν αὐτήν ᵗ μικρό-
τερος ᵘ add ἐστὶ ˣ πάντων τῶν λαχάνων μείζων ʸ μαθη-
ταῖς αὐτοῦ. ᶻ add δὲ ᵃ πλοιάρια ᵇ τὰ δὲ ᶜ αὐτὸ
ἤδη γεμίζεσθαι

38 ζεσθαι το πλοῖον ͏͏. καὶ ᵈ αὐτὸς ἦν ἐν ͏ᶠ τῇ πρύμνῃ ἐπὶ τὸ προσκεφάλαιον καθεύδων· καὶ ᵉἐγείρουσιν ͏͏ αὐτόν, καὶ λέγουσιν αὐτῷ, Διδάσκαλε, οὐ μέλει σοι ὅτι ἀπολλύμεθα; 39 καὶ διεγερθεὶς ἐπετίμησε τῷ ἀνέμῳ, καὶ εἶπε τῇ θαλάσσῃ, Σιώπα, πεφίμωσο. καὶ ἐκόπασεν ὁ ἄνεμος, καὶ ἐγένετο 40 γαλήνη μεγάλη. καὶ εἶπεν αὐτοῖς, Τί δειλοί ᶠ ἐστε; οὔπω ͏͏ 41 ἔχετε πίστιν; καὶ ἐφοβήθησαν φόβον μέγαν, καὶ ἔλεγον πρὸς ἀλλήλους, Τίς ἄρα οὗτός ἐστιν, ὅτι καὶ ὁ ἄνεμος καὶ ἡ θάλασσα ὑπακούουσιν αὐτῷ;

5 Καὶ ἦλθον εἰς τὸ πέραν τῆς θαλάσσης εἰς τὴν χώραν τῶν 2 ᵍΓερασηνῶν ͏͏. καὶ ʰἐξελθόντος αὐτοῦ ͏͏ ἐκ τοῦ πλοίου εὐθέως ἀπήντησεν αὐτῷ ἐκ τῶν μνημείων ἄνθρωπος ἐν πνεύ-3 ματι ἀκαθάρτῳ, ὃς τὴν κατοίκησιν εἶχεν ἐν τοῖς ⁱμνήμασι· 4 καὶ ʲοὐδὲ ἁλύσει οὐκέτι ͏͏ οὐδεὶς ἠδύνατο αὐτὸν δῆσαι, διὰ τὸ αὐτὸν πολλάκις πέδαις καὶ ἁλύσεσι δεδέσθαι, καὶ διεσπάσθαι ὑπ᾽ αὐτοῦ τὰς ἁλύσεις καὶ τὰς πέδας συντετρίφθαι· καὶ 5 οὐδεὶς αὐτὸν ἴσχυε δαμάσαι· καὶ διαπαντὸς νυκτὸς καὶ ἡμέρας ἐν τοῖς ᵏμνήμασι ͏͏ καὶ ἐν τοῖς ˡὄρεσιν ͏͏ ἦν κράζων καὶ 6 κατακόπτων ἑαυτὸν λίθοις. ᵐκαὶ ἰδὼν ͏͏ τὸν Ἰησοῦν ἀπὸ 7 μακρόθεν ἔδραμε καὶ προσεκύνησεν αὐτῷ, καὶ κράξας φωνῇ μεγάλῃ ⁿλέγει ͏͏, Τί ἐμοὶ καὶ σοί, Ἰησοῦ, υἱὲ τοῦ Θεοῦ τοῦ 8 ὑψίστου; ὁρκίζω σε τὸν Θεόν, μή με βασανίσῃς. ἔλεγε γὰρ αὐτῷ, Ἔξελθε, τὸ πνεῦμα τὸ ἀκάθαρτον, ἐκ τοῦ ἀνθρώπου. 9 καὶ ἐπηρώτα αὐτόν, Τί σοι ὄνομα; καὶ ᵒλέγει αὐτῷ ͏͏, Λεγεὼν 10 ὄνομά μοι, ὅτι πολλοί ἐσμεν. καὶ παρεκάλει αὐτὸν πολλά, 11 ἵνα μὴ αὐτοὺς ἀποστείλῃ ἔξω τῆς χώρας. ἦν δὲ ἐκεῖ πρὸς 12 ᵖτῷ ὄρει ͏͏ ἀγέλη χοίρων μεγάλη βοσκομένη. καὶ παρεκάλεσαν αὐτὸν ᵠ⁻͏͏ λέγοντες, Πέμψον ἡμᾶς εἰς τοὺς χοίρους,

Mat. 8. 28, Lk. 8. 26.

ᵈ ἦν αὐτὸς ἐπὶ   ᵉ διεγείρουσιν   ᶠ ἐστε οὕτω; πῶς οὐκ ᵍ Γαδαρηνῶν   ʰ ἐξελθόντι αὐτῷ   ⁱ μνημείοις   ʲ οὔτε ἁλύσεσιν   ᵏ ὄρεσι   ˡ μνήμασιν   ᵐ ἰδὼν δὲ   ⁿ εἶπε ᵒ ἀπεκρίθη λέγων   ᵖ τὰ ὄρη   ᵠ add πάντες οἱ δαίμονες

84   ΕΥΑΓΓΕΛΙΟΝ   5. 12-

ἵνα εἰς αὐτοὺς εἰσέλθωμεν. καὶ ἐπέτρεψεν αὐτοῖς ʳ⁻‖. καὶ 13
ἐξελθόντα τὰ πνεύματα τὰ ἀκάθαρτα εἰσῆλθον εἰς τοὺς
χοίρους· καὶ ὥρμησεν ἡ ἀγέλη κατὰ τοῦ κρημνοῦ εἰς τὴν
θάλασσαν ˢ⁻‖ ὡς δισχίλιοι, καὶ ἐπνίγοντο ἐν τῇ θαλάσσῃ.
ᵗκαὶ οἱ‖ βόσκοντες ᵘαὐτοὺς‖ ἔφυγον, καὶ ˣἀπήγγειλαν‖ εἰς 14
τὴν πόλιν καὶ εἰς τοὺς ἀγρούς. καὶ ʸἦλθον‖ ἰδεῖν τί ἐστι τὸ
γεγονός. καὶ ἔρχονται πρὸς τὸν Ἰησοῦν, καὶ θεωροῦσι τὸν 15
δαιμονιζόμενον καθήμενον ᶻ⁻‖ ἱματισμένον καὶ σωφρονοῦντα,
τὸν ἐσχηκότα τὸν λεγεῶνα· καὶ ἐφοβήθησαν. καὶ διηγή- 16
σαντο αὐτοῖς οἱ ἰδόντες, πῶς ἐγένετο τῷ δαιμονιζομένῳ, καὶ
περὶ τῶν χοίρων. καὶ ἤρξαντο παρακαλεῖν αὐτὸν ἀπελθεῖν 17
ἀπὸ τῶν ὁρίων αὐτῶν. καὶ ᵃἐμβαίνοντος‖ αὐτοῦ εἰς τὸ 18
πλοῖον παρεκάλει αὐτὸν ὁ δαιμονισθείς, ἵνα ᾖ μετ' αὐτοῦ.
ᵇκαὶ‖ οὐκ ἀφῆκεν αὐτόν, ἀλλὰ λέγει αὐτῷ, Ὕπαγε εἰς τὸν 19
οἶκόν σου πρὸς τοὺς σούς, καὶ ᶜἀπάγγειλον‖ αὐτοῖς ὅσα
σοι ὁ Κύριος ᵈπεποίηκε‖, καὶ ἠλέησέ σε. καὶ ἀπῆλθε, καὶ 20
ἤρξατο κηρύσσειν ἐν τῇ Δεκαπόλει, ὅσα ἐποίησεν αὐτῷ ὁ
Ἰησοῦς· καὶ πάντες ἐθαύμαζον.

Καὶ διαπεράσαντος τοῦ Ἰησοῦ ἐν τῷ πλοίῳ πάλιν εἰς τὸ 21
πέραν συνήχθη ὄχλος πολὺς ἐπ' αὐτόν· καὶ ἦν παρὰ τὴν
Mat.9.18, θάλασσαν. καὶ ᵉ⁻‖ ἔρχεται εἷς τῶν ἀρχισυναγώγων, ὀνό- 22
Lk. 8. 41. ματι Ἰάειρος, καὶ ἰδὼν αὐτὸν πίπτει πρὸς τοὺς πόδας αὐτοῦ,
καὶ ᶠπαρακαλεῖ‖ αὐτὸν πολλά, λέγων ὅτι Τὸ θυγάτριόν μου 23
ἐσχάτως ἔχει· ἵνα ἐλθὼν ἐπιθῇς αὐτῇ τὰς χεῖρας, ᵍἵνα‖
σωθῇ καὶ ʰζήσῃ‖. καὶ ἀπῆλθε μετ' αὐτοῦ· καὶ ἠκολούθει 24
αὐτῷ ὄχλος πολύς, καὶ συνέθλιβον αὐτόν.

Cp. Lev.   Καὶ γυνὴ ⁱ⁻‖ οὖσα ἐν ῥύσει αἵματος ἔτη δώδεκα, καὶ 25, 26
15. 25. πολλὰ παθοῦσα ὑπὸ πολλῶν ἰατρῶν καὶ δαπανήσασα τὰ
παρ' ἑαυτῆς πάντα, καὶ μηδὲν ὠφεληθεῖσα ἀλλὰ μᾶλλον

ʳ add εὐθέως ὁ Ἰησοῦς   ˢ add ἦσαν δὲ   ᵗ οἱ δὲ   ᵘ τοὺς
χοίρους   ˣ ἀνήγγειλαν   ʸ ἐξῆλθον   ᶻ add καὶ   ᵃ ἐμ-
βάντος   ᵇ ὁ δὲ Ἰησοῦς   ᶜ ἀνάγγειλον   ᵈ ἐποίησε   ᵉ add
ἰδού,   ᶠ παρεκάλει   ᵍ ὅπως   ʰ ζήσεται   ⁱ add τις

27 εἰς τὸ χεῖρον ἐλθοῦσα, ἀκούσασα ʲτὰ" περὶ τοῦ Ἰησοῦ, ἐλθοῦσα ἐν τῷ ὄχλῳ ὄπισθεν, ἥψατο τοῦ ἱματίου αὐτοῦ. 28 ἔλεγε γὰρ ὅτι ᵏἘὰν ἅψωμαι κἂν τῶν ἱματίων αὐτοῦ", σωθή-29 σομαι. καὶ εὐθέως ἐξηράνθη ἡ πηγὴ τοῦ αἵματος αὐτῆς, καὶ 30 ἔγνω τῷ σώματι ὅτι ἴαται ἀπὸ τῆς μάστιγος. καὶ εὐθέως ὁ Ἰησοῦς, ἐπιγνοὺς ἐν ἑαυτῷ τὴν ἐξ αὐτοῦ δύναμιν ἐξελθοῦσαν, ἐπιστραφεὶς ἐν τῷ ὄχλῳ ἔλεγε, Τίς μου ἥψατο τῶν 31 ἱματίων; καὶ ἔλεγον αὐτῷ οἱ μαθηταὶ αὐτοῦ, Βλέπεις τὸν 32 ὄχλον συνθλίβοντά σε, καὶ λέγεις, Τίς μου ἥψατο; καὶ 33 περιεβλέπετο ἰδεῖν τὴν τοῦτο ποιήσασαν. ἡ δὲ γυνὴ φοβηθεῖσα καὶ τρέμουσα, εἰδυῖα ὃ γέγονεν ˡ⁻ˡ αὐτῇ, ἦλθε καὶ προσέ-34 πεσεν αὐτῷ, καὶ εἶπεν αὐτῷ πᾶσαν τὴν ἀλήθειαν. ὁ δὲ εἶπεν αὐτῇ, Θύγατερ, ἡ πίστις σου σέσωκέ σε· ὕπαγε εἰς εἰρήνην, καὶ ἴσθι ὑγιὴς ἀπὸ τῆς μάστιγός σου.

35 Ἔτι αὐτοῦ λαλοῦντος ἔρχονται ἀπὸ τοῦ ἀρχισυναγώγου λέγοντες ὅτι Ἡ θυγάτηρ σου ἀπέθανε· τί ἔτι σκύλλεις τὸν 36 διδάσκαλον; ὁ δὲ Ἰησοῦς ᵐπαρακούσας" τὸν λόγον λαλούμενον λέγει τῷ ἀρχισυναγώγῳ, Μὴ φοβοῦ, μόνον πίστευε. 37 καὶ οὐκ ἀφῆκεν οὐδένα ⁿμετ' αὐτοῦ" συνακολουθῆσαι, εἰ μὴ Πέτρον καὶ Ἰάκωβον καὶ Ἰωάννην τὸν ἀδελφὸν Ἰακώβου. 38 καὶ ᵒἔρχονται" εἰς τὸν οἶκον τοῦ ἀρχισυναγώγου, καὶ θεωρεῖ 39 θόρυβον, ᵖκαὶˡ κλαίοντας καὶ ἀλαλάζοντας πολλά. καὶ εἰσελθὼν λέγει αὐτοῖς, Τί θορυβεῖσθε καὶ κλαίετε; τὸ παιδίον 40 οὐκ ἀπέθανεν, ἀλλὰ καθεύδει. καὶ κατεγέλων αὐτοῦ. ᵠαὐτὸς" δὲ ἐκβαλὼν ʳπάντας" παραλαμβάνει τὸν πατέρα τοῦ παιδίου καὶ τὴν μητέρα καὶ τοὺς μετ' αὐτοῦ, καὶ εἰσπορεύεται ὅπου 41 ἦν τὸ παιδίον ˢ⁻". καὶ κρατήσας τῆς χειρὸς τοῦ παιδίου λέγει αὐτῇ, Ταλιθά, κοῦμι· ὅ ἐστι μεθερμηνευόμενον Τὸ 42 κοράσιον, σοὶ λέγω, ἔγειραι. καὶ εὐθέως ἀνέστη τὸ κοράσιον

ʲ om. τὰ ᵏ Κἂν τῶν ἱματίων αὐτοῦ ἅψωμαι ˡ add ἐπ'
ᵐ εὐθέως ἀκούσας ⁿ αὐτῷ ᵒ ἔρχεται ᵖ om. καὶ S.
ᵠ ὁ ʳ ἅπαντας ˢ add ἀνακείμενον

86 ΕΥΑΓΓΕΛΙΟΝ 5. 42-

καὶ περιεπάτει· ἦν γὰρ ἐτῶν δώδεκα. καὶ ἐξέστησαν ^tεὐθὺς^ǁ ἐκστάσει μεγάλῃ. καὶ διεστείλατο αὐτοῖς πολλά, ἵνα μηδεὶς 43 γνῷ τοῦτο· καὶ εἶπε δοθῆναι αὐτῇ φαγεῖν.

Mat.13.54: Καὶ ἐξῆλθεν ἐκεῖθεν, καὶ ^uἔρχεται^ǁ εἰς τὴν πατρίδα αὐτοῦ· 6
(p. I.k. καὶ ἀκολουθοῦσιν αὐτῷ οἱ μαθηταὶ αὐτοῦ. καὶ γενομένου 2
4. 16. σαββάτου ἤρξατο ἐν τῇ συναγωγῇ διδάσκειν· καὶ ^xπολλοὶ^ǁ ἀκούοντες ἐξεπλήσσοντο λέγοντες, Πόθεν τούτῳ ταῦτα; καὶ τίς ἡ σοφία ἡ δοθεῖσα ^yτούτῳ καὶ αἱ^ǁ δυνάμεις τοιαῦται διὰ
Cp. Joh. τῶν χειρῶν αὐτοῦ ^zγινόμεναι^ǁ; οὐχ οὗτός ἐστιν ὁ τέκτων, ὁ 3
6. 42. υἱὸς Μαρίας ^aκαὶ ἀδελφὸς^ǁ Ἰακώβου καὶ Ἰωσῆ καὶ Ἰούδα καὶ Σίμωνος; καὶ οὐκ εἰσὶν αἱ ἀδελφαὶ αὐτοῦ ὧδε πρὸς ἡμᾶς; καὶ ἐσκανδαλίζοντο ἐν αὐτῷ. ^bκαὶ ἔλεγεν^ǁ αὐτοῖς ὁ 4 Ἰησοῦς ὅτι Οὐκ ἔστι προφήτης ἄτιμος, εἰ μὴ ἐν τῇ πατρίδι αὐτοῦ, καὶ ἐν τοῖς συγγενέσιν ^cαὐτοῦ^ǁ, καὶ ἐν τῇ οἰκίᾳ αὐτοῦ. καὶ οὐκ ἠδύνατο ἐκεῖ οὐδεμίαν δύναμιν ποιῆσαι, εἰ μὴ ὀλίγοις 5 ἀρρώστοις ἐπιθεὶς τὰς χεῖρας ἐθεράπευσε. καὶ ἐθαύμαζε διὰ 6 τὴν ἀπιστίαν αὐτῶν.

Καὶ περιῆγε τὰς κώμας κύκλῳ διδάσκων.

Mat. 10. 1, Καὶ προσκαλεῖται τοὺς δώδεκα, καὶ ἤρξατο αὐτοὺς ἀπο- 7
l.k. 9. 1. στέλλειν δύο δύο· καὶ ἐδίδου αὐτοῖς ἐξουσίαν τῶν πνευμάτων τῶν ἀκαθάρτων· καὶ παρήγγειλεν αὐτοῖς, ἵνα μηδὲν αἴρωσιν 8 εἰς ὁδόν, εἰ μὴ ῥάβδον μόνον· μὴ ^dἄρτον, μὴ πήραν^t, μὴ εἰς τὴν ζώνην χαλκόν· ἀλλ' ὑποδεδεμένους σανδάλια· καὶ μὴ 9
^eἐνδύσησθε^ǁ δύο χιτῶνας. καὶ ἔλεγεν αὐτοῖς, Ὅπου ἐὰν 10 εἰσέλθητε εἰς οἰκίαν, ἐκεῖ μένετε ἕως ἂν ἐξέλθητε ἐκεῖθεν. καὶ ^fὃς ἂν τόπος μὴ δέξηται^ǁ ὑμᾶς, μηδὲ ἀκούσωσιν ὑμῶν, 11 ἐκπορευόμενοι ἐκεῖθεν ἐκτινάξατε τὸν χοῦν τὸν ὑποκάτω τῶν ποδῶν ὑμῶν, εἰς μαρτύριον αὐτοῖς. ^{g—ǁ} καὶ ἐξελθόντες 12

^t om. εὐθὺς   ^u ἦλθεν   ^x οἱ πολλοὶ M.   ^y αὐτῷ, ὅτι καὶ
^z γίνονται   ^a ἀδελφὸς δὲ   ^b ἔλεγε δὲ   ^c om. αὐτοῦ
^d πήραν, μὴ ἄρτον   ^e ἐνδύσασθαι Λ.   ^f ὅσοι ἂν μὴ δέξωνται
^g add ἀμὴν λέγω ὑμῖν, ἀνεκτότερον ἔσται Σοδόμοις ἢ Γομόρροις ἐν ἡμέρᾳ κρίσεως, ἢ τῇ πόλει ἐκείνῃ.

13 ʰἐκήρυξαν" ἵνα μετανοήσωσι· καὶ δαιμόνια πολλὰ ἐξέβαλλον,
καὶ ἤλειφον ἐλαίῳ πολλοὺς ἀρρώστους καὶ ἐθεράπευον. Cp. Jas. 5. 14.
14 Καὶ ἤκουσεν ὁ βασιλεὺς Ἡρώδης, φανερὸν γὰρ ἐγένετο Mat. 14. 1,
τὸ ὄνομα αὐτοῦ· καὶ ⁱἔλεγεν" ὅτι Ἰωάννης ὁ βαπτίζων Lk. 9. 7.
ᵏἐγήγερται ἐκ νεκρῶν", καὶ διὰ τοῦτο ἐνεργοῦσιν αἱ δυνάμεις
15 ἐν αὐτῷ. ἄλλοι ¹δὲ" ἔλεγον ὅτι Ἡλίας ἐστίν. ἄλλοι δὲ
16 ἔλεγον ὅτι ᵐΠροφήτης", ὡς εἷς τῶν προφητῶν. ἀκούσας
δὲ ὁ Ἡρώδης ⁿἔλεγεν", Ὃν ἐγὼ ἀπεκεφάλισα Ἰωάννην,
17 οὗτος ᵒ—" ἠγέρθη ᵖ—". αὐτὸς γὰρ ὁ Ἡρώδης ἀποστείλας Cp. Lk. 3.
ἐκράτησε τὸν Ἰωάννην, καὶ ἔδησεν αὐτὸν ἐν ᑫ—" φυλακῇ, διὰ Joh. 3. 24.
Ἡρωδιάδα τὴν γυναῖκα Φιλίππου τοῦ ἀδελφοῦ αὐτοῦ· ὅτι
18 αὐτὴν ἐγάμησεν. ἔλεγε γὰρ ὁ Ἰωάννης τῷ Ἡρώδῃ ὅτι Οὐκ
19 ἔξεστί σοι ἔχειν τὴν γυναῖκα τοῦ ἀδελφοῦ σου. ἡ δὲ Ἡρωδιὰς
ἐνεῖχεν αὐτῷ, καὶ ἤθελεν αὐτὸν ἀποκτεῖναι· καὶ οὐκ ἠδύνατο·
20 ὁ γὰρ Ἡρώδης ἐφοβεῖτο τὸν Ἰωάννην, εἰδὼς αὐτὸν ἄνδρα
δίκαιον καὶ ἅγιον, καὶ συνετήρει αὐτόν· καὶ ἀκούσας αὐτοῦ
21 πολλὰ ʳἠπόρει", καὶ ἡδέως αὐτοῦ ἤκουε. καὶ γενομένης ἡμέρας
εὐκαίρου, ὅτε Ἡρώδης τοῖς γενεσίοις αὐτοῦ δεῖπνον ˢἐποίησε"
τοῖς μεγιστᾶσιν αὐτοῦ καὶ τοῖς χιλιάρχοις καὶ τοῖς πρώτοις
22 τῆς Γαλιλαίας, καὶ εἰσελθούσης τῆς θυγατρὸς ᵗαὐτῆς τῆς"
Ἡρωδιάδος καὶ ὀρχησαμένης, ᵘἤρεσε" τῷ Ἡρώδῃ καὶ τοῖς
συνανακειμένοις, ˣὁ δὲ βασιλεὺς εἶπε" τῷ κορασίῳ, Αἴτησόν
23 με ὃ ἐὰν θέλῃς, καὶ δώσω σοί. καὶ ὤμοσεν αὐτῇ ὅτι ˚Ὃ ἐὰν
με αἰτήσῃς, δώσω σοί, ἕως ἡμίσους τῆς βασιλείας μου.
24 ʸκαὶ" ἐξελθοῦσα εἶπε τῇ μητρὶ αὐτῆς, Τί ᶻαἰτήσωμαι"; ἡ
25 δὲ εἶπε, Τὴν κεφαλὴν Ἰωάννου τοῦ ᵃβαπτίζοντος". καὶ
εἰσελθοῦσα εὐθέως μετὰ σπουδῆς πρὸς τὸν βασιλέα ᾐτήσατο
λέγουσα, Θέλω ἵνα ᵇἐξαυτῆς δῷς μοι" ἐπὶ πίνακι τὴν κεφαλὴν

ʰ ἐκήρυσσον   ⁱ ἔλεγον M.   ᵏ ἐκ νεκρῶν ἠγέρθη   ¹ om.
δὲ   ᵐ Προφήτης ἐστίν, ἢ   ⁿ εἶπεν ὅτι   ˚ add ἐστιν·
αὐτὸς   ᵖ add ἐκ νεκρῶν   ᑫ add τῇ   ʳ ἐποίει A.S.M.
ˢ ἐποίει   ᵗ αὐτοῦ M.   ᵘ καὶ ἀρεσάσης   ˣ εἶπεν ὁ βασιλεὺς
ʸ ἡ δὲ   ᶻ αἰτήσομαι   ᵃ βαπτιστοῦ   ᵇ μοι δῷς ἐξαυτῆς

ΕΥΑΓΓΕΛΙΟΝ

Ἰωάννου τοῦ βαπτιστοῦ. καὶ περίλυπος γενόμενος ὁ βασιλεὺς 26 διὰ τοὺς ὅρκους καὶ τοὺς ᶜἀνακειμένους" οὐκ ἠθέλησεν αὐτὴν ἀθετῆσαι. καὶ εὐθέως ἀποστείλας ὁ βασιλεὺς σπεκουλάτωρα 27 ἐπέταξεν ᵈἐνέγκαι" τὴν κεφαλὴν αὐτοῦ· ᵉκαὶ" ἀπελθὼν ἀπεκεφάλισεν αὐτὸν ἐν τῇ φυλακῇ, καὶ ἤνεγκε τὴν κεφαλὴν αὐτοῦ 28 ἐπὶ πίνακι, καὶ ἔδωκεν αὐτὴν τῷ κορασίῳ· καὶ τὸ κοράσιον ἔδωκεν αὐτὴν τῇ μητρὶ αὐτῆς. καὶ ἀκούσαντες οἱ μαθηταὶ 29 αὐτοῦ ἦλθον, καὶ ἦραν τὸ πτῶμα αὐτοῦ, καὶ ἔθηκαν αὐτὸ ἐν ᶠ⁻" μνημείῳ.

Lk. 9. 10.

Καὶ συνάγονται οἱ ἀπόστολοι πρὸς τὸν Ἰησοῦν· καὶ ἀπήγ- 30 γειλαν αὐτῷ πάντα, ᵍ⁻" ὅσα ἐποίησαν καὶ ὅσα ἐδίδαξαν. καὶ ʰλέγει" αὐτοῖς, Δεῦτε ὑμεῖς αὐτοὶ κατ᾽ ἰδίαν εἰς ἔρημον 31 τόπον, καὶ ⁱἀναπαύσασθε" ὀλίγον. ἦσαν γὰρ οἱ ἐρχόμενοι

Mat.14.13, Lk. 9. 10, Joh. 6. 1.

καὶ οἱ ὑπάγοντες πολλοί, καὶ οὐδὲ φαγεῖν ηὐκαίρουν. καὶ 32 ἀπῆλθον ᵏἐν τῷ πλοίῳ εἰς ἔρημον τόπον" κατ᾽ ἰδίαν. καὶ 33 εἶδον αὐτοὺς ὑπάγοντας ˡ⁻", καὶ ἐπέγνωσαν ᵐ⁻" πολλοί, καὶ πεζῇ ἀπὸ πασῶν τῶν πόλεων συνέδραμον ἐκεῖ, καὶ προῆλθον αὐτούς ⁿ⁻". καὶ ἐξελθὼν εἶδε ᵒ⁻" πολὺν ὄχλον, καὶ 34 ἐσπλαγχνίσθη ἐπ᾽ ᵖαὐτούς", ὅτι ἦσαν ὡς πρόβατα μὴ ἔχοντα ποιμένα· καὶ ἤρξατο διδάσκειν αὐτοὺς πολλά. καὶ ἤδη ὥρας 35 πολλῆς γενομένης προσελθόντες αὐτῷ οἱ μαθηταὶ αὐτοῦ ᑫἔλεγον" ὅτι Ἔρημός ἐστιν ὁ τόπος, καὶ ἤδη ὥρα πολλή· ἀπόλυσον αὐτούς, ἵνα ἀπελθόντες εἰς τοὺς κύκλῳ ἀγροὺς 36 καὶ κώμας ἀγοράσωσιν ἑαυτοῖς ʳτί φάγωσιν." ὁ δὲ ἀπο- 37 κριθεὶς εἶπεν αὐτοῖς, Δότε αὐτοῖς ὑμεῖς φαγεῖν. καὶ λέγουσιν αὐτῷ, Ἀπελθόντες ἀγοράσωμεν διακοσίων δηναρίων ἄρτους, καὶ ˢδώσομεν" αὐτοῖς φαγεῖν; ὁ δὲ λέγει αὐτοῖς, Πόσους 38

ᶜ συνανακειμένους ᵈ ἐνεχθῆναι ᵉ ὁ δὲ ᶠ add τῷ S.
ᵍ add καὶ ʰ εἶπεν ⁱ ἀναπαύεσθε ᵏ εἰς ἔρημον τόπον τῷ πλοίῳ ˡ add οἱ ὄχλοι ᵐ add αὐτὸν ⁿ add καὶ συνῆλθον πρὸς αὐτόν ᵒ add ὁ Ἰησοῦς ᵖ αὐτοῖς ᑫ λέγουσιν ʳ ἄρτους· τί γὰρ φάγωσιν οὐκ ἔχουσιν. ˢ δῶμεν

ἄρτους ἔχετε; ὑπάγετε, ᵗ⁻ⁱ ἴδετε. καὶ γνόντες λέγουσι,
39 Πέντε, καὶ δύο ἰχθύας. καὶ ἐπέταξεν αὐτοῖς ᵘἀνακλιθῆναι‖
40 πάντας συμπόσια συμπόσια ἐπὶ τῷ χλωρῷ χόρτῳ. καὶ
ἀνέπεσον πρασιαὶ πρασιαὶ ἀνὰ ἑκατὸν καὶ ἀνὰ πεντήκοντα.
41 καὶ λαβὼν τοὺς πέντε ἄρτους καὶ τοὺς δύο ἰχθύας, ἀναβλέψας εἰς τὸν οὐρανόν, εὐλόγησε, καὶ κατέκλασε τοὺς
ἄρτους· καὶ ἐδίδου τοῖς μαθηταῖς ˣ⁻‖ ἵνα παραθῶσιν αὐτοῖς·
42 καὶ τοὺς δύο ἰχθύας ἐμέρισε πᾶσι. καὶ ἔφαγον πάντες, καὶ
43 ἐχορτάσθησαν· καὶ ἦραν ʸκλάσματα, δώδεκα κοφίνων πλη-
44 ρώματα‖, καὶ ἀπὸ τῶν ἰχθύων. καὶ ἦσαν οἱ φαγόντες τοὺς
ἄρτους ᶻ⁻‖ πεντακισχίλιοι ἄνδρες.
45 Καὶ εὐθέως ἠνάγκασε τοὺς μαθητὰς αὐτοῦ ἐμβῆναι εἰς τὸ Mat.14.22,
πλοῖον, καὶ προάγειν εἰς τὸ πέραν πρὸς Βηθσαϊδάν, ἕως Joh. 6. 16.
46 αὐτὸς ᵃἀπολύει‖ τὸν ὄχλον. καὶ ἀποταξάμενος αὐτοῖς ἀπῆλθεν
47 εἰς τὸ ὄρος προσεύξασθαι. καὶ ὀψίας γενομένης ἦν τὸ πλοῖον
48 ἐν μέσῳ τῆς θαλάσσης, καὶ αὐτὸς μόνος ἐπὶ τῆς γῆς. καὶ
ᵇἰδὼν‖ αὐτοὺς βασανιζομένους ἐν τῷ ἐλαύνειν, ἦν γὰρ ὁ
ἄνεμος ἐναντίος αὐτοῖς, ᶜ⁻‖ περὶ τετάρτην φυλακὴν τῆς
νυκτὸς ἔρχεται πρὸς αὐτοὺς περιπατῶν ἐπὶ τῆς θαλάσσης,
49 καὶ ἤθελε παρελθεῖν αὐτούς· οἱ δὲ ἰδόντες αὐτὸν ᵈἐπὶ τῆς
θαλάσσης περιπατοῦντα‖ ἔδοξαν ᵉὅτι φάντασμά ἐστι‖, καὶ
50 ἀνέκραξαν· πάντες γὰρ αὐτὸν εἶδον, καὶ ἐταράχθησαν· ᶠὁ δὲ
εὐθὺς‖ ἐλάλησε μετ᾽ αὐτῶν, καὶ λέγει αὐτοῖς, Θαρσεῖτε· ἐγώ
51 εἰμι· μὴ φοβεῖσθε. καὶ ἀνέβη πρὸς αὐτοὺς εἰς τὸ πλοῖον, καὶ
ἐκόπασεν ὁ ἄνεμος. καὶ λίαν ᵍ⁻‖ ἐν ἑαυτοῖς ἐξίσταντο ʰ⁻ⁱ.
52 οὐ γὰρ συνῆκαν ἐπὶ τοῖς ἄρτοις, ⁱἀλλ᾽ ἦν‖ ἡ καρδία αὐτῶν
πεπωρωμένη.

ᵗ add καὶ ᵘ ἀνακλῖναι ˣ add αὐτοῦ ʸ κλασμάτων
δώδεκα κοφίνους πλήρεις ᶻ add ὡσεὶ ᵃ ἀπολύσῃ
ᵇ εἶδεν ᶜ add καὶ ᵈ περιπατοῦντα ἐπὶ τῆς θαλάσσης
ᵉ φάντασμα εἶναι ᶠ καὶ εὐθέως ᵍ add ἐκ περισσοῦ
ʰ add καὶ ἐθαύμαζον ⁱ ἦν γὰρ

90 ΕΥΑΓΓΕΛΙΟΝ 6. 53-

Mat.14.34. Καὶ διαπεράσαντες ᵏἐπὶ τὴν γῆν ἦλθον" ¹εἰς" Γενη- 53
σαρέτ, καὶ προσωρμίσθησαν. καὶ ἐξελθόντων αὐτῶν ἐκ τοῦ 54
πλοίου εὐθέως ἐπιγνόντες αὐτὸν ᵐπεριέδραμον" ὅλην τὴν 55
ⁿχώραν" ἐκείνην, ᵒκαὶ" ἤρξαντο ἐπὶ τοῖς κραββάτοις τοὺς
κακῶς ἔχοντας περιφέρειν, ὅπου ἤκουον ὅτι ᵖ⁻" ἐστί. καὶ 56
ὅπου ἂν εἰσεπορεύετο εἰς κώμας ἢ ʳεἰς" πόλεις ἢ ʳεἰς"
ἀγρούς, ἐν ταῖς ἀγοραῖς ἐτίθουν τοὺς ἀσθενοῦντας, καὶ παρε-
κάλουν αὐτόν, ἵνα κἂν τοῦ κρασπέδου τοῦ ἱματίου αὐτοῦ
ἅψωνται· καὶ ὅσοι ἂν ˢἥψαντο" αὐτοῦ, ἐσώζοντο.

Mat. 15. 1. Καὶ συνάγονται πρὸς αὐτὸν οἱ Φαρισαῖοι, καί τινες τῶν 7
γραμματέων, ἐλθόντες ἀπὸ Ἱεροσολύμων, καὶ ἰδόντες τινὰς 2
τῶν μαθητῶν αὐτοῦ ᵗὅτι" κοιναῖς χερσί, τοῦτ' ἔστιν ἀνίπτοις,
ᵘἐσθίουσι τοὺς" ἄρτους ˣ⁻". οἱ γὰρ Φαρισαῖοι καὶ πάντες 3
οἱ Ἰουδαῖοι, ἐὰν μὴ πυγμῇ νίψωνται τὰς χεῖρας, οὐκ ἐσθίουσι,
κρατοῦντες τὴν παράδοσιν τῶν πρεσβυτέρων· καὶ ἀπὸ ἀγο- 4
ρᾶς, ἐὰν μὴ ʸβαπτίσωνται", οὐκ ἐσθίουσι· καὶ ἄλλα πολλά
ἐστιν ἃ παρέλαβον κρατεῖν, βαπτισμοὺς ποτηρίων καὶ ξεστῶν
καὶ χαλκίων ᶻ⁻". ᵃκαὶ" ἐπερωτῶσιν αὐτὸν οἱ Φαρισαῖοι 5
καὶ οἱ γραμματεῖς, Διατί οἱ μαθηταί σου οὐ περιπατοῦσι
κατὰ τὴν παράδοσιν τῶν πρεσβυτέρων, ἀλλὰ ᵇκοιναῖς"
χερσὶν ἐσθίουσι τὸν ἄρτον; ὁ δὲ ᶜ⁻" εἶπεν αὐτοῖς ὅτι 6
Καλῶς προεφήτευσεν Ἡσαΐας περὶ ὑμῶν τῶν ὑποκριτῶν,

Isa. 29. 13. ὡς γέγραπται, Οὗτος ὁ λαὸς τοῖς χείλεσί με τιμᾷ, ἡ δὲ
καρδία αὐτῶν πόρρω ἀπέχει ἀπ' ἐμοῦ· μάτην δὲ σέβονταί 7
με, διδάσκοντες διδασκαλίας ἐντάλματα ἀνθρώπων. ἀφέντες 8
ᵈ⁻" τὴν ἐντολὴν τοῦ Θεοῦ κρατεῖτε τὴν παράδοσιν τῶν
ἀνθρώπων ᵉ⁻". καὶ ἔλεγεν αὐτοῖς, Καλῶς ἀθετεῖτε τὴν 9

ᵏ ἦλθον ἐπὶ τὴν γῆν ¹ om. εἰς ᵐ περιδραμόντες ⁿ περί-
χωρον ᵒ om. καὶ ᵖ add ἐκεῖ ʳ om. εἰς ˢ ἥπτοντο
ᵗ om. ὅτι ᵘ ἐσθίοντας ˣ add ἐμέμψαντο ʸ ῥαντίσων-
ται Μ. ᶻ add καὶ κλινῶν A.S.M. ᵃ ἔπειτα ᵇ ἀνίπτοις
ᶜ add ἀποκριθεὶς ᵈ add γὰρ ᵉ add βαπτισμοὺς ξεστῶν καὶ
ποτηρίων· καὶ ἄλλα παρόμοια τοιαῦτα πολλὰ ποιεῖτε

-7. 25. ΚΑΤΑ ΜΑΡΚΟΝ. 91

10 ἐντολὴν τοῦ Θεοῦ, ἵνα τὴν παράδοσιν ὑμῶν τηρήσητε. Μω-
σῆς γὰρ εἶπε, Τίμα τὸν πατέρα σου καὶ τὴν μητέρα σου· Ex. 20. 12.
11 καί, Ὁ κακολογῶν πατέρα ἢ μητέρα θανάτῳ τελευτάτω· ὑμεῖς Deut.5.16:
δὲ λέγετε, Ἐὰν εἴπῃ ἄνθρωπος τῷ πατρὶ ἢ τῇ μητρί, Κορβᾶν, Ex. 21. 17
12 ὅ ἐστι δῶρον, ὃ ἐὰν ἐξ ἐμοῦ ὠφεληθῇς, f— οὐκέτι ἀφίετε (16).
αὐτὸν οὐδὲν ποιῆσαι τῷ πατρὶ αὐτοῦ ἢ τῇ μητρὶ αὐτοῦ,
13 ἀκυροῦντες τὸν λόγον τοῦ Θεοῦ τῇ παραδόσει ὑμῶν ᾗ
14 παρεδώκατε· καὶ παρόμοια τοιαῦτα πολλὰ ποιεῖτε. καὶ
προσκαλεσάμενος g πάλιν τὸν ὄχλον ἔλεγεν αὐτοῖς, Ἀκούετέ
15 μου πάντες, καὶ συνίετε· οὐδέν ἐστιν ἔξωθεν τοῦ ἀνθρώπου
εἰσπορευόμενον εἰς αὐτόν, ὃ δύναται αὐτὸν κοινῶσαι· ἀλλὰ
τὰ h ἐκ τοῦ ἀνθρώπου ἐκπορευόμενά" ἐστι τὰ κοινοῦντα
17 τὸν ἄνθρωπον. i—l καὶ ὅτε εἰσῆλθεν εἰς οἶκον ἀπὸ τοῦ
ὄχλου, ἐπηρώτων αὐτὸν οἱ μαθηταὶ αὐτοῦ k τὴν παραβολήν".
18 καὶ λέγει αὐτοῖς, Οὕτω καὶ ὑμεῖς ἀσύνετοί ἐστε; οὐ νοεῖτε
ὅτι πᾶν τὸ ἔξωθεν εἰσπορευόμενον εἰς τὸν ἄνθρωπον οὐ
19 δύναται αὐτὸν κοινῶσαι, ὅτι οὐκ εἰσπορεύεται αὐτοῦ εἰς τὴν
καρδίαν ἀλλ' εἰς τὴν κοιλίαν, καὶ εἰς τὸν ἀφεδρῶνα ἐκπο-
20 ρεύεται; l καθαρίζων" πάντα τὰ βρώματα. ἔλεγε δὲ ὅτι Τὸ
ἐκ τοῦ ἀνθρώπου ἐκπορευόμενον, ἐκεῖνο κοινοῖ τὸν ἄνθρωπον.
21 ἔσωθεν γάρ, ἐκ τῆς καρδίας τῶν ἀνθρώπων, οἱ διαλογισμοὶ
οἱ κακοὶ ἐκπορεύονται, m πορνεῖαι, κλοπαί, φόνοι, μοιχεῖαι,"
22 πλεονεξίαι, πονηρίαι, δόλος, ἀσέλγεια, ὀφθαλμὸς πονηρός,
23 βλασφημία, ὑπερηφανία, ἀφροσύνη· πάντα ταῦτα τὰ πονηρὰ
ἔσωθεν ἐκπορεύεται, καὶ κοινοῖ τὸν ἄνθρωπον.
24 n Ἐκεῖθεν δὲ" ἀναστὰς ἀπῆλθεν εἰς τὰ μεθόρια Τύρου Mat.15.21.
o καὶ Σιδῶνος". καὶ εἰσελθὼν εἰς p—" οἰκίαν οὐδένα ἤθελε
25 γνῶναι· καὶ οὐκ ἠδυνήθη λαθεῖν· q ἀλλ' εὐθὺς ἀκούσασα

f add καὶ   g πάντα   h ἐκπορευόμενα ἀπ' αὐτοῦ, ἐκεῖνα
i add ver. 16 εἴ τις ἔχει ὦτα ἀκούειν, ἀκουέτω. A.S.M.   k περὶ
τῆς παραβολῆς   l καθαρίζον   m μοιχεῖαι, πορνεῖαι, φόνοι,
κλοπαί.   n Καὶ ἐκεῖθεν   o om. καὶ Σιδῶνος M.   p add τὴν S.
q ἀκούσασα γὰρ

92 ΕΥΑΓΓΕΛΙΟΝ 7. 25-

γυνὴ περὶ αὐτοῦ, ἧς εἶχε τὸ θυγάτριον αὐτῆς πνεῦμα ἀκάθαρτον, ἐλθοῦσα προσέπεσε πρὸς τοὺς πόδας αὐτοῦ· ἦν δὲ 26 ἡ γυνὴ Ἑλληνίς, Συροφοίνισσα τῷ γένει· καὶ ἠρώτα αὐτὸν ἵνα τὸ δαιμόνιον ἐκβάλλῃ ἐκ τῆς θυγατρὸς αὐτῆς. ʳκαὶ 27 ἔλεγεν" αὐτῇ, Ἄφες πρῶτον χορτασθῆναι τὰ τέκνα· οὐ γὰρ καλόν ἐστι λαβεῖν τὸν ἄρτον τῶν τέκνων, καὶ βαλεῖν τοῖς κυναρίοις. ἡ δὲ ἀπεκρίθη καὶ λέγει αὐτῷ, Ναί, Κύριε· καὶ 28 ˢ—" τὰ κυνάρια ὑποκάτω τῆς τραπέζης ἐσθίει ἀπὸ τῶν ψιχίων τῶν παιδίων. καὶ εἶπεν αὐτῇ, Διὰ τοῦτον τὸν λόγον 29 ὕπαγε, ἐξελήλυθε τὸ δαιμόνιον ἐκ τῆς θυγατρός σου. καὶ 30 ἀπελθοῦσα εἰς τὸν οἶκον αὐτῆς εὗρε ᵗτὸ παιδίον βεβλημένον ἐπὶ τὴν κλίνην, καὶ τὸ δαιμόνιον ἐξεληλυθός."

Mat.15.29. Καὶ πάλιν ἐξελθὼν ἐκ τῶν ὁρίων Τύρου ᵘἦλθε διὰ Σιδῶνος 31 εἰς ᵛ τὴν θάλασσαν τῆς Γαλιλαίας ἀνὰ μέσον τῶν ὁρίων Δεκαπόλεως. καὶ φέρουσιν αὐτῷ κωφὸν ˣκαὶ" μογιλάλον, 32 καὶ παρακαλοῦσιν αὐτὸν ἵνα ἐπιθῇ αὐτῷ τὴν χεῖρα. καὶ 33 ἀπολαβόμενος αὐτὸν ἀπὸ τοῦ ὄχλου κατ' ἰδίαν ἔβαλε τοὺς δακτύλους αὐτοῦ εἰς τὰ ὦτα αὐτοῦ, καὶ πτύσας ἥψατο τῆς γλώσσης αὐτοῦ, καὶ ἀναβλέψας εἰς τὸν οὐρανὸν ἐστέναξε, 34 καὶ λέγει αὐτῷ, Ἐφφαθά, ὅ ἐστι Διανοίχθητι. καὶ ʸ—" 35 διηνοίχθησαν αὐτοῦ αἱ ἀκοαί, καὶ ἐλύθη ὁ δεσμὸς τῆς γλώσσης αὐτοῦ, καὶ ἐλάλει ὀρθῶς. καὶ διεστείλατο αὐτοῖς 36 ἵνα μηδενὶ εἴπωσιν· ὅσον δὲ αὐτὸς αὐτοῖς διεστέλλετο, μᾶλλον περισσότερον ἐκήρυσσον· καὶ ὑπερπερισσῶς ἐξε- 37 πλήσσοντο λέγοντες, Καλῶς πάντα πεποίηκε· καὶ τοὺς κωφοὺς ποιεῖ ἀκούειν, καὶ ᶻ—" ἀλάλους λαλεῖν.

Mat.15.32. Ἐν ἐκείναις ταῖς ἡμέραις, ᵃπάλιν πολλοῦ " ὄχλου ὄντος, 8 καὶ μὴ ἐχόντων τί φάγωσι, προσκαλεσάμενος ᵇ—" τοὺς μαθητὰς αὐτοῦ λέγει αὐτοῖς, Σπλαγχνίζομαι ἐπὶ τὸν ὄχλον, 2

ʳ ὁ δὲ Ἰησοῦς εἶπεν   ˢ add γὰρ   ᵗ τὸ δαιμόνιον ἐξεληλυθός, καὶ τὴν θυγατέρα βεβλημένην ἐπὶ τῆς κλίνης.   ᵘ καὶ Σιδῶνος ἦλθε πρὸς   ˣ om. καὶ   ʸ add εὐθέως   ᶻ add τοὺς ᵃ παμπόλλου   ᵇ add ὁ Ἰησοῦς

ΚΑΤΑ ΜΑΡΚΟΝ.

ὅτι ἤδη ᶜἡμέραι‖ τρεῖς προσμένουσί μοι, καὶ οὐκ ἔχουσι τί
3 φάγωσι· καὶ ἐὰν ἀπολύσω αὐτοὺς νήστεις εἰς οἶκον αὐτῶν,
ἐκλυθήσονται ἐν τῇ ὁδῷ· ᵈκαὶ τινὲς‖ αὐτῶν ᵒἀπὸ μακρόθεν‖
4 ἥκασι. καὶ ἀπεκρίθησαν αὐτῷ οἱ μαθηταὶ αὐτοῦ, Πόθεν
5 τούτους δυνήσεταί τις ὧδε χορτάσαι ἄρτων ἐπ᾽ ἐρημίας; καὶ
ἐπηρώτα αὐτούς, Πόσους ἔχετε ἄρτους; οἱ δὲ εἶπον, Ἑπτά.
6 καὶ ᶠπαραγγέλλει‖ τῷ ὄχλῳ ἀναπεσεῖν ἐπὶ τῆς γῆς· καὶ
λαβὼν τοὺς ἑπτὰ ἄρτους εὐχαριστήσας ἔκλασε, καὶ ἐδίδου
τοῖς μαθηταῖς αὐτοῦ, ἵνα παραθῶσι· καὶ παρέθηκαν τῷ ὄχλῳ.
7 καὶ εἶχον ἰχθύδια ὀλίγα· καὶ εὐλογήσας ᵍαὐτὰ εἶπε καὶ
8 ταῦτα παρατιθέναι‖. ʰκαὶ ἔφαγον‖, καὶ ἐχορτάσθησαν·
9 καὶ ἦραν περισσεύματα κλασμάτων, ἑπτὰ σπυρίδας· ἦσαν
10 δὲ ⁱ–‖ ὡς τετρακισχίλιοι. καὶ ἀπέλυσεν αὐτούς· καὶ εὐθέως
ἐμβὰς εἰς τὸ πλοῖον μετὰ τῶν μαθητῶν αὐτοῦ ἦλθεν εἰς τὰ
μέρη Δαλμανουθά.
11 Καὶ ἐξῆλθον οἱ Φαρισαῖοι, καὶ ἤρξαντο συζητεῖν αὐτῷ, Mat. 16. 1.
ζητοῦντες παρ᾽ αὐτοῦ σημεῖον ἀπὸ τοῦ οὐρανοῦ, πειράζοντες
12 αὐτόν. καὶ ἀναστενάξας τῷ πνεύματι αὐτοῦ λέγει, Τί ἡ
γενεὰ αὕτη ᵏζητεῖ σημεῖον‖; ἀμὴν λέγω ὑμῖν, εἰ δοθήσεται
13 τῇ γενεᾷ ταύτῃ σημεῖον. καὶ ἀφεὶς αὐτοὺς ˡπάλιν ἐμβὰς‖
ἀπῆλθεν εἰς τὸ πέραν.
14 Καὶ ἐπελάθοντο ᵐ–‖ λαβεῖν ἄρτους, καὶ εἰ μὴ ἕνα ἄρτον Mat. 16. 5.
15 οὐκ εἶχον μεθ᾽ ἑαυτῶν ἐν τῷ πλοίῳ. καὶ διεστέλλετο αὐ-
τοῖς λέγων, Ὁρᾶτε, βλέπετε ἀπὸ τῆς ζύμης τῶν Φαρισαίων
16 καὶ τῆς ζύμης Ἡρώδου. καὶ διελογίζοντο πρὸς ἀλλήλους
17 ⁿλέγοντες ὅτι Ἄρτους οὐκ ἔχομεν‖. καὶ γνοὺς ὁ Ἰησοῦς
λέγει αὐτοῖς, Τί διαλογίζεσθε, ὅτι ἄρτους οὐκ ἔχετε; οὔπω
νοεῖτε, οὐδὲ συνίετε; ᵒ–‖ πεπωρωμένην ἔχετε τὴν καρδίαν

ᶜ ἡμέρας   ᵈ τινὲς γὰρ   ᵉ μακρόθεν   ᶠ παρήγγειλε
ᵍ εἶπε παραθεῖναι καὶ αὐτά   ʰ ἔφαγον δέ   ⁱ add οἱ
φαγόντες   ᵏ σημεῖον ἐπιζητεῖ   ˡ ἐμβὰς πάλιν εἰς τὸ
πλοῖον   ᵐ add οἱ μαθηταὶ Α.   ⁿ ὅτι ἄρτους οὐκ ἔχουσι Μ.
ᵒ add ἔτι

94 ΕΥΑΓΓΕΛΙΟΝ 8. 17–

Cp. Ezek. 12. 2.

ὑμῶν; ὀφθαλμοὺς ἔχοντες οὐ βλέπετε; καὶ ὦτα ἔχοντες οὐκ 18 ἀκούετε; καὶ οὐ μνημονεύετε; ὅτε τοὺς πέντε ἄρτους ἔκλασα 19 εἰς τοὺς πεντακισχιλίους, πόσους κοφίνους πλήρεις κλασμάτων ἤρατε; λέγουσιν αὐτῷ, Δώδεκα. Ὅτε δὲ τοὺς ἑπτὰ 20 εἰς τοὺς τετρακισχιλίους, πόσων σπυρίδων πληρώματα κλασμάτων ἤρατε; ᴾκαὶ λέγουσιν αὐτῷ ᴵᴵ, Ἑπτά. καὶ ἔλεγεν 21 αὐτοῖς, ᵠΟὔπω ᴵᴵ συνίετε;

Καὶ ʳἔρχονται ᴵᴵ εἰς Βηθσαϊδάν. καὶ φέρουσιν αὐτῷ 22 τυφλόν, καὶ παρακαλοῦσιν αὐτὸν ἵνα αὐτοῦ ἅψηται. καὶ 23 ἐπιλαβόμενος τῆς χειρὸς τοῦ τυφλοῦ ˢἐξήνεγκεν ᴵᴵ αὐτὸν ἔξω τῆς κώμης· καὶ πτύσας εἰς τὰ ὄμματα αὐτοῦ, ἐπιθεὶς τὰς χεῖρας αὐτῷ, ἐπηρώτα αὐτόν, Εἴ τι ᵗβλέπεις;ᴵᴵ καὶ ἀνα- 24 βλέψας ἔλεγε, Βλέπω τοὺς ᵘἀνθρώπους, ὅτι ὡς δένδρα ὁρῶ περιπατοῦντας ᴵᴵ. εἶτα πάλιν ἐπέθηκε τὰς χεῖρας ἐπὶ τοὺς 25 ὀφθαλμοὺς αὐτοῦ· καὶ ˣδιέβλεψε,ᴵᴵ καὶ ἀποκατεστάθη, καὶ ʸἐνέβλεπε ᴵᴵ τηλαυγῶς ᶻἅπαντα ᴵᴵ. καὶ ἀπέστειλεν αὐτὸν εἰς 26 ᵃ⁻ᴵᴵ οἶκον αὐτοῦ λέγων, Μηδὲ εἰς τὴν κώμην εἰσέλθῃς ᵇ⁻ᴵᴵ.

Mat. 16. 13, Lk. 9. 18.

Καὶ ἐξῆλθεν ὁ Ἰησοῦς καὶ οἱ μαθηταὶ αὐτοῦ εἰς τὰς κώμας 27 Καισαρείας τῆς Φιλίππου· καὶ ἐν τῇ ὁδῷ ἐπηρώτα τοὺς μαθητὰς αὐτοῦ λέγων αὐτοῖς, Τίνα με λέγουσιν οἱ ἄνθρωποι εἶναι; οἱ δὲ ᶜεἶπον αὐτῷ λέγοντες ᴵᴵ, Ἰωάννην τὸν βαπτιστήν· 28 καὶ ἄλλοι Ἠλίαν· ἄλλοι δὲ ᵈὅτι Εἷς ᴵᴵ τῶν προφητῶν. καὶ 29 αὐτὸς ᵉἐπηρώτα αὐτούς ᴵᴵ, Ὑμεῖς δὲ τίνα με λέγετε εἶναι;

Cp. Joh. 6. 68.

ἀποκριθεὶς ᶠ⁻ᴵᴵ ὁ Πέτρος λέγει αὐτῷ, Σὺ εἶ ὁ Χριστός. καὶ 30

Mat. 16. 21, Lk. 9. 22.

ἐπετίμησεν αὐτοῖς, ἵνα μηδενὶ λέγωσι περὶ αὐτοῦ. καὶ 31 ἤρξατο διδάσκειν αὐτούς, ὅτι δεῖ τὸν υἱὸν τοῦ ἀνθρώπου πολλὰ παθεῖν, καὶ ἀποδοκιμασθῆναι ᵍὑπὸ ᴵᴵ τῶν πρεσβυτέρων

ᵖ οἱ δὲ εἶπον   ᵠ Πῶς οὐ   ʳ ἔρχεται   ˢ ἐξήγαγεν
ᵗ βλέπει   ᵘ ἀνθρώπους ὡς δένδρα περιπατοῦντας Λ.   ˣ ἐποίησεν αὐτὸν ἀναβλέψαι·   ʸ ἐνέβλεψε   ᶻ ἅπαντας   ᵃ add τὸν
ᵇ add μηδὲ εἴπῃς τινὶ ἐν τῇ κώμῃ   ᶜ ἀπεκρίθησαν   ᵈ ἕνα
ᵒ λέγει αὐτοῖς   ᶠ add δὲ   ᵍ ἀπὸ

-9. 5. ΚΑΤΑ ΜΑΡΚΟΝ. 95

καὶ ʰτῶν‖ ἀρχιερέων καὶ ʰτῶν‖ γραμματέων, καὶ ἀποκτανθῆ-
32 ναι, καὶ μετὰ τρεῖς ἡμέρας ἀναστῆναι. καὶ παρρησίᾳ τὸν
λόγον ἐλάλει. καὶ προσλαβόμενος αὐτὸν ὁ Πέτρος ἤρξατο
33 ἐπιτιμᾶν αὐτῷ. ὁ δὲ ἐπιστραφείς, καὶ ἰδὼν τοὺς μαθητὰς
αὐτοῦ, ἐπετίμησε τῷ Πέτρῳ ⁱκαὶ λέγει‖, Ὕπαγε ὀπίσω μου,
Σατανᾶ· ὅτι οὐ φρονεῖς τὰ τοῦ Θεοῦ, ἀλλὰ τὰ τῶν ἀνθρώπων.
34 καὶ προσκαλεσάμενος τὸν ὄχλον σὺν τοῖς μαθηταῖς αὐτοῦ
εἶπεν αὐτοῖς, ᵏΕἴ τις‖ θέλει ὀπίσω μου ἐλθεῖν, ἀπαρνησάσθω
ἑαυτόν, καὶ ἀράτω τὸν σταυρὸν αὐτοῦ, καὶ ἀκολουθείτω μοι.
35 ὃς γὰρ ἂν θέλῃ τὴν ψυχὴν αὐτοῦ σῶσαι, ἀπολέσει αὐτήν·
ὃς δ' ἂν ἀπολέσῃ τὴν ψυχὴν αὐτοῦ ἕνεκεν ἐμοῦ καὶ τοῦ
36 εὐαγγελίου, ˡ–‖ σώσει αὐτήν. τί γὰρ ᵐὠφελεῖ‖ ἄνθρωπον
ⁿκερδῆσαι·‖ τὸν κόσμον ὅλον καὶ ᵒζημιωθῆναι‖ τὴν ψυχὴν
37 αὐτοῦ; ᵖτί γὰρ δοῖ‖ ἄνθρωπος ἀντάλλαγμα τῆς ψυχῆς
38 αὐτοῦ; ὃς γὰρ ἂν ἐπαισχυνθῇ με καὶ τοὺς ἐμοὺς λόγους ἐν
τῇ γενεᾷ ταύτῃ τῇ μοιχαλίδι καὶ ἁμαρτωλῷ, καὶ ὁ υἱὸς τοῦ
ἀνθρώπου ἐπαισχυνθήσεται αὐτόν, ὅταν ἔλθῃ ἐν τῇ δόξῃ τοῦ Cp. 14. 62.
9 πατρὸς αὐτοῦ μετὰ τῶν ἀγγέλων τῶν ἁγίων. καὶ ἔλεγεν Dan. 7. 13.
αὐτοῖς, Ἀμὴν λέγω ὑμῖν, ὅτι εἰσὶ τινὲς ᑫὧδε τῶν‖ ἑστηκότων,
οἵτινες οὐ μὴ γεύσωνται θανάτου, ἕως ἂν ἴδωσι τὴν βασιλείαν
τοῦ Θεοῦ ἐληλυθυῖαν ἐν δυνάμει.
2 Καὶ μεθ' ἡμέρας ἓξ παραλαμβάνει ὁ Ἰησοῦς τὸν Πέτρον Mat. 17. 1,
καὶ τὸν Ἰάκωβον καὶ τὸν Ἰωάννην, καὶ ἀναφέρει αὐτοὺς εἰς Lk. 9. 28;
ὄρος ὑψηλὸν κατ' ἰδίαν μόνους· καὶ μετεμορφώθη ἔμπροσθεν 1. 16.
3 αὐτῶν· καὶ τὰ ἱμάτια αὐτοῦ ἐγένετο στίλβοντα, λευκὰ λίαν
ʳ–‖, οἷα γναφεὺς ἐπὶ τῆς γῆς οὐ δύναται ˢοὕτω‖ λευκᾶναι.
4 καὶ ὤφθη αὐτοῖς Ἠλίας σὺν Μωσεῖ, καὶ ἦσαν συλλαλοῦντες
5 τῷ Ἰησοῦ. καὶ ἀποκριθεὶς ὁ Πέτρος λέγει τῷ Ἰησοῦ, Ῥαββί,
καλόν ἐστιν ἡμᾶς ὧδε εἶναι· καὶ ποιήσωμεν σκηνὰς τρεῖς,

ʰ om. τῶν   ⁱ λέγων   ᵏ Ὅστις   ˡ add οὗτος   ᵐ ὠφε-
λήσει   ⁿ ἐὰν κερδήσῃ   ᵒ ζημιωθῇ   ᵖ ἢ τί δώσει   ᑫ τῶν
ὧδε   ʳ add ὡς χιών   ˢ om. οὕτω

ΕΥΑΓΓΕΛΙΟΝ 9. 5-

σοὶ μίαν, καὶ Μωσεῖ μίαν, καὶ Ἠλίᾳ μίαν. οὐ γὰρ ᾔδει τί 6
ᵗἀποκριθῇ· ἔκφοβοι γὰρ ἐγένοντο.ǁ καὶ ἐγένετο νεφέλη 7
ἐπισκιάζουσα αὐτοῖς· καὶ ᵘἐγένετοǁ φωνὴ ἐκ τῆς νεφέλης
ˣ⁻ʸ, Οὗτός ἐστιν ὁ υἱός μου ὁ ἀγαπητός· αὐτοῦ ἀκούετε.
καὶ ἐξάπινα περιβλεψάμενοι οὐκέτι οὐδένα εἶδον, ʸεἰ μὴǁ 8
τὸν Ἰησοῦν μόνον μεθ᾽ ἑαυτῶν.

Mat. 17. 9: ᶻ Καὶ καταβαινόντωνǁ αὐτῶν ἀπὸ τοῦ ὄρους διεστείλατο 9
cp. Lk. 9. αὐτοῖς ἵνα μηδενὶ διηγήσωνται ἃ εἶδον, εἰ μὴ ὅταν ὁ υἱὸς
36.
τοῦ ἀνθρώπου ἐκ νεκρῶν ἀναστῇ. καὶ τὸν λόγον ἐκράτησαν 10
πρὸς ἑαυτοὺς συζητοῦντες τί ἐστι τὸ ἐκ νεκρῶν ἀναστῆναι.
καὶ ἐπηρώτων αὐτὸν λέγοντες ᵃὅτι Λέγουσινǁ οἱ γραμματεῖς, 11
Cp. Mal. 4. ὅτι Ἠλίαν δεῖ ἐλθεῖν ᵇπρῶτον.ǁ ὁ δὲ ᶜἔφηǁ αὐτοῖς, Ἠλίας 12
5.
μὲν ἐλθὼν πρῶτον ἀποκαθιστᾷ πάντα· καὶ πῶς γέγραπται
ἐπὶ τὸν υἱὸν τοῦ ἀνθρώπου, ἵνα πολλὰ πάθῃ καὶ ᵈἐξουδενωθῇ;ǁ
ἀλλὰ λέγω ὑμῖν, ὅτι καὶ Ἠλίας ἐλήλυθε, καὶ ἐποίησαν αὐτῷ 13
ὅσα ἠθέλησαν, καθὼς γέγραπται ἐπ᾽ αὐτόν.

Mat. 17. 14, Καὶ ᵒἐλθόντεςǁ πρὸς τοὺς μαθητὰς ᶠεἶδονǁ ὄχλον πολὺν 14
Lk. 9. 37. περὶ αὐτούς, καὶ γραμματεῖς συζητοῦντας ᵍπρὸς αὐτούςǁ.
καὶ εὐθέως πᾶς ὁ ὄχλος ἰδὼν αὐτὸν ἐξεθαμβήθη, καὶ προσ- 15
τρέχοντες ἠσπάζοντο αὐτόν. καὶ ἐπηρώτησεν ʰαὐτούςǁ, 16
Τί συζητεῖτε πρὸς αὐτούς; καὶ ⁱἀπεκρίθη αὐτῷǁ εἷς ἐκ τοῦ 17
ὄχλου ᵏ⁻ǁ, Διδάσκαλε, ἤνεγκα τὸν υἱόν μου πρός σε, ἔχοντα
πνεῦμα ἄλαλον· καὶ ὅπου ἂν αὐτὸν καταλάβῃ, ῥήσσει αὐτόν· 18
καὶ ἀφρίζει, καὶ τρίζει τοὺς ὀδόντας ˡ⁻ǁ, καὶ ξηραίνεται·
καὶ εἶπον τοῖς μαθηταῖς σου ἵνα αὐτὸ ἐκβάλωσι, καὶ οὐκ
ἴσχυσαν. ὁ δὲ ἀποκριθεὶς ᵐαὐτοῖςǁ λέγει, Ὦ γενεὰ ἄπιστος, 19
ἕως πότε πρὸς ὑμᾶς ἔσομαι; ἕως πότε ἀνέξομαι ὑμῶν;
φέρετε αὐτὸν πρός με. καὶ ἤνεγκαν αὐτὸν πρὸς αὐτόν· καὶ ἰδὼν 20

ᵗ λαλήσῃ· ἦσαν γὰρ ἔκφοβοι.   ᵘ ἦλθε   ˣ add λέγουσα
ʸ ἀλλὰ   ᶻ Καταβαινόντων δὲ   ᵃ Ὅτι λέγουσιν   ᵇ πρῶ-
τον;   ᶜ ἀποκριθεὶς εἶπεν   ᵈ ἐξουδενωθῇ.   ᵉ ἐλθὼν
ᶠ εἶδεν   ᵍ αὐτοῖς   ʰ τοὺς γραμματεῖς   ⁱ ἀποκριθεὶς
ᵏ add εἶπε   ˡ add αὐτοῦ   ᵐ αὐτῷ

ΚΑΤΑ ΜΑΡΚΟΝ.

αὐτόν, ⁿτὸ πνεῦμα εὐθὺς συνεσπάραξεν" αὐτόν· καὶ πεσὼν ἐπὶ
21 τῆς γῆς ἐκυλίετο ἀφρίζων. καὶ ἐπηρώτησε τὸν πατέρα αὐτοῦ,
Πόσος χρόνος ἐστίν, ὡς τοῦτο γέγονεν αὐτῷ; ὁ δὲ εἶπεν, ᵒ'Ἐκ
22 παιδιόθεν". καὶ πολλάκις ᴾ καὶ εἰς πῦρ αὐτὸνᵍ ἔβαλε καὶ εἰς
ὕδατα, ἵνα ἀπολέσῃ αὐτόν· ἀλλ' εἴ τι δύνασαι, βοήθησον ἡμῖν
23 σπλαγχνισθεὶς ἐφ' ἡμᾶς. ὁ δὲ Ἰησοῦς εἶπεν αὐτῷ, Τὸ εἰ ᑫδύ-
24 νασαι·" πάντα δυνατὰ τῷ πιστεύοντι. ʳ⁻ˡ εὐθέως κράξας ὁ
πατὴρ τοῦ παιδίου ˢ⁻" ἔλεγε, Πιστεύω ᵗ⁻"· βοήθει μου τῇ ἀπι-
25 στίᾳ. ἰδὼν δὲ ὁ Ἰησοῦς ὅτι ἐπισυντρέχει ὄχλος, ἐπετίμησε τῷ
πνεύματι τῷ ἀκαθάρτῳ λέγων αὐτῷ, Τὸ πνεῦμα τὸ ἄλαλον
καὶ κωφόν, ἐγώ σοι ἐπιτάσσω, ἔξελθε ἐξ αὐτοῦ. καὶ μηκέτι
26 εἰσέλθῃς εἰς αὐτόν. καὶ ᵘκράξας", καὶ πολλὰ ˣ σπαράξας",
ἐξῆλθε· καὶ ἐγένετο ὡσεὶ νεκρός, ὥστε ʸτοὺς" πολλοὺς λέγειν
27 ὅτι Ἀπέθανεν. ὁ δὲ Ἰησοῦς κρατήσας ᶻτῆς χειρὸς αὐτοῦᵍ
28 ἤγειρεν αὐτόν· καὶ ἀνέστη. καὶ ᵃεἰσελθόντος αὐτοῦ" εἰς οἶκον
οἱ μαθηταὶ αὐτοῦ ᵇκατ' ἰδίαν ἐπηρώτων αὐτὸν ὅτι Ἡμεῖς"
29 οὐκ ἠδυνήθημεν ἐκβαλεῖν ᶜ αὐτό.ᵍ καὶ εἶπεν αὐτοῖς, Τοῦτο τὸ
γένος ἐν οὐδενὶ δύναται ἐξελθεῖν, εἰ μὴ ἐν προσευχῇ ᵈ⁻ᵍ.
30 Καὶ ἐκεῖθεν ἐξελθόντες παρεπορεύοντο διὰ τῆς Γαλιλαίας·
31 καὶ οὐκ ἤθελεν ἵνα τις γνῷ. ἐδίδασκε γὰρ τοὺς μαθητὰς
αὐτοῦ, καὶ ἔλεγεν αὐτοῖς ὅτι Ὁ υἱὸς τοῦ ἀνθρώπου παρα-
δίδοται εἰς χεῖρας ἀνθρώπων, καὶ ἀποκτενοῦσιν αὐτόν· καὶ
32 ἀποκτανθεὶς ᵉμετὰ τρεῖς ἡμέρας" ἀναστήσεται. οἱ δὲ ἠγνόουν
τὸ ῥῆμα, καὶ ἐφοβοῦντο αὐτὸν ἐπερωτῆσαι.
33 Καὶ ᶠἦλθον" εἰς Καπερναούμ· καὶ ἐν τῇ οἰκίᾳ γενόμενος Mat. 18. 1,
34 ἐπηρώτα αὐτούς, Τί ἐν τῇ ὁδῷ ᵍ⁻" διελογίζεσθε; οἱ δὲ Lk. 9. 46.
ἐσιώπων· πρὸς ἀλλήλους γὰρ διελέχθησαν ἐν τῇ ὁδῷ, τίς

ᵘ εὐθέως τὸ πνεῦμα ἐσπάραξεν   " Παιδιόθεν   ᵖ αὐτὸν καὶ εἰς
πῦρ   ᑫ δύνασαι πιστεῦσαι,   ʳ add καὶ   ˢ add μετὰ δακρύων
A.S.M.   ᵗ add Κύριε   ᵘ κράξαν   ˣ σπαράξαν αὐτόν   ʸ om.
τοὺς   ᶻ αὐτὸν τῆς χειρὸς   ᵃ εἰσελθόντα αὐτὸν   ᵇ ἐπηρώτων
αὐτὸν κατ' ἰδίαν, Ὅτι ἡμεῖς   ᶜ αὐτῷ·   ᵈ add καὶ νηστείᾳ A.S.M.
ᵉ τῇ τρίτῃ ἡμέρᾳ   ᶠ ἦλθεν   ᵍ add πρὸς ἑαυτοὺς

H

μείζων. καὶ καθίσας ἐφώνησε τοὺς δώδεκα, καὶ λέγει αὐτοῖς, 35
Εἴ τις θέλει πρῶτος εἶναι, ἔσται πάντων ἔσχατος, καὶ
πάντων διάκονος. καὶ λαβὼν παιδίον ἔστησεν αὐτὸ ἐν μέσῳ 36
αὐτῶν· καὶ ἐναγκαλισάμενος αὐτὸ εἶπεν αὐτοῖς, Ὃς ἐὰν ἐν 37
τῶν τοιούτων παιδίων δέξηται ἐπὶ τῷ ὀνόματί μου, ἐμὲ
δέχεται· καὶ ὃς ἐὰν ἐμὲ ʰδέχηται″, οὐκ ἐμὲ δέχεται, ἀλλὰ
τὸν ἀποστείλαντά με.

Lk. 9 49 sq.
ⁱ″Ἐφη″ αὐτῷ ὁ Ἰωάννης ᵏ⁻″, Διδάσκαλε, εἴδομέν τινα 38
¹ἐν″ τῷ ὀνόματί σου ἐκβάλλοντα δαιμόνια ᵐ⁻″· καὶ ⁿἐκω-
λύομεν″ αὐτόν, ὅτι οὐκ ᵒἠκολούθει″ ἡμῖν. ὁ δὲ Ἰησοῦς 39
εἶπε, Μὴ κωλύετε αὐτόν· οὐδεὶς γάρ ἐστιν ὃς ποιήσει δύναμιν
ἐπὶ τῷ ὀνόματί μου, καὶ δυνήσεται ταχὺ κακολογῆσαί με.
ὃς γὰρ οὐκ ἔστι καθ' Pἡμῶν″, ὑπὲρ Pἡμῶν″ ἐστιν. ὃς 40, 41
γὰρ ἂν ποτίσῃ ὑμᾶς ποτήριον ὕδατος ἐν ᑫὀνόματι″ ὅτι
Χριστοῦ ἐστε, ἀμὴν λέγω ὑμῖν, ʳὅτι″ οὐ μὴ ἀπολέσῃ τὸν

Mat. 18.6.
μισθὸν αὐτοῦ. καὶ ὃς ἂν σκανδαλίσῃ ἕνα τῶν μικρῶν ˢτού- 42
των″ τῶν πιστευόντων ᵗεἰς ἐμέ″, καλόν ἐστιν αὐτῷ μᾶλλον,
εἰ περίκειται ᵘμύλος ὀνικὸς″ περὶ τὸν τράχηλον αὐτοῦ, καὶ
βέβληται εἰς τὴν θάλασσαν. καὶ ἐὰν ᵛσκανδαλίσῃ″ σε ἡ 43
χείρ σου, ἀπόκοψον αὐτήν· καλόν ˣἐστί σε″ κυλλὸν εἰς τὴν
ζωὴν εἰσελθεῖν, ἢ τὰς δύο χεῖρας ἔχοντα ἀπελθεῖν εἰς τὴν
γέενναν, εἰς τὸ πῦρ τὸ ἄσβεστον ʸ⁻″. καὶ ἐὰν ὁ πούς σου 45
σκανδαλίζῃ σε, ἀπόκοψον αὐτόν· καλόν ἐστί ᶻσε″ εἰσελθεῖν
εἰς τὴν ζωὴν χωλόν, ἢ τοὺς δύο πόδας ἔχοντα βληθῆναι εἰς
τὴν ᵃγέενναν″ ᵇ⁻″. καὶ ἐὰν ὁ ὀφθαλμός σου σκανδαλίζῃ 47

ʰ δέξηται   ⁱ Ἀπεκρίθη δὲ   ᵏ add λέγων   ˡ om. ἐν S.
ᵐ add ὃς οὐκ ἀκολουθεῖ ἡμῖν   ⁿ ἐκωλύσαμεν   ᵒ ἀκολουθεῖ
ᵖ ὑμῶν S.   ᑫ τῷ ὀνόματί μου,   ʳ om. ὅτι   ˢ om. τού-
των S.   ᵗ om. εἰς ἐμέ M.   ᵘ λίθος μυλικὸς   ᵛ σκανδα-
λίζῃ   ˣ σοι ἐστὶ   ʸ add ver. 44 ὅπου ὁ σκώληξ αὐτῶν οὐ
τελευτᾷ, καὶ τὸ πῦρ οὐ σβέννυται   ᶻ σοι   ᵃ γέεναν S.
ᵇ add εἰς τὸ πῦρ τὸ ἄσβεστον, ὅπου ὁ σκώληξ αὐτῶν οὐ τελευτᾷ,
καὶ τὸ πῦρ οὐ σβέννυται (ver. 46)

-10. 14.   ΚΑΤΑ ΜΑΡΚΟΝ.   99

σε, ἔκβαλε αὐτόν· καλόν ᶜσε ἐστὶ μονόφθαλμον εἰσελθεῖν
εἰς τὴν βασιλείαν τοῦ Θεοῦ, ἢ δύο ὀφθαλμοὺς ἔχοντα βλη-
48 θῆναι εἰς τὴν γέενναν ᵈ⁻ˡˡ, ὅπου ὁ σκώληξ αὐτῶν οὐ τελευτᾷ, Cp.Isa.66.
49 καὶ τὸ πῦρ οὐ σβέννυται. πᾶς γὰρ πυρὶ ἁλισθήσεται ᵉ⁻ˡ.   24.
50 καλὸν τὸ ἅλας· ἐὰν δὲ τὸ ἅλας ἄναλον γένηται, ἐν τίνι
αὐτὸ ἀρτύσετε; ἔχετε ἐν ἑαυτοῖς ἅλας, καὶ εἰρηνεύετε ἐν
ἀλλήλοις.
10 Κἀκεῖθεν ἀναστὰς ἔρχεται εἰς τὰ ὅρια τῆς Ἰουδαίας ᶠκαὶˡˡ Mat. 19. 1.
πέραν τοῦ Ἰορδάνου· καὶ συμπορεύονται πάλιν ὄχλοι πρὸς
2 αὐτόν· καὶ ὡς εἰώθει, πάλιν ἐδίδασκεν αὐτούς. καὶ προσ-
ελθόντες ᵍ⁻ˡˡ Φαρισαῖοι ʰἐπηρώτωνˡˡ αὐτόν, εἰ ἔξεστιν
3 ἀνδρὶ γυναῖκα ἀπολῦσαι, πειράζοντες αὐτόν. ὁ δὲ ἀποκριθεὶς
4 εἶπεν αὐτοῖς, Τί ὑμῖν ἐνετείλατο Μωσῆς; οἱ δὲ εἶπον, Μωσῆς Cp. Deut.
5 ἐπέτρεψε βιβλίον ἀποστασίου γράψαι, καὶ ἀπολῦσαι. ⁱὁ δὲˡˡ   24. 1 (3).
Ἰησοῦς εἶπεν αὐτοῖς, Πρὸς τὴν σκληροκαρδίαν ἱμῶν ἔγραψεν
6 ὑμῖν τὴν ἐντολὴν ταύτην. ἀπὸ δὲ ἀρχῆς κτίσεως ˮἌρσεν καὶ Gen. 1. 27.
7 θῆλυ ἐποίησεν αὐτοὺς ᵏ⁻ˡˡ. ἕνεκεν τούτου καταλείψει ἄν- Gen. 2. 24.
θρωπος τὸν πατέρα αὐτοῦ καὶ τὴν μητέρα, ˡκαὶ προσκολ-
8 ληθήσεται πρὸς τὴν γυναῖκα αὐτοῦ,ˡˡ καὶ ἔσονται οἱ δύο εἰς
9 σάρκα μίαν· ὥστε οὐκέτι εἰσὶ δύο, ἀλλὰ μία σάρξ. ὁ οὖν
10 ὁ Θεὸς συνέζευξεν, ἄνθρωπος μὴ χωριζέτω. καὶ ᵐεἰς τὴν
οἰκίανˡˡ πάλιν οἱ μαθηταὶ ⁿ⁻ˡˡ περὶ ᵒτούτου ἐπηρώτωνˡˡ αὐτόν.
11 καὶ λέγει αὐτοῖς, ˢὋς ἐὰν ἀπολύσῃ τὴν γυναῖκα αὐτοῦ καὶ Cp. Mat.
12 γαμήσῃ ἄλλην, μοιχᾶται ἐπ᾽ αὐτήν· καὶ ἐὰν ᵖαὐτὴ ἀπο-   5. 32,
λύσασαˡˡ τὸν ἄνδρα αὐτῆς ᵠγαμήσῃ ἄλλονˡˡ, μοιχᾶται.   Lk. 16. 18.
13 Καὶ προσέφερον αὐτῷ παιδία, ἵνα ἅψηται αὐτῶν· οἱ δὲ Mat 19.13,
14 μαθηταὶ ἐπετίμων ʳαὐτοῖςˡˡ. ἰδὼν δὲ ὁ Ἰησοῦς ἠγανάκτησε,   Lk. 18. 15.

ᶜ σοι   ᵈ add τοῦ πυρός   ᵉ add καὶ πᾶσα θυσία ἁλὶ ἁλι-
σθήσεται A.S.M.   ᶠ διὰ τοῦ   ᵍ add οἱ   ʰ ἐπηρώτησαν
ⁱ καὶ ἀποκριθεὶς ὁ   ᵏ add ὁ Θεός   ˡ om. καὶ προσκολληθή-
σεται πρὸς τὴν γυναῖκα αὐτοῦ. M.   ᵐ ἐν τῇ οἰκίᾳ   ⁿ add
αὐτοῦ   ᵒ τοῦ αὐτοῦ ἐπηρώτησαν   ᵖ γυνὴ ἀπολύσῃ   ᵠ καὶ
γαμηθῇ ἄλλῳ   ʳ τοῖς προσφέρουσιν

H 2

καὶ εἶπεν αὐτοῖς, Ἄφετε τὰ παιδία ἔρχεσθαι πρός με, μὴ κωλύετε αὐτά· τῶν γὰρ τοιούτων ἐστὶν ἡ βασιλεία τοῦ Θεοῦ. ἀμὴν λέγω ὑμῖν, ὃς ἐὰν μὴ δέξηται τὴν βασιλείαν τοῦ 15 Θεοῦ ὡς παιδίον, οὐ μὴ εἰσέλθῃ εἰς αὐτήν. καὶ ἐναγκαλι- 16 σάμενος αὐτὰ ᵗκατηυλόγει τιθεὶς τὰς χεῖρας ἐπ᾽ αὐτά."

Καὶ ἐκπορευομένου αὐτοῦ εἰς ὁδὸν προσδραμὼν εἷς καὶ 17 γονυπετήσας αὐτὸν ἐπηρώτα αὐτόν, Διδάσκαλε ἀγαθέ, τί ποιήσω ἵνα ζωὴν αἰώνιον κληρονομήσω; ὁ δὲ Ἰησοῦς εἶπεν 18 αὐτῷ, Τί με λέγεις ἀγαθόν; οὐδεὶς ἀγαθός, εἰ μὴ εἷς, ὁ Θεός. τὰς ἐντολὰς οἶδας, Μὴ ᵘφονεύσῃς· Μὴ μοιχεύσῃς"· Μὴ 19 κλέψῃς· Μὴ ψευδομαρτυρήσῃς· Μὴ ἀποστερήσῃς· Τίμα τὸν πατέρα σου καὶ τὴν μητέρα. ὁ δὲ ˣἔφη" αὐτῷ, Διδάσκαλε, 20 ταῦτα πάντα ἐφυλαξάμην ἐκ νεότητός μου. ὁ δὲ Ἰησοῦς 21 ἐμβλέψας αὐτῷ ἠγάπησεν αὐτόν, καὶ εἶπεν αὐτῷ, Ἕν ʸσε" ὑστερεῖ· ὕπαγε, ὅσα ἔχεις πώλησον, καὶ δὸς ᶻ⁻" πτωχοῖς, καὶ ἕξεις θησαυρὸν ἐν οὐρανῷ· καὶ δεῦρο, ἀκολούθει μοι ᵃ⁻". ὁ δὲ στυγνάσας ἐπὶ τῷ λόγῳ ἀπῆλθε λυπούμενος· ἦν 22 γὰρ ἔχων κτήματα πολλά.

Καὶ περιβλεψάμενος ὁ Ἰησοῦς λέγει τοῖς μαθηταῖς αὐτοῦ, 23 Πῶς δυσκόλως οἱ τὰ χρήματα ἔχοντες εἰς τὴν βασιλείαν τοῦ Θεοῦ εἰσελεύσονται. οἱ δὲ μαθηταὶ ἐθαμβοῦντο ἐπὶ τοῖς 24 λόγοις αὐτοῦ. ὁ δὲ Ἰησοῦς πάλιν ἀποκριθεὶς λέγει αὐτοῖς, Τέκνα, πῶς δύσκολόν ἐστι ᵇτοὺς πεποιθότας ἐπὶ ᶜ⁻" χρήμασιν" εἰς τὴν βασιλείαν τοῦ Θεοῦ εἰσελθεῖν. εὐκοπώτερόν ἐστι 25 κάμηλον διὰ ᵈ⁻" τρυμαλιᾶς ᵈ⁻" ῥαφίδος ᵉδιελθεῖν", ἢ πλούσιον εἰς τὴν βασιλείαν τοῦ Θεοῦ εἰσελθεῖν. οἱ δὲ 26 περισσῶς ἐξεπλήσσοντο λέγοντες πρὸς ᶠαὐτόν", Καὶ τίς δύναται σωθῆναι; ἐμβλέψας ᵍ⁻" αὐτοῖς ὁ Ἰησοῦς λέγει, 27

ˢ add καὶ ᵗ τιθεὶς τὰς χεῖρας ἐπ᾽ αὐτά, ηὐλόγει αὐτά.
ᵘ μοιχεύσῃς· Μὴ φονεύσῃς ˣ ἀποκριθεὶς εἶπεν ʸ σοι ᶻ add τοῖς ᵃ add ἄρας τὸν σταυρόν ᵇ om. τοὺς πεποιθότας ἐπὶ χρήμασιν M. ᶜ add τοῖς ᵈ add τῆς ᵉ εἰσελθεῖν S.
ᶠ ἑαυτούς A.S.M. ᵍ add δὲ

Παρὰ ἀνθρώποις ἀδύνατον, ἀλλ' οὐ παρὰ τῷ Θεῷ· πάντα
28 γὰρ δυνατά ἐστι παρὰ τῷ Θεῷ. ʰ⁻ⁱⁱ ἤρξατο ὁ Πέτρος λέγειν
αὐτῷ, Ἰδού, ἡμεῖς ἀφήκαμεν πάντα, καὶ ⁱἠκολουθήκαμέν"
29 σοι. ᵏἔφη" ὁ Ἰησοῦς ¹⁻", Ἀμὴν λέγω ὑμῖν, οὐδείς ἐστιν,
ὃς ἀφῆκεν οἰκίαν ἢ ἀδελφοὺς ἢ ἀδελφὰς ᵐἢ μητέρα ἢ
πατέρα" ⁿ⁻" ἢ τέκνα ἢ ἀγροὺς ἕνεκεν ἐμοῦ καὶ ᵒἕνεκεν"
30 τοῦ εὐαγγελίου, ἐὰν μὴ λάβῃ ἑκατονταπλασίονα νῦν ἐν τῷ
καιρῷ τούτῳ, οἰκίας καὶ ἀδελφοὺς καὶ ἀδελφὰς καὶ μητέρας
καὶ τέκνα καὶ ἀγρούς, μετὰ διωγμῶν, καὶ ἐν τῷ αἰῶνι τῷ
31 ἐρχομένῳ ζωὴν αἰώνιον. πολλοὶ δὲ ἔσονται πρῶτοι ἔσχατοι,
καὶ οἱ ἔσχατοι πρῶτοι.
32 Ἦσαν δὲ ἐν τῇ ὁδῷ ἀναβαίνοντες εἰς Ἱεροσόλυμα, καὶ ἦν Mat.20.17
προάγων αὐτοὺς ὁ Ἰησοῦς· καὶ ἐθαμβοῦντο, ᵖοἱ δὲ ˡ ἀκο- Lk. 18.31.
λουθοῦντες ἐφοβοῦντο. καὶ παραλαβὼν πάλιν τοὺς δώδεκα
33 ἤρξατο αὐτοῖς λέγειν τὰ μέλλοντα αὐτῷ συμβαίνειν, ὅτι
Ἰδού, ἀναβαίνομεν εἰς Ἱεροσόλυμα, καὶ ὁ υἱὸς τοῦ ἀνθρώπου
παραδοθήσεται τοῖς ἀρχιερεῦσι καὶ τοῖς γραμματεῦσι, καὶ
κατακρινοῦσιν αὐτὸν θανάτῳ, καὶ παραδώσουσιν αὐτὸν τοῖς
34 ἔθνεσι· καὶ ἐμπαίξουσιν αὐτῷ, καὶ ᑫἐμπτύσουσιν αὐτῷ, καὶ
μαστιγώσουσιν αὐτόν", καὶ ἀποκτενοῦσιν ʳ⁻ · καὶ ˢμετὰ
τρεῖς ἡμέρας" ἀναστήσεται.
35 Καὶ προσπορεύονται αὐτῷ Ἰάκωβος καὶ Ἰωάννης οἱ υἱοὶ Mat.20.20.
Ζεβεδαίου λέγοντες ᵗαὐτῷ", Διδάσκαλε, θέλομεν ἵνα ὁ ἐὰν
36 αἰτήσωμέν ᵘσε", ποιήσῃς ἡμῖν. ὁ δὲ εἶπεν αὐτοῖς, Τί θέλετε
37 ποιῆσαί με ὑμῖν; οἱ δὲ εἶπον αὐτῷ, Δὸς ἡμῖν, ἵνα εἷς ἐκ
δεξιῶν σου καὶ εἷς ἐξ εὐωνύμων ˣ⁻" καθίσωμεν ἐν τῇ δόξῃ
38 σου. ὁ δὲ Ἰησοῦς εἶπεν αὐτοῖς, Οὐκ οἴδατε τί αἰτεῖσθε.
δύνασθε πιεῖν τὸ ποτήριον ὃ ἐγὼ πίνω, ᵞἢ" τὸ βάπτισμα

ʰ add καί   ⁱ ἠκολουθήσαμέν   ᵏ ἀποκριθεὶς δὲ   ˡ add
εἶπεν   ᵐ ἢ πατέρα ἢ μητέρα   ⁿ add ἢ γυναῖκα   ᵒ om.
ἕνεκεν   ᵖ καί   ᑫ μαστιγώσουσιν αὐτόν, καὶ ἐμπτύσουσιν
αὐτῷ   ʳ add αὐτόν   ˢ τῇ τρίτῃ ἡμέρᾳ   ᵗ om. αὐτῷ
ᵘ om. σε   ˣ add σου   ᵞ καί

102 ΕΥΑΓΓΕΛΙΟΝ 10. 38-

ὃ ἐγὼ βαπτίζομαι βαπτισθῆναι; οἱ δὲ εἶπον αὐτῷ, Δυνάμεθα. 39
ὁ δὲ Ἰησοῦς εἶπεν αὐτοῖς, Τὸ ^{z—||} ποτήριον ὃ ἐγὼ πίνω
πίεσθε, καὶ τὸ βάπτισμα ὃ ἐγὼ βαπτίζομαι βαπτισθήσεσθε·
τὸ δὲ καθίσαι ἐκ δεξιῶν μου ^aἢ^{||} ἐξ εὐωνύμων ^{b—||} οὐκ ἔστιν 40
ἐμὸν δοῦναι, ἀλλ' οἷς ἡτοίμασται. καὶ ἀκούσαντες οἱ δέκα 41
ἤρξαντο ἀγανακτεῖν περὶ Ἰακώβου καὶ Ἰωάννου. ^cκαὶ προσ- 42
καλεσάμενος αὐτοὺς ὁ Ἰησοῦς^{||} λέγει αὐτοῖς, Οἴδατε ὅτι οἱ
δοκοῦντες ἄρχειν τῶν ἐθνῶν κατακυριεύουσιν αὐτῶν, καὶ οἱ
μεγάλοι αὐτῶν κατεξουσιάζουσιν αὐτῶν. οὐχ οὕτω δέ ^dἐστιν^{||} 43
ἐν ὑμῖν· ἀλλ' ὃς ἐὰν θέλῃ γενέσθαι μέγας ἐν ὑμῖν, ἔσται
διάκονος ὑμῶν· καὶ ὃς ἂν θέλῃ ^eἐν ὑμῖν εἶναι^{||} πρῶτος, 44
ἔσται πάντων δοῦλος· καὶ γὰρ ὁ υἱὸς τοῦ ἀνθρώπου οὐκ ἦλθε 45
διακονηθῆναι, ἀλλὰ διακονῆσαι, καὶ δοῦναι τὴν ψυχὴν αὐτοῦ
λύτρον ἀντὶ πολλῶν.

Mat.20.29. Καὶ ἔρχονται εἰς Ἰεριχώ· καὶ ἐκπορευομένου αὐτοῦ ἀπὸ 46
Lk. 18. 35. Ἰεριχώ, καὶ τῶν μαθητῶν αὐτοῦ, καὶ ὄχλου ἱκανοῦ, ^fὁ^{||}
υἱὸς Τιμαίου Βαρτίμαιος, ^{g—||} τυφλὸς ^hπροσαίτης^{||}, ἐκάθητο
παρὰ τὴν ὁδόν ^{i—||}. καὶ ἀκούσας ὅτι Ἰησοῦς ὁ ^kΝαζαρηνός^{||} 47
ἐστιν ἤρξατο κράζειν καὶ λέγειν, Ὁ υἱὸς Δαβίδ, Ἰησοῦ,
ἐλέησόν με. καὶ ἐπετίμων αὐτῷ πολλοί, ἵνα σιωπήσῃ· ὁ δὲ 48
πολλῷ μᾶλλον ἔκραζεν, Υἱὲ Δαβίδ, ἐλέησόν με. καὶ στὰς 49
ὁ Ἰησοῦς ^l εἶπε, Φωνήσατε αὐτόν^{||}. καὶ φωνοῦσι τὸν τυφλὸν
λέγοντες αὐτῷ, Θάρσει· ἔγειραι, φωνεῖ σε. ὁ δὲ ἀποβαλὼν 50
τὸ ἱμάτιον αὐτοῦ ^mἀναπηδήσας^ι ἦλθε πρὸς τὸν Ἰησοῦν.
καὶ ἀποκριθεὶς ⁿαὐτῷ ὁ Ἰησοῦς εἶπε^{||}, Τί θέλεις ποιήσω σοί; 51
ὁ δὲ τυφλὸς εἶπεν αὐτῷ, Ῥαββονί, ἵνα ἀναβλέψω. ὁ δὲ 52
Ἰησοῦς εἶπεν αὐτῷ, Ὕπαγε· ἡ πίστις σου σέσωκέ σε. καὶ
εὐθέως ἀνέβλεψε, καὶ ἠκολούθει ^oαὐτῷ^{||} ἐν τῇ ὁδῷ.

^z add μὲν   ^a καὶ   ^b add μου   ^c ὁ δὲ Ἰησοῦς προσκαλεσάμενος αὐτοὺς   ^d ἔσται   ^e ὑμῶν γενέσθαι   ^f om. ὁ
^g add ὁ   ^h om. προσαίτης   ⁱ add προσαιτῶν   ^k Ναζωραῖός   ^l εἶπεν αὐτὸν φωνηθῆναι   ^m ἀναστὰς   ⁿ λέγει
αὐτῷ ὁ Ἰησοῦς   ^o τῷ Ἰησοῦ

11 Καὶ ὅτε ἐγγίζουσιν εἰς Ἱερουσαλὴμ, εἰς Βηθφαγὴ καὶ
Βηθανίαν, πρὸς τὸ ὄρος τῶν ἐλαιῶν, ἀποστέλλει δύο τῶν
2 μαθητῶν αὐτοῦ, καὶ λέγει αὐτοῖς, Ὑπάγετε εἰς τὴν κώμην
τὴν κατέναντι ὑμῶν· καὶ εὐθέως εἰσπορευόμενοι εἰς αὐτὴν
εὑρήσετε πῶλον δεδεμένον, ἐφ᾽ ὃν οὐδεὶς ᴾοὔπω" ἀνθρώπων
3 ᵠἐκάθισε· λύσατε αὐτὸν καὶ φέρετε'. καὶ ἐάν τις ὑμῖν εἴπῃ,
Τί ποιεῖτε τοῦτο; εἴπατε, ʳ⁻" Ὁ Κύριος αὐτοῦ χρείαν ἔχει·
4 καὶ εὐθέως αὐτὸν ˢἀποστέλλει πάλιν" ὧδε. ᵗκαὶ ἀπῆλθον,
καὶ εὗρον ᵘ⁻" πῶλον δεδεμένον πρὸς τὴν θύραν ἔξω ἐπὶ τοῦ
5 ἀμφόδου, καὶ λύουσιν αὐτόν. καί τινες τῶν ἐκεῖ ἑστηκότων
6 ἔλεγον αὐτοῖς, Τί ποιεῖτε λύοντες τὸν πῶλον; οἱ δὲ εἶπον
7 αὐτοῖς καθὼς ˣεἶπεν' ὁ Ἰησοῦς· καὶ ἀφῆκαν αὐτοῖς. καὶ
ʸφέρουσι" τὸν πῶλον πρὸς τὸν Ἰησοῦν, καὶ ᶻἐπιβάλλουσιν'
8 αὐτῷ τὰ ἱμάτια αὐτῶν, καὶ ἐκάθισεν ἐπ᾽ ᵃαὐτόν'. πολλοὶ
δὲ τὰ ἱμάτια αὐτῶν ἔστρωσαν εἰς τὴν ὁδόν· ἄλλοι δὲ ᵇστι-
9 βάδας, κόψαντες" ἐκ τῶν ᶜἀγρῶν." ᵈ⁻' καὶ οἱ προάγοντες
καὶ οἱ ἀκολουθοῦντες ἔκραζον ᵉ⁻", Ὡσαννά· εὐλογημένος ὁ
10 ἐρχόμενος ἐν ὀνόματι Κυρίου· εὐλογημένη ἡ ἐρχομένη
βασιλεία ᶠ⁻" τοῦ πατρὸς ἡμῶν Δαβίδ· Ὡσαννὰ ἐν τοῖς
ὑψίστοις.
11 Καὶ εἰσῆλθεν εἰς Ἱεροσόλυμα ᵍ⁻' εἰς τὸ ἱερόν· καὶ περι-
βλεψάμενος πάντα, ὀψίας ἤδη οὔσης τῆς ὥρας, ἐξῆλθεν εἰς
Βηθανίαν μετὰ τῶν δώδεκα.
12 Καὶ τῇ ἐπαύριον, ἐξελθόντων αὐτῶν ἀπὸ Βηθανίας, ἐπείνασε.
13 καὶ ἰδὼν συκῆν ʰἀπὸ μακρόθεν" ἔχουσαν φύλλα ἦλθεν εἰ
ἄρα εὑρήσει τι ἐν αὐτῇ· καὶ ἐλθὼν ἐπ᾽ αὐτὴν οὐδὲν εὗρεν
14 εἰ μὴ φύλλα· ⁱὁ γὰρ καιρὸς οὐκ ἦν' σύκων. καὶ ἀποκριθεὶς

ᵖ om. οὔπω   ᵠ κεκάθικε· λύσαντες αὐτὸν ἀγάγετε   ʳ add
ὅτι   ˢ ἀποστελεῖ   ᵗ ἀπῆλθον δὲ   ᵘ add τὸν   ˣ ἐνετεί-
λατο   ʸ ἤγαγον   ᶻ ἐπέβαλον   ᵃ αὐτῷ   ᵇ στοιβάδας
ἔκοπτον   ᶜ δένδρων.   ᵈ add καὶ ἐστρώννυον εἰς τὴν ὁδόν.
ᵉ add λέγοντες   ᶠ add ἐν ὀνόματι Κυρίου   add ὁ Ἰησοῦς
καὶ   ʰ μακρόθεν   οὐ γὰρ ἦν καιρὸς

104 ΕΥΑΓΓΕΛΙΟΝ 11. 14–

k–‖ εἶπεν αὐτῇ, Μηκέτι ἐκ σοῦ εἰς τὸν αἰῶνα μηδεὶς καρπὸν φάγοι. καὶ ἤκουον οἱ μαθηταὶ αὐτοῦ.

Mat.21.12, Καὶ ἔρχονται εἰς Ἱεροσόλυμα· καὶ εἰσελθὼν k–‖ εἰς τὸ 15
Lk. 19.45: ἱερὸν ἤρξατο ἐκβάλλειν τοὺς πωλοῦντας καὶ ¹τοὺς‖ ἀγο-
cp. Joh.
2. 14.   ράζοντας ἐν τῷ ἱερῷ, καὶ τὰς τραπέζας τῶν κολλυβιστῶν καὶ
τὰς καθέδρας τῶν πωλούντων τὰς περιστερὰς κατέστρεψε·
καὶ οὐκ ἤφιεν ἵνα τις διενέγκῃ σκεῦος διὰ τοῦ ἱεροῦ. καὶ 16, 17
Cp.Isa.56. ἐδίδασκε, ᵐκαὶ ἔλεγεν‖ αὐτοῖς, Οὐ γέγραπται ὅτι Ὁ οἶκός
7,
Jer. 7. 11. μου οἶκος προσευχῆς κληθήσεται πᾶσι τοῖς ἔθνεσιν; ὑμεῖς
δὲ ⁿπεποιήκατε‖ αὐτὸν σπήλαιον λῃστῶν. καὶ ἤκουσαν οἱ 18
ᵒἀρχιερεῖς καὶ οἱ γραμματεῖς‖, καὶ ἐζήτουν πῶς αὐτὸν ἀπο-
λέσουσιν· ἐφοβοῦντο γὰρ αὐτόν· ᵖπᾶς γὰρ‖ ὁ ὄχλος ἐξε-
πλήσσετο ἐπὶ τῇ διδαχῇ αὐτοῦ.

Καὶ ᵠὅταν‖ ὀψὲ ἐγένετο, ʳἐξεπορεύετο‖ ἔξω τῆς πόλεως. 19

Cp. Mat. Καὶ ˢπαραπορευόμενοι πρωΐ‖ εἶδον τὴν συκῆν ἐξηραμμένην 20
21. 20.   ἐκ ῥιζῶν· καὶ ἀναμνησθεὶς ὁ Πέτρος λέγει αὐτῷ, Ῥαββί, 21
ἴδε, ἡ συκῆ ἣν κατηράσω ἐξήρανται. καὶ ἀποκριθεὶς Ἰησοῦς 22
λέγει αὐτοῖς, Ἔχετε πίστιν Θεοῦ. ἀμὴν ᵗ–‖ λέγω ὑμῖν, ὅτι 23
ὃς ἂν εἴπῃ τῷ ὄρει τούτῳ, Ἄρθητι, καὶ βλήθητι εἰς τὴν
θάλασσαν, καὶ μὴ διακριθῇ ἐν τῇ καρδίᾳ αὐτοῦ ἀλλὰ ᵘπιστεύῃ
ὅτι ὃ λαλεῖ‖ γίνεται, ἔσται αὐτῷ ᵛ–‖. διὰ τοῦτο λέγω ὑμῖν, 24
πάντα ὅσα ʷπροσεύχεσθε καὶ‖ αἰτεῖσθε, πιστεύετε ὅτι
ˣἐλάβετε‖, καὶ ἔσται ὑμῖν. καὶ ὅταν στήκητε προσευχόμενοι, 25
ἀφίετε εἴ τι ἔχετε κατά τινος, ἵνα καὶ ὁ πατὴρ ὑμῶν ὁ ἐν
τοῖς οὐρανοῖς ἀφῇ ὑμῖν τὰ παραπτώματα ὑμῶν. ʸ–‖

Mat.21.23, Καὶ ἔρχονται πάλιν εἰς Ἱεροσόλυμα· καὶ ἐν τῷ ἱερῷ 27
Lk. 20. 1.

k add ὁ Ἰησοῦς   ¹ om. τοὺς   ᵐ λέγων   ⁿ ἐποιήσατε
ᵒ γραμματεῖς καὶ οἱ ἀρχιερεῖς   ᵖ ὅτι πᾶς   ᵠ ὅτε   ʳ ἐξε-
πορεύοντο M.   ˢ πρωῒ παραπορευόμενοι   ᵗ add γὰρ   ᵘ πισ-
τεύσῃ ὅτι ἃ λέγει   ᵛ add ὃ ἐὰν εἴπῃ   ʷ ἂν προσευχόμενοι
ˣ λαμβάνετε   ʸ add ver. 26 εἰ δὲ ὑμεῖς οὐκ ἀφίετε, οὐδὲ ὁ
πατὴρ ὑμῶν ὁ ἐν τοῖς οὐρανοῖς ἀφήσει τὰ παραπτώματα ὑμῶν.
A.S.M.

ΚΑΤΑ ΜΑΡΚΟΝ.

περιπατοῦντος αὐτοῦ ἔρχονται πρὸς αὐτὸν οἱ ἀρχιερεῖς καὶ 28 οἱ γραμματεῖς καὶ οἱ πρεσβύτεροι, καὶ ᶻἔλεγον" αὐτῷ, Ἐν ποίᾳ ἐξουσίᾳ ταῦτα ποιεῖς; ᵃἢ" τίς σοι τὴν ἐξουσίαν ταύτην 29 ἔδωκεν ἵνα ταῦτα ποιῇς; ὁ δὲ Ἰησοῦς ᵇ—" εἶπεν αὐτοῖς, Ἐπερωτήσω ὑμᾶς ᶜ—" ἕνα λόγον, καὶ ἀποκρίθητέ μοι, καὶ 30 ἐρῶ ὑμῖν ἐν ποίᾳ ἐξουσίᾳ ταῦτα ποιῶ. τὸ βάπτισμα ᵈτὸ" Ἰωάννου ἐξ οὐρανοῦ ἦν; ἢ ἐξ ἀνθρώπων; ἀποκρίθητέ μοι. 31 καὶ ᵉδιελογίζοντο" πρὸς ἑαυτοὺς λέγοντες, Ἐὰν εἴπωμεν, 32 Ἐξ οὐρανοῦ, ἐρεῖ, Διατί οὖν οὐκ ἐπιστεύσατε αὐτῷ; ᶠἀλλὰ" εἴπωμεν, Ἐξ ᵍἀνθρώπων,— "ἐφοβοῦντο τὸν λαόν· ἅπαντες 33 γὰρ εἶχον τὸν Ἰωάννην ʰὄντως ὅτι" προφήτης ἦν. καὶ ἀποκριθέντες ⁱτῷ Ἰησοῦ λέγουσιν", Οὐκ οἴδαμεν. καὶ ὁ Ἰησοῦς ʲ—" λέγει αὐτοῖς, Οὐδὲ ἐγὼ λέγω ὑμῖν ἐν ποίᾳ ἐξουσίᾳ ταῦτα ποιῶ.

12 Καὶ ἤρξατο αὐτοῖς ἐν παραβολαῖς ᵏλαλεῖν"· Ἀμπελῶνα ἐφύτευσεν ἄνθρωπος, καὶ περιέθηκε φραγμόν, καὶ ὤρυξεν ὑπολήνιον, καὶ ᾠκοδόμησε πύργον, καὶ ἐξέδοτο αὐτὸν γεωρ- 2 γοῖς, καὶ ἀπεδήμησε. καὶ ἀπέστειλε πρὸς τοὺς γεωργοὺς τῷ καιρῷ δοῦλον, ἵνα παρὰ τῶν γεωργῶν λάβῃ ἀπὸ ¹τῶν 3 καρπῶν" τοῦ ἀμπελῶνος· ᵐκαὶ" λαβόντες αὐτὸν ἔδειραν, καὶ 4 ἀπέστειλαν κενόν. καὶ πάλιν ἀπέστειλε πρὸς αὐτοὺς ἄλλον 5 δοῦλον· κἀκεῖνον ⁿἐκεφαλίωσαν", καὶ ᵒἠτίμασαν". καὶ ᵖ—ᵈ ἄλλον ἀπέστειλε· κἀκεῖνον ἀπέκτειναν· καὶ πολλοὺς ἄλλους, 6 τοὺς μὲν δέροντες, τοὺς δὲ ἀποκτείνοντες. ἔτι ᵍἕνα εἶχεν, υἱὸν ἀγαπητόν·" ἀπέστειλεν ʳ—" αὐτὸν ˢἔσχατον πρὸς αὐ- 7 τοὺς" λέγων ὅτι Ἐντραπήσονται τὸν υἱόν μου. ἐκεῖνοι δὲ οἱ γεωργοὶ εἶπον πρὸς ἑαυτοὺς ὅτι Οὗτός ἐστιν ὁ κληρονόμος·

Mat.21.33.
Lk. 20. 9:
cp. Isa.
5. 1.

ᶻ λέγουσιν   ᵃ καὶ   ᵇ add ἀποκριθεὶς   ᶜ add κἀγὼ
ᵈ om. τὸ   ᵉ ἐλογίζοντο   ᶠ ἀλλ' ἐὰν   ᵍ ἀνθρώπων ; M.
ʰ ὅτι ὄντως   ⁱ λέγουσι τῷ Ἰησοῦ   ʲ add ἀποκριθεὶς   ᵏ λέγειν
¹ τοῦ καρποῦ   ᵐ οἱ δὲ   ⁿ λιθοβολήσαντες ἐκεφαλαίωσαν
ᵒ ἀπέστειλαν ἠτιμωμένον   ᵖ add πάλιν   ᵍ οὖν ἕνα υἱὸν ἔχων ἀγαπητὸν αὐτοῦ   ʳ add καὶ   ˢ πρὸς αὐτοὺς ἔσχατον

δεῦτε, ἀποκτείνωμεν αὐτόν, καὶ ἡμῶν ἔσται ἡ κληρονομία. καὶ λαβόντες ᵗἀπέκτειναν αὐτόν‖, καὶ ἐξέβαλον ᵘαὐτὸν‖ ἔξω 8 τοῦ ἀμπελῶνος. τί οὖν ποιήσει ὁ κύριος τοῦ ἀμπελῶνος; 9 ἐλεύσεται καὶ ἀπολέσει τοὺς γεωργούς, καὶ δώσει τὸν ἀμπελῶνα ἄλλοις. οὐδὲ τὴν γραφὴν ταύτην ἀνέγνωτε, Λίθον 10 ὃν ἀπεδοκίμασαν οἱ οἰκοδομοῦντες, οὗτος ἐγενήθη εἰς κεφαλὴν γωνίας· παρὰ Κυρίου ἐγένετο αὕτη, καὶ ἔστι θαυμαστὴ ἐν 11 ὀφθαλμοῖς ἡμῶν; καὶ ἐζήτουν αὐτὸν κρατῆσαι, καὶ ἐφοβή- 12 θησαν τὸν ὄχλον· ἔγνωσαν γὰρ ὅτι πρὸς αὐτοὺς τὴν παραβολὴν εἶπε· καὶ ἀφέντες αὐτὸν ἀπῆλθον.

Καὶ ἀποστέλλουσι πρὸς αὐτόν τινας τῶν Φαρισαίων καὶ 13 τῶν Ἡρωδιανῶν, ἵνα αὐτὸν ἀγρεύσωσι λόγῳ. ˣκαὶ‖ ἐλθόντες 14 λέγουσιν αὐτῷ, Διδάσκαλε, οἴδαμεν ὅτι ἀληθὴς εἶ, καὶ οὐ μέλει σοι περὶ οὐδενός· οὐ γὰρ βλέπεις εἰς πρόσωπον ἀνθρώπων, ἀλλ᾽ ἐπ᾽ ἀληθείας τὴν ὁδὸν τοῦ Θεοῦ διδάσκεις· ἔξεστι κῆνσον Καίσαρι δοῦναι; ἢ οὔ; δῶμεν; ἢ μὴ δῶμεν; ὁ δὲ εἰδὼς αὐτῶν τὴν ὑπόκρισιν εἶπεν αὐτοῖς, Τί με πειράζετε; 15 φέρετέ μοι δηνάριον, ἵνα ἴδω. οἱ δὲ ἤνεγκαν. καὶ λέγει 16 αὐτοῖς, Τίνος ἡ εἰκὼν αὕτη καὶ ἡ ἐπιγραφή; οἱ δὲ εἶπον αὐτῷ, Καίσαρος. ʸὁ δὲ‖ Ἰησοῦς εἶπεν αὐτοῖς, ᶻΤὰ Καίσαρος 17 ἀπόδοτε‖ Καίσαρι, καὶ τὰ τοῦ Θεοῦ τῷ Θεῷ. καὶ ᵃἐξεθαύμαζον‖ ἐπ᾽ αὐτῷ.

Καὶ ἔρχονται Σαδδουκαῖοι πρὸς αὐτόν, οἵτινες λέγουσιν 18 ἀνάστασιν μὴ εἶναι, καὶ ᵇἐπηρώτων‖ αὐτὸν λέγοντες, Διδά- 19 σκαλε, Μωσῆς ἔγραψεν ἡμῖν ὅτι Ἐάν τινος ἀδελφὸς ἀποθάνῃ, καὶ καταλίπῃ γυναῖκα, καὶ ᶜμὴ ἀφῇ τέκνον‖, ἵνα λάβῃ ὁ ἀδελφὸς αὐτοῦ τὴν γυναῖκα αὐτοῦ, καὶ ἐξαναστήσῃ σπέρμα τῷ ἀδελφῷ αὐτοῦ. ἑπτὰ ᵈ‖ ἀδελφοὶ ἦσαν· καὶ ὁ πρῶτος 20 ἔλαβε γυναῖκα, καὶ ἀποθνήσκων οὐκ ἀφῆκε σπέρμα· καὶ ὁ 21

ᵗ αὐτὸν ἀπέκτειναν   ᵘ om. αὐτὸν   ˣ οἱ δὲ   ʸ καὶ ἀποκριθεὶς ὁ   ᶻ Ἀπόδοτε τὰ Καίσαρος   ᵃ ἐθαύμασαν   ᵇ ἐπηρώτησαν   ᶜ τέκνα μὴ ἀφῇ   ᵈ add οὖν A.

δεύτερος ἔλαβεν αὐτήν, καὶ ἀπέθανε ͤμὴ καταλιπὼν σπέρμα·
22 καὶ ὁ τρίτος ὡσαύτως· καὶ ᶠ⁻" οἱ ἑπτὰ ᵍ⁻ οὐκ ἀφῆκαν
23 σπέρμα. ʰἔσχατον" πάντων ⁱκαὶ ἡ γυνὴ ἀπέθανεν". ἐν τῇ
ᵏ⁻" ἀναστάσει ¹⁻" τίνος αὐτῶν ἔσται γυνή; ο͡ἱ γὰρ ἑπτὰ
24 ἔσχον αὐτὴν γυναῖκα. ᵐἔφη αὐτοῖς ὁ Ἰησοῦς', Οὐ διὰ τοῦτο
πλανᾶσθε, μὴ εἰδότες τὰς γραφάς, μηδὲ τὴν δύναμιν τοῦ
25 Θεοῦ; ὅταν γὰρ ἐκ νεκρῶν ἀναστῶσιν, οὔτε γαμοῦσιν, οὔτε
γαμίσκονται, ἀλλ' εἰσὶν ὡς ἄγγελοι ᵘ⁻" ἐν τοῖς οὐρανοῖς.
26 περὶ δὲ τῶν νεκρῶν, ὅτι ἐγείρονται, οὐκ ἀνέγνωτε ἐν τῇ
βίβλῳ Μωσέως, ἐπὶ τῆς βάτου, ᵒπῶς" εἶπεν αὐτῷ ὁ Θεὸς
λέγων, Ἐγὼ ὁ Θεὸς Ἁβραάμ, καὶ ᵖ⁻" Θεὸς Ἰσαάκ, καὶ ᵖ⁻" Ex. 3. 6.
27 Θεὸς Ἰακώβ; οὐκ ἔστι ᵖ⁻" Θεὸς νεκρῶν, ἀλλὰ ᑫ⁻" ζώντων·
ʳ⁻" πολὺ πλανᾶσθε.
28 Καὶ προσελθὼν εἷς τῶν γραμματέων, ἀκούσας αὐτῶν Mat.22.35:
συζητούντων, εἰδὼς ὅτι καλῶς αὐτοῖς ἀπεκρίθη, ἐπηρώτησεν ⟨p. Lk.
29 αὐτόν, Ποία ἐστὶν ˢἐντολὴ πρώτη πάντων"; ᵗἀπεκρίθη ὁ 10. 25.
Ἰησοῦς" ὅτι Πρώτη ᵘἐστίν", Ἄκουε, Ἰσραήλ· Κύριος ὁ Deut. 6. 4
30 Θεὸς ἡμῶν Κύριος εἷς ἐστί· καὶ ἀγαπήσεις Κύριον τὸν Θεόν sq.
σου ἐξ ὅλης τῆς καρδίας σου, καὶ ἐξ ὅλης τῆς ψυχῆς σου,
καὶ ἐξ ὅλης τῆς διανοίας σου, καὶ ἐξ ὅλης τῆς ἰσχύος σου.
31 ˣ⁻" δευτέρα ʸ⁻" αὕτη, Ἀγαπήσεις τὸν πλησίον σου ὡς Lev.19.18.
32 σεαυτόν. μείζων τούτων ἄλλη ἐντολὴ οὐκ ἔστι. καὶ εἶπεν
αὐτῷ ὁ γραμματεύς, Καλῶς, διδάσκαλε, ἐπ' ἀληθείας εἶπας,
33 ὅτι εἷς ἐστι ᶻ⁻", καὶ οὐκ ἔστιν ἄλλος πλὴν αὐτοῦ· καὶ τὸ
ἀγαπᾶν αὐτὸν ἐξ ὅλης τῆς καρδίας, καὶ ἐξ ὅλης τῆς συνέσεως,
ᵃ⁻" καὶ ἐξ ὅλης τῆς ἰσχύος, καὶ τὸ ἀγαπᾶν τὸν πλησίον

ᵉ καὶ οὐδὲ αὐτὸς ἀφῆκε   ᶠ add ἔλαβον αὐτὴν   ᵍ add καὶ
ʰ ἐσχάτη   ⁱ ἀπέθανε καὶ ἡ γυνή   ᵏ add οὖν   ˡ add ὅταν
ἀναστῶσι   ᵐ καὶ ἀποκριθεὶς ὁ Ἰησοῦς εἶπεν αὐτοῖς   ⁿ add
οἱ   ᵒ ὡς   ᵖ add ὁ   ᑫ add Θεὸς   ʳ add ὑμεῖς οὖν
ˢ πρώτη πασῶν ἐντολή   ᵗ ὁ δὲ Ἰησοῦς ἀπεκρίθη αὐτῷ
ᵘ πασῶν τῶν ἐντολῶν   ˣ add αὕτη πρώτη ἐντολή. καὶ
ʸ add ὁμοία,   ᶻ add Θεός   ᵃ add καὶ ἐξ ὅλης τῆς ψυχῆς.

ὡς ἑαυτόν, ʰπερισσότερόν ἐστι πάντων τῶν ὁλοκαυτωμάτων καὶ τῶν θυσιῶν. καὶ ὁ Ἰησοῦς, ἰδὼν αὐτὸν ὅτι νουνεχῶς 34 ἀπεκρίθη, εἶπεν αὐτῷ, Οὐ μακρὰν εἶ ἀπὸ τῆς βασιλείας τοῦ Θεοῦ. καὶ οὐδεὶς οὐκέτι ἐτόλμα αὐτὸν ἐπερωτῆσαι.

Καὶ ἀποκριθεὶς ὁ Ἰησοῦς ἔλεγε, διδάσκων ἐν τῷ ἱερῷ, 35 Πῶς λέγουσιν οἱ γραμματεῖς ὅτι ὁ Χριστὸς υἱός ἐστι Δαβίδ; αὐτὸς ᶜ⁻‖ Δαβὶδ εἶπεν ἐν τῷ Πνεύματι τῷ Ἁγίῳ, Εἶπεν ὁ 36 Κύριος τῷ κυρίῳ μου, Κάθου ἐκ δεξιῶν μου, ἕως ἂν θῶ τοὺς ἐχθρούς σου ᵈὑποπόδιον ' τῶν ποδῶν σου. αὐτὸς ᵉ⁻‖ Δαβὶδ 37 λέγει αὐτὸν κύριον· καὶ πόθεν υἱὸς αὐτοῦ ἐστι; καὶ ὁ πολὺς ὄχλος ἤκουεν αὐτοῦ ἡδέως.

Καὶ ᶠἐν τῇ διδαχῇ αὐτοῦ ἔλεγε‖, Βλέπετε ἀπὸ τῶν 38 γραμματέων τῶν θελόντων ἐν στολαῖς περιπατεῖν καὶ ἀσπασμοὺς ἐν ταῖς ἀγοραῖς καὶ πρωτοκαθεδρίας ἐν ταῖς συναγωγαῖς 39 καὶ πρωτοκλισίας ἐν τοῖς δείπνοις· οἱ κατεσθίοντες τὰς 40 οἰκίας τῶν χηρῶν, καὶ προφάσει μακρὰ προσευχόμενοι, οὗτοι λήψονται περισσότερον κρῖμα.

Καὶ καθίσας ᵍ⁻ⁱ κατέναντι τοῦ γαζοφυλακίου ἐθεώρει πῶς 41 ὁ ὄχλος βάλλει χαλκὸν εἰς τὸ γαζοφυλάκιον, καὶ πολλοὶ πλούσιοι ἔβαλλον πολλά. καὶ ἐλθοῦσα μία χήρα πτωχὴ 42 ἔβαλε λεπτὰ δύο, ὅ ἐστι κοδράντης. καὶ προσκαλεσάμενος 43 τοὺς μαθητὰς αὐτοῦ ʰεἶπεν‖ αὐτοῖς, Ἀμὴν λέγω ὑμῖν, ὅτι ἡ χήρα αὕτη ἡ πτωχὴ πλεῖον πάντων ⁱἔβαλε‖ τῶν ᵏβαλλόντων ' εἰς τὸ γαζοφυλάκιον· πάντες γὰρ ἐκ τοῦ περισσεύ- 44 οντος αὐτοῖς ἔβαλον, αὕτη δὲ ἐκ τῆς ὑστερήσεως αὐτῆς πάντα ὅσα εἶχεν ἔβαλεν, ὅλον τὸν βίον αὐτῆς.

Καὶ ἐκπορευομένου αὐτοῦ ἐκ τοῦ ἱεροῦ λέγει αὐτῷ εἷς τῶν 13 μαθητῶν αὐτοῦ, Διδάσκαλε, ἴδε, ποταποὶ λίθοι καὶ ποταπαὶ οἰκοδομαί. καὶ ὁ Ἰησοῦς ˡ⁻‖ εἶπεν αὐτῷ, Βλέπεις ταύτας τὰς 2

ᵇ πλεῖον   ᶜ add γὰρ   ᵈ ὑποκάτω M.   ᵉ add οὖν
ᶠ ἔλεγεν αὐτοῖς ἐν τῇ διδαχῇ αὐτοῦ   ᵍ add ὁ Ἰησοῦς   ʰ λέγει
ⁱ βέβληκε   ᵏ βαλόντων   ˡ add ἀποκριθεὶς

-13. 15.   ΚΑΤΑ ΜΑΡΚΟΝ.   109

μεγάλας οἰκοδομάς; οὐ μὴ ἀφεθῇ ᵐὧδε λίθος ἐπὶ ⁿλίθον ᵈ, ὃς οὐ μὴ καταλυθῇ.

3 Καὶ καθημένου αὐτοῦ εἰς τὸ ὄρος τῶν ἐλαιῶν κατέναντι τοῦ ἱεροῦ ᵒἐπηρώτα ʰ αὐτὸν κατ' ἰδίαν Πέτρος καὶ Ἰάκωβος 4 καὶ Ἰωάννης καὶ Ἀνδρέας, Εἰπὲ ἡμῖν, πότε ταῦτα ἔσται; καὶ τί τὸ σημεῖον ὅταν μέλλῃ ᵖταῦτα συντελεῖσθαι πάντα ; 5 ὁ δὲ Ἰησοῦς ᑫ⁻ʰ αὐτοῖς ἤρξατο λέγειν, Βλέπετε μή τις ὑμᾶς 6 πλανήσῃ. πολλοὶ ʳ⁻ᶦ ἐλεύσονται ἐπὶ τῷ ὀνόματί μου λέ- 7 γοντες ὅτι Ἐγώ εἰμι, καὶ πολλοὺς πλανήσουσιν. ὅταν δὲ ἀκούσητε πολέμους καὶ ἀκοὰς πολέμων, μὴ θροεῖσθε· δεῖ 8 ʳ⁻ʰ γενέσθαι· ἀλλ' οὔπω τὸ τέλος. ἐγερθήσεται γὰρ ἔθνος ἐπὶ ἔθνος, καὶ βασιλεία ἐπὶ βασιλείαν· ˢ⁻ᶦ ἔσονται σεισμοὶ κατὰ τόπους· ˢ⁻ᶦ ἔσονται λιμοί ᵗ⁻ · ᵘἀρχὴ ὠδίνων ταῦτα.

9 Βλέπετε δὲ ὑμεῖς ἑαυτούς· παραδώσοισι γὰρ ὑμᾶς εἰς συνέδρια, καὶ εἰς συναγωγὰς δαρήσεσθε, καὶ ἐπὶ ἡγεμόνων καὶ βασιλέων ˣσταθήσεσθε ᶦ ἕνεκεν ἐμοῦ, εἰς μαρτύριον 10 αὐτοῖς· καὶ εἰς πάντα τὰ ἔθνη δεῖ πρῶτον κηρυχθῆναι τὸ 11 εὐαγγέλιον. ʸκαὶ ὅταν ἄγωσιν ʰ ὑμᾶς παραδιδόντες, μὴ προμεριμνᾶτε τί λαλήσητε ᶻ⁻ʰ· ἀλλ' ὃ ἐὰν δοθῇ ὑμῖν ἐν ἐκείνῃ τῇ ὥρᾳ, τοῦτο λαλεῖτε· οὐ γάρ ἐστε ὑμεῖς οἱ λα- 12 λοῦντες, ἀλλὰ τὸ Πνεῦμα τὸ Ἅγιον. ᵃκαὶ παραδώσει ᶦ ἀδελφὸς ἀδελφὸν εἰς θάνατον, καὶ πατὴρ τέκνον· καὶ ἐπαναστήσονται 13 τέκνα ἐπὶ γονεῖς, καὶ θανατώσουσιν αὐτούς· καὶ ἔσεσθε μισούμενοι ὑπὸ πάντων διὰ τὸ ὄνομά μου· ὁ δὲ ὑπομείνας εἰς τέλος, οὗτος σωθήσεται.

14 Ὅταν δὲ ἴδητε τὸ βδέλυγμα τῆς ἐρημώσεως ᵇ⁻ʰ ᶜἑστηκότα ʰ Mat.24.15, ὅπου οὐ δεῖ (ὁ ἀναγινώσκων νοείτω), τότε οἱ ἐν τῇ Ἰουδαίᾳ   Lk. 21.20: cp. Dan. 15 φευγέτωσαν εἰς τὰ ὄρη· ὁ δὲ ἐπὶ τοῦ δώματος μὴ καταβάτω   9.27, 12.11.

ᵐ om. ὧδε   ⁿ λίθῳ   ᵒ ἐπηρώτων   ᵖ πάντα ταῦτα συντελεῖσθαι   ᑫ add ἀποκριθεὶς   ʳ add γὰρ   ˢ add καὶ ᵗ add καὶ ταραχαί   ᵘ ἀρχαὶ   ˣ ἀχθήσεσθε Α.   ʸ ὅταν δὲ ἀγάγωσιν   ᶻ add μηδὲ μελετᾶτε   ᵃ παραδώσει δὲ ᵇ add τὸ ῥηθὲν ὑπὸ Δανιὴλ τοῦ προφήτου   ᶜ ἑστὸς

110   ΕΥΑΓΓΕΛΙΟΝ   13. 15-

ᵈ⁻∥, μηδὲ εἰσελθέτω ἆραί τι ἐκ τῆς οἰκίας αὐτοῦ· καὶ ὁ εἰς 16
τὸν ἀγρὸν ᵉ⁻∥ μὴ ἐπιστρεψάτω εἰς τὰ ὀπίσω ἆραι τὸ ἱμάτιον
αὐτοῦ. οὐαὶ δὲ ταῖς ἐν γαστρὶ ἐχούσαις καὶ ταῖς θηλαζούσαις 17
ἐν ἐκείναις ταῖς ἡμέραις· προσεύχεσθε δὲ ἵνα μὴ γένηται 18
ᶠ⁻∥ χειμῶνος· ἔσονται γὰρ αἱ ἡμέραι ἐκεῖναι θλῖψις, οἷα οὐ 19
γέγονε τοιαύτη ἀπ' ἀρχῆς κτίσεως ἧς ἔκτισεν ὁ Θεὸς ἕως
τοῦ νῦν, καὶ οὐ μὴ γένηται· καὶ εἰ μὴ Κύριος ἐκολόβωσε τὰς 20
ἡμέρας, οὐκ ἂν ἐσώθη πᾶσα σάρξ· ἀλλὰ διὰ τοὺς ἐκλεκτούς,
οὓς ἐξελέξατο, ἐκολόβωσε τὰς ἡμέρας. καὶ τότε ἐάν τις ὑμῖν 21
εἴπῃ, Ἰδού, ὧδε ὁ Χριστός, ἢ Ἰδού, ἐκεῖ, μὴ πιστεύσητε·
ἐγερθήσονται γὰρ ψευδόχριστοι καὶ ψευδοπροφῆται, καὶ 22
δώσουσι σημεῖα καὶ τέρατα, πρὸς τὸ ἀποπλανᾶν, εἰ δυνατόν,
ᵍ⁻∥ τοὺς ἐκλεκτούς. ὑμεῖς δὲ βλέπετε· ἰδού, προείρηκα ὑμῖν 23
πάντα.

Ἀλλ' ἐν ἐκείναις ταῖς ἡμέραις, μετὰ τὴν θλῖψιν ἐκείνην, 24
ὁ ἥλιος σκοτισθήσεται, καὶ ἡ σελήνη οὐ δώσει τὸ φέγγος
αὐτῆς, καὶ οἱ ἀστέρες ʰἔσονται ἐκ τοῦ οὐρανοῦ πίπτοντες∥, 25
καὶ αἱ δυνάμεις αἱ ἐν τοῖς οὐρανοῖς σαλευθήσονται· καὶ τότε 26
ὄψονται τὸν υἱὸν τοῦ ἀνθρώπου ἐρχόμενον ἐν νεφέλαις μετὰ
δυνάμεως πολλῆς καὶ δόξης. καὶ τότε ἀποστελεῖ τοὺς 27
ἀγγέλους ⁱ⁻∥, καὶ ἐπισυνάξει τοὺς ἐκλεκτοὺς αὐτοῦ ἐκ τῶν
τεσσάρων ἀνέμων, ἀπ' ἄκρου γῆς ἕως ἄκρου οὐρανοῦ.

Ἀπὸ δὲ τῆς συκῆς μάθετε τὴν παραβολήν· ὅταν αὐτῆς ἤδη 28
ὁ κλάδος ἁπαλὸς γένηται, καὶ ᵏἐκφύῃ∥ τὰ φύλλα, γινώσκετε
ὅτι ἐγγὺς τὸ θέρος ἐστίν· οὕτω καὶ ὑμεῖς, ὅταν ταῦτα ἴδητε 29
γινόμενα, γινώσκετε ὅτι ἐγγύς ἐστιν ἐπὶ θύραις· ἀμὴν λέγω 30
ὑμῖν, ὅτι οὐ μὴ παρέλθῃ ἡ γενεὰ αὕτη, μέχρις οὗ ˡταῦτα
πάντα∥ γένηται. ὁ οὐρανὸς καὶ ἡ γῆ παρελεύσονται· οἱ δὲ 31
λόγοι μου οὐ μὴ παρέλθωσι. περὶ δὲ τῆς ἡμέρας ἐκείνης 32

ᵈ add εἰς τὴν οἰκίαν   ᵉ add ἂν   ᶠ add ἡ φυγὴ ὑμῶν
ᵍ add καὶ   ʰ τοῦ οὐρανοῦ ἔσονται ἐκπίπτοντες   ⁱ add αὐτοῦ
ᵏ ἐκφυῇ S.   ˡ πάντα ταῦτα

ΚΑΤΑ ΜΑΡΚΟΝ.

m ἢ' τῆς ὥρας οὐδεὶς οἶδεν, οὐδὲ οἱ ἄγγελοι ⁿ⁻ ἐν οὐρανῷ,
33 οὐδὲ ὁ υἱός, εἰ μὴ ὁ πατήρ. βλέπετε, ἀγρυπνεῖτε ᵒκαὶ
34 προσεύχεσθε ᴵᴵ· οὐκ οἴδατε γὰρ πότε ὁ καιρός ἐστιν. ὡς
ἄνθρωπος ἀπόδημος, ἀφεὶς τὴν οἰκίαν αὐτοῦ, καὶ δοὺς τοῖς
δούλοις αὐτοῦ τὴν ἐξουσίαν, ᴾ⁻ᴵᴵ ἑκάστῳ τὸ ἔργον αὐτοῦ, καὶ
35 τῷ θυρωρῷ ἐνετείλατο ἵνα γρηγορῇ. γρηγορεῖτε οὖν· οὐκ
οἴδατε γὰρ πότε ὁ κύριος τῆς οἰκίας ἔρχεται, ᑫἢᴵᴵ ὀψέ, ἢ
36 μεσονυκτίου, ἢ ἀλεκτοροφωνίας, ἢ πρωΐ· μὴ ἐλθὼν ἐξαίφνης
37 εὕρῃ ὑμᾶς καθεύδοντας. ʳὃᴵᴵ δὲ ὑμῖν λέγω, πᾶσι λέγω,
γρηγορεῖτε.
14 Ἦν δὲ τὸ πάσχα καὶ τὰ ἄζυμα μετὰ δύο ἡμέρας· καὶ Mat. 26. 1.
ἐζήτουν οἱ ἀρχιερεῖς καὶ οἱ γραμματεῖς, πῶς αὐτὸν ἐν δόλῳ Lk. 22. 1.
2 κρατήσαντες ἀποκτείνωσιν· ἔλεγον ˢγάρᴵᴵ, Μὴ ἐν τῇ ἑορτῇ,
μήποτε θόρυβος ἔσται τοῦ λαοῦ.
3 Καὶ ὄντος αὐτοῦ ἐν Βηθανίᾳ, ἐν τῇ οἰκίᾳ Σίμωνος τοῦ Mat. 26. 6.
λεπροῦ, κατακειμένου αὐτοῦ ἦλθε γυνὴ ἔχουσα ἀλάβαστρον Joh. 12. 3;
μύρου νάρδου πιστικῆς πολυτελοῦς· ᵗ⁻ᴵ συντρίψασα τὸ 7. 37. cp. Lk.
4 ἀλάβαστρον κατέχεεν αὐτοῦ ᵘ⁻ᴵ τῆς κεφαλῆς. ἦσαν δέ
τινες ἀγανακτοῦντες πρὸς ἑαυτούς, ᵛ⁻ᴵᴵ Εἰς τί ἡ ἀπώλεια
5 αὕτη τοῦ μύρου γέγονεν; ἠδύνατο γὰρ τοῦτο ˣτὸ μύρονᴵᴵᴵ
πραθῆναι ἐπάνω τριακοσίων δηναρίων, καὶ δοθῆναι τοῖς
6 πτωχοῖς. καὶ ἐνεβριμῶντο αὐτῇ. ὁ δὲ Ἰησοῦς εἶπεν,
Ἄφετε αὐτήν· τί αὐτῇ κόπους παρέχετε; καλὸν ἔργον εἰργά-
7 σατο ʸἐν ἐμοίᴵᴵ. πάντοτε γὰρ τοὺς πτωχοὺς ἔχετε μεθ᾽
ἑαυτῶν, καὶ ὅταν θέλητε, δύνασθε αὐτοὺς εὖ ποιῆσαι, ἐμὲ δὲ
8 οὐ πάντοτε ἔχετε. ὃ ᶻἔσχενᴵᴵ, ἐποίησε· προέλαβε μυρίσαι
9 μου τὸ σῶμα εἰς τὸν ἐνταφιασμόν· ἀμὴν ᵃδὲᴵ λέγω ὑμῖν,
ὅπου ἂν κηρυχθῇ τὸ εὐαγγέλιον ᵇ⁻ᴵᴵ εἰς ὅλον τὸν κόσμον, καὶ
ὃ ἐποίησεν αὕτη λαληθήσεται εἰς μνημόσυνον αὐτῆς.

ᵐ καὶ   ⁿ add οἱ   ᵒ om. καὶ προσεύχεσθε Μ.   ᵖ add
καὶ   ᑫ om. ἢ   ʳ ἃ S.   ˢ δέ   ᵗ add καὶ   ᵘ add κατὰ
ᵛ add καὶ λέγοντες,   ˣ om. τὸ μύρον   ʸ εἰς ἐμέ   ᶻ εἶχεν
αὕτη   ᵃ om. δὲ   ᵇ add τοῦτο

112 ΕΥΑΓΓΕΛΙΟΝ 14. 10-

Mat.26.14, Καὶ ὁ Ἰούδας ὁ Ἰσκαριώτης, ^cὁ" εἷς τῶν δώδεκα, ἀπῆλθε 10
Lk. 22. 3 : πρὸς τοὺς ἀρχιερεῖς, ἵνα παραδῷ αὐτὸν αὐτοῖς. οἱ δὲ ἀκού- 11
cp. Joh.
13. 2. σαντες ἐχάρησαν, καὶ ἐπηγγείλαντο αὐτῷ ἀργύριον δοῦναι.
καὶ ἐζήτει πῶς εὐκαίρως αὐτὸν παραδῷ.

M:it.26.17, Καὶ τῇ πρώτῃ ἡμέρᾳ τῶν ἀζύμων, ὅτε τὸ πάσχα ἔθυον, 12
Lk. 22. 7 : λέγουσιν αὐτῷ οἱ μαθηταὶ αὐτοῦ, Ποῦ θέλεις ἀπελθόντες
cp. Ex.
12. 6, 18. ἑτοιμάσωμεν ἵνα φάγῃς τὸ πάσχα; καὶ ἀποστέλλει δύο τῶν 13
μαθητῶν αὐτοῦ, καὶ λέγει αὐτοῖς, Ὑπάγετε εἰς τὴν πόλιν, καὶ
ἀπαντήσει ὑμῖν ἄνθρωπος κεράμιον ὕδατος βαστάζων· ἀκο-
λουθήσατε αὐτῷ, καὶ ὅπου ἐὰν εἰσέλθῃ, εἴπατε τῷ οἰκοδεσπότῃ 14
ὅτι Ὁ διδάσκαλος λέγει, Ποῦ ἐστι τὸ κατάλυμά ^dμου", ὅπου
τὸ πάσχα μετὰ τῶν μαθητῶν μου φάγω; καὶ αὐτὸς ὑμῖν 15
δείξει ἀνώγεον μέγα ἐστρωμένον ἕτοιμον· ^eκαὶ" ἐκεῖ ἑτοιμά-
σατε ἡμῖν. καὶ ἐξῆλθον οἱ μαθηταί ^{f—"}, καὶ ἦλθον εἰς τὴν 16
πόλιν, καὶ εὗρον καθὼς εἶπεν αὐτοῖς· καὶ ἡτοίμασαν τὸ
πάσχα.

Mat.26.20, Καὶ ὀψίας γενομένης ἔρχεται μετὰ τῶν δώδεκα. καὶ 17, 18
Lk. 22. 14, ἀνακειμένων αὐτῶν καὶ ἐσθιόντων εἶπεν ὁ Ἰησοῦς, Ἀμὴν
Joh. 13. 1.
λέγω ὑμῖν, ὅτι εἷς ἐξ ὑμῶν παραδώσει με, ὁ ἐσθίων μετ'
ἐμοῦ. ^{g—"} ἤρξαντο λυπεῖσθαι, καὶ λέγειν αὐτῷ εἷς καθ' εἷς, 19
Μή τι ἐγώ; ^{h—"} ὁ δὲ ^{i—"} εἶπεν αὐτοῖς, Εἷς ἐκ τῶν δώδεκα, 20
ὁ ἐμβαπτόμενος μετ' ἐμοῦ εἰς τὸ τρυβλίον. ^jὅτι" ὁ μὲν υἱὸς 21
τοῦ ἀνθρώπου ὑπάγει, καθὼς γέγραπται περὶ αὐτοῦ· οὐαὶ δὲ
τῷ ἀνθρώπῳ ἐκείνῳ, δι' οὗ ὁ υἱὸς τοῦ ἀνθρώπου παραδίδοται·
καλὸν ἦν αὐτῷ, εἰ οὐκ ἐγεννήθη ὁ ἄνθρωπος ἐκεῖνος.

Mat.26.26, Καὶ ἐσθιόντων αὐτῶν λαβὼν ^{k—"} ἄρτον εὐλογήσας ἔκλασε, 22
Lk. 22. 19, καὶ ἔδωκεν αὐτοῖς, καὶ εἶπε, Λάβετε· ^{l—"} τοῦτό ἐστι τὸ
1Cor.11.23:
cp. Joh. σῶμά μου. καὶ λαβὼν ^{m—"} ποτήριον εὐχαριστήσας ἔδωκεν 23
6. 51.
Cp.Ex.24. αὐτοῖς, καὶ ἔπιον ἐξ αὐτοῦ πάντες· καὶ εἶπεν αὐτοῖς, Τοῦτό 24
8.

^c om. ὁ   ^d om. μου   ^e om. καὶ   ^f add αὐτοῦ   ^g add
οἱ δὲ   ^h add καὶ ἄλλος, Μή τι ἐγώ;   ⁱ add ἀποκριθεὶς
^j om. ὅτι   ^k add ὁ Ἰησοῦς   ^l add φάγετε·   ^m add τὸ

-14. 40. ΚΑΤΑ ΜΑΡΚΟΝ. 113

ἐστι τὸ αἷμά μου ⁿ⁻ʰ τῆς ᵒ⁻ʲ διαθήκης τὸ ᴾὑπὲρʰ πολλῶν
25 ἐκχυνόμενον. ἀμὴν λέγω ὑμῖν, ὅτι οὐκέτι οὐ μὴ πίω ἐκ τοῦ
γεννήματος τῆς ἀμπέλου, ἕως τῆς ἡμέρας ἐκείνης ὅταν αὐτὸ
πίνω καινὸν ἐν τῇ βασιλείᾳ τοῦ Θεοῦ.
26 Καὶ ὑμνήσαντες ἐξῆλθον εἰς τὸ ὄρος τῶν ἐλαιῶν. Mat.26.30.
27 Καὶ λέγει αὐτοῖς ὁ Ἰησοῦς ὅτι Πάντες σκανδαλισθήσεσθε Mat.26.31.
q⁻ʰʲ ὅτι γέγραπται, Πατάξω τὸν ποιμένα, καὶ διασκορπισθή- Cp. Zech.
28 σεται τὰ πρόβατα. ἀλλὰ μετὰ τὸ ἐγερθῆναί με προάξω Cp. 16. 7.
29 ὑμᾶς εἰς τὴν Γαλιλαίαν. ὁ δὲ Πέτρος ἔφη αὐτῷ, ʳΕἰ καὶʰ
30 πάντες σκανδαλισθήσονται, ἀλλ' οὐκ ἐγώ. καὶ λέγει αὐτῷ Mat.26.34:
ὁ Ἰησοῦς, Ἀμὴν λέγω σοι, ὅτι ˢσὺʲ σήμερον ᵗταύτῃ τῇ (p. Lk.
31 νυκτίʰ, πρὶν ἢ δὶς ἀλέκτορα φωνῆσαι, τρίς ἀπαρνήσῃ με. ὁ Joh. 13.38.
δὲ ᵘἐκπερισσῶς ἐλάλει, Ἐάν με δέῃ συναποθανεῖν σοι, οὐ
μή σε ἀπαρνήσομαι. ὡσαύτως δὲ καὶ πάντες ἔλεγον.
32 Καὶ ἔρχονται εἰς χωρίον οὗ τὸ ὄνομα Γεθσημανῆ· καὶ Mat.26.36.
λέγει τοῖς μαθηταῖς αὐτοῦ, Καθίσατε ὧδε, ἕως προσεύξωμαι. Joh. 18. 1.
33 καὶ παραλαμβάνει τὸν Πέτρον καὶ τὸν Ἰάκωβον καὶ Ἰωάννην
34 μεθ' ἑαυτοῦ, καὶ ἤρξατο ἐκθαμβεῖσθαι καὶ ἀδημονεῖν. καὶ
λέγει αὐτοῖς, Περίλυπός ἐστιν ἡ ψυχή μου ἕως θανάτου·
35 μείνατε ὧδε καὶ γρηγορεῖτε. καὶ προελθὼν μικρὸν ᵛἔπιπτενʰ
ἐπὶ τῆς γῆς, καὶ προσηύχετο, ἵνα, εἰ δυνατόν ἐστι, παρέλθῃ Cp. Joh.
36 ἀπ' αὐτοῦ ἡ ὥρα, καὶ ἔλεγεν, Ἀββᾶ, ὁ πατήρ, πάντα δυνατά Heb. 5. 7.
σοι· παρένεγκε τὸ ποτήριον ἀπ' ἐμοῦ τοῦτο· ἀλλ' οὐ τί ἐγὼ
37 θέλω, ἀλλὰ τί σύ. καὶ ἔρχεται καὶ εὑρίσκει αὐτοὺς καθεύ-
δοντας, καὶ λέγει τῷ Πέτρῳ, Σίμων, καθεύδεις; οὐκ ἴσχυσας
38 μίαν ὥραν γρηγορῆσαι; ˣγρηγορεῖτε καὶ προσεύχεσθε, ἵναʰ
μή εἰσέλθητε εἰς πειρασμόν· τὸ μὲν πνεῦμα πρόθυμον, ἡ δὲ
39 σὰρξ ἀσθενής. καὶ πάλιν ἀπελθὼν προσηύξατο τὸν αὐτὸν
40 λόγον εἰπών. καὶ ʸπάλιν ἐλθὼνʰ εὗρεν αὐτοὺς ᶻ⁻ʲ καθεύ-

ⁿ add τὸ ᵒ add καινῆς A.S.M. ᵖ περὶ ۹ add ἐν ἐμοὶ
ἐν τῇ νυκτὶ ταύτῃ ʳ Καὶ εἰ ˢ om. σὺ ᵗ ἐν τῇ νυκτὶ
ταύτῃ ᵘ ἐκ περισσοῦ ἔλεγε μᾶλλον ᵛ ἔπεσεν ˣ γρη-
γορεῖτε, καὶ προσεύχεσθε ἵνα M. ʸ ὑποστρέψας ᶻ add πάλιν

114 ΕΥΑΓΓΕΛΙΟΝ 14. 40-

δοντας, ἦσαν γὰρ οἱ ὀφθαλμοὶ αὐτῶν ^aκαταβαρυνόμενοι^{||}·
καὶ οὐκ ᾔδεισαν τί αὐτῷ ἀποκριθῶσι. καὶ ἔρχεται τὸ τρίτον, 41
καὶ λέγει αὐτοῖς, Καθεύδετε τὸ λοιπὸν καὶ ἀναπαύεσθε·
ἀπέχει· ἦλθεν ἡ ὥρα· ἰδού, παραδίδοται ὁ υἱὸς τοῦ ἀνθρώπου
εἰς τὰς χεῖρας τῶν ἁμαρτωλῶν. ἐγείρεσθε, ἄγωμεν· ἰδού, ὁ 42
παραδιδούς με ἤγγικε.

Mat.26.47,   Καὶ εὐθέως, ἔτι αὐτοῦ λαλοῦντος, παραγίνεται Ἰούδας, εἷς 43
Lk. 22. 47,
Joh. 18. 3. ^{b—||} τῶν δώδεκα, καὶ μετ' αὐτοῦ ὄχλος ^{c—||} μετὰ μαχαιρῶν
καὶ ξύλων παρὰ τῶν ἀρχιερέων καὶ τῶν γραμματέων καὶ τῶν
πρεσβυτέρων. δεδώκει δὲ ὁ παραδιδοὺς αὐτὸν σύσσημον 44
αὐτοῖς λέγων, ^οΟν ἂν φιλήσω, αὐτός ἐστι· κρατήσατε αὐτόν,
καὶ ἀπαγάγετε ἀσφαλῶς. καὶ ἐλθών, εὐθέως προσελθὼν 45
αὐτῷ λέγει, 'Ραββί, ^{d—||} καὶ κατεφίλησεν αὐτόν· οἱ δὲ 46
ἐπέβαλον ἐπ' αὐτὸν τὰς χεῖρας αὐτῶν, καὶ ἐκράτησαν αὐτόν.
εἷς δέ τις τῶν παρεστηκότων σπασάμενος τὴν μάχαιραν 47
ἔπαισε τὸν δοῦλον τοῦ ἀρχιερέως, καὶ ἀφεῖλεν αὐτοῦ τὸ
ὠτίον. καὶ ἀποκριθεὶς ὁ Ἰησοῦς εἶπεν αὐτοῖς, Ὡς ἐπὶ 48
λῃστὴν ἐξήλθετε μετὰ μαχαιρῶν καὶ ξύλων συλλαβεῖν με;
καθ' ἡμέραν ἤμην πρὸς ὑμᾶς ἐν τῷ ἱερῷ διδάσκων, καὶ οὐκ 49
ἐκρατήσατέ με· ἀλλ' ἵνα πληρωθῶσιν αἱ γραφαί. καὶ 50
ἀφέντες αὐτὸν πάντες ἔφυγον.

  Καὶ ^eνεανίσκος τις συνηκολούθει^{||} αὐτῷ περιβεβλημένος 51
σινδόνα ἐπὶ γυμνοῦ· καὶ κρατοῦσιν αὐτόν ^{f—||}· ὁ δὲ κατα- 52
λιπὼν τὴν σινδόνα γυμνὸς ἔφυγε ^{g—||}.

Mat.26.57,   Καὶ ἀπήγαγον τὸν Ἰησοῦν πρὸς τὸν ἀρχιερέα· καὶ συνέρ- 53
Lk. 22.54:
cp. Joh. χονται αὐτῷ πάντες οἱ ἀρχιερεῖς καὶ οἱ πρεσβύτεροι καὶ οἱ
18.12,24. γραμματεῖς. καὶ ὁ Πέτρος ἀπὸ μακρόθεν ἠκολούθησεν αὐτῷ 54
ἕως ἔσω εἰς τὴν αὐλὴν τοῦ ἀρχιερέως, καὶ ἦν συγκαθήμενος
μετὰ τῶν ὑπηρετῶν, καὶ θερμαινόμενος πρὸς τὸ φῶς. οἱ δὲ 55

^a βεβαρημένοι   ^b add ὧν   ^c add πολὺς   ^d add ῥαββί.
^e εἷς τις νεανίσκος ἠκολούθει   ^f add οἱ νεανίσκοι   ^g add
ἀπ' αὐτῶν

ΚΑΤΑ ΜΑΡΚΟΝ.

ἀρχιερεῖς καὶ ὅλον τὸ συνέδριον ἐζήτουν κατὰ τοῦ Ἰησοῦ
56 μαρτυρίαν, εἰς τὸ θανατῶσαι αὐτόν· καὶ οὐχ εὕρισκον· πολλοὶ
γὰρ ἐψευδομαρτύρουν κατ' αὐτοῦ, καὶ ἴσαι αἱ μαρτυρίαι οὐκ
57 ἦσαν. καί τινες ἀναστάντες ἐψευδομαρτύρουν κατ' αὐτοῦ
58 λέγοντες ὅτι Ἡμεῖς ἠκούσαμεν αὐτοῦ λέγοντος ὅτι Ἐγὼ
καταλύσω τὸν ναὸν τοῦτον τὸν χειροποίητον, καὶ διὰ τριῶν
59 ἡμερῶν ἄλλον ἀχειροποίητον οἰκοδομήσω. καὶ οὐδὲ οὕτως
60 ἴση ἦν ἡ μαρτυρία αὐτῶν. καὶ ἀναστὰς ὁ ἀρχιερεὺς εἰς τὸ
μέσον ἐπηρώτησε τὸν Ἰησοῦν λέγων, Οὐκ ἀποκρίνῃ οὐδέν;
61 τί οὗτοί σου καταμαρτυροῦσιν; ὁ δὲ ἐσιώπα, καὶ ʰοὐκ
ἀπεκρίνατο οὐδέν". πάλιν ὁ ἀρχιερεὺς ἐπηρώτα αὐτόν, καὶ
62 λέγει αὐτῷ, Σὺ εἶ ὁ Χριστός, ὁ υἱὸς τοῦ εὐλογητοῦ; ὁ δὲ
Ἰησοῦς εἶπεν, Ἐγώ εἰμι· καὶ ὄψεσθε τὸν υἱὸν τοῦ ἀνθρώπου
καθήμενον ἐκ δεξιῶν τῆς δυνάμεως καὶ ἐρχόμενον μετὰ τῶν
63 νεφελῶν τοῦ οὐρανοῦ. ὁ δὲ ἀρχιερεὺς διαρρήξας τοὺς
64 χιτῶνας αὐτοῦ λέγει, Τί ἔτι χρείαν ἔχομεν μαρτύρων; ἠκού-
σατε τῆς βλασφημίας· τί ὑμῖν φαίνεται; οἱ δὲ πάντες
65 κατέκριναν αὐτὸν εἶναι ἔνοχον θανάτου. καὶ ἤρξαντό τινες
ἐμπτύειν αὐτῷ, καὶ περικαλύπτειν τὸ πρόσωπον αὐτοῦ, καὶ
κολαφίζειν αὐτόν, καὶ λέγειν αὐτῷ, Προφήτευσον· καὶ οἱ
ὑπηρέται ῥαπίσμασιν αὐτὸν ⁱἔλαβον".
66 Καὶ ὄντος τοῦ Πέτρου ᵏκάτω ἐν τῇ αὐλῇ ˡ ἔρχεται μία
67 τῶν παιδισκῶν τοῦ ἀρχιερέως, καὶ ἰδοῦσα τὸν Πέτρον
θερμαινόμενον ἐμβλέψασα αὐτῷ λέγει, Καὶ σὺ μετὰ τοῦ
68 Ναζαρηνοῦ ˡἦσθα, τοῦ Ἰησοῦ". ὁ δὲ ἠρνήσατο λέγων,
ᵐΟὔτε" οἶδα ⁿοὔτε" ἐπίσταμαι ᵒσὺ τί" λέγεις. καὶ ἐξῆλθεν
69 ἔξω εἰς τὸ προαύλιον· ᵖκαὶ ἀλέκτωρ ἐφώνησε." καὶ ἡ
παιδίσκη ἰδοῦσα αὐτὸν ᵠἤρξατο πάλιν" λέγειν τοῖς παρεστη-
70 κόσιν ὅτι Οὗτος ἐξ αὐτῶν ἐστιν. ὁ δὲ πάλιν ἠρνεῖτο. καὶ

Cp. Joh. 2.
19.

Mat.26.64,
Lk. 22.69:
cp. Mk.
8. 38.
Dan. 7.13.
Mat.26.05.
Cp. Joh.
10. 33,
19. 7,
Lev.24.16.

Mat.26.58,
Lk. 22.55:
cp. Joh.
18.17,25.

ʰ οὐδὲν ἀπεκρίνατο   ⁱ ἔβαλλον   ᵏ ἐν τῇ αὐλῇ κάτω
ˡ Ἰησοῦ ἦσθα   ᵐ Οὐκ   ⁿ οὐδὲ   ᵒ τί σὺ   ᵖ om. καὶ
ἀλέκτωρ ἐφώνησε. Μ.   ᵠ πάλιν ἤρξατο

I 2

μετὰ μικρὸν πάλιν οἱ παρεστῶτες ἔλεγον τῷ Πέτρῳ, Ἀληθῶς ἐξ αὐτῶν εἶ· καὶ γὰρ Γαλιλαῖος εἶ ʳ⁻ᶥᶥ. ὁ δὲ ἤρξατο 71 ἀναθεματίζειν καὶ ὀμνύειν ὅτι Οὐκ οἶδα τὸν ἄνθρωπον τοῦτον ὃν λέγετε. καὶ ˢεὐθὺςᶥᶥ ἐκ δευτέρου ἀλέκτωρ ἐφώνησε. 72 καὶ ἀνεμνήσθη ὁ Πέτρος ᵗτὸ ῥῆμα, ὡςᶥᶥ εἶπεν αὐτῷ ὁ Ἰησοῦς, ὅτι Πρὶν ἀλέκτορα φωνῆσαι δίς, ᵘτρίς με ἀπαρνήσῃᶥᶥ· καὶ ἐπιβαλὼν ἔκλαιε.

Καὶ εὐθέως ˣ⁻ᶥᶥ πρωῒ συμβούλιον ποιήσαντες οἱ ἀρχιερεῖς 15 μετὰ τῶν πρεσβυτέρων καὶ γραμματέων, καὶ ὅλον τὸ συνέδριον, δήσαντες τὸν Ἰησοῦν ἀπήνεγκαν καὶ παρέδωκαν τῷ Πιλάτῳ. καὶ ἐπηρώτησεν αὐτὸν ὁ Πιλάτος, Σὺ εἶ ὁ βασιλεὺς 2 τῶν Ἰουδαίων; ὁ δὲ ἀποκριθεὶς ʸαὐτῷ λέγειᶥᶥ, Σὺ λέγεις. καὶ κατηγόρουν αὐτοῦ οἱ ἀρχιερεῖς πολλά. ᶻ⁻ᶥᶥ ὁ δὲ Πιλάτος 3, 4 πάλιν ἐπηρώτησεν αὐτὸν λέγων, Οὐκ ἀποκρίνῃ οὐδέν; ἴδε, πόσα σου ᵃκατηγοροῦσινᶥᶥ. ὁ δὲ Ἰησοῦς οὐκέτι οὐδὲν ἀπε- 5 κρίθη, ὥστε θαυμάζειν τὸν Πιλάτον.

Κατὰ δὲ ἑορτὴν ἀπέλυεν αὐτοῖς ἕνα δέσμιον, ᵇὃν παρῃ- 6 τοῦντοᶥᶥ. ἦν δὲ ὁ λεγόμενος Βαραββᾶς μετὰ τῶν ᶜστασια- 7 στῶνᶥᶥ δεδεμένος, οἵτινες ἐν τῇ στάσει φόνον πεποιήκεισαν. καὶ ᵈἀναβὰςᶥᶥ ὁ ὄχλος ἤρξατο αἰτεῖσθαι, καθὼς ᵉ⁻ᶥᶥ ἐποίει 8 αὐτοῖς. ὁ δὲ Πιλάτος ἀπεκρίθη αὐτοῖς λέγων, Θέλετε 9 ἀπολύσω ὑμῖν τὸν βασιλέα τῶν Ἰουδαίων; ἐγίνωσκε γὰρ 10 ὅτι διὰ φθόνον παραδεδώκεισαν αὐτὸν οἱ ἀρχιερεῖς. οἱ δὲ 11 ἀρχιερεῖς ἀνέσεισαν τὸν ὄχλον, ἵνα μᾶλλον τὸν Βαραββᾶν ἀπολύσῃ αὐτοῖς. ὁ δὲ Πιλάτος ᶠπάλιν ἀποκριθεὶςᶥᶥ εἶπεν 12 αὐτοῖς, Τί οὖν ᵍ⁻ᶥᶥ ποιήσω ὃν λέγετε ʰτὸνᶥᶥ βασιλέα τῶν Ἰουδαίων; οἱ δὲ πάλιν ἔκραξαν, Σταύρωσον αὐτόν. ὁ 13, 14 δὲ Πιλάτος ἔλεγεν αὐτοῖς, Τί γὰρ κακὸν ἐποίησεν; οἱ δὲ

ʳ add καὶ ἡ λαλιά σου ὁμοιάζει   ˢ om. εὐθὺς   ᵗ τοῦ ῥήματος οὗ   ᵘ ἀπαρνήσῃ με τρίς   ˣ add ἐπὶ τὸ   ʸ εἶπεν αὐτῷ   ᶻ add αὐτὸς δὲ οὐδὲν ἀπεκρίνατο. A.   ᵃ καταμαρτυροῦσιν   ᵇ ὅνπερ ᾐτοῦντο   ᶜ συστασιαστῶν   ᵈ ἀναβοήσας   ᵉ add ἀεὶ   ᶠ ἀποκριθεὶς πάλιν   ᵍ add θέλετε   ʰ om. τὸν

15 ¹περισσῶς " ἔκραξαν, Σταύρωσον αὐτόν. ὁ δὲ Πιλᾶτος, βουλόμενος τῷ ὄχλῳ τὸ ἱκανὸν ποιῆσαι, ἀπέλυσεν αὐτοῖς τὸν Βαραββᾶν, καὶ παρέδωκε τὸν Ἰησοῦν, φραγελλώσας, ἵνα σταυρωθῇ.

16 Οἱ δὲ στρατιῶται ἀπήγαγον αὐτὸν ἔσω τῆς αὐλῆς, ὅ ἐστι Mat.27.27. 17 πραιτώριον, καὶ συγκαλοῦσιν ὅλην τὴν σπεῖραν. καὶ Joh. 19. 2. ἐνδύουσιν αὐτὸν πορφύραν, καὶ περιτιθέασιν αὐτῷ πλέξαντες 18 ἀκάνθινον στέφανον· καὶ ἤρξαντο ἀσπάζεσθαι αὐτόν, Χαῖρε, 19 βασιλεῦ τῶν Ἰουδαίων· καὶ ἔτυπτον αὐτοῦ τὴν κεφαλὴν καλάμῳ, καὶ ἐνέπτυον αὐτῷ, καὶ τιθέντες τὰ γόνατα προσεκύ-20 νουν αὐτῷ. καὶ ὅτε ἐνέπαιξαν αὐτῷ, ἐξέδυσαν αὐτὸν τὴν πορφύραν, καὶ ἐνέδυσαν αὐτὸν τὰ ἱμάτια ᵏαὐτοῦ · καὶ ἐξάγουσιν αὐτόν, ἵνα σταυρώσωσιν αὐτόν.

21 Καὶ ἀγγαρεύουσι παράγοντά τινα Σίμωνα Κυρηναῖον, Mat.27.32, ἐρχόμενον ἀπ' ἀγροῦ, τὸν πατέρα Ἀλεξάνδρου καὶ Ῥούφου, Lk. 23. 26: cp. Joh. 22 ἵνα ἄρῃ τὸν σταυρὸν αὐτοῦ. καὶ φέρουσιν αὐτὸν ἐπὶ Γολγοθᾶ 19. 17. 23 τόπον, ὅ ἐστι μεθερμηνευόμενον Κρανίου τόπος. καὶ ἐδίδουν Cp. Ps. 69 24 αὐτῷ ¹⁻ˡ ἐσμυρνισμένον οἶνον· ὁ δὲ οὐκ ἔλαβε. καὶ ᵐ σταυ- (68). 21. ροῦσιν αὐτόν, καὶ διαμερίζονται " τὰ ἱμάτια αὐτοῦ, βάλλοντες Cp. Ps. 22 25 κλῆρον ἐπ' αὐτά, τίς τί ἄρῃ. ἦν δὲ ὥρα τρίτη, καὶ ἐσταύ- (21). 18. 26 ρωσαν αὐτόν. καὶ ἦν ἡ ἐπιγραφὴ τῆς αἰτίας αὐτοῦ ἐπι-27 γεγραμμένη, Ὁ βασιλεὺς τῶν Ἰουδαίων. καὶ σὺν αὐτῷ Cp.Isa.53. σταυροῦσι δύο λῃστάς, ἕνα ἐκ δεξιῶν καὶ ἕνα ἐξ εὐωνύμων 12. 29 αὐτοῦ. ⁿ⁻ˡ καὶ οἱ παραπορευόμενοι ἐβλασφήμουν αὐτὸν Cp. Ps. 22 κινοῦντες τὰς κεφαλὰς αὐτῶν καὶ λέγοντες, Οὐά, ὁ καταλύων (21). 7. Cp. 14. 58. 30 τὸν ναόν, καὶ ᵒ οἰκοδομῶν ἐν τρισὶν ἡμέραις", σῶσον σεαυτὸν Joh. 2. 19 31 ᵖ καταβὰς " ἀπὸ τοῦ σταυροῦ. ὁμοίως ᑫ⁻" καὶ οἱ ἀρχιερεῖς ἐμπαίζοντες πρὸς ἀλλήλους μετὰ τῶν γραμματέων ἔλεγον,

---

ⁱ περισσοτέρως ᵏ τὰ ἴδια ˡ add πιεῖν ᵐ σταυρώσαντες αὐτὸν διεμέριζον ⁿ add ver. 28 καὶ ἐπληρώθη ἡ γραφὴ ἡ λέγουσα, Καὶ μετὰ ἀνόμων ἐλογίσθη. Λ.S.M. ᵒ ἐν τρισὶν ἡμέραις οἰκοδομῶν ᵖ καὶ κατάβα ᑫ add δὲ

118   ΕΥΑΓΓΕΛΙΟΝ   15. 31-

Ἄλλους ἔσωσεν, ἑαυτὸν οὐ δύναται ʳσῶσαι.ǁ ὁ Χριστὸς ὁ 32
βασιλεὺς τοῦ ˢἸσραὴλǁ καταβάτω νῦν ἀπὸ τοῦ σταυροῦ, ἵνα
ἴδωμεν καὶ πιστεύσωμεν. καὶ οἱ συνεσταυρωμένοι αὐτῷ
ὠνείδιζον αὐτόν.
ᵗΚαὶ γενομένηςǁ ὥρας ἕκτης σκότος ἐγένετο ἐφ᾽ ὅλην τὴν 33
γῆν ἕως ὥρας ἐννάτης. καὶ τῇ ὥρᾳ τῇ ἐννάτῃ ἐβόησεν ὁ 34
Ἰησοῦς φωνῇ μεγάλῃ ᵘ⁻ǀ, Ἐλωΐ, Ἐλωΐ, ᵛλαμᾶǁ σαβαχθανί;
ὅ ἐστι μεθερμηνευόμενον Ὁ Θεός μου, ὁ Θεός μου, εἰς τί με
ἐγκατέλιπες; καὶ τινὲς τῶν παρεστηκότων ἀκούσαντες ἔλε- 35
γον, Ἰδού, Ἠλίαν φωνεῖ. δραμὼν δέ ʷτιςǁ, ˣ⁻ǀ γεμίσας 36
σπόγγον ὄξους, περιθεὶς ʸ⁻ǁ καλάμῳ, ἐπότιζεν αὐτὸν λέγων,
Ἄφετε, ἴδωμεν εἰ ἔρχεται Ἠλίας καθελεῖν αὐτόν. ὁ δὲ 37
Ἰησοῦς ἀφεὶς φωνὴν μεγάλην ἐξέπνευσε. καὶ τὸ καταπέ- 38
τασμα τοῦ ναοῦ ἐσχίσθη εἰς δύο ἀπὸ ἄνωθεν ἕως κάτω.
ἰδὼν δὲ ὁ κεντυρίων ὁ παρεστηκὼς ἐξ ἐναντίας αὐτοῦ, ὅτι 39
ᶻοὕτωςǁ ἐξέπνευσεν, εἶπεν, Ἀληθῶς ὁ ἄνθρωπος οὗτος υἱὸς
ἦν Θεοῦ. ἦσαν δὲ καὶ γυναῖκες ἀπὸ μακρόθεν θεωροῦσαι, ἐν 40
αἷς ᵃ⁻ǁ καὶ Μαρία ἡ Μαγδαληνή, καὶ Μαρία ἡ τοῦ Ἰακώβου
τοῦ μικροῦ καὶ Ἰωσῆ μήτηρ, καὶ Σαλώμη, αἳ ᵇ⁻ǁ ὅτε ἦν ἐν 41
τῇ Γαλιλαίᾳ ἠκολούθουν αὐτῷ καὶ διηκόνουν αὐτῷ, καὶ ἄλλαι
πολλαὶ αἱ συναναβᾶσαι αὐτῷ εἰς Ἱεροσόλυμα.
Καὶ ἤδη ὀψίας γενομένης, ἐπεὶ ἦν παρασκευή, ὅ ἐστι 42
προσάββατον, ᶜἐλθὼν ⁷Ἰωσὴφ ὁ ἀπὸ Ἀριμαθαίας, εὐσχήμων 43
βουλευτής, ὃς καὶ αὐτὸς ἦν προσδεχόμενος τὴν βασιλείαν
τοῦ Θεοῦ, τολμήσας εἰσῆλθε πρὸς Πιλάτον, καὶ ᾐτήσατο τὸ
σῶμα τοῦ Ἰησοῦ. ὁ δὲ Πιλάτος ἐθαύμασεν εἰ ἤδη τέθνηκε· 44
καὶ προσκαλεσάμενος τὸν κεντυρίωνα ἐπηρώτησεν αὐτὸν εἰ
ᵈπάλαιǁ ἀπέθανε· καὶ γνοὺς ἀπὸ τοῦ κεντυρίωνος ἐδωρήσατο 45
τὸ ᵉπτῶμαǁ τῷ Ἰωσήφ. καὶ ἀγοράσας σινδόνα, ᶠ⁻ǁ καθελὼν 46

ʳ σῶσαι; M.   ˢ Ἰσραὴλ S.   ᵗ Γενομένης δὲ   ᵘ add λέγων
ᵛ λαμμᾶ S.   ʷ εἷς   ˣ add καὶ   ʸ add τε   ᶻ οὕτω κράξας A.S.M.
ᵃ add ἦν   ᵇ add καὶ   ᶜ ἦλθεν   ᵈ ἤδη M.   ᵉ σῶμα   ᶠ add καὶ

ΚΑΤΑ ΜΑΡΚΟΝ.

αὐτὸν ἐνείλησε τῇ σινδόνι, καὶ ᵍἔθηκεν" αὐτὸν ἐν μνημείῳ, ὃ ἦν λελατομημένον ἐκ πέτρας· καὶ προσεκύλισε λίθον ἐπὶ 47 τὴν θύραν τοῦ μνημείου. ἡ δὲ Μαρία ἡ Μαγδαληνὴ καὶ Μαρία ʰἥ" Ἰωσῇ ἐθεώρουν ποῦ ⁱτέθειται.ʲ

16 Καὶ διαγενομένου τοῦ σαββάτου Μαρία ἡ Μαγδαληνὴ καὶ Μαρία ἡ τοῦ Ἰακώβου καὶ Σαλώμη ἠγόρασαν ἀρώματα, ἵνα 2 ἐλθοῦσαι ἀλείψωσιν αὐτόν. καὶ λίαν πρωὶ ᵏτῇ μιᾷ τῶν¹ σαββάτων ἔρχονται ἐπὶ τὸ μνημεῖον ἀνατείλαντος τοῦ ἡλίου. 3 καὶ ἔλεγον πρὸς ἑαυτάς, Τίς ἀποκυλίσει ἡμῖν τὸν λίθον ἐκ 4 τῆς θύρας τοῦ μνημείου; καὶ ἀναβλέψασαι θεωροῦσιν ὅτι 5 ˡἀνακεκύλισται" ὁ λίθος· ἦν γὰρ μέγας σφόδρα. καὶ εἰσελθοῦσαι εἰς τὸ μνημεῖον εἶδον νεανίσκον καθήμενον ἐν τοῖς δεξιοῖς περιβεβλημένον στολὴν λευκήν· καὶ ἐξεθαμβή- 6 θησαν. ὁ δὲ λέγει αὐταῖς, Μὴ ἐκθαμβεῖσθε· Ἰησοῦν ζητεῖτε τὸν Ναζαρηνὸν τὸν ἐσταυρωμένον· ἠγέρθη, οὐκ ἔστιν ὧδε· 7 ἴδε, ὁ τόπος ὅπου ἔθηκαν αὐτόν. ἀλλ᾽ ὑπάγετε, εἴπατε τοῖς μαθηταῖς αὐτοῦ καὶ τῷ Πέτρῳ ὅτι Προάγει ὑμᾶς εἰς τὴν 8 Γαλιλαίαν· ἐκεῖ αὐτὸν ὄψεσθε, καθὼς εἶπεν ὑμῖν. καὶ ἐξελθοῦσαι ᵐ⁻ᵈ ἔφυγον ἀπὸ τοῦ μνημείου, εἶχε ⁿγὰρ ᵒ αὐτὰς τρόμος καὶ ἔκστασις· καὶ οὐδενὶ οὐδὲν εἶπον, ἐφοβοῦντο γάρ.

Mat. 28. 1.
Lk. 24. 1:
cp. Joh.
20. 1.

Cp. Mat.
28. 5 qq.

Cp. 14. 28.

9 ᵒἈναστὰς δὲ πρωὶ πρώτῃ σαββάτου ἐφάνη πρῶτον Μαρίᾳ 10 τῇ Μαγδαληνῇ, ᵖπαρ᾽" ἧς ἐκβεβλήκει ἑπτὰ δαιμόνια. ἐκείνη πορευθεῖσα ἀπήγγειλε τοῖς μετ᾽ αὐτοῦ γενομένοις, πενθοῦσι 11 καὶ κλαίουσι. κἀκεῖνοι ἀκούσαντες, ὅτι ζῇ καὶ ἐθεάθη ὑπ᾽ αὐτῆς, ἠπίστησαν.

12 Μετὰ δὲ ταῦτα δυσὶν ἐξ αὐτῶν περιπατοῦσιν ἐφανερώθη 13 ἐν ἑτέρᾳ μορφῇ, πορευομένοις εἰς ἀγρόν. κἀκεῖνοι ἀπελθόντες ἀπήγγειλαν τοῖς λοιποῖς· οὐδὲ ἐκείνοις ἐπίστευσαν.

Cp. Joh.
20. 14.

Cp. Lk. 24.
13.

ᵍ κατέθηκεν   ʰ om. ἡ   ⁱ τίθεται   ᵏ τῆς μιᾶς   ˡ ἀποκεκύλισται   ᵐ add ταχὺ   ⁿ δὲ   ᵒ om. vv. 9-20 M.   ᵖ ἀφ᾽

ΚΑΤΑ ΜΑΡΚΟΝ. 16. 14-

Ὕστερον ᵃδὲ" ἀνακειμένοις αὐτοῖς τοῖς ἕνδεκα ἐφανερώθη, 14 καὶ ὠνείδισε τὴν ἀπιστίαν αὐτῶν καὶ σκληροκαρδίαν, ὅτι τοῖς θεασαμένοις αὐτὸν ἐγηγερμένον οὐκ ἐπίστευσαν. καὶ εἶπεν 15 αὐτοῖς, Πορευθέντες εἰς τὸν κόσμον ἅπαντα κηρύξατε τὸ εὐαγγέλιον πάσῃ τῇ κτίσει. ὁ πιστεύσας καὶ βαπτισθεὶς 16 σωθήσεται· ὁ δὲ ἀπιστήσας κατακριθήσεται. σημεῖα δὲ τοῖς 17 πιστεύσασι ταῦτα παρακολουθήσει· ἐν τῷ ὀνόματί μου δαιμόνια ἐκβαλοῦσι· γλώσσαις λαλήσουσι ʳκαιναῖς"· ὄφεις 18 ἀροῦσι, κἂν θανάσιμόν τι πίωσιν, οὐ μὴ αὐτοὺς ˢβλάψῃ"· ἐπὶ ἀρρώστους χεῖρας ἐπιθήσουσι, καὶ καλῶς ἕξουσιν. Ὁ μὲν οὖν Κύριος ᵗἸησοῦς", μετὰ τὸ λαλῆσαι αὐτοῖς, 19 ἀνελήφθη εἰς τὸν οὐρανόν, καὶ ἐκάθισεν ἐκ δεξιῶν τοῦ Θεοῦ. ἐκεῖνοι δὲ ἐξελθόντες ἐκήρυξαν πανταχοῦ, τοῦ Κυρίου συνερ- 20 γοῦντος, καὶ τὸν λόγον βεβαιοῦντος διὰ τῶν ἐπακολουθούντων σημείων. ἀμήν."

ΤΟ ΚΑΤΑ ΛΟΥΚΑΝ

ΑΓΙΟΝ ΕΥΑΓΓΕΛΙΟΝ.

Ἐπειδήπερ πολλοὶ ἐπεχείρησαν ἀνατάξασθαι διήγησιν 1 περὶ τῶν πεπληροφορημένων ἐν ἡμῖν πραγμάτων, καθὼς 2 παρέδοσαν ἡμῖν οἱ ἀπ' ἀρχῆς αὐτόπται καὶ ὑπηρέται γενόμενοι τοῦ λόγου, ἔδοξε κἀμοί, παρηκολουθηκότι ἄνωθεν πᾶσιν 3 ἀκριβῶς, καθεξῆς σοι γράψαι, κράτιστε Θεόφιλε, ἵνα ἐπιγνῷς 4 περὶ ὧν κατηχήθης λόγων τὴν ἀσφάλειαν.

Ἐγένετο ἐν ταῖς ἡμέραις Ἡρώδου ᵃ⁻⁷ βασιλέως τῆς 5 Ἰουδαίας ἱερεύς τις ὀνόματι Ζαχαρίας ἐξ ἐφημερίας Ἀβιά·

ᵍ om. δὲ ʳ om. καιναῖς Μ ˢ βλάψει ᵗ om. Ἰησοῦς ᵃ add τοῦ

ΚΑΤΑ ΛΟΥΚΑΝ.

καὶ [b]γυνὴ αὐτῷ ἐκ τῶν θυγατέρων Ἀαρών, καὶ τὸ ὄνομα
6 αὐτῆς Ἐλισάβετ. ἦσαν δὲ δίκαιοι ἀμφότεροι [c]ἐναντίον [f] τοῦ
Θεοῦ, πορευόμενοι ἐν πάσαις ταῖς ἐντολαῖς καὶ δικαιώμασι
7 τοῦ Κυρίου ἄμεμπτοι. καὶ οὐκ ἦν αὐτοῖς τέκνον, καθότι ἡ
Ἐλισάβετ ἦν στεῖρα, καὶ ἀμφότεροι προβεβηκότες ἐν ταῖς
ἡμέραις αὐτῶν ἦσαν.
8 Ἐγένετο δὲ ἐν τῷ ἱερατεύειν αὐτὸν ἐν τῇ τάξει τῆς ἐφη- Cp. 1 Chr.
9 μερίας αὐτοῦ ἔναντι τοῦ Θεοῦ, κατὰ τὸ ἔθος τῆς ἱερατείας, 24. 19.
ἔλαχε τοῦ θυμιᾶσαι εἰσελθὼν εἰς τὸν ναὸν τοῦ Κυρίου. Cp.Ex.30.
10 καὶ πᾶν τὸ πλῆθος τοῦ λαοῦ ἦν προσευχόμενον ἔξω τῇ ὥρᾳ 7.
11 τοῦ θυμιάματος. ὤφθη δὲ αὐτῷ ἄγγελος Κυρίου ἑστὼς ἐκ
12 δεξιῶν τοῦ θυσιαστηρίου τοῦ θυμιάματος. καὶ ἐταράχθη
13 Ζαχαρίας ἰδών, καὶ φόβος ἐπέπεσεν ἐπ' αὐτόν. εἶπε δὲ πρὸς
αὐτὸν ὁ ἄγγελος, Μὴ φοβοῦ, Ζαχαρία· διότι εἰσηκούσθη ἡ
δέησίς σου, καὶ ἡ γυνή σου Ἐλισάβετ γεννήσει υἱόν σοι,
14 καὶ καλέσεις τὸ ὄνομα αὐτοῦ Ἰωάννην. καὶ ἔσται χαρά σοι καὶ
ἀγαλλίασις, καὶ πολλοὶ ἐπὶ τῇ [d]γενέσει[f] αὐτοῦ χαρήσονται.
15 ἔσται γὰρ μέγας ἐνώπιον τοῦ Κυρίου, καὶ οἶνον καὶ σίκερα Cp. Num.
οὐ μὴ πίῃ, καὶ Πνεύματος Ἁγίου πλησθήσεται ἔτι ἐκ κοιλίας Judg.13.14.
16 μητρὸς αὐτοῦ. καὶ πολλοὺς τῶν υἱῶν Ἰσραὴλ ἐπιστρέψει ἐπὶ
17 Κύριον τὸν Θεὸν αὐτῶν. καὶ αὐτὸς [e]προελεύσεται ἐνώπιον Cp. Mal.
αὐτοῦ ἐν πνεύματι καὶ δυνάμει Ἡλίου, ἐπιστρέψαι καρδίας 3. 1,
πατέρων ἐπὶ τέκνα καὶ ἀπειθεῖς ἐν φρονήσει δικαίων, ἑτοι- 4.5,6.
18 μάσαι Κυρίῳ λαὸν κατεσκευασμένον. καὶ εἶπε Ζαχαρίας
πρὸς τὸν ἄγγελον, Κατὰ τί γνώσομαι τοῦτο; ἐγὼ γάρ εἰμι
πρεσβύτης, καὶ ἡ γυνή μου προβεβηκυῖα ἐν ταῖς ἡμέραις
19 αὐτῆς. καὶ ἀποκριθεὶς ὁ ἄγγελος εἶπεν αὐτῷ, Ἐγώ εἰμι
Γαβριὴλ ὁ παρεστηκὼς ἐνώπιον τοῦ Θεοῦ· καὶ ἀπεστάλην Cp. Dan.
20 λαλῆσαι πρός σε, καὶ εὐαγγελίσασθαί σοι ταῦτα. καὶ ἰδού, 8. 16.
ἔσῃ σιωπῶν καὶ μὴ δυνάμενος λαλῆσαι, ἄχρι ἧς ἡμέρας 9. 21.

---

[b] ἡ γυνὴ αὐτοῦ   [c] ἐνώπιον   [d] γεννήσει   [e] προσ-
ελεύσεται M.

γένηται ταῦτα· ἀνθ᾽ ὧν οὐκ ἐπίστευσας τοῖς λόγοις μου, οἵτινες
πληρωθήσονται εἰς τὸν καιρὸν αὐτῶν. καὶ ἦν ὁ λαὸς προσ- 21
δοκῶν τὸν Ζαχαρίαν, καὶ ἐθαύμαζον ἐν τῷ χρονίζειν αὐτὸν
ἐν τῷ ναῷ. ἐξελθὼν δὲ οὐκ ἠδύνατο λαλῆσαι αὐτοῖς· καὶ 22
ἐπέγνωσαν ὅτι ὀπτασίαν ἑώρακεν ἐν τῷ ναῷ· καὶ αὐτὸς ἦν
διανεύων αὐτοῖς, καὶ διέμενε κωφός. καὶ ἐγένετο ὡς ἐπλή- 23
σθησαν αἱ ἡμέραι τῆς λειτουργίας αὐτοῦ, ἀπῆλθεν εἰς τὸν
οἶκον αὐτοῦ.

Μετὰ δὲ ταύτας τὰς ἡμέρας συνέλαβεν Ἐλισάβετ ἡ γυνὴ 24
αὐτοῦ, καὶ περιέκρυβεν ἑαυτὴν μῆνας πέντε, λέγουσα ὅτι
Οὕτω μοι πεποίηκεν ὁ Κύριος ἐν ἡμέραις αἷς ἐπεῖδεν ἀφελεῖν 25
τὸ ὄνειδός μου ἐν ἀνθρώποις.

Cp. Mat. 1. 18. Ἐν δὲ τῷ μηνὶ τῷ ἕκτῳ ἀπεστάλη ὁ ἄγγελος Γαβριὴλ 26
ᶠἀπὸᵍ τοῦ Θεοῦ εἰς πόλιν τῆς Γαλιλαίας, ᾗ ὄνομα Ναζαρέτ,
πρὸς παρθένον μεμνηστευμένην ἀνδρί, ᾧ ὄνομα Ἰωσήφ, ἐξ 27
οἴκου Δαβίδ· καὶ τὸ ὄνομα τῆς παρθένου Μαριάμ. καὶ εἰσ- 28
ελθὼν ᵍ⁻ᶦ πρὸς αὐτὴν εἶπε, Χαῖρε, κεχαριτωμένη· ὁ Κύριος
μετὰ σοῦ. ʰ⁻ᶦ ἡ δὲ ⁱἐπὶ τῷ λόγῳ διεταράχθηᵍ, καὶ 29
διελογίζετο ποταπὸς εἴη ὁ ἀσπασμὸς οὗτος. καὶ εἶπεν ὁ 30
ἄγγελος αὐτῇ, Μὴ φοβοῦ, Μαριάμ· εὗρες γὰρ χάριν παρὰ
τῷ Θεῷ. καὶ ἰδού, συλλήψῃ ἐν γαστρί, καὶ τέξῃ υἱόν, καὶ 31
καλέσεις τὸ ὄνομα αὐτοῦ Ἰησοῦν. οὗτος ἔσται μέγας, καὶ 32
Cp. Isa. 9. 7. υἱὸς ὑψίστου κληθήσεται· καὶ δώσει αὐτῷ Κύριος ὁ Θεὸς
τὸν θρόνον Δαβὶδ τοῦ πατρὸς αὐτοῦ· καὶ βασιλεύσει ἐπὶ 33
τὸν οἶκον Ἰακὼβ εἰς τοὺς αἰῶνας, καὶ τῆς βασιλείας αὐτοῦ
οὐκ ἔσται τέλος. εἶπε δὲ Μαριὰμ πρὸς τὸν ἄγγελον, Πῶς 34
ἔσται τοῦτο, ἐπεὶ ἄνδρα οὐ γινώσκω; καὶ ἀποκριθεὶς ὁ 35
ἄγγελος εἶπεν αὐτῇ, Πνεῦμα Ἅγιον ἐπελεύσεται ἐπὶ σέ, καὶ
δύναμις ὑψίστου ἐπισκιάσει σοι· διὸ καὶ τὸ γεννώμενον ᵏ⁻ᶦ

ᶠ ὑπὸ   ᵍ add ὁ ἄγγελος   ʰ add εὐλογημένη σὺ ἐν
γυναιξίν. A.S.M.   ⁱ ἰδοῦσα διεταράχθη ἐπὶ τῷ λόγῳ αὐτοῦ
ᵏ add ἐκ σοῦ A.M.

36 ἅγιον κληθήσεται Υἱὸς Θεοῦ. καὶ ἰδού, Ἐλισάβετ ἡ [1]συγγενίς[l] σου καὶ αὐτὴ [m]συνείληφεν[l] υἱὸν ἐν γήρᾳ αὐτῆς· 37 καὶ οὗτος μὴν ἕκτος ἐστὶν αὐτῇ τῇ καλουμένῃ στείρᾳ· ὅτι 38 οὐκ ἀδυνατήσει παρὰ [u]τοῦ Θεοῦ πᾶν ῥῆμα. εἶπε δὲ Μαριάμ, Ἰδού, ἡ δούλη Κυρίου· γένοιτό μοι κατὰ τὸ ῥῆμά σου. καὶ ἀπῆλθεν ἀπ' αὐτῆς ὁ ἄγγελος.

39 Ἀναστᾶσα δὲ Μαριὰμ ἐν ταῖς ἡμέραις ταύταις ἐπορεύθη 40 εἰς τὴν ὀρεινὴν μετὰ σπουδῆς, εἰς πόλιν Ἰούδα, καὶ εἰσῆλθεν 41 εἰς τὸν οἶκον Ζαχαρίου, καὶ ἠσπάσατο τὴν Ἐλισάβετ. καὶ ἐγένετο ὡς ἤκουσεν ἡ Ἐλισάβετ τὸν ἀσπασμὸν τῆς Μαρίας, ἐσκίρτησε τὸ βρέφος ἐν τῇ κοιλίᾳ αὐτῆς, καὶ ἐπλήσθη 42 Πνεύματος Ἁγίου ἡ Ἐλισάβετ, καὶ ἀνεφώνησε ʼ κραυγῇ[l] μεγάλῃ, καὶ εἶπεν, Εὐλογημένη σὺ ἐν γυναιξί, καὶ εὐλογη- 43 μένος ὁ καρπὸς τῆς κοιλίας σου. καὶ πόθεν μοι τοῦτο, ἵνα 44 ἔλθῃ ἡ μήτηρ τοῦ Κυρίου μου πρός με; ἰδοὺ γάρ, ὡς ἐγένετο ἡ φωνὴ τοῦ ἀσπασμοῦ σου εἰς τὰ ὦτά μου, ἐσκίρτησεν ἐν 45 ἀγαλλιάσει τὸ βρέφος ἐν τῇ κοιλίᾳ μου. καὶ μακαρία ἡ [p]πιστεύσασα, ὅτι[l] ἔσται τελείωσις τοῖς λελαλημένοις αὐτῇ 46 παρὰ Κυρίου. καὶ εἶπε Μαριάμ, Μεγαλύνει ἡ ψυχή μου τὸν 47 Κύριον, καὶ ἠγαλλίασε τὸ πνεῦμά μου ἐπὶ τῷ Θεῷ τῷ σωτῆρί 48 μου· ὅτι ἐπέβλεψεν ἐπὶ τὴν ταπείνωσιν τῆς δούλης αὐτοῦ. 49 ἰδοὺ γάρ, ἀπὸ τοῦ νῦν μακαριοῦσί με πᾶσαι αἱ γενεαί. ὅτι ἐποίησέ μοι [q]μεγάλα[l] ὁ δυνατός· καὶ ἅγιον τὸ ὄνομα αὐτοῦ· 50 καὶ τὸ ἔλεος αὐτοῦ εἰς γενεὰς [r]καὶ γενεὰς τοῖς φοβουμένοις 51 αὐτόν. ἐποίησε κράτος ἐν βραχίονι αὐτοῦ· διεσκόρπισεν 52 ὑπερηφάνους διανοίᾳ καρδίας αὐτῶν. καθεῖλε δυνάστας ἀπὸ 53 θρόνων, καὶ ὕψωσε ταπεινούς· πεινῶντας ἐνέπλησεν ἀγαθῶν, 54 καὶ πλουτοῦντας ἐξαπέστειλε κενούς. ἀντελάβετο Ἰσραὴλ 55 παιδὸς αὐτοῦ, μνησθῆναι ἐλέους (καθὼς ἐλάλησε πρὸς τοὺς Cp. Ps. 98 πατέρας ἡμῶν) τῷ Ἀβραὰμ καὶ τῷ σπέρματι αὐτοῦ εἰς τὸν (97). 3. αἰῶνα.

[1] συγγενής   [m] συνειληφυῖα   [u] τῷ Θεῷ   [o] φωνῇ
[p] πιστεύσασα ὅτι M.   [q] μεγαλεῖα   [r] γενεῶν

Ἔμεινε δὲ Μαριὰμ σὺν αὐτῇ ⁸ὡς ⁷ μῆνας τρεῖς, καὶ ὑπέστρε- 56
ψεν εἰς τὸν οἶκον αὐτῆς.

Τῇ δὲ Ἐλισάβετ ἐπλήσθη ὁ χρόνος τοῦ τεκεῖν αὐτήν, καὶ 57
ἐγέννησεν υἱόν· καὶ ἤκουσαν οἱ περίοικοι καὶ οἱ συγγενεῖς 58
αὐτῆς ὅτι ἐμεγάλυνε Κύριος τὸ ἔλεος αὐτοῦ μετ' αὐτῆς, καὶ
συνέχαιρον αὐτῇ. καὶ ἐγένετο ἐν τῇ ὀγδόῃ ἡμέρᾳ, ἦλθον 59
περιτεμεῖν τὸ παιδίον· καὶ ἐκάλουν αὐτὸ ἐπὶ τῷ ὀνόματι τοῦ
πατρὸς αὐτοῦ Ζαχαρίαν. καὶ ἀποκριθεῖσα ἡ μήτηρ αὐτοῦ 60
εἶπεν, Οὐχί, ἀλλὰ κληθήσεται Ἰωάννης. καὶ εἶπον πρὸς 61
αὐτὴν ὅτι Οὐδείς ἐστιν ᵗἐκ τῆς συγγενείας‖ σου, ὃς καλεῖται
τῷ ὀνόματι τούτῳ. ἐνένευον δὲ τῷ πατρὶ αὐτοῦ, τὸ τί ἂν 62
θέλοι καλεῖσθαι αὐτόν. καὶ αἰτήσας πινακίδιον ἔγραψε λέ- 63
γων, Ἰωάννης ἐστὶ τὸ ὄνομα αὐτοῦ. καὶ ἐθαύμασαν πάντες.
ἀνεῴχθη δὲ τὸ στόμα αὐτοῦ παραχρῆμα καὶ ἡ γλῶσσα αὐτοῦ, 64
καὶ ἐλάλει εὐλογῶν τὸν Θεόν. καὶ ἐγένετο ἐπὶ πάντας φόβος 65
τοὺς περιοικοῦντας αὐτούς· καὶ ἐν ὅλῃ τῇ ὀρεινῇ τῆς Ἰουδαίας
διελαλεῖτο πάντα τὰ ῥήματα ταῦτα. καὶ ἔθεντο πάντες οἱ 66
ἀκούσαντες ἐν τῇ καρδίᾳ αὐτῶν λέγοντες, Τί ἄρα τὸ παιδίον
τοῦτο ἔσται; καὶ ᵘγὰρ⁷ χεὶρ Κυρίου ἦν μετ' αὐτοῦ.

Καὶ Ζαχαρίας ὁ πατὴρ αὐτοῦ ἐπλήσθη Πνεύματος Ἁγίου, 67
καὶ προεφήτευσε λέγων, Εὐλογητὸς Κύριος ὁ Θεὸς τοῦ·68
Ἰσραήλ, ὅτι ἐπεσκέψατο καὶ ἐποίησε λύτρωσιν τῷ λαῷ
αὐτοῦ, καὶ ἤγειρε κέρας σωτηρίας ἡμῖν ἐν τῷ οἴκῳ Δαβὶδ 69
τοῦ παιδὸς αὐτοῦ (καθὼς ἐλάλησε διὰ στόματος τῶν ἁγίων 70
ˣ⁻⁷ ἀπ' αἰῶνος προφητῶν αὐτοῦ), σωτηρίαν ἐξ ἐχθρῶν ἡμῶν, 71
καὶ ἐκ χειρὸς πάντων τῶν μισούντων ἡμᾶς· ποιῆσαι ἔλεος 72
μετὰ τῶν πατέρων ἡμῶν, καὶ μνησθῆναι διαθήκης ἁγίας αὐτοῦ,
ὅρκον ὃν ὤμοσε πρὸς Ἀβραὰμ τὸν πατέρα ἡμῶν, τοῦ δοῦναι 73, 74
ἡμῖν ἀφόβως ἐκ χειρὸς τῶν ἐχθρῶν ἡμῶν ῥυσθέντας λατρεύειν
αὐτῷ ἐν ὁσιότητι καὶ δικαιοσύνῃ ἐνώπιον αὐτοῦ πάσας τὰς 75

ˢ ὡσεὶ   ᵗ ἐν τῇ συγγενείᾳ   ᵘ om. γὰρ   ˣ add τῶν

76 ἡμέρας ʸ⁻ ἡμῶν. καὶ σὺ ᶻδέ, παιδίον, προφήτης ὑψίστου
κληθήσῃ· προπορεύσῃ γὰρ πρὸ προσώπου Κυρίου, ἑτοιμάσαι Cp. Mal.
77 ὁδοὺς αὐτοῦ, τοῦ δοῦναι γνῶσιν σωτηρίας τῷ λαῷ αὐτοῦ ἐν Isa. 3. 1, 40. 3.
78 ἀφέσει ἁμαρτιῶν αὐτῶν, διὰ σπλάγχνα ἐλέους Θεοῦ ἡμῶν, ἐν
79 οἷς ᵃἐπισκέψεται ἡμᾶς ἀνατολὴ ἐξ ὕψους, ἐπιφᾶναι τοῖς ἐν Cp. Mal.
σκότει καὶ σκιᾷ θανάτου καθημένοις, τοῦ κατευθῦναι τοὺς 4. ·.
πόδας ἡμῶν εἰς ὁδὸν εἰρήνης.
80 Τὸ δὲ παιδίον ηὔξανε, καὶ ἐκραταιοῦτο πνεύματι, καὶ ἦν ἐν
ταῖς ἐρήμοις ἕως ἡμέρας ἀναδείξεως αὐτοῦ πρὸς τὸν Ἰσραήλ.

2 Ἐγένετο δὲ ἐν ταῖς ἡμέραις ἐκείναις, ἐξῆλθε δόγμα παρὰ
Καίσαρος Αὐγούστου, ἀπογράφεσθαι πᾶσαν τὴν οἰκουμένην.
2 αὕτη ᵇ⁻ᴵᴵ ἀπογραφὴ πρώτη ἐγένετο ἡγεμονεύοντος τῆς Συρίας
3 Κυρηνίου. καὶ ἐπορεύοντο πάντες ἀπογράφεσθαι, ἕκαστος
4 εἰς τὴν ᶜἑαυτοῦ πόλιν. ἀνέβη δὲ καὶ Ἰωσὴφ ἀπὸ τῆς Γαλιλαίας ἐκ πόλεως Ναζαρὲτ εἰς τὴν Ἰουδαίαν εἰς πόλιν Δαβίδ,
ἥτις καλεῖται Βηθλεέμ, διὰ τὸ εἶναι αὐτὸν ἐξ οἴκου καὶ πατριᾶς
5 Δαβίδ, ἀπογράψασθαι σὺν Μαριὰμ τῇ μεμνηστευμένῃ αὐτῷ
6 ᵈ⁻', οὔσῃ ἐγκύῳ. ἐγένετο δὲ ἐν τῷ εἶναι αὐτοὺς ἐκεῖ, ἐπλή- Cp. Mat.
7 σθησαν αἱ ἡμέραι τοῦ τεκεῖν αὐτήν. καὶ ἔτεκε τὸν υἱὸν 2. 1.
αὐτῆς τὸν πρωτότοκον, καὶ ἐσπαργάνωσεν αὐτόν, καὶ ἀνέκλινεν αὐτὸν ἐν ᵉ⁻ φάτνῃ, διότι οὐκ ἦν αὐτοῖς τόπος ἐν τῷ
καταλύματι.
8 Καὶ ποιμένες ἦσαν ἐν τῇ χώρᾳ τῇ αὐτῇ ἀγραυλοῦντες καὶ
φυλάσσοντες φυλακὰς τῆς νυκτὸς ἐπὶ τὴν ποίμνην αὐτῶν.
9 καὶ ᶠ⁻ᴵᴵ ἄγγελος Κυρίου ἐπέστη αὐτοῖς, καὶ δόξα Κυρίου
10 περιέλαμψεν αὐτούς· καὶ ἐφοβήθησαν φόβον μέγαν. καὶ
εἶπεν αὐτοῖς ὁ ἄγγελος, Μὴ φοβεῖσθε· ἰδοὺ γάρ, εὐαγγελί-
11 ζομαι ὑμῖν χαρὰν μεγάλην, ἥτις ἔσται παντὶ τῷ λαῷ. ὅτι
ἐτέχθη ὑμῖν σήμερον σωτήρ, ὅς ἐστι Χριστὸς Κύριος, ἐν

ʸ add τῆς ζωῆς   ᶻ om. δέ   ᵃ ἐπεσκέψατο A.S.M.
ᵇ add ἡ   ᶜ ἰδίαν   ᵈ add γυναικί   ᵉ add τῇ   ᶠ add
ἰδού.

πόλει Δαβίδ. καὶ τοῦτο ὑμῖν τὸ σημεῖον· εὑρήσετε βρέφος 12
ἐσπαργανωμένον ᵍκαὶ" κείμενον ἐν ʰ—" φάτνῃ. καὶ ἐξαίφνης 13
ἐγένετο σὺν τῷ ἀγγέλῳ πλῆθος στρατιᾶς οὐρανίου, αἰνούντων
τὸν Θεόν, καὶ λεγόντων, Δόξα ἐν ὑψίστοις Θεῷ, καὶ ἐπὶ γῆς 14
εἰρήνη ἐν ἀνθρώποις ⁱεὐδοκίας".

Καὶ ἐγένετο, ὡς ἀπῆλθον ἀπ' αὐτῶν εἰς τὸν οὐρανὸν οἱ 15
ἄγγελοι, ʲ—" οἱ ποιμένες εἶπον πρὸς ἀλλήλους, Διέλθωμεν δὴ
ἕως Βηθλεέμ, καὶ ἴδωμεν τὸ ῥῆμα τοῦτο τὸ γεγονός, ὃ ὁ
Κύριος ἐγνώρισεν ἡμῖν. καὶ ἦλθον σπεύσαντες, καὶ ἀνεῦρον 16
τήν τε Μαριὰμ καὶ τὸν Ἰωσήφ, καὶ τὸ βρέφος κείμενον ἐν τῇ
φάτνῃ. ἰδόντες δὲ ᵏἐγνώρισαν " περὶ τοῦ ῥήματος τοῦ λαλη- 17
θέντος αὐτοῖς περὶ τοῦ παιδίου τούτου. καὶ πάντες οἱ ἀκού- 18
σαντες ἐθαύμασαν περὶ τῶν λαληθέντων ὑπὸ τῶν ποιμένων
πρὸς αὐτούς. ἡ δὲ Μαριὰμ πάντα συνετήρει τὰ ῥήματα 19
ταῦτα, συμβάλλουσα ἐν τῇ καρδίᾳ αὐτῆς. καὶ ˡὑπέστρεψαν" 20
οἱ ποιμένες δοξάζοντες καὶ αἰνοῦντες τὸν Θεὸν ἐπὶ πᾶσιν οἷς
ἤκουσαν καὶ εἶδον, καθὼς ἐλαλήθη πρὸς αὐτούς.

Καὶ ὅτε ἐπλήσθησαν ἡμέραι ὀκτὼ τοῦ περιτεμεῖν ᵐαὐτόν", 21
Cp. Mat. καὶ ἐκλήθη τὸ ὄνομα αὐτοῦ Ἰησοῦς, τὸ κληθὲν ὑπὸ τοῦ ἀγ-
1. 21, 25. γέλου πρὸ τοῦ συλληφθῆναι αὐτὸν ἐν τῇ κοιλίᾳ.

Cp. Lev. Καὶ ὅτε ἐπλήσθησαν αἱ ἡμέραι τοῦ καθαρισμοῦ ⁿαὐτῶνˡ· 22
12. 2. κατὰ τὸν νόμον Μωσέως, ἀνήγαγον αὐτὸν εἰς Ἱεροσόλυμα,
παραστῆσαι τῷ Κυρίῳ (καθὼς γέγραπται ἐν νόμῳ Κυρίου 23
Cp.Ex.13. ὅτι Πᾶν ἄρσεν διανοῖγον μήτραν ἅγιον τῷ Κυρίῳ κληθήσεται),
2. καὶ τοῦ δοῦναι θυσίαν κατὰ τὸ εἰρημένον ἐν νόμῳ Κυρίου, 24
Lev. 12. 8. Ζεῦγος τρυγόνων ἢ δύο νεοσσοὺς περιστερῶν. καὶ ἰδού, ἦν 25
ἄνθρωπος ἐν Ἱερουσαλήμ, ᾧ ὄνομα Συμεών, καὶ ὁ ἄνθρωπος
Cp.Isa.40. οὗτος δίκαιος καὶ εὐλαβής, προσδεχόμενος παράκλησιν τοῦ
1. Ἰσραήλ· καὶ Πνεῦμα ᵒἦν Ἅγιον" ἐπ' αὐτόν. καὶ ἦν αὐτῷ 26

ᵍ om. καὶ   ʰ add τῇ   ⁱ εὐδοκία A.S.M.   ʲ add
καὶ οἱ ἄνθρωποι   ᵏ διεγνώρισαν   ˡ ἐπέστρεψαν   ᵐ τὸ
παιδίον   ⁿ αὐτῆς A.   ᵒ "Αγιον ἦν

κεχρηματισμένον ὑπὸ τοῦ Πνεύματος τοῦ Ἁγίου, μὴ ἰδεῖν
27 θάνατον πρὶν ἢ ἴδῃ τὸν Χριστὸν Κυρίου. καὶ ἦλθεν ἐν τῷ
Πνεύματι εἰς τὸ ἱερόν· καὶ ἐν τῷ εἰσαγαγεῖν τοὺς γονεῖς τὸ
παιδίον Ἰησοῦν, τοῦ ποιῆσαι αὐτοὺς κατὰ τὸ εἰθισμένον τοῦ
28 νόμου περὶ αὐτοῦ, καὶ αὐτὸς ἐδέξατο αὐτὸ εἰς τὰς ἀγκάλας
29 αὐτοῦ, καὶ εὐλόγησε τὸν Θεόν, καὶ εἶπε, Νῦν ἀπολύεις τὸν
30 δοῦλόν σου, δέσποτα, κατὰ τὸ ῥῆμά σου, ἐν εἰρήνῃ· ὅτι
31 εἶδον οἱ ὀφθαλμοί μου τὸ σωτήριόν σου, ὃ ἡτοίμασας κατὰ Cp.Isa.51.
32 πρόσωπον πάντων τῶν λαῶν, φῶς εἰς ἀποκάλυψιν ἐθνῶν, Cp. Isa.
33 καὶ δόξαν λαοῦ σου Ἰσραήλ. καὶ ἦν Pὁ πατὴρ αὐτοῦ‖ καὶ ἡ 42. 6,
μήτηρ αὐτοῦ θαυμάζοντες ἐπὶ τοῖς λαλουμένοις περὶ αὐτοῦ·
34 καὶ εὐλόγησεν αὐτοὺς Συμεών, καὶ εἶπε πρὸς Μαριὰμ τὴν
μητέρα αὐτοῦ, Ἰδού, οὗτος κεῖται εἰς πτῶσιν καὶ ἀνάστασιν
35 πολλῶν ἐν τῷ Ἰσραήλ, καὶ εἰς σημεῖον ἀντιλεγόμενον· καὶ
σοῦ δὲ αὐτῆς τὴν ψυχὴν διελεύσεται ῥομφαία· ὅπως ἂν
36 ἀποκαλυφθῶσιν ἐκ πολλῶν καρδιῶν διαλογισμοί. καὶ ἦν
Ἄννα προφῆτις, θυγάτηρ Φανουήλ, ἐκ φυλῆς Ἀσήρ (αὕτη
προβεβηκυῖα ἐν ἡμέραις πολλαῖς, ζήσασα ἔτη μετὰ ἀνδρὸς
37 ἑπτὰ ἀπὸ τῆς παρθενίας αὐτῆς, καὶ qαὐτὴ‖ χήρα rἕως‖ ἐτῶν
ὀγδοηκοντατεσσάρων), ἣ οὐκ ἀφίστατο ἀπὸ τοῦ ἱεροῦ, νη-
38 στείαις καὶ δεήσεσι λατρεύουσα νύκτα καὶ ἡμέραν. καὶ s—/
αὐτῇ τῇ ὥρᾳ ἐπιστᾶσα ἀνθωμολογεῖτο τῷ tΘεῷ‖, καὶ ἐλάλει
περὶ αὐτοῦ πᾶσι τοῖς προσδεχομένοις λύτρωσιν u—/ Ἱερου-
39 σαλήμ. καὶ ὡς ἐτέλεσαν xπάντα/ τὰ κατὰ τὸν νόμον Κυ-
ρίου, ὑπέστρεψαν εἰς τὴν Γαλιλαίαν εἰς τὴν πόλιν αὐτῶν
Ναζαρέτ.
40 Τὸ δὲ παιδίον ηὔξανε, καὶ ἐκραταιοῦτο y—/, πληρούμενον
σοφίας· καὶ χάρις Θεοῦ ἦν ἐπ᾽ αὐτό.
41 Καὶ ἐπορεύοντο οἱ γονεῖς αὐτοῦ κατ᾽ ἔτος εἰς Ἱερουσαλὴμ Cp. Deut.
42 τῇ ἑορτῇ τοῦ πάσχα. καὶ ὅτε ἐγένετο ἐτῶν δώδεκα, zἀνα- 16. 16.

p Ἰωσήφ   q αὕτη   r ὡς   s add αὕτη   t Κυρίῳ
u add ἐν   x ἅπαντα   y add πνεύματι   z ἀναβάντων

βαινόντων∥ αὐτῶν ᵃ⁻∥ κατὰ τὸ ἔθος τῆς ἑορτῆς, καὶ τελειω- 43
σάντων τὰς ἡμέρας, ἐν τῷ ὑποστρέφειν αὐτοὺς ὑπέμεινεν
Ἰησοῦς ὁ παῖς ἐν Ἱερουσαλήμ· καὶ οὐκ ᵇ ἔγνωσαν οἱ γονεῖς∥
αὐτοῦ· νομίσαντες δὲ αὐτὸν ἐν τῇ συνοδίᾳ εἶναι ἦλθον ἡμέ- 44
ρας ὁδόν, καὶ ἀνεζήτουν αὐτὸν ἐν τοῖς συγγενέσι καὶ ᶜ⁻∥
τοῖς γνωστοῖς· καὶ μὴ εὑρόντες ᵈ⁻∥ ὑπέστρεψαν εἰς Ἱερου- 45
σαλήμ, ᵉ ἀναζητοῦντες' αὐτόν. καὶ ἐγένετο μεθ' ἡμέρας 46
τρεῖς, εὗρον αὐτὸν ἐν τῷ ἱερῷ, καθεζόμενον ἐν μέσῳ τῶν
διδασκάλων, καὶ ἀκούοντα αὐτῶν, καὶ ἐπερωτῶντα αὐτούς·
ἐξίσταντο δὲ πάντες οἱ ἀκούοντες αὐτοῦ ἐπὶ τῇ συνέσει καὶ 47
ταῖς ἀποκρίσεσιν αὐτοῦ. καὶ ἰδόντες αὐτὸν ἐξεπλάγησαν· 48
καὶ πρὸς αὐτὸν ἡ μήτηρ αὐτοῦ εἶπε, Τέκνον, τί ἐποίησας
ἡμῖν οὕτως; ἰδού, ὁ πατήρ σου κἀγὼ ὀδυνώμενοι ἐζητοῦμέν
σε. καὶ εἶπε πρὸς αὐτούς, Τί ὅτι ἐζητεῖτέ με; οὐκ ᾔδειτε 49
ὅτι ἐν τοῖς τοῦ πατρός μου δεῖ εἶναί με; καὶ αὐτοὶ οὐ συνῆ- 50
καν τὸ ῥῆμα ὃ ἐλάλησεν αὐτοῖς. καὶ κατέβη μετ' αὐτῶν, 51
καὶ ἦλθεν εἰς Ναζαρέτ, καὶ ἦν ὑποτασσόμενος αὐτοῖς· καὶ ἡ
μήτηρ αὐτοῦ διετήρει πάντα τὰ ῥήματα ᶠ⁻∥ ἐν τῇ καρδίᾳ
αὐτῆς.

Καὶ Ἰησοῦς προέκοπτε σοφίᾳ καὶ ἡλικίᾳ, καὶ χάριτι παρὰ 52
Θεῷ καὶ ἀνθρώποις.

Ἐν ἔτει δὲ πεντεκαιδεκάτῳ τῆς ἡγεμονίας Τιβερίου Καίσα- 3
ρος, ἡγεμονεύοντος Ποντίου Πιλάτου τῆς Ἰουδαίας, καὶ
τετραρχοῦντος τῆς Γαλιλαίας Ἡρώδου, Φιλίππου δὲ τοῦ
ἀδελφοῦ αὐτοῦ τετραρχοῦντος τῆς Ἰτουραίας καὶ Τραχωνί-
τιδος χώρας, καὶ Λυσανίου τῆς Ἀβιληνῆς τετραρχοῦντος,
Mat. 3. 1, ᵍ ἐπὶ ἀρχιερέως ∥ Ἄννα καὶ Καϊάφα, ἐγένετο ῥῆμα Θεοῦ ἐπὶ 2
Mk. 1. 2, Ἰωάννην τὸν τοῦ Ζαχαρίου υἱὸν ἐν τῇ ἐρήμῳ. καὶ ἦλθεν εἰς 3
Joh. 1. 6. πᾶσαν τὴν περίχωρον τοῦ Ἰορδάνου, κηρύσσων βάπτισμα

ᵃ add εἰς Ἱεροσόλυμα ᵇ ἔγνω Ἰωσὴφ καὶ ἡ μήτηρ
ᶜ add ἐν. ᵈ add αὐτὸν ᵉ ζητοῦντες ᶠ add ταῦτα
ᵍ ἐπ' ἀρχιερέων

4 μετανοίας εἰς ἄφεσιν ἁμαρτιῶν· ὡς γέγραπται ἐν βίβλῳ
λόγων Ἡσαΐου τοῦ προφήτου ʰ⁻ʰ, Φωνὴ βοῶντος ἐν τῇ Isa. 40. 3.
ἐρήμῳ, Ἑτοιμάσατε τὴν ὁδὸν Κυρίου, εὐθείας ποιεῖτε τὰς
5 τρίβους αὐτοῦ· πᾶσα φάραγξ πληρωθήσεται, καὶ πᾶν ὄρος
καὶ βουνὸς ταπεινωθήσεται· καὶ ἔσται τὰ σκολιὰ εἰς ⁱ εὐ-
6 θείας‖, καὶ αἱ τραχεῖαι εἰς ὁδοὺς λείας· καὶ ὄψεται πᾶσα Cp.Isa.52.
σὰρξ τὸ σωτήριον τοῦ Θεοῦ. 10.
7 Ἔλεγεν οὖν τοῖς ἐκπορευομένοις ὄχλοις βαπτισθῆναι ὑπ' Mat. 3. 7.
αὐτοῦ, Γεννήματα ἐχιδνῶν, τίς ὑπέδειξεν ὑμῖν φυγεῖν ἀπὸ
8 τῆς μελλούσης ὀργῆς; ποιήσατε οὖν καρποὺς ἀξίους τῆς
μετανοίας· καὶ μὴ ἄρξησθε λέγειν ἐν ἑαυτοῖς, Πατέρα ἔχομεν
τὸν Ἀβραάμ· λέγω γὰρ ὑμῖν, ὅτι δύναται ὁ Θεὸς ἐκ τῶν λίθων
9 τούτων ἐγεῖραι τέκνα τῷ Ἀβραάμ. ἤδη δὲ καὶ ἡ ἀξίνη πρὸς
τὴν ῥίζαν τῶν δένδρων κεῖται· πᾶν οὖν δένδρον μὴ ποιοῦν καρ-
10 πὸν καλὸν ἐκκόπτεται καὶ εἰς πῦρ βάλλεται. καὶ ἐπηρώτων
11 αὐτὸν οἱ ὄχλοι λέγοντες, Τί οὖν ᵏ ποιήσωμεν; ἀποκριθεὶς
δὲ ˡ ἔλεγεν‖ αὐτοῖς, Ὁ ἔχων δύο χιτῶνας μεταδότω τῷ μὴ
12 ἔχοντι, καὶ ὁ ἔχων βρώματα ὁμοίως ποιείτω. ἦλθον δὲ καὶ
τελῶναι βαπτισθῆναι, καὶ εἶπον πρὸς αὐτόν, Διδάσκαλε, τί
13 ᵐ ποιήσωμεν ʲ; ὁ δὲ εἶπε πρὸς αὐτούς, Μηδὲν πλέον παρὰ τὸ
14 διατεταγμένον ὑμῖν πράσσετε. ἐπηρώτων δὲ αὐτὸν καὶ
στρατευόμενοι λέγοντες, ⁿ Τί ποιήσωμεν καὶ ἡμεῖς‖; καὶ εἶπε
πρὸς αὐτούς, Μηδένα διασείσητε, μηδὲ συκοφαντήσητε· καὶ
ἀρκεῖσθε τοῖς ὀψωνίοις ὑμῶν.
15 Προσδοκῶντος δὲ τοῦ λαοῦ, καὶ διαλογιζομένων πάντων ἐν Cp. Mat.
ταῖς καρδίαις αὐτῶν περὶ τοῦ Ἰωάννου, μήποτε αὐτὸς εἴη ὁ 3. 11,
16 Χριστός, ἀπεκρίνατο ὁ Ἰωάννης ἅπασι λέγων, Ἐγὼ μὲν Joh. 1. 19.
ὕδατι βαπτίζω ὑμᾶς, ἔρχεται δὲ ὁ ἰσχυρότερός μου, οὗ οὐκ
εἰμὶ ἱκανὸς λῦσαι τὸν ἱμάντα τῶν ὑποδημάτων αὐτοῦ· αὐτὸς
17 ὑμᾶς βαπτίσει ἐν Πνεύματι Ἁγίῳ καὶ πυρί· οὗ τὸ πτύον ἐν

ʰ add λέγοντος   ⁱ εὐθεῖαν   ᵏ ποιήσομεν   ˡ λέγει
ᵐ ποιήσομεν   ⁿ Καὶ ἡμεῖς τί ποιήσομεν

K

130 ΕΥΑΓΓΕΛΙΟΝ 3. 17-

τῇ χειρὶ αὐτοῦ, ᵒδιακαθᾶραι⁽⁾ τὴν ἅλωνα αὐτοῦ, καὶ ᵖσυναγαγεῖν⁽⁾ τὸν σῖτον εἰς τὴν ἀποθήκην αὐτοῦ· τὸ δὲ ἄχυρον κατακαύσει πυρὶ ἀσβέστῳ.

Πολλὰ μὲν οὖν καὶ ἕτερα παρακαλῶν εὐηγγελίζετο τὸν 18 λαόν. ὁ δὲ Ἡρώδης ὁ τετράρχης, ἐλεγχόμενος ὑπ' αὐτοῦ 19 περὶ Ἡρωδιάδος τῆς γυναικὸς ᑫ⁻⁽⁾ τοῦ ἀδελφοῦ αὐτοῦ, καὶ περὶ πάντων ὧν ἐποίησε πονηρῶν ὁ Ἡρώδης, προσέθηκε 20 καὶ τοῦτο ἐπὶ πᾶσι, ʳ⁻⁽⁾ κατέκλεισε τὸν Ἰωάννην ἐν ˢ⁻⁽⁾ φυλακῇ.

Cp. Mat. λαόν.
Mk. 6. 17,
Joh. 3. 24.

Mat. 3. 13,
Mk. 1. 9:
cp. Joh.
1. 32.

Ἐγένετο δέ, ἐν τῷ βαπτισθῆναι ἅπαντα τὸν λαόν, καὶ 21 Ἰησοῦ βαπτισθέντος καὶ προσευχομένου ἀνεῳχθῆναι τὸν οὐρανόν, καὶ καταβῆναι τὸ Πνεῦμα τὸ Ἅγιον σωματικῷ εἴδει 22 ᵗὡς⁽⁾ περιστερὰν ἐπ' αὐτόν, καὶ φωνὴν ἐξ οὐρανοῦ γενέσθαι ᵘ⁻⁽⁾, Σὺ εἶ ὁ υἱός μου ὁ ἀγαπητός, ἐν σοὶ ηὐδόκησα.

Cp. Mat.
1. 1.

Καὶ αὐτὸς ἦν ὁ Ἰησοῦς ˣἀρχόμενος ὡσεὶ ἐτῶν τριάκοντα⁽⁾, 23 ʸὢν υἱὸς (ὡς ἐνομίζετο)⁽⁾ Ἰωσήφ, τοῦ Ἠλί, τοῦ Ματθάτ, τοῦ 24 Λευί, τοῦ Μελχί, τοῦ ᶻ Ἰανναί⁽⁾, τοῦ Ἰωσήφ, τοῦ Ματταθίου, 25 τοῦ Ἀμώς, τοῦ Ναούμ, τοῦ Ἐσλί, τοῦ Ναγγαί, τοῦ Μαάθ, 26 τοῦ Ματταθίου, τοῦ ᵃΣεμεείν⁽⁾, τοῦ ᵇἸωσήχ⁽⁾, τοῦ ᶜἸωδά⁽⁾, τοῦ ᵈἸωανάν⁽⁾, τοῦ Ῥησά, τοῦ Ζοροβάβελ, τοῦ Σαλαθιήλ, 27 τοῦ Νηρί, τοῦ Μελχί, τοῦ Ἀδδί, τοῦ Κωσάμ, τοῦ ᵉἘλμα- 28 δάμ⁽⁾, τοῦ Ἤρ, τοῦ ᶠἸησοῦ⁽⁾, τοῦ Ἐλιέζερ, τοῦ Ἰωρείμ, τοῦ 29 Ματθάτ, τοῦ Λευί, τοῦ Συμεών, τοῦ Ἰούδα, τοῦ Ἰωσήφ, τοῦ 30 ᵍἸωνάμ⁽⁾, τοῦ Ἐλιακείμ, τοῦ Μελεᾶ, τοῦ ʰΜεννά⁽⁾, τοῦ 31 Ματταθά, τοῦ Ναθάν, τοῦ Δαβίδ, τοῦ Ἰεσσαί, τοῦ Ὠβήδ, 32 τοῦ Βοόζ, τοῦ ⁱΣαλμών⁽⁾, τοῦ Ναασσών, τοῦ ᵏἈμιναδάβ⁽⁾, 33 τοῦ ˡἈρνεί⁽⁾, τοῦ Ἐσρών, τοῦ Φαρές, τοῦ Ἰούδα, τοῦ 34

ᵒ καὶ διακαθαριεῖ   ᵖ συνάξει   ᑫ add Φιλίππου   ʳ add
καὶ   ˢ add τῇ   ᵗ ὡσεὶ   ᵘ add λέγουσαν   ˣ ὡσεὶ ἐτῶν
τριάκοντα ἀρχόμενος   ʸ ὧν ὡς ἐνομίζετο υἱὸς   ᶻ Ἰαννά
ᵃ Σεμεΐ   ᵇ Ἰωσήφ   ᶜ Ἰούδα   ᵈ Ἰωαννᾶ   ᵉ Ἐλμωδάμ
ᶠ Ἰωσή   ᵍ Ἰωνάν   ʰ Μενάμ A., Μαϊνάν S.   ⁱ Σαλά M.
ᵏ Ἀδμείν, or Ἀμιναδάβ, τοῦ Ἀδμείν, M.   ˡ Ἀράμ A.S.M.

-4. 13.   ΚΑΤΑ ΛΟΥΚΑΝ.   131

35 Ἰακώβ, τοῦ Ἰσαάκ, τοῦ Ἀβραάμ, τοῦ Θάρα, τοῦ Ναχώρ, τοῦ 36 Σαρούχ, τοῦ Ῥαγαῦ, τοῦ Φαλέκ, τοῦ Ἐβέρ, τοῦ Σαλά, τοῦ 37 Καϊνάν, τοῦ Ἀρφαξάδ, τοῦ Σήμ, τοῦ Νῶε, τοῦ Λάμεχ, τοῦ Μαθουσάλα, τοῦ Ἐνώχ, τοῦ Ἰαρέδ, τοῦ Μαλελεήλ, τοῦ Καϊ- 38 νάν, τοῦ Ἐνώς, τοῦ Σήθ, τοῦ Ἀδάμ, τοῦ Θεοῦ.

4 Ἰησοῦς δὲ Πνεύματος Ἁγίου πλήρης ὑπέστρεψεν ἀπὸ τοῦ Mat. 4. 1, 2 Ἰορδάνου, καὶ ἤγετο ἐν τῷ Πνεύματι ᵐἐν τῇ ἐρήμῳ ‖ ἡμέρας Mk. 1. 12. τεσσαράκοντα πειραζόμενος ὑπὸ τοῦ διαβόλου. καὶ οὐκ ἔφαγεν οὐδὲν ἐν ταῖς ἡμέραις ἐκείναις· καὶ συντελεσθεισῶν αὐτῶν 3 ⁿ⁻‖ ἐπείνασε. ᵒεἶπε δὲ ‖ αὐτῷ ὁ διάβολος, Εἰ υἱὸς εἶ τοῦ 4 Θεοῦ, εἰπὲ τῷ λίθῳ τούτῳ ἵνα γένηται ἄρτος. καὶ ἀπεκρίθη Ἰησοῦς πρὸς αὐτόν ᵖ⁻‖, Γέγραπται ὅτι Οὐκ ἐπ' ἄρτῳ μόνῳ Deut. 8. 3. 5 ζήσεται ὁ ἄνθρωπος ᑫ⁻‖. καὶ ἀναγαγὼν αὐτὸν ʳ⁻" ἔδειξεν αὐτῷ πάσας τὰς βασιλείας τῆς οἰκουμένης ἐν στιγμῇ χρόνου· 6 καὶ εἶπεν αὐτῷ ὁ διάβολος, Σοὶ δώσω τὴν ἐξουσίαν ταύτην ἅπασαν καὶ τὴν δόξαν αὐτῶν· ὅτι ἐμοὶ παραδέδοται, καὶ ᾧ 7 ἐὰν θέλω δίδωμι αὐτήν· σὺ οὖν ἐὰν προσκυνήσῃς ἐνώπιον 8 ˢἐμοῦ ‖, ἔσται σου ᵗπᾶσα‖. καὶ ἀποκριθεὶς αὐτῷ εἶπεν ὁ Ἰησοῦς, ᵘ⁻‖ Γέγραπται ˣ⁻‖, ʸΚύριον τὸν Θεόν σου προσκυ- Deut.6.13. 9 νήσεις‖, καὶ αὐτῷ μόνῳ λατρεύσεις. ᶻἤγαγε δὲ ‖ αὐτὸν εἰς Ἱερουσαλήμ, καὶ ἔστησεν αὐτὸν ἐπὶ τὸ πτερύγιον τοῦ ἱεροῦ, καὶ εἶπεν αὐτῷ, Εἰ ᵃυἱὸς ‖ εἶ τοῦ Θεοῦ, βάλε σεαυτὸν ἐντεῦθεν 10 κάτω· γέγραπται γὰρ ὅτι Τοῖς ἀγγέλοις αὐτοῦ ἐντελεῖται Ps. 91 (90). 11 περὶ σοῦ, τοῦ διαφυλάξαι σε· καὶ ὅτι Ἐπὶ χειρῶν ἀροῦσί σε, 11. 12 μήποτε προσκόψῃς πρὸς λίθον τὸν πόδα σου. καὶ ἀποκριθεὶς εἶπεν αὐτῷ ὁ Ἰησοῦς ὅτι Εἴρηται, Οὐκ ἐκπειράσεις Κύριον Deut.6.16. 13 τὸν Θεόν σου. καὶ συντελέσας πάντα πειρασμὸν ὁ διάβολος ἀπέστη ἀπ' αὐτοῦ ἄχρι καιροῦ.

ᵐ εἰς τὴν ἔρημον   ⁿ add ὕστερον   ᵒ καὶ εἶπεν   ᵖ add λέγων   ᑫ add ἀλλ' ἐπὶ παντὶ ῥήματι Θεοῦ   ʳ add ὁ διάβολος εἰς ὄρος ὑψηλὸν   ˢ μου   ᵗ πάντα   ᵘ add Ὕπαγε ὀπίσω μου, Σατανᾶ·   ˣ add γάρ   ʸ Προσκυνήσεις Κύριον τὸν Θεόν σου   ᶻ καὶ ἤγαγεν   ᵃ ὁ υἱὸς

ΕΥΑΓΓΕΛΙΟΝ

Καὶ ὑπέστρεψεν ὁ Ἰησοῦς ἐν τῇ δυνάμει τοῦ Πνεύματος 14
εἰς τὴν Γαλιλαίαν· καὶ φήμη ἐξῆλθε καθ' ὅλης τῆς περιχώρου
περὶ αὐτοῦ. καὶ αὐτὸς ἐδίδασκεν ἐν ταῖς συναγωγαῖς αὐτῶν, 15
δοξαζόμενος ὑπὸ πάντων.

Cp. Mat. Καὶ ἦλθεν εἰς τὴν Ναζαρέτ, οὗ ἦν τεθραμμένος· καὶ 16
13. 54,
Mk. 6. 1. εἰσῆλθε, κατὰ τὸ εἰωθὸς αὐτῷ, ἐν τῇ ἡμέρᾳ τῶν σαββάτων
Cp. Neh. εἰς τὴν συναγωγήν, καὶ ἀνέστη ἀναγνῶναι. καὶ ἐπεδόθη αὐτῷ 17
8. 1, 5. βιβλίον ᵇτοῦ προφήτου Ἡσαΐου". καὶ ᶜἀνοίξας" τὸ βιβλίον
Isa. 61. 1. εὗρε τὸν τόπον οὗ ἦν γεγραμμένον, Πνεῦμα Κυρίου ἐπ' ἐμέ, 18
οὗ ἕνεκεν ἔχρισέ με ᵈεὐαγγελίσασθαι" πτωχοῖς· ἀπέσταλκέ
με ᵉ—" κηρῦξαι αἰχμαλώτοις ἄφεσιν, καὶ τυφλοῖς ἀνάβλεψιν,
ἀποστεῖλαι τεθραυσμένους ἐν ἀφέσει, κηρῦξαι ἐνιαυτὸν Κυρίου 19
δεκτόν. καὶ πτύξας τὸ βιβλίον, ἀποδοὺς τῷ ὑπηρέτῃ, ἐκά- 20
θισε· καὶ πάντων ᶠοἱ ὀφθαλμοὶ ἐν τῇ συναγωγῇ" ἦσαν ἀτενί-
ζοντες αὐτῷ. ἤρξατο δὲ λέγειν πρὸς αὐτοὺς ὅτι Σήμερον 21
πεπλήρωται ἡ γραφὴ αὕτη ἐν τοῖς ὠσὶν ὑμῶν. καὶ πάντες 22
ἐμαρτύρουν αὐτῷ, καὶ ἐθαύμαζον ἐπὶ τοῖς λόγοις τῆς χάριτος
τοῖς ἐκπορευομένοις ἐκ τοῦ στόματος αὐτοῦ· καὶ ἔλεγον,
Cp. Joh. Οὐχ οὗτός ἐστιν ὁ υἱὸς Ἰωσήφ; καὶ εἶπε πρὸς αὐτούς, Πάν- 23
6. 42. τως ἐρεῖτέ μοι τὴν παραβολὴν ταύτην, Ἰατρέ, θεράπευσον
σεαυτόν· ὅσα ἠκούσαμεν γενόμενα ᵍεἰς τὴν" Καπερναούμ,
ποίησον καὶ ὧδε ἐν τῇ πατρίδι σου. εἶπε δέ, Ἀμὴν λέγω 24
ὑμῖν, ὅτι οὐδεὶς προφήτης δεκτός ἐστιν ἐν τῇ πατρίδι αὐτοῦ.
ἐπ' ἀληθείας δὲ λέγω ὑμῖν, πολλαὶ χῆραι ἦσαν ἐν ταῖς ἡμέ- 25
ραις Ἠλίου ἐν τῷ Ἰσραήλ, ὅτε ἐκλείσθη ὁ οὐρανὸς ἐπὶ ἔτη
τρία καὶ μῆνας ἕξ, ὡς ἐγένετο λιμὸς μέγας ἐπὶ πᾶσαν τὴν
γῆν· καὶ πρὸς οὐδεμίαν αὐτῶν ἐπέμφθη Ἠλίας, εἰ μὴ εἰς 26
1 Kings 17. Σάρεπτα τῆς ʰΣιδωνίας" πρὸς γυναῖκα χήραν. καὶ πολλοὶ 27
9. λεπροὶ ἦσαν ⁱἐν τῷ Ἰσραὴλ ἐπὶ Ἐλισαίου τοῦ προφήτου·

ʰ Ἡσαΐου τοῦ προφήτου   ᶜ ἀναπτύξας   ᵈ εὐαγγελί-
ζεσθαι   ᵉ add ἰάσασθαι τοὺς συντετριμμένους τὴν καρδίαν,
ᶠ ἐν τῇ συναγωγῇ οἱ ὀφθαλμοὶ   ᵍ ἐν τῇ   ʰ Σιδῶνος
ⁱ ἐπὶ Ἐλισσαίου τοῦ προφήτου ἐν τῷ Ἰσραήλ

28 καὶ οὐδεὶς αὐτῶν ἐκαθαρίσθη, εἰ μὴ Νεεμὰν ὁ Σιρος. καὶ 2 Kings 5.
29 ἐπλήσθησαν πάντες θυμοῦ ἐν τῇ συναγωγῇ ἀκούοντες ταῦτα, 14.
καὶ ἀναστάντες ἐξέβαλον αὐτὸν ἔξω τῆς πόλεως, καὶ ἤγαγον
αὐτὸν ἕως k—‖ ὀφρύος τοῦ ὄρους, ἐφ᾽ οὗ ἡ πόλις αὐτῶν ᾠκο-
30 δόμητο, ¹ὥστε‖ κατακρημνίσαι αὐτόν· αὐτὸς δὲ διελθὼν διὰ
μέσου αὐτῶν ἐπορεύετο.
31 Καὶ κατῆλθεν εἰς Καπερναοὺμ πόλιν τῆς Γαλιλαίας. καὶ Mk. 1. 21.
32 ἦν διδάσκων αὐτοὺς ἐν τοῖς σάββασι· καὶ ἐξεπλήσσοντο ἐπὶ Cp. Mat.
33 τῇ διδαχῇ αὐτοῦ, ὅτι ἐν ἐξουσίᾳ ἦν ὁ λόγος αὐτοῦ. καὶ ἐν 7. 29.
τῇ συναγωγῇ ἦν ἄνθρωπος ἔχων πνεῦμα δαιμονίου ἀκαθάρτου,
34 καὶ ἀνέκραξε φωνῇ μεγάλῃ m—‖,"Ἔα, τί ἡμῖν καὶ σοί, Ἰησοῦ
Ναζαρηνέ; ἦλθες ἀπολέσαι ἡμᾶς; οἶδά σε τίς εἶ, ὁ ἅγιος
35 τοῦ Θεοῦ. καὶ ἐπετίμησεν αὐτῷ ὁ Ἰησοῦς λέγων, Φιμώθητι,
καὶ ἔξελθε ⁿἀπ᾽ αὐτοῦ ʲ. καὶ ῥίψαν αὐτὸν τὸ δαιμόνιον εἰς
36 τὸ μέσον ἐξῆλθεν ἀπ᾽ αὐτοῦ, μηδὲν βλάψαν αὐτόν. καὶ ἐγέ-
νετο θάμβος ἐπὶ πάντας, καὶ συνελάλουν πρὸς ἀλλήλους λέ-
γοντες, Τίς ὁ λόγος °οὗτος; ὅτι ἐν ἐξουσίᾳ καὶ δυνάμει ἐπιτάσ-
37 σει τοῖς ἀκαθάρτοις πνεύμασι, καὶ ἐξέρχονται."‖ καὶ ἐξεπορεύετο
ἦχος περὶ αὐτοῦ εἰς πάντα τόπον τῆς περιχώρου.
38 Ἀναστὰς δὲ ᴾἀπὸ ⁊ τῆς συναγωγῆς εἰσῆλθεν εἰς τὴν οἰκίαν Mat. 8. 14,
Σίμωνος. ᑫ—‖ πενθερὰ δὲ τοῦ Σίμωνος ἦν συνεχομένη πυρετῷ Mk. 1. 29.
39 μεγάλῳ· καὶ ἠρώτησαν αὐτὸν περὶ αὐτῆς. καὶ ἐπιστὰς ἐπάνω
αὐτῆς ἐπετίμησε τῷ πυρετῷ, καὶ ἀφῆκεν αὐτήν· παραχρῆμα
δὲ ἀναστᾶσα διηκόνει αὐτοῖς.
40 Δύνοντος δὲ τοῦ ἡλίου πάντες ὅσοι εἶχον ἀσθενοῦντας Mat. 8. 16.
νόσοις ποικίλαις ἤγαγον αὐτοὺς πρὸς αὐτόν· ὁ δὲ ἑνὶ ἑκάστῳ Mk. 1. 32.
41 αὐτῶν τὰς χεῖρας ἐπιθεὶς ἐθεράπευσεν αὐτούς. ἐξήρχετο δὲ
καὶ δαιμόνια ἀπὸ πολλῶν, κράζοντα καὶ λέγοντα ὅτι Σὺ εἶ ʳ—ʲ
ὁ υἱὸς τοῦ Θεοῦ. καὶ ἐπιτιμῶν οὐκ εἴα αὐτὰ λαλεῖν, ὅτι ᾔδει-
σαν τὸν Χριστὸν αὐτὸν εἶναι.

k add τῆς   ˡ εἰς τὸ   ᵐ add λέγων   ⁿ ἐξ αὐτοῦ
ᵒ οὗτος, ... ἐξέρχονται;   ᴾ ἐκ   ᑫ add ἢ   ʳ add ὁ Χριστός,

134 ΕΥΑΓΓΕΛΙΟΝ 4. 42-

Mk. 1. 35. Γενομένης δὲ ἡμέρας ἐξελθὼν ἐπορεύθη εἰς ἔρημον τόπον· 42
καὶ οἱ ὄχλοι ˢἐπεζήτουν" αὐτόν, καὶ ἦλθον ἕως αὐτοῦ, καὶ
κατεῖχον αὐτὸν τοῦ μὴ πορεύεσθαι ἀπ' αὐτῶν. ὁ δὲ εἶπε 43
πρὸς αὐτοὺς ὅτι Καὶ ταῖς ἑτέραις πόλεσιν εὐαγγελίσασθαί με
δεῖ τὴν βασιλείαν τοῦ Θεοῦ· ὅτι ᵗἐπὶ τοῦτο ἀπεστάλην".
Καὶ ἦν κηρύσσων ᵘεἰς τὰς συναγωγὰς" τῆς ˣΓαλιλαίας". 44

Cp. Mat. Ἐγένετο δὲ ἐν τῷ τὸν ὄχλον ἐπικεῖσθαι αὐτῷ ʸκαὶ" ἀκούειν 5
4. 18,
Mk. 1. 16. τὸν λόγον τοῦ Θεοῦ, καὶ αὐτὸς ἦν ἑστὼς παρὰ τὴν λίμνην
Γεννησαρέτ· καὶ εἶδε δύο πλοῖα ἑστῶτα παρὰ τὴν λίμνην· 2
οἱ δὲ ἁλιεῖς ἀποβάντες ἀπ' αὐτῶν ᶻἔπλυνον" τὰ δίκτυα. ἐμ- 3
βὰς δὲ εἰς ἓν τῶν πλοίων, ὃ ἦν τοῦ Σίμωνος, ἠρώτησεν αὐτὸν
ἀπὸ τῆς γῆς ἐπαναγαγεῖν ὀλίγον. ᵃκαθίσας δὲ" ἐδίδασκεν
Cp. Joh. ἐκ τοῦ πλοίου τοὺς ὄχλους. ὡς δὲ ἐπαύσατο λαλῶν, εἶπε 4
21. 6. πρὸς τὸν Σίμωνα, Ἐπανάγαγε εἰς τὸ βάθος, καὶ χαλάσατε τὰ
δίκτυα ὑμῶν εἰς ἄγραν. καὶ ἀποκριθεὶς ὁ Σίμων εἶπεν ᵇ⁻/, 5
Ἐπιστάτα, δι' ὅλης ᶜ⁻/ νυκτὸς κοπιάσαντες οὐδὲν ἐλάβομεν·
ἐπὶ δὲ τῷ ῥήματί σου χαλάσω ᵈτὰ δίκτυα /. καὶ τοῦτο ποιή- 6
σαντες συνέκλεισαν ἰχθύων πλῆθος πολύ· διερρήγνυτο δὲ
ᵈτὰ δίκτυα / αὐτῶν· καὶ κατένευσαν τοῖς μετόχοις ᵉ⁻/ ἐν τῷ 7
ἑτέρῳ πλοίῳ, τοῦ ἐλθόντας συλλαβέσθαι αὐτοῖς· καὶ ἦλθον,
καὶ ἔπλησαν ἀμφότερα τὰ πλοῖα, ὥστε βυθίζεσθαι αὐτά.
ἰδὼν δὲ Σίμων Πέτρος προσέπεσε τοῖς γόνασι τοῦ Ἰησοῦ 8
λέγων, Ἔξελθε ἀπ' ἐμοῦ, ὅτι ἀνὴρ ἁμαρτωλός εἰμι, Κύριε.
θάμβος γὰρ περιέσχεν αὐτόν, καὶ πάντας τοὺς σὺν αὐτῷ, ἐπὶ 9
τῇ ἄγρᾳ τῶν ἰχθύων ᶠὧν" συνέλαβον, ὁμοίως δὲ καὶ Ἰάκω- 10
βον καὶ Ἰωάννην, υἱοὺς Ζεβεδαίου, οἳ ἦσαν κοινωνοὶ τῷ
Σίμωνι. καὶ εἶπε πρὸς τὸν Σίμωνα ὁ Ἰησοῦς, Μὴ φοβοῦ·
ἀπὸ τοῦ νῦν ἀνθρώπους ἔσῃ ζωγρῶν. καὶ καταγαγόντες τὰ 11
πλοῖα ἐπὶ τὴν γῆν, ἀφέντες ἅπαντα, ἠκολούθησαν αὐτῷ.

ˢ ἐζήτουν   ᵗ εἰς τοῦτο ἀπέσταλμαι   ᵘ ἐν ταῖς συνα-
γωγαῖς   ˣ Ἰουδαίας M.   ʸ τοῦ   ᶻ ἀπέπλυναν
ᵃ καὶ καθίσας   ᵇ add αὐτῷ   ᶜ add τῆς   ᵈ τὸ
δίκτυον   ᵉ add τοῖς   ᶠ ᾗ

-5. 24. ΚΑΤΑ ΛΟΥΚΑΝ. 135

12 Καὶ ἐγένετο ἐν τῷ εἶναι αὐτὸν ἐν μιᾷ τῶν πόλεων, καὶ ἰδού, Mat. 8. 2,
ἀνὴρ πλήρης λέπρας· gἰδὼν δὲ ƒ τὸν Ἰησοῦν, πεσὼν ἐπὶ Mk. 1. 40.
πρόσωπον, ἐδεήθη αὐτοῦ λέγων, Κύριε, ἐὰν θέλῃς, δύνασαί
13 με καθαρίσαι. καὶ ἐκτείνας τὴν χεῖρα ἥψατο αὐτοῦ hλέγων||,
Θέλω, καθαρίσθητι. καὶ εὐθέως ἡ λέπρα ἀπῆλθεν ἀπ' αὐτοῦ.
14 καὶ αὐτὸς παρήγγειλεν αὐτῷ μηδενὶ εἰπεῖν· ἀλλὰ ἀπελθὼν
δεῖξον σεαυτὸν τῷ ἱερεῖ, καὶ προσένεγκε περὶ τοῦ καθαρισμοῦ Cp. Lev.
15 σου, καθὼς προσέταξε Μωσῆς, εἰς μαρτύριον αὐτοῖς. δι- 14.2sqq.
ήρχετο δὲ μᾶλλον ὁ λόγος περὶ αὐτοῦ· καὶ συνήρχοντο
ὄχλοι πολλοὶ ἀκούειν, καὶ θεραπεύεσθαι i—ƒ ἀπὸ τῶν ἀσθε-
16 νειῶν αὐτῶν. αὐτὸς δὲ ἦν ὑποχωρῶν ἐν ταῖς ἐρήμοις, καὶ
προσευχόμενος.
17 Καὶ ἐγένετο ἐν μιᾷ τῶν ἡμερῶν, καὶ αὐτὸς ἦν διδάσκων· Mat. 9. 1,
καὶ ἦσαν καθήμενοι Φαρισαῖοι καὶ νομοδιδάσκαλοι, οἳ ἦσαν Mk. 2. 1.
ἐληλυθότες ἐκ πάσης κώμης τῆς Γαλιλαίας καὶ Ἰουδαίας καὶ
Ἱερουσαλήμ· καὶ δύναμις Κυρίου ἦν εἰς τὸ ἰᾶσθαι jαὐτόν.
18 καὶ ἰδού, ἄνδρες φέροντες ἐπὶ κλίνης ἄνθρωπον ὃς ἦν παρα-
λελυμένος, καὶ ἐζήτουν αὐτὸν εἰσενεγκεῖν καὶ θεῖναι ἐνώπιον
19 αὐτοῦ. καὶ μὴ εὑρόντες kποίας ƒ εἰσενέγκωσιν αὐτόν, διὰ τὸν
ὄχλον, ἀναβάντες ἐπὶ τὸ δῶμα διὰ τῶν κεράμων καθῆκαν
αὐτὸν σὺν τῷ κλινιδίῳ εἰς τὸ μέσον ἔμπροσθεν τοῦ Ἰησοῦ.
20 καὶ ἰδὼν τὴν πίστιν αὐτῶν εἶπεν l—ƒ, Ἄνθρωπε, ἀφέωνταί
21 σοι αἱ ἁμαρτίαι σου. καὶ ἤρξαντο διαλογίζεσθαι οἱ γραμ-
ματεῖς καὶ οἱ Φαρισαῖοι λέγοντες, Τίς ἐστιν οὗτος ὃς λαλεῖ
βλασφημίας; τίς δύναται ἀφιέναι ἁμαρτίας, εἰ μὴ μόνος ὁ
22 Θεός; ἐπιγνοὺς δὲ ὁ Ἰησοῦς τοὺς διαλογισμοὺς αὐτῶν
ἀποκριθεὶς εἶπε πρὸς αὐτούς, Τί διαλογίζεσθε ἐν ταῖς καρδίαις
23 ὑμῶν; τί ἐστιν εὐκοπώτερον; εἰπεῖν, Ἀφέωνταί σοι αἱ
24 ἁμαρτίαι σου; ἢ εἰπεῖν, Ἔγειραι καὶ περιπάτει; ἵνα δὲ
εἰδῆτε ὅτι ἐξουσίαν ἔχει ὁ υἱὸς τοῦ ἀνθρώπου ἐπὶ τῆς γῆς

g καὶ ἰδὼν   h εἰπών   i add ὑπ' αὐτοῦ   j αὐτούς
A.S.M.   k διὰ ποίας   l add αὐτῷ

ἀφιέναι ἁμαρτίας, (εἶπε τῷ παραλελυμένῳ) Σοὶ λέγω, ἔγειραι, καὶ ἄρας τὸ κλινίδιόν σου πορεύου εἰς τὸν οἶκόν σου. καὶ 25 παραχρῆμα ἀναστὰς ἐνώπιον αὐτῶν, ἄρας ἐφ᾽ ᾧ κατέκειτο, ἀπῆλθεν εἰς τὸν οἶκον αὐτοῦ δοξάζων τὸν Θεόν. καὶ ἔκστασις 26 ἔλαβεν ἅπαντας, καὶ ἐδόξαζον τὸν Θεόν, καὶ ἐπλήσθησαν φόβου, λέγοντες ὅτι Εἴδομεν παράδοξα σήμερον.

Mat. 9. 9, Καὶ μετὰ ταῦτα ἐξῆλθε, καὶ ἐθεάσατο τελώνην, ὀνόματι 27
Mk. 2. 14. Λευΐν, καθήμενον ἐπὶ τὸ τελώνιον, καὶ εἶπεν αὐτῷ, Ἀκολούθει μοι. καὶ καταλιπὼν ᵐπάντα" ἀναστὰς ⁿἠκολούθει" αὐτῷ. 28 καὶ ἐποίησε δοχὴν μεγάλην ὁ Λευῒς αὐτῷ ἐν τῇ οἰκίᾳ αὐτοῦ· 29 καὶ ἦν ὄχλος τελωνῶν πολὺς καὶ ἄλλων οἳ ἦσαν μετ᾽ αὐτῶν κατακείμενοι. καὶ ἐγόγγυζον ᵒοἱ Φαρισαῖοι καὶ οἱ γραμματεῖς 30 αὐτῶν ᵖ πρὸς τοὺς μαθητὰς αὐτοῦ λέγοντες, Διατί μετὰ ᵖτῶν" τελωνῶν καὶ ἁμαρτωλῶν ἐσθίετε καὶ πίνετε; καὶ 31 ἀποκριθεὶς ὁ Ἰησοῦς εἶπε πρὸς αὐτούς, Οὐ χρείαν ἔχουσιν οἱ ὑγιαίνοντες ἰατροῦ, ἀλλ᾽ οἱ κακῶς ἔχοντες. οὐκ ἐλήλυθα 32
Mat. 9. 14, καλέσαι δικαίους ἀλλὰ ἁμαρτωλοὺς εἰς μετάνοιαν. οἱ δὲ 33
Mk. 2. 18. εἶπον πρὸς αὐτόν, ᑫΟἱ μαθηταὶ Ἰωάννου νηστεύουσι πυκνά, καὶ δεήσεις ποιοῦνται· ὁμοίως καὶ οἱ τῶν Φαρισαίων· οἱ δὲ σοὶ ἐσθίουσι καὶ πίνουσιν." ὁ δὲ ʳἸησοῦς" εἶπε πρὸς 34 αὐτούς, Μὴ δύνασθε τοὺς υἱοὺς τοῦ νυμφῶνος, ἐν ᾧ ὁ νυμφίος μετ᾽ αὐτῶν ἐστι, ποιῆσαι νηστεύειν; ἐλεύσονται δὲ 35 ἡμέραι· καὶ ὅταν ἀπαρθῇ ἀπ᾽ αὐτῶν ὁ νυμφίος, τότε νηστεύσουσιν ἐν ἐκείναις ταῖς ἡμέραις. ἔλεγε δὲ καὶ παραβολὴν 36 πρὸς αὐτοὺς ὅτι Οὐδεὶς ἐπίβλημα ˢἀπὸ" ἱματίου καινοῦ ᵗ σχίσας ᶦ ἐπιβάλλει ἐπὶ ἱμάτιον παλαιόν· εἰ δὲ μήγε, καὶ τὸ καινὸν ᵘσχίσει", καὶ τῷ παλαιῷ οὐ ˣσυμφωνήσει τὸ ἐπίβλημα ᶦ τὸ ἀπὸ τοῦ καινοῦ. καὶ οὐδεὶς βάλλει οἶνον νέον εἰς 37 ἀσκοὺς παλαιούς· εἰ δὲ μήγε, ῥήξει ὁ νέος οἶνος τοὺς ἀσκούς,

ᵐ ἅπαντα   ⁿ ἠκολούθησεν   ᵒ οἱ γραμματεῖς αὐτῶν καὶ οἱ Φαρισαῖοι   ᵖ om. τῶν   ᑫ Διατί οἱ .... πίνουσιν;
ʳ om. Ἰησοῦς   ˢ om. ἀπὸ   ᵗ om. σχίσας   ᵘ σχίζει
ˣ συμφωνεῖ ἐπίβλημα

ΚΑΤΑ ΛΟΥΚΑΝ.

38 καὶ αὐτὸς ἐκχυθήσεται, καὶ οἱ ἀσκοὶ ἀπολοῦνται· ἀλλὰ οἶνον
39 νέον εἰς ἀσκοὺς καινοὺς βλητέον. ʸ⁻" καὶ οὐδεὶς πιὼν
παλαιὸν ᶻ⁻" θέλει νέον· λέγει γάρ, Ὁ παλαιὸς ᵃχρηστός"
ἐστιν.

6 Ἐγένετο δὲ ἐν σαββάτῳ ᵇ⁻ˡ διαπορεύεσθαι αὐτὸν διὰ ᶜ⁻" Mat. 12. 1,
σπορίμων· καὶ ἔτιλλον οἱ μαθηταὶ αὐτοῦ τοὺς στάχυας, Mk. 2. 23;
2 καὶ ἤσθιον ψώχοντες ταῖς χερσί. τινὲς δὲ τῶν Φαρισαίων Deut.
εἶπον ᵈ⁻ˡ, Τί ποιεῖτε ὃ οὐκ ἔξεστι ποιεῖν ᵉ⁻ˡ τοῖς σάββασι; (24. 1).
3 καὶ ἀποκριθεὶς πρὸς αὐτοὺς εἶπεν ὁ Ἰησοῦς, Οὐδὲ τοῦτο
ἀνέγνωτε, ὃ ἐποίησε Δαβίδ, ᶠὅτε ἐπείνασεν αὐτὸς καὶ οἱ μετ' 1 Sam. 21.
4 αὐτοῦ ὄντες; ὡς εἰσῆλθεν εἰς τὸν οἶκον τοῦ Θεοῦ, καὶ τοὺς 6.
ἄρτους τῆς προθέσεως ᵍλαβὼν ἔφαγε, καὶ ἔδωκε καὶ τοῖς
μετ' αὐτοῦ, οὓς οὐκ ἔξεστι φαγεῖν εἰ μὴ μόνους τοὺς ἱερεῖς; Cp. Lev.
5 καὶ ἔλεγεν αὐτοῖς ὅτι κύριός ἐστιν ὁ υἱὸς τοῦ ἀνθρώπου ʰ⁻" 24. 9.
τοῦ σαββάτου.

6 Ἐγένετο δὲ ⁱ⁻ ἐν ἑτέρῳ σαββάτῳ εἰσελθεῖν αὐτὸν εἰς Mat. 12. 9,
τὴν συναγωγὴν καὶ διδάσκειν· καὶ ἦν ᵏἄνθρωπος ἐκεῖ, καὶ Mk. 3. 1.
7 ἡ χεὶρ αὐτοῦ ἡ δεξιὰ ἦν ξηρά. ˡπαρετηροῦντο" δὲ αὐτὸν οἱ
γραμματεῖς καὶ οἱ Φαρισαῖοι, εἰ ἐν τῷ σαββάτῳ θεραπεύσει·
8 ἵνα εὕρωσι ᵐκατηγορεῖν" αὐτοῦ. αὐτὸς δὲ ᾔδει τοὺς δια-
λογισμοὺς αὐτῶν· ⁿεἶπε δὲˡ τῷ ἀνθρώπῳ τῷ ξηρὰν ἔχοντι
τὴν χεῖρα, Ἔγειραι, καὶ στῆθι εἰς τὸ μέσον. ᵒκαὶˡ ἀνα-
9 στὰς ἔστη. ᵖεἶπε δὲˡ ὁ Ἰησοῦς πρὸς αὐτούς, ᵠἘπερωτῶ
ὑμᾶς, εἰˡ ἔξεστι ʳτῷ σαββάτῳˡ ἀγαθοποιῆσαι; ἢ κακο-
10 ποιῆσαι; ψυχὴν σῶσαι; ἢ ἀπολέσαι; καὶ περιβλεψάμενος
πάντας αὐτοὺς ˢεἶπεν αὐτῷ, Ἔκτεινον τὴν χεῖρά σου. ὁ

ʸ add καὶ ἀμφότεροι συντηροῦνται. ᶻ add εὐθέως ᵃ χρη-
στότερός A.S.M. ᵇ add δευτεροπρωτῳ A.S.M. ᶜ add
τῶν ᵈ add αὐτοῖς ᵉ add ἐν ᶠ ὁπότε ᵍ ἔλαβε, καὶ
ʰ add καὶ ⁱ add καὶ ᵏ ἐκεῖ ἄνθρωπος ˡ παρετή-
ρουν ᵐ κατηγορίαν ⁿ καὶ εἶπε ᵒ ὁ δὲ ᵖ εἶπεν
οὖν ᵠ Ἐπερωτήσω ὑμᾶς, τί S.: Ἐπερωτήσω ὑμᾶς τι A.
ʳ τοῖς σάββασιν ˢ εἶπε τῷ ἀνθρώπῳ

δὲ ἐποίησε ᵗ⁻‖· καὶ ἀποκατεστάθη ἡ χεὶρ αὐτοῦ ᵘ⁻‖. αὐτοὶ 11
δὲ ἐπλήσθησαν ἀνοίας· καὶ διελάλουν πρὸς ἀλλήλους, τί ἂν
ποιήσειαν τῷ Ἰησοῦ.
Ἐγένετο δὲ ἐν ταῖς ἡμέραις ταύταις ᵛἐξελθεῖν αὐτὸν‖ εἰς 12
τὸ ὄρος προσεύξασθαι· καὶ ἦν διανυκτερεύων ἐν τῇ προσευχῇ
τοῦ Θεοῦ. καὶ ὅτε ἐγένετο ἡμέρα, προσεφώνησε τοὺς μαθη- 13
τὰς αὐτοῦ· καὶ ἐκλεξάμενος ἀπ᾽ αὐτῶν δώδεκα, οὓς καὶ
ἀποστόλους ὠνόμασε, Σίμωνα ὃν καὶ ὠνόμασε Πέτρον, καὶ 14
Ἀνδρέαν τὸν ἀδελφὸν αὐτοῦ, ˣκαὶ‖ Ἰάκωβον καὶ Ἰωάννην,
ˣκαὶ‖ Φίλιππον καὶ Βαρθολομαῖον, ˣκαὶ‖ Ματθαῖον καὶ 15
Θωμᾶν, ˣκαὶ‖ Ἰάκωβον ʸ⁻‖ Ἀλφαίου καὶ Σίμωνα τὸν καλού-
μενον Ζηλωτήν, ˣκαὶ‖ Ἰούδαν Ἰακώβου, καὶ Ἰούδαν Ἰσκα- 16
ριώτην, ὃς ᶻ⁻‖ ἐγένετο προδότης, καὶ καταβὰς μετ᾽ αὐτῶν 17
ἔστη ἐπὶ τόπου πεδινοῦ, καὶ ὄχλος ᵃπολὺς‖ μαθητῶν αὐτοῦ,
καὶ πλῆθος πολὺ τοῦ λαοῦ ἀπὸ πάσης τῆς Ἰουδαίας καὶ
Ἱερουσαλὴμ καὶ τῆς παραλίου Τύρου καὶ Σιδῶνος, οἳ ἦλθον
ἀκοῦσαι αὐτοῦ, καὶ ἰαθῆναι ἀπὸ τῶν νόσων αὐτῶν· καὶ οἱ 18
ᵇἐνοχλούμενοι ἀπὸ‖ πνευμάτων ἀκαθάρτων ᶜ⁻‖ ἐθεραπεύοντο.
καὶ πᾶς ὁ ὄχλος ἐζήτει ἅπτεσθαι αὐτοῦ· ὅτι δύναμις παρ᾽ 19
αὐτοῦ ἐξήρχετο, καὶ ἰᾶτο πάντας.

Καὶ αὐτὸς ἐπάρας τοὺς ὀφθαλμοὺς αὐτοῦ εἰς τοὺς μαθητὰς 20
αὐτοῦ ἔλεγε, Μακάριοι οἱ πτωχοί, ὅτι ὑμετέρα ἐστὶν ἡ
βασιλεία τοῦ Θεοῦ. μακάριοι οἱ πεινῶντες νῦν, ὅτι χορτασ- 21
θήσεσθε. μακάριοι οἱ κλαίοντες νῦν, ὅτι γελάσετε. μακάριοί 22
ἐστε, ὅταν μισήσωσιν ὑμᾶς οἱ ἄνθρωποι, καὶ ὅταν ἀφορίσωσιν
ὑμᾶς, καὶ ὀνειδίσωσι, καὶ ἐκβάλωσι τὸ ὄνομα ὑμῶν ὡς
πονηρόν, ἕνεκα τοῦ υἱοῦ τοῦ ἀνθρώπου. ᵈχάρητε‖ ἐν ἐκείνῃ 23
τῇ ἡμέρᾳ καὶ σκιρτήσατε· ἰδοὺ γάρ, ὁ μισθὸς ὑμῶν πολὺς
ἐν τῷ οὐρανῷ· κατὰ ᵉτὰ αὐτὰ‖ γὰρ ἐποίουν τοῖς προφήταις
οἱ πατέρες αὐτῶν. πλὴν οὐαὶ ὑμῖν τοῖς πλουσίοις, ὅτι 24

ᵗ add οὕτω   ᵘ add ὑγιὴς ὡς ἡ ἄλλη   ᵛ ἐξῆλθεν
ˣ om. καὶ   ʸ add τὸν τοῦ   ᶻ add καὶ   ᵃ om. πολὺς
ᵇ ὀχλούμενοι ὑπὸ   ᶜ add καὶ   ᵈ χαίρετε   ᵉ ταῦτα

25 ἀπέχετε τὴν παράκλησιν ὑμῶν. οὐαὶ ὑμῖν, οἱ ἐμπεπλησμένοι
f νῦν‖, ὅτι πεινάσετε. οὐαί g–‖, οἱ γελῶντες νῦν, ὅτι πενθή-
26 σετε καὶ κλαύσετε. οὐαί g–q, ὅταν καλῶς ὑμᾶς εἴπωσι
πάντες οἱ ἄνθρωποι· κατὰ hτὰ αὐτὰ‖ γὰρ ἐποίουν τοῖς
ψευδοπροφήταις οἱ πατέρες αὐτῶν.
27 Ἀλλ' ὑμῖν λέγω τοῖς ἀκούουσιν, ἀγαπᾶτε τοὺς ἐχθροὺς Cp. Mat.
28 ὑμῶν, καλῶς ποιεῖτε τοῖς μισοῦσιν ὑμᾶς, εὐλογεῖτε τοὺς 5. 44 sqq.
καταρωμένους ὑμῖν, i–‖ προσεύχεσθε ὑπὲρ τῶν ἐπηρεαζόντων
29 ὑμᾶς. τῷ τύπτοντί σε ἐπὶ τὴν σιαγόνα πάρεχε καὶ τὴν
ἄλλην· καὶ ἀπὸ τοῦ αἴροντός σου τὸ ἱμάτιον καὶ τὸν χιτῶνα
30 μὴ κωλύσῃς. παντὶ k–‖ αἰτοῦντί σε δίδου· καὶ ἀπὸ τοῦ
31 αἴροντος τὰ σὰ μὴ ἀπαίτει. καὶ καθὼς θέλετε ἵνα ποιῶσιν
32 ὑμῖν οἱ ἄνθρωποι, καὶ ὑμεῖς ποιεῖτε αὐτοῖς ὁμοίως. καὶ εἰ
ἀγαπᾶτε τοὺς ἀγαπῶντας ὑμᾶς, ποία ὑμῖν χάρις ἐστί; καὶ
33 γὰρ οἱ ἁμαρτωλοὶ τοὺς ἀγαπῶντας αὐτοὺς ἀγαπῶσι. καὶ ἐὰν
ἀγαθοποιῆτε τοὺς ἀγαθοποιοῦντας ὑμᾶς, ποία ὑμῖν χάρις
34 ἐστί; καὶ γὰρ οἱ ἁμαρτωλοὶ τὸ αὐτὸ ποιοῦσι. καὶ ἐὰν
δανείζητε παρ' ὧν ἐλπίζετε lλαβεῖν‖, ποία ὑμῖν χάρις ἐστί;
καὶ m–‖ ἁμαρτωλοὶ ἁμαρτωλοῖς δανείζουσιν, ἵνα ἀπολάβωσι
35 τὰ ἴσα. πλὴν ἀγαπᾶτε τοὺς ἐχθροὺς ὑμῶν, καὶ ἀγαθοποιεῖτε,
καὶ δανείζετε nμηδὲν‖ ἀπελπίζοντες· καὶ ἔσται ὁ μισθὸς
ὑμῶν πολύς, καὶ ἔσεσθε υἱοὶ τοῦ ὑψίστου· ὅτι αὐτὸς χρη-
36 στός ἐστιν ἐπὶ τοὺς ἀχαρίστους καὶ πονηρούς. γίνεσθε o–‖
37 οἰκτίρμονες, καθὼς p–‖ ὁ πατὴρ ὑμῶν οἰκτίρμων ἐστί. qκαὶ‖ Cp. Mat.
μὴ κρίνετε, καὶ οὐ μὴ κριθῆτε· rκαὶ‖ μὴ καταδικάζετε, καὶ 7. 1 sq.
38 οὐ μὴ καταδικασθῆτε· ἀπολύετε, καὶ ἀπολυθήσεσθε· δίδοτε,
καὶ δοθήσεται ὑμῖν· μέτρον καλόν, πεπιεσμένον s–‖ σεσα-
λευμένον s–‖ ὑπερεκχυνόμενον, δώσουσιν εἰς τὸν κόλπον
ὑμῶν. tῷ γὰρ μέτρῳ‖ μετρεῖτε, ἀντιμετρηθήσεται ὑμῖν.

f om. νῦν   g add ὑμῖν   h ταῦτα   i add καὶ
k add δὲ τῷ   l ἀπολαβεῖν   m add γὰρ οἱ   n μηδένα M.
o add οὖν   p add καὶ   q om. καὶ A.   r om. καὶ
s add καὶ   t τῷ γὰρ αὐτῷ μέτρῳ ᾧ

Εἶπε δὲ ᵘκαὶ" παραβολὴν αὐτοῖς, Μήτι δύναται τυφλὸς 39
τυφλὸν ὁδηγεῖν; οὐχὶ ἀμφότεροι εἰς βόθυνον ᵛἐμπεσοῦνται";
οὐκ ἔστι μαθητὴς ὑπὲρ τὸν διδάσκαλον ˣ⁻"· κατηρτισμένος 40
δὲ πᾶς ἔσται ὡς ὁ διδάσκαλος αὐτοῦ. τί δὲ βλέπεις τὸ 41
κάρφος τὸ ἐν τῷ ὀφθαλμῷ τοῦ ἀδελφοῦ σου, τὴν δὲ δοκὸν
τὴν ἐν τῷ ἰδίῳ ὀφθαλμῷ οὐ κατανοεῖς; ἢ πῶς δύνασαι λέγειν 42
τῷ ἀδελφῷ σου, Ἀδελφέ, ἄφες ἐκβάλω τὸ κάρφος τὸ ἐν
τῷ ὀφθαλμῷ σου, αὐτὸς τὴν ἐν τῷ ὀφθαλμῷ σου δοκὸν οὐ
βλέπων; ὑποκριτά, ἔκβαλε πρῶτον τὴν δοκὸν ἐκ τοῦ ὀφθαλ-
μοῦ σου, καὶ τότε διαβλέψεις ἐκβαλεῖν τὸ κάρφος τὸ ἐν τῷ
ὀφθαλμῷ τοῦ ἀδελφοῦ σου. οὐ γάρ ἐστι δένδρον καλὸν 43
ποιοῦν καρπὸν σαπρόν, οὐδὲ ʸπάλιν" δένδρον σαπρὸν ποιοῦν
καρπὸν καλόν· ἕκαστον γὰρ δένδρον ἐκ τοῦ ἰδίου καρποῦ 44
γινώσκεται· οὐ γὰρ ἐξ ἀκανθῶν συλλέγουσι σῦκα, οὐδὲ ἐκ
βάτου τρυγῶσι σταφυλήν. ὁ ἀγαθὸς ἄνθρωπος ἐκ τοῦ ἀγα- 45
θοῦ θησαυροῦ τῆς καρδίας αὐτοῦ προφέρει τὸ ἀγαθόν· καὶ ὁ
πονηρὸς ᶻ⁻" ἐκ τοῦ πονηροῦ ᵃ⁻¹ προφέρει τὸ πονηρόν· ἐκ
γὰρ ᵇπερισσεύματος καρδίας" λαλεῖ τὸ στόμα αὐτοῦ.
Τί δέ με καλεῖτε, Κύριε, Κύριε, καὶ οὐ ποιεῖτε ἃ λέγω; 46
πᾶς ὁ ἐρχόμενος πρός με καὶ ἀκούων μου τῶν λόγων καὶ 47
ποιῶν αὐτούς, ὑποδείξω ὑμῖν τίνι ἐστὶν ὅμοιος· ὅμοιός ἐστιν 48
ἀνθρώπῳ οἰκοδομοῦντι οἰκίαν, ὃς ἔσκαψε καὶ ἐβάθυνε, καὶ
ἔθηκε θεμέλιον ἐπὶ τὴν πέτραν· πλημμύρας δὲ γενομένης
προσέρρηξεν ὁ ποταμὸς τῇ οἰκίᾳ ἐκείνῃ, καὶ οὐκ ἴσχυσε
σαλεῦσαι αὐτήν ᶜδιὰ τὸ καλῶς οἰκοδομῆσθαι αὐτήν". ὁ δὲ 49
ἀκούσας καὶ μὴ ποιήσας ὅμοιός ἐστιν ἀνθρώπῳ οἰκοδομήσαντι
οἰκίαν ἐπὶ τὴν γῆν χωρὶς θεμελίου· ᾗ προσέρρηξεν ὁ ποτα-
μός, καὶ ᵈεὐθὺς συνέπεσε", καὶ ἐγένετο τὸ ῥῆγμα τῆς οἰκίας
ἐκείνης μέγα.

ᵘ om. καὶ   ᵛ πεσοῦνται   ˣ add αὐτοῦ   ʸ om.
πάλιν   ᶻ add ἄνθρωπος   ᵃ add θησαυροῦ τῆς καρδίας
αὐτοῦ   ᵇ τοῦ περισσεύματος τῆς καρδίας   ᶜ τεθεμελίωτο
γὰρ ἐπὶ τὴν πέτραν A.S.M.   ᵈ εὐθέως ἔπεσε

ΚΑΤΑ ΛΟΥΚΑΝ.

7 ᵉἘπειδὴ" ἐπλήρωσε πάντα τὰ ῥήματα αὐτοῦ εἰς τὰς ἀκοὰς Mat. 8. 5.
τοῦ λαοῦ, εἰσῆλθεν εἰς Καπερναούμ. 2 Ἑκατοντάρχου δέ τινος δοῦλος κακῶς ἔχων ἤμελλε τελευ-
3 τᾷν, ὃς ἦν αὐτῷ ἔντιμος. ἀκούσας δὲ περὶ τοῦ Ἰησοῦ
ἀπέστειλε πρὸς αὐτὸν πρεσβυτέρους τῶν Ἰουδαίων, ἐρωτῶν
4 αὐτὸν ὅπως ἐλθὼν διασώσῃ τὸν δοῦλον αὐτοῦ. οἱ δὲ παραγενόμενοι πρὸς τὸν Ἰησοῦν παρεκάλουν αὐτὸν σπουδαίως,
5 λέγοντες ὅτι Ἄξιός ἐστιν ᾧ ᶠπαρέξῃ" τοῦτο· ἀγαπᾷ γὰρ τὸ
6 ἔθνος ἡμῶν, καὶ τὴν συναγωγὴν αὐτὸς ᾠκοδόμησεν ἡμῖν. ὁ
δὲ Ἰησοῦς ἐπορεύετο σὺν αὐτοῖς. ἤδη δὲ αὐτοῦ οὐ μακρὰν
ἀπέχοντος ἀπὸ τῆς οἰκίας ἔπεμψε πρὸς αὐτὸν ὁ ἑκατόνταρχος
φίλους λέγων αὐτῷ, Κύριε, μὴ σκύλλου· οὐ γάρ εἰμι ἱκανὸς
7 ἵνα ὑπὸ τὴν στέγην μου εἰσέλθῃς· διὸ οὐδὲ ἐμαυτὸν ἠξίωσα
πρός σε ἐλθεῖν· ἀλλὰ εἰπὲ λόγῳ, καὶ ἰαθήσεται ὁ παῖς μου.
8 καὶ γὰρ ἐγὼ ἄνθρωπός εἰμι ὑπὸ ἐξουσίαν τασσόμενος, ἔχων
ὑπ' ἐμαυτὸν στρατιώτας, καὶ λέγω τούτῳ, Πορεύθητι, καὶ
πορεύεται· καὶ ἄλλῳ, Ἔρχου, καὶ ἔρχεται· καὶ τῷ δούλῳ
9 μου, Ποίησον τοῦτο, καὶ ποιεῖ. ἀκούσας δὲ ταῦτα ὁ Ἰησοῦς
ἐθαύμασεν αὐτόν, καὶ στραφεὶς τῷ ἀκολουθοῦντι αὐτῷ ὄχλῳ
εἶπε, Λέγω ὑμῖν, οὐδὲ ἐν τῷ Ἰσραὴλ τοσαύτην πίστιν εὗρον.
10 καὶ ὑποστρέψαντες ᵍεἰς τὸν οἶκον οἱ πεμφθέντες" εὗρον τὸν
ʰ—" δοῦλον ὑγιαίνοντα.

11 Καὶ ἐγένετο ἐν ⁱτῷ" ἑξῆς, ᵏἐπορεύθη" εἰς πόλιν καλουμένην Ναΐν· καὶ συνεπορεύοντο αὐτῷ οἱ μαθηταὶ αὐτοῦ ˡ—ˡ,
12 καὶ ὄχλος πολύς. ὡς δὲ ἤγγισε τῇ πύλῃ τῆς πόλεως, καὶ
ἰδού, ἐξεκομίζετο τεθνηκώς, υἱὸς μονογενὴς τῇ μητρὶ αὐτοῦ,
καὶ ᵐαὐτὴ" ἦν χήρα· καὶ ὄχλος τῆς πόλεως ἱκανὸς ⁿἦν" σὺν
13 αὐτῇ. καὶ ἰδὼν αὐτὴν ὁ Κύριος ἐσπλαγχνίσθη ἐπ' αὐτῇ, καὶ
14 εἶπεν αὐτῇ, Μὴ κλαῖε. καὶ προσελθὼν ἥψατο τῆς σοροῦ· οἱ

ᵉ Ἐπεὶ δὲ   ᶠ παρέξει   ᵍ οἱ πεμφθέντες εἰς τὸν οἶκον
ʰ add ἀσθενοῦντα   ⁱ τῇ A.S.M.   ᵏ ἐπορεύετο   ˡ add
ἱκανοί   ᵐ αὕτη   ⁿ om. ἦν

δὲ βαστάζοντες ἔστησαν. καὶ εἶπε, Νεανίσκε, σοὶ λέγω, ἐγέρθητι. καὶ ἀνεκάθισεν ὁ νεκρός, καὶ ἤρξατο λαλεῖν. καὶ 15 ἔδωκεν αὐτὸν τῇ μητρὶ αὐτοῦ. ἔλαβε δὲ φόβος ἅπαντας· 16 καὶ ἐδόξαζον τὸν Θεόν, λέγοντες ὅτι Προφήτης μέγας ο ἠγέρθη" ἐν ἡμῖν, καὶ ὅτι Ἐπεσκέψατο ὁ Θεὸς τὸν λαὸν αὐτοῦ. καὶ ἐξῆλθεν ὁ λόγος οὗτος ἐν ὅλῃ τῇ Ἰουδαίᾳ περὶ 17 αὐτοῦ, καὶ p-⁷ πάσῃ τῇ περιχώρῳ.

Mat. 11.2. Καὶ ἀπήγγειλαν Ἰωάννῃ οἱ μαθηταὶ αὐτοῦ περὶ πάντων 18 τούτων. καὶ προσκαλεσάμενος δύο τινὰς τῶν μαθητῶν αὐτοῦ 19 ὁ Ἰωάννης ἔπεμψε πρὸς τὸν q Κύριον" λέγων, Σὺ εἶ ὁ ἐρχόμενος; ἢ ἄλλον προσδοκῶμεν; παραγενόμενοι δὲ πρὸς αὐτὸν 20 οἱ ἄνδρες εἶπον, Ἰωάννης ὁ βαπτιστὴς ἀπέσταλκεν ἡμᾶς πρός σε λέγων, Σὺ εἶ ὁ ἐρχόμενος; ἢ ἄλλον προσδοκῶμεν; ἐν 21 r ἐκείνῃ ' τῇ ὥρᾳ ἐθεράπευσε πολλοὺς ἀπὸ νόσων καὶ μαστίγων καὶ πνευμάτων πονηρῶν, καὶ τυφλοῖς πολλοῖς ἐχαρίσατο s—" βλέπειν. καὶ ἀποκριθεὶς t—⁷ εἶπεν αὐτοῖς, Πορευθέντες 22

Cp. Isa. 35. 5, 61. 1. ἀπαγγείλατε Ἰωάννῃ ἃ εἴδετε καὶ ἠκούσατε· u—⁷ τυφλοὶ ἀναβλέπουσι, χωλοὶ περιπατοῦσι, λεπροὶ καθαρίζονται, x καὶ" κωφοὶ ἀκούουσι, νεκροὶ ἐγείρονται, πτωχοὶ εὐαγγελίζονται. καὶ μακάριός ἐστιν, ὃς ἐὰν μὴ σκανδαλισθῇ ἐν ἐμοί. 23

Mat. 11.7. Ἀπελθόντων δὲ τῶν ἀγγέλων Ἰωάννου ἤρξατο λέγειν 24 πρὸς τοὺς ὄχλους περὶ Ἰωάννου, Τί y ἐξήλθετε¹ εἰς τὴν ἔρημον θεάσασθαι; κάλαμον ὑπὸ ἀνέμου σαλευόμενον; ἀλλὰ 25 τί y ἐξήλθετε" ἰδεῖν; ἄνθρωπον ἐν μαλακοῖς ἱματίοις ἠμφιεσμένον; ἰδού, οἱ ἐν ἱματισμῷ ἐνδόξῳ καὶ τρυφῇ ὑπάρχοντες ἐν τοῖς βασιλείοις εἰσίν. ἀλλὰ τί y ἐξήλθετε" ἰδεῖν; προ- 26 φήτην; ναί, λέγω ὑμῖν, καὶ περισσότερον προφήτου. οὗτός 27

Mal. 3. 1. ἐστι περὶ οὗ γέγραπται, Ἰδού, ἐγὼ ἀποστέλλω τὸν ἄγγελόν μου πρὸ προσώπου σου, ὃς κατασκευάσει τὴν ὁδόν σου ἔμ-

---

o ἐγήγερται   p add ἐν   q Ἰησοῦν   r αὐτῇ δὲ
s add τὸ   t add ὁ Ἰησοῦς   u add ὅτι   x om. καὶ
y ἐξεληλύθατε

28 προσθέν σου. λέγω ᶻ⁻¹ ὑμῖν, μείζων ἐν γεννητοῖς γυναικῶν
   ᵃ⁻‖ Ἰωάννου ᵇ⁻‖ οὐδείς ἐστιν· ὁ δὲ μικρότερος ἐν τῇ βασι-
29 λείᾳ τοῦ Θεοῦ μείζων αὐτοῦ ἐστι. καὶ πᾶς ὁ λαὸς ἀκούσας
   καὶ οἱ τελῶναι ἐδικαίωσαν τὸν Θεόν, βαπτισθέντες τὸ βάπ-
30 τισμα Ἰωάννου· οἱ δὲ Φαρισαῖοι καὶ οἱ νομικοὶ τὴν βουλὴν
   τοῦ Θεοῦ ἠθέτησαν εἰς ἑαυτούς, μὴ βαπτισθέντες ὑπ' αὐτοῦ.
31 ᶜ⁻‖ Τίνι οὖν ὁμοιώσω τοὺς ἀνθρώπους τῆς γενεᾶς ταύτης;
32 καὶ τίνι εἰσὶν ὅμοιοι; ὅμοιοί εἰσι παιδίοις τοῖς ἐν ἀγορᾷ
   καθημένοις, καὶ προσφωνοῦσιν ἀλλήλοις, ᵈ ἃ λέγει¹, Ηὐλή-
   σαμεν ὑμῖν, καὶ οὐκ ὠρχήσασθε· ἐθρηνήσαμεν ᵉ⁻¹, καὶ οὐκ
33 ἐκλαύσατε. ἐλήλυθε γὰρ Ἰωάννης ὁ βαπτιστὴς ᶠμὴ" ἄρτον
34 ἐσθίων μήτε οἶνον πίνων, καὶ λέγετε, Δαιμόνιον ἔχει. ἐλή-
   λυθεν ὁ υἱὸς τοῦ ἀνθρώπου ἐσθίων καὶ πίνων, καὶ λέγετε,
   Ἰδού, ἄνθρωπος φάγος καὶ οἰνοπότης, τελωνῶν φίλος καὶ
35 ἁμαρτωλῶν. καὶ ἐδικαιώθη ἡ σοφία ἀπὸ τῶν τέκνων αὐτῆς
   πάντων.
36 Ἠρώτα δέ τις αὐτὸν τῶν Φαρισαίων ἵνα φάγῃ μετ' αὐτοῦ· Cp. 11. 37.
   καὶ εἰσελθὼν εἰς τὴν οἰκίαν τοῦ Φαρισαίου ᵍ κατεκλίθη.
37 καὶ ἰδού, γυνὴ ʰ ἥτις ἦν ἐν τῇ πόλει, ἁμαρτωλός·" ⁱκαὶ‖ Cp. Mat.
   ἐπιγνοῦσα ὅτι ᵏκατάκειται¹ ἐν τῇ οἰκίᾳ τοῦ Φαρισαίου, κο- 26. 6, Mk. 14. 3,
38 μίσασα ἀλάβαστρον μύρου, καὶ στᾶσα ¹ὀπίσω παρὰ τοὺς Joh. 12. 3.
   πόδας αὐτοῦ¹ κλαίουσα, ἤρξατο βρέχειν τοὺς πόδας αὐτοῦ
   τοῖς δάκρυσι, καὶ ταῖς θριξὶ τῆς κεφαλῆς αὐτῆς ᵐ ἐξέμαξε,
39 καὶ κατεφίλει τοὺς πόδας αὐτοῦ, καὶ ἤλειφε τῷ μύρῳ. ἰδὼν
   δὲ ὁ Φαρισαῖος ὁ καλέσας αὐτὸν εἶπεν ἐν ἑαυτῷ λέγων,
   Οὗτος, εἰ ἦν ⁿπροφήτης¹, ἐγίνωσκεν ἂν τίς καὶ ποταπὴ ἡ
   γυνή, ἥτις ἅπτεται αὐτοῦ· ὅτι ἁμαρτωλός ἐστι.
40 Καὶ ἀποκριθεὶς ὁ Ἰησοῦς εἶπε πρὸς αὐτόν, Σίμων, ἔχω σοί

ᶻ add γὰρ   ᵃ add προφήτης   ᵇ add τοῦ βαπτιστοῦ
ᶜ add εἶπε δὲ ὁ Κύριος,   ᵈ καὶ λέγουσιν   ᵉ add ὑμῖν
ᶠ μήτε   ᵍ ἀνεκλίθη   ʰ ἐν τῇ πόλει, ἥτις ἦν ἁμαρτωλός,
ⁱ om. καὶ   ᵏ ἀνάκειται   ¹ παρὰ τοὺς πόδας αὐτοῦ ὀπίσω
ᵐ ἐξέμασσε   ⁿ ὁ προφήτης M.

τι εἰπεῖν. ὁ δέ φησι, Διδάσκαλε, εἰπέ. Δύο χρεωφειλέται 41 ἦσαν δανειστῇ τινι· ὁ εἷς ὤφειλε δηνάρια πεντακόσια, ὁ δὲ ἕτερος πεντήκοντα. μὴ ἐχόντων °–⁊ αὐτῶν ἀποδοῦναι ἀμφο- 42 τέροις ἐχαρίσατο· τίς οὖν αὐτῶν ᵖ–‖ πλεῖον αὐτὸν ἀγαπή-σει; ἀποκριθεὶς ᵠ–⁊ ὁ Σίμων εἶπεν, Ὑπολαμβάνω ὅτι ᾧ τὸ 43 πλεῖον ἐχαρίσατο. ὁ δὲ εἶπεν αὐτῷ, Ὀρθῶς ἔκρινας. καὶ 44 στραφεὶς πρὸς τὴν γυναῖκα τῷ Σίμωνι ἔφη, Βλέπεις ταύτην τὴν γυναῖκα; εἰσῆλθόν σου εἰς τὴν οἰκίαν, ὕδωρ ἐπὶ τοὺς πόδας μου οὐκ ἔδωκας· αὕτη δὲ τοῖς δάκρυσιν ἔβρεξέ μου τοὺς πόδας, καὶ ταῖς θριξὶν ʳ–⁊ αὐτῆς ἐξέμαξε. φίλημά μοι 45 οὐκ ἔδωκας· αὕτη δέ, ἀφ' ἧς εἰσῆλθον, οὐ διέλιπε καταφι-λοῦσά μου τοὺς πόδας. ἐλαίῳ τὴν κεφαλήν μου οὐκ ἤλειψας· 46 αὕτη δὲ μύρῳ ἤλειψέ μου τοὺς πόδας. οὗ χάριν, λέγω σοι, 47 ἀφέωνται αἱ ἁμαρτίαι αὐτῆς αἱ πολλαί, ὅτι ἠγάπησε πολύ· ᾧ δὲ ὀλίγον ἀφίεται, ὀλίγον ἀγαπᾷ. εἶπε δὲ αὐτῇ, Ἀφέωνταί 48 σου αἱ ἁμαρτίαι. καὶ ἤρξαντο οἱ συνανακείμενοι λέγειν ἐν 49 ἑαυτοῖς, Τίς οὗτός ἐστιν ὃς καὶ ἁμαρτίας ἀφίησιν; εἶπε δὲ 50 πρὸς τὴν γυναῖκα, Ἡ πίστις σου σέσωκέ σε· πορεύου εἰς εἰρήνην.

Καὶ ἐγένετο ἐν τῷ καθεξῆς, καὶ αὐτὸς διώδευε κατὰ πόλιν 8 καὶ κώμην κηρύσσων καὶ εὐαγγελιζόμενος τὴν βασιλείαν τοῦ Θεοῦ, καὶ οἱ δώδεκα σὺν αὐτῷ, καὶ γυναῖκές τινες αἳ ἦσαν 2 τεθεραπευμέναι ἀπὸ πνευμάτων πονηρῶν καὶ ἀσθενειῶν, Μαρία ἡ καλουμένη Μαγδαληνή, ἀφ' ἧς δαιμόνια ἑπτὰ ἐξεληλύθει, καὶ Ἰωάννα γυνὴ Χουζᾶ ἐπιτρόπου Ἡρώδου, καὶ Σουσάννα, 3 καὶ ἕτεραι πολλαί, αἵτινες διηκόνουν ˢαὐτοῖς‖ ᵗἐκ‖ τῶν ὑπαρ-χόντων αὐταῖς.

Συνιόντος δὲ ὄχλου πολλοῦ, καὶ τῶν κατὰ πόλιν ἐπιπορευο- 4 μένων πρὸς αὐτόν, εἶπε διὰ παραβολῆς· Ἐξῆλθεν ὁ σπείρων 5 τοῦ σπεῖραι τὸν σπόρον αὐτοῦ· καὶ ἐν τῷ σπείρειν αὐτὸν ὃ

° add δὲ ᵖ add εἰπέ, ᵠ add δὲ ʳ add τῆς κεφαλῆς ˢ αὐτῷ A.S.M. ᵗ ἀπὸ

-8. 19. ΚΑΤΑ ΛΟΥΚΑΝ. 145

μὲν ἔπεσε παρὰ τὴν ὁδόν, καὶ κατεπατήθη, καὶ τὰ πετεινὰ
6 τοῦ οὐρανοῦ κατέφαγεν αὐτό. καὶ ἕτερον ᵘκατέπεσεν⁰ ἐπὶ
7 τὴν πέτραν, καὶ φυὲν ἐξηράνθη διὰ τὸ μὴ ἔχειν ἰκμάδα. καὶ
ἕτερον ἔπεσεν ἐν μέσῳ τῶν ἀκανθῶν, καὶ συμφυεῖσαι αἱ ἄκαν-
8 θαι ἀπέπνιξαν αὐτό. καὶ ἕτερον ἔπεσεν ˣεἰς⁰ τὴν γῆν τὴν
ἀγαθήν, καὶ φυὲν ἐποίησε καρπὸν ἑκατονταπλασίονα. ταῦτα
λέγων ἐφώνει, Ὁ ἔχων ὦτα ἀκούειν ἀκουέτω.
9 Ἐπηρώτων δὲ αὐτὸν οἱ μαθηταὶ αὐτοῦ ʸτίς εἴη ἡ παρα-
10 βολὴ αὕτη.⁰ ὁ δὲ εἶπεν, Ὑμῖν δέδοται γνῶναι τὰ μυστήρια
τῆς βασιλείας τοῦ Θεοῦ· τοῖς δὲ λοιποῖς ἐν παραβολαῖς, ἵνα Cp. Isa. 6.
11 βλέποντες μὴ βλέπωσι, καὶ ἀκούοντες μὴ συνιῶσιν. ἔστι δὲ 9.
12 αὕτη ἡ παραβολή· ὁ σπόρος ἐστὶν ὁ λόγος τοῦ Θεοῦ. οἱ δὲ
παρὰ τὴν ὁδὸν εἰσὶν οἱ ᶻἀκούσαντες⁰· εἶτα ἔρχεται ὁ διάβολος
καὶ αἴρει τὸν λόγον ἀπὸ τῆς καρδίας αὐτῶν, ἵνα μὴ πιστεύ-
13 σαντες σωθῶσιν. οἱ δὲ ἐπὶ τῆς πέτρας, οἳ ὅταν ἀκούσωσι,
μετὰ χαρᾶς δέχονται τὸν λόγον· καὶ οὗτοι ῥίζαν οὐκ ἔχουσιν,
οἳ πρὸς καιρὸν πιστεύουσι, καὶ ἐν καιρῷ πειρασμοῦ ἀφίσταν-
14 ται. τὸ δὲ εἰς τὰς ἀκάνθας πεσόν, οὗτοί εἰσιν οἱ ἀκούσαντες,
καὶ ὑπὸ μεριμνῶν καὶ πλούτου καὶ ἡδονῶν τοῦ βίου πορευό-
15 μενοι συμπνίγονται, καὶ οὐ τελεσφοροῦσι. τὸ δὲ ἐν τῇ καλῇ
γῇ, οὗτοί εἰσιν οἵτινες ἐν καρδίᾳ καλῇ καὶ ἀγαθῇ ἀκούσαντες
τὸν λόγον κατέχουσι, καὶ καρποφοροῦσιν ἐν ὑπομονῇ.
16 Οὐδεὶς δὲ λύχνον ἅψας καλύπτει αὐτὸν σκεύει, ἢ ὑποκάτω Mk. 4. 21:
κλίνης τίθησιν· ἀλλ᾽ ἐπὶ λυχνίας ᵃτίθησιν, ἵνα οἱ εἰσπορευό- cp. Mat.
17 μενοι βλέπωσι τὸ φῶς. οὐ γάρ ἐστι κρυπτόν, ὃ οὐ φανερὸν Lk. 11. 33.
γενήσεται· οὐδὲ ἀπόκρυφον, ὃ ᵇοὐ μὴ γνωσθῇ⁰ καὶ εἰς φανερὸν
18 ἔλθῃ. βλέπετε οὖν πῶς ἀκούετε· ὃς γὰρ ἂν ἔχῃ, δοθήσεται
αὐτῷ· καὶ ὃς ἂν μὴ ἔχῃ, καὶ ὃ δοκεῖ ἔχειν ἀρθήσεται ἀπ᾽
αὐτοῦ.
19 Παρεγένοντο δὲ πρὸς αὐτὸν ἡ μήτηρ καὶ οἱ ἀδελφοὶ αὐτοῦ, Mat.12.46,
Mk. 3. 31.

ᵘ ἔπεσεν   ˣ ἐπὶ   ʸ λέγοντες, Τίς ... αὕτη;
⁻ ἀκούοντες   ᵃ ἐπιτίθησιν   ᵇ οὐ γνωσθήσεται

ι.

καὶ οὐκ ἠδύναντο συντυχεῖν αὐτῷ διὰ τὸν ὄχλον. ᶜἀπηγγέλη 20
δὲ ᵍ αὐτῷ, ᵈ⁻ᵍ Ἡ μήτηρ σου καὶ οἱ ἀδελφοί σου ἑστήκασιν
ἔξω ἰδεῖν σε θέλοντες. ὁ δὲ ἀποκριθεὶς εἶπε πρὸς αὐτούς, 21
Μήτηρ μου καὶ ἀδελφοί μου οὗτοί εἰσιν οἱ τὸν λόγον τοῦ
Θεοῦ ἀκούοντες καὶ ποιοῦντες ᵉ⁻ᵍ.

Mat. 8. 18, ᶠἘγένετο δὲᵍ ἐν μιᾷ τῶν ἡμερῶν, καὶ αὐτὸς ἐνέβη εἰς 22
23, πλοῖον καὶ οἱ μαθηταὶ αὐτοῦ· καὶ εἶπε πρὸς αὐτούς, Διέλ-
Mk. 4. 35. θωμεν εἰς τὸ πέραν τῆς λίμνης· καὶ ἀνήχθησαν. πλεόντων 23
δὲ αὐτῶν ἀφύπνωσε. καὶ κατέβη λαῖλαψ ἀνέμου εἰς τὴν λίμ-
νην, καὶ συνεπληροῦντο, καὶ ἐκινδύνευον. προσελθόντες δὲ 24
διήγειραν αὐτὸν λέγοντες, Ἐπιστάτα, ἐπιστάτα, ἀπολλύ-
μεθα. ὁ δὲ ᵍδιεγερθεὶςᵍ ἐπετίμησε τῷ ἀνέμῳ καὶ τῷ κλύδωνι
τοῦ ὕδατος· καὶ ἐπαύσαντο, καὶ ἐγένετο γαλήνη. εἶπε δὲ 25
αὐτοῖς, Ποῦ ʰ⁻ᵍ ἡ πίστις ὑμῶν; φοβηθέντες δὲ ἐθαύμασαν
λέγοντες πρὸς ἀλλήλους, Τίς ἄρα οὗτός ἐστιν, ὅτι καὶ τοῖς
ἀνέμοις ἐπιτάσσει καὶ τῷ ὕδατι, καὶ ὑπακούουσιν αὐτῷ;

Mat. 8. 28, Καὶ κατέπλευσαν εἰς τὴν χώραν τῶν ⁱΓερασηνῶνᵍ, ἥτις 26
Mk. 5. 1. ἐστὶν ἀντιπέραν τῆς Γαλιλαίας. ἐξελθόντι δὲ αὐτῷ ἐπὶ τὴν 27
γῆν ὑπήντησεν ᵏ⁻ᵍ ἀνήρ τις ἐκ τῆς πόλεως, ˡἔχων δαιμόνια·
καὶ χρόνῳ ἱκανῷ οὐκ ἐνεδύσατο ἱμάτιον,ᵍ καὶ ἐν οἰκίᾳ οὐκ
ἔμενεν, ἀλλ' ἐν τοῖς μνήμασιν. ἰδὼν δὲ τὸν Ἰησοῦν ᵐ⁻ᶠ 28
ἀνακράξας προσέπεσεν αὐτῷ, καὶ φωνῇ μεγάλῃ εἶπε, Τί ἐμοὶ
καὶ σοί, Ἰησοῦ, υἱὲ τοῦ Θεοῦ τοῦ ὑψίστου; δέομαί σου, μή
με βασανίσῃς. ⁿπαρήγγελλεᵍ γὰρ τῷ πνεύματι τῷ ἀκα- 29
θάρτῳ ἐξελθεῖν ἀπὸ τοῦ ἀνθρώπου. πολλοῖς γὰρ χρόνοις
συνηρπάκει αὐτόν, καὶ ᵒἐδεσμεύετοᵍ ἁλύσεσι καὶ πέδαις φυ-
λασσόμενος, καὶ διαρρήσσων τὰ δεσμὰ ἠλαύνετο ὑπὸ τοῦ
ᵖδαιμονίουᵍ εἰς τὰς ἐρήμους. ἐπηρώτησε δὲ αὐτὸν ὁ Ἰησοῦς 30

ᶜ καὶ ἀπηγγέλη   ᵈ add λεγόντων,   ᵉ add αὐτόν
ᶠ Καὶ ἐγένετο   ᵍ ἐγερθεὶς   ʰ add ἐστιν   ⁱ Γαδα-
ρηνῶν A.S.M., or Γεργεσηνῶν M.   ᵏ add αὐτῷ   ˡ ὃς εἶχε
δαιμόνια ἐκ χρόνων ἱκανῶν, καὶ ἱμάτιον οὐκ ἐνεδιδύσκετο,
ᵐ add καί   ⁿ παρήγγειλε A.   ᵒ ἐδεσμεῖτο   ᵖ δαίμονος

ΚΑΤΑ ΛΟΥΚΑΝ.

q-‖, Τί σοι ἐστὶν ὄνομα; ὁ δὲ εἶπε, Λεγεών· ὅτι δαιμόνια
31 πολλὰ εἰσῆλθεν εἰς αὐτόν. καὶ ʳπαρεκάλουν‖ αὐτὸν ἵνα μὴ
32 ἐπιτάξῃ αὐτοῖς εἰς τὴν ἄβυσσον ἀπελθεῖν. ἦν δὲ ἐκεῖ ἀγέλη
χοίρων ἱκανῶν ˢβοσκομένη‖ ἐν τῷ ὄρει· καὶ παρεκάλουν
αὐτὸν ἵνα ἐπιτρέψῃ αὐτοῖς εἰς ἐκείνους εἰσελθεῖν. καὶ ἐπέ-
33 τρεψεν αὐτοῖς. ἐξελθόντα δὲ τὰ δαιμόνια ἀπὸ τοῦ ἀνθρώπου
εἰσῆλθεν εἰς τοὺς χοίρους· καὶ ὥρμησεν ἡ ἀγέλη κατὰ τοῦ
34 κρημνοῦ εἰς τὴν λίμνην, καὶ ἀπεπνίγη. ἰδόντες δὲ οἱ βόσκον-
τες τὸ ᵗγεγονὸς‖ ἔφυγον, καὶ ᵘ⁻¹ ἀπήγγειλαν εἰς τὴν πόλιν
35 καὶ εἰς τοὺς ἀγρούς. ἐξῆλθον δὲ ἰδεῖν τὸ γεγονός· καὶ ἦλθον
πρὸς τὸν Ἰησοῦν, καὶ εὗρον καθήμενον τὸν ἄνθρωπον ἀφ᾽ οὗ
τὰ δαιμόνια ˣἐξῆλθεν‖, ἱματισμένον καὶ σωφρονοῦντα, παρὰ
36 τοὺς πόδας τοῦ Ἰησοῦ· καὶ ἐφοβήθησαν. ἀπήγγειλαν δὲ
37 αὐτοῖς ʸ⁻‖ οἱ ἰδόντες, πῶς ἐσώθη ὁ δαιμονισθείς. καὶ ᶻἠρώ-
τησεν‖ αὐτὸν ἅπαν τὸ πλῆθος τῆς περιχώρου τῶν ᵃΓερασην-
νῶν‖ ἀπελθεῖν ἀπ᾽ αὐτῶν, ὅτι φόβῳ μεγάλῳ συνείχοντο·
38 αὐτὸς δὲ ἐμβὰς εἰς ᵇ⁻ʲ πλοῖον ὑπέστρεψεν. ἐδέετο δὲ αὐτοῦ
ὁ ἀνὴρ ἀφ᾽ οὗ ἐξεληλύθει τὰ δαιμόνια εἶναι σὺν αὐτῷ. ἀπέ-
39 λυσε δὲ αὐτὸν ᶜ⁻ʲ λέγων, Ὑπόστρεφε εἰς τὸν οἶκόν σου, καὶ
διηγοῦ ὅσα ἐποίησέ σοι ὁ Θεός. καὶ ἀπῆλθε καθ᾽ ὅλην τὴν
πόλιν κηρύσσων ὅσα ἐποίησεν αὐτῷ ὁ Ἰησοῦς.
40 ᵈ Ἐν δὲ τῷ ὑποστρέφειν‖ τὸν Ἰησοῦν ἀπεδέξατο αὐτὸν ὁ
41 ὄχλος· ἦσαν γὰρ πάντες προσδοκῶντες αὐτόν. καὶ ἰδού, ἦλ- Mat. 9. 18,
θεν ἀνὴρ ᾧ ὄνομα Ἰάειρος, καὶ αὐτὸς ἄρχων τῆς συναγωγῆς Mk. 5. 22.
ὑπῆρχε· καὶ πεσὼν παρὰ τοὺς πόδας τοῦ Ἰησοῦ παρεκάλει
42 αὐτὸν εἰσελθεῖν εἰς τὸν οἶκον αὐτοῦ· ὅτι θυγάτηρ μονογενὴς
ἦν αὐτῷ ὡς ἐτῶν δώδεκα, καὶ αὕτη ἀπέθνησκεν. ἐν δὲ τῷ
ὑπάγειν αὐτὸν οἱ ὄχλοι συνέπνιγον αὐτόν.

ᵠ add λέγων   ʳ παρεκάλει   ˢ βοσκομένων   ᵗ γεγε-
νημένον   ᵘ add ἀπελθόντες   ˣ ἐξεληλύθει   ʸ add
καὶ   ᶻ ἠρώτησαν   ᵃ Γαδαρηνῶν A.S.M., or Γεργεσηνῶν M.
ᵇ add τὸ   ᶜ add ὁ Ἰησοῦς   ᵈ Ἐγένετο δὲ ἐν τῷ ὑπο-
στρέψαι

148 ΕΥΑΓΓΕΛΙΟΝ 8. 43–

Cp. Lev. 15. 25.

Καὶ γυνὴ οὖσα ἐν ῥύσει αἵματος ἀπὸ ἐτῶν δώδεκα, ἥτις 43 ᵉἰατροῖς ⁷ προσαναλώσασα ὅλον τὸν βίον οὐκ ἴσχυσεν ᶠἀπ' ⁰ οὐδενὸς θεραπευθῆναι, προσελθοῦσα ὄπισθεν, ἥψατο τοῦ 44 κρασπέδου τοῦ ἱματίου αὐτοῦ· καὶ παραχρῆμα ἔστη ἡ ῥύσις τοῦ αἵματος αὐτῆς. καὶ εἶπεν ὁ Ἰησοῦς, Τίς ὁ ἁψάμενός 45 μου; ἀρνουμένων δὲ πάντων εἶπεν ὁ Πέτρος καὶ οἱ ᵍσὺν αὐτῷ ⁷, Ἐπιστάτα, οἱ ὄχλοι συνέχουσί σε καὶ ἀποθλίβουσι. ʰ–⁷ ὁ δὲ Ἰησοῦς εἶπεν, Ἥψατό μού τις· ἐγὼ γὰρ ἔγνων 46 δύναμιν ⁱἐξεληλυθυῖαν ⁰ ἀπ' ἐμοῦ. ἰδοῦσα δὲ ἡ γυνὴ ὅτι οὐκ 47 ἔλαθε, τρέμουσα ἦλθε, καὶ προσπεσοῦσα αὐτῷ δι' ἣν αἰτίαν ἥψατο αὐτοῦ ἀπήγγειλεν ᵏ–⁷ ἐνώπιον παντὸς τοῦ λαοῦ, καὶ ὡς ἰάθη παραχρῆμα. ὁ δὲ εἶπεν αὐτῇ, ¹Θύγατερ,⁰ ἡ 48 πίστις σου σέσωκέ σε· πορεύου εἰς εἰρήνην.

Ἔτι αὐτοῦ λαλοῦντος ἔρχεταί τις παρὰ τοῦ ἀρχισυναγώγου 49 λέγων ᵐ–⁷ ὅτι Τέθνηκεν ἡ θυγάτηρ σου· μὴ σκύλλε τὸν διδάσκαλον. ὁ δὲ Ἰησοῦς ἀκούσας ἀπεκρίθη αὐτῷ ᵘ–⁰, Μὴ 50 φοβοῦ· μόνον πίστευε, καὶ σωθήσεται. ᵒἐλθὼν⁰ δὲ εἰς τὴν 51 οἰκίαν οὐκ ἀφῆκεν εἰσελθεῖν ᵖτινὰ σὺν αὐτῷ⁰, εἰ μὴ Πέτρον ᑫκαὶ Ἰωάννην καὶ Ἰάκωβον⁰, καὶ τὸν πατέρα τῆς παιδὸς καὶ τὴν μητέρα. ἔκλαιον δὲ πάντες, καὶ ἐκόπτοντο αὐτήν· 52 ὁ δὲ εἶπε, Μὴ κλαίετε· ʳοὐ γὰρ ⁱ ἀπέθανεν, ἀλλὰ καθεύδει. καὶ κατεγέλων αὐτοῦ εἰδότες ὅτι ἀπέθανεν. αὐτὸς δὲ 53, 54 ˢ–⁷ κρατήσας τῆς χειρὸς αὐτῆς ἐφώνησε λέγων, Ἡ παῖς, ἐγείρου. καὶ ἐπέστρεψε τὸ πνεῦμα αὐτῆς, καὶ ἀνέστη παρα- 55 χρῆμα· καὶ διέταξεν αὐτῇ δοθῆναι φαγεῖν. καὶ ἐξέστησαν 56 οἱ γονεῖς αὐτῆς· ὁ δὲ παρήγγειλεν αὐτοῖς μηδενὶ εἰπεῖν τὸ γεγονός.

ᵉ εἰς ἰατροὺς A.S.: om. ἰατροῖς προσαναλώσασα ὅλον τὸν βίον M.   ᶠ ὑπ'   ᵍ μετ' αὐτοῦ A.S.: om. καὶ οἱ σὺν αὐτῷ M. ʰ add καὶ λέγεις, Τίς ὁ ἁψάμενός μου: ⁱ ἐξελθοῦσαν ᵏ add αὐτῷ   ˡ Θάρσει, θύγατερ·   ᵐ add αὐτῷ   ⁿ add λέγων   ᵒ εἰσελθὼν   ᵖ οὐδένα   ᑫ καὶ Ἰάκωβον καὶ Ἰωάννην   ʳ οὐκ   ˢ add ἐκβαλὼν ἔξω πάντας καὶ

ΚΑΤΑ ΛΟΥΚΑΝ.

9 Συγκαλεσάμενος δὲ τοὺς δώδεκα [t–i] ἔδωκεν αὐτοῖς δύναμιν
καὶ ἐξουσίαν ἐπὶ πάντα τὰ δαιμόνια, καὶ νόσους θεραπεύειν.
2 καὶ ἀπέστειλεν αὐτοὺς κηρύσσειν τὴν βασιλείαν τοῦ Θεοῦ,
3 καὶ ἰᾶσθαι [u]τοὺς ἀσθενοῦντας'. καὶ εἶπε πρὸς αὐτούς,
Μηδὲν αἴρετε εἰς τὴν ὁδόν, μήτε [v]ῥάβδον, μήτε πήραν,
μήτε ἄρτον, μήτε ἀργύριον, μήτε [x–i] δύο χιτῶνας ἔχειν.
4 καὶ εἰς ἣν ἂν οἰκίαν εἰσέλθητε, ἐκεῖ μένετε, καὶ ἐκεῖθεν
5 ἐξέρχεσθε. καὶ ὅσοι ἂν μὴ [y]δέχωνται[z] ὑμᾶς, ἐξερχόμενοι
ἀπὸ τῆς πόλεως ἐκείνης [z–i] τὸν κονιορτὸν ἀπὸ τῶν ποδῶν
6 ὑμῶν ἀποτινάξατε, εἰς μαρτύριον ἐπ' αὐτούς. ἐξερχόμενοι
δὲ διήρχοντο κατὰ τὰς κώμας εὐαγγελιζόμενοι καὶ θεραπεύοντες πανταχοῦ.
7 Ἤκουσε δὲ Ἡρώδης ὁ τετράρχης τὰ γινόμενα [a–ii] πάντα·
καὶ διηπόρει διὰ τὸ λέγεσθαι ὑπό τινων, ὅτι Ἰωάννης
8 [b]ἠγέρθη ἐκ νεκρῶν, ὑπό τινων δέ, ὅτι Ἠλίας ἐφάνη, ἄλλων
9 δέ, ὅτι προφήτης [c]τις" τῶν ἀρχαίων ἀνέστη. [d]εἶπε δὲ [i] ὁ
Ἡρώδης, Ἰωάννην ἐγὼ ἀπεκεφάλισα· τίς δέ ἐστιν οὗτος,
περὶ οὗ [e–ii] ἀκούω τοιαῦτα; καὶ ἐζήτει ἰδεῖν αὐτόν.
10 Καὶ ὑποστρέψαντες οἱ ἀπόστολοι διηγήσαντο αὐτῷ ὅσα
ἐποίησαν. καὶ παραλαβὼν αὐτοὺς ὑπεχώρησε κατ' ἰδίαν
11 [f]εἰς πόλιν καλουμένην Βηθσαϊδά. οἱ δὲ ὄχλοι γνόντες
ἠκολούθησαν αὐτῷ· καὶ [g]ἀποδεξάμενος[i] αὐτοὺς ἐλάλει αὐτοῖς
περὶ τῆς βασιλείας τοῦ Θεοῦ, καὶ τοὺς χρείαν ἔχοντας
12 θεραπείας ἰᾶτο. ἡ δὲ ἡμέρα ἤρξατο κλίνειν· προσελθόντες
δὲ οἱ δώδεκα εἶπον αὐτῷ, Ἀπόλυσον τὸν ὄχλον, ἵνα [h]πορευθέντες" εἰς τὰς κύκλῳ κώμας καὶ [i–ii] ἀγροὺς καταλύσωσι, καὶ
13 εὕρωσιν ἐπισιτισμόν· ὅτι ὧδε ἐν ἐρήμῳ τόπῳ ἐσμέν. εἶπε
δὲ πρὸς αὐτούς, Δότε αὐτοῖς ὑμεῖς φαγεῖν. οἱ δὲ εἶπον, Οὐκ

Mat. 10. 1,
Mk. 6. 7.

Mat. 14. 1,
Mk. 6. 14.

Mk. 6. 30.
Mat.14.13.
Mk. 6. 31.
Joh. 6. 1.

---

[t] add μαθητὰς αὐτοῦ [u] om. τοὺς ἀσθενοῦντας M.
[v] ῥάβδους [x] add ἀνὰ [y] δέξωνται [z] add καὶ
[a] add ὑπ' αὐτοῦ [b] ἐγήγερται [c] εἶς [d] καὶ εἶπεν
[e] add ἐγὼ [f] εἰς τόπον ἔρημον πόλεως καλουμένης [g] δεξάμενος [h] ἀπελθόντες [i] add τοὺς

εἰσὶν ἡμῖν πλεῖον ἢ πέντε ἄρτοι καὶ δύο ἰχθύες, εἰ μήτι πορευθέντες ἡμεῖς ἀγοράσωμεν εἰς πάντα τὸν λαὸν τοῦτον βρώματα. ἦσαν γὰρ ὡσεὶ ἄνδρες πεντακισχίλιοι. εἶπε δὲ 14 πρὸς τοὺς μαθητὰς αὐτοῦ, Κατακλίνατε αὐτοὺς κλισίας ᵏὡσεὶ" ἀνὰ πεντήκοντα. καὶ ἐποίησαν οὕτω, καὶ ¹κατέκλιναν" 15 ἅπαντας. λαβὼν δὲ τοὺς πέντε ἄρτους καὶ τοὺς δύο ἰχθύας, 16 ἀναβλέψας εἰς τὸν οὐρανόν, εὐλόγησεν αὐτούς, καὶ κατέκλασε, καὶ ἐδίδου τοῖς μαθηταῖς παρατιθέναι τῷ ὄχλῳ. καὶ ἔφαγον 17 καὶ ἐχορτάσθησαν πάντες· καὶ ἤρθη τὸ περισσεῦσαν αὐτοῖς κλασμάτων κόφινοι δώδεκα.

Mat.16.13, Mk. 8.27.
Καὶ ἐγένετο ἐν τῷ εἶναι αὐτὸν προσευχόμενον καταμόνας, 18 συνῆσαν αὐτῷ οἱ μαθηταί· καὶ ἐπηρώτησεν αὐτοὺς λέγων, Τίνα με λέγουσιν οἱ ὄχλοι εἶναι; οἱ δὲ ἀποκριθέντες εἶπον, 19 Ἰωάννην τὸν βαπτιστήν· ἄλλοι δὲ Ἡλίαν· ἄλλοι δέ, ὅτι προφήτης τις τῶν ἀρχαίων ἀνέστη. εἶπε δὲ αὐτοῖς, Ὑμεῖς 20

Cp. Joh. 6.68.
δὲ τίνα με λέγετε εἶναι; ἀποκριθεὶς δὲ ὁ Πέτρος εἶπε, Τὸν Χριστὸν τοῦ Θεοῦ. ὁ δὲ ἐπιτιμήσας αὐτοῖς παρήγγειλε 21

Mat.16.21, Mk. 8.31.
μηδενὶ ᵐλέγειν" τοῦτο, εἰπὼν ὅτι Δεῖ τὸν υἱὸν τοῦ ἀνθρώπου 22 πολλὰ παθεῖν, καὶ ἀποδοκιμασθῆναι ἀπὸ τῶν πρεσβυτέρων καὶ ἀρχιερέων καὶ γραμματέων, καὶ ἀποκτανθῆναι, καὶ τῇ τρίτῃ ἡμέρᾳ ἐγερθῆναι. ἔλεγε δὲ πρὸς πάντας, Εἴ τις θέλει 23 ὀπίσω μου ⁿἔρχεσθαι", ἀρνησάσθω" ἑαυτόν, καὶ ἀράτω τὸν σταυρὸν αὐτοῦ καθ᾽ ἡμέραν, καὶ ἀκολουθείτω μοι. ὃς γὰρ ἂν 24 θέλῃ τὴν ψυχὴν αὐτοῦ σῶσαι, ἀπολέσει αὐτήν· ὃς δ᾽ ἂν ἀπολέσῃ τὴν ψυχὴν αὐτοῦ ἕνεκεν ἐμοῦ, οὗτος σώσει αὐτήν. τί γὰρ ὠφελεῖται ἄνθρωπος κερδήσας τὸν κόσμον ὅλον ἑαυτὸν 25 δὲ ἀπολέσας ἢ ζημιωθείς; ὃς γὰρ ἂν ἐπαισχυνθῇ με καὶ 26 τοὺς ἐμοὺς λόγους, τοῦτον ὁ υἱὸς τοῦ ἀνθρώπου ἐπαισχυν-

Cp. 21.27, 22.69, Dan. 7.13.
θήσεται, ὅταν ἔλθῃ ἐν τῇ δόξῃ αὐτοῦ καὶ τοῦ πατρὸς καὶ τῶν ἁγίων ἀγγέλων. λέγω δὲ ὑμῖν ἀληθῶς, εἰσί τινες τῶν ὧδε 27

ᵏ om. ὡσεὶ   ¹ ἀνέκλιναν   ᵐ εἰπεῖν   ⁿ ἐλθεῖν, ἀπαρνησάσθω

ἑστηκότων, οἳ οὐ μὴ γεύσονται θανάτου, ἕως ἂν ἴδωσι τὴν βασιλείαν τοῦ Θεοῦ.

28 Ἐγένετο δὲ μετὰ τοὺς λόγους τούτους ὡσεὶ ἡμέραι ὀκτώ, καὶ παραλαβὼν τὸν Πέτρον καὶ Ἰωάννην καὶ Ἰάκωβον ἀνέβη 29 εἰς τὸ ὄρος προσεύξασθαι. καὶ ἐγένετο ἐν τῷ προσεύχεσθαι αὐτὸν τὸ εἶδος τοῦ προσώπου αὐτοῦ ἕτερον, καὶ ὁ ἱματισμὸς 30 αὐτοῦ λευκὸς ἐξαστράπτων. καὶ ἰδού, ἄνδρες δύο συνε- 31 λάλουν αὐτῷ, οἵτινες ἦσαν Μωσῆς καὶ Ἠλίας· οἳ ὀφθέντες ἐν δόξῃ ἔλεγον τὴν ἔξοδον αὐτοῦ, ἣν ἔμελλε πληροῦν ἐν 32 Ἱερουσαλήμ. ὁ δὲ Πέτρος καὶ οἱ σὺν αὐτῷ ἦσαν βεβαρημένοι ὕπνῳ· διαγρηγορήσαντες δὲ εἶδον τὴν δόξαν αὐτοῦ, 33 καὶ τοὺς δύο ἄνδρας τοὺς συνεστῶτας αὐτῷ. καὶ ἐγένετο ἐν τῷ διαχωρίζεσθαι αὐτοὺς ἀπ᾿ αὐτοῦ, εἶπεν ὁ Πέτρος πρὸς τὸν Ἰησοῦν, Ἐπιστάτα, καλόν ἐστιν ἡμᾶς ὧδε εἶναι· καὶ ποιήσωμεν σκηνὰς τρεῖς, μίαν σοί, καὶ Μωσεῖ μίαν, καὶ μίαν 34 Ἠλίᾳ· μὴ εἰδὼς ὃ λέγει. ταῦτα δὲ αὐτοῦ λέγοντος ἐγένετο νεφέλη, καὶ ἐπεσκίασεν αὐτούς· ἐφοβήθησαν δὲ ἐν τῷ 35 °εἰσελθεῖν αὐτοὺς" εἰς τὴν νεφέλην. καὶ φωνὴ ἐγένετο ἐκ τῆς νεφέλης λέγουσα, Οὗτός ἐστιν ὁ υἱός μου ὁ Ρἐκλελεγ- 36 μένος"· αὐτοῦ ἀκούετε. καὶ ἐν τῷ γενέσθαι τὴν φωνὴν εὑρέθη ὁ Ἰησοῦς μόνος. καὶ αὐτοὶ ἐσίγησαν, καὶ οὐδενὶ ἀπήγγειλαν ἐν ἐκείναις ταῖς ἡμέραις οὐδὲν ὧν ἑωράκασιν.

37 Ἐγένετο δὲ ἐν τῇ ἑξῆς ἡμέρᾳ, κατελθόντων αὐτῶν ἀπὸ τοῦ 38 ὄρους, συνήντησεν αὐτῷ ὄχλος πολύς. καὶ ἰδού, ἀνὴρ ἀπὸ τοῦ ὄχλου ᑫἐβόησε" λέγων, Διδάσκαλε, δέομαί σου ʳἐπι- 39 βλέψαι" ἐπὶ τὸν υἱόν μου, ὅτι μονογενής ἐστί μοι· καὶ ἰδού, πνεῦμα λαμβάνει αὐτόν, καὶ ἐξαίφνης κράζει· καὶ σπαράσσει αὐτὸν μετὰ ἀφροῦ, καὶ μόγις ἀποχωρεῖ ἀπ᾿ αὐτοῦ συντρῖβον 40 αὐτόν. καὶ ἐδεήθην τῶν μαθητῶν σου, ἵνα ˢἐκβάλωσιν" αὐτό, 41 καὶ οὐκ ἠδυνήθησαν. ἀποκριθεὶς δὲ ὁ Ἰησοῦς εἶπεν, Ὦ γενεὰ

° ἐκείνους εἰσελθεῖν   ᵖ ἀγαπητός A.S.M.   ᑫ ἀνεβόησε
ʳ ἐπίβλεψον   ˢ ἐκβάλλωσιν

ἄπιστος καὶ διεστραμμένη, ἕως πότε ἔσομαι πρὸς ὑμᾶς, καὶ ἀνέξομαι ὑμῶν; προσάγαγε ὧδε τὸν υἱόν σου. ἔτι δὲ προσ- 42 ερχομένου αὐτοῦ ἔρρηξεν αὐτὸν τὸ δαιμόνιον, καὶ συνεσπάραξεν. ἐπετίμησε δὲ ὁ Ἰησοῦς τῷ πνεύματι τῷ ἀκαθάρτῳ, καὶ ἰάσατο τὸν παῖδα, καὶ ἀπέδωκεν αὐτὸν τῷ πατρὶ αὐτοῦ. ἐξεπλήσσοντο δὲ πάντες ἐπὶ τῇ μεγαλειότητι τοῦ Θεοῦ. 43 Πάντων δὲ θαυμαζόντων ἐπὶ πᾶσιν οἷς ᵗἐποίει᾿ εἶπε πρὸς τοὺς μαθητὰς αὐτοῦ, Θέσθε ὑμεῖς εἰς τὰ ὦτα ὑμῶν τοὺς 44 λόγους τούτους· ὁ γὰρ υἱὸς τοῦ ἀνθρώπου μέλλει παραδίδοσθαι εἰς χεῖρας ἀνθρώπων. οἱ δὲ ἠγνόουν τὸ ῥῆμα τοῦτο, 45 καὶ ἦν παρακεκαλυμμένον ἀπ᾽ αὐτῶν, ἵνα μὴ αἴσθωνται αὐτό· καὶ ἐφοβοῦντο ἐρωτῆσαι αὐτὸν περὶ τοῦ ῥήματος τούτου.

Mat. 18. 1, Εἰσῆλθε δὲ διαλογισμὸς ἐν αὐτοῖς, τὸ τίς ἂν εἴη μείζων 46
Mk. 9. 33. αὐτῶν. ὁ δὲ Ἰησοῦς, ἰδὼν τὸν διαλογισμὸν τῆς καρδίας 47 αὐτῶν, ἐπιλαβόμενος ᵘπαιδίον⁷ ἔστησεν αὐτὸ παρ᾽ ἑαυτῷ, καὶ εἶπεν αὐτοῖς, ᵃὋς ἐὰν δέξηται τοῦτο τὸ παιδίον ἐπὶ τῷ 48 ὀνόματί μου, ἐμὲ δέχεται· καὶ ὃς ἐὰν ἐμὲ δέξηται, δέχεται τὸν ἀποστείλαντά με. ὁ γὰρ μικρότερος ἐν πᾶσιν ὑμῖν ὑπάρχων, οὗτός ˣἐστι⁷ μέγας.

Mk. 9. 38. Ἀποκριθεὶς δὲ ὁ Ἰωάννης εἶπεν, Ἐπιστάτα, εἴδομέν τινα 49 ʸἐν⁷ τῷ ὀνόματί σου ἐκβάλλοντα ᶻ⁻⁷ δαιμόνια· καὶ ᵃἐκωλύομεν⁷ αὐτόν, ὅτι οὐκ ἀκολουθεῖ μεθ᾽ ἡμῶν. ᵇεἶπε δὲ⁷ 50 πρὸς αὐτὸν ὁ Ἰησοῦς, Μὴ κωλύετε· ὃς γὰρ οὐκ ἔστι ᶜκαθ᾽ ὑμῶν, ὑπὲρ ὑμῶν⁷ ἐστιν.

Ἐγένετο δὲ ἐν τῷ συμπληροῦσθαι τὰς ἡμέρας τῆς ἀναλή- 51 ψεως αὐτοῦ, καὶ αὐτὸς τὸ πρόσωπον αὐτοῦ ἐστήριξε τοῦ πορεύεσθαι εἰς Ἱερουσαλήμ, καὶ ἀπέστειλεν ἀγγέλους πρὸ 52 προσώπου αὐτοῦ· καὶ πορευθέντες εἰσῆλθον εἰς κώμην Σαμαρειτῶν, ὥστε ἑτοιμάσαι αὐτῷ. καὶ οὐκ ἐδέξαντο αὐτόν, ὅτι 53

ᵗ ἐποίησεν ὁ Ἰησοῦς   ᵘ παιδίου   ˣ ἔσται   ʸ ἐπὶ
ᶻ add τὰ   ᵃ ἐκωλύσαμεν   ᵇ καὶ εἶπε   ᶜ καθ᾽ ἡμῶν, ὑπὲρ ἡμῶν

54 τὸ πρόσωπον αὐτοῦ ἦν πορευόμενον εἰς Ἱερουσαλήμ. ἰδόντες δὲ οἱ μαθηταὶ αὐτοῦ Ἰάκωβος καὶ Ἰωάννης εἶπον, Κύριε, θέλεις εἴπωμεν πῦρ καταβῆναι ἀπὸ τοῦ οὐρανοῦ, καὶ ἀνα- Cp.2Kings
55 λῶσαι αὐτούς d–ǁ; στραφεὶς δὲ ἐπετίμησεν αὐτοῖς. e–ǀ I. 10.
56 καὶ ἐπορεύθησαν εἰς ἑτέραν κώμην.
57 f Καὶǁ πορευομένων αὐτῶν ἐν τῇ ὁδῷ εἶπέ τις πρὸς αὐτόν, Mat. 8.19.
58 Ἀκολουθήσω σοι ὅπου ἂν ἀπέρχῃ g–. καὶ εἶπεν αὐτῷ ὁ Ἰησοῦς, Αἱ ἀλώπεκες φωλεοὺς ἔχουσι, καὶ τὰ πετεινὰ τοῦ οὐρανοῦ κατασκηνώσεις· ὁ δὲ υἱὸς τοῦ ἀνθρώπου οὐκ ἔχει
59 ποῦ τὴν κεφαλὴν κλίνῃ. εἶπε δὲ πρὸς ἕτερον, Ἀκολούθει μοι. ὁ δὲ εἶπε, Κύριε, ἐπίτρεψόν μοι ἀπελθόντι πρῶτον
60 θάψαι τὸν πατέρα μου. εἶπε δὲ αὐτῷ h–ǀ, Ἄφες τοὺς νεκροὺς θάψαι τοὺς ἑαυτῶν νεκρούς· σὺ δὲ ἀπελθὼν διάγ-
61 γελλε τὴν βασιλείαν τοῦ Θεοῦ. εἶπε δὲ καὶ ἕτερος, Ἀκολουθήσω σοι, Κύριε· πρῶτον δὲ ἐπίτρεψόν μοι ἀποτάξασθαι
62 τοῖς εἰς τὸν οἶκόν μου. εἶπε δὲ πρὸς αὐτὸν ὁ Ἰησοῦς, Οὐδεὶς ἐπιβαλὼν τὴν χεῖρα αὐτοῦ ἐπ᾽ ἄροτρον, καὶ βλέπων εἰς τὰ ὀπίσω, εὔθετός ἐστιν εἰς τὴν βασιλείαν τοῦ Θεοῦ.
10 Μετὰ δὲ ταῦτα ἀνέδειξεν ὁ Κύριος i–ǀ ἑτέρους ἑβδομήκοντα k–ǀ, καὶ ἀπέστειλεν αὐτοὺς ἀνὰ δύο πρὸ προσώπου αὐτοῦ εἰς πᾶσαν πόλιν καὶ τόπον οὗ ἔμελλεν αὐτὸς ἔρχε-
2 σθαι. l ἔλεγε δὲǀ πρὸς αὐτούς, Ὁ μὲν θερισμὸς πολύς, οἱ δὲ ἐργάται ὀλίγοι· δεήθητε οὖν τοῦ κυρίου τοῦ θερισμοῦ, ὅπως
3 ἐκβάλλῃ ἐργάτας εἰς τὸν θερισμὸν αὐτοῦ. ὑπάγετε· ἰδού,
4 ἐγὼ ἀποστέλλω ὑμᾶς ὡς ἄρνας ἐν μέσῳ λύκων. μὴ βαστάζετε βαλάντιον, μὴ πήραν, m μὴǀ ὑποδήματα· καὶ μηδένα

---

d add ὡς καὶ Ἠλίας ἐποίησε A.S.M. e add καὶ εἶπεν, Οὐκ οἴδατε οἵου πνεύματός ἐστε ὑμεῖς· ὁ γὰρ υἱὸς τοῦ ἀνθρώπου οὐκ ἦλθε ψυχὰς ἀνθρώπων ἀπολέσαι, ἀλλὰ σῶσαι. A.S.M. f Ἐγένετο δὲ g add Κύριε h add ὁ Ἰησοῦς i add καὶ k add δύο M. l ἔλεγεν οὖν
m μηδὲ

κατὰ τὴν ὁδὸν ἀσπάσησθε. εἰς ἣν δ᾽ ἂν ⁿ εἰσέλθητε οἰκίαν,ǁ 5
πρῶτον λέγετε, Εἰρήνη τῷ οἴκῳ τούτῳ. καὶ ἐὰν ᵒ⁻ǁ ᾖ ἐκεῖ 6
ᴾ υἱὸςǁ εἰρήνης, ἐπαναπαύσεται ἐπ᾽ αὐτὸν ἡ εἰρήνη ὑμῶν· εἰ
δὲ μήγε, ἐφ᾽ ὑμᾶς ἀνακάμψει. ἐν αὐτῇ δὲ τῇ οἰκίᾳ μένετε, 7
ἐσθίοντες καὶ πίνοντες τὰ παρ᾽ αὐτῶν· ἄξιος γὰρ ὁ ἐργάτης τοῦ
μισθοῦ αὐτοῦ ᑫ⁻ʳ· μὴ μεταβαίνετε ἐξ οἰκίας εἰς οἰκίαν. καὶ εἰς 8
ἣν ʳ ⁻ǁ ἂν πόλιν εἰσέρχησθε, καὶ δέχωνται ὑμᾶς, ἐσθίετε τὰ
παρατιθέμενα ὑμῖν· καὶ θεραπεύετε τοὺς ἐν αὐτῇ ἀσθενεῖς, 9
καὶ λέγετε αὐτοῖς, Ἤγγικεν ἐφ᾽ ὑμᾶς ἡ βασιλεία τοῦ Θεοῦ.
εἰς ἣν δ᾽ ἂν πόλιν ˢ εἰσέλθητε⁷, καὶ μὴ δέχωνται ὑμᾶς, ἐξελ- 10
θόντες εἰς τὰς πλατείας αὐτῆς εἴπατε, Καὶ τὸν κονιορτὸν τὸν 11
κολληθέντα ἡμῖν ἐκ τῆς πόλεως ὑμῶν ᵗ εἰς τοὺς πόδαςǁ ἀπο-
μασσόμεθα ὑμῖν· πλὴν τοῦτο γινώσκετε, ὅτι ἤγγικεν ᵘ⁻ǁ
ἡ βασιλεία τοῦ Θεοῦ. λέγω ˣ ⁻⁷ ὑμῖν, ὅτι Σοδόμοις ἐν τῇ 12
ἡμέρᾳ ἐκείνῃ ἀνεκτότερον ἔσται ἢ τῇ πόλει ἐκείνῃ. οὐαί 13
σοι, Χωραζίν, οὐαί σοι, Βηθσαϊδά· ὅτι εἰ ἐν Τύρῳ καὶ Σιδῶνι
ʸ ἐγενήθησαν⁷ αἱ δυνάμεις αἱ γενόμεναι ἐν ὑμῖν, πάλαι ἂν ἐν
σάκκῳ καὶ σποδῷ ᶻ καθήμενοιǁ μετενόησαν. πλὴν Τύρῳ καὶ 14
Σιδῶνι ἀνεκτότερον ἔσται ἐν τῇ κρίσει ἢ ὑμῖν. καὶ σύ, 15
Καπερναούμ, ᵃ μὴ ἕως τοῦ οὐρανοῦ ὑψωθήσῃ;ǁ ἕως ᾅδου
καταβιβασθήσῃ. ὁ ἀκούων ὑμῶν ἐμοῦ ἀκούει· καὶ ὁ ἀθετῶν 16
ὑμᾶς ἐμὲ ἀθετεῖ· ὁ δὲ ἐμὲ ἀθετῶν ἀθετεῖ τὸν ἀποστείλαντά
με.

Ὑπέστρεψαν δὲ οἱ ἑβδομήκοντα ᵇ⁻ǁ μετὰ χαρᾶς λέγοντες, 17
Κύριε, καὶ τὰ δαιμόνια ὑποτάσσεται ἡμῖν ἐν τῷ ὀνόματί σου.
εἶπε δὲ αὐτοῖς, Ἐθεώρουν τὸν Σατανᾶν ὡς ἀστραπὴν ἐκ τοῦ 18
οὐρανοῦ πεσόντα. ἰδού, ᶜ δέδωκαǁ ὑμῖν τὴν ἐξουσίαν τοῦ 19
πατεῖν ἐπάνω ὄφεων καὶ σκορπίων, καὶ ἐπὶ πᾶσαν τὴν δύναμιν

ⁿ οἰκίαν εἰσέρχησθε. A.S. (οἰκίαν πρῶτον, M.)   ᵒ add μὲν
ᴾ ὁ υἱὸς A.   ᑫ add ἐστι   ʳ add δ᾽   ˢ εἰσέρχησθε
ᵗ om. εἰς τοὺς πόδας   ᵘ add ἐφ᾽ ὑμᾶς   ˣ add δὲ   ʸ ἐγέ-
νοντο   ᶻ καθήμεναι   ᵃ ἡ ἕως τοῦ οὐρανοῦ ὑψωθεῖσα,
ᵇ add δύο M.   ᶜ δίδωμι

20 τοῦ ἐχθροῦ· καὶ οὐδὲν ὑμᾶς οὐ μὴ ἀδικήσῃ. πλὴν ἐν τούτῳ μὴ χαίρετε, ὅτι τὰ πνεύματα ὑμῖν ὑποτάσσεται· χαίρετε δὲ d—ʺ ὅτι τὰ ὀνόματα ὑμῶν ᵉἐγγέγραπταιʺ ἐν τοῖς οὐρανοῖς.
21 Ἐν αὐτῇ τῇ ὥρᾳ ἠγαλλιάσατο ᶠτῷ Πνεύματι τῷ Ἁγίῳʺ Mat.11.25.
ᵍ—ʺ, καὶ εἶπεν, Ἐξομολογοῦμαί σοι, πάτερ, Κύριε τοῦ οὐρανοῦ καὶ τῆς γῆς, ὅτι ἀπέκρυψας ταῦτα ἀπὸ σοφῶν καὶ συνετῶν, καὶ ἀπεκάλυψας αὐτὰ νηπίοις· ναί, ὁ πατήρ, ὅτι οὕτως
22 ἐγένετο εὐδοκία ἔμπροσθέν σου. ʰ—ʺ πάντα παρεδόθη μοι ὑπὸ τοῦ πατρός μου· καὶ οὐδεὶς γινώσκει τίς ἐστιν ὁ υἱός, εἰ Cp. Joh. μὴ ὁ πατήρ, καὶ τίς ἐστιν ὁ πατήρ, εἰ μὴ ὁ υἱός, καὶ ᾧ ἐὰν 7. 29.
23 βούληται ὁ υἱὸς ἀποκαλύψαι. καὶ στραφεὶς πρὸς τοὺς μαθητὰς κατ' ἰδίαν εἶπε, Μακάριοι οἱ ὀφθαλμοὶ οἱ βλέποντες
24 ἃ βλέπετε· λέγω γὰρ ὑμῖν, ὅτι πολλοὶ προφῆται καὶ βασιλεῖς ἠθέλησαν ἰδεῖν ἃ ὑμεῖς βλέπετε, καὶ οὐκ εἶδον, καὶ ἀκοῦσαι ἃ ἀκούετε, καὶ οὐκ ἤκουσαν.
25 Καὶ ἰδού, νομικός τις ἀνέστη ἐκπειράζων αὐτόν, ⁱ— λέγων, Cp. Mat.
26 Διδάσκαλε, τί ποιήσας ζωὴν αἰώνιον κληρονομήσω; ὁ δὲ Mk.12.28. 22.35, εἶπε πρὸς αὐτόν, Ἐν τῷ νόμῳ τί γέγραπται; πῶς ἀναγινώ-
27 σκεις; ὁ δὲ ἀποκριθεὶς εἶπεν, Ἀγαπήσεις Κύριον τὸν Θεόν Deut. 6. 5. σου ἐξ ὅλης τῆς καρδίας σου, καὶ ᵏἐν ὅλῃ τῇ ψυχῇ σου, καὶ ἐν ὅλῃ τῇ ἰσχύι σου, καὶ ἐν ὅλῃ τῇ διανοίᾳˡ σου· καὶ τὸν Lev.19.18.
28 πλησίον σου ὡς σεαυτόν. εἶπε δὲ αὐτῷ, Ὀρθῶς ἀπεκρίθης·
29 τοῦτο ποίει, καὶ ζήσῃ. ὁ δὲ θέλων ˡδικαιῶσαιʺ ἑαυτὸν εἶπε Cp. Lev.
30 πρὸς τὸν Ἰησοῦν, Καὶ τίς ἐστί μου πλησίον; ὑπολαβὼν ᵐ—ʹ 18. 5. ὁ Ἰησοῦς εἶπεν, Ἄνθρωπός τις κατέβαινεν ἀπὸ Ἰερουσαλὴμ εἰς Ἰεριχώ· καὶ λῃσταῖς περιέπεσεν, οἳ καὶ ἐκδύσαντες αὐτὸν
31 καὶ πληγὰς ἐπιθέντες ἀπῆλθον ἀφέντες ἡμιθανῆ ⁿ—ˡ. κατὰ συγκυρίαν δὲ ἱερεύς τις κατέβαινεν ἐν τῇ ὁδῷ ἐκείνῃ· καὶ

ᵈ add μᾶλλον ᵉ ἐγράφη ᶠ τῷ πνεύματι ᵍ add
ὁ Ἰησοῦς ʰ add καὶ στραφεὶς πρὸς τοὺς μαθητὰς εἶπε. S.
ⁱ add καὶ ᵏ ἐξ ὅλης τῆς ψυχῆς σου, καὶ ἐξ ὅλης τῆς ἰσχύος
σου, καὶ ἐξ ὅλης τῆς διανοίας ˡ δικαιοῦν ᵐ add δὲ
ⁿ add τυγχάνοντα

ἰδὼν αὐτὸν ἀντιπαρῆλθεν. ὁμοίως δὲ καὶ Λευίτης ᵒ⁻ κατὰ 32
τὸν τόπον ἐλθὼν καὶ ἰδὼν ᵖἀντιπαρῆλθε ‖. Σαμαρείτης δέ τις 33
ὁδεύων ἦλθε κατ᾽ αὐτόν· καὶ ἰδὼν ᵠ⁻‖ ἐσπλαγχνίσθη, καὶ 34
προσελθὼν κατέδησε τὰ τραύματα αὐτοῦ ἐπιχέων ἔλαιον καὶ
οἶνον, ἐπιβιβάσας δὲ αὐτὸν ἐπὶ τὸ ἴδιον κτῆνος ἤγαγεν αὐτὸν
εἰς πανδοχεῖον, καὶ ἐπεμελήθη αὐτοῦ. καὶ ἐπὶ τὴν αὔριον ʳ⁻ˢ 35
ἐκβαλὼν δύο δηνάρια ἔδωκε τῷ πανδοχεῖ, καὶ εἶπεν ˢ⁻ʹ, Ἐπι-
μελήθητι αὐτοῦ· καὶ ὅ τι ἂν προσδαπανήσῃς, ἐγὼ ἐν τῷ
ἐπανέρχεσθαί με ἀποδώσω σοι. τίς ᵗ⁻ʹ τούτων τῶν τριῶν 36
δοκεῖ σοι πλησίον γεγονέναι τοῦ ἐμπεσόντος εἰς τοὺς λῃ-
στάς; ὁ δὲ εἶπεν, Ὁ ποιήσας τὸ ἔλεος μετ᾽ αὐτοῦ. ᵘεἶπε δὲ‖ 37
αὐτῷ ὁ Ἰησοῦς, Πορεύου, καὶ σὺ ποίει ὁμοίως.

Cp. Joh. ᵛἘν δὲ‖ τῷ πορεύεσθαι αὐτοὺς ˣ⁻‖ αὐτὸς εἰσῆλθεν εἰς 38
11. 1, κώμην τινά· γυνὴ δέ τις ὀνόματι Μάρθα ὑπεδέξατο αὐτὸν εἰς
12.1 sqq.
τὸν οἶκον αὐτῆς. καὶ τῇδε ἦν ἀδελφὴ καλουμένη Μαρία, ἣ 39
καὶ ʸπαρακαθεσθεῖσα πρὸς ʹ τοὺς πόδας τοῦ ᶻΚυρίου ʹ ἤκουε
τὸν λόγον αὐτοῦ. ἡ δὲ Μάρθα περιεσπᾶτο περὶ πολλὴν 40
διακονίαν· ἐπιστᾶσα δὲ εἶπε, Κύριε, οὐ μέλει σοι ὅτι ἡ
ἀδελφή μου μόνην με ᵃκατέλειπε‖ διακονεῖν; εἰπὲ οὖν αὐτῇ
ἵνα μοι συναντιλάβηται. ἀποκριθεὶς δὲ εἶπεν αὐτῇ ὁ ᵇΚύριος , 41
ᶜΜάρθα, Μάρθα, μεριμνᾷς καὶ ᵈθορυβάζῃ‖ περὶ πολλά· ᵉἑνὸς 42
δέ ἐστι χρεία ᶠ· Μαρία ᶠγὰρ ʹ τὴν ἀγαθὴν μερίδα ἐξελέξατο ʹ,
ἥτις οὐκ ἀφαιρεθήσεται ἀπ᾽ αὐτῆς.

Καὶ ἐγένετο ἐν τῷ εἶναι αὐτὸν ἐν τόπῳ τινὶ προσευχόμενον, 11
ὡς ἐπαύσατο, εἶπέ τις τῶν μαθητῶν αὐτοῦ πρὸς αὐτόν, Κύριε,
δίδαξον ἡμᾶς προσεύχεσθαι, καθὼς καὶ Ἰωάννης ἐδίδαξε τοὺς
μαθητὰς αὐτοῦ. εἶπε δὲ αὐτοῖς, Ὅταν προσεύχησθε, λέγετε, 2

ᵒ add γενόμενος   ᵖ ἀντιπαρῆλθεν S.   ᵠ add αὐτὸν
ʳ add ἐξελθών,   ˢ add αὐτῷ   ᵗ add οὖν   ᵘ εἶπεν οὖν
ᵛ Ἐγένετο δὲ ἐν   ˣ add καὶ   ʸ παρακαθίσασα παρὰ
ᶻ Ἰησοῦ   ᵃ κατέλιπε   ᵇ Ἰησοῦς   ᶜ Μάρθα, Μάρθα,
θορυβάζῃ· Μαρία τὴν ἀγαθὴν μερίδα ἐξελέξατο κ.τ.λ. M.
ᵈ τυρβάζῃ   ᵘ ὀλίγων δέ ἐστι χρεία ἢ ἑνός M.   ᶠ δὲ

ΚΑΤΑ ΛΟΥΚΑΝ.

g Πάτερ ʰ, ἁγιασθήτω τὸ ὄνομά σου· ἐλθέτω ἡ βασιλεία σου· Cp. Mat. 6. 9.
3 ʰ⁻ⁱ τὸν ἄρτον ἡμῶν τὸν ἐπιούσιον δίδου ἡμῖν τὸ καθ' ἡμέραν·
4 καὶ ἄφες ἡμῖν τὰς ἁμαρτίας ἡμῶν, καὶ γὰρ αὐτοὶ ἀφίεμεν παντὶ ὀφείλοντι ἡμῖν· καὶ μὴ εἰσενέγκῃς ἡμᾶς εἰς πειρασμόν ⁱ⁻ʲ.
5 Καὶ εἶπε πρὸς αὐτούς, Τίς ἐξ ὑμῶν ἕξει φίλον, καὶ πορεύσεται πρὸς αὐτὸν μεσονυκτίου, καὶ εἴπῃ αὐτῷ, Φίλε, χρῆσόν
6 μοι τρεῖς ἄρτους, ἐπειδὴ φίλος μου παρεγένετο ἐξ ὁδοῦ πρός
7 με, καὶ οὐκ ἔχω ὃ παραθήσω αὐτῷ· κἀκεῖνος ἔσωθεν ἀποκριθεὶς εἴπῃ, Μή μοι κόπους πάρεχε· ἤδη ἡ θύρα κέκλεισται, καὶ τὰ παιδία μου μετ' ἐμοῦ εἰς τὴν κοίτην εἰσίν· οὐ δύναμαι
8 ἀναστὰς δοῦναί σοι; λέγω ὑμῖν, εἰ καὶ οὐ δώσει αὐτῷ ἀναστὰς διὰ τὸ εἶναι αὐτοῦ φίλον, διά γε τὴν ἀναίδειαν
9 αὐτοῦ ἐγερθεὶς δώσει αὐτῷ ὅσων χρῄζει. κἀγὼ ὑμῖν λέγω, αἰτεῖτε, καὶ δοθήσεται ὑμῖν· ζητεῖτε, καὶ εὑρήσετε· κρούετε,
10 καὶ ἀνοιγήσεται ὑμῖν. πᾶς γὰρ ὁ αἰτῶν λαμβάνει, καὶ ὁ ζητῶν
11 εὑρίσκει, καὶ τῷ κρούοντι ἀνοιγήσεται. τίνα δὲ ᵏἐξ ʰ ὑμῶν τὸν πατέρα αἰτήσει ὁ υἱὸς ˡἄρτον, μὴ λίθον ἐπιδώσει αὐτῷ;
12 ᵐἢ ʲʲ καὶᵐ ἰχθύν, μὴ ἀντὶ ἰχθύος ὄφιν ἐπιδώσει αὐτῷ; ἢ καὶ
13 ⁿαἰτήσει ʲ ᾠόν, μὴ ἐπιδώσει αὐτῷ σκορπίον; εἰ οὖν ὑμεῖς πονηροὶ ὑπάρχοντες οἴδατε ἀγαθὰ δόματα διδόναι τοῖς τέκνοις ὑμῶν, πόσῳ μᾶλλον ὁ πατὴρ ὁ ἐξ οὐρανοῦ δώσει Πνεῦμα Ἅγιον τοῖς αἰτοῦσιν αὐτόν;
14 Καὶ ἦν ἐκβάλλων δαιμόνιον ᵒ⁻ʲʲ κωφόν· ἐγένετο δέ, τοῦ Mat.12.22; δαιμονίου ἐξελθόντος ἐλάλησεν ὁ κωφός· καὶ ἐθαύμασαν οἱ cp. Mat. 9. 32.
15 ὄχλοι. τινὲς δὲ ἐξ αὐτῶν εἶπον, Ἐν Βεελζεβοὺλ ᴾτῷ ʲ ἄρ- Cp. Mk. 3. 22.
16 χοντι τῶν δαιμονίων ἐκβάλλει τὰ δαιμόνια. ἕτεροι δὲ πειρά-

---

ᵍ Πάτερ ἡμῶν ὁ ἐν τοῖς οὐρανοῖς A.S.M. ʰ add γενηθήτω τὸ θέλημά σου, ὡς ἐν οὐρανῷ, καὶ ἐπὶ τῆς γῆς· A.S.M. ⁱ add ἀλλὰ ῥῦσαι ἡμᾶς ἀπὸ τοῦ πονηροῦ A.S.M. ᵏ om. ἐξ
ˡ om. ἄρτον, μὴ λίθον ἐπιδώσει αὐτῷ; ἢ καὶ M. ᵐ εἰ
ⁿ ἐὰν αἰτήσῃ ᵒ add καὶ αὐτὸ ἦν ᵖ om. τῷ

ζοντες σημείον ʳἐξ οὐρανοῦ ἐζήτουν παρ' αὐτοῦ. αὐτὸς δὲ 17
εἰδὼς αὐτῶν τὰ διανοήματα εἶπεν αὐτοῖς, Πᾶσα βασιλεία ἐφ'
ἑαυτὴν διαμερισθεῖσα ἐρημοῦται· καὶ οἶκος ἐπὶ οἶκον πίπτει.
εἰ δὲ καὶ ὁ Σατανᾶς ἐφ' ἑαυτὸν διεμερίσθη, πῶς σταθήσεται 18
ἡ βασιλεία αὐτοῦ; ὅτι λέγετε ἐν Βεελζεβοὺλ ἐκβάλλειν με
τὰ δαιμόνια. εἰ δὲ ἐγὼ ἐν Βεελζεβοὺλ ἐκβάλλω τὰ δαιμόνια, 19
οἱ υἱοὶ ὑμῶν ἐν τίνι ἐκβάλλουσι; διὰ τοῦτο κριταὶ ὑμῶν αὐτοὶ
ἔσονται. εἰ δὲ ἐν δακτύλῳ Θεοῦ ˢἐγὼ" ἐκβάλλω τὰ δαιμόνια, 20
ἄρα ἔφθασεν ἐφ' ὑμᾶς ἡ βασιλεία τοῦ Θεοῦ. ὅταν ὁ ἰσχυρὸς 21
καθωπλισμένος φυλάσσῃ τὴν ἑαυτοῦ αὐλήν, ἐν εἰρήνῃ ἐστὶ
τὰ ὑπάρχοντα αὐτοῦ· ἐπὰν δὲ ᵗ⁻" ἰσχυρότερος αὐτοῦ ἐπελθὼν 22
νικήσῃ αὐτόν, τὴν πανοπλίαν αὐτοῦ αἴρει, ἐφ' ᾗ ἐπεποίθει, καὶ
τὰ σκῦλα αὐτοῦ διαδίδωσιν. ὁ μὴ ὢν μετ' ἐμοῦ κατ' ἐμοῦ 23
ἐστι, καὶ ὁ μὴ συνάγων μετ' ἐμοῦ σκορπίζει. ὅταν τὸ ἀκάθαρ- 24
τον πνεῦμα ἐξέλθῃ ἀπὸ τοῦ ἀνθρώπου, διέρχεται δι' ἀνύδρων
τόπων ζητοῦν ἀνάπαυσιν· καὶ μὴ εὑρίσκον λέγει, Ὑποστρέψω
εἰς τὸν οἶκόν μου ὅθεν ἐξῆλθον· καὶ ἐλθὸν εὑρίσκει σεσαρω- 25
μένον καὶ κεκοσμημένον. τότε πορεύεται καὶ παραλαμβάνει 26
ἑπτὰ ἕτερα πνεύματα πονηρότερα ἑαυτοῦ, καὶ εἰσελθόντα
κατοικεῖ ἐκεῖ· καὶ γίνεται τὰ ἔσχατα τοῦ ἀνθρώπου ἐκείνου
χείρονα τῶν πρώτων.

Ἐγένετο δὲ ἐν τῷ λέγειν αὐτὸν ταῦτα, ἐπάρασά τις ᵘφωνὴν 27
γυνή" ἐκ τοῦ ὄχλου εἶπεν αὐτῷ, Μακαρία ἡ κοιλία ἡ βαστά-
σασά σε, καὶ μαστοὶ οὓς ἐθήλασας. αὐτὸς δὲ εἶπε, ˣΜενοῦν 28
μακάριοι οἱ ἀκούοντες τὸν λόγον τοῦ Θεοῦ καὶ φυλάσ-
σοντες ʸ⁻".

Mat.12.39· Τῶν δὲ ὄχλων ἐπαθροιζομένων ἤρξατο λέγειν, Ἡ γενεὰ 29
cp. Mat.
16. 4. αὕτη ᶻγενεὰ" πονηρά ἐστι· σημεῖον ᵃζητεῖ", καὶ σημεῖον οὐ
Jonah 1.17 δοθήσεται αὐτῇ, εἰ μὴ τὸ σημεῖον Ἰωνᾶ ᵇ⁻". καθὼς γὰρ 30
(2. 1).
ἐγένετο Ἰωνᾶς σημεῖον τοῖς Νινευΐταις, οὕτως ἔσται καὶ ὁ

ʳ παρ' αὐτοῦ ἐζήτουν ἐξ οὐρανοῦ   ˢ om. ἐγὼ   ᵗ add ὁ
ᵘ γυνὴ φωνὴν   ˣ Μενοῦνγε   ʸ add αὐτόν   ᶻ om.
γενεὰ   ᵃ ἐπιζητεῖ   ᵇ add τοῦ προφήτου

-11. 44. ΚΑΤΑ ΛΟΥΚΑΝ. 159

31 υἱὸς τοῦ ἀνθρώπου τῇ γενεᾷ ταύτῃ. βασίλισσα νότου ἐγερ- 1 Kings
θήσεται ἐν τῇ κρίσει μετὰ τῶν ἀνδρῶν τῆς γενεᾶς ταύτης, καὶ 2 Chr. 9. 1.
κατακρινεῖ αὐτούς· ὅτι ἦλθεν ἐκ τῶν περάτων τῆς γῆς ἀκοῦσαι
τὴν σοφίαν Σολομῶντος, καὶ ἰδοὺ, πλεῖον Σολομῶντος ὧδε.
32 ἄνδρες Νινευῒ ἀναστήσονται ἐν τῇ κρίσει μετὰ τῆς γενεᾶς
ταύτης, καὶ κατακρινοῦσιν αὐτήν· ὅτι μετενόησαν εἰς τὸ κή-
ρυγμα Ἰωνᾶ, καὶ ἰδού, πλεῖον Ἰωνᾶ ὧδε.
33 Οὐδεὶς ᶜ⁻ᵈ λύχνον ἅψας εἰς ᵈκρύπτην ⸌ τίθησιν, οὐδὲ ὑπὸ
τὸν μόδιον, ἀλλ᾽ ἐπὶ τὴν λυχνίαν, ἵνα οἱ εἰσπορευόμενοι τὸ
34 ᵉφῶς ⸌ βλέπωσιν. ὁ λύχνος τοῦ σώματός ἐστιν ὁ ὀφθαλμός·
ᶠσου ⸌· ὅταν ᵍ⁻ ὁ ὀφθαλμός σου ἁπλοῦς ᾖ, καὶ ὅλον τὸ
σῶμά σου φωτεινόν ἐστιν· ἐπὰν δὲ πονηρὸς ᾖ, καὶ τὸ σῶμά
35 σου σκοτεινόν. σκόπει οὖν μὴ τὸ φῶς τὸ ἐν σοὶ σκότος ἐστίν.
36 εἰ οὖν τὸ σῶμά σου ὅλον φωτεινόν, μὴ ἔχον τι μέρος σκοτεινόν,
ἔσται φωτεινὸν ὅλον, ὡς ὅταν ὁ λύχνος τῇ ἀστραπῇ φωτίζῃ σε.
37 Ἐν δὲ τῷ λαλῆσαι ʰἐρωτᾷ ⸌ αὐτὸν Φαρισαῖος ⁱ⁻⸌ ὅπως Cp. 7. 36.
38 ἀριστήσῃ παρ᾽ αὐτῷ· εἰσελθὼν δὲ ἀνέπεσεν. ὁ δὲ Φαρισαῖος Cp. Mat.
ἰδὼν ἐθαύμασεν ὅτι οὐ πρῶτον ἐβαπτίσθη πρὸ τοῦ ἀρίστου. Mk. 7. 2.
39 εἶπε δὲ ὁ Κύριος πρὸς αὐτόν, Νῦν ὑμεῖς οἱ Φαρισαῖοι τὸ Cp. Mat.
ἔξωθεν τοῦ ποτηρίου καὶ τοῦ πίνακος καθαρίζετε, τὸ δὲ ἔσωθεν 23. 25.
40 ὑμῶν γέμει ἁρπαγῆς καὶ πονηρίας. ἄφρονες, οὐχ ὁ ποιήσας
41 τὸ ἔξωθεν καὶ τὸ ἔσωθεν ἐποίησε; πλὴν τὰ ἐνόντα δότε
ἐλεημοσύνην· καὶ ἰδοὺ, πάντα καθαρὰ ὑμῖν ἐστιν.
42 Ἀλλ᾽ οὐαὶ ὑμῖν τοῖς Φαρισαίοις, ὅτι ἀποδεκατοῦτε τὸ Cp. Mat.
ἡδύοσμον καὶ τὸ πήγανον καὶ πᾶν λάχανον, καὶ παρέρχεσθε 23. 23.
τὴν κρίσιν καὶ τὴν ἀγάπην τοῦ Θεοῦ· ταῦτα ᵏδὲ ˡ ἔδει ποιῆσαι,
43 κἀκεῖνα μὴ ἀφιέναι. οὐαὶ ὑμῖν τοῖς Φαρισαίοις, ὅτι ἀγαπᾶτε Cp. Mat.
τὴν πρωτοκαθεδρίαν ἐν ταῖς συναγωγαῖς, καὶ τοὺς ἀσπασμοὺς 23. 6.
44 ἐν ταῖς ἀγοραῖς. οὐαὶ ὑμῖν, ˡ⁻⸌ ὅτι ἐστὲ ὡς τὰ μνημεῖα τὰ Cp. Mat.
ἄδηλα, καὶ οἱ ἄνθρωποι οἱ περιπατοῦντες ἐπάνω οὐκ οἴδασιν. 23. 27.

ᶜ add δὲ   ᵈ κρυπτὸν   ᵉ φέγγος   ᶠ om. σου
ᵍ add οὖν   ʰ ἠρώτα   ⁱ add τις   ᵏ om. δὲ   ˡ add
γραμματεῖς καὶ Φαρισαῖοι, ὑποκριταί,

Ἀποκριθεὶς δέ τις τῶν νομικῶν λέγει αὐτῷ, Διδάσκαλε, 45 ταῦτα λέγων καὶ ἡμᾶς ὑβρίζεις. ὁ δὲ εἶπε, Καὶ ὑμῖν τοῖς 46 νομικοῖς οὐαί, ὅτι φορτίζετε τοὺς ἀνθρώπους φορτία δυσβάστακτα, καὶ αὐτοὶ ἑνὶ τῶν δακτύλων ὑμῶν οὐ προσψαύετε τοῖς φορτίοις. οὐαὶ ὑμῖν, ὅτι οἰκοδομεῖτε τὰ μνημεῖα τῶν 47 προφητῶν, οἱ δὲ πατέρες ὑμῶν ἀπέκτειναν αὐτούς. ἄρα 48 ᵐμάρτυρές ἐστε‖ καὶ συνευδοκεῖτε τοῖς ἔργοις τῶν πατέρων ὑμῶν· ὅτι αὐτοὶ μὲν ἀπέκτειναν αὐτούς, ὑμεῖς δὲ οἰκοδομεῖτε ⁿ⁻‖. διὰ τοῦτο καὶ ἡ σοφία τοῦ Θεοῦ εἶπεν, Ἀποστελῶ εἰς 49 αὐτοὺς προφήτας καὶ ἀποστόλους, καὶ ἐξ αὐτῶν ἀποκτενοῦσι καὶ ᵒδιώξουσιν‖, ἵνα ἐκζητηθῇ τὸ αἷμα πάντων τῶν προφη- 50 τῶν τὸ ἐκχυνόμενον ἀπὸ καταβολῆς κόσμου ἀπὸ τῆς γενεᾶς ταύτης, ἀπὸ τοῦ αἵματος Ἄβελ ἕως τοῦ αἵματος Ζαχαρίου 51 τοῦ ἀπολομένου μεταξὺ τοῦ θυσιαστηρίου καὶ τοῦ οἴκου· ναί, λέγω ὑμῖν, ἐκζητηθήσεται ἀπὸ τῆς γενεᾶς ταύτης. οὐαὶ 52 ὑμῖν τοῖς νομικοῖς, ὅτι ἤρατε τὴν κλεῖδα τῆς γνώσεως· αὐτοὶ οὐκ εἰσήλθετε, καὶ τοὺς εἰσερχομένους ἐκωλύσατε.

ᵖΚἀκεῖθεν ἐξελθόντος αὐτοῦ‖ ἤρξαντο οἱ γραμματεῖς καὶ 53 οἱ Φαρισαῖοι δεινῶς ἐνέχειν, καὶ ἀποστοματίζειν αὐτὸν περὶ πλειόνων, ἐνεδρεύοντες αὐτόν, ᵠ⁻‖ θηρεῦσαί τι ἐκ τοῦ στό- 54 ματος αὐτοῦ ʳ⁻ᶦ.

Ἐν οἷς ἐπισυναχθεισῶν τῶν μυριάδων τοῦ ὄχλου, ὥστε 12 καταπατεῖν ἀλλήλους, ἤρξατο λέγειν πρὸς τοὺς μαθητὰς αὐτοῦ πρῶτον, Προσέχετε ἑαυτοῖς ἀπὸ τῆς ζύμης τῶν Φαρισαίων, ἥτις ἐστὶν ὑπόκρισις. οὐδὲν δὲ συγκεκαλυμμένον 2 ἐστίν, ὃ οὐκ ἀποκαλυφθήσεται, καὶ κρυπτόν, ὃ οὐ γνωσθήσεται. ἀνθ' ὧν ὅσα ἐν τῇ σκοτίᾳ εἴπατε, ἐν τῷ φωτὶ 3 ἀκουσθήσεται· καὶ ὃ πρὸς τὸ οὖς ἐλαλήσατε ἐν τοῖς ταμείοις, κηρυχθήσεται ἐπὶ τῶν δωμάτων. λέγω δὲ ὑμῖν τοῖς φίλοις 4 μου, Μὴ φοβηθῆτε ἀπὸ τῶν ἀποκτεινόντων τὸ σῶμα καὶ

ᵐ μαρτυρεῖτε ⁿ add αὐτῶν τὰ μνημεῖα ᵒ ἐκδιώξουσιν
ᵖ Λέγοντος δὲ αὐτοῦ ταῦτα πρὸς αὐτοὺς ᵠ add καὶ ζητοῦντες ʳ add ἵνα κατηγορήσωσιν αὐτοῦ

ΚΑΤΑ ΛΟΥΚΑΝ.

5 μετὰ ταῦτα μὴ ἐχόντων περισσότερόν τι ποιῆσαι. ὑποδείξω δὲ ὑμῖν τίνα φοβηθῆτε· φοβήθητε τὸν μετὰ τὸ ἀποκτεῖναι ἐξουσίαν ἔχοντα ἐμβαλεῖν εἰς τὴν γέενναν· ναί, λέγω ὑμῖν, 6 τοῦτον φοβήθητε. οὐχὶ πέντε στρουθία πωλεῖται ἀσσαρίων δύο; καὶ ἓν ἐξ αὐτῶν οὐκ ἔστιν ἐπιλελησμένον ἐνώπιον 7 τοῦ Θεοῦ. ἀλλὰ καὶ αἱ τρίχες τῆς κεφαλῆς ὑμῶν πᾶσαι ἠρίθμηνται. μὴ ᴮ⁻‖ φοβεῖσθε· πολλῶν στρουθίων δια-8 φέρετε. λέγω δὲ ὑμῖν, πᾶς ὃς ἂν ὁμολογήσῃ ἐν ἐμοὶ ἔμπροσθεν τῶν ἀνθρώπων, καὶ ὁ υἱὸς τοῦ ἀνθρώπου ὁμολο-9 γήσει ἐν αὐτῷ ἔμπροσθεν τῶν ἀγγέλων τοῦ Θεοῦ· ὁ δὲ ἀρνησάμενός με ἐνώπιον τῶν ἀνθρώπων ἀπαρνηθήσεται 10 ἐνώπιον τῶν ἀγγέλων τοῦ Θεοῦ. καὶ πᾶς ὃς ἐρεῖ λόγον Cp. Mat. εἰς τὸν υἱὸν τοῦ ἀνθρώπου, ἀφεθήσεται αὐτῷ· τῷ δὲ εἰς τὸ Mk. 3. 28. 11 Ἅγιον Πνεῦμα βλασφημήσαντι οὐκ ἀφεθήσεται. ὅταν δὲ Cp. Mat. ᵗεἰσφέρωσιν ᵗ ὑμᾶς ἐπὶ τὰς συναγωγὰς καὶ τὰς ἀρχὰς καὶ Mk. 13. 11. τὰς ἐξουσίας, μὴ ᵘμεριμνήσητε‖ πῶς ἢ τί ἀπολογήσησθε, ἢ 12 τί εἴπητε· τὸ γὰρ Ἅγιον Πνεῦμα διδάξει ὑμᾶς ἐν αὐτῇ τῇ ὥρᾳ, ἃ δεῖ εἰπεῖν.

13 Εἶπε δέ τις ˣἐκ τοῦ ὄχλου αὐτῷ‖, Διδάσκαλε, εἰπὲ τῷ 14 ἀδελφῷ μου μερίσασθαι μετ' ἐμοῦ τὴν κληρονομίαν. ὁ δὲ εἶπεν αὐτῷ, Ἄνθρωπε, τίς με κατέστησε ʸκριτὴν‖ ἢ μεριστὴν 15 ἐφ' ὑμᾶς; εἶπε δὲ πρὸς αὐτούς, Ὁρᾶτε καὶ φυλάσσεσθε ἀπὸ ᶻπάσης‖ πλεονεξίας· ὅτι οὐκ ἐν τῷ περισσεύειν τινὶ ἡ ζωὴ 16 αὐτοῦ ἐστιν ἐκ τῶν ὑπαρχόντων αὐτοῦ. εἶπε δὲ παραβολὴν πρὸς αὐτοὺς λέγων, Ἀνθρώπου τινὸς πλουσίου εὐφόρησεν ἡ 17 χώρα· καὶ διελογίζετο ἐν ἑαυτῷ λέγων, Τί ποιήσω, ὅτι οὐκ 18 ἔχω ποῦ συνάξω τοὺς καρπούς μου; καὶ εἶπε, Τοῦτο ποιήσω· καθελῶ μου τὰς ἀποθήκας, καὶ μείζονας οἰκοδομήσω, καὶ 19 συνάξω ἐκεῖ πάντα ᵘτὸν σῖτον‖ καὶ τὰ ἀγαθά μου· καὶ

ᴮ add οὖν   ᵗ προσφέρωσιν   ᵘ μεριμνᾶτε   ˣ αὐτῷ
ἐκ τοῦ ὄχλου   ʸ δικαστὴν   ᶻ τῆς   ᵘ τὰ γενήματα
μου

M

ἐρῶ τῇ ψυχῇ μου, Ψυχή, ἔχεις πολλὰ ἀγαθὰ κείμενα εἰς ἔτη πολλά· ἀναπαύου, φάγε, πίε, εὐφραίνου. εἶπε δὲ αὐτῷ 20 ὁ Θεός, Ἄφρων, ταύτῃ τῇ νυκτὶ τὴν ψυχήν σου ἀπαιτοῦσιν ἀπὸ σοῦ· ἃ δὲ ἡτοίμασας, τίνι ἔσται; οὕτως ὁ θησαυρίζων 21 ἑαυτῷ, καὶ μὴ εἰς Θεὸν πλουτῶν.

Cp. Mat. 6. 25.

Εἶπε δὲ πρὸς τοὺς μαθητὰς αὐτοῦ, Διὰ τοῦτο [b]λέγω ὑμῖν[j], 22 μὴ μεριμνᾶτε τῇ ψυχῇ [c—ǁ], τί φάγητε· μηδὲ τῷ σώματι [d]ὑμῶν[ǁ], τί ἐνδύσησθε· ἡ [e]γὰρ[ǁ] ψυχὴ πλεῖόν ἐστι τῆς 23 τροφῆς, καὶ τὸ σῶμα τοῦ ἐνδύματος. κατανοήσατε τοὺς 24 κόρακας, ὅτι οὐ σπείρουσιν, οὐδὲ θερίζουσιν, οἷς οὐκ ἔστι ταμεῖον οὐδὲ ἀποθήκη, καὶ ὁ Θεὸς τρέφει αὐτούς· πόσῳ μᾶλλον ὑμεῖς διαφέρετε τῶν πετεινῶν; τίς δὲ ἐξ ὑμῶν 25 μεριμνῶν δύναται προσθεῖναι ἐπὶ τὴν ἡλικίαν αὐτοῦ πῆχυν [f—ǁ]; εἰ οὖν ᵍοὐδὲǁ ἐλάχιστον δύνασθε, τί περὶ τῶν λοιπῶν 26 μεριμνᾶτε; κατανοήσατε τὰ κρίνα, πῶς αὐξάνει· οὐ κοπιᾷ, 27 οὐδὲ νήθει· λέγω δὲ ὑμῖν, οὐδὲ Σολομὼν ἐν πάσῃ τῇ δόξῃ αὐτοῦ περιεβάλετο ὡς ἓν τούτων. εἰ δὲ [h]ἐν ἀγρῷ τὸν χόρτον, 28 ὄντα σήμερον[ǁ], καὶ αὔριον εἰς κλίβανον βαλλόμενον, ὁ Θεὸς οὕτως ἀμφιέννυσι, πόσῳ μᾶλλον ὑμᾶς, ὀλιγόπιστοι; καὶ ὑμεῖς 29 μὴ ζητεῖτε τί φάγητε, [i]καὶǁ τί πίητε· καὶ μὴ μετεωρίζεσθε· ταῦτα γὰρ πάντα τὰ ἔθνη τοῦ κόσμου ἐπιζητεῖ· ὑμῶν δὲ ὁ 30 πατὴρ οἶδεν ὅτι χρῄζετε τούτων· πλὴν ζητεῖτε τὴν βασιλείαν 31 [k]αὐτοῦǁ, καὶ ταῦτα [l—ǁ] προστεθήσεται ὑμῖν. μὴ φοβοῦ, τὸ 32 μικρὸν ποίμνιον· ὅτι εὐδόκησεν ὁ πατὴρ ὑμῶν δοῦναι ὑμῖν τὴν βασιλείαν. πωλήσατε τὰ ὑπάρχοντα ὑμῶν, καὶ δότε 33 ἐλεημοσύνην· ποιήσατε ἑαυτοῖς βαλάντια μὴ παλαιούμενα, θησαυρὸν ἀνέκλειπτον ἐν τοῖς οὐρανοῖς, ὅπου κλέπτης οὐκ ἐγγίζει, οὐδὲ σὴς διαφθείρει· ὅπου γάρ ἐστιν ὁ θησαυρὸς 34 ὑμῶν, ἐκεῖ καὶ ἡ καρδία ὑμῶν ἔσται.

Cp. Mat. 24. 42.

Ἔστωσαν ὑμῶν αἱ ὀσφύες περιεζωσμέναι, καὶ οἱ λύχνοι 35

[b] ὑμῖν λέγω [c] add ὑμῶν [d] om. ὑμῶν [e] om. γὰρ
[f] add ἕνα [g] οὔτε [h] τὸν χόρτον ἐν τῷ ἀγρῷ σήμερον ὄντα [i] ἢ [k] τοῦ Θεοῦ A.S.M. [l] add πάντα

36 καιόμενοι· καὶ ὑμεῖς ὅμοιοι ἀνθρώποις προσδεχομένοις τὸν
κύριον ἑαυτῶν, πότε ᵐἀναλύσῃ∥ ἐκ τῶν γάμων, ἵνα, ἐλθόντος
37 καὶ κρούσαντος, εὐθέως ἀνοίξωσιν αὐτῷ. μακάριοι οἱ δοῦλοι
ἐκεῖνοι, οὓς ⁿὁ κύριος ἐλθὼν∣ εὑρήσει γρηγοροῦντας. ἀμὴν
λέγω ὑμῖν, ὅτι περιζώσεται καὶ ἀνακλινεῖ αὐτούς, καὶ παρελ-
38 θὼν διακονήσει αὐτοῖς. ᵒκἂν ἐν τῇ δευτέρᾳ κἂν∥ ἐν τῇ
τρίτῃ φυλακῇ ἔλθῃ, καὶ εὕρῃ οὕτω, μακάριοί εἰσιν ᵖ⁻∣
39 ἐκεῖνοι. τοῦτο δὲ γινώσκετε, ὅτι εἰ ᾔδει ὁ οἰκοδεσπότης
ποίᾳ ὥρᾳ ὁ κλέπτης ἔρχεται, ἐγρηγόρησεν ἄν, καὶ οὐκ ᑫ⁻∣
40 ἀφῆκε διορυγῆναι τὸν οἶκον αὐτοῦ. καὶ ὑμεῖς ʳ⁻ᵏ γίνεσθε
ἕτοιμοι· ὅτι ᾗ ὥρᾳ οὐ δοκεῖτε, ὁ υἱὸς τοῦ ἀνθρώπου
ἔρχεται.
41 Εἶπε δὲ ˢ⁻∥ ὁ Πέτρος, Κύριε, πρὸς ἡμᾶς τὴν παραβολὴν
42 ταύτην λέγεις; ἢ καὶ πρὸς πάντας; ᵗκαὶ εἶπεν∥ ὁ Κύριος,
Τίς ἄρα ἐστὶν ὁ πιστὸς οἰκονόμος ᵘὁ∥ φρόνιμος, ὃν κατα- Cp. Mat.
στήσει ὁ κύριος ἐπὶ τῆς θεραπείας αὐτοῦ, τοῦ διδόναι ἐν   24. 45.
43 καιρῷ τὸ σιτομέτριον; μακάριος ὁ δοῦλος ἐκεῖνος, ὃν ἐλθὼν
44 ὁ κύριος αὐτοῦ εὑρήσει ποιοῦντα οὕτως. ἀληθῶς λέγω ὑμῖν,
45 ὅτι ἐπὶ πᾶσι τοῖς ὑπάρχουσιν αὐτοῦ καταστήσει αὐτόν. ἐὰν
δὲ εἴπῃ ὁ δοῦλος ἐκεῖνος ἐν τῇ καρδίᾳ αὐτοῦ, Χρονίζει ὁ
κύριός μου ἔρχεσθαι, καὶ ἄρξηται τύπτειν τοὺς παῖδας καὶ
46 τὰς παιδίσκας ἐσθίειν τε καὶ πίνειν καὶ μεθύσκεσθαι, ἥξει
ὁ κύριος τοῦ δούλου ἐκείνου ἐν ἡμέρᾳ ᾗ οὐ προσδοκᾷ, καὶ
ἐν ὥρᾳ ᾗ οὐ γινώσκει, καὶ διχοτομήσει αὐτόν, καὶ τὸ μέρος
47 αὐτοῦ μετὰ τῶν ἀπίστων θήσει. ἐκεῖνος δὲ ὁ δοῦλος ὁ
γνοὺς τὸ θέλημα τοῦ κυρίου ˣαὐτοῦ∣, καὶ μὴ ἑτοιμάσας
48 ʸἢ∣ ποιήσας πρὸς τὸ θέλημα αὐτοῦ, δαρήσεται πολλάς· ὁ
δὲ μὴ γνούς, ποιήσας δὲ ἄξια πληγῶν, δαρήσεται ὀλίγας.

ᵐ ἀναλύσει   ⁿ ἐλθὼν ὁ κύριος   ᵒ καὶ ἐὰν ἔλθῃ ἐν
τῇ δευτέρᾳ φυλακῇ, καὶ   ᵖ add οἱ δοῦλοι   ᑫ add ἂν
ʳ add οὖν   ˢ add αὐτῷ   ᵗ εἶπε δὲ   ᵘ καὶ   ˣ ἑαυτοῦ
ʸ μηδὲ

παντὶ δὲ ᾧ ἐδόθη πολύ, πολὺ ζητηθήσεται παρ' αὐτοῦ· καὶ ᾧ παρέθεντο πολύ, περισσότερον αἰτήσουσιν αὐτόν.

Πῦρ ἦλθον βαλεῖν ᵗἐπὶ" τὴν γῆν· καὶ τί θέλω εἰ ἤδη 49 ἀνήφθη; βάπτισμα δὲ ἔχω βαπτισθῆναι· καὶ πῶς συνέχομαι 50 ἕως ᵃὅτου" τελεσθῇ; δοκεῖτε ὅτι εἰρήνην παρεγενόμην δοῦναι 51 ἐν τῇ γῇ; οὐχί, λέγω ὑμῖν, ἀλλ' ἢ διαμερισμόν· ἔσονται 52 γὰρ ἀπὸ τοῦ νῦν πέντε ἐν ᵇἑνὶ οἴκῳ" διαμεμερισμένοι, τρεῖς ἐπὶ δυσί, καὶ δύο ἐπὶ τρισί. ᶜδιαμερισθήσονται," πατὴρ 53 ἐφ' υἱῷ, καὶ υἱὸς ἐπὶ πατρί· μήτηρ ἐπὶ ᵈθυγατέρα", καὶ θυγάτηρ ἐπὶ ᵉτὴν μητέρα"· πενθερὰ ἐπὶ τὴν νύμφην αὐτῆς, καὶ νύμφη ἐπὶ τὴν πενθεράν ᶠ⁻ᵍ.

Ἔλεγε δὲ καὶ τοῖς ὄχλοις, Ὅταν ἴδητε ᵍ⁻" νεφέλην 54 ἀνατέλλουσαν ʰἐπὶ ⁷ δυσμῶν, εὐθέως λέγετε ⁱὅτι ʲ Ὄμβρος ἔρχεται· καὶ γίνεται οὕτω· καὶ ὅταν νότον πνέοντα, λέγετε 55 ὅτι Καύσων ἔσται· καὶ γίνεται. ὑποκριταί, τὸ πρόσωπον 56 ᵏτῆς γῆς καὶ τοῦ οὐρανοῦ" οἴδατε δοκιμάζειν· τὸν δὲ καιρὸν τοῦτον πῶς ˡοὐκ οἴδατε δοκιμάζειν ⁷; τί δὲ καὶ ἀφ' ἑαυτῶν 57 οὐ κρίνετε τὸ δίκαιον; ὡς γὰρ ὑπάγεις μετὰ τοῦ ἀντιδίκου 58 σου ἐπ' ἄρχοντα, ἐν τῇ ὁδῷ δὸς ἐργασίαν ἀπηλλάχθαι ἀπ' αὐτοῦ· μήποτε κατασύρῃ σε πρὸς τὸν κριτήν, καὶ ὁ κριτής σε ᵐπαραδώσει ⁷ τῷ πράκτορι, καὶ ὁ πράκτωρ σε ⁿβαλεῖ ⁷ εἰς φυλακήν· λέγω σοι, οὐ μὴ ἐξέλθῃς ἐκεῖθεν, ἕως οὗ καὶ 59 τὸ ἔσχατον λεπτὸν ἀποδῷς.

Παρῆσαν δέ τινες ἐν αὐτῷ τῷ καιρῷ ἀπαγγέλλοντες αὐτῷ 13 περὶ τῶν Γαλιλαίων, ὧν τὸ αἷμα Πιλᾶτος ἔμιξε μετὰ τῶν θυσιῶν αὐτῶν. καὶ ἀποκριθεὶς ᵒ⁻" εἶπεν αὐτοῖς, Δοκεῖτε, 2 ὅτι οἱ Γαλιλαῖοι οὗτοι ἁμαρτωλοὶ παρὰ πάντας τοὺς Γαλιλαίους ἐγένοντο, ὅτι ᵖταῦτα" πεπόνθασιν; οὐχί, λέγω ὑμῖν· 3

ᶻ εἰς   ᵃ οὗ   ᵇ οἴκῳ ἑνὶ   ᶜ διαμερισθήσεται
ᵈ θυγατρί   ᵉ μητρί   ᶠ add αὐτῆς   ᵍ add τὴν
ʰ ἀπὸ   ⁱ om. ὅτι   ᵏ τοῦ οὐρανοῦ καὶ τῆς γῆς A.   ˡ οὐ δοκιμάζετε   ᵐ παραδῷ   ⁿ βάλλῃ   ᵒ add ὁ Ἰησοῦς
ᵖ τοιαῦτα

4 ἀλλ' ἐὰν μὴ μετανοῆτε, πάντες ᵠὁμοίως‖ ἀπολεῖσθε. ἢ ἐκεῖνοι οἱ δέκα καὶ ὀκτώ, ἐφ' οὓς ἔπεσεν ὁ πύργος ἐν τῷ Σιλωάμ, καὶ ἀπέκτεινεν αὐτούς, δοκεῖτε, ὅτι ʳαὐτοὶ‖ ὀφειλέται ἐγένοντο παρὰ πάντας ᵇτοὺς⁊ ἀνθρώπους τοὺς κατοι-
5 κοῦντας ᵗ⁻⁊ Ἱερουσαλήμ; οὐχί, λέγω ὑμῖν· ἀλλ' ἐὰν μὴ μετανοῆτε, πάντες ᵘὡσαύτως⁊ ἀπολεῖσθε.
6 Ἔλεγε δὲ ταύτην τὴν παραβολήν· Συκῆν εἶχέ τις ˣπεφυτευμένην ἐν τῷ ἀμπελῶνι αὐτοῦ‖· καὶ ἦλθε ʸζητῶν καρπὸν⁊
7 ἐν αὐτῇ, καὶ οὐχ εὗρεν. εἶπε δὲ πρὸς τὸν ἀμπελουργόν, Ἰδού, τρία ἔτη ᶻἀφ' οὗ⁊ ἔρχομαι ζητῶν καρπὸν ἐν τῇ συκῇ ταύτῃ, καὶ οὐχ εὑρίσκω· ἔκκοψον αὐτήν· ἱνατί καὶ τὴν γῆν
8 καταργεῖ; ὁ δὲ ἀποκριθεὶς λέγει αὐτῷ, Κύριε, ἄφες αὐτὴν καὶ τοῦτο τὸ ἔτος, ἕως ὅτου σκάψω περὶ αὐτήν, καὶ βάλω
9 κοπρίαν· κἂν μὲν ποιήσῃ ᵃκαρπὸν εἰς τὸ μέλλον· εἰ δὲ μήγε,⁊ ἐκκόψεις αὐτήν.
10 Ἦν δὲ διδάσκων ἐν μιᾷ τῶν συναγωγῶν ἐν τοῖς σάββασι.
11 καὶ ἰδού, γυνὴ ᵇ⁻⁊ πνεῦμα ἔχουσα ἀσθενείας ἔτη δέκα καὶ ὀκτώ, καὶ ἦν συγκύπτουσα, καὶ μὴ δυναμένη ἀνακύψαι εἰς τὸ
12 παντελές. ἰδὼν δὲ αὐτὴν ὁ Ἰησοῦς προσεφώνησε, καὶ εἶπεν
13 αὐτῇ, Γύναι, ἀπολέλυσαι τῆς ἀσθενείας σου. καὶ ἐπέθηκεν αὐτῇ τὰς χεῖρας· καὶ παραχρῆμα ἀνωρθώθη, καὶ ἐδόξαζε τὸν
14 Θεόν. ἀποκριθεὶς δὲ ὁ ἀρχισυνάγωγος, ἀγανακτῶν ὅτι τῷ σαββάτῳ ἐθεράπευσεν ὁ Ἰησοῦς, ἔλεγε τῷ ὄχλῳ, Ἓξ ἡμέραι εἰσίν, ἐν αἷς δεῖ ἐργάζεσθαι· ἐν ᶜαὐταῖς οὖν ἐρχόμενοι
15 θεραπεύεσθε, καὶ μὴ τῇ ἡμέρᾳ τοῦ σαββάτου. ἀπεκρίθη ᵈδὲ⁊ αὐτῷ ὁ Κύριος, καὶ εἶπεν, ᵉὙποκριταί⁊, ἕκαστος ὑμῶν τῷ σαββάτῳ οὐ λύει τὸν βοῦν αὐτοῦ ἢ τὸν ὄνον ἀπὸ τῆς
16 φάτνης, καὶ ἀπαγαγὼν ποτίζει; ταύτην δέ, θυγατέρα Ἀβραὰμ οὖσαν, ἣν ἔδησεν ὁ Σατανᾶς, ἰδού, δέκα καὶ ὀκτὼ ἔτη, οὐκ

Cp. 14. 5.
Mat.12.11.

ᵠ ὡσαύτως   ʳ οὗτοι   ˢ om. τοὺς   ᵗ add ἐν
ᵘ ὁμοίως   ˣ ἐν τῷ ἀμπελῶνι αὐτοῦ πεφυτευμένην   ʸ καρπὸν ζητῶν   ᶻ om. ἀφ' οὗ   ᵃ καρπόν· εἰ δὲ μήγε, εἰς τὸ μέλλον   ᵇ add ἦν   ᶜ ταύταις   ᵈ οὖν   ᵉ Ὑποκριτά

ἔδει λυθῆναι ἀπὸ τοῦ δεσμοῦ τούτου τῇ ἡμέρᾳ τοῦ σαββάτου;
καὶ ταῦτα λέγοντος αὐτοῦ κατῃσχύνοντο πάντες οἱ ἀντικεί- 17
μενοι αὐτῷ· καὶ πᾶς ὁ ὄχλος ἔχαιρεν ἐπὶ πᾶσι τοῖς ἐνδόξοις
τοῖς γινομένοις ὑπ' αὐτοῦ.

ᶠἜλεγεν οὖν", Τίνι ὁμοία ἐστὶν ἡ βασιλεία τοῦ Θεοῦ; καὶ 18
τίνι ὁμοιώσω αὐτήν; ὁμοία ἐστὶ κόκκῳ σινάπεως, ὃν λαβὼν 19
ἄνθρωπος ἔβαλεν εἰς κῆπον ἑαυτοῦ· καὶ ηὔξησε, καὶ ἐγένετο
εἰς δένδρον ᵍ⁻", καὶ τὰ πετεινὰ τοῦ οὐρανοῦ κατεσκήνωσεν
ἐν τοῖς κλάδοις αὐτοῦ. καὶ πάλιν εἶπε, Τίνι ὁμοιώσω τὴν 20
βασιλείαν τοῦ Θεοῦ; ὁμοία ἐστὶ ζύμῃ, ἣν λαβοῦσα γυνὴ 21
ʰἔκρυψεν" εἰς ἀλεύρου σάτα τρία, ἕως οὗ ἐζυμώθη ὅλον.

Καὶ διεπορεύετο κατὰ πόλεις καὶ κώμας, διδάσκων, καὶ 22
πορείαν ποιούμενος εἰς Ἱερουσαλήμ. εἶπε δέ τις αὐτῷ, 23
Κύριε, εἰ ὀλίγοι οἱ σωζόμενοι; ὁ δὲ εἶπε πρὸς αὐτούς,
Ἀγωνίζεσθε εἰσελθεῖν διὰ τῆς στενῆς ⁱθύρας" ὅτι πολ- 24
λοί, λέγω ὑμῖν, ζητήσουσιν εἰσελθεῖν, καὶ οὐκ ʲἰσχύσουσιν."
ἀφ' οὗ ἂν ἐγερθῇ ὁ οἰκοδεσπότης, καὶ ἀποκλείσῃ τὴν 25
θύραν, καὶ ἄρξησθε ἔξω ἑστάναι καὶ κρούειν τὴν θύραν
λέγοντες, Κύριε, ᵏ⁻" ἄνοιξον ἡμῖν· καὶ ἀποκριθεὶς ἐρεῖ
ὑμῖν, Οὐκ οἶδα ὑμᾶς, πόθεν ἐστέ· τότε ἄρξεσθε λέγειν, 26
Ἐφάγομεν ἐνώπιόν σου καὶ ἐπίομεν, καὶ ἐν ταῖς πλα-
τείαις ἡμῶν ἐδίδαξας· καὶ ἐρεῖ, Λέγω ὑμῖν, οὐκ οἶδα ˡ⁻ʲ 27
πόθεν ἐστέ· ἀπόστητε ἀπ' ἐμοῦ πάντες ᵐἐργάται ἀδικίας".
ἐκεῖ ἔσται ὁ κλαυθμὸς καὶ ὁ βρυγμὸς τῶν ὀδόντων, ὅταν 28
ὄψησθε Ἀβραὰμ καὶ Ἰσαὰκ καὶ Ἰακὼβ καὶ πάντας τοὺς
προφήτας ἐν τῇ βασιλείᾳ τοῦ Θεοῦ, ὑμᾶς δὲ ἐκβαλλομένους
ἔξω. καὶ ἥξουσιν ἀπὸ ἀνατολῶν καὶ δυσμῶν, καὶ ἀπὸ βορρᾶ 29
καὶ νότου, καὶ ἀνακλιθήσονται ἐν τῇ βασιλείᾳ τοῦ Θεοῦ. καὶ 30
ἰδού, εἰσὶν ἔσχατοι οἳ ἔσονται πρῶτοι, καί εἰσι πρῶτοι οἳ
ἔσονται ἔσχατοι.

ᶠἜλεγε δέ   ᵍ add μέγα   ʰ ἐνέκρυψεν   ⁱ πύλης
ʲ ἰσχύσουσιν, M.   ᵏ add Κύριε,   ˡ add ὑμᾶς   ᵐ οἱ
ἐργάται τῆς ἀδικίας

-14. 9. ΚΑΤΑ ΛΟΥΚΑΝ. 167

31 Ἐν αὐτῇ τῇ ⁿὥρᾳ" προσῆλθόν τινες Φαρισαῖοι, λέγοντες αὐτῷ, Ἔξελθε καὶ πορεύου ἐντεῦθεν, ὅτι Ἡρώδης θέλει σε 32 ἀποκτεῖναι. καὶ εἶπεν αὐτοῖς, Πορευθέντες εἴπατε τῇ ἀλώπεκι ταύτῃ, Ἰδού, ἐκβάλλω δαιμόνια καὶ ἰάσεις ᵒ ἀποτελῶᶦ 33 σήμερον καὶ αὔριον, καὶ τῇ τρίτῃ τελειοῦμαι. πλὴν δεῖ με σήμερον καὶ αὔριον καὶ τῇ ἐχομένῃ πορεύεσθαι· ὅτι οὐκ 34 ἐνδέχεται προφήτην ἀπολέσθαι ἔξω Ἱερουσαλήμ. Ἱερου- Cp. Mat. σαλήμ, Ἱερουσαλήμ, ἡ ἀποκτείνουσα τοὺς προφήτας, καὶ ²³·³⁷· λιθοβολοῦσα τοὺς ἀπεσταλμένους πρὸς αὐτήν, ποσάκις ἠθέλησα ἐπισυνάξαι τὰ τέκνα σου, ὃν τρόπον ὄρνις τὴν ἑαυτῆς 35 νοσσιὰν ὑπὸ τὰς πτέρυγας, καὶ οὐκ ἠθελήσατε. ἰδού, ἀφίεται ὑμῖν ὁ οἶκος ὑμῶν ᵖ⁻ · ᵠ λέγω δέ" ὑμῖν, ʳ⁻ οὐ μή με ἴδητε ἕως ˢ⁻ᶦ εἴπητε, Εὐλογημένος ὁ ἐρχόμενος ἐν ὀνόματι Cp. Ps. 118 Κυρίου. (117). 26.

14 Καὶ ἐγένετο ἐν τῷ ἐλθεῖν αὐτὸν εἰς οἶκόν τινος τῶν ἀρχόν- Cp. 7. 36, των τῶν Φαρισαίων σαββάτῳ φαγεῖν ἄρτον, καὶ αὐτοὶ ἦσαν ¹¹·³⁷· 2 παρατηρούμενοι αὐτόν. καὶ ἰδού, ἄνθρωπός τις ἦν ὑδρωπικὸς 3 ἔμπροσθεν αὐτοῦ· καὶ ἀποκριθεὶς ὁ Ἰησοῦς εἶπε πρὸς τοὺς νομικοὺς καὶ Φαρισαίους λέγων, ᵗἜξεστιᶦ τῷ σαββάτῳ Cp. Mat. 4 ᵘθεραπεῦσαι; ἢ οὔ;ᶦ οἱ δὲ ἡσύχασαν. καὶ ἐπιλαβόμενος ¹²· ¹⁰. 5 ἰάσατο αὐτόν, καὶ ἀπέλυσε. καὶ ˣ⁻ᶦ πρὸς αὐτοὺς εἶπε, Τίνος ὑμῶν ʸὄνος" ἢ βοῦς εἰς φρέαρ ᶻπεσεῖταιᶦ, καὶ οὐκ Cp. 13. 15 6 εὐθέως ἀνασπάσει αὐτὸν ἐν ᵃ⁻" ἡμέρᾳ τοῦ σαββάτου; καὶ οὐκ ἴσχυσαν ἀνταποκριθῆναι ᵇ⁻ᶦ πρὸς ταῦτα.

7 Ἔλεγε δὲ πρὸς τοὺς κεκλημένους παραβολήν, ἐπέχων πῶς 8 τὰς πρωτοκλισίας ἐξελέγοντο, λέγων πρὸς αὐτούς, Ὅταν κληθῇς ὑπό τινος εἰς γάμους, μὴ κατακλιθῇς εἰς τὴν πρωτοκλισίαν· μήποτε ἐντιμότερός σου ᾖ κεκλημένος ὑπ' αὐτοῦ, 9 καὶ ἐλθὼν ὁ σὲ καὶ αὐτὸν καλέσας ἐρεῖ σοι, Δὸς τούτῳ

ⁿ ἡμέρα   ᵒ ἐπιτελῶ   ᵖ add ἔρημος   ᵠ ἀμὴν δὲ
λέγω   ʳ add ὅτι   ˢ add ἂν ἥξῃ ὅτε   ᵗ Εἰ ἔξεστι
ᵘ θεραπεύειν;   ˣ add ἀποκριθεὶς   ʸ υἱὸς M.   ᶻ ἐμπεσεῖται
ᵃ add τῇ   ᵇ add αὐτῷ

τόπον· καὶ τότε ἄρξῃ μετ' αἰσχύνης τὸν ἔσχατον τόπον κατέχειν. ἀλλ' ὅταν κληθῇς, πορευθεὶς ἀνάπεσον εἰς τὸν 10 ἔσχατον τόπον· ἵνα, ὅταν ἔλθῃ ὁ κεκληκώς σε, ^c ἐρεῖ^ǀ σοι, Φίλε, προσανάβηθι ἀνώτερον· τότε ἔσται σοι δόξα ἐνώπιον ^d πάντων^ǁ τῶν συνανακειμένων σοι. ὅτι πᾶς ὁ ὑψῶν ἑαυτὸν 11 ταπεινωθήσεται· καὶ ὁ ταπεινῶν ἑαυτὸν ὑψωθήσεται.

Ἔλεγε δὲ καὶ τῷ κεκληκότι αὐτόν, Ὅταν ποιῇς ἄριστον ἢ 12 δεῖπνον, μὴ φώνει τοὺς φίλους σου, μηδὲ τοὺς ἀδελφούς σου, μηδὲ τοὺς συγγενεῖς σου, μηδὲ γείτονας πλουσίους· μήποτε καὶ αὐτοί σε ἀντικαλέσωσι, καὶ γένηται ^e ἀνταπόδομά σοι^ǁ. ἀλλ' ὅταν ποιῇς δοχήν, κάλει πτωχούς, ἀναπή- 13 ρους, χωλούς, τυφλούς· καὶ μακάριος ἔσῃ· ὅτι οὐκ ἔχουσιν 14 ἀνταποδοῦναί σοι· ἀνταποδοθήσεται γάρ σοι ἐν τῇ ἀναστάσει τῶν δικαίων.

Ἀκούσας δέ τις τῶν συνανακειμένων ταῦτα εἶπεν αὐτῷ, 15 Μακάριος, ^f ὅστις^ǁ φάγεται ἄρτον ἐν τῇ βασιλείᾳ τοῦ Θεοῦ.

Cp. Mat. 22. 2.

ὁ δὲ εἶπεν αὐτῷ, Ἄνθρωπός τις ^g ἐποίει ̛ δεῖπνον μέγα, καὶ 16 ἐκάλεσε πολλούς· καὶ ἀπέστειλε τὸν δοῦλον αὐτοῦ τῇ ὥρᾳ 17 τοῦ δείπνου εἰπεῖν τοῖς κεκλημένοις, Ἔρχεσθε, ὅτι ἤδη ἕτοιμά ἐστι ^h—^ǁ. καὶ ἤρξαντο ἀπὸ μιᾶς ⁱ πάντες παραιτεῖσθαι^ǁ. 18 ὁ πρῶτος εἶπεν αὐτῷ, Ἀγρὸν ἠγόρασα, καὶ ἔχω ἀνάγκην ^k ἐξελθὼν^ǁ ἰδεῖν αὐτόν· ἐρωτῶ σε, ἔχε με παρῃτημένον. καὶ 19 ἕτερος εἶπε, Ζεύγη βοῶν ἠγόρασα πέντε, καὶ πορεύομαι δοκιμάσαι αὐτά· ἐρωτῶ σε, ἔχε με παρῃτημένον. καὶ ἕτερος 20 εἶπε, Γυναῖκα ἔγημα, καὶ διὰ τοῦτο οὐ δύναμαι ἐλθεῖν. καὶ 21 παραγενόμενος ὁ δοῦλος ^l—^ǁ ἀπήγγειλε τῷ κυρίῳ αὐτοῦ ταῦτα. τότε ὀργισθεὶς ὁ οἰκοδεσπότης εἶπε τῷ δούλῳ αὐτοῦ, Ἔξελθε ταχέως εἰς τὰς πλατείας καὶ ῥύμας τῆς πόλεως, καὶ τοὺς πτωχοὺς καὶ ἀναπήρους καὶ ^m τυφλοὺς καὶ χωλοὺς^ǁ

---

^c εἴπῃ   ^d om. πάντων   ^e σοι ἀνταπύδομα   ^f ὃς
^g ἐποίησε   ^h add πάντα   ⁱ παραιτεῖσθαι πάντες   ^k ἐξελθεῖν καὶ   ^l add ἐκεῖνος   ^m χωλοὺς καὶ τυφλοὺς

22 εἰσάγαγε ὧδε. καὶ εἶπεν ὁ δοῦλος, Κύριε, γέγονεν ⁿὃ ἐπέ-
23 ταξας, καὶ ἔτι τόπος ἐστί. καὶ εἶπεν ὁ κύριος πρὸς τὸν
δοῦλον, Ἔξελθε εἰς τὰς ὁδοὺς καὶ φραγμούς, καὶ ἀνάγκασον
24 εἰσελθεῖν, ἵνα γεμισθῇ ὁ οἶκός μου. λέγω γὰρ ὑμῖν, ὅτι
οὐδεὶς τῶν ἀνδρῶν ἐκείνων τῶν κεκλημένων γεύσεταί μου τοῦ
δείπνου.
25 Συνεπορεύοντο δὲ αὐτῷ ὄχλοι πολλοί· καὶ στραφεὶς εἶπε
26 πρὸς αὐτούς, Εἴ τις ἔρχεται πρός με, καὶ οὐ μισεῖ τὸν πατέρα Cp. Mat.
ἑαυτοῦ, καὶ τὴν μητέρα, καὶ τὴν γυναῖκα, καὶ τὰ τέκνα, καὶ 10. 37.
τοὺς ἀδελφούς, καὶ τὰς ἀδελφάς, ἔτι ᵒτε ‖ καὶ τὴν ἑαυτοῦ
27 ψυχήν, οὐ δύναταί μου μαθητὴς εἶναι. ᵖ—‖ ὅστις οὐ βαστάζει
τὸν σταυρὸν ᑫἑαυτοῦ‖, καὶ ἔρχεται ὀπίσω μου, οὐ δύναταί
28 μου εἶναι μαθητής. τίς γὰρ ἐξ ὑμῶν, θέλων πύργον οἰκοδο-
μῆσαι, οὐχὶ πρῶτον καθίσας ψηφίζει τὴν δαπάνην, εἰ ἔχει
29 ʳεἰς‖ ἀπαρτισμόν; ἵνα μήποτε, θέντος αὐτοῦ θεμέλιον, καὶ
μὴ ἰσχύοντος ἐκτελέσαι, πάντες οἱ θεωροῦντες ἄρξωνται ἐμ-
30 παίζειν αὐτῷ λέγοντες ὅτι Οὗτος ὁ ἄνθρωπος ἤρξατο οἰκο-
31 δομεῖν, καὶ οὐκ ἴσχυσεν ἐκτελέσαι. ἢ τίς βασιλεύς, πορευό-
μενος συμβαλεῖν ἑτέρῳ βασιλεῖ εἰς πόλεμον, οὐχὶ καθίσας
πρῶτον ˢβουλεύσεται εἰ δυνατός ἐστιν ἐν δέκα χιλιάσιν
ᵗὑπαντῆσαι‖ τῷ μετὰ εἴκοσι χιλιάδων ἐρχομένῳ ἐπ' αὐτόν;
32 εἰ δὲ μήγε, ἔτι αὐτοῦ πόρρω ὄντος πρεσβείαν ἀποστείλας
33 ἐρωτᾷ τὰ πρὸς εἰρήνην. οὕτως οὖν πᾶς ἐξ ὑμῶν, ὃς οὐκ
ἀποτάσσεται πᾶσι τοῖς ἑαυτοῦ ὑπάρχουσιν, οὐ δύναταί μου
34 εἶναι μαθητής. καλὸν ᵘοὖν‖ τὸ ἅλας· ἐὰν δὲ ˣκαὶ‖ τὸ ἅλας Cp. Mk. 9.
35 μωρανθῇ, ἐν τίνι ἀρτυθήσεται; οὔτε εἰς γῆν οὔτε εἰς κοπρίαν 50.
εὔθετόν ἐστιν· ἔξω βάλλουσιν αὐτό. ὁ ἔχων ὦτα ἀκούειν
ἀκουέτω.
15 Ἦσαν δὲ ἐγγίζοντες αὐτῷ πάντες οἱ τελῶναι καὶ οἱ ἁμαρ-
2 τωλοί, ἀκούειν αὐτοῦ. καὶ διεγόγγυζον ʸοἵ τε‖ Φαρισαῖοι Cp. 5. 30.

ⁿ ὥς   ᵒ δὲ   ᵖ add καὶ   ᑫ αὐτοῦ   ʳ τὰ πρὸς   ˢ βου-
λεύεται   ᵗ ἀπαντῆσαι   ᵘ om. οὖν   ˣ om. καὶ   ʸ οἱ

καὶ οἱ γραμματεῖς λέγοντες ὅτι Οὗτος ἁμαρτωλοὺς προσδέχεται, καὶ συνεσθίει αὐτοῖς. Εἶπε δὲ πρὸς αὐτοὺς τὴν παραβολὴν ταύτην, λέγων, 3 Τίς ἄνθρωπος ἐξ ὑμῶν ἔχων ἑκατὸν πρόβατα, καὶ ἀπολέσας 4 ^zἐξ αὐτῶν ἕν", οὐ καταλείπει τὰ ἐννενηκονταεννέα ἐν τῇ ἐρήμῳ, καὶ πορεύεται ἐπὶ τὸ ἀπολωλός, ἕως εὕρῃ αὐτό; καὶ 5 εὑρὼν ἐπιτίθησιν ἐπὶ τοὺς ὤμους ^aαὐτοῦ" χαίρων, καὶ ἐλθὼν 6 εἰς τὸν οἶκον συγκαλεῖ τοὺς φίλους καὶ τοὺς γείτονας, λέγων αὐτοῖς, Συγχάρητέ μοι, ὅτι εὗρον τὸ πρόβατόν μου τὸ ἀπολωλός. λέγω ὑμῖν, ὅτι οὕτω χαρὰ ἔσται ἐν τῷ οὐρανῷ ἐπὶ 7 ἑνὶ ἁμαρτωλῷ μετανοοῦντι, ἢ ἐπὶ ἐννενηκονταεννέα δικαίοις, οἵτινες οὐ χρείαν ἔχουσι μετανοίας.

Ἢ τίς γυνὴ δραχμὰς ἔχουσα δέκα, ἐὰν ἀπολέσῃ δραχμὴν 8 μίαν, οὐχὶ ἅπτει λύχνον, καὶ σαροῖ τὴν οἰκίαν, καὶ ζητεῖ ἐπιμελῶς, ἕως ὅτου εὕρῃ; καὶ εὑροῦσα ^bσυγκαλεῖ" τὰς φίλας 9 καὶ ^{c—7} γείτονας λέγουσα, Συγχάρητέ μοι, ὅτι εὗρον τὴν δραχμὴν ἣν ἀπώλεσα. οὕτω, λέγω ὑμῖν, ^dγίνεται χαρὰ⁷ 10 ἐνώπιον τῶν ἀγγέλων τοῦ Θεοῦ ἐπὶ ἑνὶ ἁμαρτωλῷ μετανοοῦντι.

Εἶπε δέ, Ἄνθρωπός τις εἶχε δύο υἱούς· καὶ εἶπεν ὁ 11, 12 νεώτερος αὐτῶν τῷ πατρί, Πάτερ, δός μοι τὸ ἐπιβάλλον μέρος τῆς οὐσίας. ^eὁ δὲ" διεῖλεν αὐτοῖς τὸν βίον. καὶ μετ' 13 οὐ πολλὰς ἡμέρας συναγαγὼν ἅπαντα ὁ νεώτερος υἱὸς ἀπεδήμησεν εἰς χώραν μακράν, καὶ ἐκεῖ διεσκόρπισε τὴν οὐσίαν αὐτοῦ ζῶν ἀσώτως. δαπανήσαντος δὲ αὐτοῦ πάντα ἐγένετο 14 λιμὸς ἰσχυρὸς κατὰ τὴν χώραν ἐκείνην, καὶ αὐτὸς ἤρξατο ὑστερεῖσθαι. καὶ πορευθεὶς ἐκολλήθη ἑνὶ τῶν πολιτῶν τῆς 15 χώρας ἐκείνης· καὶ ἔπεμψεν αὐτὸν εἰς τοὺς ἀγροὺς αὐτοῦ βόσκειν χοίρους. καὶ ἐπεθύμει ^fχορτασθῆναι ἐκ" τῶν κερα- 16 τίων ὧν ἤσθιον οἱ χοῖροι· καὶ οὐδεὶς ἐδίδου αὐτῷ. εἰς 17

^z ἐν ἐξ αὐτῶν   ^a ἑαυτοῦ   ^b συγκαλεῖται   ^c add τὰς
^d χαρὰ γίνεται   ^e καὶ   ^f γεμίσαι τὴν κοιλίαν αὐτοῦ ἀπὸ

-15. 30. ΚΑΤΑ ΛΟΥΚΑΝ. 171

ἑαυτὸν δὲ ἐλθὼν ᵍἔφη ʲ, Πόσοι μίσθιοι τοῦ πατρός μου ʰπε-
18 ρισσεύονται" ἄρτων, ἐγὼ δὲ λιμῷ ⁱὧδε ʲ ἀπόλλυμαι. ἀνα-
στὰς πορεύσομαι πρὸς τὸν πατέρα μου, καὶ ἐρῶ αὐτῷ, Πάτερ,
19 ἥμαρτον εἰς τὸν οὐρανὸν καὶ ἐνώπιόν σου· ᵏ–ˡ οὐκέτι εἰμὶ
ἄξιος κληθῆναι υἱός σου· ποίησόν με ὡς ἕνα τῶν μισθίων
20 σου. καὶ ἀναστὰς ἦλθε πρὸς τὸν πατέρα ἑαυτοῦ. ἔτι δὲ
αὐτοῦ μακρὰν ἀπέχοντος εἶδεν αὐτὸν ὁ πατὴρ αὐτοῦ, καὶ
ἐσπλαγχνίσθη, καὶ δραμὼν ἐπέπεσεν ἐπὶ τὸν τράχηλον αὐτοῦ,
21 καὶ κατεφίλησεν αὐτόν. εἶπε δὲ αὐτῷ ὁ υἱός. Πάτερ, ἥμαρ-
τον εἰς τὸν οὐρανὸν καὶ ἐνώπιόν σου· ˡ–" οὐκέτι εἰμὶ ἄξιος
22 κληθῆναι υἱός σου. ᵐ–ʲ εἶπε δὲ ὁ πατὴρ πρὸς τοὺς δούλους
αὐτοῦ, ⁿΤαχὺ ἐξενέγκατε στολὴν ʲ τὴν πρώτην καὶ ἐνδύσατε
αὐτόν, καὶ δότε δακτύλιον εἰς τὴν χεῖρα αὐτοῦ, καὶ ὑποδή-
23 ματα εἰς τοὺς πόδας· καὶ ᵒφέρετε ʲ τὸν μόσχον τὸν σιτευτόν,
24 θύσατε, καὶ φαγόντες εὐφρανθῶμεν· ὅτι οὗτος ὁ υἱός μου
νεκρὸς ἦν, καὶ ἀνέζησε· ᵖἦν ἀπολωλώς ʲ, καὶ εὑρέθη. καὶ
25 ἤρξαντο εὐφραίνεσθαι. ἦν δὲ ὁ υἱὸς αὐτοῦ ὁ πρεσβύ-
τερος ἐν ἀγρῷ. καὶ ὡς ἐρχόμενος ἤγγισε τῇ οἰκίᾳ, ἤκουσε
26 συμφωνίας καὶ χορῶν· καὶ προσκαλεσάμενος ἕνα τῶν παίδων
27 ᑫ–ʲ ἐπυνθάνετο τί ʳ ἂν" εἴη ταῦτα. ὁ δὲ εἶπεν αὐτῷ ὅτι Ὁ
ἀδελφός σου ἥκει· καὶ ἔθυσεν ὁ πατήρ σου τὸν μόσχον τὸν
28 σιτευτόν, ὅτι ὑγιαίνοντα αὐτὸν ἀπέλαβεν. ὠργίσθη δέ, καὶ
οὐκ ἤθελεν εἰσελθεῖν· ὁ ˢδὲ πατὴρ αὐτοῦ ἐξελθὼν παρεκάλει
29 αὐτόν. ὁ δὲ ἀποκριθεὶς εἶπε τῷ πατρὶ ᵗαὐτοῦ ʲ, Ἰδού, το-
σαῦτα ἔτη δουλεύω σοι, καὶ οὐδέποτε ἐντολήν σου παρῆλ-
θον· καὶ ἐμοὶ οὐδέποτε ἔδωκας ἔριφον, ἵνα μετὰ τῶν φίλων
30 μου εὐφρανθῶ· ὅτε δὲ ὁ υἱός σου οὗτος ὁ καταφαγών σου τὸν
βίον μετὰ ᵘτῶν" πορνῶν ἦλθεν, ἔθυσας αὐτῷ ˣτὸν σιτευτὸν

ᵍ εἶπε   ʰ περισσεύουσιν   ⁱ om. ὧδε   ᵏ add καὶ
ˡ add καὶ   ᵐ add ποίησόν με ὡς ἕνα τῶν μισθίων σου. M.
ⁿ Ἐξενέγκατε τὴν στολὴν   ᵒ ἐνέγκαντες   ᵖ καὶ ἀπολωλὼς
ἦν   ᑫ add αὐτοῦ S.   ʳ om. ἂν   ˢ οὖν   ᵗ om. αὐτοῦ
ᵘ om. τῶν   ˣ τὸν μόσχον τὸν σιτευτόν

μόσχον". ὁ δὲ εἶπεν αὐτῷ, Τέκνον, σὺ πάντοτε μετ' ἐμοῦ εἶ, 31 καὶ πάντα τὰ ἐμὰ σά ἐστιν. εὐφρανθῆναι δὲ καὶ χαρῆναι 32 ἔδει, ὅτι ὁ ἀδελφός σου οὗτος νεκρὸς ἦν, καὶ ʸἔζησε"· καὶ ἀπολωλὼς ᶻ—", καὶ εὑρέθη.

Ἔλεγε δὲ καὶ πρὸς τοὺς μαθητάς ᵃ—", Ἄνθρωπός τις ἦν 16 πλούσιος, ὃς εἶχεν οἰκονόμον· καὶ οὗτος διεβλήθη αὐτῷ ὡς διασκορπίζων τὰ ὑπάρχοντα αὐτοῦ. καὶ φωνήσας αὐτὸν 2 εἶπεν αὐτῷ, Τί τοῦτο ἀκούω περὶ σοῦ; ἀπόδος τὸν λόγον τῆς οἰκονομίας σου· οὐ γὰρ ᵇδύνῃ" ἔτι οἰκονομεῖν. εἶπε δὲ 3 ἐν ἑαυτῷ ὁ οἰκονόμος, Τί ποιήσω, ὅτι ὁ κύριός μου ἀφαιρεῖται τὴν οἰκονομίαν ἀπ' ἐμοῦ; σκάπτειν οὐκ ἰσχύω, ἐπαιτεῖν αἰσχύνομαι. ἔγνων τί ποιήσω, ἵνα, ὅταν μετασταθῶ 4 ᶜἐκ" τῆς οἰκονομίας, δέξωνταί με εἰς τοὺς οἴκους ᵈἑαυτῶν". καὶ προσκαλεσάμενος ἕνα ἕκαστον τῶν χρεωφει- 5 λετῶν τοῦ κυρίου ἑαυτοῦ ἔλεγε τῷ πρώτῳ, Πόσον ὀφείλεις τῷ κυρίῳ μου; ὁ δὲ εἶπεν, Ἑκατὸν βάτους ἐλαίου. ᵉὁ δὲ" 6 εἶπεν αὐτῷ, Δέξαι σου ᶠτὰ γράμματα", καὶ καθίσας ταχέως γράψον πεντήκοντα. ἔπειτα ἑτέρῳ εἶπε, Σὺ δὲ πόσον 7 ὀφείλεις; ὁ δὲ εἶπεν, Ἑκατὸν κόρους σίτου. ᵍ—" λέγει αὐτῷ, Δέξαι σου ᶠτὰ γράμματα", καὶ γράψον ὀγδοήκοντα. καὶ ἐπῄνεσεν ὁ κύριος τὸν οἰκονόμον τῆς ἀδικίας ὅτι φρονί- 8 μως ἐποίησεν· ὅτι οἱ υἱοὶ τοῦ αἰῶνος τούτου φρονιμώτεροι ὑπὲρ τοὺς υἱοὺς τοῦ φωτὸς εἰς τὴν γενεὰν τὴν ἑαυτῶν εἰσι. κἀγὼ ὑμῖν λέγω, Ποιήσατε ἑαυτοῖς φίλους ἐκ τοῦ μαμωνᾶ 9 τῆς ἀδικίας, ἵνα, ὅταν ʰἐκλίπῃ", δέξωνται ὑμᾶς εἰς τὰς αἰωνίους σκηνάς. ὁ πιστὸς ἐν ἐλαχίστῳ καὶ ἐν πολλῷ πιστός 10 ἐστι, καὶ ὁ ἐν ἐλαχίστῳ ἄδικος καὶ ἐν πολλῷ ἄδικός ἐστιν. εἰ οὖν ἐν τῷ ἀδίκῳ μαμωνᾷ πιστοὶ οὐκ ἐγένεσθε, τὸ ἀληθι- 11 νὸν τίς ὑμῖν πιστεύσει; καὶ εἰ ἐν τῷ ἀλλοτρίῳ πιστοὶ οὐκ 12 ἐγένεσθε, τὸ ⁱὑμέτερον" τίς ᵏδώσει ὑμῖν"; οὐδεὶς οἰκέτης 13

ʸ ἀνέζησε   ᶻ add ἦν   ᵃ add αὐτοῦ   ᵇ δυνήσῃ
ᶜ om. ἐκ   ᵈ αὐτῶν   ᵉ καί   ᶠ τὸ γράμμα   ᵍ add
καί   ʰ ἐκλίπητε   ⁱ ἡμέτερον M.   ᵏ ὑμῖν δώσει

-16. 25. ΚΑΤΑ ΛΟΥΚΑΝ. 173

δύναται δυσὶ κυρίοις δουλεύειν· ἢ γὰρ τὸν ἕνα μισήσει καὶ τὸν ἕτερον ἀγαπήσει, ἢ ἑνὸς ἀνθέξεται καὶ τοῦ ἑτέρου καταφρονήσει· οὐ δύνασθε Θεῷ δουλεύειν καὶ μαμωνᾷ.

14 Ἤκουον δὲ ταῦτα πάντα [1—‖] οἱ Φαρισαῖοι φιλάργυροι 15 ὑπάρχοντες, καὶ ἐξεμυκτήριζον αὐτόν. καὶ εἶπεν αὐτοῖς, Ὑμεῖς ἐστε οἱ δικαιοῦντες ἑαυτοὺς ἐνώπιον τῶν ἀνθρώπων, ὁ δὲ Θεὸς γινώσκει τὰς καρδίας ὑμῶν· ὅτι τὸ ἐν ἀνθρώποις 16 ὑψηλὸν βδέλυγμα ἐνώπιον τοῦ Θεοῦ [m—‖]. ὁ νόμος καὶ οἱ Cp. Mat. προφῆται [ⁿμέχρι‖] Ἰωάννου· ἀπὸ τότε ἡ βασιλεία τοῦ Θεοῦ 11. 12 sq. 17 εὐαγγελίζεται, καὶ πᾶς εἰς αὐτὴν βιάζεται. εὐκοπώτερον Cp. Mat. δέ ἐστι τὸν οὐρανὸν καὶ τὴν γῆν παρελθεῖν, ἢ τοῦ νόμου 5. 18. 18 μίαν κεραίαν πεσεῖν. πᾶς ὁ ἀπολύων τὴν γυναῖκα αὐτοῦ καὶ Cp. Mat. γαμῶν ἑτέραν μοιχεύει· καὶ [ᵒ—‖] ὁ ἀπολελυμένην ἀπὸ ἀνδρὸς 5. 32, 19. 9, γαμῶν μοιχεύει. Mk. 10. 11.

19 Ἄνθρωπος δέ τις ἦν πλούσιος, καὶ ἐνεδιδύσκετο πορφύραν 20 καὶ βύσσον εὐφραινόμενος καθ᾽ ἡμέραν λαμπρῶς· πτωχὸς δέ τις [ᵖ—‖] ὀνόματι Λάζαρος [ᑫ—/] ἐβέβλητο πρὸς τὸν πυλῶνα 21 αὐτοῦ ἡλκωμένος καὶ ἐπιθυμῶν χορτασθῆναι ἀπὸ τῶν [r—/] πιπτόντων ἀπὸ τῆς τραπέζης τοῦ πλουσίου· ἀλλὰ καὶ οἱ 22 κύνες ἐρχόμενοι [ˢἐπέλειχον‖] τὰ ἕλκη αὐτοῦ. ἐγένετο δὲ ἀποθανεῖν τὸν πτωχόν, καὶ ἀπενεχθῆναι αὐτὸν ὑπὸ τῶν ἀγγέλων εἰς τὸν κόλπον τοῦ Ἀβραάμ· ἀπέθανε δὲ καὶ ὁ 23 πλούσιος, καὶ ἐτάφη. καὶ ἐν τῷ ᾅδῃ ἐπάρας τοὺς ὀφθαλμοὺς αὐτοῦ, ὑπάρχων ἐν βασάνοις, ὁρᾷ τὸν Ἀβραὰμ ἀπὸ μακρόθεν, 24 καὶ Λάζαρον ἐν τοῖς κόλποις αὐτοῦ. καὶ αὐτὸς φωνήσας εἶπε, Πάτερ Ἀβραάμ, ἐλέησόν με, καὶ πέμψον Λάζαρον, ἵνα βάψῃ τὸ ἄκρον τοῦ δακτύλου αὐτοῦ ὕδατος, καὶ καταψύξῃ τὴν γλῶσσάν μου· ὅτι ὀδυνῶμαι ἐν τῇ φλογὶ ταύτῃ. 25 εἶπε δὲ Ἀβραάμ, Τέκνον, μνήσθητι ὅτι ἀπέλαβες [t—/] τὰ ἀγαθά σου ἐν τῇ ζωῇ σου, καὶ Λάζαρος ὁμοίως τὰ κακά· νῦν

[l] add καὶ [m] add ἐστιν [n] ἕως [o] add πᾶς
[p] add ἦν [q] add ὃς [r] add ψιχίων τῶν [s] ἀπέλειχον
[t] add σὺ

174   ΕΥΑΓΓΕΛΙΟΝ   16. 25-

δὲ ⁿὧδε" παρακαλεῖται, σὺ δὲ ὀδυνᾶσαι. καὶ ˣἐν" πᾶσι 26 τούτοις μεταξὺ ἡμῶν καὶ ὑμῶν χάσμα μέγα ἐστήρικται, ὅπως οἱ θέλοντες διαβῆναι ʸἔνθεν" πρὸς ὑμᾶς μὴ δύνωνται, μηδὲ ᶻ⁻" ἐκεῖθεν πρὸς ἡμᾶς διαπερῶσιν. εἶπε δέ, Ἐρωτῶ 27 οὖν σε, πάτερ, ἵνα πέμψῃς αὐτὸν εἰς τὸν οἶκον τοῦ πατρός μου· ἔχω γὰρ πέντε ἀδελφούς· ὅπως διαμαρτύρηται αὐτοῖς, 28 ἵνα μὴ καὶ αὐτοὶ ἔλθωσιν εἰς τὸν τόπον τοῦτον τῆς βασάνου. ᵃλέγει δὲ" Ἀβραάμ, Ἔχουσι Μωσέα καὶ τοὺς προφήτας· 29 ἀκουσάτωσαν αὐτῶν. ὁ δὲ εἶπεν, Οὐχί, πάτερ Ἀβραάμ· 30 ἀλλ' ἐάν τις ἀπὸ νεκρῶν πορευθῇ πρὸς αὐτούς, μετανοήσουσιν. εἶπε δὲ αὐτῷ, Εἰ Μωσέως καὶ τῶν προφητῶν 31 οὐκ ἀκούουσιν, οὐδέ, ἐάν τις ἐκ νεκρῶν ἀναστῇ, πεισθήσονται.

Cp. Mat. 18. 7, Mk. 9. 42. Εἶπε δὲ πρὸς τοὺς μαθητὰς ᵇαὐτοῦ", Ἀνένδεκτόν ἐστι 17 τοῦ ᶜτὰ σκάνδαλα μὴ ἐλθεῖν· πλὴν οὐαὶ" δι' οὗ ἔρχεται. λυσιτελεῖ αὐτῷ εἰ ᵈλίθος μυλικὸς" περίκειται περὶ τὸν 2 τράχηλον αὐτοῦ, καὶ ἔρριπται εἰς τὴν θάλασσαν, ἢ ἵνα σκανδαλίσῃ ᵉτῶν μικρῶν τούτων ἕνα". προσέχετε ἑαυτοῖς· 3

Cp. Mat. 18. 21. ἐὰν ᶠ⁻" ἁμάρτῃ ᵍ⁻" ὁ ἀδελφός σου, ἐπιτίμησον αὐτῷ· καὶ ἐὰν μετανοήσῃ, ἄφες αὐτῷ· καὶ ἐὰν ἑπτάκις τῆς ἡμέρας 4 ἁμάρτῃ εἰς σέ, καὶ ἑπτάκις ʰ⁻" ἐπιστρέψῃ ⁱπρός" σε λέγων, Μετανοῶ, ἀφήσεις αὐτῷ.

Καὶ εἶπον οἱ ἀπόστολοι τῷ Κυρίῳ, Πρόσθες ἡμῖν πίστιν. 5

Cp. Mat. 17. 20, 21. 21, Mk. 11. 23. εἶπε δὲ ὁ Κύριος, Εἰ ᵏἔχετε" πίστιν ὡς κόκκον σινάπεως, 6 ἐλέγετε ἂν τῇ συκαμίνῳ ταύτῃ, Ἐκριζώθητι, καὶ φυτεύθητι ἐν τῇ θαλάσσῃ· καὶ ὑπήκουσεν ἂν ὑμῖν. τίς δὲ ἐξ ὑμῶν 7 δοῦλον ἔχων ἀροτριῶντα ἢ ποιμαίνοντα, ὃς εἰσελθόντι ἐκ τοῦ ἀγροῦ ἐρεῖ ˡαὐτῷ", Εὐθέως παρελθὼν ᵐἀνάπεσε", ἀλλ' 8

ᵘ ὅδε	ˣ ἐπί	ʸ ἐντεῦθεν	ᶻ add οἱ	ᵃ λέγει αὐτῷ
ᵇ om. αὐτοῦ		ᶜ μὴ ἐλθεῖν τὰ σκάνδαλα· οὐαὶ δὲ		
ᵈ μύλος ὀνικὸς		ᵉ ἕνα τῶν μικρῶν τούτων		ᶠ add δὲ
ᵍ add εἰς σὲ		ʰ add τῆς ἡμέρας	ⁱ ἐπί	ᵏ εἴχετε
ˡ om. αὐτῷ	ᵐ ἀνάπεσαι			

-17. 24. ΚΑΤΑ ΛΟΥΚΑΝ. 175

οὐχὶ ἐρεῖ αὐτῷ, Ἑτοίμασον τί δειπνήσω, καὶ περιζωσάμενος
διακόνει μοι, ἕως φάγω καὶ πίω, καὶ μετὰ ταῦτα φάγεσαι
9 καὶ πίεσαι σύ; μὴ χάριν ἔχει τῷ δούλῳ ⁿ⁻‖, ὅτι ἐποίησε
10 τὰ διαταχθέντα ᵒ⁻‖; ᵖ⁻‖ οὕτω καὶ ὑμεῖς, ὅταν ποιήσητε
πάντα τὰ διαταχθέντα ὑμῖν, λέγετε ὅτι Δοῦλοι ἀχρεῖοί ἐσμεν·
ᵠ⁻‖ ὃ ὠφείλομεν ποιῆσαι πεποιήκαμεν.
11 Καὶ ἐγένετο ἐν τῷ πορεύεσθαι ʳ⁻‖ εἰς Ἱερουσαλήμ, καὶ
12 αὐτὸς διήρχετο διὰ ˢμέσον‖ Σαμαρείας καὶ Γαλιλαίας. καὶ
εἰσερχομένου αὐτοῦ εἴς τινα κώμην ἀπήντησαν αὐτῷ δέκα
13 λεπροὶ ἄνδρες, οἳ ἔστησαν πόρρωθεν· καὶ αὐτοὶ ἦραν φωνὴν
14 λέγοντες, Ἰησοῦ, ἐπιστάτα, ἐλέησον ἡμᾶς. καὶ ἰδὼν εἶπεν
αὐτοῖς, Πορευθέντες ἐπιδείξατε ἑαυτοὺς τοῖς ἱερεῦσι. καὶ Cp. Lev.
15 ἐγένετο ἐν τῷ ὑπάγειν αὐτούς, ἐκαθαρίσθησαν. εἷς δὲ ἐξ 14. 2.
αὐτῶν, ἰδὼν ὅτι ἰάθη, ὑπέστρεψε μετὰ φωνῆς μεγάλης
16 δοξάζων τὸν Θεόν, καὶ ἔπεσεν ἐπὶ πρόσωπον παρὰ τοὺς
πόδας αὐτοῦ εὐχαριστῶν αὐτῷ· καὶ αὐτὸς ἦν Σαμαρείτης.
17 ἀποκριθεὶς δὲ ὁ Ἰησοῦς εἶπεν, Οὐχὶ οἱ δέκα ἐκαθαρίσθησαν;
18 οἱ δὲ ἐννέα ποῦ; οὐχ εὑρέθησαν ὑποστρέψαντες δοῦναι
19 δόξαν τῷ Θεῷ, εἰ μὴ ὁ ἀλλογενὴς ᵗοὗτος;‖ καὶ εἶπεν αὐτῷ,
Ἀναστὰς πορεύου· ἡ πίστις σου σέσωκέ σε.
20 Ἐπερωτηθεὶς δὲ ὑπὸ τῶν Φαρισαίων, πότε ἔρχεται ἡ
βασιλεία τοῦ Θεοῦ, ἀπεκρίθη αὐτοῖς καὶ εἶπεν, Οὐκ ἔρχεται
21 ἡ βασιλεία τοῦ Θεοῦ μετὰ παρατηρήσεως· οὐδὲ ἐροῦσιν,
Ἰδού, ὧδε, ἤ ᵘ⁻‖ ἐκεῖ. ἰδοὺ γάρ, ἡ βασιλεία τοῦ Θεοῦ
ἐντὸς ὑμῶν ἐστίν.
22 Εἶπε δὲ πρὸς τοὺς μαθητάς, Ἐλεύσονται ἡμέραι, ὅτε
ἐπιθυμήσετε μίαν τῶν ἡμερῶν τοῦ υἱοῦ τοῦ ἀνθρώπου ἰδεῖν,
23 καὶ οὐκ ὄψεσθε. καὶ ἐροῦσιν ὑμῖν, ˣἸδού, ἐκεῖ, Ἰδού, ὧδε‖· Cp. Mat.
24 μὴ ἀπέλθητε, μηδὲ διώξητε· ὥσπερ γὰρ ἡ ἀστραπὴ ʸ⁻‖ 24. 23
ἀστράπτουσα ἐκ τῆς ᶻὑπὸ τὸν ‖ οὐρανὸν εἰς τὴν ὑπ' οὐρανὸν Mk. 13. 21.

ⁿ add ἐκείνῳ   ᵒ add αὐτῷ   ᵖ add οὐ δοκῶ.   ᵠ add
ὅτι   ʳ add αὐτὸν   ˢ μέσου   ᵗ οὗτος. A.S.M.
ᵘ add Ἰδού,   ᵃ Ἰδού, ὧδε, ἢ Ἰδού, ἐκεῖ   ʸ add ἡ   ᶻ ὑπ'

λάμπει, οὕτως ἔσται ᵃ⁻" ὁ υἱὸς τοῦ ἀνθρώπου ᵇἐν τῇ ἡμέρᾳ
αὐτοῦ". πρῶτον δὲ δεῖ αὐτὸν πολλὰ παθεῖν, καὶ ἀποδο- 25
κιμασθῆναι ἀπὸ τῆς γενεᾶς ταύτης. καὶ καθὼς ἐγένετο ἐν 26
ταῖς ἡμέραις τοῦ Νῶε, οὕτως ἔσται καὶ ἐν ταῖς ἡμέραις
τοῦ υἱοῦ τοῦ ἀνθρώπου· ἤσθιον, ἔπινον, ἐγάμουν, ᶜἐγα- 27
μίζοντο", ἄχρι ἧς ἡμέρας εἰσῆλθε Νῶε εἰς τὴν κιβωτόν,
καὶ ἦλθεν ὁ κατακλυσμός, καὶ ἀπώλεσεν ἅπαντας. ὁμοίως 28
ᵈκαθὼς" ἐγένετο ἐν ταῖς ἡμέραις Λώτ· ἤσθιον, ἔπινον,
ἠγόραζον, ἐπώλουν, ἐφύτευον, ᾠκοδόμουν· ᾗ δὲ ἡμέρᾳ ἐξῆλθε 29
Λὼτ ἀπὸ Σοδόμων, ἔβρεξε πῦρ καὶ θεῖον ἀπ᾽ οὐρανοῦ, καὶ
ἀπώλεσεν ἅπαντας· κατὰ ᵉτὰ αὐτὰ" ἔσται ᾗ ἡμέρᾳ ὁ υἱὸς 30
τοῦ ἀνθρώπου ἀποκαλύπτεται. ἐν ἐκείνῃ τῇ ἡμέρᾳ ὃς ἔσται 31
ἐπὶ τοῦ δώματος, καὶ τὰ σκεύη αὐτοῦ ἐν τῇ οἰκίᾳ, μὴ κατα-
βάτω ἆραι αὐτά· καὶ ὁ ἐν τῷ ἀγρῷ ὁμοίως μὴ ἐπιστρεψάτω
εἰς τὰ ὀπίσω. μνημονεύετε τῆς γυναικὸς Λώτ. ὃς ἐὰν 32, 33
ζητήσῃ τὴν ψυχὴν αὐτοῦ ᶠπεριποιήσασθαι", ἀπολέσει αὐτήν·
ᵍὃς δ᾽ ἂν" ἀπολέσῃ ʰ⁻", ζωογονήσει αὐτήν. λέγω ὑμῖν, 34
ταύτῃ τῇ νυκτὶ ἔσονται δύο ἐπὶ κλίνης μιᾶς· ὁ εἷς παρα-
ληφθήσεται, καὶ ὁ ἕτερος ἀφεθήσεται. ⁱἔσονται δύο" ἀλή- 35
θουσαι ἐπὶ τὸ αὐτό· ᵏἡ" μία παραληφθήσεται, ˡἡ δὲ" ἑτέρα
ἀφεθήσεται. ᵐ⁻" καὶ ἀποκριθέντες λέγουσιν αὐτῷ, Ποῦ, 37
Κύριε; ὁ δὲ εἶπεν αὐτοῖς, Ὅπου τὸ σῶμα, ἐκεῖ ⁿκαὶ οἱ ἀετοὶ
ἐπισυναχθήσονται".

Ἔλεγε δὲ ᵒ⁻ᴵ παραβολὴν αὐτοῖς, πρὸς τὸ δεῖν πάντοτε 18
προσεύχεσθαι ᵖαὐτοὺς" καὶ μὴ ᑫἐγκακεῖν", λέγων, Κριτής 2
τις ἦν ἔν τινι πόλει τὸν Θεὸν μὴ φοβούμενος καὶ ἄνθρωπον
μὴ ἐντρεπόμενος. χήρα δὲ ἦν ἐν τῇ πόλει ἐκείνῃ, καὶ 3

ᵃ add καὶ   ᵇ om. ἐν τῇ ἡμέρᾳ αὐτοῦ Μ.   ᶜ ἐξεγα-
μίζοντο   ᵈ καὶ ὡς   ᵉ ταῦτα   ᶠ σῶσαι   ᵍ καὶ
ὃς ἐὰν   ʰ add αὐτήν   ⁱ δύο ἔσονται   ᵏ om. ἡ S.
ˡ καὶ ἡ   ᵐ add ver. 36 δύο ἔσονται ἐν τῷ ἀγρῷ· ὁ εἷς παρα-
ληφθήσεται, καὶ ὁ ἕτερος ἀφεθήσεται. A.M.   ⁿ συναχθή-
σονται οἱ ἀετοί   ᵒ add καὶ   ᵖ om. αὐτοὺς   ᑫ ἐκκακεῖν

18. 16. ΚΑΤΑ ΛΟΥΚΑΝ. 177

ἤρχετο πρὸς αὐτὸν λέγουσα, Ἐκδίκησόν με ἀπὸ τοῦ ἀντιδίκου
4 μου. καὶ οὐκ ʳἤθελεν‴ ἐπὶ χρόνον· μετὰ δὲ ταῦτα εἶπεν ἐν
ἑαυτῷ, Εἰ καὶ τὸν Θεὸν οὐ φοβοῦμαι ˢοὐδὲ ἄνθρωπον‴ ἐν-
5 τρέπομαι, διά γε τὸ παρέχειν μοι κόπον τὴν χήραν ταύτην
ἐκδικήσω αὐτήν, ἵνα μὴ εἰς τέλος ἐρχομένη ὑπωπιάζῃ με.
6 εἶπε δὲ ὁ Κύριος, Ἀκούσατε τί ὁ κριτὴς τῆς ἀδικίας λέγει.
7 ὁ δὲ Θεὸς οὐ μὴ ᵗποιήσῃ‴ τὴν ἐκδίκησιν τῶν ἐκλεκτῶν αὐτοῦ Cp. Zech.
τῶν βοώντων ᵘαὐτῷ‴ ἡμέρας καὶ νυκτός, καὶ ˣμακροθυμεῖ‴ Rev. 6. 10.
8 ἐπ' αὐτοῖς; λέγω ὑμῖν, ὅτι ποιήσει τὴν ἐκδίκησιν αὐτῶν
ἐν τάχει. πλὴν ὁ υἱὸς τοῦ ἀνθρώπου ἐλθὼν ἆρα εὑρήσει
τὴν πίστιν ἐπὶ τῆς γῆς;
9 Εἶπε δὲ καὶ πρός τινας τοὺς πεποιθότας ἐφ' ἑαυτοῖς ὅτι
εἰσὶ δίκαιοι καὶ ἐξουθενοῦντας τοὺς λοιποὺς τὴν παραβολὴν
10 ταύτην· Ἄνθρωποι δύο ἀνέβησαν εἰς τὸ ἱερὸν προσεύξασθαι,
11 ὁ εἷς Φαρισαῖος, καὶ ὁ ἕτερος τελώνης. ὁ Φαρισαῖος σταθεὶς
ʸταῦτα πρὸς ἑαυτὸν‴ προσηύχετο, Ὁ Θεός, εὐχαριστῶ σοι,
ὅτι οὐκ εἰμὶ ὥσπερ οἱ λοιποὶ τῶν ἀνθρώπων, ἅρπαγες,
12 ἄδικοι, μοιχοί, ἢ καὶ ὡς οὗτος ὁ τελώνης· νηστεύω δὶς τοῦ
13 σαββάτου, ἀποδεκατῶ πάντα ὅσα κτῶμαι. ᶻὁ δὲ‴ τελώνης
μακρόθεν ἑστὼς οὐκ ἤθελεν οὐδὲ τοὺς ὀφθαλμοὺς ᵃἐπᾶραι
εἰς τὸν οὐρανόν, ἀλλ' ᵇἔτυπτε τὸ στῆθος αὐτοῦ λέγων,
14 Ὁ Θεός, ἱλάσθητί μοι τῷ ἁμαρτωλῷ. λέγω ὑμῖν, κατέβη
οὗτος δεδικαιωμένος εἰς τὸν οἶκον αὐτοῦ ἢ ἐκεῖνος· ὅτι πᾶς
ὁ ὑψῶν ἑαυτὸν ταπεινωθήσεται, ὁ δὲ ταπεινῶν ἑαυτὸν ὑψω-
θήσεται.
15 Προσέφερον δὲ αὐτῷ καὶ τὰ βρέφη, ἵνα αὐτῶν ἅπτηται· Mat. 19. 1.
16 ἰδόντες δὲ οἱ μαθηταὶ ᶜἐπετίμων‴ αὐτοῖς. ὁ δὲ Ἰησοῦς Mk. 10. 13.
ᵈπροσεκαλέσατο αὐτὰ λέγων‵, Ἄφετε τὰ παιδία ἔρχεσθαι
πρός με, καὶ μὴ κωλύετε αὐτά· τῶν γὰρ τοιούτων ἐστὶν ἡ

ʳ ἠθέλησεν   ˢ καὶ ἄνθρωπον οὐκ   ᵗ ποιήσει   ᵘ πρὸς
αὐτὸν   ˣ μακροθυμῶν   ʸ πρὸς ἑαυτὸν ταῦτα   ᶻ καὶ ὁ
ᵃ εἰς τὸν οὐρανὸν ἐπᾶραι   ᵇ ἔτυπτεν εἰς   ᶜ ἐπετίμησαν
ᵈ προσκαλεσάμενος αὐτὰ εἶπεν·

N

βασιλεία τοῦ Θεοῦ. ἀμὴν λέγω ὑμῖν, ὃς ἐὰν μὴ δέξηται 17
τὴν βασιλείαν τοῦ Θεοῦ ὡς παιδίον, οὐ μὴ εἰσέλθῃ εἰς
αὐτήν.

Mat.19.16, Καὶ ἐπηρώτησέ τις αὐτὸν ἄρχων λέγων, Διδάσκαλε ἀγαθέ, 18
Mk.10.17. τί ποιήσας ζωὴν αἰώνιον κληρονομήσω; εἶπε δὲ αὐτῷ ὁ 19
Ἰησοῦς, Τί με λέγεις ἀγαθόν; οὐδεὶς ἀγαθός, εἰ μὴ εἷς, ὁ
Ex. 20. 12 Θεός. τὰς ἐντολὰς οἶδας, Μὴ μοιχεύσῃς· Μὴ φονεύσῃς· 20
sqq.
Deut.5.16 Μὴ κλέψῃς· Μὴ ψευδομαρτυρήσῃς· Τίμα τὸν πατέρα σου
sqq. καὶ τὴν μητέρα ᵉ⁻". ὁ δὲ εἶπε, Ταῦτα πάντα ἐφυλαξάμην 21
ἐκ νεότητός μου. ἀκούσας δὲ ᶠ⁻" ὁ Ἰησοῦς εἶπεν αὐτῷ, 22
Cp. 12.33, Ἔτι ἕν σοι λείπει· πάντα ὅσα ἔχεις πώλησον, καὶ διάδος
14.33. πτωχοῖς, καὶ ἕξεις θησαυρὸν ἐν ᵍτοῖς οὐρανοῖς · καὶ δεῦρο,
ἀκολούθει μοι. ὁ δὲ ἀκούσας ταῦτα περίλυπος ʰ ἐγενήθη" · 23
ἦν γὰρ πλούσιος σφόδρα. ἰδὼν δὲ αὐτὸν ὁ Ἰησοῦς ⁱ⁻" 24
Mat.19.23, εἶπε, Πῶς δυσκόλως οἱ τὰ χρήματα ἔχοντες εἰσελεύσονται
Mk.10.23. εἰς τὴν βασιλείαν τοῦ Θεοῦ. εὐκοπώτερον γάρ ἐστι κάμηλον 25
διὰ ᵏ τρήματος βελόνης" εἰσελθεῖν, ἢ πλούσιον εἰς τὴν
βασιλείαν τοῦ Θεοῦ εἰσελθεῖν. εἶπον δὲ οἱ ἀκούσαντες, 26
Καὶ τίς δύναται σωθῆναι; ὁ δὲ εἶπε, Τὰ ἀδύνατα παρὰ 27
ἀνθρώποις δυνατά ἐστι παρὰ τῷ Θεῷ. εἶπε δὲ ὁ Πέτρος, 28
Ἰδού, ἡμεῖς ˡ ἀφέντες τὰ ἴδια" ἠκολουθήσαμέν σοι. ὁ δὲ 29
εἶπεν αὐτοῖς, Ἀμὴν λέγω ὑμῖν, ὅτι οὐδείς ἐστιν ὃς ἀφῆκεν
οἰκίαν, ᵐ ἢ γυναῖκα, ἢ ἀδελφούς, ἢ γονεῖς", ἢ τέκνα, ἕνεκεν
τῆς βασιλείας τοῦ Θεοῦ, ὃς οὐ μὴ ἀπολάβῃ πολλαπλασίονα 30
ἐν τῷ καιρῷ τούτῳ, καὶ ἐν τῷ αἰῶνι τῷ ἐρχομένῳ ζωὴν
αἰώνιον.

Mat.20.17, Παραλαβὼν δὲ τοὺς δώδεκα εἶπε πρὸς αὐτούς, Ἰδού, 31
Mk.10.32. ἀναβαίνομεν εἰς Ἱεροσόλυμα, καὶ τελεσθήσεται πάντα τὰ
γεγραμμένα διὰ τῶν προφητῶν τῷ υἱῷ τοῦ ἀνθρώπου. παρα- 32
δοθήσεται γὰρ τοῖς ἔθνεσι, καὶ ἐμπαιχθήσεται, καὶ ὑβρισθή-

ᵉ add σου   ᶠ add ταῦτα   ᵍ οὐρανῷ   ʰ ἐγένετο
ⁱ add περίλυπον γενόμενον   ᵏ τρυμαλιᾶς ῥαφίδος   ˡ ἀφή-
καμεν πάντα, καὶ   ᵐ ἢ γονεῖς, ἢ ἀδελφούς, ἢ γυναῖκα

33 σεται, καὶ ἐμπτυσθήσεται, καὶ μαστιγώσαντες ἀποκτενοῦσιν
34 αὐτόν· καὶ τῇ ἡμέρᾳ τῇ τρίτῃ ἀναστήσεται. καὶ αὐτοὶ οὐδὲν
τούτων συνῆκαν, καὶ ἦν τὸ ῥῆμα τοῦτο κεκρυμμένον ἀπ' αὐτῶν, καὶ οὐκ ἐγίνωσκον τὰ λεγόμενα.
35 Ἐγένετο δὲ ἐν τῷ ἐγγίζειν αὐτὸν εἰς Ἱεριχώ, τυφλός τις Mat.20.29.
36 ἐκάθητο παρὰ τὴν ὁδὸν προσαιτῶν· ἀκούσας δὲ ὄχλου δια- Mk.10.46.
37 πορευομένου ἐπυνθάνετο τί εἴη τοῦτο. ἀπήγγειλαν δὲ αὐτῷ,
38 ὅτι Ἰησοῦς ὁ Ναζωραῖος παρέρχεται. καὶ ἐβόησε λέγων,
39 Ἰησοῦ, υἱὲ Δαβίδ, ἐλέησόν με. καὶ οἱ προάγοντες ἐπετίμων
αὐτῷ, ἵνα ⁿ σιγήσῃ". αὐτὸς δὲ πολλῷ μᾶλλον ἔκραζεν, Υἱὲ
40 Δαβίδ, ἐλέησόν με. σταθεὶς δὲ ὁ Ἰησοῦς ἐκέλευσεν αὐτὸν
ἀχθῆναι πρὸς αὐτόν· ἐγγίσαντος δὲ αὐτοῦ ἐπηρώτησεν αὐτόν
41 °⁻", Τί σοι θέλεις ποιήσω; ὁ δὲ εἶπε, Κύριε, ἵνά ἀναβλέψω.
42 καὶ ὁ Ἰησοῦς εἶπεν αὐτῷ, Ἀνάβλεψον· ἡ πίστις σου σέ-
43 σωκέ σε. καὶ παραχρῆμα ἀνέβλεψε, καὶ ἠκολούθει αὐτῷ
δοξάζων τὸν Θεόν· καὶ πᾶς ὁ λαὸς ἰδὼν ἔδωκεν αἶνον τῷ
Θεῷ.
19 1, 2 Καὶ εἰσελθὼν διήρχετο τὴν Ἱεριχώ. καὶ ἰδού, ἀνὴρ ὀνόματι καλούμενος Ζακχαῖος, καὶ αὐτὸς ἦν ἀρχιτελώνης, καὶ
3 ᵖ αὐτὸς" πλούσιος. καὶ ἐζήτει ἰδεῖν τὸν Ἰησοῦν τίς ἐστι, καὶ
4 οὐκ ἠδύνατο ἀπὸ τοῦ ὄχλου, ὅτι τῇ ἡλικίᾳ μικρὸς ἦν. καὶ
προδραμὼν ᵠ εἰς τὸ" ἔμπροσθεν ἀνέβη ἐπὶ συκομωραίαν, ἵνα
5 ἴδῃ αὐτόν· ὅτι ʳ ἐκείνης" ἤμελλε διέρχεσθαι. καὶ ὡς ἦλθεν
ἐπὶ τὸν τόπον, ἀναβλέψας ὁ Ἰησοῦς ˢ⁻" εἶπε πρὸς αὐτόν,
Ζακχαῖε, σπεύσας κατάβηθι· σήμερον γὰρ ἐν τῷ οἴκῳ σου
6 δεῖ με μεῖναι. καὶ σπεύσας κατέβη, καὶ ὑπεδέξατο αὐτὸν
7 χαίρων. καὶ ἰδόντες ᵗ πάντες" διεγόγγυζον λέγοντες ὅτι
8 Παρὰ ἁμαρτωλῷ ἀνδρὶ εἰσῆλθε καταλῦσαι. σταθεὶς δὲ Cp. 15. 2.
Ζακχαῖος εἶπε πρὸς τὸν Κύριον, Ἰδού, τὰ ἡμίση τῶν ὑπαρχόντων μου, Κύριε, δίδωμι τοῖς πτωχοῖς· καὶ εἴ τινός τι

ⁿ σιωπήσῃ   ᵒ add λέγων   ᵖ οὗτος ἦν   ᵠ om. εἰς τὸ
ʳ δι' ἐκείνης   ˢ add εἶδεν αὐτόν, καὶ   ᵗ ἅπαντες

ἐσυκοφάντησα, ἀποδίδωμι τετραπλοῦν. εἶπε δὲ πρὸς αὐτὸν 9
ὁ Ἰησοῦς ὅτι Σήμερον σωτηρία τῷ οἴκῳ τούτῳ ἐγένετο,
καθότι καὶ αὐτὸς υἱὸς Ἀβραάμ ἐστιν. ἦλθε γὰρ ὁ υἱὸς τοῦ 10
ἀνθρώπου ζητῆσαι καὶ σῶσαι τὸ ἀπολωλός.

Ἀκουόντων δὲ αὐτῶν ταῦτα προσθεὶς εἶπε παραβολήν, 11
διὰ τὸ ἐγγὺς αὐτὸν εἶναι Ἱερουσαλὴμ καὶ δοκεῖν αὐτοὺς ὅτι
παραχρῆμα μέλλει ἡ βασιλεία τοῦ Θεοῦ ἀναφαίνεσθαι.
εἶπεν οὖν, Ἄνθρωπός τις εὐγενὴς ἐπορεύθη εἰς χώραν μα- 12
κράν, λαβεῖν ἑαυτῷ βασιλείαν, καὶ ὑποστρέψαι. καλέσας 13
δὲ δέκα δούλους ἑαυτοῦ ἔδωκεν αὐτοῖς δέκα μνᾶς, καὶ εἶπε
πρὸς αὐτούς, Πραγματεύσασθε ἕως ἔρχομαι. οἱ δὲ πολῖται 14
αὐτοῦ ἐμίσουν αὐτόν, καὶ ἀπέστειλαν πρεσβείαν ὀπίσω
αὐτοῦ λέγοντες, Οὐ θέλομεν τοῦτον βασιλεῦσαι ἐφ᾽ ἡμᾶς.
καὶ ἐγένετο ἐν τῷ ἐπανελθεῖν αὐτὸν λαβόντα τὴν βασιλείαν, 15
καὶ εἶπε φωνηθῆναι αὐτῷ τοὺς δούλους τούτους, οἷς ᵘδε-
δώκει ᵘ τὸ ἀργύριον, ἵνα γνῷ ˣ τί διεπραγματεύσαντοᵘ. παρε- 16
γένετο δὲ ὁ πρῶτος λέγων, Κύριε, ἡ μνᾶ σου προσειργάσατο
δέκα μνᾶς. καὶ εἶπεν αὐτῷ, Εὖ, ἀγαθὲ δοῦλε· ὅτι ἐν ἐλα- 17
χίστῳ πιστὸς ἐγένου, ἴσθι ἐξουσίαν ἔχων ἐπάνω δέκα
πόλεων. καὶ ἦλθεν ὁ δεύτερος λέγων, ʸἩ μνᾶ σου, Κύριε,ᵘ 18
ἐποίησε πέντε μνᾶς. εἶπε δὲ καὶ τούτῳ, Καὶ σὺ γίνου ἐπάνω 19
πέντε πόλεων. καὶ ᶻὁ⁷ ἕτερος ἦλθε λέγων, Κύριε, ἰδού, 20
ἡ μνᾶ σου, ἣν εἶχον ἀποκειμένην ἐν σουδαρίῳ· ἐφοβούμην 21
γάρ σε, ὅτι ἄνθρωπος αὐστηρὸς εἶ· αἴρεις ὃ οὐκ ἔθηκας, καὶ
θερίζεις ὃ οὐκ ἔσπειρας. λέγει ᵃ⁻ᵘ αὐτῷ, Ἐκ τοῦ στόματός 22
σου κρινῶ σε, πονηρὲ δοῦλε. ᾔδεις ὅτι ἐγὼ ἄνθρωπος αὐ-
στηρός εἰμι, αἴρων ὃ οὐκ ἔθηκα, καὶ θερίζων ὃ οὐκ ἔσπειρα·
καὶ διατί οὐκ ἔδωκας τὸ ἀργύριόν μου ἐπὶ ᵇ⁻ᵘ τράπεζαν, καὶ 23
ἐγὼ ἐλθὼν σὺν τόκῳ ἂν ἔπραξα αὐτό; καὶ τοῖς παρεστῶσιν 24
εἶπεν, Ἄρατε ἀπ᾽ αὐτοῦ τὴν μνᾶν, καὶ δότε τῷ τὰς δέκα μνᾶς

ᵘ ἔδωκε   ˣ τίς τί διεπραγματεύσατο   ʸ Κύριε, ἡ μνᾶ σου
ᶻ om. ὁ   ᵃ add δὲ   ᵇ add τὴν

ΚΑΤΑ ΛΟΥΚΑΝ.

25, 26 ἔχοντι. καὶ εἶπον αὐτῷ, Κύριε, ἔχει δέκα μνᾶς. λέγω
ᵘ⁻‖ ὑμῖν, ὅτι παντὶ τῷ ἔχοντι δοθήσεται· ἀπὸ δὲ τοῦ μὴ Cp. 8. 18.
27 ἔχοντος, καὶ ὃ ἔχει ἀρθήσεται ἀπ' αὐτοῦ. πλὴν τοὺς ἐχθρούς
μου ᵈτούτους‖, τοὺς μὴ θελήσαντάς με βασιλεῦσαι ἐπ' αὐ-
τούς, ἀγάγετε ὧδε, καὶ κατασφάξατε ᶜαὐτοὺς‖ ἔμπροσθέν
μου.
28 Καὶ εἰπὼν ταῦτα ἐπορεύετο ἔμπροσθεν ἀναβαίνων εἰς
Ἱεροσόλυμα.
29 Καὶ ἐγένετο ὡς ἤγγισεν εἰς Βηθφαγὴ καὶ Βηθανίαν πρὸς Mat. 21. 1.
τὸ ὄρος τὸ καλούμενον ἐλαιῶν, ἀπέστειλε δύο τῶν μαθητῶν Mk. 11. 1:
30 ᶠ⁻‖ εἰπών, Ὑπάγετε εἰς τὴν κατέναντι κώμην· ἐν ᾗ εἰσ- cp. Joh.
πορευόμενοι εὑρήσετε πῶλον δεδεμένον, ἐφ' ὃν οὐδεὶς 12. 12.
31 πώποτε ἀνθρώπων ἐκάθισε· λύσαντες αὐτὸν ἀγάγετε. καὶ
ἐάν τις ὑμᾶς ἐρωτᾷ, Διατί λύετε; οὕτως ἐρεῖτε ᴳ⁻ʹ ὅτι
32 Ὁ Κύριος αὐτοῦ χρείαν ἔχει. ἀπελθόντες δὲ οἱ ἀπεσταλ-
33 μένοι εὗρον καθὼς εἶπεν αὐτοῖς· λυόντων δὲ αὐτῶν τὸν
πῶλον εἶπον οἱ κύριοι αὐτοῦ πρὸς αὐτούς, Τί λύετε τὸν
34 πῶλον; οἱ δὲ εἶπον ʰὅτι‖ Ὁ Κύριος αὐτοῦ χρείαν ἔχει.
35 καὶ ἤγαγον αὐτὸν πρὸς τὸν Ἰησοῦν· καὶ ἐπιρρίψαντες
ⁱαὐτῶν‖ τὰ ἱμάτια ἐπὶ τὸν πῶλον ἐπεβίβασαν τὸν Ἰησοῦν.
36 πορευομένου δὲ αὐτοῦ ὑπεστρώννυον τὰ ἱμάτια αὐτῶν ἐν
37 τῇ ὁδῷ. ἐγγίζοντος δὲ αὐτοῦ ἤδη, πρὸς τῇ καταβάσει τοῦ
ὄρους τῶν ἐλαιῶν, ἤρξαντο ἅπαν τὸ πλῆθος τῶν μαθητῶν
χαίροντες αἰνεῖν τὸν Θεὸν φωνῇ μεγάλῃ περὶ πασῶν ὧν
38 εἶδον δυνάμεων λέγοντες, Εὐλογημένος ὁ ἐρχόμενος βασιλεὺς Cp. Ps. 118
ἐν ὀνόματι Κυρίου· εἰρήνη ἐν οὐρανῷ, καὶ δόξα ἐν ὑψίστοις. (117). 26.
39 καί τινες τῶν Φαρισαίων ἀπὸ τοῦ ὄχλου εἶπον πρὸς αὐτόν,
40 Διδάσκαλε, ἐπιτίμησον τοῖς μαθηταῖς σου. καὶ ἀποκριθεὶς
ᵏεἶπε‖, Λέγω ὑμῖν, ὅτι ἐὰν οὗτοι ˡσιωπήσουσιν‖ οἱ λίθοι
ᵐκράξουσι‖.

ᶜ add γὰρ   ᵈ ἐκείνους   ᵉ om. αὐτοὺς   ᶠ add
αὐτοῦ   ᵍ add αὐτῷ   ʰ om. ὅτι   ⁱ ἑαυτῶν   ᵏ εἶπεν
αὐτοῖς   ˡ σιωπήσωσιν   ᵐ κεκράξονται

Καὶ ὡς ἤγγισεν, ἰδὼν τὴν πόλιν ἔκλαυσεν ἐπ᾽ αὐτῇ λέγων 41, 42 ὅτι Εἰ ἔγνως ⁿἐν τῇ ἡμέρᾳ ταύτῃ καὶ σὺ" τὰ πρὸς εἰρήνην ⁰⁻" · νῦν δὲ ἐκρύβη ἀπὸ ὀφθαλμῶν σου. ὅτι ἥξουσιν ἡμέραι 43 ἐπὶ σέ, καὶ περιβαλοῦσιν οἱ ἐχθροί σου χάρακά σοι, καὶ περικυκλώσουσί σε, καὶ συνέξουσί σε πάντοθεν, καὶ ἐδαφι- 44 οῦσί σε καὶ τὰ τέκνα σου ἐν σοί, καὶ οὐκ ἀφήσουσι ᵖλίθον ἐπὶ λίθον ἐν σοί"· ἀνθ᾽ ὧν οὐκ ἔγνως τὸν καιρὸν τῆς ἐπισκοπῆς σου.

Mat.21.12, Καὶ εἰσελθὼν εἰς τὸ ἱερὸν ἤρξατο ἐκβάλλειν τοὺς πω- 45
Mk.11.15: λοῦντας ᑫ⁻" λέγων αὐτοῖς, Γέγραπται, ʳΚαὶ ἔσται ὁ οἶκός 46
cp. Joh. 2. 14. μου οἶκος προσευχῆς"· ὑμεῖς δὲ αὐτὸν ἐποιήσατε σπήλαιον
Cp.Isa.56. λῃστῶν.
7,
Jer. 7. 11. Καὶ ἦν διδάσκων τὸ καθ᾽ ἡμέραν ἐν τῷ ἱερῷ. οἱ δὲ 47
Mk.11.18. ἀρχιερεῖς καὶ οἱ γραμματεῖς ἐζήτουν αὐτὸν ἀπολέσαι, καὶ οἱ πρῶτοι τοῦ λαοῦ· καὶ οὐχ εὕρισκον τὸ τί ποιήσωσιν· ὁ 48 λαὸς γὰρ ἅπας ἐξεκρέματο αὐτοῦ ἀκούων.

Mat.21.23, Καὶ ἐγένετο ἐν μιᾷ τῶν ἡμερῶν ˢ⁻ᵗ, διδάσκοντος αὐτοῦ 20
Mk.11.27. τὸν λαὸν ἐν τῷ ἱερῷ καὶ εὐαγγελιζομένου, ἐπέστησαν οἱ ἀρχιερεῖς καὶ οἱ γραμματεῖς σὺν τοῖς πρεσβυτέροις, καὶ 2 ᵗεἶπον, λέγοντες πρὸς αὐτόν", Εἰπὲ ἡμῖν, ἐν ποίᾳ ἐξουσίᾳ ταῦτα ποιεῖς; ἢ τίς ἐστιν ὁ δούς σοι τὴν ἐξουσίαν ταύτην; ἀποκριθεὶς δὲ εἶπε πρὸς αὐτούς, Ἐρωτήσω ὑμᾶς κἀγὼ ᵘ⁻" 3 λόγον, καὶ εἴπατέ μοι· τὸ βάπτισμα Ἰωάννου ἐξ οὐρανοῦ 4 ἦν; ἢ ἐξ ἀνθρώπων; οἱ δὲ συνελογίσαντο πρὸς ἑαυτοὺς 5 λέγοντες ὅτι Ἐὰν εἴπωμεν, Ἐξ οὐρανοῦ, ἐρεῖ, Διατί ˣ⁻" οὐκ ἐπιστεύσατε αὐτῷ; ἐὰν δὲ εἴπωμεν, Ἐξ ἀνθρώπων, 6 ʸὁ λαὸς ἅπας" καταλιθάσει ἡμᾶς· πεπεισμένος γάρ ἐστιν Ἰωάννην προφήτην εἶναι. καὶ ἀπεκρίθησαν μὴ εἰδέναι πόθεν. 7

ⁿ καὶ σύ, καί γε ἐν τῇ ἡμέρᾳ σου ταύτῃ,   ᵒ add σου
ᵖ ἐν σοὶ λίθον ἐπὶ λίθῳ   ᑫ add ἐν αὐτῷ καὶ ἀγοράζοντας
ʳ Ὁ οἶκός μου οἶκος προσευχῆς ἐστιν   ˢ add ἐκείνων
ᵗ εἶπον πρὸς αὐτόν, λέγοντες   ᵘ add ἕνα   ˣ add οὖν
ʸ πᾶς ὁ λαὸς

8 καὶ ὁ Ἰησοῦς εἶπεν αὐτοῖς, Οὐδὲ ἐγὼ λέγω ὑμῖν ἐν ποίᾳ ἐξουσίᾳ ταῦτα ποιῶ.

9 Ἤρξατο δὲ πρὸς τὸν λαὸν λέγειν τὴν παραβολὴν ταύτην· Ἄνθρωπος z—ǁ ἐφύτευσεν ἀμπελῶνα, καὶ ἐξέδοτο αὐτὸν 10 γεωργοῖς, καὶ ἀπεδήμησε χρόνους ἱκανούς. καὶ a— καιρῷ ἀπέστειλε πρὸς τοὺς γεωργοὺς δοῦλον, ἵνα ἀπὸ τοῦ καρποῦ τοῦ ἀμπελῶνος b δώσουσιν ǁ αὐτῷ· οἱ δὲ γεωργοὶ δείραντες 11 αὐτὸν ἐξαπέστειλαν κενόν. καὶ προσέθετο πέμψαι ἕτερον δοῦλον· οἱ δὲ κἀκεῖνον δείραντες καὶ ἀτιμάσαντες ἐξαπέ-12 στειλαν κενόν. καὶ προσέθετο πέμψαι τρίτον· οἱ δὲ καὶ 13 τοῦτον τραυματίσαντες ἐξέβαλον. εἶπε δὲ ὁ κύριος τοῦ ἀμπελῶνος, Τί ποιήσω; πέμψω τὸν υἱόν μου τὸν ἀγαπητόν· 14 ἴσως τοῦτον c—ǁ ἐντραπήσονται. ἰδόντες δὲ αὐτὸν οἱ γεωργοὶ διελογίζοντο πρὸς d ἀλλήλους ǁ λέγοντες, Οὗτός ἐστιν ὁ κληρονόμος· e—ǁ ἀποκτείνωμεν αὐτόν, ἵνα ἡμῶν γένηται ἡ 15 κληρονομία. καὶ ἐκβαλόντες αὐτὸν ἔξω τοῦ ἀμπελῶνος ἀπέκτειναν. τί οὖν ποιήσει αὐτοῖς ὁ κύριος τοῦ ἀμπελῶνος; 16 ἐλεύσεται καὶ ἀπολέσει τοὺς γεωργοὺς τούτους, καὶ δώσει τὸν ἀμπελῶνα ἄλλοις. ἀκούσαντες δὲ εἶπον, Μὴ γένοιτο. 17 ὁ δὲ ἐμβλέψας αὐτοῖς εἶπε, Τί οὖν ἐστι τὸ γεγραμμένον τοῦτο, Λίθον ὃν ἀπεδοκίμασαν οἱ οἰκοδομοῦντες, οὗτος ἐγε-18 νήθη εἰς κεφαλὴν γωνίας; πᾶς ὁ πεσὼν ἐπ᾽ ἐκεῖνον τὸν λίθον συνθλασθήσεται· ἐφ᾽ ὃν δ᾽ ἂν πέσῃ, λικμήσει αὐτόν.

19 Καὶ ἐζήτησαν f οἱ γραμματεῖς καὶ οἱ ἀρχιερεῖς ǁ ἐπιβαλεῖν ἐπ᾽ αὐτὸν τὰς χεῖρας ἐν αὐτῇ τῇ ὥρᾳ· καὶ ἐφοβήθησαν τὸν λαόν· ἔγνωσαν γὰρ ὅτι πρὸς αὐτοὺς τὴν παραβολὴν ταύτην 20 εἶπε. καὶ παρατηρήσαντες ἀπέστειλαν ἐγκαθέτους, ὑποκρινομένους ἑαυτοὺς δικαίους εἶναι, ἵνα ἐπιλάβωνται αὐτοῦ λόγου, g ὥστε ǁ παραδοῦναι αὐτὸν τῇ ἀρχῇ καὶ τῇ ἐξουσίᾳ

z add τις   a add ἐν   b δώσιν   c add ἰδόντες
d ἑαυτοὺς   e add δεῦτε,   f οἱ ἀρχιερεῖς καὶ οἱ γραμματεῖς   g εἰς τὸ

τοῦ ἡγεμόνος. καὶ ἐπηρώτησαν αὐτὸν λέγοντες, Διδάσκαλε, 21
οἴδαμεν ὅτι ὀρθῶς λέγεις καὶ διδάσκεις, καὶ οὐ λαμβάνεις
πρόσωπον, ἀλλ᾽ ἐπ᾽ ἀληθείας τὴν ὁδὸν τοῦ Θεοῦ διδάσκεις.
ἔξεστιν ʰἡμᾶς ⁱ Καίσαρι φόρον δοῦναι; ἢ οὔ; κατα- 22, 23
νοήσας δὲ αὐτῶν τὴν πανουργίαν εἶπε πρὸς αὐτούς, ⁱ Δείξατέ ⁱ 24
μοι δηνάριον· τίνος ἔχει εἰκόνα καὶ ἐπιγραφήν; ᵏοἱ δὲ ⁱⁱ
εἶπον, Καίσαρος. ὁ δὲ εἶπεν αὐτοῖς, ¹Τοίνυν ἀπόδοτε ⁷ τὰ 25
Καίσαρος Καίσαρι, καὶ τὰ τοῦ Θεοῦ τῷ Θεῷ. καὶ οὐκ 26
ἴσχυσαν ἐπιλαβέσθαι ᵐτοῦ ⁷ ῥήματος ἐναντίον τοῦ λαοῦ· καὶ
θαυμάσαντες ἐπὶ τῇ ἀποκρίσει αὐτοῦ ἐσίγησαν.

Mat.22.23, Προσελθόντες δέ τινες τῶν Σαδδουκαίων, οἱ ⁿλέγοντες ⁱⁱ 27
Mk.12.18. ἀνάστασιν μὴ εἶναι, ἐπηρώτησαν αὐτὸν λέγοντες, Διδάσκαλε, 28
Cp. Deut. Μωσῆς ἔγραψεν ἡμῖν, ἐάν τινος ἀδελφὸς ἀποθάνῃ ἔχων
25. 5. γυναῖκα, καὶ οὗτος ἄτεκνος ᵒῇ ¹, ἵνα λάβῃ ὁ ἀδελφὸς αὐτοῦ
τὴν γυναῖκα, καὶ ἐξαναστήσῃ σπέρμα τῷ ἀδελφῷ αὐτοῦ.
ἑπτὰ οὖν ἀδελφοὶ ἦσαν· καὶ ὁ πρῶτος λαβὼν γυναῖκα ἀπ- 29
έθανεν ἄτεκνος· ᵖκαὶ ὁ δεύτερος,ⁱⁱ καὶ ὁ τρίτος ἔλαβεν 30, 31
αὐτήν· ὡσαύτως δὲ καὶ οἱ ᵠἑπτὰⁱⁱ οὐ κατέλιπον τέκνα,
καὶ ἀπέθανον. ὕστερον ʳ⁻ⁱⁱ ἀπέθανε καὶ ἡ γυνή. ἐν τῇ 32, 33
οὖν ἀναστάσει τίνος αὐτῶν ˢἔσταιⁱⁱ γυνή; οἱ γὰρ ἑπτὰ
ἔσχον αὐτὴν γυναῖκα. καὶ ᵗ⁻ⁱⁱ εἶπεν αὐτοῖς ὁ Ἰησοῦς, Οἱ 34
υἱοὶ τοῦ αἰῶνος τούτου γαμοῦσι καὶ ᵘγαμίσκονταιⁱⁱ· οἱ δὲ 35
καταξιωθέντες τοῦ αἰῶνος ἐκείνου τυχεῖν καὶ τῆς ἀναστάσεως
τῆς ἐκ νεκρῶν οὔτε γαμοῦσιν οὔτε ᵘγαμίζονταιⁱⁱ· ˣοὐδὲ ⁷ 36
γὰρ ἀποθανεῖν ἔτι δύνανται· ἰσάγγελοι γάρ εἰσι, καὶ υἱοί
εἰσι τοῦ Θεοῦ, τῆς ἀναστάσεως υἱοὶ ὄντες. ὅτι δὲ ἐγεί- 37
Ex. 3. 6. ρονται οἱ νεκροί, καὶ Μωσῆς ἐμήνυσεν ἐπὶ τῆς βάτου, ὡς

ʰ ἡμῖν   ⁱ Τί με πειράζετε; ἐπιδείξατέ   ᵏ ἀποκρι-
θέντες δὲ   ˡ Ἀπόδοτε τοίνυν   ᵐ αὐτοῦ   ⁿ ἀντι-
λέγοντες   ᵒ ἀποθάνῃ   ᵖ καὶ ἔλαβεν ὁ δεύτερος τὴν
γυναῖκα, καὶ οὗτος ἀπέθανεν ἄτεκνος·   ᵠ ἑπτά· καὶ Α.   ʳ add
δὲ πάντων   ˢ γίνεται   ᵗ add ἀποκριθεὶς   ᵘ ἐκγα-
μίσκονται   ˣ οὔτε

λέγει Κύριον τὸν Θεὸν Ἀβραὰμ καὶ ʸ⁻ᵘ Θεὸν Ἰσαὰκ καὶ
38 ʸ⁻ᵘ Θεὸν Ἰακώβ. Θεὸς δὲ οὐκ ἔστι νεκρῶν, ἀλλὰ ζώντων·
39 πάντες γὰρ αὐτῷ ζῶσιν. ἀποκριθέντες δέ τινες τῶν γραμμα-
40 τέων εἶπον, Διδάσκαλε, καλῶς εἶπας. οὐκέτι ᶻγάρᵘ ἐτόλμων
ἐπερωτᾷν αὐτὸν οὐδέν.
41 Εἶπε δὲ πρὸς αὐτούς, Πῶς λέγουσι τὸν Χριστὸν υἱὸν Mat.22.41,
42 Δαβὶδ εἶναι; ᵃ αὐτὸς γὰρ Δαβὶδ λέγει ἐν βίβλῳ ψαλμῶν, Mk.12.35.
43 Εἶπεν ὁ Κύριος τῷ κυρίῳ μου, Κάθου ἐκ δεξιῶν μου, ἕως ἂν Ps. 110
44 θῶ τοὺς ἐχθρούς σου ὑποπόδιον τῶν ποδῶν σου. Δαβὶδ οὖν (109). 1.
κύριον αὐτὸν καλεῖ, καὶ πῶς υἱὸς αὐτοῦ ἐστιν;
45 Ἀκούοντος δὲ παντὸς τοῦ λαοῦ εἶπε τοῖς μαθηταῖς αὐτοῦ, Mk.12.38:
46 Προσέχετε ἀπὸ τῶν γραμματέων τῶν θελόντων περιπατεῖν cp. Mat.
ἐν στολαῖς, καὶ φιλούντων ἀσπασμοὺς ἐν ταῖς ἀγοραῖς καὶ Lk. 11. 49
πρωτοκαθεδρίας ἐν ταῖς συναγωγαῖς καὶ πρωτοκλισίας ἐν sqq.
47 τοῖς δείπνοις· οἱ κατεσθίουσι τὰς οἰκίας τῶν χηρῶν, καὶ προ-
φάσει ᵇμακρὰᵘ προσεύχονται· οὗτοι λήψονται περισσότερον
κρίμα.
21 Ἀναβλέψας δὲ εἶδε τοὺς βάλλοντας ᶜ εἰς τὸ γαζοφυλάκιον Mk.12.41:
2 τὰ δῶρα αὐτῶνᵘ πλουσίους. εἶδε δέ ᵈ⁻ᵘ τινα χήραν πενι- cp.
3 χρὰν βάλλουσαν ἐκεῖ δύο λεπτά. καὶ εἶπεν, Ἀληθῶς λέγω 12. 9.
ὑμῖν, ὅτι ἡ χήρα ἡ πτωχὴ αὕτη πλεῖον πάντων ἔβαλεν·
4 ᶜπάντες ᶠ γὰρ οὗτοι ἐκ τοῦ περισσεύοντος αὐτοῖς ἔβαλον εἰς
τὰ δῶρα ᶠ⁻ᶠ, αὕτη δὲ ἐκ τοῦ ὑστερήματος αὐτῆς ᵍπάνταᵘ τὸν
βίον ὃν εἶχεν ἔβαλε.
5 Καί τινων λεγόντων περὶ τοῦ ἱεροῦ, ὅτι λίθοις καλοῖς καὶ Mat. 24. 1,
6 ἀναθήμασι κεκόσμηται, εἶπε, Ταῦτα ἃ θεωρεῖτε, ἐλεύσονται Mk. 13. 1.
ἡμέραι ἐν αἷς οὐκ ἀφεθήσεται λίθος ἐπὶ λίθῳ ʰ ὧδε ⁱ, ὃς οὐ
7 καταλυθήσεται. ἐπηρώτησαν δὲ αὐτὸν λέγοντες, Διδάσκαλε,
πότε οὖν ταῦτα ἔσται; καὶ τί τὸ σημεῖον, ὅταν μέλλῃ ταῦτα
8 γίνεσθαι; ὁ δὲ εἶπε, Βλέπετε μὴ πλανηθῆτε. πολλοὶ γὰρ

ʸ add τόν   ᶻ δέ   ᵃ καὶ αὐτός   ᵇ μακρᾷ S.
ᶜ τὰ δῶρα αὐτῶν εἰς τὸ γαζοφυλάκιον   ᵈ add καί   ᵉ ἅπαντες
ᶠ add τοῦ Θεοῦ   ᵍ ἅπαντα   ʰ om. ὧδε

ἐλεύσονται ἐπὶ τῷ ὀνόματί μου λέγοντες ὅτι Ἐγώ εἰμι· καί, Ὁ καιρὸς ἤγγικε· μὴ ⁱ⁻ǁ πορευθῆτε ὀπίσω αὐτῶν. ὅταν δὲ 9 ἀκούσητε πολέμους καὶ ἀκαταστασίας, μὴ πτοηθῆτε· δεῖ γὰρ ταῦτα γενέσθαι πρῶτον· ἀλλ' οὐκ εὐθέως τὸ τέλος. Τότε ἔλεγεν αὐτοῖς, Ἐγερθήσεται ἔθνος ἐπὶ ἔθνος, καὶ 10 βασιλεία ἐπὶ βασιλείαν· σεισμοί τε μεγάλοι ᵏ καὶ κατὰ 11 τόπους ᴵ λιμοὶ καὶ λοιμοὶ ἔσονται, φόβητρά τε καὶ σημεῖα ἀπ' οὐρανοῦ μεγάλα ἔσται. πρὸ δὲ τούτων ¹πάντων ᴵ ἐπι- 12 βαλοῦσιν ἐφ' ὑμᾶς τὰς χεῖρας αὐτῶν, καὶ διώξουσι, παραδιδόντες εἰς ᵐ τὰς ᵘ συναγωγὰς καὶ φυλακάς, ⁿ ἀπαγομένους ᵘ ἐπὶ βασιλεῖς καὶ ἡγεμόνας ἕνεκεν τοῦ ὀνόματός μου· ἀπο- 13 βήσεται ᵒ⁻ᴵ ὑμῖν εἰς μαρτύριον. ᵖ θέτε ᴵ οὖν ᵠ ἐν ταῖς 14 καρδίαις ᵘ ὑμῶν, μὴ προμελετᾶν ἀπολογηθῆναι· ἐγὼ γὰρ 15 δώσω ὑμῖν στόμα καὶ σοφίαν, ᾗ οὐ δυνήσονται ʳ ἀντιστῆναι ἢ ἀντειπεῖν ᵘ πάντες οἱ ἀντικείμενοι ὑμῖν. παραδοθήσεσθε 16 δὲ καὶ ὑπὸ γονέων καὶ ἀδελφῶν καὶ συγγενῶν καὶ φίλων· καὶ θανατώσουσιν ἐξ ὑμῶν· καὶ ἔσεσθε μισούμενοι ὑπὸ 17 πάντων διὰ τὸ ὄνομά μου· καὶ θρὶξ ἐκ τῆς κεφαλῆς ὑμῶν 18 οὐ μὴ ἀπόληται· ἐν τῇ ὑπομονῇ ὑμῶν ˢ κτήσεσθε ᵘ τὰς ψυχὰς 19 ὑμῶν. Ὅταν δὲ ἴδητε κυκλουμένην ὑπὸ στρατοπέδων τὴν Ἱερου- 20 σαλήμ, τότε γνῶτε ὅτι ἤγγικεν ἡ ἐρήμωσις αὐτῆς. τότε οἱ 21 ἐν τῇ Ἰουδαίᾳ φευγέτωσαν εἰς τὰ ὄρη· καὶ οἱ ἐν μέσῳ αὐτῆς ἐκχωρείτωσαν· καὶ οἱ ἐν ταῖς χώραις μὴ εἰσερχέσθωσαν εἰς αὐτήν· ὅτι ἡμέραι ἐκδικήσεως αὗταί εἰσι, τοῦ ᵗ πλησθῆναι ᵘ 22 πάντα τὰ γεγραμμένα. οὐαὶ ᵘ⁻ᴵ ταῖς ἐν γαστρὶ ἐχούσαις 23 καὶ ταῖς θηλαζούσαις ἐν ἐκείναις ταῖς ἡμέραις· ἔσται γὰρ ἀνάγκη μεγάλη ἐπὶ τῆς γῆς, καὶ ὀργὴ ˣ⁻ᴵ τῷ λαῷ τούτῳ· καὶ πεσοῦνται στόματι μαχαίρας, καὶ αἰχμαλωτισθήσονται 24

ⁱ add οὖν   ᵏ κατὰ τόπους καὶ   ᴵ ἀπάντων   ᵐ om. τὰς
ⁿ ἀγομένους   ᵒ add δὲ   ᵖ θέσθε   ᵠ εἰς τὰς καρδίας
ʳ ἀντειπεῖν οὐδὲ ἀντιστῆναι   ˢ κτήσασθε   ᵗ πληρωθῆναι
ᵘ add δὲ   ˣ add ἐν

εἰς πάντα τὰ ἔθνη· καὶ Ἱερουσαλὴμ ἔσται πατουμένη ὑπὸ
25 ἐθνῶν, ἄχρι πληρωθῶσι καιροὶ ἐθνῶν. καὶ ʸἔσονται ‖ Cp. Mat.
σημεῖα ἐν ἡλίῳ καὶ σελήνῃ καὶ ἄστροις, καὶ ἐπὶ τῆς γῆς Mk. 13. 24.
συνοχὴ ἐθνῶν ἐν ἀπορίᾳ ᶻἤχους‖ θαλάσσης καὶ σάλου,
26 ἀποψυχόντων ἀνθρώπων ἀπὸ φόβου καὶ προσδοκίας τῶν
ἐπερχομένων τῇ οἰκουμένῃ· αἱ γὰρ δυνάμεις τῶν οὐρανῶν
27 σαλευθήσονται· καὶ τότε ὄψονται τὸν υἱὸν τοῦ ἀνθρώπου Cp. 9. 26.
ἐρχόμενον ἐν νεφέλῃ μετὰ δυνάμεως καὶ δόξης πολλῆς. Dan. 7. 13.
28 ἀρχομένων δὲ τούτων γίνεσθαι ἀνακύψατε καὶ ἐπάρατε τὰς
κεφαλὰς ὑμῶν· διότι ἐγγίζει ἡ ἀπολύτρωσις ὑμῶν.
29 Καὶ εἶπε παραβολὴν αὐτοῖς· Ἴδετε τὴν συκῆν καὶ πάντα Mat.24.32,
30 τὰ δένδρα· ὅταν προβάλωσιν ἤδη, βλέποντες ἀφ' ἑαυτῶν Mk. 13. 28.
31 γινώσκετε ὅτι ἤδη ἐγγὺς τὸ θέρος ἐστίν· οὕτω καὶ ὑμεῖς,
ὅταν ἴδητε ταῦτα γινόμενα, γινώσκετε ὅτι ἐγγύς ἐστιν ἡ
32 βασιλεία τοῦ Θεοῦ· ἀμὴν λέγω ὑμῖν, ὅτι οὐ μὴ παρέλθῃ
33 ἡ γενεὰ αὕτη, ἕως ἂν πάντα γένηται. ὁ οὐρανὸς καὶ ἡ γῆ
παρελεύσονται, οἱ δὲ λόγοι μου οὐ μὴ ᵃπαρελεύσονται‖.

34 Προσέχετε δὲ ἑαυτοῖς, μήποτε ᵇβαρηθῶσιν‖ ὑμῶν αἱ καρ-
δίαι ἐν κραιπάλῃ καὶ μέθῃ καὶ μερίμναις βιωτικαῖς, καὶ
35 αἰφνίδιος ἐφ' ὑμᾶς ἐπιστῇ ἡ ἡμέρα ᶜἐκείνη ὡς παγίς· ἐπεισ-
ελεύσεται γὰρ‖ ἐπὶ πάντας τοὺς καθημένους ἐπὶ πρόσωπον
36 πάσης τῆς γῆς. ἀγρυπνεῖτε ᵈδὲ‖ ἐν παντὶ καιρῷ δεόμενοι
ἵνα ᵉκατισχύσητε‖ ἐκφυγεῖν ταῦτα πάντα τὰ μέλλοντα γίνε-
σθαι, καὶ σταθῆναι ἔμπροσθεν τοῦ υἱοῦ τοῦ ἀνθρώπου.
37 Ἦν δὲ τὰς ἡμέρας ἐν τῷ ἱερῷ διδάσκων· τὰς δὲ νύκτας Cp. Joh. 8.
ἐξερχόμενος ηὐλίζετο εἰς τὸ ὄρος τὸ καλούμενον ἐλαιῶν. 1, 2.
38 καὶ πᾶς ὁ λαὸς ὤρθριζε πρὸς αὐτὸν ἐν τῷ ἱερῷ ἀκούειν
αὐτοῦ.
22 1, 2 Ἤγγιζε δὲ ἡ ἑορτὴ τῶν ἀζύμων ἡ λεγομένη πάσχα. καὶ Mat. 26. 1,
Mk. 14. 1.

ʸ ἔσται   ᶻ ἠχούσης   ᵃ παρέλθωσι   ᵇ βαρυνθῶσιν
ᶜ ἐκείνη· ὡς παγὶς γὰρ ἐπελεύσεται   ᵈ οὖν   ᵉ καταξιω-
θῆτε

188 ΕΥΑΓΓΕΛΙΟΝ 22. 2—

ἐζήτουν οἱ ἀρχιερεῖς καὶ οἱ γραμματεῖς τὸ πῶς ἀνέλωσιν
αὐτόν· ἐφοβοῦντο γὰρ τὸν λαόν.
Εἰσῆλθε δὲ ὁ Σατανᾶς εἰς Ἰούδαν τὸν ᶠκαλούμενον‖ Ἰσκα- 3
ριώτην, ὄντα ἐκ τοῦ ἀριθμοῦ τῶν δώδεκα. καὶ ἀπελθὼν 4
συνελάλησε τοῖς ἀρχιερεῦσι καὶ ᵍ⁻‖ στρατηγοῖς, τὸ πῶς
αὐτὸν παραδῷ αὐτοῖς. καὶ ἐχάρησαν, καὶ συνέθεντο αὐτῷ 5
ἀργύριον δοῦναι. καὶ ἐξωμολόγησε, καὶ ἐζήτει εὐκαιρίαν τοῦ 6
παραδοῦναι αὐτὸν αὐτοῖς ἄτερ ὄχλου.
Ἦλθε δὲ ἡ ἡμέρα τῶν ἀζύμων, ἐν ᾗ ἔδει θύεσθαι τὸ 7
πάσχα. καὶ ἀπέστειλε Πέτρον καὶ Ἰωάννην εἰπών, Πορευ- 8
θέντες ἑτοιμάσατε ἡμῖν τὸ πάσχα, ἵνα φάγωμεν. οἱ δὲ εἶπον 9
αὐτῷ, Ποῦ θέλεις ἑτοιμάσωμεν; ὁ δὲ εἶπεν αὐτοῖς, Ἰδού, 10
εἰσελθόντων ὑμῶν εἰς τὴν πόλιν, συναντήσει ὑμῖν ἄνθρωπος
κεράμιον ὕδατος βαστάζων· ἀκολουθήσατε αὐτῷ εἰς τὴν
οἰκίαν ʰ εἰς ἣν‖ εἰσπορεύεται· καὶ ἐρεῖτε τῷ οἰκοδεσπότῃ 11
τῆς οἰκίας, Λέγει σοι ὁ διδάσκαλος, Ποῦ ἐστι τὸ κατάλυμα,
ὅπου τὸ πάσχα μετὰ τῶν μαθητῶν μου φάγω; κἀκεῖνος 12
ὑμῖν δείξει, ἀνώγεον μέγα ἐστρωμένον· ἐκεῖ ἑτοιμάσατε.
ἀπελθόντες δὲ εὗρον καθὼς ⁱ εἴρηκει‖ αὐτοῖς· καὶ ἡτοίμασαν 13
τὸ πάσχα.
Καὶ ὅτε ἐγένετο ἡ ὥρα, ἀνέπεσε, καὶ οἱ ᵏ⁻‖ ἀπόστολοι 14
σὺν αὐτῷ. καὶ εἶπε πρὸς αὐτούς, Ἐπιθυμίᾳ ἐπεθύμησα 15
τοῦτο τὸ πάσχα φαγεῖν μεθ' ὑμῶν πρὸ τοῦ με παθεῖν·
λέγω γὰρ ὑμῖν, ὅτι ˡ⁻‖ οὐ μὴ φάγω ᵐαὐτόˡ, ἕως ὅτου 16
πληρωθῇ ἐν τῇ βασιλείᾳ τοῦ Θεοῦ. καὶ δεξάμενος ποτήριον 17
εὐχαριστήσας εἶπε, Λάβετε τοῦτο, καὶ διαμερίσατε ⁿ εἰς
ἑαυτούς‖· λέγω γὰρ ὑμῖν, ὅτι οὐ μὴ πίω ᵒ ἀπὸ τοῦ νῦν‖ ἀπὸ 18
τοῦ γεννήματος τῆς ἀμπέλου, ἕως ὅτου ἡ βασιλεία τοῦ Θεοῦ
ἔλθῃ. καὶ λαβὼν ἄρτον εὐχαριστήσας ἔκλασε, καὶ ἔδωκεν 19
αὐτοῖς λέγων, Τοῦτό ἐστι τὸ σῶμά μου ᵖτὸ ὑπὲρ ὑμῶν

ᶠ ἐπικαλούμενον   ᵍ add τοῖς   ʰ οὗ   ⁱ εἴρηκεν   ᵏ add
δώδεκα   ˡ add οὐκέτι   ᵐ ἐξ αὐτοῦ   ⁿ ἑαυτοῖς   ᵒ om. ἀπὸ
τοῦ νῦν   ᵖ om. τὸ ὑπὲρ ὑμῶν διδόμενον ... ἐκχυνόμενον M.

ΚΑΤΑ ΛΟΥΚΑΝ.

20 διδόμενον· τοῦτο ποιεῖτε εἰς τὴν ἐμὴν ἀνάμνησιν. ꟴκαὶ
τὸ ποτήριον ὡσαύτως" μετὰ τὸ δειπνῆσαι λέγων, Τοῦτο τὸ Cp. Ex. 24.
ποτήριον ἡ καινὴ διαθήκη ἐν τῷ αἵματί μου, τὸ ὑπὲρ ὑμῶν Heb. 9. 20.
21 ἐκχυνόμενον". πλὴν ἰδού, ἡ χεὶρ τοῦ παραδιδόντος με μετ'
22 ἐμοῦ ἐπὶ τῆς τραπέζης. ʳὅτι ὁ υἱὸς μὲν" τοῦ ἀνθρώπου
ˢκατὰ τὸ ὡρισμένον πορεύεται"· πλὴν οὐαὶ τῷ ἀνθρώπῳ
23 ἐκείνῳ, δι' οὗ παραδίδοται. καὶ αὐτοὶ ἤρξαντο συζητεῖν
πρὸς ἑαυτούς, τὸ τίς ἄρα εἴη ἐξ αὐτῶν ὁ τοῦτο μέλλων
πράσσειν.
24 Ἐγένετο δὲ καὶ φιλονεικία ἐν αὐτοῖς, τὸ τίς αὐτῶν δοκεῖ
25 εἶναι μείζων. ὁ δὲ εἶπεν αὐτοῖς, Οἱ βασιλεῖς τῶν ἐθνῶν Cp. Mat.
κυριεύουσιν αὐτῶν, καὶ οἱ ἐξουσιάζοντες αὐτῶν εὐεργέται Mk. 10. 42.
26 καλοῦνται. ὑμεῖς δὲ οὐχ οὕτως· ἀλλ' ὁ μείζων ἐν ὑμῖν
ᵗγινέσθω" ὡς ὁ νεώτερος, καὶ ὁ ἡγούμενος ὡς ὁ διακονῶν.
27 τίς γὰρ μείζων; ὁ ἀνακείμενος; ἢ ὁ διακονῶν; οὐχὶ ὁ ἀνακείμενος; ἐγὼ δὲ ᵘἐν μέσῳ ὑμῶν εἰμι ὡς ὁ διακονῶν.
28 ὑμεῖς δέ ἐστε οἱ διαμεμενηκότες μετ' ἐμοῦ ἐν τοῖς πειρασμοῖς
29 μου· κἀγὼ διατίθεμαι ὑμῖν, καθὼς διέθετό μοι ὁ πατήρ
30 ᵛμου," βασιλείαν, ἵνα ἐσθίητε καὶ πίνητε ἐπὶ τῆς τραπέζης
μου ἐν τῇ βασιλείᾳ μου· καὶ ˣκαθίσεσθε ⁱἐπὶ θρόνων κρί- Cp. Mat.
31 νοντες τὰς δώδεκα φυλὰς τοῦ Ἰσραήλ. ʸ⁻" Σίμων, Σίμων, 19. 28.
ἰδού, ὁ Σατανᾶς ἐξῃτήσατο ὑμᾶς, τοῦ σινιάσαι ὡς τὸν σῖτον·
32 ἐγὼ δὲ ἐδεήθην περὶ σοῦ, ἵνα μὴ ᶻἐκλίπῃ" ἡ πίστις σου·
33 καὶ σύ ποτε ἐπιστρέψας στήριξον τοὺς ἀδελφούς σου. ὁ δὲ
εἶπεν αὐτῷ, Κύριε, μετὰ σοῦ ἕτοιμός εἰμι καὶ εἰς φυλακὴν
34 καὶ εἰς θάνατον πορεύεσθαι. ὁ δὲ εἶπε, Λέγω σοι, Πέτρε, Cp. Mat.
οὐ ᵃ⁻" φωνήσει σήμερον ἀλέκτωρ, ᵇἕως τρίς με ἀπαρνήσῃ Mk. 14. 30,
εἰδέναι". Joh. 13. 38.
35 Καὶ εἶπεν αὐτοῖς, Ὅτε ἀπέστειλα ὑμᾶς ἄτερ βαλαντίου

ꟴ ὡσαύτως καὶ τὸ ποτήριον ⁱ καὶ ὁ μὲν υἱὸς ˢ πορεύεται κατὰ τὸ ὡρισμένον ᵗ γενέσθω ᵘ εἰμι ἐν μέσῳ ὑμῶν
ᵛ μου S.M. ˣ καθίσησθε ʸ add εἶπε δὲ ὁ Κύριος. ᶻ ἐκλείπῃ
ᵃ add μὴ ᵇ πρὶν ἢ τρὶς ἀπαρνήσῃ μὴ εἰδέναι με

καὶ πήρας καὶ ὑποδημάτων, μή τινος ὑστερήσατε; οἱ δὲ εἶπον, Οὐδενός. ᶜὁ δὲ εἶπεν" αὐτοῖς, Ἀλλὰ νῦν ὁ ἔχων 36 βαλάντιον ἀράτω, ὁμοίως καὶ πήραν· καὶ ὁ μὴ ἔχων πωλησάτω τὸ ἱμάτιον αὐτοῦ καὶ ἀγορασάτω μάχαιραν. λέγω 37 γὰρ ὑμῖν, ὅτι ᵈ⁻" τοῦτο τὸ γεγραμμένον δεῖ τελεσθῆναι ἐν ἐμοί, τὸ Καὶ μετὰ ἀνόμων ἐλογίσθη· καὶ γὰρ ᵒτὸ" περὶ ἐμοῦ τέλος ἔχει. οἱ δὲ εἶπον, Κύριε, ἰδού, μάχαιραι ὧδε δύο. 38 ὁ δὲ εἶπεν αὐτοῖς, Ἱκανόν ἐστι.

Καὶ ἐξελθὼν ἐπορεύθη κατὰ τὸ ἔθος εἰς τὸ ὄρος τῶν 39 ἐλαιῶν· ἠκολούθησαν δὲ αὐτῷ καὶ οἱ μαθηταί ᶠ⁻". γενό- 40 μενος δὲ ἐπὶ τοῦ τόπου εἶπεν αὐτοῖς, Προσεύχεσθε μὴ εἰσελθεῖν εἰς πειρασμόν. καὶ αὐτὸς ἀπεσπάσθη ἀπ' αὐτῶν ὡσεὶ 41 λίθου βολήν, καὶ θεὶς τὰ γόνατα προσηύχετο λέγων, Πάτερ, 42 εἰ βούλει, ᵍπαρένεγκε τοῦτο τὸ ποτήριον" ἀπ' ἐμοῦ· πλὴν μὴ τὸ θέλημά μου ἀλλὰ τὸ σὸν ʰγινέσθω". ⁱὤφθη δὲ αὐτῷ 43 ἄγγελος ἀπ' οὐρανοῦ ἐνισχύων αὐτόν. καὶ γενόμενος ἐν 44 ἀγωνίᾳ ἐκτενέστερον προσηύχετο· ἐγένετο δὲ ὁ ἱδρὼς αὐτοῦ ὡσεὶ θρόμβοι αἵματος καταβαίνοντες ἐπὶ τὴν γῆν." καὶ 45 ἀναστὰς ἀπὸ τῆς προσευχῆς, ἐλθὼν πρὸς τοὺς μαθητάς ᵏ⁻", εὗρεν αὐτοὺς κοιμωμένους ἀπὸ τῆς λύπης, καὶ εἶπεν αὐτοῖς, 46 Τί καθεύδετε; ἀναστάντες προσεύχεσθε, ἵνα μὴ εἰσέλθητε εἰς πειρασμόν.

Ἔτι ˡ⁻" αὐτοῦ λαλοῦντος, ἰδού, ὄχλος, καὶ ὁ λεγόμενος Ἰού- 47 δας εἷς τῶν δώδεκα προήρχετο αὐτῶν· καὶ ἤγγισε τῷ Ἰησοῦ φιλῆσαι αὐτόν. ὁ δὲ Ἰησοῦς εἶπεν αὐτῷ, Ἰούδα, φιλήματι 48 τὸν υἱὸν τοῦ ἀνθρώπου παραδίδως; ἰδόντες δὲ οἱ περὶ αὐτὸν 49 τὸ ἐσόμενον εἶπον ᵐ⁻", Κύριε, εἰ πατάξομεν ἐν μαχαίρᾳ; καὶ 50 ἐπάταξεν εἷς τις ἐξ αὐτῶν τὸν δοῦλον τοῦ ἀρχιερέως, καὶ ἀφεῖλεν αὐτοῦ τὸ οὖς τὸ δεξιόν. ἀποκριθεὶς δὲ ὁ Ἰησοῦς 51

ᶜ εἶπεν οὖν   ᵈ add ἔτι   ᵒ τὰ   ᶠ add αὐτοῦ
ᵍ παρενεγκεῖν τὸ ποτήριον τοῦτο S.   ʰ γενέσθω   ⁱ om.
vv. 43-44 M.   ᵏ add αὐτοῦ A.   ˡ add δὲ   ᵐ add αὐτῷ

-22. 66. ΚΑΤΑ ΛΟΥΚΑΝ. 191

εἶπεν, Ἐᾶτε ἕως τούτου· καὶ ἁψάμενος τοῦ ὠτίου ⁿ⁻ ἰάσατο
52 αὐτόν. εἶπε δὲ ὁ Ἰησοῦς πρὸς τοὺς παραγενομένους ἐπ'
αὐτὸν ἀρχιερεῖς καὶ στρατηγοὺς τοῦ ἱεροῦ καὶ πρεσβυτέρους,
53 Ὡς ἐπὶ λῃστὴν °ἐξήλθετε ⁷ μετὰ μαχαιρῶν καὶ ξύλων; καθ' Cp. 19. 47.
ἡμέραν ὄντος μου μεθ' ὑμῶν ἐν τῷ ἱερῷ οὐκ ἐξετείνατε τὰς
χεῖρας ἐπ' ἐμέ· ἀλλ' αὕτη ὑμῶν ἐστιν ἡ ὥρα, καὶ ἡ ἐξουσία
τοῦ σκότους.
54 Συλλαβόντες δὲ αὐτὸν ἤγαγον, καὶ εἰσήγαγον ᵖ⁻ⁿ εἰς τὸν Mat.26.57,
55 οἶκον τοῦ ἀρχιερέως. ὁ δὲ Πέτρος ἠκολούθει μακρόθεν. ᑫπε- Mk.14.53:
ριαψάντων ⁿ δὲ πῦρ ἐν μέσῳ τῆς αὐλῆς καὶ συγκαθισάντων cp. Joh.
                                                        18. 12,
56 ʳ⁻ⁿ ἐκάθητο ὁ Πέτρος ἐν μέσῳ αὐτῶν. ἰδοῦσα δὲ αὐτὸν Mat.26.69.
παιδίσκη τις καθήμενον πρὸς τὸ φῶς, καὶ ἀτενίσασα αὐτῷ, Mk.14.66:
                                                        cp. Joh.
57 εἶπε, Καὶ οὗτος σὺν αὐτῷ ἦν. ὁ δὲ ἠρνήσατο ˢ⁻ λέγων, 18. 17,
58 ᵗ Οὐκ οἶδα αὐτόν, γύναι ⁿ. καὶ μετὰ βραχὺ ἕτερος ἰδὼν αὐτὸν 25.
ἔφη, Καὶ σὺ ἐξ αὐτῶν εἶ. ὁ δὲ Πέτρος ᵘἔφη ⁷, Ἄνθρωπε,
59 οὐκ εἰμί. καὶ διαστάσης ὡσεὶ ὥρας μιᾶς ἄλλος τις διϊσχυρί-
ζετο λέγων, Ἐπ' ἀληθείας καὶ οὗτος μετ' αὐτοῦ ἦν· καὶ γὰρ
60 Γαλιλαῖός ἐστιν. εἶπε δὲ ὁ Πέτρος, Ἄνθρωπε, οὐκ οἶδα ὃ
λέγεις. καὶ παραχρῆμα, ἔτι λαλοῦντος αὐτοῦ, ἐφώνησεν ˣ⁻ⁿ
61 ἀλέκτωρ. καὶ στραφεὶς ὁ Κύριος ἐνέβλεψε τῷ Πέτρῳ. καὶ
ὑπεμνήσθη ὁ Πέτρος τοῦ ʸῥήματος ' τοῦ Κυρίου, ὡς εἶπεν
αὐτῷ ὅτι Πρὶν ἀλέκτορα φωνῆσαι ᶻ σήμερον ⁷, ἀπαρνήσῃ με
62 τρίς· καὶ ἐξελθὼν ἔξω ᵃ⁻ⁿ ἔκλαυσε πικρῶς.
63 Καὶ οἱ ἄνδρες οἱ συνέχοντες ᵇαὐτὸν ⁷ ἐνέπαιζον αὐτῷ δέ- Mat.26.67,
64 ροντες. καὶ περικαλύψαντες αὐτὸν ᶜ⁻⁷ ἐπηρώτων αὐτὸν Mk.14.65:
                                                        cp. Joh.
65 λέγοντες, Προφήτευσον· τίς ἐστιν ὁ παίσας σε; καὶ ἕτερα 18. 22.
πολλὰ βλασφημοῦντες ἔλεγον εἰς αὐτόν.
66 Καὶ ὡς ἐγένετο ἡμέρα, συνήχθη τὸ πρεσβυτέριον τοῦ λαοῦ, Cp. Mat.
                                                        27. 1.
ⁿ add αὐτοῦ   ᵒ ἐξεληλύθατε   ᵖ add αὐτὸν   ᑫ ἁψάντων   Mk. 15. 1.
ʳ add αὐτῶν   ˢ add αὐτὸν   ᵗ Γύναι, οὐκ οἶδα αὐτὸν
ᵘ εἶπεν   ˣ add ὁ   ʸ λόγου   ᶻ om. σήμερον   ᵃ add
ὁ Πέτρος   ᵇ τὸν Ἰησοῦν   ᶜ add ἔτυπτον αὐτοῦ τὸ
πρόσωπον. καὶ

ἀρχιερεῖς τε καὶ γραμματεῖς, καὶ ᵈἀπήγαγον" αὐτὸν εἰς τὸ
συνέδριον ᵉαὐτῶν" λέγοντες, Εἰ σὺ εἶ ὁ Χριστός, εἰπὲ ἡμῖν. 67
εἶπε δὲ αὐτοῖς, Ἐὰν ὑμῖν εἴπω, οὐ μὴ πιστεύσητε· ἐὰν δὲ ᶠ—" 68
ἐρωτήσω, οὐ μὴ ἀποκριθῆτε ᵍ—". ἀπὸ τοῦ νῦν ʰδὲ" ἔσται 69
ὁ υἱὸς τοῦ ἀνθρώπου καθήμενος ἐκ δεξιῶν τῆς δυνάμεως τοῦ
Θεοῦ. εἶπον δὲ πάντες, Σὺ οὖν εἶ ὁ υἱὸς τοῦ Θεοῦ; ὁ δὲ 70
πρὸς αὐτοὺς ἔφη, Ὑμεῖς λέγετε, ὅτι ἐγώ εἰμι. οἱ δὲ εἶπον, 71
Τί ἔτι χρείαν ἔχομεν μαρτυρίας; αὐτοὶ γὰρ ἠκούσαμεν ἀπὸ
τοῦ στόματος αὐτοῦ.

Καὶ ἀναστὰν ἅπαν τὸ πλῆθος αὐτῶν ⁱἤγαγον" αὐτὸν ἐπὶ 23
τὸν Πιλάτον. ἤρξαντο δὲ κατηγορεῖν αὐτοῦ λέγοντες, Τοῦ- 2
τον εὕρομεν διαστρέφοντα τὸ ἔθνος ᵏἡμῶν', καὶ κωλύοντα
Καίσαρι φόρους διδόναι, ¹καὶ" λέγοντα ἑαυτὸν Χριστὸν
βασιλέα εἶναι. ὁ δὲ Πιλᾶτος ᵐἠρώτησεν ¹ αὐτὸν λέγων, 3
Σὺ εἶ ὁ βασιλεὺς τῶν Ἰουδαίων; ὁ δὲ ἀποκριθεὶς αὐτῷ
ἔφη, Σὺ λέγεις. ὁ δὲ Πιλᾶτος εἶπε πρὸς τοὺς ἀρχιερεῖς 4
καὶ τοὺς ὄχλους, Οὐδὲν εὑρίσκω αἴτιον ἐν τῷ ἀνθρώπῳ
τούτῳ. οἱ δὲ ἐπίσχυον λέγοντες ὅτι Ἀνασείει τὸν λαόν, 5
διδάσκων καθ᾽ ὅλης τῆς Ἰουδαίας, ⁿκαὶ" ἀρξάμενος ἀπὸ τῆς
Γαλιλαίας ἕως ὧδε. Πιλᾶτος δὲ ἀκούσας ᵒ—¹ ἐπηρώτησεν 6
εἰ ὁ ἄνθρωπος Γαλιλαῖός ἐστι. καὶ ἐπιγνούς, ὅτι ἐκ τῆς 7
ἐξουσίας Ἡρώδου ἐστίν, ἀνέπεμψεν αὐτὸν πρὸς Ἡρώδην,
ὄντα καὶ αὐτὸν ἐν Ἱεροσολύμοις ἐν ταύταις ταῖς ἡμέραις.

Ὁ δὲ Ἡρώδης ἰδὼν τὸν Ἰησοῦν ἐχάρη λίαν· ἦν γὰρ ᵖἐξ 8
ἱκανῶν χρόνων θέλων" ἰδεῖν αὐτὸν διὰ τὸ ἀκούειν ᵠ—" περὶ
αὐτοῦ· καὶ ἤλπιζέ τι σημεῖον ἰδεῖν ὑπ᾽ αὐτοῦ γινόμενον.
ἐπηρώτα δὲ αὐτὸν ἐν λόγοις ἱκανοῖς· αὐτὸς δὲ οὐδὲν ἀπεκρί- 9
νατο αὐτῷ. εἱστήκεισαν δὲ οἱ ἀρχιερεῖς καὶ οἱ γραμματεῖς 10
εὐτόνως κατηγοροῦντες αὐτοῦ. ἐξουθενήσας δὲ αὐτὸν ὁ 11

ᵈ ἀνήγαγον   ᵉ ἑαυτῶν   ᶠ add καὶ   ᵍ add μοι,
ἢ ἀπολύσητε   ʰ om. δὲ   ⁱ ἤγαγεν   ᵏ om. ἡμῶν
¹ om. καὶ   ᵐ ἐπηρώτησεν   ⁿ om. καὶ   ᵒ add Γαλιλαίαν
ᵖ θέλων ἐξ ἱκανοῦ   ᵠ add πολλὰ

-23. 26. ΚΑΤΑ ΛΟΥΚΑΝ. 193

Ἡρώδης σὺν τοῖς στρατεύμασιν αὐτοῦ καὶ ἐμπαίξας, περιβαλὼν ʳ⁻" ἐσθῆτα λαμπράν, ἀνέπεμψεν αὐτὸν τῷ Πιλάτῳ.
12 ἐγένοντο δὲ φίλοι ˢὅ τε Ἡρώδης καὶ ὁ Πιλάτος" ἐν αὐτῇ τῇ ἡμέρᾳ μετ᾽ ἀλλήλων· προϋπῆρχον γὰρ ἐν ἔχθρᾳ ὄντες πρὸς ἑαυτούς.
13 Πιλάτος δέ, συγκαλεσάμενος τοὺς ἀρχιερεῖς καὶ τοὺς
14 ἄρχοντας καὶ τὸν λαόν, εἶπε πρὸς αὐτούς, Προσηνέγκατέ μοι τὸν ἄνθρωπον τοῦτον ὡς ἀποστρέφοντα τὸν λαόν· καὶ ἰδού, ἐγώ, ἐνώπιον ὑμῶν ἀνακρίνας, οὐδὲν εὗρον ἐν τῷ ἀνθρώπῳ
15 τούτῳ αἴτιον, ὧν κατηγορεῖτε κατ᾽ αὐτοῦ· ἀλλ᾽ οὐδὲ Ἡρώδης· ᵗἀνέπεμψε γὰρ αὐτὸν πρὸς ἡμᾶς· καὶ ἰδού, οὐδὲν ἄξιον
16 θανάτου ἐστὶ πεπραγμένον αὐτῷ· παιδεύσας οὖν αὐτὸν ἀπο-
18 λύσω. ᵘ⁻ˡ ἀνέκραξαν δὲ παμπληθεὶ λέγοντες, Αἶρε τοῦτον, Cp. Mat.
19 ἀπόλυσον δὲ ἡμῖν τὸν Βαραββᾶν· ὅστις ἦν διὰ στάσιν τινὰ 27. 15, Mk. 15. 6, γενομένην ἐν τῇ πόλει καὶ φόνον ˣβληθεὶς ἐν τῇ φυλακῇ ˡ. Joh.18.39.
20 ʸ⁻" πάλιν ᶻδὲˡ ὁ Πιλάτος ᵃπροσεφώνησεν αὐτοῖς", θέλων
21 ἀπολῦσαι τὸν Ἰησοῦν· οἱ δὲ ἐπεφώνουν λέγοντες, Σταύρωσον,
22 σταύρωσον αὐτόν. ὁ δὲ τρίτον εἶπε πρὸς αὐτούς, Τί γὰρ κακὸν ἐποίησεν οὗτος; οὐδὲν αἴτιον θανάτου εὗρον ἐν αὐτῷ·
23 παιδεύσας οὖν αὐτὸν ἀπολύσω. οἱ δὲ ἐπέκειντο φωναῖς μεγάλαις αἰτούμενοι αὐτὸν σταυρωθῆναι. καὶ κατίσχυον αἱ φωναὶ
24 αὐτῶν ᵇ⁻". ᶜκαὶˡ Πιλάτος ἐπέκρινε γενέσθαι τὸ αἴτημα
25 αὐτῶν. ἀπέλυσε δὲ ᵈ⁻" τὸν διὰ στάσιν καὶ φόνον βεβλημένον εἰς ᵉ⁻" φυλακήν, ὃν ᾐτοῦντο· τὸν δὲ Ἰησοῦν παρέδωκε τῷ θελήματι αὐτῶν.
26 Καὶ ὡς ἀπήγαγον αὐτόν, ἐπιλαβόμενοι ᶠΣίμωνά τινα Κυρη- Mat.27.32, Mk.15.21: cp. Joh.
ʳ add αὐτὸν   ˢ ὅ τε Πιλάτος καὶ ὁ Ἡρώδης   ᵗ ἀνέπεμψα   19. 17.
γὰρ ὑμᾶς πρὸς αὐτόν   ᵘ add ver. 17 ἀνάγκην δὲ εἶχεν ἀπολύειν αὐτοῖς κατὰ ἑορτὴν ἕνα. A.S.M.   ˣ βεβλημένος εἰς φυλακήν   ʸ add (ver. 17) ἀνάγκην δὲ . . . . ἕνα. M.
ᶻ οὖν   ᵃ προσεφώνησε   ᵇ add καὶ τῶν ἀρχιερέων   ᶜ ὁ δὲ
ᵈ add αὐτοῖς   ᵉ add τὴν   ᶠ Σίμωνός τινος Κυρηναίου τοῦ ἐρχομένου

ναῖον ἐρχόμενον" ἀπ' ἀγροῦ ἐπέθηκαν αὐτῷ τὸν σταυρόν, φέρειν ὄπισθεν τοῦ Ἰησοῦ. Ἠκολούθει δὲ αὐτῷ πολὺ πλῆθος τοῦ λαοῦ, καὶ γυναι- 27 κῶν, αἳ ᵍ⁻ᶥ ἐκόπτοντο καὶ ἐθρήνουν αὐτόν. στραφεὶς δὲ 28 πρὸς αὐτὰς ὁ Ἰησοῦς εἶπε, Θυγατέρες Ἱερουσαλήμ, μὴ κλαίετε ἐπ' ἐμέ, πλὴν ἐφ' ἑαυτὰς κλαίετε καὶ ἐπὶ τὰ τέκνα ὑμῶν. ὅτι ἰδού, ἔρχονται ἡμέραι ἐν αἷς ἐροῦσι, Μακάριαι 29 αἱ στεῖραι, καὶ ʰαἵⁱ κοιλίαι αἳ οὐκ ἐγέννησαν, καὶ μαστοὶ οἳ οὐκ ⁱἔθρεψαν". τότε ἄρξονται λέγειν τοῖς ὄρεσι, Πέσετε 30 ἐφ' ἡμᾶς, καὶ τοῖς βουνοῖς, Καλύψατε ἡμᾶς. ὅτι εἰ ἐν τῷ 31 ὑγρῷ ξύλῳ ταῦτα ποιοῦσιν, ἐν τῷ ξηρῷ τί γένηται; Ἤγοντο δὲ καὶ ἕτεροι δύο, κακοῦργοι, σὺν αὐτῷ ἀναιρε- 32 θῆναι. Καὶ ὅτε ᵏἦλθον ¹ ἐπὶ τὸν τόπον τὸν καλούμενον Κρανίον, 33 ἐκεῖ ἐσταύρωσαν αὐτόν, καὶ τοὺς κακούργους, ὃν μὲν ἐκ δεξιῶν, ὃν δὲ ἐξ ἀριστερῶν. ¹ὁ δὲ Ἰησοῦς ἔλεγε, Πάτερ, ἄφες 34 αὐτοῖς· οὐ γὰρ οἴδασι τί ποιοῦσι." διαμεριζόμενοι δὲ τὰ ἱμάτια αὐτοῦ ἔβαλον κλῆρον. καὶ εἱστήκει ὁ λαὸς θεωρῶν. 35 ἐξεμυκτήριζον δὲ καὶ οἱ ἄρχοντες ᵐ⁻" λέγοντες, Ἄλλους ἔσωσε· σωσάτω ἑαυτόν, εἰ οὗτός ἐστιν ὁ Χριστὸς ⁿτοῦ Θεοῦ, ὁ ἐκλεκτός. ' ἐνέπαιζον δὲ αὐτῷ καὶ οἱ στρατιῶται 36 προσερχόμενοι, ᵒ⁻" ὄξος προσφέροντες αὐτῷ, καὶ λέγοντες, 37 Εἰ σὺ εἶ ὁ βασιλεὺς τῶν Ἰουδαίων, σῶσον σεαυτόν. ἦν 38 δὲ καὶ ἐπιγραφὴ ᵖ⁻ᶥ ἐπ' αὐτῷ ᵠ⁻ᶥ, ʳὉ βασιλεὺς τῶν Ἰουδαίων οὗτος ᶥ.

Εἷς δὲ τῶν κρεμασθέντων κακούργων ἐβλασφήμει αὐτὸν 39 λέγων, ˢΟὐχὶ σὺ εἶ ὁ Χριστός;ᶥᶥ σῶσον σεαυτὸν καὶ ἡμᾶς.

ᵍ add καὶ ʰ om. αἱ ⁱ ἐθήλασαν ᵏ ἀπῆλθον
¹ om. ὁ δὲ Ἰησοῦς ἔλεγε, Πάτερ, ἄφες αὐτοῖς· οὐ γὰρ οἴδασι τί ποιοῦσι. M. ᵐ add σὺν αὐτοῖς ⁿ ὁ τοῦ Θεοῦ ἐκλεκτός.
ᵒ add καὶ ᵖ add γεγραμμένη ᵠ add γράμμασιν Ἑλληνικοῖς καὶ Ῥωμαϊκοῖς καὶ Ἑβραϊκοῖς ʳ Οὗτός ἐστιν ὁ βασιλεὺς τῶν Ἰουδαίων ˢ Εἰ σὺ εἶ ὁ Χριστός,

40 ἀποκριθεὶς δὲ ὁ ἕτερος ᵗἐπιτιμῶν αὐτῷ ἐφη, Οὐδὲ φοβῇ
41 σὺ τὸν Θεόν, ὅτι ἐν τῷ αὐτῷ κρίματι εἶ; καὶ ἡμεῖς μὲν
δικαίως· ἄξια γὰρ ὧν ἐπράξαμεν ἀπολαμβάνομεν· οὗτος δὲ
42 οὐδὲν ἄτοπον ἔπραξε. καὶ ᵘἔλεγεν,ˣ Ἰησοῦ, μνήσθητί μου,
43 ˣ⁻ˣ ὅταν ἔλθῃς ʸἐν τῇ βασιλείᾳ σουˣ. καὶ εἶπεν αὐτῷ
ᶻ⁻ᶻ, Ἀμὴν λέγω σοι, σήμερον μετ᾽ ἐμοῦ ἔσῃ ἐν τῷ παραδείσῳ.
44 ᵃΚαὶ ἦν ἤδη ὡσεὶ ὥρα ἕκτη, καὶ σκότος ἐγένετο ἐφ᾽ Mat.27.45.
45 ὅλην τὴν γῆν ἕως ὥρας ἐννάτης, ᵇτοῦ ἡλίου ἐκλείποντος· Mk.15.33.
46 ᶜἐσχίσθη δὲᶜ τὸ καταπέτασμα τοῦ ναοῦ μέσον. καὶ φωνήσας φωνῇ μεγάλῃ ὁ Ἰησοῦς εἶπε, Πάτερ, εἰς χεῖράς σου Cp. Ps. 31
ᵈπαρατίθεμαι τὸ πνεῦμά μου. ᵉτοῦτο δὲᶠ εἰπὼν ἐξέ- (30). 5.
47 πνευσεν. ἰδὼν δὲ ὁ ἑκατόνταρχος τὸ γενόμενον ᶠἐδόξαζε
48 τὸν Θεὸν λέγων, Ὄντως ὁ ἄνθρωπος οὗτος δίκαιος ἦν. καὶ
πάντες οἱ συμπαραγενόμενοι ὄχλοι ἐπὶ τὴν θεωρίαν ταύτην,
ᵍθεωρήσαντεςᵍ τὰ γενόμενα, τύπτοντες ʰ⁻ τὰ στήθη ὑπέ-
49 στρεφον. εἱστήκεισαν δὲ πάντες οἱ γνωστοὶ ⁱαὐτῷ ᵏἀπὸ
μακρόθεν, καὶ γυναῖκες αἱ ˡσυνακολουθοῦσαι αὐτῷ ἀπὸ Cp. 2. 2.
τῆς Γαλιλαίας, ὁρῶσαι ταῦτα.
50 Καὶ ἰδού, ἀνὴρ ὀνόματι Ἰωσήφ, βουλευτὴς ὑπάρχων, ἀνὴρ Mat.27.57.
51 ἀγαθὸς καὶ δίκαιος, (οὗτος οὐκ ἦν συγκατατεθειμένος τῇ Mk.15.43. Joh.19.38.
βουλῇ καὶ τῇ πράξει αὐτῶν,) ἀπὸ Ἀριμαθαίας πόλεως τῶν
Ἰουδαίων, ὃς ᵐ⁻ʲ προσεδέχετο ⁿ⁻ʲ τὴν βασιλείαν τοῦ Θεοῦ,
52 οὗτος προσελθὼν τῷ Πιλάτῳ ᾐτήσατο τὸ σῶμα τοῦ Ἰησοῦ.
53 καὶ καθελὼν ᵒ⁻ ἐνετύλιξεν αὐτὸ σινδόνι, καὶ ἔθηκεν ᵖαὐτὸν
ἐν μνήματι λαξευτῷ, οὗ οὐκ ἦν ᑫοὐδεὶς οὔπωˡ κείμενος.

ᵗ ἐπετίμα αὐτῷ λέγων ᵘ ἔλεγε τῷ ˣ add Κύριε,
ʸ εἰς τὴν βασιλείαν σου M. ᶻ add ὁ Ἰησοῦς ᵃ Ἦν δὲ
ᵇ καὶ ἐσκοτίσθη ὁ ἥλιος, ᶜ καὶ ἐσχίσθη ᵈ παραθή-
σομαι ᵒ καὶ ταῦτα ᶠ ἐδόξασε ᵍ θεωροῦντες
ʰ add ἑαυτῶν ⁱ αὐτοῦ ᵏ μακρόθεν ˡ συνακο-
λουθήσασαι ᵐ add καὶ ⁿ add καὶ αὐτὸς ᵒ add
αὐτὸ ᵖ αὐτὸ ᑫ οὐδέπω οὐδεὶς

καὶ ἡμέρα ἦν ʳπαρασκευῆς", καὶ σάββατον ἐπέφωσκε, 54
κατακολουθήσασαι δὲ ˢαί" γυναῖκες, αἵτινες ἦσαν συνελη- 55
λυθυῖαι ᵗἐκ τῆς Γαλιλαίας αὐτῷ", ἐθεάσαντο τὸ μνημεῖον,
καὶ ὡς ἐτέθη τὸ σῶμα αὐτοῦ. ὑποστρέψασαι δὲ ἡτοίμασαν 56
ἀρώματα καὶ μύρα.

Καὶ τὸ μὲν σάββατον ἡσύχασαν κατὰ τὴν ἐντολήν. τῇ 24
δὲ μιᾷ τῶν σαββάτων, ὄρθρου βαθέος, ἦλθον ἐπὶ τὸ μνῆμα
φέρουσαι ἃ ἡτοίμασαν ἀρώματα ᵘ⁻. εὗρον δὲ τὸν λίθον 2
ἀποκεκυλισμένον ἀπὸ τοῦ μνημείου. ᵛεἰσελθοῦσαι δὲ " οὐχ 3
εὗρον τὸ σῶμα ʷτοῦ Κυρίου Ἰησοῦ". καὶ ἐγένετο ἐν τῷ 4
ˣἀπορεῖσθαι ' αὐτὰς περὶ τούτου, καὶ ἰδού, δύο ἄνδρες ἐπέ-
στησαν αὐταῖς ἐν ʸἐσθῆτι ἀστραπτούσῃ "· ἐμφόβων δὲ 5
γενομένων αὐτῶν, καὶ κλινουσῶν ᶻτὰ πρόσωπα " εἰς τὴν γῆν,
εἶπον πρὸς αὐτάς, Τί ζητεῖτε τὸν ζῶντα μετὰ τῶν νεκρῶν;
ᵃοὐκ ἔστιν ὧδε, ἀλλ' ἡγέρθη· " μνήσθητε ὡς ἐλάλησεν ὑμῖν, 6
ἔτι ὢν ἐν τῇ Γαλιλαίᾳ, λέγων ᵇτὸν υἱὸν τοῦ ἀνθρώπου ὅτι 7
δεῖ" παραδοθῆναι εἰς χεῖρας ἀνθρώπων ἁμαρτωλῶν, καὶ
σταυρωθῆναι, καὶ τῇ τρίτῃ ἡμέρᾳ ἀναστῆναι. καὶ ἐμνή- 8
σθησαν τῶν ῥημάτων αὐτοῦ, καὶ ὑποστρέψασαι ᶜἀπὸ τοῦ 9
μνημείου" ἀπήγγειλαν ταῦτα πάντα τοῖς ἕνδεκα καὶ πᾶσι
τοῖς λοιποῖς. ἦσαν δὲ ἡ Μαγδαληνὴ Μαρία καὶ Ἰωάννα καὶ 10
Μαρία ᵈἡ" Ἰακώβου· καὶ αἱ λοιπαὶ σὺν αὐταῖς ᵉ⁻" ἔλεγον
πρὸς τοὺς ἀποστόλους ταῦτα. καὶ ἐφάνησαν ἐνώπιον αὐτῶν 11
ὡσεὶ λῆρος τὰ ῥήματα ᶠταῦτα⁹, καὶ ἠπίστουν αὐταῖς. ᴮὁ δὲ 12
Πέτρος ἀναστὰς ἔδραμεν ἐπὶ τὸ μνημεῖον, καὶ παρακύψας
βλέπει τὰ ὀθόνια ʰ⁻" μόνα· καὶ ἀπῆλθε πρὸς ἑαυτὸν θαυ-
μάζων τὸ γεγονός."

ʳ παρασκευή   ˢ καὶ   ᵗ αὐτῷ ἐκ τῆς Γαλιλαίας   ᵘ add καί
τινες σὺν αὐταῖς   ᵛ καὶ εἰσελθοῦσαι   ʷ om. τοῦ Κυρίου
Ἰησοῦ M.   ˣ διαπορεῖσθαι   ʸ ἐσθήσεσιν ἀστραπτούσαις
ᶻ τὸ πρόσωπον   ᵃ om. οὐκ ἔστιν ὧδε, ἀλλ' ἡγέρθη· M.   ᵇ ὅτι
δεῖ τὸν υἱὸν τοῦ ἀνθρώπου   ᶜ om. ἀπὸ τοῦ μνημείου M.
ᵈ om. ἡ   ᵉ add αἱ   ᶠ αὐτῶν   ᵍ om. ver. 12 M.   ʰ add κείμενα

-24. 27. ΚΑΤΑ ΛΟΥΚΑΝ. 197

13 Καὶ ἰδού, δύο ἐξ αὐτῶν ⁱἐν αὐτῇ τῇ ἡμέρᾳ ἦσαν πορευό- Cp. Mk.
μενοι" εἰς κώμην ἀπέχουσαν σταδίους ἑξήκοντα ἀπὸ Ἱερου- 16. 12.
14 σαλήμ, ᾗ ὄνομα Ἐμμαούς. καὶ αὐτοὶ ὡμίλουν πρὸς ἀλλήλους
15 περὶ πάντων τῶν συμβεβηκότων τούτων. καὶ ἐγένετο ἐν τῷ
ὁμιλεῖν αὐτοὺς καὶ συζητεῖν, καὶ αὐτὸς ὁ Ἰησοῦς ἐγγίσας
16 συνεπορεύετο αὐτοῖς. οἱ δὲ ὀφθαλμοὶ αὐτῶν ἐκρατοῦντο
17 τοῦ μὴ ἐπιγνῶναι αὐτόν. εἶπε δὲ πρὸς αὐτούς, Τίνες οἱ λό-
γοι οὗτοι, οὓς ἀντιβάλλετε πρὸς ἀλλήλους ᵏπεριπατοῦντες;
18 καὶ ἐστάθησαν σκυθρωποί." ἀποκριθεὶς δὲ ¹⁻⁷ εἷς, ᵐὀνό-
ματι" Κλεόπας, εἶπε πρὸς αὐτόν, Σὺ μόνος παροικεῖς ⁿ⁻"
Ἱερουσαλὴμ καὶ οὐκ ἔγνως τὰ γενόμενα ἐν αὐτῇ ἐν ταῖς
19 ἡμέραις ταύταις; καὶ εἶπεν αὐτοῖς, Ποῖα; οἱ δὲ εἶπον αὐτῷ,
Τὰ περὶ Ἰησοῦ τοῦ °Ναζαρηνοῦ", ὃς ἐγένετο ἀνὴρ προφήτης
δυνατὸς ἐν ἔργῳ καὶ λόγῳ ἐναντίον τοῦ Θεοῦ καὶ παντὸς
20 τοῦ λαοῦ· ὅπως τε παρέδωκαν αὐτὸν οἱ ἀρχιερεῖς καὶ οἱ
ἄρχοντες ἡμῶν εἰς κρῖμα θανάτου, καὶ ἐσταύρωσαν αὐτόν.
21 ἡμεῖς δὲ ἠλπίζομεν ὅτι αὐτός ἐστιν ὁ μέλλων λυτροῦσθαι Cp. 1. 68,
τὸν Ἰσραήλ. ἀλλά γε ᴾκαὶ" σὺν πᾶσι τούτοις τρίτην 2. 38.
22 ταύτην ἡμέραν ἄγει ᵠ⁻" ἀφ᾽ οὗ ταῦτα ἐγένετο. ἀλλὰ καὶ Acts 7. 35;
γυναῖκές τινες ἐξ ἡμῶν ἐξέστησαν ἡμᾶς, γενόμεναι ʳὀρθριναὶ" Mat. 20.
23 ἐπὶ τὸ μνημεῖον· καὶ μὴ εὑροῦσαι τὸ σῶμα αὐτοῦ ἦλθον Mk.10.45.
λέγουσαι καὶ ὀπτασίαν ἀγγέλων ἑωρακέναι, οἳ λέγουσιν
24 αὐτὸν ζῆν. καὶ ἀπῆλθόν τινες τῶν σὺν ἡμῖν ἐπὶ τὸ μνημεῖον,
καὶ εὗρον οὕτω καθὼς ˢ⁻" αἱ γυναῖκες εἶπον· αὐτὸν δὲ οὐκ
25 εἶδον. καὶ αὐτὸς εἶπε πρὸς αὐτούς, Ὦ ἀνόητοι καὶ βραδεῖς
τῇ καρδίᾳ τοῦ πιστεύειν ἐπὶ πᾶσιν οἷς ἐλάλησαν οἱ προφῆ-
26 ται· οὐχὶ ταῦτα ἔδει παθεῖν τὸν Χριστόν, καὶ εἰσελθεῖν εἰς
27 τὴν δόξαν αὐτοῦ; καὶ ἀρξάμενος ἀπὸ Μωσέως καὶ ἀπὸ
πάντων τῶν προφητῶν ᵗδιερμήνευσεν" αὐτοῖς ἐν πάσαις

ⁱ ἦσαν πορευόμενοι ἐν αὐτῇ τῇ ἡμέρᾳ   ᵏ περιπατοῦντες,
καί ἐστε σκυθρωποί;   ˡ add ὁ   ᵐ ᾧ ὄνομα   ⁿ add ἐν
° Ναζωραίου   ᵖ om. καὶ   ᵠ add σήμερον   ʳ ὄρθριαι
ˢ add καὶ   ᵗ διηρμήνευεν

ταῖς γραφαῖς τὰ περὶ ἑαυτοῦ. καὶ ἤγγισαν εἰς τὴν κώμην 28
οὗ ἐπορεύοντο· καὶ αὐτὸς προσεποιεῖτο πορρωτέρω πορεύεσθαι. καὶ παρεβιάσαντο αὐτὸν λέγοντες, Μεῖνον μεθ᾽ ἡμῶν· 29
ὅτι πρὸς ἑσπέραν ἐστί, καὶ κέκλικεν u ἤδη ⫽ ἡ ἡμέρα. καὶ
εἰσῆλθε τοῦ μεῖναι σὺν αὐτοῖς. καὶ ἐγένετο ἐν τῷ κατα- 30
κλιθῆναι αὐτὸν μετ᾽ αὐτῶν, λαβὼν τὸν ἄρτον εὐλόγησε, καὶ
κλάσας ἐπεδίδου αὐτοῖς. αὐτῶν δὲ διηνοίχθησαν οἱ ὀφ- 31
θαλμοί, καὶ ἐπέγνωσαν αὐτόν· καὶ αὐτὸς ἄφαντος ἐγένετο
ἀπ᾽ αὐτῶν. καὶ εἶπον πρὸς ἀλλήλους, Οὐχὶ ἡ καρδία ἡμῶν 32
καιομένη ἦν ἐν ἡμῖν, ὡς ἐλάλει ἡμῖν ἐν τῇ ὁδῷ, x–⫽ ὡς
διήνοιγεν ἡμῖν τὰς γραφάς; καὶ ἀναστάντες αὐτῇ τῇ ὥρᾳ 33
ὑπέστρεψαν εἰς Ἱερουσαλήμ, καὶ εὗρον y ἠθροισμένους ⫽ τοὺς

Cp. 1 Cor. ἕνδεκα, καὶ τοὺς σὺν αὐτοῖς, λέγοντας ὅτι z*Ὄντως 34
15. 5. ἠγέρθη ὁ Κύριος⫽, καὶ ὤφθη Σίμωνι. καὶ αὐτοὶ ἐξηγοῦντο 35
τὰ ἐν τῇ ὁδῷ, καὶ ὡς ἐγνώσθη αὐτοῖς ἐν τῇ κλάσει τοῦ
ἄρτου.

Cp. Mk. Ταῦτα δὲ αὐτῶν λαλούντων αὐτὸς a–⫽ ἔστη ἐν μέσῳ 36
16. 14,
Joh.20.19. αὐτῶν, b καὶ λέγει αὐτοῖς, Εἰρήνη ὑμῖν.⫽ πτοηθέντες δὲ καὶ 37
ἔμφοβοι γενόμενοι ἐδόκουν πνεῦμα θεωρεῖν. καὶ εἶπεν αὐτοῖς, 38
Τί τεταραγμένοι ἐστέ; καὶ διατί διαλογισμοὶ ἀναβαίνουσιν
ἐν c τῇ καρδίᾳ⫽ ὑμῶν; ἴδετε τὰς χεῖράς μου καὶ τοὺς πόδας 39
μου, ὅτι d ἐγώ εἰμι αὐτός⫽· ψηλαφήσατέ με καὶ ἴδετε· ὅτι
πνεῦμα σάρκα καὶ ὀστέα οὐκ ἔχει, καθὼς ἐμὲ θεωρεῖτε
ἔχοντα. e καὶ τοῦτο εἰπὼν f ἔδειξεν⫽ αὐτοῖς τὰς χεῖρας καὶ 40

Cp. Joh. τοὺς πόδας.⫽ ἔτι δὲ ἀπιστούντων αὐτῶν ἀπὸ τῆς χαρᾶς καὶ 41
21. 10.
θαυμαζόντων εἶπεν αὐτοῖς, Ἔχετέ τι βρώσιμον ἐνθάδε; οἱ δὲ 42
ἐπέδωκαν αὐτῷ ἰχθύος ὀπτοῦ μέρος g–⫽. καὶ λαβὼν ἐνώ- 43
πιον αὐτῶν ἔφαγεν.

u om. ἤδη   x add καὶ   y συνηθροισμένους   z Ἠγέρθη
ὁ Κύριος ὄντως   a add ὁ Ἰησοῦς   b om. καὶ λέγει
αὐτοῖς, Εἰρήνη ὑμῖν. M.   c ταῖς καρδίαις   d αὐτὸς ἐγώ
εἰμι   e om. ver. 40 M.   f ἐπέδειξεν   g add καὶ
ἀπὸ μελισσίου κηρίου A.S.M.

-1. 3.   ΚΑΤΑ ΙΩΑΝΝΗΝ.   199

44 Εἶπε δὲ ʰπρὸς αὐτούς, Οὗτοι οἱ λόγοι ¹μοι ⸍ οὓς ἐλάλησα πρὸς ὑμᾶς ἔτι ὢν σὺν ὑμῖν, ὅτι δεῖ πληρωθῆναι πάντα Cp. 18. 31. τὰ γεγραμμένα ἐν τῷ νόμῳ Μωσέως καὶ προφήταις καὶ 45 ψαλμοῖς περὶ ἐμοῦ. τότε διήνοιξεν αὐτῶν τὸν νοῦν, τοῦ 46 συνιέναι τὰς γραφάς· καὶ εἶπεν αὐτοῖς ὅτι Οὕτω γέγραπται, ᵏ⁻‖ παθεῖν τὸν Χριστόν, καὶ ἀναστῆναι ἐκ νεκρῶν τῇ τρίτῃ 47 ἡμέρᾳ· καὶ κηρυχθῆναι ἐπὶ τῷ ὀνόματι αὐτοῦ μετάνοιαν ¹καὶ‖ ἄφεσιν ἁμαρτιῶν εἰς πάντα τὰ ᵐἔθνη, ⁿἀρξάμενοι‖ 48, 49 ἀπὸ Ἱερουσαλήμ. ὑμεῖς ᵒ⁻⸍ ἐστε ⸍ μάρτυρες τούτων. καὶ ἰδού, ἐγὼ ᵖἐξαποστέλλω‖ τὴν ἐπαγγελίαν τοῦ πατρός μου Cp. Acts 1. ἐφ᾽ ὑμᾶς· ὑμεῖς δὲ καθίσατε ἐν τῇ πόλει ᵍ⁻‖, ἕως οὗ ἐνδύ- Joh. 14. 16. σησθε ʳἐξ ὕψους δύναμιν. 50 Ἐξήγαγε δὲ αὐτοὺς ˢ⁻⸍ ἕως ᵗπρὸς Βηθανίαν· καὶ ἐπάρας Cp. Acts 1. 51 τὰς χεῖρας αὐτοῦ εὐλόγησεν αὐτούς. καὶ ἐγένετο ἐν τῷ εὐλογεῖν αὐτὸν αὐτούς, διέστη ἀπ᾽ αὐτῶν, ᵘκαὶ ἀνεφέρετο Mk. 16. 19, 52 εἰς τὸν οὐρανόν.‖ καὶ αὐτοὶ ˣπροσκυνήσαντες αὐτὸν‖ Acts 1. 9: cp. Lk. 53 ὑπέστρεψαν εἰς Ἱερουσαλὴμ μετὰ χαρᾶς μεγάλης· καὶ ἦσαν 9. 51, διαπαντὸς ἐν τῷ ἱερῷ ʸ⁻‖ εὐλογοῦντες τὸν Θεόν. ᶻ⁻‖ Eph. 4. 9. 1Tim. 3. 16.

ΤΟ ΚΑΤΑ ΙΩΑΝΝΗΝ

ΑΓΙΟΝ ΕΥΑΓΓΕΛΙΟΝ.

1 Ἐν ἀρχῇ ἦν ὁ λόγος, καὶ ὁ λόγος ἦν πρὸς τὸν Θεόν, καὶ Cp. Rev. 2, 3 Θεὸς ἦν ὁ λόγος. οὗτος ἦν ἐν ἀρχῇ πρὸς τὸν Θεόν. πάντα also Lk. 19. 13; 1. 2, 1 Joh. 1. 1.

ʰ αὐτοῖς ⁱ om. μου   ᵏ add καὶ οὕτως ἔδει   ˡ εἰς Μ. ᵐ ἔθνη. ἀρξάμενοι ἀπὸ Ἱερουσαλὴμ ὑμεῖς ἐστε Μ.   ⁿ ἀρξάμενον ᵒ add δὲ   ᵖ ἀποστέλλω   ᵍ add Ἱερουσαλήμ   ʳ δύναμιν ἐξ ὕψους   ˢ add ἔξω   ᵗ εἰς   ᵘ om. καὶ ἀνεφέρετο εἰς τὸν οὐρανόν. Μ.   ˣ om. προσκυνήσαντες αὐτὸν Μ.   ʸ add αἰνοῦντες καὶ   ᶻ add ἀμήν.

200 ΕΥΑΓΓΕΛΙΟΝ 1. 3-

δι' αὐτοῦ ἐγένετο, καὶ χωρὶς αὐτοῦ ἐγένετο οὐδὲ ᵃ ἓν ὃ γέγονεν. ἐν" αὐτῷ ζωὴ ἦν, καὶ ἡ ζωὴ ἦν τὸ φῶς τῶν ἀνθρώπων. 4 καὶ τὸ φῶς ἐν τῇ σκοτίᾳ φαίνει, καὶ ἡ σκοτία αὐτὸ οὐ κατέ- 5 λαβεν. ἐγένετο ἄνθρωπος ἀπεσταλμένος παρὰ Θεοῦ, ὄνομα 6 αὐτῷ Ἰωάννης. οὗτος ἦλθεν εἰς μαρτυρίαν, ἵνα μαρτυρήσῃ 7 περὶ τοῦ φωτός, ἵνα πάντες πιστεύσωσι δι' αὐτοῦ. οὐκ ἦν 8 ἐκεῖνος τὸ φῶς, ἀλλ' ἵνα μαρτυρήσῃ περὶ τοῦ φωτός. ἦν 9 τὸ φῶς τὸ ἀληθινόν, ὃ φωτίζει πάντα ᵇ ἄνθρωπον, ἐρχόμενον" εἰς τὸν κόσμον. ἐν τῷ κόσμῳ ἦν, καὶ ὁ κόσμος δι' αὐτοῦ 10 ἐγένετο, καὶ ὁ κόσμος αὐτὸν οὐκ ἔγνω. εἰς τὰ ἴδια ἦλθε, 11 καὶ οἱ ἴδιοι αὐτὸν οὐ παρέλαβον. ὅσοι δὲ ἔλαβον αὐτόν, 12 ἔδωκεν αὐτοῖς ἐξουσίαν τέκνα Θεοῦ γενέσθαι, τοῖς πιστεύ- ουσιν εἰς τὸ ὄνομα αὐτοῦ· οἳ οὐκ ἐξ αἱμάτων, οὐδὲ ἐκ θελή- 13 ματος σαρκός, οὐδὲ ἐκ θελήματος ἀνδρός, ἀλλ' ἐκ Θεοῦ ἐγεννήθησαν. καὶ ὁ λόγος σὰρξ ἐγένετο, καὶ ἐσκήνωσεν ἐν 14 ἡμῖν (καὶ ἐθεασάμεθα τὴν δόξαν αὐτοῦ, δόξαν ὡς μονογενοῦς παρὰ πατρός), πλήρης χάριτος καὶ ἀληθείας. Ἰωάννης μαρ- 15 τυρεῖ περὶ αὐτοῦ, καὶ κέκραγε λέγων, ᶜ Οὗτος ἦν ὃν εἶπον," Ὁ ὀπίσω μου ἐρχόμενος ἔμπροσθέν μου γέγονεν· ὅτι πρῶτός μου ἦν. ᵈ ὅτι" ἐκ τοῦ πληρώματος αὐτοῦ ἡμεῖς πάντες 16 ἐλάβομεν, καὶ χάριν ἀντὶ χάριτος· ὅτι ὁ νόμος διὰ Μωσέως 17 ἐδόθη, ἡ χάρις καὶ ἡ ἀλήθεια διὰ Ἰησοῦ Χριστοῦ ἐγένετο. Θεὸν οὐδεὶς ἑώρακε πώποτε· ᵉ ὁ μονογενὴς υἱός", ὁ ὢν εἰς 18 τὸν κόλπον τοῦ πατρός, ἐκεῖνος ἐξηγήσατο.

Καὶ αὕτη ἐστὶν ἡ μαρτυρία τοῦ Ἰωάννου, ὅτε ἀπέστειλαν 19 ᶠ πρὸς αὐτὸν" οἱ Ἰουδαῖοι ἐξ Ἱεροσολύμων ἱερεῖς καὶ Λευίτας, ἵνα ἐρωτήσωσιν αὐτόν, Σὺ τίς εἶ; καὶ ὡμολόγησε, καὶ οὐκ 20 ἠρνήσατο, καὶ ὡμολόγησεν ὅτι Οὐκ εἰμὶ ἐγὼ ὁ Χριστός. καὶ ἠρώτησαν αὐτόν, Τί οὖν; Ἠλίας εἶ σύ; καὶ λέγει, Οὐκ 21 εἰμί. Ὁ προφήτης εἶ σύ; καὶ ἀπεκρίθη, Οὔ. εἶπον οὖν 22

ᵃ ἕν. ὃ γέγονεν ἐν Μ. ᵇ ἄνθρωπον ἐρχόμενον Μ. ᶜ (οὗτος ἦν ὁ εἰπών) Μ. ᵈ καί ᵉ μονογενὴς Θεός Μ. ᶠ om. πρὸς αὐτὸν

αὐτῷ, Τίς εἶ; ἵνα ἀπόκρισιν δῶμεν τοῖς πέμψασιν ἡμᾶς.
23 τί λέγεις περὶ σεαυτοῦ; ἔφη, Ἐγὼ φωνὴ βοῶντος ἐν τῇ
ἐρήμῳ, Εὐθύνατε τὴν ὁδὸν Κυρίου· καθὼς εἶπεν Ἡσαίας Isa. 40. 3.
24 ὁ προφήτης. καὶ g—‖ ἀπεσταλμένοι ἦσαν ἐκ τῶν Φαρισαίων.
25 καὶ ἠρώτησαν αὐτόν, καὶ εἶπον αὐτῷ, Τί οὖν βαπτίζεις, εἰ
σὺ οὐκ εἶ ὁ Χριστός, h οὐδὲ‖ Ἠλίας, h οὐδὲ‖ ὁ προφήτης;
26 ἀπεκρίθη αὐτοῖς ὁ Ἰωάννης λέγων, Ἐγὼ βαπτίζω ἐν ὕδατι·
27 μέσος i—‖ ὑμῶν j στήκει‖ ὃν ὑμεῖς οὐκ οἴδατε, k—‖ ὁ ὀπίσω
μου ἐρχόμενος, l—‖ οὗ ἐγὼ οὐκ εἰμὶ ἄξιος ἵνα λύσω αὐτοῦ
28 τὸν ἱμάντα τοῦ ὑποδήματος. ταῦτα ἐν m Βηθανίᾳ‖ ἐγένετο
πέραν τοῦ Ἰορδάνου, ὅπου ἦν Ἰωάννης βαπτίζων.
29 Τῇ ἐπαύριον βλέπει n—‖ τὸν Ἰησοῦν ἐρχόμενον πρὸς
αὐτόν, καὶ λέγει, Ἴδε, ὁ ἀμνὸς τοῦ Θεοῦ, ὁ αἴρων τὴν ἁμαρ- Cp.Isa. 53.
30 τίαν τοῦ κόσμου. οὗτός o ἐστιν ὑπὲρ‖ οὗ ἐγὼ εἶπον, Ὀπίσω Acts 8. 32.
μου ἔρχεται ἀνήρ, ὃς ἔμπροσθέν μου γέγονεν, ὅτι πρῶτός 1 Pet.1.19, Rev. 5. 6.
31 μου ἦν. κἀγὼ οὐκ ᾔδειν αὐτόν· ἀλλ' ἵνα φανερωθῇ τῷ
32 Ἰσραήλ, διὰ τοῦτο ἦλθον ἐγὼ ἐν p—‖ ὕδατι βαπτίζων. καὶ
ἐμαρτύρησεν Ἰωάννης λέγων ὅτι Τεθέαμαι τὸ Πνεῦμα κατα- Cp. Mat.
βαῖνον q ὡς‖ περιστερὰν ἐξ οὐρανοῦ, καὶ ἔμεινεν ἐπ' αὐτόν. Mk. 1. 10,
33 κἀγὼ οὐκ ᾔδειν αὐτόν· ἀλλ' ὁ πέμψας με βαπτίζειν ἐν ὕδατι, Lk. 3. 21.
ἐκεῖνός μοι εἶπεν, Ἐφ' ὃν ἂν ἴδῃς τὸ Πνεῦμα καταβαῖνον καὶ
μένον ἐπ' αὐτόν, οὗτός ἐστιν ὁ βαπτίζων ἐν Πνεύματι Ἁγίῳ.
34 κἀγὼ ἑώρακα, καὶ μεμαρτύρηκα ὅτι οὗτός ἐστιν ὁ υἱὸς τοῦ
Θεοῦ.
35 Τῇ ἐπαύριον πάλιν εἱστήκει ὁ Ἰωάννης, καὶ ἐκ τῶν μαθη-
36 τῶν αὐτοῦ δύο· καὶ ἐμβλέψας τῷ Ἰησοῦ περιπατοῦντι
37 λέγει, Ἴδε, ὁ ἀμνὸς τοῦ Θεοῦ. καὶ ἤκουσαν r οἱ δύο μαθηταὶ
38 αὐτοῦ‖ λαλοῦντος, καὶ ἠκολούθησαν τῷ Ἰησοῦ. στραφεὶς
δὲ ὁ Ἰησοῦς, καὶ θεασάμενος αὐτοὺς ἀκολουθοῦντας, λέγει

g add οἱ   h οὔτε   i add δὲ   j ἕστηκεν   k add
αὐτός ἐστιν   l add ὃς ἔμπροσθέν μου γέγονεν,   m Βηθαβαρᾶ
A.S.M.: Βηθαραβᾶ M.   n add ὁ Ἰωάννης   o ἐστι περὶ
p add τῷ   q ὡσεὶ   r αὐτοῦ οἱ δύο μαθηταὶ

αὐτοῖς, Τί ζητεῖτε; οἱ δὲ εἶπον αὐτῷ, Ῥαββί, ὃ λέγεται
ᵇ μεθερμηνευόμενον " Διδάσκαλε, ποῦ μένεις; λέγει αὐτοῖς, 39
Ἔρχεσθε καὶ ᵗ ὄψεσθε ". ἦλθον ᵘ οὖν " καὶ εἶδον ποῦ μένει,
καὶ παρ' αὐτῷ ἔμειναν τὴν ἡμέραν ἐκείνην· ὥρα ᵛ⁻" ἦν ὡς
δεκάτη. ἦν Ἀνδρέας ὁ ἀδελφὸς Σίμωνος Πέτρου εἷς ἐκ τῶν 40
δύο τῶν ἀκουσάντων παρὰ Ἰωάννου καὶ ἀκολουθησάντων
αὐτῷ. εὑρίσκει οὗτος ʷ πρῶτον " τὸν ἀδελφὸν τὸν ἴδιον 41
Σίμωνα, καὶ λέγει αὐτῷ, Εὑρήκαμεν τὸν Μεσσίαν· ὅ ἐστι
μεθερμηνευόμενον ˣ⁻" Χριστός. ʸ⁻" ἤγαγεν αὐτὸν πρὸς 42
τὸν Ἰησοῦν. ἐμβλέψας ᶻ⁻" αὐτῷ ὁ Ἰησοῦς εἶπε, Σὺ εἶ
Σίμων ὁ υἱὸς ᵃ Ἰωάνου "· σὺ κληθήσῃ Κηφᾶς· ὃ ἑρμηνεύεται
Πέτρος.
Τῇ ἐπαύριον ἠθέλησεν ᵇ⁻ ἐξελθεῖν εἰς τὴν Γαλιλαίαν, καὶ 43
εὑρίσκει Φίλιππον· καὶ λέγει αὐτῷ ᶜ ὁ Ἰησοῦς ", Ἀκολούθει μοι. 44
ἦν δὲ ὁ Φίλιππος ἀπὸ Βηθσαϊδά, ἐκ τῆς πόλεως Ἀνδρέου καὶ
Πέτρου. εὑρίσκει Φίλιππος τὸν Ναθαναήλ, καὶ λέγει αὐτῷ, 45
Ὃν ἔγραψε Μωσῆς ἐν τῷ νόμῳ καὶ οἱ προφῆται εὑρήκαμεν,
Ἰησοῦν ᵈ⁻" υἱὸν τοῦ Ἰωσὴφ τὸν ἀπὸ Ναζαρέτ. καὶ εἶπεν 46
αὐτῷ Ναθαναήλ, Ἐκ Ναζαρὲτ δύναταί τι ἀγαθὸν εἶναι;
λέγει αὐτῷ Φίλιππος, Ἔρχου καὶ ἴδε. εἶδεν ὁ Ἰησοῦς τὸν 47
Ναθαναὴλ ἐρχόμενον πρὸς αὐτόν, καὶ λέγει περὶ αὐτοῦ, Ἴδε,
ἀληθῶς Ἰσραηλίτης, ἐν ᾧ δόλος οὐκ ἔστι. λέγει αὐτῷ 48
Ναθαναήλ, Πόθεν με γινώσκεις; ἀπεκρίθη ὁ Ἰησοῦς καὶ
εἶπεν αὐτῷ, Πρὸ τοῦ σε Φίλιππον φωνῆσαι, ὄντα ὑπὸ
τὴν συκῆν εἶδόν σε. ἀπεκρίθη ᵉ αὐτῷ Ναθαναήλ, " Ῥαββί, 49
σὺ εἶ ὁ υἱὸς τοῦ Θεοῦ, σὺ ᶠ βασιλεὺς εἶ " τοῦ Ἰσραήλ.
ἀπεκρίθη Ἰησοῦς καὶ εἶπεν αὐτῷ, Ὅτι εἶπόν σοι ᵍ ὅτι " 50
Εἶδόν σε ὑποκάτω τῆς συκῆς, πιστεύεις; μείζω τούτων ὄψει.
καὶ λέγει αὐτῷ, Ἀμὴν ἀμὴν λέγω ὑμῖν, ʰ⁻" ὄψεσθε τὸν 51

ˢ ἑρμηνευόμενον ᵗ ἴδετε ᵘ om. οὖν ᵛ add δὲ
ʷ πρῶτος ˣ add ὁ ʸ add καὶ ᶻ add δὲ ᵃ Ἰωνᾶ
ᵇ add ὁ Ἰησοῦς ᶜ om. ὁ Ἰησοῦς ᵈ add τὸν ᵉ Ναθαναὴλ
καὶ λέγει αὐτῷ, ᶠ εἶ ὁ βασιλεὺς ᵍ om. ὅτι ʰ add ἀπ' ἄρτι

ουρανὸν ἀνεῳγότα, καὶ τοὺς ἀγγέλους τοῦ Θεοῦ ἀναβαίνοντας καὶ καταβαίνοντας ἐπὶ τὸν υἱὸν τοῦ ἀνθρώπου.

2 Καὶ τῇ ἡμέρᾳ τῇ τρίτῃ γάμος ἐγένετο ἐν Κανᾷ τῆς Γαλιλαίας· καὶ ἦν ἡ μήτηρ τοῦ Ἰησοῦ ἐκεῖ· ἐκλήθη δὲ καὶ ὁ Ἰησοῦς καὶ οἱ μαθηταὶ αὐτοῦ εἰς τὸν γάμον. καὶ ὑστερήσαντος οἴνου λέγει ἡ μήτηρ τοῦ Ἰησοῦ πρὸς αὐτόν, Οἶνον οὐκ ἔχουσι. ⁱκαὶ ᶦ λέγει αὐτῇ ὁ Ἰησοῦς, Τί ἐμοὶ καὶ σοί, γύναι; οὔπω ἥκει ἡ ὥρα μου. λέγει ἡ μήτηρ αὐτοῦ τοῖς διακόνοις, Ὅ τι ἂν λέγῃ ὑμῖν, ποιήσατε. ἦσαν δὲ ἐκεῖ ᵏλίθιναι ὑδρίαι ἓξ κατὰ τὸν καθαρισμὸν τῶν Ἰουδαίων Cp. Mk. 7. κείμεναι ᴵᴵ, χωροῦσαι ἀνὰ μετρητὰς δύο ἢ τρεῖς. λέγει αὐτοῖς ὁ Ἰησοῦς, Γεμίσατε τὰς ὑδρίας ὕδατος. καὶ ἐγέμισαν αὐτὰς ἕως ἄνω. καὶ λέγει αὐτοῖς, Ἀντλήσατε νῦν, καὶ φέρετε τῷ ἀρχιτρικλίνῳ. ᶦοἱ δὲ ᶦ ἤνεγκαν. ὡς δὲ ἐγεύσατο ὁ ἀρχιτρίκλινος τὸ ὕδωρ οἶνον γεγενημένον, καὶ οὐκ ᾔδει πόθεν ἐστίν (οἱ δὲ διάκονοι ᾔδεισαν οἱ ἠντληκότες τὸ ὕδωρ), φωνεῖ τὸν νυμφίον ὁ ἀρχιτρίκλινος, καὶ λέγει αὐτῷ, Πᾶς ἄνθρωπος πρῶτον τὸν καλὸν οἶνον τίθησι, καὶ ὅταν μεθυσθῶσι ᵐ⁻ᴵᴵ τὸν ἐλάσσω· σὺ τετήρηκας τὸν καλὸν οἶνον ἕως ἄρτι. ταύτην ἐποίησεν ⁿ⁻ᴵᴵ ἀρχὴν τῶν σημείων ὁ Ἰησοῦς ἐν Κανᾷ τῆς Γαλιλαίας, καὶ ἐφανέρωσε τὴν δόξαν αὐτοῦ· καὶ ἐπίστευσαν εἰς αὐτὸν οἱ μαθηταὶ αὐτοῦ.

12 Μετὰ τοῦτο κατέβη εἰς Καπερναούμ, αὐτός, καὶ ἡ μήτηρ αὐτοῦ, καὶ οἱ ἀδελφοί ᵒ⁻ᴵᴵ, καὶ οἱ μαθηταὶ αὐτοῦ· καὶ ἐκεῖ ἔμειναν οὐ πολλὰς ἡμέρας.

13 Καὶ ἐγγὺς ἦν τὸ πάσχα τῶν Ἰουδαίων, καὶ ἀνέβη εἰς Ἱεροσόλυμα ὁ Ἰησοῦς. καὶ εὗρεν ἐν τῷ ἱερῷ τοὺς πωλοῦν- Cp. Mat. τας βόας καὶ πρόβατα καὶ περιστεράς, καὶ τοὺς κερματιστὰς Mk. 11. 15. καθημένους· καὶ ποιήσας φραγέλλιον ἐκ σχοινίων πάντας Lk. 19. 45. ἐξέβαλεν ἐκ τοῦ ἱεροῦ, τά τε πρόβατα καὶ τοὺς βόας· καὶ

ⁱ om. καὶ   ᵏ ὑδρίαι λίθιναι ἓξ κείμεναι κατὰ τὸν καθαρισμὸν τῶν Ἰουδαίων   ᶦ καὶ   ᵐ add τότε   ᵘ add τὴν
ᵒ add αὐτοῦ

τῶν κολλυβιστῶν ἐξέχεε ᵖτὰ κέρματα∥ καὶ τὰς τραπέζας ἀνέστρεψε· καὶ τοῖς τὰς περιστερὰς πωλοῦσιν εἶπεν, Ἄρατε 16 ταῦτα ἐντεῦθεν, μὴ ποιεῖτε τὸν οἶκον τοῦ πατρός μου οἶκον ἐμπορίου. ἐμνήσθησαν ᑫ⁻∥ οἱ μαθηταὶ αὐτοῦ, ὅτι γεγραμ- 17 μένον ἐστίν, Ὁ ζῆλος τοῦ οἴκου σου ʳκαταφάγεταί∥ με. ἀπεκρίθησαν οὖν οἱ Ἰουδαῖοι καὶ εἶπον αὐτῷ, Τί σημεῖον 18 δεικνύεις ἡμῖν, ὅτι ταῦτα ποιεῖς; ἀπεκρίθη ὁ Ἰησοῦς καὶ 19 εἶπεν αὐτοῖς, Λύσατε τὸν ναὸν τοῦτον, καὶ ἐν τρισὶν ἡμέραις ἐγερῶ αὐτόν. εἶπον οὖν οἱ Ἰουδαῖοι, Τεσσαράκοντα καὶ ἓξ 20 ἔτεσιν ᾠκοδομήθη ὁ ναὸς οὗτος, καὶ σὺ ἐν τρισὶν ἡμέραις ἐγερεῖς αὐτόν; ἐκεῖνος δὲ ἔλεγε περὶ τοῦ ναοῦ τοῦ σώματος 21 αὐτοῦ. ὅτε οὖν ἠγέρθη ἐκ νεκρῶν, ἐμνήσθησαν οἱ μαθηταὶ 22 αὐτοῦ ὅτι τοῦτο ἔλεγε ˢ⁻∥, καὶ ἐπίστευσαν τῇ γραφῇ, καὶ τῷ λόγῳ ᾧ εἶπεν ὁ Ἰησοῦς.

Ὡς δὲ ἦν ἐν Ἱεροσολύμοις ἐν τῷ πάσχα, ἐν τῇ ἑορτῇ, 23 πολλοὶ ἐπίστευσαν εἰς τὸ ὄνομα αὐτοῦ θεωροῦντες αὐτοῦ τὰ σημεῖα ἃ ἐποίει. αὐτὸς δὲ ὁ Ἰησοῦς οὐκ ἐπίστευεν ᵗαὐτὸν∥ 24 αὐτοῖς διὰ τὸ αὐτὸν γινώσκειν πάντας· καὶ ὅτι οὐ χρείαν 25 εἶχεν ἵνα τις μαρτυρήσῃ περὶ τοῦ ἀνθρώπου· αὐτὸς γὰρ ἐγίνωσκε τί ἦν ἐν τῷ ἀνθρώπῳ.

Ἦν δὲ ἄνθρωπος ἐκ τῶν Φαρισαίων, Νικόδημος ὄνομα 3 αὐτῷ, ἄρχων τῶν Ἰουδαίων· οὗτος ἦλθε πρὸς ᵘαὐτὸν∥ νυκτός, 2 καὶ εἶπεν αὐτῷ, Ῥαββί, οἴδαμεν ὅτι ἀπὸ Θεοῦ ἐλήλυθας διδάσκαλος· οὐδεὶς γὰρ ταῦτα τὰ σημεῖα δύναται ποιεῖν ἃ σὺ ποιεῖς, ἐὰν μὴ ᾖ ὁ Θεὸς μετ' αὐτοῦ. ἀπεκρίθη ὁ Ἰησοῦς καὶ 3 εἶπεν αὐτῷ, Ἀμὴν ἀμὴν λέγω σοι, ἐὰν μή τις γεννηθῇ ἄνωθεν, οὐ δύναται ἰδεῖν τὴν βασιλείαν τοῦ Θεοῦ. λέγει πρὸς αὐτὸν 4 ὁ Νικόδημος, Πῶς δύναται ἄνθρωπος γεννηθῆναι γέρων ὤν; μὴ δύναται εἰς τὴν κοιλίαν τῆς μητρὸς αὐτοῦ δεύτερον εἰσελθεῖν καὶ γεννηθῆναι; ἀπεκρίθη ὁ Ἰησοῦς, Ἀμὴν ἀμὴν λέγω 5

ᵖ τὸ κέρμα   ᑫ add δὲ   ʳ κατέφαγέ   ˢ add αὐτοῖς
ᵗ ἑαυτὸν   ᵘ τὸν Ἰησοῦν

σοι, ἐὰν μή τις γεννηθῇ ἐξ ὕδατος καὶ Πνεύματος, οὐ δύναται 6 εἰσελθεῖν εἰς τὴν βασιλείαν τοῦ Θεοῦ. τὸ γεγεννημένον ἐκ τῆς σαρκὸς σάρξ ἐστι, καὶ τὸ γεγεννημένον ἐκ τοῦ Πνεύματος 7 πνεῦμά ἐστι. μὴ θαυμάσῃς ὅτι εἶπόν σοι, Δεῖ ὑμᾶς γεννη- 8 θῆναι ἄνωθεν. τὸ πνεῦμα ὅπου θέλει πνεῖ, καὶ τὴν φωνὴν Cp. Eccles. αὐτοῦ ἀκούεις, ἀλλ᾽ οὐκ οἶδας πόθεν ἔρχεται καὶ ποῦ ὑπάγει· 11. 5. 9 οὕτως ἐστὶ πᾶς ὁ γεγεννημένος ἐκ τοῦ Πνεύματος. ἀπεκρίθη Νικόδημος καὶ εἶπεν αὐτῷ, Πῶς δύναται ταῦτα γενέσθαι; 10 ἀπεκρίθη ὁ Ἰησοῦς καὶ εἶπεν αὐτῷ, Σὺ εἶ ὁ διδάσκαλος τοῦ 11 Ἰσραήλ, καὶ ταῦτα οὐ γινώσκεις; ἀμὴν ἀμὴν λέγω σοι, ὅτι ὃ οἴδαμεν λαλοῦμεν, καὶ ὃ ἑωράκαμεν μαρτυροῦμεν· καὶ τὴν 12 μαρτυρίαν ἡμῶν οὐ λαμβάνετε. εἰ τὰ ἐπίγεια εἶπον ὑμῖν, καὶ οὐ πιστεύετε, πῶς, ἐὰν εἴπω ὑμῖν τὰ ἐπουράνια, πιστεύ- 13 σετε; καὶ οὐδεὶς ἀναβέβηκεν εἰς τὸν οὐρανόν, εἰ μὴ ὁ ἐκ τοῦ οὐρανοῦ καταβάς, ὁ υἱὸς τοῦ ἀνθρώπου, ˣ ὁ ὢν ἐν τῷ οὐρανῷ∥. 14 καὶ καθὼς Μωσῆς ὕψωσε τὸν ὄφιν ἐν τῇ ἐρήμῳ, οὕτως ὑψω- Cp. Num. 15 θῆναι δεῖ τὸν υἱὸν τοῦ ἀνθρώπου· ἵνα πᾶς ὁ πιστεύων ʸἐν 21. 9. αὐτῷ∥ ᶻ⁻∥ ἔχῃ ζωὴν αἰώνιον.

16 Οὕτω γὰρ ἠγάπησεν ὁ Θεὸς τὸν κόσμον, ὥστε τὸν υἱὸν αὐτοῦ τὸν μονογενῆ ἔδωκεν, ἵνα πᾶς ὁ πιστεύων εἰς αὐτὸν μὴ 17 ἀπόληται, ἀλλ᾽ ἔχῃ ζωὴν αἰώνιον. οὐ γὰρ ἀπέστειλεν ὁ Θεὸς τὸν υἱὸν ᵃ⁻ εἰς τὸν κόσμον, ἵνα κρίνῃ τὸν κόσμον, ἀλλ᾽ 18 ἵνα σωθῇ ὁ κόσμος δι᾽ αὐτοῦ. ὁ πιστεύων εἰς αὐτὸν οὐ κρίνεται· ὁ ᵇ⁻ᶦ μὴ πιστεύων ἤδη κέκριται, ὅτι μὴ πεπίστευκεν εἰς τὸ ὄνομα τοῦ μονογενοῦς υἱοῦ τοῦ Θεοῦ. αὕτη δέ 19 ἐστιν ἡ κρίσις, ὅτι τὸ φῶς ἐλήλυθεν εἰς τὸν κόσμον, καὶ ἠγάπησαν οἱ ἄνθρωποι μᾶλλον τὸ σκότος ἢ τὸ φῶς· ἦν γὰρ 20 πονηρὰ αὐτῶν τὰ ἔργα. πᾶς γὰρ ὁ φαῦλα πράσσων μισεῖ τὸ φῶς, καὶ οὐκ ἔρχεται πρὸς τὸ φῶς, ἵνα μὴ ἐλεγχθῇ τὰ 21 ἔργα αὐτοῦ· ὁ δὲ ποιῶν τὴν ἀλήθειαν ἔρχεται πρὸς τὸ φῶς, ἵνα φανερωθῇ αὐτοῦ τὰ ἔργα, ὅτι ἐν Θεῷ ἐστιν εἰργασμένα.

ˣ om. ὁ ὢν ἐν τῷ οὐρανῷ M.   ʸ εἰς αὐτὸν   ᶻ add μὴ ἀπόληται, ἀλλ᾽   ᵃ add αὐτοῦ   ᵇ add δὲ

Μετὰ ταῦτα ἦλθεν ὁ Ἰησοῦς καὶ οἱ μαθηταὶ αὐτοῦ εἰς τὴν 22 Ἰουδαίαν γῆν· καὶ ἐκεῖ διέτριβε μετ' αὐτῶν, καὶ ἐβάπτιζεν. ἦν δὲ καὶ Ἰωάννης βαπτίζων ἐν Αἰνὼν ἐγγὺς τοῦ Σαλείμ, ὅτι 23 ὕδατα πολλὰ ἦν ἐκεῖ· καὶ παρεγίνοντο καὶ ἐβαπτίζοντο. οὔπω γὰρ ἦν βεβλημένος εἰς τὴν φυλακὴν ὁ Ἰωάννης. 24 ἐγένετο οὖν ζήτησις ἐκ τῶν μαθητῶν Ἰωάννου μετὰ ᶜἸου- 25 δαίου*ᵘ* περὶ καθαρισμοῦ. καὶ ἦλθον πρὸς τὸν Ἰωάννην καὶ 26 εἶπον αὐτῷ, Ῥαββί, ὃς ἦν μετὰ σοῦ πέραν τοῦ Ἰορδάνου, ᾧ σὺ μεμαρτύρηκας, ἴδε, οὗτος βαπτίζει, καὶ πάντες ἔρχονται πρὸς αὐτόν. ἀπεκρίθη Ἰωάννης καὶ εἶπεν, Οὐ δύναται ἄνθρω- 27 πος λαμβάνειν οὐδέν, ἐὰν μὴ ᾖ δεδομένον αὐτῷ ἐκ τοῦ οὐρανοῦ. αὐτοὶ ὑμεῖς μοι μαρτυρεῖτε ὅτι εἶπον, Οὐκ εἰμὶ 28 ἐγὼ ὁ Χριστός, ἀλλ' ὅτι Ἀπεσταλμένος εἰμὶ ἔμπροσθεν ἐκείνου. ὁ ἔχων τὴν νύμφην νυμφίος ἐστίν· ὁ δὲ φίλος τοῦ 29 νυμφίου, ὁ ἑστηκὼς καὶ ἀκούων αὐτοῦ, χαρᾷ χαίρει διὰ τὴν φωνὴν τοῦ νυμφίου· αὕτη οὖν ἡ χαρὰ ἡ ἐμὴ πεπλήρωται. ἐκεῖνον δεῖ αὐξάνειν, ἐμὲ δὲ ἐλαττοῦσθαι. 30

Ὁ ἄνωθεν ἐρχόμενος ἐπάνω πάντων ἐστίν· ὁ ὢν ἐκ τῆς 31 γῆς ἐκ τῆς γῆς ἐστι, καὶ ἐκ τῆς γῆς λαλεῖ· ᵈὁ ἐκ τοῦ οὐρανοῦ ἐρχόμενος ἐπάνω πάντων ἐστίν. ᵉ⁻ᵘ ὃ ἑώρακε καὶ ἤκουσε, 32 τοῦτο μαρτυρεῖ·*ᶦ* καὶ τὴν μαρτυρίαν αὐτοῦ οὐδεὶς λαμβάνει. ὁ λαβὼν αὐτοῦ τὴν μαρτυρίαν ἐσφράγισεν ὅτι ὁ Θεὸς ἀληθής 33 ἐστιν. ὃν γὰρ ἀπέστειλεν ὁ Θεός, τὰ ῥήματα τοῦ Θεοῦ 34 λαλεῖ· οὐ γὰρ ἐκ μέτρου δίδωσι ᶠ⁻ᵘ τὸ Πνεῦμα. ὁ πατὴρ 35 ἀγαπᾷ τὸν υἱόν, καὶ πάντα δέδωκεν ἐν τῇ χειρὶ αὐτοῦ. ὁ 36 πιστεύων εἰς τὸν υἱὸν ἔχει ζωὴν αἰώνιον· ὁ δὲ ἀπειθῶν τῷ υἱῷ οὐκ ὄψεται ζωήν, ἀλλ' ἡ ὀργὴ τοῦ Θεοῦ μένει ἐπ' αὐτόν.

Ὡς οὖν ἔγνω ὁ Κύριος, ὅτι ἤκουσαν οἱ Φαρισαῖοι ὅτι 4 Ἰησοῦς πλείονας μαθητὰς ποιεῖ καὶ βαπτίζει ἢ Ἰωάννης (καίτοιγε Ἰησοῦς αὐτὸς οὐκ ἐβάπτιζεν, ἀλλ' οἱ μαθηταὶ αὐτοῦ), 2

ᶜ Ἰουδαίων   ᵈ ὁ ἐκ τοῦ οὐρανοῦ ἐρχόμενος ὃ ἑώρακε καὶ ἤκουσε μαρτυρεῖ· M.   ᵉ add καί   ᶠ add ὁ Θεός

3 ἀφῆκε τὴν Ἰουδαίαν, καὶ ἀπῆλθε πάλιν εἰς τὴν Γαλιλαίαν.
4,5 ἔδει δὲ αὐτὸν διέρχεσθαι διὰ τῆς Σαμαρείας. ἔρχεται οὖν
εἰς πόλιν τῆς Σαμαρείας, λεγομένην Συχάρ, πλησίον τοῦ χω- Cp. Gen.
6 ρίου ὃ ἔδωκεν Ἰακὼβ Ἰωσὴφ τῷ υἱῷ αὐτοῦ· ἦν δὲ ἐκεῖ πηγὴ 48. 22; also
τοῦ Ἰακώβ. ὁ οὖν Ἰησοῦς κεκοπιακὼς ἐκ τῆς ὁδοιπορίας Gen. 33. 19,
7 ἐκαθέζετο οὕτως ἐπὶ τῇ πηγῇ. ὥρα ἦν ᵍὡς ἕκτη. ἔρχεται Joshua 24. 32.
γυνὴ ἐκ τῆς Σαμαρείας ἀντλῆσαι ὕδωρ. λέγει αὐτῇ ὁ Ἰησοῦς,
8 Δός μοι πιεῖν. οἱ γὰρ μαθηταὶ αὐτοῦ ἀπεληλύθεισαν εἰς τὴν
9 πόλιν, ἵνα τροφὰς ἀγοράσωσι. λέγει οὖν αὐτῷ ἡ γυνὴ ἡ
Σαμαρεῖτις, Πῶς σὺ Ἰουδαῖος ὢν παρ' ἐμοῦ πιεῖν αἰτεῖς,
οὔσης γυναικὸς Σαμαρείτιδος; ʰοὐ γὰρ συγχρῶνται Ἰουδαῖοι Cp. Mat.
10 Σαμαρείταις.ⁱ ἀπεκρίθη Ἰησοῦς καὶ εἶπεν αὐτῇ, Εἰ ᾔδεις Lk. 9. 53,
τὴν δωρεὰν τοῦ Θεοῦ, καὶ τίς ἐστιν ὁ λέγων σοι, Δός μοι 17. 18; also
πιεῖν, σὺ ἂν ᾔτησας αὐτόν, καὶ ἔδωκεν ἄν σοι ὕδωρ ζῶν. 2 Kings
11 λέγει αὐτῷ ἡ γυνή, Κύριε, οὔτε ἄντλημα ἔχεις, καὶ τὸ φρέαρ 17. 24.
12 ἐστὶ βαθύ· πόθεν οὖν ἔχεις τὸ ὕδωρ τὸ ζῶν; μὴ σὺ μείζων Cp. Jer. 2. 13.
εἶ τοῦ πατρὸς ἡμῶν Ἰακώβ, ὃς ἔδωκεν ἡμῖν τὸ φρέαρ, καὶ
αὐτὸς ἐξ αὐτοῦ ἔπιε, καὶ οἱ υἱοὶ αὐτοῦ, καὶ τὰ θρέμματα
13 αὐτοῦ; ἀπεκρίθη ὁ Ἰησοῦς καὶ εἶπεν αὐτῇ, Πᾶς ὁ πίνων ἐκ
14 τοῦ ὕδατος τούτου διψήσει πάλιν· ὃς δ' ἂν πίῃ ἐκ τοῦ ὕδατος
οὗ ἐγὼ δώσω αὐτῷ, οὐ μὴ ⁱδιψήσει ˡ εἰς τὸν αἰῶνα· ἀλλὰ τὸ
ὕδωρ, ὃ ᵏἐγὼ ˡ δώσω αὐτῷ, γενήσεται ἐν αὐτῷ πηγὴ ὕδατος
15 ἁλλομένου εἰς ζωὴν αἰώνιον. λέγει πρὸς αὐτὸν ἡ γυνή,
Κύριε, δός μοι τοῦτο τὸ ὕδωρ, ἵνα μὴ διψῶ, μηδὲ ¹διέρχω-
16 μαι ˡ ἐνθάδε ἀντλεῖν. λέγει αὐτῇ ὁ Ἰησοῦς, Ὕπαγε, φώνη-
17 σον τὸν ἄνδρα σοῦ, καὶ ἐλθὲ ἐνθάδε. ἀπεκρίθη ἡ γυνὴ καὶ
εἶπεν ᵐαὐτῷ ˡ, Οὐκ ἔχω ἄνδρα. λέγει αὐτῇ ὁ Ἰησοῦς, Καλῶς
18 εἶπας ὅτι Ἄνδρα οὐκ ἔχω· πέντε γὰρ ἄνδρας ἔσχες, καὶ νῦν
19 ὃν ἔχεις οὐκ ἔστι σου ἀνήρ· τοῦτο ἀληθὲς εἴρηκας. λέγει
20 αὐτῷ ἡ γυνή, Κύριε, θεωρῶ ὅτι προφήτης εἶ σύ. οἱ πατέρες

ᵍ ὡσεὶ   ʰ om. οὐ γὰρ συγχρῶνται Ἰουδαῖοι Σαμαρείταις. M.
ⁱ διψήσῃ   ᵏ om. ἐγώ   ˡ ἔρχωμαι   ᵐ om. αὐτῷ

Cp. Deut.
12. 5, 11,
1 Kings 9.
3.

ἡμῶν ἐν τούτῳ τῷ ὄρει προσεκύνησαν· καὶ ὑμεῖς λέγετε, ὅτι ἐν Ἱεροσολύμοις ἐστὶν ὁ τόπος ὅπου δεῖ προσκυνεῖν. λέγει 21 αὐτῇ ὁ Ἰησοῦς, ⁿΠίστευέ μοι, γύναι‖, ὅτι ἔρχεται ὥρα, ὅτε οὔτε ἐν τῷ ὄρει τούτῳ οὔτε ἐν Ἱεροσολύμοις προσκυνήσετε τῷ πατρί. ὑμεῖς προσκυνεῖτε ὃ οὐκ οἴδατε· ἡμεῖς προσκυ- 22 νοῦμεν ὃ οἴδαμεν· ὅτι ἡ σωτηρία ἐκ τῶν Ἰουδαίων ἐστίν. ἀλλ' ἔρχεται ὥρα καὶ νῦν ἐστιν, ὅτε οἱ ἀληθινοὶ προσκυνηταὶ 23 προσκυνήσουσι τῷ πατρὶ ἐν πνεύματι καὶ ἀληθείᾳ· καὶ γὰρ ὁ πατὴρ τοιούτους ζητεῖ τοὺς προσκυνοῦντας αὐτόν. πνεῦμα 24 ὁ Θεός· καὶ τοὺς προσκυνοῦντας αὐτὸν ἐν πνεύματι καὶ ἀληθείᾳ δεῖ προσκυνεῖν. λέγει αὐτῷ ἡ γυνή, Οἶδα ὅτι Μεσσίας 25 ἔρχεται (ὁ λεγόμενος Χριστός)· ὅταν ἔλθῃ ἐκεῖνος, ἀναγγελεῖ ἡμῖν πάντα. λέγει αὐτῇ ὁ Ἰησοῦς, Ἐγώ εἰμι, ὁ λαλῶν σοι. 26 Καὶ ἐπὶ τούτῳ ἦλθον οἱ μαθηταὶ αὐτοῦ· καὶ ᵒἐθαύμαζον‖ ὅτι 27 μετὰ γυναικὸς ἐλάλει· οὐδεὶς μέντοι εἶπε, Τί ζητεῖς; ἢ Τί λαλεῖς μετ' αὐτῆς; ἀφῆκεν οὖν τὴν ὑδρίαν αὐτῆς ἡ γυνή, καὶ 28 ἀπῆλθεν εἰς τὴν πόλιν, καὶ λέγει τοῖς ἀνθρώποις, Δεῦτε, 29 ἴδετε ἄνθρωπον, ὃς εἶπέ μοι πάντα ᵖἃ‖ ἐποίησα· μήτι οὗτός ἐστιν ὁ Χριστός; ἐξῆλθον ᵠ⁻‖ ἐκ τῆς πόλεως, καὶ ἤρχοντο 30 πρὸς αὐτόν. ἐν ʳ⁻‖ τῷ μεταξὺ ἠρώτων αὐτὸν οἱ μαθηταὶ 31 λέγοντες, Ῥαββί, φάγε. ὁ δὲ εἶπεν αὐτοῖς, Ἐγὼ βρῶσιν 32 ἔχω φαγεῖν, ἣν ὑμεῖς οὐκ οἴδατε. ἔλεγον οὖν οἱ μαθηταὶ 33 πρὸς ἀλλήλους, Μήτις ἤνεγκεν αὐτῷ φαγεῖν; λέγει αὐτοῖς ὁ 34 Ἰησοῦς, Ἐμὸν βρῶμά ἐστιν ἵνα ˢποιήσω‖ τὸ θέλημα τοῦ πέμψαντός με, καὶ τελειώσω αὐτοῦ τὸ ἔργον. οὐχ ὑμεῖς 35 λέγετε ὅτι *Ἔτι ᵗτετράμηνός‖ ἐστι, καὶ ὁ θερισμὸς ἔρχεται; ἰδού, λέγω ὑμῖν, ἐπάρατε τοὺς ὀφθαλμοὺς ὑμῶν, καὶ θεάσασθε τὰς χώρας, ὅτι λευκαί εἰσι πρὸς ᵘθερισμὸν ἤδη. ᵛ⁻‖ 36 ὁ θερίζων‖ μισθὸν λαμβάνει, καὶ συνάγει καρπὸν εἰς ζωὴν αἰώνιον· ἵνα ˣ⁻‖ ὁ σπείρων ὁμοῦ χαίρῃ καὶ ὁ θερίζων. ἐν 37

ⁿ Γύναι, πίστευσόν μοι   ᵒ ἐθαύμασαν   ᵖ ὅσα   ᵠ add οὖν   ʳ add δὲ   ˢ ποιῶ   ᵗ τετράμηνόν   ᵘ θερισμόν. ἤδη ὁ θερίζων Μ.   ᵛ add καὶ   ˣ add καὶ

-4. 51. ΚΑΤΑ ΙΩΑΝΝΗΝ. 209

γὰρ τούτῳ ὁ λόγος ἐστὶν ʸ⁻ᶦ ἀληθινὸς ὅτι Ἄλλος ἐστὶν ὁ
38 σπείρων, καὶ ἄλλος ὁ θερίζων. ἐγὼ ἀπέστειλα ὑμᾶς θερίζειν
ὃ οὐχ ὑμεῖς κεκοπιάκατε· ἄλλοι κεκοπιάκασι, καὶ ὑμεῖς εἰς
τὸν κόπον αὐτῶν εἰσεληλύθατε.
39 Ἐκ δὲ τῆς πόλεως ἐκείνης πολλοὶ ἐπίστευσαν εἰς αὐτὸν
τῶν Σαμαρειτῶν διὰ τὸν λόγον τῆς γυναικός, μαρτυρούσης
40 ὅτι Εἶπέ μοι πάντα ᶻἃ" ἐποίησα. ὡς οὖν ἦλθον πρὸς αὐτὸν
οἱ Σαμαρεῖται, ἠρώτων αὐτὸν μεῖναι παρ' αὐτοῖς· καὶ ἔμεινεν
41 ἐκεῖ δύο ἡμέρας. καὶ πολλῷ πλείους ἐπίστευσαν διὰ τὸν
42 λόγον αὐτοῦ, τῇ τε γυναικὶ ἔλεγον ὅτι Οὐκέτι διὰ τὴν σὴν
λαλιὰν πιστεύομεν· αὐτοὶ γὰρ ἀκηκόαμεν, καὶ οἴδαμεν ὅτι
οὗτός ἐστιν ἀληθῶς ὁ σωτὴρ τοῦ κόσμου ᵃ⁻".
43 Μετὰ δὲ τὰς δύο ἡμέρας ἐξῆλθεν ἐκεῖθεν ᵇ⁻ᶦ εἰς τὴν
44 Γαλιλαίαν. αὐτὸς γὰρ ὁ Ἰησοῦς ἐμαρτύρησεν, ὅτι προ- Cp. Mat.
45 φήτης ἐν τῇ ἰδίᾳ πατρίδι τιμὴν οὐκ ἔχει. ὅτε οὖν ἦλθεν Mk. 6. 4.
εἰς τὴν Γαλιλαίαν, ἐδέξαντο αὐτὸν οἱ Γαλιλαῖοι, πάντα Lk. 4. 24
ἑωρακότες ᶜὅσα" ἐποίησεν ἐν Ἱεροσολύμοις ἐν τῇ ἑορτῇ· καὶ
αὐτοὶ γὰρ ἦλθον εἰς τὴν ἑορτήν.
46 Ἦλθεν οὖν ᵈ⁻" πάλιν εἰς τὴν Κανᾶ τῆς Γαλιλαίας ὅπου Cp. 2. 1.
ἐποίησε τὸ ὕδωρ οἶνον. καὶ ἦν τις βασιλικός, οὗ ὁ υἱὸς
47 ἠσθένει ἐν Καπερναούμ. οὗτος, ἀκούσας ὅτι Ἰησοῦς ἥκει ἐκ
τῆς Ἰουδαίας εἰς τὴν Γαλιλαίαν, ἀπῆλθε πρὸς αὐτόν, καὶ
ἠρώτα ᵉ⁻" ἵνα καταβῇ καὶ ἰάσηται αὐτοῦ τὸν υἱόν· ἤμελλε
48 γὰρ ἀποθνήσκειν. εἶπεν οὖν ὁ Ἰησοῦς πρὸς αὐτόν, Ἐὰν
49 μὴ σημεῖα καὶ τέρατα ἴδητε, οὐ μὴ πιστεύσητε. λέγει πρὸς
αὐτὸν ὁ βασιλικός, Κύριε, κατάβηθι πρὶν ἀποθανεῖν τὸ
50 παιδίον μου. λέγει αὐτῷ ὁ Ἰησοῦς, Πορεύου· ὁ υἱός σου
ζῇ. ᶠ⁻" ἐπίστευσεν ὁ ἄνθρωπος τῷ λόγῳ ᾧ εἶπεν αὐτῷ
51 Ἰησοῦς, καὶ ἐπορεύετο. ἤδη δὲ αὐτοῦ καταβαίνοντος οἱ
δοῦλοι αὐτοῦ ᵍὑπήντησαν" αὐτῷ ʰ⁻" λέγοντες, ὅτι ὁ παῖς

ʸ add ὁ S.   ᵏ ὅσα   ᵃ add ὁ Χριστός   ᵇ add καὶ
ἀπῆλθεν   ᶜ ἃ   ᵈ add ὁ Ἰησοῦς   ᵉ add αὐτὸν
ᶠ add καὶ   ᵍ ἀπήντησαν   ʰ add καὶ ἀπήγγειλαν

ⁱαὐτοῦ" ζῇ. ἐπύθετο οὖν παρ' αὐτῶν τὴν ὥραν ἐν ᾗ κομ- 52
ψότερον ἔσχε. ᵏεἶπον οὖν" αὐτῷ ὅτι Χθὲς ὥραν ἑβδόμην
ἀφῆκεν αὐτὸν ὁ πυρετός. ἔγνω οὖν ὁ πατήρ, ὅτι ¹⁻" ἐκείνῃ 53
τῇ ὥρᾳ, ἐν ᾗ εἶπεν αὐτῷ ὁ Ἰησοῦς, ᵐ⁻" Ὁ υἱός σου ζῇ·
καὶ ἐπίστευσεν αὐτὸς καὶ ἡ οἰκία αὐτοῦ ὅλη. τοῦτο πάλιν 54
δεύτερον σημεῖον ἐποίησεν ὁ Ἰησοῦς, ἐλθὼν ἐκ τῆς Ἰουδαίας
εἰς τὴν Γαλιλαίαν.

Μετὰ ταῦτα ἦν ⁿ⁻" ἑορτὴ τῶν Ἰουδαίων, καὶ ἀνέβη ὁ 5
Ἰησοῦς εἰς Ἱεροσόλυμα.

Ἔστι δὲ ἐν τοῖς Ἱεροσολύμοις ἐπὶ τῇ προβατικῇ κολυμ- 2
βήθρα, ἡ ἐπιλεγομένη Ἑβραϊστὶ ᵒΒηθεσδά", πέντε στοὰς
ἔχουσα. ἐν ταύταις κατέκειτο πλῆθος ᵖ⁻" τῶν ἀσθενούντων, 3
τυφλῶν, χωλῶν, ξηρῶν ᵠ⁻". ἦν δέ τις ἄνθρωπος ἐκεῖ 5
τριακονταοκτὼ ἔτη ἔχων ἐν τῇ ἀσθενείᾳ ʳαὐτοῦ". τοῦτον 6
ἰδὼν ὁ Ἰησοῦς κατακείμενον, καὶ γνοὺς ὅτι πολὺν ἤδη χρόνον
ἔχει, λέγει αὐτῷ, Θέλεις ὑγιὴς γενέσθαι; ἀπεκρίθη αὐτῷ ὁ 7
ἀσθενῶν, Κύριε, ἄνθρωπον οὐκ ἔχω, ἵνα ὅταν ταραχθῇ τὸ
ὕδωρ, ˢβάλῃ" με εἰς τὴν κολυμβήθραν· ἐν ᾧ δὲ ἔρχομαι ἐγώ,
ἄλλος πρὸ ἐμοῦ καταβαίνει. λέγει αὐτῷ ὁ Ἰησοῦς, Ἔγει- 8
ραι, ἆρον τὸν κράββατόν σου, καὶ περιπάτει. καὶ εὐθέως 9
ἐγένετο ὑγιὴς ὁ ἄνθρωπος, καὶ ἦρε τὸν κράββατον αὐτοῦ, καὶ
περιεπάτει.

Ἦν δὲ σάββατον ἐν ἐκείνῃ τῇ ἡμέρᾳ. ἔλεγον οὖν οἱ 10
Ἰουδαῖοι τῷ τεθεραπευμένῳ, Σάββατόν ἐστι, ᵗκαὶ" οὐκ ἔξεστί
σοι ἆραι τὸν κράββατον. ᵘὃς δὲ" ἀπεκρίθη αὐτοῖς, Ὁ 11
ποιήσας με ὑγιῆ, ἐκεῖνός μοι εἶπεν, Ἆρον τὸν κράββατόν

ⁱ σου   ᵏ καὶ εἶπον   ˡ add ἐν   ᵐ add ὅτι   ⁿ add
ἡ Μ.   ᵒ Βηθσαϊδά or Βηθαθά Μ.   ᵖ add πολὺ
ᵠ add ἐκδεχομένων τὴν τοῦ ὕδατος κίνησιν· ἄγγελος γὰρ (Κυ-
ρίου Μ.) κατὰ καιρὸν κατέβαινεν ἐν τῇ κολυμβήθρᾳ, καὶ ἐτάρασσε
τὸ ὕδωρ· ὁ οὖν πρῶτος ἐμβὰς μετὰ τὴν ταραχὴν τοῦ ὕδατος
ὑγιὴς ἐγίνετο, ᾧ δήποτε κατείχετο νοσήματι. (ver. 4) Λ.S.Μ.
ʳ om. αὐτοῦ   ˢ βάλλῃ   ᵗ om. καὶ   ᵘ om. ὃς δὲ

12 σου, καὶ περιπάτει. ἠρώτησαν x—// αὐτόν, Τίς ἐστιν ὁ
13 ἄνθρωπος ὁ εἰπών σοι, Ἆρον y—//, καὶ περιπάτει; ὁ δὲ ἰαθεὶς
οὐκ ᾔδει τίς ἐστιν· ὁ γὰρ Ἰησοῦς ἐξένευσεν ὄχλου ὄντος
14 ἐν τῷ τόπῳ. μετὰ ταῦτα εὑρίσκει αὐτὸν ὁ Ἰησοῦς ἐν τῷ
ἱερῷ, καὶ εἶπεν αὐτῷ, Ἴδε, ὑγιὴς γέγονας· μηκέτι ἁμάρτανε,
15 ἵνα μὴ χεῖρόν z σοί τι// γένηται. ἀπῆλθεν ὁ ἄνθρωπος, καὶ
ἀνήγγειλε τοῖς Ἰουδαίοις, ὅτι Ἰησοῦς ἐστιν ὁ ποιήσας αὐτὸν
16 ὑγιῆ. καὶ διὰ τοῦτο ἐδίωκον a οἱ Ἰουδαῖοι τὸν Ἰησοῦν//, b—//
17 ὅτι ταῦτα ἐποίει ἐν σαββάτῳ. ὁ δὲ Ἰησοῦς ἀπεκρίνατο αὐτοῖς,
18 Ὁ πατήρ μου ἕως ἄρτι ἐργάζεται, κἀγὼ ἐργάζομαι. διὰ
τοῦτο οὖν μᾶλλον ἐζήτουν αὐτὸν οἱ Ἰουδαῖοι ἀποκτεῖναι, ὅτι
οὐ μόνον ἔλυε τὸ σάββατον, ἀλλὰ καὶ πατέρα ἴδιον ἔλεγε
τὸν Θεόν, ἴσον ἑαυτὸν ποιῶν τῷ Θεῷ.
19 Ἀπεκρίνατο οὖν ὁ Ἰησοῦς καὶ εἶπεν αὐτοῖς,
Ἀμὴν ἀμὴν λέγω ὑμῖν, οὐ δύναται ὁ υἱὸς ποιεῖν ἀφ'
ἑαυτοῦ οὐδέν, ἐὰν μή τι βλέπῃ τὸν πατέρα ποιοῦντα· ἃ
20 γὰρ ἂν ἐκεῖνος ποιῇ, ταῦτα καὶ ὁ υἱὸς ὁμοίως ποιεῖ. ὁ γὰρ
πατὴρ φιλεῖ τὸν υἱόν, καὶ πάντα δείκνυσιν αὐτῷ ἃ αὐτὸς
ποιεῖ· καὶ μείζονα τούτων δείξει αὐτῷ ἔργα, ἵνα ὑμεῖς
21 θαυμάζητε. ὥσπερ γὰρ ὁ πατὴρ ἐγείρει τοὺς νεκροὺς καὶ
22 ζωοποιεῖ, οὕτω καὶ ὁ υἱὸς οὓς θέλει ζωοποιεῖ. οὐδὲ γὰρ ὁ
πατὴρ κρίνει οὐδένα, ἀλλὰ τὴν κρίσιν πᾶσαν δέδωκε τῷ υἱῷ,
23 ἵνα πάντες τιμῶσι τὸν υἱόν, καθὼς τιμῶσι τὸν πατέρα. ὁ
μὴ τιμῶν τὸν υἱὸν οὐ τιμᾷ τὸν πατέρα τὸν πέμψαντα αὐτόν.
24 ἀμὴν ἀμὴν λέγω ὑμῖν, ὅτι ὁ τὸν λόγον μου ἀκούων καὶ
πιστεύων τῷ πέμψαντί με ἔχει ζωὴν αἰώνιον, καὶ εἰς κρίσιν
οὐκ ἔρχεται, ἀλλὰ μεταβέβηκεν ἐκ τοῦ θανάτου εἰς τὴν ζωήν.
25 ἀμὴν ἀμὴν λέγω ὑμῖν, ὅτι ἔρχεται ὥρα καὶ νῦν ἐστιν, ὅτε
οἱ νεκροὶ ἀκούσονται τῆς φωνῆς τοῦ υἱοῦ τοῦ Θεοῦ, καὶ οἱ
26 ἀκούσαντες ζήσονται. ὥσπερ γὰρ ὁ πατὴρ ἔχει ζωὴν ἐν

---

x add οὖν y add τὸν κράββατόν σου z τί σοι a τὸν Ἰησοῦν οἱ Ἰουδαῖοι b add καὶ ἐζήτουν αὐτὸν ἀποκτεῖναι,

ἑαυτῷ, οὕτως ᶜκαὶ τῷ υἱῷ ἔδωκε‖ ζωὴν ἔχειν ἐν ἑαυτῷ·
καὶ ἐξουσίαν ἔδωκεν αὐτῷ ᵈ⁻‖ κρίσιν ποιεῖν, ὅτι υἱὸς ἀν- 27
θρώπου ἐστί. μὴ θαυμάζετε τοῦτο· ὅτι ἔρχεται ὥρα, ἐν ᾗ 28
πάντες οἱ ἐν τοῖς μνημείοις ἀκούσονται τῆς φωνῆς αὐτοῦ,
καὶ ἐκπορεύσονται, οἱ τὰ ἀγαθὰ ποιήσαντες εἰς ἀνάστασιν 29
ζωῆς, οἱ δὲ τὰ φαῦλα πράξαντες εἰς ἀνάστασιν κρίσεως.
Οὐ δύναμαι ἐγὼ ποιεῖν ἀπ' ἐμαυτοῦ οὐδέν· καθὼς ἀκούω, 30
κρίνω· καὶ ἡ κρίσις ἡ ἐμὴ δικαία ἐστίν, ὅτι οὐ ζητῶ τὸ
θέλημα τὸ ἐμὸν ἀλλὰ τὸ θέλημα τοῦ πέμψαντός με ᵉ⁻‖.
ἐὰν ἐγὼ μαρτυρῶ περὶ ἐμαυτοῦ, ἡ μαρτυρία μου οὐκ ἔστιν 31
ἀληθής. ἄλλος ἐστὶν ὁ μαρτυρῶν περὶ ἐμοῦ, καὶ οἶδα ὅτι 32
ἀληθής ἐστιν ἡ μαρτυρία ἣν μαρτυρεῖ περὶ ἐμοῦ. ὑμεῖς 33
ἀπεστάλκατε πρὸς Ἰωάννην, καὶ μεμαρτύρηκε τῇ ἀληθείᾳ.
ἐγὼ δὲ οὐ παρὰ ἀνθρώπου τὴν μαρτυρίαν λαμβάνω, ἀλλὰ 34
ταῦτα λέγω ἵνα ὑμεῖς σωθῆτε. ἐκεῖνος ἦν ὁ λύχνος ὁ 35
καιόμενος καὶ φαίνων· ὑμεῖς δὲ ἠθελήσατε ἀγαλλιασθῆναι
πρὸς ὥραν ἐν τῷ φωτὶ αὐτοῦ. ἐγὼ δὲ ἔχω τὴν μαρτυρίαν 36
μείζω τοῦ Ἰωάννου· τὰ γὰρ ἔργα ἃ ᶠδέδωκέ‖ μοι ὁ πατὴρ
ἵνα τελειώσω αὐτά, αὐτὰ τὰ ἔργα ἃ ᵍ⁻‖ ποιῶ, μαρτυρεῖ
περὶ ἐμοῦ ὅτι ὁ πατήρ με ἀπέσταλκε. καὶ ὁ πέμψας με 37
πατήρ, ʰἐκεῖνος‖ μεμαρτύρηκε περὶ ἐμοῦ. οὔτε φωνὴν αὐτοῦ
ⁱπώποτε ἀκηκόατε‖, οὔτε εἶδος αὐτοῦ ἑωράκατε. καὶ τὸν 38
λόγον αὐτοῦ οὐκ ἔχετε ᵏἐν ὑμῖν μένοντα‖, ὅτι ὃν ἀπέστειλεν
ἐκεῖνος τούτῳ ὑμεῖς οὐ πιστεύετε. ἐρευνᾶτε τὰς γραφάς, 39
ὅτι ὑμεῖς δοκεῖτε ἐν αὐταῖς ζωὴν αἰώνιον ἔχειν· καὶ ἐκεῖ-
ναί εἰσιν αἱ μαρτυροῦσαι περὶ ἐμοῦ· καὶ οὐ θέλετε ἐλθεῖν 40
πρός με, ἵνα ζωὴν ἔχητε. δόξαν παρὰ ἀνθρώπων οὐ λαμ- 41
βάνω. ἀλλ' ἔγνωκα ὑμᾶς, ὅτι τὴν ἀγάπην τοῦ Θεοῦ οὐκ 42
ἔχετε ἐν ἑαυτοῖς. ἐγὼ ἐλήλυθα ἐν τῷ ὀνόματι τοῦ πατρός 43
μου, καὶ οὐ λαμβάνετέ με· ἐὰν ἄλλος ἔλθῃ ἐν τῷ ὀνόματι

ᶜ ἔδωκε καὶ τῷ υἱῷ   ᵈ add καί   ᵉ add πατρός   ᶠ ἔδωκέ
ᵍ add ἐγώ   ʰ αὐτός   ⁱ ἀκηκόατε πώποτε   ᵏ μένοντα
ἐν ὑμῖν

44 τῷ ἰδίῳ, ἐκεῖνον λήψεσθε. πῶς δύνασθε ὑμεῖς πιστεῦσαι, δόξαν παρὰ ἀλλήλων λαμβάνοντες, καὶ τὴν δόξαν τὴν παρὰ 45 τοῦ μόνου ¹Θεοῦ‖ οὐ ζητεῖτε; μὴ δοκεῖτε ὅτι ἐγὼ κατηγορήσω ὑμῶν πρὸς τὸν πατέρα· ἔστιν ὁ κατηγορῶν ὑμῶν, 46 Μωσῆς, εἰς ὃν ὑμεῖς ἠλπίκατε. εἰ γὰρ ἐπιστεύετε Μωσῇ, 47 ἐπιστεύετε ἂν ἐμοί· περὶ γὰρ ἐμοῦ ἐκεῖνος ἔγραψεν. εἰ δὲ τοῖς ἐκείνου γράμμασιν οὐ πιστεύετε, πῶς τοῖς ἐμοῖς ῥήμασι πιστεύσετε;

6 Μετὰ ταῦτα ἀπῆλθεν ὁ Ἰησοῦς πέραν τῆς θαλάσσης τῆς Mat.14.13.
2 Γαλιλαίας τῆς Τιβεριάδος. ᵐἠκολούθει δὲ‖ αὐτῷ ὄχλος Mk. 6. 30, Lk. 9. 10.
πολύς, ὅτι ⁿἐθεώρουν‖ ᵒ⁻‖ τὰ σημεῖα ἃ ἐποίει ἐπὶ τῶν 3 ἀσθενούντων. ἀνῆλθε δὲ εἰς τὸ ὄρος ὁ Ἰησοῦς, καὶ ἐκεῖ 4 ἐκάθητο μετὰ τῶν μαθητῶν αὐτοῦ. ἦν δὲ ἐγγὺς τὸ πάσχα, 5 ἡ ἑορτὴ τῶν Ἰουδαίων. ἐπάρας οὖν ὁ Ἰησοῦς τοὺς ὀφθαλμούς, καὶ θεασάμενος ὅτι πολὺς ὄχλος ἔρχεται πρὸς αὐτόν, λέγει πρὸς τὸν Φίλιππον, Πόθεν ᴾἀγοράσωμεν ἄρτους, 6 ἵνα φάγωσιν οὗτοι; τοῦτο δὲ ἔλεγε πειράζων αὐτόν· αὐτὸς 7 γὰρ ᾔδει τί ἔμελλε ποιεῖν. ἀπεκρίθη αὐτῷ Φίλιππος, Διακοσίων δηναρίων ἄρτοι οὐκ ἀρκοῦσιν αὐτοῖς, ἵνα ἕκαστος 8 ᑫ⁻‖ βραχύ τι λάβῃ. λέγει αὐτῷ εἷς ἐκ τῶν μαθητῶν αὐτοῦ, 9 Ἀνδρέας ὁ ἀδελφὸς Σίμωνος Πέτρου, Ἔστι παιδάριον ʳ⁻ᶦ ὧδε, ὃ ἔχει πέντε ἄρτους κριθίνους καὶ δύο ὀψάρια· ἀλλὰ 10 ταῦτα τί ἐστιν εἰς τοσούτους; ˢεἶπεν‖ ὁ Ἰησοῦς, Ποιήσατε τοὺς ἀνθρώπους ἀναπεσεῖν. ἦν δὲ χόρτος πολὺς ἐν τῷ τόπῳ. ἀνέπεσον οὖν οἱ ἄνδρες τὸν ἀριθμὸν ᵗὡς πεντα-11 κισχίλιοι. ᵘἔλαβεν οὖν‖ τοὺς ἄρτους ὁ Ἰησοῦς, καὶ εὐχαριστήσας διέδωκε ˣ⁻ᶦ τοῖς ἀνακειμένοις· ὁμοίως καὶ ἐκ 12 τῶν ὀψαρίων ὅσον ἤθελον. ὡς δὲ ἐνεπλήσθησαν, λέγει τοῖς μαθηταῖς αὐτοῦ, Συναγάγετε τὰ περισσεύσαντα κλάσ-

¹ om. Θεοῦ M.   ᵐ καὶ ἠκολούθει   ⁿ ἑώρων   ᵒ add
αὐτοῦ   ᵖ ἀγοράσομεν   ᑫ add αὐτῶν   ʳ add ἓν
ˢ εἶπε δὲ   ᵗ ὡσεὶ   ᵘ ἔλαβε δὲ   ˣ add τοῖς μαθηταῖς,
οἱ δὲ μαθηταὶ

μάτα, ἵνα μή τι ἀπόληται. συνήγαγον οὖν, καὶ ἐγέμισαν 13
δώδεκα κοφίνους κλασμάτων ἐκ τῶν πέντε ἄρτων τῶν κριθίνων, ἃ ἐπερίσσευσε τοῖς βεβρωκόσιν. οἱ οὖν ἄνθρωποι, 14
ἰδόντες ʸὃ ἐποίησε σημεῖονᶦᶦ ᶻ⁻ᶦᶦ, ἔλεγον ὅτι Οὗτός ἐστιν
ἀληθῶς ὁ προφήτης ὁ ἐρχόμενος εἰς τὸν κόσμον.
Ἰησοῦς οὖν γνοὺς ὅτι μέλλουσιν ἔρχεσθαι καὶ ἁρπάζειν 15
αὐτόν, ἵνα ποιήσωσιν αὐτὸν βασιλέα, ἀνεχώρησε πάλιν εἰς
τὸ ὄρος αὐτὸς μόνος.

Cp. Mat. Ὡς δὲ ὀψία ἐγένετο, κατέβησαν οἱ μαθηταὶ αὐτοῦ ἐπὶ τὴν 16
14. 22,
Mk. 6. 45. θάλασσαν, καὶ ἐμβάντες εἰς ᵃ⁻ᶦᶦ πλοῖον ἤρχοντο πέραν τῆς 17
θαλάσσης εἰς Καπερναούμ. καὶ σκοτία ἤδη ἐγεγόνει, καὶ
ᵇ οὔπωᶦᶦ ἐληλύθει πρὸς αὐτοὺς ὁ Ἰησοῦς. ἥ τε θάλασσα 18
ἀνέμου μεγάλου πνέοντος διηγείρετο. ἐληλακότες οὖν ὡς 19
σταδίους εἰκοσιπέντε ἢ τριάκοντα θεωροῦσι τὸν Ἰησοῦν
περιπατοῦντα ἐπὶ τῆς θαλάσσης, καὶ ἐγγὺς τοῦ πλοίου γινόμενον· καὶ ἐφοβήθησαν. ὁ δὲ λέγει αὐτοῖς, Ἐγώ εἰμι· μὴ 20
φοβεῖσθε. ἤθελον οὖν λαβεῖν αὐτὸν εἰς τὸ πλοῖον· καὶ 21
εὐθέως τὸ πλοῖον ἐγένετο ἐπὶ τῆς γῆς εἰς ἣν ὑπῆγον.

Τῇ ἐπαύριον ὁ ὄχλος ὁ ἑστηκὼς πέραν τῆς θαλάσσης 22
ᶜ εἶδονᶦᶦ ὅτι πλοιάριον ἄλλο οὐκ ἦν ἐκεῖ εἰ μὴ ἓν ᵈ⁻ᶦᶦ, καὶ
ὅτι οὐ συνεισῆλθε τοῖς μαθηταῖς αὐτοῦ ὁ Ἰησοῦς εἰς τὸ
ᵉ πλοῖονᶦᶦ ἀλλὰ μόνοι οἱ μαθηταὶ αὐτοῦ ἀπῆλθον (ᶠ ἀλλὰᶦᶦ 23
ἦλθε πλοιάρια ἐκ Τιβεριάδος ἐγγὺς τοῦ τόπου ὅπου ἔφαγον
τὸν ἄρτον εὐχαριστήσαντος τοῦ Κυρίου)· ὅτε οὖν εἶδεν ὁ 24
ὄχλος ὅτι Ἰησοῦς οὐκ ἔστιν ἐκεῖ οὐδὲ οἱ μαθηταὶ αὐτοῦ,
ἐνέβησαν ᵍ⁻ᶦᶦ αὐτοὶ εἰς τὰ ʰ πλοιάριαᶦᶦ, καὶ ἦλθον εἰς Καπερναοὺμ ζητοῦντες τὸν Ἰησοῦν. καὶ εὑρόντες αὐτὸν πέραν τῆς 25
θαλάσσης εἶπον αὐτῷ, Ῥαββί, πότε ὧδε γέγονας; ἀπεκρίθη 26
αὐτοῖς ὁ Ἰησοῦς καὶ εἶπεν, Ἀμὴν ἀμὴν λέγω ὑμῖν, ζητεῖτέ
με, οὐχ ὅτι εἴδετε σημεῖα, ἀλλ' ὅτι ἐφάγετε ἐκ τῶν ἄρτων

ʸ ἃ ἐποίησε σημεῖα M.   ᶻ add ὁ Ἰησοῦς   ᵃ add τὸ
ᵇ οὐκ   ᶜ ἰδὼν   ᵈ add ἐκεῖνο εἰς ὃ ἐνέβησαν οἱ μαθηταὶ
αὐτοῦ   ᵉ πλοιάριον   ᶠ ἄλλα δὲ   ᵍ add καὶ   ʰ πλοῖα

-6. 42. ΚΑΤΑ ΙΩΑΝΝΗΝ. 215

27 καὶ ἐχορτάσθητε. ἐργάζεσθε μὴ τὴν βρῶσιν τὴν ἀπολλυμένην, ἀλλὰ τὴν βρῶσιν τὴν μένουσαν εἰς ζωὴν αἰώνιον, ἣν ὁ υἱὸς τοῦ ἀνθρώπου ὑμῖν δώσει· τοῦτον γὰρ ὁ πατὴρ 28 ἐσφράγισεν, ὁ Θεός. εἶπον οὖν πρὸς αὐτόν, Τί ^{i}ποιῶμεν$^{||}$, 29 ἵνα ἐργαζώμεθα τὰ ἔργα τοῦ Θεοῦ; ἀπεκρίθη ὁ Ἰησοῦς καὶ εἶπεν αὐτοῖς, Τοῦτό ἐστι τὸ ἔργον τοῦ Θεοῦ, ἵνα ^{k}πιστεύητε$^{||}$ 30 εἰς ὃν ἀπέστειλεν ἐκεῖνος. εἶπον οὖν αὐτῷ, Τί οὖν ποιεῖς σὺ 31 σημεῖον, ἵνα ἴδωμεν καὶ πιστεύσωμέν σοι; τί ἐργάζῃ; οἱ πατέρες ἡμῶν τὸ μάννα ἔφαγον ἐν τῇ ἐρήμῳ, καθώς ἐστι γεγραμμένον, Ἄρτον ἐκ τοῦ οὐρανοῦ ἔδωκεν αὐτοῖς φαγεῖν. Ps. 78(77).
32 εἶπεν οὖν αὐτοῖς ὁ Ἰησοῦς, Ἀμὴν ἀμὴν λέγω ὑμῖν, οὐ Μωσῆς 24 : cp. Ex. 16. 4, ^{l}ἔδωκεν$^{||}$ ὑμῖν τὸν ἄρτον ἐκ τοῦ οὐρανοῦ, ἀλλ' ὁ πατήρ μου Wisd. 16. 33 δίδωσιν ὑμῖν τὸν ἄρτον ἐκ τοῦ οὐρανοῦ τὸν ἀληθινόν· ὁ γὰρ 1 Cor. 10. ἄρτος τοῦ Θεοῦ ἐστιν ὁ καταβαίνων ἐκ τοῦ οὐρανοῦ καὶ 3. 34 ζωὴν διδοὺς τῷ κόσμῳ. εἶπον οὖν πρὸς αὐτόν, Κύριε, πάν-35 τοτε δὸς ἡμῖν τὸν ἄρτον τοῦτον. εἶπεν $^{m-l}$αὐτοῖς ὁ Ἰησοῦς, Ἐγώ εἰμι ὁ ἄρτος τῆς ζωῆς· ὁ ἐρχόμενος πρός με οὐ μὴ πεινάσῃ, καὶ ὁ πιστεύων εἰς ἐμὲ οὐ μὴ ^{n}διψήσει$^{||}$ πώποτε. 36 ἀλλ' εἶπον ὑμῖν ὅτι καὶ ἑωράκατέ με, καὶ οὐ πιστεύετε. 37 πᾶν ὃ δίδωσί μοι ὁ πατήρ, πρὸς ἐμὲ ἥξει· καὶ τὸν ἐρχόμενον 38 πρός με οὐ μὴ ἐκβάλω ἔξω. ὅτι καταβέβηκα ^{o}ἀπὸ$^{||}$ τοῦ οὐρανοῦ, οὐχ ἵνα ποιῶ τὸ θέλημα τὸ ἐμόν, ἀλλὰ τὸ θέλημα 39 τοῦ πέμψαντός με. τοῦτο δέ ἐστι τὸ θέλημα τοῦ πέμψαντός με $^{p-||}$, ἵνα πᾶν ὃ δέδωκέ μοι, μὴ ἀπολέσω ἐξ αὐτοῦ, ἀλλὰ 40 ἀναστήσω αὐτὸ $^{q-||}$ τῇ ἐσχάτῃ ἡμέρᾳ. τοῦτο ^{r}γάρ$^{||}$ ἐστι τὸ θέλημα τοῦ ^{s}πατρός μου$^{||}$, ἵνα πᾶς ὁ θεωρῶν τὸν υἱὸν καὶ πιστεύων εἰς αὐτὸν ἔχῃ ζωὴν αἰώνιον· καὶ ἀναστήσω αὐτὸν ἐγὼ τῇ ἐσχάτῃ ἡμέρᾳ.
41 Ἐγόγγυζον οὖν οἱ Ἰουδαῖοι περὶ αὐτοῦ, ὅτι εἶπεν, Ἐγώ 42 εἰμι ὁ ἄρτος ὁ καταβὰς ἐκ τοῦ οὐρανοῦ. καὶ ἔλεγον, Οὐχ Cp. Mat.
13. 55,
^{i} ποιοῦμεν S. ^{k} πιστεύσητε ^{l} δέδωκεν m add δὲ Mk. 6. 3,
Lk. 4. 22.
^{n} διψήσῃ ^{o} ἐκ ^{p} add πατρός ^{q} add ἐν ^{r} δέ
^{s} πέμψαντός με

οὗτός ἐστιν Ἰησοῦς ὁ υἱὸς Ἰωσήφ, οὗ ἡμεῖς οἴδαμεν τὸν πατέρα καὶ τὴν μητέρα; πῶς ᵗνῦν‖ λέγει ᵘ–‖ ὅτι Ἐκ τοῦ οὐρανοῦ καταβέβηκα; ἀπεκρίθη ˣ–‖ ὁ Ἰησοῦς καὶ εἶπεν 43 αὐτοῖς, Μὴ γογγύζετε μετ' ἀλλήλων. οὐδεὶς δύναται ἐλθεῖν 44 πρός με, ἐὰν μὴ ὁ πατὴρ ὁ πέμψας με ἑλκύσῃ αὐτόν· καὶ ἐγὼ ἀναστήσω αὐτὸν ʸ ἐν‖ τῇ ἐσχάτῃ ἡμέρᾳ. ἔστι γεγραμ- 45
Isa. 54. 13. μένον ἐν τοῖς προφήταις, Καὶ ἔσονται πάντες διδακτοὶ τοῦ Θεοῦ. πᾶς ᶻ–‖ ὁ ἀκούσας παρὰ τοῦ πατρὸς καὶ μαθὼν ἔρχεται πρός με. οὐχ ὅτι τὸν πατέρα τις ἑώρακεν, εἰ μὴ ὁ 46 ὢν παρὰ τοῦ Θεοῦ, οὗτος ἑώρακε τὸν πατέρα. ἀμὴν ἀμὴν 47 λέγω ὑμῖν, ὁ πιστεύων ᵃ–‖ ἔχει ζωὴν αἰώνιον. ἐγώ εἰμι ὁ 48 ἄρτος τῆς ζωῆς. οἱ πατέρες ὑμῶν ἔφαγον ᵇ ἐν τῇ ἐρήμῳ 49 τὸ μάννα‖, καὶ ἀπέθανον. οὗτός ἐστιν ὁ ἄρτος ὁ ἐκ τοῦ 50 οὐρανοῦ καταβαίνων, ἵνα τις ἐξ αὐτοῦ φάγῃ καὶ μὴ ἀποθάνῃ. ἐγώ εἰμι ὁ ἄρτος ὁ ζῶν ὁ ἐκ τοῦ οὐρανοῦ καταβάς· ἐάν τις 51
Cp. Mat. φάγῃ ἐκ τούτου τοῦ ἄρτου, ζήσεται εἰς τὸν αἰῶνα· καὶ ὁ
26. 26,
Mk. 14. 22, ἄρτος δὲ ὃν ἐγὼ δώσω ἡ σάρξ μου ἐστίν, ᶜ–‖ ὑπὲρ τῆς τοῦ
Lk. 22. 19, κόσμου ζωῆς.
1 Cor. 11.
23. Ἐμάχοντο οὖν πρὸς ἀλλήλους οἱ Ἰουδαῖοι λέγοντες, Πῶς 52 δύναται οὗτος ἡμῖν δοῦναι τὴν σάρκα φαγεῖν; εἶπεν οὖν 53 αὐτοῖς ὁ Ἰησοῦς, Ἀμὴν ἀμὴν λέγω ὑμῖν, ἐὰν μὴ φάγητε τὴν σάρκα τοῦ υἱοῦ τοῦ ἀνθρώπου καὶ πίητε αὐτοῦ τὸ αἷμα, οὐκ ἔχετε ζωὴν ἐν ἑαυτοῖς. ὁ τρώγων μου τὴν σάρκα καὶ πίνων 54 μου τὸ αἷμα ἔχει ζωὴν αἰώνιον, καὶ ἐγὼ ἀναστήσω αὐτὸν τῇ ἐσχάτῃ ἡμέρᾳ. ἡ γὰρ σάρξ μου ᵈ ἀληθής‖ ἐστι βρῶσις, καὶ 55 τὸ αἷμά μου ᵈ ἀληθής‖ ἐστι πόσις. ὁ τρώγων μου τὴν 56 σάρκα καὶ πίνων μου τὸ αἷμα ἐν ἐμοὶ μένει, κἀγὼ ἐν αὐτῷ. καθὼς ἀπέστειλέ με ὁ ζῶν πατήρ, κἀγὼ ζῶ διὰ τὸν πατέρα· 57 καὶ ὁ τρώγων με, κἀκεῖνος ζήσεται δι' ἐμέ. οὗτός ἐστιν 58 ὁ ἄρτος ὁ ἐκ τοῦ οὐρανοῦ καταβάς· οὐ καθὼς ἔφαγον οἱ

ᵗ οὖν   ᵘ add οὗτος   ˣ add οὖν   ʸ om. ἐν
ᶻ add οὖν   ᵃ add εἰς ἐμὲ   ᵇ τὸ μάννα ἐν τῇ ἐρήμῳ
ᶜ add ἣν ἐγὼ δώσω   ᵈ ἀληθῶς

πατέρες ᵉ⁻ᶠ, καὶ ἀπέθανον· ὁ τρώγων τοῦτον τὸν ἄρτον ζή-
59 σεται εἰς τὸν αἰῶνα. ταῦτα εἶπεν ἐν συναγωγῇ διδάσκων ἐν
Καπερναούμ.
60 Πολλοὶ οὖν ἀκούσαντες ἐκ τῶν μαθητῶν αὐτοῦ εἶπον,
Σκληρός ἐστιν οὗτος ὁ λόγος· τίς δύναται αὐτοῦ ἀκούειν;
61 εἰδὼς δὲ ὁ Ἰησοῦς ἐν ἑαυτῷ, ὅτι γογγύζουσι περὶ τούτου οἱ
62 μαθηταὶ αὐτοῦ, εἶπεν αὐτοῖς, Τοῦτο ὑμᾶς σκανδαλίζει; ἐὰν Cp. 3. 13.
οὖν θεωρῆτε τὸν υἱὸν τοῦ ἀνθρώπου ἀναβαίνοντα ὅπου ἦν τὸ Mk. 16. 19,
Lk. 24. 51.
63 πρότερον; τὸ πνεῦμά ἐστι τὸ ζωοποιοῦν, ἡ σὰρξ οὐκ ὠφε- Acts 1. 9.
λεῖ οὐδέν· τὰ ῥήματα ἃ ἐγὼ ᶠ λελάληκα ᶠ ὑμῖν πνεῦμά ἐστι
64 καὶ ζωή ἐστιν. ἀλλ' εἰσὶν ἐξ ὑμῶν τινες οἳ οὐ πιστεύουσιν.
ᾔδει γὰρ ἐξ ἀρχῆς ὁ Ἰησοῦς, τίνες εἰσὶν οἱ μὴ πιστεύοντες,
65 καὶ τίς ἐστιν ὁ παραδώσων αὐτόν. καὶ ἔλεγε, Διὰ τοῦτο
εἴρηκα ὑμῖν, ὅτι οὐδεὶς δύναται ἐλθεῖν πρός με, ἐὰν μὴ ᾖ
δεδομένον αὐτῷ ἐκ τοῦ πατρός ᵍ⁻ᴴ.
66 Ἐκ τούτου πολλοὶ ἀπῆλθον τῶν μαθητῶν αὐτοῦ εἰς τὰ
67 ὀπίσω, καὶ οὐκέτι μετ' αὐτοῦ περιεπάτουν. εἶπεν οὖν ὁ
68 Ἰησοῦς τοῖς δώδεκα, Μὴ καὶ ὑμεῖς θέλετε ὑπάγειν; ἀπε- Cp. Mat.
κρίθη ʰ⁻ᴴ αὐτῷ Σίμων Πέτρος, Κύριε, πρὸς τίνα ἀπελευσό- 16. 16,
Mk. 8. 29.
69 μεθα; ῥήματα ζωῆς αἰωνίου ἔχεις· καὶ ἡμεῖς πεπιστεύκαμεν Lk. 9. 20.
70 καὶ ἐγνώκαμεν ὅτι σὺ εἶ ⁱ ὁ ἅγιος ᶦ τοῦ Θεοῦ ᵏ⁻ᴴ. ἀπεκρίθη
αὐτοῖς ὁ Ἰησοῦς, Οὐκ ἐγὼ ὑμᾶς τοὺς δώδεκα ἐξελεξάμην,
71 καὶ ἐξ ὑμῶν εἷς διάβολός ἐστιν; ἔλεγε δὲ τὸν Ἰούδαν Σί-
μωνος ˡ Ἰσκαριώτου ʰ· οὗτος γὰρ ἤμελλεν αὐτὸν παραδιδόναι,
εἷς ᵐ⁻ᶠ ἐκ τῶν δώδεκα.
7 Καὶ ⁿ μετὰ ταῦτα περιεπάτει ὁ Ἰησοῦς ⁿ ἐν τῇ Γαλιλαίᾳ·
οὐ γὰρ ἤθελεν ἐν τῇ Ἰουδαίᾳ περιπατεῖν, ὅτι ἐζήτουν αὐτὸν
2 οἱ Ἰουδαῖοι ἀποκτεῖναι. ἦν δὲ ἐγγὺς ἡ ἑορτὴ τῶν Ἰουδαίων, Cp. Lev.
3 ἡ σκηνοπηγία. εἶπον οὖν πρὸς αὐτὸν οἱ ἀδελφοὶ αὐτοῦ, 23. 34.
Μετάβηθι ἐντεῦθεν, καὶ ὕπαγε εἰς τὴν Ἰουδαίαν, ἵνα καὶ οἱ

ᵉ add ὑμῶν τὸ μάννα   ᶠ λαλῶ   ᵍ add μου   ʰ add οὖν
ⁱ ὁ Χριστὸς ὁ υἱὸς   ᵏ add τοῦ ζῶντος   ˡ Ἰσκαριώτην
ᵐ add ὢν   ⁿ περιεπάτει ὁ Ἰησοῦς μετὰ ταῦτα

μαθηταί σου θεωρήσωσι τὰ ἔργα σου ἃ ποιεῖς. οὐδεὶς γὰρ 4
ἐν κρυπτῷ τι ποιεῖ, καὶ ζητεῖ °αὐτὸς∥ ἐν παρρησίᾳ εἶναι. εἰ
ταῦτα ποιεῖς, φανέρωσον σεαυτὸν τῷ κόσμῳ. οὐδὲ γὰρ οἱ 5
ἀδελφοὶ αὐτοῦ ἐπίστευον εἰς αὐτόν. λέγει οὖν αὐτοῖς ὁ 6
Ἰησοῦς, Ὁ καιρὸς ὁ ἐμὸς οὔπω πάρεστιν· ὁ δὲ καιρὸς ὁ ὑμέτερος πάντοτέ ἐστιν ἕτοιμος. οὐ δύναται ὁ κόσμος μισεῖν 7
ὑμᾶς· ἐμὲ δὲ μισεῖ, ὅτι ἐγὼ μαρτυρῶ περὶ αὐτοῦ ὅτι τὰ
ἔργα αὐτοῦ πονηρά ἐστιν. ὑμεῖς ἀνάβητε εἰς τὴν ἑορτήν· 8
ἐγὼ ᵠοὔπω∥ ἀναβαίνω εἰς τὴν ἑορτὴν ταύτην, ὅτι ὁ
καιρὸς ὁ ἐμὸς οὔπω πεπλήρωται. ταῦτα δὲ εἰπὼν αὐτοῖς 9
ἔμεινεν ἐν τῇ Γαλιλαίᾳ.

Ὡς δὲ ἀνέβησαν οἱ ἀδελφοὶ αὐτοῦ ʳεἰς τὴν ἑορτήν∥, τότε 10
καὶ αὐτὸς ἀνέβη ˢ—∥, οὐ φανερῶς, ἀλλ᾽ ὡς ἐν κρυπτῷ. οἱ 11
οὖν Ἰουδαῖοι ἐζήτουν αὐτὸν ἐν τῇ ἑορτῇ, καὶ ἔλεγον, Ποῦ
ἐστιν ἐκεῖνος; καὶ γογγυσμὸς ᵗπερὶ αὐτοῦ ἦν πολὺς∥ ἐν τοῖς 12
ὄχλοις· οἱ μὲν ἔλεγον ὅτι Ἀγαθός ἐστιν· ἄλλοι δὲ ἔλεγον,
Οὔ· ἀλλὰ πλανᾷ τὸν ὄχλον. οὐδεὶς μέντοι παρρησίᾳ ἐλάλει 13
περὶ αὐτοῦ διὰ τὸν φόβον τῶν Ἰουδαίων.

Ἤδη δὲ τῆς ἑορτῆς μεσούσης ἀνέβη ὁ Ἰησοῦς εἰς τὸ ἱερόν, 14
καὶ ἐδίδασκε. ᵘἐθαύμαζον οὖν∥ οἱ Ἰουδαῖοι λέγοντες, Πῶς 15
οὗτος γράμματα οἶδε, μὴ μεμαθηκώς; ἀπεκρίθη ᵛοὖν∥ αὐτοῖς ὁ 16
Ἰησοῦς καὶ εἶπεν, Ἡ ἐμὴ διδαχὴ οὐκ ἔστιν ἐμή, ἀλλὰ τοῦ
πέμψαντός με· ἐάν τις θέλῃ τὸ θέλημα αὐτοῦ ποιεῖν, γνώ- 17
σεται περὶ τῆς διδαχῆς, πότερον ἐκ τοῦ Θεοῦ ἐστιν, ἢ ἐγὼ
ἀπ᾽ ἐμαυτοῦ λαλῶ. ὁ ἀφ᾽ ἑαυτοῦ λαλῶν τὴν δόξαν τὴν 18
ἰδίαν ζητεῖ· ὁ δὲ ζητῶν τὴν δόξαν τοῦ πέμψαντος αὐτόν,
οὗτος ἀληθής ἐστι, καὶ ἀδικία ἐν αὐτῷ οὐκ ἔστιν. οὐ Μωσῆς 19
ˣἔδωκεν∥ ὑμῖν τὸν νόμον, καὶ οὐδεὶς ἐξ ὑμῶν ποιεῖ τὸν
νόμον; τί με ζητεῖτε ἀποκτεῖναι; ἀπεκρίθη ὁ ὄχλος ʸ—∥, 20

° αὐτὸ M.   ᵖ add ταύτην   ᵠ οὐκ M.   ʳ om. εἰς
τὴν ἑορτήν   ˢ add εἰς τὴν ἑορτήν   ᵗ πολὺς περὶ αὐτοῦ ἦν
ᵘ καὶ ἐθαύμαζον   ᵛ om. οὖν   ˣ δέδωκεν   ʸ add
καὶ εἶπε

21 Δαιμόνιον ἔχεις· τίς σε ζητεῖ ἀποκτεῖναι; ἀπεκρίθη ὁ Ἰησοῦς καὶ εἶπεν αὐτοῖς, Ἑν ἔργον ἐποίησα, καὶ πάντες ᶻθαυμάζετε. 22 διὰ τοῦτο Μωσῆς ᵇ δέδωκεν ὑμῖν τὴν περιτομὴν (οὐχ ὅτι ἐκ τοῦ Μωσέως ἐστίν, ἀλλ' ἐκ τῶν πατέρων), καὶ ἐν σαββάτῳ 23 περιτέμνετε ἄνθρωπον. εἰ περιτομὴν λαμβάνει ἄνθρωπος ἐν σαββάτῳ, ἵνα μὴ λυθῇ ὁ νόμος Μωσέως, ἐμοὶ χολᾶτε ὅτι 24 ὅλον ἄνθρωπον ὑγιῆ ἐποίησα ἐν σαββάτῳ; μὴ κρίνετε κατ' ὄψιν, ἀλλὰ τὴν δικαίαν κρίσιν κρίνατε. 25 Ἔλεγον οὖν τινες ἐκ τῶν Ἱεροσολυμιτῶν, Οὐχ οὗτός ἐστιν 26 ὃν ζητοῦσιν ἀποκτεῖναι; καὶ ἴδε, παρρησίᾳ λαλεῖ, καὶ οὐδὲν αὐτῷ λέγουσι. μήποτε ἀληθῶς ἔγνωσαν οἱ ἄρχοντες, ὅτι 27 οὗτός ἐστιν ᵃ⁻ᵇ ὁ Χριστός; ἀλλὰ τοῦτον οἴδαμεν πόθεν ἐστίν· ὁ δὲ Χριστὸς ὅταν ἔρχηται, οὐδεὶς γινώσκει πόθεν 28 ἐστίν. ἔκραξεν οὖν ἐν τῷ ἱερῷ διδάσκων ὁ Ἰησοῦς καὶ λέγων, Κἀμὲ οἴδατε, καὶ οἴδατε πόθεν εἰμί· καὶ ἀπ' ἐμαυτοῦ οὐκ ἐλήλυθα, ἀλλ' ἔστιν ἀληθινὸς ὁ πέμψας με, ὃν ὑμεῖς 29 οὐκ οἴδατε. ἐγὼ ᵇ⁻ᵇ οἶδα αὐτόν, ὅτι παρ' αὐτοῦ εἰμι, κἀκεῖ-30 νός με ἀπέστειλεν. ἐζήτουν οὖν αὐτὸν πιάσαι· καὶ οὐδεὶς ἐπέβαλεν ἐπ' αὐτὸν τὴν χεῖρα, ὅτι οὔπω ἐληλύθει ἡ ὥρα 31 αὐτοῦ. ᶜἐκ τοῦ ὄχλου δὲ πολλοὶ ᶦ ἐπίστευσαν εἰς αὐτόν· καὶ ἔλεγον, ᵈ⁻ᵇ Ὁ Χριστὸς ὅταν ἔλθῃ, ᵉμὴ ᵇ πλείονα σημεῖα 32 ᶠ⁻ᵇ ποιήσει ὧν οὗτος ἐποίησεν; ἤκουσαν οἱ Φαρισαῖοι τοῦ ὄχλου γογγύζοντος περὶ αὐτοῦ ταῦτα· καὶ ἀπέστειλαν ᵍοἱ ἀρχιερεῖς καὶ οἱ Φαρισαῖοι ᶦ ὑπηρέτας, ἵνα πιάσωσιν αὐτόν. 33 εἶπεν οὖν ʰ⁻ᵇ ὁ Ἰησοῦς, Ἔτι μικρὸν χρόνον μεθ' ὑμῶν εἰμι, 34 καὶ ὑπάγω πρὸς τὸν πέμψαντά με. ζητήσετέ με, καὶ οὐχ εὑρήσετέ ᶦμε ᵇ· καὶ ὅπου εἰμὶ ἐγώ, ὑμεῖς οὐ δύνασθε ἐλθεῖν. 35 εἶπον οὖν οἱ Ἰουδαῖοι πρὸς ἑαυτούς, Ποῖ οὗτος μέλλει πορεύεσθαι, ὅτι ἡμεῖς οὐχ εὑρήσομεν αὐτόν; μὴ εἰς τὴν διασπορὰν τῶν Ἑλλήνων μέλλει πορεύεσθαι, καὶ διδάσκειν τοὺς

Lev. 12. 3: cp. Gen. 17. 10.
Cp. Mat. 12. 5.

Cp. Mat. 11. 27. Lk. 10. 22.

Cp. Jas. 1. 1, 1 Pet. 1. 1

ᶻ θαυμάζετε διὰ τοῦτο. Μωσῆς Μ.   ᵃ add ἀληθῶς   ᵇ add δὲ
ᶜ πολλοὶ δὲ ἐκ τοῦ ὄχλου   ᵈ add Ὅτι   ᵉ μήτι   ᶠ add τούτων
ᵍ οἱ Φαρισαῖοι καὶ οἱ ἀρχιερεῖς   ʰ add αὐτοῖς   ᶦ om. με

220 ΕΥΑΓΓΕΛΙΟΝ 7. 35–

Ἕλληνας; τίς ἐστιν οὗτος ὁ λόγος ὃν εἶπε, Ζητήσετέ με, 36
καὶ οὐχ εὑρήσετέ ʲμε", καὶ ὅπου εἰμὶ ἐγώ, ὑμεῖς οὐ δύνασθε
ἐλθεῖν;

Cp. Lev. 23. 36. Ἐν δὲ τῇ ἐσχάτῃ ἡμέρᾳ τῇ μεγάλῃ τῆς ἑορτῆς εἱστήκει ὁ 37
Ἰησοῦς, καὶ ἔκραξε λέγων, Ἐάν τις διψᾷ, ἐρχέσθω πρός με
καὶ πινέτω. ὁ πιστεύων εἰς ἐμέ, καθὼς εἶπεν ἡ γραφή, 38
ποταμοὶ ἐκ τῆς κοιλίας αὐτοῦ ῥεύσουσιν ὕδατος ζῶντος.
τοῦτο δὲ εἶπε περὶ τοῦ Πνεύματος, οὗ ἔμελλον λαμβάνειν 39

Cp. 16. 7, Acts 19. 2. οἱ ᵏπιστεύσαντες" εἰς αὐτόν· οὔπω γὰρ ἦν Πνεῦμα ˡ–", ὅτι
ὁ Ἰησοῦς ᵐοὔπω" ἐδοξάσθη. ᵘἐκ τοῦ ὄχλου οὖν" ἀκού- 40
σαντες ᵒτῶν λόγων τούτων" ἔλεγον, Οὗτός ἐστιν ἀληθῶς ὁ
προφήτης. ἄλλοι ἔλεγον, Οὗτός ἐστιν ὁ Χριστός. ᵖοἱ" δὲ 41

Ps. 132 (131). 11, Mic. 5. 2: cp. Mat. 2. 6. ἔλεγον, Μὴ γὰρ ἐκ τῆς Γαλιλαίας ὁ Χριστὸς ἔρχεται; οὐχὶ ἡ 42
γραφὴ εἶπεν, ὅτι ἐκ τοῦ σπέρματος Δαβίδ, καὶ ἀπὸ Βηθλεέμ,
τῆς κώμης ὅπου ἦν Δαβίδ, ᵩἔρχεται ὁ Χριστός": σχίσμα 43
οὖν ʳἐγένετο ἐν τῷ ὄχλῳ" δι᾽ αὐτόν. τινὲς δὲ ἤθελον ἐξ 44
αὐτῶν πιάσαι αὐτόν, ἀλλ᾽ οὐδεὶς ἐπέβαλεν ἐπ᾽ αὐτὸν τὰς
χεῖρας.

Ἦλθον οὖν οἱ ὑπηρέται πρὸς τοὺς ἀρχιερεῖς καὶ Φαρι- 45
σαίους· καὶ εἶπον αὐτοῖς ἐκεῖνοι, Διατί οὐκ ἠγάγετε αὐτόν;
ἀπεκρίθησαν οἱ ὑπηρέται, Οὐδέποτε ˢἐλάλησεν οὕτως" ἄν- 46
θρωπος ᵗ–". ἀπεκρίθησαν οὖν αὐτοῖς οἱ Φαρισαῖοι, Μὴ καὶ 47
ὑμεῖς πεπλάνησθε; μή τις ἐκ τῶν ἀρχόντων ἐπίστευσεν εἰς 48
αὐτόν, ἢ ἐκ τῶν Φαρισαίων; ἀλλ᾽ ὁ ὄχλος οὗτος ὁ μὴ γινώ- 49

Cp. 3. 1, 19. 39. σκων τὸν νόμον ᵘἐπάρατοί" εἰσι. λέγει Νικόδημος πρὸς 50
αὐτούς (ὁ ἐλθὼν ᵛ–" πρὸς αὐτὸν ˣπρότερον", εἷς ὢν ἐξ
αὐτῶν), Μὴ ὁ νόμος ἡμῶν κρίνει τὸν ἄνθρωπον, ἐὰν μὴ 51

ʲ om. με   ᵏ πιστεύοντες   ˡ add Ἅγιον A.S., Ἅγιον
δεδομένον M.   ᵐ οὐδέπω   ⁿ πολλοὶ οὖν ἐκ τοῦ ὄχλου
ᵒ τὸν λόγον   ᵖ ἄλλοι   ᵩ ὁ Χριστὸς ἔρχεται   ʳ ἐν
τῷ ὄχλῳ ἐγένετο   ˢ οὕτως ἐλάλησεν   ᵗ add ὡς οὗτος
ὁ ἄνθρωπος   ᵘ ἐπικατάρατοί   ᵛ add νυκτὸς   ˣ om.
πρότερον

52 ἀκούσῃ ʸπρῶτον παρ' αὐτοῦ", καὶ γνῷ τί ποιεῖ; ἀπεκρίθησαν καὶ εἶπον αὐτῷ, Μὴ καὶ σὺ ἐκ τῆς Γαλιλαίας εἶ; ἐρεύνησον, καὶ ᶻἴδε " ὅτι ᵃἐκ τῆς Γαλιλαίας προφήτης οὐκ ἐγείρεται '.

53 [ᵇ Καὶ ᶜἐπορεύθησαν" ἕκαστος εἰς τὸν οἶκον αὐτοῦ·
8 1, 2 Ἰησοῦς δὲ ἐπορεύθη εἰς τὸ ὄρος τῶν Ἐλαιῶν. ὄρθρου δὲ Cp.Lk.21.
πάλιν παρεγένετο εἰς τὸ ἱερόν, καὶ πᾶς ὁ λαὸς ἤρχετο πρὸς ⁵⁷·
3 αὐτόν· καὶ καθίσας ἐδίδασκεν αὐτούς. ἄγουσι δὲ οἱ γραμματεῖς καὶ οἱ Φαρισαῖοι ᵈ⁻¹ γυναῖκα ᵉἐπὶ" μοιχείᾳ κατειλημ-
4 μένην, καὶ στήσαντες αὐτὴν ἐν μέσῳ λέγουσιν αὐτῷ, Διδάσκαλε, αὕτη ἡ γυνὴ ᶠ κατείληπται" ἐπαυτοφώρῳ μοιχευομένη.
5 ἐν δὲ τῷ νόμῳ Μωσῆς ἡμῖν ἐνετείλατο τὰς τοιαύτας ᵍλιθά- Cp. Lev.
6 ζειν"·σὺ οὖν τί λέγεις ʰπερὶ αὐτῆς"; τοῦτο δὲ ἔλεγον πειρά- Deut. 22.
ζοντες αὐτόν, ἵνα ἔχωσι κατηγορεῖν αὐτοῦ. ὁ δὲ Ἰησοῦς
7 κάτω κύψας τῷ δακτύλῳ ⁱκατέγραφεν" εἰς τὴν γῆν ᵏ⁻". ὡς δὲ ἐπέμενον ἐρωτῶντες αὐτόν, ἀνακύψας εἶπε πρὸς αὐτούς,
8 Ὁ ἀναμάρτητος ὑμῶν πρῶτος ˡ⁻¹ λίθον ἐπ' αὐτῇ βαλέτω. καὶ
9 πάλιν κάτω κύψας ᵐτῷ δακτύλῳ" ἔγραφεν εἰς τὴν γῆν. οἱ δὲ ἀκούσαντες ⁿ⁻" ἐξήρχοντο εἷς καθ' εἷς, ἀρξάμενοι ἀπὸ τῶν πρεσβυτέρων ἕως τῶν ἐσχάτων· καὶ κατελείφθη μόνος ὁ
10 Ἰησοῦς, καὶ ἡ γυνὴ ἐν μέσῳ ᵒοὖσα '. ἀνακύψας δὲ ὁ Ἰησοῦς
ᵖ⁻" εἶπεν αὐτῇ, Ἡ γυνή, ποῦ εἰσιν ʳ⁻"; οὐδείς σε κατέ-
11 κρινεν; ἡ δὲ εἶπεν, Οὐδείς, Κύριε. εἶπε δὲ ˢ⁻ ὁ Ἰησοῦς, Οὐδὲ ἐγώ σε κατακρίνω· πορεύου· ᵗἀπὸ τοῦ νῦν μηκέτι ἁμάρτανε."]

ʸ παρ' αὐτοῦ πρότερον   ἴδε Α.Μ.   ᵃ προφήτης ἐκ τῆς Γαλιλαίας οὐκ ἐγήγερται   ᵇ om. ver. 53 and 8. vv. 1 11 M.
ᶜ ἐπορεύθη   ᵈ add πρὸς αὐτὸν   ᵉ ἐν   ᶠ κατειλήφθη
ᵍ λιθοβολεῖσθαι   ʰ om. περὶ αὐτῆς   ⁱ ἔγραφεν   ᵏ add μὴ προσποιούμενος Α.   ˡ add τὸν   ᵐ om. τῷ δακτύλῳ
ⁿ add καὶ ὑπὸ τῆς συνειδήσεως ἐλεγχόμενοι   ᵒ ἑστῶσα
ᵖ add καὶ μηδένα θεασάμενος πλὴν τῆς γυναικὸς   ʳ add ἐκεῖνοι οἱ κατήγοροί σου   ˢ add αὐτῇ   ᵗ καὶ

Πάλιν οὖν ὁ Ἰησοῦς αὐτοῖς ἐλάλησε λέγων, Ἐγώ εἰμι 12
τὸ φῶς τοῦ κόσμου· ὁ ἀκολουθῶν ἐμοὶ οὐ μὴ ᵘπεριπατήσῃ"
ἐν τῇ σκοτίᾳ, ἀλλ' ἕξει τὸ φῶς τῆς ζωῆς. εἶπον οὖν αὐτῷ 13
οἱ Φαρισαῖοι, Σὺ περὶ σεαυτοῦ μαρτυρεῖς· ἡ μαρτυρία σου
οὐκ ἔστιν ἀληθής. ἀπεκρίθη Ἰησοῦς καὶ εἶπεν αὐτοῖς, Κἂν 14
ἐγὼ μαρτυρῶ περὶ ἐμαυτοῦ, ἀληθής ἐστιν ἡ μαρτυρία μου·
ὅτι οἶδα πόθεν ἦλθον, καὶ ποῦ ὑπάγω· ὑμεῖς δὲ οὐκ οἴδατε
πόθεν ἔρχομαι, ˣἢ" ποῦ ὑπάγω. ὑμεῖς κατὰ τὴν σάρκα 15
κρίνετε· ἐγὼ οὐ κρίνω οὐδένα. καὶ ἐὰν κρίνω δὲ ἐγώ, ἡ 16
κρίσις ἡ ἐμὴ ἀληθής ἐστιν· ὅτι μόνος οὐκ εἰμί, ἀλλ' ἐγὼ
καὶ ὁ πέμψας με πατήρ. καὶ ἐν τῷ νόμῳ δὲ τῷ ὑμετέρῳ 17

Cp. Deut. γέγραπται, ὅτι δύο ἀνθρώπων ἡ μαρτυρία ἀληθής ἐστιν.
19. 15. ἐγώ εἰμι ὁ μαρτυρῶν περὶ ἐμαυτοῦ, καὶ μαρτυρεῖ περὶ ἐμοῦ ὁ 18
πέμψας με πατήρ. ἔλεγον οὖν αὐτῷ, Ποῦ ἐστιν ὁ πατήρ 19
σου; ἀπεκρίθη ὁ Ἰησοῦς, Οὔτε ἐμὲ οἴδατε, οὔτε τὸν πατέρα
μου· εἰ ἐμὲ ᾔδειτε, καὶ τὸν πατέρα μου ᾔδειτε ἄν. ταῦτα 20
τὰ ῥήματα ἐλάλησεν ʸ⁻' ἐν τῷ γαζοφυλακίῳ, διδάσκων ἐν
τῷ ἱερῷ· καὶ οὐδεὶς ἐπίασεν αὐτόν, ὅτι οὔπω ἐληλύθει ἡ ὥρα
αὐτοῦ.
Εἶπεν οὖν πάλιν αὐτοῖς ʸ⁻", Ἐγὼ ὑπάγω, καὶ ζητήσετέ με, 21
καὶ ἐν τῇ ἁμαρτίᾳ ὑμῶν ἀποθανεῖσθε· ὅπου ἐγὼ ὑπάγω,
ὑμεῖς οὐ δύνασθε ἐλθεῖν. ἔλεγον οὖν οἱ Ἰουδαῖοι, Μήτι 22
ἀποκτενεῖ ἑαυτόν, ὅτι λέγει, Ὅπου ἐγὼ ὑπάγω, ὑμεῖς οὐ
δύνασθε ἐλθεῖν; καὶ ᶻἔλεγεν" αὐτοῖς, Ὑμεῖς ἐκ τῶν κάτω 23
ἐστέ, ἐγὼ ἐκ τῶν ἄνω εἰμί· ὑμεῖς ἐκ τοῦ κόσμου τούτου
ἐστέ, ἐγὼ οὐκ εἰμὶ ἐκ τοῦ κόσμου τούτου. εἶπον οὖν ὑμῖν, 24
ὅτι ἀποθανεῖσθε ἐν ταῖς ἁμαρτίαις ὑμῶν· ἐὰν γὰρ μὴ πιστεύ-
σητε ὅτι ἐγώ εἰμι, ἀποθανεῖσθε ἐν ταῖς ἁμαρτίαις ὑμῶν.
ἔλεγον οὖν αὐτῷ, Σὺ τίς εἶ; ᵃ⁻" εἶπεν αὐτοῖς ὁ Ἰησοῦς, 25
Τὴν ἀρχὴν ᵇὅ τι" καὶ λαλῶ ὑμῖν. πολλὰ ἔχω περὶ ὑμῶν 26

ᵘ περιπατήσει   ˣ καὶ   ʸ add ὁ Ἰησοῦς   ᶻ εἶπεν
ᵃ add καὶ   ᵇ ὅτι S.M.

ΚΑΤΑ ΙΩΑΝΝΗΝ.

λαλεῖν καὶ κρίνειν· ἀλλ' ὁ πέμψας με ἀληθής ἐστι, κἀγὼ
27 ἃ ἤκουσα παρ' αὐτοῦ, ταῦτα ^cλαλῶ^{||} εἰς τὸν κόσμον. οὐκ
28 ἔγνωσαν ὅτι τὸν πατέρα αὐτοῖς ἔλεγεν. εἶπεν οὖν ^{d–||} ὁ
Ἰησοῦς, Ὅταν ὑψώσητε τὸν υἱὸν τοῦ ἀνθρώπου, τότε γνώ- Cp. 3. 14.
σεσθε ὅτι ἐγώ ^eεἰμι,^{||} καὶ ἀπ' ἐμαυτοῦ ποιῶ οὐδέν, ἀλλὰ
29 καθὼς ἐδίδαξέ με ὁ πατὴρ ^{f–||}, ταῦτα λαλῶ. καὶ ὁ πέμψας
με μετ' ἐμοῦ ἐστιν· οὐκ ἀφῆκέ με μόνον ^{g–|.} ὅτι ἐγὼ τὰ
30 ἀρεστὰ αὐτῷ ποιῶ πάντοτε. ταῦτα αὐτοῦ λαλοῦντος πολλοὶ
ἐπίστευσαν εἰς αὐτόν.

31 Ἔλεγεν οὖν ὁ Ἰησοῦς πρὸς τοὺς πεπιστευκότας αὐτῷ
Ἰουδαίους, Ἐὰν ὑμεῖς μείνητε ἐν τῷ λόγῳ τῷ ἐμῷ, ἀληθῶς
32 μαθηταί μου ἐστέ· καὶ γνώσεσθε τὴν ἀλήθειαν, καὶ ἡ
33 ἀλήθεια ἐλευθερώσει ὑμᾶς. ἀπεκρίθησαν ^hπρὸς αὐτόν^{||},
Σπέρμα Ἀβραάμ ἐσμεν, καὶ οὐδενὶ δεδουλεύκαμεν πώποτε·
34 πῶς σὺ λέγεις ὅτι Ἐλεύθεροι γενήσεσθε; ἀπεκρίθη αὐτοῖς
ὁ Ἰησοῦς, Ἀμὴν ἀμὴν λέγω ὑμῖν, ὅτι πᾶς ὁ ποιῶν τὴν ἁμαρ-
35 τίαν δοῦλός ἐστι τῆς ἁμαρτίας. ὁ δὲ δοῦλος οὐ μένει ἐν
36 τῇ οἰκίᾳ εἰς τὸν αἰῶνα· ὁ υἱὸς μένει εἰς τὸν αἰῶνα. ἐὰν οὖν
37 ὁ υἱὸς ὑμᾶς ἐλευθερώσῃ, ὄντως ἐλεύθεροι ἔσεσθε. οἶδα ὅτι
σπέρμα Ἀβραάμ ἐστε· ἀλλὰ ζητεῖτέ με ἀποκτεῖναι, ὅτι ὁ
38 λόγος ὁ ἐμὸς οὐ χωρεῖ ἐν ὑμῖν. ⁱἃ ἐγὼ^{||} ἑώρακα παρὰ τῷ
πατρί ^{j–||}, λαλῶ· καὶ ὑμεῖς οὖν ^kἃ ἠκούσατε παρὰ τοῦ
39 πατρός,^{||} ποιεῖτε. ἀπεκρίθησαν καὶ εἶπον αὐτῷ, Ὁ πατὴρ
ἡμῶν Ἀβραάμ ἐστι. λέγει αὐτοῖς ὁ Ἰησοῦς, Εἰ τέκνα τοῦ
40 Ἀβραὰμ ^lἐστε^{||}, τὰ ἔργα τοῦ Ἀβραὰμ ^mἐποιεῖτε^{||}. νῦν δὲ
ζητεῖτέ με ἀποκτεῖναι, ἄνθρωπον ὃς τὴν ἀλήθειαν ὑμῖν
λελάληκα, ἣν ἤκουσα παρὰ τοῦ Θεοῦ· τοῦτο Ἀβραὰμ οὐκ
41 ἐποίησεν. ὑμεῖς ποιεῖτε τὰ ἔργα τοῦ πατρὸς ὑμῶν. εἶπον
^{n–||} αὐτῷ, Ἡμεῖς ἐκ πορνείας ^oοὐκ ἐγεννήθημεν^{||·} ἕνα πατέρα

^c λέγω   ^d add αὐτοῖς   ^e εἰμι· M.   ^f add μου
^g add ὁ πατήρ   ^h αὐτῷ   ⁱ ἐγὼ ὃ   ^j add μου
^k ὃ ἑωράκατε παρὰ τῷ πατρὶ ὑμῶν,   ^l ἦτε   ^m ἐποιεῖτε ἄν
Λ.S.: ποιεῖτε M.   ⁿ add οὖν   ^o οὐ γεγενήμεθα

ἔχομεν, τὸν Θεόν. εἶπεν p–" αὐτοῖς ὁ Ἰησοῦς, Εἰ ὁ Θεὸς 42 πατὴρ ὑμῶν ἦν, ἠγαπᾶτε ἂν ἐμέ· ἐγὼ γὰρ ἐκ τοῦ Θεοῦ ἐξῆλθον καὶ ἥκω· οὐδὲ γὰρ ἀπ' ἐμαυτοῦ ἐλήλυθα, ἀλλ' ἐκεῖνός με ἀπέστειλε. διατί τὴν λαλιὰν τὴν ἐμὴν οὐ γινώ- 43 σκετε; ὅτι οὐ δύνασθε ἀκούειν τὸν λόγον τὸν ἐμόν. ὑμεῖς 44 ἐκ ꟼτοῦ" πατρὸς τοῦ διαβόλου ἐστέ, καὶ τὰς ἐπιθυμίας τοῦ πατρὸς ὑμῶν θέλετε ποιεῖν. ἐκεῖνος ἀνθρωποκτόνος ἦν ἀπ' ἀρχῆς, καὶ ἐν τῇ ἀληθείᾳ ʳοὐκ ἔστηκεν", ὅτι οὐκ ἔστιν ἀλήθεια ἐν αὐτῷ. ὅταν λαλῇ τὸ ψεῦδος, ἐκ τῶν ἰδίων λαλεῖ· ὅτι ψεύστης ἐστὶ καὶ ὁ πατὴρ αὐτοῦ. ἐγὼ δὲ ὅτι 45 τὴν ἀλήθειαν λέγω, οὐ πιστεύετέ μοι. τίς ἐξ ὑμῶν ἐλέγχει 46 με περὶ ἁμαρτίας; εἰ ˢ–" ἀλήθειαν λέγω, διατί ὑμεῖς οὐ πιστεύετέ μοι; ὁ ὢν ἐκ τοῦ Θεοῦ τὰ ῥήματα τοῦ Θεοῦ 47 ἀκούει· διὰ τοῦτο ὑμεῖς οὐκ ἀκούετε, ὅτι ἐκ τοῦ Θεοῦ οὐκ ἐστέ. ἀπεκρίθησαν ᵗ–" οἱ Ἰουδαῖοι καὶ εἶπον αὐτῷ, Οὐ 48 καλῶς λέγομεν ἡμεῖς ὅτι Σαμαρείτης εἶ σύ, καὶ δαιμόνιον ἔχεις; ἀπεκρίθη Ἰησοῦς, Ἐγὼ δαιμόνιον οὐκ ἔχω· ἀλλὰ 49 τιμῶ τὸν πατέρα μου, καὶ ὑμεῖς ἀτιμάζετέ με. ἐγὼ δὲ οὐ 50 ζητῶ τὴν δόξαν μου· ἔστιν ὁ ζητῶν καὶ κρίνων. ἀμὴν ἀμὴν 51 λέγω ὑμῖν, ἐάν τις τὸν λόγον τὸν ἐμὸν τηρήσῃ, θάνατον οὐ μὴ θεωρήσῃ εἰς τὸν αἰῶνα. εἶπον ᵗ–" αὐτῷ οἱ Ἰουδαῖοι, 52 Νῦν ἐγνώκαμεν ὅτι δαιμόνιον ἔχεις. Ἀβραὰμ ἀπέθανε καὶ οἱ προφῆται, καὶ σὺ λέγεις, Ἐάν τις τὸν λόγον μου τηρήσῃ, οὐ μὴ ᵘγεύσηται" θανάτου εἰς τὸν αἰῶνα. μὴ σὺ μείζων 53 εἶ τοῦ πατρὸς ἡμῶν Ἀβραάμ, ὅστις ἀπέθανε; καὶ οἱ προφῆται ἀπέθανον· τίνα σεαυτὸν ᵛ–" ποιεῖς; ἀπεκρίθη Ἰησοῦς, 54 Ἐὰν ἐγὼ δοξάζω ἐμαυτόν, ἡ δόξα μου οὐδέν ἐστιν· ἔστιν ὁ πατήρ μου ὁ δοξάζων με, ὃν ὑμεῖς λέγετε ὅτι Θεὸς ὑμῶν ἐστι, καὶ οὐκ ἐγνώκατε αὐτόν· ἐγὼ δὲ οἶδα αὐτόν, καὶ ἐὰν εἴπω 55 ὅτι οὐκ οἶδα αὐτόν, ἔσομαι ὅμοιος ὑμῶν ψεύστης· ἀλλ' οἶδα

ᵖ add οὖν S.   ꟼ om. τοῦ   ʳ οὐχ ἔστηκεν A.S.M.
ˢ add δὲ   ᵗ add οὖν   ᵘ γεύσεται   ᵛ add σὺ

56 αὐτόν, καὶ τὸν λόγον αὐτοῦ τηρῶ. Ἀβραὰμ ὁ πατὴρ ὑμῶν ἠγαλλιάσατο ἵνα ἴδῃ τὴν ἡμέραν τὴν ἐμήν· καὶ εἶδε καὶ 57 ἐχάρη. εἶπον οὖν οἱ Ἰουδαῖοι πρὸς αὐτόν, Πεντήκοντα ἔτη 58 οὔπω ἔχεις, καὶ Ἀβραὰμ ἑώρακας; εἶπεν αὐτοῖς ὁ Ἰησοῦς, Ἀμὴν ἀμὴν λέγω ὑμῖν, πρὶν Ἀβραὰμ γενέσθαι, ἐγώ εἰμι. 59 ἦραν οὖν λίθους ἵνα βάλωσιν ἐπ᾽ αὐτόν· Ἰησοῦς δὲ ἐκρύβη, καὶ ἐξῆλθεν ἐκ τοῦ ἱεροῦ w-‖.

9 1, 2 Καὶ παράγων εἶδεν ἄνθρωπον τυφλὸν ἐκ γενετῆς. καὶ ἠρώτησαν αὐτὸν οἱ μαθηταὶ αὐτοῦ λέγοντες, Ῥαββί, τίς ἥμαρτεν, οὗτος, ἢ οἱ γονεῖς αὐτοῦ, ἵνα τυφλὸς γεννηθῇ; 3 ἀπεκρίθη ὁ Ἰησοῦς, Οὔτε οὗτος ἥμαρτεν οὔτε οἱ γονεῖς αὐτοῦ· ἀλλ᾽ ἵνα φανερωθῇ τὰ ἔργα τοῦ Θεοῦ ἐν αὐτῷ. 4 ˣἡμᾶς‖ δεῖ ἐργάζεσθαι τὰ ἔργα τοῦ πέμψαντός με ἕως ἡμέρα ἐστίν· ἔρχεται νύξ, ὅτε οὐδεὶς δύναται ἐργάζεσθαι. 5, 6 ὅταν ἐν τῷ κόσμῳ ὦ, φῶς εἰμι τοῦ κόσμου. ταῦτα εἰπὼν ἔπτυσε χαμαί, καὶ ἐποίησε πηλὸν ἐκ τοῦ πτύσματος, καὶ ἐπέχρισεν ʸαὐτοῦ‖ τὸν πηλὸν ἐπὶ τοὺς ὀφθαλμοὺς ᶻ-‖, καὶ 7 εἶπεν αὐτῷ, Ὕπαγε, νίψαι εἰς τὴν κολυμβήθραν τοῦ Σιλωάμ (ὃ ἑρμηνεύεται ἀπεσταλμένος). ἀπῆλθεν οὖν καὶ ἐνίψατο, 8 καὶ ἦλθε βλέπων. οἱ οὖν γείτονες, καὶ οἱ θεωροῦντες αὐτὸν τὸ πρότερον ὅτι ᵃπροσαίτης‖ ἦν, ἔλεγον, Οὐχ οὗτός 9 ἐστιν ὁ καθήμενος καὶ προσαιτῶν; ἄλλοι ἔλεγον ὅτι Οὗτός ἐστιν· ἄλλοι ᵇ-‖ ᶜἔλεγον, Οὐχί, ἀλλ᾽ ὅμοιος‖ αὐτῷ ἐστιν. 10 ἐκεῖνος ἔλεγεν ὅτι Ἐγώ εἰμι. ἔλεγον οὖν αὐτῷ, Πῶς ᵈοὖν‖ 11 ἀνεῴχθησάν σου οἱ ὀφθαλμοί; ἀπεκρίθη ἐκεῖνος ᵉ-‖, ᶠὉ ἄνθρωπος ὁ λεγόμενος‖ Ἰησοῦς πηλὸν ἐποίησε, καὶ ἐπέχρισέ μου τοὺς ὀφθαλμούς, καὶ εἶπέ μοι ᵍὅτι‖ Ὕπαγε εἰς ʰτὸν

w add διελθὼν διὰ μέσου αὐτῶν· καὶ παρῆγεν οὕτω A.S.: καὶ διελθὼν διὰ μέσου αὐτῶν ἐπορεύετο, καὶ παρῆγεν οὕτω M.
ˣ ἐμὲ   ʸ om. αὐτοῦ   ᶻ add τοῦ τυφλοῦ   ᵃ τυφλὸς
ᵇ add δὲ   ᶜ ὅτι Ὅμοιος   ᵈ om. οὖν   ᵉ add καὶ εἶπεν
ᶠ Ἄνθρωπος λεγόμενος   ᵍ om. ὅτι   ʰ τὴν κολυμβήθραν τοῦ Σιλωάμ

Q

Σιλωάμ", καὶ νίψαι· ἀπελθὼν ¹οὖν" καὶ νιψάμενος ἀνέβλεψα. ᵏκαὶ εἶπον" αὐτῷ, Ποῦ ἐστιν ἐκεῖνος; λέγει, Οὐκ οἶδα. 12 Ἄγουσιν αὐτὸν πρὸς τοὺς Φαρισαίους, τόν ποτε τυφλόν. 13 ἦν δὲ σάββατον ¹ἐν ᾗ ἡμέρᾳ" τὸν πηλὸν ἐποίησεν ὁ Ἰησοῦς, 14 καὶ ἀνέῳξεν αὐτοῦ τοὺς ὀφθαλμούς. πάλιν οὖν ἠρώτων 15 αὐτὸν καὶ οἱ Φαρισαῖοι, πῶς ἀνέβλεψεν. ὁ δὲ εἶπεν αὐτοῖς, Πηλὸν ᵐἐπέθηκέ μου ἐπὶ τοὺς ὀφθαλμούς", καὶ ἐνιψάμην, καὶ βλέπω. ἔλεγον οὖν ἐκ τῶν Φαρισαίων τινές, ⁿΟὐκ ἔστιν 16 οὗτος παρὰ Θεοῦ ὁ ἄνθρωπος", ὅτι τὸ σάββατον οὐ τηρεῖ. ἄλλοι ᵒδὲ" ἔλεγον, Πῶς δύναται ἄνθρωπος ἁμαρτωλὸς τοιαῦτα σημεῖα ποιεῖν; καὶ σχίσμα ἦν ἐν αὐτοῖς. ᵖλέγουσιν 17 οὖν" τῷ τυφλῷ πάλιν, ᑫΤί σὺ" λέγεις περὶ αὐτοῦ, ὅτι ἤνοιξέ σου τοὺς ὀφθαλμούς; ὁ δὲ εἶπεν ὅτι Προφήτης ἐστίν. οὐκ ἐπίστευσαν οὖν οἱ Ἰουδαῖοι περὶ αὐτοῦ, ὅτι 18 τυφλὸς ἦν καὶ ἀνέβλεψεν, ἕως ὅτου ἐφώνησαν τοὺς γονεῖς αὐτοῦ τοῦ ἀναβλέψαντος, καὶ ἠρώτησαν αὐτοὺς λέγοντες, 19 Οὗτός ἐστιν ὁ υἱὸς ὑμῶν, ὃν ὑμεῖς λέγετε ὅτι τυφλὸς ἐγεννήθη; πῶς οὖν ʳβλέπει ἄρτι"; ἀπεκρίθησαν ᵇ⁻" οἱ γονεῖς 20 αὐτοῦ καὶ εἶπον, Οἴδαμεν ὅτι οὗτός ἐστιν ὁ υἱὸς ἡμῶν, καὶ ὅτι τυφλὸς ἐγεννήθη· πῶς δὲ νῦν βλέπει, οὐκ οἴδαμεν· ἢ τίς 21 ἤνοιξεν αὐτοῦ τοὺς ὀφθαλμούς, ἡμεῖς οὐκ οἴδαμεν· ᵗαὐτὸν ἐρωτήσατε· ἡλικίαν ἔχει·" αὐτὸς περὶ ᵘἑαυτοῦ ʲ λαλήσει. ταῦτα εἶπον οἱ γονεῖς αὐτοῦ, ὅτι ἐφοβοῦντο τοὺς Ἰουδαίους· 22 ἤδη γὰρ συνετέθειντο οἱ Ἰουδαῖοι, ἵνα ἐάν τις αὐτὸν ὁμολογήσῃ Χριστόν, ἀποσυνάγωγος γένηται. διὰ τοῦτο οἱ γονεῖς 23 αὐτοῦ εἶπον ὅτι Ἡλικίαν ἔχει· αὐτὸν ἐρωτήσατε. ἐφώνησαν 24 οὖν ˣτὸν ἄνθρωπον ἐκ δευτέρου" ὃς ἦν τυφλός, καὶ εἶπον αὐτῷ, Δὸς δόξαν τῷ Θεῷ· ἡμεῖς οἴδαμεν ὅτι ὁ ἄνθρωπος

¹ δὲ   ᵏ εἶπον οὖν   ¹ ὅτε   ᵐ ἐπέθηκεν ἐπὶ τοὺς ὀφθαλμούς μου   ⁿ Οὗτος ὁ ἄνθρωπος οὐκ ἔστι παρὰ τοῦ Θεοῦ
ᵒ om. δὲ   ᵖ λέγουσι   ᑫ Σὺ τί   ʳ ἄρτι βλέπει
ˢ add αὐτοῖς   ᵗ αὐτὸς ἡλικίαν ἔχει· αὐτὸν ἐρωτήσατε·
ᵘ αὐτοῦ   ˣ ἐκ δευτέρου τὸν ἄνθρωπον

25 οὗτος ἁμαρτωλός ἐστιν. ἀπεκρίθη οὖν ἐκεῖνος ʸ⁻‖, Εἰ ἁμαρτωλός ἐστιν, οὐκ οἶδα· ἓν οἶδα, ὅτι τυφλὸς ὢν ἄρτι βλέπω.
26 εἶπον ᶻοὖν‖ αὐτῷ ᵃ⁻‖, Τί ἐποίησέ σοι; πῶς ἤνοιξέ σου
27 τοὺς ὀφθαλμούς; ἀπεκρίθη αὐτοῖς, Εἶπον ὑμῖν ἤδη, καὶ οὐκ ἠκούσατε· τί πάλιν θέλετε ἀκούειν; μὴ καὶ ὑμεῖς θέλετε
28 αὐτοῦ μαθηταὶ γενέσθαι; ᵇκαὶ‖ ἐλοιδόρησαν ᶜ⁻‖ αὐτόν, καὶ εἶπον, Σὺ εἶ μαθητὴς ἐκείνου· ἡμεῖς δὲ τοῦ Μωσέως ἐσμὲν
29 μαθηταί. ἡμεῖς οἴδαμεν ὅτι Μωσῇ λελάληκεν ὁ Θεός· τοῦ-
30 τον δὲ οὐκ οἴδαμεν πόθεν ἐστίν. ἀπεκρίθη ὁ ἄνθρωπος καὶ εἶπεν αὐτοῖς, Ἐν γὰρ τούτῳ ᵈτὸ‖ θαυμαστόν ἐστιν, ὅτι ὑμεῖς οὐκ οἴδατε πόθεν ἐστί, καὶ ἀνέῳξέ μου τοὺς ὀφθαλμούς.
31 οἴδαμεν ᵉ⁻‖ ὅτι ἁμαρτωλῶν ὁ Θεὸς οὐκ ἀκούει· ἀλλ' ἐάν τις Cp. Prov.
32 θεοσεβὴς ᾖ, καὶ τὸ θέλημα αὐτοῦ ποιῇ, τούτου ἀκούει. ἐκ 15. 29, 28. 9. τοῦ αἰῶνος οὐκ ἠκούσθη, ὅτι ἤνοιξέ τις ὀφθαλμοὺς τυφλοῦ
33 γεγεννημένου. εἰ μὴ ἦν οὗτος παρὰ Θεοῦ, οὐκ ἠδύνατο
34 ποιεῖν οὐδέν. ἀπεκρίθησαν καὶ εἶπον αὐτῷ, Ἐν ἁμαρτίαις σὺ ἐγεννήθης ὅλος, καὶ σὺ διδάσκεις ἡμᾶς; καὶ ἐξέβαλον αὐτὸν ἔξω.
35 Ἤκουσεν ὁ Ἰησοῦς ὅτι ἐξέβαλον αὐτὸν ἔξω, καὶ εὑρὼν
36 αὐτὸν ᶠεἶπε‖, Σὺ πιστεύεις εἰς τὸν υἱὸν τοῦ ᵍΘεοῦ‖; ἀπεκρίθη ἐκεῖνος καὶ εἶπε, ʰΚαὶ τίς‖ ἐστι, Κύριε, ἵνα πιστεύσω εἰς
37 αὐτόν; ⁱεἶπεν‖ αὐτῷ ὁ Ἰησοῦς, Καὶ ἑώρακας αὐτόν, καὶ ὁ
38 λαλῶν μετὰ σοῦ ἐκεῖνός ἐστιν. ὁ δὲ ἔφη, Πιστεύω, Κύριε·
39 καὶ προσεκύνησεν αὐτῷ. καὶ εἶπεν ὁ Ἰησοῦς, Εἰς κρῖμα ἐγὼ εἰς τὸν κόσμον τοῦτον ἦλθον, ἵνα οἱ μὴ βλέποντες βλέπωσι,
40 καὶ οἱ βλέποντες τυφλοὶ γένωνται. ᵏ⁻‖ ἤκουσαν ἐκ τῶν Φαρισαίων ταῦτα οἱ ˡμετ' αὐτοῦ ὄντες‖, καὶ εἶπον αὐτῷ, Μὴ
41 καὶ ἡμεῖς τυφλοί ἐσμεν; εἶπεν αὐτοῖς ὁ Ἰησοῦς, Εἰ τυφλοὶ

ʸ add καὶ εἶπεν   ᶻ δὲ   ᵃ add πάλιν   ᵇ om. καὶ
ᶜ add οὖν   ᵈ om. τὸ   ᵉ add δὲ   ᶠ εἶπεν αὐτῷ
ᵍ ἀνθρώπου M.   ʰ Τίς   ⁱ εἶπε δὲ   ᵏ add καὶ
ˡ ὄντες μετ' αὐτοῦ

ἦτε, οὐκ ἂν εἴχετε ἁμαρτίαν· νῦν δὲ λέγετε ὅτι Βλέπομεν· ἡ ᵐ⁻ᵛ ἁμαρτία ὑμῶν μένει.

Ἀμὴν ἀμὴν λέγω ὑμῖν, ὁ μὴ εἰσερχόμενος διὰ τῆς θύρας 10 εἰς τὴν αὐλὴν τῶν προβάτων, ἀλλὰ ἀναβαίνων ἀλλαχόθεν, ἐκεῖνος κλέπτης ἐστὶ καὶ λῃστής. ὁ δὲ εἰσερχόμενος διὰ τῆς 2 θύρας ποιμήν ἐστι τῶν προβάτων. τούτῳ ὁ θυρωρὸς ἀνοίγει, 3 καὶ τὰ πρόβατα τῆς φωνῆς αὐτοῦ ἀκούει, καὶ τὰ ἴδια πρόβατα ⁿφωνεῖ" κατ᾽ ὄνομα, καὶ ἐξάγει αὐτά. ᵒ⁻" ὅταν τὰ ἴδια 4 ᵖπάντα" ἐκβάλῃ, ἔμπροσθεν αὐτῶν πορεύεται· καὶ τὰ πρόβατα αὐτῷ ἀκολουθεῖ, ὅτι οἴδασι τὴν φωνὴν αὐτοῦ. ἀλλοτρίῳ δὲ 5 οὐ μὴ ᑫἀκολουθήσουσιν", ἀλλὰ φεύξονται ἀπ᾽ αὐτοῦ, ὅτι οὐκ οἴδασι τῶν ἀλλοτρίων τὴν φωνήν. ταύτην τὴν παροι- 6 μίαν εἶπεν αὐτοῖς ὁ Ἰησοῦς· ἐκεῖνοι δὲ οὐκ ἔγνωσαν τίνα ἦν ἃ ἐλάλει αὐτοῖς.

Εἶπεν οὖν πάλιν αὐτοῖς ὁ Ἰησοῦς, Ἀμὴν ἀμὴν λέγω ὑμῖν, 7 ʳ⁻" ἐγώ εἰμι ἡ θύρα τῶν προβάτων· πάντες ὅσοι ˢἦλθον 8 πρὸ ἐμοῦ", κλέπται εἰσὶ καὶ λῃσταί· ἀλλ᾽ οὐκ ἤκουσαν αὐτῶν τὰ πρόβατα. ἐγώ εἰμι ἡ θύρα· δι᾽ ἐμοῦ ἐάν τις εἰσέλθῃ, 9 σωθήσεται, καὶ εἰσελεύσεται καὶ ἐξελεύσεται, καὶ νομὴν εὑρήσει. ὁ κλέπτης οὐκ ἔρχεται εἰ μὴ ἵνα κλέψῃ καὶ θύσῃ 10 καὶ ἀπολέσῃ· ἐγὼ ἦλθον ἵνα ζωὴν ἔχωσι, καὶ περισσὸν ἔχωσιν. ἐγώ εἰμι ὁ ποιμὴν ὁ καλός· ὁ ποιμὴν ὁ καλὸς τὴν 11 ψυχὴν αὐτοῦ τίθησιν ὑπὲρ τῶν προβάτων. ὁ μισθωτὸς ᵗ⁻" 12 καὶ οὐκ ὢν ποιμήν, οὗ οὐκ εἰσὶ τὰ πρόβατα ἴδια, θεωρεῖ τὸν λύκον ἐρχόμενον, καὶ ἀφίησι τὰ πρόβατα, καὶ φεύγει· καὶ ὁ λύκος ἁρπάζει αὐτά, καὶ σκορπίζει ᵘ⁻"· ˣ⁻" ὅτι μισθωτός 13 ἐστι, καὶ οὐ μέλει αὐτῷ περὶ τῶν προβάτων. ἐγώ εἰμι ὁ 14 ποιμὴν ὁ καλός· καὶ γινώσκω τὰ ἐμά, καὶ ʸγινώσκουσί με τὰ ἐμά," καθὼς γινώσκει με ὁ πατήρ, κἀγὼ γινώσκω τὸν πατέρα· 15

ᵐ add οὖν   ᵘ καλεῖ   ᵒ add καὶ   ᵖ πρόβατα
ᑫ ἀκολουθήσωσιν   ʳ add ὅτι   ˢ πρὸ ἐμοῦ ἦλθον   ᵗ add δὲ
ᵘ add τὰ πρόβατα   ˣ add ὁ δὲ μισθωτὸς φεύγει,   ʸ γινώσκομαι ὑπὸ τῶν ἐμῶν.

16 καὶ τὴν ψυχήν μου τίθημι ὑπὲρ τῶν προβάτων. καὶ ἄλλα πρόβατα ἔχω, ἃ οὐκ ἔστιν ἐκ τῆς αὐλῆς ταύτης· κἀκεῖνα ᶻδεῖ με‖ ἀγαγεῖν, καὶ τῆς φωνῆς μου ἀκούσουσι· καὶ ᵃγενήσονται‖ 17 μία ποίμνη, εἷς ποιμήν. διὰ τοῦτό ᵇμε ὁ πατὴρ‖ ἀγαπᾷ, ὅτι 18 ἐγὼ τίθημι τὴν ψυχήν μου, ἵνα πάλιν λάβω αὐτήν. οὐδεὶς ᶜαἴρει‖ αὐτὴν ἀπ᾽ ἐμοῦ, ἀλλ᾽ ἐγὼ τίθημι αὐτὴν ἀπ᾽ ἐμαυτοῦ. ἐξουσίαν ἔχω θεῖναι αὐτήν, καὶ ἐξουσίαν ἔχω πάλιν λαβεῖν αὐτήν· ταύτην τὴν ἐντολὴν ἔλαβον παρὰ τοῦ πατρός μου. 19 Σχίσμα ᵈ⁻‖ πάλιν ἐγένετο ἐν τοῖς Ἰουδαίοις διὰ τοὺς 20 λόγους τούτους. ἔλεγον δὲ πολλοὶ ἐξ αὐτῶν, Δαιμόνιον ἔχει 21 καὶ μαίνεται· τί αὐτοῦ ἀκούετε; ἄλλοι ἔλεγον, Ταῦτα τὰ ῥήματα οὐκ ἔστι δαιμονιζομένου· μὴ δαιμόνιον δύναται τυφλῶν ὀφθαλμοὺς ἀνοίγειν; 22 Ἐγένετο ᵉδὲ‖ τὰ ἐγκαίνια ἐν τοῖς Ἱεροσολύμοις· ᶠ⁻‖ χει- Cp.1Macc. 23 μὼν ἦν· καὶ περιεπάτει ὁ Ἰησοῦς ἐν τῷ ἱερῷ ἐν τῇ στοᾷ τοῦ 4.59. 24 Σολομῶντος. ἐκύκλωσαν οὖν αὐτὸν οἱ Ἰουδαῖοι, καὶ ἔλεγον αὐτῷ, Ἕως πότε τὴν ψυχὴν ἡμῶν αἴρεις; εἰ σὺ εἶ ὁ Χριστός, 25 εἰπὲ ἡμῖν παρρησίᾳ. ἀπεκρίθη αὐτοῖς ὁ Ἰησοῦς, Εἶπον ὑμῖν, καὶ οὐ πιστεύετε· τὰ ἔργα ἃ ἐγὼ ποιῶ ἐν τῷ ὀνόματι τοῦ 26 πατρός μου, ταῦτα μαρτυρεῖ περὶ ἐμοῦ. ἀλλ᾽ ὑμεῖς οὐ πιστεύετε, ᵍὅτι οὐκ‖ ἐστὲ ἐκ τῶν προβάτων τῶν ἐμῶν ʰ⁻‖. 27 τὰ πρόβατα τὰ ἐμὰ τῆς φωνῆς μου ἀκούει, κἀγὼ γινώσκω 28 αὐτά, καὶ ἀκολουθοῦσί μοι· κἀγὼ ζωὴν αἰώνιον δίδωμι αὐτοῖς, καὶ οὐ μὴ ἀπόλωνται εἰς τὸν αἰῶνα, καὶ οὐχ ἁρπάσει τις 29 αὐτὰ ἐκ τῆς χειρός μου. ⁱ ὁ πατήρ μου, ὃς δέδωκέ μοι, μείζων πάντων ἐστί‖· καὶ οὐδεὶς δύναται ἁρπάζειν ἐκ τῆς χειρὸς τοῦ 30, 31 πατρός ʲ⁻‖. ἐγὼ καὶ ὁ πατὴρ ἕν ἐσμεν. ἐβάστασαν 32 ᵏ⁻‖ πάλιν λίθους οἱ Ἰουδαῖοι, ἵνα λιθάσωσιν αὐτόν. ἀπεκρίθη αὐτοῖς ὁ Ἰησοῦς, Πολλὰ καλὰ ἔργα ἔδειξα ὑμῖν ἐκ τοῦ

ᶻ με δεῖ   ᵃ γενήσεται   ᵇ ὁ πατήρ με   ᶜ ᾖρεν M.
ᵈ add οὖν   ᵉ τότε M.   ᶠ add καὶ   ᵍ οὐ γὰρ
ʰ add καθὼς εἶπον ὑμῖν   ⁱ ὁ πατήρ μου ὃ δέδωκέ μοι πάντων
μεῖζόν ἐστι M.   ʲ add μου   ᵏ add οὖν

πατρός ¹⁻ˡ· διὰ ποῖον αὐτῶν ἔργον λιθάζετέ με; ἀπεκρί- 33
θησαν αὐτῷ οἱ Ἰουδαῖοι ᵐ⁻‖, Περὶ καλοῦ ἔργου οὐ λιθάζο-
μέν σε, ἀλλὰ περὶ βλασφημίας, καὶ ὅτι σὺ ἄνθρωπος ὢν
ποιεῖς σεαυτὸν Θεόν. ἀπεκρίθη αὐτοῖς ὁ Ἰησοῦς, Οὐκ ἔστι 34
γεγραμμένον ἐν τῷ νόμῳ ὑμῶν, Ἐγὼ εἶπα, θεοί ἐστε; εἰ 35
ἐκείνους εἶπε θεούς, πρὸς οὓς ὁ λόγος τοῦ Θεοῦ ἐγένετο (καὶ
οὐ δύναται λυθῆναι ἡ γραφή), ὃν ὁ πατὴρ ἡγίασε καὶ ἀπέστει- 36
λεν εἰς τὸν κόσμον, ὑμεῖς λέγετε ὅτι Βλασφημεῖς, ὅτι εἶπον,
Υἱὸς τοῦ Θεοῦ εἰμι; εἰ οὐ ποιῶ τὰ ἔργα τοῦ πατρός μου, μὴ 37
πιστεύετέ μοι. εἰ δὲ ποιῶ, κἂν ἐμοὶ μὴ πιστεύητε, τοῖς 38
ἔργοις ⁿ πιστεύετε‖· ἵνα γνῶτε καὶ ᵒ γινώσκητε‖, ὅτι ἐν ἐμοὶ
ὁ πατήρ, κἀγὼ ἐν ᴾ τῷ πατρί‖. ἐζήτουν ᑫ⁻‖ πάλιν αὐτὸν 39
πιάσαι· καὶ ἐξῆλθεν ἐκ τῆς χειρὸς αὐτῶν.

Καὶ ἀπῆλθε πάλιν πέραν τοῦ Ἰορδάνου εἰς τὸν τόπον ὅπου 40
ἦν Ἰωάννης τὸ πρῶτον βαπτίζων· καὶ ἔμεινεν ἐκεῖ. καὶ πολ- 41
λοὶ ἦλθον πρὸς αὐτόν· καὶ ἔλεγον ὅτι Ἰωάννης μὲν σημεῖον
ἐποίησεν οὐδέν, πάντα δὲ ὅσα εἶπεν Ἰωάννης περὶ τούτου
ἀληθῆ ἦν. καὶ ʳ πολλοὶ ἐπίστευσαν εἰς αὐτὸν ἐκεῖ‖. 42

Ἦν δέ τις ἀσθενῶν, Λάζαρος ἀπὸ Βηθανίας, ἐκ τῆς κώμης 11
Μαρίας καὶ Μάρθας τῆς ἀδελφῆς αὐτῆς. ἦν δὲ Μαρία ἡ 2
ἀλείψασα τὸν Κύριον μύρῳ καὶ ἐκμάξασα τοὺς πόδας αὐτοῦ
ταῖς θριξὶν αὐτῆς, ἧς ὁ ἀδελφὸς Λάζαρος ἠσθένει. ἀπέστει- 3
λαν οὖν αἱ ἀδελφαὶ πρὸς αὐτὸν λέγουσαι, Κύριε, ἴδε, ὃν
φιλεῖς ἀσθενεῖ. ἀκούσας δὲ ὁ Ἰησοῦς εἶπεν, Αὕτη ἡ ἀσθέ- 4
νεια οὐκ ἔστι πρὸς θάνατον, ἀλλ' ὑπὲρ τῆς δόξης τοῦ Θεοῦ,
ἵνα δοξασθῇ ὁ υἱὸς τοῦ Θεοῦ δι' αὐτῆς. ἠγάπα δὲ ὁ Ἰησοῦς 5
τὴν Μάρθαν καὶ τὴν ἀδελφὴν αὐτῆς καὶ τὸν Λάζαρον. ὡς 6
οὖν ἤκουσεν ὅτι ἀσθενεῖ, τότε μὲν ἔμεινεν ἐν ᾧ ἦν τόπῳ δύο
ἡμέρας. ἔπειτα μετὰ τοῦτο λέγει τοῖς μαθηταῖς, Ἄγωμεν 7
εἰς τὴν Ἰουδαίαν πάλιν. λέγουσιν αὐτῷ οἱ μαθηταί, Ῥαββί, 8
νῦν ἐζήτουν σε λιθάσαι οἱ Ἰουδαῖοι, καὶ πάλιν ὑπάγεις ἐκεῖ;

¹ add μου   ᵐ add λέγοντες   ⁿ πιστεύσατε   ᵒ πιστεύσητε
ᴾ αὐτῷ   ᑫ add οὖν   ʳ ἐπίστευσαν πολλοὶ ἐκεῖ εἰς αὐτόν

9 ἀπεκρίθη ὁ Ἰησοῦς, Οὐχὶ δώδεκά εἰσιν ὧραι τῆς ἡμέρας; ἐάν
τις περιπατῇ ἐν τῇ ἡμέρᾳ, οὐ προσκόπτει, ὅτι τὸ φῶς τοῦ
10 κόσμου τούτου βλέπει· ἐὰν δέ τις περιπατῇ ἐν τῇ νυκτί,
11 προσκόπτει, ὅτι τὸ φῶς οὐκ ἔστιν ἐν αὐτῷ. ταῦτα εἶπε, καὶ
μετὰ τοῦτο λέγει αὐτοῖς, Λάζαρος ὁ φίλος ἡμῶν κεκοίμηται·
12 ἀλλὰ πορεύομαι ἵνα ἐξυπνίσω αὐτόν. εἶπον οὖν ˢ αὐτῷ οἱ
13 μαθηταί ", Κύριε, εἰ κεκοίμηται, σωθήσεται. εἰρήκει δὲ ὁ
Ἰησοῦς περὶ τοῦ θανάτου αὐτοῦ· ἐκεῖνοι δὲ ἔδοξαν ὅτι περὶ
14 τῆς κοιμήσεως τοῦ ὕπνου λέγει. τότε οὖν εἶπεν αὐτοῖς ὁ
15 Ἰησοῦς παρρησίᾳ, Λάζαρος ἀπέθανε· καὶ χαίρω δι' ὑμᾶς,
ἵνα πιστεύσητε, ὅτι οὐκ ἤμην ἐκεῖ· ἀλλ' ἄγωμεν πρὸς αὐτόν.
16 εἶπεν οὖν Θωμᾶς, ὁ λεγόμενος Δίδυμος, τοῖς συμμαθηταῖς,
Ἄγωμεν καὶ ἡμεῖς, ἵνα ἀποθάνωμεν μετ' αὐτοῦ.
17 Ἐλθὼν οὖν ὁ Ἰησοῦς εὗρεν αὐτὸν τέσσαρας ἡμέρας ἤδη
18 ἔχοντα ἐν τῷ μνημείῳ. ἦν δὲ ἡ Βηθανία ἐγγὺς τῶν Ἱεροσο-
19 λύμων, ὡς ἀπὸ σταδίων δεκαπέντε· ᵗπολλοὶ δὲ ' ἐκ τῶν
Ἰουδαίων ἐληλύθεισαν πρὸς ᵘτὴν" Μάρθαν καὶ Μαρίαν, ἵνα
20 παραμυθήσωνται αὐτὰς περὶ τοῦ ἀδελφοῦ ˟. ἡ οὖν Μάρθα,
ὡς ἤκουσεν ὅτι ὁ Ἰησοῦς ἔρχεται, ὑπήντησεν αὐτῷ· Μαρία δὲ
21 ἐν τῷ οἴκῳ ἐκαθέζετο. εἶπεν οὖν ἡ Μάρθα πρὸς τὸν Ἰησοῦν,
Κύριε, εἰ ἦς ὧδε, ʸοὐκ ἂν ἀπέθανεν ὁ ἀδελφός μου ʲ. ᶻ⁻"
22 καὶ νῦν οἶδα ὅτι, ὅσα ἂν αἰτήσῃ τὸν Θεόν, δώσει σοι ὁ
23 Θεός. λέγει αὐτῇ ὁ Ἰησοῦς, Ἀναστήσεται ὁ ἀδελφός σου.
24 λέγει αὐτῷ Μάρθα, Οἶδα ὅτι ἀναστήσεται ἐν τῇ ἀναστάσει
25 ἐν τῇ ἐσχάτῃ ἡμέρᾳ. εἶπεν αὐτῇ ὁ Ἰησοῦς, Ἐγώ εἰμι ἡ
ἀνάστασις καὶ ἡ ζωή. ὁ πιστεύων εἰς ἐμέ, κἂν ἀποθάνῃ,
26 ζήσεται· καὶ πᾶς ὁ ζῶν καὶ πιστεύων εἰς ἐμὲ οὐ μὴ ἀποθάνῃ
27 εἰς τὸν αἰῶνα. πιστεύεις τοῦτο; λέγει αὐτῷ, Ναί, Κύριε·
ἐγὼ πεπίστευκα, ὅτι σὺ εἶ ὁ Χριστός, ὁ υἱὸς τοῦ Θεοῦ, ὁ εἰς
28 τὸν κόσμον ἐρχόμενος. καὶ ᵃτοῦτο' εἰποῦσα ἀπῆλθε, καὶ

ˢ οἱ μαθηταὶ αὐτοῦ ᵗ καὶ πολλοὶ ᵘ τὰς περὶ ˣ add
αὐτῶν ʸ ὁ ἀδελφός μου οὐκ ἂν ἐτεθνήκει ᶻ add ἀλλὰ
ᵃ ταῦτα

ἐφώνησε Μαρίαν τὴν ἀδελφὴν αὐτῆς λάθρα εἰποῦσα, Ὁ διδάσκαλος πάρεστι καὶ φωνεῖ σε. ἐκείνη ᵇδέ ⁂, ὡς ἤκουσεν, 29 ᶜἠγέρθη ⁂ ταχὺ καὶ ᵈἤρχετο ⁂ πρὸς αὐτόν. οὔπω δὲ ἐλη- 30 λύθει ὁ Ἰησοῦς εἰς τὴν κώμην, ἀλλ' ἦν ᵉἔτι ⁂ ἐν τῷ τόπῳ ὅπου ὑπήντησεν αὐτῷ ἡ Μάρθα. οἱ οὖν Ἰουδαῖοι οἱ ὄντες 31 μετ' αὐτῆς ἐν τῇ οἰκίᾳ καὶ παραμυθούμενοι αὐτήν, ἰδόντες τὴν Μαρίαν ὅτι ταχέως ἀνέστη καὶ ἐξῆλθεν, ἠκολούθησαν αὐτῇ, ᶠδόξαντες ⁂ ὅτι ὑπάγει εἰς τὸ μνημεῖον, ἵνα κλαύσῃ ἐκεῖ. ἡ οὖν Μαρία, ὡς ἦλθεν ὅπου ἦν ὁ Ἰησοῦς, ἰδοῦσα 32 αὐτὸν ἔπεσεν εἰς τοὺς πόδας αὐτοῦ λέγουσα αὐτῷ, Κύριε, εἰ ἦς ὧδε, οὐκ ἂν ἀπέθανέ μου ὁ ἀδελφός. Ἰησοῦς οὖν, ὡς 33 εἶδεν αὐτὴν κλαίουσαν, καὶ τοὺς συνελθόντας αὐτῇ Ἰουδαίους κλαίοντας, ἐνεβριμήσατο τῷ πνεύματι, καὶ ἐτάραξεν ἑαυτόν, καὶ εἶπε, Ποῦ τεθείκατε αὐτόν; λέγουσιν αὐτῷ, Κύριε, ἔρχου 34 καὶ ἴδε. ἐδάκρυσεν ὁ Ἰησοῦς. ἔλεγον οὖν οἱ Ἰουδαῖοι, 35, 36 Ἴδε, πῶς ἐφίλει αὐτόν. τινὲς δὲ ἐξ αὐτῶν εἶπον, Οὐκ ἠδύ- 37 νατο οὗτος, ὁ ἀνοίξας τοὺς ὀφθαλμοὺς τοῦ τυφλοῦ, ποιῆσαι ἵνα καὶ οὗτος μὴ ἀποθάνῃ; Ἰησοῦς οὖν πάλιν ἐμβριμώμενος 38 ἐν ἑαυτῷ ἔρχεται εἰς τὸ μνημεῖον. ἦν δὲ σπήλαιον, καὶ λίθος ἐπέκειτο ἐπ' αὐτῷ. λέγει ὁ Ἰησοῦς, Ἄρατε τὸν λίθον. 39 λέγει αὐτῷ ἡ ἀδελφὴ τοῦ ᵍτετελευτηκότος ⁂ Μάρθα, Κύριε, ἤδη ὄζει· τεταρταῖος γάρ ἐστι. λέγει αὐτῇ ὁ Ἰησοῦς, Οὐκ 40 εἶπόν σοι, ὅτι ἐὰν πιστεύσῃς, ὄψει τὴν δόξαν τοῦ Θεοῦ; ἦραν οὖν τὸν λίθον ʰ⁻⁂. ὁ δὲ Ἰησοῦς ἦρε τοὺς ὀφθαλμοὺς 41 ἄνω, καὶ εἶπε, Πάτερ, εὐχαριστῶ σοι ὅτι ἤκουσάς μου. ἐγὼ δὲ ᾔδειν ὅτι πάντοτέ μου ἀκούεις· ἀλλὰ διὰ τὸν ὄχλον 42 τὸν περιεστῶτα εἶπον, ἵνα πιστεύσωσιν ὅτι σύ με ἀπέστειλας. καὶ ταῦτα εἰπὼν φωνῇ μεγάλῃ ἐκραύγασε, Λάζαρε, 43 δεῦρο ἔξω. ⁱ⁻⁂ ἐξῆλθεν ὁ τεθνηκώς, δεδεμένος τοὺς πόδας 44 καὶ τὰς χεῖρας κειρίαις, καὶ ἡ ὄψις αὐτοῦ σουδαρίῳ περι-

ᵇ om. δέ ᶜ ἐγείρεται ᵈ ἔρχεται ᵉ om. ἔτι
ᶠ λέγοντες ᵍ τεθνηκότος ʰ add οὗ ἦν ὁ τεθνηκὼς κείμενος ⁱ add καί

ἐδέδετο. λέγει αὐτοῖς ὁ Ἰησοῦς, Λύσατε αὐτόν, καὶ ἄφετε
k αὐτὸν " ὑπάγειν.
45 Πολλοὶ οὖν ἐκ τῶν Ἰουδαίων, οἱ ἐλθόντες πρὸς τὴν Μαρίαν
καὶ θεασάμενοι ¹ ὃ " ἐποίησεν ᵐ⁻", ἐπίστευσαν εἰς αὐτόν.
46 τινὲς δὲ ἐξ αὐτῶν ἀπῆλθον πρὸς τοὺς Φαρισαίους, καὶ εἶπον
αὐτοῖς ἃ ἐποίησεν ὁ Ἰησοῦς.
47 Συνήγαγον οὖν οἱ ἀρχιερεῖς καὶ οἱ Φαρισαῖοι συνέδριον,
καὶ ἔλεγον, Τί ποιοῦμεν; ὅτι οὗτος ὁ ἄνθρωπος πολλὰ
48 σημεῖα ποιεῖ. ἐὰν ἀφῶμεν αὐτὸν οὕτω, πάντες πιστεύσου-
σιν εἰς αὐτόν· καὶ ἐλεύσονται οἱ Ῥωμαῖοι καὶ ἀροῦσιν ἡμῶν
49 καὶ τὸν τόπον καὶ τὸ ἔθνος. εἷς δέ τις ἐξ αὐτῶν Καϊάφας,
ἀρχιερεὺς ὢν τοῦ ἐνιαυτοῦ ἐκείνου, εἶπεν αὐτοῖς, Ὑμεῖς οὐκ
50 οἴδατε οὐδέν, οὐδὲ ⁿ λογίζεσθε " ὅτι συμφέρει ᵒ ὑμῖν ', ἵνα
εἷς ἄνθρωπος ἀποθάνῃ ὑπὲρ τοῦ λαοῦ, καὶ μὴ ὅλον τὸ ἔθνος
51 ἀπόληται. τοῦτο δὲ ἀφ' ἑαυτοῦ οὐκ εἶπεν· ἀλλὰ ἀρχιερεὺς
ὢν τοῦ ἐνιαυτοῦ ἐκείνου προεφήτευσεν, ὅτι ἔμελλεν ὁ Ἰη-
52 σοῦς ἀποθνήσκειν ὑπὲρ τοῦ ἔθνους· καὶ οὐχ ὑπὲρ τοῦ ἔθνους
μόνον, ἀλλ' ἵνα καὶ τὰ τέκνα τοῦ Θεοῦ τὰ διεσκορπισμένα
53 συναγάγῃ εἰς ἕν. ἀπ' ἐκείνης οὖν τῆς ἡμέρας ᵖ ἐβουλεύ-
σαντο " ἵνα ἀποκτείνωσιν αὐτόν.
54 Ἰησοῦς οὖν οὐκέτι παρρησίᾳ περιεπάτει ἐν τοῖς Ἰουδαίοις,
ἀλλὰ ἀπῆλθεν ἐκεῖθεν εἰς τὴν χώραν ἐγγὺς τῆς ἐρήμου, εἰς
Ἐφραῒμ λεγομένην πόλιν, κἀκεῖ ᑫ ἔμεινε ' μετὰ τῶν μαθητῶν
55 ʳ⁻". ἦν δὲ ἐγγὺς τὸ πάσχα τῶν Ἰουδαίων· καὶ ἀνέβησαν
πολλοὶ εἰς Ἱεροσόλυμα ἐκ τῆς χώρας πρὸ τοῦ πάσχα, ἵνα
56 ἁγνίσωσιν ἑαυτούς. ἐζήτουν οὖν τὸν Ἰησοῦν, καὶ ἔλεγον
μετ' ἀλλήλων ἐν τῷ ἱερῷ ἑστηκότες, Τί δοκεῖ ὑμῖν; ὅτι οὐ
57 μὴ ἔλθῃ εἰς τὴν ἑορτήν; δεδώκεισαν δὲ ˢ⁻" οἱ ἀρχιερεῖς καὶ
οἱ Φαρισαῖοι ᵗ ἐντολάς", ἵνα ἐάν τις γνῷ ποῦ ἐστι, μηνύσῃ,
ὅπως πιάσωσιν αὐτόν.

ᵏ om. αὐτὸν   ˡ ἃ A.S.M.   ᵐ add ὁ Ἰησοῦς   ⁿ δια-
λογίζεσθε   ᵒ ἡμῖν   ᵖ συνεβουλεύσαντο   ᑫ διέτριβε
ʳ add αὐτοῦ   ˢ add καὶ   ᵗ ἐντολήν

Ὁ οὖν Ἰησοῦς πρὸ ἓξ ἡμερῶν τοῦ πάσχα ἦλθεν εἰς Βηθα- 12
νίαν, ὅπου ἦν Λάζαρος ᵘ⁻‖, ὃν ἤγειρεν ἐκ νεκρῶν ˣἸησοῦς‖.
ἐποίησαν οὖν αὐτῷ δεῖπνον ἐκεῖ· καὶ ἡ Μάρθα διηκόνει, ὁ δὲ 2
Λάζαρος εἶς ἦν ʸἐκ τῶν ἀνακειμένων σὺν αὐτῷ‖. ἡ οὖν 3
Μαρία λαβοῦσα λίτραν μύρου νάρδου πιστικῆς πολυτίμου
ἤλειψε τοὺς πόδας τοῦ Ἰησοῦ, καὶ ἐξέμαξε ταῖς θριξὶν
αὐτῆς τοὺς πόδας αὐτοῦ· ἡ δὲ οἰκία ἐπληρώθη ἐκ τῆς ὀσμῆς
τοῦ μύρου. ᶻλέγει δὲ Ἰούδας ὁ Ἰσκαριώτης εἶς τῶν μαθη- 4
τῶν αὐτοῦ,‖ ὁ μέλλων αὐτὸν παραδιδόναι, Διατί τοῦτο τὸ 5
μύρον οὐκ ἐπράθη τριακοσίων δηναρίων, καὶ ἐδόθη πτωχοῖς;
εἶπε δὲ τοῦτο, οὐχ ὅτι περὶ τῶν πτωχῶν ἔμελεν αὐτῷ, ἀλλ' 6
ὅτι κλέπτης ἦν, καὶ τὸ γλωσσόκομον ᵃἔχων‖ τὰ βαλλόμενα
ἐβάσταζεν. εἶπεν οὖν ὁ Ἰησοῦς, Ἄφες ᵇ αὐτὴν ἵνα‖ εἰς τὴν 7
ἡμέραν τοῦ ἐνταφιασμοῦ μου ᶜτηρήσῃ‖ αὐτό. τοὺς πτω- 8
χοὺς γὰρ πάντοτε ἔχετε μεθ' ἑαυτῶν, ἐμὲ δὲ οὐ πάντοτε
ἔχετε.

Ἔγνω οὖν ᵈὁ‖ ὄχλος πολὺς ἐκ τῶν Ἰουδαίων ὅτι ἐκεῖ 9
ἐστι· καὶ ἦλθον οὐ διὰ τὸν Ἰησοῦν μόνον, ἀλλ' ἵνα καὶ τὸν
Λάζαρον ἴδωσιν, ὃν ἤγειρεν ἐκ νεκρῶν. ἐβουλεύσαντο δὲ οἱ 10
ἀρχιερεῖς ἵνα καὶ τὸν Λάζαρον ἀποκτείνωσιν· ὅτι πολλοὶ 11
δι' αὐτὸν ὑπῆγον τῶν Ἰουδαίων, καὶ ἐπίστευον εἰς τὸν
Ἰησοῦν.

Τῇ ἐπαύριον ᵉ⁻‖ ὄχλος πολὺς ὁ ἐλθὼν εἰς τὴν ἑορτήν, 12
ἀκούσαντες ὅτι ἔρχεται ὁ Ἰησοῦς εἰς Ἱεροσόλυμα, ἔλαβον 13
τὰ βαΐα τῶν φοινίκων, καὶ ἐξῆλθον εἰς ὑπάντησιν αὐτῷ, καὶ
ᶠἐκραύγαζον‖, Ὡσαννά· εὐλογημένος ὁ ἐρχόμενος ἐν ὀνό-
ματι Κυρίου ᵍκαὶ‖ ὁ βασιλεὺς τοῦ Ἰσραήλ. εὑρὼν δὲ ὁ 14
Ἰησοῦς ὀνάριον ἐκάθισεν ἐπ' αὐτό, καθώς ἐστι γεγραμμένον,

ᵘ add ὁ τεθνηκώς   ˣ om. Ἰησοῦς   ʸ τῶν συνανα-
κειμένων αὐτῷ   ᶻ λέγει οὖν εἷς ἐκ τῶν μαθητῶν αὐτοῦ,
Ἰούδας Σίμωνος Ἰσκαριώτης,   ᵃ εἶχε καὶ   ᵇ αὐτήν· A.S.:
αὐτήν· ἵνα M.   ᶜ τετήρηκεν   ᵈ om. ὁ   ᵉ add ὁ M.
ᶠ ἔκραζον   ᵍ om. καὶ

15 Μὴ φοβοῦ, θύγατερ Σιών· ἰδού, ὁ βασιλεύς σου ἔρχεται Zech. 9. 9.
16 καθήμενος ἐπὶ πῶλον ὄνου. ταῦτα ʰ⁻‖ οὐκ ἔγνωσαν οἱ
μαθηταὶ αὐτοῦ τὸ πρῶτον· ἀλλ' ὅτε ἐδοξάσθη ὁ Ἰησοῦς,
τότε ἐμνήσθησαν, ὅτι ταῦτα ἦν ἐπ' αὐτῷ γεγραμμένα, καὶ
17 ταῦτα ἐποίησαν αὐτῷ. ἐμαρτύρει οὖν ὁ ὄχλος ὁ ὢν μετ'
αὐτοῦ ὅτε τὸν Λάζαρον ἐφώνησεν ἐκ τοῦ μνημείου καὶ ἤγει-
18 ρεν αὐτὸν ἐκ νεκρῶν. διὰ τοῦτο καὶ ὑπήντησεν αὐτῷ ὁ ὄχλος,
19 ὅτι ⁱ ἤκουσαν‖ τοῦτο αὐτὸν πεποιηκέναι τὸ σημεῖον. οἱ οὖν
Φαρισαῖοι εἶπον πρὸς ἑαυτούς, Θεωρεῖτε ὅτι οὐκ ὠφελεῖτε
ʲ οὐδέν·‖ ἴδε, ὁ κόσμος ὀπίσω αὐτοῦ ἀπῆλθεν.
20 Ἦσαν δέ τινες Ἕλληνες ἐκ τῶν ἀναβαινόντων ἵνα προσ-
21 κυνήσωσιν ἐν τῇ ἑορτῇ· οὗτοι οὖν προσῆλθον Φιλίππῳ τῷ Cp. 1. 44.
ἀπὸ Βηθσαϊδὰ τῆς Γαλιλαίας, καὶ ἠρώτων αὐτὸν λέγοντες,
22 Κύριε, θέλομεν τὸν Ἰησοῦν ἰδεῖν. ἔρχεται Φίλιππος καὶ
λέγει τῷ Ἀνδρέᾳ· ᵏ ἔρχεται‖ Ἀνδρέας καὶ Φίλιππος ¹ καὶ‖
23 λέγουσι τῷ Ἰησοῦ. ὁ δὲ Ἰησοῦς ᵐ ἀποκρίνεται‖ αὐτοῖς
λέγων, Ἐλήλυθεν ἡ ὥρα ἵνα δοξασθῇ ὁ υἱὸς τοῦ ἀνθρώπου.
24 ἀμὴν ἀμὴν λέγω ὑμῖν, ἐὰν μὴ ὁ κόκκος τοῦ σίτου πεσὼν εἰς
τὴν γῆν ἀποθάνῃ, αὐτὸς μόνος μένει· ἐὰν δὲ ἀποθάνῃ, πολὺν
25 καρπὸν φέρει. ὁ φιλῶν τὴν ψυχὴν αὐτοῦ ⁿ ἀπολλύει ‖
αὐτήν· καὶ ὁ μισῶν τὴν ψυχὴν αὐτοῦ ἐν τῷ κόσμῳ τούτῳ
26 εἰς ζωὴν αἰώνιον φυλάξει αὐτήν. ἐὰν ἐμοὶ διακονῇ τις, ἐμοὶ
ἀκολουθείτω· καὶ ὅπου εἰμὶ ἐγώ, ἐκεῖ καὶ ὁ διάκονος ὁ ἐμὸς
ἔσται· ᵒ⁻‖ ἐάν τις ἐμοὶ διακονῇ, τιμήσει αὐτὸν ὁ πατήρ.
27 νῦν ἡ ψυχή μου τετάρακται· καὶ τί εἴπω; πάτερ, σῶσόν με Cp. Mat.
ἐκ τῆς ὥρας ᵖ ταύτης.‖ ἀλλὰ διὰ τοῦτο ἦλθον εἰς τὴν ὥραν Mk. 14. 35,
28 ταύτην. πάτερ, δόξασόν σου τὸ ὄνομα. ἦλθεν οὖν φωνὴ Lk. 22. 42,
29 ἐκ τοῦ οὐρανοῦ, Καὶ ἐδόξασα, καὶ πάλιν δοξάσω. ὁ οὖν Heb. 5. 7.
ὄχλος ὁ ἑστὼς καὶ ἀκούσας ἔλεγε βροντὴν γεγονέναι· ἄλλοι
30 ἔλεγον, Ἄγγελος αὐτῷ λελάληκεν. ἀπεκρίθη ὁ Ἰησοῦς καὶ

ʰ add δὲ   ⁱ ἤκουσε   ʲ οὐδέν;   ᵏ καὶ πάλιν
¹ om. καὶ   ᵐ ἀπεκρίνατο   ⁿ ἀπολέσει   ᵒ add καὶ
ᵖ ταύτης; M.

236   ΕΥΑΓΓΕΛΙΟΝ   12. 30–

εἶπεν, Οὐ δι' ἐμὲ αὕτη ἡ φωνὴ γέγονεν, ἀλλὰ δι' ὑμᾶς. νῦν 31
κρίσις ἐστὶ τοῦ κόσμου τούτου· νῦν ὁ ἄρχων τοῦ κόσμου
Cp. 3. 14,   τούτου ἐκβληθήσεται ἔξω. κἀγώ, ἐὰν ὑψωθῶ ἐκ τῆς γῆς, 32
8. 28.   πάντας ἑλκύσω πρὸς ἐμαυτόν. τοῦτο δὲ ἔλεγε σημαίνων 33
ποίῳ θανάτῳ ἤμελλεν ἀποθνήσκειν. ἀπεκρίθη ᑫοὖν" αὐτῷ 34
Cp. 2 Sam. ὁ ὄχλος, Ἡμεῖς ἠκούσαμεν ἐκ τοῦ νόμου ὅτι ὁ Χριστὸς
7. 13,
Dan. 7. 14. μένει εἰς τὸν αἰῶνα· καὶ πῶς σὺ λέγεις ὅτι Δεῖ ὑψωθῆναι
τὸν υἱὸν τοῦ ἀνθρώπου; τίς ἐστιν οὗτος ὁ υἱὸς τοῦ ἀνθρώ-
που; εἶπεν οὖν αὐτοῖς ὁ Ἰησοῦς, Ἔτι μικρὸν χρόνον τὸ φῶς 35
ʳἐν ὑμῖν" ἐστι. περιπατεῖτε ˢὡς" τὸ φῶς ἔχετε, ἵνα μὴ
σκοτία ὑμᾶς καταλάβῃ· καὶ ὁ περιπατῶν ἐν τῇ σκοτίᾳ οὐκ
οἶδε ποῦ ὑπάγει. ˢὡς" τὸ φῶς ἔχετε, πιστεύετε εἰς τὸ φῶς, 36
ἵνα υἱοὶ φωτὸς γένησθε.
Ταῦτα ἐλάλησεν ὁ Ἰησοῦς, καὶ ἀπελθὼν ἐκρύβη ἀπ' αὐτῶν.
τοσαῦτα δὲ αὐτοῦ σημεῖα πεποιηκότος ἔμπροσθεν αὐτῶν οὐκ 37
ἐπίστευον εἰς αὐτόν· ἵνα ὁ λόγος Ἡσαΐου τοῦ προφήτου 38
Isa. 53. 1.   πληρωθῇ ὃν εἶπε, Κύριε, τίς ἐπίστευσε τῇ ἀκοῇ ἡμῶν; καὶ
ὁ βραχίων Κυρίου τίνι ἀπεκαλύφθη; διὰ τοῦτο οὐκ ἠδύναντο 39
Cp. Isa. 6. πιστεύειν, ὅτι πάλιν εἶπεν Ἡσαΐας, Τετύφλωκεν αὐτῶν τοὺς 40
9.   ὀφθαλμούς, καὶ ᵗἐπώρωσεν" αὐτῶν τὴν καρδίαν· ἵνα μὴ
ἴδωσι τοῖς ὀφθαλμοῖς, καὶ νοήσωσι τῇ καρδίᾳ, καὶ ᵘστρα-
φῶσι", καὶ ᵛἰάσομαι" αὐτούς. ταῦτα εἶπεν Ἡσαΐας, ʷὅτι" 41
εἶδε τὴν δόξαν αὐτοῦ, καὶ ἐλάλησε περὶ αὐτοῦ. ὅμως μέντοι 42
καὶ ἐκ τῶν ἀρχόντων πολλοὶ ἐπίστευσαν εἰς αὐτόν· ἀλλὰ διὰ
τοὺς Φαρισαίους οὐχ ὡμολόγουν, ἵνα μὴ ἀποσυνάγωγοι
γένωνται· ἠγάπησαν γὰρ τὴν δόξαν τῶν ἀνθρώπων μᾶλλον 43
ἤπερ τὴν δόξαν τοῦ Θεοῦ.
Ἰησοῦς δὲ ἔκραξε καὶ εἶπεν, Ὁ πιστεύων εἰς ἐμὲ οὐ 44
πιστεύει εἰς ἐμέ, ἀλλ' εἰς τὸν πέμψαντά με· καὶ ὁ θεωρῶν 45
ἐμὲ θεωρεῖ τὸν πέμψαντά με. ἐγὼ φῶς εἰς τὸν κόσμον 46

ᑫ om. οὖν   ʳ μεθ' ὑμῶν   ˢ ἕως   ᵗ πεπώρωκεν
ᵘ ἐπιστραφῶσι   ᵛ ἰάσωμαι   ʷ ὅτε

ἐλήλυθα, ἵνα πᾶς ὁ πιστεύων εἰς ἐμὲ ἐν τῇ σκοτίᾳ μὴ μείνῃ.
47 καὶ ἐάν τις μου ἀκούσῃ τῶν ῥημάτων καὶ μὴ ˣφυλάξῃ‖,
ἐγὼ οὐ κρίνω αὐτόν· οὐ γὰρ ἦλθον ἵνα κρίνω τὸν κόσμον,
48 ἀλλ' ἵνα σώσω τὸν κόσμον. ὁ ἀθετῶν ἐμὲ καὶ μὴ λαμβάνων
τὰ ῥήματά μου ἔχει τὸν κρίνοντα αὐτόν· ὁ λόγος ὃν ἐλάλησα,
49 ἐκεῖνος κρινεῖ αὐτὸν ἐν τῇ ἐσχάτῃ ἡμέρᾳ. ὅτι ἐγὼ ἐξ
ἐμαυτοῦ οὐκ ἐλάλησα· ἀλλ' ὁ πέμψας με πατήρ, αὐτός μοι
50 ἐντολὴν ʸδέδωκε‖, τί εἴπω καὶ τί λαλήσω. καὶ οἶδα ὅτι
ἡ ἐντολὴ αὐτοῦ ζωὴ αἰώνιός ἐστιν· ἃ οὖν ᶻἐγὼ λαλῶ ʹ,
καθὼς εἴρηκέ μοι ὁ πατήρ, οὕτω λαλῶ.

13 Πρὸ δὲ τῆς ἑορτῆς τοῦ πάσχα εἰδὼς ὁ Ἰησοῦς ὅτι ᵃἦλθεν‖ Cp. Mat.
αὐτοῦ ἡ ὥρα ἵνα μεταβῇ ἐκ τοῦ κόσμου τούτου πρὸς τὸν Mk.14.17.
πατέρα, ἀγαπήσας τοὺς ἰδίους τοὺς ἐν τῷ κόσμῳ, εἰς τέλος Lk. 22. 14.
2 ἠγάπησεν αὐτούς. καὶ δείπνου ᵇγινομένου‖, τοῦ διαβόλου
ἤδη βεβληκότος εἰς τὴν καρδίαν ᶜἵνα παραδοῖ αὐτὸν Ἰούδας
3 Σίμωνος Ἰσκαριώτης‖, εἰδὼς ᵈ—‖ ὅτι πάντα ᵉἔδωκεν‖ αὐτῷ
ὁ πατὴρ εἰς τὰς χεῖρας, καὶ ὅτι ἀπὸ Θεοῦ ἐξῆλθε καὶ
4 πρὸς τὸν Θεὸν ὑπάγει, ἐγείρεται ἐκ τοῦ δείπνου, καὶ τίθησι
5 τὰ ἱμάτια, καὶ λαβὼν λέντιον διέζωσεν ἑαυτόν. εἶτα βάλλει
ὕδωρ εἰς τὸν νιπτῆρα, καὶ ἤρξατο νίπτειν τοὺς πόδας τῶν
μαθητῶν, καὶ ἐκμάσσειν τῷ λεντίῳ ᾧ ἦν διεζωσμένος.
6 ἔρχεται οὖν πρὸς Σίμωνα Πέτρον. ᶠ—ʹ λέγει αὐτῷ ᵍ—‖,
7 Κύριε, σύ μου νίπτεις τοὺς πόδας; ἀπεκρίθη Ἰησοῦς καὶ
εἶπεν αὐτῷ, Ὃ ἐγὼ ποιῶ, σὺ οὐκ οἶδας ἄρτι, γνώσῃ δὲ
8 μετὰ ταῦτα. λέγει αὐτῷ Πέτρος, Οὐ μὴ νίψῃς τοὺς πόδας
μου εἰς τὸν αἰῶνα. ἀπεκρίθη αὐτῷ ὁ Ἰησοῦς, Ἐὰν μὴ
9 νίψω σε, οὐκ ἔχεις μέρος μετ' ἐμοῦ. λέγει αὐτῷ Σίμων
Πέτρος, Κύριε, μὴ τοὺς πόδας μου μόνον, ἀλλὰ καὶ τὰς
10 χεῖρας καὶ τὴν κεφαλήν. λέγει αὐτῷ ὁ Ἰησοῦς, Ὁ λελου-

ˣ πιστεύσῃ   ʸ ἔδωκε   ᶻ λαλῶ ἐγώ   ᵃ ἐλήλυ-
θεν   ᵇ γενομένου   ᶜ Ἰούδα Σίμωνος Ἰσκαριώτου ἵνα
αὐτὸν παραδῷ   ᵈ add ὁ Ἰησοῦς   ᵉ δέδωκεν   ᶠ add
καὶ   ᵍ add ἐκεῖνος

μένος οὐ χρείαν ἔχει ʰεἰ μὴ" τοὺς πόδας νίψασθαι, ἀλλ' ἔστι καθαρὸς ὅλος· καὶ ὑμεῖς καθαροί ἐστε, ἀλλ' οὐχὶ πάντες. ᾔδει γὰρ τὸν παραδιδόντα αὐτόν· διὰ τοῦτο εἶπεν 11 ⁱὅτι" Οὐχὶ πάντες καθαροί ἐστε.

Ὅτε οὖν ἔνιψε τοὺς πόδας αὐτῶν, καὶ ἔλαβε τὰ ἱμάτια 12 αὐτοῦ, ʲκαὶ ἀνέπεσε" πάλιν, εἶπεν αὐτοῖς, Γινώσκετε τί πεποίηκα ὑμῖν; ὑμεῖς φωνεῖτέ με, Ὁ διδάσκαλος, καὶ Ὁ 13 κύριος· καὶ καλῶς λέγετε, εἰμὶ γάρ. εἰ οὖν ἐγὼ ἔνιψα 14 ὑμῶν τοὺς πόδας, ὁ κύριος καὶ ὁ διδάσκαλος, καὶ ὑμεῖς ὀφείλετε ἀλλήλων νίπτειν τοὺς πόδας. ὑπόδειγμα γὰρ 15 ᵏδέδωκα" ὑμῖν, ἵνα καθὼς ἐγὼ ἐποίησα ὑμῖν καὶ ὑμεῖς ποιῆτε. ἀμὴν ἀμὴν λέγω ὑμῖν, οὐκ ἔστι δοῦλος μείζων 16 τοῦ κυρίου αὐτοῦ, οὐδὲ ἀπόστολος μείζων τοῦ πέμψαντος αὐτόν. εἰ ταῦτα οἴδατε, μακάριοί ἐστε ἐὰν ποιῆτε αὐτά. 17 οὐ περὶ πάντων ὑμῶν λέγω· ἐγὼ οἶδα οὓς ἐξελεξάμην· ἀλλ' 18 ἵνα ἡ γραφὴ πληρωθῇ, Ὁ τρώγων ˡμου" τὸν ἄρτον ἐπῆρεν ἐπ' ἐμὲ τὴν πτέρναν αὐτοῦ. ἀπ' ἄρτι λέγω ὑμῖν πρὸ τοῦ 19 γενέσθαι, ἵνα ᵐπιστεύσητε, ὅταν γένηται," ὅτι ἐγώ εἰμι. ἀμὴν ἀμὴν λέγω ὑμῖν, ὁ λαμβάνων ἐάν τινα πέμψω ἐμὲ 20 λαμβάνει· ὁ δὲ ἐμὲ λαμβάνων λαμβάνει τὸν πέμψαντά με.

Ταῦτα εἰπὼν ὁ Ἰησοῦς ἐταράχθη τῷ πνεύματι, καὶ ἐμαρ- 21 τύρησε καὶ εἶπεν, Ἀμὴν ἀμὴν λέγω ὑμῖν, ὅτι εἷς ἐξ ὑμῶν παραδώσει με. ἔβλεπον ⁿ—" εἰς ἀλλήλους οἱ μαθηταὶ 22 ἀπορούμενοι περὶ τίνος λέγει. ἦν ᵒ—" ἀνακείμενος εἷς ᴾἐκ" 23 τῶν μαθητῶν αὐτοῦ ἐν τῷ κόλπῳ τοῦ Ἰησοῦ, ὃν ἠγάπα ὁ Ἰησοῦς. νεύει οὖν τούτῳ Σίμων Πέτρος, ᑫκαὶ λέγει αὐτῷ, 24 Εἰπὲ τίς ἐστι" περὶ οὗ λέγει. ʳἀναπεσὼν" ἐκεῖνος ˢοὕτως" 25 ἐπὶ τὸ στῆθος τοῦ Ἰησοῦ λέγει αὐτῷ, Κύριε, τίς ἐστιν;

ʰ ἢ A.S.: om. εἰ μὴ τοὺς πόδας M.   ⁱ om. ὅτι   ʲ ἀναπεσὼν   ᵏ ἔδωκα   ˡ μετ' ἐμοῦ A.S.M.   ᵐ ὅταν γένηται, πιστεύσητε   ⁿ add οὖν   ᵒ add δὲ   ᴾ om. ἐκ   ᑫ πυθέσθαι τίς ἂν εἴη   ʳ ἐπιπεσὼν δὲ   ˢ om. οὕτως

ΚΑΤΑ ΙΩΑΝΝΗΝ.

26 ἀποκρίνεται ᵗοὖν" ὁ Ἰησοῦς, Ἐκεῖνός ἐστιν ᾧ ἐγὼ ᵘβάψω"
τὸ ψωμίον ˣκαὶ δώσω αὐτῷ". ʸβάψας οὖν" τὸ ψωμίον
27 ᶻλαμβάνει καὶ" δίδωσιν Ἰούδᾳ Σίμωνος ᵃἸσκαριώτου⁷. καὶ
μετὰ τὸ ψωμίον τότε εἰσῆλθεν εἰς ἐκεῖνον ὁ Σατανᾶς.
28 λέγει οὖν αὐτῷ ὁ Ἰησοῦς, Ὁ ποιεῖς, ποίησον τάχιον. τοῦτο
29 δὲ οὐδεὶς ἔγνω τῶν ἀνακειμένων πρὸς τί εἶπεν αὐτῷ. τινὲς
γὰρ ἐδόκουν, ἐπεὶ τὸ γλωσσόκομον εἶχεν ὁ Ἰούδας, ὅτι λέγει Cp. 12. 6.
αὐτῷ ὁ Ἰησοῦς, Ἀγόρασον ὧν χρείαν ἔχομεν εἰς τὴν ἑορτήν·
30 ἢ τοῖς πτωχοῖς ἵνα τι δῷ. λαβὼν οὖν τὸ ψωμίον ἐκεῖνος
ᵇἐξῆλθεν εὐθύς"· ἦν δὲ ᶜνύξ."
31 ᵈὍτε οὖν ἐξῆλθε, λέγει" ὁ Ἰησοῦς, Νῦν ἐδοξάσθη ὁ υἱὸς
32 τοῦ ἀνθρώπου, καὶ ὁ Θεὸς ἐδοξάσθη ἐν αὐτῷ· ᵉ—" καὶ ὁ
Θεὸς δοξάσει αὐτὸν ἐν ᶠαὐτῷ⁷, καὶ εὐθὺς δοξάσει αὐτόν.
33 τεκνία, ἔτι μικρὸν μεθ᾽ ὑμῶν εἰμι. ζητήσετέ με· καὶ καθὼς
εἶπον τοῖς Ἰουδαίοις ὅτι"Ὅπου ᵍἐγὼ ὑπάγω" ὑμεῖς οὐ δύνασθε
34 ἐλθεῖν, καὶ ὑμῖν λέγω ἄρτι. ἐντολὴν καινὴν δίδωμι ὑμῖν,
ἵνα ἀγαπᾶτε ἀλλήλους· καθὼς ἠγάπησα ὑμᾶς, ἵνα καὶ ὑμεῖς
35 ἀγαπᾶτε ἀλλήλους. ἐν τούτῳ γνώσονται πάντες ὅτι ἐμοὶ
μαθηταί ἐστε, ἐὰν ἀγάπην ἔχητε ἐν ἀλλήλοις.
36 Λέγει αὐτῷ Σίμων Πέτρος, Κύριε, ποῦ ὑπάγεις; ἀπεκρίθη
ʰἸησοῦς", Ὅπου ὑπάγω, οὐ δύνασαί μοι νῦν ἀκολουθῆσαι·
37 ⁱἀκολουθήσεις δὲ ὕστερον". λέγει αὐτῷ ὁ Πέτρος, Κύριε,
διατί οὐ δύναμαί σοι ἀκολουθῆσαι ἄρτι; τὴν ψυχήν μου
38 ὑπὲρ σοῦ θήσω. ʲἀποκρίνεται Ἰησοῦς", Τὴν ψυχήν σου ὑπὲρ Cp. Mat.
ἐμοῦ θήσεις; ἀμὴν ἀμὴν λέγω σοι, οὐ μὴ ἀλέκτωρ ᵏφωνήσῃ⁷ 26. 34,
ἕως οὗ ˡἀρνήσῃ" με τρίς. Mk. 14. 30,
Lk. 22. 34.
14 Μὴ ταρασσέσθω ὑμῶν ἡ καρδία· πιστεύετε εἰς τὸν Θεόν,

ᵗ om. οὖν   ᵘ βάψας   ˣ ἐπιδώσω   ʸ καὶ ἐμβάψας
ᶻ om. λαμβάνει καὶ   ᵃ Ἰσκαριώτη   ᵇ εὐθέως ἐξῆλθεν
ᶜ νὺξ ὅτε ἐξῆλθε. S.   ᵈ Λέγει S.   ᵉ add εἰ ὁ Θεὸς ἐδο-
ξάσθη ἐν αὐτῷ,   ᶠ ἑαυτῷ   ᵍ ὑπάγω ἐγὼ   ʰ αὐτῷ ὁ
Ἰησοῦς   ⁱ ὕστερον δὲ ἀκολουθήσεις μοι   ʲ ἀπεκρίθη αὐτῷ
ὁ Ἰησοῦς   ᵏ φωνήσει   ˡ ἀπαρνήσῃ

καὶ εἰς ἐμὲ πιστεύετε. ἐν τῇ οἰκίᾳ τοῦ πατρός μου μοναὶ 2
πολλαί εἰσιν· εἰ δὲ μή, εἶπον ἂν ὑμῖν· ᵐὅτι‖ πορεύομαι ἑτοι-
μάσαι τόπον ὑμῖν. καὶ ἐὰν πορευθῶ καὶ ἑτοιμάσω ὑμῖν 3
τόπον, πάλιν ἔρχομαι καὶ παραλήψομαι ὑμᾶς πρὸς ἐμαυτόν·
ἵνα ὅπου εἰμὶ ἐγὼ καὶ ὑμεῖς ἦτε. καὶ ὅπου ἐγὼ ὑπάγω οἴδατε 4
ⁿτὴν ὁδόν.‖ λέγει αὐτῷ Θωμᾶς, Κύριε, οὐκ οἴδαμεν ποῦ 5
ὑπάγεις· ᵒ⁻‖ πῶς ᴾοἴδαμεν τὴν ὁδόν‖; λέγει αὐτῷ ὁ Ἰησοῦς, 6
Ἐγώ εἰμι ἡ ὁδὸς καὶ ἡ ἀλήθεια καὶ ἡ ζωή· οὐδεὶς ἔρχεται
πρὸς τὸν πατέρα, εἰ μὴ δι' ἐμοῦ. εἰ ἐγνώκειτέ με, καὶ τὸν 7
πατέρα μου ᑫἂν ᾔδειτε‖· ʳ⁻‖ ἀπ' ἄρτι γινώσκετε αὐτόν, καὶ
ἑωράκατε αὐτόν. λέγει αὐτῷ Φίλιππος, Κύριε, δεῖξον ἡμῖν 8
τὸν πατέρα, καὶ ἀρκεῖ ἡμῖν. λέγει αὐτῷ ὁ Ἰησοῦς, Τοσοῦτον 9
χρόνον μεθ' ὑμῶν εἰμι, καὶ οὐκ ἔγνωκάς με, Φίλιππε; ὁ
ἑωρακὼς ἐμὲ ἑώρακε τὸν πατέρα· ʳ⁻‖ πῶς σὺ λέγεις, Δεῖξον
ἡμῖν τὸν πατέρα; οὐ πιστεύεις ὅτι ἐγὼ ἐν τῷ πατρὶ καὶ ὁ 10
πατὴρ ἐν ἐμοί ἐστι; τὰ ῥήματα ἃ ἐγὼ ˢλέγω‖ ὑμῖν, ἀπ' ἐμαυ-
τοῦ οὐ λαλῶ· ὁ δὲ πατὴρ ᵗ⁻‖ ἐν ἐμοὶ μένων ᵘποιεῖ τὰ ἔργα
αὐτοῦ⁷. πιστεύετέ μοι ὅτι ἐγὼ ἐν τῷ πατρί, καὶ ὁ πατὴρ ἐν 11
ἐμοί· εἰ δὲ μή, διὰ τὰ ἔργα αὐτὰ πιστεύετέ μοι. ἀμὴν ἀμὴν 12
λέγω ὑμῖν, ὁ πιστεύων εἰς ἐμέ, τὰ ἔργα ἃ ἐγὼ ποιῶ κἀκεῖνος
ποιήσει, καὶ μείζονα τούτων ποιήσει, ὅτι ἐγὼ πρὸς τὸν
πατέρα ˣ⁻‖ πορεύομαι. καὶ ὅ τι ἂν αἰτήσητε ἐν τῷ ὀνόματί 13
μου, τοῦτο ποιήσω· ἵνα δοξασθῇ ὁ πατὴρ ἐν τῷ υἱῷ. ἐάν τι 14
αἰτήσητέ ʸμε‖ ἐν τῷ ὀνόματί μου, ᶻτοῦτο‖ ποιήσω. ἐὰν 15
ἀγαπᾶτέ με, τὰς ἐντολὰς τὰς ἐμὰς ᵃτηρήσετε‖. καὶ ἐγὼ 16
ἐρωτήσω τὸν πατέρα, καὶ ἄλλον παράκλητον δώσει ὑμῖν, ἵνα
ᵇῇ‖ μεθ' ὑμῶν εἰς τὸν αἰῶνα, τὸ Πνεῦμα τῆς ἀληθείας· ὃ ὁ 17
κόσμος οὐ δύναται λαβεῖν, ὅτι οὐ θεωρεῖ αὐτό, οὐδὲ γινώσκει

Cp.ver.26,
15. 26,
16. 7, 13,
Lk. 24. 49,
Acts 1. 4,
2. 4: also
1 Joh. 2.
1.

ᵐ om. ὅτι   ⁿ καὶ τὴν ὁδὸν οἴδατε. A.S.M.   ᵒ add καὶ
ᴾ δυνάμεθα τὴν ὁδὸν εἰδέναι   ᑫ ἐγνώκειτε ἄν   ʳ add καὶ
ˢ λαλῶ   ᵗ add ὁ   ᵘ αὐτὸς ποιεῖ τὰ ἔργα   ˣ add
μου   ʸ om. με A.S.M.   ᶻ ἐγὼ   ᵃ τηρήσατε   ᵇ μένῃ

ΚΑΤΑ ΙΩΑΝΝΗΝ.

αὐτό· ὑμεῖς c–‖ γινώσκετε αὐτό, ὅτι παρ᾽ ὑμῖν μένει, καὶ ἐν 18 ὑμῖν ἔσται. οὐκ ἀφήσω ὑμᾶς ὀρφανούς· ἔρχομαι πρὸς ὑμᾶς. 19 ἔτι μικρὸν καὶ ὁ κόσμος με οὐκέτι θεωρεῖ, ὑμεῖς δὲ θεωρεῖτέ 20 με· ὅτι ἐγὼ ζῶ, καὶ ὑμεῖς ζήσεσθε. ἐν ἐκείνῃ τῇ ἡμέρᾳ γνώσεσθε ὑμεῖς ὅτι ἐγὼ ἐν τῷ πατρί μου, καὶ ὑμεῖς ἐν ἐμοί, 21 κἀγὼ ἐν ὑμῖν. ὁ ἔχων τὰς ἐντολάς μου καὶ τηρῶν αὐτάς, ἐκεῖνός ἐστιν ὁ ἀγαπῶν με· ὁ δὲ ἀγαπῶν με ἀγαπηθήσεται ὑπὸ τοῦ πατρός μου, καὶ ἐγὼ ἀγαπήσω αὐτόν, καὶ ἐμφανίσω 22 αὐτῷ ἐμαυτόν. λέγει αὐτῷ Ἰούδας (οὐχ ὁ Ἰσκαριώτης), Κύριε, τί γέγονεν ὅτι ἡμῖν μέλλεις ἐμφανίζειν σεαυτόν, καὶ οὐχὶ τῷ 23 κόσμῳ; ἀπεκρίθη ὁ Ἰησοῦς καὶ εἶπεν αὐτῷ, Ἐάν τις ἀγαπᾷ με, τὸν λόγον μου τηρήσει· καὶ ὁ πατήρ μου ἀγαπήσει αὐτόν, καὶ πρὸς αὐτὸν ἐλευσόμεθα, καὶ μονὴν παρ᾽ αὐτῷ d ποιησό- 24 μεθα‖. ὁ μὴ ἀγαπῶν με τοὺς λόγους μου οὐ τηρεῖ· καὶ ὁ λόγος ὃν ἀκούετε οὐκ ἔστιν ἐμός, ἀλλὰ τοῦ πέμψαντός με πατρός.
25, 26 Ταῦτα λελάληκα ὑμῖν παρ᾽ ὑμῖν μένων. ὁ δὲ παρά- κλητος, τὸ Πνεῦμα τὸ Ἅγιον, ὃ πέμψει ὁ πατὴρ ἐν τῷ ὀνόματί μου, ἐκεῖνος ὑμᾶς διδάξει πάντα, καὶ ὑπομνήσει ὑμᾶς 27 πάντα ἃ εἶπον ὑμῖν. εἰρήνην ἀφίημι ὑμῖν, εἰρήνην τὴν ἐμὴν δίδωμι ὑμῖν· οὐ καθὼς ὁ κόσμος δίδωσιν, ἐγὼ δίδωμι ὑμῖν. 28 μὴ ταρασσέσθω ὑμῶν ἡ καρδία, μηδὲ δειλιάτω. ἠκούσατε ὅτι ἐγὼ εἶπον ὑμῖν, Ὑπάγω καὶ ἔρχομαι πρὸς ὑμᾶς. εἰ ἠγαπᾶτέ με, ἐχάρητε ἄν, ὅτι c–‖ πορεύομαι πρὸς τὸν πατέρα· 29 ὅτι ὁ πατὴρ f–‖ μείζων μού ἐστι. καὶ νῦν εἴρηκα ὑμῖν πρὶν 30 γενέσθαι, ἵνα ὅταν γένηται πιστεύσητε. οὐκέτι πολλὰ λαλήσω μεθ᾽ ὑμῶν, ἔρχεται γὰρ ὁ τοῦ κόσμου g–‖ ἄρχων· καὶ 31 ἐν ἐμοὶ οὐκ ἔχει οὐδέν· ἀλλ᾽ ἵνα γνῷ ὁ κόσμος, ὅτι ἀγαπῶ τὸν πατέρα, καὶ καθὼς ἐνετείλατό μοι ὁ πατήρ, οὕτω ποιῶ. ἐγείρεσθε, ἄγωμεν ἐντεῦθεν.

c add δὲ   d ποιήσομεν   e add εἶπον,   f add μου
g add τούτου

Ἐγώ εἰμι ἡ ἄμπελος ἡ ἀληθινή, καὶ ὁ πατήρ μου ὁ γεωργός 15 ἐστι. πᾶν κλῆμα ἐν ἐμοὶ μὴ φέρον καρπόν, αἴρει αὐτό· καὶ 2 πᾶν τὸ καρπὸν φέρον, καθαίρει αὐτό, ἵνα πλείονα καρπὸν φέρῃ. ἤδη ὑμεῖς καθαροί ἐστε διὰ τὸν λόγον ὃν λελάληκα 3 ὑμῖν. μείνατε ἐν ἐμοί, κἀγὼ ἐν ὑμῖν. καθὼς τὸ κλῆμα οὐ 4 δύναται καρπὸν φέρειν ἀφ᾽ ἑαυτοῦ, ἐὰν μὴ μείνῃ ἐν τῇ ἀμπέλῳ, οὕτως οὐδὲ ὑμεῖς, ἐὰν μὴ ἐν ἐμοὶ μείνητε. ἐγώ εἰμι 5 ἡ ἄμπελος, ὑμεῖς τὰ κλήματα· ὁ μένων ἐν ἐμοί, κἀγὼ ἐν αὐτῷ, οὗτος φέρει καρπὸν πολύν· ὅτι χωρὶς ἐμοῦ οὐ δύνασθε ποιεῖν οὐδέν. ἐὰν μή τις μείνῃ ἐν ἐμοί, ἐβλήθη ἔξω 6 ὡς τὸ κλῆμα, καὶ ἐξηράνθη· καὶ συνάγουσιν αὐτὰ καὶ εἰς ʰτὸ‖ πῦρ βάλλουσι, καὶ καίεται. ἐὰν μείνητε ἐν ἐμοί, καὶ 7 τὰ ῥήματά μου ἐν ὑμῖν μείνῃ, ὃ ἐὰν θέλητε ⁱαἰτήσασθε‖, καὶ γενήσεται ὑμῖν. ἐν τούτῳ ἐδοξάσθη ὁ πατήρ μου, ἵνα 8 καρπὸν πολὺν ᵏφέρητε· καὶ γενήσεσθε‖ ἐμοὶ μαθηταί. καθὼς 9 ἠγάπησέ με ὁ πατήρ, κἀγὼ ἠγάπησα ὑμᾶς· μείνατε ἐν τῇ ἀγάπῃ τῇ ἐμῇ. ἐὰν τὰς ἐντολάς μου τηρήσητε, μενεῖτε ἐν 10 τῇ ἀγάπῃ μου· καθὼς ἐγὼ τὰς ἐντολὰς τοῦ πατρός μου τετήρηκα, καὶ μένω αὐτοῦ ἐν τῇ ἀγάπῃ. ταῦτα λελάληκα ὑμῖν, 11 ἵνα ἡ χαρὰ ἡ ἐμὴ ἐν ὑμῖν ˡᾖ‖, καὶ ἡ χαρὰ ὑμῶν πληρωθῇ. αὕτη ἐστὶν ἡ ἐντολὴ ἡ ἐμή, ἵνα ἀγαπᾶτε ἀλλήλους, καθὼς 12 ἠγάπησα ὑμᾶς. μείζονα ταύτης ἀγάπην οὐδεὶς ἔχει, ἵνα τις 13 τὴν ψυχὴν αὐτοῦ θῇ ὑπὲρ τῶν φίλων αὐτοῦ. ὑμεῖς φίλοι 14 μου ἐστέ, ἐὰν ποιῆτε ᵐἃ‖ ἐγὼ ἐντέλλομαι ὑμῖν. οὐκέτι 15 ⁿλέγω ὑμᾶς‖ δούλους, ὅτι ὁ δοῦλος οὐκ οἶδε τί ποιεῖ αὐτοῦ ὁ κύριος· ὑμᾶς δὲ εἴρηκα φίλους, ὅτι πάντα ἃ ἤκουσα παρὰ τοῦ πατρός μου ἐγνώρισα ὑμῖν. οὐχ ὑμεῖς με ἐξελέξασθε, 16 ἀλλ᾽ ἐγὼ ἐξελεξάμην ὑμᾶς, καὶ ἔθηκα ὑμᾶς, ἵνα ὑμεῖς ὑπάγητε καὶ καρπὸν φέρητε, καὶ ὁ καρπὸς ὑμῶν μένῃ· ἵνα ὅ τι ἂν αἰτήσητε τὸν πατέρα ἐν τῷ ὀνόματί μου, δῷ ὑμῖν. ταῦτα 17

ʰ om. τὸ   ⁱ αἰτήσεσθε   ᵏ φέρητε, καὶ γένησθε M.
ˡ μείνῃ   ᵐ ὅσα   ⁿ ὑμᾶς λέγω

18 ἐντέλλομαι ὑμῖν, ἵνα ἀγαπᾶτε ἀλλήλους. εἰ ὁ κόσμος ὑμᾶς
19 μισεῖ, γινώσκετε ὅτι ἐμὲ πρῶτον ὑμῶν μεμίσηκεν. εἰ ἐκ τοῦ
κόσμου ἦτε, ὁ κόσμος ἂν τὸ ἴδιον ἐφίλει· ὅτι δὲ ἐκ τοῦ
κόσμου οὐκ ἐστέ, ἀλλ᾽ ἐγὼ ἐξελεξάμην ὑμᾶς ἐκ τοῦ κόσμου,
20 διὰ τοῦτο μισεῖ ὑμᾶς ὁ κόσμος. μνημονεύετε τοῦ λόγου οὗ
ἐγὼ εἶπον ὑμῖν, Οὐκ ἔστι δοῦλος μείζων τοῦ κυρίου αὐτοῦ. Cp. 13. 16:
εἰ ἐμὲ ἐδίωξαν, καὶ ὑμᾶς διώξουσιν· εἰ τὸν λόγον μου ἐτή- (p. Mat.
21 ρησαν, καὶ τὸν ὑμέτερον τηρήσουσιν. ἀλλὰ ταῦτα πάντα Lk. 6. 40.
ποιήσουσιν º εἰς ὑμᾶς" διὰ τὸ ὄνομά μου, ὅτι οὐκ οἴδασι τὸν
22 πέμψαντά με. εἰ μὴ ἦλθον καὶ ἐλάλησα αὐτοῖς, ἁμαρτίαν
οὐκ εἶχον· νῦν δὲ πρόφασιν οὐκ ἔχουσι περὶ τῆς ἁμαρτίας
23, 24 αὐτῶν. ὁ ἐμὲ μισῶν καὶ τὸν πατέρα μου μισεῖ. εἰ τὰ
ἔργα μὴ ἐποίησα ἐν αὐτοῖς, ἃ οὐδεὶς ἄλλος Ρ ἐποίησεν,
ἁμαρτίαν οὐκ εἶχον· νῦν δὲ καὶ ἑωράκασι καὶ μεμισήκασι καὶ
25 ἐμὲ καὶ τὸν πατέρα μου. ἀλλ᾽ ἵνα πληρωθῇ ὁ λόγος ὁ Cp. Ps. 35
γεγραμμένος ἐν τῷ νόμῳ αὐτῶν ὅτι Ἐμίσησάν με δωρεάν. 69(68).4.
26 ὅταν δὲ ἔλθῃ ὁ παράκλητος, ὃν ἐγὼ πέμψω ὑμῖν παρὰ τοῦ Cp. 14. 16.
πατρός, τὸ Πνεῦμα τῆς ἀληθείας, ὃ παρὰ τοῦ πατρὸς ἐκπο-
27 ρεύεται, ἐκεῖνος μαρτυρήσει περὶ ἐμοῦ· καὶ ὑμεῖς δὲ μαρτυ-
ρεῖτε, ὅτι ἀπ᾽ ἀρχῆς μετ᾽ ἐμοῦ ἐστε.
16 1, 2 Ταῦτα λελάληκα ὑμῖν, ἵνα μὴ σκανδαλισθῆτε. ἀποσυνα-
γώγους ποιήσουσιν ὑμᾶς· ἀλλ᾽ ἔρχεται ὥρα, ἵνα πᾶς ὁ
3 ἀποκτείνας ὑμᾶς δόξῃ λατρείαν προσφέρειν τῷ Θεῷ. καὶ
ταῦτα ποιήσουσιν q—", ὅτι οὐκ ἔγνωσαν τὸν πατέρα οὐδὲ
4 ἐμέ. ἀλλὰ ταῦτα λελάληκα ὑμῖν, ἵνα ὅταν ἔλθῃ ἡ ὥρα
ʳ αὐτῶν", μνημονεύητε αὐτῶν, ὅτι ἐγὼ εἶπον ὑμῖν. ταῦτα
5 δὲ ὑμῖν ἐξ ἀρχῆς οὐκ εἶπον, ὅτι μεθ᾽ ὑμῶν ἤμην. νῦν δὲ
ὑπάγω πρὸς τὸν πέμψαντά με, καὶ οὐδεὶς ἐξ ὑμῶν ἐρωτᾷ με,
6 Ποῦ ὑπάγεις; ἀλλ᾽ ὅτι ταῦτα λελάληκα ὑμῖν, ἡ λύπη
7 πεπλήρωκεν ὑμῶν τὴν καρδίαν. ἀλλ᾽ ἐγὼ τὴν ἀλήθειαν λέγω Cp. 7. 39.
ὑμῖν· συμφέρει ὑμῖν ἵνα ἐγὼ ἀπέλθω· ἐὰν γὰρ μὴ ἀπέλθω,

º ὑμῖν   ᵖ πεποίηκεν   ᵠ add ὑμῖν   ʳ om. αὐτῶν

Cp. 15. 26. ὁ παράκλητος οὐκ ἐλεύσεται πρὸς ὑμᾶς· ἐὰν δὲ πορευθῶ,
πέμψω αὐτὸν πρὸς ὑμᾶς. καὶ ἐλθὼν ἐκεῖνος ἐλέγξει τὸν 8
κόσμον περὶ ἁμαρτίας καὶ περὶ δικαιοσύνης καὶ περὶ κρίσεως·
περὶ ἁμαρτίας μέν, ὅτι οὐ πιστεύουσιν εἰς ἐμέ· περὶ 9, 10
δικαιοσύνης δέ, ὅτι πρὸς τὸν πατέρα ˢ⁻‖ ὑπάγω, καὶ οὐκέτι
θεωρεῖτέ με· περὶ δὲ κρίσεως, ὅτι ὁ ἄρχων τοῦ κόσμου 11
τούτου κέκριται. ἔτι πολλὰ ἔχω λέγειν ὑμῖν, ἀλλ᾽ οὐ 12
Cp. 14. 26. δύνασθε βαστάζειν ἄρτι. ὅταν δὲ ἔλθῃ ἐκεῖνος, τὸ Πνεῦμα 13
τῆς ἀληθείας, ὁδηγήσει ὑμᾶς εἰς πᾶσαν τὴν ἀλήθειαν· οὐ
γὰρ λαλήσει ἀφ᾽ ἑαυτοῦ, ἀλλ᾽ ὅσα ᵗἀκούσει‖ λαλήσει, καὶ
τὰ ἐρχόμενα ἀναγγελεῖ ὑμῖν. ἐκεῖνος ἐμὲ δοξάσει· ὅτι 14
ἐκ τοῦ ἐμοῦ λήψεται, καὶ ἀναγγελεῖ ὑμῖν. πάντα ὅσα ἔχει 15
ὁ πατὴρ ἐμά ἐστι· διὰ τοῦτο εἶπον, ὅτι ἐκ τοῦ ἐμοῦ
ᵘλαμβάνει‖, καὶ ἀναγγελεῖ ὑμῖν. μικρὸν καὶ ˣοὐκέτι‖ 16
θεωρεῖτέ με, καὶ πάλιν μικρὸν καὶ ὄψεσθέ με ʸ⁻‖. εἶπον 17
οὖν ἐκ τῶν μαθητῶν αὐτοῦ πρὸς ἀλλήλους, Τί ἐστι τοῦτο
ὃ λέγει ἡμῖν, Μικρὸν καὶ οὐ θεωρεῖτέ με, καὶ πάλιν μικρὸν
καὶ ὄψεσθέ με; καί, Ὅτι ᶻ⁻‖ ὑπάγω πρὸς τὸν πατέρα;
ἔλεγον οὖν, ᵃΤί ἐστι τοῦτο‖ ὃ λέγει, τὸ μικρόν; οὐκ 18
οἴδαμεν τί λαλεῖ. ἔγνω ᵇ⁻‖ Ἰησοῦς ὅτι ἤθελον αὐτὸν ἐρω- 19
τᾶν, καὶ εἶπεν αὐτοῖς, Περὶ τούτου ζητεῖτε μετ᾽ ἀλλήλων,
ὅτι εἶπον, Μικρὸν καὶ οὐ θεωρεῖτέ με, καὶ πάλιν μικρὸν καὶ
ὄψεσθέ με; ἀμὴν ἀμὴν λέγω ὑμῖν, ὅτι κλαύσετε καὶ 20
θρηνήσετε ὑμεῖς, ὁ δὲ κόσμος χαρήσεται· ὑμεῖς ᶜ⁻‖ λυπηθή-
σεσθε, ἀλλ᾽ ἡ λύπη ὑμῶν εἰς χαρὰν γενήσεται. ἡ γυνὴ ὅταν 21
τίκτῃ λύπην ἔχει, ὅτι ἦλθεν ἡ ὥρα αὐτῆς· ὅταν δὲ γεννήσῃ
τὸ παιδίον, οὐκέτι μνημονεύει τῆς θλίψεως, διὰ τὴν χαρὰν
ὅτι ἐγεννήθη ἄνθρωπος εἰς τὸν κόσμον. καὶ ὑμεῖς οὖν ᵈνῦν 22
μὲν λύπην‖ ἔχετε· πάλιν δὲ ὄψομαι ὑμᾶς, καὶ χαρήσεται

ˢ add μου   ᵗ ἂν ἀκούσῃ   ᵘ λήψεται   ˣ οὐ
ʸ add ὅτι ἐγὼ ὑπάγω πρὸς τὸν πατέρα   ᶻ add ἐγὼ
ᵃ Τοῦτο τί ἐστιν   ᵇ add οὖν ὁ   ᶜ add δὲ   ᵈ λύπην
μὲν νῦν

ὑμῶν ἡ καρδία, καὶ τὴν χαρὰν ὑμῶν οὐδεὶς αἴρει ἀφ᾽ ὑμῶν.
23 καὶ ἐν ἐκείνῃ τῇ ἡμέρᾳ ἐμὲ οὐκ ἐρωτήσετε οὐδέν. ἀμὴν
ἀμὴν λέγω ὑμῖν, ᵉἄν τι ⁄⁄ αἰτήσητε τὸν πατέρα, ᶠδώσει ὑμῖν
24 ἐν τῷ ὀνόματί μου⁄⁄. ἕως ἄρτι οὐκ ᾐτήσατε οὐδὲν ἐν τῷ
ὀνόματί μου· αἰτεῖτε, καὶ λήψεσθε, ἵνα ἡ χαρὰ ὑμῶν ᾖ
πεπληρωμένη.
25 Ταῦτα ἐν παροιμίαις λελάληκα ὑμῖν· ᵍ⁻⁄ ἔρχεται ὥρα ὅτε
οὐκέτι ἐν παροιμίαις λαλήσω ὑμῖν, ἀλλὰ παρρησίᾳ περὶ
26 τοῦ πατρὸς ʰἀπαγγελῶ ⁄⁄ ὑμῖν. ἐν ἐκείνῃ τῇ ἡμέρᾳ ἐν τῷ
ὀνόματί μου αἰτήσεσθε· καὶ οὐ λέγω ὑμῖν ὅτι ἐγὼ ἐρωτήσω
27 τὸν πατέρα περὶ ὑμῶν· αὐτὸς γὰρ ὁ πατὴρ φιλεῖ ὑμᾶς, ὅτι
ὑμεῖς ἐμὲ πεφιλήκατε, καὶ πεπιστεύκατε ὅτι ἐγὼ παρὰ τοῦ
28 ⁱπατρὸς ⁄⁄ ἐξῆλθον. ἐξῆλθον ᵏἐκ ⁄⁄ τοῦ πατρός, καὶ ἐλήλυθα
εἰς τὸν κόσμον· πάλιν ἀφίημι τὸν κόσμον, καὶ πορεύομαι
πρὸς τὸν πατέρα.
29 Λέγουσιν ˡ⁻⁄⁄ οἱ μαθηταὶ αὐτοῦ, Ἴδε, νῦν παρρησίᾳ λαλεῖς,
30 καὶ παροιμίαν οὐδεμίαν λέγεις. νῦν οἴδαμεν ὅτι οἶδας πάντα,
καὶ οὐ χρείαν ἔχεις ἵνα τίς σε ἐρωτᾷ· ἐν τούτῳ πιστεύομεν
31 ὅτι ἀπὸ Θεοῦ ἐξῆλθες. ἀπεκρίθη αὐτοῖς ὁ Ἰησοῦς, Ἄρτι
32 πιστεύετε; ἰδού, ἔρχεται ὥρα καὶ ᵐ⁻⁄⁄ ἐλήλυθεν, ἵνα σκορ- Cp. Mat.
πισθῆτε ἕκαστος εἰς τὰ ἴδια, καὶ ἐμὲ μόνον ἀφῆτε· καὶ οὐκ Mk. 14. 27.
33 εἰμὶ μόνος, ὅτι ὁ πατὴρ μετ᾽ ἐμοῦ ἐστι. ταῦτα λελάληκα
ὑμῖν, ἵνα ἐν ἐμοὶ εἰρήνην ἔχητε. ἐν τῷ κόσμῳ θλῖψιν
ⁿἔχετε ⁄⁄· ἀλλὰ θαρσεῖτε, ἐγὼ νενίκηκα τὸν κόσμον.
17 Ταῦτα ἐλάλησεν ὁ Ἰησοῦς, καὶ ᵒἐπάρας ⁄⁄ τοὺς ὀφθαλμοὺς
αὐτοῦ εἰς τὸν οὐρανὸν ᵖ⁻⁄⁄ εἶπε, Πάτερ, ἐλήλυθεν ἡ ὥρα·
2 δόξασόν σου τὸν υἱόν, ἵνα ᑫὁ υἱός ⁄ δοξάσῃ σε· καθὼς ἔδωκας
αὐτῷ ἐξουσίαν πάσης σαρκός, ἵνα πᾶν ὃ δέδωκας αὐτῷ, δώσῃ
3 αὐτοῖς ζωὴν αἰώνιον. αὕτη δέ ἐστιν ἡ αἰώνιος ζωή, ἵνα

ᵉ ὅτι ὅσα ἂν   ᶠ ἐν τῷ ὀνόματί μου, δώσει ὑμῖν   ᵍ add
ἀλλ᾽ S.   ʰ ἀναγγελῶ   ⁱ Θεοῦ   ᵏ παρὰ   ˡ add
αὐτῷ   ᵐ add νῦν   ⁿ ἕξετε A.   ᵒ ἐπῆρε   ᵖ add καὶ
ᑫ καὶ ὁ υἱός σου

246   ΕΥΑΓΓΕΛΙΟΝ   17. 3-

γινώσκωσί σε τὸν μόνον ἀληθινὸν Θεόν, καὶ ὃν ἀπέστειλας Ἰησοῦν Χριστόν. ἐγώ σε ἐδόξασα ἐπὶ τῆς γῆς, τὸ ἔργον 4 ʳτελειώσας" ὃ δέδωκάς μοι ἵνα ποιήσω· καὶ νῦν δόξασόν με 5 σύ, πάτερ, παρὰ σεαυτῷ τῇ δόξῃ ᾗ εἶχον πρὸ τοῦ τὸν κόσμον εἶναι παρὰ σοί. ἐφανέρωσά σου τὸ ὄνομα τοῖς 6 ἀνθρώποις οὓς ˢἔδωκάς" μοι ἐκ τοῦ κόσμου· σοὶ ἦσαν, καὶ ἐμοὶ αὐτοὺς ᵗἔδωκας"· καὶ τὸν λόγον σου τετηρήκασι. νῦν 7 ἔγνωκαν ὅτι πάντα ὅσα δέδωκάς μοι παρὰ σοῦ ἐστιν· ὅτι 8 τὰ ῥήματα ἃ ᴮἔδωκάς ⁷ μοι δέδωκα αὐτοῖς, καὶ αὐτοὶ ἔλαβον, καὶ ἔγνωσαν ἀληθῶς ὅτι παρὰ σοῦ ἐξῆλθον, καὶ ἐπίστευσαν ὅτι σύ με ἀπέστειλας. ἐγὼ περὶ αὐτῶν ἐρωτῶ· οὐ περὶ 9 τοῦ κόσμου ἐρωτῶ, ἀλλὰ περὶ ὧν δέδωκάς μοι, ὅτι σοί εἰσι· καὶ τὰ ἐμὰ πάντα σά ἐστι, καὶ τὰ σὰ ἐμά· καὶ δεδόξασμαι 10 ἐν αὐτοῖς. καὶ οὐκέτι εἰμὶ ἐν τῷ κόσμῳ, καὶ οὗτοι ἐν τῷ 11 κόσμῳ εἰσί, καὶ ἐγὼ πρός σε ἔρχομαι. πάτερ ἅγιε, τήρησον αὐτοὺς ἐν τῷ ὀνόματί σου, ᵘᾧ" δέδωκάς μοι, ἵνα ὦσιν ἕν, καθὼς ἡμεῖς. ὅτε ἤμην μετ' αὐτῶν ᵛ—", ἐγὼ ἐτήρουν αὐτοὺς 12 ἐν τῷ ὀνόματί σου, ˣᾧ" δέδωκάς ʸμοι· καὶ ἐφύλαξα", καὶ οὐδεὶς ἐξ αὐτῶν ἀπώλετο, εἰ μὴ ὁ υἱὸς τῆς ἀπωλείας· ἵνα ἡ γραφὴ πληρωθῇ. νῦν δὲ πρός σε ἔρχομαι· καὶ ταῦτα 13 λαλῶ ἐν τῷ κόσμῳ, ἵνα ἔχωσι τὴν χαρὰν τὴν ἐμὴν πεπληρωμένην ἐν ᶻἑαυτοῖς". ἐγὼ δέδωκα αὐτοῖς τὸν λόγον σου· καὶ 14 ὁ κόσμος ἐμίσησεν αὐτούς, ὅτι οὐκ εἰσὶν ἐκ τοῦ κόσμου, καθὼς ἐγὼ οὐκ εἰμὶ ἐκ τοῦ κόσμου. οὐκ ἐρωτῶ ἵνα ἄρῃς 15 αὐτοὺς ἐκ τοῦ κόσμου, ἀλλ' ἵνα τηρήσῃς αὐτοὺς ἐκ τοῦ πονηροῦ. ἐκ τοῦ κόσμου οὐκ εἰσί, καθὼς ἐγὼ ἐκ τοῦ κόσμου 16 οὐκ εἰμί. ἁγίασον αὐτοὺς ἐν τῇ ἀληθείᾳ ᵃ—"· ὁ λόγος ὁ 17 σὸς ἀλήθειά ἐστι. καθὼς ἐμὲ ἀπέστειλας εἰς τὸν κόσμον, 18 κἀγὼ ἀπέστειλα αὐτοὺς εἰς τὸν κόσμον. καὶ ὑπὲρ αὐτῶν 19 ἐγὼ ἁγιάζω ἐμαυτόν, ἵνα ᵇὦσι καὶ αὐτοὶ" ἡγιασμένοι ἐν

ʳ ἐτελείωσα   ˢ δέδωκάς   ᵗ δέδωκας   ᵘ οὓς   ᵛ add
ἐν τῷ κόσμῳ   ˣ οὓς   ʸ μοι ἐφύλαξα   ᶻ αὐτοῖς
ᵃ add σου   ᵇ καὶ αὐτοὶ ὦσιν

20 ἀληθείᾳ. οὐ περὶ τούτων δὲ ἐρωτῶ μόνον, ἀλλὰ καὶ περὶ
21 τῶν ᶜπιστευόντων‖ διὰ τοῦ λόγου αὐτῶν εἰς ἐμέ, ἵνα πάντες
ἓν ὦσι, καθὼς σύ, πάτερ, ἐν ἐμοὶ κἀγὼ ἐν σοί, ἵνα καὶ
αὐτοὶ ἐν ἡμῖν ᵈ⁻‖ ὦσιν· ἵνα ὁ κόσμος πιστεύσῃ ὅτι σύ με
22 ἀπέστειλας. καὶ ἐγὼ τὴν δόξαν ἣν δέδωκάς μοι δέδωκα
23 αὐτοῖς, ἵνα ὦσιν ἕν, καθὼς ἡμεῖς ἓν ᵉ⁻‖· ἐγὼ ἐν αὐτοῖς, καὶ
σὺ ἐν ἐμοί, ἵνα ὦσι τετελειωμένοι εἰς ἕν· ᶠ⁻‖ ἵνα γινώσκῃ ὁ
κόσμος ὅτι σύ με ἀπέστειλας, καὶ ἠγάπησας αὐτοὺς καθὼς
24 ἐμὲ ἠγάπησας. πάτερ, ᵍὃ‖ δέδωκάς μοι, θέλω ἵνα, ὅπου
εἰμὶ ἐγώ, κἀκεῖνοι ὦσι μετ' ἐμοῦ· ἵνα θεωρῶσι τὴν δόξαν
τὴν ἐμήν, ἣν ʰδέδωκάς‖ μοι· ὅτι ἠγάπησάς με πρὸ κατα-
25 βολῆς κόσμου. πάτερ δίκαιε, καὶ ὁ κόσμος σε οὐκ ἔγνω,
ἐγὼ δέ σε ἔγνων, καὶ οὗτοι ἔγνωσαν ὅτι σύ με ἀπέστειλας·
26 καὶ ἐγνώρισα αὐτοῖς τὸ ὄνομά σου, καὶ γνωρίσω· ἵνα ἡ ἀγάπη
ἣν ἠγάπησάς με ἐν αὐτοῖς ᾖ, κἀγὼ ἐν αὐτοῖς.
18 Ταῦτα εἰπὼν ὁ Ἰησοῦς ἐξῆλθε σὺν τοῖς μαθηταῖς αὐτοῦ
πέραν τοῦ χειμάρρου τῶν Κέδρων, ὅπου ἦν κῆπος, εἰς ὃν
2 εἰσῆλθεν αὐτὸς καὶ οἱ μαθηταὶ αὐτοῦ. ᾔδει δὲ καὶ Ἰούδας,
ὁ παραδιδοὺς αὐτόν, τὸν τόπον· ὅτι πολλάκις συνήχθη ὁ
3 Ἰησοῦς ἐκεῖ μετὰ τῶν μαθητῶν αὐτοῦ. ὁ οὖν Ἰούδας, λαβὼν
τὴν σπεῖραν καὶ ἐκ τῶν ἀρχιερέων καὶ ⁱτῶν‖ Φαρισαίων
ὑπηρέτας, ἔρχεται ἐκεῖ μετὰ φανῶν καὶ λαμπάδων καὶ ὅπ-
4 λων. Ἰησοῦς οὖν, εἰδὼς πάντα τὰ ἐρχόμενα ἐπ' αὐτόν,
5 ᵏἐξῆλθε καὶ λέγει‖ αὐτοῖς, Τίνα ζητεῖτε; ἀπεκρίθησαν αὐτῷ,
Ἰησοῦν τὸν Ναζωραῖον. λέγει αὐτοῖς ὁ Ἰησοῦς, Ἐγώ εἰμι.
6 εἱστήκει δὲ καὶ Ἰούδας ὁ παραδιδοὺς αὐτὸν μετ' αὐτῶν. ὡς
οὖν εἶπεν αὐτοῖς, ˡ⁻‖ Ἐγώ εἰμι, ἀπῆλθον εἰς τὰ ὀπίσω, καὶ
7 ἔπεσον χαμαί. πάλιν οὖν αὐτοὺς ἐπηρώτησε, Τίνα ζητεῖτε;
8 οἱ δὲ εἶπον, Ἰησοῦν τὸν Ναζωραῖον. ἀπεκρίθη ὁ Ἰησοῦς,
Εἶπον ὑμῖν, ὅτι ἐγώ εἰμι· εἰ οὖν ἐμὲ ζητεῖτε, ἄφετε τούτους

ᶜ πιστευσόντων   ᵈ add ἐν   ᵉ add ἐσμεν   ᶠ add
καὶ   ᵍ οὓς A.S.M.   ʰ ἔδωκάς   ⁱ om. τῶν   ᵏ ἐξελθὼν
εἶπεν   ˡ add ὅτι

248 ΕΥΑΓΓΕΛΙΟΝ 18. 8-

Cp. 17. 12. ὑπάγειν· ἵνα πληρωθῇ ὁ λόγος ὃν εἶπεν ὅτι Οὓς δέδωκάς 9
Mat.26.51, μοι, οὐκ ἀπώλεσα ἐξ αὐτῶν οὐδένα. Σίμων οὖν Πέτρος 10
Mk. 14.47,
Lk. 22. 50. ἔχων μάχαιραν εἵλκυσεν αὐτήν, καὶ ἔπαισε τὸν τοῦ ἀρχιερέως δοῦλον, καὶ ἀπέκοψεν αὐτοῦ τὸ ᵐ ὠτάριον‖ τὸ δεξιόν.
ἦν δὲ ὄνομα τῷ δούλῳ Μάλχος. εἶπεν οὖν ὁ Ἰησοῦς τῷ 11
Πέτρῳ, Βάλε τὴν μάχαιραν ⁿ⁻‖ εἰς τὴν θήκην· τὸ ποτήριον
ὃ δέδωκέ μοι ὁ πατήρ, οὐ μὴ πίω αὐτό;

Cp. Mat. Ἡ οὖν σπεῖρα καὶ ὁ χιλίαρχος καὶ οἱ ὑπηρέται τῶν Ἰου- 12
26. 57, δαίων συνέλαβον τὸν Ἰησοῦν, καὶ ἔδησαν αὐτόν, καὶ ᵒ ἤγαγον‖ 13
Mk. 14.53,
Lk. 22. 54: πρὸς Ἄνναν πρῶτον· ἦν γὰρ πενθερὸς τοῦ Καϊάφα, ὃς ἦν
also Lk.
3. 2. ἀρχιερεὺς τοῦ ἐνιαυτοῦ ἐκείνου. ἦν δὲ Καϊάφας ὁ συμβου- 14
Cp. 11. 49. λεύσας τοῖς Ἰουδαίοις, ὅτι συμφέρει ἕνα ἄνθρωπον ᵖ ἀποθανεῖν‖ ὑπὲρ τοῦ λαοῦ.

Mat.26.58, Ἠκολούθει δὲ τῷ Ἰησοῦ Σίμων Πέτρος, καὶ ᑫ ἄλλος‖ 15
Mk.14. 54,
Lk. 22. 54. μαθητής. ὁ δὲ μαθητὴς ἐκεῖνος ἦν γνωστὸς τῷ ἀρχιερεῖ,
καὶ συνεισῆλθε τῷ Ἰησοῦ εἰς τὴν αὐλὴν τοῦ ἀρχιερέως· ὁ δὲ 16
Πέτρος εἱστήκει πρὸς τῇ θύρᾳ ἔξω. ἐξῆλθεν οὖν ὁ μαθητὴς
ὁ ἄλλος ὃς ἦν γνωστὸς τῷ ἀρχιερεῖ, καὶ εἶπε τῇ θυρωρῷ, καὶ
Mat.26.69, εἰσήγαγε τὸν Πέτρον. λέγει οὖν ἡ παιδίσκη ἡ θυρωρὸς τῷ 17
Mk.14. 66,
Lk. 22. 56: Πέτρῳ, Μὴ καὶ σὺ ἐκ τῶν μαθητῶν εἶ τοῦ ἀνθρώπου τούτου;
cp. ver. λέγει ἐκεῖνος, Οὐκ εἰμί. εἱστήκεισαν δὲ οἱ δοῦλοι καὶ οἱ 18
25.
ὑπηρέται ἀνθρακιὰν πεποιηκότες, ὅτι ψῦχος ἦν, καὶ ἐθερμαίνοντο· ἦν δὲ ʳ καὶ ὁ Πέτρος μετ' αὐτῶν‖ ἑστὼς καὶ
θερμαινόμενος.

Ὁ οὖν ἀρχιερεὺς ἠρώτησε τὸν Ἰησοῦν περὶ τῶν μαθητῶν 19
αὐτοῦ, καὶ περὶ τῆς διδαχῆς αὐτοῦ. ἀπεκρίθη αὐτῷ ὁ Ἰη- 20
σοῦς, Ἐγὼ παρρησίᾳ ˢ λελάληκα‖ τῷ κόσμῳ· ἐγὼ πάντοτε
ἐδίδαξα ἐν ᵗ⁻‖ συναγωγῇ καὶ ἐν τῷ ἱερῷ, ὅπου ᵘ πάντες‖ οἱ
Ἰουδαῖοι συνέρχονται, καὶ ἐν κρυπτῷ ἐλάλησα οὐδέν. τί 21

ᵐ ὠτίον   ᵘ add σου   ᵒ ἀπήγαγον αὐτόν   ᵖ ἀπολέσθαι
ᑫ ὁ ἄλλος S.   ʳ μετ' αὐτῶν ὁ Πέτρος   ˢ ἐλάλησα
ᵗ add τῇ   ᵘ πάντοτε

με ˣ ἐρωτᾷς; ἐρώτησον ‖ τοὺς ἀκηκοότας, τί ἐλάλησα αὐτοῖς·
22 ἴδε, οὗτοι οἴδασιν ἃ εἶπον ἐγώ. ταῦτα δὲ αὐτοῦ εἰπόντος εἷς
τῶν ὑπηρετῶν παρεστηκὼς ἔδωκε ῥάπισμα τῷ Ἰησοῦ εἰπών,
23 Οὕτως ἀποκρίνῃ τῷ ἀρχιερεῖ; ἀπεκρίθη αὐτῷ ὁ Ἰησοῦς, Εἰ
κακῶς ἐλάλησα, μαρτύρησον περὶ τοῦ κακοῦ· εἰ δὲ καλῶς, τί
24 με δέρεις; ἀπέστειλεν ʸ οὖν ‖ αὐτὸν ὁ Ἄννας δεδεμένον πρὸς
Καϊάφαν τὸν ἀρχιερέα.
25 Ἦν δὲ Σίμων Πέτρος ἑστὼς καὶ θερμαινόμενος. εἶπον Cp.ver.17.
οὖν αὐτῷ, Μὴ καὶ σὺ ἐκ τῶν μαθητῶν αὐτοῦ εἶ; ἠρνήσατο
26 ἐκεῖνος, καὶ εἶπεν, Οὐκ εἰμί. λέγει εἷς ἐκ τῶν δούλων τοῦ
ἀρχιερέως, συγγενὴς ὢν οὗ ἀπέκοψε Πέτρος τὸ ὠτίον, Οὐκ
27 ἐγώ σε εἶδον ἐν τῷ κήπῳ μετ' αὐτοῦ; πάλιν οὖν ἠρνήσατο ὁ
Πέτρος, καὶ εὐθέως ἀλέκτωρ ἐφώνησεν.
28 Ἄγουσιν οὖν τὸν Ἰησοῦν ἀπὸ τοῦ Καϊάφα εἰς τὸ πραιτώ- Mat. 27. 2,
ριον· ἦν δὲ πρωΐα, καὶ αὐτοὶ οὐκ εἰσῆλθον εἰς τὸ πραιτώριον, Lk. 23. 1.
29 ἵνα μὴ μιανθῶσιν, ᶻ ἀλλὰ ᶦ φάγωσι τὸ πάσχα. ἐξῆλθεν οὖν
ὁ Πιλάτος ᵃ ἔξω ‖ πρὸς αὐτούς, καί ᵇ φησι ᶦ, Τίνα κατηγορίαν
30 φέρετε κατὰ τοῦ ἀνθρώπου τούτου; ἀπεκρίθησαν καὶ εἶπον
αὐτῷ, Εἰ μὴ ἦν οὗτος κακοποιός, οὐκ ἄν σοι παρεδώκαμεν
31 αὐτόν. εἶπεν οὖν αὐτοῖς ὁ Πιλάτος, Λάβετε αὐτὸν ὑμεῖς,
καὶ κατὰ τὸν νόμον ὑμῶν κρίνατε αὐτόν. εἶπον ᶜ⁻‖ αὐτῷ οἱ
32 Ἰουδαῖοι, Ἡμῖν οὐκ ἔξεστιν ἀποκτεῖναι οὐδένα· ἵνα ὁ λόγος Mat.20.19,
τοῦ Ἰησοῦ πληρωθῇ, ὃν εἶπε σημαίνων ποίῳ θανάτῳ ἤμελλεν cp. Mk.
ἀποθνῄσκειν. 10. 33
33 Εἰσῆλθεν οὖν ᵈ πάλιν εἰς τὸ πραιτώριον ‖ ὁ Πιλάτος, καὶ Lk. 18. 32
ἐφώνησε τὸν Ἰησοῦν, καὶ εἶπεν αὐτῷ, Σὺ εἶ ὁ βασιλεὺς τῶν Mat.27.11.
34 Ἰουδαίων; ἀπεκρίθη ᵉ⁻ᶦ Ἰησοῦς, Ἀφ' ἑαυτοῦ σὺ τοῦτο Lk. 23. 3.
35 λέγεις; ἢ ἄλλοι σοι εἶπον περὶ ἐμοῦ; ἀπεκρίθη ὁ Πιλάτος,
Μήτι ἐγὼ Ἰουδαῖός εἰμι; τὸ ἔθνος τὸ σὸν καὶ οἱ ἀρχιερεῖς
36 παρέδωκάν σε ἐμοί· τί ἐποίησας; ἀπεκρίθη ὁ Ἰησοῦς, Ἡ

ˣ ἐπερωτᾷς; ἐπερώτησον   ʸ om. οὖν S.   ᶻ ἀλλ' ἵνα
ᵃ om. ἔξω   ᵇ εἶπε   ᶜ add οὖν   ᵈ εἰς τὸ πραιτώ-
ριον πάλιν   ᵉ add αὐτῷ ὁ

βασιλεία ἡ ἐμὴ οὐκ ἔστιν ἐκ τοῦ κόσμου τούτου· εἰ ἐκ τοῦ κόσμου τούτου ἦν ἡ βασιλεία ἡ ἐμή, οἱ ὑπηρέται ἂν οἱ ἐμοὶ ἠγωνίζοντο, ἵνα μὴ παραδοθῶ τοῖς Ἰουδαίοις· νῦν δὲ ἡ βασιλεία ἡ ἐμὴ οὐκ ἔστιν ἐντεῦθεν. εἶπεν οὖν αὐτῷ ὁ Πιλᾶτος, 37 Οὐκοῦν βασιλεὺς εἶ σύ; ἀπεκρίθη ὁ Ἰησοῦς, Σὺ λέγεις ὅτι βασιλεύς εἰμι ἐγώ. ἐγὼ εἰς τοῦτο γεγέννημαι, καὶ εἰς τοῦτο ἐλήλυθα εἰς τὸν κόσμον, ἵνα μαρτυρήσω τῇ ἀληθείᾳ. πᾶς ὁ ὢν ἐκ τῆς ἀληθείας ἀκούει μου τῆς φωνῆς. λέγει αὐτῷ ὁ 38 Πιλᾶτος, Τί ἐστιν ἀλήθεια;

Καὶ τοῦτο εἰπὼν πάλιν ἐξῆλθε πρὸς τοὺς Ἰουδαίους, καὶ λέγει αὐτοῖς, Ἐγὼ οὐδεμίαν αἰτίαν εὑρίσκω ἐν αὐτῷ. ἔστι 39 δὲ συνήθεια ὑμῖν, ἵνα ἕνα ὑμῖν ἀπολύσω ἐν τῷ πάσχα· βούλεσθε οὖν ὑμῖν ἀπολύσω τὸν βασιλέα τῶν Ἰουδαίων; ἐκραύγασαν οὖν πάλιν ᶠ⁻‖ λέγοντες, Μὴ τοῦτον, ἀλλὰ τὸν 40 Βαραββᾶν. ἦν δὲ ὁ Βαραββᾶς λῃστής.

Τότε οὖν ἔλαβεν ὁ Πιλᾶτος τὸν Ἰησοῦν, καὶ ἐμαστίγωσε. 19 καὶ οἱ στρατιῶται πλέξαντες στέφανον ἐξ ἀκανθῶν ἐπέθηκαν 2 αὐτοῦ τῇ κεφαλῇ, καὶ ἱμάτιον πορφυροῦν περιέβαλον αὐτόν· ᵍ καὶ ἤρχοντο πρὸς αὐτόν,‖ καὶ ἔλεγον, Χαῖρε, ὁ βασιλεὺς 3 τῶν Ἰουδαίων· καὶ ἐδίδουν αὐτῷ ῥαπίσματα. ʰ καὶ ἐξῆλθε‖ 4 πάλιν ἔξω ὁ Πιλᾶτος, καὶ λέγει αὐτοῖς, Ἴδε, ἄγω ὑμῖν αὐτὸν ἔξω, ἵνα γνῶτε ὅτι ἐν αὐτῷ οὐδεμίαν αἰτίαν εὑρίσκω. ἐξῆλ- 5 θεν οὖν ὁ Ἰησοῦς ἔξω, φορῶν τὸν ἀκάνθινον στέφανον καὶ τὸ πορφυροῦν ἱμάτιον. καὶ λέγει αὐτοῖς, Ἴδε, ὁ ἄνθρωπος. ὅτε οὖν εἶδον αὐτὸν οἱ ἀρχιερεῖς καὶ οἱ ὑπηρέται, ἐκραύγασαν 6 λέγοντες, Σταύρωσον, σταύρωσον. λέγει αὐτοῖς ὁ Πιλᾶτος, Λάβετε αὐτὸν ὑμεῖς καὶ σταυρώσατε· ἐγὼ γὰρ οὐχ εὑρίσκω ἐν αὐτῷ αἰτίαν. ἀπεκρίθησαν αὐτῷ οἱ Ἰουδαῖοι, Ἡμεῖς 7 νόμον ἔχομεν, καὶ κατὰ τὸν νόμον ⁱ⁻‖ ὀφείλει ἀποθανεῖν, ὅτι ἑαυτὸν υἱὸν Θεοῦ ἐποίησεν. ὅτε οὖν ἤκουσεν ὁ Πιλᾶτος 8

ᶠ add πάντες   ᵍ om. καὶ ἤρχοντο πρὸς αὐτόν,   ʰ ἐξῆλθεν οὖν   ⁱ add ἡμῶν

-19. 20. ΚΑΤΑ ΙΩΑΝΝΗΝ. 251

9 τοῦτον τὸν λόγον, μᾶλλον ἐφοβήθη· καὶ εἰσῆλθεν εἰς τὸ
πραιτώριον πάλιν, καὶ λέγει τῷ Ἰησοῦ, Πόθεν εἶ σύ; ὁ δὲ
10 Ἰησοῦς ἀπόκρισιν οὐκ ἔδωκεν αὐτῷ. λέγει οὖν αὐτῷ ὁ
Πιλᾶτος, Ἐμοὶ οὐ λαλεῖς; οὐκ οἶδας ὅτι ἐξουσίαν ἔχω
11 ᵏἀπολῦσαί σε, καὶ ἐξουσίαν ἔχω σταυρῶσαί σε;" ἀπεκρίθη
ˡαὐτῷ" ὁ Ἰησοῦς, Οὐκ εἶχες ἐξουσίαν οὐδεμίαν κατ' ἐμοῦ, εἰ
μὴ ἦν σοι δεδομένον ἄνωθεν· διὰ τοῦτο ὁ ᵐπαραδούς" μέ
12 σοι μείζονα ἁμαρτίαν ἔχει. ἐκ τούτου ἐζήτει ὁ Πιλᾶτος
ἀπολῦσαι αὐτόν· οἱ δὲ Ἰουδαῖοι ἔκραζον λέγοντες, Ἐὰν
τοῦτον ἀπολύσῃς, οὐκ εἶ φίλος τοῦ Καίσαρος· πᾶς ὁ βα-
13 σιλέα ⁿἑαυτὸν ⁷ ποιῶν ἀντιλέγει τῷ Καίσαρι. ὁ οὖν Πιλᾶτος,
ἀκούσας ᵒτῶν λόγων τούτων", ἤγαγεν ἔξω τὸν Ἰησοῦν,
καὶ ἐκάθισεν ἐπὶ ᵖ⁻" βήματος εἰς τόπον λεγόμενον Λιθό-
14 στρωτον, Ἑβραϊστὶ δὲ Γαββαθᾶ. ἦν δὲ παρασκευὴ τοῦ
πάσχα· ὥρα ᑫἦν ὡς" ἕκτη. καὶ λέγει τοῖς Ἰουδαίοις, Ἴδε,
15 ὁ βασιλεὺς ὑμῶν. ʳἐκραύγασαν οὖν ἐκεῖνοι", Ἆρον, ἆρον,
σταύρωσον αὐτόν. λέγει αὐτοῖς ὁ Πιλᾶτος, Τὸν βασιλέα
ὑμῶν σταυρώσω; ἀπεκρίθησαν οἱ ἀρχιερεῖς, Οὐκ ἔχομεν
16 βασιλέα εἰ μὴ Καίσαρα. τότε οὖν παρέδωκεν αὐτὸν αὐτοῖς,
ἵνα σταυρωθῇ.
17 Παρέλαβον ˢοὖν" τὸν Ἰησοῦν ᵗ⁻"· καὶ βαστάζων ᵘἑαυτῷ Cp. Mat.
27. 32,
τὸν σταυρὸν" ἐξῆλθεν εἰς τὸν λεγόμενον Κρανίου τόπον, ˣδ" Mk.15.21,
18 λέγεται Ἑβραϊστὶ Γολγοθᾶ· ὅπου αὐτὸν ἐσταύρωσαν, καὶ Lk. 23. 26.
μετ' αὐτοῦ ἄλλους δύο, ἐντεῦθεν καὶ ἐντεῦθεν, μέσον δὲ τὸν
19 Ἰησοῦν. ἔγραψε δὲ καὶ τίτλον ὁ Πιλᾶτος, καὶ ἔθηκεν ἐπὶ
τοῦ σταυροῦ. ἦν δὲ γεγραμμένον, Ἰησοῦς ὁ Ναζωραῖος ὁ
20 βασιλεὺς τῶν Ἰουδαίων. τοῦτον οὖν τὸν τίτλον πολλοὶ
ἀνέγνωσαν τῶν Ἰουδαίων, ὅτι ἐγγὺς ἦν ʸὁ τόπος τῆς πόλεως",

ᵏ σταυρῶσαί σε, καὶ ἐξουσίαν ἔχω ἀπολῦσαί σε;   ˡ om.
αὐτῷ   ᵐ παραδιδούς   ⁿ αὐτὸν   ᵒ τοῦτον τὸν λόγον
ᵖ add τοῦ   ᑫ δὲ ὡσεὶ   ʳ οἱ δὲ ἐκραύγασαν   ˢ δὲ
ᵗ add καὶ ἀπήγαγον   ᵘ τὸν σταυρὸν αὐτοῦ   ˣ ὅς   ʸ τῆς
πόλεως ὁ τόπος

ὅπου ἐσταυρώθη ὁ Ἰησοῦς· καὶ ἦν γεγραμμένον Ἑβραϊστί, ᶻ'Ρωμαϊστί, Ἑλληνιστί." ἔλεγον οὖν τῷ Πιλάτῳ οἱ ἀρχιε- 21 ρεῖς τῶν Ἰουδαίων, Μὴ γράφε, Ὁ βασιλεὺς τῶν Ἰουδαίων· ἀλλ' ὅτι ἐκεῖνος εἶπε, Βασιλεύς εἰμι τῶν Ἰουδαίων. ἀπεκρίθη 22 ὁ Πιλᾶτος, ᵃὋ γέγραφα, γέγραφα.

Οἱ οὖν στρατιῶται, ὅτε ἐσταύρωσαν τὸν Ἰησοῦν, ἔλαβον 23 τὰ ἱμάτια αὐτοῦ, καὶ ἐποίησαν τέσσαρα μέρη, ἑκάστῳ στρατιώτῃ μέρος, καὶ τὸν χιτῶνα· ἦν δὲ ὁ χιτὼν ἄρραφος, ἐκ τῶν ἄνωθεν ὑφαντὸς δι' ὅλου. εἶπον οὖν πρὸς ἀλλήλους, Μὴ 24 σχίσωμεν αὐτόν, ἀλλὰ λάχωμεν περὶ αὐτοῦ, τίνος ἔσται· ἵνα ἡ γραφὴ πληρωθῇ ἡ λέγουσα, Διεμερίσαντο τὰ ἱμάτιά μου ἑαυτοῖς, καὶ ἐπὶ τὸν ἱματισμόν μου ἔβαλον κλῆρον. οἱ μὲν οὖν στρατιῶται ταῦτα ἐποίησαν. εἱστήκεισαν δὲ παρὰ τῷ 25 σταυρῷ τοῦ Ἰησοῦ ἡ μήτηρ αὐτοῦ, καὶ ἡ ἀδελφὴ τῆς μητρὸς αὐτοῦ, Μαρία ἡ τοῦ Κλωπᾶ, καὶ Μαρία ἡ Μαγδαληνή. Ἰησοῦς οὖν, ἰδὼν τὴν μητέρα, καὶ τὸν μαθητὴν παρεστῶτα 26 ὃν ἠγάπα, λέγει τῇ μητρί ᵃ⁻", Γύναι, ἰδού, ὁ υἱός σου. εἶτα 27 λέγει τῷ μαθητῇ, Ἰδού, ἡ μήτηρ σου. καὶ ἀπ' ἐκείνης τῆς ὥρας ἔλαβεν αὐτὴν ὁ μαθητὴς εἰς τὰ ἴδια.

Μετὰ τοῦτο εἰδὼς ὁ Ἰησοῦς ὅτι πάντα ἤδη τετέλεσται, ἵνα 28 τελειωθῇ ἡ γραφή, λέγει, Διψῶ. σκεῦος ᵇ⁻" ἔκειτο ὄξους 29 μεστόν· ᶜσπόγγον οὖν μεστὸν τοῦ ὄξους" ὑσσώπῳ περιθέντες προσήνεγκαν αὐτοῦ τῷ στόματι. ὅτε οὖν ἔλαβε τὸ 30 ὄξος ὁ Ἰησοῦς, εἶπε, Τετέλεσται· καὶ κλίνας τὴν κεφαλὴν παρέδωκε τὸ πνεῦμα.

Οἱ οὖν Ἰουδαῖοι, ᵈἐπεὶ παρασκευὴ ἦν," ἵνα μὴ μείνῃ ἐπὶ 31 τοῦ σταυροῦ τὰ σώματα ἐν τῷ σαββάτῳ ᵉ⁻" (ἦν γὰρ μεγάλη ἡ ἡμέρα ἐκείνου τοῦ σαββάτου), ἠρώτησαν τὸν Πιλᾶτον, ἵνα κατεαγῶσιν αὐτῶν τὰ σκέλη, καὶ ἀρθῶσιν. ἦλθον οὖν οἱ 32 στρατιῶται, καὶ τοῦ μὲν πρώτου κατέαξαν τὰ σκέλη καὶ τοῦ

ᶻ Ἑλληνιστί, Ῥωμαϊστί.   ᵃ add αὐτοῦ   ᵇ add οὖν
ᶜ οἱ δὲ πλήσαντες σπόγγον ὄξους καὶ   ᵈ om. ἐπεὶ παρασκευὴ ἦν, S.   ᵉ add ἐπεὶ παρασκευὴ ἦν, S.

33 ἄλλου τοῦ συσταυρωθέντος αὐτῷ. ἐπὶ δὲ τὸν Ἰησοῦν ἐλθόντες, ὡς εἶδον αὐτὸν ἤδη τεθνηκότα, οὐ κατέαξαν αὐτοῦ τὰ
34 σκέλη· ἀλλ' εἷς τῶν στρατιωτῶν λόγχῃ αὐτοῦ τὴν πλευρὰν
35 ἔνυξε, καὶ ᶠἐξῆλθεν εὐθὺς ʲ αἷμα καὶ ὕδωρ. καὶ ὁ ἑωρακὼς μεμαρτύρηκε, καὶ ἀληθινὴ αὐτοῦ ἐστιν ἡ μαρτυρία· κἀκεῖνος
36 οἶδεν ὅτι ἀληθῆ λέγει, ἵνα ᵍκαὶ ᴵᴵ ὑμεῖς πιστεύσητε. ἐγένετο Cp. Ex. 12. γὰρ ταῦτα, ἵνα ἡ γραφὴ πληρωθῇ, Ὀστοῦν οὐ συντριβή- Num. 9. 12,
37 σεται αὐτοῦ. καὶ πάλιν ἑτέρα γραφὴ λέγει, Ὄψονται Ps. 34 (33). εἰς ὃν ἐξεκέντησαν. 20. Zech. 12.
38 Μετὰ δὲ ταῦτα ἠρώτησε τὸν Πιλάτον ὁ Ἰωσὴφ ὁ ἀπὸ 10. Ἀριμαθαίας, ὢν μαθητὴς τοῦ Ἰησοῦ κεκρυμμένος δὲ διὰ τὸν Mk. 15. 42. φόβον τῶν Ἰουδαίων, ἵνα ἄρῃ τὸ σῶμα τοῦ Ἰησοῦ· καὶ ἐπέ- Lk. 23. 50. τρεψεν ὁ Πιλάτος. ἦλθεν οὖν καὶ ἦρε τὸ σῶμα ʰαὐτοῦᴵᴵ.
39 ἦλθε δὲ καὶ Νικόδημος, ὁ ἐλθὼν πρὸς ⁱαὐτὸν ᴵ νυκτὸς τὸ Cp. 3. 1. πρῶτον, φέρων ʲμίγμαᴵᴵ σμύρνης καὶ ἀλόης ᵏὡςᴵᴵ λίτρας 7. 50.
40 ἑκατόν. ἔλαβον οὖν τὸ σῶμα τοῦ Ἰησοῦ, καὶ ἔδησαν αὐτὸ ὀθονίοις μετὰ τῶν ἀρωμάτων, καθὼς ἔθος ἐστὶ τοῖς Ἰουδαίοις
41 ἐνταφιάζειν. ἦν δὲ ἐν τῷ τόπῳ ὅπου ἐσταυρώθη κῆπος, καὶ
42 ἐν τῷ κήπῳ μνημεῖον καινόν, ἐν ᾧ οὐδέπω οὐδεὶς ἐτέθη. ἐκεῖ οὖν διὰ τὴν παρασκευὴν τῶν Ἰουδαίων, ὅτι ἐγγὺς ἦν τὸ μνημεῖον, ἔθηκαν τὸν Ἰησοῦν.

20 Τῇ δὲ μιᾷ τῶν σαββάτων Μαρία ἡ Μαγδαληνὴ ἔρχεται Cp. Mat. πρωΐ, σκοτίας ἔτι οὔσης, εἰς τὸ μνημεῖον, καὶ βλέπει τὸν Mk. 16. 1,
2 λίθον ἠρμένον ἐκ τοῦ μνημείου. τρέχει οὖν καὶ ἔρχεται πρὸς Lk. 24. 1. Σίμωνα Πέτρον καὶ πρὸς τὸν ἄλλον μαθητὴν ὃν ἐφίλει ὁ Ἰησοῦς, καὶ λέγει αὐτοῖς, Ἦραν τὸν Κύριον ἐκ τοῦ μνημείου,
3 καὶ οὐκ οἴδαμεν ποῦ ἔθηκαν αὐτόν. ἐξῆλθεν οὖν ὁ Πέτρος Cp. Lk. 24.
4 καὶ ὁ ἄλλος μαθητής, καὶ ἤρχοντο εἰς τὸ μνημεῖον. ἔτρεχον 12. δὲ οἱ δύο ὁμοῦ· καὶ ὁ ἄλλος μαθητὴς προέδραμε τάχιον τοῦ
5 Πέτρου, καὶ ἦλθε πρῶτος εἰς τὸ μνημεῖον· καὶ παρακύψας

ᶠ εὐθὺς ἐξῆλθεν   ᵍ om. καὶ   ʰ τοῦ Ἰησοῦ   ⁱ τὸν Ἰησοῦν   ʲ ἔλιγμα M.   ᵏ ὡσεὶ

βλέπει κείμενα τὰ ὀθόνια, οὐ μέντοι εἰσῆλθεν. ἔρχεται οὖν 6
¹καὶ⁾ Σίμων Πέτρος ἀκολουθῶν αὐτῷ, καὶ εἰσῆλθεν εἰς τὸ
μνημεῖον· καὶ θεωρεῖ τὰ ὀθόνια κείμενα, καὶ τὸ σουδάριον, ὃ 7
ἦν ἐπὶ τῆς κεφαλῆς αὐτοῦ, οὐ μετὰ τῶν ὀθονίων κείμενον,
ἀλλὰ χωρὶς ἐντετυλιγμένον εἰς ἕνα τόπον. τότε οὖν εἰσῆλθε 8
καὶ ὁ ἄλλος μαθητὴς ὁ ἐλθὼν πρῶτος εἰς τὸ μνημεῖον, καὶ
εἶδε, καὶ ἐπίστευσεν. οὐδέπω γὰρ ᾔδεισαν τὴν γραφήν, ὅτι 9
δεῖ αὐτὸν ἐκ νεκρῶν ἀναστῆναι. ἀπῆλθον οὖν πάλιν πρὸς 10
ἑαυτοὺς οἱ μαθηταί.

Μαρία δὲ εἰστήκει πρὸς ᵐτῷ μνημείῳ ἔξω κλαίουσα ⁾⁾· ὡς 11
οὖν ἔκλαιε, παρέκυψεν εἰς τὸ μνημεῖον, καὶ θεωρεῖ δύο ἀγγέ- 12
λους ἐν λευκοῖς καθεζομένους, ἕνα πρὸς τῇ κεφαλῇ καὶ ἕνα
πρὸς τοῖς ποσίν, ὅπου ἔκειτο τὸ σῶμα τοῦ Ἰησοῦ. καὶ λέ- 13
γουσιν αὐτῇ ἐκεῖνοι, Γύναι, τί κλαίεις; λέγει αὐτοῖς, Ὅτι
ἦραν τὸν Κύριόν μου, καὶ οὐκ οἶδα ποῦ ἔθηκαν αὐτόν. ⁿ⁻ᵃ

Cp. Mk. ταῦτα εἰποῦσα ἐστράφη εἰς τὰ ὀπίσω, καὶ θεωρεῖ τὸν Ἰησοῦν 14
16. 9. ἑστῶτα, καὶ οὐκ ᾔδει ὅτι ὁ Ἰησοῦς ἐστι. λέγει αὐτῇ ὁ 15
Ἰησοῦς, Γύναι, τί κλαίεις; τίνα ζητεῖς; ἐκείνη, δοκοῦσα ὅτι
ὁ κηπουρός ἐστι, λέγει αὐτῷ, Κύριε, εἰ σὺ ἐβάστασας αὐτόν,
εἰπέ μοι ποῦ αὐτὸν ἔθηκας, κἀγὼ αὐτὸν ἀρῶ. λέγει αὐτῇ ὁ 16
Ἰησοῦς, Μαρία. στραφεῖσα ἐκείνη λέγει αὐτῷ ᵒἙβραϊστί⁾⁾,
Ῥαββουνί· ὃ λέγεται Διδάσκαλε. λέγει αὐτῇ ὁ Ἰησοῦς, 17
Μή μου ἅπτου, οὔπω γὰρ ἀναβέβηκα πρὸς τὸν πατέρα ᴾ⁻⁾⁾·
πορεύου δὲ πρὸς τοὺς ἀδελφούς μου, καὶ εἰπὲ αὐτοῖς, Ἀνα-
βαίνω πρὸς τὸν πατέρα μου καὶ πατέρα ὑμῶν καὶ Θεόν μου
καὶ Θεὸν ὑμῶν. ἔρχεται Μαρία ἡ Μαγδαληνὴ ᵠἀγγέλλουσα ⁾⁾ 18
τοῖς μαθηταῖς ὅτι ʳἙώρακα⁾⁾ τὸν Κύριον, καὶ ταῦτα εἶπεν
αὐτῇ.

Cp. Mk. Οὔσης οὖν ὀψίας τῇ ἡμέρᾳ ἐκείνῃ τῇ μιᾷ ˢ⁻⁾ σαββάτων, 19
16. 14. καὶ τῶν θυρῶν κεκλεισμένων, ὅπου ἦσαν οἱ μαθηταί ᵗ⁻⁾⁾, διὰ
Lk. 24. 36.

ˡ om. καὶ   ᵐ τὸ μνημεῖον κλαίουσα ἔξω   ⁿ add καὶ
ᵒ om. Ἑβραϊστί   ᵖ add μου   ᵠ ἀπαγγέλλουσα   ʳ ἑώρακε
ˢ add τῶν   ᵗ add συνηγμένοι

ΚΑΤΑ ΙΩΑΝΝΗΝ.

τὸν φόβον τῶν Ἰουδαίων, ἦλθεν ὁ Ἰησοῦς καὶ ἔστη εἰς τὸ 20 μέσον, καὶ λέγει αὐτοῖς, Εἰρήνη ὑμῖν. καὶ τοῦτο εἰπὼν ἔδειξε ᵘτὰς χεῖρας καὶ τὴν πλευρὰν αὐτοῖς ᵛ. ἐχάρησαν οὖν 21 οἱ μαθηταὶ ἰδόντες τὸν Κύριον. εἶπεν οὖν αὐτοῖς ὁ Ἰησοῦς πάλιν, Εἰρήνη ὑμῖν· καθὼς ἀπέσταλκέ με ὁ πατήρ, κἀγὼ 22 πέμπω ὑμᾶς. καὶ τοῦτο εἰπὼν ἐνεφύσησε καὶ λέγει αὐτοῖς, 23 Λάβετε Πνεῦμα Ἅγιον. ἄν τινων ἀφῆτε τὰς ἁμαρτίας, Cp. Mat. ἀφίενται αὐτοῖς· ἄν τινων κρατῆτε, κεκράτηνται. 16. 19. 18. 18. 24 Θωμᾶς δὲ εἷς ἐκ τῶν δώδεκα, ὁ λεγόμενος Δίδυμος, οὐκ ἦν 25 μετ' αὐτῶν ὅτε ἦλθεν ὁ Ἰησοῦς. ἔλεγον οὖν αὐτῷ οἱ ἄλλοι μαθηταί, Ἑωράκαμεν τὸν Κύριον. ὁ δὲ εἶπεν αὐτοῖς, Ἐὰν μὴ ἴδω ἐν ταῖς χερσὶν αὐτοῦ τὸν τύπον τῶν ἥλων, καὶ βάλω τὸν δάκτυλόν μου εἰς τὸν τύπον τῶν ἥλων, καὶ βάλω τὴν χεῖρά μου εἰς τὴν πλευρὰν αὐτοῦ, οὐ μὴ πιστεύσω.
26 Καὶ μεθ' ἡμέρας ὀκτὼ πάλιν ἦσαν ἔσω οἱ μαθηταὶ αὐτοῦ, καὶ Θωμᾶς μετ' αὐτῶν. ἔρχεται ὁ Ἰησοῦς, τῶν θυρῶν κεκλεισμένων, καὶ ἔστη εἰς τὸ μέσον, καὶ εἶπεν, Εἰρήνη ὑμῖν. 27 εἶτα λέγει τῷ Θωμᾷ, Φέρε τὸν δάκτυλόν σου ὧδε, καὶ ἴδε τὰς χεῖράς μου· καὶ φέρε τὴν χεῖρά σου, καὶ βάλε εἰς τὴν πλευράν μου· καὶ μὴ γίνου ἄπιστος, ἀλλὰ πιστός. ᵛ–¹ 28 ἀπεκρίθη ὁ Θωμᾶς, καὶ εἶπεν αὐτῷ, Ὁ Κύριός μου καὶ ὁ 29 Θεός μου. λέγει αὐτῷ ὁ Ἰησοῦς, Ὅτι ἑώρακάς με, ʷ–ᵛ ˣπεπίστευκας·ᵛ μακάριοι οἱ μὴ ἰδόντες, καὶ πιστεύσαντες.
30 Πολλὰ μὲν οὖν καὶ ἄλλα σημεῖα ἐποίησεν ὁ Ἰησοῦς ἐνώπιον τῶν μαθητῶν ʸ–¹, ἃ οὐκ ἔστι γεγραμμένα ἐν τῷ βιβλίῳ 31 τούτῳ· ταῦτα δὲ γέγραπται, ἵνα πιστεύσητε ὅτι ὁ Ἰησοῦς ἐστιν ὁ Χριστὸς ὁ υἱὸς τοῦ Θεοῦ, καὶ ἵνα πιστεύοντες ζωὴν ἔχητε ἐν τῷ ὀνόματι αὐτοῦ.
21 Μετὰ ταῦτα ἐφανέρωσεν ἑαυτὸν πάλιν ὁ Ἰησοῦς τοῖς μαθηταῖς ἐπὶ τῆς θαλάσσης τῆς Τιβεριάδος· ἐφανέρωσε δὲ

ᵘ αὐτοῖς τὰς χεῖρας καὶ τὴν πλευρὰν αὐτοῦ   ᵛ add καὶ
ʷ add Θωμᾷ,   ˣ πεπίστευκας ; M.   ʸ add αὐτοῦ

οὕτως. ἦσαν ὁμοῦ Σίμων Πέτρος, καὶ Θωμᾶς ὁ λεγόμενος 2 Δίδυμος, καὶ ᶻΝαθαναὴλ" ὁ ἀπὸ Κανᾶ τῆς Γαλιλαίας, καὶ οἱ τοῦ Ζεβεδαίου, καὶ ἄλλοι ἐκ τῶν μαθητῶν αὐτοῦ δύο. λέγει αὐτοῖς Σίμων Πέτρος, Ὑπάγω ἁλιεύειν. λέγουσιν αὐτῷ, 3 Ἐρχόμεθα καὶ ἡμεῖς σὺν σοί. ἐξῆλθον καὶ ᵃἐνέβησαν" εἰς τὸ πλοῖον ᵇ⁻", καὶ ἐν ἐκείνῃ τῇ νυκτὶ ἐπίασαν οὐδέν. πρωΐας 4 δὲ ἤδη ᶜγινομένης ' ἔστη ὁ Ἰησοῦς εἰς τὸν αἰγιαλόν· οὐ μέντοι ᾔδεισαν οἱ μαθηταὶ ὅτι Ἰησοῦς ἐστι. λέγει οὖν 5 αὐτοῖς ὁ Ἰησοῦς, Παιδία, μή τι προσφάγιον ἔχετε; ἀπεκρίθησαν αὐτῷ, Οὔ. ὁ δὲ εἶπεν αὐτοῖς, Βάλετε εἰς τὰ δεξιὰ 6 μέρη τοῦ πλοίου τὸ δίκτυον, καὶ εὑρήσετε. ἔβαλον οὖν, καὶ οὐκέτι αὐτὸ ἑλκύσαι ᵈἴσχυον" ἀπὸ τοῦ πλήθους τῶν ἰχθύων. λέγει οὖν ὁ μαθητὴς ἐκεῖνος ὃν ἠγάπα ὁ Ἰησοῦς 7 τῷ Πέτρῳ, Ὁ Κύριός ἐστι. Σίμων οὖν Πέτρος, ἀκούσας ὅτι ὁ Κύριός ἐστι, τὸν ἐπενδύτην διεζώσατο (ἦν γὰρ γυμνός), καὶ ἔβαλεν ἑαυτὸν εἰς τὴν θάλασσαν. οἱ δὲ ἄλλοι μαθηταὶ 8 τῷ πλοιαρίῳ ἦλθον (οὐ γὰρ ἦσαν μακρὰν ἀπὸ τῆς γῆς, ἀλλ' ὡς ἀπὸ πηχῶν διακοσίων), σύροντες τὸ δίκτυον τῶν ἰχθύων. ὡς οὖν ἀπέβησαν εἰς τὴν γῆν, βλέπουσιν ἀνθρακιὰν κειμέ- 9 νην, καὶ ὀψάριον ἐπικείμενον, καὶ ἄρτον. λέγει αὐτοῖς ὁ 10 Ἰησοῦς, Ἐνέγκατε ἀπὸ τῶν ὀψαρίων ὧν ἐπιάσατε νῦν. · ἀνέβη ᶜοὖν ᶦ Σίμων Πέτρος, καὶ εἵλκυσε τὸ δίκτυον ᶠεἰς 11 τὴν γῆν", μεστὸν ἰχθύων μεγάλων ἑκατὸν πεντηκοντατριῶν· καὶ τοσούτων ὄντων οὐκ ἐσχίσθη τὸ δίκτυον. λέγει αὐτοῖς 12 ὁ Ἰησοῦς, Δεῦτε ἀριστήσατε. οὐδεὶς δὲ ἐτόλμα τῶν μαθητῶν ἐξετάσαι αὐτόν, Σὺ τίς εἶ; εἰδότες ὅτι ὁ Κύριός ἐστιν. ἔρχεται ᵍ⁻" Ἰησοῦς, καὶ λαμβάνει τὸν ἄρτον, καὶ δίδωσιν 13 αὐτοῖς, καὶ τὸ ὀψάριον ὁμοίως. τοῦτο ἤδη τρίτον ἐφανε- 14 ρώθη ὁ Ἰησοῦς τοῖς μαθηταῖς ʰ⁻" ἐγερθεὶς ἐκ νεκρῶν. Ὅτε οὖν ἠρίστησαν, λέγει τῷ Σίμωνι Πέτρῳ ὁ Ἰησοῦς, 15

ᶻ Ναθανὴλ S. ᵃ ἀνέβησαν ᵇ add εὐθύς ᶜ γενομένης ᵈ ἴσχυσαν ᵉ om. οὖν ᶠ ἐπὶ τῆς γῆς ᵍ add οὖν ὁ ʰ add αὐτοῦ

Σίμων ⁱἸωάνου", ἀγαπᾷς με πλεῖον τούτων; λέγει αὐτῷ,
Ναί, Κύριε· σὺ οἶδας ὅτι φιλῶ σε. λέγει αὐτῷ, Βόσκε τὰ
16 ἀρνία μου. λέγει αὐτῷ πάλιν δεύτερον, Σίμων ⁱἸωάνου",
ἀγαπᾷς με; λέγει αὐτῷ, Ναί, Κύριε· σὺ οἶδας ὅτι φιλῶ σε.
17 λέγει αὐτῷ, Ποίμαινε τὰ πρόβατά μου. λέγει αὐτῷ τὸ
τρίτον, Σίμων ⁱἸωάνου", φιλεῖς με; ἐλυπήθη ὁ Πέτρος, ὅτι
εἶπεν αὐτῷ τὸ τρίτον, Φιλεῖς με; καὶ εἶπεν αὐτῷ, Κύριε,
ᵏπάντα σὺ ˡ οἶδας· σὺ γινώσκεις ὅτι φιλῶ σε. λέγει αὐτῷ
18 ὁ Ἰησοῦς, Βόσκε τὰ ˡπροβάτιά" μου. ἀμὴν ἀμὴν λέγω σοι,
ὅτε ἦς νεώτερος, ἐζώννυες σεαυτόν, καὶ περιεπάτεις ὅπου
ἤθελες· ὅταν δὲ γηράσῃς, ἐκτενεῖς τὰς χεῖράς σου, καὶ ἄλλος Cp. 2 Pet.
19 σε ζώσει, καὶ οἴσει ὅπου οὐ θέλεις. τοῦτο δὲ εἶπε σημαίνων 1. 14.
ποίῳ θανάτῳ δοξάσει τὸν Θεόν. καὶ τοῦτο εἰπὼν λέγει
20 αὐτῷ, Ἀκολούθει μοι. ἐπιστραφεὶς ᵐ⁻ᵘ ὁ Πέτρος βλέπει
τὸν μαθητὴν ὃν ἠγάπα ὁ Ἰησοῦς ἀκολουθοῦντα, ὃς καὶ
ἀνέπεσεν ἐν τῷ δείπνῳ ἐπὶ τὸ στῆθος αὐτοῦ καὶ εἶπε, Κύριε,
21 τίς ἐστιν ὁ παραδιδούς σε; τοῦτον ⁿοὖν" ἰδὼν ὁ Πέτρος
22 λέγει τῷ Ἰησοῦ, Κύριε, οὗτος δὲ τί; λέγει αὐτῷ ὁ Ἰησοῦς,
Ἐὰν αὐτὸν θέλω μένειν ἕως ἔρχομαι, τί πρὸς σέ; σὺ
23 ἀκολούθει μοι. ἐξῆλθεν οὖν ὁ λόγος οὗτος εἰς τοὺς ἀδελ-
φούς, ὅτι ὁ μαθητὴς ἐκεῖνος οὐκ ἀποθνήσκει· ᵒοὐκ εἶπε δὲ"
αὐτῷ ὁ Ἰησοῦς, ὅτι οὐκ ἀποθνήσκει· ἀλλ' Ἐὰν αὐτὸν θέλω
μένειν ἕως ἔρχομαι, τί πρός σε;
24 Οὗτός ἐστιν ὁ μαθητὴς ὁ μαρτυρῶν περὶ τούτων, καὶ
γράψας ταῦτα· καὶ οἴδαμεν ὅτι ἀληθής ἐστιν ἡ μαρτυρία
αὐτοῦ.
25 Ἔστι δὲ καὶ ἄλλα πολλὰ ᵖἃ" ἐποίησεν ὁ Ἰησοῦς, ἅτινα
ἐὰν γράφηται καθ' ἕν, οὐδὲ αὐτὸν οἶμαι τὸν κόσμον ᑫχωρή-
σειν" τὰ γραφόμενα βιβλία. ʳ⁻

ⁱ Ἰωνᾶ   ᵏ σὺ πάντα   ˡ πρόβατά   ᵐ add δὲ
ⁿ om. οὖν   ᵒ καὶ οὐκ εἶπεν   ᵖ ὅσα   ᑫ χωρῆσαι
ʳ add ἀμήν.

ΠΡΑΞΕΙΣ

ΤΩΝ ΑΓΙΩΝ ΑΠΟΣΤΟΛΩΝ.

Τὸν μὲν πρῶτον λόγον ἐποιησάμην περὶ πάντων, ὦ 1
Θεόφιλε, ὧν ἤρξατο ὁ Ἰησοῦς ποιεῖν τε καὶ διδάσκειν, ἄχρι 2
ἧς ἡμέρας ἐντειλάμενος τοῖς ἀποστόλοις διὰ Πνεύματος
Ἁγίου οὓς ἐξελέξατο ἀνελήφθη· οἷς καὶ παρέστησεν ἑαυτὸν 3
ζῶντα μετὰ τὸ παθεῖν αὐτὸν ἐν πολλοῖς τεκμηρίοις, δι'
ἡμερῶν τεσσαράκοντα ὀπτανόμενος αὐτοῖς, καὶ λέγων τὰ περὶ
τῆς βασιλείας τοῦ Θεοῦ· καὶ συναλιζόμενος παρήγγειλεν 4
αὐτοῖς ἀπὸ Ἱεροσολύμων μὴ χωρίζεσθαι, ἀλλὰ περιμένειν
τὴν ἐπαγγελίαν τοῦ πατρός, ἣν ἠκούσατέ μου· ὅτι Ἰωάννης 5
μὲν ἐβάπτισεν ὕδατι, ὑμεῖς δὲ βαπτισθήσεσθε ἐν Πνεύματι
Ἁγίῳ οὐ μετὰ πολλὰς ταύτας ἡμέρας.

Οἱ μὲν οὖν συνελθόντες ἐπηρώτων αὐτὸν λέγοντες, Κύριε, 6
εἰ ἐν τῷ χρόνῳ τούτῳ ἀποκαθιστάνεις τὴν βασιλείαν τῷ
Ἰσραήλ; εἶπε δὲ πρὸς αὐτούς, Οὐχ ὑμῶν ἐστι γνῶναι χρό- 7
νους ἢ καιροὺς οὓς ὁ πατὴρ ἔθετο ἐν τῇ ἰδίᾳ ἐξουσίᾳ. ἀλλὰ 8
λήψεσθε δύναμιν, ἐπελθόντος τοῦ Ἁγίου Πνεύματος ἐφ'
ὑμᾶς· καὶ ἔσεσθέ ᵃμου" μάρτυρες ἔν τε Ἱερουσαλὴμ καὶ
ἐν πάσῃ τῇ Ἰουδαίᾳ καὶ Σαμαρείᾳ καὶ ἕως ἐσχάτου τῆς γῆς.

καὶ ταῦτα εἰπὼν βλεπόντων αὐτῶν ἐπήρθη, καὶ νεφέλη 9
ὑπέλαβεν αὐτὸν ἀπὸ τῶν ὀφθαλμῶν αὐτῶν. καὶ ὡς ἀτενί- 10
ζοντες ἦσαν εἰς τὸν οὐρανόν, πορευομένου αὐτοῦ, καὶ ἰδού,
ἄνδρες δύο παρειστήκεισαν αὐτοῖς ἐν ᵇἐσθήσεσι λευκαῖς',
οἳ καὶ εἶπον, Ἄνδρες Γαλιλαῖοι, τί ἑστήκατε ᶜβλέποντες' 11

ᵃ μοι   ᵇ ἐσθῆτι λευκῇ   ᶜ ἐμβλέποντες

-1. 22. ΤΩΝ ΑΠΟΣΤΟΛΩΝ. 259

εἰς τὸν οὐρανόν; οὗτος ὁ Ἰησοῦς ὁ ἀναληφθεὶς ἀφ' ὑμῶν Cp. Mat.
εἰς τὸν οὐρανὸν οὕτως ἐλεύσεται ὃν τρόπον ἐθεάσασθε αὐτὸν Mk. 14.62.
πορευόμενον εἰς τὸν οὐρανόν.
12 Τότε ὑπέστρεψαν εἰς Ἱερουσαλὴμ ἀπὸ ὄρους τοῦ καλου- Lk. 24. 52.
μένου Ἐλαιῶνος, ὅ ἐστιν ἐγγὺς Ἱερουσαλήμ, σαββάτου
13 ἔχον ὁδόν. καὶ ὅτε εἰσῆλθον, [d] εἰς τὸ ὑπερῷον ἀνέβησαν[l]
οὗ ἦσαν καταμένοντες, ὅ τε Πέτρος καὶ [o] Ἰωάννης καὶ Ἰάκω-
βος[ll] καὶ Ἀνδρέας, Φίλιππος καὶ Θωμᾶς, Βαρθολομαῖος καὶ
Ματθαῖος, Ἰάκωβος Ἀλφαίου καὶ Σίμων ὁ Ζηλωτής, καὶ
14 Ἰούδας Ἰακώβου. οὗτοι πάντες ἦσαν προσκαρτεροῦντες
ὁμοθυμαδὸν τῇ προσευχῇ [f-l], σὺν γυναιξὶ καὶ Μαρίᾳ τῇ
μητρὶ τοῦ Ἰησοῦ, καὶ σὺν τοῖς ἀδελφοῖς αὐτοῦ.
15 Καὶ ἐν ταῖς ἡμέραις ταύταις ἀναστὰς Πέτρος ἐν μέσῳ
τῶν [g] ἀδελφῶν εἶπεν (ἦν τε ὄχλος ὀνομάτων ἐπὶ τὸ αὐτὸ
16 ὡς ἑκατὸν εἴκοσιν), Ἄνδρες ἀδελφοί, ἔδει πληρωθῆναι τὴν
γραφήν [h-ll], ἣν προεῖπε τὸ Πνεῦμα τὸ Ἅγιον διὰ στόματος
Δαβὶδ περὶ Ἰούδα τοῦ γενομένου ὁδηγοῦ τοῖς συλλαβοῦσι
17 τὸν Ἰησοῦν. ὅτι κατηριθμημένος ἦν [i] ἐν[l] ἡμῖν, καὶ ἔλαχε
18 τὸν κλῆρον τῆς διακονίας ταύτης. (οὗτος μὲν οὖν ἐκτήσατο Cp. Mat.
χωρίον ἐκ [k-l] μισθοῦ τῆς ἀδικίας, καὶ πρηνὴς γενόμενος 27.5 sqq.
ἐλάκησε μέσος, καὶ ἐξεχύθη πάντα τὰ σπλάγχνα αὐτοῦ·
19 καὶ γνωστὸν ἐγένετο πᾶσι τοῖς κατοικοῦσιν Ἱερουσαλήμ,
ὥστε κληθῆναι τὸ χωρίον ἐκεῖνο τῇ [l-] διαλέκτῳ αὐτῶν
20 Ἀκελδαμά, τοῦτ' ἔστι Χωρίον αἵματος.) γέγραπται γὰρ ἐν
βίβλῳ ψαλμῶν, Γενηθήτω ἡ ἔπαυλις αὐτοῦ ἔρημος, καὶ μὴ Ps. 69 (68).
ἔστω ὁ κατοικῶν ἐν αὐτῇ· καὶ Τὴν ἐπισκοπὴν αὐτοῦ [m] λα- Ps. 109
21 βέτω[ll] ἕτερος. δεῖ οὖν τῶν συνελθόντων ἡμῖν ἀνδρῶν ἐν (108). 8.
παντὶ χρόνῳ [n-l] ᾧ εἰσῆλθε καὶ ἐξῆλθεν ἐφ' ἡμᾶς ὁ Κύριος
22 Ἰησοῦς, ἀρξάμενος ἀπὸ τοῦ βαπτίσματος Ἰωάννου ἕως τῆς
ἡμέρας ἧς ἀνελήφθη ἀφ' ἡμῶν, μάρτυρα τῆς ἀναστάσεως Cp. 2. 32,
3. 15.
[d] ἀνέβησαν εἰς τὸ ὑπερῷον [e] Ἰάκωβος καὶ Ἰωάννης 4. 33.
[f] add καὶ τῇ δεήσει [g] μαθητῶν [h] add ταύτην [i] σὺν 10. 41,
13. 31.
[k] add τοῦ [l] add ἰδίᾳ [m] λάβοι [n] add ἐν

S 2

αὐτοῦ ᵒσὺν ἡμῖν γενέσθαι‖ ἕνα τούτων. καὶ ἔστησαν δύο, 23
Ἰωσὴφ τὸν καλούμενον ᵖ Βαρσαββᾶν‖, ὃς ἐπεκλήθη Ἰοῦστος,
καὶ Ματθίαν. καὶ προσευξάμενοι εἶπον, Σύ, Κύριε, καρδιο- 24
γνῶστα πάντων, ἀνάδειξον ᵠὃν ἐξελέξω ἐκ τούτων τῶν δύο
ἕνα‖ λαβεῖν τὸν ʳτόπον‖ τῆς διακονίας ταύτης καὶ ἀποστο- 25
λῆς, ˢἀφ᾽‖ ἧς παρέβη Ἰούδας πορευθῆναι εἰς τὸν τόπον τὸν
ἴδιον. καὶ ἔδωκαν κλήρους ᵗαὐτοῖς‖, καὶ ἔπεσεν ὁ κλῆρος 26
ἐπὶ Ματθίαν, καὶ συγκατεψηφίσθη μετὰ τῶν ἕνδεκα ἀποστόλων.

Καὶ ἐν τῷ συμπληροῦσθαι τὴν ἡμέραν τῆς Πεντηκοστῆς 2
ἦσαν ᵘπάντες ὁμοῦ‖ ἐπὶ τὸ αὐτό. καὶ ἐγένετο ἄφνω ἐκ 2
τοῦ οὐρανοῦ ἦχος ὥσπερ φερομένης πνοῆς βιαίας, καὶ ἐπλήρωσεν
ὅλον τὸν οἶκον οὗ ἦσαν καθήμενοι. καὶ ὤφθησαν 3
αὐτοῖς διαμεριζόμεναι γλῶσσαι ὡσεὶ πυρός, ˣκαὶ ἐκάθισεν
ἐφ᾽ ἕνα ἕκαστον αὐτῶν. καὶ ἐπλήσθησαν ʸπάντες‖ Πνεύ- 4
ματος Ἁγίου, καὶ ἤρξαντο λαλεῖν ἑτέραις γλώσσαις, καθὼς
τὸ Πνεῦμα ἐδίδου ᶻἀποφθέγγεσθαι αὐτοῖς‖.

⁷Ἦσαν δὲ ἐν Ἰερουσαλὴμ κατοικοῦντες Ἰουδαῖοι, ἄνδρες 5
εὐλαβεῖς, ἀπὸ παντὸς ἔθνους τῶν ὑπὸ τὸν οὐρανόν. γενο- 6
μένης δὲ τῆς φωνῆς ταύτης συνῆλθε τὸ πλῆθος καὶ συνεχύθη,
ὅτι ἤκουον εἷς ἕκαστος τῇ ἰδίᾳ διαλέκτῳ λαλούντων
αὐτῶν. ἐξίσταντο δὲ πάντες καὶ ἐθαύμαζον λέγοντες ᵃ⁻‖, 7
Οὐκ, ἰδού, ᵇἅπαντες‖ οὗτοί εἰσιν οἱ λαλοῦντες Γαλιλαῖοι;
καὶ πῶς ἡμεῖς ἀκούομεν ἕκαστος τῇ ἰδίᾳ διαλέκτῳ ἡμῶν ἐν ᾗ 8
ἐγεννήθημεν; Πάρθοι καὶ Μῆδοι καὶ Ἐλαμῖται, καὶ οἱ κατοι- 9
κοῦντες τὴν Μεσοποταμίαν, Ἰουδαίαν τε καὶ Καππαδοκίαν,
Πόντον καὶ τὴν Ἀσίαν, Φρυγίαν τε καὶ Παμφυλίαν, Αἴγυπτον 10
καὶ τὰ μέρη τῆς Λιβύης τῆς κατὰ Κυρήνην, καὶ οἱ ἐπιδημοῦντες
Ῥωμαῖοι, Ἰουδαῖοί τε καὶ προσήλυτοι, Κρῆτες καὶ 11

ᵒ γενέσθαι σὺν ἡμῖν ᵖ Βαρσαβᾶν ᵠ ἐκ τούτων τῶν
δύο ὃν ἕνα (ἕνα ὃν S.) ἐξελέξω ʳ κλῆρον ˢ ἐξ ᵗ αὐτῶν
ᵘ ἅπαντες ὁμοθυμαδὸν ˣ ἐκάθισέ τε ʸ ἅπαντες ᶻ αὐτοῖς
ἀποφθέγγεσθαι ᵃ add πρὸς ἀλλήλους ᵇ πάντες

Ἄραβες, ἀκούομεν λαλούντων αὐτῶν ταῖς ἡμετέραις γλώσ-
12 σαις τὰ μεγαλεῖα τοῦ Θεοῦ. ἐξίσταντο δὲ πάντες καὶ ^c διη-
πορούντο^{||}, ἄλλος πρὸς ἄλλον λέγοντες, Τί ^d θέλει ^{||} τοῦτο
13 εἶναι; ἕτεροι δὲ ^e διαχλευάζοντες^{||} ἔλεγον ὅτι Γλεύκους
μεμεστωμένοι εἰσί.
14 Σταθεὶς δὲ Πέτρος σὺν τοῖς ἕνδεκα ἐπῆρε τὴν φωνὴν
αὐτοῦ, καὶ ἀπεφθέγξατο αὐτοῖς, Ἄνδρες Ἰουδαῖοι, καὶ οἱ κατ-
οικοῦντες Ἱερουσαλὴμ ^f πάντες, τοῦτο ὑμῖν γνωστὸν ἔστω,
15 καὶ ἐνωτίσασθε τὰ ῥήματά μου. οὐ γάρ, ὡς ὑμεῖς ὑπολαμβά-
16 νετε, οὗτοι μεθύουσιν· ἔστι γὰρ ὥρα τρίτη τῆς ἡμέρας· ἀλλὰ
17 τοῦτό ἐστι τὸ εἰρημένον διὰ τοῦ προφήτου Ἰωήλ, Καὶ ἔσται Joel 2. 28.
ἐν ταῖς ἐσχάταις ἡμέραις, λέγει ὁ Θεός, ἐκχεῶ ἀπὸ τοῦ Πνεύ-
ματός μου ἐπὶ πᾶσαν σάρκα· καὶ προφητεύσουσιν οἱ υἱοὶ
ὑμῶν καὶ αἱ θυγατέρες ὑμῶν, καὶ οἱ νεανίσκοι ὑμῶν ὁράσεις
ὄψονται, καὶ οἱ πρεσβύτεροι ὑμῶν ^g ἐνυπνίοις^{||} ἐνυπνιασθή-
18 σονται· καί γε ἐπὶ τοὺς δούλους μου καὶ ἐπὶ τὰς δούλας μου
ἐν ταῖς ἡμέραις ἐκείναις ἐκχεῶ ἀπὸ τοῦ Πνεύματός μου, καὶ
19 προφητεύσουσι. καὶ δώσω τέρατα ἐν τῷ οὐρανῷ ἄνω, καὶ
20 σημεῖα ἐπὶ τῆς γῆς κάτω, αἷμα καὶ πῦρ καὶ ἀτμίδα καπνοῦ· ὁ
ἥλιος μεταστραφήσεται εἰς σκότος, καὶ ἡ σελήνη εἰς αἷμα,
πρὶν ^{h-}] ἐλθεῖν ^{i-||} ἡμέραν Κυρίου τὴν μεγάλην καὶ ἐπιφανῆ·
21 καὶ ἔσται, πᾶς ὃς ἂν ἐπικαλέσηται τὸ ὄνομα Κυρίου σωθήσε-
22 ται. ἄνδρες Ἰσραηλῖται, ἀκούσατε τοὺς λόγους τούτους·
Ἰησοῦν τὸν Ναζωραῖον, ἄνδρα ^k ἀποδεδειγμένον ἀπὸ τοῦ Θεοῦ ^l
εἰς ὑμᾶς δυνάμεσι καὶ τέρασι καὶ σημείοις, οἷς ἐποίησε δι'
23 αὐτοῦ ὁ Θεὸς ἐν μέσῳ ὑμῶν, καθὼς ^{l-||} αὐτοὶ οἴδατε, τοῦτον
τῇ ὡρισμένῃ βουλῇ καὶ προγνώσει τοῦ Θεοῦ ἔκδοτον ^{m-||} διὰ
24 ⁿ χειρὸς^{||} ἀνόμων προσπήξαντες ἀνείλετε· ὃν ὁ Θεὸς ἀνέ-
στησε λύσας τὰς ὠδῖνας τοῦ θανάτου, καθότι οὐκ ἦν δυνατὸν
25 κρατεῖσθαι αὐτὸν ὑπ' αὐτοῦ. Δαβὶδ γὰρ λέγει εἰς αὐτόν,

^c διηπόρουν   ^d ἂν θέλοι   ^e χλευάζοντες   ^f ἅπαντες
^g ἐνύπνια   ^h add ἤ   ⁱ add τὴν   ^k ἀπὸ τοῦ Θεοῦ
ἀποδεδειγμένον   ^l add καὶ   ^m add λαβόντες   ⁿ χειρῶν

ΠΡΑΞΕΙΣ 2. 25-

Ps. 16(15). Προωρώμην τὸν Κύριον ἐνώπιόν μου διὰ παντός· ὅτι ἐκ
8. δεξιῶν μου ἐστίν, ἵνα μὴ σαλευθῶ· διὰ τοῦτο εὐφράνθη ἡ 26
καρδία μου, καὶ ἠγαλλιάσατο ἡ γλῶσσά μου, ἔτι δὲ καὶ ἡ
σάρξ μου κατασκηνώσει ἐπ' ἐλπίδι· ὅτι οὐκ ἐγκαταλείψεις 27
τὴν ψυχήν μου εἰς ᾅδου, οὐδὲ δώσεις τὸν ὅσιόν σου ἰδεῖν
διαφθοράν. ἐγνώρισάς μοι ὁδοὺς ζωῆς· πληρώσεις με εὐ- 28
φροσύνης μετὰ τοῦ προσώπου σου. ἄνδρες ἀδελφοί, ἐξὸν 29
εἰπεῖν μετὰ παρρησίας πρὸς ὑμᾶς περὶ τοῦ πατριάρχου
Δαβίδ, ὅτι καὶ ἐτελεύτησε καὶ ἐτάφη, καὶ τὸ μνῆμα αὐτοῦ
ἐστιν ἐν ἡμῖν ἄχρι τῆς ἡμέρας ταύτης. προφήτης οὖν ὑπάρ- 30
Cp.Ps.132 χων, καὶ εἰδὼς ὅτι ὅρκῳ ὤμοσεν αὐτῷ ὁ Θεὸς ἐκ καρποῦ τῆς
(131).11. ὀσφύος αὐτοῦ ᵒ—ǁ καθίσαι ἐπὶ ᴾ τὸν θρόνον ǁ αὐτοῦ, προϊδὼν 31
ἐλάλησε περὶ τῆς ἀναστάσεως τοῦ Χριστοῦ, ὅτι ᑫ οὔτε ἐγκα-
τελείφθη ǁ εἰς ᾅδου, ʳ οὔτε ǁ ἡ σὰρξ αὐτοῦ εἶδε διαφθοράν.
τοῦτον τὸν Ἰησοῦν ἀνέστησεν ὁ Θεός, οὗ πάντες ἡμεῖς ἐσμεν 32
μάρτυρες. τῇ δεξιᾷ οὖν τοῦ Θεοῦ ὑψωθείς, τήν τε ἐπαγ- 33
γελίαν τοῦ Ἁγίου Πνεύματος λαβὼν παρὰ τοῦ πατρός,
ἐξέχεε τοῦτο ὃ ˢ—ǀ ὑμεῖς βλέπετε καὶ ἀκούετε. οὐ γὰρ 34
Ps. 110 Δαβὶδ ἀνέβη εἰς τοὺς οὐρανούς, λέγει δὲ αὐτός, Εἶπεν ὁ
(109). 1. Κύριος τῷ κυρίῳ μου, Κάθου ἐκ δεξιῶν μου, ἕως ἂν θῶ τοὺς 35
ἐχθρούς σου ὑποπόδιον τῶν ποδῶν σου. ἀσφαλῶς οὖν γινω- 36
σκέτω πᾶς οἶκος Ἰσραήλ, ὅτι καὶ Κύριον ᵗ αὐτὸν καὶ Χριστὸν ǁ
ὁ Θεὸς ἐποίησε, τοῦτον τὸν Ἰησοῦν ὃν ὑμεῖς ἐσταυρώσατε.
Ἀκούσαντες δὲ κατενύγησαν ᵘ τὴν καρδίαν ǁ, εἶπόν τε πρὸς 37
Cp. 16. 30. τὸν Πέτρον καὶ τοὺς λοιποὺς ἀποστόλους, Τί ᵛ ποιήσωμεν ʷ,
Cp.Lk.24. ἄνδρες ἀδελφοί; Πέτρος δὲ ˣ—ʸ πρὸς αὐτούς, Μετανοήσατε, 38
47.
Cp. 8. 16. καὶ βαπτισθήτω ἕκαστος ὑμῶν ʸ ἐν ǀ τῷ ὀνόματι Ἰησοῦ
10. 48. Χριστοῦ εἰς ἄφεσιν ᶻ τῶν ǁ ἁμαρτιῶν ᵃ ὑμῶν ǁ· καὶ λήψεσθε τὴν
δωρεὰν τοῦ Ἁγίου Πνεύματος. ὑμῖν γάρ ἐστιν ἡ ἐπαγγελία, 39

ᵒ add τὸ κατὰ σάρκα ἀναστήσειν τὸν Χριστόν ᵖ τοῦ
θρόνου ᑫ οὐ κατελείφθη ἡ ψυχὴ αὐτοῦ ʳ οὐδὲ ˢ add
νῦν ᵗ καὶ Χριστὸν αὐτὸν ᵘ τῇ καρδίᾳ ᵛ ποιήσομεν
ˣ add ἔφη ʸ ἐπὶ ᶻ om. τῶν ᵃ om. ὑμῶν

-3. 7.   ΤΩΝ ΑΠΟΣΤΟΛΩΝ.   263

καὶ τοῖς τέκνοις ὑμῶν, καὶ πᾶσι τοῖς εἰς μακράν, ὅσους ἂν Cp.Isa.57.
40 προσκαλέσηται Κύριος ὁ Θεὸς ἡμῶν. ἑτέροις τε λόγοις πλείοσι ¹⁹·
ᵇ διεμαρτύρατο", καὶ παρεκάλει ᶜ αὐτοὺς" λέγων, Σώθητε ἀπὸ
41 τῆς γενεᾶς τῆς σκολιᾶς ταύτης. οἱ μὲν οὖν ᵈ⁻" ἀποδεξάμενοι
τὸν λόγον αὐτοῦ ἐβαπτίσθησαν· καὶ προσετέθησαν ᵉ ἐν" τῇ
42 ἡμέρᾳ ἐκείνῃ ψυχαὶ ὡσεὶ τρισχίλιαι. ἦσαν δὲ προσκαρτε-
ροῦντες τῇ διδαχῇ τῶν ἀποστόλων καὶ τῇ κοινωνίᾳ, ᶠ⁻" τῇ Cp.Lk.24.
κλάσει τοῦ ἄρτου καὶ ταῖς προσευχαῖς.   35, Acts 20. 7.
43 ᵍ Ἐγίνετο" δὲ πάσῃ ψυχῇ φόβος· πολλά τε τέρατα καὶ
44 σημεῖα διὰ τῶν ἀποστόλων ἐγίνετο ʰ⁻". πάντες δὲ οἱ πιστεύ- Cp. 4. 32
45 οντες ἦσαν ἐπὶ τὸ αὐτό, καὶ εἶχον ἅπαντα κοινά· καὶ τὰ sqq.
κτήματα καὶ τὰς ὑπάρξεις ἐπίπρασκον, καὶ διεμέριζον αὐτὰ
46 πᾶσι, καθότι ἄν τις χρείαν εἶχε. καθ' ἡμέραν τε προσκαρ-
τεροῦντες ὁμοθυμαδὸν ἐν τῷ ἱερῷ, κλῶντές τε κατ' οἶκον
ἄρτον, μετελάμβανον τροφῆς ἐν ἀγαλλιάσει καὶ ἀφελότητι
47 καρδίας, αἰνοῦντες τὸν Θεὸν καὶ ἔχοντες χάριν πρὸς ὅλον τὸν
λαόν. ὁ δὲ Κύριος προσετίθει τοὺς σῳζομένους καθ' ἡμέραν
ⁱ ἐπὶ τὸ αὐτό".

3 ʲ Πέτρος δὲ" καὶ Ἰωάννης ἀνέβαινον εἰς τὸ ἱερὸν ἐπὶ τὴν
2 ὥραν τῆς προσευχῆς τὴν ἐννάτην. καί τις ἀνὴρ χωλὸς ἐκ
κοιλίας μητρὸς αὐτοῦ ὑπάρχων ἐβαστάζετο, ὃν ἐτίθουν καθ'
ἡμέραν πρὸς τὴν θύραν τοῦ ἱεροῦ τὴν λεγομένην Ὡραίαν, τοῦ Cp.Joh.
αἰτεῖν ἐλεημοσύνην παρὰ τῶν εἰσπορευομένων εἰς τὸ ἱερόν· 9. 8.
3 ὃς ἰδὼν Πέτρον καὶ Ἰωάννην μέλλοντας εἰσιέναι εἰς τὸ ἱερὸν
4 ἠρώτα ἐλεημοσύνην ᵏ λαβεῖν". ἀτενίσας δὲ Πέτρος εἰς αὐτὸν
5 σὺν τῷ Ἰωάννῃ εἶπε, Βλέψον εἰς ἡμᾶς. ὁ δὲ ἐπεῖχεν αὐτοῖς
6 προσδοκῶν τι παρ' αὐτῶν λαβεῖν. εἶπε δὲ Πέτρος, Ἀργύριον
καὶ χρυσίον οὐχ ὑπάρχει μοι· ὃ δὲ ἔχω, τοῦτό σοι δίδωμι. ἐν
7 τῷ ὀνόματι Ἰησοῦ Χριστοῦ τοῦ Ναζωραίου ˡ⁻" περιπάτει. καὶ

ᵇ διεμαρτύρετο   ᶜ om. αὐτοὺς   ᵈ add ἀσμένως   ᵉ om.
ἐν   ᶠ add καὶ   ᵍ Ἐγένετο   ʰ add ἐν Ἱερουσαλήμ·
φόβος τε ἦν μέγας ἐπὶ πάντας M.   ⁱ τῇ ἐκκλησίᾳ   ʲ Ἐπὶ
τὸ αὐτὸ δὲ Πέτρος   ᵏ om. λαβεῖν A.   ˡ add ἔγειραι καὶ

πιάσας αὐτὸν τῆς δεξιᾶς χειρὸς ᵐἤγειρεν αὐτόν‖· παραχρῆμα
δὲ ἐστερεώθησαν αὐτοῦ αἱ βάσεις καὶ τὰ σφυρά. καὶ ἐξαλ- 8
λόμενος ἔστη καὶ περιεπάτει· καὶ εἰσῆλθε σὺν αὐτοῖς εἰς τὸ
ἱερόν, περιπατῶν καὶ ἁλλόμενος καὶ αἰνῶν τὸν Θεόν. καὶ 9
εἶδεν αὐτὸν πᾶς ὁ λαὸς περιπατοῦντα καὶ αἰνοῦντα τὸν Θεόν·
ἐπεγίνωσκον ⁿδὲ‖ αὐτόν, ὅτι οὗτος ἦν ὁ πρὸς τὴν ἐλεημοσύ- 10
νην καθήμενος ἐπὶ τῇ Ὡραίᾳ πύλῃ τοῦ ἱεροῦ· καὶ ἐπλήσθη-
σαν θάμβους καὶ ἐκστάσεως ἐπὶ τῷ συμβεβηκότι αὐτῷ.
Κρατοῦντος δὲ ᵒαὐτοῦ⸓ τὸν Πέτρον καὶ Ἰωάννην συνέ- 11
δραμε πρὸς αὐτοὺς πᾶς ὁ λαὸς ἐπὶ τῇ στοᾷ τῇ καλουμένῃ
Σολομῶντος ἔκθαμβοι. ἰδὼν δὲ Πέτρος ἀπεκρίνατο πρὸς 12
τὸν λαόν, Ἄνδρες Ἰσραηλῖται, τί θαυμάζετε ἐπὶ τούτῳ, ἢ
ἡμῖν τί ἀτενίζετε, ὡς ἰδίᾳ δυνάμει ἢ εὐσεβείᾳ πεποιηκόσι
τοῦ περιπατεῖν αὐτόν; ὁ Θεὸς Ἀβραὰμ καὶ Ἰσαὰκ καὶ Ἰακώβ, 13
ὁ Θεὸς τῶν πατέρων ἡμῶν, ἐδόξασε τὸν παῖδα αὐτοῦ Ἰησοῦν,
ὃν ὑμεῖς ᵖμὲν‖ παρεδώκατε, καὶ ἠρνήσασθε ᑫ⁻‖ κατὰ πρόσω-
πον Πιλάτου, κρίναντος ἐκείνου ἀπολύειν. ὑμεῖς δὲ τὸν 14
ἅγιον καὶ δίκαιον ἠρνήσασθε, καὶ ᾐτήσασθε ἄνδρα φονέα
χαρισθῆναι ὑμῖν, τὸν δὲ ἀρχηγὸν τῆς ζωῆς ἀπεκτείνατε, ὃν ὁ 15
Θεὸς ἤγειρεν ἐκ νεκρῶν, οὗ ἡμεῖς μάρτυρές ἐσμεν. καὶ ἐπὶ 16
τῇ πίστει τοῦ ὀνόματος αὐτοῦ τοῦτον ὃν θεωρεῖτε καὶ οἴδατε
ἐστερέωσε τὸ ὄνομα αὐτοῦ· καὶ ἡ πίστις ἡ δι' αὐτοῦ ἔδωκεν
αὐτῷ τὴν ὁλοκληρίαν ταύτην ἀπέναντι πάντων ὑμῶν. καὶ 17
νῦν, ἀδελφοί, οἶδα ὅτι κατὰ ἄγνοιαν ἐπράξατε, ὥσπερ καὶ οἱ
ἄρχοντες ὑμῶν. ὁ δὲ Θεός, ἃ προκατήγγειλε διὰ στόματος 18
πάντων τῶν προφητῶν ʳπαθεῖν τὸν Χριστὸν αὐτοῦ,‖ ἐπλή-
ρωσεν οὕτω. μετανοήσατε οὖν καὶ ἐπιστρέψατε, εἰς τὸ 19
ἐξαλειφθῆναι ὑμῶν τὰς ἁμαρτίας, ὅπως ἂν ἔλθωσι καιροὶ
ἀναψύξεως ἀπὸ προσώπου τοῦ Κυρίου, καὶ ἀποστείλῃ τὸν 20
ˢπροκεχειρισμένον‖ ὑμῖν ᵗΧριστὸν Ἰησοῦνˡ· ὃν δεῖ οὐρανὸν 21

ᵐ ἤγειρε   ⁿ τε   ᵒ τοῦ ἰαθέντος χωλοῦ   ᵖ om. μὲν
ᑫ add αὐτὸν   ʳ αὐτοῦ, παθεῖν τὸν Χριστόν,   ˢ προκε-
κηρυγμένον   ᵗ Ἰησοῦν Χριστόν

-4. 7.   ΤΩΝ ΑΠΟΣΤΟΛΩΝ.   265

μὲν δέξασθαι ἄχρι χρόνων ἀποκαταστάσεως πάντων, ὧν ἐλά
λησεν ὁ Θεὸς διὰ στόματος ᵘτῶν ἁγίων ἀπ' αἰῶνος αὐτοῦ
22 προφητῶν‖. Μωσῆς μὲν ᵛ⁻ʹ εἶπεν ὅτι Προφήτην ὑμῖν Deut. 18.
ἀναστήσει Κύριος ὁ Θεὸς ˣ⁻ʹ ἐκ τῶν ἀδελφῶν ὑμῶν, ὡς ἐμέ· 15.
αὐτοῦ ἀκούσεσθε κατὰ πάντα ὅσα ἂν λαλήσῃ πρὸς ὑμᾶς.
23 ἔσται δέ, πᾶσα ψυχὴ ἥτις ἂν μὴ ἀκούσῃ τοῦ προφήτου
24 ἐκείνου ἐξολοθρευθήσεται ἐκ τοῦ λαοῦ.   καὶ πάντες δὲ οἱ Cp. 10. 4
προφῆται ἀπὸ Σαμουὴλ καὶ τῶν καθεξῆς, ὅσοι ἐλάλησαν, καὶ
25 ʸκατήγγειλαν‖ τὰς ἡμέρας ταύτας.   ὑμεῖς ἐστε ᶻοἱʹ υἱοὶ
τῶν προφητῶν, καὶ τῆς διαθήκης ἧς διέθετο ὁ Θεὸς πρὸς
τοὺς πατέρας ᵃὑμῶνʹ λέγων πρὸς ʽΑβραάμ, Καὶ ᵇἐνʹ τῷ Gen.22.18.
σπέρματί σου ἐνευλογηθήσονται πᾶσαι αἱ πατριαὶ τῆς γῆς.
26 ὑμῖν πρῶτον ὁ Θεός, ἀναστήσας τὸν παῖδα αὐτοῦ ᶜ⁻ʹ, ἀπέσ- Cp. 13. 46.
τειλεν αὐτὸν εὐλογοῦντα ὑμᾶς ἐν τῷ ἀποστρέφειν ἕκαστον
ἀπὸ τῶν πονηριῶν ὑμῶν.

4   Λαλούντων δὲ αὐτῶν πρὸς τὸν λαὸν ἐπέστησαν αὐτοῖς οἱ
ᵈἱερεῖς‖ καὶ ὁ στρατηγὸς τοῦ ἱεροῦ καὶ οἱ Σαδδουκαῖοι, Cp. 5. 17.
2 διαπονούμενοι διὰ τὸ διδάσκειν αὐτοὺς τὸν λαὸν καὶ καταγ- 23. 6.
3 γέλλειν ἐν τῷ Ἰησοῦ τὴν ἀνάστασιν τὴν ἐκ νεκρῶν.   καὶ
ἐπέβαλον αὐτοῖς τὰς χεῖρας, καὶ ἔθεντο εἰς τήρησιν εἰς τὴν
4 αὔριον· ἦν γὰρ ἑσπέρα ἤδη.   πολλοὶ δὲ τῶν ἀκουσάντων
τὸν λόγον ἐπίστευσαν· καὶ ἐγενήθη ᵉ⁻ ἀριθμὸς τῶν ἀνδρῶν
ὡσεὶ χιλιάδες πέντε.

5   Ἐγένετο δὲ ἐπὶ τὴν αὔριον συναχθῆναι αὐτῶν τοὺς ἄρχον
τας καὶ ᶠτοὺς   πρεσβυτέρους καὶ ᶠτοὺς   γραμματεῖς ᵍἐνʹ
6 Ἱερουσαλήμ, καὶ ʰἌννας ὁ ἀρχιερεὺς καὶ Καϊάφας καὶ
Ἰωάννης καὶ Ἀλέξανδρος‖, καὶ ὅσοι ἦσαν ἐκ γένους ἀρχιερα-
7 τικοῦ.   καὶ στήσαντες αὐτοὺς ἐν τῷ μέσῳ ἐπυνθάνοντο, Ἐν

ᵘ πάντων ἁγίων αὐτοῦ προφητῶν ἀπ' αἰῶνος   ᵛ add γὰρ
πρὸς τοὺς πατέρας   ˣ add ὑμῶν   ʸ προκατήγγειλαν
ᶻ om. οἱ   ᵃ ἡμῶν   ᵇ om. ἐν   ᶜ add Ἰησοῦν
ᵈ ἀρχιερεῖς M.   ᵉ add ὁ   ᶠ om. τοὺς   ᵍ εἰς   ʰ Ἄνναν
τὸν ἀρχιερέα καὶ Καϊάφαν καὶ Ἰωάννην καὶ Ἀλέξανδρον

ποία δυνάμει ἢ ἐν ποίῳ ὀνόματι ἐποιήσατε τοῦτο ὑμεῖς; τότε 8
Πέτρος πλησθεὶς Πνεύματος Ἁγίου εἶπε πρὸς αὐτούς, Ἄρ-
χοντες τοῦ λαοῦ καὶ πρεσβύτεροι ͥ⁻ˡˡ, εἰ ἡμεῖς σήμερον 9
ἀνακρινόμεθα ἐπὶ εὐεργεσίᾳ ἀνθρώπου ἀσθενοῦς, ἐν τίνι
οὗτος σέσωσται, γνωστὸν ἔστω πᾶσιν ὑμῖν καὶ παντὶ τῷ 10
λαῷ Ἰσραήλ, ὅτι ἐν τῷ ὀνόματι Ἰησοῦ Χριστοῦ τοῦ Ναζω-
ραίου, ὃν ὑμεῖς ἐσταυρώσατε, ὃν ὁ Θεὸς ἤγειρεν ἐκ νεκρῶν,
ἐν τούτῳ οὗτος παρέστηκεν ἐνώπιον ὑμῶν ὑγιής. οὗτός 11
Cp Ps.118 ἐστιν ὁ λίθος ὁ ἐξουθενηθεὶς ὑφ᾽ ὑμῶν τῶν οἰκοδομούντων,
(117).22. ὁ γενόμενος εἰς κεφαλὴν γωνίας. καὶ οὐκ ἔστιν ἐν ἄλλῳ 12
οὐδενὶ ἡ σωτηρία· ᵏοὐδὲˡˡ γὰρ ὄνομά ἐστιν ἕτερον ὑπὸ τὸν
οὐρανὸν τὸ δεδομένον ἐν ἀνθρώποις, ἐν ᾧ δεῖ σωθῆναι ἡμᾶς.

Θεωροῦντες δὲ τὴν τοῦ Πέτρου παρρησίαν καὶ Ἰωάννου, 13
Cp.Joh.7. καὶ καταλαβόμενοι ὅτι ἄνθρωποι ἀγράμματοί εἰσι καὶ ἰδιῶται,
15. ἐθαύμαζον, ἐπεγίνωσκόν τε αὐτούς, ὅτι σὺν τῷ Ἰησοῦ ἦσαν.
τόν ˡτε ͥ ἄνθρωπον βλέποντες σὺν αὐτοῖς ἑστῶτα τὸν τεθε- 14
ραπευμένον οὐδὲν εἶχον ἀντειπεῖν. κελεύσαντες δὲ αὐτοὺς 15
ἔξω τοῦ συνεδρίου ἀπελθεῖν συνέβαλον πρὸς ἀλλήλους λέ- 16
γοντες, Τί ᵐποιήσωμενˡˡ τοῖς ἀνθρώποις τούτοις; ὅτι μὲν
γὰρ γνωστὸν σημεῖον γέγονε δι᾽ αὐτῶν, πᾶσι τοῖς κατοι-
κοῦσιν Ἱερουσαλὴμ φανερόν, καὶ οὐ δυνάμεθα ⁿἀρνεῖσθαι.
ἀλλ᾽ ἵνα μὴ ἐπὶ πλεῖον διανεμηθῇ εἰς τὸν λαόν, ᵒ⁻ˡˡ ἀπειλη- 17
σώμεθα αὐτοῖς μηκέτι λαλεῖν ἐπὶ τῷ ὀνόματι τούτῳ μηδενὶ
ἀνθρώπων. καὶ καλέσαντες αὐτοὺς παρήγγειλαν ᵖ⁻ˡ τὸ 18
καθόλου μὴ φθέγγεσθαι μηδὲ διδάσκειν ἐπὶ τῷ ὀνόματι τοῦ
Ἰησοῦ. ὁ δὲ Πέτρος καὶ Ἰωάννης ἀποκριθέντες πρὸς αὐτοὺς 19
Cp. 5. 29. εἶπον, Εἰ δίκαιόν ἐστιν ἐνώπιον τοῦ Θεοῦ ὑμῶν ἀκούειν
Cp. 1 Joh. μᾶλλον ἢ τοῦ Θεοῦ, κρίνατε· οὐ δυνάμεθα γὰρ ἡμεῖς ἃ εἴδο- 20
1. 1, μεν καὶ ἠκούσαμεν μὴ λαλεῖν. οἱ δὲ προσαπειλησάμενοι 21
2 Pet. 1. 16
sqq. ἀπέλυσαν αὐτούς, μηδὲν εὑρίσκοντες τὸ πῶς κολάσωνται

ʲ add τοῦ Ἰσραήλ   ᵏ οὔτε   ˡ δὲ   ᵐ ποιήσομεν
ⁿ ἀρνήσασθαι   ᵒ add ἀπειλῇ   ᵖ add αὐτοῖς

αὐτοὺς διὰ τὸν λαόν, ὅτι πάντες ἐδόξαζον τὸν Θεὸν ἐπὶ
22 τῷ γεγονότι. ἐτῶν γὰρ ἦν πλειόνων τεσσαράκοντα ὁ ἄνθρωπος, ἐφ' ὃν ἐγεγόνει τὸ σημεῖον τοῦτο τῆς ἰάσεως.
23 Ἀπολυθέντες δὲ ἦλθον πρὸς τοὺς ἰδίους, καὶ ἀπήγγειλαν
24 ὅσα πρὸς αὐτοὺς οἱ ἀρχιερεῖς καὶ οἱ πρεσβύτεροι εἶπον. οἱ
δὲ ἀκούσαντες ὁμοθυμαδὸν ἦραν φωνὴν πρὸς τὸν Θεόν, καὶ
εἶπον, Δέσποτα, σὺ q—‖ ὁ ποιήσας τὸν οὐρανὸν καὶ τὴν γῆν
25 καὶ τὴν θάλασσαν καὶ πάντα τὰ ἐν αὐτοῖς, r ὁ τοῦ πατρὸς
ἡμῶν διὰ Πνεύματος Ἁγίου στόματος Δαβὶδ παιδός σου
εἰπών,' Ἱνατί ἐφρύαξαν ἔθνη, καὶ λαοὶ ἐμελέτησαν κενά; Ps. 2. 1.
26 παρέστησαν οἱ βασιλεῖς τῆς γῆς, καὶ οἱ ἄρχοντες συνήχθησαν ἐπὶ τὸ αὐτό, κατὰ τοῦ Κυρίου, καὶ κατὰ τοῦ Χριστοῦ
27 αὐτοῦ· συνήχθησαν γὰρ ἐπ' ἀληθείας s ἐν τῇ πόλει ταύτῃ ‖
ἐπὶ τὸν ἅγιον παῖδά σου Ἰησοῦν, ὃν ἔχρισας, Ἡρώδης τε Cp. Lk. 23
28 καὶ Πόντιος Πιλάτος, σὺν ἔθνεσι καὶ λαοῖς Ἰσραήλ, ποιῆσαι 7.
29 ὅσα ἡ χείρ σου καὶ ἡ βουλή σου προώρισε γενέσθαι. καὶ
τανῦν, Κύριε, ἔπιδε ἐπὶ τὰς ἀπειλὰς αὐτῶν, καὶ δὸς τοῖς
δούλοις σου μετὰ παρρησίας πάσης λαλεῖν τὸν λόγον σου,
30 ἐν τῷ τὴν χεῖρά σου ἐκτείνειν σε εἰς ἴασιν, καὶ σημεῖα καὶ Cp. Mk.
τέρατα γίνεσθαι διὰ τοῦ ὀνόματος τοῦ ἁγίου παιδός σου 16. 17
31 Ἰησοῦ. καὶ δεηθέντων αὐτῶν ἐσαλεύθη ὁ τόπος ἐν ᾧ ἦσαν sqq.
συνηγμένοι, καὶ ἐπλήσθησαν ἅπαντες t τοῦ Ἁγίου Πνεύματος‖,
καὶ ἐλάλουν τὸν λόγον τοῦ Θεοῦ μετὰ παρρησίας.
32 Τοῦ δὲ πλήθους τῶν πιστευσάντων ἦν u— καρδία καὶ Cp. 2. 44
u—‖ ψυχὴ μία· καὶ οὐδὲ εἷς τι τῶν ὑπαρχόντων αὐτῷ ἔλεγεν sq.
33 ἴδιον εἶναι, ἀλλ' ἦν αὐτοῖς ἅπαντα κοινά. καὶ μεγάλῃ δυνάμει ἀπεδίδουν τὸ μαρτύριον οἱ ἀπόστολοι τῆς ἀναστάσεως
τοῦ Κυρίου v Ἰησοῦ ‖· χάρις τε μεγάλη ἦν ἐπὶ πάντας αὐτούς.
34 οὐδὲ γὰρ ἐνδεής τις x ἦν l· ἐν αὐτοῖς· ὅσοι γὰρ κτήτορες
χωρίων ἢ οἰκιῶν ὑπῆρχον, πωλοῦντες ἔφερον τὰς τιμὰς τῶν

q add ὁ Θεὸς   r ὁ διὰ στόματος Δαβὶδ τοῦ παιδός σου
εἰπών,   s om. ἐν τῇ πόλει ταύτῃ   t Πνεύματος Ἁγίου
u add ἡ   v Ἰησοῦ Χριστοῦ M.   x ὑπῆρχεν

πιπρασκομένων καὶ ἐτίθουν παρὰ τοὺς πόδας τῶν ἀποστόλων· 35 διεδίδοτο δὲ ἑκάστῳ, καθότι ἄν τις χρείαν εἶχεν.

ᵞἸωσὴφ" δὲ ὁ ἐπικληθεὶς Βαρνάβας ᶻ ἀπὸ " τῶν ἀποστό- 36 λων (ὅ ἐστι μεθερμηνευόμενον Υἱὸς παρακλήσεως), Λευίτης, Κύπριος τῷ γένει, ὑπάρχοντος αὐτῷ ἀγροῦ πωλήσας ἤνεγκε 37 τὸ χρῆμα καὶ ἔθηκε παρὰ τοὺς πόδας τῶν ἀποστόλων.

Ἀνὴρ δέ τις Ἀνανίας ὀνόματι, σὺν Σαπφείρῃ τῇ γυναικὶ 5 αὐτοῦ, ἐπώλησε κτῆμα, καὶ ἐνοσφίσατο ἀπὸ τῆς τιμῆς, 2 συνειδυίας καὶ τῆς γυναικός ᵃ⁻", καὶ ἐνέγκας μέρος τι παρὰ τοὺς πόδας τῶν ἀποστόλων ἔθηκεν. εἶπε δὲ Πέτρος, Ἀνανία, 3 διατί ἐπλήρωσεν ὁ Σατανᾶς τὴν καρδίαν σου, ψεύσασθαί σε τὸ Πνεῦμα τὸ Ἅγιον, καὶ νοσφίσασθαι ἀπὸ τῆς τιμῆς τοῦ χωρίου; οὐχὶ μένον σοὶ ἔμενε, καὶ πραθὲν ἐν τῇ σῇ ἐξουσίᾳ 4 ὑπῆρχε; τί ὅτι ἔθου ἐν τῇ καρδίᾳ σου τὸ πρᾶγμα τοῦτο; οὐκ ἐψεύσω ἀνθρώποις, ἀλλὰ τῷ Θεῷ. ἀκούων δὲ Ἀνανίας 5 τοὺς λόγους τούτους πεσὼν ἐξέψυξε· καὶ ἐγένετο φόβος μέγας ἐπὶ πάντας τοὺς ἀκούοντας ᵇ⁻". ἀναστάντες δὲ οἱ 6 νεώτεροι συνέστειλαν αὐτόν, καὶ ἐξενέγκαντες ἔθαψαν.

Ἐγένετο δὲ ὡς ὡρῶν τριῶν διάστημα, καὶ ἡ γυνὴ αὐτοῦ 7 μὴ εἰδυῖα τὸ γεγονὸς εἰσῆλθεν. ἀπεκρίθη δὲ ᶜ πρὸς αὐτὴν " 8 ὁ Πέτρος, Εἰπέ μοι εἰ τοσούτου τὸ χωρίον ἀπέδοσθε. ἡ δὲ εἶπε, Ναί, τοσούτου. ὁ δὲ Πέτρος ᵈ⁻" πρὸς αὐτήν, Τί ὅτι 9 συνεφωνήθη ὑμῖν πειράσαι τὸ Πνεῦμα Κυρίου; ἰδού, οἱ πόδες τῶν θαψάντων τὸν ἄνδρα σου ἐπὶ τῇ θύρᾳ, καὶ ἐξοίσουσί σε. ἔπεσε δὲ παραχρῆμα ᵉπρὸς" τοὺς πόδας αὐτοῦ, καὶ ἐξέ- 10 ψυξεν· εἰσελθόντες δὲ οἱ νεανίσκοι εὗρον αὐτὴν νεκράν, καὶ ἐξενέγκαντες ἔθαψαν πρὸς τὸν ἄνδρα αὐτῆς. καὶ ἐγένετο 11 φόβος μέγας ἐφ' ὅλην τὴν ἐκκλησίαν, καὶ ἐπὶ πάντας τοὺς ἀκούοντας ταῦτα.

Διὰ δὲ τῶν χειρῶν τῶν ἀποστόλων ᶠ ἐγίνετο" σημεῖα καὶ 12

ᵞ Ἰωσῆς   ᶻ ὑπὸ   ᵃ add αὐτοῦ   ᵇ add ταῦτα
ᶜ αὐτῇ   ᵈ add εἶπε   ᵉ παρὰ   ᶠ ἐγένετο S.

τέρατα ἐν τῷ λαῷ πολλά· καὶ ἦσαν ὁμοθυμαδὸν ἅπαντες ἐν
13 τῇ στοᾷ Σολομῶντος. τῶν δὲ λοιπῶν οὐδεὶς ἐτόλμα κολ-
14 λᾶσθαι αὐτοῖς· ἀλλ' ἐμεγάλυνεν αὐτοὺς ὁ λαός, μᾶλλον δὲ
προσετίθεντο πιστεύοντες τῷ Κυρίῳ, πλήθη ἀνδρῶν τε καὶ
15 γυναικῶν· ὥστε ᵍκαὶ εἰς∥ τὰς πλατείας ἐκφέρειν τοὺς ἀσθε- Cp. 19. 11.
νεῖς, καὶ τιθέναι ἐπὶ ʰκλιναρίων∥ καὶ κραββάτων, ἵνα ἐρχο-
16 μένου Πέτρου κἂν ἡ σκιὰ ἐπισκιάσῃ τινὶ αὐτῶν. συνήρχετο
δὲ καὶ τὸ πλῆθος τῶν πέριξ πόλεων ⁱ⁻∥ Ἱερουσαλήμ,
φέροντες ἀσθενεῖς καὶ ὀχλουμένους ὑπὸ πνευμάτων ἀκαθάρ-
των· οἵτινες ἐθεραπεύοντο ἅπαντες.
17 Ἀναστὰς δὲ ὁ ἀρχιερεὺς καὶ πάντες οἱ σὺν αὐτῷ (ἡ οὖσα Cp. 4. 1;
18 αἵρεσις τῶν Σαδδουκαίων) ἐπλήσθησαν ζήλου, καὶ ἐπέβαλον 23. 6.
τὰς χεῖρας ᵏ⁻∥ ἐπὶ τοὺς ἀποστόλους, καὶ ἔθεντο αὐτοὺς ἐν
19 τηρήσει δημοσίᾳ. ἄγγελος δὲ Κυρίου διὰ ˡ⁻ⁱ νυκτὸς ἤνοιξε Cp. 12. 7,
20 τὰς θύρας τῆς φυλακῆς, ἐξαγαγών τε αὐτοὺς εἶπε, Πορεύεσθε, 16. 26.
καὶ σταθέντες λαλεῖτε ἐν τῷ ἱερῷ τῷ λαῷ πάντα τὰ ῥήματα
21 τῆς ζωῆς ταύτης. ἀκούσαντες δὲ εἰσῆλθον ὑπὸ τὸν ὄρθρον
εἰς τὸ ἱερόν, καὶ ἐδίδασκον. παραγενόμενος δὲ ὁ ἀρχιερεὺς
καὶ οἱ σὺν αὐτῷ συνεκάλεσαν τὸ συνέδριον καὶ πᾶσαν τὴν
γερουσίαν τῶν υἱῶν Ἰσραήλ, καὶ ἀπέστειλαν εἰς τὸ δεσμω-
22 τήριον, ἀχθῆναι αὐτούς. οἱ δὲ ᵐπαραγενόμενοι ὑπηρέται∥
οὐχ εὗρον αὐτοὺς ἐν τῇ φυλακῇ· ἀναστρέψαντες δὲ ἀπήγ-
23 γειλαν λέγοντες ὅτι Τὸ ⁿ⁻∥ δεσμωτήριον εὕρομεν κεκλεισ-
μένον ἐν πάσῃ ἀσφαλείᾳ, καὶ τοὺς φύλακας ᵒ⁻∥ ἑστῶτας
24 ᵖἐπὶ∥ τῶν θυρῶν· ἀνοίξαντες δὲ ἔσω οὐδένα εὕρομεν. ὡς δὲ
ἤκουσαν τοὺς λόγους τούτους ὅ τε ᵠ⁻∥ στρατηγὸς τοῦ ἱεροῦ
καὶ οἱ ἀρχιερεῖς, διηπόρουν περὶ αὐτῶν, τί ἂν γένοιτο τοῦτο.
25 παραγενόμενος δέ τις ἀπήγγειλεν αὐτοῖς ʳ⁻∥ ὅτι Ἰδού, οἱ
ἄνδρες, οὓς ἔθεσθε ἐν τῇ φυλακῇ, εἰσὶν ἐν τῷ ἱερῷ ἑστῶτες
26 καὶ διδάσκοντες τὸν λαόν. τότε ἀπελθὼν ὁ στρατηγὸς σὺν

ᵍ κατά	ʰ κλινῶν	ⁱ add εἰς	ᵏ add αὐτῶν
ˡ add τῆς	ᵐ ὑπηρέται παραγενόμενοι		ⁿ add μέν
ᵒ add ἔξω	ᵖ πρό	ᵠ add ἱερεὺς καὶ ὁ	ʳ add λέγων

τοῖς ὑπηρέταις ἤγαγεν αὐτούς, οὐ μετὰ βίας, ἐφοβοῦντο γὰρ τὸν λαόν, ˢ⁻ᵗ μὴ λιθασθῶσιν. ἀγαγόντες δὲ αὐτοὺς ἔστη- 27 σαν ἐν τῷ συνεδρίῳ· καὶ ἐπηρώτησεν αὐτοὺς ὁ ἀρχιερεὺς λέγων, ᵗ Παραγγελίᾳ παρηγγείλαμεν ὑμῖν μὴ διδάσκειν ἐπὶ 28 τῷ ὀνόματι τούτῳ· " καὶ ἰδού, πεπληρώκατε τὴν Ἱερουσαλὴμ τῆς διδαχῆς ὑμῶν, καὶ βούλεσθε ἐπαγαγεῖν ἐφ' ἡμᾶς τὸ αἷμα τοῦ ἀνθρώπου τούτου. ἀποκριθεὶς δὲ ὁ Πέτρος καὶ οἱ ἀπό- 29
Cp. 4. 19. στολοι εἶπον, Πειθαρχεῖν δεῖ Θεῷ μᾶλλον ἢ ἀνθρώποις. ὁ Θεὸς τῶν πατέρων ἡμῶν ἤγειρεν Ἰησοῦν, ὃν ὑμεῖς διε- 30 χειρίσασθε κρεμάσαντες ἐπὶ ξύλου. τοῦτον ὁ Θεὸς ἀρχηγὸν 31
Cp. Lk. 24. καὶ σωτῆρα ὕψωσε τῇ δεξιᾷ αὐτοῦ, ᵘτοῦ" δοῦναι μετάνοιαν
47. τῷ Ἰσραὴλ καὶ ἄφεσιν ἁμαρτιῶν. καὶ ἡμεῖς ἐσμεν ᵛ⁻" μάρ- 32 τυρες τῶν ῥημάτων τούτων, καὶ τὸ Πνεῦμα ʷ⁻" τὸ Ἅγιον, ˣ ὃ " ἔδωκεν ὁ Θεὸς τοῖς πειθαρχοῦσιν αὐτῷ.
Cp. 7. 54. Οἱ δὲ ἀκούσαντες διεπρίοντο, καὶ ʸ ἐβούλοντο" ἀνελεῖν 33
Cp. 22. 3. αὐτούς. ἀναστὰς δέ τις ἐν τῷ συνεδρίῳ Φαρισαῖος, ὀνόματι 34 Γαμαλιήλ, νομοδιδάσκαλος τίμιος παντὶ τῷ λαῷ, ἐκέλευσεν ἔξω ᶻ βραχὺ " τοὺς ᵃ ἀνθρώπους " ποιῆσαι. εἶπέ τε πρὸς 35 αὐτούς, Ἄνδρες Ἰσραηλῖται, προσέχετε ἑαυτοῖς ἐπὶ τοῖς ἀνθρώποις τούτοις, τί μέλλετε πράσσειν. πρὸ γὰρ τούτων 36 τῶν ἡμερῶν ἀνέστη Θευδᾶς, λέγων εἶναί τινα ἑαυτόν, ᾧ ᵇ προσεκλίθη ἀνδρῶν ἀριθμὸς ὡς" τετρακοσίων· ὃς ἀνῃρέθη, καὶ πάντες ὅσοι ἐπείθοντο αὐτῷ διελύθησαν καὶ ἐγένοντο εἰς οὐδέν. μετὰ τοῦτον ἀνέστη Ἰούδας ὁ Γαλιλαῖος, ἐν ταῖς 37 ἡμέραις τῆς ἀπογραφῆς, καὶ ἀπέστησε λαὸν ᶜ⁻" ὀπίσω αὐτοῦ· κἀκεῖνος ἀπώλετο, καὶ πάντες ὅσοι ἐπείθοντο αὐτῷ διεσκορπίσθησαν. καὶ τανῦν λέγω ὑμῖν, ἀπόστητε ἀπὸ 38 τῶν ἀνθρώπων τούτων, καὶ ᵈ ἄφετε ᵉ αὐτούς· ὅτι ἐὰν ᾖ ἐξ ἀνθρώπων ἡ βουλὴ αὕτη ἢ τὸ ἔργον τοῦτο, καταλυθήσεται·

ˢ add ἵνα   ᵗ Οὐ παραγγελίᾳ . . . . τούτῳ;   ᵘ om. τοῦ
ᵛ add αὐτοῦ A.S. : ἐν αὐτῷ M.   ʷ add δὲ   ˣ om. ὃ (and the comma) M.   ʸ ἐβουλεύοντο   ᶻ βραχύ τι   ᵃ ἀποστόλους
ᵇ προσεκολλήθη ἀριθμὸς ἀνδρῶν ὡσεὶ   ᶜ add ἱκανὸν   ᵈ ἐάσατε

39 εἰ δὲ ἐκ Θεοῦ ἐστιν, οὐ ᵉδυνήσεσθε ˡ καταλῦσαι ᶠ αὐτοῖς·
40 μήποτε καὶ θεομάχοι εὑρεθῆτε. ἐπείσθησαν δὲ αὐτῷ· καὶ
προσκαλεσάμενοι τοὺς ἀποστόλους δείραντες παρήγγειλαν
μὴ λαλεῖν ἐπὶ τῷ ὀνόματι τοῦ Ἰησοῦ, καὶ ἀπέλυσαν ᵍ⁻.
41 οἱ μὲν οὖν ἐπορεύοντο χαίροντες ἀπὸ προσώπου τοῦ συνε- Cp. Mat.
δρίου, ὅτι ʰ κατηξιώθησαν ὑπὲρ τοῦ ὀνόματος ʲ ἀτιμασθῆναι. 5. 12.
42 πᾶσάν τε ἡμέραν, ἐν τῷ ἱερῷ καὶ κατ᾽ οἶκον, οὐκ ἐπαύοντο
διδάσκοντες καὶ εὐαγγελιζόμενοι ⁱ τὸν Χριστὸν Ἰησοῦν ʲ.

6 Ἐν δὲ ταῖς ἡμέραις ταύταις, πληθυνόντων τῶν μαθητῶν,
ἐγένετο γογγυσμὸς τῶν Ἑλληνιστῶν πρὸς τοὺς Ἑβραίους,
ὅτι παρεθεωροῦντο ἐν τῇ διακονίᾳ τῇ καθημερινῇ αἱ χῆραι
2 αὐτῶν. προσκαλεσάμενοι δὲ οἱ δώδεκα τὸ πλῆθος τῶν
μαθητῶν εἶπον, Οὐκ ἀρεστόν ἐστιν ἡμᾶς καταλείψαντας τὸν
3 λόγον τοῦ Θεοῦ διακονεῖν τραπέζαις. ἐπισκέψασθε ᵏ οὖν,
ἀδελφοί, ἄνδρας ἐξ ὑμῶν μαρτυρουμένους ἑπτά, πλήρεις
Πνεύματος ˡ⁻ˡ καὶ σοφίας, οὓς καταστήσομεν ἐπὶ τῆς χρείας
4 ταύτης. ἡμεῖς δὲ τῇ προσευχῇ καὶ τῇ διακονίᾳ τοῦ λόγου
5 προσκαρτερήσομεν. καὶ ἤρεσεν ὁ λόγος ἐνώπιον παντὸς τοῦ
πλήθους· καὶ ἐξελέξαντο Στέφανον, ἄνδρα πλήρη πίστεως
καὶ Πνεύματος Ἁγίου, καὶ Φίλιππον, καὶ Πρόχορον, καὶ Cp. 8. 5.
Νικάνορα, καὶ Τίμωνα, καὶ Παρμενᾶν, καὶ Νικόλαον προσή- 21. 8.
6 λυτον Ἀντιοχέα· οὓς ἔστησαν ἐνώπιον τῶν ἀποστόλων· καὶ Cp. 1; 3,
προσευξάμενοι ἐπέθηκαν αὐτοῖς τὰς χεῖρας. 1 Tim.4.14,
7 Καὶ ὁ λόγος τοῦ Θεοῦ ηὔξανε· καὶ ἐπληθύνετο ὁ ἀριθμὸς 2 Tim. 1. 6.
τῶν μαθητῶν ἐν Ἱερουσαλὴμ σφόδρα· πολύς τε ὄχλος τῶν
ἱερέων ὑπήκουον τῇ πίστει.
8 Στέφανος δὲ πλήρης ᵐ χάριτος ˡˡ καὶ δυνάμεως ἐποίει τέρατα
9 καὶ σημεῖα μεγάλα ἐν τῷ λαῷ. ἀνέστησαν δέ τινες τῶν ἐκ
τῆς συναγωγῆς τῆς λεγομένης Λιβερτίνων, καὶ Κυρηναίων,
καὶ Ἀλεξανδρέων, καὶ τῶν ἀπὸ Κιλικίας καὶ Ἀσίας, συζη-

ᵉ δύνασθε   ᶠ αὐτό   ᵍ add αὐτούς   ʰ ὑπὲρ τοῦ
ὀνόματος αὐτοῦ κατηξιώθησαν   ⁱ Ἰησοῦν τὸν Χριστόν
ᵏ δέ M.   ˡ add Ἁγίου   ᵐ πίστεως

τοῦντες τῷ Στεφάνῳ. καὶ οὐκ ἴσχυον ἀντιστῆναι τῇ σοφίᾳ 10
καὶ τῷ Πνεύματι ᾧ ἐλάλει. τότε ὑπέβαλον ἄνδρας λέγοντας 11
ὅτι Ἀκηκόαμεν αὐτοῦ λαλοῦντος ῥήματα βλάσφημα εἰς
Μωσῆν καὶ τὸν Θεόν. συνεκίνησάν τε τὸν λαὸν καὶ τοὺς 12
πρεσβυτέρους καὶ τοὺς γραμματεῖς, καὶ ἐπιστάντες συνήρπασαν αὐτόν, καὶ ἤγαγον εἰς τὸ συνέδριον, ἔστησάν τε μάρ- 13
τυρας ψευδεῖς λέγοντας, Ὁ ἄνθρωπος οὗτος οὐ παύεται
ῥήματα ⁿ—‖ λαλῶν κατὰ τοῦ τόπου τοῦ ἁγίου τούτου καὶ τοῦ
νόμου. ἀκηκόαμεν γὰρ αὐτοῦ λέγοντος ὅτι Ἰησοῦς ὁ Ναζω- 14
ραῖος οὗτος καταλύσει τὸν τόπον τοῦτον, καὶ ἀλλάξει τὰ ἔθη
ἃ παρέδωκεν ἡμῖν Μωϋσῆς. καὶ ἀτενίσαντες εἰς αὐτὸν ᵒπάν- 15
τες ' οἱ καθεζόμενοι ἐν τῷ συνεδρίῳ εἶδον τὸ πρόσωπον
αὐτοῦ ὡσεὶ πρόσωπον ἀγγέλου.
  Εἶπε δὲ ὁ ἀρχιερεύς, Εἰ ᴾ— ταῦτα οὕτως ἔχει; ὁ δὲ ἔφη, 7 1, 2
Ἄνδρες ἀδελφοὶ καὶ πατέρες, ἀκούσατε. ὁ Θεὸς τῆς δόξης
ὤφθη τῷ πατρὶ ἡμῶν Ἀβραὰμ ὄντι ἐν τῇ Μεσοποταμίᾳ,
πρὶν ἢ κατοικῆσαι αὐτὸν ἐν Χαρράν, καὶ εἶπε πρὸς αὐτόν, 3
Ἔξελθε ἐκ τῆς γῆς σου καὶ ἐκ τῆς συγγενείας σου, καὶ δεῦρο
εἰς ᵠτὴν‖ γῆν ἣν ἄν σοι δείξω. τότε ἐξελθὼν ἐκ γῆς Χαλ- 4
δαίων κατῴκησεν ἐν Χαρράν· κἀκεῖθεν, μετὰ τὸ ἀποθανεῖν
τὸν πατέρα αὐτοῦ, μετῴκισεν αὐτὸν εἰς τὴν γῆν ταύτην εἰς
ἣν ὑμεῖς νῦν κατοικεῖτε· καὶ οὐκ ἔδωκεν αὐτῷ κληρονομίαν 5
ἐν αὐτῇ, οὐδὲ βῆμα ποδός· καὶ ἐπηγγείλατο αὐτῷ δοῦναι εἰς
κατάσχεσιν αὐτήν, καὶ τῷ σπέρματι αὐτοῦ μετ' αὐτόν, οὐκ
ὄντος αὐτῷ τέκνου. ἐλάλησε δὲ οὕτως ὁ Θεός, ὅτι ἔσται τὸ 6
σπέρμα αὐτοῦ πάροικον ἐν γῇ ἀλλοτρίᾳ, καὶ δουλώσουσιν
αὐτὸ καὶ κακώσουσιν ἔτη τετρακόσια. καὶ τὸ ἔθνος, ᾧ ἐὰν 7
ʳδουλεύσουσι‖, κρινῶ ἐγώ, εἶπεν ὁ Θεός, καὶ μετὰ ταῦτα
ἐξελεύσονται, καὶ λατρεύσουσί μοι ἐν τῷ τόπῳ τούτῳ. καὶ 8
ἔδωκεν αὐτῷ διαθήκην περιτομῆς· καὶ οὕτως ἐγέννησε τὸν

ⁿ add βλάσφημα ᵒ ἅπαντες ᵖ add ἄρα ᵠ om.
τὴν ʳ δουλεύσωσι

Ἰσαάκ, καὶ περιέτεμεν αὐτὸν τῇ ἡμέρᾳ τῇ ὀγδόῃ· καὶ ὁ Ἰσαὰκ
9 τὸν Ἰακώβ, καὶ ὁ Ἰακὼβ τοὺς δώδεκα πατριάρχας. καὶ οἱ
πατριάρχαι ζηλώσαντες τὸν Ἰωσὴφ ἀπέδοντο εἰς Αἴγυπτον·
10 καὶ ἦν ὁ Θεὸς μετ' αὐτοῦ, καὶ ἐξείλετο αὐτὸν ἐκ πασῶν τῶν
θλίψεων αὐτοῦ, καὶ ἔδωκεν αὐτῷ χάριν καὶ σοφίαν ἐναντίον
Φαραὼ βασιλέως Αἰγύπτου· καὶ κατέστησεν αὐτὸν ἡγούμενον
11 ἐπ' Αἴγυπτον καὶ ὅλον τὸν οἶκον αὐτοῦ. ἦλθε δὲ λιμὸς ἐφ'
ὅλην τὴν ˢ Αἴγυπτον ‖ καὶ Χαναάν, καὶ θλῖψις μεγάλη· καὶ
12 οὐχ εὕρισκον χορτάσματα οἱ πατέρες ἡμῶν. ἀκούσας δὲ
Ἰακὼβ ὄντα ᵗ σιτία εἰς Αἴγυπτον ‖ ἐξαπέστειλε τοὺς πατέρας
13 ἡμῶν πρῶτον. καὶ ἐν τῷ δευτέρῳ ἀνεγνωρίσθη Ἰωσὴφ τοῖς
ἀδελφοῖς αὐτοῦ, καὶ φανερὸν ἐγένετο τῷ Φαραὼ τὸ γένος
14 τοῦ Ἰωσήφ. ἀποστείλας δὲ Ἰωσὴφ μετεκαλέσατο ᵘ Ἰακὼβ
τὸν πατέρα αὐτοῦ ‖, καὶ πᾶσαν τὴν συγγένειαν ˣ⁻, ἐν ψυχαῖς
15 ἑβδομήκοντα πέντε. κατέβη δὲ Ἰακὼβ εἰς Αἴγυπτον· καὶ
16 ἐτελεύτησεν αὐτὸς καὶ οἱ πατέρες ἡμῶν· καὶ μετετέθησαν εἰς Cp. Gen.
Συχέμ, καὶ ἐτέθησαν ἐν τῷ μνήματι ὁ ὠνήσατο Ἀβραὰμ τι- 50. 13.
17 μῆς ἀργυρίου παρὰ τῶν υἱῶν Ἐμμὸρ ʸ ἐν ‖ Συχέμ. καθὼς δὲ Joshua 24.
ἤγγιζεν ὁ χρόνος τῆς ἐπαγγελίας, ἧς ᶻ ὡμολόγησεν ‖ ὁ Θεὸς
τῷ Ἀβραάμ, ηὔξησεν ὁ λαὸς καὶ ἐπληθύνθη ἐν Αἰγύπτῳ, Ex. 1. 7
18 ἄχρις οὗ ἀνέστη βασιλεὺς ἕτερος ᵃ ἐπ' Αἴγυπτον, ὃς οὐκ sqq.
19 ᾔδει τὸν Ἰωσήφ. οὗτος κατασοφισάμενος τὸ γένος ἡμῶν
ἐκάκωσε τοὺς πατέρας ἡμῶν, τοῦ ποιεῖν ἔκθετα τὰ βρέφη
20 αὐτῶν, εἰς τὸ μὴ ζωογονεῖσθαι. ἐν ᾧ καιρῷ ἐγεννήθη Μωσῆς, Ex. 2. 2
καὶ ἦν ἀστεῖος τῷ Θεῷ· ὃς ἀνετράφη μῆνας τρεῖς ἐν τῷ οἴκῳ sqq.
21 τοῦ πατρός ᵇ⁻ · ᶜ ἐκτεθέντος δὲ αὐτοῦ ᶦ ἀνείλετο αὐτὸν ἡ
22 θυγάτηρ Φαραώ, καὶ ἀνεθρέψατο αὐτὸν ἑαυτῇ εἰς υἱόν. καὶ
ἐπαιδεύθη Μωσῆς πάσῃ σοφίᾳ Αἰγυπτίων· ἦν δὲ δυνατὸς ἐν
23 λόγοις καὶ ᵈ ἔργοις αὐτοῦ ᶦ. ὡς δὲ ἐπληροῦτο αὐτῷ τεσσαρα-

---

ˢ γῆν Αἰγύπτου   ᵗ σῖτα ἐν Αἰγύπτῳ   ᵘ τὸν πατέρα
αὐτοῦ Ἰακώβ   ˣ add αὐτοῦ   ʸ τοῦ   ᶻ ὤμοσεν
ᵃ om. ἐπ' Αἴγυπτον   ᵇ add αὐτοῦ   ᶜ ἐκτεθέντα δὲ αὐτὸν
ᵈ ἐν ἔργοις

T

κονταετης χρόνος, ἀνέβη ἐπὶ τὴν καρδίαν αὐτοῦ ἐπισκέ-
ψασθαι τοὺς ἀδελφοὺς αὐτοῦ τοὺς υἱοὺς Ἰσραήλ. καὶ ἰδὼν 24
τινα ἀδικούμενον ἠμύνατο, καὶ ἐποίησεν ἐκδίκησιν τῷ κατα-
πονουμένῳ πατάξας τὸν Αἰγύπτιον. ἐνόμιζε δὲ συνιέναι 25
τοὺς ἀδελφοὺς e—f, ὅτι ὁ Θεὸς διὰ χειρὸς αὐτοῦ f δίδωσι
σωτηρίαν αὐτοῖς· οἱ δὲ οὐ συνῆκαν. τῇ τε ἐπιούσῃ ἡμέρᾳ 26
ὤφθη αὐτοῖς μαχομένοις, καὶ g συνήλλασσεν ǁ αὐτοὺς εἰς
εἰρήνην εἰπών, Ἄνδρες, ἀδελφοί ἐστε h—ǁ· ἱνατί ἀδικεῖτε
ἀλλήλους; ὁ δὲ ἀδικῶν τὸν πλησίον ἀπώσατο αὐτὸν εἰπών, 27

Ex. 2. 14. Τίς σε κατέστησεν ἄρχοντα καὶ δικαστὴν ἐφ᾿ i ἡμῶν ǁ; μὴ 28
ἀνελεῖν με σὺ θέλεις, ὃν τρόπον ἀνεῖλες χθὲς τὸν Αἰγύπτιον;
ἔφυγε δὲ Μωσῆς ἐν τῷ λόγῳ τούτῳ, καὶ ἐγένετο πάροικος ἐν 29
γῇ Μαδιάμ· οὗ ἐγέννησεν υἱοὺς δύο. καὶ πληρωθέντων 30

Ex. 3. 2 ἐτῶν τεσσαράκοντα ὤφθη αὐτῷ ἐν τῇ ἐρήμῳ τοῦ ὄρους Σινᾶ
sqq. ἄγγελος k—ǁ ἐν φλογὶ πυρὸς βάτου. ὁ δὲ Μωσῆς ἰδὼν 31
ἐθαύμασε τὸ ὅραμα· προσερχομένου δὲ αὐτοῦ κατανοῆσαι
ἐγένετο φωνὴ Κυρίου l—l, Ἐγὼ ὁ Θεὸς τῶν πατέρων σου, 32
ὁ Θεὸς Ἀβραὰμ καὶ m—l Ἰσαὰκ καὶ m—l Ἰακώβ. ἔντρομος
δὲ γενόμενος Μωσῆς οὐκ ἐτόλμα κατανοῆσαι. εἶπε δὲ αὐτῷ 33
ὁ Κύριος, Λῦσον τὸ ὑπόδημα τῶν ποδῶν σου· ὁ γὰρ τόπος
n ἐφ᾿ d ᾧ ἕστηκας γῆ ἁγία ἐστίν. ἰδὼν εἶδον τὴν κάκωσιν τοῦ 34
λαοῦ μου τοῦ ἐν Αἰγύπτῳ, καὶ τοῦ στεναγμοῦ αὐτῶν ἤκουσα·
καὶ κατέβην ἐξελέσθαι αὐτούς· καὶ νῦν δεῦρο, o ἀποστείλω l
σε εἰς Αἴγυπτον. τοῦτον τὸν Μωϋσῆν ὃν ἠρνήσαντο εἰπόντες, 35
Τίς σε κατέστησεν ἄρχοντα καὶ δικαστήν; τοῦτον ὁ Θεὸς
p καὶ ǁ ἄρχοντα καὶ λυτρωτὴν q ἀπέσταλκε σὺν ǁ χειρὶ ἀγγέλου
τοῦ ὀφθέντος αὐτῷ ἐν τῇ βάτῳ. οὗτος ἐξήγαγεν αὐτούς, 36
ποιήσας τέρατα καὶ σημεῖα ἐν r τῇ Αἰγύπτῳ ǁ, καὶ ἐν Ἐρυθρᾷ
θαλάσσῃ, καὶ ἐν τῇ ἐρήμῳ ἔτη τεσσαράκοντα· οὗτός ἐστιν 37

e add αὐτοῦ f δίδωσιν αὐτοῖς σωτηρίαν g συνήλασεν
h add ὑμεῖς i ἡμᾶς k add Κυρίου l add πρὸς
αὐτόν m add ὁ Θεὸς n ἐν o ἀποστελῶ p om. καὶ
q ἀπέστειλεν ἐν r γῇ Αἰγύπτου

ὁ Μωϋσῆς ὁ εἰπὼν τοῖς υἱοῖς Ἰσραήλ, Προφήτην ὑμῖν ἀνα- Deut. 18.
38 στήσει ᵇὁ Θεὺς ⁷ ἐκ τῶν ἀδελφῶν ὑμῶν, ὡς ἐμέ ᵗ⁻⁷. οὗτός 15.
ἐστιν ὁ γενόμενος ἐν τῇ ἐκκλησίᾳ ἐν τῇ ἐρήμῳ μετὰ τοῦ
ἀγγέλου τοῦ λαλοῦντος αὐτῷ ἐν τῷ ὄρει Σινᾶ καὶ τῶν πατέ-
39 ρων ἡμῶν· ὃς ἐδέξατο λόγια ζῶντα δοῦναι ἡμῖν· ᾧ οὐκ ἠθέ-
λησαν ὑπήκοοι γενέσθαι οἱ πατέρες ἡμῶν, ἀλλ᾽ ἀπώσαντο,
καὶ ἐστράφησαν ᵘἐν⁷ ταῖς καρδίαις αὐτῶν εἰς Αἴγυπτον,
40 εἰπόντες τῷ Ἀαρών, Ποίησον ἡμῖν θεοὺς οἳ προπορεύσονται Ex. 32. 1.
ἡμῶν· ὁ γὰρ Μωσῆς οὗτος, ὃς ἐξήγαγεν ἡμᾶς ἐκ γῆς Αἰγύπ-
41 του, οὐκ οἴδαμεν τί ᵛἐγένετο⁷ αὐτῷ. καὶ ἐμοσχοποίησαν ἐν
ταῖς ἡμέραις ἐκείναις, καὶ ἀνήγαγον θυσίαν τῷ εἰδώλῳ, καὶ
42 εὐφραίνοντο ἐν τοῖς ἔργοις τῶν χειρῶν αὐτῶν. ἔστρεψε δὲ
ὁ Θεός, καὶ παρέδωκεν αὐτοὺς λατρεύειν τῇ στρατιᾷ τοῦ
οὐρανοῦ· καθὼς γέγραπται ἐν βίβλῳ τῶν προφητῶν, Μὴ Amos 5.25.
σφάγια καὶ θυσίας προσηνέγκατέ μοι ἔτη τεσσαράκοντα ἐν
43 τῇ ἐρήμῳ, οἶκος Ἰσραήλ; καὶ ἀνελάβετε τὴν σκηνὴν τοῦ
Μολόχ, καὶ τὸ ἄστρον τοῦ θεοῦ ˣ Ῥεφάν, τοὺς τύπους οὓς
ἐποιήσατε προσκυνεῖν αὐτοῖς· καὶ μετοικιῶ ὑμᾶς ἐπέκεινα
44 Βαβυλῶνος. ἡ σκηνὴ τοῦ μαρτυρίου ἦν ʸ⁻⁷ τοῖς πατράσιν Cp.Ex.40.
ἡμῶν ᶻἐν⁷ τῇ ἐρήμῳ, καθὼς διετάξατο ὁ λαλῶν τῷ Μωσῇ, 25. 40
45 ποιῆσαι αὐτὴν κατὰ τὸν τύπον ὃν ἑωράκει. ἣν καὶ εἰσήγαγον sqq.
διαδεξάμενοι ᵃ⁻⁷ οἱ πατέρες ἡμῶν μετὰ Ἰησοῦ ἐν τῇ κατα- Cp.Joshua
σχέσει τῶν ἐθνῶν, ὧν ἐξῶσεν ὁ Θεὸς ἀπὸ προσώπου τῶν πα- 22. 19.
46 τέρων ἡμῶν, ἕως τῶν ἡμερῶν Δαβίδ· ὃς εὗρε χάριν ἐνώπιον
τοῦ Θεοῦ, καὶ ᾐτήσατο εὑρεῖν σκήνωμα τῷ Θεῷ Ἰακώβ. Cp.Ps.132
47, 48 Σολομῶν δὲ ᾠκοδόμησεν αὐτῷ οἶκον. ἀλλ᾽ οὐχ ὁ ὕψιστος (131). 5;
49 ἐν χειροποιήτοις ᵇ⁻⁷ κατοικεῖ· καθὼς ὁ προφήτης λέγει, Ὁ 1 Kings
οὐρανός μοι θρόνος, ἡ δὲ γῆ ὑποπόδιον τῶν ποδῶν μου· Isa. 66. 1 :
ποῖον οἶκον οἰκοδομήσετέ μοι; λέγει Κύριος, ἢ τίς τόπος 1 Kings
50 τῆς καταπαύσεώς μου; οὐχὶ ἡ χείρ μου ἐποίησε ταῦτα 8. 27.

ˢ Κύριος ὁ Θεὸς ὑμῶν   ᵗ add αὐτοῦ ἀκούσεσθε   ᵘ om. ἐν
ᵛ γέγονεν   ˣ ὑμῶν Ῥεμφάν   ʸ add ἐν S.   ᶻ om. ἐν S.
ᵃ add ἐν S.   ᵇ add ναοῖς

πάντα; σκληροτράχηλοι καὶ ἀπερίτμητοι ^cκαρδίαις" καὶ 51
τοῖς ὠσίν, ὑμεῖς ἀεὶ τῷ Πνεύματι τῷ Ἁγίῳ ἀντιπίπτετε· ὡς
οἱ πατέρες ὑμῶν, καὶ ὑμεῖς. τίνα τῶν προφητῶν οὐκ ἐδίωξαν 52
οἱ πατέρες ὑμῶν; καὶ ἀπέκτειναν τοὺς προκαταγγείλαντας
περὶ τῆς ἐλεύσεως τοῦ δικαίου· οὗ νῦν ὑμεῖς προδόται καὶ
φονεῖς ^dἐγένεσθε"· οἵτινες ἐλάβετε τὸν νόμον εἰς διαταγὰς 53
ἀγγέλων, καὶ οὐκ ἐφυλάξατε.
Ἀκούοντες δὲ ταῦτα διεπρίοντο ταῖς καρδίαις αὐτῶν, καὶ 54
ἔβρυχον τοὺς ὀδόντας ἐπ' αὐτόν. ὑπάρχων δὲ πλήρης Πνεύ- 55
ματος Ἁγίου ἀτενίσας εἰς τὸν οὐρανὸν εἶδε δόξαν Θεοῦ,
καὶ Ἰησοῦν ἑστῶτα ἐκ δεξιῶν τοῦ Θεοῦ, καὶ εἶπεν, Ἰδού, 56
θεωρῶ τοὺς οὐρανοὺς ^eδιηνοιγμένους", καὶ τὸν υἱὸν τοῦ
ἀνθρώπου ἐκ δεξιῶν ἑστῶτα τοῦ Θεοῦ. κράξαντες δὲ φωνῇ 57
μεγάλῃ συνέσχον τὰ ὦτα αὐτῶν, καὶ ὥρμησαν ὁμοθυμαδὸν
ἐπ' αὐτόν· καὶ ἐκβαλόντες ἔξω τῆς πόλεως ἐλιθοβόλουν· 58
καὶ οἱ μάρτυρες ἀπέθεντο τὰ ἱμάτια αὐτῶν παρὰ τοὺς πόδας
νεανίου καλουμένου Σαύλου. καὶ ἐλιθοβόλουν τὸν Στέφανον, 59
ἐπικαλούμενον καὶ λέγοντα, Κύριε Ἰησοῦ, δέξαι τὸ πνεῦμά
μου. θεὶς δὲ τὰ γόνατα ἔκραξε φωνῇ μεγάλῃ, Κύριε, μὴ 60
στήσῃς αὐτοῖς τὴν ἁμαρτίαν ταύτην. καὶ τοῦτο εἰπὼν ἐκοι-
μήθη. Σαῦλος δὲ ἦν συνευδοκῶν τῇ ἀναιρέσει αὐτοῦ. 8
Ἐγένετο δὲ ἐν ἐκείνῃ τῇ ἡμέρᾳ διωγμὸς μέγας ἐπὶ τὴν
ἐκκλησίαν τὴν ἐν Ἱεροσολύμοις· πάντες ^fδὲ" διεσπάρησαν
κατὰ τὰς χώρας τῆς Ἰουδαίας καὶ Σαμαρείας, πλὴν τῶν
ἀποστόλων. συνεκόμισαν δὲ τὸν Στέφανον ἄνδρες εὐλαβεῖς, 2
καὶ ^gἐποίησαν" κοπετὸν μέγαν ἐπ' αὐτῷ. Σαῦλος δὲ ἐλυ- 3
μαίνετο τὴν ἐκκλησίαν κατὰ τοὺς οἴκους εἰσπορευόμενος,
σύρων τε ἄνδρας καὶ γυναῖκας παρεδίδου εἰς φυλακήν.
Οἱ μὲν οὖν διασπαρέντες διῆλθον εὐαγγελιζόμενοι τὸν 4
λόγον. Φίλιππος δὲ κατελθὼν εἰς ^hτὴν" πόλιν τῆς Σαμα- 5

^c τῇ καρδίᾳ   ^d γεγένησθε   ^e ἀνεῳγμένους   ^f τε
^g ἐποιήσαντο   ^h om. τὴν

6 ρείας ἐκήρυσσεν αὐτοῖς τὸν Χριστόν. προσεῖχόν τε οἱ ὄχλοι τοῖς λεγομένοις ὑπὸ τοῦ Φιλίππου ὁμοθυμαδὸν ἐν τῷ ἀκούειν 7 αὐτοὺς καὶ βλέπειν τὰ σημεῖα ἃ ἐποίει. ⁱπολλοὶ" γὰρ τῶν ἐχόντων πνεύματα ἀκάθαρτα, βοῶντα ᵏφωνῇ μεγάλῃ ἐξήρχοντο"· πολλοὶ δὲ παραλελυμένοι καὶ χωλοὶ ἐθεραπεύθησαν. 8 ¹ἐγένετο δὲ πολλὴ χαρὰ" ἐν τῇ πόλει ἐκείνῃ.
9 Ἀνὴρ δέ τις ὀνόματι Σίμων προϋπῆρχεν ἐν τῇ πόλει μαγεύων καὶ ἐξιστῶν τὸ ἔθνος τῆς Σαμαρείας, λέγων εἶναί τινα Cp. 5. 36.
10 ἑαυτὸν μέγαν· ᾧ προσεῖχον πάντες ἀπὸ μικροῦ ἕως μεγάλου λέγοντες, Οὗτός ἐστιν ἡ δύναμις τοῦ Θεοῦ ἡ ᵐκαλουμένη"
11 μεγάλη. προσεῖχον δὲ αὐτῷ διὰ τὸ ἱκανῷ χρόνῳ ταῖς μα-
12 γείαις ἐξεστακέναι αὐτούς. ὅτε δὲ ἐπίστευσαν τῷ Φιλίππῳ εὐαγγελιζομένῳ ⁿ⁻" περὶ τῆς βασιλείας τοῦ Θεοῦ καὶ τοῦ ὀνόματος τοῦ Ἰησοῦ Χριστοῦ, ἐβαπτίζοντο ἄνδρες τε καὶ
13 γυναῖκες. ὁ δὲ Σίμων καὶ αὐτὸς ἐπίστευσε, καὶ βαπτισθεὶς ἦν προσκαρτερῶν τῷ Φιλίππῳ· θεωρῶν τε ᵒσημεῖα καὶ δυνάμεις μεγάλας γινομένας " ἐξίστατο.
14 Ἀκούσαντες δὲ οἱ ἐν Ἱεροσολύμοις ἀπόστολοι, ὅτι δέδεκται Cp. 1. 8. ἡ Σαμάρεια τὸν λόγον τοῦ Θεοῦ, ἀπέστειλαν πρὸς αὐτοὺς
15 τὸν Πέτρον καὶ Ἰωάννην· οἵτινες καταβάντες προσηύξαντο
16 περὶ αὐτῶν, ὅπως λάβωσι Πνεῦμα Ἅγιον· ᵖοὐδέπω ⁱ γὰρ ἦν ἐπ' οὐδενὶ αὐτῶν ἐπιπεπτωκός· μόνον δὲ βεβαπτισμένοι Cp. 2. 38.
17 ὑπῆρχον εἰς τὸ ὄνομα τοῦ Κυρίου Ἰησοῦ. τότε ἐπετίθουν 10. 48.
18 τὰς χεῖρας ἐπ' αὐτούς, καὶ ἐλάμβανον Πνεῦμα Ἅγιον. ᑫἰδὼν" Cp. 2. 4, δὲ ὁ Σίμων, ὅτι διὰ τῆς ἐπιθέσεως τῶν χειρῶν τῶν ἀποστόλων 10. 44. Cp. 19. 6. δίδοται τὸ Πνεῦμα ʳτὸ Ἅγιον ¹, προσήνεγκεν αὐτοῖς χρήματα
19 λέγων, Δότε κἀμοὶ τὴν ἐξουσίαν ταύτην, ἵνα ᾧ ἂν ἐπιθῶ
20 τὰς χεῖρας, λαμβάνῃ Πνεῦμα Ἅγιον. Πέτρος δὲ εἶπε πρὸς αὐτόν, Τὸ ἀργύριόν σου σὺν σοὶ εἴη εἰς ἀπώλειαν, ὅτι τὴν

ⁱ πολλῶν   ᵏ μεγάλῃ φωνῇ ἐξήρχετο A.S.: φωνῇ μεγάλῃ, ἐξήρχοντο M.   ˡ καὶ ἐγένετο χαρὰ μεγάλη   ᵐ om. καλουμένη   ⁿ add τὰ   ᵒ δυνάμεις καὶ σημεῖα γινόμενα A. ᵖ οὔπω   ᑫ θεασάμενος   ʳ om. τὸ Ἅγιον M.

ΠΡΑΞΕΙΣ 8. 20-

δωρεὰν τοῦ Θεοῦ ἐνόμισας διὰ χρημάτων κτᾶσθαι. οὐκ ἔστι 21 σοι μερὶς οὐδὲ κλῆρος ἐν τῷ λόγῳ τούτῳ· ἡ γὰρ καρδία σου οὐκ ἔστιν εὐθεῖα ˢἔναντι‖ τοῦ Θεοῦ. μετανόησον οὖν 22 ἀπὸ τῆς κακίας σου ταύτης, καὶ δεήθητι τοῦ ᵗΚυρίου‖, εἰ ἄρα ἀφεθήσεταί σοι ἡ ἐπίνοια τῆς καρδίας σου. εἰς γὰρ 23 χολὴν πικρίας καὶ σύνδεσμον ἀδικίας ὁρῶ σε ὄντα. ἀπο- 24 κριθεὶς δὲ ὁ Σίμων εἶπε, Δεήθητε ὑμεῖς ὑπὲρ ἐμοῦ πρὸς τὸν Κύριον, ὅπως μηδὲν ἐπέλθῃ ἐπ' ἐμὲ ὧν εἰρήκατε.

Οἱ μὲν οὖν, διαμαρτυράμενοι καὶ λαλήσαντες τὸν λόγον τοῦ 25 Κυρίου, ᵘὑπέστρεφον‖ εἰς Ἱερουσαλήμ, πολλάς τε κώμας τῶν Σαμαρειτῶν ᵛεὐηγγελίζοντο‖.

Ἄγγελος δὲ Κυρίου ἐλάλησε πρὸς Φίλιππον λέγων, Ἀνά- 26 στηθι καὶ πορεύου κατὰ μεσημβρίαν ἐπὶ τὴν ὁδὸν τὴν καταβαίνουσαν ἀπὸ Ἱερουσαλὴμ εἰς Γάζαν· αὕτη ἐστὶν ἔρημος. καὶ ἀναστὰς ἐπορεύθη· καὶ ἰδού, ἀνὴρ Αἰθίοψ εὐνοῦχος 27 δυνάστης Κανδάκης ˣ⁻‖ βασιλίσσης Αἰθιόπων, ὃς ἦν ἐπὶ πάσης τῆς γάζης αὐτῆς, ὃς ἐληλύθει προσκυνήσων εἰς Ἱερουσαλήμ· ἦν τε ὑποστρέφων καὶ καθήμενος ἐπὶ τοῦ ἅρματος 28 αὐτοῦ, ʸκαὶ‖ ἀνεγίνωσκε τὸν προφήτην Ἡσαΐαν. εἶπε δὲ τὸ 29 Πνεῦμα τῷ Φιλίππῳ, Πρόσελθε καὶ κολλήθητι τῷ ἅρματι τούτῳ. προσδραμὼν δὲ ὁ Φίλιππος ἤκουσεν αὐτοῦ ἀνα- 30 γινώσκοντος ᶻἩσαΐαν τὸν προφήτην‖, καὶ εἶπεν, Ἆρά γε γινώσκεις ἃ ἀναγινώσκεις; ὁ δὲ εἶπε, Πῶς γὰρ ἂν δυναίμην, 31 ἐὰν μή τις ᵃὁδηγήσει‖ με; παρεκάλεσέ τε τὸν Φίλιππον ἀναβάντα καθίσαι σὺν αὐτῷ. ἡ δὲ περιοχὴ τῆς γραφῆς ἦν 32 ἀνεγίνωσκεν ἥν αὕτη, Ὡς πρόβατον ἐπὶ σφαγὴν ἤχθη· καὶ ὡς ἀμνὸς ἐναντίον τοῦ κείροντος αὐτὸν ἄφωνος, οὕτως οὐκ ἀνοίγει τὸ στόμα αὐτοῦ· ἐν τῇ ταπεινώσει ᵇ⁻‖ ἡ κρίσις 33 αὐτοῦ ἤρθη· τὴν ᶜ⁻‖ γενεὰν αὐτοῦ τίς διηγήσεται; ὅτι αἴρεται ἀπὸ τῆς γῆς ἡ ζωὴ αὐτοῦ. ἀποκριθεὶς δὲ ὁ εὐνοῦχος 34

Isa. 53. 7:
cp. Joh.
1. 29,
1 Pet. 1. 19.

ˢ ἐνώπιον ᵗ Θεοῦ ᵘ ὑπέστρεψαν ᵛ εὐηγγελίσαντο
ˣ add τῆς ʸ om. καὶ (and the comma) A. ᶻ τὸν προφήτην Ἡσαΐαν ᵃ ὁδηγήσῃ ᵇ add αὐτοῦ ᶜ add δὲ

τῷ Φιλίππῳ εἶπε, Δέομαί σου, περὶ τίνος ὁ προφήτης λέγει
35 τοῦτο; περὶ ἑαυτοῦ; ἢ περὶ ἑτέρου τινός; ἀνοίξας δὲ ὁ
Φίλιππος τὸ στόμα αὐτοῦ, καὶ ἀρξάμενος ἀπὸ τῆς γραφῆς
36 ταύτης, εὐηγγελίσατο αὐτῷ τὸν Ἰησοῦν. ὡς δὲ ἐπορεύοντο
κατὰ τὴν ὁδόν, ἦλθον ἐπί τι ὕδωρ· καί φησιν ὁ εὐνοῦχος,
38 Ἰδού, ὕδωρ· τί κωλύει με βαπτισθῆναι; ᵈ⁻ᶠ καὶ ἐκέλευσε
στῆναι τὸ ἅρμα· καὶ κατέβησαν ἀμφότεροι εἰς τὸ ὕδωρ, ὅ
39 τε Φίλιππος καὶ ὁ εὐνοῦχος· καὶ ἐβάπτισεν αὐτόν. ὅτε δὲ
ἀνέβησαν ἐκ τοῦ ὕδατος, Πνεῦμα Κυρίου ἥρπασε τὸν Φίλιπ-
πον· καὶ οὐκ εἶδεν αὐτὸν οὐκέτι ὁ εὐνοῦχος, ἐπορεύετο γὰρ
40 τὴν ὁδὸν αὐτοῦ χαίρων. Φίλιππος δὲ εὑρέθη εἰς Ἄζωτον·
καὶ διερχόμενος εὐηγγελίζετο τὰς πόλεις πάσας, ἕως τοῦ
ἐλθεῖν αὐτὸν εἰς Καισάρειαν.
9 Ὁ δὲ Σαῦλος, ἔτι ἐμπνέων ἀπειλῆς καὶ φόνου εἰς τοὺς Cp. 22. 5,
2 μαθητὰς τοῦ Κυρίου, προσελθὼν τῷ ἀρχιερεῖ ᾐτήσατο παρ' 26. 12.
αὐτοῦ ἐπιστολὰς εἰς Δαμασκὸν πρὸς τὰς συναγωγάς, ὅπως
ἐάν τινας εὕρῃ τῆς ὁδοῦ ὄντας, ἄνδρας τε καὶ γυναῖκας, δεδε- Cp. 19. 9.
3 μένους ἀγάγῃ εἰς Ἱερουσαλήμ. ἐν δὲ τῷ πορεύεσθαι ἐγένετο 23,
αὐτὸν ἐγγίζειν τῇ Δαμασκῷ· ᵉ ἐξαίφνης τε ᵈ περιήστραψεν 24. 22.
4 αὐτὸν φῶς ᶠ ἐκ ᵍ τοῦ οὐρανοῦ· καὶ πεσὼν ἐπὶ τὴν γῆν ἤκουσε
5 φωνὴν λέγουσαν αὐτῷ, Σαούλ, Σαούλ, τί με διώκεις; εἶπε δέ,
Τίς εἶ, Κύριε; ὁ δέ ᵍ⁻ᵈ, Ἐγώ εἰμι Ἰησοῦς ὃν σὺ διώκεις·
6 ʰ⁻ᵈ ⁱ ἀλλὰ ἀνάστηθι ᵈ καὶ εἴσελθε εἰς τὴν πόλιν, καὶ λαληθή-
7 σεταί σοι ᵏ ὅ τι ᵈ σε δεῖ ποιεῖν. οἱ δὲ ἄνδρες οἱ συνοδεύ-
οντες αὐτῷ εἱστήκεισαν ἐννεοί, ἀκούοντες μὲν τῆς φωνῆς,
8 μηδένα δὲ θεωροῦντες. ἠγέρθη δὲ ὁ Σαῦλος ἀπὸ τῆς γῆς·

ᵈ add ver. 37 εἶπε δὲ ὁ Φίλιππος, Εἰ πιστεύεις ἐξ ὅλης τῆς
καρδίας, ἔξεστιν. ἀποκριθεὶς δὲ εἶπε, Πιστεύω τὸν υἱὸν τοῦ
Θεοῦ εἶναι τὸν Ἰησοῦν Χριστόν. A.S.M.   ᵉ καὶ ἐξαίφνης
ᶠ ἀπὸ   ᵍ add Κύριος εἶπεν   ʰ add σκληρόν σοι πρὸς
κέντρα λακτίζειν. τρέμων τε καὶ θαμβῶν εἶπε, Κύριε, τί με
θέλεις ποιῆσαι; καὶ ὁ Κύριος πρὸς αὐτόν,   ⁱ Ἀνάστηθι
ᵏ τί

ἀνεῳγμένων δὲ τῶν ὀφθαλμῶν αὐτοῦ ¹ οὐδὲν " ἔβλεπε· χειραγωγοῦντες δὲ αὐτὸν εἰσήγαγον εἰς Δαμασκόν. καὶ ἦν ἡμέρας 9 τρεῖς μὴ βλέπων, καὶ οὐκ ἔφαγεν οὐδὲ ἔπιεν.

Ἦν δέ τις μαθητὴς ἐν Δαμασκῷ ὀνόματι Ἀνανίας· καὶ 10 εἶπε πρὸς αὐτὸν ᵐἐν ὁράματι ὁ Κύριος", Ἀνανία. ὁ δὲ εἶπεν, Ἰδού, ἐγώ, Κύριε. ὁ δὲ Κύριος πρὸς αὐτόν, Ἀναστὰς 11 πορεύθητι ἐπὶ τὴν ῥύμην τὴν καλουμένην Εὐθεῖαν, καὶ ζήτησον ἐν οἰκίᾳ Ἰούδα Σαῦλον ὀνόματι, Ταρσέα· ἰδοὺ γάρ, προσεύχεται, καὶ εἶδεν ⁿ—" ἄνδρα ᵒ Ἀνανίαν ὀνόματι" εἰσελ- 12 θόντα, καὶ ἐπιθέντα αὐτῷ ᵖ τὰς χεῖρας", ὅπως ἀναβλέψῃ. ἀπεκρίθη δὲ ὁ Ἀνανίας, Κύριε, ᑫ ἤκουσα" ἀπὸ πολλῶν περὶ 13 τοῦ ἀνδρὸς τούτου, ὅσα κακὰ ἐποίησε τοῖς ἁγίοις σου ἐν Ἱερουσαλήμ· καὶ ὧδε ἔχει ἐξουσίαν παρὰ τῶν ἀρχιερέων 14 δῆσαι πάντας τοὺς ἐπικαλουμένους τὸ ὄνομά σου. εἶπε δὲ 15 πρὸς αὐτὸν ὁ Κύριος, Πορεύου, ὅτι σκεῦος ἐκλογῆς ʳ ἐστί μοι", οὗτος, τοῦ βαστάσαι τὸ ὄνομά μου ἐνώπιον ˢ τῶν ἐθνῶν τε" καὶ βασιλέων, υἱῶν τε Ἰσραήλ· ἐγὼ γὰρ ὑποδείξω αὐτῷ, 16 ὅσα δεῖ αὐτὸν ὑπὲρ τοῦ ὀνόματός μου παθεῖν. ἀπῆλθε δὲ 17 Ἀνανίας, καὶ εἰσῆλθεν εἰς τὴν οἰκίαν· καὶ ἐπιθεὶς ἐπ' αὐτὸν τὰς χεῖρας εἶπε, Σαοὺλ ἀδελφέ, ὁ Κύριος ἀπέσταλκέ με, Ἰησοῦς ὁ ὀφθείς σοι ἐν τῇ ὁδῷ ᾗ ἤρχου, ὅπως ἀναβλέψῃς καὶ πλησθῇς Πνεύματος Ἁγίου. καὶ εὐθέως ἀπέπεσον ἀπὸ 18 τῶν ὀφθαλμῶν αὐτοῦ ὡσεὶ λεπίδες, ἀνέβλεψέ τε ᵗ—"· καὶ ἀναστὰς ἐβαπτίσθη· καὶ λαβὼν τροφὴν ἐνίσχυσεν. 19

Ἐγένετο δὲ ᵘ—" μετὰ τῶν ἐν Δαμασκῷ μαθητῶν ἡμέρας τινάς. καὶ εὐθέως ἐν ταῖς συναγωγαῖς ἐκήρυσσε τὸν ˣ Ἰη- 20 σοῦν", ὅτι οὗτός ἐστιν ὁ υἱὸς τοῦ Θεοῦ. ἐξίσταντο δὲ 21 πάντες οἱ ἀκούοντες καὶ ἔλεγον, Οὐχ οὗτός ἐστιν ὁ πορθήσας ἐν Ἱερουσαλὴμ τοὺς ἐπικαλουμένους τὸ ὄνομα ʸ τοῦτο;

---

¹ οὐδένα ᵐ ὁ Κύριος ἐν ὁράματι ⁿ add ἐν ὁράματι
ᵒ ὀνόματι Ἀνανίαν ᵖ χεῖρα ᑫ ἀκήκοα ʳ μοι
ἐστὶν ˢ ἐθνῶν ᵗ add παραχρῆμα ᵘ add ὁ Σαῦλος
ˣ Χριστόν ʸ τοῦτο, καὶ . . . . ἀρχιερεῖς;

καὶ ὧδε εἰς τοῦτο ἐληλύθει ἵνα δεδεμένους αὐτοὺς ἀγάγῃ ἐπὶ 22 τοὺς ἀρχιερεῖς.⁏ Σαῦλος δὲ μᾶλλον ἐνεδυναμοῦτο, καὶ συνέχυνεν ᶻ⁻⁏ Ἰουδαίους τοὺς κατοικοῦντας ἐν Δαμασκῷ, συμβι- Cp. 18. 28. βάζων ὅτι οὗτός ἐστιν ὁ Χριστός.
23 Ὡς δὲ ἐπληροῦντο ἡμέραι ἱκαναί, συνεβουλεύσαντο οἱ 24 Ἰουδαῖοι ἀνελεῖν αὐτόν· ἐγνώσθη δὲ τῷ Σαύλῳ ἡ ἐπιβουλὴ αὐτῶν. ᵃ παρετηροῦντο δὲ καὶ⁏ ᵇ τὰς⁏ πύλας ἡμέρας τε καὶ 25 νυκτός, ὅπως αὐτὸν ἀνέλωσι· λαβόντες δὲ ᶜ οἱ μαθηταὶ αὐ- 2 Cor. 11. τοῦ⁏ νυκτὸς ᵈ διὰ τοῦ τείχους καθῆκαν αὐτόν, χαλάσαντες ἐν 33. σπυρίδι.
26 Παραγενόμενος δὲ ᶜ⁻⁰ εἰς Ἱερουσαλήμ ᶠ ἐπείραζε⁏ κολλᾶσθαι τοῖς μαθηταῖς· καὶ πάντες ἐφοβοῦντο αὐτόν, μὴ 27 πιστεύοντες ὅτι ἐστὶ μαθητής. Βαρνάβας δὲ ἐπιλαβόμενος αὐτὸν ἤγαγε πρὸς τοὺς ἀποστόλους, καὶ διηγήσατο αὐτοῖς πῶς ἐν τῇ ὁδῷ εἶδε τὸν Κύριον, καὶ ὅτι ἐλάλησεν αὐτῷ, καὶ πῶς ἐν Δαμασκῷ ἐπαρρησιάσατο ἐν τῷ ὀνόματι τοῦ Ἰησοῦ. 28 καὶ ἦν μετ' αὐτῶν εἰσπορευόμενος καὶ ἐκπορευόμενος ᵍ εἰς 29 Ἱερουσαλήμ, ʰ⁻⁰ παρρησιαζόμενος ἐν τῷ ὀνόματι τοῦ Κυρίου ⁱ⁻⁰· ἐλάλει τε καὶ συνεζήτει πρὸς τοὺς Ἑλληνιστάς· οἱ 30 δὲ ἐπεχείρουν αὐτὸν ἀνελεῖν. ἐπιγνόντες δὲ οἱ ἀδελφοὶ κατήγαγον αὐτὸν εἰς Καισάρειαν, καὶ ἐξαπέστειλαν αὐτὸν εἰς Ταρσόν.
31 ᵏ Ἡ μὲν οὖν ἐκκλησία καθ' ὅλης τῆς Ἰουδαίας καὶ Γαλιλαίας καὶ Σαμαρείας εἶχεν εἰρήνην οἰκοδομουμένη, καὶ πορευομένη τῷ φόβῳ τοῦ Κυρίου καὶ τῇ παρακλήσει τοῦ Ἁγίου Πνεύματος ἐπληθύνετο.⁏
32 Ἐγένετο δὲ Πέτρον, διερχόμενον διὰ πάντων, κατελθεῖν 33 καὶ πρὸς τοὺς ἁγίους τοὺς κατοικοῦντας Λίδδαν. εὗρε δὲ

ᶻ add τοὺς   ᵃ παρετήρουν τε   ᵇ τὰ S.   ᶜ αὐτὸν οἱ μαθηταὶ   ᵈ καθῆκαν διὰ τοῦ τείχους   ᵉ add ὁ Σαῦλος ᶠ ἐπειρᾶτο   ᵍ ἐν   ʰ add καὶ   ⁱ add Ἰησοῦ   ᵏ Αἱ μὲν οὖν ἐκκλησίαι . . . εἶχον . . . οἰκοδομούμεναι . . . πορευόμεναι . . . ἐπληθύνοντο.

ἐκεῖ ἄνθρωπόν τινα Αἰνέαν ὀνόματι, ἐξ ἐτῶν ὀκτὼ κατακείμενον ἐπὶ ¹κραββάτου", ὃς ἦν παραλελυμένος. καὶ εἶπεν 34 αὐτῷ ὁ Πέτρος, Αἰνέα, ἰᾶταί σε Ἰησοῦς ᵐ⁻" Χριστός· ἀνάστηθι καὶ στρῶσον σεαυτῷ. καὶ εὐθέως ἀνέστη. καὶ εἶδον 35 αὐτὸν πάντες οἱ κατοικοῦντες Λύδδαν καὶ τὸν Σαρωνᾶν, οἵτινες ἐπέστρεψαν ἐπὶ τὸν Κύριον.

Ἐν Ἰόππῃ δέ τις ἦν μαθήτρια ὀνόματι Ταβιθά, ἡ διερμη- 36 νευομένη λέγεται Δορκάς· αὕτη ἦν πλήρης ἀγαθῶν ἔργων καὶ ἐλεημοσυνῶν ὧν ἐποίει· ἐγένετο δὲ ἐν ταῖς ἡμέραις 37 ἐκείναις ἀσθενήσασαν αὐτὴν ἀποθανεῖν· λούσαντες δὲ αὐτὴν ἔθηκαν ἐν ὑπερῴῳ. ἐγγὺς δὲ οὔσης Λύδδης τῇ Ἰόππῃ οἱ 38 μαθηταὶ ἀκούσαντες ὅτι Πέτρος ἐστὶν ἐν αὐτῇ ἀπέστειλαν δύο ἄνδρας πρὸς αὐτόν, παρακαλοῦντες, ⁿ Μὴ ὀκνήσῃς" διελθεῖν ἕως ᵒἡμῶν". ἀναστὰς δὲ Πέτρος συνῆλθεν αὐτοῖς· ὃν 39 παραγενόμενον ἀνήγαγον εἰς τὸ ὑπερῷον· καὶ παρέστησαν αὐτῷ πᾶσαι αἱ χῆραι κλαίουσαι καὶ ἐπιδεικνύμεναι χιτῶνας καὶ ἱμάτια, ὅσα ἐποίει μετ' αὐτῶν οὖσα ἡ Δορκάς. ἐκβαλὼν 40 δὲ ἔξω πάντας ὁ Πέτρος ᵖκαὶ θεὶς τὰ γόνατα προσηύξατο· καὶ ἐπιστρέψας πρὸς τὸ σῶμα εἶπε, Ταβιθά, ἀνάστηθι. ἡ δὲ ἤνοιξε τοὺς ὀφθαλμοὺς αὐτῆς· καὶ ἰδοῦσα τὸν Πέτρον ἀνεκάθισε. δοὺς δὲ αὐτῇ χεῖρα ἀνέστησεν αὐτήν· φωνήσας δὲ 41 τοὺς ἁγίους καὶ τὰς χήρας παρέστησεν αὐτὴν ζῶσαν. γνωστὸν 42 δὲ ἐγένετο καθ' ὅλης τῆς Ἰόππης, καὶ πολλοὶ ἐπίστευσαν ἐπὶ τὸν Κύριον. ἐγένετο δὲ ἡμέρας ἱκανὰς μεῖναι αὐτὸν ἐν 43 Ἰόππῃ παρά τινι Σίμωνι βυρσεῖ.

Ἀνὴρ δέ τις ᵠ⁻ᵎ ἐν Καισαρείᾳ ὀνόματι Κορνήλιος, ἑκα- 10 τοντάρχης ἐκ σπείρης τῆς καλουμένης Ἰταλικῆς, εὐσεβὴς καὶ 2 φοβούμενος τὸν Θεὸν σὺν παντὶ τῷ οἴκῳ αὐτοῦ, ποιῶν ʳ⁻" ἐλεημοσύνας πολλὰς τῷ λαῷ, καὶ δεόμενος τοῦ Θεοῦ διαπαντός. εἶδεν ἐν ὁράματι φανερῶς, ὡσεὶ ˢπερὶ" ὥραν 3

---

¹ κραββάτῳ ᵐ add ὁ ⁿ Μὴ ὀκνῆσαι ᵒ αὐτῶν
ᵖ om. καὶ ᵠ add ἦν ʳ add τε ˢ om. περὶ

ἐννάτην τῆς ἡμέρας, ἄγγελον τοῦ Θεοῦ εἰσελθόντα πρὸς
4 αὐτόν, καὶ εἰπόντα αὐτῷ, Κορνήλιε. ὁ δὲ ἀτενίσας αὐτῷ,
καὶ ἔμφοβος γενόμενος, εἶπε, Τί ἐστι, Κύριε; εἶπε δὲ αὐτῷ,
Αἱ προσευχαί σου καὶ αἱ ἐλεημοσύναι σου ἀνέβησαν εἰς Cp. Dan.
5 μνημόσυνον ᵗἔμπροσθεν τοῦ Θεοῦ. καὶ νῦν πέμψον ᵘἄν- 10. 12.
δρας εἰς Ἰόππην", καὶ μετάπεμψαι Σίμωνά ˣτινα ᴵ ὃς ἐπι-
6 καλεῖται Πέτρος· οὗτος ξενίζεται παρά τινι Σίμωνι βυρσεῖ,
7 ᾧ ἐστιν οἰκία παρὰ θάλασσαν. ʸ⁻ᴵ ὡς δὲ ἀπῆλθεν ὁ ἄγγελος
ὁ λαλῶν ᶻαὐτῷ, φωνήσας δύο τῶν οἰκετῶν ᵃ⁻ καὶ στρα-
8 τιώτην εὐσεβῆ τῶν προσκαρτερούντων αὐτῷ, καὶ ἐξηγησά-
μενος αὐτοῖς ἅπαντα, ἀπέστειλεν αὐτοὺς εἰς τὴν Ἰόππην.
9 Τῇ δὲ ἐπαύριον ὁδοιπορούντων ἐκείνων, καὶ τῇ πόλει
ἐγγιζόντων, ἀνέβη Πέτρος ἐπὶ τὸ δῶμα προσεύξασθαι περὶ
10 ὥραν ἕκτην· ἐγένετο δὲ πρόσπεινος, καὶ ἤθελε γεύσασθαι·
παρασκευαζόντων δὲ ᵇαὐτῶν ἐγένετο ᴵ ἐπ' αὐτὸν ἔκστασις,
11 καὶ θεωρεῖ τὸν οὐρανὸν ἀνεῳγμένον, καὶ καταβαῖνον ᶜ⁻ᴵᴵ
σκεῦός τι, ὡς ὀθόνην μεγάλην, τέσσαρσιν ἀρχαῖς ᵈ⁻ καθιέ-
12 μενον ἐπὶ τῆς γῆς· ἐν ᾧ ὑπῆρχε πάντα τὰ τετράποδα ᵉ⁻
13 καὶ ᶠἑρπετὰ τῆς γῆς καὶ ᵍ⁻ᴵᴵ πετεινὰ τοῦ οὐρανοῦ. καὶ
ἐγένετο φωνὴ πρὸς αὐτόν, Ἀναστάς, Πέτρε, θῦσον καὶ φάγε.
14 ὁ δὲ Πέτρος εἶπε, Μηδαμῶς, Κύριε· ὅτι οὐδέποτε ἔφαγον
15 πᾶν κοινὸν ʰκαὶ ᴵ ἀκάθαρτον. καὶ φωνὴ πάλιν ἐκ δευτέρου
16 πρὸς αὐτόν, Ἃ ὁ Θεὸς ἐκαθάρισε, σὺ μὴ κοίνου. τοῦτο δὲ Cp. Mk. 7.
ἐγένετο ἐπὶ τρίς· καὶ ⁱεὐθὺς" ἀνελήφθη τὸ σκεῦος εἰς τὸν Col. 2. 16.
οὐρανόν. 1 Tim. 4. 4.
17 Ὡς δὲ ἐν ἑαυτῷ διηπόρει ὁ Πέτρος, τί ἂν εἴη τὸ ὅραμα
ὃ εἶδε, ᵏ⁻ᴵᴵ ἰδού, οἱ ἄνδρες οἱ ἀπεσταλμένοι ᴵὑπὸ" τοῦ
Κορνηλίου, διερωτήσαντες τὴν οἰκίαν Σίμωνος, ἐπέστησαν

ᵗ ἐνώπιον   ᵘ εἰς Ἰόππην ἄνδρας   ˣ om. τινα   ʸ add
οὗτος λαλήσει σοι τί σε δεῖ ποιεῖν.   ᶻ τῷ Κορνηλίῳ   ᵃ add
αὐτοῦ   ᵇ ἐκείνων, ἐπέπεσεν   ᶜ add ἐπ' αὐτὸν   ᵈ add
δεδεμένον καὶ   ᵉ add τῆς γῆς καὶ τὰ θηρία   ᶠ τὰ ἑρπετὰ
ᵍ add τὰ   ʰ ἢ   ⁱ πάλιν   ᵏ add καὶ   ᴵ ἀπὸ

ἐπὶ τὸν πυλῶνα, καὶ φωνήσαντες ἐπυνθάνοντο εἰ Σίμων ὁ 18
ἐπικαλούμενος Πέτρος ἐνθάδε ξενίζεται. τοῦ δὲ Πέτρου 19
ᵐδιενθυμουμένου" περὶ τοῦ ὁράματος εἶπεν αὐτῷ τὸ Πνεῦμα,
Ἰδού, ἄνδρες τρεῖς ζητοῦσί σε. ἀλλὰ ἀναστὰς κατάβηθι, 20
καὶ πορεύου σὺν αὐτοῖς μηδὲν διακρινόμενος· ⁿὅτι" ἐγὼ
ἀπέσταλκα αὐτούς. καταβὰς δὲ Πέτρος πρὸς τοὺς ἄνδρας 21
ᵒ—" εἶπεν, Ἰδού, ἐγώ εἰμι ὃν ζητεῖτε· τίς ἡ αἰτία δι' ἣν
πάρεστε; οἱ δὲ εἶπον, Κορνήλιος ἑκατοντάρχης, ἀνὴρ δίκαιος 22
καὶ φοβούμενος τὸν Θεόν, μαρτυρούμενός τε ὑπὸ ὅλου τοῦ
ἔθνους τῶν Ἰουδαίων, ἐχρηματίσθη ὑπὸ ἀγγέλου ἁγίου μετα-
πέμψασθαί σε εἰς τὸν οἶκον αὐτοῦ, καὶ ἀκοῦσαι ῥήματα παρὰ
σοῦ. εἰσκαλεσάμενος οὖν αὐτοὺς ἐξένισε. 23
Τῇ δὲ ἐπαύριον ᵖἀναστὰς" ἐξῆλθε σὺν αὐτοῖς, καί τινες
τῶν ἀδελφῶν τῶν ἀπὸ τῆς Ἰόππης συνῆλθον αὐτῷ. ᑫτῇ 24
δὲ ἐπαύριον ʳεἰσῆλθον" εἰς τὴν Καισάρειαν. ὁ δὲ Κορ-
νήλιος ἦν προσδοκῶν αὐτούς, συγκαλεσάμενος τοὺς συγγενεῖς
αὐτοῦ καὶ τοὺς ἀναγκαίους φίλους. ὡς δὲ ἐγένετο ˢτοῦ 25
εἰσελθεῖν τὸν Πέτρον, συναντήσας αὐτῷ ὁ Κορνήλιος πεσὼν
Cp. 14. 14, ἐπὶ τοὺς πόδας προσεκύνησεν. ὁ δὲ Πέτρος αὐτὸν ἤγειρε 26
Rev.19.10,
22. 9.   λέγων, Ἀνάστηθι· κἀγὼ αὐτὸς ἄνθρωπός εἰμι. καὶ συνο- 27
μιλῶν αὐτῷ εἰσῆλθε, καὶ εὑρίσκει συνεληλυθότας πολλούς,
ἔφη τε πρὸς αὐτούς, Ὑμεῖς ἐπίστασθε ὡς ἀθέμιτόν ἐστιν 28
ἀνδρὶ Ἰουδαίῳ κολλᾶσθαι ἢ προσέρχεσθαι ἀλλοφύλῳ· καὶ
ἐμοὶ ὁ Θεὸς ἔδειξε μηδένα κοινὸν ἢ ἀκάθαρτον λέγειν ἄνθρω-
πον· διὸ καὶ ἀναντιρρήτως ἦλθον μεταπεμφθείς. πυνθάνομαι 29
οὖν τίνι λόγῳ μετεπέμψασθέ με. καὶ ὁ Κορνήλιος ἔφη, 30
Ἀπὸ τετάρτης ἡμέρας, μέχρι ταύτης τῆς ὥρας ἤμην ᵗ—"
τὴν ἐννάτην ᵘ—' προσευχόμενος ἐν τῷ οἴκῳ μου· καὶ ἰδού,
ἀνὴρ ἔστη ἐνώπιόν μου ἐν ἐσθῆτι λαμπρᾷ, καί φησι, Κορ- 31

ᵐ ἐνθυμουμένου   ⁿ διότι   ᵒ add τοὺς ἀπεσταλμένους
ἀπὸ τοῦ Κορνηλίου πρὸς αὐτὸν   ᵖ ὁ Πέτρος   ᑫ καὶ τῇ
ʳ εἰσῆλθεν M.   ˢ om. τοῦ   ᵗ add νηστεύων, καὶ   ᵘ add
ὥραν

νήλιε, εἰσηκούσθη σου ἡ προσευχή, καὶ αἱ ἐλεημοσύναι σου
32 ἐμνήσθησαν ἐνώπιον τοῦ Θεοῦ. πέμψον οὖν εἰς Ἰόππην,
καὶ μετακάλεσαι Σίμωνα ὃς ἐπικαλεῖται Πέτρος· οὗτος
ξενίζεται ἐν οἰκίᾳ Σίμωνος βυρσέως παρὰ θάλασσαν. ˣ⁻ⁿ
33 ἐξαυτῆς οὖν ἔπεμψα πρός σε· σύ τε καλῶς ἐποίησας παραγενόμενος. νῦν οὖν πάντες ἡμεῖς ἐνώπιον τοῦ Θεοῦ πάρεσμεν
ἀκοῦσαι πάντα τὰ προστεταγμένα σοι ὑπὸ τοῦ ʸΚυρίουⁿ.
34 ἀνοίξας δὲ Πέτρος τὸ στόμα εἶπεν,
Ἐπ' ἀληθείας καταλαμβάνομαι ὅτι οὐκ ἔστι προσωπο- Cp. Deut.
35 λήπτης ὁ Θεός· ἀλλ' ἐν παντὶ ἔθνει ὁ φοβούμενος αὐτὸν καὶ 1Pet.1.17.
36 ἐργαζόμενος δικαιοσύνην δεκτὸς αὐτῷ ἐστι. τὸν λόγον ᶻὅνⁿ Rom.2.11.
ἀπέστειλε τοῖς υἱοῖς Ἰσραήλ, εὐαγγελιζόμενος εἰρήνην διὰ Cp.Isa.57.
37 Ἰησοῦ Χριστοῦ (οὗτός ἐστι πάντων Κύριος)—ὑμεῖς οἴδατε Eph.2.17.
τὸ γενόμενον ῥῆμα καθ' ὅλης τῆς Ἰουδαίας, ᵃἀρξάμενος ᶦ
ἀπὸ τῆς Γαλιλαίας, μετὰ τὸ βάπτισμα ὃ ἐκήρυξεν Ἰωάννης,
38 Ἰησοῦν τὸν ἀπὸ Ναζαρέτ, ὡς ἔχρισεν αὐτὸν ὁ Θεὸς Πνεύματι Cp. Isa.
Ἁγίῳ καὶ δυνάμει· ὃς διῆλθεν εὐεργετῶν καὶ ἰώμενος πάντας Lk. 4. 1⁸.
τοὺς καταδυναστευομένους ὑπὸ τοῦ διαβόλου, ὅτι ὁ Θεὸς ἦν
39 μετ' αὐτοῦ. καὶ ἡμεῖς ᵇ⁻ⁿ μάρτυρες πάντων ὧν ἐποίησεν
ἔν τε τῇ χώρᾳ τῶν Ἰουδαίων καὶ ἐν Ἱερουσαλήμ· ὃν ᶜκαὶⁿ
40 ἀνεῖλον κρεμάσαντες ἐπὶ ξύλου. τοῦτον ὁ Θεὸς ἤγειρε τῇ
41 τρίτῃ ἡμέρᾳ, καὶ ἔδωκεν αὐτὸν ἐμφανῆ γενέσθαι, οὐ παντὶ
τῷ λαῷ, ἀλλὰ μάρτυσι τοῖς προκεχειροτονημένοις ὑπὸ τοῦ
Θεοῦ, ἡμῖν, οἵτινες συνεφάγομεν καὶ συνεπίομεν αὐτῷ μετὰ Cp.Lk.24.
42 τὸ ἀναστῆναι αὐτὸν ἐκ νεκρῶν. καὶ παρήγγειλεν ἡμῖν κηρύξαι Joh.21.13.
τῷ λαῷ, καὶ διαμαρτύρασθαι ὅτι ᵈοὗτόςⁿ ἐστιν ὁ ὡρισμένος Cp. 17. 31,
43 ὑπὸ τοῦ Θεοῦ κριτὴς ζώντων καὶ νεκρῶν. τούτῳ πάντες οἱ 2Cor.5.10.
προφῆται μαρτυροῦσιν, ἄφεσιν ἁμαρτιῶν λαβεῖν διὰ τοῦ Cp. 3. 24.
ὀνόματος αὐτοῦ πάντα τὸν πιστεύοντα εἰς αὐτόν.
44 Ἔτι λαλοῦντος τοῦ Πέτρου τὰ ῥήματα ταῦτα ἐπέπεσε Cp. 2. 4.
8. 17.

ˣ add ὃς παραγενόμενος λαλήσει σοι.   ʸ Θεοῦ   ᶻ om.
ὃν M.   ᵃ ἀρξάμενον   ᵇ add ἐσμεν   ᶜ om. καὶ
ᵈ αὐτός

τὸ Πνεῦμα τὸ Ἅγιον ἐπὶ πάντας τοὺς ἀκούοντας τὸν λόγον. καὶ ἐξέστησαν οἱ ἐκ περιτομῆς πιστοί, ὅσοι συνῆλθον τῷ 45 Πέτρῳ, ὅτι καὶ ἐπὶ τὰ ἔθνη ἡ δωρεὰ τοῦ Ἁγίου Πνεύματος ἐκκέχυται. ἤκουον γὰρ αὐτῶν λαλούντων γλώσσαις, καὶ 46 μεγαλυνόντων τὸν Θεόν. τότε ἀπεκρίθη ὁ Πέτρος, Μήτι 47 τὸ ὕδωρ κωλῦσαι δύναταί τις, τοῦ μὴ βαπτισθῆναι τούτους, οἵτινες τὸ Πνεῦμα τὸ Ἅγιον ἔλαβον ᵒὡς‖ καὶ ἡμεῖς; προσ- 48 έταξε ᶠδὲ‖ αὐτοὺς ᵍἐν τῷ ὀνόματι Ἰησοῦ Χριστοῦ βαπτισθῆναι‖. τότε ἠρώτησαν αὐτὸν ἐπιμεῖναι ἡμέρας τινάς.

Cp. 2. 38, 8. 16.

Ἤκουσαν δὲ οἱ ἀπόστολοι καὶ οἱ ἀδελφοὶ οἱ ὄντες κατὰ 11 τὴν Ἰουδαίαν, ὅτι καὶ τὰ ἔθνη ἐδέξαντο τὸν λόγον τοῦ Θεοῦ. ʰὅτε δὲ‖ ἀνέβη Πέτρος εἰς Ἱεροσόλυμα, διεκρίνοντο 2 πρὸς αὐτὸν οἱ ἐκ περιτομῆς, λέγοντες ὅτι Πρὸς ἄνδρας 3 ἀκροβυστίαν ἔχοντας εἰσῆλθες, καὶ συνέφαγες αὐτοῖς. ἀρ- 4 ξάμενος δὲ ὁ Πέτρος ἐξετίθετο αὐτοῖς καθεξῆς λέγων, Ἐγὼ 5 ἤμην ἐν πόλει Ἰόππῃ προσευχόμενος· καὶ εἶδον ἐν ἐκστάσει ὅραμα, καταβαῖνον σκεῦός τι, ὡς ὀθόνην μεγάλην τέσσαρσιν ἀρχαῖς καθιεμένην ἐκ τοῦ οὐρανοῦ, καὶ ἦλθεν ἄχρις ἐμοῦ· εἰς ἣν ἀτενίσας κατενόουν, καὶ εἶδον τὰ τετράποδα τῆς γῆς 6 καὶ τὰ θηρία καὶ τὰ ἑρπετὰ καὶ τὰ πετεινὰ τοῦ οὐρανοῦ. ἤκουσα δὲ ⁱκαὶ‖ φωνῆς λεγούσης μοι, Ἀναστάς, Πέτρε, 7 θῦσον καὶ φάγε. εἶπον δέ, Μηδαμῶς, Κύριε· ὅτι ᵏ—‖ κοινὸν 8 ἢ ἀκάθαρτον οὐδέποτε εἰσῆλθεν εἰς τὸ στόμα μου. ἀπεκρίθη 9 δὲ ˡ—‖ φωνὴ ἐκ δευτέρου ἐκ τοῦ οὐρανοῦ, ˆΑ ὁ Θεὸς ἐκαθάρισε, σὺ μὴ κοίνου. τοῦτο δὲ ἐγένετο ἐπὶ τρίς· καὶ πάλιν 10 ἀνεσπάσθη ἅπαντα εἰς τὸν οὐρανόν. καὶ ἰδού, ἐξαυτῆς τρεῖς 11 ἄνδρες ἐπέστησαν ἐπὶ τὴν οἰκίαν, ἐν ᾗ ᵐἤμεν‖, ἀπεσταλμένοι ἀπὸ Καισαρείας πρός με. εἶπε δέ μοι τὸ Πνεῦμα συνελθεῖν 12 αὐτοῖς μηδὲν ⁿδιακρίναντα‖· ἦλθον δὲ σὺν ἐμοὶ καὶ οἱ ἓξ ἀδελφοὶ οὗτοι, καὶ εἰσήλθομεν εἰς τὸν οἶκον τοῦ ἀνδρός·

Cp. Gal. 2. 12.

ᵒ καθὼς   ᶠ τε   ᵍ βαπτισθῆναι ἐν τῷ ὀνόματι τοῦ Κυρίου   ʰ καὶ ὅτε   ⁱ om. καὶ   ᵏ add πᾶν   ˡ add μοι
ᵐ ἤμην   ⁿ διακρινόμενον

13 ἀπήγγειλε ᵒδὲ" ἡμῖν πῶς εἶδε τὸν ἄγγελον ἐν τῷ οἴκῳ αὐτοῦ
σταθέντα καὶ εἰπόντα ᵖ⁻", 'Απόστειλον εἰς 'Ιόππην ᑫ⁻",
14 καὶ μετάπεμψαι Σίμωνα τὸν ἐπικαλούμενον Πέτρον, ὃς
λαλήσει ῥήματα πρός σε, ἐν οἷς σωθήσῃ σὺ καὶ πᾶς ὁ οἶκός
15 σου. ἐν δὲ τῷ ἄρξασθαί με λαλεῖν ἐπέπεσε τὸ Πνεῦμα
16 τὸ Ἅγιον ἐπ' αὐτούς, ὥσπερ καὶ ἐφ' ἡμᾶς ἐν ἀρχῇ. ἐμνήσθην
δὲ τοῦ ῥήματος Κυρίου, ὡς ἔλεγεν, Ἰωάννης μὲν ἐβάπτισεν Cp. 1. 5.
17 ὕδατι, ὑμεῖς δὲ βαπτισθήσεσθε ἐν Πνεύματι Ἁγίῳ. εἰ οὖν
τὴν ἴσην δωρεὰν ἔδωκεν αὐτοῖς ὁ Θεὸς ὡς καὶ ἡμῖν, πιστεύ-
σασιν ἐπὶ τὸν Κύριον Ἰησοῦν Χριστόν, ἐγὼ ʳ⁻" τίς ἤμην
18 δυνατὸς κωλῦσαι τὸν Θεόν; ἀκούσαντες δὲ ταῦτα ἡσύχασαν,
καὶ ˢἐδόξασαν" τὸν Θεὸν λέγοντες, ᵗἎρα ʲ καὶ τοῖς ἔθνεσιν
ὁ Θεὸς τὴν μετάνοιαν ᵘεἰς ζωὴν ἔδωκεν".
19 Οἱ μὲν οὖν διασπαρέντες ἀπὸ τῆς θλίψεως τῆς γενομένης Cp. 8. 4.
ἐπὶ Στεφάνῳ διῆλθον ἕως Φοινίκης καὶ Κύπρου καὶ Ἀντιο-
χείας μηδενὶ λαλοῦντες τὸν λόγον εἰ μὴ μόνον Ἰουδαίοις.
20 ἦσαν δέ τινες ἐξ αὐτῶν ἄνδρες Κύπριοι καὶ Κυρηναῖοι, οἵτινες
ˣἐλθόντες" εἰς Ἀντιόχειαν ἐλάλουν ʸκαὶ" πρὸς τοὺς ᶻἝλ-
21 ληνας" εὐαγγελιζόμενοι τὸν Κύριον Ἰησοῦν. καὶ ἦν χεὶρ
Κυρίου μετ' αὐτῶν· πολύς τε ἀριθμὸς ᵃὁ" πιστεύσας ἐπέ-
22 στρεψεν ἐπὶ τὸν Κύριον. ἠκούσθη δὲ ὁ λόγος εἰς τὰ ὦτα
τῆς ἐκκλησίας τῆς ᵇοὔσης" ἐν Ἱεροσολύμοις περὶ αὐτῶν· καὶ
23 ἐξαπέστειλαν Βαρνάβαν ᶜ⁻" ἕως Ἀντιοχείας· ὃς παραγε-
νόμενος καὶ ἰδὼν τὴν χάριν ᵈτὴν ʲ τοῦ Θεοῦ ἐχάρη, καὶ
παρεκάλει πάντας τῇ προθέσει τῆς καρδίας προσμένειν ᶿ⁻"
24 τῷ Κυρίῳ, ὅτι ἦν ἀνὴρ ἀγαθὸς καὶ πλήρης Πνεύματος Ἁγίου
25 καὶ πίστεως· καὶ προσετέθη ὄχλος ἱκανὸς τῷ Κυρίῳ. ἐξῆλθε
26 δὲ εἰς Ταρσὸν ᶠ⁻" ἀναζητῆσαι Σαῦλον, καὶ εὑρὼν ᵍ⁻" ἤγαγεν

ᵒ τε   ᵖ add αὐτῷ   ᑫ add ἄνδρας   ʳ add δὲ
ˢ ἐδόξαζον   ᵗ Ἄραγε   ᵘ ἔδωκεν εἰς ζωήν   ˣ εἰσελθόντες
ʸ om. καὶ   ᶻ Ἑλληνιστὰς A.S.M.   ᵃ om. ὁ   ᵇ om.
οὔσης   ᶜ add διελθεῖν   ᵈ om. τὴν   ᵉ add ἐν M.
ᶠ add ὁ Βαρνάβας   ᵍ add αὐτὸν

h—/ εἰς Ἀντιόχειαν. ἐγένετο δὲ ¹αὐτοῖς καὶ ⁰ ἐνιαυτὸν ὅλον συναχθῆναι ἐν τῇ ἐκκλησίᾳ, καὶ διδάξαι ὄχλον ἱκανόν, χρηματίσαι τε πρῶτον ἐν Ἀντιοχείᾳ τοὺς μαθητὰς Χριστιανούς. Ἐν ταύταις δὲ ταῖς ἡμέραις κατῆλθον ἀπὸ Ἱεροσολύμων 27 προφῆται εἰς Ἀντιόχειαν. ἀναστὰς δὲ εἷς ἐξ αὐτῶν, ὀνόματι 28 Ἄγαβος, ἐσήμανε διὰ τοῦ Πνεύματος λιμὸν μέγαν μέλλειν ἔσεσθαι ἐφ' ὅλην τὴν οἰκουμένην· ὅστις ʲ—ʲ ἐγένετο ἐπὶ Κλαυδίου ᵏ—″. τῶν δὲ μαθητῶν καθὼς ηὐπορεῖτό τις, ὥρι- 29 σαν ἕκαστος αὐτῶν εἰς διακονίαν πέμψαι τοῖς κατοικοῦσιν ἐν τῇ Ἰουδαίᾳ ἀδελφοῖς· ὃ καὶ ἐποίησαν, ἀποστείλαντες πρὸς 30 τοὺς πρεσβυτέρους διὰ χειρὸς Βαρνάβα καὶ Σαύλου.

Κατ' ἐκεῖνον δὲ τὸν καιρὸν ἐπέβαλεν Ἡρώδης ὁ βασιλεὺς 12 τὰς χεῖρας κακῶσαί τινας τῶν ἀπὸ τῆς ἐκκλησίας. ἀνεῖλε δὲ 2 Ἰάκωβον τὸν ἀδελφὸν Ἰωάννου μαχαίρᾳ. ¹ἰδὼν δὲ ⁰ ὅτι ἀρε- 3 στόν ἐστι τοῖς Ἰουδαίοις προσέθετο συλλαβεῖν καὶ Πέτρον· ἦσαν δὲ ἡμέραι τῶν ἀζύμων· ὃν καὶ πιάσας ἔθετο εἰς φυλα- 4 κήν, παραδοὺς τέσσαρσι τετραδίοις στρατιωτῶν φυλάσσειν αὐτόν, βουλόμενος μετὰ τὸ πάσχα ἀναγαγεῖν αὐτὸν τῷ λαῷ. ὁ μὲν οὖν Πέτρος ἐτηρεῖτο ἐν τῇ φυλακῇ· προσευχὴ δὲ ἦν 5 ᵐἐκτενῶς ʲ γινομένη ὑπὸ τῆς ἐκκλησίας πρὸς τὸν Θεὸν ⁿπερὶ ʲ αὐτοῦ. ὅτε δὲ ἔμελλεν αὐτὸν προάγειν ὁ Ἡρώδης, τῇ νυκτὶ 6 ἐκείνῃ ἦν ὁ Πέτρος κοιμώμενος μεταξὺ δύο στρατιωτῶν, δεδεμένος ἁλύσεσι δυσί· φύλακές τε πρὸ τῆς θύρας ἐτήρουν τὴν φυλακήν. καὶ ἰδού, ἄγγελος Κυρίου ἐπέστη, καὶ φῶς 7 ἔλαμψεν ἐν τῷ οἰκήματι· πατάξας δὲ τὴν πλευρὰν τοῦ Πέτρου ἤγειρεν αὐτὸν λέγων, Ἀνάστα ἐν τάχει. καὶ ἐξέπεσον αὐτοῦ αἱ ἁλύσεις ἐκ τῶν χειρῶν. εἶπέ τε ὁ ἄγγελος 8 πρὸς αὐτόν, ᵒΖῶσαι ʲ, καὶ ὑπόδησαι τὰ σανδάλιά σου. ἐποίησε δὲ οὕτω. καὶ λέγει αὐτῷ, Περιβαλοῦ τὸ ἱμάτιόν

ʰ add αὐτὸν ⁱ αὐτοὺς ʲ add καὶ ᵏ add Καίσαρος
ˡ καὶ ἰδὼν ᵐ ἐκτενῆς ⁿ ὑπὲρ ᵒ Περίζωσαι

9 σου, καὶ ἀκολούθει μοι. καὶ ἐξελθὼν ἠκολούθει ᴾ⁻ · καὶ
οὐκ ᾔδει ὅτι ἀληθές ἐστι τὸ γινόμενον διὰ τοῦ ἀγγέλου,
10 ἐδόκει δὲ ὅραμα βλέπειν. διελθόντες δὲ πρώτην φυλακὴν
καὶ δευτέραν ἦλθον ἐπὶ τὴν πύλην τὴν σιδηρᾶν τὴν φέρουσαν
εἰς τὴν πόλιν, ἥτις αὐτομάτη ἠνοίχθη αὐτοῖς· καὶ ἐξελθόντες
προῆλθον ῥύμην μίαν, καὶ εὐθέως ἀπέστη ὁ ἄγγελος ἀπ'
11 αὐτοῦ. καὶ ὁ Πέτρος γενόμενος ἐν ἑαυτῷ εἶπε, Νῦν οἶδα
ἀληθῶς, ὅτι ἐξαπέστειλε Κύριος τὸν ἄγγελον αὐτοῦ, καὶ
ἐξείλετό με ἐκ χειρὸς Ἡρώδου καὶ πάσης τῆς προσδοκίας
12 τοῦ λαοῦ τῶν Ἰουδαίων. συνιδών τε ἦλθεν ἐπὶ τὴν οἰκίαν
Μαρίας τῆς μητρὸς Ἰωάννου τοῦ ἐπικαλουμένου Μάρκου, οὗ Cp.ver.25.
13 ἦσαν ἱκανοὶ συνηθροισμένοι καὶ προσευχόμενοι. κρούσαντος 15.5.1 :.
δὲ ᵠαὐτοῦ ' τὴν θύραν τοῦ πυλῶνος προσῆλθε παιδίσκη Cɔl. 4. 1 ..
14 ὑπακοῦσαι, ὀνόματι Ῥόδη· καὶ ἐπιγνοῦσα τὴν φωνὴι τοῦ Philem.
Πέτρου ἀπὸ τῆς χαρᾶς οὐκ ἤνοιξε τὸν πυλῶνα, εἰσδραμοῦσα Tim.4.11.
15 δὲ ἀπήγγειλεν ἑστάναι τὸν Πέτρον πρὸ τοῦ πυλῶνος. οἱ δὲ
πρὸς αὐτὴν εἶπον, Μαίνῃ. ἡ δὲ διϊσχυρίζετο οὕτως ἔχειν.
16 οἱ δ' ἔλεγον, Ὁ ἄγγελος αὐτοῦ ἐστιν. ὁ δὲ Πέτρος ἐπέμενε
17 κρούων· ἀνοίξαντες δὲ εἶδον αὐτόν, καὶ ἐξέστησαν. κατα-
σείσας δὲ αὐτοῖς τῇ χειρὶ σιγᾶν διηγήσατο αὐτοῖς πῶς ὁ
Κύριος αὐτὸν ἐξήγαγεν ἐκ τῆς φυλακῆς· εἰπέ ʳ τε ', Ἀπαγ- Cp. 15. 1 :.
γείλατε Ἰακώβῳ καὶ τοῖς ἀδελφοῖς ταῦτα. καὶ ἐξελθὼν 21. 1..
18 ἐπορεύθη εἰς ἕτερον τόπον. γενομένης δὲ ἡμέρας ἦν τάραχος
οὐκ ὀλίγος ἐν τοῖς στρατιώταις, τί ἄρα ὁ Πέτρος ἐγένετο.
19 Ἡρώδης δὲ ἐπιζητήσας αὐτόν, καὶ μὴ εὑρών, ἀνακρίνας τοὺς
φύλακας ἐκέλευσεν ἀπαχθῆναι· καὶ κατελθὼν ἀπὸ τῆς Ἰου-
δαίας εἰς τὴν Καισάρειαν διέτριβεν.
20 Ἦν δὲ ᴮ⁻ᴵᴵ θυμομαχῶν Τυρίοις καὶ Σιδωνίοις· ὁμοθυμαδὸν
δὲ παρῆσαν πρὸς αὐτόν, καὶ πείσαντες Βλάστον, τὸν ἐπὶ τοῦ
κοιτῶνος τοῦ βασιλέως, ᾐτοῦντο εἰρήνην, διὰ τὸ τρέφεσθαι Cp.
1 Kings
5. 9.
Ezek. 27
ᵖ add αὐτῷ   ᵠ τοῦ Πέτρου   ʳ δέ   ˢ add ὁ   17.
Ἡρώδης

αὐτῶν τὴν χώραν ἀπὸ τῆς βασιλικῆς. τακτῇ δὲ ἡμέρᾳ ὁ 21
Ἡρώδης ἐνδυσάμενος ἐσθῆτα βασιλικήν, t–" καθίσας ἐπὶ
τοῦ βήματος, ἐδημηγόρει πρὸς αὐτούς. ὁ δὲ δῆμος ἐπε- 22
φώνει, Θεοῦ φωνὴ καὶ οὐκ ἀνθρώπου. παραχρῆμα δὲ ἐπά- 23
ταξεν αὐτὸν ἄγγελος Κυρίου, ἀνθ᾽ ὧν οὐκ ἔδωκε τὴν δόξαν
τῷ Θεῷ· καὶ γενόμενος σκωληκόβρωτος ἐξέψυξεν.
Ὁ δὲ λόγος τοῦ Θεοῦ ηὔξανε καὶ ἐπληθύνετο. 24
Βαρνάβας δὲ καὶ Σαῦλος ὑπέστρεψαν u ἐξ " Ἱερουσαλήμ, 25

Cp.ver.12. πληρώσαντες τὴν διακονίαν, συμπαραλαβόντες x–" Ἰωάννην
τὸν ἐπικληθέντα Μάρκον.

Ἦσαν δὲ y–" ἐν Ἀντιοχείᾳ κατὰ τὴν οὖσαν ἐκκλησίαν 13
προφῆται καὶ διδάσκαλοι, ὅ τε Βαρνάβας καὶ Συμεὼν ὁ
καλούμενος Νίγερ, καὶ Λούκιος ὁ Κυρηναῖος, Μαναήν τε
Ἡρώδου τοῦ τετράρχου σύντροφος, καὶ Σαῦλος. λειτουρ- 2
γούντων δὲ αὐτῶν τῷ Κυρίῳ καὶ νηστευόντων εἶπε τὸ Πνεῦμα
τὸ Ἅγιον, Ἀφορίσατε δή μοι τὸν z–? Βαρνάβαν καὶ τὸν
Σαῦλον εἰς τὸ ἔργον ὃ προσκέκλημαι αὐτούς. τότε νηστεύ- 3
Cp. 6. 6, σαντες καὶ προσευξάμενοι καὶ ἐπιθέντες τὰς χεῖρας αὐτοῖς
1Tim.4.14,
5. 22, ἀπέλυσαν.
2Tim. 1.6. a Αὐτοὶ " μὲν οὖν, ἐκπεμφθέντες ὑπὸ τοῦ Πνεύματος τοῦ 4
Ἁγίου, κατῆλθον εἰς τὴν Σελεύκειαν, ἐκεῖθέν τε ἀπέπλευσαν
εἰς τὴν Κύπρον. καὶ γενόμενοι ἐν Σαλαμῖνι κατήγγελλον 5
τὸν λόγον τοῦ Θεοῦ ἐν ταῖς συναγωγαῖς τῶν Ἰουδαίων·
Cp. 12.25. εἶχον δὲ καὶ Ἰωάννην ὑπηρέτην. διελθόντες δὲ b ὅλην" τὴν 6
νῆσον ἄχρι Πάφου εὗρον c ἄνδρα" τινὰ μάγον ψευδοπρο-
φήτην Ἰουδαῖον, ᾧ ὄνομα Βαριησοῦς, ὃς ἦν σὺν τῷ ἀνθυ- 7
πάτῳ Σεργίῳ Παύλῳ, ἀνδρὶ συνετῷ. οὗτος προσκαλεσάμενος
Βαρνάβαν καὶ Σαῦλον ἐπεζήτησεν ἀκοῦσαι τὸν λόγον τοῦ
Θεοῦ. ἀνθίστατο δὲ αὐτοῖς Ἐλύμας, ὁ μάγος (οὕτω γὰρ 8
μεθερμηνεύεται τὸ ὄνομα αὐτοῦ), ζητῶν διαστρέψαι τὸν

t add καὶ   u εἰς M.   x add καὶ   y add τινες
z add τε   a Οὗτοι   b om. ὅλην   c om. ἄνδρα

9 ἀνθύπατον ἀπὸ τῆς πίστεως. Σαῦλος δέ, ὁ καὶ Παῦλος,
10 πλησθεὶς Πνεύματος Ἁγίου, ᵈ⁻" ἀτενίσας εἰς αὐτὸν εἶπεν,
Ὦ πλήρης παντὸς δόλου καὶ πάσης ῥαδιουργίας, υἱὲ διαβόλου, ἐχθρὲ πάσης δικαιοσύνης, οὐ παύσῃ διαστρέφων τὰς
11 ὁδοὺς Κυρίου τὰς εὐθείας ; καὶ νῦν ἰδού, χεὶρ τοῦ Κυρίου
ἐπὶ σέ, καὶ ἔσῃ τυφλός, μὴ βλέπων τὸν ἥλιον ἄχρι καιροῦ.
παραχρῆμα δὲ ᵉἔπεσεν" ἐπ' αὐτὸν ἀχλὺς καὶ σκότος, καὶ
12 περιάγων ἐζήτει χειραγωγούς. τότε ἰδὼν ὁ ἀνθύπατος τὸ
γεγονὸς ἐπίστευσεν, ἐκπλησσόμενος ἐπὶ τῇ διδαχῇ τοῦ
Κυρίου.
13 Ἀναχθέντες δὲ ἀπὸ τῆς Πάφου οἱ περὶ τὸν Παῦλον ἦλθον
εἰς Πέργην τῆς Παμφυλίας· Ἰωάννης δὲ ἀποχωρήσας ἀπ' Cp. 15. 37
14 αὐτῶν ὑπέστρεψεν εἰς Ἱεροσόλυμα. αὐτοὶ δὲ διελθόντες sq.
ἀπὸ τῆς Πέργης παρεγένοντο εἰς Ἀντιόχειαν ᶠτὴν Πισιδίαν,
καὶ ᵍἐλθόντες" εἰς τὴν συναγωγὴν τῇ ἡμέρᾳ τῶν σαββάτων
15 ἐκάθισαν. μετὰ δὲ τὴν ἀνάγνωσιν τοῦ νόμου καὶ τῶν προφητῶν ἀπέστειλαν οἱ ἀρχισυνάγωγοι πρὸς αὐτοὺς λέγοντες,
Ἄνδρες ἀδελφοί, ʰ εἴ τις" ἔστι λόγος ἐν ὑμῖν παρακλήσεως
16 πρὸς τὸν λαόν, λέγετε. ἀναστὰς δὲ Παῦλος, καὶ κατασείσας
τῇ χειρί, εἶπεν,
Ἄνδρες Ἰσραηλῖται, καὶ οἱ φοβούμενοι τὸν Θεόν, ἀκού-
17 σατε. ὁ Θεὸς τοῦ λαοῦ τούτου Ἰσραὴλ ἐξελέξατο τοὺς
πατέρας ἡμῶν, καὶ τὸν λαὸν ὕψωσεν ἐν τῇ παροικίᾳ ἐν γῇ
ⁱΑἰγύπτου", καὶ μετὰ βραχίονος ὑψηλοῦ ἐξήγαγεν αὐτοὺς ἐξ
18 αὐτῆς. καὶ ὡς τεσσαρακονταετῆ χρόνον ᵏἐτροποφόρησεν ⁱ
19 αὐτοὺς ἐν τῇ ἐρήμῳ. καὶ καθελὼν ἔθνη ἑπτὰ ἐν γῇ Χαναὰν
20 ˡκατεκληρονόμησε" τὴν γῆν αὐτῶν, ᵐὡς ἔτεσι τετρακοσίοις
καὶ πεντήκοντα· καὶ μετὰ ταῦτα" ἔδωκε κριτὰς ἕως Σαμουὴλ
21 ⁿ⁻" προφήτου. κἀκεῖθεν ᾐτήσαντο βασιλέα· καὶ ἔδωκεν

ᵈ add καὶ   ᵉ ἐπέπεσεν   ᶠ τῆς Πισιδίας   ᵍ εἰσελθόντες   ʰ εἰ   : Αἰγύπτῳ   ᵏ ἐτροφοφόρησεν Μ.
ˡ κατεκληροδότησεν αὐτοῖς   ᵐ καὶ μετὰ ταῦτα, ὡς ἔτεσι τετρακοσίοις καὶ πεντήκοντα,   ⁿ add τοῦ

αὐτοῖς ὁ Θεὸς τὸν Σαοὺλ υἱὸν Κίς, ἄνδρα ἐκ φυλῆς Βενιαμίν,
ἔτη τεσσαράκοντα. καὶ μεταστήσας αὐτὸν ⁰ἤγειρε τὸν Δαβὶδ 22
αὐτοῖς'' εἰς βασιλέα, ᾧ καὶ εἶπε μαρτυρήσας, Εὗρον Δαβὶδ
τὸν τοῦ Ἰεσσαί, ἄνδρα κατὰ τὴν καρδίαν μου, ὃς ποιήσει
πάντα τὰ θελήματά μου. τούτου ὁ Θεὸς ἀπὸ τοῦ σπέρματος 23
κατ' ἐπαγγελίαν ᵖἤγαγε'' τῷ Ἰσραὴλ σωτῆρα Ἰησοῦν, προ- 24
κηρύξαντος Ἰωάννου πρὸ προσώπου τῆς εἰσόδου αὐτοῦ βάπ-
τισμα μετανοίας παντὶ τῷ λαῷ Ἰσραήλ. ὡς δὲ ἐπλήρου ὁ 25
Ἰωάννης τὸν δρόμον, ἔλεγε, ᵠΤί ἐμὲ'' ὑπονοεῖτε εἶναι; οὐκ
εἰμὶ ἐγώ· ἀλλ' ἰδού, ἔρχεται μετ' ἐμὲ οὗ οὐκ εἰμὶ ἄξιος τὸ
ὑπόδημα τῶν ποδῶν λῦσαι. ἄνδρες ἀδελφοί, υἱοὶ γένους 26
Ἀβραάμ, καὶ οἱ ἐν ὑμῖν φοβούμενοι τὸν Θεόν, ʳἡμῖν'' ὁ λόγος
τῆς σωτηρίας ταύτης ˢἐξαπεστάλη''. οἱ γὰρ κατοικοῦντες ἐν 27
Ἱερουσαλὴμ καὶ οἱ ἄρχοντες αὐτῶν τοῦτον ἀγνοήσαντες καὶ
τὰς φωνὰς τῶν προφητῶν τὰς κατὰ πᾶν σάββατον ἀναγι-
νωσκομένας κρίναντες ἐπλήρωσαν. καὶ μηδεμίαν αἰτίαν 28
θανάτου εὑρόντες ᾐτήσαντο Πιλάτον ἀναιρεθῆναι αὐτόν.
ὡς δὲ ἐτέλεσαν ᵗπάντα'' τὰ περὶ αὐτοῦ γεγραμμένα, καθε- 29
λόντες ἀπὸ τοῦ ξύλου ἔθηκαν εἰς μνημεῖον. ὁ δὲ Θεὸς 30
ἤγειρεν αὐτὸν ἐκ νεκρῶν· ὃς ὤφθη ἐπὶ ἡμέρας πλείους τοῖς 31
συναναβᾶσιν αὐτῷ ἀπὸ τῆς Γαλιλαίας εἰς Ἱερουσαλήμ, οἵ-
τινες ᵘνῦν'' εἰσι μάρτυρες αὐτοῦ πρὸς τὸν λαόν. καὶ ἡμεῖς 32
ὑμᾶς εὐαγγελιζόμεθα τὴν πρὸς τοὺς πατέρας ἐπαγγελίαν
γενομένην, ὅτι ταύτην ὁ Θεὸς ἐκπεπλήρωκε τοῖς τέκνοις 33
ˣἡμῶν'', ἀναστήσας Ἰησοῦν· ὡς καὶ ἐν τῷ ψαλμῷ τῷ δευ-
τέρῳ γέγραπται, Υἱός μου εἶ σύ, ἐγὼ σήμερον γεγέννηκά σε.
ὅτι δὲ ἀνέστησεν αὐτὸν ἐκ νεκρῶν μηκέτι μέλλοντα ὑποστρέ- 34
φειν εἰς διαφθοράν, οὕτως εἴρηκεν ὅτι Δώσω ὑμῖν τὰ ὅσια
Δαβὶδ τὰ πιστά. ʸδιότι'' καὶ ἐν ἑτέρῳ λέγει, Οὐ δώσεις 35
τὸν ὅσιόν σου ἰδεῖν διαφθοράν. Δαβὶδ μὲν γὰρ ἰδίᾳ γενεᾷ 36
ὑπηρετήσας τῇ τοῦ Θεοῦ βουλῇ ἐκοιμήθη, καὶ προσετέθη

⁰ ἤγειρεν αὐτοῖς τὸν Δαβὶδ   ᵖ ἤγειρε   ᵠ Τίνα με   ʳ ὑμῖν
ˢ ἀπεστάλη   ᵗ ἅπαντα   ᵘ om. νῦν   ˣ αὐτῶν ἡμῖν   ʸ διό

37 πρὸς τοὺς πατέρας αὐτοῦ, καὶ εἶδε διαφθοράν· ὃν δὲ ὁ Θεὸς
38 ἤγειρεν, οὐκ εἶδε διαφθοράν. γνωστὸν οὖν ἔστω ὑμῖν, ἄνδρες
ἀδελφοί, ὅτι διὰ τούτου ὑμῖν ἄφεσις ἁμαρτιῶν καταγγέλ-
39 λεται· καὶ ἀπὸ πάντων ὧν οὐκ ἠδυνήθητε ἐν τῷ νόμῳ Μωσέως Cp. Rom.
40 δικαιωθῆναι, ἐν τούτῳ πᾶς ὁ πιστεύων δικαιοῦται. βλέπετε 8. 3.
41 οὖν μὴ ἐπέλθῃ z—‖ τὸ εἰρημένον ἐν τοῖς προφήταις, Ἴδετε, οἱ Hab. 1. 5.
καταφρονηταί, καὶ θαυμάσατε, καὶ ἀφανίσθητε· ὅτι ἔργον
a ἐργάζομαι ἐγὼ ‖ ἐν ταῖς ἡμέραις ὑμῶν, ἔργον ᾧ οὐ μὴ πιστεύ-
σητε, ἐάν τις ἐκδιηγῆται ὑμῖν.
42 Ἐξιόντων δὲ b αὐτῶν ‖ παρεκάλουν c—‖ εἰς τὸ μεταξὺ σάβ-
43 βατον λαληθῆναι αὐτοῖς τὰ ῥήματα ταῦτα. λυθείσης δὲ
τῆς συναγωγῆς ἠκολούθησαν πολλοὶ τῶν Ἰουδαίων καὶ τῶν
σεβομένων προσηλύτων τῷ Παύλῳ καὶ τῷ Βαρνάβᾳ· οἵτινες
προσλαλοῦντες αὐτοῖς ἔπειθον αὐτοὺς d προσμένειν ‖ τῇ χά-
ριτι τοῦ Θεοῦ.
44 Τῷ δὲ ἐρχομένῳ σαββάτῳ σχεδὸν πᾶσα ἡ πόλις συνήχθη
45 ἀκοῦσαι τὸν λόγον τοῦ e Θεοῦ ‖. ἰδόντες δὲ οἱ Ἰουδαῖοι τοὺς
ὄχλους ἐπλήσθησαν ζήλου, καὶ ἀντέλεγον τοῖς ὑπὸ τοῦ
46 Παύλου f λαλουμένοις ‖, g—‖ βλασφημοῦντες. παρρησια-
σάμενοί h τε ‖ ὁ Παῦλος καὶ ὁ Βαρνάβας εἶπον, Ὑμῖν ἦν Cp. 3. 26.
ἀναγκαῖον πρῶτον λαληθῆναι τὸν λόγον τοῦ Θεοῦ. ἐπειδὴ Cp. 18. 6,
i—‖ ἀπωθεῖσθε αὐτόν, καὶ οὐκ ἀξίους κρίνετε ἑαυτοὺς τῆς 28. 28.
47 αἰωνίου ζωῆς, ἰδοὺ στρεφόμεθα εἰς τὰ ἔθνη. οὕτω γὰρ ἐντέ-
ταλται ἡμῖν ὁ Κύριος, Τέθεικά σε εἰς φῶς ἐθνῶν, τοῦ εἶναί Isa. 49. 6.
48 σε εἰς σωτηρίαν ἕως ἐσχάτου τῆς γῆς. ἀκούοντα δὲ τὰ ἔθνη
ἔχαιρον, καὶ ἐδόξαζον τὸν λόγον τοῦ k Θεοῦ ‖· καὶ ἐπίστευσαν
49 ὅσοι ἦσαν τεταγμένοι εἰς ζωὴν αἰώνιον. διεφέρετο δὲ ὁ
50 λόγος τοῦ Κυρίου δι᾽ ὅλης τῆς χώρας. οἱ δὲ Ἰουδαῖοι παρώ-
τρυναν τὰς σεβομένας γυναῖκας l—‖ τὰς εὐσχήμονας καὶ τοὺς

z add ἐφ᾽ ὑμᾶς   a ἐγὼ ἐργάζομαι   b ἐκ τῆς συναγωγῆς
τῶν Ἰουδαίων   c add τὰ ἔθνη   d ἐπιμένειν   e Κυρίου M.
f λεγομένοις   g add ἀντιλέγοντες καὶ   h δὲ   i add δὲ
k Κυρίου A.S.M.   l add καὶ

πρώτους τῆς πόλεως, καὶ ἐπήγειραν διωγμὸν ἐπὶ τὸν Παῦλον καὶ τὸν Βαρνάβαν, καὶ ἐξέβαλον αὐτοὺς ἀπὸ τῶν ὁρίων αὐτῶν. οἱ δέ, ἐκτιναξάμενοι τὸν κονιορτὸν τῶν ποδῶν ᵐ⁻⁗ ἐπ' αὐτούς, 51 ἦλθον εἰς Ἰκόνιον. οἱ δὲ μαθηταὶ ἐπληροῦντο χαρᾶς καὶ 52 Πνεύματος Ἁγίου.

Ἐγένετο δὲ ἐν Ἰκονίῳ κατὰ τὸ αὐτὸ εἰσελθεῖν αὐτοὺς εἰς 14 τὴν συναγωγὴν τῶν Ἰουδαίων, καὶ λαλῆσαι οὕτως ὥστε πιστεῦσαι Ἰουδαίων τε καὶ Ἑλλήνων πολὺ πλῆθος. οἱ δὲ 2 ⁿἀπειθήσαντες⁗ Ἰουδαῖοι ἐπήγειραν καὶ ἐκάκωσαν τὰς ψυχὰς τῶν ἐθνῶν κατὰ τῶν ἀδελφῶν. ἱκανὸν μὲν οὖν χρόνον 3 διέτριψαν παρρησιαζόμενοι ἐπὶ τῷ Κυρίῳ τῷ μαρτυροῦντι τῷ λόγῳ τῆς χάριτος αὐτοῦ, ᵒ⁻⁷ διδόντι σημεῖα καὶ τέρατα γίνεσθαι διὰ τῶν χειρῶν αὐτῶν. ἐσχίσθη δὲ τὸ πλῆθος τῆς 4 πόλεως· καὶ οἱ μὲν ἦσαν σὺν τοῖς Ἰουδαίοις, οἱ δὲ σὺν τοῖς ἀποστόλοις. ὡς δὲ ἐγένετο ὁρμὴ τῶν ἐθνῶν τε καὶ Ἰουδαίων 5 σὺν τοῖς ἄρχουσιν αὐτῶν ὑβρίσαι καὶ λιθοβολῆσαι αὐτούς, συνιδόντες κατέφυγον εἰς τὰς πόλεις τῆς Λυκαονίας, Λύστραν 6 καὶ Δέρβην, καὶ τὴν περίχωρον· κἀκεῖ ἦσαν εὐαγγελιζόμενοι. 7

Καί τις ἀνὴρ ἐν Λύστροις ἀδύνατος τοῖς ποσὶν ἐκάθητο, 8 χωλὸς ἐκ κοιλίας μητρὸς αὐτοῦ ᴾ⁻⁗, ὃς οὐδέποτε ᑫπεριεπάτησεν⁗. οὗτος ἤκουε τοῦ Παύλου λαλοῦντος· ὃς ἀτενίσας 9 αὐτῷ, καὶ ἰδὼν ὅτι πίστιν ἔχει τοῦ σωθῆναι, εἶπε μεγάλῃ 10 ʳ⁻⁷ φωνῇ, Ἀνάστηθι ἐπὶ τοὺς πόδας σου ὀρθός. καὶ ˢἥλατο⁗ καὶ περιεπάτει. ᵗοἵ τε⁷ ὄχλοι, ἰδόντες ὃ ἐποίησεν ὁ Παῦλος, 11 ἐπῆραν τὴν φωνὴν αὐτῶν Λυκαονιστὶ λέγοντες, Οἱ θεοὶ ὁμοιωθέντες ἀνθρώποις κατέβησαν πρὸς ἡμᾶς. ἐκάλουν τε 12 τὸν ᵘ⁻⁗ Βαρνάβαν Δία, τὸν δὲ Παῦλον Ἑρμῆν, ἐπειδὴ αὐτὸς ἦν ὁ ἡγούμενος τοῦ λόγου. ˣὅ τε⁷ ἱερεὺς τοῦ Διὸς τοῦ 13 ὄντος πρὸ τῆς πόλεως ʸ⁻⁗, ταύρους καὶ στέμματα ἐπὶ τοὺς πυλῶνας ἐνέγκας, σὺν τοῖς ὄχλοις ἤθελε θύειν. ἀκούσαντες 14

ᵐ add αὐτῶν   ⁿ ἀπειθοῦντες   ᵒ add καὶ   ᴾ add ὑπάρχων   ᑫ περιεπατήκει   ʳ add τῇ   ˢ ἥλλετο
ᵗ οἱ δέ   ᵘ add μὲν   ˣ ὁ δὲ   ʸ add αὐτῶν

δὲ οἱ ἀπόστολοι Βαρνάβας καὶ Παῦλος, διαρρήξαντες τὰ
15 ἱμάτια αὐτῶν, ᶻἐξεπήδησαν" εἰς τὸν ὄχλον κράζοντες καὶ
λέγοντες, Ἄνδρες, τί ταῦτα ποιεῖτε; καὶ ἡμεῖs ὁμοιοπαθεῖς
ἐσμεν ὑμῖν ἄνθρωποι, εὐαγγελιζόμενοι ὑμᾶς ἀπὸ τούτων τῶν
ματαίων ἐπιστρέφειν ἐπὶ ᵃΘεὸν ζῶντα", ὃs ἐποίησε τὸν
οὐρανὸν καὶ τὴν γῆν καὶ τὴν θάλασσαν καὶ πάντα τὰ ἐν
16 αὐτοῖς· ὃς ἐν ταῖς παρῳχημέναις γενεαῖς εἴασε πάντα τὰ
17 ἔθνη πορεύεσθαι ταῖς ὁδοῖς αὐτῶν. ᵇκαίτοι οὐκ ἀμάρτυρον
ἑαυτὸν ἀφῆκεν, ᶜ ἀγαθουργῶν ⁷, οὐρανόθεν ᵈὑμῖν ⁷ ὑετοὺς
διδοὺς καὶ καιροὺς καρποφόρους, ἐμπιπλῶν τροφῆς καὶ
18 εὐφροσύνης τὰς καρδίας ᵉὑμῶν ⁷. καὶ ταῦτα λέγοντες μόλις
κατέπαυσαν τοὺς ὄχλους τοῦ μὴ θύειν αὐτοῖς.
19 Ἐπῆλθον δὲ ἀπὸ Ἀντιοχείας καὶ Ἰκονίου Ἰουδαῖοι, καὶ
πείσαντες τοὺς ὄχλους καὶ λιθάσαντες τὸν Παῦλον ἔσυρον
20 ἔξω τῆς πόλεως, ᶠνομίζοντες" αὐτὸν τεθνάναι. κυκλωσάντων
δὲ αὐτὸν τῶν μαθητῶν ἀναστὰς εἰσῆλθεν εἰς τὴν πόλιν·
21 καὶ τῇ ἐπαύριον ἐξῆλθε σὺν τῷ Βαρνάβᾳ εἰς Δέρβην. εὐ-
αγγελισάμενοί τε τὴν πόλιν ἐκείνην, καὶ μαθητεύσαντες
ἱκανούς, ὑπέστρεψαν εἰς τὴν Λύστραν καὶ ᵍεἰς" Ἰκόνιον καὶ
22 ᵍεἰς ⁷ Ἀντιόχειαν, ἐπιστηρίζοντες τὰς ψυχὰς τῶν μαθητῶν,
παρακαλοῦντες ἐμμένειν τῇ πίστει, καὶ ὅτι διὰ πολλῶν
θλίψεων δεῖ ἡμᾶς εἰσελθεῖν εἰς τὴν βασιλείαν τοῦ Θεοῦ.
23 χειροτονήσαντες δὲ αὐτοῖς πρεσβυτέρους κατ᾽ ἐκκλησίαν,
προσευξάμενοι μετὰ νηστειῶν, παρέθεντο αὐτοὺς τῷ Κυρίῳ
24 εἰς ὃν πεπιστεύκεισαν. καὶ διελθόντες τὴν Πισιδίαν ἦλθον
25 εἰς Παμφυλίαν. καὶ λαλήσαντες ἐν Πέργῃ τὸν λόγον κατέ-
26 βησαν εἰς Ἀττάλειαν· κἀκεῖθεν ἀπέπλευσαν εἰς Ἀντιόχειαν,
ὅθεν ἦσαν παραδεδομένοι τῇ χάριτι τοῦ Θεοῦ εἰς τὸ ἔργον
27 ὃ ἐπλήρωσαν. παραγενόμενοι δέ, καὶ συναγαγόντες τὴν ἐκ-
κλησίαν, ʰἀνήγγελλον ὅσα ἐποίησεν ὁ Θεὸς μετ᾽ αὐτῶν,

Cp. 17. 22
sqq.,
Rom. 1. 19
sqq.

Cp. 17. 30.

Cp. 2 Tim.
3. 11.

Cp. 20. 17,
Titus 1. 5.

ᶻ εἰσεπήδησαν   ᵃ τὸν Θεὸν τὸν ζῶντα   ᵇ καίτοιγε
ᶜ ἀγαθοποιῶν   ᵈ ἡμῖν   ᵉ ἡμῶν   ᶠ νομίσαντες
ᵍ om. εἰς   ʰ ἀνήγγειλαν

καὶ ὅτι ἤνοιξε τοῖς ἔθνεσι θύραν πίστεως. διέτριβον δὲ 28
ⁱ⁻ʰ χρόνον οὐκ ὀλίγον σὺν τοῖς μαθηταῖς.

Καί τινες κατελθόντες ἀπὸ τῆς Ἰουδαίας ἐδίδασκον τοὺς 15
ἀδελφοὺς ὅτι Ἐὰν μὴ ᵏπεριτμηθῆτεʰ τῷ ἔθει Μωϋσέως,
οὐ δύνασθε σωθῆναι. γενομένης ¹δὲʰ στάσεως καὶ ᵐζητή- 2
σεωςʰ οὐκ ὀλίγης τῷ Παύλῳ καὶ τῷ Βαρνάβᾳ πρὸς αὐτοὺς
ἔταξαν ἀναβαίνειν Παῦλον καὶ Βαρνάβαν καί τινας ἄλλους
ἐξ αὐτῶν πρὸς τοὺς ἀποστόλους καὶ πρεσβυτέρους εἰς Ἱερουσαλὴμ περὶ τοῦ ζητήματος τούτου. οἱ μὲν οὖν, προπεμφ- 3
θέντες ὑπὸ τῆς ἐκκλησίας, διήρχοντο τήν ⁿτεʰ Φοινίκην καὶ
Σαμάρειαν ἐκδιηγούμενοι τὴν ἐπιστροφὴν τῶν ἐθνῶν· καὶ
ἐποίουν χαρὰν μεγάλην πᾶσι τοῖς ἀδελφοῖς. παραγενόμενοι 4
δὲ εἰς Ἱερουσαλὴμ ᵒπαρεδέχθησανʰ ὑπὸ τῆς ἐκκλησίας καὶ
τῶν ἀποστόλων καὶ τῶν πρεσβυτέρων, ἀνήγγειλάν τε ὅσα
ὁ Θεὸς ἐποίησε μετ' αὐτῶν. ἐξανέστησαν δέ τινες τῶν ἀπὸ 5
τῆς αἱρέσεως τῶν Φαρισαίων πεπιστευκότες, λέγοντες ὅτι
Δεῖ περιτέμνειν αὐτούς, παραγγέλλειν τε τηρεῖν τὸν νόμον
Μωϋσέως.

Συνήχθησαν δὲ οἱ ἀπόστολοι καὶ οἱ πρεσβύτεροι ἰδεῖν 6
περὶ τοῦ λόγου τούτου. πολλῆς δὲ ᵖζητήσεωςʰ γενομένης 7
ἀναστὰς Πέτρος εἶπε πρὸς αὐτούς,

Cp. 10. 1
sqq.

Ἄνδρες ἀδελφοί, ὑμεῖς ἐπίστασθε ὅτι ἀφ' ἡμερῶν ἀρχαίων
ᑫἐν ὑμῖν ἐξελέξατο ὁ Θεόςʰ, διὰ τοῦ στόματός μου ἀκοῦσαι
τὰ ἔθνη τὸν λόγον τοῦ εὐαγγελίου, καὶ πιστεῦσαι. καὶ ὁ 8
καρδιογνώστης Θεὸς ἐμαρτύρησεν αὐτοῖς, δοὺς ʳ⁻ʰ τὸ Πνεῦμα
τὸ Ἅγιον, καθὼς καὶ ἡμῖν· καὶ οὐδὲν διέκρινε μεταξὺ ἡμῶν 9
τε καὶ αὐτῶν, τῇ πίστει καθαρίσας τὰς καρδίας αὐτῶν. νῦν 10
οὖν τί πειράζετε τὸν Θεόν, ἐπιθεῖναι ζυγὸν ἐπὶ τὸν τράχηλον τῶν μαθητῶν, ὃν οὔτε οἱ πατέρες ἡμῶν οὔτε ἡμεῖς

ⁱ add ἐκεῖ   ᵏ περιτέμνησθε   ˡ οὖν   ᵐ συζητήσεως   ⁿ om. τε   ᵒ ἀπεδέχθησαν   ᵖ συζητήσεως
ᑫ ὁ Θεὸς ἐν ἡμῖν ἐξελέξατο   ʳ add αὐτοῖς

-15. 24.   ΤΩΝ ΑΠΟΣΤΟΛΩΝ.   297

11 ἰσχύσαμεν βαστάσαι; ἀλλὰ διὰ τῆς χάριτος Κυρίου Ἰησοῦ
ˢ⁻⁽⁾ πιστεύομεν σωθῆναι, καθ' ὃν τρόπον κἀκεῖνοι.
12 Ἐσίγησε δὲ πᾶν τὸ πλῆθος, καὶ ἤκουον Βαρνάβα καὶ Παύλου
ἐξηγουμένων ὅσα ἐποίησεν ὁ Θεὸς σημεῖα καὶ τέρατα ἐν
13 τοῖς ἔθνεσι δι' αὐτῶν.   μετὰ δὲ τὸ σιγῆσαι αὐτοὺς ἀπεκρίθη Cp. 12. 17.
Ἰάκωβος λέγων,   21. 18.
14 Ἄνδρες ἀδελφοί, ἀκούσατέ μου· Συμεὼν ἐξηγήσατο, καθὼς
πρῶτον ὁ Θεὸς ἐπεσκέψατο λαβεῖν ἐξ ἐθνῶν λαὸν ᵗ⁻ τῷ
15 ὀνόματι αὐτοῦ.   καὶ τούτῳ συμφωνοῦσιν οἱ λόγοι τῶν
16 προφητῶν, καθὼς γέγραπται, Μετὰ ταῦτα ἀναστρέψω καὶ Amos9.11.
ἀνοικοδομήσω τὴν σκηνὴν Δαβὶδ τὴν πεπτωκυῖαν· καὶ τὰ
ᵘκατεστραμμένα⁽⁾ αὐτῆς ἀνοικοδομήσω, καὶ ἀνορθώσω αὐτήν·
17 ὅπως ἂν ἐκζητήσωσιν οἱ κατάλοιποι τῶν ἀνθρώπων τὸν
Κύριον, καὶ πάντα τὰ ἔθνη, ἐφ' οὓς ἐπικέκληται τὸ ὄνομά
18 μου ἐπ' αὐτούς, λέγει Κύριος ὁ ποιῶν ˣταῦτα γνωστὰ ἀπ'
19 αἰῶνος.⁽⁾   διὸ ἐγὼ κρίνω μὴ παρενοχλεῖν τοῖς ἀπὸ τῶν
20 ἐθνῶν ἐπιστρέφουσιν ἐπὶ τὸν Θεόν· ἀλλὰ ἐπιστεῖλαι αὐτοῖς
τοῦ ἀπέχεσθαι ἀπὸ τῶν ἀλισγημάτων τῶν εἰδώλων καὶ τῆς
21 πορνείας καὶ τοῦ πνικτοῦ καὶ τοῦ αἵματος.   Μωσῆς γὰρ ἐκ Cp. 13. 27.
γενεῶν ἀρχαίων κατὰ πόλιν τοὺς κηρύσσοντας αὐτὸν ἔχει,
ἐν ταῖς συναγωγαῖς κατὰ πᾶν σάββατον ἀναγινωσκόμενος.
22   Τότε ἔδοξε τοῖς ἀποστόλοις καὶ τοῖς πρεσβυτέροις σὺν
ὅλῃ τῇ ἐκκλησίᾳ, ἐκλεξαμένους ἄνδρας ἐξ αὐτῶν πέμψαι
εἰς Ἀντιόχειαν, σὺν τῷ Παύλῳ καὶ Βαρνάβᾳ, Ἰούδαν τὸν
ʸκαλούμενον Βαρσαββᾶν⁽⁾, καὶ Σίλαν, ἄνδρας ἡγουμένους ἐν
23 τοῖς ἀδελφοῖς, γράψαντες διὰ χειρὸς αὐτῶν ᶻ⁻⁽⁾, Οἱ ἀπό-
στολοι καὶ οἱ πρεσβύτεροι ᵃ⁻⁽⁾ ἀδελφοὶ τοῖς κατὰ τὴν
Ἀντιόχειαν καὶ Συρίαν καὶ Κιλικίαν ἀδελφοῖς τοῖς ἐξ ἐθνῶν
24 χαίρειν· ἐπειδὴ ἠκούσαμεν ὅτι τινὲς ἐξ ἡμῶν ᵇἐξελθόντες⁽⁾

ˢ add Χριστοῦ   ᵗ add ἐπὶ   ᵘ κατεσκαμμένα   ˣ ταῦτα
πάντα. γνωστὰ ἀπ' αἰῶνός ἐστι τῷ Θεῷ πάντα τὰ ἔργα αὐτοῦ.
ʸ ἐπικαλούμενον Βαρσαβᾶν   ᶻ add τάδε   ᵃ add καὶ οἱ
ᵇ om. ἐξελθόντες M.

ἐτάραξαν ὑμᾶς λόγοις, ἀνασκευάζοντες τὰς ψυχὰς ὑμῶν, c—ll
οἷς οὐ διεστειλάμεθα· ἔδοξεν ἡμῖν γενομένοις ὁμοθυμαδόν, 25
ἐκλεξαμένους ἄνδρας πέμψαι πρὸς ὑμᾶς, σὺν τοῖς ἀγαπητοῖς
ἡμῶν Βαρνάβᾳ καὶ Παύλῳ, ἀνθρώποις παραδεδωκόσι τὰς 26
ψυχὰς αὐτῶν ὑπὲρ τοῦ ὀνόματος τοῦ Κυρίου ἡμῶν Ἰησοῦ
Χριστοῦ. ἀπεστάλκαμεν οὖν Ἰούδαν καὶ Σίλαν, καὶ αὐτοὺς 27
διὰ λόγου ἀπαγγέλλοντας τὰ αὐτά. ἔδοξε γὰρ τῷ Ἁγίῳ 28
Πνεύματι καὶ ἡμῖν μηδὲν πλέον ἐπιτίθεσθαι ὑμῖν βάρος πλὴν
τῶν ἐπάναγκες τούτων, ἀπέχεσθαι εἰδωλοθύτων καὶ αἵματος 29
καὶ ᵈπνικτῶνˡˡ καὶ πορνείας· ἐξ ὧν διατηροῦντες ἑαυτοὺς εὖ
πράξετε. ἔρρωσθε.

Οἱ μὲν οὖν ἀπολυθέντες ᵉκατῆλθον ᶠ εἰς Ἀντιόχειαν· καὶ 30
συναγαγόντες τὸ πλῆθος ἐπέδωκαν τὴν ἐπιστολήν. ἀνα- 31
γνόντες δὲ ἐχάρησαν ἐπὶ τῇ παρακλήσει. Ἰούδας τε καὶ 32
Σίλας, καὶ αὐτοὶ προφῆται ὄντες, διὰ λόγου πολλοῦ παρε-
κάλεσαν τοὺς ἀδελφούς, καὶ ἐπεστήριξαν. ποιήσαντες δὲ 33
χρόνον ἀπελύθησαν μετ᾽ εἰρήνης ἀπὸ τῶν ἀδελφῶν πρὸς
ᶠτοὺς ἀποστείλαντας αὐτούςˡˡ. ᵍ⁻ʲ Παῦλος δὲ καὶ 35
Βαρνάβας διέτριβον ἐν Ἀντιοχείᾳ, διδάσκοντες καὶ εὐαγ-
γελιζόμενοι, μετὰ καὶ ἑτέρων πολλῶν, τὸν λόγον τοῦ
Κυρίου.

Μετὰ δέ τινας ἡμέρας εἶπε Παῦλος πρὸς Βαρνάβαν, 36
Ἐπιστρέψαντες δὴ ἐπισκεψώμεθα τοὺς ἀδελφοὺς ʰ⁻ˡˡ κατὰ
πᾶσαν πόλιν, ἐν αἷς κατηγγείλαμεν τὸν λόγον τοῦ Κυρίου,
πῶς ἔχουσι. Βαρνάβας δὲ ⁱἐβούλετοˡˡ συμπαραλαβεῖν ʲκαὶˡˡ 37
Ἰωάννην τὸν καλούμενον Μάρκον. Παῦλος δὲ ἠξίου τὸν 38
ἀποστάντα ἀπ᾽ αὐτῶν ἀπὸ Παμφυλίας, καὶ μὴ συνελθόντα
αὐτοῖς εἰς τὸ ἔργον, μὴ ᵏσυμπαραλαμβάνεινˡˡ τοῦτον. ἐγέ- 39
νετο ˡδὲˡˡ παροξυσμός, ὥστε ἀποχωρισθῆναι αὐτοὺς ἀπ᾽

ᶜ add λέγοντες περιτέμνεσθαι καὶ τηρεῖν τὸν νόμον. ᵈ πνικ-
τοῦ ᵒ ἦλθον ᶠ τοὺς ἀποστόλους ᵍ add ver. 34
ἔδοξε δὲ τῷ Σίλᾳ ἐπιμεῖναι αὐτοῦ. A.S.M. ʰ add ἡμῶν
ⁱ ἐβουλεύσατο ʲ τὸν ᵏ συμπαραλαβεῖν ˡ οὖν

-16. 10.   ΤΩΝ ΑΠΟΣΤΟΛΩΝ.   299

ἀλλήλων, τόν τε Βαρνάβαν παραλαβόντα τὸν Μάρκον ἐκ-
40 πλεῦσαι εἰς Κύπρον· Παῦλος δὲ ἐπιλεξάμενος Σίλαν ἐξῆλθε,
παραδοθεὶς τῇ χάριτι τοῦ ᵐΚυρίου" ὑπὸ τῶν ἀδελφῶν.
41 διήρχετο δὲ τὴν Συρίαν καὶ Κιλικίαν ἐπιστηρίζων τὰς
ἐκκλησίας.

16 Κατήντησε δὲ ⁿκαὶ" εἰς Δέρβην καὶ °εἰς Λύστραν· καὶ
ἰδού, μαθητής τις ἦν ἐκεῖ, ὀνόματι Τιμόθεος, υἱὸς γυναικὸς
2 ᵖ⁻" Ἰουδαίας πιστῆς, πατρὸς δὲ Ἕλληνος· ὃς ἐμαρτυρεῖτο
3 ὑπὸ τῶν ἐν Λύστροις καὶ Ἰκονίῳ ἀδελφῶν. τοῦτον ἠθέλησεν   Cp. Rom.
ὁ Παῦλος σὺν αὐτῷ ἐξελθεῖν, καὶ λαβὼν περιέτεμεν αὐτὸν   16. 21.
διὰ τοὺς Ἰουδαίους τοὺς ὄντας ἐν τοῖς τόποις ἐκείνοις· ᾔδει-
σαν γὰρ ἅπαντες ᑫὅτι Ἕλλην ὁ πατὴρ αὐτοῦ" ὑπῆρχεν.
4 ὡς δὲ διεπορεύοντο τὰς πόλεις, παρεδίδουν αὐτοῖς φυλάσ-   Cp. 15. 20
σειν τὰ δόγματα τὰ κεκριμένα ὑπὸ τῶν ἀποστόλων καὶ ʳ⁻   sq.
5 πρεσβυτέρων τῶν ἐν Ἱερουσαλήμ. αἱ μὲν οὖν ἐκκλησίαι
ἐστερεοῦντο τῇ πίστει, καὶ ἐπερίσσευον τῷ ἀριθμῷ καθ'
ἡμέραν.
6 ˢΔιῆλθον" δὲ τὴν Φρυγίαν καὶ ᵗ⁻' Γαλατικὴν χώραν,
κωλυθέντες ὑπὸ τοῦ Ἁγίου Πνεύματος λαλῆσαι τὸν λόγον
7 ἐν τῇ Ἀσίᾳ· ἐλθόντες ᵘδὲ" κατὰ τὴν Μυσίαν ἐπείραζον
ˣεἰς τὴν Βιθυνίαν ʸπορευθῆναι · καὶ οὐκ εἴασεν αὐτοὺς
8 τὸ Πνεῦμα ᶻἸησοῦ · παρελθόντες δὲ τὴν Μυσίαν κατέ-
9 βησαν εἰς Τρωάδα. καὶ ὅραμα διὰ ᵃ⁻" νυκτὸς ὤφθη τῷ
Παύλῳ· ἀνὴρ ᵇΜακεδών τις ἦν' ἑστὼς ᶜκαὶ' παρακαλῶν
αὐτὸν καὶ λέγων, Διαβὰς εἰς Μακεδονίαν βοήθησον ἡμῖν.
10 ὡς δὲ τὸ ὅραμα εἶδεν, εὐθέως ἐζητήσαμεν ἐξελθεῖν εἰς τὴν
Μακεδονίαν, συμβιβάζοντες ὅτι προσκέκληται ἡμᾶς ὁ ᵈΘεὸς"
εὐαγγελίσασθαι αὐτούς.

ᵐ Θεοῦ   ⁿ om. καὶ   ᵒ om. εἰς   ᵖ add τινος
ᑫ τὸν πατέρα αὐτοῦ, ὅτι Ἕλλην   ʳ add τῶν   ˢ Διελθόντες
ᵗ add τὴν   ᵘ om. δὲ   ˣ κατὰ   ʸ πορεύεσθαι   ᶻ om.
Ἰησοῦ   ᵃ add τῆς   ᵇ τις ἦν Μακεδὼν   ᶜ om. καὶ
ᵈ Κύριος

ΠΡΑΞΕΙΣ 16. 11-

Ἀναχθέντες οὖν ἀπὸ τῆς Τρωάδος εὐθυδρομήσαμεν εἰς 11
Σαμοθράκην, τῇ °δὲ" ἐπιούσῃ εἰς ᶠΝέαν Πόλιν, κἀκεῖθεν" 12
εἰς Φιλίππους, ἥτις ἐστὶ πρώτη τῆς μερίδος ᵍ—" Μακεδονίας
πόλις, κολωνία· ἦμεν δὲ ἐν ταύτῃ τῇ πόλει διατρίβοντες
ἡμέρας τινάς. τῇ τε ἡμέρᾳ τῶν σαββάτων ἐξήλθομεν ἔξω 13
τῆς ʰπύλης" παρὰ ποταμόν, οὗ ¹ἐνομίζομεν προσευχὴν"
εἶναι, καὶ καθίσαντες ἐλαλοῦμεν ταῖς συνελθούσαις γυναιξί.
καί τις γυνὴ ὀνόματι Λυδία, πορφυρόπωλις πόλεως Θυατεί- 14
ρων, σεβομένη τὸν Θεόν, ἤκουεν· ἧς ὁ Κύριος διήνοιξε τὴν
καρδίαν, προσέχειν τοῖς λαλουμένοις ὑπὸ τοῦ Παύλου. ὡς 15
δὲ ἐβαπτίσθη, καὶ ὁ οἶκος αὐτῆς, παρεκάλεσε λέγουσα, Εἰ
κεκρίκατέ με πιστὴν τῷ Κυρίῳ εἶναι, εἰσελθόντες εἰς τὸν οἶκόν
μου μείνατε. καὶ παρεβιάσατο ἡμᾶς.

Ἐγένετο δέ, πορευομένων ἡμῶν εἰς ᵏτὴν" προσευχήν, 16
παιδίσκην τινὰ ἔχουσαν πνεῦμα ¹πύθωνα ὑπαντῆσαι" ἡμῖν,
ἥτις ἐργασίαν πολλὴν παρεῖχε τοῖς κυρίοις αὐτῆς μαντευο-
μένη. αὕτη, ᵐκατακολουθοῦσα" τῷ Παύλῳ καὶ ἡμῖν, ἔκραζε 17
λέγουσα, Οὗτοι οἱ ἄνθρωποι δοῦλοι τοῦ Θεοῦ τοῦ ὑψίστου
εἰσίν, οἵτινες καταγγέλλουσιν ⁿὑμῖν" ὁδὸν σωτηρίας. τοῦτο 18
δὲ ἐποίει ἐπὶ πολλὰς ἡμέρας. διαπονηθεὶς δὲ ὁ Παῦλος καὶ
ἐπιστρέψας τῷ πνεύματι εἶπε, Παραγγέλλω σοι ἐν τῷ ὀνό-
ματι Ἰησοῦ Χριστοῦ ἐξελθεῖν ἀπ' αὐτῆς. καὶ ἐξῆλθεν αὐτῇ
τῇ ὥρᾳ.

Ἰδόντες δὲ οἱ κύριοι αὐτῆς, ὅτι ἐξῆλθεν ἡ ἐλπὶς τῆς ἐργα- 19
σίας αὐτῶν, ἐπιλαβόμενοι τὸν Παῦλον καὶ τὸν Σίλαν εἵλκυσαν
εἰς τὴν ἀγορὰν ἐπὶ τοὺς ἄρχοντας, καὶ προσαγαγόντες αὐτοὺς 20
τοῖς στρατηγοῖς εἶπον, Οὗτοι οἱ ἄνθρωποι ἐκταράσσουσιν
ἡμῶν τὴν πόλιν Ἰουδαῖοι ὑπάρχοντες, καὶ καταγγέλλουσιν 21
ἔθη ἃ οὐκ ἔξεστιν ἡμῖν παραδέχεσθαι οὐδὲ ποιεῖν Ῥωμαίοις

Cp.ɪThss. οὖσι. καὶ συνεπέστη ὁ ὄχλος κατ' αὐτῶν· καὶ οἱ στρατηγοὶ 22
2. 2.

° τε   ᶠ Νεάπολιν, ἐκεῖθέν τε   ᵍ add τῆς   ʰ πόλεως
ⁱ ἐνομίζετο προσευχὴ   ᵏ om. τὴν   ¹ Πύθωνος ἀπαντῆσαι
ᵐ κατακολουθήσασα   ⁿ ἡμῖν

23 περιρρήξαντες αὐτῶν τὰ ἱμάτια ἐκέλευον ῥαβδίζειν. πολλάς τε ἐπιθέντες αὐτοῖς πληγὰς ἔβαλον εἰς φυλακήν, παραγ-
24 γείλαντες τῷ δεσμοφύλακι ἀσφαλῶς τηρεῖν αὐτούς· ὃς παραγγελίαν τοιαύτην °λαβὼν‖ ἔβαλεν αὐτοὺς εἰς τὴν ἐσωτέραν φυλακήν, καὶ τοὺς πόδας αὐτῶν ἠσφαλίσατο εἰς τὸ
25 ξύλον. κατὰ δὲ τὸ μεσονύκτιον Παῦλος καὶ Σίλας προσευχόμενοι ὕμνουν τὸν Θεόν, ἐπηκροῶντο δὲ αὐτῶν οἱ δέσμιοι·
26 ἄφνω δὲ σεισμὸς ἐγένετο μέγας, ὥστε σαλευθῆναι τὰ θεμέλια Cp. 5. 19. τοῦ δεσμωτηρίου· ἀνεῴχθησαν ᵖδὲ ⁷ παραχρῆμα αἱ θύραι 12. 7.
27 πᾶσαι, καὶ πάντων τὰ δεσμὰ ἀνέθη. ἔξυπνος δὲ γενόμενος ὁ δεσμοφύλαξ, καὶ ἰδὼν ἀνεῳγμένας τὰς θύρας τῆς φυλακῆς, σπασάμενος ᑫτὴν‖ μάχαιραν ἔμελλεν ἑαυτὸν ἀναιρεῖν, νομίζων
28 ἐκπεφευγέναι τοὺς δεσμίους. ἐφώνησε δὲ φωνῇ μεγάλῃ ὁ Παῦλος λέγων, Μηδὲν πράξῃς σεαυτῷ κακόν· ἅπαντες γὰρ
29 ἐσμεν ἐνθάδε. αἰτήσας δὲ φῶτα εἰσεπήδησε, καὶ ἔντρομος
30 γενόμενος προσέπεσε τῷ Παύλῳ καὶ τῷ Σίλᾳ, καὶ προαγαγὼν αὐτοὺς ἔξω ἔφη, Κύριοι, τί με δεῖ ποιεῖν ἵνα σωθῶ; Cp. 2. 37.
31 οἱ δὲ εἶπον, Πίστευσον ἐπὶ τὸν Κύριον Ἰησοῦν ʳ⁻‖, καὶ σω-
32 θήσῃ σὺ καὶ ὁ οἶκός σου. καὶ ἐλάλησαν αὐτῷ τὸν λόγον
33 τοῦ ˢΚυρίου‖ ᵗσὺν‖ πᾶσι τοῖς ἐν τῇ οἰκίᾳ αὐτοῦ. καὶ παραλαβὼν αὐτοὺς ἐν ἐκείνῃ τῇ ὥρᾳ τῆς νυκτὸς ἔλουσεν ἀπὸ τῶν πληγῶν, καὶ ἐβαπτίσθη αὐτὸς καὶ οἱ αὐτοῦ πάντες πα-
34 ραχρῆμα. ἀναγαγών τε αὐτοὺς εἰς τὸν οἶκον ᵘ⁻ ⁱ παρέθηκε τράπεζαν, καὶ ἠγαλλιάσατο πανοικὶ πεπιστευκὼς τῷ Θεῷ.
35 Ἡμέρας δὲ γενομένης ἀπέστειλαν οἱ στρατηγοὶ τοὺς ῥαβδούχους λέγοντες, Ἀπόλυσον τοὺς ἀνθρώπους ἐκείνους.
36 ἀπήγγειλε δὲ ὁ δεσμοφύλαξ τοὺς λόγους ˣ⁻‖ πρὸς τὸν Παῦλον ὅτι Ἀπεστάλκασιν οἱ στρατηγοὶ ἵνα ἀπολυθῆτε·
37 νῦν οὖν ἐξελθόντες πορεύεσθε ἐν εἰρήνῃ. ὁ δὲ Παῦλος ἔφη πρὸς αὐτούς, Δείραντες ἡμᾶς δημοσίᾳ ἀκατακρίτους, ἀνθρώ- Cp. 22. 25.

° εἰληφὼς   ᵖ τε   ᑫ om. τὴν   ʳ add Χριστόν
ˢ Θεοῦ M.   ᵗ καὶ   ᵘ add αὐτοῦ   ˣ add τούτους

πους Ῥωμαίους ὑπάρχοντας, ἔβαλον εἰς φυλακήν· καὶ νῦν λάθρα ἡμᾶς ἐκβάλλουσιν; οὐ γάρ· ἀλλὰ ἐλθόντες αὐτοὶ ἡμᾶς ἐξαγαγέτωσαν. ʸἀπήγγειλαν ‖ δὲ τοῖς στρατηγοῖς οἱ 38 ῥαβδοῦχοι τὰ ῥήματα ταῦτα· ᶻἐφοβήθησαν δὲ ‖ ἀκούσαντες ὅτι Ῥωμαῖοί εἰσι· καὶ ἐλθόντες παρεκάλεσαν αὐτούς, καὶ 39 ἐξαγαγόντες ἠρώτων ᵃἀπελθεῖν ἀπὸ ‖ τῆς πόλεως. ἐξελθόν- 40 τες δὲ ἐκ τῆς φυλακῆς εἰσῆλθον ᵇπρὸς ‖ τὴν Λυδίαν· καὶ ἰδόντες ᶜπαρεκάλεσαν τοὺς ἀδελφούς ‖, καὶ ἐξῆλθον.

Διοδεύσαντες δὲ τὴν Ἀμφίπολιν καὶ Ἀπολλωνίαν ἦλθον 17 εἰς Θεσσαλονίκην, ὅπου ἦν ᵈ⁻ᵉ συναγωγὴ τῶν Ἰουδαίων· κατὰ δὲ τὸ εἰωθὸς τῷ Παύλῳ εἰσῆλθε πρὸς αὐτούς, καὶ ἐπὶ 2 σάββατα τρία ᵉδιελέξατο ⁰ αὐτοῖς ἀπὸ τῶν γραφῶν, διανοί- 3 γων καὶ παρατιθέμενος, ὅτι τὸν Χριστὸν ἔδει παθεῖν καὶ ἀναστῆναι ἐκ νεκρῶν, καὶ ὅτι οὗτός ἐστιν ὁ Χριστός, ᶠὁ ‖ Ἰησοῦς ὃν ἐγὼ καταγγέλλω ὑμῖν. καί τινες ἐξ αὐτῶν ἐπεί- 4 σθησαν, καὶ προσεκληρώθησαν τῷ Παύλῳ καὶ τῷ Σίλᾳ, τῶν τε σεβομένων Ἑλλήνων πολὺ πλῆθος, γυναικῶν τε τῶν πρώτων οὐκ ὀλίγαι. ζηλώσαντες δὲ οἱ ᵍ⁻‖ Ἰουδαῖοι, καὶ 5 προσλαβόμενοι τῶν ἀγοραίων τινὰς ἄνδρας πονηρούς, καὶ ὀχλοποιήσαντες, ἐθορύβουν τὴν πόλιν· ʰκαὶ ἐπιστάντες ‖ τῇ οἰκίᾳ Ἰάσονος ἐζήτουν αὐτοὺς ⁱπροαγαγεῖν ‖ εἰς τὸν δῆμον. μὴ εὑρόντες δὲ αὐτοὺς ἔσυρον τὸν Ἰάσονα καί τινας ἀδελ- 6 φοὺς ἐπὶ τοὺς πολιτάρχας, βοῶντες ὅτι Οἱ τὴν οἰκουμένην ἀναστατώσαντες οὗτοι καὶ ἐνθάδε πάρεισιν· οὓς ὑποδέδεκται 7 Ἰάσων· καὶ οὗτοι πάντες ἀπέναντι τῶν δογμάτων Καίσαρος πράττουσι, βασιλέα λέγοντες ἕτερον εἶναι, Ἰησοῦν. ἐτά- 8 ραξαν δὲ τὸν ὄχλον καὶ τοὺς πολιτάρχας ἀκούοντας ταῦτα. καὶ λαβόντες τὸ ἱκανὸν παρὰ τοῦ Ἰάσονος καὶ τῶν λοιπῶν 9 ἀπέλυσαν αὐτούς.

ʸ ἀνήγγειλαν   ᶻ καὶ ἐφοβήθησαν   ᵃ ἐξελθεῖν   ᵇ εἰς
ᶜ τοὺς ἀδελφούς, παρεκάλεσαν αὐτούς   ᵈ add ἡ   ᵉ διε-
λέγετο   ᶠ om. ὁ   ᵍ add ἀπειθοῦντες   ʰ ἐπιστάντες τε
ⁱ ἀγαγεῖν

10 Οἱ δὲ ἀδελφοὶ εὐθέως διὰ ᵏ⁻" νυκτὸς ἐξέπεμψαν τόν τε Παῦλον καὶ τὸν Σίλαν εἰς Βέροιαν· οἵτινες παραγενόμενοι
11 εἰς τὴν συναγωγὴν τῶν Ἰουδαίων ἀπῄεσαν. οὗτοι δὲ ἦσαν εὐγενέστεροι τῶν ἐν Θεσσαλονίκῃ, οἵτινες ἐδέξαντο τὸν λόγον μετὰ πάσης προθυμίας, τὸ καθ' ἡμέραν ἀνακρίνοντες Cp. Joh.
12 τὰς γραφάς, εἰ ἔχοι ταῦτα οὕτως. πολλοὶ μὲν οὖν ἐξ αὐτῶν 5. 39. ἐπίστευσαν, καὶ τῶν Ἑλληνίδων γυναικῶν τῶν εὐσχημόνων
13 καὶ ἀνδρῶν οὐκ ὀλίγοι. ὡς δὲ ἔγνωσαν οἱ ἀπὸ τῆς Θεσσαλονίκης Ἰουδαῖοι, ὅτι καὶ ἐν τῇ Βεροίᾳ κατηγγέλη ὑπὸ τοῦ Παύλου ὁ λόγος τοῦ Θεοῦ, ἦλθον κἀκεῖ σαλεύοντες ¹ καὶ
14 ταράσσοντες" τοὺς ὄχλους. εὐθέως δὲ τότε τὸν Παῦλον ἐξαπέστειλαν οἱ ἀδελφοὶ πορεύεσθαι ᵐ ἕως" ἐπὶ τὴν θάλασ-
15 σαν· ⁿ ὑπέμειναν τε" ὅ τε Σίλας καὶ ὁ Τιμόθεος ἐκεῖ. οἱ δὲ καθιστῶντες τὸν Παῦλον ἤγαγον ᵒ⁻" ἕως Ἀθηνῶν· καὶ λαβόντες ἐντολὴν πρὸς τὸν Σίλαν καὶ Τιμόθεον, ἵνα ὡς τάχιστα ἔλθωσι πρὸς αὐτόν, ἐξῄεσαν.
16 Ἐν δὲ ταῖς Ἀθήναις ἐκδεχομένου αὐτοὺς τοῦ Παύλου παρωξύνετο τὸ πνεῦμα αὐτοῦ ἐν αὐτῷ ᵖ θεωροῦντος" κατεί-
17 δωλον οὖσαν τὴν πόλιν. διελέγετο μὲν οὖν ἐν τῇ συναγωγῇ τοῖς Ἰουδαίοις καὶ τοῖς σεβομένοις, καὶ ἐν τῇ ἀγορᾷ κατὰ
18 πᾶσαν ἡμέραν πρὸς τοὺς παρατυγχάνοντας. τινὲς δὲ ᑫ καὶ" τῶν Ἐπικουρείων καὶ ʳ⁻¹ Στωικῶν φιλοσόφων συνέβαλλον αὐτῷ. καί τινες ἔλεγον, Τί ἂν θέλοι ὁ σπερμολόγος οὗτος λέγειν; οἱ δέ, Ξένων δαιμονίων δοκεῖ καταγγελεὺς εἶναι·
19 ὅτι τὸν Ἰησοῦν καὶ τὴν ἀνάστασιν ˢ⁻¹ εὐηγγελίζετο. ἐπιλαβόμενοί τε αὐτοῦ ἐπὶ τὸν Ἄρειον πάγον ἤγαγον λέγοντες, Δυνάμεθα γνῶναι, τίς ἡ καινὴ αὕτη ἡ ὑπὸ σοῦ λαλουμένη
20 διδαχή; ξενίζοντα γάρ τινα εἰσφέρεις εἰς τὰς ἀκοὰς ἡμῶν·
21 βουλόμεθα οὖν γνῶναι, ᵗ τίνα θέλει ᑫ ταῦτα εἶναι. (Ἀθηναῖοι δὲ πάντες καὶ οἱ ἐπιδημοῦντες ξένοι εἰς οὐδὲν ἕτερον εὐκαί-

ᵏ add τῆς ¹ om. καὶ ταράσσοντες ᵐ ὡς ⁿ ὑπέμενον δὲ
ᵒ add αὐτὸν ᵖ θεωροῦντι ᑫ om. καὶ
ʳ add τῶν ˢ add αὐτοῖς ᵗ τί ἂν θέλοι

ρουν, ἢ λέγειν τι ᵘἢ ἀκούειν τι" καινότερον.) σταθεὶς δὲ ὁ 22
Παῦλος ἐν μέσῳ τοῦ 'Αρείου πάγου ἔφη,
Ἄνδρες 'Αθηναῖοι, κατὰ πάντα ὡς δεισιδαιμονεστέρους ὑμᾶς
θεωρῶ. διερχόμενος γάρ, καὶ ἀναθεωρῶν τὰ σεβάσματα 23
ὑμῶν, εὗρον καὶ βωμὸν ἐν ᾧ ἐπεγέγραπτο, 'Αγνώστῳ Θεῷ.
ᵛ ὃ" οὖν ἀγνοοῦντες εὐσεβεῖτε, ˣ τοῦτο" ἐγὼ καταγγέλλω
ὑμῖν. ὁ Θεὸς ὁ ποιήσας τὸν κόσμον καὶ πάντα τὰ ἐν αὐτῷ, 24
οὗτος οὐρανοῦ καὶ γῆς κύριος ὑπάρχων οὐκ ἐν χειροποιή-
τοις ναοῖς κατοικεῖ· οὐδὲ ὑπὸ χειρῶν ʸ ἀνθρωπίνων" θερα- 25
πεύεται προσδεόμενός τινος, αὐτὸς διδοὺς πᾶσι ζωὴν καὶ
πνοὴν ᶻ καὶ τὰ πάντα"· ἐποίησέ τε ἐξ ἑνὸς ᵃ⁻" πᾶν ἔθνος 26
ἀνθρώπων κατοικεῖν ἐπὶ ᵇ παντὸς προσώπου" τῆς γῆς, ὁρί-
σας ᶜ προστεταγμένους" καιροὺς καὶ τὰς ὁροθεσίας τῆς
κατοικίας αὐτῶν· ζητεῖν τὸν ᵈ Θεόν", εἰ ἄρα γε ψηλαφήσειαν 27
αὐτὸν καὶ εὕροιεν, ᵉ καίγε" οὐ μακρὰν ἀπὸ ἑνὸς ἑκάστου
ἡμῶν ὑπάρχοντα· ἐν αὐτῷ γὰρ ζῶμεν καὶ κινούμεθα καί 28
ἐσμεν· ὡς καί τινες τῶν καθ' ὑμᾶς ποιητῶν εἰρήκασι, Τοῦ
γὰρ καὶ γένος ἐσμέν. γένος οὖν ὑπάρχοντες τοῦ Θεοῦ οὐκ 29
ὀφείλομεν νομίζειν χρυσῷ ἢ ἀργύρῳ ἢ λίθῳ, χαράγματι
τέχνης καὶ ἐνθυμήσεως ἀνθρώπου, τὸ θεῖον εἶναι ὅμοιον.
τοὺς μὲν οὖν χρόνους τῆς ἀγνοίας ὑπεριδὼν ὁ Θεὸς τανῦν 30
ᶠ παραγγέλλει" τοῖς ἀνθρώποις ᵍ πάντας" πανταχοῦ μετα-
νοεῖν· ʰ καθότι" ἔστησεν ἡμέραν, ἐν ᾗ μέλλει κρίνειν τὴν 31
οἰκουμένην ἐν δικαιοσύνῃ ἐν ἀνδρὶ ᾧ ὥρισε, πίστιν παρασχὼν
πᾶσιν, ἀναστήσας αὐτὸν ἐκ νεκρῶν.
'Ακούσαντες δὲ ἀνάστασιν νεκρῶν οἱ μὲν ἐχλεύαζον, οἱ δὲ 32
εἶπον, 'Ακουσόμεθά σου ⁱ περὶ τούτου καὶ πάλιν. οὕτως" 33
ὁ Παῦλος ἐξῆλθεν ἐκ μέσου αὐτῶν. τινὲς δὲ ἄνδρες κολλη- 34

ᵘ καὶ ἀκούειν   ᵛ ὃν   ˣ τοῦτον   ʸ ἀνθρώπων
ᶻ κατὰ πάντα S.   ᵃ add αἵματος   ᵇ πᾶν τὸ πρόσωπον
ᶜ προτεταγμένους   ᵈ Κύριον   ᵉ καίτοιγε   ᶠ ἀπαγ-
γέλλει M.   ᵍ πᾶσι   ʰ διότι   ⁱ πάλιν περὶ τούτου.
καὶ οὕτως

-18. 13.   ΤΩΝ ΑΠΟΣΤΟΛΩΝ.   305

θέντες αὐτῷ ἐπίστευσαν· ἐν οἷς καὶ Διονύσιος ὁ Ἀρεοπαγίτης, καὶ γυνὴ ὀνόματι Δάμαρις, καὶ ἕτεροι σὺν αὐτοῖς.
18 Μετὰ ᵏ⁻ⁱⁱ ταῦτα χωρισθεὶς ˡ⁻ⁱⁱ ἐκ τῶν Ἀθηνῶν ἦλθεν εἰς
2 Κόρινθον. καὶ εὑρών τινα Ἰουδαῖον ὀνόματι Ἀκύλαν, Ποντικὸν τῷ γένει, προσφάτως ἐληλυθότα ἀπὸ τῆς Ἰταλίας, καὶ Πρίσκιλλαν γυναῖκα αὐτοῦ, διὰ τὸ διατεταχέναι Κλαύδιον χωρίζεσθαι πάντας τοὺς Ἰουδαίους ᵐ ἀπό ⁱⁱ τῆς Ῥώμης, προσ-
3 ἦλθεν αὐτοῖς· καὶ διὰ τὸ ὁμότεχνον εἶναι ἔμενε παρ' αὐτοῖς,
4 καὶ ⁿ ἠργάζοντο ⁱⁱⁱ· ἦσαν γὰρ σκηνοποιοὶ ᵒ τῇ τέχνῃ ᵖ. διελέγετο δὲ ἐν τῇ συναγωγῇ κατὰ πᾶν σάββατον, ἔπειθέ τε Ἰουδαίους καὶ Ἕλληνας.
5 Ὡς δὲ κατῆλθον ἀπὸ τῆς Μακεδονίας ὅ τε Σίλας καὶ ὁ Τιμόθεος, συνείχετο τῷ ᵖ λόγῳ ⁱ ὁ Παῦλος, διαμαρτυρόμενος
6 τοῖς Ἰουδαίοις ᑫ εἶναι ⁱⁱ τὸν Χριστὸν Ἰησοῦν. ἀντιτασσομένων δὲ αὐτῶν καὶ βλασφημούντων ἐκτιναξάμενος τὰ ἱμάτια εἶπε πρὸς αὐτούς, Τὸ αἷμα ὑμῶν ἐπὶ τὴν κεφαλὴν ὑμῶν·
7 καθαρὸς ἐγώ· ἀπὸ τοῦ νῦν εἰς τὰ ἔθνη πορεύσομαι. καὶ μεταβὰς ἐκεῖθεν ἦλθεν εἰς οἰκίαν τινὸς ὀνόματι ʳ Τίτου ⁱ Ἰούστου, σεβομένου τὸν Θεόν, οὗ ἡ οἰκία ἦν συνομοροῦσα
8 τῇ συναγωγῇ. Κρίσπος δὲ ὁ ἀρχισυνάγωγος ἐπίστευσε τῷ Κυρίῳ σὺν ὅλῳ τῷ οἴκῳ αὐτοῦ· καὶ πολλοὶ τῶν Κορινθίων
9 ἀκούοντες ἐπίστευον καὶ ἐβαπτίζοντο. εἶπε δὲ ὁ Κύριος ˢ ἐν νυκτὶ δι' ὁράματος ⁱⁱ τῷ Παύλῳ, Μὴ φοβοῦ, ἀλλὰ λάλει καὶ
10 μὴ σιωπήσῃς· διότι ἐγώ εἰμι μετὰ σοῦ, καὶ οὐδεὶς ἐπιθήσεταί σοι τοῦ κακῶσαί σε· διότι λαός ἐστί μοι πολὺς ἐν τῇ
11 πόλει ταύτῃ. ἐκάθισε ᵗ δέ ⁱⁱ ἐνιαυτὸν καὶ μῆνας ἕξ, διδάσκων ἐν αὐτοῖς τὸν λόγον τοῦ Θεοῦ.
12 Γαλλίωνος δὲ ἀνθυπατεύοντος τῆς Ἀχαΐας κατεπέστησαν ὁμοθυμαδὸν οἱ Ἰουδαῖοι τῷ Παύλῳ, καὶ ἤγαγον αὐτὸν ἐπὶ
13 τὸ βῆμα, λέγοντες ὅτι Παρὰ τὸν νόμον ᵘ ἀναπείθει οὗτος ⁱ

Cp. vv. 18, 26,
Rom. 16. 3.
1 Cor. 16. 19,
2 Tim. 4. 19.
Cp. 20. 34.

Cp. 13. 46.
18. 28.

Cp. 22. 18,
23. 11,
27. 23.

ᵏ add δὲ   ˡ add ὁ Παῦλος   ᵐ ἐκ   ⁿ εἰργάζετο
ᵒ τὴν τέχνην   ᵖ πνεύματι   ᑫ om. εἶναι   ʳ om.
Τίτου   ˢ δι' ὁράματος ἐν νυκτὶ   ᵗ τε   ᵘ οὗτος ἀναπείθει

x

τοὺς ἀνθρώπους σέβεσθαι τὸν Θεόν. μέλλοντος δὲ τοῦ 14
Παύλου ἀνοίγειν τὸ στόμα εἶπεν ὁ Γαλλίων πρὸς τοὺς Ἰουδαίους, Εἰ μὲν ᵛ⁻" ἦν ἀδίκημά τι ἢ ῥᾳδιούργημα πονηρόν,
ὦ Ἰουδαῖοι, κατὰ λόγον ἂν ἠνεσχόμην ὑμῶν· εἰ δὲ ˣζητή- 15
ματά" ἐστι περὶ λόγου καὶ ὀνομάτων καὶ νόμου τοῦ καθ᾽
ὑμᾶς, ὄψεσθε αὐτοί· κριτὴς ʸ⁻" ἐγὼ τούτων οὐ βούλομαι
εἶναι. καὶ ἀπήλασεν αὐτοὺς ἀπὸ τοῦ βήματος. ἐπιλαβό- 16, 17
μενοι δὲ πάντες ᶻ⁻" Σωσθένην τὸν ἀρχισυνάγωγον ἔτυπτον
ἔμπροσθεν τοῦ βήματος. καὶ οὐδὲν τούτων τῷ Γαλλίωνι
ἔμελεν.
Ὁ δὲ Παῦλος, ἔτι προσμείνας ἡμέρας ἱκανάς, τοῖς ἀδελ- 18
φοῖς ἀποταξάμενος ἐξέπλει εἰς τὴν Συρίαν, καὶ σὺν αὐτῷ
Πρίσκιλλα καὶ Ἀκύλας, κειράμενος τὴν κεφαλὴν ἐν Κεγχρεαῖς· εἶχε γὰρ εὐχήν. ᵃ κατήντησαν" δὲ εἰς Ἔφεσον, κἀκείνους 19
κατέλιπεν αὐτοῦ· αὐτὸς δὲ εἰσελθὼν εἰς τὴν συναγωγὴν
διελέχθη τοῖς Ἰουδαίοις. ἐρωτώντων δὲ αὐτῶν ἐπὶ πλείονα 20
χρόνον μεῖναι ᵇ⁻" οὐκ ἐπένευσεν, ᶜ ἀλλὰ ἀποταξάμενος, καὶ 21
εἰπών, Πάλιν" ἀνακάμψω πρὸς ὑμᾶς τοῦ Θεοῦ θέλοντος,
ᵈ⁻" ἀνήχθη ἀπὸ τῆς Ἐφέσου. καὶ κατελθὼν εἰς Καισάρειαν, 22
ἀναβὰς καὶ ἀσπασάμενος τὴν ἐκκλησίαν, κατέβη εἰς Ἀντιόχειαν. καὶ ποιήσας χρόνον τινὰ ἐξῆλθε, διερχόμενος κα- 23
θεξῆς τὴν Γαλατικὴν χώραν καὶ Φρυγίαν, ᵉ στηρίζων" πάντας
τοὺς μαθητάς.
Ἰουδαῖος δέ τις Ἀπολλὼς ὀνόματι, Ἀλεξανδρεὺς τῷ γένει, 24
ἀνὴρ λόγιος, κατήντησεν εἰς Ἔφεσον, δυνατὸς ὢν ἐν ταῖς
γραφαῖς. οὗτος ἦν κατηχημένος τὴν ὁδὸν τοῦ Κυρίου· καὶ 25
ζέων τῷ πνεύματι ἐλάλει καὶ ἐδίδασκεν ἀκριβῶς τὰ περὶ τοῦ
ᶠ Ἰησοῦ", ἐπιστάμενος μόνον τὸ βάπτισμα Ἰωάννου· οὗτός 26
τε ἤρξατο παρρησιάζεσθαι ἐν τῇ συναγωγῇ. ἀκούσαντες

ᵛ add οὖν   ˣ ζήτημά   ʸ add γὰρ   ᶻ add οἱ Ἕλληνες
ᵃ κατήντησε   ᵇ add παρ᾽ αὐτοῖς   ᶜ ἀλλ᾽ ἀπετάξατο αὐτοῖς
εἰπών, Δεῖ με πάντως τὴν ἑορτὴν τὴν ἐρχομένην ποιῆσαι εἰς Ἱεροσόλυμα, πάλιν δὲ   ᵈ add καὶ   ᵉ ἐπιστηρίζων   ᶠ Κυρίου

-19. 12. ΤΩΝ ΑΠΟΣΤΟΛΩΝ. 307

δὲ αὐτοῦ ᵍΠρίσκιλλα καὶ Ἀκύλας ' προσελάβοντο αὐτόν,
27 καὶ ἀκριβέστερον αὐτῷ ἐξέθεντο τὴν τοῦ Θεοῦ ὁδόν. βουλο-
μένου δὲ αὐτοῦ διελθεῖν εἰς τὴν Ἀχαΐαν προτρεψάμενοι οἱ
ἀδελφοὶ ἔγραψαν τοῖς μαθηταῖς ἀποδέξασθαι αὐτόν· ὃς Cp. 1 Cor.
παραγενόμενος συνεβάλετο πολὺ τοῖς πεπιστευκόσι διὰ τῆς 3. 6.
28 χάριτος· εὐτόνως γὰρ τοῖς Ἰουδαίοις διακατηλέγχετο δη- Cp. 9. 22.
μοσίᾳ, ἐπιδεικνὺς διὰ τῶν γραφῶν εἶναι τὸν Χριστὸν Ἰη-
σοῦν.

19 Ἐγένετο δὲ ἐν τῷ τὸν Ἀπολλὼ εἶναι ἐν Κορίνθῳ Παῦλον
διελθόντα τὰ ἀνωτερικὰ μέρη ἐλθεῖν εἰς Ἔφεσον, καὶ ʰεὑρεῖν ⁱ
2 τινας ⁱμαθητάς· εἶπέ τε" πρὸς αὐτούς, Εἰ Πνεῦμα Ἅγιον
ἐλάβετε πιστεύσαντες ; οἱ δὲ ᵏ⁻" πρὸς αὐτόν, Ἀλλ' οὐδὲ εἰ Cp. Joh. 7.
3 Πνεῦμα Ἅγιόν ἐστιν ἠκούσαμεν. εἶπέ τε ¹⁻", Εἰς τί οὖν 39. 16. 7.
4 ἐβαπτίσθητε ; οἱ δὲ εἶπον, Εἰς τὸ Ἰωάννου βάπτισμα. εἶπε Cp. 17. ??
δὲ Παῦλος, Ἰωάννης ᵐ⁻" ἐβάπτισε βάπτισμα μετανοίας, τῷ Cp. Mat.
λαῷ λέγων εἰς τὸν ἐρχόμενον μετ' αὐτὸν ἵνα πιστεύσωσι, Mk. 1. 4.
5 τοῦτ' ἔστιν εἰς τὸν ⁿ⁻" Ἰησοῦν. ἀκούσαντες δὲ ἐβαπτίσθησαν Lk. ?. ?.
6 εἰς τὸ ὄνομα τοῦ Κυρίου Ἰησοῦ. καὶ ἐπιθέντος αὐτοῖς τοῦ Cp. 8. 17.
Παύλου ᵒ⁻" χεῖρας ἦλθε τὸ Πνεῦμα τὸ Ἅγιον ἐπ' αὐτοῖς,
7 ἐλάλουν τε γλώσσαις καὶ προεφήτευον. ἦσαν δὲ οἱ πάντες
ἄνδρες ὡσεὶ δεκαδύο.

8 Εἰσελθὼν δὲ εἰς τὴν συναγωγὴν ἐπαρρησιάζετο ἐπὶ μῆνας
τρεῖς, διαλεγόμενος καὶ πείθων τὰ περὶ τῆς βασιλείας τοῦ Cp. 1. 3,
9 Θεοῦ. ὡς δέ τινες ἐσκληρύνοντο καὶ ἠπείθουν κακολογοῦντες 19. 8.
τὴν ὁδὸν ἐνώπιον τοῦ πλήθους, ἀποστὰς ἀπ' αὐτῶν ἀφώρισε 20. 25.
τοὺς μαθητάς, καθ' ἡμέραν διαλεγόμενος ἐν τῇ σχολῇ Τυράν- Cp. 9. 2.
10 νου ᴾ⁻". τοῦτο δὲ ἐγένετο ἐπὶ ἔτη δύο, ὥστε πάντας τοὺς
κατοικοῦντας τὴν Ἀσίαν ἀκοῦσαι τὸν λόγον τοῦ Κυρίου ᑫ⁻ʳ
11 Ἰουδαίους τε καὶ Ἕλληνας. δυνάμεις τε οὐ τὰς τυχούσας
12 ἐποίει ὁ Θεὸς διὰ τῶν χειρῶν Παύλου, ὥστε καὶ ἐπὶ τοῖς Cp. 5. 15.

ᵍ Ἀκύλας καὶ Πρίσκιλλα   ʰ εὑρών   ⁱ μαθητὰς εἶπε
ᵏ add εἶπον   ˡ add πρὸς αὐτούς   ᵐ add μὲν   ⁿ add
Χριστὸν   ᵒ add τὰς   ᵖ add τινός   ᑫ add Ἰησοῦ

X 2

ἀσθενοῦντας ʳἀποφέρεσθαι" ἀπὸ τοῦ χρωτὸς αὐτοῦ σουδάρια ἢ σιμικίνθια, καὶ ἀπαλλάσσεσθαι ἀπ' αὐτῶν τὰς νόσους, τά τε πνεύματα τὰ πονηρὰ ᵇἐκπορεύεσθαι." ἐπεχείρησαν δέ 13 τινες ᵗ καὶ " τῶν περιερχομένων Ἰουδαίων ἐξορκιστῶν ὀνομάζειν ἐπὶ τοὺς ἔχοντας τὰ πνεύματα τὰ πονηρὰ τὸ ὄνομα τοῦ Κυρίου Ἰησοῦ λέγοντες, ᵘ'Ορκίζω" ὑμᾶς τὸν Ἰησοῦν ὃν ὁ Παῦλος κηρύσσει. ἦσαν δέ ˣ τινος " Σκευᾶ Ἰουδαίου 14 ἀρχιερέως ἑπτὰ ʸ υἱοὶ" τοῦτο ποιοῦντες. ἀποκριθὲν δὲ τὸ 15 πνεῦμα τὸ πονηρὸν ᶻ εἶπεν αὐτοῖς", Τὸν Ἰησοῦν γινώσκω, καὶ τὸν Παῦλον ἐπίσταμαι· ὑμεῖς δὲ τίνες ἐστέ; καὶ ᵃ ἐφα- 16 λόμενος " ἐπ' αὐτοὺς ὁ ἄνθρωπος, ἐν ᾧ ἦν τὸ πνεῦμα τὸ πονηρόν, ᵇ—" κατακυριεύσας ᶜ ἀμφοτέρων " ἴσχυσε κατ' αὐτῶν, ὥστε γυμνοὺς καὶ τετραυματισμένους ἐκφυγεῖν ἐκ τοῦ οἴκου ἐκείνου. τοῦτο δὲ ἐγένετο γνωστὸν πᾶσιν Ἰουδαίοις 17 τε καὶ Ἕλλησι τοῖς κατοικοῦσι τὴν Ἔφεσον· καὶ ἐπέπεσε φόβος ἐπὶ πάντας αὐτούς, καὶ ἐμεγαλύνετο τὸ ὄνομα τοῦ Κυρίου Ἰησοῦ· πολλοί τε τῶν πεπιστευκότων ἤρχοντο, 18 ἐξομολογούμενοι, καὶ ἀναγγέλλοντες τὰς πράξεις αὐτῶν. ἱκανοὶ δὲ τῶν τὰ περίεργα πραξάντων συνενέγκαντες τὰς 19 βίβλους κατέκαιον ἐνώπιον πάντων· καὶ συνεψήφισαν τὰς τιμὰς αὐτῶν, καὶ εὗρον ἀργυρίου μυριάδας πέντε. οὕτω 20 κατὰ κράτος ᵈ τοῦ Κυρίου ὁ λόγος" ηὔξανε καὶ ἴσχυεν.

Ὡς δὲ ἐπληρώθη ταῦτα, ἔθετο ὁ Παῦλος ἐν τῷ πνεύματι 21 διελθὼν τὴν Μακεδονίαν καὶ Ἀχαΐαν πορεύεσθαι εἰς Ἱερουσαλήμ, εἰπὼν ὅτι Μετὰ τὸ γενέσθαι με ἐκεῖ δεῖ με καὶ Ῥώμην ἰδεῖν. ἀποστείλας δὲ εἰς τὴν Μακεδονίαν δύο τῶν 22 διακονούντων αὐτῷ, Τιμόθεον καὶ Ἔραστον, αὐτὸς ἐπέσχε χρόνον εἰς τὴν Ἀσίαν.

Ἐγένετο δὲ κατὰ τὸν καιρὸν ἐκεῖνον τάραχος οὐκ ὀλίγος 23 περὶ τῆς ὁδοῦ. Δημήτριος γάρ τις ὀνόματι, ἀργυροκόπος, 24

ʳ ἐπιφέρεσθαι   ˢ ἐξέρχεσθαι ἀπ' αὐτῶν.   ᵗ ἀπὸ
ᵘ Ὀρκίζομεν   ˣ τινες υἱοὶ   ʸ οἱ   ᶻ εἶπε   ᵃ ἐφαλόμενος   ᵇ add καὶ   ᶜ αὐτῶν   ᵈ ὁ λόγος τοῦ Κυρίου

ποιῶν ναοὺς ἀργυροῦς Ἀρτέμιδος, παρείχετο τοῖς τεχνίταις
25 ἐργασίαν οὐκ ὀλίγην· οὓς συναθροίσας, καὶ τοὺς περὶ τὰ
τοιαῦτα ἐργάτας, εἶπεν, Ἄνδρες, ἐπίστασθε ὅτι ἐκ ταύτης
26 τῆς ἐργασίας ἡ εὐπορία ᵉἡμῖν ᶠ ἐστι. καὶ θεωρεῖτε καὶ
ἀκούετε, ὅτι οὐ μόνον Ἐφέσου ἀλλὰ σχεδὸν πάσης τῆς
Ἀσίας ὁ Παῦλος οὗτος πείσας μετέστησεν ἱκανὸν ὄχλον,
27 λέγων ὅτι οὐκ εἰσὶ θεοὶ οἱ διὰ χειρῶν γινόμενοι. οὐ μόνον
δὲ τοῦτο κινδυνεύει ἡμῖν τὸ μέρος εἰς ἀπελεγμὸν ἐλθεῖν,
ἀλλὰ καὶ τὸ τῆς μεγάλης θεᾶς Ἀρτέμιδος ἱερὸν εἰς οὐδὲν
λογισθῆναι, μέλλειν ᶠτε ᴵᴵ καὶ καθαιρεῖσθαι ᵍτῆς μεγαλειό-
τητος ᴵᴵ αὐτῆς, ἣν ὅλη ἡ Ἀσία καὶ ἡ οἰκουμένη σέβεται.
28 ἀκούσαντες δέ, καὶ γενόμενοι πλήρεις θυμοῦ, ἔκραζον λέ-
29 γοντες, Μεγάλη ἡ Ἄρτεμις Ἐφεσίων. καὶ ἐπλήσθη ἡ πόλις
ʰτῆς ᶥ συγχύσεως· ὥρμησάν τε ὁμοθυμαδὸν εἰς τὸ θέατρον,
συναρπάσαντες Γάϊον καὶ Ἀρίσταρχον, Μακεδόνας, συνεκ-
30 δήμους τοῦ Παύλου. τοῦ δὲ Παύλου βουλομένου εἰσελθεῖν
31 εἰς τὸν δῆμον οὐκ εἴων αὐτὸν οἱ μαθηταί. τινὲς δὲ καὶ τῶν
Ἀσιαρχῶν, ὄντες αὐτῷ φίλοι, πέμψαντες πρὸς αὐτὸν παρε-
32 κάλουν μὴ δοῦναι ἑαυτὸν εἰς τὸ θέατρον. ἄλλοι μὲν οὖν
ἄλλο τι ἔκραζον· ἦν γὰρ ἡ ἐκκλησία συγκεχυμένη, καὶ οἱ
33 πλείους οὐκ ᾔδεισαν τίνος ἕνεκεν συνεληλύθεισαν. ἐκ δὲ
τοῦ ὄχλου ᶦ συνεβίβασαν ᴵᴵ Ἀλέξανδρον, προβαλόντων αὐτὸν
τῶν Ἰουδαίων. ὁ δὲ Ἀλέξανδρος, κατασείσας τὴν χεῖρα,
34 ἤθελεν ἀπολογεῖσθαι τῷ δήμῳ. ἐπιγνόντων δέ, ὅτι Ἰουδαῖός
ἐστι, φωνὴ ἐγένετο μία ἐκ πάντων ὡς ἐπὶ ὥρας δύο κρα-
35 ζόντων, Μεγάλη ἡ Ἄρτεμις Ἐφεσίων. καταστείλας δὲ ὁ
γραμματεὺς τὸν ὄχλον φησίν, Ἄνδρες Ἐφέσιοι, τίς γάρ
ἐστιν ᵏἀνθρώπων ᴵᴵ ὃς οὐ γινώσκει τὴν Ἐφεσίων πόλιν νεω-
κόρον οὖσαν τῆς μεγάλης ᴵ⁻ᴵᴵ Ἀρτέμιδος καὶ τοῦ Διοπετοῦς;
36 ἀναντιρρήτων οὖν ὄντων τούτων δέον ἐστὶν ὑμᾶς κατεσταλ-

ᵉ ἡμῶν   ᶠ δὲ S.   ᵍ τὴν μεγαλειότητα   ʰ ἱλη
ᶦ προεβίβασαν   ᵏ ἄνθρωπος   ᴵ add θεᾶς

μένους υπάρχειν, καὶ μηδὲν προπετὲς πράττειν. ἠγάγετε γὰρ 37
τοὺς ἄνδρας τούτους οὔτε ἱεροσύλους οὔτε βλασφημοῦντας
τὴν ᵐ θεὸν ἡμῶν". εἰ μὲν οὖν Δημήτριος καὶ οἱ σὺν αὐτῷ 38
τεχνῖται πρός τινα λόγον ἔχουσιν, ἀγοραῖοι ἄγονται, καὶ
ἀνθύπατοί εἰσιν· ἐγκαλείτωσαν ἀλλήλοις. εἰ δέ τι περὶ ἑτέ- 39
ρων ἐπιζητεῖτε, ἐν τῇ ἐννόμῳ ἐκκλησίᾳ ἐπιλυθήσεται. καὶ 40
γὰρ κινδυνεύομεν ἐγκαλεῖσθαι στάσεως περὶ τῆς σήμερον,
μηδενὸς αἰτίου ὑπάρχοντος· περὶ οὗ ⁿ οὐ¹ δυνησόμεθα ἀπο-
δοῦναι λόγον ᵒ περὶ" τῆς συστροφῆς ταύτης. καὶ ταῦτα 41
εἰπὼν ἀπέλυσε τὴν ἐκκλησίαν.

Μετὰ δὲ τὸ παύσασθαι τὸν θόρυβον ᵖ μεταπεμψάμενος" 20
ὁ Παῦλος τοὺς μαθητάς, καὶ ᑫπαρακαλέσας,¹ ἀσπασάμενος
ἐξῆλθε ʳπορεύεσθαι" εἰς τὴν Μακεδονίαν. διελθὼν δὲ τὰ 2
μέρη ἐκεῖνα, καὶ παρακαλέσας αὐτοὺς λόγῳ πολλῷ, ἦλθεν
εἰς τὴν Ἑλλάδα. ποιήσας τε μῆνας τρεῖς, γενομένης αὐτῷ 3
ἐπιβουλῆς ὑπὸ τῶν Ἰουδαίων μέλλοντι ἀνάγεσθαι εἰς τὴν
Συρίαν, ἐγένετο ˢ γνώμης" τοῦ ὑποστρέφειν διὰ Μακεδονίας.
συνείπετο δὲ αὐτῷ ᵗ ἄχρι τῆς Ἀσίας" Σώπατρος ᵘ Πύρρου" 4
Βεροιαῖος· Θεσσαλονικέων δέ, Ἀρίσταρχος καὶ Σεκοῦνδος· καὶ
Γάϊος Δερβαῖος καὶ Τιμόθεος· Ἀσιανοὶ δέ, Τυχικὸς καὶ Τρό-
φιμος. οὗτοι ˣ δὲ" ʸ προελθόντες" ἔμενον ἡμᾶς ἐν Τρωάδι. 5
ἡμεῖς δὲ ἐξεπλεύσαμεν μετὰ τὰς ἡμέρας τῶν ἀζύμων ἀπὸ 6
Φιλίππων, καὶ ἤλθομεν πρὸς αὐτοὺς εἰς τὴν Τρωάδα ἄχρις
ἡμερῶν πέντε· οὗ διετρίψαμεν ἡμέρας ἑπτά.

Ἐν δὲ τῇ μιᾷ τῶν σαββάτων, συνηγμένων ᶻ ἡμῶν" κλάσαι 7
ἄρτον, ὁ Παῦλος διελέγετο αὐτοῖς μέλλων ἐξιέναι τῇ ἐπαύ-
ριον, παρέτεινέ τε τὸν λόγον μέχρι μεσονυκτίου. ἦσαν δὲ 8
λαμπάδες ἱκαναὶ ἐν τῷ ὑπερῴῳ οὗ ᵃ ἦμεν" συνηγμένοι.

ᵐ θεὰν ὑμῶν   ⁿ om. οὐ   ᵒ om. περὶ   ᵖ προσ-
καλεσάμενος   ᑫ om. παρακαλέσας,   ʳ πορευθῆναι   ˢ γνώμη
ᵗ om. ἄχρι τῆς Ἀσίας M.   ᵘ om. Πύρρου   ˣ om. δὲ
ʸ προσελθόντες M.   ᶻ τῶν μαθητῶν τοῦ   ᵃ ἦσαν

9 ᵇκαθεζόμενος" δέ τις νεανίας ὀνόματι Εὔτυχος ἐπὶ τῆς
θυρίδος, καταφερόμενος ὕπνῳ βαθεῖ, διαλεγομένου τοῦ Παύ-
λου ἐπὶ πλεῖον κατενεχθεὶς ἀπὸ τοῦ ὕπνου ἔπεσεν ἀπὸ τοῦ
10 τριστέγου κάτω, καὶ ἤρθη νεκρός. καταβὰς δὲ ὁ Παῦλος
ἐπέπεσεν αὐτῷ, καὶ συμπεριλαβὼν εἶπε, Μὴ θορυβεῖσθε·
11 ἡ γὰρ ψυχὴ αὐτοῦ ἐν αὐτῷ ἐστιν. ἀναβὰς δὲ καὶ κλάσας
ᶜτὸν" ἄρτον καὶ γευσάμενος, ἐφ' ἱκανόν τε ὁμιλήσας ἄχρις
12 αὐγῆς, οὕτως ἐξῆλθεν. ἤγαγον δὲ τὸν παῖδα ζῶντα, καὶ
παρεκλήθησαν οὐ μετρίως.
13 Ἡμεῖς δέ, προελθόντες ἐπὶ τὸ πλοῖον, ἀνήχθημεν ᵈἐπι"
τὴν Ἄσσον, ἐκεῖθεν μέλλοντες ἀναλαμβάνειν τὸν Παῦλον·
14 οὕτω γὰρ ἦν διατεταγμένος, μέλλων αὐτὸς πεζεύειν. ὡς δὲ
ᵉσυνέβαλλεν" ἡμῖν εἰς τὴν Ἄσσον, ἀναλαβόντες αὐτὸν ἤλ-
15 θομεν εἰς Μιτυλήνην. κἀκεῖθεν ἀποπλεύσαντες τῇ ἐπιούσῃ
κατηντήσαμεν ἀντικρὺ Χίου, τῇ δὲ ἑτέρᾳ παρεβάλομεν εἰς
16 Σάμον, ᶠτῇ δὲ ἐχομένῃ ᶦ ἤλθομεν εἰς Μίλητον. ᵍκεκρίκει"
γὰρ ὁ Παῦλος παραπλεῦσαι τὴν Ἔφεσον, ὅπως μὴ γένηται
αὐτῷ χρονοτριβῆσαι ἐν τῇ Ἀσίᾳ· ἔσπευδε γάρ, εἰ δυνατὸν
ʰεἴη" αὐτῷ, τὴν ἡμέραν τῆς Πεντηκοστῆς γενέσθαι εἰς Ἱερο-
σόλυμα.
17 Ἀπὸ δὲ τῆς Μιλήτου πέμψας εἰς Ἔφεσον μετεκαλέσατο
18 τοὺς πρεσβυτέρους τῆς ἐκκλησίας. ὡς δὲ παρεγένοντο πρὸς Cp. 14.
αὐτόν, εἶπεν αὐτοῖς,
Ὑμεῖς ἐπίστασθε, ἀπὸ πρώτης ἡμέρας ἀφ' ἧς ἐπέβην εἰς
τὴν Ἀσίαν, πῶς μεθ' ὑμῶν τὸν πάντα χρόνον ἐγενόμην,
19 δουλεύων τῷ Κυρίῳ μετὰ πάσης ταπεινοφροσύνης καὶ ᶦ—ᶦ
δακρύων καὶ πειρασμῶν τῶν συμβάντων μοι ἐν ταῖς ἐπι-
20 βουλαῖς τῶν Ἰουδαίων· ὡς οὐδὲν ὑπεστειλάμην τῶν συμ-
φερόντων, τοῦ μὴ ἀναγγεῖλαι ὑμῖν καὶ διδάξαι ὑμᾶς δημοσίᾳ
21 καὶ κατ' οἴκους, διαμαρτυρόμενος Ἰουδαίοις τε καὶ Ἕλλησι

ᵇ καθήμενος   ᶜ om. τὸν   ᵈ εἰς   ᵉ συνέβαλεν
ᶠ καὶ μείναντες ἐν Τρωγυλλίῳ, τῇ ἐχομένῃ Λ.S.M.   ᵍ ἔκρινε
ʰ ἦν   ᶦ add πολλῶν

τὴν εἰς τὸν Θεὸν μετάνοιαν, καὶ πίστιν ᵏ⁻" εἰς τὸν Κύριον ἡμῶν Ἰησοῦν ¹Χριστόν". καὶ νῦν ἰδού, ἐγὼ δεδεμένος τῷ 22 πνεύματι πορεύομαι εἰς Ἱερουσαλήμ, τὰ ἐν αὐτῇ συναντήσοντά μοι μὴ εἰδώς, πλὴν ὅτι τὸ Πνεῦμα τὸ Ἅγιον κατὰ 23 πόλιν διαμαρτύρεταί ᵐ μοι" λέγον ὅτι δεσμά με καὶ θλίψεις μένουσιν. ἀλλ᾽ οὐδενὸς ⁿ λόγου" ποιοῦμαι ᵒ⁻" τὴν ψυχὴν 24 ᵖ⁻" τιμίαν ἐμαυτῷ, ὡς ⸱ τελειῶσαι τὸν δρόμον μου ᵠ⁻", καὶ τὴν διακονίαν ἣν ἔλαβον παρὰ τοῦ Κυρίου Ἰησοῦ, διαμαρτύρασθαι τὸ εὐαγγέλιον τῆς χάριτος τοῦ Θεοῦ. καὶ νῦν, 25 ἰδού, ἐγὼ οἶδα ὅτι οὐκέτι ὄψεσθε τὸ πρόσωπόν μου ὑμεῖς Cp. 19. 8. πάντες, ἐν οἷς διῆλθον κηρύσσων τὴν βασιλείαν ʳ⁻". ˢδιότι" 26 μαρτύρομαι ὑμῖν ἐν τῇ σήμερον ἡμέρᾳ, ὅτι καθαρός ᵗεἰμι" ἀπὸ τοῦ αἵματος πάντων. οὐ γὰρ ὑπεστειλάμην τοῦ μὴ 27 ἀναγγεῖλαι ὑμῖν πᾶσαν τὴν βουλὴν τοῦ Θεοῦ. προσέχετε 28 Cp. Phil. ᵘ⁻" ἑαυτοῖς καὶ παντὶ τῷ ποιμνίῳ, ἐν ᾧ ὑμᾶς τὸ Πνεῦμα τὸ
1. 1,
1Tim.3.2, Ἅγιον ἔθετο ἐπισκόπους, ποιμαίνειν τὴν ἐκκλησίαν τοῦ
Titus 1. 7. ˣ Θεοῦ", ἣν περιεποιήσατο διὰ ʸτοῦ αἵματος τοῦ ἰδίου".
ἐγὼ ᶻ⁻" οἶδα ᵃ⁻" ὅτι εἰσελεύσονται μετὰ τὴν ἄφιξίν μου 29
Cp. 1 Tim. λύκοι βαρεῖς εἰς ὑμᾶς μὴ φειδόμενοι τοῦ ποιμνίου· καὶ ἐξ 30
4. 1,
2 Pet. 2. 1. ὑμῶν αὐτῶν ἀναστήσονται ἄνδρες λαλοῦντες διεστραμμένα, τοῦ ἀποσπᾶν τοὺς μαθητὰς ὀπίσω αὐτῶν. διὸ γρηγορεῖτε, 31 μνημονεύοντες ὅτι τριετίαν νύκτα καὶ ἡμέραν οὐκ ἐπαυσάμην μετὰ δακρύων νουθετῶν ἕνα ἕκαστον. καὶ τανῦν παρατί- 32 θεμαι ὑμᾶς ᵇ⁻" τῷ ᶜ Θεῷ" καὶ τῷ λόγῳ τῆς χάριτος αὐτοῦ τῷ δυναμένῳ ᵈ οἰκοδομῆσαι" καὶ δοῦναι ᵉ τὴν" κληρονομίαν ἐν τοῖς ἡγιασμένοις πᾶσιν. ἀργυρίου ἢ χρυσίου ἢ ἱματισ- 33 Cp. 18. 3. μοῦ οὐδενὸς ἐπεθύμησα. αὐτοὶ ᶠ⁻" γινώσκετε ὅτι ταῖς 34
1Thss.2.9,
2Thss.3.8. ᵏ add τὴν   ˡ om. Χριστόν M.   ᵐ om. μοι   ⁿ λόγον
ᵒ add οὐδὲ ἔχω   ᵖ add μου   ᵠ add μετὰ χαρᾶς   ʳ add
τοῦ Θεοῦ   ˢ διὸ   ᵗ ἐγὼ   ᵘ add οὖν   ˣ Κυρίου M.
ʸ τοῦ ἰδίου αἵματος   ᶻ add γὰρ   ᵃ add τοῦτο,   ᵇ add
ἀδελφοί,   ᶜ Κυρίῳ M.   ᵈ ἐποικοδομῆσαι   ᵉ ὑμῖν
ᶠ add δὲ

χρείαις μου καὶ τοῖς οὖσι μετ' ἐμοῦ ὑπηρέτησαν αἱ χεῖρες
35 αὗται. πάντα ὑπέδειξα ὑμῖν, ὅτι οὕτω κοπιῶντας δεῖ ἀντιλαμβάνεσθαι τῶν ἀσθενούντων, μνημονεύειν τε τῶν λόγων
τοῦ Κυρίου Ἰησοῦ, ὅτι αὐτὸς εἶπε, Μακάριόν ἐστι g μᾶλλον
διδόναι" ἢ λαμβάνειν.
36 Καὶ ταῦτα εἰπών, θεὶς τὰ γόνατα αὐτοῦ, σὺν πᾶσιν αὐτοῖς
37 προσηύξατο. ἱκανὸς δὲ ἐγένετο κλαυθμὸς πάντων· καὶ ἐπιπεσόντες ἐπὶ τὸν τράχηλον τοῦ Παύλου κατεφίλουν αὐτόν,
38 ὀδυνώμενοι μάλιστα ἐπὶ τῷ λόγῳ ᾧ εἰρήκει, ὅτι οὐκέτι μέλλουσι τὸ πρόσωπον αὐτοῦ θεωρεῖν. προέπεμπον δὲ αὐτὸν
εἰς τὸ πλοῖον.
21 Ὡς δὲ ἐγένετο ἀναχθῆναι ἡμᾶς ἀποσπασθέντας ἀπ' αὐτῶν,
εὐθυδρομήσαντες ἤλθομεν εἰς τὴν h Κῶ ⁱ, τῇ δὲ ἑξῆς εἰς τὴν
2 Ῥόδον, κἀκεῖθεν εἰς Πάταρα· καὶ εὑρόντες πλοῖον διαπερῶν
3 εἰς Φοινίκην ἐπιβάντες ἀνήχθημεν. ἀναφάναντες δὲ τὴν
Κύπρον, καὶ καταλιπόντες αὐτὴν εὐώνυμον, ἐπλέομεν εἰς
Συρίαν, καὶ ⁱ κατήλθομεν" εἰς Τύρον· ἐκεῖσε γὰρ ἦν τὸ
4 πλοῖον ἀποφορτιζόμενον τὸν γόμον. ʲ ἀνευρόντες δὲ" ᵏ τοὺς"
μαθητὰς ἐπεμείναμεν αὐτοῦ ἡμέρας ἑπτά· οἵτινες τῷ Παύλῳ
ἔλεγον διὰ τοῦ Πνεύματος μὴ ˡ ἐπιβαίνειν ' εἰς Ἱερουσαλημ.
5 ὅτε δὲ ἐγένετο ἡμᾶς ἐξαρτίσαι τὰς ἡμέρας, ἐξελθόντες ἐπορευόμεθα, προπεμπόντων ἡμᾶς πάντων σὺν γυναιξὶ καὶ τέκνοις ἕως ἔξω τῆς πόλεως· καὶ θέντες τὰ γόνατα ἐπὶ τὸν
6 αἰγιαλὸν ᵐ προσευξάμενοι ἀπησπασάμεθα" ἀλλήλους, ⁿ καὶ
ἐνέβημεν" εἰς τὸ πλοῖον, ἐκεῖνοι δὲ ὑπέστρεψαν εἰς τὰ
ἴδια.
7 Ἡμεῖς δέ, τὸν πλοῦν διανύσαντες ἀπὸ Τύρου, κατηντήσαμεν εἰς Πτολεμαΐδα, καὶ ἀσπασάμενοι τοὺς ἀδελφοὺς
8 ἐμείναμεν ἡμέραν μίαν παρ' αὐτοῖς. τῇ δὲ ἐπαύριον ἐξελθόντες ᵒ—" ᵖ ἤλθομεν" εἰς Καισάρειαν· καὶ εἰσελθόντες εἰς

g διδόναι μᾶλλον   h Κῶν   ⁱ κατήχθημεν   ʲ καὶ ἀνευρόντες
ᵏ om. τοὺς A.   ˡ ἀναβαίνειν   ᵐ προσηυξάμεθα, καὶ ἀσπασάμενοι   ⁿ ἐπέβημεν   ᵒ add οἱ περὶ τὸν Παῦλον   ᵖ ἦλθον S.

τὸν οἶκον Φιλίππου τοῦ εὐαγγελιστοῦ, q—" ὄντος ἐκ τῶν
ἑπτά, ἐμείναμεν παρ' αὐτῷ. τούτῳ δὲ ἦσαν θυγατέρες 9
ʳ τέσσαρες παρθένοι" προφητεύουσαι. ἐπιμενόντων δὲ ˢ—" 10
ἡμέρας πλείους κατῆλθέ τις ἀπὸ τῆς Ἰουδαίας προφήτης
ὀνόματι Ἄγαβος. καὶ ἐλθὼν πρὸς ἡμᾶς, καὶ ἄρας τὴν ζώνην 11
τοῦ Παύλου, δήσας ᵗ ἑαυτοῦ τοὺς πόδας καὶ τὰς χεῖρας"
εἶπε, Τάδε λέγει τὸ Πνεῦμα τὸ Ἅγιον, Τὸν ἄνδρα οὗ ἐστιν ἡ
ζώνη αὕτη οὕτω δήσουσιν ἐν Ἰερουσαλὴμ οἱ Ἰουδαῖοι, καὶ
παραδώσουσιν εἰς χεῖρας ἐθνῶν. ὡς δὲ ἠκούσαμεν ταῦτα, 12
παρεκαλοῦμεν ἡμεῖς τε καὶ οἱ ἐντόπιοι, τοῦ μὴ ἀναβαίνειν
αὐτὸν εἰς Ἰερουσαλήμ. ᵘ τότε ἀπεκρίθη" ὁ Παῦλος, Τί 13
ποιεῖτε κλαίοντες καὶ συνθρύπτοντές μου τὴν καρδίαν; ἐγὼ
γὰρ οὐ μόνον δεθῆναι ἀλλὰ καὶ ἀποθανεῖν εἰς Ἰερουσαλὴμ
ἑτοίμως ἔχω ὑπὲρ τοῦ ὀνόματος τοῦ Κυρίου Ἰησοῦ. μὴ 14
πειθομένου δὲ αὐτοῦ ἡσυχάσαμεν εἰπόντες, Τὸ θέλημα τοῦ
Κυρίου γενέσθω.
Μετὰ δὲ τὰς ἡμέρας ταύτας ˣ ἐπισκευασάμενοι" ἀνεβαί- 15
νομεν εἰς Ἰερουσαλήμ. συνῆλθον δὲ καὶ τῶν μαθητῶν ἀπὸ 16
Καισαρείας σὺν ἡμῖν, ἄγοντες παρ' ᾧ ξενισθῶμεν Μνάσωνί
τινι Κυπρίῳ, ἀρχαίῳ μαθητῇ.
Γενομένων δὲ ἡμῶν εἰς Ἱεροσόλυμα ἀσμένως ʸ ἀπεδέξαντο" 17
ἡμᾶς οἱ ἀδελφοί. τῇ δὲ ἐπιούσῃ εἰσῄει ὁ Παῦλος σὺν ἡμῖν 18
πρὸς Ἰάκωβον· πάντες τε παρεγένοντο οἱ πρεσβύτεροι. καὶ 19
ἀσπασάμενος αὐτοὺς ἐξηγεῖτο καθ' ἓν ἕκαστον ὧν ἐποίησεν
ὁ Θεὸς ἐν τοῖς ἔθνεσι διὰ τῆς διακονίας αὐτοῦ. οἱ δὲ 20
ἀκούσαντες ἐδόξαζον τὸν ᶻ Θεόν"· εἶπόν τε αὐτῷ, Θεωρεῖς,
ἀδελφέ, πόσαι μυριάδες εἰσὶν ᵃ ἐν τοῖς Ἰουδαίοις" τῶν πε-
πιστευκότων· καὶ πάντες ζηλωταὶ τοῦ νόμου ὑπάρχουσι·
κατηχήθησαν δὲ περὶ σοῦ, ὅτι ἀποστασίαν διδάσκεις ἀπὸ 21
Μωσέως τοὺς κατὰ τὰ ἔθνη πάντας Ἰουδαίους, λέγων μὴ

q add τοῦ   ʳ παρθένοι τέσσαρες   ˢ add ἡμῶν   ᵗ τε
αὐτοῦ τὰς χεῖρας καὶ τοὺς πόδας   ᵘ ἀπεκρίθη δὲ   ˣ ἀπο-
σκευασάμενοι   ʸ ἐδέξαντο   ᶻ Κύριον   ᵃ Ἰουδαίων

περιτέμνειν αὐτοὺς τὰ τέκνα μηδὲ τοῖς ἔθεσι περιπατεῖν. 22, 23 τί οὖν ἐστι; πάντως ᵇ ἀκούσονται" ὅτι ἐλήλυθας. τοῦτο οὖν ποίησον ὅ σοι λέγομεν· εἰσὶν ἡμῖν ἄνδρες τέσσαρες 24 εὐχὴν ἔχοντες ἐφ' ἑαυτῶν· τούτους παραλαβὼν ἁγνίσθητι σὺν αὐτοῖς, καὶ δαπάνησον ἐπ' αὐτοῖς, ἵνα ᶜ ξυρήσονται" Cp. 18. 18. τὴν κεφαλήν, καὶ ᵈ γνώσονται" πάντες ὅτι ὧν κατήχηνται περὶ σοῦ οὐδέν ἐστιν, ἀλλὰ στοιχεῖς καὶ αὐτὸς τὸν νόμον 25 φυλάσσων. περὶ δὲ τῶν πεπιστευκότων ἐθνῶν ἡμεῖς ᵉ ἐπε- Cp. 15. 23 στείλαμεν", κρίναντες ᶠ—" φυλάσσεσθαι αὐτοὺς τό τε εἰδω- sqq. 26 λόθυτον καὶ ᵍ—" αἷμα καὶ πνικτὸν καὶ πορνείαν. τότε ὁ Παῦλος παραλαβὼν τοὺς ἄνδρας τῇ ἐχομένῃ ἡμέρᾳ σὺν αὐτοῖς ἁγνισθεὶς εἰσῄει εἰς τὸ ἱερόν, διαγγέλλων τὴν ἐκπλήρωσιν τῶν ἡμερῶν τοῦ ἁγνισμοῦ, ἕως οὗ προσηνέχθη ὑπὲρ ἑνὸς ἑκάστου αὐτῶν ἡ προσφορά. 27 Ὡς δὲ ἔμελλον αἱ ἑπτὰ ἡμέραι συντελεῖσθαι, οἱ ἀπὸ τῆς Ἀσίας Ἰουδαῖοι, θεασάμενοι αὐτὸν ἐν τῷ ἱερῷ, συνέχεον 28 πάντα τὸν ὄχλον, καὶ ἐπέβαλον τὰς χεῖρας ἐπ' αὐτὸν κράζοντες, Ἄνδρες Ἰσραηλῖται, βοηθεῖτε· οὗτός ἐστιν ὁ ἄνθρωπος Cp. 6. 13. ὁ κατὰ τοῦ λαοῦ καὶ τοῦ νόμου καὶ τοῦ τόπου τούτου πάντας πανταχοῦ διδάσκων· ἔτι τε καὶ Ἕλληνας εἰσήγαγεν εἰς τὸ Cp. 24. 6. 29 ἱερόν, καὶ κεκοίνωκε τὸν ἅγιον τόπον τοῦτον. ἦσαν γὰρ προεωρακότες Τρόφιμον τὸν Ἐφέσιον ἐν τῇ πόλει σὺν αὐτῷ, Cp. 20. 4. 30 ὃν ἐνόμιζον ὅτι εἰς τὸ ἱερὸν εἰσήγαγεν ὁ Παῦλος. ἐκινήθη 2 Tim. 4. τε ἡ πόλις ὅλη, καὶ ἐγένετο συνδρομὴ τοῦ λαοῦ· καὶ ἐπι- 20. λαβόμενοι τοῦ Παύλου εἷλκον αὐτὸν ἔξω τοῦ ἱεροῦ· καὶ 31 εὐθέως ἐκλείσθησαν αἱ θύραι. ζητούντων ʰ τε" αὐτὸν ἀποκτεῖναι ἀνέβη φάσις τῷ χιλιάρχῳ τῆς σπείρης, ὅτι ὅλη 32 ⁱ συγχύνεται" Ἱερουσαλήμ· ὃς ἐξαυτῆς παραλαβὼν στρατιώτας καὶ ἑκατοντάρχους κατέδραμεν ἐπ' αὐτούς· οἱ δὲ ἰδόντες τὸν χιλίαρχον καὶ τοὺς στρατιώτας ἐπαύσαντο τύπ-

ᵇ δεῖ πλῆθος συνελθεῖν· ἀκούσονται γὰρ   ᶜ ξυρήσωνται
ᵈ γνῶσι   ᵉ ἀπεστείλαμεν M.   ᶠ add μηδὲν τοιοῦτον τηρεῖν αὐτούς, εἰ μὴ   ᵍ add τὸ   ʰ δὲ   ⁱ συγκέχυται

τοντες τὸν Παῦλον. τότε ἐγγίσας ὁ χιλίαρχος ἐπελάβετο 33
αὐτοῦ, καὶ ἐκέλευσε δεθῆναι ἁλύσεσι δυσί· καὶ ἐπυνθάνετο
τίς ᵏ⁻ⁱⁱ εἴη, καὶ τί ἐστι πεποιηκώς. ἄλλοι δὲ ἄλλο τι 34
¹ἐπεφώνουνⁱⁱ ἐν τῷ ὄχλῳ· μὴ δυνάμενος δὲ γνῶναι τὸ
ἀσφαλὲς διὰ τὸν θόρυβον ἐκέλευσεν ἄγεσθαι αὐτὸν εἰς τὴν
παρεμβολήν. ὅτε δὲ ἐγένετο ἐπὶ τοὺς ἀναβαθμούς, συνέβη 35
βαστάζεσθαι αὐτὸν ὑπὸ τῶν στρατιωτῶν διὰ τὴν βίαν τοῦ
ὄχλου· ἠκολούθει γὰρ τὸ πλῆθος τοῦ λαοῦ κρᾶζον, Αἶρε 36
αὐτόν.

Μέλλων τε εἰσάγεσθαι εἰς τὴν παρεμβολὴν ὁ Παῦλος 37
λέγει τῷ χιλιάρχῳ, Εἰ ἔξεστί μοι εἰπεῖν τι πρός σε; ὁ δὲ
ἔφη, Ἑλληνιστὶ γινώσκεις; οὐκ ἄρα σὺ εἶ ὁ Αἰγύπτιος ὁ πρὸ 38
τούτων τῶν ἡμερῶν ἀναστατώσας καὶ ἐξαγαγὼν εἰς τὴν ἔρη-
μον τοὺς τετρακισχιλίους ἄνδρας τῶν σικαρίων; εἶπε δὲ ὁ 39
Παῦλος, Ἐγὼ ἄνθρωπος μέν εἰμι Ἰουδαῖος, Ταρσεὺς τῆς
Κιλικίας, οὐκ ἀσήμου πόλεως πολίτης· δέομαι δέ σου, ἐπί-
τρεψόν μοι λαλῆσαι πρὸς τὸν λαόν. ἐπιτρέψαντος δὲ αὐτοῦ 40
ὁ Παῦλος ἑστὼς ἐπὶ τῶν ἀναβαθμῶν κατέσεισε τῇ χειρὶ τῷ
λαῷ· πολλῆς δὲ σιγῆς γενομένης προσεφώνησε τῇ Ἑβραΐδι
διαλέκτῳ λέγων,

Ἄνδρες ἀδελφοὶ καὶ πατέρες, ἀκούσατέ μου τῆς πρὸς 22
ὑμᾶς νῦν ἀπολογίας.

Ἀκούσαντες δὲ ὅτι τῇ Ἑβραΐδι διαλέκτῳ προσεφώνει 2
αὐτοῖς μᾶλλον παρέσχον ἡσυχίαν· καί φησιν,

Ἐγώ ᵐ⁻ⁱⁱ εἰμι ἀνὴρ Ἰουδαῖος, γεγεννημένος ἐν Ταρσῷ τῆς 3
Κιλικίας, ἀνατεθραμμένος δὲ ἐν τῇ πόλει ταύτῃ παρὰ τοὺς
πόδας Γαμαλιήλ, πεπαιδευμένος κατὰ ἀκρίβειαν τοῦ πα-
τρῴου νόμου, ζηλωτὴς ὑπάρχων τοῦ Θεοῦ, καθὼς πάντες
ὑμεῖς ἐστε σήμερον· ὃς ταύτην τὴν ὁδὸν ἐδίωξα ἄχρι θανά- 4
του, δεσμεύων καὶ παραδιδοὺς εἰς φυλακὰς ἄνδρας τε καὶ
γυναῖκας. ὡς καὶ ὁ ἀρχιερεὺς μαρτυρεῖ μοι, καὶ πᾶν τὸ 5

ᵏ add ἂν   ¹ ἐβόων   ᵐ add μέν

πρεσβυτέριον· παρ' ὧν καὶ ἐπιστολὰς δεξάμενος πρὸς τοὺς
ἀδελφοὺς εἰς Δαμασκὸν ἐπορευόμην, ἄξων καὶ τοὺς ἐκεῖσε
6 ὄντας δεδεμένους εἰς Ἱερουσαλήμ, ἵνα τιμωρηθῶσιν. ἐγένετο
δέ μοι πορευομένῳ καὶ ἐγγίζοντι τῇ Δαμασκῷ περὶ μεσημ-
βρίαν ἐξαίφνης ἐκ τοῦ οὐρανοῦ περιαστράψαι φῶς ἱκανὸν
7 περὶ ἐμέ. ἔπεσόν τε εἰς τὸ ἔδαφος, καὶ ἤκουσα φωνῆς
8 λεγούσης μοι, Σαούλ, Σαούλ, τί με διώκεις; ἐγὼ δὲ ἀπε-
κρίθην, Τίς εἶ, Κύριε; εἶπέ τε πρός με, Ἐγώ εἰμι Ἰησοῦς
9 ὁ Ναζωραῖος ὃν σὺ διώκεις. οἱ δὲ σὺν ἐμοὶ ὄντες τὸ μὲν
φῶς ἐθεάσαντο, n—' τὴν δὲ φωνὴν οὐκ ἤκουσαν τοῦ λα-
10 λοῦντός μοι. εἶπον δέ, Τί ποιήσω, Κύριε; ὁ δὲ Κύριος εἶπε
πρός με, Ἀναστὰς πορεύου εἰς Δαμασκόν· κἀκεῖ σοι λαλη-
11 θήσεται περὶ πάντων ὧν τέτακταί σοι ποιῆσαι. ὡς δὲ οὐκ
ἐνέβλεπον ἀπὸ τῆς δόξης τοῦ φωτὸς ἐκείνου, χειραγωγού-
12 μενος ὑπὸ τῶν συνόντων μοι ἦλθον εἰς Δαμασκόν. Ἀνανίας
δέ τις, ἀνὴρ ᵒ εὐλαβὴς" κατὰ τὸν νόμον, μαρτυρούμενος ὑπὸ
13 πάντων τῶν κατοικούντων Ἰουδαίων, ἐλθὼν πρός με καὶ
ἐπιστὰς εἶπέ μοι, Σαοὺλ ἀδελφέ, ἀνάβλεψον. κἀγὼ αὐτῇ
14 τῇ ὥρᾳ ἀνέβλεψα εἰς αὐτόν. ὁ δὲ εἶπεν, Ὁ Θεὸς τῶν
πατέρων ἡμῶν προεχειρίσατό σε γνῶναι τὸ θέλημα αὐτοῦ,
καὶ ἰδεῖν τὸν δίκαιον, καὶ ἀκοῦσαι φωνὴν ἐκ τοῦ στόματος
15 αὐτοῦ. ὅτι ἔσῃ μάρτυς αὐτῷ πρὸς πάντας ἀνθρώπους ὧν
16 ἑώρακας καὶ ἤκουσας. καὶ νῦν τί μέλλεις; ἀναστὰς βάπ-
τισαι καὶ ἀπόλουσαι τὰς ἁμαρτίας σου, ἐπικαλεσάμενος τὸ
17 ὄνομα ᴾ αὐτοῦ". ἐγένετο δέ μοι ὑποστρέψαντι εἰς Ἱερου-
σαλήμ, καὶ προσευχομένου μου ἐν τῷ ἱερῷ, γενέσθαι με ἐν
18 ἐκστάσει, καὶ ἰδεῖν αὐτὸν λέγοντά μοι, Σπεῦσον καὶ ἔξελθε
ἐν τάχει ἐξ Ἱερουσαλήμ· διότι οὐ παραδέξονταί σου ᑫ—⁷
19 μαρτυρίαν περὶ ἐμοῦ. κἀγὼ εἶπον, Κύριε, αὐτοὶ ἐπίστανται
ὅτι ἐγὼ ἤμην φυλακίζων καὶ δέρων κατὰ τὰς συναγωγὰς τοὺς

ⁿ add καὶ ἔμφοβοι ἐγένοντο, ᵒ εὐσεβὴς ᴾ τοῦ Κυρίου
ᑫ add τὴν

ΠΡΑΞΕΙΣ 22. 19–

Cp. 7. 58 sqq.
Cp. Rev. 2.
13.

πιστεύοντας ἐπὶ σέ· καὶ ὅτε ἐξεχεῖτο τὸ αἷμα Στεφάνου τοῦ 20 μάρτυρός σου, καὶ αὐτὸς ἤμην ἐφεστώς, καὶ συνευδοκῶν ʳ⁻ˡ, καὶ φυλάσσων τὰ ἱμάτια τῶν ἀναιρούντων αὐτόν. καὶ εἶπε 21 πρός με, Πορεύου, ὅτι ἐγὼ εἰς ἔθνη μακρὰν ἐξαποστελῶ σε. Ἤκουον δὲ αὐτοῦ ἄχρι τούτου τοῦ λόγου, καὶ ἐπῆραν τὴν 22 φωνὴν αὐτῶν λέγοντες, Αἶρε ἀπὸ τῆς γῆς τὸν τοιοῦτον· οὐ γὰρ καθῆκον αὐτὸν ζῆν. κραυγαζόντων δὲ αὐτῶν, καὶ ῥιπ- 23 τούντων τὰ ἱμάτια, καὶ κονιορτὸν βαλλόντων εἰς τὸν ἀέρα, ἐκέλευσεν αὐτὸν ὁ χιλίαρχος ἄγεσθαι εἰς τὴν παρεμβολήν, 24 εἰπὼν μάστιξιν ἀνετάζεσθαι αὐτόν, ἵνα ἐπιγνῷ δι' ἣν αἰτίαν οὕτως ἐπεφώνουν αὐτῷ. ὡς δὲ ˢ προέτειναν ˡˡ αὐτὸν τοῖς 25

Cp. 16. 37. ἱμᾶσιν, εἶπε πρὸς τὸν ἑστῶτα ἑκατόνταρχον ὁ Παῦλος, Εἰ ἄνθρωπον Ῥωμαῖον καὶ ἀκατάκριτον ἔξεστιν ὑμῖν μαστίζειν; ἀκούσας δὲ ὁ ἑκατόνταρχος προσελθὼν ᵗ τῷ χιλιάρχῳ ἀπήγ- 26 γειλε ˡˡ λέγων, ᵘ Τί μέλλεις ποιεῖν; ˡˡ ὁ γὰρ ἄνθρωπος οὗτος Ῥωμαῖός ἐστι. προσελθὼν δὲ ὁ χιλίαρχος εἶπεν αὐτῷ, 27 Λέγε μοι, ˣ⁻ˡˡ σὺ Ῥωμαῖος εἶ; ὁ δὲ ἔφη, Ναί. ἀπεκρίθη 28 ʸ δὲ ˡˡ ὁ χιλίαρχος, Ἐγὼ πολλοῦ κεφαλαίου τὴν πολιτείαν ταύτην ἐκτησάμην. ὁ δὲ Παῦλος ἔφη, Ἐγὼ δὲ καὶ γεγέννημαι. εὐθέως οὖν ἀπέστησαν ἀπ' αὐτοῦ οἱ μέλλοντες αὐτὸν 29 ἀνετάζειν· καὶ ὁ χιλίαρχος δὲ ἐφοβήθη, ἐπιγνοὺς ὅτι Ῥωμαῖός ἐστι, καὶ ὅτι ἦν αὐτὸν δεδεκώς.

Τῇ δὲ ἐπαύριον βουλόμενος γνῶναι τὸ ἀσφαλές, τὸ τί 30 κατηγορεῖται ᶻ ὑπὸ ˡˡ τῶν Ἰουδαίων, ἔλυσεν αὐτόν ᵃ⁻ˡˡ, καὶ ᵇ ἐκέλευσε συνελθεῖν ˡˡ τοὺς ἀρχιερεῖς καὶ ᶜ πᾶν ˡˡ τὸ συνέδριον ᵈ⁻ˡ, καὶ καταγαγὼν τὸν Παῦλον ἔστησεν εἰς αὐτούς.

Ἀτενίσας δὲ ὁ Παῦλος τῷ συνεδρίῳ εἶπεν, Ἄνδρες ἀδελ- 23

Cp. 24. 16. φοί, ἐγὼ πάσῃ συνειδήσει ἀγαθῇ πεπολίτευμαι τῷ Θεῷ ἄχρι ταύτης τῆς ἡμέρας. ὁ δὲ ἀρχιερεὺς Ἀνανίας ἐπέταξε 2

ʳ add τῇ ἀναιρέσει αὐτοῦ   ˢ προέτεινεν S.   ᵗ ἀπήγγειλε τῷ χιλιάρχῳ   ᵘ Ὅρα τί μέλλεις ποιεῖν.   ˣ add εἰ
ʸ τε   ᶻ παρά   ᵃ add ἀπὸ τῶν δεσμῶν   ᵇ ἐκέλευσεν ἐλθεῖν   ᶜ ὅλον   ᵈ add αὐτῶν

3 τοῖς παρεστῶσιν αὐτῷ τύπτειν αὐτοῦ τὸ στόμα. τότε ὁ Παῦλος πρὸς αὐτὸν εἶπε, Τύπτειν σε μέλλει ὁ Θεός, τοῖχε κεκονιαμένε· καὶ σὺ κάθη κρίνων με κατὰ τὸν νόμον, καὶ 4 παρανομῶν κελεύεις με τύπτεσθαι; οἱ δὲ παρεστῶτες 5 εἶπον, Τὸν ἀρχιερέα τοῦ Θεοῦ λοιδορεῖς; ἔφη τε ὁ Παῦλος, Οὐκ ᾔδειν, ἀδελφοί, ὅτι ἐστὶν ἀρχιερεύς· γέγραπται γάρ, 6 Ἄρχοντα τοῦ λαοῦ σου οὐκ ἐρεῖς κακῶς. γνοὺς δὲ ὁ Ex. 22. 28. Παῦλος ὅτι τὸ ἓν μέρος ἐστὶ Σαδδουκαίων τὸ δὲ ἕτερον Cp. 4. 1, Φαρισαίων ᵒἔκραζεν" ἐν τῷ συνεδρίῳ, Ἄνδρες ἀδελφοί, 5. 17. ἐγὼ Φαρισαῖός εἰμι, υἱὸς ᶠ Φαρισαίων"· περὶ ἐλπίδος καὶ 7 ἀναστάσεως νεκρῶν ἐγὼ κρίνομαι. τοῦτο δὲ αὐτοῦ ᵍεἰπόντος" ἐγένετο στάσις τῶν Φαρισαίων καὶ ʰ⁻ⁱ Σαδδουκαίων· 8 καὶ ἐσχίσθη τὸ πλῆθος. Σαδδουκαῖοι μὲν γὰρ λέγουσι μὴ Cp. Mat. εἶναι ἀνάστασιν, ⁱμήτε" ἄγγελον μήτε πνεῦμα· Φαρισαῖοι Mk. 12. 18, 9 δὲ ὁμολογοῦσι τὰ ἀμφότερα. ἐγένετο δὲ κραυγὴ μεγάλη· Lk. 20. 27. καὶ ἀναστάντες ᵏτινὲς τῶν γραμματέων" τοῦ μέρους τῶν Φαρισαίων διεμάχοντο λέγοντες, Οὐδὲν κακὸν εὑρίσκομεν ἐν τῷ ἀνθρώπῳ τούτῳ· εἰ δὲ πνεῦμα ἐλάλησεν αὐτῷ ἢ 10 ˡἄγγελος;" πολλῆς δὲ ᵐγινομένης" στάσεως ⁿφοβηθεὶς" ὁ χιλίαρχος, μὴ διασπασθῇ ὁ Παῦλος ὑπ' αὐτῶν, ἐκέλευσε τὸ στράτευμα καταβὰν ἁρπάσαι αὐτὸν ἐκ μέσου αὐτῶν, ἄγειν τε εἰς τὴν παρεμβολήν.
11 Τῇ δὲ ἐπιούσῃ νυκτὶ ἐπιστὰς αὐτῷ ὁ Κύριος εἶπε, Θάρσει Cp. 18. 9. ᵒ⁻"· ὡς γὰρ διεμαρτύρω τὰ περὶ ἐμοῦ εἰς Ἱερουσαλήμ, οὕτω 22. 18, σε δεῖ καὶ εἰς Ῥώμην μαρτυρῆσαι. 27. 23; also 19. 21.
12 Γενομένης δὲ ἡμέρας ποιήσαντες ᵖσυστροφὴν οἱ Ἰουδαῖοι " ἀνεθεμάτισαν ἑαυτούς, λέγοντες μήτε φαγεῖν μήτε πιεῖν ἕως 13 οὗ ἀποκτείνωσι τὸν Παῦλον· ἦσαν δὲ πλείους τεσσαράκοντα 14 οἱ ταύτην τὴν συνωμοσίαν ᑫποιησάμενοι"· οἵτινες προσελ-

ᵒ ἔκραξεν ᶠ Φαρισαίου ᵍ λαλήσαντος ʰ add τῶν
ⁱ μηδὲ ᵏ οἱ γραμματεῖς ˡ ἄγγελος, μὴ θεομαχῶμεν.
ᵐ γενομένης ⁿ εὐλαβηθεὶς ᵒ add Παῦλε ᵖ τινες
τῶν Ἰουδαίων συστροφὴν ᑫ πεποιηκότες

θόντες τοις αρχιερεύσι και τοις πρεσβυτέροις είπον, Αναθέματι ανεθεματίσαμεν εαυτούς μηδενός γεύσασθαι έως οὗ αποκτείνωμεν τον Παύλον. νυν ουν υμείς εμφανίσατε τω 15 χιλιάρχω σὺν τω συνεδρίω, όπως ʳ καταγάγη αυτόν εις ‖ υμας, ως μέλλοντας διαγινώσκειν ακριβέστερον τα περί αυτού· ημείς δε, προ του εγγίσαι αυτόν, έτοιμοί εσμεν του ανελείν αυτόν. ακούσας δε ο υιός της αδελφής Παύλου το 16 ένεδρον, παραγενόμενος, και εισελθών εις την παρεμβολήν, απήγγειλε τω Παύλω. προσκαλεσάμενος δε ο Παύλος ένα 17 τών εκατοντάρχων έφη, Τον νεανίαν τούτον απάγαγε προς τον χιλίαρχον· έχει γάρ τι απαγγείλαι αυτώ. ο μεν ουν 18 παραλαβών αυτόν ήγαγε προς τον χιλίαρχον, καί φησιν, Ο δέσμιος Παύλος προσκαλεσάμενός με ηρώτησε τούτον τον νεανίαν αγαγείν πρός σε, έχοντά τι λαλήσαί σοι. επι- 19 λαβόμενος δε της χειρός αυτού ο χιλίαρχος και αναχωρήσας κατ' ιδίαν επυνθάνετο, Τί εστιν ὃ έχεις απαγγείλαί μοι; είπε δε ότι Οι Ιουδαίοι συνέθεντο του ερωτήσαί σε, όπως 20 αύριον εις το συνέδριον καταγάγης τον Παύλον, ως ˢ μέλλων ‖ τι ακριβέστερον πυνθάνεσθαι περί αυτού. σὺ ουν μη πει- 21 σθής αυτοίς· ενεδρεύουσι γαρ αυτόν εξ αυτών άνδρες πλείους τεσσαράκοντα, οίτινες ανεθεμάτισαν εαυτούς μήτε φαγείν μήτε πιείν έως ού ανέλωσιν αυτόν· και νυν έτοιμοί εισι, προσδεχόμενοι την από σού επαγγελίαν. ο μεν ουν χιλί- 22 αρχος απέλυσε τον νεανίαν, παραγγείλας μηδενί εκλαλήσαι, ότι ταύτα ενεφάνισας πρός με. και προσκαλεσάμενος δύο 23 τινάς τών εκατοντάρχων είπεν, Ετοιμάσατε στρατιώτας διακοσίους, όπως πορευθώσιν έως Καισαρείας, και ιππείς εβδομήκοντα, και δεξιολάβους διακοσίους, από τρίτης ώρας της νυκτός· κτήνη τε παραστήσαι, ίνα επιβιβάσαντες τον 24 Παύλον διασώσωσι προς Φήλικα τον ηγεμόνα· γράψας επι- 25 στολήν ᵗ έχουσαν ‖ τον τύπον τούτον·

ʳ αύριον αυτόν καταγάγη προς   ˢ μέλλοντές   ᵗ περιέχουσαν

26 Κλαύδιος Λυσίας τῷ κρατίστῳ ἡγεμόνι Φήλικι χαίρειν.
27 τὸν ἄνδρα τοῦτον συλληφθέντα ὑπὸ τῶν Ἰουδαίων, καὶ μέλλοντα ἀναιρεῖσθαι ὑπ᾽ αὐτῶν, ἐπιστὰς σὺν τῷ στρατεύματι
28 ἐξειλόμην ᵘ⁻‖, μαθὼν ὅτι Ῥωμαῖός ἐστι. βουλόμενός ˣ τε ἐπιγνῶναι‖ τὴν αἰτίαν δι᾽ ἣν ἐνεκάλουν αὐτῷ ʸ κατήγαγον
29 αὐτὸν εἰς τὸ συνέδριον αὐτῶν‖. ὃν εὗρον ἐγκαλούμενον περὶ ζητημάτων τοῦ νόμου αὐτῶν, μηδὲν δὲ ἄξιον θανάτου ἢ δεσ- Cp. 18. 14 sq., 25.18 sq.
30 μῶν ἔγκλημα ἔχοντα. μηνυθείσης δέ μοι ἐπιβουλῆς εἰς τὸν ἄνδρα ᶻ⁻‖ ἔσεσθαι ᵃ⁻‖ ἐξαυτῆς ἔπεμψα πρός σε, παραγγείλας καὶ τοῖς κατηγόροις λέγειν ᵇ⁻‖ πρὸς αὐτὸν ἐπὶ σοῦ. ᶜ⁻‖
31 Οἱ μὲν οὖν στρατιῶται, κατὰ τὸ διατεταγμένον αὐτοῖς, ἀναλαβόντες τὸν Παῦλον ἤγαγον διὰ ᵈ⁻ ʼ νυκτὸς εἰς τὴν
32 Ἀντιπατρίδα. τῇ δὲ ἐπαύριον, ἐάσαντες τοὺς ἱππεῖς ᵉἀπέρ-
33 χεσθαι‖ σὺν αὐτῷ, ὑπέστρεψαν εἰς τὴν παρεμβολήν· οἵτινες εἰσελθόντες εἰς τὴν Καισάρειαν, καὶ ἀναδόντες τὴν ἐπιστο-
34 λὴν τῷ ἡγεμόνι, παρέστησαν καὶ τὸν Παῦλον αὐτῷ. ἀναγνοὺς δέ ᶠ⁻‖, καὶ ἐπερωτήσας ἐκ ποίας ἐπαρχίας ἐστί, καὶ πυθόμενος
35 ὅτι ἀπὸ Κιλικίας, Διακούσομαί σου, ἔφη, ὅταν καὶ οἱ κατήγοροί σου παραγένωνται· ᵍ κελεύσας ʲ ἐν τῷ πραιτωρίῳ τοῦ Ἡρώδου φυλάσσεσθαι ʰ αὐτόν‖.
24 Μετὰ δὲ πέντε ἡμέρας κατέβη ὁ ἀρχιερεὺς Ἀνανίας μετὰ ⁱ πρεσβυτέρων τινῶν‖ καὶ ῥήτορος Τερτύλλου τινός· οἵτινες
2 ἐνεφάνισαν τῷ ἡγεμόνι κατὰ τοῦ Παύλου. κληθέντος δὲ αὐτοῦ ἤρξατο κατηγορεῖν ὁ Τέρτυλλος λέγων,
Πολλῆς εἰρήνης τυγχάνοντες διὰ σοῦ, καὶ ᵏ διορθωμάτων‖
3 γινομένων τῷ ἔθνει τούτῳ διὰ τῆς σῆς προνοίας, πάντῃ τε

ᵘ add αὐτόν   ˣ δὲ γνῶναι   ʸ om. κατήγαγον αὐτὸν εἰς τὸ συνέδριον αὐτῶν M.   ᶻ add μέλλειν   ᵃ add ὑπὸ τῶν Ἰουδαίων   ᵇ add τὰ   ᶜ add ἔρρωσο. A.S.M.   ᵈ add τῆς   ᵉ πορεύεσθαι   ᶠ add ὁ ἡγεμών   ᵍ ἐκέλευσέ τε αὐτὸν   ʰ om. αὐτόν   ⁱ τῶν πρεσβυτέρων   ᵏ κατορθωμάτων

καὶ πανταχοῦ ἀποδεχόμεθα, κράτιστε Φῆλιξ, μετὰ πάσης εὐχαριστίας. ἵνα δὲ μὴ ἐπὶ πλεῖόν σε ἐγκόπτω, παρακαλῶ 4 ἀκοῦσαί σε ἡμῶν συντόμως τῇ σῇ ἐπιεικείᾳ. εὑρόντες γὰρ 5 τὸν ἄνδρα τοῦτον λοιμόν, καὶ κινοῦντα ¹στάσεις " πᾶσι τοῖς Ἰουδαίοις τοῖς κατὰ τὴν οἰκουμένην, πρωτοστάτην τε τῆς τῶν Ναζωραίων αἱρέσεως· ὃς καὶ τὸ ἱερὸν ἐπείρασε βεβηλῶσαι· 6 ὃν καὶ ἐκρατήσαμεν· ᵐ—" παρ᾽ οὗ δυνήσῃ, αὐτὸς ἀνακρίνας, 8 περὶ πάντων τούτων ἐπιγνῶναι ὧν ἡμεῖς κατηγοροῦμεν αὐτοῦ. ⁿ συνεπέθεντο " δὲ καὶ οἱ Ἰουδαῖοι, φάσκοντες ταῦτα οὕτως 9 ἔχειν.

Ἀπεκρίθη ᵒ τε" ὁ Παῦλος, νεύσαντος αὐτῷ τοῦ ἡγεμόνος 10 λέγειν,

Ἐκ πολλῶν ἐτῶν ὄντα σε κριτὴν τῷ ἔθνει τούτῳ ἐπιστάμενος ᵖ εὐθύμως " τὰ περὶ ἐμαυτοῦ ἀπολογοῦμαι, δυνα- 11 μένου σου ᑫ ἐπιγνῶναι ʳ ὅτι οὐ πλείους εἰσί μοι ἡμέραι ʳ—" δεκαδύο, ἀφ᾽ ἧς ἀνέβην προσκυνήσων ˢ εἰς " Ἱερουσαλήμ· καὶ οὔτε ἐν τῷ ἱερῷ εὗρόν με πρός τινα διαλεγόμενον ἢ 12 ᵗ ἐπίστασιν " ποιοῦντα ὄχλου, οὔτε ἐν ταῖς συναγωγαῖς, οὔτε κατὰ τὴν πόλιν. ᵘ οὐδὲ " παραστῆσαι ˣ—" δύνανταί ʸ σοι " 13 περὶ ὧν νῦν κατηγοροῦσί μου. ὁμολογῶ δὲ τοῦτό σοι, ὅτι 14 κατὰ τὴν ὁδόν, ἣν λέγουσιν αἵρεσιν, οὕτω λατρεύω τῷ πατρῴῳ Θεῷ, πιστεύων πᾶσι τοῖς κατὰ τὸν νόμον καὶ ᶻ τοῖς ἐν " τοῖς προφήταις γεγραμμένοις, ἐλπίδα ἔχων εἰς τὸν Θεόν, 15 ἣν καὶ αὐτοὶ οὗτοι προσδέχονται, ἀνάστασιν μέλλειν ἔσεσθαι ᵃ—" δικαίων τε καὶ ἀδίκων. ἐν τούτῳ ᵇ καὶ " αὐτὸς ἀσκῶ, 16 ἀπρόσκοπον συνείδησιν ἔχειν πρὸς τὸν Θεὸν καὶ τοὺς ἀν-

---

¹ στάσιν   ᵐ add καὶ κατὰ τὸν ἡμέτερον νόμον ἠθελήσαμεν κρίνειν. παρελθὼν δὲ Λυσίας ὁ χιλίαρχος μετὰ πολλῆς βίας ἐκ τῶν χειρῶν ἡμῶν ἀπήγαγε, κελεύσας τοὺς κατηγόρους αὐτοῦ ἔρχεσθαι ἐπὶ σέ· (ver. 7, &c.) A.S.M.   ⁿ συνέθεντο   ᵒ δὲ
ᵖ εὐθυμότερον   ᑫ γνῶναι   ʳ add ἢ   ˢ ἐν   ᵗ ἐπισύστασιν   ᵘ οὔτε   ˣ add με S.   ʸ om. σοι   ᶻ om. τοῖς ἐν
ᵃ add νεκρῶν   ᵇ δὲ

17 θρώπους διαπαντός. δι' ἐτῶν δὲ πλειόνων ᶜ⁻' ἐλεημοσύνας Cp. Rom.
ποιήσων εἰς τὸ ἔθνος μου ᵈ παρεγενόμην'' καὶ προσφοράς· 15. 25.
18 ἐν ᵉ αἷς'' εὗρόν με ἡγνισμένον ἐν τῷ ἱερῷ, οὐ μετὰ ὄχλου
οὐδὲ μετὰ θορύβου· τινὲς ᶠ δὲ'' ἀπὸ τῆς Ἀσίας Ἰουδαῖοι—
19 οὓς ᵍ ἔδει'' ἐπὶ σοῦ παρεῖναι καὶ κατηγορεῖν εἴ τι ἔχοιεν πρός
20 με. ἢ αὐτοὶ οὗτοι εἰπάτωσαν, ʰ τί' εὗρον ⁱ⁻'' ἀδίκημα
21 στάντος μου ἐπὶ τοῦ συνεδρίου, ἢ περὶ μιᾶς ταύτης φωνῆς,
ἧς ἔκραξα ᵏ ἐν αὐτοῖς ἑστώς'', ὅτι Περὶ ἀναστάσεως νεκρῶν Cp. 23. 6.
ἐγὼ κρίνομαι σήμερον ˡ ἐφ'' ὑμῶν.
22 ᵐ Ἀνεβάλετο δὲ αὐτοὺς ὁ Φῆλιξ, ἀκριβέστερον εἰδὼς τὰ
περὶ τῆς ὁδοῦ, εἰπών, "Ὅταν Λυσίας ὁ χιλίαρχος καταβῇ, Cp. 9. 2.
23 διαγνώσομαι τὰ καθ' ὑμᾶς· διαταξάμενος ⁿ⁻' τῷ ἑκατον-
τάρχῃ τηρεῖσθαι ᵒ αὐτόν'', ἔχειν τε ἄνεσιν, καὶ μηδένα κω-
λύειν τῶν ἰδίων αὐτοῦ ὑπηρετεῖν ᵖ⁻' αὐτῷ.
24 Μετὰ δὲ ἡμέρας τινὰς παραγενόμενος ὁ Φῆλιξ σὺν Δρου-
σίλλῃ τῇ ᑫ ἰδίᾳ γυναικὶˡ οὔσῃ Ἰουδαίᾳ μετεπέμψατο τὸν
Παῦλον, καὶ ἤκουσεν αὐτοῦ περὶ τῆς εἰς Χριστὸν ʳ Ἰησοῦν''
25 πίστεως. διαλεγομένου δὲ αὐτοῦ περὶ δικαιοσύνης καὶ ἐγ-
κρατείας καὶ τοῦ κρίματος τοῦ μέλλοντος ˢ⁻'' ἔμφοβος γενό-
μενος ὁ Φῆλιξ ἀπεκρίθη, Τὸ νῦν ἔχον πορεύου· καιρὸν δὲ
26 μεταλαβὼν μετακαλέσομαί σε· ἅμα ᵗ⁻'' καὶ ἐλπίζων ὅτι
χρήματα δοθήσεται αὐτῷ ὑπὸ τοῦ Παύλου ⁿ⁻'· διὸ καὶ πυκ-
27 νότερον αὐτὸν μεταπεμπόμενος ὡμίλει αὐτῷ. διετίας δὲ
πληρωθείσης ἔλαβε διάδοχον ὁ Φῆλιξ Πόρκιον Φῆστον·
θέλων τε ˣ χάριτα'' καταθέσθαι τοῖς Ἰουδαίοις ὁ Φῆλιξ κατέ-
λιπε τὸν Παῦλον δεδεμένον.
25 Φῆστος οὖν, ἐπιβὰς τῇ ἐπαρχίᾳ, μετὰ τρεῖς ἡμέρας ἀνέβη

ᶜ add παρεγενόμην   ᵈ om. παρεγενόμην   ᵉ οἷς
ᶠ om. δὲ A.   ᵍ δεῖ S.   ʰ εἴ τι   ⁱ add ἐν ἐμοὶ   ᵏ ἑστὼς
ἐν αὐτοῖς   ˡ ὑφ'   ᵐ Ἀκούσας δὲ ταῦτα ὁ Φῆλιξ ἀνεβάλετο
αὐτούς   ⁿ add τε   ᵒ τὸν Παῦλον   ᵖ add ἢ προσέρχεσθαι
ᑫ γυναικὶ αὐτοῦ   ʳ om. Ἰησοῦν   ˢ add ἔσεσθαι   ᵗ add δὲ
ᵘ add ὅπως λύσῃ αὐτόν   ˣ χάριτας

Y 2

εἰς Ἱεροσόλυμα ἀπὸ Καισαρείας. ἐνεφάνισάν ʸτε‖ αὐτῷ 2
ᶻ οἱ ἀρχιερεῖς‖ καὶ οἱ πρῶτοι τῶν Ἰουδαίων κατὰ τοῦ
Παύλου· καὶ παρεκάλουν αὐτόν, αἰτούμενοι χάριν κατ' αὐτοῦ, 3
ὅπως μεταπέμψηται αὐτὸν εἰς Ἱερουσαλήμ, ἐνέδραν ποιοῦν-
τες ἀνελεῖν αὐτὸν κατὰ τὴν ὁδόν. ὁ μὲν οὖν Φῆστος ἀπε- 4
κρίθη τηρεῖσθαι τὸν Παῦλον ᵃ εἰς Καισάρειαν‖, ἑαυτὸν δὲ
μέλλειν ἐν τάχει ἐκπορεύεσθαι. Οἱ οὖν ᵇἐν ὑμῖν, φησί, 5
δυνατοὶ‖ συγκαταβάντες, εἴ τι ἐστὶν ἐν τῷ ἀνδρὶ ᶜ ἄτοπον‖,
κατηγορείτωσαν αὐτοῦ.

Διατρίψας δὲ ἐν αὐτοῖς ἡμέρας ᵈ οὐ πλείους ὀκτὼ‖ ἢ δέκα, 6
καταβὰς εἰς Καισάρειαν, τῇ ἐπαύριον καθίσας ἐπὶ τοῦ βή-
ματος ἐκέλευσε τὸν Παῦλον ἀχθῆναι. παραγενομένου δὲ 7
αὐτοῦ περιέστησαν ᵉ αὐτὸν‖ οἱ ἀπὸ Ἱεροσολύμων καταβε-
βηκότες Ἰουδαῖοι, πολλὰ καὶ βαρέα ᶠαἰτιώματα καταφέ-
ροντες‖, ἃ οὐκ ἴσχυον ἀποδεῖξαι, ᵍτοῦ Παύλου ἀπολογου- 8
μένου‖ ὅτι Οὔτε εἰς τὸν νόμον τῶν Ἰουδαίων, οὔτε εἰς τὸ
ἱερόν, οὔτε εἰς Καίσαρά τι ἥμαρτον. ὁ Φῆστος δέ, τοῖς 9
Ἰουδαίοις θέλων χάριν καταθέσθαι, ἀποκριθεὶς τῷ Παύλῳ
εἶπε, Θέλεις εἰς Ἱεροσόλυμα ἀναβὰς ἐκεῖ περὶ τούτων κρί-
νεσθαι ἐπ' ἐμοῦ; εἶπε δὲ ὁ Παῦλος, Ἐπὶ τοῦ βήματος Καί- 10
σαρος ἑστώς εἰμι, οὗ με δεῖ κρίνεσθαι· Ἰουδαίους οὐδὲν
ἠδίκησα, ὡς καὶ σὺ κάλλιον ἐπιγινώσκεις. εἰ μὲν ʰοὖν‖ 11
ἀδικῶ καὶ ἄξιον θανάτου πέπραχά τι, οὐ παραιτοῦμαι τὸ
ἀποθανεῖν· εἰ δὲ οὐδέν ἐστιν ὧν οὗτοι κατηγοροῦσί μου,
οὐδείς με δύναται αὐτοῖς χαρίσασθαι. Καίσαρα ἐπικαλοῦ-
μαι. τότε ὁ Φῆστος, συλλαλήσας μετὰ τοῦ συμβουλίου, 12
ἀπεκρίθη, Καίσαρα ⁱἐπικέκλησαι·‖ ἐπὶ Καίσαρα πορεύσῃ.

Ἡμερῶν δὲ διαγενομένων τινῶν Ἀγρίππας ὁ βασιλεὺς 13
καὶ Βερνίκη κατήντησαν εἰς Καισάρειαν ʲἀσπασάμενοι‖ τὸν

ʸ δὲ   ᶻ ὁ ἀρχιερεὺς   ᵃ ἐν Καισαρείᾳ   ᵇ δυνατοὶ ἐν
ὑμῖν, φησί,   ᶜ τούτῳ   ᵈ πλείους   ᵉ om. αὐτὸν
ᶠ αἰτιάματα φέροντες κατὰ τοῦ Παύλου   ᵍ ἀπολογουμένου
αὐτοῦ   ʰ γὰρ   ⁱ ἐπικέκλησαι; \   ʲ ἀσπασόμενοι

14 Φῆστον. ὡς δὲ πλείους ἡμέρας διέτριβον ἐκεῖ, ὁ Φῆστος τῷ βασιλεῖ ἀνέθετο τὰ κατὰ τὸν Παῦλον λέγων, Ἀνήρ τις 15 ἐστὶ καταλελειμμένος ὑπὸ Φήλικος δέσμιος· περὶ οὗ, γενομένου μου εἰς Ἱεροσόλυμα, ἐνεφάνισαν οἱ ἀρχιερεῖς καὶ οἱ πρεσβύτεροι τῶν Ἰουδαίων, αἰτούμενοι κατ' αὐτοῦ ᵏ κατα-16 δίκην ‖· πρὸς οὓς ἀπεκρίθην, ὅτι οὐκ ἔστιν ἔθος Ῥωμαίοις χαρίζεσθαί τινα ἄνθρωπον ˡ⁻‖, πρὶν ἢ ὁ κατηγορούμενος κατὰ πρόσωπον ἔχοι τοὺς κατηγόρους, τόπον τε ἀπολογίας 17 λάβοι περὶ τοῦ ἐγκλήματος. συνελθόντων οὖν αὐτῶν ἐνθάδε, ἀναβολὴν μηδεμίαν ποιησάμενος, τῇ ἑξῆς καθίσας ἐπὶ τοῦ 18 βήματος ἐκέλευσα ἀχθῆναι τὸν ἄνδρα· περὶ οὗ σταθέντες Cp. 18. 14 οἱ κατήγοροι οὐδεμίαν αἰτίαν ᵐ ἔφερον ‖ ὧν ⁿ ἐγὼ ὑπενόουν sq. 19 πονηρῶν,‖ ζητήματα δέ τινα περὶ τῆς ἰδίας δεισιδαιμονίας εἶχον πρὸς αὐτόν, καὶ περί τινος Ἰησοῦ τεθνηκότος, ὃν 20 ἔφασκεν ὁ Παῦλος ζῆν. ἀπορούμενος δὲ ἐγὼ ᵒ⁻‖ τὴν περὶ ᵖ τούτων ‖ ζήτησιν ἔλεγον, εἰ βούλοιτο πορεύεσθαι εἰς Ἱερου-21 σαλήμ, κἀκεῖ κρίνεσθαι περὶ τούτων. τοῦ δὲ Παύλου ἐπικαλεσαμένου, τηρηθῆναι αὐτὸν εἰς τὴν τοῦ Σεβαστοῦ διάγνωσιν, ἐκέλευσα τηρεῖσθαι αὐτὸν ἕως οὗ ᵠ ἀναπέμψω‖ αὐτὸν πρὸς 22 Καίσαρα. Ἀγρίππας δὲ πρὸς τὸν Φῆστον ʳ⁻‖, Ἐβουλόμην καὶ αὐτὸς τοῦ ἀνθρώπου ἀκοῦσαι. ˢ⁻‖ Αὔριον, φησίν, ἀκούσῃ αὐτοῦ.

23 Τῇ οὖν ἐπαύριον ἐλθόντος τοῦ Ἀγρίππα καὶ τῆς Βερνίκης μετὰ πολλῆς φαντασίας, καὶ εἰσελθόντων εἰς τὸ ἀκροατήριον σύν τε ᵗ⁻‖ χιλιάρχοις καὶ ἀνδράσι τοῖς κατ' ἐξοχὴν ᵘ⁻‖ τῆς 24 πόλεως, καὶ κελεύσαντος τοῦ Φήστου, ἤχθη ὁ Παῦλος. καί φησιν ὁ Φῆστος, Ἀγρίππα βασιλεῦ, καὶ πάντες οἱ συμπαρόντες ἡμῖν ἄνδρες, θεωρεῖτε τοῦτον, περὶ οὗ ˣ ἅπαν‖ τὸ πλῆθος τῶν Ἰουδαίων ἐνέτυχόν μοι ἔν τε Ἱεροσολύμοις καὶ

ᵏ δίκην   ˡ add εἰς ἀπώλειαν   ᵐ ἐπέφερον   ⁿ ὑπενόουν ἐγώ,   ᵒ add εἰς   ᵖ τούτου   ᵠ πέμψω   ʳ add ἔφη   ˢ add ὁ δέ,   ᵗ add τοῖς   ᵘ add οὖσι   ˣ πᾶν

Cp.ver.11. ἐνθάδε, ʸ βοῶντες" μὴ δεῖν ζῆν αὐτὸν μηκέτι. ἐγὼ δὲ ᶻ κατε- 25
λαβόμην" μηδὲν ἄξιον θανάτου αὐτὸν πεπραχέναι· ᵃ⁻" αὐτοῦ
δὲ τούτου ἐπικαλεσαμένου τὸν Σεβαστόν, ἔκρινα πέμπειν ᵇ⁻".
περὶ οὗ ἀσφαλές τι γράψαι τῷ κυρίῳ οὐκ ἔχω. διὸ προ- 26
ήγαγον αὐτὸν ἐφ᾽ ὑμῶν, καὶ μάλιστα ἐπὶ σοῦ, βασιλεῦ
Ἀγρίππα, ὅπως τῆς ἀνακρίσεως γενομένης σχῶ ᶜ τί γράψω".
ἄλογον γάρ μοι δοκεῖ, πέμποντα δέσμιον μὴ καὶ τὰς κατ᾽ 27
αὐτοῦ αἰτίας σημᾶναι.

Ἀγρίππας δὲ πρὸς τὸν Παῦλον ἔφη, Ἐπιτρέπεταί σοι 26
ὑπὲρ σεαυτοῦ λέγειν. τότε ὁ Παῦλος ᵈ ἐκτείνας τὴν χεῖρα
ἀπελογεῖτο,"

Περὶ πάντων ὧν ἐγκαλοῦμαι ὑπὸ Ἰουδαίων, βασιλεῦ 2
Ἀγρίππα, ἥγημαι ἐμαυτὸν μακάριον ᵉ ἐπὶ σοῦ μέλλων σή-
μερον ἀπολογεῖσθαι," μάλιστα γνώστην ὄντα σε πάντων 3
τῶν κατὰ Ἰουδαίους ἐθῶν τε καὶ ζητημάτων· διὸ δέομαι ᶠ⁻"
μακροθύμως ἀκοῦσαί μου. τὴν μὲν οὖν βίωσίν μου τὴν ἐκ 4
νεότητος, τὴν ἀπ᾽ ἀρχῆς γενομένην ἐν τῷ ἔθνει μου ᵍ ἔν τε"
Ἱεροσολύμοις, ἴσασι πάντες ʰ⁻" Ἰουδαῖοι, προγινώσκοντές 5
με ἄνωθεν, ἐὰν θέλωσι μαρτυρεῖν, ὅτι κατὰ τὴν ἀκριβεστάτην
Cp. 28. 20. αἵρεσιν τῆς ἡμετέρας θρησκείας ἔζησα Φαρισαῖος. καὶ νῦν 6
ἐπ᾽ ἐλπίδι τῆς ⁱ εἰς" τοὺς πατέρας ᵏ ἡμῶν ˡ ἐπαγγελίας γενο-
μένης ὑπὸ τοῦ Θεοῦ ἕστηκα κρινόμενος, εἰς ἣν τὸ δωδεκά- 7
φυλον ἡμῶν ἐν ἐκτενείᾳ νύκτα καὶ ἡμέραν λατρεῦον ἐλπίζει
καταντῆσαι· περὶ ἧς ἐλπίδος ἐγκαλοῦμαι ˡ ὑπὸ Ἰουδαίων,
Cp. 17. 32. βασιλεῦ". τί ἄπιστον κρίνεται παρ᾽ ὑμῖν, εἰ ὁ Θεὸς νεκροὺς 8
Cp. 8. 3. ἐγείρει; ἐγὼ μὲν οὖν ἔδοξα ἐμαυτῷ πρὸς τὸ ὄνομα Ἰησοῦ 9
τοῦ Ναζωραίου δεῖν πολλὰ ἐναντία πρᾶξαι· ὃ καὶ ἐποίησα ἐν 10
Ἱεροσολύμοις· καὶ πολλοὺς ᵐ τε" τῶν ἁγίων ἐγὼ ⁿ ἐν" φυλα-

ʸ ἐπιβοῶντες   ᶻ καταλαβόμενος   ᵃ add καὶ   ᵇ add
αὐτόν   ᶜ τι γράψαι   ᵈ ἀπελογεῖτο, ἐκτείνας τὴν χεῖρα,
ᵉ μέλλων ἀπολογεῖσθαι ἐπὶ σοῦ σήμερον·   ᶠ add σου   ᵍ ἐν
ʰ add οἱ   ⁱ πρὸς   ᵏ om. ἡμῶν   ˡ βασιλεῦ Ἀγρίππα,
ὑπὸ τῶν Ἰουδαίων   ᵐ om. τε   ⁿ om. ἐν

-26. 22. ΤΩΝ ΑΠΟΣΤΟΛΩΝ. 327

καις κατέκλεισα τὴν παρὰ τῶν ἀρχιερέων ἐξουσίαν λαβών,
11 ἀναιρουμένων τε αὐτῶν κατήνεγκα ψῆφον. καὶ κατὰ πάσας
τὰς συναγωγὰς πολλάκις τιμωρῶν αὐτοὺς ἠνάγκαζον βλασ-
φημεῖν· περισσῶς τε ἐμμαινόμενος αὐτοῖς ἐδίωκον ἕως καὶ
12 εἰς τὰς ἔξω πόλεις. ἐν οἷς ο—‖ πορευόμενος εἰς τὴν Δαμασ- Cp. 9. 1
κόν, μετ' ἐξουσίας καὶ ἐπιτροπῆς τῆς p—‖ τῶν ἀρχιερέων, sqq.
13 ἡμέρας μέσης κατὰ τὴν ὁδὸν εἶδον, βασιλεῦ, οὐρανόθεν ὑπὲρ
τὴν λαμπρότητα τοῦ ἡλίου περιλάμψαν με φῶς καὶ τοὺς
14 σὺν ἐμοὶ πορευομένους. πάντων q τε ‖ καταπεσόντων ἡμῶν
εἰς τὴν γῆν ἤκουσα φωνὴν r λέγουσαν πρός με‖ τῇ Ἑβραΐδι
διαλέκτῳ, Σαούλ, Σαούλ, τί με διώκεις; σκληρόν σοι πρὸς
15 κέντρα λακτίζειν. ἐγὼ δὲ εἶπον, Τίς εἶ, Κύριε; ὁ δὲ Β Κύ-
16 ριος ‖ εἶπεν, Ἐγώ εἰμι Ἰησοῦς ὃν σὺ διώκεις. ἀλλὰ ἀνάστηθι,
καὶ στῆθι ἐπὶ τοὺς πόδας σου· εἰς τοῦτο γὰρ ὤφθην σοι,
προχειρίσασθαί σε ὑπηρέτην καὶ μάρτυρα ὧν τε εἶδές t με‖
17 ὧν τε ὀφθήσομαί σοι, ἐξαιρούμενός σε ἐκ τοῦ λαοῦ καὶ u ἐκ‖
18 τῶν ἐθνῶν, εἰς οὓς x ἐγὼ ἀποστέλλω σε‖ ἀνοῖξαι ὀφθαλμοὺς
αὐτῶν, y τοῦ‖ ἐπιστρέψαι ἀπὸ σκότους εἰς φῶς καὶ τῆς ἐξου-
σίας τοῦ Σατανᾶ ἐπὶ τὸν Θεόν, τοῦ λαβεῖν αὐτοὺς ἄφεσιν
ἁμαρτιῶν καὶ κλῆρον ἐν τοῖς ἡγιασμένοις πίστει τῇ εἰς ἐμέ.
19 ὅθεν, βασιλεῦ Ἀγρίππα, οὐκ ἐγενόμην ἀπειθὴς τῇ οὐρανίῳ
20 ὀπτασίᾳ· ἀλλὰ τοῖς ἐν Δαμασκῷ πρῶτόν z τε‖ καὶ Ἱεροσολύ-
μοις, a—‖ πᾶσάν τε τὴν χώραν τῆς Ἰουδαίας, καὶ τοῖς ἔθνεσιν,
b ἀπήγγελλον‖ μετανοεῖν, καὶ ἐπιστρέφειν ἐπὶ τὸν Θεὸν ἄξια
21 τῆς μετανοίας ἔργα πράσσοντας. ἕνεκα τούτων με c—‖ Ἰου- Cp. 21. 30.
δαῖοι συλλαβόμενοι ἐν τῷ ἱερῷ ἐπειρῶντο διαχειρίσασθαι.
22 ἐπικουρίας οὖν τυχὼν τῆς d ἀπὸ‖ τοῦ Θεοῦ ἄχρι τῆς ἡμέρας
ταύτης ἕστηκα e μαρτυρόμενος‖ μικρῷ τε καὶ μεγάλῳ, οὐδὲν

o add καὶ   p add παρὰ   q δὲ   r λαλοῦσαν πρός
με καὶ λέγουσαν   s om. Κύριος   t om. με A.S.M.
u om. ἐκ   x νῦν σε ἀποστέλλω   y καὶ A.   z om. τε
a add εἰς   b ἀπαγγέλλων S.   c add οἱ   d παρὰ
e μαρτυρούμενος

328   ΠΡΑΞΕΙΣ   26. 22-

Cp Lk. 24. ἐκτὸς λέγων ὧν τε οἱ προφῆται ἐλάλησαν μελλόντων γίνεσθαι
44 sqq.
Cp. 1 Cor. καὶ Μωσῆς, εἰ παθητὸς ὁ Χριστός, εἰ πρῶτος ἐξ ἀναστά- 23
15. 20,
Col. 1. 18, σεως νεκρῶν φῶς μέλλει καταγγέλλειν τῷ ᶠτε" λαῷ καὶ τοῖς
Rev. 1. 5. ἔθνεσι.

Ταῦτα δὲ αὐτοῦ ἀπολογουμένου ὁ Φῆστος μεγάλῃ τῇ φωνῇ 24
ᵍφησί", Μαίνῃ, Παῦλε· τὰ πολλά σε γράμματα εἰς μανίαν περιτρέπει. ὁ δὲ ʰΠαῦλος", Οὐ μαίνομαι, φησί, κράτιστε 25
Φῆστε, ἀλλ᾽ ἀληθείας καὶ σωφροσύνης ῥήματα ἀποφθέγγομαι. ἐπίσταται γὰρ περὶ τούτων ὁ βασιλεύς, πρὸς ὃν καὶ 26
παρρησιαζόμενος λαλῶ· λανθάνειν γὰρ αὐτόν τι τούτων οὐ πείθομαι οὐδέν· οὐ γάρ ἐστιν ἐν γωνίᾳ πεπραγμένον τοῦτο. πιστεύεις, βασιλεῦ Ἀγρίππα, τοῖς προφήταις; οἶδα ὅτι πι- 27
στεύεις. ὁ δὲ Ἀγρίππας πρὸς τὸν Παῦλον ⁱ⁻", Ἐν ὀλίγῳ με 28
πείθεις Χριστιανὸν ᵏποιῆσαι". ὁ δὲ Παῦλος ¹⁻", Εὐξαίμην 29
ἂν τῷ Θεῷ, καὶ ἐν ὀλίγῳ καὶ ἐν ᵐμεγάλῳ", οὐ μόνον σὲ ἀλλὰ καὶ πάντας τοὺς ἀκούοντάς μου σήμερον γενέσθαι τοιούτους ὁποῖος κἀγώ εἰμι, παρεκτὸς τῶν δεσμῶν τούτων.

ⁿ Ἀνέστη τε" ὁ βασιλεὺς καὶ ὁ ἡγεμὼν ἥ τε Βερνίκη καὶ 30
οἱ συγκαθήμενοι αὐτοῖς· καὶ ἀναχωρήσαντες ἐλάλουν πρὸς 31
Cp. 25. 11. ἀλλήλους, λέγοντες ὅτι Οὐδὲν θανάτου ἄξιον ἢ δεσμῶν πράσσει ὁ ἄνθρωπος οὗτος. Ἀγρίππας δὲ τῷ Φήστῳ ἔφη, 32
Ἀπολελύσθαι ἐδύνατο ὁ ἄνθρωπος οὗτος, εἰ μὴ ἐπεκέκλητο Καίσαρα.

Ὡς δὲ ἐκρίθη τοῦ ἀποπλεῖν ἡμᾶς εἰς τὴν Ἰταλίαν, παρε- 27
δίδουν τόν τε Παῦλον καί τινας ἑτέρους δεσμώτας ἑκατοντάρχῃ, ὀνόματι Ἰουλίῳ, σπείρης Σεβαστῆς. ἐπιβάντες δὲ 2
πλοίῳ Ἀδραμυττηνῷ, ᵒμέλλοντι" πλεῖν ᵖεἰς" τοὺς κατὰ τὴν
Cp. 19. 29, Ἀσίαν τόπους, ἀνήχθημεν, ὄντος σὺν ἡμῖν Ἀριστάρχου Μα-
20. 4,
Col. 4. 10, κεδόνος Θεσσαλονικέως. τῇ τε ἑτέρᾳ κατήχθημεν εἰς Σιδῶνα· 3
Philem.24.

ᶠ om. τε   ᵍ ἔφη   ʰ om. Παῦλος   ⁱ add ἔφη
ᵏ γενέσθαι   ˡ add εἶπεν   ᵐ πολλῷ   ⁿ Καὶ ταῦτα
εἰπόντος αὐτοῦ, ἀνέστη   ᵒ μέλλοντες   ᵖ om. εἰς

φιλανθρώπως τε ὁ Ἰούλιος τῷ Παύλῳ χρησάμενος ἐπέτρεψε
4 πρὸς ᾳτοὺς" φίλους πορευθέντα ἐπιμελείας τυχεῖν. κἀκεῖθεν
ἀναχθέντες ὑπεπλεύσαμεν τὴν Κύπρον διὰ τὸ τοὺς ἀνέμους
5 εἶναι ἐναντίους. τό τε πέλαγος τὸ κατὰ τὴν Κιλικίαν καὶ
Παμφυλίαν διαπλεύσαντες κατήλθομεν εἰς Μύρα τῆς Λυκίας.
6 κἀκεῖ εὑρὼν ὁ ἑκατόνταρχος πλοῖον Ἀλεξανδρῖνον πλέον εἰς
7 τὴν Ἰταλίαν ἐνεβίβασεν ἡμᾶς εἰς αὐτό. ἐν ἱκαναῖς δὲ ἡμέραις
βραδυπλοοῦντες, καὶ μόλις γενόμενοι κατὰ τὴν Κνίδον, μὴ
προσεῶντος ἡμᾶς τοῦ ἀνέμου, ὑπεπλεύσαμεν τὴν Κρήτην
8 κατὰ Σαλμώνην· μόλις τε παραλεγόμενοι αὐτὴν ἤλθομεν
εἰς τόπον τινὰ καλούμενον Καλοὺς Λιμένας, ᾧ ἐγγὺς ἦν
πόλις Λασαία.
9 Ἱκανοῦ δὲ χρόνου διαγενομένου, καὶ ὄντος ἤδη ἐπισφαλοῦς
τοῦ πλοὸς διὰ τὸ καὶ τὴν νηστείαν ἤδη παρεληλυθέναι, πα- Cp. Lev.
10 ρῄνει ὁ Παῦλος λέγων αὐτοῖς, Ἄνδρες, θεωρῶ ὅτι μετὰ 23. 27 sqq.
ὕβρεως καὶ πολλῆς ζημίας, οὐ μόνον τοῦ ʳφορτίου" καὶ
τοῦ πλοίου ἀλλὰ καὶ τῶν ψυχῶν ἡμῶν, μέλλειν ἔσεσθαι
11 τὸν πλοῦν. ὁ δὲ ἑκατόνταρχυς τῷ κυβερνήτῃ καὶ τῷ ναυ-
κλήρῳ ˢμᾶλλον ἐπείθετο" ἢ τοῖς ὑπὸ τοῦ Παύλου λεγομένοις.
12 ἀνευθέτου δὲ τοῦ λιμένος ὑπάρχοντος πρὸς παραχειμασίαν
οἱ πλείους ἔθεντο βουλὴν ἀναχθῆναι ᵗἐκεῖθεν", εἴπως δύ-
ναιντο καταντήσαντες εἰς Φοίνικα παραχειμάσαι, λιμένα τῆς
13 Κρήτης βλέποντα κατὰ λίβα καὶ κατὰ χῶρον. ὑποπνεύ-
σαντος δὲ νότου, δόξαντες τῆς προθέσεως κεκρατηκέναι,
14 ἄραντες ᵘἆσσον" παρελέγοντο τὴν Κρήτην. μετ᾿ οὐ πολὺ
δὲ ἔβαλε κατ᾿ αὐτῆς ἄνεμος τυφωνικός, ὁ καλούμενος ˣεὐ-
15 ρακύλων"· συναρπασθέντος δὲ τοῦ πλοίου, καὶ μὴ δινα-
16 μένου ἀντοφθαλμεῖν τῷ ἀνέμῳ, ἐπιδόντες ἐφερόμεθα. νησίον
δέ τι ὑποδραμόντες, καλούμενον ʸΚαῦδα", ᶻἰσχύσαμεν μό-
17 λις" περικρατεῖς γενέσθαι τῆς σκάφης· ἣν ἄραντες βοηθείαις

ᵠ om. τοὺς S. ʳ φόρτου ˢ ἐπείθετο μᾶλλον ᵗ κἀκεῖ-
θεν ᵘ Ἆσσον S. ˣ εὐροκλύδων ʸ Κλαύδην
A.S.: Κλαῦδα M. ᶻ μόλις ἰσχύσαμεν

ἐχρῶντο, ὑποζωννύντες τὸ πλοῖον· φοβούμενοί τε μὴ εἰς τὴν
ᵃΣύρτιν" ἐκπέσωσι, χαλάσαντες τὸ σκεῦος, οὕτως ἐφέροντο.
σφοδρῶς δὲ χειμαζομένων ἡμῶν τῇ ἑξῆς ἐκβολὴν ἐποιοῦντο· 18
καὶ τῇ τρίτῃ αὐτόχειρες τὴν σκευὴν τοῦ πλοίου ᵇἔρριψαν". 19
μήτε δὲ ἡλίου μήτε ἄστρων ἐπιφαινόντων ἐπὶ πλείονας ἡμέ- 20
ρας, χειμῶνός τε οὐκ ὀλίγου ἐπικειμένου, λοιπὸν περιῃρεῖτο
πᾶσα ἐλπὶς τοῦ σώζεσθαι ἡμᾶς. πολλῆς ᶜτε" ἀσιτίας ὑπαρ- 21
χούσης τότε σταθεὶς ὁ Παῦλος ἐν μέσῳ αὐτῶν εἶπεν, Ἔδει
μέν, ὦ ἄνδρες, πειθαρχήσαντάς μοι μὴ ἀνάγεσθαι ἀπὸ τῆς
Κρήτης, κερδῆσαί τε τὴν ὕβριν ταύτην καὶ τὴν ζημίαν. καὶ 22
τανῦν παραινῶ ὑμᾶς εὐθυμεῖν· ἀποβολὴ γὰρ ψυχῆς οὐδεμία
ἔσται ἐξ ὑμῶν, πλὴν τοῦ πλοίου. παρέστη γάρ μοι τῇ νυκτὶ 23
ταύτῃ ᵈ—" τοῦ Θεοῦ, οὗ εἰμι, ᾧ καὶ λατρεύω, ᵉἄγγελος"
λέγων, Μὴ φοβοῦ, Παῦλε· Καίσαρί σε δεῖ παραστῆναι· καὶ 24
ἰδού, κεχάρισταί σοι ὁ Θεὸς πάντας τοὺς πλέοντας μετὰ
σοῦ. διὸ εὐθυμεῖτε, ἄνδρες· πιστεύω γὰρ τῷ Θεῷ ὅτι οὕτως 25
ἔσται καθ' ὃν τρόπον λελάληταί μοι. εἰς νῆσον δέ τινα δεῖ 26
ἡμᾶς ἐκπεσεῖν.

Ὡς δὲ τεσσαρεσκαιδεκάτη νὺξ ἐγένετο, διαφερομένων ἡμῶν 27
ἐν τῷ Ἀδρίᾳ, κατὰ μέσον τῆς νυκτὸς ὑπενόουν οἱ ναῦται
προσάγειν τινὰ αὐτοῖς χώραν· καὶ βολίσαντες εὗρον ὀργυιὰς 28
εἴκοσι· βραχὺ δὲ διαστήσαντες, καὶ πάλιν βολίσαντες, εὗρον
ὀργυιὰς δεκαπέντε. φοβούμενοί τε, ᶠμήπου κατὰ" τραχεῖς 29
τόπους ᵍἐκπέσωμεν", ἐκ πρύμνης ῥίψαντες ἀγκύρας τέσ-
σαρας ηὔχοντο ἡμέραν γενέσθαι. τῶν δὲ ναυτῶν ζητούντων 30
φυγεῖν ἐκ τοῦ πλοίου, καὶ χαλασάντων τὴν σκάφην εἰς τὴν
θάλασσαν προφάσει ὡς ἐκ πρώρας μελλόντων ἀγκύρας ἐκ-
τείνειν, εἶπεν ὁ Παῦλος τῷ ἑκατοντάρχῃ καὶ τοῖς στρατιώ- 31
ταις, Ἐὰν μὴ οὗτοι μείνωσιν ἐν τῷ πλοίῳ, ὑμεῖς σωθῆναι οὐ
δύνασθε. τότε οἱ στρατιῶται ἀπέκοψαν τὰ σχοινία τῆς 32

ᵃ σύρτιν ᵇ ἐρρίψαμεν ᶜ δὲ ᵈ add ἄγγελος
ᵉ om. ἄγγελος ᶠ μήπως εἰς ᵍ ἐκπέσωσιν S.

-28. 2. ΤΩΝ ΑΠΟΣΤΟΛΩΝ. 331

33 σκάφης, καὶ εἴασαν αὐτὴν ἐκπεσεῖν. ἄχρι δὲ οὗ ἔμελλεν ἡμέρα γίνεσθαι, παρεκάλει ὁ Παῦλος ἅπαντας μεταλαβεῖν τροφῆς λέγων, Τεσσαρεσκαιδεκάτην σήμερον ἡμέραν προσ-
34 δοκῶντες ἄσιτοι διατελεῖτε, μηδὲν προσλαβόμενοι. διὸ παρακαλῶ ὑμᾶς ⁱμεταλαβεῖν" τροφῆς· τοῦτο γὰρ πρὸς τῆς ὑμετέρας σωτηρίας ὑπάρχει· οὐδενὸς γὰρ ὑμῶν θρὶξ ᵏἀπὸ"
35 τῆς κεφαλῆς ¹ἀπολεῖται". εἰπὼν δὲ ταῦτα, καὶ λαβὼν ἄρτον, Cp. 2. 42. εὐχαρίστησε τῷ Θεῷ ἐνώπιον πάντων, καὶ κλάσας ἤρξατο 20. 7, 11
36 ἐσθίειν. εὔθυμοι δὲ γενόμενοι πάντες καὶ αὐτοὶ προσελά-
37 βοντο τροφῆς. ἦμεν δὲ ἐν τῷ πλοίῳ αἱ πᾶσαι ψυχαὶ ᵐδια-
38 κόσιαι ἑβδομήκοντα ἕξ". κορεσθέντες δὲ τροφῆς ἐκούφιζον
39 τὸ πλοῖον ἐκβαλλόμενοι τὸν σῖτον εἰς τὴν θάλασσαν. ὅτε δὲ ἡμέρα ἐγένετο, τὴν γῆν οὐκ ἐπεγίνωσκον· κόλπον δέ τινα κατενόουν ἔχοντα αἰγιαλόν, εἰς ὃν ⁿἐβουλεύοντο", εἰ δύναιντο,
40 ᵒἐξῶσαι" τὸ πλοῖον. καὶ τὰς ἀγκύρας περιελόντες εἴων εἰς τὴν θάλασσαν, ἅμα ἀνέντες τὰς ζευκτηρίας τῶν πηδαλίων· καὶ ἐπάραντες τὸν ἀρτέμονα τῇ πνεούσῃ κατεῖχον εἰς τὸν
41 αἰγιαλόν. περιπεσόντες δὲ εἰς τόπον διθάλασσον ᴾἐπέκειλαν" τὴν ναῦν· καὶ ἡ μὲν πρῶρα ἐρείσασα ἔμεινεν ἀσά-
42 λευτος, ἡ δὲ πρύμνα ἐλύετο ὑπὸ τῆς βίας ᑫ⁻". τῶν δὲ στρατιωτῶν βουλὴ ἐγένετο ἵνα τοὺς δεσμώτας ἀποκτείνωσι,
43 μήτις ἐκκολυμβήσας διαφύγοι. ὁ δὲ ἑκατόνταρχος, βουλόμενος διασῶσαι τὸν Παῦλον, ἐκώλυσεν αὐτοὺς τοῦ βουλήματος· ἐκέλευσέ τε τοὺς δυναμένους κολυμβᾶν ἀπορρίψαντας
44 πρώτους ἐπὶ τὴν γῆν ἐξιέναι, καὶ τοὺς λοιποὺς, οὓς μὲν ἐπὶ σανίσιν, οὓς δὲ ἐπί τινων τῶν ἀπὸ τοῦ πλοίου. καὶ οὕτως ἐγένετο πάντας διασωθῆναι ἐπὶ τὴν γῆν.
28 Καὶ διασωθέντες τότε ʳἐπέγνωμεν" ὅτι ˢΜελίτη" ἡ νῆσος
2 καλεῖται. ᵗοἵ τε" βάρβαροι παρεῖχον οὐ τὴν τυχοῦσαν φιλανθρωπίαν ἡμῖν· ἀνάψαντες γὰρ πυρὰν προσελάβοντο πάντας

ⁱ προσλαβεῖν   ᵏ ἐκ   ¹ πεσεῖται   ᵐ ὡς ἑβδομήκοντα ἕξ M.   ⁿ ἐβουλεύσαντο   ᵒ ἐκσῶσαι M.   ᴾ ἐπώκειλαν
ᑫ add τῶν κυμάτων   ʳ ἐπέγνωσαν   ˢ Μελιτήνη M.   ᵗ οἱ δὲ

ἡμᾶς διὰ τὸν ὑετὸν τὸν ἐφεστῶτα καὶ διὰ τὸ ψῦχος. συ- 3
στρέψαντος δὲ τοῦ Παύλου φρυγάνων ᵘτι" πλῆθος, καὶ ἐπιθέντος ἐπὶ τὴν πυράν, ἔχιδνα ᵛἀπὸ" τῆς θέρμης ἐξελθοῦσα
καθῆψε τῆς χειρὸς αὐτοῦ. ὡς δὲ εἶδον οἱ βάρβαροι κρεμάμε- 4
νον τὸ θηρίον ἐκ τῆς χειρὸς αὐτοῦ, ἔλεγον πρὸς ἀλλήλους,
Πάντως φονεύς ἐστιν ὁ ἄνθρωπος οὗτος, ὃν διασωθέντα ἐκ
τῆς θαλάσσης ἡ δίκη ζῆν οὐκ εἴασεν. ὁ μὲν οὖν, ἀποτινάξας 5
τὸ θηρίον εἰς τὸ πῦρ, ἔπαθεν οὐδὲν κακόν. οἱ δὲ προσεδόκων 6
αὐτὸν μέλλειν πίμπρασθαι ἢ καταπίπτειν ἄφνω νεκρόν· ἐπὶ
πολὺ δὲ αὐτῶν προσδοκώντων, καὶ θεωρούντων μηδὲν ἄτοπον
εἰς αὐτὸν γινόμενον, ˣμεταβαλόμενοι" ἔλεγον θεὸν αὐτὸν εἶναι.
Ἐν δὲ τοῖς περὶ τὸν τόπον ἐκεῖνον ὑπῆρχε χωρία τῷ πρώ- 7
τῳ τῆς νήσου, ὀνόματι Ποπλίῳ· ὃς ἀναδεξάμενος ἡμᾶς τρεῖς
ἡμέρας φιλοφρόνως ἐξένισεν. ἐγένετο δὲ τὸν πατέρα τοῦ 8
Ποπλίου πυρετοῖς καὶ δυσεντερίᾳ συνεχόμενον κατακεῖσθαι.
πρὸς ὃν ὁ Παῦλος εἰσελθών, καὶ προσευξάμενος, ἐπιθεὶς τὰς
χεῖρας αὐτῷ ἰάσατο αὐτόν. τούτου ʸδὲ" γενομένου καὶ οἱ 9
λοιποὶ οἱ ᶻἐν τῇ νήσῳ ἔχοντες ἀσθενείας" προσήρχοντο καὶ
ἐθεραπεύοντο· οἳ καὶ πολλαῖς τιμαῖς ἐτίμησαν ἡμᾶς, καὶ 10
ἀναγομένοις ἐπέθεντο τὰ πρὸς ᵃτὰς χρείας".
Μετὰ δὲ τρεῖς μῆνας ἀνήχθημεν ἐν πλοίῳ παρακεχειμακότι 11
ἐν τῇ νήσῳ, Ἀλεξανδρίνῳ, παρασήμῳ Διοσκούροις. καὶ 12
καταχθέντες εἰς Συρακούσας ἐπεμείναμεν ἡμέρας τρεῖς. ὅθεν 13
ᵇπεριελθόντες" κατηντήσαμεν ᶜεἰς" Ῥήγιον· καὶ μετὰ μίαν
ἡμέραν ἐπιγενομένου νότου δευτεραῖοι ἤλθομεν εἰς Ποτιόλους· οὗ εὑρόντες ἀδελφοὺς παρεκλήθημεν ᵈπαρ'" αὐτοῖς 14
ἐπιμεῖναι ἡμέρας ἑπτά· καὶ οὕτως εἰς τὴν Ῥώμην ἤλθομεν.
κἀκεῖθεν οἱ ἀδελφοί, ἀκούσαντες τὰ περὶ ἡμῶν, ᵉἦλθον" εἰς 15
ἀπάντησιν ἡμῖν ἄχρις Ἀππίου Φόρου καὶ Τριῶν Ταβερνῶν·
οὓς ἰδὼν ὁ Παῦλος εὐχαριστήσας τῷ Θεῷ ἔλαβε θάρσος.

ᵘ om. τι   ᵛ ἐκ   ˣ μεταβαλλόμενοι   ʸ οὖν   ᶻ ἔχοντες ἀσθενείας ἐν τῇ νήσῳ   ᵃ τὴν χρείαν   ᵇ περιελόντες M.
ᶜ εἰν S.   ᵈ ἐπ'   ᵉ ἐξῆλθον

16 Ὅτε δὲ ʰεἰσήλθομεν" εἰς Ῥώμην, ᵍἐπετράπη τῷ Παύλῳ" μένειν καθ' ἑαυτὸν σὺν τῷ φυλάσσοντι αὐτὸν στρατιώτῃ.

17 Ἐγένετο δὲ μετὰ ἡμέρας τρεῖς συγκαλέσασθαι ʰαὐτὸν" τοὺς ὄντας τῶν Ἰουδαίων πρώτους· συνελθόντων δὲ αὐτῶν ἔλεγε πρὸς αὐτούς, ⁱἘγώ, ἄνδρες ἀδελφοί," οὐδὲν ἐναντίον ποιήσας τῷ λαῷ ἢ τοῖς ἔθεσι τοῖς πατρῴοις, δέσμιος ἐξ

18 Ἱεροσολύμων παρεδόθην εἰς τὰς χεῖρας τῶν Ῥωμαίων· οἵτινες, ἀνακρίναντές με, ἐβούλοντο ἀπολῦσαι διὰ τὸ μηδεμίαν

19 αἰτίαν θανάτου ὑπάρχειν ἐν ἐμοί. ἀντιλεγόντων δὲ τῶν Ἰου- Cp. 25. 10. δαίων ἠναγκάσθην ἐπικαλέσασθαι Καίσαρα, οὐχ ὡς τοῦ ἔθ-

20 νους μου ἔχων τι κατηγορῆσαι. διὰ ταύτην οὖν τὴν αἰτίαν παρεκάλεσα ὑμᾶς ἰδεῖν καὶ προσλαλῆσαι· ἕνεκεν γὰρ τῆς Cp. 26. 6.

21 ἐλπίδος τοῦ Ἰσραὴλ τὴν ἅλυσιν ταύτην περίκειμαι. οἱ δὲ πρὸς αὐτὸν εἶπον, Ἡμεῖς οὔτε γράμματα περὶ σοῦ ἐδεξάμεθα ἀπὸ τῆς Ἰουδαίας, οὔτε παραγενόμενός τις τῶν ἀδελφῶν

22 ἀπήγγειλεν ἢ ἐλάλησέ τι περὶ σοῦ πονηρόν. ἀξιοῦμεν δὲ παρὰ σοῦ ἀκοῦσαι ἃ φρονεῖς· περὶ μὲν γὰρ τῆς αἱρέσεως Cp. 24. 5, ταύτης γνωστὸν ᵏἡμῖν ἐστιν" ὅτι πανταχοῦ ἀντιλέγεται. ¹⁴·

23 Ταξάμενοι δὲ αὐτῷ ἡμέραν ἧκον πρὸς αὐτὸν εἰς τὴν ξενίαν πλείονες· οἷς ἐξετίθετο, διαμαρτυρόμενος τὴν βασιλείαν τοῦ Cp. 19. 8. Θεοῦ, πείθων τε αὐτοὺς ¹⁻" περὶ τοῦ Ἰησοῦ ἀπό τε τοῦ νόμου Cp.Lk.24.

24 Μωσέως καὶ τῶν προφητῶν, ἀπὸ πρωῒ ἕως ἑσπέρας. καὶ ²⁷,⁴⁴·

25 οἱ μὲν ἐπείθοντο τοῖς λεγομένοις, οἱ δὲ ἠπίστουν. ἀσύμφωνοι δὲ ὄντες πρὸς ἀλλήλους ἀπελύοντο, εἰπόντος τοῦ Παύλου ῥῆμα ἕν, ὅτι Καλῶς τὸ Πνεῦμα τὸ Ἅγιον ἐλάλησε διὰ

26 Ἡσαΐου τοῦ προφήτου πρὸς τοὺς πατέρας ᵐὑμῶν" λέγον, Πορεύθητι πρὸς τὸν λαὸν τοῦτον καὶ εἰπέ, Ἀκοῇ ἀκούσετε, Isa. 6. 9. καὶ οὐ μὴ συνῆτε· καὶ βλέποντες βλέψετε, καὶ οὐ μὴ ἴδητε·

27 ἐπαχύνθη γὰρ ἡ καρδία τοῦ λαοῦ τούτου, καὶ τοῖς ὠσὶ

ᶠ ἤλθομεν   ᵍ ὁ ἑκατόνταρχος παρέδωκε τοὺς δεσμίους τῷ στρατοπεδάρχῃ· τῷ δὲ Παύλῳ ἐπετράπη A.S.M.   ʰ τὸν Παῦλον   ⁱ Ἄνδρες ἀδελφοί, ἐγὼ   ᵏ ἐστιν ἡμῖν   ˡ add τὰ ᵐ ἡμῶν

βαρέως ἤκουσαν, καὶ τοὺς ὀφθαλμοὺς αὐτῶν ἐκάμμυσαν· μήποτε ἴδωσι τοῖς ὀφθαλμοῖς, καὶ τοῖς ὠσὶν ἀκούσωσι, καὶ τῇ καρδίᾳ συνῶσι, καὶ ἐπιστρέψωσι, καὶ ⁿἰάσομαι" αὐτούς. γνωστὸν οὖν ἔστω ὑμῖν, ὅτι τοῖς ἔθνεσιν ἀπεστάλη °τοῦτο" 28 τὸ σωτήριον τοῦ Θεοῦ· αὐτοὶ καὶ ἀκούσονται. ᴾ⁻ᵠ
ᵠἘνέμεινε" δὲ ʳ⁻" διετίαν ὅλην ἐν ἰδίῳ μισθώματι, καὶ 30 ἀπεδέχετο πάντας τοὺς εἰσπορευομένους πρὸς αὐτόν, κηρύσ- 31 σων τὴν βασιλείαν τοῦ Θεοῦ, καὶ διδάσκων τὰ περὶ τοῦ Κυρίου Ἰησοῦ Χριστοῦ, μετὰ πάσης παρρησίας, ἀκωλύτως.

ΠΑΥΛΟΥ ΤΟΥ ΑΠΟΣΤΟΛΟΥ

Η ΠΡΟΣ

ΡΩΜΑΙΟΥΣ ΕΠΙΣΤΟΛΗ.

Παῦλος δοῦλος Ἰησοῦ Χριστοῦ, κλητὸς ἀπόστολος, ἀφω- 1 ρισμένος εἰς εὐαγγέλιον Θεοῦ, ὃ προεπηγγείλατο διὰ τῶν 2 προφητῶν αὐτοῦ ἐν γραφαῖς ἁγίαις, περὶ τοῦ υἱοῦ αὐτοῦ, 3 τοῦ γενομένου ἐκ σπέρματος Δαβὶδ κατὰ σάρκα, τοῦ ὁρισ- 4 θέντος υἱοῦ Θεοῦ ἐν δυνάμει κατὰ πνεῦμα ἁγιωσύνης ἐξ ἀναστάσεως νεκρῶν, Ἰησοῦ Χριστοῦ τοῦ Κυρίου ἡμῶν, δι' 5 οὗ ἐλάβομεν χάριν καὶ ἀποστολὴν εἰς ὑπακοὴν πίστεως ἐν πᾶσι τοῖς ἔθνεσιν ὑπὲρ τοῦ ὀνόματος αὐτοῦ· ἐν οἷς ἐστε 6 καὶ ὑμεῖς, κλητοὶ Ἰησοῦ Χριστοῦ· πᾶσι τοῖς οὖσιν ἐν Ῥώμῃ 7 ἀγαπητοῖς Θεοῦ, κλητοῖς ἁγίοις· χάρις ὑμῖν καὶ εἰρήνη ἀπὸ Θεοῦ πατρὸς ἡμῶν καὶ Κυρίου Ἰησοῦ Χριστοῦ.

ⁿ ἰάσωμαι   ° om. τοῦτο   ᵖ add ver. 29 καὶ ταῦτα αὐτοῦ εἰπόντος ἀπῆλθον οἱ Ἰουδαῖοι, πολλὴν ἔχοντες ἐν ἑαυτοῖς συζήτησιν. A.S.M.   ᵠ "Εμεινε   ʳ add ὁ Παῦλος

ΕΠΙΣΤΟΛΗ ΠΡΟΣ ΡΩΜΑΙΟΥΣ.

8 Πρῶτον μὲν εὐχαριστῶ τῷ Θεῷ μου διὰ Ἰησοῦ Χριστοῦ
ᵃπερὶ" πάντων ὑμῶν, ὅτι ἡ πίστις ὑμῶν καταγγέλλεται ἐν Cp. 16. 19.
9 ὅλῳ τῷ κόσμῳ. μάρτυς γάρ μου ἐστὶν ὁ Θεός, ᾧ λατρεύω
ἐν τῷ πνεύματί μου ἐν τῷ εὐαγγελίῳ τοῦ υἱοῦ αὐτοῦ, ὡς
ἀδιαλείπτως μνείαν ὑμῶν ποιοῦμαι, πάντοτε ἐπὶ τῶν προσ-
10 ευχῶν μου δεόμενος, εἴπως ἤδη ποτὲ εὐοδωθήσομαι ἐν τῷ
11 θελήματι τοῦ Θεοῦ ἐλθεῖν πρὸς ὑμᾶς. ἐπιποθῶ γὰρ ἰδεῖν Cp. 15. 23.
ὑμᾶς, ἵνα τι μεταδῶ χάρισμα ὑμῖν πνευματικόν, εἰς τὸ Acts 19.21.
12 στηριχθῆναι ὑμᾶς, τοῦτο δέ ἐστι, συμπαρακληθῆναι ἐν ὑμῖν
13 διὰ τῆς ἐν ἀλλήλοις πίστεως ὑμῶν τε καὶ ἐμοῦ. οὐ θέλω
δὲ ὑμᾶς ἀγνοεῖν, ἀδελφοί, ὅτι πολλάκις προεθέμην ἐλθεῖν
πρὸς ὑμᾶς (καὶ ἐκωλύθην ἄχρι τοῦ δεῦρο), ἵνα ᵇτινὰ καρ-
πὸν" σχῶ καὶ ἐν ὑμῖν, καθὼς καὶ ἐν τοῖς λοιποῖς ἔθνεσιν.
14 Ἕλλησί τε καὶ βαρβάροις, σοφοῖς τε καὶ ἀνοήτοις ὀφει-
15 λέτης εἰμί. οὕτω τὸ κατ᾽ ἐμὲ πρόθυμον καὶ ὑμῖν τοῖς ἐν
16 Ῥώμῃ εὐαγγελίσασθαι. οὐ γὰρ ἐπαισχύνομαι τὸ εὐαγγέ-
λιον ᶜ—". δύναμις γὰρ Θεοῦ ἐστιν εἰς σωτηρίαν παντὶ τῷ
17 πιστεύοντι, Ἰουδαίῳ τε πρῶτον καὶ Ἕλληνι. δικαιοσύνη Cp. 3. 21
γὰρ Θεοῦ ἐν αὐτῷ ἀποκαλύπτεται ἐκ πίστεως εἰς πίστιν· sq.,
καθὼς γέγραπται, Ὁ δὲ δίκαιος ἐκ πίστεως ζήσεται. 10. 3.
Phil. 3. 9.
Hab. 2. 4.
18 Ἀποκαλύπτεται γὰρ ὀργὴ Θεοῦ ἀπ᾽ οὐρανοῦ ἐπὶ πᾶσαν
ἀσέβειαν καὶ ἀδικίαν ἀνθρώπων τῶν τὴν ἀλήθειαν ἐν ἀδικίᾳ
19 κατεχόντων· διότι τὸ γνωστὸν τοῦ Θεοῦ φανερόν ἐστιν ἐν Cp. Acts
20 αὐτοῖς· ᵈὁ Θεὸς γὰρ" αὐτοῖς ἐφανέρωσε. τὰ γὰρ ἀόρατα 14. 15
αὐτοῦ ἀπὸ κτίσεως κόσμου τοῖς ποιήμασι νοούμενα καθο- 17. 24
ρᾶται, ἥ τε ἀΐδιος αὐτοῦ δύναμις καὶ θειότης, εἰς τὸ εἶναι sqq.
21 αὐτοὺς ἀναπολογήτους· διότι, γνόντες τὸν Θεόν, οὐχ ὡς
Θεὸν ἐδόξασαν ἢ εὐχαρίστησαν, ἀλλ᾽ ἐματαιώθησαν ἐν τοῖς
διαλογισμοῖς αὐτῶν, καὶ ἐσκοτίσθη ἡ ἀσύνετος αὐτῶν καρ-
22, 23 δία· φάσκοντες εἶναι σοφοὶ ἐμωράνθησαν, καὶ ἤλλαξαν Cp. Ps.106
(105).20.

ᵃ ὑπὲρ   ᵇ καρπόν τινα   ᶜ add τοῦ Χριστοῦ   ᵈ ὁ γὰρ
Θεὸς

τὴν δόξαν τοῦ ἀφθάρτου Θεοῦ ἐν ὁμοιώματι εἰκόνος φθαρτοῦ ἀνθρώπου καὶ πετεινῶν καὶ τετραπόδων καὶ ἑρπετῶν.

Διὸ ᵉ⁻ⁿ παρέδωκεν αὐτοὺς ὁ Θεὸς ἐν ταῖς ἐπιθυμίαις τῶν 24 καρδιῶν αὐτῶν εἰς ἀκαθαρσίαν, τοῦ ἀτιμάζεσθαι τὰ σώματα αὐτῶν ἐν ᶠαὑτοῖςⁿ· οἵτινες μετήλλαξαν τὴν ἀλήθειαν τοῦ 25 Θεοῦ ἐν τῷ ψεύδει, καὶ ἐσεβάσθησαν καὶ ἐλάτρευσαν τῇ κτίσει παρὰ τὸν κτίσαντα, ὅς ἐστιν εὐλογητὸς εἰς τοὺς αἰῶνας. ἀμήν.

Διὰ τοῦτο παρέδωκεν αὐτοὺς ὁ Θεὸς εἰς πάθη ἀτιμίας· 26 αἵ τε γὰρ θήλειαι αὐτῶν μετήλλαξαν τὴν φυσικὴν χρῆσιν εἰς τὴν παρὰ φύσιν· ὁμοίως τε καὶ οἱ ἄρρενες, ἀφέντες τὴν 27 φυσικὴν χρῆσιν τῆς θηλείας, ἐξεκαύθησαν ἐν τῇ ὀρέξει αὐτῶν εἰς ἀλλήλους, ἄρσενες ἐν ἄρσεσι τὴν ἀσχημοσύνην κατεργαζόμενοι, καὶ τὴν ἀντιμισθίαν ἣν ἔδει τῆς πλάνης αὐτῶν ἐν ἑαυτοῖς ἀπολαμβάνοντες.

Καὶ καθὼς οὐκ ἐδοκίμασαν τὸν Θεὸν ἔχειν ἐν ἐπιγνώσει, 28 παρέδωκεν αὐτοὺς ὁ Θεὸς εἰς ἀδόκιμον νοῦν, ποιεῖν τὰ μὴ καθήκοντα, πεπληρωμένους πάσῃ ἀδικίᾳ, ᵍ⁻ⁿ πονηρίᾳ, πλε- 29 ονεξίᾳ, κακίᾳ, μεστοὺς φθόνου, φόνου, ἔριδος, δόλου, κακοηθείας, ψιθυριστάς, καταλάλους, θεοστυγεῖς, ὑβριστάς, 30 ὑπερηφάνους, ἀλαζόνας, ἐφευρετὰς κακῶν, γονεῦσιν ἀπειθεῖς, ἀσυνέτους, ἀσυνθέτους, ἀστόργους, ʰ⁻ⁿ ἀνελεήμονας· 31 οἵτινες, τὸ δικαίωμα τοῦ Θεοῦ ἐπιγνόντες, ὅτι οἱ τὰ τοιαῦτα 32 πράσσοντες ἄξιοι θανάτου εἰσίν, οὐ μόνον αὐτὰ ποιοῦσιν, ἀλλὰ καὶ συνευδοκοῦσι τοῖς πράσσουσι.

Cp. 14. 13, Διὸ ἀναπολόγητος εἶ, ὦ ἄνθρωπε πᾶς ὁ κρίνων· ἐν ᾧ γὰρ 2
Mat. 7. 1, κρίνεις τὸν ἕτερον, σεαυτὸν κατακρίνεις· τὰ γὰρ αὐτὰ πράσ-
Lk. 6. 37,
1 Cor. 4. 5. σεις ὁ κρίνων. οἴδαμεν ⁱδὲⁿ ὅτι τὸ κρῖμα τοῦ Θεοῦ ἐστι 2 κατὰ ἀλήθειαν ἐπὶ τοὺς τὰ τοιαῦτα πράσσοντας. λογίζῃ 3 δὲ τοῦτο, ὦ ἄνθρωπε ὁ κρίνων τοὺς τὰ τοιαῦτα πράσσοντας

ᵉ add καὶ ἀσπόνδους,   ᶠ ἑαυτοῖς   ᵍ add πορνείᾳ,   ʰ add
ⁱ γὰρ M.

4 καὶ ποιῶν αὐτά, ὅτι σὺ ἐκφεύξῃ τὸ κρίμα τοῦ Θεοῦ; ἢ τοῦ
πλούτου τῆς χρηστότητος αὐτοῦ καὶ τῆς ἀνοχῆς καὶ τῆς
μακροθυμίας καταφρονεῖς, ἀγνοῶν ὅτι τὸ χρηστὸν τοῦ Θεοῦ
5 εἰς μετάνοιάν σε ἄγει; κατὰ δὲ τὴν σκληρότητά σου καὶ
ἀμετανόητον καρδίαν θησαυρίζεις σεαυτῷ ὀργὴν ἐν ἡμέρᾳ
6 ὀργῆς καὶ ἀποκαλύψεως δικαιοκρισίας τοῦ Θεοῦ, ὃς ἀποδώ-
7 σει ἑκάστῳ κατὰ τὰ ἔργα αὐτοῦ· τοῖς μὲν καθ᾽ ὑπομονὴν
ἔργου ἀγαθοῦ δόξαν καὶ τιμὴν καὶ ἀφθαρσίαν ζητοῦσι, ζωὴν
8 αἰώνιον· τοῖς δὲ ἐξ ἐριθείας, καὶ ἀπειθοῦσι ʲ⁻ǁ τῇ ἀληθείᾳ
9 πειθομένοις δὲ τῇ ἀδικίᾳ, ᵏὀργὴ καὶ θυμόςǁ, θλῖψις καὶ
στενοχωρία, ἐπὶ πᾶσαν ψυχὴν ἀνθρώπου τοῦ κατεργαζο-
10 μένου τὸ κακόν, Ἰουδαίου τε πρῶτον καὶ Ἕλληνος· δόξα
δὲ καὶ τιμὴ καὶ εἰρήνη παντὶ τῷ ἐργαζομένῳ τὸ ἀγαθόν,
11 Ἰουδαίῳ τε πρῶτον καὶ Ἕλληνι· οὐ γάρ ἐστι προσωπο- Cp. Deut.
12 ληψία παρὰ τῷ Θεῷ. ὅσοι γὰρ ἀνόμως ἥμαρτον, ἀνόμως Acts 10.34.
καὶ ἀπολοῦνται· καὶ ὅσοι ἐν νόμῳ ἥμαρτον, διὰ νόμου κρι- 1Pet.1.17.
13 θήσονται· οὐ γὰρ οἱ ἀκροαταὶ ˡ⁻ǁ νόμου δίκαιοι παρὰ τῷ Cp. Mat.
14 Θεῷ, ἀλλ᾽ οἱ ποιηταὶ ˡ⁻ǁ νόμου δικαιωθήσονται· ὅταν γὰρ Jas. 1. 22
ἔθνη τὰ μὴ νόμον ἔχοντα φύσει τὰ τοῦ νόμου ᵐποιῶσινǁ, 1Joh.3.7.
15 οὗτοι νόμον μὴ ἔχοντες ἑαυτοῖς εἰσι νόμος· οἵτινες ἐνδείκ-
νυνται τὸ ἔργον τοῦ νόμου γραπτὸν ἐν ταῖς καρδίαις αὐτῶν,
συμμαρτυρούσης αὐτῶν τῆς συνειδήσεως, καὶ μεταξὺ ἀλλή-
λων τῶν λογισμῶν κατηγορούντων ἢ καὶ ἀπολογουμένων,
16 ἐν ἡμέρᾳ ὅτε ⁿκρινεῖǁ ὁ Θεὸς τὰ κρυπτὰ τῶν ἀνθρώπων κατὰ Cp. Acts
τὸ εὐαγγέλιόν μου διὰ Ἰησοῦ Χριστοῦ. 10.42, 17.31,
17 ᵒΕἰ δέǁ σὺ Ἰουδαῖος ἐπονομάζῃ, καὶ ἐπαναπαύῃ ᵖ⁻ǁ νόμῳ, 2Cor.5.10.
18 καὶ καυχᾶσαι ἐν Θεῷ, καὶ γινώσκεις τὸ θέλημα, καὶ δοκι- Cp. Phil.
19 μάζεις τὰ διαφέροντα, κατηχούμενος ἐκ τοῦ νόμου, πέποιθάς 1.10.
20 τε σεαυτὸν ὁδηγὸν εἶναι τυφλῶν, φῶς τῶν ἐν σκότει, παι-
δευτὴν ἀφρόνων, διδάσκαλον νηπίων, ἔχοντα τὴν μόρφωσιν

ʲ add μὲν   ᵏ θυμὸς καὶ ὀργή   ˡ add τοῦ   ᵐ ποιῇ
ⁿ κρίνει M.   ᵒ Ἴδε   ᵖ add τῷ

338 ΕΠΙΣΤΟΛΗ 2. 20-

Cp. Ps. 50 τῆς γνώσεως καὶ τῆς ἀληθείας ἐν τῷ νόμῳ· ὁ οὖν διδάσκων 21
(49). 16
sqq. ἕτερον, σεαυτὸν οὐ διδάσκεις ; ὁ κηρύσσων μὴ κλέπτειν,
κλέπτεις· ὁ λέγων μὴ μοιχεύειν, μοιχεύεις ; ὁ βδελυσσό- 22
μενος τὰ εἴδωλα, ἱεροσυλεῖς ; ὃς ἐν νόμῳ καυχᾶσαι, διὰ 23
Cp. Isa. τῆς παραβάσεως τοῦ νόμου τὸν Θεὸν ἀτιμάζεις ; τὸ γὰρ 24
52. 5. ὄνομα τοῦ Θεοῦ δι' ὑμᾶς βλασφημεῖται ἐν τοῖς ἔθνεσι,
καθὼς γέγραπται. περιτομὴ μὲν γὰρ ὠφελεῖ, ἐὰν νόμον 25
πράσσῃς· ἐὰν δὲ παραβάτης νόμου ᾖς, ἡ περιτομή σου
ἀκροβυστία γέγονεν. ἐὰν οὖν ἡ ἀκροβυστία τὰ δικαιώ- 26
ματα τοῦ νόμου φυλάσσῃ, οὐχὶ ἡ ἀκροβυστία αὐτοῦ εἰς
περιτομὴν λογισθήσεται, καὶ κρινεῖ ἡ ἐκ φύσεως ἀκρο- 27
βυστία τὸν νόμον τελοῦσα σὲ τὸν διὰ γράμματος καὶ περι-
τομῆς παραβάτην νόμου ; οὐ γὰρ ὁ ἐν τῷ φανερῷ Ἰουδαῖός 28
ἐστιν, οὐδὲ ἡ ἐν τῷ φανερῷ ἐν σαρκὶ περιτομή· ἀλλ' ὁ 29
ἐν τῷ κρυπτῷ Ἰουδαῖος, καὶ περιτομὴ καρδίας ἐν πνεύματι,
οὐ γράμματι· οὗ ὁ ἔπαινος οὐκ ἐξ ἀνθρώπων, ἀλλ' ἐκ τοῦ
Θεοῦ.

Τί οὖν τὸ περισσὸν τοῦ Ἰουδαίου ; ἢ τίς ἡ ὠφέλεια τῆς 3
περιτομῆς ; πολὺ κατὰ πάντα τρόπον· πρῶτον μὲν ᵖ⁻‖ ὅτι 2
ἐπιστεύθησαν τὰ λόγια τοῦ Θεοῦ. τί γὰρ εἰ ἠπίστησάν 3
τινες ; μὴ ἡ ἀπιστία αὐτῶν τὴν πίστιν τοῦ Θεοῦ καταρ-
γήσει ; μὴ γένοιτο· γινέσθω δὲ ὁ Θεὸς ἀληθής, πᾶς δὲ 4
Ps. 51 (50). ἄνθρωπος ψεύστης, καθὼς γέγραπται, Ὅπως ἂν δικαιωθῇς
4. ἐν τοῖς λόγοις σου, καὶ νικήσῃς ἐν τῷ κρίνεσθαί σε. εἰ 5
δὲ ἡ ἀδικία ἡμῶν Θεοῦ δικαιοσύνην συνίστησι, τί ἐροῦμεν ;
μὴ ἄδικος ὁ Θεὸς ὁ ἐπιφέρων τὴν ὀργήν ; (κατὰ ἄνθρωπον
Cp. Gen. λέγω.) μὴ γένοιτο· ἐπεὶ πῶς κρινεῖ ὁ Θεὸς τὸν κόσμον ; 6
18. 25. εἰ ᵠδὲ‖ ἡ ἀλήθεια τοῦ Θεοῦ ἐν τῷ ἐμῷ ψεύσματι ἐπερίσ- 7
σευσεν εἰς τὴν δόξαν αὐτοῦ, τί ἔτι κἀγὼ ὡς ἁμαρτωλὸς
κρίνομαι ; καὶ μὴ (καθὼς βλασφημούμεθα, καὶ καθώς φασί 8
τινες ἡμᾶς λέγειν ὅτι) ποιήσωμεν τὰ κακὰ ἵνα ἔλθῃ τὰ
ἀγαθά ; ὧν τὸ κρῖμα ἔνδικόν ἐστι.

ᵖ add γάρ   ᵠ γὰρ A.S.M.

9 Τί οὖν; προεχόμεθα; οὐ πάντως· προῃτιασάμεθα γὰρ Cp. Gal.
10 Ἰουδαίους τε καὶ Ἕλληνας πάντας ὑφ' ἁμαρτίαν εἶναι· καθὼς 3. 22.
11 γέγραπται ὅτι Οὐκ ἔστι δίκαιος οὐδὲ εἷς, οὐκ ἔστιν ὁ συνιῶν, Ps. 14(13).
12 οὐκ ἔστιν ὁ ἐκζητῶν τὸν Θεόν· πάντες ἐξέκλιναν, ἅμα 1 sqq.
ἠχρειώθησαν· οὐκ ἔστι ποιῶν χρηστότητα, οὐκ ἔστιν ἕως
13 ἑνός· τάφος ἀνεῳγμένος ὁ λάρυγξ αὐτῶν, ταῖς γλώσσαις
14 αὐτῶν ἐδολιοῦσαν, ἰὸς ἀσπίδων ὑπὸ τὰ χείλη αὐτῶν· ὧν
15 τὸ στόμα ἀρᾶς καὶ πικρίας γέμει· ὀξεῖς οἱ πόδες αὐτῶν
16 ἐκχέαι αἷμα· σύντριμμα καὶ ταλαιπωρία ἐν ταῖς ὁδοῖς αὐ-
17, 18 τῶν, καὶ ὁδὸν εἰρήνης οὐκ ἔγνωσαν· οὐκ ἔστι φόβος Θεοῦ
ἀπέναντι τῶν ὀφθαλμῶν αὐτῶν.
19 Οἴδαμεν δὲ ὅτι ὅσα ὁ νόμος λέγει, τοῖς ἐν τῷ νόμῳ λαλεῖ,
ἵνα πᾶν στόμα φραγῇ, καὶ ὑπόδικος γένηται πᾶς ὁ κόσμος τῷ
20 Θεῷ· διότι ἐξ ἔργων νόμου οὐ δικαιωθήσεται πᾶσα σὰρξ Cp. Gal.
21 ἐνώπιον αὐτοῦ· διὰ γὰρ νόμου ἐπίγνωσις ἁμαρτίας. νυνὶ δὲ 2. 16.
χωρὶς νόμου δικαιοσύνη Θεοῦ πεφανέρωται, μαρτυρουμένη Cp. 1. 17. 10. 3.
22 ὑπὸ τοῦ νόμου καὶ τῶν προφητῶν· δικαιοσύνη δὲ Θεοῦ διὰ
πίστεως Ἰησοῦ Χριστοῦ εἰς πάντας ʳ⁻ᴵᴵ τοὺς πιστεύοντας·
23 οὐ γάρ ἐστι διαστολή· πάντες γὰρ ἥμαρτον, καὶ ὑστεροῦνται
24 τῆς δόξης τοῦ Θεοῦ, δικαιούμενοι δωρεὰν τῇ αὐτοῦ χάριτι
25 διὰ τῆς ἀπολυτρώσεως τῆς ἐν Χριστῷ Ἰησοῦ· ὃν προέθετο Cp. 1 Cor. 1. 30.
ὁ Θεὸς ἱλαστήριον διὰ τῆς πίστεως ἐν τῷ αὐτοῦ αἵματι, εἰς Eph. 1. 7,
ἔνδειξιν τῆς δικαιοσύνης αὐτοῦ, διὰ τὴν πάρεσιν τῶν προ- Col. 1. 14, Heb. 9. 15;
26 γεγονότων ἁμαρτημάτων ἐν τῇ ἀνοχῇ τοῦ Θεοῦ· πρὸς ᵇτὴνᴵᴵ alsoMat.
ἔνδειξιν τῆς δικαιοσύνης αὐτοῦ ἐν τῷ νῦν καιρῷ, εἰς τὸ εἶναι 20. 28, Mk.10.45,
27 αὐτὸν δίκαιον καὶ δικαιοῦντα τὸν ἐκ πίστεως Ἰησοῦ. ποῦ Titus 2.14, Heb. 9. 12,
οὖν ἡ καύχησις; ἐξεκλείσθη. διὰ ποίου νόμου; τῶν ἔργων; 1 Pet.1.18.
28 οὐχί, ἀλλὰ διὰ νόμου πίστεως. λογιζόμεθα ᵗοὖνᴵᴵ ᵘδικαιοῦ-
29 σθαι πίστει ᴵ ἄνθρωπον χωρὶς ἔργων νόμου. ἢ Ἰουδαίων ὁ
30 Θεὸς μόνον; οὐχὶ ˣ⁻ᴵ καὶ ἐθνῶν; ναί, καὶ ἐθνῶν· ʸεἴπερᴵᴵ εἰς

ʳ add καὶ ἐπὶ πάντας A.S.M.   ˢ om. τὴν   ᵗ γὰρ M.
ᵘ πίστει δικαιοῦσθαι   ˣ add δὲ   ʸ ἐπείπερ

Z 2

ὁ Θεός, ὃς δικαιώσει περιτομὴν ἐκ πίστεως, καὶ ἀκροβυστίαν διὰ τῆς πίστεως. νόμον οὖν καταργοῦμεν διὰ τῆς πίσ- 31
τεως; μὴ γένοιτο· ἀλλὰ νόμον ἱστῶμεν.

Τί οὖν ἐροῦμεν ^z εὑρηκέναι Ἀβραὰμ τὸν προπάτορα ἡμῶν^{||} 4
κατὰ σάρκα; εἰ γὰρ Ἀβραὰμ ἐξ ἔργων ἐδικαιώθη, ἔχει καύ- 2
χημα, ἀλλ' οὐ πρὸς τὸν Θεόν. τί γὰρ ἡ γραφὴ λέγει; 3

Gen. 15. 6: Ἐπίστευσε δὲ Ἀβραὰμ τῷ Θεῷ, καὶ ἐλογίσθη αὐτῷ εἰς δι-
cp. Gal. καιοσύνην. τῷ δὲ ἐργαζομένῳ ὁ μισθὸς οὐ λογίζεται κατὰ 4
3. 6. χάριν, ἀλλὰ κατὰ ^{a—||} ὀφείλημα. τῷ δὲ μὴ ἐργαζομένῳ, 5
πιστεύοντι δὲ ἐπὶ τὸν δικαιοῦντα τὸν ἀσεβῆ, λογίζεται ἡ
πίστις αὐτοῦ εἰς δικαιοσύνην. καθάπερ καὶ Δαβὶδ λέγει 6
τὸν μακαρισμὸν τοῦ ἀνθρώπου, ᾧ ὁ Θεὸς λογίζεται δικαιοσύ-
Ps. 32 (31). νην χωρὶς ἔργων, Μακάριοι ὧν ἀφέθησαν αἱ ἀνομίαι, καὶ ὧν 7
1. ἐπεκαλύφθησαν αἱ ἁμαρτίαι· μακάριος ἀνὴρ ᾧ οὐ μὴ λο- 8
γίσηται Κύριος ἁμαρτίαν. ὁ μακαρισμὸς οὖν οὗτος ἐπὶ τὴν 9
περιτομήν; ἢ καὶ ἐπὶ τὴν ἀκροβυστίαν; λέγομεν γάρ, ^{b—||}
Ἐλογίσθη τῷ Ἀβραὰμ ἡ πίστις εἰς δικαιοσύνην. πῶς οὖν 10
ἐλογίσθη; ἐν περιτομῇ ὄντι; ἢ ἐν ἀκροβυστίᾳ; οὐκ ἐν
Cp. Gen. περιτομῇ, ἀλλ' ἐν ἀκροβυστίᾳ· καὶ σημεῖον ἔλαβε περιτο- 11
17. 10. μῆς, σφραγῖδα τῆς δικαιοσύνης τῆς πίστεως τῆς ἐν τῇ ἀκρο-
βυστίᾳ· εἰς τὸ εἶναι αὐτὸν πατέρα πάντων τῶν πιστευόντων
δι' ἀκροβυστίας, εἰς τὸ λογισθῆναι ^{c—||} αὐτοῖς τὴν δικαιοσύ-
νην, καὶ πατέρα περιτομῆς, τοῖς οὐκ ἐκ περιτομῆς μόνον, 12
ἀλλὰ καὶ τοῖς στοιχοῦσι τοῖς ἴχνεσι τῆς ἐν ^{d—||} ἀκροβυστίᾳ
Cp. Gal. πίστεως τοῦ πατρὸς ἡμῶν Ἀβραάμ. οὐ γὰρ διὰ νόμου ἡ 13
3. 18. ἐπαγγελία τῷ Ἀβραὰμ ἢ τῷ σπέρματι αὐτοῦ, τὸ κληρονόμον
αὐτὸν εἶναι ^{e—||} κόσμου, ἀλλὰ διὰ δικαιοσύνης πίστεως. εἰ γὰρ 14
οἱ ἐκ νόμου κληρονόμοι, κεκένωται ἡ πίστις, καὶ κατήργηται ἡ
ἐπαγγελία· ὁ γὰρ νόμος ὀργὴν κατεργάζεται· οὗ ^{f δὲ||} οὐκ 15
ἔστι νόμος, οὐδὲ παράβασις. διὰ τοῦτο ἐκ πίστεως, ἵνα 16

---

^z om. εὑρηκέναι M.: Ἀβραὰμ τὸν πατέρα ἡμῶν εὑρηκέναι
A.S. ^a add τὸ ^b add ὅτι ^c add καὶ ^d add τῇ
^e add τοῦ ^f γὰρ

κατὰ χάριν, εἰς τὸ εἶναι βεβαίαν τὴν ἐπαγγελίαν παντὶ τῷ σπέρματι, οὐ τῷ ἐκ τοῦ νόμου μόνον, ἀλλὰ καὶ τῷ ἐκ πί- 17 στεως Ἀβραάμ, ὅς ἐστι πατὴρ πάντων ἡμῶν (καθὼς γέγραπ- ται ὅτι Πατέρα πολλῶν ἐθνῶν τέθεικά σε) κατέναντι οὗ Gen. 17. 5. ἐπίστευσε Θεοῦ τοῦ ζωοποιοῦντος τοὺς νεκροὺς καὶ καλοῦν- 18 τος τὰ μὴ ὄντα ὡς ὄντα. ὃς παρ᾽ ἐλπίδα ἐπ᾽ ἐλπίδι ἐπί- στευσεν, εἰς τὸ γενέσθαι αὐτὸν πατέρα πολλῶν ἐθνῶν κατὰ 19 τὸ εἰρημένον, Οὕτως ἔσται τὸ σπέρμα σου. καὶ μὴ ἀσ- Gen. 15. 5. θενήσας τῇ πίστει [g] κατενόησε τὸ ἑαυτοῦ σῶμα [h]ἤδη νενεκρωμένον (ἑκατονταέτης που ὑπάρχων), καὶ τὴν νέκρω- 20 σιν τῆς μήτρας Σάρρας· εἰς δὲ τὴν ἐπαγγελίαν τοῦ Θεοῦ οὐ διεκρίθη τῇ ἀπιστίᾳ, ἀλλ᾽ ἐνεδυναμώθη τῇ πίστει, δοὺς 21 δόξαν τῷ Θεῷ, καὶ πληροφορηθεὶς ὅτι ὃ ἐπήγγελται δυ- 22 νατός ἐστι καὶ ποιῆσαι. διὸ καὶ ἐλογίσθη αὐτῷ εἰς δικαι- 23 οσύνην. οὐκ ἐγράφη δὲ δι᾽ αὐτὸν μόνον, ὅτι ἐλογίσθη 24 αὐτῷ, ἀλλὰ καὶ δι᾽ ἡμᾶς, οἷς μέλλει λογίζεσθαι, τοῖς πι- στεύουσιν ἐπὶ τὸν ἐγείραντα Ἰησοῦν τὸν Κύριον ἡμῶν ἐκ 25 νεκρῶν, ὃς παρεδόθη διὰ τὰ παραπτώματα ἡμῶν, καὶ ἠγέρθη διὰ τὴν δικαίωσιν ἡμῶν.

5 Δικαιωθέντες οὖν ἐκ πίστεως εἰρήνην [i]ἔχωμεν["] πρὸς τὸν 2 Θεὸν διὰ τοῦ Κυρίου ἡμῶν Ἰησοῦ Χριστοῦ, δι᾽ οὗ καὶ τὴν προσαγωγὴν ἐσχήκαμεν [k]τῇ πίστει["] εἰς τὴν χάριν ταύτην ἐν ᾗ ἑστήκαμεν, καὶ καυχώμεθα ἐπ᾽ ἐλπίδι τῆς δόξης τοῦ 3 Θεοῦ. οὐ μόνον δέ, ἀλλὰ καὶ καυχώμεθα ἐν ταῖς θλίψεσιν, Cp. Jas. 1. 4 εἰδότες ὅτι ἡ θλῖψις ὑπομονὴν κατεργάζεται, ἡ δὲ ὑπομονὴ 2 sqq. 5 δοκιμήν, ἡ δὲ δοκιμὴ ἐλπίδα· ἡ δὲ ἐλπὶς οὐ καταισχύνει, ὅτι ἡ ἀγάπη τοῦ Θεοῦ ἐκκέχυται ἐν ταῖς καρδίαις ἡμῶν 6 διὰ Πνεύματος Ἁγίου τοῦ δοθέντος ἡμῖν. ἔτι γὰρ Χριστὸς ὄντων ἡμῶν ἀσθενῶν [l]ἔτι["] κατὰ καιρὸν ὑπὲρ ἀσεβῶν ἀπέ- 7 θανε. μόλις γὰρ ὑπὲρ δικαίου τις ἀποθανεῖται· ὑπὲρ γὰρ

[g] add οὐ τῇ πίστει M.   [h] om. ἤδη M.   [i] ἔχομεν A.S.M.   [k] om.
[l] om. ἔτι

του αγαθού τάχα τις και τολμα αποθανείν. συνίστησι δε 8
την εαυτού αγάπην εις ημας ο Θεός, ότι έτι αμαρτωλών
όντων ημών Χριστός υπέρ ημών απέθανε. πολλώ ουν μαλ- 9
λον δικαιωθέντες νυν εν τω αίματι αυτού σωθησόμεθα δι'
αυτού από της οργής. ει γαρ εχθροι όντες κατηλλάγημεν 10
τω Θεώ δια του θανάτου του υιού αυτού, πολλώ μάλλον
καταλλαγέντες σωθησόμεθα εν τη ζωή αυτού· ου μόνον δε, 11
αλλα και καυχώμενοι εν τω Θεώ δια του Κυρίου ημών Ιησού
Χριστού, δι' ου νυν την καταλλαγην ελάβομεν.

Δια τούτο, ώσπερ δι' ενός ανθρώπου η αμαρτία εις τον 12
κόσμον εισήλθε, και δια της αμαρτίας ο θάνατος, και ούτως
εις πάντας ανθρώπους ο θάνατος διήλθεν, εφ' ω πάντες
ήμαρτον,—άχρι γαρ νόμου αμαρτία ην εν κόσμω· αμαρτία 13
δε ουκ ελλογείται μη όντος νόμου. αλλ' εβασίλευσεν ο 14
θάνατος από Αδαμ μέχρι Μωσέως και επι τους μη αμαρ-
τήσαντας επι τω ομοιώματι της παραβάσεως Αδάμ, ος εστι
τύπος του μέλλοντος. αλλ' ουχ ως το παράπτωμα, ούτω 15
και το χάρισμα. ει γαρ τω του ενός παραπτώματι οι πολ-
λοι απέθανον, πολλώ μάλλον η χάρις του Θεού και η δωρεα
εν χάριτι τη του ενός ανθρώπου Ιησού Χριστού εις τους
πολλούς επερίσσευσε. και ουχ ως δι' ενός αμαρτήσαντος, 16
το δώρημα· το μεν γαρ κρίμα εξ ενός εις κατάκριμα, το δε
χάρισμα εκ πολλών παραπτωμάτων εις δικαίωμα. ει γαρ 17
τω του ενός παραπτώματι ο θάνατος εβασίλευσε δια του
ενός, πολλώ μάλλον οι την περισσείαν της χάριτος και
ᵐτης δωρεας" της δικαιοσύνης λαμβάνοντες εν ζωή βασι-
λεύσουσι δια του ενός Ιησού Χριστού. άρα ουν ως δι' 18
ενός παραπτώματος εις πάντας ανθρώπους εις κατάκριμα,
ούτω και δι' ενός δικαιώματος εις πάντας ανθρώπους εις
δικαίωσιν ζωής. ώσπερ γαρ δια της παρακοής του ενός 19
ανθρώπου αμαρτωλοι κατεστάθησαν οι πολλοί, ούτω και

ᵐ om. της δωρεας M.

διὰ τῆς ὑπακοῆς τοῦ ἑνὸς δίκαιοι κατασταθήσονται οἱ πολ-
20 λοί. νόμος δὲ παρεισῆλθεν, ἵνα πλεονάσῃ τὸ παράπτωμα·
οὗ δὲ ἐπλεόνασεν ἡ ἁμαρτία, ὑπερεπερίσσευσεν ἡ χάρις·
21 ἵνα ὥσπερ ἐβασίλευσεν ἡ ἁμαρτία ἐν τῷ θανάτῳ, οὕτω καὶ
ἡ χάρις βασιλεύσῃ διὰ δικαιοσύνης εἰς ζωὴν αἰώνιον διὰ
Ἰησοῦ Χριστοῦ τοῦ Κυρίου ἡμῶν.

6 Τί οὖν ἐροῦμεν; ⁿἐπιμένωμεν ' τῇ ἁμαρτίᾳ, ἵνα ἡ χάρις
2 πλεονάσῃ; μὴ γένοιτο. οἵτινες ἀπεθάνομεν τῇ ἁμαρτίᾳ,
3 πῶς ἔτι ζήσομεν ἐν αὐτῇ; ἢ ἀγνοεῖτε ὅτι ὅσοι ἐβαπτίσθη-
μεν εἰς Χριστὸν Ἰησοῦν, εἰς τὸν θάνατον αὐτοῦ ἐβαπτίσθη-
4 μεν; συνετάφημεν οὖν αὐτῷ διὰ τοῦ βαπτίσματος εἰς τὸν
θάνατον· ἵνα ὥσπερ ἠγέρθη Χριστὸς ἐκ νεκρῶν διὰ τῆς
δόξης τοῦ πατρός, οὕτω καὶ ἡμεῖς ἐν καινότητι ζωῆς περι-
5 πατήσωμεν. εἰ γὰρ σύμφυτοι γεγόναμεν τῷ ὁμοιώματι τοῦ
6 θανάτου αὐτοῦ, ἀλλὰ καὶ τῆς ἀναστάσεως ἐσόμεθα· τοῦτο Cp. Gal. 2.
γινώσκοντες, ὅτι ὁ παλαιὸς ἡμῶν ἄνθρωπος συνεσταυρώθη, 20.
ἵνα καταργηθῇ τὸ σῶμα τῆς ἁμαρτίας, τοῦ μηκέτι δου-
7 λεύειν ἡμᾶς τῇ ἁμαρτίᾳ· ὁ γὰρ ἀποθανὼν δεδικαίωται ἀπὸ
8 τῆς ἁμαρτίας. εἰ δὲ ἀπεθάνομεν σὺν Χριστῷ, πιστεύομεν
9 ὅτι καὶ συζήσομεν αὐτῷ, εἰδότες ὅτι Χριστὸς ἐγερθεὶς ἐκ
νεκρῶν οὐκέτι ἀποθνῄσκει, θάνατος αὐτοῦ οὐκέτι κυριεύει.
10 ὁ γὰρ ἀπέθανε, τῇ ἁμαρτίᾳ ἀπέθανεν ἐφάπαξ· ὃ δὲ ζῇ,
11 ζῇ τῷ Θεῷ. οὕτω καὶ ὑμεῖς λογίζεσθε ἑαυτοὺς νεκροὺς
μὲν εἶναι τῇ ἁμαρτίᾳ ζῶντας δὲ τῷ Θεῷ ἐν Χριστῷ Ἰη-
σοῦ ᵒ⁻ⁱⁱ.

12 Μὴ οὖν βασιλευέτω ἡ ἁμαρτία ἐν τῷ θνητῷ ὑμῶν σώματι,
13 εἰς τὸ ὑπακούειν ᵖ⁻ⁱⁱ ταῖς ἐπιθυμίαις αὐτοῦ· μηδὲ παριστά-
νετε τὰ μέλη ὑμῶν ὅπλα ἀδικίας τῇ ἁμαρτίᾳ· ἀλλὰ παρα-
στήσατε ἑαυτοὺς τῷ Θεῷ, ᑫὡσεὶⁱⁱ ἐκ νεκρῶν ζῶντας, καὶ
14 τὰ μέλη ὑμῶν ὅπλα δικαιοσύνης τῷ Θεῷ. ἁμαρτία γὰρ

ⁿ ἐπιμενοῦμεν   ᵒ add τῷ Κυρίῳ ἡμῶν   ᵖ add αὐτῇ ἐν
ᑫ ὡς

ὑμῶν οὐ κυριεύσει· οὐ γάρ ἐστε ὑπὸ νόμον, ἀλλ' ὑπὸ χάριν.

Τί οὖν; ʳἀμαρτήσωμεν‖, ὅτι οὐκ ἐσμὲν ὑπὸ νόμον, ἀλλ' 15 ὑπὸ χάριν; μὴ γένοιτο. οὐκ οἴδατε ὅτι ᾧ παριστάνετε ἑαυ- 16 τοὺς δούλους εἰς ὑπακοήν, δοῦλοί ἐστε ᾧ ὑπακούετε, ἤτοι ἁμαρτίας εἰς θάνατον, ἢ ὑπακοῆς εἰς δικαιοσύνην; χάρις δὲ 17 τῷ Θεῷ, ὅτι ἦτε δοῦλοι τῆς ἁμαρτίας, ὑπηκούσατε δὲ ἐκ καρδίας εἰς ὃν παρεδόθητε τύπον διδαχῆς, ἐλευθερωθέντες 18 δὲ ἀπὸ τῆς ἁμαρτίας ἐδουλώθητε τῇ δικαιοσύνῃ. ἀνθρώ- 19 πινον λέγω διὰ τὴν ἀσθένειαν τῆς σαρκὸς ὑμῶν· ὥσπερ γὰρ παρεστήσατε τὰ μέλη ὑμῶν δοῦλα τῇ ἀκαθαρσίᾳ καὶ τῇ ἀνομίᾳ εἰς τὴν ἀνομίαν, οὕτω νῦν παραστήσατε τὰ μέλη ὑμῶν δοῦλα τῇ δικαιοσύνῃ εἰς ἁγιασμόν. ὅτε γὰρ δοῦλοι 20 ἦτε τῆς ἁμαρτίας, ἐλεύθεροι ἦτε τῇ δικαιοσύνῃ. τίνα οὖν 21 καρπὸν εἴχετε τότε ἐφ' οἷς νῦν ἐπαισχύνεσθε; τὸ γὰρ τέλος ἐκείνων θάνατος. νυνὶ δὲ ἐλευθερωθέντες ἀπὸ τῆς ἁμαρτίας, 22 δουλωθέντες δὲ τῷ Θεῷ, ἔχετε τὸν καρπὸν ὑμῶν εἰς ἁγιασμόν, τὸ δὲ τέλος ζωὴν αἰώνιον. τὰ γὰρ ὀψώνια τῆς ἁμαρ- 23 τίας θάνατος, τὸ δὲ χάρισμα τοῦ Θεοῦ ζωὴ αἰώνιος ἐν Χριστῷ Ἰησοῦ τῷ Κυρίῳ ἡμῶν.

Ἢ ἀγνοεῖτε, ἀδελφοί, (γινώσκουσι γὰρ νόμον λαλῶ,) ὅτι 7 ὁ νόμος κυριεύει τοῦ ἀνθρώπου ἐφ' ὅσον χρόνον ζῇ; ἡ γὰρ 2 ὕπανδρος γυνὴ τῷ ζῶντι ἀνδρὶ δέδεται νόμῳ· ἐὰν δὲ ἀποθάνῃ ὁ ἀνήρ, κατήργηται ἀπὸ τοῦ νόμου τοῦ ἀνδρός. ἄρα 3 οὖν ζῶντος τοῦ ἀνδρὸς μοιχαλὶς χρηματίσει, ἐὰν γένηται ἀνδρὶ ἑτέρῳ· ἐὰν δὲ ἀποθάνῃ ὁ ἀνήρ, ἐλευθέρα ἐστὶν ἀπὸ τοῦ νόμου, τοῦ μὴ εἶναι αὐτὴν μοιχαλίδα, γενομένην ἀνδρὶ ἑτέρῳ. ὥστε, ἀδελφοί μου, καὶ ὑμεῖς ἐθανατώθητε τῷ νόμῳ 4 διὰ τοῦ σώματος τοῦ Χριστοῦ, εἰς τὸ γενέσθαι ὑμᾶς ἑτέρῳ, τῷ ἐκ νεκρῶν ἐγερθέντι, ἵνα καρποφορήσωμεν τῷ Θεῷ. ὅτε 5 γὰρ ἦμεν ἐν τῇ σαρκί, τὰ παθήματα τῶν ἁμαρτιῶν τὰ διὰ

ʳ ἁμαρτήσομεν

τοῦ νόμου ἐνηργεῖτο ἐν τοῖς μέλεσιν ἡμῶν εἰς τὸ καρποφο-
6 ρῆσαι τῷ θανάτῳ. νυνὶ δὲ κατηργήθημεν ἀπὸ τοῦ νόμου,
ˢἀποθανόντες" ἐν ᾧ κατειχόμεθα, ὥστε δουλεύειν ἡμᾶς ἐν
καινότητι πνεύματος καὶ οὐ παλαιότητι γράμματος.
7 Τί οὖν ἐροῦμεν; ὁ νόμος ἁμαρτία; μὴ γένοιτο· ἀλλὰ τὴν
ἁμαρτίαν οὐκ ἔγνων, εἰ μὴ διὰ νόμου· τήν τε γὰρ ἐπιθυμίαν
8 οὐκ ᾔδειν, εἰ μὴ ὁ νόμος ἔλεγεν, Οὐκ ἐπιθυμήσεις· ἀφορ- Ex. 20. 17.
μὴν δὲ λαβοῦσα ἡ ἁμαρτία διὰ τῆς ἐντολῆς κατειργάσατο Deut. 5. 21.
ἐν ἐμοὶ πᾶσαν ἐπιθυμίαν· χωρὶς γὰρ νόμου ἁμαρτία νεκρά.
9 ἐγὼ δὲ ἔζων χωρὶς νόμου ποτέ· ἐλθούσης δὲ τῆς ἐντολῆς
10 ἡ ἁμαρτία ἀνέζησεν, ἐγὼ δὲ ἀπέθανον· καὶ εὑρέθη μοι ἡ
11 ἐντολὴ ἡ εἰς ζωήν, αὕτη εἰς θάνατον· ἡ γὰρ ἁμαρτία ἀφορ-
μὴν λαβοῦσα διὰ τῆς ἐντολῆς ἐξηπάτησέ με, καὶ δι' αὐτῆς
12 ἀπέκτεινεν. ὥστε ὁ μὲν νόμος ἅγιος, καὶ ἡ ἐντολὴ ἁγία καὶ Cp. 1 Tim.
13 δικαία καὶ ἀγαθή. τὸ οὖν ἀγαθὸν ἐμοὶ ᵗἐγένετο ⁱ θάνατος; 1. 8.
μὴ γένοιτο. ἀλλὰ ἡ ἁμαρτια, ἵνα φανῇ ἁμαρτία, διὰ τοῦ
ἀγαθοῦ μοι κατεργαζομένη θάνατον,—ἵνα γένηται καθ' ὑπερ-
14 βολὴν ἁμαρτωλὸς ἡ ἁμαρτία διὰ τῆς ἐντολῆς. οἴδαμεν γὰρ Cp. Gal. 5.
ὅτι ὁ νόμος πνευματικός ἐστιν· ἐγὼ δὲ ᵘσάρκινός" εἰμι, 16 sq.
15 πεπραμένος ὑπὸ τὴν ἁμαρτίαν. ὁ γὰρ κατεργάζομαι οὐ
γινώσκω· οὐ γὰρ ὃ θέλω, τοῦτο πράσσω· ἀλλ' ὃ μισῶ,
16 τοῦτο ποιῶ. εἰ δὲ ὃ οὐ θέλω, τοῦτο ποιῶ, σύμφημι τῷ
17 νόμῳ ὅτι καλός. νυνὶ δὲ οὐκέτι ἐγὼ κατεργάζομαι αὐτό,
18 ἀλλ' ἡ οἰκοῦσα ἐν ἐμοὶ ἁμαρτία. οἶδα γὰρ ὅτι οὐκ οἰκεῖ
ἐν ἐμοί, τοῦτ' ἔστιν ἐν τῇ σαρκί μου, ἀγαθόν· τὸ γὰρ θέλειν
19 παράκειταί μοι, τὸ δὲ κατεργάζεσθαι τὸ καλὸν ˣ οὔ". οὐ
γὰρ ὃ θέλω ποιῶ ἀγαθόν· ἀλλ' ὃ οὐ θέλω κακόν, τοῦτο
20 πράσσω. εἰ δὲ ὃ οὐ θέλω ʸ⁻ⁱ, τοῦτο ποιῶ, οὐκέτι ἐγὼ
21 κατεργάζομαι αὐτό, ἀλλ' ἡ οἰκοῦσα ἐν ἐμοὶ ἁμαρτία. εὑρίσκω
ἄρα τὸν νόμον τῷ θέλοντι ἐμοὶ ποιεῖν τὸ καλόν, ὅτι ἐμοὶ τὸ

ˢ ἀποθανόντος A.   ᵗ γέγονε   ᵘ σαρκικός   ˣ οὐχ
εὑρίσκω   ʸ add ἐγώ

κακὸν παράκειται. συνήδομαι γὰρ τῷ νόμῳ τοῦ Θεοῦ κατὰ 22 τὸν ἔσω ἄνθρωπον· βλέπω δὲ ἕτερον νόμον ἐν τοῖς μέλεσί 23 μου, ἀντιστρατευόμενον τῷ νόμῳ τοῦ νοός μου, καὶ αἰχμαλωτίζοντά με ᶻἐν∥ τῷ νόμῳ τῆς ἁμαρτίας τῷ ὄντι ἐν τοῖς μέλεσί μου. ταλαίπωρος ἐγὼ ἄνθρωπος· τίς με ῥύσεται 24 ἐκ τοῦ σώματος τοῦ θανάτου τούτου; ᵃεὐχαριστῶ⁷ τῷ Θεῷ 25 διὰ Ἰησοῦ Χριστοῦ τοῦ Κυρίου ἡμῶν. ἄρα οὖν αὐτὸς ἐγὼ τῷ μὲν νοΐ δουλεύω νόμῳ Θεοῦ, τῇ δὲ σαρκὶ νόμῳ ἁμαρτίας.

Οὐδὲν ἄρα νῦν κατάκριμα τοῖς ἐν Χριστῷ Ἰησοῦ ᵇ⁻⁷. 8 ὁ γὰρ νόμος τοῦ Πνεύματος τῆς ζωῆς ἐν Χριστῷ Ἰησοῦ 2 ἠλευθέρωσέ με ἀπὸ τοῦ νόμου τῆς ἁμαρτίας καὶ τοῦ θανάτου.

Cp. Acts 13. 39.

τὸ γὰρ ἀδύνατον τοῦ νόμου, ἐν ᾧ ἠσθένει διὰ τῆς σαρκός, ὁ 3 Θεὸς τὸν ἑαυτοῦ υἱὸν πέμψας ἐν ὁμοιώματι σαρκὸς ἁμαρτίας καὶ περὶ ἁμαρτίας κατέκρινε τὴν ἁμαρτίαν ἐν τῇ σαρκί, ἵνα 4 τὸ δικαίωμα τοῦ νόμου πληρωθῇ ἐν ἡμῖν, τοῖς μὴ κατὰ σάρκα περιπατοῦσιν ἀλλὰ κατὰ πνεῦμα. οἱ γὰρ κατὰ σάρκα ὄντες 5 τὰ τῆς σαρκὸς φρονοῦσιν, οἱ δὲ κατὰ πνεῦμα τὰ τοῦ πνεύματος. τὸ γὰρ φρόνημα τῆς σαρκὸς θάνατος, τὸ δὲ φρόνημα 6 τοῦ πνεύματος ζωὴ καὶ εἰρήνη· διότι τὸ φρόνημα τῆς σαρκὸς 7 ἔχθρα εἰς Θεόν· τῷ γὰρ νόμῳ τοῦ Θεοῦ οὐχ ὑποτάσσεται, οὐδὲ γὰρ δύναται· οἱ δὲ ἐν σαρκὶ ὄντες Θεῷ ἀρέσαι οὐ δύ- 8 νανται. ὑμεῖς δὲ οὐκ ἐστὲ ἐν σαρκί, ἀλλ' ἐν πνεύματι, εἴπερ 9 Πνεῦμα Θεοῦ οἰκεῖ ἐν ὑμῖν. εἰ δέ τις Πνεῦμα Χριστοῦ οὐκ

Cp. 2 Cor. 13. 5, Gal. 4. 19.

ἔχει, οὗτος οὐκ ἔστιν αὐτοῦ. εἰ δὲ Χριστὸς ἐν ὑμῖν, τὸ μὲν 10 σῶμα νεκρὸν δι' ἁμαρτίαν, τὸ δὲ πνεῦμα ζωὴ διὰ δικαιοσύνην. εἰ δὲ τὸ Πνεῦμα τοῦ ἐγείραντος Ἰησοῦν ἐκ νεκρῶν οἰκεῖ 11

Cp. 1 Cor. 6. 14, 2 Cor.4.14.

ἐν ὑμῖν, ὁ ἐγείρας ᶜΧριστὸν Ἰησοῦν∥ ἐκ νεκρῶν ζωοποιήσει καὶ τὰ θνητὰ σώματα ὑμῶν διὰ ᵈτοῦ ἐνοικοῦντος αὐτοῦ Πνεύματος∥ ἐν ὑμῖν.

Ἄρα οὖν, ἀδελφοί, ὀφειλέται ἐσμέν, οὐ τῇ σαρκί, τοῦ 12

ᶻ om. ἐν A.S.M.   ᵃ χάρις δὲ M.   ᵇ add μὴ κατὰ σάρκα περιπατοῦσιν, ἀλλὰ κατὰ πνεῦμα   ᶜ τὸν Χριστὸν   ᵈ τὸ ἐνοικοῦν αὐτοῦ Πνεῦμα S.M.

13 κατὰ σάρκα ζῆν· εἰ γὰρ κατὰ σάρκα ζῆτε, μέλλετε ἀποθνῄ-
σκειν· εἰ δὲ πνεύματι τὰς πράξεις τοῦ σώματος θανατοῦτε,
14 ζήσεσθε. ὅσοι γὰρ Πνεύματι Θεοῦ ἄγονται, οὗτοί εἰσιν
15 υἱοὶ Θεοῦ. οὐ γὰρ ἐλάβετε πνεῦμα δουλείας πάλιν εἰς φό- Cp. Gal. 4.
βον, ἀλλ' ἐλάβετε πνεῦμα υἱοθεσίας, ἐν ᾧ κράζομεν, Ἀββᾶ, 6.
16 ὁ πατήρ. αὐτὸ τὸ Πνεῦμα συμμαρτυρεῖ τῷ πνεύματι ἡμῶν,
17 ὅτι ἐσμὲν τέκνα Θεοῦ· εἰ δὲ τέκνα, καὶ κληρονόμοι· κληρο- Cp. Joh.
νόμοι μὲν Θεοῦ, συγκληρονόμοι δὲ Χριστοῦ· εἴπερ συμπά- 1. 12.
σχομεν, ἵνα καὶ συνδοξασθῶμεν.
18 Λογίζομαι γὰρ ὅτι οὐκ ἄξια τὰ παθήματα τοῦ νῦν καιροῦ Cp. 2 Cor.
19 πρὸς τὴν μέλλουσαν δόξαν ἀποκαλυφθῆναι εἰς ἡμᾶς. ἡ γὰρ 4. 16 sqq.
ἀποκαραδοκία τῆς κτίσεως τὴν ἀποκάλυψιν τῶν υἱῶν τοῦ
20 Θεοῦ ἀπεκδέχεται. τῇ γὰρ ματαιότητι ἡ κτίσις ὑπετάγη,
21 οὐχ ἑκοῦσα ἀλλὰ διὰ τὸν ὑποτάξαντα, ἐπ' ᵉἐλπίδι" ὅτι καὶ
αὐτὴ ἡ κτίσις ἐλευθερωθήσεται ἀπὸ τῆς δουλείας τῆς φθορᾶς
22 εἰς τὴν ἐλευθερίαν τῆς δόξης τῶν τέκνων τοῦ Θεοῦ. οἴδαμεν
γὰρ ὅτι πᾶσα ἡ κτίσις συστενάζει καὶ συνωδίνει ἄχρι τοῦ
23 νῦν. οὐ μόνον δέ, ἀλλὰ καὶ αὐτοὶ τὴν ἀπαρχὴν τοῦ Πνεύ-
ματος ἔχοντες ᶠἡμεῖς", καὶ ᵍ—‖ αὐτοὶ ἐν ἑαυτοῖς στενάζομεν,
υἱοθεσίαν ἀπεκδεχόμενοι, τὴν ἀπολύτρωσιν τοῦ σώματος
24 ἡμῶν. τῇ γὰρ ἐλπίδι ἐσώθημεν· ἐλπὶς δὲ βλεπομένη οὐκ
25 ἔστιν ἐλπίς· ὃ γὰρ ʰβλέπει, τίς" ⁱἐλπίζει"; εἰ δὲ ὃ οὐ βλέ-
πομεν ἐλπίζομεν, δι' ὑπομονῆς ἀπεκδεχόμεθα.
26 Ὡσαύτως δὲ καὶ τὸ Πνεῦμα συναντιλαμβάνεται ᵏτῇ ἀσθε-
νείᾳ" ἡμῶν· τὸ γὰρ τί προσευξώμεθα καθὸ δεῖ, οὐκ οἴδαμεν·
ἀλλ' αὐτὸ τὸ Πνεῦμα ὑπερεντυγχάνει ˡ—‖ στεναγμοῖς ἀλα-
27 λήτοις· ὁ δὲ ἐρευνῶν τὰς καρδίας οἶδε τί τὸ φρόνημα τοῦ Cp. Ps. 7.
28 Πνεύματος, ὅτι κατὰ Θεὸν ἐντυγχάνει ὑπὲρ ἁγίων. οἴδαμεν 9.
δὲ ὅτι τοῖς ἀγαπῶσι τὸν Θεὸν πάντα συνεργεῖ ᵐ—‖ εἰς ἀγα-
29 θόν, τοῖς κατὰ πρόθεσιν κλητοῖς οὖσιν. ὅτι οὓς προέγνω,

ᵉ ἐλπίδι, A.S.M.   ᶠ om. ἡμεῖς   ᵍ add ἡμεῖς   ʰ βλέπει
τις, τί καὶ A.S.M.   ⁱ ὑπομένει M.   ᵏ ταῖς ἀσθενείαις
ˡ add ὑπὲρ ἡμῶν   ᵐ add ὁ Θεὸς M.

Cp. 1 Cor. καὶ προώρισε συμμόρφους τῆς εἰκόνος τοῦ υἱοῦ αὐτοῦ, εἰς
15. 49;
Phil. 3. 21. τὸ εἶναι αὐτὸν πρωτότοκον ἐν πολλοῖς ἀδελφοῖς· οὓς δὲ 30
προώρισε, τούτους καὶ ἐκάλεσε· καὶ οὓς ἐκάλεσε, τούτους
καὶ ἐδικαίωσεν· οὓς δὲ ἐδικαίωσε, τούτους καὶ ἐδόξασε.

Τί οὖν ἐροῦμεν πρὸς ταῦτα; εἰ ὁ Θεὸς ὑπὲρ ἡμῶν, τίς καθ' 31
ἡμῶν; ὅς γε τοῦ ἰδίου υἱοῦ οὐκ ἐφείσατο, ἀλλ' ὑπὲρ ἡμῶν 32
πάντων παρέδωκεν αὐτόν, πῶς οὐχὶ καὶ σὺν αὐτῷ τὰ πάντα
ἡμῖν χαρίσεται; τίς ἐγκαλέσει κατὰ ἐκλεκτῶν Θεοῦ; Θεὸς ὁ 33
ⁿδικαιῶν·ǁ τίς ὁ °κατακρινῶν ; Χριστὸς ᴾἸησοῦςǁ ὁ ἀποθα- 34
νών, μᾶλλον δὲ ᑫἐγερθεὶς ἐκ νεκρῶν,ǁ ὅς ʳ⁻ǁ ἐστιν ἐν δεξιᾷ
τοῦ Θεοῦ, ὃς καὶ ἐντυγχάνει ὑπὲρ ˢἡμῶν.ǁ τίς ἡμᾶς χωρίσει 35
ἀπὸ τῆς ἀγάπης τοῦ ᵗΧριστοῦǁ; θλῖψις; ἢ στενοχωρία; ἢ
διωγμός; ἢ λιμός; ἢ γυμνότης; ἢ κίνδυνος; ἢ μάχαιρα;
Ps. 44 (43). καθὼς γέγραπται ὅτι Ἕνεκά σου θανατούμεθα ὅλην τὴν ἡμέ- 36
22. ραν, ἐλογίσθημεν ὡς πρόβατα σφαγῆς. ἀλλ' ἐν τούτοις 37
πᾶσιν ὑπερνικῶμεν διὰ τοῦ ἀγαπήσαντος ἡμᾶς. πέπεισμαι 38
γὰρ ὅτι οὔτε θάνατος οὔτε ζωὴ οὔτε ἄγγελοι οὔτε ἀρχαὶ ᵘοὔτε
ἐνεστῶτα οὔτε μέλλοντα οὔτε δυνάμειςǁ οὔτε ὕψωμα οὔτε 39
βάθος οὔτε τις κτίσις ἑτέρα δυνήσεται ἡμᾶς χωρίσαι ἀπὸ
τῆς ἀγάπης τοῦ Θεοῦ τῆς ἐν Χριστῷ Ἰησοῦ τῷ Κυρίῳ ἡμῶν.

Ἀλήθειαν λέγω ἐν Χριστῷ, οὐ ψεύδομαι, συμμαρτυρούσης 9
μοι τῆς συνειδήσεώς μου ἐν Πνεύματι Ἁγίῳ, ὅτι λύπη μοι 2
ἐστὶ μεγάλη, καὶ ἀδιάλειπτος ὀδύνη τῇ καρδίᾳ μου. ηὐχόμην 3
γὰρ ˣἀνάθεμα εἶναι αὐτὸς ἐγὼǁ ἀπὸ τοῦ Χριστοῦ ὑπὲρ τῶν
ἀδελφῶν μου, τῶν συγγενῶν μου κατὰ σάρκα· οἵτινές εἰσιν 4
Ἰσραηλῖται, ὧν ἡ υἱοθεσία καὶ ἡ δόξα καὶ αἱ διαθῆκαι καὶ
ἡ νομοθεσία καὶ ἡ λατρεία καὶ αἱ ἐπαγγελίαι, ὧν οἱ πατέρες, 5
καὶ ἐξ ὧν ὁ Χριστὸς τὸ κατὰ ʸσάρκα, ὁ ὢν ἐπὶ πάντων Θεὸςǁ

ⁿ δικαιῶν; M.   ° κατακρίνων   ᵖ om. Ἰησοῦς   ᑫ καὶ
ἐγερθείς,   ʳ add καὶ   ˢ ἡμῶν; M.   ᵗ Θεοῦ M.
ᵘ οὔτε δυνάμεις οὔτε ἐνεστῶτα οὔτε μέλλοντα   ˣ αὐτὸς ἐγὼ
ἀνάθεμα εἶναι   ʸ σάρκα. ὁ ὢν ἐπὶ πάντων Θεὸς or σάρκα,
ὁ ὢν ἐπὶ πάντων. Θεὸς M.

6 εὐλογητὸς εἰς τοὺς αἰῶνας. ἀμήν. οὐχ οἷον δὲ ὅτι ἐκπέπτωκεν ὁ λόγος τοῦ Θεοῦ. οὐ γὰρ πάντες οἱ ἐξ Ἰσραήλ, οὗτοι
7 Ἰσραήλ· οὐδ᾽ ὅτι εἰσὶ σπέρμα Ἀβραάμ, πάντες τέκνα· ἀλλ᾽ Cp. Joh.
8 Ἐν Ἰσαὰκ κληθήσεταί σοι σπέρμα. τοῦτ᾽ ἔστιν, οὐ τὰ τέκνα $\begin{smallmatrix}8.37. \\ \text{Gen.21.12.}\end{smallmatrix}$
τῆς σαρκός, ταῦτα τέκνα τοῦ Θεοῦ· ἀλλὰ τὰ τέκνα τῆς ἐπαγ- Cp. Gal. 4.
9 γελίας λογίζεται εἰς σπέρμα. ἐπαγγελίας γὰρ ὁ λόγος οὗτος, 28.
Κατὰ τὸν καιρὸν τοῦτον ἐλεύσομαι, καὶ ἔσται τῇ Σάρρᾳ υἱός. Gen.18.10.
10 οὐ μόνον δέ, ἀλλὰ καὶ Ῥεβέκκα ἐξ ἑνὸς κοίτην ἔχουσα, Ἰσαὰκ
11 τοῦ πατρὸς ἡμῶν,—μήπω γὰρ γεννηθέντων, μηδὲ πραξάντων
τι ἀγαθὸν ἢ ^zφαῦλον^{||}, ἵνα ἡ κατ᾽ ἐκλογὴν ^aπρόθεσις τοῦ
12 Θεοῦ^{||} μένῃ, οὐκ ἐξ ἔργων ἀλλ᾽ ἐκ τοῦ καλοῦντος, ἐρρήθη
13 αὐτῇ ὅτι Ὁ μείζων δουλεύσει τῷ ἐλάσσονι· καθὼς γέγραπ- Gen.25.23.
ται, Τὸν Ἰακὼβ ἠγάπησα, τὸν δὲ Ἠσαῦ ἐμίσησα. Mal.1.2,3.
14 Τί οὖν ἐροῦμεν; μὴ ἀδικία παρὰ τῷ Θεῷ; μὴ γένοιτο.
15 τῷ γὰρ Μωσῇ λέγει, Ἐλεήσω ὃν ἂν ἐλεῶ, καὶ οἰκτειρήσω Ex. 33. 19.
16 ὃν ἂν οἰκτείρω. ἄρα οὖν οὐ τοῦ θέλοντος, οὐδὲ τοῦ τρέ-
17 χοντος, ἀλλὰ τοῦ ἐλεοῦντος Θεοῦ. λέγει γὰρ ἡ γραφὴ τῷ
Φαραὼ ὅτι Εἰς αὐτὸ τοῦτο ἐξήγειρά σε, ὅπως ἐνδείξωμαι ἐν Ex. 9. 16.
σοὶ τὴν δύναμίν μου, καὶ ὅπως διαγγελῇ τὸ ὄνομά μου ἐν
18 πάσῃ τῇ γῇ. ἄρα οὖν ὃν θέλει ἐλεεῖ, ὃν δὲ θέλει σκληρύνει.
19 Ἐρεῖς ^b μοι οὖν^{||}, Τί ἔτι μέμφεται; τῷ γὰρ βουλήματι
20 αὐτοῦ τίς ἀνθέστηκε; ^c ὦ ἄνθρωπε, μενοῦνγε^{||} σὺ τίς εἶ ὁ
ἀνταποκρινόμενος τῷ Θεῷ; μὴ ἐρεῖ τὸ πλάσμα τῷ πλά- Cp. Isa.
21 σαντι, Τί με ἐποίησας οὕτως; ἢ οὐκ ἔχει ἐξουσίαν ὁ κερα- 45. 9.
μεὺς τοῦ πηλοῦ, ἐκ τοῦ αὐτοῦ φυράματος ποιῆσαι ὃ μὲν εἰς
22 τιμὴν σκεῦος, ὃ δὲ εἰς ἀτιμίαν; εἰ δὲ θέλων ὁ Θεὸς ἐνδείξασθαι τὴν ὀργὴν καὶ γνωρίσαι τὸ δυνατὸν αὐτοῦ ἤνεγκεν
ἐν πολλῇ μακροθυμίᾳ σκεύη ὀργῆς κατηρτισμένα εἰς ἀπώ-
23 λειαν, ^d καὶ ^{||} ἵνα γνωρίσῃ τὸν πλοῦτον τῆς δόξης αὐτοῦ ἐπὶ

^z κακόν   ^a τοῦ Θεοῦ πρόθεσις   ^b οὖν μοι   ^c μενοῦνγε,
ὦ ἄνθρωπε,   ^d om. καὶ M.

σκεύη ἐλέους ἃ προητοίμασεν εἰς δόξαν, οὓς καὶ ἐκάλεσεν 24
ἡμᾶς οὐ μόνον ἐξ Ἰουδαίων ἀλλὰ καὶ ἐξ ἐθνῶν; ὡς καὶ ἐν 25
τῷ Ὡσηὲ λέγει, Καλέσω τὸν οὐ λαόν μου λαόν μου, καὶ τὴν
οὐκ ἠγαπημένην ἠγαπημένην. καὶ ἔσται, ἐν τῷ τόπῳ οὗ 26
ἐρρήθη αὐτοῖς, Οὐ λαός μου ὑμεῖς, ἐκεῖ κληθήσονται υἱοὶ
Θεοῦ ζῶντος. Ἡσαΐας δὲ κράζει ὑπὲρ τοῦ Ἰσραήλ, Ἐὰν ᾖ 27
ὁ ἀριθμὸς τῶν υἱῶν Ἰσραὴλ ὡς ἡ ἄμμος τῆς θαλάσσης, τὸ
ᵉὑπόλειμμα" σωθήσεται· λόγον γὰρ συντελῶν καὶ συντέμ- 28
νων ᶠ⁻" ποιήσει Κύριος ἐπὶ τῆς γῆς. καὶ καθὼς προείρηκεν 29
Ἡσαΐας, Εἰ μὴ Κύριος Σαβαὼθ ἐγκατέλιπεν ἡμῖν σπέρμα,
ὡς Σόδομα ἂν ἐγενήθημεν, καὶ ὡς Γόμορρα ἂν ὡμοιώθημεν.

Τί οὖν ἐροῦμεν; ὅτι ἔθνη τὰ μὴ διώκοντα δικαιοσύνην 30
κατέλαβε δικαιοσύνην, δικαιοσύνην δὲ τὴν ἐκ πίστεως·
Ἰσραὴλ δὲ διώκων νόμον δικαιοσύνης εἰς νόμον ᵍ⁻" οὐκ 31
ἔφθασε. διατί; ὅτι οὐκ ἐκ πίστεως, ἀλλ᾽ ὡς ἐξ ʰἔργων.ⁱ 32
προσέκοψαν ʲ⁻" τῷ λίθῳ τοῦ προσκόμματος, καθὼς γέ- 33
γραπται, Ἰδού, τίθημι ἐν Σιὼν λίθον προσκόμματος καὶ
πέτραν σκανδάλου· καὶ ᵏ⁻" ὁ πιστεύων ἐπ᾽ αὐτῷ οὐ καταισ-
χυνθήσεται.

Ἀδελφοί, ἡ μὲν εὐδοκία τῆς ἐμῆς καρδίας καὶ ἡ δέησις ˡ⁻" 10
πρὸς τὸν Θεὸν ὑπὲρ ᵐαὐτῶνˡ εἰς σωτηρίαν. μαρτυρῶ γὰρ 2
αὐτοῖς ὅτι ζῆλον Θεοῦ ἔχουσιν, ἀλλ᾽ οὐ κατ᾽ ἐπίγνωσιν.
ἀγνοοῦντες γὰρ τὴν τοῦ Θεοῦ δικαιοσύνην, καὶ τὴν ἰδίαν ⁿ⁻" 3
ζητοῦντες στῆσαι, τῇ δικαιοσύνῃ τοῦ Θεοῦ οὐχ ὑπετάγησαν.
τέλος γὰρ νόμου Χριστὸς εἰς δικαιοσύνην παντὶ τῷ πιστεύ- 4
οντι. Μωσῆς γὰρ γράφει ᵒὅτι" τὴν δικαιοσύνην τὴν ἐκ 5
νόμου ᵖ⁻ʲ ὁ ποιήσας ʳ⁻ʲ ἄνθρωπος ζήσεται ἐν ˢ αὐτῇʲ.
ἡ δὲ ἐκ πίστεως δικαιοσύνη οὕτω λέγει, Μὴ εἴπῃς ἐν τῇ 6

ᵉ κατάλειμμα   ᶠ add ἐν δικαιοσύνῃ· ὅτι λόγον συντετμη-
μένον   ᵍ add δικαιοσύνης   ʰ ἔργων νόμου. A.S.: ἔργων, M.
ⁱ add γὰρ   ᵏ add πᾶς   ˡ add ἡ   ᵐ τοῦ Ἰσραήλ ἐστιν
ⁿ add δικαιοσύνην   ᵒ om ὅτι   ᵖ add τοῦ   ᵍ add ὅτι
ʳ add αὐτὰ   ˢ αὐτοῖς

καρδία σου, Τίς ἀναβήσεται εἰς τὸν οὐρανόν; (τοῦτ' ἔστι,
7 Χριστὸν καταγαγεῖν·) ἤ, Τίς καταβήσεται εἰς τὴν ἄβυσσον;
8 (τοῦτ' ἔστι, Χριστὸν ἐκ νεκρῶν ἀναγαγεῖν.) ἀλλὰ τί λέγει;
Ἐγγύς σου τὸ ῥῆμά ἐστιν, ἐν τῷ στόματί σου καὶ ἐν τῇ
καρδίᾳ σου· τοῦτ' ἔστι τὸ ῥῆμα τῆς πίστεως ὃ κηρύσσομεν·
9 ὅτι ἐὰν [t] ὁμολογήσῃς ἐν τῷ στόματί σου Κύριον Ἰησοῦν,[l]
καὶ πιστεύσῃς ἐν τῇ καρδίᾳ σου ὅτι ὁ Θεὸς αὐτὸν ἤγειρεν ἐκ
10 νεκρῶν, σωθήσῃ· καρδίᾳ γὰρ πιστεύεται εἰς δικαιοσύνην,
11 στόματι δὲ ὁμολογεῖται εἰς σωτηρίαν. λέγει γὰρ ἡ γραφή,
12 Πᾶς ὁ πιστεύων ἐπ' αὐτῷ οὐ καταισχυνθήσεται. οὐ γάρ Isa. 28. 16.
ἐστι διαστολὴ Ἰουδαίου τε καὶ Ἕλληνος· ὁ γὰρ αὐτὸς Κύριος
πάντων, πλουτῶν εἰς πάντας τοὺς ἐπικαλουμένους αὐτόν·
13 Πᾶς γὰρ ὃς ἂν ἐπικαλέσηται τὸ ὄνομα Κυρίου σωθήσεται. Joel 2. 32.
14 πῶς οὖν [u] ἐπικαλέσωνται[u] εἰς ὃν οὐκ ἐπίστευσαν; πῶς δὲ
[x] πιστεύσωσιν[u] οὗ οὐκ ἤκουσαν; πῶς δὲ [y] ἀκούσωσι[u] χωρὶς
15 κηρύσσοντος; πῶς δὲ [z] κηρύξωσιν[l], ἐὰν μὴ ἀποσταλῶσι;
καθὼς γέγραπται, Ὡς ὡραῖοι οἱ πόδες [a—l] τῶν εὐαγγελιζο- Isa. 52. 7;
μένων [b—ll] ἀγαθά. cp.
Nahum
16 Ἀλλ' οὐ πάντες ὑπήκουσαν τῷ εὐαγγελίῳ. Ἡσαΐας γὰρ 1. 15.
17 λέγει, Κύριε, τίς ἐπίστευσε τῇ ἀκοῇ ἡμῶν; ἄρα ἡ πίστις ἐξ Isa. 53. 1.
18 ἀκοῆς, ἡ δὲ ἀκοὴ διὰ ῥήματος [c] Χριστοῦ[l]. ἀλλὰ λέγω, μὴ
οὐκ ἤκουσαν; μενοῦνγε Εἰς πᾶσαν τὴν γῆν ἐξῆλθεν ὁ φθόγ- Cp. Ps. 19
γος αὐτῶν, καὶ εἰς τὰ πέρατα τῆς οἰκουμένης τὰ ῥήματα (18). 4.
19 αὐτῶν. ἀλλὰ λέγω, μὴ [d] Ἰσραὴλ οὐκ ἔγνω[ll]; πρῶτος Μωσῆς
λέγει, Ἐγὼ παραζηλώσω ὑμᾶς ἐπ' οὐκ ἔθνει, ἐπὶ ἔθνει ἀσυ- Deut. 32.
20 νέτῳ παροργιῶ ὑμᾶς. Ἡσαΐας δὲ ἀποτολμᾷ καὶ λέγει, 21.
Εὑρέθην τοῖς ἐμὲ μὴ ζητοῦσιν, ἐμφανὴς ἐγενόμην τοῖς ἐμὲ Isa. 65. 1.
21 μὴ ἐπερωτῶσι. πρὸς δὲ τὸν Ἰσραὴλ λέγει, Ὅλην τὴν ἡμέ- Isa. 65. 2.

[t] ὁμολογήσῃς τὸ ῥῆμα ἐν τῷ στόματί σου, ὅτι Κύριος Ἰησοῦς.
M. [u] ἐπικαλέσονται [x] πιστεύσουσιν [y] ἀκούσουσι
[z] κηρύξουσιν [a] add τῶν εὐαγγελιζομένων εἰρήνην, [b] add
τὰ [c] Θεοῦ [d] οὐκ ἔγνω Ἰσραήλ

ραν ἐξεπέτασα τὰς χείρας μου πρὸς λαὸν ἀπειθοῦντα καὶ ἀντιλέγοντα. Λέγω οὖν, μὴ ἀπώσατο ὁ Θεὸς τὸν λαὸν αὐτοῦ; μὴ γέ- 11 νοιτο. καὶ γὰρ ἐγὼ Ἰσραηλίτης εἰμί, ἐκ σπέρματος Ἀβραάμ, φυλῆς Βενϊαμίν. οὐκ ἀπώσατο ὁ Θεὸς τὸν λαὸν αὐτοῦ ὃν 2 προέγνω. ἢ οὐκ οἴδατε ἐν Ἠλίᾳ τί λέγει ἡ γραφή; ὡς ἐντυγχάνει τῷ Θεῷ κατὰ τοῦ Ἰσραήλ ᵉ⁻ᶥᶥ, Κύριε, τοὺς προ- 3 φήτας σου ἀπέκτειναν, ᶠ⁻ᵍ τὰ θυσιαστήριά σου κατέσκαψαν· κἀγὼ ὑπελείφθην μόνος, καὶ ζητοῦσι τὴν ψυχήν μου. ἀλλὰ 4 τί λέγει αὐτῷ ὁ χρηματισμός; Κατέλιπον ἐμαυτῷ ἑπτακισχιλίους ἄνδρας, οἵτινες οὐκ ἔκαμψαν γόνυ τῇ Βάαλ. οὕτως 5 οὖν καὶ ἐν τῷ νῦν καιρῷ λεῖμμα κατ᾽ ἐκλογὴν χάριτος γέγονεν. εἰ δὲ χάριτι, οὐκέτι ἐξ ἔργων· ἐπεὶ ἡ χάρις οὐκέτι 6 γίνεται χάρις. ᵍ⁻ᶥᶥ τί οὖν; ὃ ἐπιζητεῖ Ἰσραήλ, ʰ τοῦτο ᶥᶥ 7 οὐκ ἐπέτυχεν· ἡ δὲ ἐκλογὴ ἐπέτυχεν, οἱ δὲ λοιποὶ ἐπωρώθησαν· καθὼς γέγραπται, Ἔδωκεν αὐτοῖς ὁ Θεὸς πνεῦμα 8 κατανύξεως, ὀφθαλμοὺς τοῦ μὴ βλέπειν, καὶ ὦτα τοῦ μὴ ἀκούειν, ἕως τῆς σήμερον ἡμέρας. καὶ Δαβὶδ λέγει, Γενη- 9 θήτω ἡ τράπεζα αὐτῶν εἰς παγίδα, καὶ εἰς θήραν, καὶ εἰς σκάνδαλον, καὶ εἰς ἀνταπόδομα αὐτοῖς· σκοτισθήτωσαν οἱ 10 ὀφθαλμοὶ αὐτῶν τοῦ μὴ βλέπειν, καὶ τὸν νῶτον αὐτῶν διαπαντὸς σύγκαμψον. λέγω οὖν, μὴ ἔπταισαν, ἵνα πέσωσι; 11 μὴ γένοιτο· ἀλλὰ τῷ αὐτῶν παραπτώματι ἡ σωτηρία τοῖς ἔθνεσιν, εἰς τὸ παραζηλῶσαι αὐτούς. εἰ δὲ τὸ παράπτωμα 12 αὐτῶν πλοῦτος κόσμου, καὶ τὸ ἥττημα αὐτῶν πλοῦτος ἐθνῶν, πόσῳ μᾶλλον τὸ πλήρωμα αὐτῶν;

Ὑμῖν ⁱ δὲ ᶥᶥ λέγω τοῖς ἔθνεσιν. ἐφ᾽ ὅσον μὲν ᵏ οὖν ᶥᶥ εἰμι 13 ἐγὼ ἐθνῶν ἀπόστολος, τὴν διακονίαν μου δοξάζω· εἴ πως 14 παραζηλώσω μου τὴν σάρκα, καὶ σώσω τινὰς ἐξ αὐτῶν. εἰ γὰρ ἡ ἀποβολὴ αὐτῶν καταλλαγὴ κόσμου, τίς ἡ πρόσ- 15

ᵉ add λέγων ᶠ add καὶ ᵍ add εἰ δὲ ἐξ ἔργων, οὐκέτι ἐστὶ χάρις· ἐπεὶ τὸ ἔργον οὐκέτι ἐστὶν ἔργον. ʰ τούτου ⁱ γὰρ ᵏ om. οὖν

16 λήψις, εἰ μὴ ζωὴ ἐκ νεκρῶν; εἰ δὲ ἡ ἀπαρχὴ ἁγία, καὶ το
17 φύραμα· καὶ εἰ ἡ ῥίζα ἁγία, καὶ οἱ κλάδοι. εἰ δέ τινες τῶν
κλάδων ἐξεκλάσθησαν, σὺ δὲ ἀγριέλαιος ὢν ἐνεκεντρίσθης
ἐν αὐτοῖς, καὶ συγκοινωνὸς τῆς ῥίζης ¹⁻ τῆς πιότητος τῆς
18 ἐλαίας ἐγένου, μὴ κατακαυχῶ τῶν κλάδων· εἰ δὲ κατακαυχᾶσαι, οὐ σὺ τὴν ῥίζαν βαστάζεις, ἀλλ᾽ ἡ ῥίζα σέ.
19 ἐρεῖς οὖν, Ἐξεκλάσθησαν ᵐ⁻ʺ κλάδοι, ἵνα ἐγὼ ἐγκεντρισθῶ.
20 καλῶς· τῇ ἀπιστίᾳ ἐξεκλάσθησαν, σὺ δὲ τῇ πίστει ἕστηκας.
21 μὴ ὑψηλοφρόνει, ἀλλὰ φοβοῦ· εἰ γὰρ ὁ Θεὸς τῶν κατὰ
φύσιν κλάδων οὐκ ἐφείσατο, ⁿ⁻ᶦ οὐδέ σου ᵒφείσεται.
22 ἴδε οὖν χρηστότητα καὶ ἀποτομίαν Θεοῦ· ἐπὶ μὲν τοὺς πεσόντας ᴾἀποτομία,ᶦ ἐπὶ δὲ σέ ᵠχρηστότης Θεοῦᵘ, ἐὰν
23 ἐπιμείνῃς τῇ χρηστότητι· ἐπεὶ καὶ σὺ ἐκκοπήσῃ. καὶ ἐκεῖνοι
δέ, ἐὰν μὴ ἐπιμείνωσι τῇ ἀπιστίᾳ, ἐγκεντρισθήσονται· δυνα-
24 τὸς γάρ ἐστιν ὁ Θεὸς πάλιν ἐγκεντρίσαι αὐτούς. εἰ γὰρ σὺ
ἐκ τῆς κατὰ φύσιν ἐξεκόπης ἀγριελαίου, καὶ παρὰ φύσιν
ἐνεκεντρίσθης εἰς καλλιέλαιον, πόσῳ μᾶλλον οὗτοι οἱ κατὰ
φύσιν ἐγκεντρισθήσονται τῇ ἰδίᾳ ἐλαίᾳ;
25 Οὐ γὰρ θέλω ὑμᾶς ἀγνοεῖν, ἀδελφοί, τὸ μυστήριον τοῦτο,
ἵνα μὴ ἦτε παρ᾽ ἑαυτοῖς φρόνιμοι, ὅτι πώρωσις ἀπὸ μέρους
τῷ Ἰσραὴλ γέγονεν, ἄχρις οὗ τὸ πλήρωμα τῶν ἐθνῶν εἰσέλθῃ·
26 καὶ οὕτω πᾶς Ἰσραὴλ σωθήσεται, καθὼς γέγραπται, Ἥξει ἐκ Isa. 59. 20.
27 Σιὼν ὁ ῥυόμενος, ʳ⁻ʺ ἀποστρέψει ἀσεβείας ἀπὸ Ἰακώβ· καὶ
αὕτη αὐτοῖς ἡ παρ᾽ ἐμοῦ διαθήκη, ὅταν ἀφέλωμαι τὰς ἁμαρ- Cp. I :·.
28 τίας αὐτῶν. κατὰ μὲν τὸ εὐαγγέλιον ἐχθροὶ δι᾽ ὑμᾶς· κατὰ 27. 9.
29 δὲ τὴν ἐκλογὴν ἀγαπητοὶ διὰ τοὺς πατέρας. ἀμεταμέλητα
30 γὰρ τὰ χαρίσματα καὶ ἡ κλῆσις τοῦ Θεοῦ. ὥσπερ γὰρ ˢ⁻
ὑμεῖς ποτὲ ἠπειθήσατε τῷ Θεῷ, νῦν δὲ ἠλεήθητε τῇ τούτων
31 ἀπειθείᾳ, οὕτω καὶ οὗτοι νῦν ἠπείθησαν, τῷ ὑμετέρῳ ἐλέει

---

¹ add καὶ A.S.M.   ᵐ add οἱ   ʺ add μήπως   ᵒ φείσηται   ᴾ ἀποτομίαν·   ᵠ χρηστότητα   ʳ add καὶ
ˢ add καὶ

ἵνα καὶ αὐτοὶ *νῦν" ἐλεηθῶσι. συνέκλεισε γὰρ ὁ Θεὸς τοὺς 32
πάντας εἰς ἀπείθειαν, ἵνα τοὺς πάντας ἐλεήσῃ.
Ὦ βάθος πλούτου καὶ σοφίας καὶ γνώσεως Θεοῦ. ὡς 33
ἀνεξερεύνητα τὰ κρίματα αὐτοῦ, καὶ ἀνεξιχνίαστοι αἱ ὁδοὶ
αὐτοῦ. τίς γὰρ ἔγνω νοῦν Κυρίου; ἢ τίς σύμβουλος 34
αὐτοῦ ἐγένετο; ἢ τίς προέδωκεν αὐτῷ, καὶ ἀνταποδοθήσεται 35
αὐτῷ; ὅτι ἐξ αὐτοῦ καὶ δι' αὐτοῦ καὶ εἰς αὐτὸν τὰ πάντα· 36
αὐτῷ ἡ δόξα εἰς τοὺς αἰῶνας. ἀμήν.

Παρακαλῶ οὖν ὑμᾶς, ἀδελφοί, διὰ τῶν οἰκτιρμῶν τοῦ 12
Θεοῦ, παραστῆσαι τὰ σώματα ὑμῶν θυσίαν ζῶσαν, ἁγίαν,
εὐάρεστον τῷ Θεῷ, τὴν λογικὴν λατρείαν ὑμῶν. καὶ μὴ 2
συσχηματίζεσθε τῷ αἰῶνι τούτῳ, ἀλλὰ μεταμορφοῦσθε τῇ
ἀνακαινώσει τοῦ νοός ᵘ⁻, εἰς τὸ δοκιμάζειν ὑμᾶς τί τὸ θέ-
λημα τοῦ Θεοῦ τὸ ἀγαθὸν καὶ εὐάρεστον καὶ τέλειον.

Λέγω γὰρ διὰ τῆς χάριτος τῆς δοθείσης μοι παντὶ τῷ ὄντι 3
ἐν ὑμῖν, μὴ ὑπερφρονεῖν παρ' ὃ δεῖ φρονεῖν, ἀλλὰ φρονεῖν
εἰς τὸ σωφρονεῖν, ἑκάστῳ ὡς ὁ Θεὸς ἐμέρισε μέτρον πίστεως.
καθάπερ γὰρ ἐν ἑνὶ σώματι ˣπολλὰ μέλη ⁱ ἔχομεν, τὰ δὲ 4
μέλη πάντα οὐ τὴν αὐτὴν ἔχει πρᾶξιν· οὕτως οἱ πολλοὶ ἐν 5
σῶμά ἐσμεν ἐν Χριστῷ, ʸ τὸ ⁰⁰ δὲ καθ' εἷς ἀλλήλων μέλη.
ἔχοντες δὲ χαρίσματα κατὰ τὴν χάριν τὴν δοθεῖσαν ἡμῖν 6
διάφορα, εἴτε προφητείαν, κατὰ τὴν ἀναλογίαν τῆς πίστεως·
εἴτε διακονίαν, ἐν τῇ διακονίᾳ· εἴτε ὁ διδάσκων, ἐν τῇ διδασ- 7
καλίᾳ· εἴτε ὁ παρακαλῶν, ἐν τῇ παρακλήσει· ὁ μεταδιδούς, 8
ἐν ἁπλότητι· ὁ προϊστάμενος, ἐν σπουδῇ· ὁ ἐλεῶν, ἐν ἱλαρό-
τητι. ἡ ἀγάπη ἀνυπόκριτος. ἀποστυγοῦντες τὸ πονηρόν, 9
κολλώμενοι τῷ ἀγαθῷ, τῇ φιλαδελφίᾳ εἰς ἀλλήλους φιλό- 10
στοργοι, τῇ τιμῇ ἀλλήλους προηγούμενοι, τῇ σπουδῇ μὴ 11
ὀκνηροί, τῷ πνεύματι ζέοντες, τῷ ᶻ Κυρίῳ " δουλεύοντες, τῇ 12
ἐλπίδι χαίροντες, τῇ θλίψει ὑπομένοντες, τῇ προσευχῇ

ᵗ om. νῦν   ⁿ add ὑμῶν   ˣ μέλη πολλὰ   ʸ ὁ
ᶻ καιρῷ S.M.

13 προσκαρτεροῦντες, ταῖς χρείαις τῶν ἁγίων κοινωνοῦντες, τὴν
14 φιλοξενίαν διώκοντες. εὐλογεῖτε τοὺς διώκοντας ὑμᾶς·
15 εὐλογεῖτε, καὶ μὴ καταρᾶσθε. χαίρειν μετὰ χαιρόντων, ᵃ⁻ǁ
16 κλαίειν μετὰ κλαιόντων. τὸ αὐτὸ εἰς ἀλλήλους φρονοῦντες·
μὴ τὰ ὑψηλὰ φρονοῦντες, ἀλλὰ τοῖς ταπεινοῖς συναπαγό-
17 μενοι. μὴ γίνεσθε φρόνιμοι παρ' ἑαυτοῖς· μηδενὶ κακὸν
ἀντὶ κακοῦ ἀποδιδόντες· προνοούμενοι καλὰ ἐνώπιον πάντων
18 ἀνθρώπων· εἰ δυνατόν, τὸ ἐξ ὑμῶν, μετὰ πάντων ἀνθρώπων
19 εἰρηνεύοντες· μὴ ἑαυτοὺς ἐκδικοῦντες, ἀγαπητοί, ἀλλὰ δότε
τόπον τῇ ὀργῇ· γέγραπται γάρ, Ἐμοὶ ἐκδίκησις, ἐγὼ ἀντα-
20 ποδώσω, λέγει Κύριος. ᵇἀλλὰ ἐὰν' πεινᾷ ὁ ἐχθρός σου,
ψώμιζε αὐτόν· ἐὰν διψᾷ, πότιζε αὐτόν· τοῦτο γὰρ ποιῶν
21 ἄνθρακας πυρὸς σωρεύσεις ἐπὶ τὴν κεφαλὴν αὐτοῦ. μὴ νικῶ
ὑπὸ τοῦ κακοῦ, ἀλλὰ νίκα ἐν τῷ ἀγαθῷ τὸ κακόν.
13 Πᾶσα ψυχὴ ἐξουσίαις ὑπερεχούσαις ὑποτασσέσθω· οὐ
γὰρ ἔστιν ἐξουσία εἰ μὴ ᶜὑπὸǁ Θεοῦ, αἱ δὲ οὖσαι ᵈ⁻ǁ ὑπὸ
2 ᵉ⁻ǁ Θεοῦ τεταγμέναι εἰσίν. ὥστε ὁ ἀντιτασσόμενος τῇ
ἐξουσίᾳ τῇ τοῦ Θεοῦ διαταγῇ ἀνθέστηκεν· οἱ δὲ ἀνθεστη-
3 κότες ἑαυτοῖς κρῖμα λήψονται. οἱ γὰρ ἄρχοντες οὐκ εἰσὶ
φόβος ᶠτῷ ἀγαθῷ ἔργῳ, ἀλλὰ τῷ κακῷǁ. θέλεις δὲ μὴ
φοβεῖσθαι τὴν ἐξουσίαν ; τὸ ἀγαθὸν ποίει, καὶ ἕξεις ἔπαινον
4 ἐξ αὐτῆς· Θεοῦ γὰρ διάκονός ἐστι σοὶ εἰς τὸ ἀγαθόν. ἐὰν
δὲ τὸ κακὸν ποιῇς, φοβοῦ· οὐ γὰρ εἰκῇ τὴν μάχαιραν φορεῖ·
Θεοῦ γὰρ διάκονός ἐστιν, ἔκδικος εἰς ὀργὴν τῷ τὸ κακὸν
5 πράσσοντι. διὸ ἀνάγκη ὑποτάσσεσθαι, οὐ μόνον διὰ τὴν
6 ὀργήν, ἀλλὰ καὶ διὰ τὴν συνείδησιν. διὰ τοῦτο γὰρ καὶ
φόρους τελεῖτε· λειτουργοὶ γὰρ Θεοῦ εἰσιν, εἰς αὐτὸ τοῦτο
7 προσκαρτεροῦντες. ἀπόδοτε ᵍ⁻ᶦ πᾶσι τὰς ὀφειλάς· τῷ τὸν
φόρον τὸν φόρον, τῷ τὸ τέλος τὸ τέλος, τῷ τὸν φόβον τὸν
φόβον, τῷ τὴν τιμὴν τὴν τιμήν.

ᵃ add και   ᵇ ἐὰν οὖν   ᶜ ἀπὸ   ᵈ add ἐξουσίαι
ᵉ add τοῦ   ᶠ τῶν ἀγαθῶν ἔργων, ἀλλὰ τῶν κακῶν   ᵍ add
οὖν

Μηδενὶ μηδὲν ὀφείλετε, εἰ μὴ τὸ ἀγαπᾶν ἀλλήλους· ὁ γὰρ 8 ἀγαπῶν τὸν ἕτερον νόμον πεπλήρωκε. τὸ γὰρ Οὐ μοιχεύ- 9 σεις, Οὐ φονεύσεις, Οὐ κλέψεις, ᵸ⁻‖ Οὐκ ἐπιθυμήσεις, καὶ εἴ τις ἑτέρα ἐντολή, ἐν τούτῳ τῷ λόγῳ ἀνακεφαλαιοῦται, ἐν τῷ Ἀγαπήσεις τὸν πλησίον σου ὡς ἑαυτόν. ἡ ἀγάπη 10 τῷ πλησίον κακὸν οὐκ ἐργάζεται· πλήρωμα οὖν νόμου ἡ ἀγάπη. Καὶ τοῦτο, εἰδότες τὸν καιρόν, ὅτι ὥρα ⁱἤδη ὑμᾶς‖ ἐξ ὕπνου 11 ἐγερθῆναι· νῦν γὰρ ἐγγύτερον ἡμῶν ἡ σωτηρία, ἢ ὅτε ἐπιστεύσαμεν. ἡ νὺξ προέκοψεν, ἡ δὲ ἡμέρα ἤγγικεν· ἀπο- 12 θώμεθα οὖν τὰ ἔργα τοῦ σκότους, ᵏἐνδυσώμεθα δὲ‖ τὰ ὅπλα τοῦ φωτός. ὡς ἐν ἡμέρᾳ εὐσχημόνως περιπατήσωμεν, μὴ 13 κώμοις καὶ μέθαις, μὴ κοίταις καὶ ἀσελγείαις, μὴ ἔριδι καὶ ζήλῳ. ἀλλ' ἐνδύσασθε τὸν Κύριον Ἰησοῦν Χριστόν, καὶ 14 τῆς σαρκὸς πρόνοιαν μὴ ποιεῖσθε εἰς ἐπιθυμίας. Τὸν δὲ ἀσθενοῦντα τῇ πίστει προσλαμβάνεσθε, μὴ εἰς 14 διακρίσεις διαλογισμῶν. ὃς μὲν πιστεύει φαγεῖν πάντα, 2 ὁ δὲ ἀσθενῶν λάχανα ἐσθίει. ὁ ἐσθίων τὸν μὴ ἐσθίοντα 3 μὴ ἐξουθενείτω, ˡὁ δὲ‖ μὴ ἐσθίων τὸν ἐσθίοντα μὴ κρινέτω· ὁ Θεὸς γὰρ αὐτὸν προσελάβετο. σὺ τίς εἶ ὁ κρίνων ἀλλό- 4 τριον οἰκέτην; τῷ ἰδίῳ κυρίῳ στήκει ἢ πίπτει. σταθήσεται δέ· ᵐδυνατεῖ γὰρ ὁ Κύριος‖ στῆσαι αὐτόν. ὃς μὲν κρίνει 5 ἡμέραν παρ' ἡμέραν, ὃς δὲ κρίνει πᾶσαν ἡμέραν. ἕκαστος ἐν τῷ ἰδίῳ νοῒ πληροφορείσθω. ὁ φρονῶν τὴν ἡμέραν Κυρίῳ 6 φρονεῖ· ⁿ⁻‖ ᵒκαὶ‖ ὁ ἐσθίων Κυρίῳ ἐσθίει, εὐχαριστεῖ γὰρ τῷ Θεῷ· καὶ ὁ μὴ ἐσθίων Κυρίῳ οὐκ ἐσθίει, καὶ εὐχαριστεῖ τῷ Θεῷ. οὐδεὶς γὰρ ἡμῶν ἑαυτῷ ζῇ, καὶ οὐδεὶς ἑαυτῷ ἀπο- 7 θνήσκει. ἐάν τε γὰρ ζῶμεν, τῷ Κυρίῳ ζῶμεν· ἐάν τε ἀπο- 8 θνήσκωμεν, τῷ Κυρίῳ ἀποθνήσκομεν· ἐάν τε οὖν ζῶμεν, ἐάν τε ἀποθνήσκωμεν, τοῦ Κυρίου ἐσμέν. εἰς τοῦτο γὰρ Χριστὸς 9

ʰ add Οὐ ψευδομαρτυρήσεις, ⁱ ἡμᾶς ἤδη ᵏ καὶ ἐνδυσώμεθα ˡ καὶ ὁ ᵐ δυνατὸς γάρ ἐστιν ὁ Θεὸς ⁿ add καὶ ὁ μὴ φρονῶν τὴν ἡμέραν Κυρίῳ οὐ φρονεῖ· ᵒ om. καὶ

p—ἀπέθανε καὶ ᾳἔζησεν‖, ἵνα καὶ νεκρῶν καὶ ζώντων κυ-
10 ριεύσῃ. σὺ δὲ τί κρίνεις τὸν ἀδελφόν σου; ἢ καὶ σὺ τί
ἐξουθενεῖς τὸν ἀδελφόν σου; πάντες γὰρ παραστησόμεθα Cp. 2 Cor.
11 τῷ βήματι τοῦ ʳΘεοῦ ′. γέγραπται γάρ, Ζῶ ἐγώ, λέγει 5. 10.
Κύριος, ὅτι ἐμοὶ κάμψει πᾶν γόνυ, καὶ πᾶσα γλῶσσα ἐξο- Isa. 45. 23.
12 μολογήσεται τῷ Θεῷ. ἄρα οὖν ἕκαστος ἡμῶν περὶ ἑαυτοῦ
λόγον δώσει τῷ Θεῷ.
13 Μηκέτι οὖν ἀλλήλους κρίνωμεν· ἀλλὰ τοῦτο κρίνατε μᾶλ- Cp. Mat.
λον, τὸ μὴ τιθέναι πρόσκομμα τῷ ἀδελφῷ ἢ σκάνδαλον. 7. 1.
14 οἶδα καὶ πέπεισμαι ἐν Κυρίῳ Ἰησοῦ, ὅτι οὐδὲν κοινὸν δι᾽ Lk. 6. 37.
ἑαυτοῦ· εἰ μὴ τῷ λογιζομένῳ τι κοινὸν εἶναι, ἐκείνῳ κοινόν. 1 Cor. 4. 5.
15 εἰ ˢγὰρ‖ διὰ βρῶμα ὁ ἀδελφός σου λυπεῖται, οὐκέτι κατὰ Cp. Mk. 7.
ἀγάπην περιπατεῖς. μὴ τῷ βρώματί σου ἐκεῖνον ἀπόλλυε, 19.
16 ὑπὲρ οὗ Χριστὸς ἀπέθανε. μὴ βλασφημείσθω οὖν ὑμῶν τὸ 1 Cor. 8. 1
17 ἀγαθόν· οὐ γάρ ἐστιν ἡ βασιλεία τοῦ Θεοῦ βρῶσις καὶ sqq.
πόσις, ἀλλὰ δικαιοσύνη καὶ εἰρήνη καὶ χαρὰ ἐν Πνεύματι 10. 23
18 Ἁγίῳ. ὁ γὰρ ἐν ᵗτούτῳ‖ δουλεύων τῷ Χριστῷ εὐάρεστος sqq.
19 τῷ Θεῷ, καὶ δόκιμος τοῖς ἀνθρώποις. ἄρα οὖν τὰ τῆς εἰρή- 1 Tim. 4. 4.
20 νης ᵘδιώκωμεν‖, καὶ τὰ τῆς οἰκοδομῆς τῆς εἰς ἀλλήλους. μὴ Titus 1. 15.
ἕνεκεν βρώματος κατάλυε τὸ ἔργον τοῦ Θεοῦ. πάντα μὲν
καθαρά· ἀλλὰ κακὸν τῷ ἀνθρώπῳ τῷ διὰ προσκόμματος ἐσ-
21 θίοντι. καλὸν τὸ μὴ φαγεῖν κρέα, μηδὲ πιεῖν οἶνον, μηδὲ
22 ἐν ᾧ ὁ ἀδελφός σου προσκόπτει ˣ—‖. σὺ πίστιν ʸἣν
ἔχεις‖ κατὰ σαυτὸν ἔχε ἐνώπιον τοῦ Θεοῦ. μακάριος ὁ μὴ
23 κρίνων ἑαυτὸν ἐν ᾧ δοκιμάζει. ὁ δὲ διακρινόμενος, ἐὰν
φάγῃ, κατακέκριται, ὅτι οὐκ ἐκ πίστεως· πᾶν δὲ ὃ οὐκ ἐκ
πίστεως, ἁμαρτία ἐστίν. ᶻ—‖
15 Ὀφείλομεν δὲ ἡμεῖς οἱ δυνατοὶ τὰ ἀσθενήματα τῶν ἀδυ- Cp. 14. 1.
2 νάτων βαστάζειν, καὶ μὴ ἑαυτοῖς ἀρέσκειν. ἕκαστος ᵃ—‖ 1 Cor. 8. 9
  sqq.

ᵖ add καί   ᵠ ἀνέστη καὶ ἀνέζησεν   ʳ Χριστοῦ   ˢ δὲ
ᵗ τούτοις   ᵘ διώκομεν M.   ˣ add ἢ σκανδαλίζεται ἢ ἀσθενεῖ
A.S.M.   ʸ ἔχεις;   ᶻ insert here vv. 25–27 of ch. p. xvi M.
ᵃ add γάρ

ἡμῶν τῷ πλησίον ἀρεσκέτω εἰς τὸ ἀγαθὸν πρὸς οἰκοδομήν.
καὶ γὰρ ὁ Χριστὸς οὐχ ἑαυτῷ ἤρεσεν· ἀλλὰ καθὼς γέγραπ- 3
ται Οἱ ὀνειδισμοὶ τῶν ὀνειδιζόντων σὲ ἐπέπεσον ἐπ' ἐμέ.
ὅσα γὰρ προεγράφη, εἰς τὴν ἡμετέραν διδασκαλίαν ᵇἐγρά- 4
φη", ἵνα διὰ τῆς ὑπομονῆς καὶ ᶜδιὰ" τῆς παρακλήσεως τῶν
γραφῶν τὴν ἐλπίδα ἔχωμεν. ὁ δὲ Θεὸς τῆς ὑπομονῆς καὶ 5
τῆς παρακλήσεως δῴη ὑμῖν τὸ αὐτὸ φρονεῖν ἐν ἀλλήλοις
κατὰ Χριστὸν Ἰησοῦν· ἵνα ὁμοθυμαδὸν ἐν ἑνὶ στόματι δοξά- 6
ζητε τὸν Θεὸν καὶ πατέρα τοῦ Κυρίου ἡμῶν Ἰησοῦ Χριστοῦ.
διὸ προσλαμβάνεσθε ἀλλήλους, καθὼς καὶ ὁ Χριστὸς προσ- 7
ελάβετο ᵈὑμᾶς", εἰς δόξαν Θεοῦ. ᵘλέγω γὰρ Χριστὸν" 8
διάκονον γεγενῆσθαι περιτομῆς ὑπὲρ ἀληθείας Θεοῦ, εἰς τὸ
βεβαιῶσαι τὰς ἐπαγγελίας τῶν πατέρων, τὰ δὲ ἔθνη ὑπὲρ 9
ἐλέους δοξάσαι τὸν Θεόν, καθὼς γέγραπται, Διὰ τοῦτο ἐξο-
μολογήσομαί σοι ἐν ἔθνεσι, καὶ τῷ ὀνόματί σου ψαλῶ. καὶ 10
πάλιν λέγει, Εὐφράνθητε, ἔθνη, μετὰ τοῦ λαοῦ αὐτοῦ. καὶ 11
πάλιν, Αἰνεῖτε, ᶠπάντα τὰ ἔθνη, τὸν Κύριον, καὶ ἐπαινεσάτω-
σαν αὐτὸν πάντες οἱ λαοί. καὶ πάλιν Ἡσαΐας λέγει, Ἔσται 12
ἡ ῥίζα τοῦ Ἰεσσαί, καὶ ὁ ἀνιστάμενος ἄρχειν ἐθνῶν· ἐπ'
αὐτῷ ἔθνη ἐλπιοῦσιν. ὁ δὲ Θεὸς τῆς ἐλπίδος πληρώσαι 13
ὑμᾶς πάσης χαρᾶς καὶ εἰρήνης ἐν τῷ πιστεύειν, εἰς τὸ πε-
ρισσεύειν ὑμᾶς ἐν τῇ ἐλπίδι, ἐν δυνάμει Πνεύματος Ἁγίου.

Πέπεισμαι δέ, ἀδελφοί μου, καὶ αὐτὸς ἐγὼ περὶ ὑμῶν, 14
ὅτι καὶ αὐτοὶ μεστοί ἐστε ἀγαθωσύνης, πεπληρωμένοι πά-
σης γνώσεως, δυνάμενοι καὶ ἀλλήλους νουθετεῖν. τολμη- 15
ρότερον δὲ ἔγραψα ὑμῖν ᵍ—" ἀπὸ μέρους, ὡς ἐπαναμιμνήσκων
ὑμᾶς, διὰ τὴν χάριν τὴν δοθεῖσάν μοι ʰἀπὸ" τοῦ Θεοῦ εἰς 16
τὸ εἶναί με λειτουργὸν ⁱΧριστοῦ Ἰησοῦ" εἰς τὰ ἔθνη, ἱερουρ-
γοῦντα τὸ εὐαγγέλιον τοῦ Θεοῦ, ἵνα γένηται ἡ προσφορὰ
τῶν ἐθνῶν εὐπρόσδεκτος, ἡγιασμένη ἐν Πνεύματι Ἁγίῳ. ἔχω 17

ᵇ προεγράφη   ᶜ om. διὰ   ᵈ ἡμᾶς A.S.M.   ᵉ λέγω
δὲ Ἰησοῦν Χριστὸν   ᶠ τὸν Κύριον πάντα τὰ ἔθνη. καὶ ἐπαι-
νέσατε   ᵍ add ἀδελφοί,   ʰ ὑπὸ   ⁱ Ἰησοῦ Χριστοῦ

οὖν ᵏτὴν" καύχησιν ἐν Χριστῷ Ἰησοῦ τὰ πρὸς ¹τὸν Θεόν.
18 οὐ γὰρ τολμήσω ᵐτι λαλεῖν" ὧν οὐ κατειργάσατο Χριστὸς
19 δι' ἐμοῦ, εἰς ὑπακοὴν ἐθνῶν, λόγῳ καὶ ἔργῳ, ἐν δυνάμει
σημείων καὶ τεράτων, ἐν δυνάμει Πνεύματος ⁿ'Αγίου· ὥστε
με ἀπὸ Ἱερουσαλὴμ καὶ κύκλῳ μέχρι τοῦ Ἰλλυρικοῦ πεπλη-
20 ρωκέναι τὸ εὐαγγέλιον τοῦ Χριστοῦ· οὕτω δὲ φιλοτιμού-
μενον εὐαγγελίζεσθαι, οὐχ ὅπου ὠνομάσθη Χριστός, ἵνα μὴ
21 ἐπ' ἀλλότριον θεμέλιον οἰκοδομῶ· ἀλλὰ καθὼς γέγραπται
ᵒ"Ὄψονται οἷς οὐκ ἀνηγγέλη περὶ αὐτοῦ", καὶ οἱ οὐκ ἀκη-
κόασι συνήσουσι.
22 Διὸ καὶ ἐνεκοπτόμην τὰ πολλὰ τοῦ ἐλθεῖν πρὸς ὑμᾶς·
23 νυνὶ δὲ μηκέτι τόπον ἔχων ἐν τοῖς κλίμασι τούτοις, ἐπιποθίαν
24 δὲ ἔχων τοῦ ἐλθεῖν πρὸς ὑμᾶς ἀπὸ πολλῶν ἐτῶν, ὡς ᵖἂν
πορεύωμαι εἰς τὴν Σπανίαν ᑫ⁻" (ἐλπίζω γὰρ διαπορευόμενος
θεάσασθαι ὑμᾶς, καὶ ὑφ' ὑμῶν προπεμφθῆναι ἐκεῖ, ἐὰν ὑμῶν
25 πρῶτον ἀπὸ μέρους ἐμπλησθῶ)—νυνὶ δὲ πορεύομαι εἰς Ἱερου-
26 σαλὴμ διακονῶν τοῖς ἁγίοις. εὐδόκησαν γὰρ Μακεδονία καὶ
Ἀχαΐα κοινωνίαν τινὰ ποιήσασθαι εἰς τοὺς πτωχοὺς τῶν
27 ἁγίων τῶν ἐν Ἱερουσαλήμ. εὐδόκησαν γάρ, καὶ ὀφειλέται
ʳεἰσὶν αὐτῶν". εἰ γὰρ τοῖς πνευματικοῖς αὐτῶν ἐκοινώνη-
σαν τὰ ἔθνη, ὀφείλουσι καὶ ἐν τοῖς σαρκικοῖς λειτουργῆσαι
28 αὐτοῖς. τοῦτο οὖν ἐπιτελέσας, καὶ σφραγισάμενος αὐτοῖς
τὸν καρπὸν τοῦτον, ἀπελεύσομαι δι' ὑμῶν εἰς τὴν Σπανίαν.
29 οἶδα δὲ ὅτι ἐρχόμενος πρὸς ὑμᾶς ἐν πληρώματι εὐλογίας
ˢ⁻" Χριστοῦ ἐλεύσομαι.
30 Παρακαλῶ δὲ ὑμᾶς, ἀδελφοί, διὰ τοῦ Κυρίου ἡμῶν Ἰησοῦ
Χριστοῦ, καὶ διὰ τῆς ἀγάπης τοῦ Πνεύματος, συναγωνίσα-
31 σθαί μοι ἐν ταῖς προσευχαῖς ὑπὲρ ἐμοῦ πρὸς τὸν Θεόν· ἵνα
ῥυσθῶ ἀπὸ τῶν ἀπειθούντων ἐν τῇ Ἰουδαίᾳ, καὶ ᵗ⁻ˡ ἡ δια-

ᵏ om. τὴν   ˡ om. τὸν   ᵐ λαλεῖν τι   ᵘ Θεοῦ
A.S.M., or om. Ἁγίου M.   ᵒ Οἷς οὐκ ἀνηγγέλη περὶ αὐτοῦ,
ὄψονται   ᵖ ἐὰν   ᑫ add ἐλεύσομαι πρὸς ὑμᾶς·   ʳ αὐτῶν
εἰσιν   ˢ add τοῦ εὐαγγελίου τοῦ   ᵗ add ἵνα

κονία μου ή εἰς Ἰερουσαλὴμ εὐπρόσδεκτος ᵘτοῖς ἁγίοις
γένηται‖· ἵνα ἐν χαρᾷ ˣἐλθὼν‖ πρὸς ὑμᾶς διὰ θελήματος 32
Θεοῦ ʸ—‖ συναναπαύσωμαι ὑμῖν. ὁ δὲ Θεὸς τῆς εἰρήνης 33
μετὰ πάντων ὑμῶν. ἀμήν.

Συνίστημι δὲ ὑμῖν Φοίβην τὴν ἀδελφὴν ἡμῶν, οὖσαν διά- 16
κονον τῆς ἐκκλησίας τῆς ἐν Κεγχρεαῖς· ἵνα αὐτὴν προσδέξ- 2
ησθε ἐν Κυρίῳ ἀξίως τῶν ἁγίων, καὶ παραστῆτε αὐτῇ ἐν ᾧ
ἂν ὑμῶν χρῄζῃ πράγματι· καὶ γὰρ ᶻαὐτὴ‖ προστάτις πολλῶν
ἐγενήθη, καὶ ᵃἐμοῦ αὐτοῦ‖.

Ἀσπάσασθε ᵇΠρίσκαν‖ καὶ Ἀκύλαν τοὺς συνεργούς μου 3
ἐν Χριστῷ Ἰησοῦ, οἵτινες ὑπὲρ τῆς ψυχῆς μου τὸν ἑαυτῶν 4
τράχηλον ὑπέθηκαν· οἷς οὐκ ἐγὼ μόνος εὐχαριστῶ, ἀλλὰ καὶ
πᾶσαι αἱ ἐκκλησίαι τῶν ἐθνῶν· καὶ τὴν κατ' οἶκον αὐτῶν ἐκ- 5
κλησίαν. ἀσπάσασθε Ἐπαίνετον τὸν ἀγαπητόν μου, ὅς ἐστιν
ἀπαρχὴ τῆς ᶜἈσίας‖ εἰς Χριστόν. ἀσπάσασθε ᵈΜαρίαν‖, 6
ἥτις πολλὰ ἐκοπίασεν εἰς ᵉὑμᾶς‖. ἀσπάσασθε Ἀνδρόνικον 7
καὶ Ἰουνίαν τοὺς συγγενεῖς μου καὶ συναιχμαλώτους μου,
οἵτινές εἰσιν ἐπίσημοι ἐν τοῖς ἀποστόλοις, οἳ καὶ πρὸ ἐμοῦ
γεγόνασιν ἐν Χριστῷ. ἀσπάσασθε ᶠἈμπλιᾶτον‖ τὸν ἀγα- 8
πητόν μου ἐν Κυρίῳ. ἀσπάσασθε Οὐρβανὸν τὸν συνεργὸν 9
ἡμῶν ἐν Χριστῷ, καὶ Στάχυν τὸν ἀγαπητόν μου. ἀσπά- 10
σασθε Ἀπελλῆν τὸν δόκιμον ἐν Χριστῷ. ἀσπάσασθε τοὺς
ἐκ τῶν Ἀριστοβούλου. ἀσπάσασθε Ἡροδίωνα τὸν συγγενῆ 11
μου. ἀσπάσασθε τοὺς ἐκ τῶν Ναρκίσσου, τοὺς ὄντας ἐν
Κυρίῳ. ἀσπάσασθε Τρύφαιναν καὶ Τρυφῶσαν τὰς κοπιώσας 12
ἐν Κυρίῳ. ἀσπάσασθε Περσίδα τὴν ἀγαπητήν, ἥτις πολλὰ
ἐκοπίασεν ἐν Κυρίῳ. ἀσπάσασθε Ῥοῦφον τὸν ἐκλεκτὸν ἐν 13
Κυρίῳ, καὶ τὴν μητέρα αὐτοῦ καὶ ἐμοῦ. ἀσπάσασθε Ἀσύγ- 14
κριτον, Φλέγοντα, ᵍἙρμῆν, Πατρόβαν, Ἑρμᾶν,‖ καὶ τοὺς σὺν
αὐτοῖς ἀδελφούς. ἀσπάσασθε Φιλόλογον καὶ Ἰουλίαν, Νη- 15

ᵘ γένηται τοῖς ἁγίοις ˣ ἔλθω ʸ add καὶ ᶻ αὕτη
ᵃ αὐτοῦ ἐμοῦ ᵇ Πρίσκιλλαν ᶜ Ἀχαΐας ᵈ Μαριάμ
ᵉ ἡμᾶς ᶠ Ἀμπλίαν ᵍ Ἑρμᾶν, Πατρόβαν, Ἑρμῆν,

ρέα καὶ τὴν ἀδελφὴν αὐτοῦ, καὶ Ὀλυμπᾶν, καὶ τοὺς σὺν
16 αὐτοῖς πάντας ἁγίους. ἀσπάσασθε ἀλλήλους ἐν φιλήματι
ἁγίῳ. ἀσπάζονται ὑμᾶς αἱ ἐκκλησίαι ʰπᾶσαι" τοῦ Χριστοῦ.
17 Παρακαλῶ δὲ ὑμᾶς, ἀδελφοί, σκοπεῖν τοὺς τὰς διχοστασίας
καὶ τὰ σκάνδαλα παρὰ τὴν διδαχὴν ἣν ὑμεῖς ἐμάθετε ποι-
18 οῦντας· καὶ ἐκκλίνατε ἀπ᾽ αὐτῶν. οἱ γὰρ τοιοῦτοι τῷ Κυρίῳ
ἡμῶν ⁱ⁻" Χριστῷ οὐ δουλεύουσιν, ἀλλὰ τῇ ἑαυτῶν κοιλίᾳ·
καὶ διὰ τῆς χρηστολογίας καὶ εὐλογίας ἐξαπατῶσι τὰς καρ-
19 δίας τῶν ἀκάκων. ἡ γὰρ ὑμῶν ὑπακοὴ εἰς πάντας ἀφίκετο.
ᵏἐφ᾽ ὑμῖν οὖν χαίρω"· θέλω δὲ ὑμᾶς σοφοὺς μὲν εἶναι εἰς
20 τὸ ἀγαθόν, ἀκεραίους δὲ εἰς τὸ κακόν. ὁ δὲ Θεὸς τῆς εἰρήνης
συντρίψει τὸν Σατανᾶν ὑπὸ τοὺς πόδας ὑμῶν ἐν τάχει.
ˡἩ χάρις τοῦ Κυρίου ἡμῶν Ἰησοῦ Χριστοῦ μεθ᾽ ὑμῶν." ᵐ⁻"
21 ⁿἈσπάζεται" ὑμᾶς Τιμόθεος ὁ συνεργός μου, καὶ Λού-
22 κιος καὶ Ἰάσων καὶ Σωσίπατρος οἱ συγγενεῖς μου. ἀσπά-
ζομαι ὑμᾶς ἐγὼ Τέρτιος ὁ γράψας τὴν ἐπιστολὴν ἐν Κυρίῳ.
23 ἀσπάζεται ὑμᾶς Γάϊος ὁ ξένος μου καὶ ᵒὅλης τῆς ἐκκλησίας".
ἀσπάζεται ὑμᾶς Ἔραστος ὁ οἰκονόμος τῆς πόλεως, καὶ Κού-
αρτος ὁ ἀδελφός. ᵖ⁻"
25 ᑫΤῷ δὲ δυναμένῳ ὑμᾶς στηρίξαι κατὰ τὸ εὐαγγέλιόν μου
καὶ τὸ κήρυγμα Ἰησοῦ Χριστοῦ, κατὰ ἀποκάλυψιν μυστηρίου
26 χρόνοις αἰωνίοις σεσιγημένου φανερωθέντος δὲ νῦν διά τε
γραφῶν προφητικῶν κατ᾽ ἐπιταγὴν τοῦ αἰωνίου Θεοῦ εἰς ὑπα-
27 κοὴν πίστεως εἰς πάντα τὰ ἔθνη γνωρισθέντος, μόνῳ σοφῷ
Θεῷ, διὰ Ἰησοῦ Χριστοῦ, ʳῷ" ἡ δόξα εἰς τοὺς αἰῶνας. ἀμήν."
ˢ⁻"

ʰ om. πᾶσαι   ⁱ add Ἰησοῦ   ᵏ χαίρω οὖν τὸ ἐφ᾽ ὑμῖν
ˡ om. Ἡ χάρις τοῦ Κυρίου ἡμῶν Ἰησοῦ Χριστοῦ μεθ᾽ ὑμῶν. M.
ᵐ add ἀμήν. A.   ⁿ Ἀσπάζονται   ᵒ τῆς ἐκκλησίας ὅλης
ᵖ add ver. 24 Ἡ χάρις τοῦ Κυρίου ἡμῶν Ἰησοῦ Χριστοῦ μετὰ
πάντων ὑμῶν. ἀμήν. A.S.M.   ᑫ om. vv. 25-27 M.   ʳ om.
ᾧ A.M.   ˢ add subscription Πρὸς Ῥωμαίους ἐγράφη ἀπὸ
Κορίνθου διὰ Φοίβης τῆς διακόνου τῆς ἐν Κεγχρεαῖς ἐκκλησίας.

Η ΠΡΟΣ ΤΟΥΣ ΚΟΡΙΝΘΙΟΥΣ ΕΠΙΣΤΟΛΗ ΠΡΩΤΗ.

Cp. Acts 18.1sqq.

Παῦλος κλητὸς ἀπόστολος Ἰησοῦ Χριστοῦ διὰ θελήματος 1 Θεοῦ, καὶ Σωσθένης ὁ ἀδελφός, τῇ ἐκκλησίᾳ τοῦ Θεοῦ τῇ 2 οὔσῃ ἐν Κορίνθῳ, ἡγιασμένοις ἐν Χριστῷ Ἰησοῦ, κλητοῖς ἁγίοις, σὺν πᾶσι τοῖς ἐπικαλουμένοις τὸ ὄνομα τοῦ Κυρίου ἡμῶν Ἰησοῦ Χριστοῦ ἐν παντὶ τόπῳ, αὐτῶν [a]—[//] καὶ ἡμῶν· χάρις ὑμῖν καὶ εἰρήνη ἀπὸ Θεοῦ πατρὸς ἡμῶν καὶ Κυρίου 3 Ἰησοῦ Χριστοῦ.

Cp. 2 Cor. 8. 7.

Εὐχαριστῶ τῷ Θεῷ [b]μου[//] πάντοτε περὶ ὑμῶν ἐπὶ τῇ 4 χάριτι τοῦ Θεοῦ τῇ δοθείσῃ ὑμῖν ἐν Χριστῷ Ἰησοῦ, ὅτι ἐν 5 παντὶ ἐπλουτίσθητε ἐν αὐτῷ, ἐν παντὶ λόγῳ καὶ πάσῃ γνώσει, καθὼς τὸ μαρτύριον τοῦ Χριστοῦ ἐβεβαιώθη ἐν ὑμῖν· 6

Cp. Phil. 3. 20.
Titus 2.13,
2 Pet.3.12.

ὥστε ὑμᾶς μὴ ὑστερεῖσθαι ἐν μηδενὶ χαρίσματι, ἀπεκδεχομέ- 7 νους τὴν ἀποκάλυψιν τοῦ Κυρίου ἡμῶν Ἰησοῦ Χριστοῦ, ὃς 8 καὶ βεβαιώσει ὑμᾶς ἕως τέλους ἀνεγκλήτους ἐν τῇ ἡμέρᾳ τοῦ Κυρίου ἡμῶν Ἰησοῦ Χριστοῦ. πιστὸς ὁ Θεός, δι' οὗ 9 ἐκλήθητε εἰς κοινωνίαν τοῦ υἱοῦ αὐτοῦ Ἰησοῦ Χριστοῦ τοῦ Κυρίου ἡμῶν.

Cp. 3. 4.

Παρακαλῶ δὲ ὑμᾶς, ἀδελφοί, διὰ τοῦ ὀνόματος τοῦ Κυρίου 10 ἡμῶν Ἰησοῦ Χριστοῦ, ἵνα τὸ αὐτὸ λέγητε πάντες, καὶ μὴ ᾖ ἐν ὑμῖν σχίσματα, ἦτε δὲ κατηρτισμένοι ἐν τῷ αὐτῷ νοΐ καὶ ἐν τῇ αὐτῇ γνώμῃ. ἐδηλώθη γάρ μοι περὶ ὑμῶν, ἀδελφοί 11 μου, ὑπὸ τῶν Χλόης, ὅτι ἔριδες ἐν ὑμῖν εἰσι. λέγω δὲ τοῦτο, 12 ὅτι ἕκαστος ὑμῶν λέγει, Ἐγὼ μέν εἰμι Παύλου, Ἐγὼ δὲ Ἀπολλώ, Ἐγὼ δὲ Κηφᾶ, Ἐγὼ δὲ Χριστοῦ. μεμέρισται ὁ 13

---

[a] add τε   [b] om. μου M

-1. 30. ΠΡΟΣ ΚΟΡΙΝΘΙΟΥΣ Α. 363

^cΧριστός; ^{||} μὴ Παῦλος ἐσταυρώθη ὑπὲρ ὑμῶν; ἢ εἰς τὸ ὄνομα
14 Παύλου ἐβαπτίσθητε; εὐχαριστῶ ^dτῷ Θεῷ^{||} ὅτι οὐδένα ὑμῶν
15 ἐβάπτισα, εἰ μὴ Κρίσπον καὶ Γάϊον· ἵνα μή τις εἴπῃ ὅτι εἰς Cp. Rom.
16 τὸ ἐμὸν ὄνομα ^eἐβαπτίσθητε^{||}. ἐβάπτισα δὲ καὶ τὸν Στεφανᾶ 16. 23.
17 οἶκον· λοιπὸν οὐκ οἶδα εἴ τινα ἄλλον ἐβάπτισα. οὐ γὰρ ἀπέ-
στειλέ με Χριστὸς βαπτίζειν, ἀλλ' εὐαγγελίζεσθαι· οὐκ ἐν
σοφίᾳ λόγου, ἵνα μὴ κενωθῇ ὁ σταυρὸς τοῦ Χριστοῦ.
18 Ὁ λόγος γὰρ ὁ τοῦ σταυροῦ τοῖς μὲν ἀπολλυμένοις μωρία
19 ἐστί, τοῖς δὲ σωζομένοις ἡμῖν δύναμις Θεοῦ ἐστι. γέγραπται
γάρ, Ἀπολῶ τὴν σοφίαν τῶν σοφῶν, καὶ τὴν σύνεσιν τῶν Isa. 29. 14.
20 συνετῶν ἀθετήσω. ποῦ σοφός; ποῦ γραμματεύς; ποῦ συ-
ζητητὴς τοῦ αἰῶνος τούτου; οὐχὶ ἐμώρανεν ὁ Θεὸς τὴν σοφίαν
21 τοῦ κόσμου ^{f—||}; ἐπειδὴ γὰρ ἐν τῇ σοφίᾳ τοῦ Θεοῦ οὐκ ἔγνω
ὁ κόσμος διὰ τῆς σοφίας τὸν Θεόν, εὐδόκησεν ὁ Θεὸς διὰ τῆς
22 μωρίας τοῦ κηρύγματος σῶσαι τοὺς πιστεύοντας. ἐπειδὴ καὶ Cp. Mat.
Ἰουδαῖοι ^gσημεῖα^{||} αἰτοῦσι, καὶ Ἕλληνες σοφίαν ζητοῦσιν, Cp. 2. 2.
23 ἡμεῖς δὲ κηρύσσομεν Χριστὸν ἐσταυρωμένον, Ἰουδαίοις μὲν
24 σκάνδαλον, ^hἔθνεσι^{||} δὲ μωρίαν, αὐτοῖς δὲ τοῖς κλητοῖς, Ἰου-
δαίοις τε καὶ Ἕλλησι, Χριστὸν Θεοῦ δύναμιν καὶ Θεοῦ σοφίαν.
25 ὅτι τὸ μωρὸν τοῦ Θεοῦ σοφώτερον τῶν ἀνθρώπων ἐστί· καὶ
τὸ ἀσθενὲς τοῦ Θεοῦ ἰσχυρότερον τῶν ἀνθρώπων ἐστί.
26 Βλέπετε γὰρ τὴν κλῆσιν ὑμῶν, ἀδελφοί, ὅτι οὐ πολλοὶ Cp. Mat.
σοφοὶ κατὰ σάρκα, οὐ πολλοὶ δυνατοί, οὐ πολλοὶ εὐγενεῖς· Lk. 10. 21.
27 ἀλλὰ τὰ μωρὰ τοῦ κόσμου ἐξελέξατο ὁ Θεός, ἵνα ⁱκαταισχύνῃ Joh. 7. 48.
τοὺς σοφούς^{||}· καὶ τὰ ἀσθενῆ τοῦ κόσμου ἐξελέξατο ὁ Θεός, Jas. 2. 5.
28 ἵνα καταισχύνῃ τὰ ἰσχυρά· καὶ τὰ ἀγενῆ τοῦ κόσμου καὶ τὰ
ἐξουθενημένα ἐξελέξατο ὁ Θεός, ^jκαὶ^{||} τὰ μὴ ὄντα, ἵνα τὰ
29 ὄντα καταργήσῃ· ὅπως μὴ καυχήσηται πᾶσα σὰρξ ἐνώπιον
30 ^kτοῦ Θεοῦ^{||}. ἐξ αὐτοῦ δὲ ὑμεῖς ἐστε ἐν Χριστῷ Ἰησοῦ, ὃς
ἐγενήθη ^lσοφία ἡμῖν^{||} ἀπὸ Θεοῦ δικαιοσύνη τε καὶ ἁγιασμὸς

^c Χριστός. M.   ^d om. τῷ Θεῷ M.   ^e ἐβάπτισα   ^f add
τούτου   ^g σημεῖον   ^h Ἕλλησι   ⁱ τοὺς σοφοὺς καται-
σχύνῃ   ^j om. καὶ M.   ^k αὐτοῦ   ^l ἡμῖν σοφία

καὶ ἀπολύτρωσις· ἵνα, καθὼς γέγραπται, Ὁ καυχώμενος ἐν 31 Κυρίῳ καυχάσθω.

Κἀγὼ ἐλθὼν πρὸς ὑμᾶς, ἀδελφοί, ἦλθον οὐ καθ' ὑπεροχὴν 2 λόγου ἢ σοφίας καταγγέλλων ὑμῖν τὸ ᵃμυστήριον ⁿ τοῦ Θεοῦ. οὐ γὰρ ἔκρινα ᵇ⁻ⁿ εἰδέναι τι ἐν ὑμῖν, εἰ μὴ Ἰησοῦν 2 Χριστόν, καὶ τοῦτον ἐσταυρωμένον. καὶ ἐγὼ ἐν ἀσθενείᾳ καὶ 3 ἐν φόβῳ καὶ ἐν τρόμῳ πολλῷ ἐγενόμην πρὸς ὑμᾶς. καὶ ὁ 4 λόγος μου καὶ τὸ κήρυγμά μου οὐκ ἐν πειθοῖς ᶜ⁻ⁿ σοφίας λόγοις, ἀλλ' ἐν ἀποδείξει Πνεύματος καὶ δυνάμεως· ἵνα ἡ 5 πίστις ὑμῶν μὴ ᾖ ἐν σοφίᾳ ἀνθρώπων, ἀλλ' ἐν δυνάμει Θεοῦ.

Σοφίαν δὲ λαλοῦμεν ἐν τοῖς τελείοις· σοφίαν δὲ οὐ τοῦ 6 αἰῶνος τούτου, οὐδὲ τῶν ἀρχόντων τοῦ αἰῶνος τούτου τῶν καταργουμένων· ἀλλὰ λαλοῦμεν ᵈΘεοῦ σοφίαν ⁿ ἐν μυστηρίῳ, 7 τὴν ἀποκεκρυμμένην, ἣν προώρισεν ὁ Θεὸς πρὸ τῶν αἰώνων εἰς δόξαν ἡμῶν, ἣν οὐδεὶς τῶν ἀρχόντων τοῦ αἰῶνος τούτου 8 ἔγνωκεν· εἰ γὰρ ἔγνωσαν, οὐκ ἂν τὸν Κύριον τῆς δόξης ἐσταύρωσαν· ἀλλὰ καθὼς γέγραπται ᵉἍ ὀφθαλμὸς οὐκ εἶδε, καὶ 9 οὓς οὐκ ἤκουσε, καὶ ἐπὶ καρδίαν ἀνθρώπου οὐκ ἀνέβη, ᵉὅσα ⁿ ἡτοίμασεν ὁ Θεὸς τοῖς ἀγαπῶσιν αὐτόν. ἡμῖν ᶠδὲ ⁿ ᵍἀπε- 10 κάλυψεν ὁ Θεὸς ⁿ διὰ τοῦ Πνεύματος ʰ⁻ⁱ· τὸ γὰρ Πνεῦμα πάντα ἐρευνᾷ, καὶ τὰ βάθη τοῦ Θεοῦ. τίς γὰρ οἶδεν ἀνθρώπων 11 τὰ τοῦ ἀνθρώπου, εἰ μὴ τὸ πνεῦμα τοῦ ἀνθρώπου τὸ ἐν αὐτῷ; οὕτω καὶ τὰ τοῦ Θεοῦ οὐδεὶς ⁱἔγνωκεν ⁿ, εἰ μὴ τὸ Πνεῦμα τοῦ Θεοῦ. ἡμεῖς δὲ οὐ τὸ πνεῦμα τοῦ κόσμου ἐλάβομεν, ἀλλὰ τὸ 12 πνεῦμα τὸ ἐκ τοῦ Θεοῦ, ἵνα εἰδῶμεν τὰ ὑπὸ τοῦ Θεοῦ χαρισθέντα ἡμῖν. ἃ καὶ λαλοῦμεν, οὐκ ἐν διδακτοῖς ἀνθρωπίνης 13 σοφίας λόγοις, ἀλλ' ἐν διδακτοῖς Πνεύματος ʲ⁻ⁿ, πνευματικοῖς πνευματικὰ συγκρίνοντες. ψυχικὸς δὲ ἄνθρωπος οὐ δέ- 14 χεται τὰ τοῦ Πνεύματος τοῦ Θεοῦ· μωρία γὰρ αὐτῷ ἐστι, καὶ οὐ δύναται γνῶναι, ὅτι πνευματικῶς ἀνακρίνεται. ὁ δὲ πνευ- 15

ᵃ μαρτύριον A.S.M. ᵇ add τοῦ ᶜ add ἀνθρωπίνης
ᵈ σοφίαν Θεοῦ ᵉ ἃ ᶠ γὰρ M. ᵍ ὁ Θεὸς ἀπεκάλυψε ʰ add αὐτοῦ ⁱ οἶδεν ʲ add Ἁγίου

ματικὸς ἀνακρίνει μὲν πάντα, αὐτὸς δὲ ὑπ' οὐδενὸς ἀνακρίνε-
16 ται. τίς γὰρ ἔγνω νοῦν Κυρίου, ὃς συμβιβάσει αὐτόν; ἡμεῖς
δὲ νοῦν Χριστοῦ ἔχομεν.

3 Καὶ ἐγώ, ἀδελφοί, οὐκ ἠδυνήθην λαλῆσαι ὑμῖν ὡς πνευ-
2 ματικοῖς, ἀλλ' ὡς ᵏσαρκίνοις‖, ὡς νηπίοις ἐν Χριστῷ. γάλα
ὑμᾶς ἐπότισα, ¹⁻‖ οὐ βρῶμα· οὔπω γὰρ ἠδύνασθε· ἀλλ'
3 ᵐ οὐδὲ‖ ἔτι νῦν δύνασθε, ἔτι γὰρ σαρκικοί ἐστε· ὅπου γὰρ
ἐν ὑμῖν ζῆλος καὶ ἔρις ⁿ⁻‖, οὐχὶ σαρκικοί ἐστε, καὶ κατὰ
4 ἄνθρωπον περιπατεῖτε; ὅταν γὰρ λέγῃ τις, Ἐγὼ μέν εἰμι
Παύλου, ἕτερος δέ, Ἐγὼ Ἀπολλώ, ᵒ οὐκ ἄνθρωποί‖ ἐστε;
5 ᵖτί οὖν ἐστιν Ἀπολλώς; τί δέ ἐστι Παῦλος; διάκονοι δι'
6 ὧν ἐπιστεύσατε, καὶ ἑκάστῳ ὡς ὁ Κύριος ἔδωκεν.' ἐγὼ
7 ἐφύτευσα, Ἀπολλὼς ἐπότισεν, ἀλλ' ὁ Θεὸς ηὔξανεν. ὥστε
οὔτε ὁ φυτεύων ἐστί τι οὔτε ὁ ποτίζων, ἀλλ' ὁ αὐξάνων
8 Θεός. ὁ φυτεύων δὲ καὶ ὁ ποτίζων ἕν εἰσιν· ἕκαστος δὲ
9 τὸν ἴδιον μισθὸν λήψεται κατὰ τὸν ἴδιον κόπον. Θεοῦ γάρ
ἐσμεν συνεργοί· Θεοῦ γεώργιον, Θεοῦ οἰκοδομή ἐστε.
10 Κατὰ τὴν χάριν τοῦ Θεοῦ τὴν δοθεῖσάν μοι ὡς σοφὸς
ἀρχιτέκτων θεμέλιον ᵠἔθηκα‖· ἄλλος δὲ ἐποικοδομεῖ. ἕκα-
11 στος δὲ βλεπέτω πῶς ἐποικοδομεῖ. θεμέλιον γὰρ ἄλλον
οὐδεὶς δύναται θεῖναι παρὰ τὸν κείμενον, ὅς ἐστιν Ἰησοῦς
12 ʳ⁻‖ Χριστός. εἰ δέ τις ἐποικοδομεῖ ἐπὶ τὸν θεμέλιον ˢ⁻
ᵗχρυσίον, ἀργύριον,‖ λίθους τιμίους, ξύλα, χόρτον, καλάμην,
13 ἑκάστου τὸ ἔργον φανερὸν γενήσεται· ἡ γὰρ ἡμέρα δηλώσει,
ὅτι ἐν πυρὶ ἀποκαλύπτεται· καὶ ἑκάστου τὸ ἔργον ὁποῖόν
14 ἐστι, τὸ πῦρ ᵘαὐτὸ‖ δοκιμάσει. εἴ τινος τὸ ἔργον ᵛμενεῖ',
15 ὃ ἐπῳκοδόμησε, μισθὸν λήψεται. εἴ τινος τὸ ἔργον κατα-

ᵏ σαρκικοῖς   ˡ add καὶ   ᵐ οὔτε   ⁿ add καὶ
διχοστασίαι   ᵒ οὐχὶ σαρκικοί   ᵖ τίς οὖν ἐστι Παῦλος,
τίς δὲ Ἀπολλώς. ἀλλ' ἢ διάκονοι δι' ὧν ... ἔδωκεν;   ᵠ τι-
θεικα   ʳ add ὁ   ˢ add τοῦτον   ᵗ χρυσόν, ἄργυρον.
ᵘ om. αὐτό   ᵛ μένει

καήσεται, ζημιωθήσεται· αὐτὸς δὲ σωθήσεται, οὕτω δὲ ὡς διὰ πυρός.

Οὐκ οἴδατε ὅτι ναὸς Θεοῦ ἐστε, καὶ τὸ Πνεῦμα τοῦ Θεοῦ 16 οἰκεῖ ἐν ὑμῖν; εἴ τις τὸν ναὸν τοῦ Θεοῦ φθείρει, φθερεῖ 17 τοῦτον ὁ Θεός· ὁ γὰρ ναὸς τοῦ Θεοῦ ἅγιός ἐστιν, οἵτινές ἐστε ὑμεῖς.

Μηδεὶς ἑαυτὸν ἐξαπατάτω· εἴ τις δοκεῖ σοφὸς εἶναι ἐν 18 ὑμῖν ἐν τῷ αἰῶνι τούτῳ, μωρὸς γενέσθω, ἵνα γένηται σοφός. ἡ γὰρ σοφία τοῦ κόσμου τούτου μωρία παρὰ τῷ Θεῷ ἐστι. 19 γέγραπται γάρ, Ὁ δρασσόμενος τοὺς σοφοὺς ἐν τῇ πανουργίᾳ αὐτῶν· καὶ πάλιν, Κύριος γινώσκει τοὺς διαλογισμοὺς 20 τῶν σοφῶν, ὅτι εἰσὶ μάταιοι. ὥστε μηδεὶς καυχάσθω ἐν 21 ἀνθρώποις. πάντα γὰρ ὑμῶν ἐστιν, εἴτε Παῦλος, εἴτε Ἀπολ- 22 λώς, εἴτε Κηφᾶς, εἴτε κόσμος, εἴτε ζωή, εἴτε θάνατος, εἴτε ἐνεστῶτα, εἴτε μέλλοντα· πάντα ὑμῶν ʷ⁻¹, ὑμεῖς δὲ Χρι- 23 στοῦ, Χριστὸς δὲ Θεοῦ.

Οὕτως ἡμᾶς λογιζέσθω ἄνθρωπος, ὡς ὑπηρέτας Χριστοῦ 4 καὶ οἰκονόμους μυστηρίων Θεοῦ. ˣὧδε, λοιπόν,‖ ζητεῖται ἐν 2 τοῖς οἰκονόμοις, ἵνα πιστός τις εὑρεθῇ. ἐμοὶ δὲ εἰς ἐλάχιστόν 3 ἐστιν ἵνα ὑφ᾽ ὑμῶν ἀνακριθῶ, ἢ ὑπὸ ἀνθρωπίνης ἡμέρας· ἀλλ᾽ οὐδὲ ἐμαυτὸν ἀνακρίνω. οὐδὲν γὰρ ἐμαυτῷ σύνοιδα, 4 ἀλλ᾽ οὐκ ἐν τούτῳ δεδικαίωμαι· ὁ δὲ ἀνακρίνων με Κύριός ἐστιν. ὥστε μὴ πρὸ καιροῦ τι κρίνετε, ἕως ἂν ἔλθῃ ὁ Κύριος, 5 ὃς καὶ φωτίσει τὰ κρυπτὰ τοῦ σκότους, καὶ φανερώσει τὰς βουλὰς τῶν καρδιῶν· καὶ τότε ὁ ἔπαινος γενήσεται ἑκάστῳ ἀπὸ τοῦ Θεοῦ.

Ταῦτα δέ, ἀδελφοί, μετεσχημάτισα εἰς ἐμαυτὸν καὶ Ἀπολ- 6 λὼ δι᾽ ὑμᾶς, ἵνα ἐν ἡμῖν μάθητε τὸ μὴ ὑπὲρ ʸἃ‖ γέγραπται z⁻‖, ἵνα μὴ εἷς ὑπὲρ τοῦ ἑνὸς φυσιοῦσθε κατὰ τοῦ ἑτέρου. τίς γάρ σε διακρίνει; τί δὲ ἔχεις ὃ οὐκ ἔλαβες; εἰ δὲ καὶ 7

ʷ add ἐστιν   ˣ ὃ δὲ λοιπόν,   ʸ ὃ   ᶻ add φρονεῖν

8 ἔλαβες, τί καυχᾶσαι ὡς μὴ λαβών; ἤδη κεκορεσμένοι ἐστέ,
ἤδη ἐπλουτήσατε, χωρὶς ἡμῶν ἐβασιλεύσατε· καὶ ὄφελόν
9 γε ἐβασιλεύσατε, ἵνα καὶ ἡμεῖς ὑμῖν συμβασιλεύσωμεν. δοκῶ Cp. 2 Co
^zγάρ,^{||} ὁ Θεὸς ἡμᾶς τοὺς ἀποστόλους ἐσχάτους ἀπέδειξεν 4. 7 qq.
ὡς ἐπιθανατίους· ὅτι θέατρον ἐγενήθημεν τῷ κόσμῳ καὶ 6. 4 sq.
10 ἀγγέλοις καὶ ἀνθρώποις. ἡμεῖς μωροὶ διὰ Χριστόν, ὑμεῖς δὲ
φρόνιμοι ἐν Χριστῷ· ἡμεῖς ἀσθενεῖς, ὑμεῖς δὲ ἰσχυροί· ὑμεῖς
11 ἔνδοξοι, ἡμεῖς δὲ ἄτιμοι. ἄχρι τῆς ἄρτι ὥρας καὶ πεινῶμεν,
καὶ διψῶμεν, καὶ γυμνητεύομεν, καὶ κολαφιζόμεθα, καὶ ἀσ-
12 τατοῦμεν, καὶ κοπιῶμεν ἐργαζόμενοι ταῖς ἰδίαις χερσί· Cp. Acts
13 λοιδορούμενοι εὐλογοῦμεν· διωκόμενοι ἀνεχόμεθα· ^aδυσ- 20. 34.
φημούμενοι^{||} παρακαλοῦμεν· ὡς περικαθάρματα τοῦ κόσμου 1 Thss. ..
ἐγενήθημεν, πάντων περίψημα ἕως ἄρτι. 2 Ths. .
14 Οὐκ ἐντρέπων ὑμᾶς γράφω ταῦτα, ἀλλ᾽ ὡς τέκνα μου 8.
15 ἀγαπητὰ ^bνουθετῶν^{||}. ἐὰν γὰρ μυρίους παιδαγωγοὺς ἔχητε
ἐν Χριστῷ, ἀλλ᾽ οὐ πολλοὺς πατέρας· ἐν γὰρ Χριστῷ Ἰησοῦ
16 διὰ τοῦ εὐαγγελίου ἐγὼ ὑμᾶς ἐγέννησα. παρακαλῶ οὖν ὑμᾶς,
17 μιμηταί μου γίνεσθε. διὰ τοῦτο ἔπεμψα ὑμῖν Τιμόθεον, ὅς Cp. 16. 10,
ἐστί ^cμου τέκνον^{||} ἀγαπητὸν καὶ πιστὸν ἐν Κυρίῳ, ὃς ὑμᾶς Acts 19...
ἀναμνήσει τὰς ὁδούς μου τὰς ἐν Χριστῷ, καθὼς πανταχοῦ
18 ἐν πάσῃ ἐκκλησίᾳ διδάσκω. ὡς μὴ ἐρχομένου δέ μου πρὸς Cp. 2 Cor
19 ὑμᾶς ἐφυσιώθησάν τινες· ἐλεύσομαι δὲ ταχέως πρὸς ὑμᾶς, 1.15 qq.
ἐὰν ὁ Κύριος θελήσῃ, καὶ γνώσομαι οὐ τὸν λόγον τῶν πε-
20 φυσιωμένων ἀλλὰ τὴν δύναμιν. οὐ γὰρ ἐν λόγῳ ἡ βασιλεία
21 τοῦ Θεοῦ ἀλλ᾽ ἐν δυνάμει. τί θέλετε; ἐν ῥάβδῳ ἔλθω πρὸς Cp. 2 Cor.
ὑμᾶς; ἢ ἐν ἀγάπῃ πνεύματί τε πραότητος; 13. 2, 10.
5 ⁷Ὅλως ἀκούεται ἐν ὑμῖν πορνεία, καὶ τοιαύτη πορνεία, ἥτις
οὐδὲ ἐν τοῖς ἔθνεσιν ^{d—||}, ὥστε γυναῖκά τινα τοῦ πατρὸς
2 ἔχειν. καὶ ὑμεῖς πεφυσιωμένοι ^eἐστέ, καὶ οὐχὶ μᾶλλον ἐπεν-
θήσατε, ἵνα ^fἀρθῇ^{||} ἐκ μέσου ὑμῶν ὁ τὸ ἔργον τοῦτο ποιήσας.^ʃ

^z γὰρ ὅτι   ^a βλασφημούμενοι   ^b νουθετῶ   ^c τέκνον μου
^d add ὀνομάζεται   ^e ἐστέ ;... ποιήσας: M.   ^f ἐξαρθῇ

ἐγὼ μὲν γάρ, g—// ἀπὼν τῷ σώματι παρὼν δὲ τῷ πνεύματι, 3
ἤδη κέκρικα ὡς παρών, τὸν οὕτω τοῦτο κατεργασάμενον, ἐν 4
τῷ ὀνόματι τοῦ Κυρίου ἡμῶν Ἰησοῦ h—//, συναχθέντων ὑμῶν
καὶ τοῦ ἐμοῦ πνεύματος σὺν τῇ δυνάμει τοῦ Κυρίου ἡμῶν
Ἰησοῦ h—//, παραδοῦναι τὸν τοιοῦτον τῷ Σατανᾷ εἰς ὄλεθρον 5
τῆς σαρκός, ἵνα τὸ πνεῦμα σωθῇ ἐν τῇ ἡμέρᾳ τοῦ Κυρίου.
i Ἰησοῦ //. οὐ καλὸν τὸ καύχημα ὑμῶν. οὐκ οἴδατε ὅτι 6
μικρὰ ζύμη ὅλον τὸ φύραμα ζυμοῖ; ἐκκαθάρατε j—/ τὴν 7
παλαιὰν ζύμην, ἵνα ἦτε νέον φύραμα, καθώς ἐστε ἄζυμοι.
καὶ γὰρ τὸ πάσχα ἡμῶν k—// ἐτύθη Χριστός· ὥστε ἑορτά- 8
ζωμεν μὴ ἐν ζύμῃ παλαιᾷ μηδὲ ἐν ζύμῃ κακίας καὶ πονηρίας,
ἀλλ' ἐν ἀζύμοις εἰλικρινείας καὶ ἀληθείας.

Ἔγραψα ὑμῖν ἐν τῇ ἐπιστολῇ μὴ συναναμίγνυσθαι πόρ- 9
νοις· l—// οὐ πάντως τοῖς πόρνοις τοῦ κόσμου τούτου, ἢ τοῖς 10
πλεονέκταις m καὶ / ἅρπαξιν, ἢ εἰδωλολάτραις, ἐπεὶ n ὠφεί-
λετε / ἄρα ἐκ τοῦ κόσμου ἐξελθεῖν· νυνὶ δὲ ἔγραψα ὑμῖν μὴ 11
συναναμίγνυσθαι, ἐάν τις ἀδελφὸς ὀνομαζόμενος o ᾖ // πόρνος,
ἢ πλεονέκτης, ἢ εἰδωλολάτρης, ἢ λοίδορος, ἢ μέθυσος, ἢ
ἅρπαξ· τῷ τοιούτῳ μηδὲ συνεσθίειν. τί γάρ μοι p—// τοὺς 12
ἔξω κρίνειν; οὐχὶ τοὺς ἔσω ὑμεῖς κρίνετε, τοὺς δὲ ἔξω ὁ 13
Θεὸς κρίνει; q ἐξάρατε // τὸν πονηρὸν ἐξ ὑμῶν αὐτῶν.

Τολμᾷ τις ὑμῶν, πρᾶγμα ἔχων πρὸς τὸν ἕτερον, κρίνεσθαι 6
ἐπὶ τῶν ἀδίκων, καὶ οὐχὶ ἐπὶ τῶν ἁγίων; r ἢ / οὐκ οἴδατε ὅτι 2
οἱ ἅγιοι τὸν κόσμον κρινοῦσι; καὶ εἰ ἐν ὑμῖν κρίνεται ὁ κόσ-
μος, ἀνάξιοί ἐστε κριτηρίων ἐλαχίστων; οὐκ οἴδατε ὅτι 3
ἀγγέλους κρινοῦμεν; μήτι γε βιωτικά. βιωτικὰ μὲν οὖν 4
κριτήρια ἐὰν ἔχητε, τοὺς ἐξουθενημένους ἐν τῇ ἐκκλησίᾳ,
τούτους s καθίζετε; / πρὸς ἐντροπὴν ὑμῖν λέγω. οὕτως οὐκ 5
t ἔνι // ἐν ὑμῖν u οὐδεὶς σοφός //, ὃς δυνήσεται διακρῖναι ἀνὰ

g add ὡς   h add Χριστοῦ   i om. Ἰησοῦ M.   j add
οὖν   k add ὑπὲρ ἡμῶν   l add καὶ   m ἢ   n ὀφείλετε
o ἢ S.   p add καὶ   q καὶ ἐξαρεῖτε   r om. ἢ   s καθί-
ζετε A.S.M.   t ἔστιν   u σοφὸς οὐδὲ εἷς

ΠΡΟΣ ΚΟΡΙΝΘΙΟΥΣ Α. 6. 20.

6 μέσον τοῦ ἀδελφοῦ αὐτοῦ, ἀλλὰ ἀδελφὸς μετὰ ἀδελφοῦ
7 κρίνεται, καὶ τοῦτο ἐπὶ ἀπίστων; ἤδη μὲν οὖν ὅλως ἥττημα
ˣ—‖ ὑμῖν ἐστιν, ὅτι κρίματα ἔχετε μεθ' ἑαυτῶν. διατί οὐχὶ
8 μᾶλλον ἀδικεῖσθε; διατί οὐχὶ μᾶλλον ἀποστερεῖσθε; ἀλλὰ
9 ὑμεῖς ἀδικεῖτε καὶ ἀποστερεῖτε, καὶ ʸτοῦτο‖ ἀδελφούς. ἢ   Cp. Gal. 5.
οὐκ οἴδατε ὅτι ἄδικοι ᶻ Θεοῦ βάσιλείαν‖ οὐ κληρονομήσουσι; Eph. 5. 5.
μὴ πλανᾶσθε· οὔτε πόρνοι, οὔτε εἰδωλολάτραι, οὔτε μοιχοί,
10 οὔτε μαλακοί, οὔτε ἀρσενοκοῖται, οὔτε κλέπται, οὔτε πλεο-
νέκται, ᵃοὐ‖ μέθυσοι, οὐ λοίδοροι, οὐχ ἅρπαγες, βασιλείαν
11 Θεοῦ ᵇ—‖ κληρονομήσουσι. καὶ ταῦτά τινες ἦτε· ἀλλὰ
ἀπελούσασθε, ἀλλὰ ἡγιάσθητε, ἀλλ᾽ ἐδικαιώθητε ἐν τῷ ὀνό- Cp. Acts
ματι τοῦ Κυρίου Ἰησοῦ ᶜΧριστοῦ καὶ ἐν τῷ Πνεύματι τοῦ 22. 16.
Θεοῦ ἡμῶν.
12 Πάντα μοι ἔξεστιν, ἀλλ᾽ οὐ πάντα συμφέρει. πάντα μοι Cp. 10. 23.
13 ἔξεστιν, ἀλλ᾽ οὐκ ἐγὼ ἐξουσιασθήσομαι ὑπό τινος. τὰ βρώ-
ματα τῇ κοιλίᾳ, καὶ ἡ κοιλία τοῖς βρώμασιν· ὁ δὲ Θεὸς καὶ
ταύτην καὶ ταῦτα καταργήσει. τὸ δὲ σῶμα οὐ τῇ πορνείᾳ
14 ἀλλὰ τῷ Κυρίῳ, καὶ ὁ Κύριος τῷ σώματι· ὁ δὲ Θεὸς καὶ Cp. 15. 23.
τὸν Κύριον ἤγειρε καὶ ἡμᾶς ἐξεγερεῖ διὰ τῆς δυνάμεως Rom. 8.11.
15 αὐτοῦ. οὐκ οἴδατε ὅτι τὰ σώματα ὑμῶν μέλη Χριστοῦ Cp. 12. 27.
ἐστιν; ἄρας οὖν τὰ μέλη τοῦ Χριστοῦ ποιήσω πόρνης μέλη; Eph. 5. 30.
16 μὴ γένοιτο. ἢ οὐκ οἴδατε ὅτι ὁ κολλώμενος τῇ πόρνῃ ἓν
σῶμά ἐστιν; Ἔσονται γάρ, φησίν, οἱ δύο εἰς σάρκα μίαν. Gen. 2. 24.
17, 18 ὁ δὲ κολλώμενος τῷ Κυρίῳ ἓν πνεῦμά ἐστι. φεύγετε τὴν
πορνείαν. πᾶν ἁμάρτημα, ὃ ἐὰν ποιήσῃ ἄνθρωπος, ἐκτὸς
τοῦ σώματός ἐστιν· ὁ δὲ πορνεύων εἰς τὸ ἴδιον σῶμα
19 ἁμαρτάνει. ἢ οὐκ οἴδατε ὅτι τὸ σῶμα ὑμῶν ναὸς τοῦ ἐν
ὑμῖν Ἁγίου Πνεύματός ἐστιν, οὗ ἔχετε ἀπὸ Θεοῦ; καὶ οὐκ Cp. 7. 23.
20 ἐστὲ ἑαυτῶν, ἠγοράσθητε γὰρ τιμῆς· δοξάσατε δὴ τὸν Θεὸν
ἐν τῷ σώματι ὑμῶν ᵈ—‖.

ˣ add ἐν ʸ ταῦτα ᶻ βασιλείαν Θεοῦ ᵃ οὔτε
ᵇ add οὐ ᶜ om. Χριστοῦ ᵈ add καὶ ἐν τῷ πνεύματι
ὑμῶν, ἅτινά ἐστι τοῦ Θεοῦ

Περὶ δὲ ὧν ἐγράψατε ᵉ⁻, καλὸν ἀνθρώπῳ γυναικὸς μὴ 7
ἅπτεσθαι· διὰ δὲ τὰς πορνείας ἕκαστος τὴν ἑαυτοῦ γυναῖκα 2
ἐχέτω, καὶ ἑκάστη τὸν ἴδιον ἄνδρα ἐχέτω. τῇ γυναικὶ ὁ 3
ἀνὴρ τὴν ᶠὀφειλὴν ᶠ ἀποδιδότω· ὁμοίως δὲ καὶ ἡ γυνὴ τῷ
ἀνδρί. ἡ γυνὴ τοῦ ἰδίου σώματος οὐκ ἐξουσιάζει, ἀλλ' ὁ 4
ἀνήρ· ὁμοίως δὲ καὶ ὁ ἀνὴρ τοῦ ἰδίου σώματος οὐκ ἐξουσιάζει, ἀλλ' ἡ γυνή. μὴ ἀποστερεῖτε ἀλλήλους, εἰ μή τι 5
ἂν ἐκ συμφώνου πρὸς καιρόν, ἵνα ᵍσχολάσητε ᵍ τῇ προσευχῇ καὶ πάλιν ἐπὶ τὸ αὐτὸ ʰἦτε ʲ, ἵνα μὴ πειράζῃ ὑμᾶς
ὁ Σατανᾶς διὰ τὴν ἀκρασίαν ὑμῶν. τοῦτο δὲ λέγω κατὰ 6
συγγνώμην, οὐ κατ' ἐπιταγήν. θέλω ⁱδὲ ʲ πάντας ἀνθρώ- 7
πους εἶναι ὡς καὶ ἐμαυτόν· ἀλλ' ἕκαστος ἴδιον ᵏἔχει χάρισμα ἐκ Θεοῦ, ¹ὁ μὲν οὕτως, ¹ὁ ' δὲ οὕτως.
Λέγω δὲ τοῖς ἀγάμοις καὶ ταῖς χήραις, καλὸν αὐτοῖς ᵐ⁻ʲ 8
ἐὰν μείνωσιν ὡς κἀγώ. εἰ δὲ οὐκ ἐγκρατεύονται, γαμησά- 9
τωσαν· κρεῖσσον γάρ ἐστι γαμῆσαι ἢ πυροῦσθαι. τοῖς δὲ 10
γεγαμηκόσι παραγγέλλω, οὐκ ἐγώ, ἀλλ' ὁ Κύριος, γυναῖκα
ἀπὸ ἀνδρὸς μὴ χωρισθῆναι (ἐὰν δὲ καὶ χωρισθῇ, μενέτω 11
ἄγαμος, ἢ τῷ ἀνδρὶ καταλλαγήτω), καὶ ἄνδρα γυναῖκα μὴ
ἀφιέναι. τοῖς δὲ λοιποῖς ⁿλέγω ἐγώ , οὐχ ὁ Κύριος· εἴ 12
τις ἀδελφὸς γυναῖκα ἔχει ἄπιστον, καὶ αὐτὴ συνευδοκεῖ οἰκεῖν
μετ' αὐτοῦ, μὴ ἀφιέτω αὐτήν· καὶ γυνὴ ἥτις ἔχει ἄνδρα 13
ἄπιστον, καὶ ᵒοὗτος ʲʲ συνευδοκεῖ οἰκεῖν μετ' αὐτῆς, μὴ ἀφιέτω
ᵖτὸν ἄνδρα . ἡγίασται γὰρ ὁ ἀνὴρ ὁ ἄπιστος ἐν τῇ γυναικί, 14
καὶ ἡγίασται ἡ γυνὴ ἡ ἄπιστος ἐν τῷ ᵠἀδελφῷ ʲ· ἐπεὶ ἄρα
τὰ τέκνα ὑμῶν ἀκάθαρτά ἐστι, νῦν δὲ ἅγιά ἐστιν. εἰ δὲ ὁ 15
ἄπιστος χωρίζεται, χωριζέσθω· οὐ δεδούλωται ὁ ἀδελφὸς
ἢ ἡ ἀδελφὴ ἐν τοῖς τοιούτοις· ἐν δὲ εἰρήνῃ κέκληκεν ʳἡμᾶς ʲ
ὁ Θεός. τί γὰρ οἶδας, γύναι, εἰ τὸν ἄνδρα σώσεις; ἢ τί 16

ᵉ add μοι   ᶠ ὀφειλομένην εὔνοιαν   ᵍ σχολάζητε τῇ
νηστείᾳ καὶ   ʰ συνέρχησθε   ⁱ γὰρ A.S.M.   ᵏ χάρισμα
ἔχει   ˡ ὃς   ᵐ add ἐστιν   ⁿ ἐγὼ λέγω   ᵒ αὐτὸς
ᵖ αὐτόν   ᵠ ἀνδρί   ʳ ὑμᾶς, M.

17 οἶδας, ἄνερ, εἰ τὴν γυναῖκα σώσεις; εἰ μὴ ἑκάστῳ ὡς ˢμεμέρικεν ὁ Κύριος, ἕκαστον ὡς κέκληκεν ᵗὁ Θεός", οὕτω περιπατείτω. καὶ οὕτως ἐν ταῖς ἐκκλησίαις πάσαις διατάσ-
18 σομαι. περιτετμημένος τις ἐκλήθη; μὴ ἐπισπάσθω. ἐν
19 ἀκροβυστίᾳ ᵘκέκληταί τις; μὴ περιτεμνέσθω. ἡ περιτομὴ οὐδέν ἐστι, καὶ ἡ ἀκροβυστία οὐδέν ἐστιν, ἀλλὰ τήρησις
20 ἐντολῶν Θεοῦ. ἕκαστος ἐν τῇ κλήσει ᾗ ἐκλήθη, ἐν ταύτῃ
21 μενέτω. δοῦλος ἐκλήθης; μή σοι μελέτω· ἀλλ᾽ εἰ καὶ δύ-
22 νασαι ἐλεύθερος γενέσθαι, μᾶλλον χρῆσαι. ὁ γὰρ ἐν Κυρίῳ κληθεὶς δοῦλος ἀπελεύθερος Κυρίου ἐστίν· ὁμοίως ˣ— ὁ
23 ἐλεύθερος κληθεὶς δοῦλός ἐστι Χριστοῦ. τιμῆς ἠγοράσθητε·
24 μὴ γίνεσθε δοῦλοι ἀνθρώπων. ἕκαστος ἐν ᾧ ἐκλήθη, ἀδελφοί, ἐν τούτῳ μενέτω παρὰ ʸ— Θεῷ.
25 Περὶ δὲ τῶν παρθένων ἐπιταγὴν Κυρίου οὐκ ἔχω· γνώμην
26 δὲ δίδωμι ὡς ἠλεημένος ὑπὸ Κυρίου πιστὸς εἶναι. νομίζω οὖν τοῦτο καλὸν ὑπάρχειν διὰ τὴν ἐνεστῶσαν ἀνάγκην, ὅτι καλὸν
27 ἀνθρώπῳ τὸ οὕτως εἶναι. δέδεσαι γυναικί; μὴ ζήτει λύσιν.
28 λέλυσαι ἀπὸ γυναικός; μὴ ζήτει γυναῖκα. ἐὰν δὲ καὶ γήμῃς, οὐχ ἥμαρτες· καὶ ἐὰν γήμῃ ἡ παρθένος, οὐχ ἥμαρτε· θλῖψιν δὲ τῇ σαρκὶ ἕξουσιν οἱ τοιοῦτοι, ἐγὼ δὲ ὑμῶν φείδομαι.
29 τοῦτο δέ φημι, ἀδελφοί, ὁ καιρὸς ᶻσυνεσταλμένος ἐστί, τὸ
30 λοιπὸν ἵνα ᵈ καὶ οἱ ἔχοντες γυναῖκας ὡς μὴ ἔχοντες ὦσι, καὶ οἱ κλαίοντες ὡς μὴ κλαίοντες, καὶ οἱ χαίροντες ὡς μὴ χαί-
31 ροντες, καὶ οἱ ἀγοράζοντες ὡς μὴ κατέχοντες, καὶ οἱ χρώμενοι ᵘτὸν κόσμον⁷ ὡς μὴ καταχρώμενοι· παράγει γὰρ τὸ
32 σχῆμα τοῦ κόσμου τούτου. θέλω δὲ ὑμᾶς ἀμερίμνους εἶναι.
33 ὁ ἄγαμος μεριμνᾷ τὰ τοῦ Κυρίου, πῶς ᵇἀρέσῃ τῷ Κυρίῳ· ὁ δὲ γαμήσας μεριμνᾷ τὰ τοῦ κόσμου, πῶς ᵇἀρέσῃ" ᶜτῇ γυναικί.

ˢ ἐμέρισεν ὁ Θεός   ᵗ ὁ Κύριος   ᵘ τις ἐκλήθη   ˣ add καὶ   ʸ add τῷ   ᶻ συνεσταλμένος ἐστι τὸ λοιπον, ἵνα M.: συνεσταλμένος· τὸ λοιπόν ἐστιν ἵνα A.S.   ᵃ τῷ κόσμῳ τούτῳ ᵇ ἀρέσει   ᶜ τῇ γυναικί. καὶ μεμέρισται. καὶ ἡ γυνὴ καὶ ἡ παρθένος· ἡ ἄγαμος μεριμνᾷ or τη γυναι... και μεμέρισται. καὶ

ᵈκαὶ" μεμέρισται ᵉκαὶ ᶠ ἡ γυνὴ καὶ ἡ παρθένος. ἡ ἄγαμος 34
μεριμνᾷ" τὰ τοῦ Κυρίου, ἵνα ᾖ ἁγία καὶ ᶠτῷ" σώματι καὶ
ᶠτῷ" πνεύματι· ἡ δὲ γαμήσασα μεριμνᾷ τὰ τοῦ κόσμου, πῶς
ᵍἀρέσῃ τῷ ἀνδρί. τοῦτο δὲ πρὸς τὸ ὑμῶν αὐτῶν ʰσύμφο- 35
ρον" λέγω· οὐχ ἵνα βρόχον ὑμῖν ἐπιβάλω, ἀλλὰ πρὸς τὸ
εὔσχημον καὶ ⁱεὐπάρεδρον ʲ τῷ Κυρίῳ ἀπερισπάστως. εἰ δέ 36
τις ἀσχημονεῖν ἐπὶ τὴν παρθένον αὐτοῦ νομίζει, ἐὰν ᾖ ὑπέρ-
ακμος, καὶ οὕτως ὀφείλει γίνεσθαι, ὃ θέλει ποιείτω· οὐχ
ἁμαρτάνει· γαμείτωσαν. ὃς δὲ ἕστηκεν ʲἐν τῇ καρδίᾳ αὐτοῦ 37
ἑδραῖος ʲ μὴ ἔχων ἀνάγκην, ἐξουσίαν δὲ ἔχει περὶ τοῦ ἰδίου
θελήματος, καὶ τοῦτο κέκρικεν ἐν τῇ ᵏἰδίᾳ καρδίᾳʲ, ˡ⁻ʲ τηρεῖν
τὴν ἑαυτοῦ παρθένον, καλῶς ᵐποιήσει . ὥστε καὶ ὁ ⁿγαμί- 38
ζων τὴν παρθένον ἑαυτοῦ" καλῶς ποιεῖ· ᵒκαὶ ὁ μὴ γαμίζων ʲ

Cp. Rom. κρεῖσσον ᵐποιήσει ʲ. γυνὴ δέδεται ᵖ⁻ʲ ἐφ' ὅσον χρόνον ζῇ 39
7. ~. ὁ ἀνὴρ αὐτῆς· ἐὰν δὲ κοιμηθῇ ὁ ἀνήρ ᑫ⁻, ἐλευθέρα ἐστὶν ᾧ
Cp. 1 Tim. θέλει γαμηθῆναι, μόνον ἐν Κυρίῳ. μακαριωτέρα δέ ἐστιν 40
5. 3 sqq. ἐὰν οὕτω μείνῃ, κατὰ τὴν ἐμὴν γνώμην· δοκῶ δὲ κἀγὼ Πνεῦ-
μα Θεοῦ ἔχειν.

Cp. 10. 14   Περὶ δὲ τῶν εἰδωλοθύτων, οἴδαμεν ὅτι πάντες γνῶσιν 8
sqq.,
Rom. 14. 1 ἔχομεν. ἡ γνῶσις φυσιοῖ, ἡ δὲ ἀγάπη οἰκοδομεῖ. ʳεἴ τις ʲ 2
sqq..
Acts 15.29. δοκεῖ ˢἐγνωκέναι" τι, ᵗοὔπω ἔγνω καθὼς δεῖ γνῶναι· εἰ 3
δέ τις ἀγαπᾷ τὸν Θεόν, οὗτος ἔγνωσται ὑπ' αὐτοῦ. περὶ 4
τῆς βρώσεως οὖν τῶν εἰδωλοθύτων, οἴδαμεν ὅτι οὐδὲν εἴδω-
λον ἐν κόσμῳ, καὶ ὅτι οὐδεὶς Θεὸς ᵘ⁻" εἰ μὴ εἷς. καὶ γὰρ 5
εἴπερ εἰσὶ λεγόμενοι θεοὶ εἴτε ἐν οὐρανῷ εἴτε ἐπὶ ᵛ⁻ʲ γῆς,
ὥσπερ εἰσὶ θεοὶ πολλοὶ καὶ κύριοι πολλοί, ἀλλ' ἡμῖν εἷς 6
Θεὸς ὁ πατήρ, ἐξ οὗ τὰ πάντα, καὶ ἡμεῖς εἰς αὐτόν, καὶ

ἡ γυνὴ ἡ ἄγαμος καὶ ἡ παρθένος μεριμνᾷ Μ.   ᵈ om. καὶ
ᵉ om. καὶ S.   ᶠ om. τῷ   ᵍ ἀρέσει   ʰ συμφέρον
ⁱ εὐπρόσεδρον   ʲ ἑδραῖος ἐν τῇ καρδίᾳ   ᵏ καρδίᾳ αὐτοῦ
ˡ add τοῦ   ᵐ ποιεῖ   ⁿ ἐκγαμίζων   ᵒ ὁ δὲ μὴ ἐκγαμίζων
ᵖ add νόμῳ   ᑫ add αὐτῆς   ʳ εἰ δέ τις   ˢ εἰδέναι
ᵗ οὐδέπω οὐδὲν ἔγνωκε   ᵘ add ἕτερος   ᵛ add τῆς

-9. 7. ΠΡΟΣ ΚΟΡΙΝΘΙΟΥΣ Α. 37

εἷς Κύριος Ἰησοῦς Χριστός, δι' οὗ τὰ πάντα, καὶ ἡμεῖς δι' Cp. Joh. 1.
7 αὐτοῦ. ἀλλ' οὐκ ἐν πᾶσιν ἡ γνῶσις· τινὲς δὲ τῇ ʷσυνηθείᾳ Col. 1. 16.
ἕως ἄρτι τοῦ εἰδώλου" ὡς εἰδωλόθυτον ἐσθίουσι, καὶ ἡ συν- Heb. 1. 2.
8 είδησις αὐτῶν ἀσθενὴς οὖσα μολύνεται. βρῶμα δὲ ἡμᾶς
οὐ ˣπαραστήσει ᶦ τῷ Θεῷ· ʸοὔτε ἐὰν μὴ φάγωμεν ὑστερού-
9 μεθα, οὔτε ἐὰν φάγωμεν περισσευόμεθα." Βλέπετε δὲ μήπως
ἡ ἐξουσία ὑμῶν αὕτη πρόσκομμα γένηται τοῖς ᶻἀσθενέσιν.
10 ἐὰν γάρ τις ἴδῃ σε τὸν ἔχοντα γνῶσιν ἐν εἰδωλείῳ κατακεί-
μενον, οὐχὶ ἡ συνείδησις αὐτοῦ ἀσθενοῦς ὄντος οἰκοδομηθή-
11 σεται εἰς τὸ τὰ εἰδωλόθυτα ἐσθίειν; ᵃἀπόλλυται γὰρ ὁ
ἀσθενῶν ἐν τῇ σῇ γνώσει, ὁ ἀδελφὸς δι' ὃν Χριστὸς ἀπέ-
12 θανεν.ˡ οὕτω δὲ ἁμαρτάνοντες εἰς τοὺς ἀδελφούς, καὶ
τύπτοντες αὐτῶν τὴν συνείδησιν ἀσθενοῦσαν, εἰς Χριστὸν
13 ἁμαρτάνετε. διόπερ, εἰ βρῶμα σκανδαλίζει τὸν ἀδελφόν
μου, οὐ μὴ φάγω κρέα εἰς τὸν αἰῶνα, ἵνα μὴ τὸν ἀδελφόν
μου σκανδαλίσω.
9 Οὐκ εἰμὶ ᵇἐλείθερος; οὐκ εἰμὶ ᶜἀπόστολος; οὐχὶ Ἰησοῦν Cp. 15. 8.
d-ᶦ τὸν Κύριον ἡμῶν ἑώρακα; οὐ τὸ ἔργον μου ὑμεῖς ἐστε Acts 6.16.
2 ἐν Κυρίῳ; εἰ ἄλλοις οὐκ εἰμὶ ἀπόστολος, ἀλλά γε ὑμῖν εἰμι·
ἡ γὰρ σφραγίς ᵉμου τῆς ἀποστολῆς ὑμεῖς ἐστε ἐν Κυρίῳ.
3, 4 ἡ ἐμὴ ἀπολογία τοῖς ἐμὲ ἀνακρίνουσίν ᶠἐστιν αὕτη · μὴ
5 οὐκ ἔχομεν ἐξουσίαν φαγεῖν καὶ πιεῖν; μὴ οὐκ ἔχομεν ἐξου-
σίαν ἀδελφὴν γυναῖκα περιάγειν, ὡς καὶ οἱ λοιποὶ ἀπό- Cp. Mat.
6 στολοι καὶ οἱ ἀδελφοὶ τοῦ Κυρίου καὶ Κηφᾶς; ἢ μόνος Mk. 1. 20.
ἐγὼ καὶ Βαρνάβας οὐκ ἔχομεν ἐξουσίαν ᵍ— μὴ ἐργάζεσθαι; Lk. 4. 38.
7 τίς στρατεύεται ἰδίοις ὀψωνίοις ποτέ; τίς φυτεύει ἀμπε-
λῶνα, καὶ ʰτὸν καρπὸν αὐτοῦ οὐκ ἐσθίει; ἢ τίς ποιμαίνει

ʷ συνειδήσει τοῦ εἰδώλου ἕως ἄρτι   ˣ παρίστησι   ʸ οὔτε
γὰρ ἐὰν φάγωμεν περισσεύομεν, οὔτε ἐὰν μὴ φάγωμεν ὑστερού-
μεθα.   ᶻ ἀσθενοῦσιν   ᵃ καὶ ἀπολεῖται ὁ ἀσθενῶν ἀδελφὸς
ἐπὶ τῇ σῇ γνώσει, δι' ὃν Χριστὸς ἀπέθανεν;   ᵇ ἀπόστολος
ᶜ ἐλεύθερος   ᵈ add Χριστὸν   ᵉ τῆς ἐμῆς ἀποστολῆς
ᶠ αὕτη ἐστί   ᵍ add τοῦ   ʰ ἐκ τοῦ καρποῦ

374   ΕΠΙΣΤΟΛΗ   9. 7-

ποίμνην, καὶ ἐκ τοῦ γάλακτος τῆς ποίμνης οὐκ ἐσθίει; μὴ 8
κατὰ ἄνθρωπον ταῦτα λαλῶ; ἢ ¹καὶ ὁ νόμος ταῦτα οὐ"
Deut.25.4. λέγει; ἐν γὰρ τῷ Μωσέως νόμῳ γέγραπται, Οὐ φιμώσεις 9
βοῦν ἀλοῶντα. μὴ τῶν βοῶν μέλει τῷ Θεῷ; ἢ δι' ἡμᾶς 10
πάντως λέγει; δι' ἡμᾶς γὰρ ἐγράφη, ὅτι ʲὀφείλει ἐπ' ἐλ-
πίδι" ὁ ἀροτριῶν ἀροτριᾶν, καὶ ὁ ἀλοῶν ᵏἐπ' ἐλπίδι τοῦ
μετέχειν". εἰ ἡμεῖς ὑμῖν τὰ πνευματικὰ ἐσπείραμεν, μέγα 11
Cp. 1 Thss. εἰ ἡμεῖς ὑμῶν τὰ σαρκικὰ θερίσομεν; εἰ ἄλλοι τῆς ¹ὑμῶν 12
2.6 sqq.,
2 Thss. 3. ἐξουσίας μετέχουσιν, οὐ μᾶλλον ἡμεῖς; ἀλλ' οὐκ ἐχρη-
8 sq.   σάμεθα τῇ ἐξουσίᾳ ταύτῃ· ἀλλὰ πάντα στέγομεν, ἵνα μὴ
Cp. Num. ᵐτινα ἐγκοπὴν ' δῶμεν τῷ εὐαγγελίῳ τοῦ Χριστοῦ. οὐκ 13
18. 8
sqq..   οἴδατε ὅτι οἱ τὰ ἱερὰ ἐργαζόμενοι ⁿτὰ" ἐκ τοῦ ἱεροῦ ἐσθί-
Deut.18. 1 ουσιν, οἱ τῷ θυσιαστηρίῳ ᵒπαρεδρεύοντες ' τῷ θυσιαστηρίῳ
sqq.
Cp. Mat. συμμερίζονται; οὕτω καὶ ὁ Κύριος διέταξε τοῖς τὸ εὐαγγέ- 14
10.9 sq..
Lk. 10. 7. λιον καταγγέλλουσιν ἐκ τοῦ εὐαγγελίου ζῆν. ἐγὼ δὲ ᵖοὐ 15
κέχρημαι οὐδενὶ ' τούτων· οὐκ ἔγραψα δὲ ταῦτα, ἵνα οὕτω
γένηται ἐν ἐμοί· καλὸν γάρ μοι μᾶλλον ἀποθανεῖν, ἢ τὸ
καύχημά μου ᵠοὐδεὶς κενώσει". ἐὰν γὰρ εὐαγγελίζωμαι, 16
οὐκ ἔστι μοι καύχημα· ἀνάγκη γάρ μοι ἐπίκειται· οὐαὶ
ʳγάρ" μοί ἐστιν, ἐὰν μὴ εὐαγγελίζωμαι. εἰ γὰρ ἑκὼν τοῦτο 17
πράσσω, μισθὸν ἔχω· εἰ δὲ ἄκων, οἰκονομίαν πεπίστευμαι.
Cp. 2 Cor. τίς οὖν μοι ἐστὶν ὁ μισθός; ἵνα εὐαγγελιζόμενος ἀδάπανον 18
11. 7.   θήσω τὸ εὐαγγέλιον ᵇ—", εἰς τὸ μὴ καταχρήσασθαι τῇ ἐξου-
σίᾳ μου ἐν τῷ εὐαγγελίῳ. ἐλεύθερος γὰρ ὢν ἐκ πάντων 19
πᾶσιν ἐμαυτὸν ἐδούλωσα, ἵνα τοὺς πλείονας κερδήσω. καὶ 20
ἐγενόμην τοῖς Ἰουδαίοις ὡς Ἰουδαῖος, ἵνα Ἰουδαίους κερδήσω·
τοῖς ὑπὸ νόμον ὡς ὑπὸ νόμον, ᵗμὴ ὢν αὐτὸς ὑπὸ νόμον,' ἵνα
τοὺς ὑπὸ νόμον κερδήσω· τοῖς ἀνόμοις ὡς ἄνομος, μὴ ὢν 21

ⁱ οὐχὶ καὶ ὁ νόμος ταῦτα   ʲ ἐπ' ἐλπίδι ὀφείλει   ᵏ τῆς
ἐλπίδος αὐτοῦ μετέχειν ἐπ' ἐλπίδι   ˡ ἐξουσίας ὑμῶν   ᵐ ἐγ-
κοπήν τινα   ⁿ om. τὰ   ᵒ προσεδρεύοντες   ᵖ οὐδενὶ
ἐχρησάμην   ᵠ ἵνα τις κενώσῃ   ʳ δέ   ˢ add τοῦ
Χριστοῦ   ᵗ om. μὴ ὢν αὐτὸς ὑπὸ νόμον,

-10. 11.   ΠΡΟΣ ΚΟΡΙΝΘΙΟΥΣ Α.   375

ἄνομος ᵘΘεοῦ" ἀλλ' ἔννομος ˣΧριστοῦ , ἵνα ʸ κερδάνω τοὺς
22 ἀνόμους". ἐγενόμην τοῖς ἀσθενέσιν ᶻ⁻ ἀσθενής, ἵνα τοὺς
ἀσθενεῖς κερδήσω. τοῖς πᾶσι γέγονα ᵃ⁻" πάντα, ἵνα πάν-
23 τως τινὰς σώσω. ᵇπάντα" δὲ ποιῶ διὰ τὸ εὐαγγέλιον, ἵνα
24 συγκοινωνὸς αὐτοῦ γένωμαι. οὐκ οἴδατε, ὅτι οἱ ἐν σταδίῳ Cp. Gal. 2.
τρέχοντες πάντες μὲν τρέχουσιν, εἷς δὲ λαμβάνει τὸ βρα- Phil. 2. 16,
25 βεῖον; οὕτω τρέχετε, ἵνα καταλάβητε. πᾶς δὲ ὁ ἀγωνιζό- 3. 14,
μενος πάντα ἐγκρατεύεται. ἐκεῖνοι μὲν οὖν ἵνα φθαρτὸν Heb. 12. 1.
26 στέφανον λάβωσιν, ἡμεῖς δὲ ἄφθαρτον. ἐγὼ τοίνυν οὕτω
τρέχω ὡς οὐκ ἀδήλως, οὕτω πυκτεύω ὡς οὐκ ἀέρα δέρων·
27 ἀλλ' ὑπωπιάζω μου τὸ σῶμα καὶ ᶜδουλαγωγῶ", μήπως Cp. Rom.
ἄλλοις κηρύξας αὐτὸς ἀδόκιμος γένωμαι. 6. 19.
10 Οὐ θέλω ᵈγὰρ ᶠ ὑμᾶς ἀγνοεῖν, ἀδελφοί, ὅτι οἱ πατέρες
ἡμῶν πάντες ὑπὸ τὴν νεφέλην ἦσαν, καὶ πάντες διὰ τῆς Ex. 13. 21.
2 θαλάσσης διῆλθον, καὶ πάντες εἰς τὸν Μωσῆν ἐβαπτίσαντο
3 ἐν τῇ νεφέλῃ καὶ ἐν τῇ θαλάσσῃ, καὶ πάντες τὸ αὐτὸ βρῶμα Ex. 16. 35.
4 πνευματικὸν ἔφαγον, καὶ πάντες τὸ αὐτὸ πόμα πνευματικὸν Ex. 17. 6.
ἔπιον· ἔπινον γὰρ ἐκ πνευματικῆς ἀκολουθούσης πέτρας, ἡ
5 δὲ πέτρα ἦν ὁ Χριστός· ἀλλ' οὐκ ἐν τοῖς πλείοσιν αὐτῶν Cp. Num.
6 εὐδόκησεν ὁ Θεός· κατεστρώθησαν γὰρ ἐν τῇ ἐρήμῳ. ταῦτα 14. 22
δὲ τύποι ἡμῶν ἐγενήθησαν, εἰς τὸ μὴ εἶναί ἡμᾶς ἐπιθυμητὰς sqq.
7 κακῶν, καθὼς κἀκεῖνοι ἐπεθύμησαν. μηδὲ εἰδωλολάτραι Num. 11. 4.
γίνεσθε, καθώς τινες αὐτῶν· ᵉὥσπερ" γέγραπται, Ἐκάθισεν Ex. 32. 6.
8 ὁ λαὸς φαγεῖν καὶ πιεῖν, καὶ ἀνέστησαν παίζειν. μηδὲ
πορνεύωμεν, καθὼς τινες αὐτῶν ἐπόρνευσαν, καὶ ἔπεσον ἐν Num. 25.
9 μιᾷ ἡμέρᾳ εἰκοσιτρεῖς χιλιάδες. μηδὲ ἐκπειράζωμεν τὸν 1. 9.
ᶠΚύριον", καθὼς ᵍ⁻ᶠ τινες αὐτῶν ἐπείρασαν, καὶ ὑπὸ τῶν Num. 21.
10 ὄφεων ʰἀπώλλυντο ". μηδὲ γογγύζετε, ⁱκαθάπερ" τινὲς αὐ- 5 sq.
11 τῶν ἐγόγγυσαν, καὶ ἀπώλοντο ὑπὸ τοῦ ʲὀλοθρευτοῖ . ταῦτα Num. 14.
                                                              2. 7.

ᵘ Θεῷ   ˣ Χριστῷ   ʸ κερδήσω ἀνόμους   ᶻ add ὡς
ᵃ add τὰ   ᵇ τοῦτο   ᶜ δουλαγωγῶ S.   ᵈ δὲ   ᵉ ὡς
ᶠ Χριστόν A.S.M.   ᵍ add καί   ʰ ἀπώλοντο   ⁱ καθὼς
καί   ʲ ὑλοθρευτοῦ S.

Cp. Rom. δὲ ᵏτυπικῶς" συνέβαινον ἐκείνοις· ἐγράφη δὲ πρὸς νουθε-
15.4. σίαν ἡμῶν, εἰς οὓς τὰ τέλη τῶν αἰώνων ¹κατήντηκεν". ὥστε 12
ὁ δοκῶν ἑστάναι βλεπέτω μὴ πέσῃ. πειρασμὸς ὑμᾶς οὐκ 13
εἴληφεν εἰ μὴ ἀνθρώπινος· πιστὸς δὲ ὁ Θεός, ὃς οὐκ ἐάσει
ὑμᾶς πειρασθῆναι ὑπὲρ ὃ δύνασθε, ἀλλὰ ποιήσει σὺν τῷ
πειρασμῷ καὶ τὴν ἔκβασιν, τοῦ δύνασθαι ᵐ⁻" ὑπενεγκεῖν.

Cp. 8.1 Διόπερ, ἀγαπητοί μου, φεύγετε ἀπὸ τῆς εἰδωλολατρείας. 14
sqq. ὡς φρονίμοις λέγω· κρίνατε ὑμεῖς ὃ φημι. τὸ ποτήριον 15,16
Cp. Mat.
26.26 τῆς εὐλογίας ὃ εὐλογοῦμεν, οὐχὶ κοινωνία τοῦ αἵματος τοῦ
sqq.,
Mk. 14.22 Χριστοῦ ἐστι; τὸν ἄρτον ὃν κλῶμεν, οὐχὶ κοινωνία τοῦ
sqq., σώματος τοῦ Χριστοῦ ἐστιν; ὅτι εἷς ἄρτος, ἓν σῶμα οἱ 17
Lk.22.19
sqq. πολλοί ἐσμεν· οἱ γὰρ πάντες ἐκ τοῦ ἑνὸς ἄρτου μετέχομεν.
Cp.12.27. βλέπετε τὸν Ἰσραὴλ κατὰ σάρκα· οὐχὶ οἱ ἐσθίοντες τὰς 18
Rom.12.5.
Cp. Lev. θυσίας κοινωνοὶ τοῦ θυσιαστηρίου εἰσί; τί οὖν φημι; ὅτι 19
7.15,20 ⁿεἰδωλόθυτόν" τί ἐστιν; ἢ ὅτι ᵒεἴδωλόν ⁰ τί ἐστιν; ἀλλ᾽ ὅτι 20
(5,10).
Cp.Ps.106 ἃ θύει τὰ ἔθνη, δαιμονίοις θύει καὶ οὐ Θεῷ· οὐ θέλω δὲ ὑμᾶς
(105).37. κοινωνοὺς τῶν δαιμονίων γίνεσθαι. οὐ δύνασθε ποτήριον 21

Cp. Mal. Κυρίου πίνειν καὶ ποτήριον δαιμονίων· οὐ δύνασθε τραπέζης
1.7,12. Κυρίου μετέχειν καὶ τραπέζης δαιμονίων. ἢ παραζηλοῦμεν 22
τὸν Κύριον; μὴ ἰσχυρότεροι αὐτοῦ ἐσμεν;

Cp. 6.12. Πάντα ᵖ⁻" ἔξεστιν, ἀλλ᾽ οὐ πάντα συμφέρει. πάντα ᵖ⁻" 23
Rom.14.
14, ἔξεστιν, ἀλλ᾽ οὐ πάντα οἰκοδομεῖ. μηδεὶς τὸ ἑαυτοῦ ζητείτω, 24
1Tim.4.4, ἀλλὰ τὸ τοῦ ἑτέρου ᵠ⁻". πᾶν τὸ ἐν μακέλλῳ πωλούμενον 25
Titus1.15.
Ps.24(23). ἐσθίετε, μηδὲν ἀνακρίνοντες διὰ τὴν συνείδησιν· τοῦ γὰρ 26
1. Κυρίου ἡ γῆ καὶ τὸ πλήρωμα αὐτῆς. ʳεἴ τις ' καλεῖ ὑμᾶς 27
τῶν ἀπίστων, καὶ θέλετε πορεύεσθαι, πᾶν τὸ παρατιθέμενον
ὑμῖν ἐσθίετε, μηδὲν ἀνακρίνοντες διὰ τὴν συνείδησιν. ἐὰν 28
δέ τις ὑμῖν εἴπῃ, Τοῦτο ˢἱερόθυτόν" ἐστι, μὴ ἐσθίετε, δι᾽
ἐκεῖνον τὸν μηνύσαντα καὶ τὴν συνείδησιν· ᵗ⁻' συνείδησιν 29

ᵏ πάντα τύποι ˡ κατήντησεν ᵐ add ὑμᾶς ⁿ εἰδωλόν
ᵛ εἰδωλόθυτόν ᵖ add μοι ᵠ add ἕκαστος ʳ εἰ
δέ τις ˢ εἰδωλόθυτόν ᵗ add τοῦ γὰρ Κυρίου ἡ γῆ καὶ
τὸ πλήρωμα αὐτῆς·

δὲ λέγω οὐχὶ τὴν ἑαυτοῦ, ἀλλὰ τὴν τοῦ ἑτέρου· ἱνατί γὰρ
30 ἡ ἐλευθερία μου κρίνεται ὑπὸ ἄλλης συνειδήσεως; εἰ ᵘ⁻ᵞ
ἐγὼ χάριτι μετέχω, τί βλασφημοῦμαι ὑπὲρ οὗ ἐγὼ εὐχα-
31 ριστῶ; εἴτε οὖν ἐσθίετε, εἴτε πίνετε, εἴτε τι ποιεῖτε, πάντα
32 εἰς δόξαν Θεοῦ ποιεῖτε. ἀπρόσκοποι ˣκαὶ Ἰουδαίοις γίνεσθε ᵞ
33 καὶ Ἕλλησι καὶ τῇ ἐκκλησίᾳ τοῦ Θεοῦ· καθὼς κἀγὼ πάντα
πᾶσιν ἀρέσκω, μὴ ζητῶν τὸ ἐμαυτοῦ συμφέρον, ἀλλὰ τὸ τῶν
11 πολλῶν, ἵνα σωθῶσι. μιμηταί μου γίνεσθε, καθὼς κἀγὼ
Χριστοῦ.
2 Ἐπαινῶ δὲ ὑμᾶς, ᵞ⁻ᵞ ὅτι πάντα μου μέμνησθε, καὶ καθὼς Cp.2Thss.
3 παρέδωκα ὑμῖν τὰς παραδόσεις κατέχετε. θέλω δὲ ὑμᾶς 2. 15, 3. 6.
εἰδέναι, ὅτι παντὸς ἀνδρὸς ἡ κεφαλὴ ὁ Χριστός ἐστι, κεφαλὴ
4 δὲ γυναικὸς ὁ ἀνήρ, κεφαλὴ δὲ ᶻτοῦᴸ Χριστοῦ ὁ Θεός. πᾶς
ἀνὴρ προσευχόμενος ἢ προφητεύων, κατὰ κεφαλῆς ἔχων,
5 καταισχύνει τὴν κεφαλὴν αὐτοῦ. πᾶσα δὲ γυνὴ προσευχο-
μένη ἢ προφητεύουσα ἀκατακαλύπτῳ τῇ κεφαλῇ καταισχύνει
τὴν κεφαλὴν ᵃαὐτῆςᴸ· ἓν γάρ ἐστι καὶ τὸ αὐτὸ τῇ ἐξυρημένῃ.
6 εἰ γὰρ οὐ κατακαλύπτεται γυνή, καὶ κειράσθω· εἰ δὲ αἰσχρὸν
7 γυναικὶ τὸ κείρασθαι ἢ ξυρᾶσθαι, κατακαλυπτέσθω. ἀνὴρ
μὲν γὰρ οὐκ ὀφείλει κατακαλύπτεσθαι τὴν κεφαλήν, εἰκὼν
καὶ δόξα Θεοῦ ὑπάρχων· ᵇἡᵞ γυνὴ δὲ δόξα ἀνδρός ἐστιν.
8,9 οὐ γάρ ἐστιν ἀνὴρ ἐκ γυναικός, ἀλλὰ γυνὴ ἐξ ἀνδρός· καὶ Cp.Gen.2.
γὰρ οὐκ ἐκτίσθη ἀνὴρ διὰ τὴν γυναῖκα, ἀλλὰ γυνὴ διὰ τὸν 18, 23.
10 ἄνδρα· διὰ τοῦτο ὀφείλει ἡ γυνὴ ἐξουσίαν ἔχειν ἐπὶ τῆς
11 κεφαλῆς διὰ τοὺς ἀγγέλους. πλὴν οὔτε ᶜγυνὴ χωρὶς ἀνδρὸς
12 οὔτε ἀνὴρ χωρὶς γυναικὸςᴸ ἐν Κυρίῳ. ὥσπερ γὰρ ἡ γυνὴ
ἐκ τοῦ ἀνδρός, οὕτω καὶ ὁ ἀνὴρ διὰ τῆς γυναικός, τὰ δὲ
13 πάντα ἐκ τοῦ Θεοῦ. ἐν ὑμῖν αὐτοῖς κρίνατε· πρέπον ἐστὶ
14 γυναῖκα ἀκατακάλυπτον τῷ Θεῷ προσεύχεσθαι; ᵈοὐδὲ ἡ
φύσις αὐτὴᴸ διδάσκει ὑμᾶς, ὅτι ἀνὴρ μὲν ἐὰν κομᾷ, ἀτιμία

ᵘ add δὲ   ˣ γίνεσθε καὶ Ἰουδαίοις   ᵞ add ἀδελφοί,
ᶻ om. τοῦ   ᵃ ἑαυτῆς   ᵇ om. ἡ   ᶜ ἀνὴρ χωρὶς γυναικὸς
οὔτε γυνὴ χωρὶς ἀνδρὸς   ᵈ ἢ οὐδὲ αὐτὴ ἡ φύσις

αὐτῷ ἐστι; γυνὴ δὲ ἐὰν κομᾷ, δόξα αὐτῇ ἐστιν· ὅτι ἡ κόμη 15 ἀντὶ περιβολαίου δέδοται αὐτῇ. εἰ δέ τις δοκεῖ φιλόνεικος 16 εἶναι, ἡμεῖς τοιαύτην συνήθειαν οὐκ ἔχομεν, οὐδὲ αἱ ἐκκλησίαι τοῦ Θεοῦ. Τοῦτο δὲ παραγγέλλων οὐκ ἐπαινῶ, ὅτι οὐκ εἰς τὸ κρεῖττον 17 ἀλλ' εἰς τὸ ἧττον συνέρχεσθε. πρῶτον μὲν γὰρ συνερχομέ- 18 νων ὑμῶν ἐν ᵉ⁻‖ ἐκκλησίᾳ ἀκούω σχίσματα ἐν ὑμῖν ὑπάρχειν· καὶ μέρος τι πιστεύω. δεῖ γὰρ καὶ αἱρέσεις ἐν ὑμῖν εἶναι, 19 ἵνα οἱ δόκιμοι φανεροὶ γένωνται ἐν ὑμῖν. συνερχομένων οὖν 20 ὑμῶν ἐπὶ τὸ αὐτὸ οὐκ ἔστι Κυριακὸν δεῖπνον φαγεῖν· ἕκαστος 21 γὰρ τὸ ἴδιον δεῖπνον προλαμβάνει ἐν τῷ φαγεῖν, καὶ ὃς μὲν πεινᾷ ὃς δὲ μεθύει. μὴ γὰρ οἰκίας οὐκ ἔχετε εἰς τὸ ἐσθίειν 22 καὶ πίνειν; ἢ τῆς ἐκκλησίας τοῦ Θεοῦ καταφρονεῖτε, καὶ καταισχύνετε τοὺς μὴ ἔχοντας; τί ᶠ εἴπω ὑμῖν‖; ᵍἐπαινέσω ὑμᾶς ἐν τούτῳ; οὐκ ἐπαινῶ.‖ ἐγὼ γὰρ παρέλαβον ἀπὸ τοῦ 23

Mat.26.26, Κυρίου, ὃ καὶ παρέδωκα ὑμῖν, ὅτι ὁ Κύριος Ἰησοῦς ἐν τῇ
Mk. 14.22,
Lk. 22.19. νυκτὶ ᾗ παρεδίδοτο ἔλαβεν ἄρτον, καὶ εὐχαριστήσας ἔκλασε, 24 καὶ εἶπε, ʰΤοῦτό‖ μου ἐστὶ τὸ σῶμα τὸ ὑπὲρ ὑμῶν ⁱ⁻‖· τοῦτο ποιεῖτε εἰς τὴν ἐμὴν ἀνάμνησιν. ὡσαύτως καὶ τὸ 25
Cp.Ex.24. ποτήριον, μετὰ τὸ δειπνῆσαι, λέγων, Τοῦτο τὸ ποτήριον ἡ
8.
Heb.9.20. καινὴ διαθήκη ἐστὶν ἐν τῷ ἐμῷ αἵματι· τοῦτο ποιεῖτε, ὁσάκις ἂν πίνητε, εἰς τὴν ἐμὴν ἀνάμνησιν. ὁσάκις γὰρ ἂν ἐσθίητε 26 τὸν ἄρτον τοῦτον καὶ τὸ ποτήριον ᵏ⁻‖ πίνητε, τὸν θάνατον τοῦ Κυρίου καταγγέλλετε ἄχρις οὗ ἂν ἔλθῃ. ὥστε ὃς ἂν 27 ἐσθίῃ τὸν ἄρτον ˡ⁻‖ ἢ πίνῃ τὸ ποτήριον τοῦ Κυρίου ἀναξίως, ἔνοχος ἔσται τοῦ σώματος καὶ ᵐτοῦ‖ αἵματος τοῦ Κυρίου. δοκιμαζέτω δὲ ἄνθρωπος ἑαυτόν, καὶ οὕτως ἐκ τοῦ ἄρτου 28 ἐσθιέτω καὶ ἐκ τοῦ ποτηρίου πινέτω. ὁ γὰρ ἐσθίων καὶ 29 πίνων ⁿ⁻ᶦ κρίμα ἑαυτῷ ἐσθίει καὶ πίνει, μὴ διακρίνων τὸ

ᵉ add τῇ   ᶠ ὑμῖν εἴπω   ᵍ ἐπαινέσω ὑμᾶς; ἐν τούτῳ
οὐκ ἐπαινῶ. M.   ʰ Λάβετε, φάγετε· τοῦτό   ⁱ add κλώ-
μενον A.S.M.   ᵏ add τοῦτο   ˡ add τοῦτον   ᵐ om. τοῦ
ⁿ add ἀναξίως

30 σῶμα ⁰⁻⁷. διὰ τοῦτο ἐν ὑμῖν πολλοὶ ἀσθενεῖς καὶ ἄρρωστοι,
31 καὶ κοιμῶνται ἱκανοί. εἰ ᵖδὲ" ἑαυτοὺς διεκρίνομεν, οὐκ ἂν
32 ἐκρινόμεθα. κρινόμενοι δὲ ὑπὸ Κυρίου παιδευόμεθα, ἵνα μὴ Cp. Heb.
33 σὺν τῷ κόσμῳ κατακριθῶμεν. ὥστε, ἀδελφοί μου, συνερχό- 12. 5 sqq.
34 μενοι εἰς τὸ φαγεῖν ἀλλήλους ἐκδέχεσθε· ᵍεἴ τις" πεινᾷ, ἐν
οἴκῳ ἐσθιέτω· ἵνα μὴ εἰς κρῖμα συνέρχησθε. τὰ δὲ λοιπὰ
ὡς ἂν ἔλθω διατάξομαι.
12 Περὶ δὲ τῶν πνευματικῶν, ἀδελφοί, οὐ θέλω ὑμᾶς ἀγνοεῖν.
2 οἴδατε ὅτι ʳὅτε ' ἔθνη ἦτε πρὸς τὰ εἴδωλα τὰ ἄφωνα, ὡς ἂν Cp. Eph.
3 ἤγεσθε, ἀπαγόμενοι. διὸ γνωρίζω ὑμῖν, ὅτι οὐδεὶς ἐν Πνεύ- 2. 11 sq.. 1 Thes. 1.
ματι Θεοῦ λαλῶν ˢλέγει, Ἀνάθεμα Ἰησοῦς· καὶ οὐδεὶς 9.
δύναται ᵗεἰπεῖν, Κύριος Ἰησοῦς,' εἰ μὴ ἐν Πνεύματι Ἁγίῳ.
4 Διαιρέσεις δὲ χαρισμάτων εἰσί, τὸ δὲ αὐτὸ Πνεῦμα· Cp. Rom.
5, 6 καὶ διαιρέσεις διακονιῶν εἰσι, καὶ ὁ αὐτὸς Κύριος· καὶ 12. 6 sqq.,
διαιρέσεις ἐνεργημάτων εἰσίν, ὁ δὲ αὐτὸς ᵘ⁻ ' Θεός, ὁ ἐνεργῶν Eph. 4. 4 sqq..
7 τὰ πάντα ἐν πᾶσιν. ἑκάστῳ δὲ δίδοται ἡ φανέρωσις τοῦ 1 Pet.4.10.
8 Πνεύματος πρὸς τὸ συμφέρον. ᾧ μὲν γὰρ διὰ τοῦ Πνεύ-
ματος δίδοται λόγος σοφίας, ἄλλῳ δὲ λόγος γνώσεως κατὰ
9 τὸ αὐτὸ Πνεῦμα, ἑτέρῳ ˣ⁻" πίστις ἐν τῷ αὐτῷ Πνεύματι,
10 ἄλλῳ δὲ χαρίσματα ἰαμάτων ἐν τῷ ʸἑνὶ ' Πνεύματι, ἄλλῳ δὲ
ἐνεργήματα δυνάμεων, ἄλλῳ δὲ προφητεία, ἄλλῳ δὲ διακρίσεις
πνευμάτων, ἑτέρῳ ᶻ⁻" γένη γλωσσῶν, ἄλλῳ δὲ ἑρμηνεία
11 γλωσσῶν· πάντα δὲ ταῦτα ἐνεργεῖ τὸ ἓν καὶ τὸ αὐτὸ Πνεῦμα
διαιροῦν ἰδίᾳ ἑκάστῳ καθὼς βούλεται.
12 Καθάπερ γὰρ τὸ σῶμα ἕν ἐστι, καὶ μέλη ᵃπολλὰ ἔχει", Cp. Rom.
πάντα δὲ τὰ μέλη τοῦ σώματος ᵇ⁻" πολλὰ ὄντα ἕν ἐστι 12. 4 sq.
13 σῶμα, οὕτω καὶ ὁ Χριστός. καὶ γὰρ ἐν ἑνὶ Πνεύματι ἡμεῖς Cp. Gal.
πάντες εἰς ἓν σῶμα ἐβαπτίσθημεν, εἴτε Ἰουδαῖοι εἴτε Ἕλλη- 3. 27 sq.. Col. 3. 10
νες, εἴτε δοῦλοι εἴτε ἐλεύθεροι· καὶ πάντες ᶜ⁻ ἐν Πνεῦμα sq.

ᵒ add τοῦ Κυρίου   ᵖ γὰρ   ᵍ εἰ δέ τις   ʳ om. ὅτε
ˢ λέγει ἀνάθεμα Ἰησοῦν·   ᵗ εἰπεῖν Κύριον Ἰησοῦν.   ᵘ add
ἐστι   ˣ add δὲ   ʸ αὐτῷ   ᶻ add δὲ   ᵃ ἔχει
πολλὰ   ᵇ add τοῦ ἑνὸς   ᶜ add εἰς

ἐποτίσθημεν. καὶ γὰρ τὸ σῶμα οὐκ ἔστιν ἓν μέλος, ἀλλὰ 14
πολλά. ἐὰν εἴπῃ ὁ πούς, Ὅτι οὐκ εἰμὶ χείρ, οὐκ εἰμὶ ἐκ τοῦ 15
σώματος, οὐ παρὰ τοῦτο οὐκ ἔστιν ἐκ τοῦ ^dσώματος." καὶ 16
ἐὰν εἴπῃ τὸ οὖς, Ὅτι οὐκ εἰμὶ ὀφθαλμός, οὐκ εἰμὶ ἐκ τοῦ
σώματος, οὐ παρὰ τοῦτο οὐκ ἔστιν ἐκ τοῦ ^dσώματος." εἰ 17
ὅλον τὸ σῶμα ὀφθαλμός, ποῦ ἡ ἀκοή ; εἰ ὅλον ἀκοή, ποῦ ἡ
ὄσφρησις ; ^eνῦν ' δὲ ὁ Θεὸς ἔθετο τὰ μέλη ἓν ἕκαστον αὐτῶν 18
ἐν τῷ σώματι, καθὼς ἠθέλησεν. εἰ δὲ ἦν τὰ πάντα ἓν μέλος, 19
ποῦ τὸ σῶμα ; νῦν δὲ πολλὰ μὲν μέλη, ἓν δὲ σῶμα. οὐ 20, 21
δύναται δὲ ^fὁ ' ὀφθαλμὸς εἰπεῖν τῇ χειρί, Χρείαν σου οὐκ
ἔχω· ἢ πάλιν ἡ κεφαλὴ τοῖς ποσί, Χρείαν ὑμῶν οὐκ ἔχω.
ἀλλὰ πολλῷ μᾶλλον τὰ δοκοῦντα μέλη τοῦ σώματος ἀσθε- 22
νέστερα ὑπάρχειν ἀναγκαῖά ἐστι· καὶ ἃ δοκοῦμεν ἀτιμότερα 23
εἶναι τοῦ σώματος, τούτοις τιμὴν περισσοτέραν περιτίθεμεν·
καὶ τὰ ἀσχήμονα ἡμῶν εὐσχημοσύνην περισσοτέραν ἔχει· τὰ 24
δὲ εὐσχήμονα ἡμῶν οὐ χρείαν ἔχει· ἀλλ' ὁ Θεὸς συνεκέρασε
τὸ σῶμα, τῷ ^gὑστερουμένῳ" περισσοτέραν δοὺς τιμήν, ἵνα 25
μὴ ᾖ σχίσμα ἐν τῷ σώματι, ἀλλὰ τὸ αὐτὸ ὑπὲρ ἀλλήλων
μεριμνῶσι τὰ μέλη. καὶ εἴτε πάσχει ἓν μέλος, συμπάσχει 26
πάντα τὰ μέλη· εἴτε δοξάζεται ^h— μέλος, συγχαίρει πάντα
τὰ μέλη. ὑμεῖς δέ ἐστε σῶμα Χριστοῦ, καὶ μέλη ἐκ μέρους. 27
καὶ οὓς μὲν ἔθετο ὁ Θεὸς ἐν τῇ ἐκκλησίᾳ πρῶτον ἀποστόλους, 28
δεύτερον προφήτας, τρίτον διδασκάλους, ἔπειτα δυνάμεις,
ⁱἔπειτα ' χαρίσματα ἰαμάτων, ἀντιλήψεις, κυβερνήσεις, γένη
γλωσσῶν. μὴ πάντες ἀπόστολοι ; μὴ πάντες προφῆται ; 29
μὴ πάντες διδάσκαλοι ; μὴ πάντες δυνάμεις ; μὴ πάντες 30
χαρίσματα ἔχουσιν ἰαμάτων ; μὴ πάντες γλώσσαις λαλοῦσι ;
μὴ πάντες διερμηνεύουσι ; ζηλοῦτε δὲ τὰ χαρίσματα τὰ 31
^kμείζονα . καὶ ἔτι καθ' ὑπερβολὴν ὁδὸν ὑμῖν δείκνυμι.

Ἐὰν ταῖς γλώσσαις τῶν ἀνθρώπων λαλῶ καὶ τῶν ἀγγέ- 13

^d σώματος: " νυνὶ   ^f om. ὁ   ^g ὑστεροῦντι
^h add ἓν   ⁱ εἶτα   ^k κρείττονα

λων, ἀγάπην δὲ μὴ ἔχω, γέγονα χαλκὸς ἠχῶν ἢ κίμβαλον
2 ἀλαλάζον. καὶ ἐὰν ἔχω προφητείαν καὶ εἰδῶ τὰ μυστήρια
πάντα καὶ πᾶσαν τὴν γνῶσιν, καὶ ἐὰν ἔχω πᾶσαν τὴν πίστιν
3 ὥστε ὄρη μεθιστάνειν, ἀγάπην δὲ μὴ ἔχω, οὐθέν εἰμι. καὶ
ἐὰν ψωμίσω πάντα τὰ ὑπάρχοντά μου, καὶ ἐὰν παραδῶ τὸ
σῶμά μου ἵνα ¹καυθήσωμαι᾽. ἀγάπην δὲ μὴ ἔχω, οὐδέν
4 ὠφελοῦμαι. ἡ ἀγάπη μακροθυμεῖ, χρηστεύεται· ἡ ἀγάπη
5 οὐ ζηλοῖ· ἡ ἀγάπη οὐ περπερεύεται, οὐ φυσιοῦται, οὐκ
ἀσχημονεῖ, οὐ ζητεῖ τὰ ἑαυτῆς, οὐ παροξύνεται, οὐ λογίζεται
6 τὸ κακόν, οὐ χαίρει ἐπὶ τῇ ἀδικίᾳ, συγχαίρει δὲ τῇ ἀληθείᾳ,
7 πάντα στέγει, πάντα πιστεύει, πάντα ἐλπίζει, πάντα ὑπο-
8 μένει. ἡ ἀγάπη οὐδέποτε ᵐπίπτει· εἴτε δὲ προφητεῖαι,
καταργηθήσονται· εἴτε γλῶσσαι, παύσονται· εἴτε γνῶσις,
9 καταργηθήσεται. ἐκ μέρους γὰρ γινώσκομεν, καὶ ἐκ μέρους
10 προφητεύομεν· ὅταν δὲ ἔλθῃ τὸ τέλειον, ⁿ— τὸ ἐκ μέρους
11 καταργηθήσεται. ὅτε ἤμην νήπιος, ᵒἐλάλουν ὡς νήπιος,
ἐφρόνουν ὡς νήπιος, ἐλογιζόμην ὡς νήπιος· ὅτε ᴾ— γέγονα
12 ἀνήρ, κατήργηκα τὰ τοῦ νηπίου. βλέπομεν γὰρ ἄρτι δι᾽
ἐσόπτρου ἐν αἰνίγματι, τότε δὲ πρόσωπον πρὸς πρόσωπον·
ἄρτι γινώσκω ἐκ μέρους, τότε δὲ ἐπιγνώσομαι καθὼς καὶ
13 ἐπεγνώσθην. νυνὶ δὲ μένει πίστις, ἐλπίς, ἀγάπη, τὰ τρία
ταῦτα· μείζων δὲ τούτων ἡ ἀγάπη.
14 Διώκετε τὴν ἀγάπην· ζηλοῦτε δὲ τὰ πνευματικά, μᾶλλον
2 δὲ ἵνα προφητεύητε. ὁ γὰρ λαλῶν γλώσσῃ οὐκ ἀνθρώποις
λαλεῖ, ἀλλὰ ᑫ—ʳ Θεῷ· οὐδεὶς γὰρ ἀκούει· πνεύματι δὲ λαλεῖ
3 μυστήρια. ὁ δὲ προφητεύων ἀνθρώποις λαλεῖ οἰκοδομὴν
4 καὶ παράκλησιν καὶ παραμυθίαν. ὁ λαλῶν γλώσσῃ ἑαυτὸν
5 οἰκοδομεῖ, ὁ δὲ προφητεύων ἐκκλησίαν οἰκοδομεῖ. θέλω δὲ
πάντας ὑμᾶς λαλεῖν γλώσσαις, μᾶλλον δὲ ἵνα προφητεύητε·
μείζων ʳδὲ ὁ προφητεύων ἢ ὁ λαλῶν γλώσσαις, ἐκτὸς εἰ μὴ

¹ καυχήσωμαι M.   ᵐ ἐκπίπτει   ⁿ add τότε   ᵒ ὡς
νήπιος ἐλάλουν, ὡς νήπιος ἐφρόνουν, ὡς νήπιος ἐλογιζόμην·
ᴾ add δέ   ᑫ add τῷ   ʳ γαρ

διερμηνεύῃ, ἵνα ἡ ἐκκλησία οἰκοδομὴν λάβῃ. ˢνῦν ¹ δέ, 6
ἀδελφοί, ἐὰν ἔλθω πρὸς ὑμᾶς γλώσσαις λαλῶν, τί ὑμᾶς
ὠφελήσω, ἐὰν μὴ ὑμῖν λαλήσω ἢ ἐν ἀποκαλύψει ἢ ἐν
γνώσει ἢ ἐν προφητείᾳ ἢ ἐν διδαχῇ; ὅμως τὰ ἄψυχα 7
φωνὴν διδόντα, εἴτε αὐλὸς εἴτε κιθάρα, ἐὰν διαστολὴν τοῖς
φθόγγοις μὴ δῷ, πῶς γνωσθήσεται τὸ αὐλούμενον ἢ τὸ
κιθαριζόμενον; καὶ γὰρ ἐὰν ἄδηλον φωνὴν σάλπιγξ δῷ, τίς 8
παρασκευάσεται εἰς πόλεμον; οὕτω καὶ ὑμεῖς διὰ τῆς γλώσ- 9
σης ἐὰν μὴ εὔσημον λόγον δῶτε, πῶς γνωσθήσεται τὸ
λαλούμενον; ἔσεσθε γὰρ εἰς ἀέρα λαλοῦντες. τοσαῦτα, εἰ 10
τύχοι, γένη φωνῶν ᵗεἰσιν‖ ἐν κόσμῳ, καὶ οὐδὲν ᵘ⁻‖ ἄφωνον.
ἐὰν οὖν μὴ εἰδῶ τὴν δύναμιν τῆς φωνῆς, ἔσομαι τῷ λαλοῦντι 11
βάρβαρος, καὶ ὁ λαλῶν ἐν ἐμοὶ βάρβαρος. οὕτω καὶ ὑμεῖς, 12
ἐπεὶ ζηλωταί ἐστε πνευμάτων, πρὸς τὴν οἰκοδομὴν τῆς ἐκκλησίας
ζητεῖτε ἵνα περισσεύητε. ˣδιὸ‖ ὁ λαλῶν γλώσσῃ 13
προσευχέσθω ἵνα διερμηνεύῃ. ἐὰν γὰρ προσεύχωμαι γλώσσῃ, 14
τὸ πνεῦμά μου προσεύχεται, ὁ δὲ νοῦς μου ἄκαρπός ἐστι.
τί οὖν ἐστι; προσεύξομαι τῷ πνεύματι, προσεύξομαι δὲ καὶ 15
τῷ νοΐ· ψαλῶ τῷ πνεύματι, ψαλῶ δὲ καὶ τῷ νοΐ. ἐπεὶ ἐὰν 16
ʸεὐλογῇς πνεύματι ᵇ, ὁ ἀναπληρῶν τὸν τόπον τοῦ ἰδιώτου
πῶς ἐρεῖ τὸ ἀμὴν ἐπὶ τῇ σῇ εὐχαριστίᾳ, ἐπειδὴ τί λέγεις οὐκ
οἶδε; σὺ μὲν γὰρ καλῶς εὐχαριστεῖς, ἀλλ' ὁ ἕτερος οὐκ 17
οἰκοδομεῖται. εὐχαριστῶ τῷ Θεῷ ᶻ⁻¹, πάντων ὑμῶν μᾶλλον 18
γλώσσαις ᵃλαλῶ ᵗ· ἀλλ' ἐν ἐκκλησίᾳ θέλω πέντε λόγους ᵇτῷ 19
νοΐ ᵗ μου λαλῆσαι, ἵνα καὶ ἄλλους κατηχήσω, ἢ μυρίους λόγους
ἐν γλώσσῃ.

Ἀδελφοί, μὴ παιδία γίνεσθε ταῖς φρεσίν· ἀλλὰ τῇ κακίᾳ 20
νηπιάζετε, ταῖς δὲ φρεσὶ τέλειοι γίνεσθε. ἐν τῷ νόμῳ 21
γέγραπται ὅτι Ἐν ἑτερογλώσσοις καὶ ἐν χείλεσιν ᶜἑτέρων‖
λαλήσω τῷ λαῷ τούτῳ, καὶ οὐδ' οὕτως εἰσακούσονταί μου,

ˢ νυνὶ   ᵗ ἐστιν   ᵘ add αὐτῶν S.   ˣ διόπερ
ʸ εὐλογήσῃς τῷ πνεύματι   ᶻ add μου   ᵃ λαλῶν
ᵇ διὰ τοῦ νοός   ᶜ ἑτέροις

22 λέγει Κύριος. ὥστε αἱ γλῶσσαι εἰς σημεῖόν εἰσιν οὐ τοῖς πιστεύουσιν ἀλλὰ τοῖς ἀπίστοις· ἡ δὲ προφητεία οὐ τοῖς
23 ἀπίστοις ἀλλὰ τοῖς πιστεύουσιν. ἐὰν οὖν συνέλθῃ ἡ ἐκκλησία ὅλη ἐπὶ τὸ αὐτό, καὶ πάντες ᵈ λαλῶσι γλώσσαις, εἰσέλθωσι δὲ ἰδιῶται ἢ ἄπιστοι, οὐκ ἐροῦσιν ὅτι μαίνεσθε;
24 ἐὰν δὲ πάντες προφητεύωσιν, εἰσέλθῃ δέ τις ἄπιστος ἢ ἰδιώτης, ἐλέγχεται ὑπὸ πάντων, ἀνακρίνεται ὑπὸ πάντων, ᵉ–
25 τὰ κρυπτὰ τῆς καρδίας αὐτοῦ φανερὰ γίνεται· καὶ οὕτω πεσὼν ἐπὶ πρόσωπον προσκυνήσει τῷ Θεῷ, ἀπαγγέλλων ὅτι Cp. Zech.
ᶠ ὄντως ὁ Θεὸς ¹ ἐν ὑμῖν ἐστι. 8. 23.
26 Τί οὖν ἐστιν, ἀδελφοί; ὅταν συνέρχησθε, ἕκαστος ᵍ–‖ ψαλμὸν ἔχει, διδαχὴν ἔχει, ʰ ἀποκάλυψιν ἔχει, γλῶσσαν ἔχει,‖ ἑρμηνείαν ἔχει. πάντα πρὸς οἰκοδομὴν ⁱ γινέσθω.
27 εἴτε γλώσσῃ τις λαλεῖ, κατὰ δύο ἢ τὸ πλεῖστον τρεῖς, καὶ
28 ἀνὰ μέρος, καὶ εἷς διερμηνευέτω· ἐὰν δὲ μὴ ᾖ διερμηνευτής,
29 σιγάτω ἐν ἐκκλησίᾳ, ἑαυτῷ δὲ λαλείτω καὶ τῷ Θεῷ. προφῆται δὲ δύο ἢ τρεῖς λαλείτωσαν, καὶ οἱ ἄλλοι διακρινέτω-
30 σαν. ἐὰν δὲ ἄλλῳ ἀποκαλυφθῇ καθημένῳ, ὁ πρῶτος σιγάτω.
31 δύνασθε γὰρ καθ' ἕνα πάντες προφητεύειν. ἵνα πάντες μαν-
32 θάνωσι καὶ πάντες παρακαλῶνται, καὶ πνεύματα προφητῶν
33 προφήταις ὑποτάσσεται, οὐ γάρ ἐστιν ἀκαταστασίας ὁ Θεὸς ἀλλ' εἰρήνης, ὡς ἐν πάσαις ταῖς ἐκκλησίαις τῶν ἁγίων.
34 Αἱ γυναῖκες ᵏ–‖ ἐν ταῖς ἐκκλησίαις σιγάτωσαν· οὐ γὰρ ˡ ἐπιτρέπεται ‖ αὐταῖς λαλεῖν, ἀλλ' ᵐ ὑποτασσέσθωσαν ‖, κα- Cp. Gen.
35 θὼς καὶ ὁ νόμος λέγει. εἰ δέ τι μαθεῖν θέλουσιν, ἐν οἴκῳ 3. 16.
τοὺς ἰδίους ἄνδρας ἐπερωτάτωσαν· αἰσχρὸν γάρ ἐστι ⁿ γυ-
36 ναικὶ λαλεῖν ἐν ἐκκλησίᾳ‖. ἢ ἀφ' ὑμῶν ὁ λόγος τοῦ Θεοῦ ἐξῆλθεν; ἢ εἰς ὑμᾶς μόνους κατήντησεν;
37 Εἴ τις δοκεῖ προφήτης εἶναι ἢ πνευματικός, ἐπιγινωσκέτω

ᵈ γλώσσαις λαλῶσιν   ᵉ add καὶ οὕτω   ᶠ ὁ Θεὸς ὄντως
ᵍ add ὑμῶν   ʰ γλῶσσαν ἔχει, ἀποκάλυψιν ἔχει,   ⁱ γενέσθω
ᵏ add ὑμῶν   ˡ ἐπιτέτραπται   ᵐ ὑποτάσσεσθαι   ⁿ γυναιξὶν ἐν ἐκκλησίᾳ λαλεῖν

ἃ γράφω ὑμῖν, ὅτι ⁰⁻ᶦ Κυρίου ᴾἐστὶν ἐντολή. εἰ δέ τις 38
ἀγνοεῖ, ᑫἀγνοείτω".

Ὥστε, ἀδελφοί ʳμου", ζηλοῦτε τὸ προφητεύειν, καὶ τὸ 39
λαλεῖν ˢμὴ κωλύετε γλώσσαις". πάντα ᵗδὲ" εὐσχημόνως καὶ 40
κατὰ τάξιν γινέσθω.

Cp. Gal. i. Γνωρίζω δὲ ὑμῖν, ἀδελφοί, τὸ εὐαγγέλιον ὃ εὐηγγελισάμην 15
11. ὑμῖν, ὃ καὶ παρελάβετε, ἐν ᾧ καὶ ἑστήκατε, δι' οὗ καὶ σώ- 2
ζεσθε, τίνι λόγῳ εὐηγγελισάμην ᵘὑμῖν, εἰ" κατέχετε, ἐκτὸς
εἰ μὴ εἰκῇ ἐπιστεύσατε. παρέδωκα γὰρ ὑμῖν ἐν πρώτοις, 3
ὃ καὶ παρέλαβον, ὅτι Χριστὸς ἀπέθανεν ὑπὲρ τῶν ἁμαρτιῶν
ἡμῶν κατὰ τὰς γραφάς· καὶ ὅτι ἐτάφη· καὶ ὅτι ἐγήγερται 4
Cp.Lk.24. ᵛτῇ ἡμέρᾳ τῇ τρίτῃ" κατὰ τὰς γραφάς· καὶ ὅτι ὤφθη Κηφᾷ· 5
34. 36. εἶτα τοῖς δώδεκα· ἔπειτα ὤφθη ἐπάνω πεντακοσίοις ἀδελ- 6
φοῖς ἐφάπαξ, ἐξ ὧν οἱ πλείους μένουσιν ἕως ἄρτι, τινὲς δὲ
ʷ⁻" ἐκοιμήθησαν· ἔπειτα ὤφθη Ἰακώβῳ· εἶτα τοῖς ἀποστό- 7
Cp. 9. 1. λοις πᾶσιν· ἔσχατον δὲ πάντων, ὡσπερεὶ τῷ ἐκτρώματι, 8
Acts 6.16. ὤφθη κἀμοί. ἐγὼ γάρ εἰμι ὁ ἐλάχιστος τῶν ἀποστόλων, 9
Cp. Acts ὃς οὐκ εἰμὶ ἱκανὸς καλεῖσθαι ἀπόστολος, διότι ἐδίωξα τὴν
8. 3. ἐκκλησίαν τοῦ Θεοῦ. χάριτι δὲ Θεοῦ εἰμι ὅ εἰμι, καὶ ἡ 10
Gal. 1. 13. χάρις αὐτοῦ ἡ εἰς ἐμὲ οὐ κενὴ ἐγενήθη, ἀλλὰ περισσότερον
1 Tim. 1.
13. αὐτῶν πάντων ἐκοπίασα· οὐκ ἐγὼ δέ, ἀλλ' ἡ χάρις τοῦ Θεοῦ
ˣ⁻" σὺν ἐμοί. εἴτε οὖν ἐγώ, εἴτε ἐκεῖνοι, οὕτω κηρύσσο- 11
μεν, καὶ οὕτως ἐπιστεύσατε.

Cp. 2 Tim. Εἰ δὲ Χριστὸς κηρύσσεται ὅτι ἐκ νεκρῶν ἐγήγερται, πῶς 12
2. 18. λέγουσιν ʸἐν ὑμῖν τινὲς" ὅτι ἀνάστασις νεκρῶν οὐκ ἔστιν;
εἰ δὲ ἀνάστασις νεκρῶν οὐκ ἔστιν, οὐδὲ Χριστὸς ἐγήγερται· 13
εἰ δὲ Χριστὸς οὐκ ἐγήγερται, κενὸν ἄρα τὸ κήρυγμα ἡμῶν, 14
κενὴ ᶻ⁻" καὶ ἡ πίστις ᵃὑμῶν". εὑρισκόμεθα δὲ καὶ ψευ- 15
δομάρτυρες τοῦ Θεοῦ, ὅτι ἐμαρτυρήσαμεν κατὰ τοῦ Θεοῦ

ᵒ add τοῦ   ᴾ εἰσὶν ἐντολαί   ᑫ ἀγνοεῖται M.   ʳ om. μου
ˢ γλώσσαις μὴ κωλύετε   ᵗ om. δὲ   ᵘ ὑμῖν εἰ A.M.   ᵛ τῇ
τρίτῃ ἡμέρᾳ   ʷ add καὶ   ˣ add ἡ   ʸ τινες ἐν ὑμῖν
ᶻ add δὲ   ᵃ ἡμῶν M.

ΠΡΟΣ ΚΟΡΙΝΘΙΟΥΣ Α.

ὅτι ἤγειρε τὸν Χριστόν, ὃν οὐκ ἤγειρεν, εἴπερ ἄρα νεκροὶ
16 οὐκ ἐγείρονται. εἰ γὰρ νεκροὶ οὐκ ἐγείρονται, οὐδὲ Χριστὸς
17 ἐγήγερται· εἰ δὲ Χριστὸς οὐκ ἐγήγερται, ματαία ἡ πίστις
18 ὑμῶν, ἔτι ἐστὲ ἐν ταῖς ἁμαρτίαις ὑμῶν. ἄρα καὶ οἱ κοι-
19 μηθέντες ἐν Χριστῷ ἀπώλοντο. εἰ ἐν τῇ ζωῇ ταύτῃ ᵇἐν
Χριστῷ ἠλπικότες ἐσμὲν ᶜ μόνον, ἐλεεινότεροι πάντων ἀν-
θρώπων ἐσμέν.
20 Νυνὶ δὲ Χριστὸς ἐγήγερται ἐκ νεκρῶν, ἀπαρχὴ τῶν κεκοι- Cp. Acts
21 μημένων ᶜ⁻ᶜ. ἐπειδὴ γὰρ δι' ἀνθρώπου ᵈ⁻ᶜ θάνατος, καὶ Col. i. 18,
22 δι' ἀνθρώπου ἀνάστασις νεκρῶν. ὥσπερ γὰρ ἐν τῷ Ἀδὰμ Rev. i. 5.
πάντες ἀποθνήσκουσιν, οὕτω καὶ ἐν τῷ Χριστῷ πάντες ζω- Cp. Rom. 5. 17.
23 οποιηθήσονται. ἕκαστος δὲ ἐν τῷ ἰδίῳ τάγματι· ἀπαρχὴ
Χριστός, ἔπειτα οἱ ᵉτοῦ ᶠ Χριστοῦ ἐν τῇ παρουσίᾳ αὐτοῦ. Cp. 1Thss. 4. 16.
24 εἶτα τὸ τέλος, ὅταν ᶠπαραδιδοῖ ᶠ τὴν βασιλείαν τῷ Θεῷ καὶ
πατρί, ὅταν καταργήσῃ πᾶσαν ἀρχὴν καὶ πᾶσαν ἐξουσίαν
25 καὶ δύναμιν. δεῖ γὰρ αὐτὸν βασιλεύειν ἄχρις οὗ ᵍ— θῇ Cp. Ps.110 (109). 1.
26 πάντας τοὺς ἐχθροὺς ὑπὸ τοὺς πόδας αὐτοῦ. ἔσχατος ἐχ- Cp. Rev.
27 θρὸς καταργεῖται ὁ θάνατος. πάντα γὰρ ὑπέταξεν ὑπὸ τοὺς Cp. Ps. 8. 6.
πόδας αὐτοῦ. ὅταν δὲ εἴπῃ ὅτι πάντα ʰὑποτέτακται, δῆλον
28 ὅτι ἐκτὸς τοῦ ὑποτάξαντος αὐτῷ τὰ πάντα. ὅταν δὲ ʰ ὑποταγῇ
αὐτῷ τὰ πάντα, τότε καὶ αὐτὸς ὁ υἱὸς ὑποταγήσεται τῷ ὑπο-
τάξαντι αὐτῷ τὰ πάντα, ἵνα ᾖ ὁ Θεὸς ⁱ⁻ʰ πάντα ἐν πᾶσιν.
29 Ἐπεὶ τί ποιήσουσιν οἱ βαπτιζόμενοι ὑπὲρ τῶν νεκρῶν;
εἰ ὅλως νεκροὶ οὐκ ἐγείρονται, τί καὶ βαπτίζονται ὑπὲρ
30, 31 ᵏαὐτῶνʰ; τί καὶ ἡμεῖς κινδυνεύομεν πᾶσαν ὥραν; καθ' Cp. Rom. 8. 36.
ἡμέραν ἀποθνήσκω, νὴ τὴν ˡὑμετέραν ʹ καύχησιν, ᵐἀδελφοί,ʹ
32 ἣν ἔχω ἐν Χριστῷ Ἰησοῦ τῷ Κυρίῳ ἡμῶν. εἰ κατὰ ἀνθρω-
πον ἐθηριομάχησα ἐν Ἐφέσῳ, τί μοι ⁿτὸ ὄφελος; εἰ νεκροὶ

ᵇ ἠλπικότες ἐσμὲν ἐν Χριστῷ   ᶜ add ἐγένετο   ᵈ add ὁ
ᵉ om. τοῦ   ᶠ παραδῷ   ᵍ add ἂν   ʰ ὑποτέτακται
(δῆλον ὅτι ἐκτὸς τοῦ ὑποτάξαντος αὐτῷ τὰ πάντα), ὅταν δὲ M.
ⁱ add τὰ   ᵏ τῶν νεκρῶν   ˡ ἡμετέραν S.   ᵐ om.
ἀδελφοί.   ⁿ τὸ ὄφελος. εἰ νεκροὶ οὐκ ἐγείρονται; A S.M.

οὐκ ἐγείρονται, φάγωμεν καὶ πίωμεν, αὔριον γὰρ ἀποθνή-
σκομεν. μὴ πλανᾶσθε· Φθείρουσιν ἤδη χρήσθ᾽ ὁμιλίαι κακαί. 33
ἐκνήψατε δικαίως, καὶ μὴ ἁμαρτάνετε· ἀγνωσίαν γὰρ Θεοῦ 34
τινὲς ἔχουσι· πρὸς ἐντροπὴν ὑμῖν ᵒλαλῶ".

Ἀλλ᾽ ἐρεῖ τις, Πῶς ἐγείρονται οἱ νεκροί; ποίῳ δὲ σώματι 35
ἔρχονται; ᴾἄφρων", σὺ ὃ σπείρεις οὐ ζωοποιεῖται, ἐὰν μὴ 36
ἀποθάνῃ· καὶ ὃ σπείρεις, οὐ τὸ σῶμα τὸ γενησόμενον σπεί- 37
ρεις, ἀλλὰ γυμνὸν κόκκον, εἰ τύχοι, σίτου, ἤ τινος τῶν
λοιπῶν· ὁ δὲ Θεὸς ᑫδίδωσιν αὐτῷ" σῶμα καθὼς ἠθέλησε, 38
καὶ ἑκάστῳ τῶν σπερμάτων ʳ⁻" ἴδιον σῶμα. οὐ πᾶσα 39
σὰρξ ἡ αὐτὴ σάρξ· ἀλλὰ ἄλλη μὲν ˢ⁻" ἀνθρώπων, ἄλλη
δὲ σὰρξ κτηνῶν, ἄλλη δὲ ᵗσὰρξ πτηνῶν, ἄλλη δὲ ἰχθύων".
καὶ σώματα ἐπουράνια, καὶ σώματα ἐπίγεια· ἀλλ᾽ ἑτέρα 40
μὲν ἡ τῶν ἐπουρανίων δόξα, ἑτέρα δὲ ἡ τῶν ἐπιγείων. ἄλλη 41
δόξα ἡλίου, καὶ ἄλλη δόξα σελήνης, καὶ ἄλλη δόξα ἀστέ-
ρων· ἀστὴρ γὰρ ἀστέρος διαφέρει ἐν δόξῃ. οὕτω καὶ ἡ 42
ἀνάστασις τῶν νεκρῶν. σπείρεται ἐν φθορᾷ, ἐγείρεται ἐν
ἀφθαρσίᾳ· σπείρεται ἐν ἀτιμίᾳ, ἐγείρεται ἐν δόξῃ· σπεί- 43
ρεται ἐν ἀσθενείᾳ, ἐγείρεται ἐν δυνάμει· σπείρεται σῶμα 44
ψυχικόν, ἐγείρεται σῶμα πνευματικόν. ᵘεἰ" ἔστι σῶμα ψυ-
χικόν, ˣἔστι καὶ ᶦ πνευματικόν. οὕτω καὶ γέγραπται, Ἐγέ- 45
νετο ὁ πρῶτος ἄνθρωπος Ἀδὰμ εἰς ψυχὴν ζῶσαν. ὁ ἔσχατος
Ἀδὰμ εἰς πνεῦμα ζωοποιοῦν. ἀλλ᾽ οὐ πρῶτον τὸ πνευ- 46
ματικόν, ἀλλὰ τὸ ψυχικόν· ἔπειτα τὸ πνευματικόν. ὁ πρῶτος 47
ἄνθρωπος ἐκ γῆς, χοϊκός. ὁ δεύτερος ἄνθρωπος ʸ⁻" ἐξ
οὐρανοῦ. οἷος ὁ χοϊκός, τοιοῦτοι καὶ οἱ χοϊκοί· καὶ οἷος 48
ὁ ἐπουράνιος, τοιοῦτοι καὶ οἱ ἐπουράνιοι· καὶ καθὼς ἐφο- 49
ρέσαμεν τὴν εἰκόνα τοῦ χοϊκοῦ, ᶻφορέσομενᵞ καὶ τὴν εἰκόνα
τοῦ ἐπουρανίου.

Τοῦτο δέ φημι, ἀδελφοί, ὅτι σὰρξ καὶ αἷμα βασιλείαν 50

ᵒ λέγω ᴾ ἄφρον ᑫ αὐτῷ δίδωσι ʳ add τὸ
ˢ add σὰρξ ᵗ ἰχθύων, ἄλλη δὲ πτηνῶν ᵘ om. εἰ
ˣ καὶ ἔστι σῶμα ᵞ add ὁ Κύριος ᶻ φορέσωμεν M.

-16. 8. ΠΡΟΣ ΚΟΡΙΝΘΙΟΥΣ Α. 387

Θεοῦ κληρονομῆσαι οὐ δύνανται, οὐδὲ ἡ φθορὰ τὴν ἀφθαρ-
51 σίαν κληρονομεῖ. ἰδού, μυστήριον ὑμῖν λέγω· πάντες ᵃ⁻
52 οὐ κοιμηθησόμεθα, πάντες δὲ ἀλλαγησόμεθα, ἐν ἀτόμῳ, ἐν
ῥιπῇ ὀφθαλμοῦ, ἐν τῇ ἐσχάτῃ σάλπιγγι· σαλπίσει γάρ, Cp. Mat.
καὶ οἱ νεκροὶ ἐγερθήσονται ἄφθαρτοι, καὶ ἡμεῖς ἀλλαγη- ₁ Thss. 4.
53 σόμεθα. δεῖ γὰρ τὸ φθαρτὸν τοῦτο ἐνδύσασθαι ἀφθαρσίαν, 16.
54 καὶ τὸ θνητὸν τοῦτο ἐνδύσασθαι ἀθανασίαν. ὅταν δὲ ᵇτὸ
φθαρτὸν τοῦτο ἐνδύσηται ἀφθαρσίαν, καὶ ⁷ τὸ θνητὸν τοῦτο
ἐνδύσηται ἀθανασίαν, τότε γενήσεται ὁ λόγος ὁ γεγραμμέ-
55 νος, Κατεπόθη ὁ θάνατος εἰς νῖκος. Ποῦ σου, θάνατε, τό Isa. 25. 8.
56 ᶜνῖκος ⁰⁰; ποῦ σου, ᵈθάνατε , τὸ ᵉκέντρον'; τὸ δὲ κέντρον IIos.13.14.
τοῦ θανάτου ἡ ἁμαρτία· ἡ δὲ δύναμις τῆς ἁμαρτίας ὁ νόμος· Cp. Rom.
57 τῷ δὲ Θεῷ χάρις τῷ διδόντι ἡμῖν τὸ νῖκος διὰ τοῦ Κυρίου 7. 7 sqq.
58 ἡμῶν Ἰησοῦ Χριστοῦ. ὥστε, ἀδελφοί μου ἀγαπητοί, ἑδραῖοι
γίνεσθε, ἀμετακίνητοι, περισσεύοντες ἐν τῷ ἔργῳ τοῦ Κυ-
ρίου πάντοτε, εἰδότες ὅτι ὁ κόπος ὑμῶν οὐκ ἔστι κενὸς ἐν
Κυρίῳ.
16 Περὶ δὲ τῆς λογίας τῆς εἰς τοὺς ἁγίους, ὥσπερ διέταξα Cp. Rom.
ταῖς ἐκκλησίαις τῆς Γαλατίας, οὕτω καὶ ὑμεῖς ποιήσατε. ₂ Cor. 9. 1.
2 κατὰ μίαν ᶠσαββάτου ⁰⁰ ἔκαστος ὑμῶν παρ' ἑαυτῷ τιθέτω Gal. :. 10.
θησαυρίζων ὅ τι ἂν εὐοδῶται, ἵνα μὴ ὅταν ἔλθω τοτε
3 λογίαι γίνωνται. ὅταν δὲ παραγένωμαι, οὓς ἐὰν ᵍδοκιμάσητε
δι' ἐπιστολῶν, τούτους ʰ πέμψω ἀπενεγκεῖν τὴν χάριν ὑμῶν
4 εἰς Ἰερουσαλήμ· ἐὰν δὲ ʰἄξιον ᾖ ⁰⁰ τοῦ κἀμὲ πορεύεσθαι, σὺν
5 ἐμοὶ πορεύσονται. ἐλεύσομαι δὲ πρὸς ὑμᾶς, ὅταν Μακεδο- Cp. Acts
6 νίαν διέλθω· Μακεδονίαν γὰρ διέρχομαι· πρὸς ὑμᾶς δὲ 19.21 sq.
τυχὸν παραμενῶ, ἢ καὶ παραχειμάσω, ἵνα ὑμεῖς με προ-
7 πέμψητε οὗ ἐὰν πορεύωμαι. οὐ θέλω γὰρ ὑμᾶς ἄρτι ἐν
παρόδῳ ἰδεῖν· ἐλπίζω ⁱγὰρ ⁰⁰ χρόνον τινὰ ἐπιμεῖναι πρὸς
8 ὑμᾶς, ἐὰν ὁ Κύριος ʲἐπιτρέψῃ ⁰⁰. ἐπιμενῶ δὲ ἐν Ἐφέσῳ ἕως

ᵃ add μὲν   ᵇ om. τὸ φθαρτὸν τοῦτο ἐνδύσηται ἀφθαρσίαν,
καὶ Μ.   ᶜ κέντρον   ᵈ ᾅδη   ᵉ νῖκος   ᶠ σαββάτων   ᵍ δοκι-
μάσητε, δι' ἐπιστολῶν τούτους Μ.   ʰ ᾖ ἄξιον   ⁱ δὲ   ʲ ἐπιτρέπῃ

C C 2

τῆς Πεντηκοστῆς· θύρα γάρ μοι ἀνέῳγε μεγάλη καὶ ἐνεργής, 9 καὶ ἀντικείμενοι πολλοί. Ἐὰν δὲ ἔλθῃ Τιμόθεος, βλέπετε ἵνα ἀφόβως γένηται πρὸς 10 ὑμᾶς· τὸ γὰρ ἔργον Κυρίου ᵏἐργάζεται ὡς καὶ ἐγώ· μή τις 11 οὖν αὐτὸν ἐξουθενήσῃ. προπέμψατε δὲ αὐτὸν ἐν εἰρήνῃ, ἵνα ἔλθῃ πρός με· ἐκδέχομαι γὰρ αὐτὸν μετὰ τῶν ἀδελφῶν. περὶ δὲ Ἀπολλὼ τοῦ ἀδελφοῦ, πολλὰ παρεκάλεσα αὐτὸν ἵνα 12 ἔλθῃ πρὸς ὑμᾶς μετὰ τῶν ἀδελφῶν· καὶ πάντως οὐκ ἦν θέλημα ἵνα νῦν ἔλθῃ, ἐλεύσεται δὲ ὅταν εὐκαιρήσῃ.

Γρηγορεῖτε, στήκετε ἐν τῇ πίστει, ἀνδρίζεσθε, κραταιοῦσθε. 13 πάντα ὑμῶν ἐν ἀγάπῃ γινέσθω. 14

Παρακαλῶ δὲ ὑμᾶς, ἀδελφοί, (οἴδατε τὴν οἰκίαν Στεφανᾶ, 15 ὅτι ἐστὶν ἀπαρχὴ τῆς Ἀχαΐας, καὶ εἰς διακονίαν τοῖς ἁγίοις ἔταξαν ἑαυτούς,) ἵνα καὶ ὑμεῖς ὑποτάσσησθε τοῖς τοιούτοις, 16 καὶ παντὶ τῷ συνεργοῦντι καὶ κοπιῶντι. χαίρω δὲ ἐπὶ τῇ 17 παρουσίᾳ Στεφανᾶ καὶ ˡΦορτουνάτου″ καὶ Ἀχαϊκοῦ, ὅτι τὸ ὑμῶν ὑστέρημα οὗτοι ἀνεπλήρωσαν. ἀνέπαυσαν γὰρ τὸ 18 ἐμὸν πνεῦμα καὶ τὸ ὑμῶν. ἐπιγινώσκετε οὖν τοὺς τοιούτους.

Ἀσπάζονται ὑμᾶς αἱ ἐκκλησίαι τῆς Ἀσίας. ᵐἀσπάζεται″ 19 ὑμᾶς ἐν Κυρίῳ πολλὰ Ἀκύλας καὶ ⁿΠρίσκα σὺν τῇ κατ᾽ οἶκον αὐτῶν ἐκκλησίᾳ. ἀσπάζονται ὑμᾶς οἱ ἀδελφοὶ πάντες. 20 ἀσπάσασθε ἀλλήλους ἐν φιλήματι ἁγίῳ.

Ὁ ἀσπασμὸς τῇ ἐμῇ χειρὶ Παύλου. εἴ τις οὐ φιλεῖ 21, 22 τὸν Κύριον º—″, ἤτω ἀνάθεμα. Μαρὰν ἀθά. ἡ χάρις τοῦ 23 Κυρίου Ἰησοῦ Χριστοῦ μεθ᾽ ὑμῶν. ἡ ἀγάπη μου μετὰ 24 πάντων ὑμῶν ἐν Χριστῷ Ἰησοῦ. ἀμήν.

p—ʲ

ᵏ ἐγάζεται S. ˡ Φουρτουννάτου ᵐ ἀσπάζονται ⁿ Πρίσκιλλα º add Ἰησοῦν Χριστόν ᵖ add subscription Πρὸς Κορινθίους πρώτη ἐγράφη ἀπὸ Φιλίππων διὰ Στεφανᾶ καὶ Φουρτουνάτου καὶ Ἀχαϊκοῦ καὶ Τιμοθέου.

Η ΠΡΟΣ ΤΟΥΣ ΚΟΡΙΝΘΙΟΥΣ

ΔΕΥΤΕΡΑ.

1 Παῦλος ἀπόστολος ᾳΧριστοῦ Ἰησοῦ ' διὰ θελήματος Θεοῦ, καὶ Τιμόθεος ὁ ἀδελφός, τῇ ἐκκλησίᾳ τοῦ Θεοῦ τῇ οὔσῃ ἐν Κορίνθῳ, σὺν τοῖς ἁγίοις πᾶσι τοῖς οὖσιν ἐν ὅλῃ τῇ Ἀχαίᾳ· 2 χάρις ὑμῖν καὶ εἰρήνη ἀπὸ Θεοῦ πατρὸς ἡμῶν καὶ Κυρίου Ἰησοῦ Χριστοῦ.

3 Εὐλογητὸς ὁ Θεὸς καὶ πατὴρ τοῦ Κυρίου ἡμῶν Ἰησοῦ Χριστοῦ, ὁ πατὴρ τῶν οἰκτιρμῶν καὶ Θεὸς πάσης παρακλή-
4 σεως, ὁ παρακαλῶν ἡμᾶς ἐπὶ πάσῃ τῇ θλίψει ἡμῶν, εἰς τὸ Cp. 7. 6.
δύνασθαι ἡμᾶς παρακαλεῖν τοὺς ἐν πάσῃ θλίψει διὰ τῆς
5 παρακλήσεως ἧς παρακαλούμεθα αὐτοὶ ὑπὸ τοῦ Θεοῦ. ὅτι
καθὼς περισσεύει τὰ παθήματα τοῦ Χριστοῦ εἰς ἡμᾶς, οὕτω Cp. Phil.
διὰ ᵇτοῦ'' Χριστοῦ περισσεύει καὶ ἡ παράκλησις ἡμῶν. Col. 1. 24.
6 εἴτε δὲ θλιβόμεθα, ὑπὲρ τῆς ὑμῶν παρακλήσεως καὶ σωτη-
ρίας ᶜ—''· εἴτε παρακαλούμεθα, ὑπὲρ τῆς ὑμῶν παρακλήσεως
ᵈτῆς ἐνεργουμένης ἐν ὑπομονῇ τῶν αὐτῶν παθημάτων ὧν καὶ
7 ἡμεῖς πάσχομεν·'' καὶ ἡ ἐλπὶς ἡμῶν βεβαία ὑπὲρ ὑμῶν·
εἰδότες ὅτι ᵉὡς'' κοινωνοί ἐστε τῶν παθημάτων, οὕτω καὶ τῆς
8 παρακλήσεως. οὐ γὰρ θέλομεν ὑμᾶς ἀγνοεῖν, ἀδελφοί, ᶠπερὶ'' Cp. 1 Cor.
τῆς θλίψεως ἡμῶν τῆς γενομένης ᵍ—' ἐν τῇ Ἀσίᾳ, ὅτι καθ' Acts 19.
ὑπερβολὴν ʰὑπὲρ δύναμιν ἐβαρήθημεν, ὥστε ἐξαπορηθῆναι ·ᴊ sqq.

ᵃ Ἰησοῦ Χριστοῦ   ᵇ om. τοῦ   ᶜ add τῆς ἐνεργου-
μένης ἐν ὑπομονῇ τῶν αὐτῶν παθημάτων ὧν καὶ ἡμεῖς πάσχομεν
ᵈ καὶ σωτηρίας·   ᵉ ὥσπερ   ᶠ ὑπὲρ   ᵍ add ἡμῖν
ʰ ἐβαρήθημεν ὑπὲρ δύναμιν

ἡμᾶς καὶ τοῦ ζῆν· ἀλλὰ αὐτοὶ ἐν ἑαυτοῖς τὸ ἀπόκριμα τοῦ 9
θανάτου ἐσχήκαμεν, ἵνα μὴ πεποιθότες ὦμεν ἐφ' ἑαυτοῖς,
ἀλλ' ἐπὶ τῷ Θεῷ τῷ ἐγείροντι τοὺς νεκρούς· ὃς ἐκ τηλικούτου 10
θανάτου ἐρρύσατο ἡμᾶς καὶ ⁱῥύσεται'· εἰς ὃν ᵏἠλπίκαμεν
ὅτι" καὶ ἔτι ῥύσεται, συνυπουργούντων καὶ ὑμῶν ὑπὲρ ἡμῶν 11
τῇ δεήσει, ἵνα ἐκ πολλῶν προσώπων τὸ εἰς ἡμᾶς χάρισμα διὰ
πολλῶν εὐχαριστηθῇ ὑπὲρ ἡμῶν.

Ἡ γὰρ καύχησις ἡμῶν αὕτη ἐστί, τὸ μαρτύριον τῆς 12
συνειδήσεως ἡμῶν, ὅτι ἐν ¹ἁγιότητι ⁷ καὶ εἰλικρινείᾳ Θεοῦ,
οὐκ ἐν σοφίᾳ σαρκικῇ ἀλλ' ἐν χάριτι Θεοῦ, ἀνεστράφημεν ἐν
τῷ κόσμῳ, περισσοτέρως δὲ πρὸς ὑμᾶς. οὐ γὰρ ἄλλα 13
γράφομεν ὑμῖν, ἀλλ' ἢ ἃ ἀναγινώσκετε ἢ καὶ ἐπιγινώσκετε,
ἐλπίζω δὲ ὅτι ᵐ—ˡ ἕως τέλους ἐπιγνώσεσθε· καθὼς καὶ 14
ἐπέγνωτε ἡμᾶς ἀπὸ μέρους, ὅτι καύχημα ὑμῶν ἐσμεν, καθάπερ
καὶ ὑμεῖς ἡμῶν, ἐν τῇ ἡμέρᾳ τοῦ Κυρίου ⁿἡμῶν" Ἰησοῦ.

Cp. 1 Cor.
4. 18.

Καὶ ταύτῃ τῇ πεποιθήσει ἐβουλόμην ᵒπρότερον πρὸς ὑμᾶς 15
ἐλθεῖν", ἵνα δευτέραν ᴾχάριν ' ᵠσχῆτε , καὶ δι' ὑμῶν διελθεῖν 16
εἰς Μακεδονίαν, καὶ πάλιν ἀπὸ Μακεδονίας ἐλθεῖν πρὸς ὑμᾶς,
καὶ ὑφ' ὑμῶν προπεμφθῆναι εἰς τὴν Ἰουδαίαν. τοῦτο οὖν 17
ʳβουλόμενος ' μή τι ἄρα τῇ ἐλαφρίᾳ ἐχρησάμην; ἢ ἃ βου-
λεύομαι, κατὰ σάρκα βουλεύομαι, ἵνα ᾖ παρ' ἐμοὶ τὸ ναὶ ναὶ
καὶ τὸ οὒ οὔ; πιστὸς δὲ ὁ Θεός, ὅτι ὁ λόγος ἡμῶν ὁ πρὸς 18
ὑμᾶς οὐκ ˢἔστι" ναὶ καὶ οὔ. ᵗὁ τοῦ Θεοῦ γὰρ υἱός ' Ἰησοῦς 19

Cp. Acts
18. 5.
1 Thss.1.1.
2 Thss.1.1.

Χριστὸς ὁ ἐν ὑμῖν δι' ἡμῶν κηρυχθείς, δι' ἐμοῦ καὶ Σι-
λουανοῦ καὶ Τιμοθέου, οὐκ ἐγένετο ναὶ καὶ οὔ, ἀλλὰ ναὶ ἐν
αὐτῷ γέγονεν. ὅσαι γὰρ ἐπαγγελίαι Θεοῦ, ἐν αὐτῷ τὸ ναί· 20
ᵘδιὸ καὶ δι' αὐτοῦ" τὸ ἀμήν, τῷ Θεῷ πρὸς δόξαν δι' ἡμῶν.
ὁ δὲ βεβαιῶν ἡμᾶς σὺν ὑμῖν εἰς Χριστόν, καὶ χρίσας ἡμᾶς, 21

ⁱ ῥύεται   ᵏ ἠλπίκαμεν· M.   ˡ ἁπλότητι   ᵐ add
καί   ⁿ om. ἡμῶν   " πρὸς ὑμᾶς ἐλθεῖν πρότερον
ᴾ χαρὰν M.   ᵠ ἔχητε   ʳ βουλευόμενος   ˢ ἐγένετο
ᵗ ὁ γὰρ τοῦ Θεοῦ υἱός   ᵘ καὶ ἐν αὐτῷ

22 Θεός, ▼⁻¹ καὶ 'σφραγισάμενος ἡμᾶς, καὶ δοὺς τὸν ἀρραβῶνα
τοῦ Πνεύματος ἐν ταῖς καρδίαις ἡμῶν.
23 Ἐγὼ δὲ μάρτυρα τὸν Θεὸν ἐπικαλοῦμαι ἐπὶ τὴν ἐμὴν
24 ψυχήν, ὅτι φειδόμενος ὑμῶν οὐκέτι ἦλθον εἰς Κόρινθον. οὐχ
ὅτι κυριεύομεν ὑμῶν τῆς πίστεως, ἀλλὰ συνεργοί ἐσμεν τῆς
2 χαρᾶς ὑμῶν· τῇ γὰρ πίστει ἐσ ἥκατε. ἔκρινα ˣδὲ¹ ἐμαυτῷ
2 τοῦτο, τὸ μὴ πάλιν ʸἐν λύπῃ πρὸς ὑμᾶς ἐλθεῖν¹. εἰ γὰρ
ἐγὼ λυπῶ ὑμᾶς, καὶ τίς ᶻ⁻¹ ὁ εὐφραίνων με, εἰ μὴ ὁ
3 λυπούμενος ἐξ ἐμοῦ; καὶ ἔγραψα ᵃ⁻¹ τοῦτο αὐτό, ἵνα μὴ
ἐλθὼν λύπην ᵇσχῶ‖ ἀφ' ὧν ἔδει με χαίρειν, πεποιθὼς ἐπὶ
4 πάντας ὑμᾶς, ὅτι ἡ ἐμὴ χαρὰ πάντων ὑμῶν ἐστιν. ἐκ γὰρ
πολλῆς θλίψεως καὶ συνοχῆς καρδίας ἔγραψα ὑμῖν διὰ
πολλῶν δακρύων, οὐχ ἵνα λυπηθῆτε, ἀλλὰ τὴν ἀγάπην ἵνα
γνῶτε ἣν ἔχω περισσοτέρως εἰς ὑμᾶς.
5 Εἰ δέ τις λελύπηκεν, οὐκ ἐμὲ λελύπηκεν, ἀλλ' ἀπὸ ᶜμέρους
6 (ἵνα μὴ ἐπιβαρῶ) πάντας‖ ὑμᾶς. ἱκανὸν τῷ τοιούτῳ ἡ ἐπι-
7 τιμία αὕτη ἡ ὑπὸ τῶν πλειόνων· ὥστε τοὐναντίον ᵈμᾶλλον
ὑμᾶς χαρίσασθαι καὶ παρακαλέσαι, μήπως τῇ περισσοτέρᾳ
8 λύπῃ καταποθῇ ὁ τοιοῦτος. διὸ παρακαλῶ ὑμᾶς κυρῶσαι
9 εἰς αὐτὸν ἀγάπην. εἰς τοῦτο γὰρ καὶ ἔγραψα, ἵνα γνῶ τὴν
10 δοκιμὴν ὑμῶν, ᵉεἰ¹ εἰς πάντα ὑπήκοοί ἐστε. ᾧ δέ τι χαρί-
ζεσθε, καὶ ἐγώ· καὶ γὰρ ἐγὼ ᶠὃ κεχάρισμαι, εἴ τι κεχάρισμαι,¹
11 δι' ὑμᾶς ἐν προσώπῳ Χριστοῦ, ἵνα μὴ πλεονεκτηθῶμεν ὑπὸ
τοῦ Σατανᾶ· οὐ γὰρ αὐτοῦ τὰ νοήματα ἀγνοοῦμεν.
12 Ἐλθὼν δὲ εἰς τὴν Τρωάδα εἰς τὸ εὐαγγέλιον τοῦ Χριστοῦ,
13 καὶ θύρας μοι ἀνεῳγμένης ἐν Κυρίῳ, οὐκ ἔσχηκα ἄνεσιν τῷ
πνεύματί μου, τῷ μὴ εὑρεῖν με Τίτον τὸν ἀδελφόν μου· ἀλλὰ
14 ἀποταξάμενος αὐτοῖς ἐξῆλθον εἰς Μακεδονίαν. τῷ δὲ Θεῷ
χάρις τῷ πάντοτε θριαμβεύοντι ἡμᾶς ἐν τῷ Χριστῷ, καὶ τὴν
ὀσμὴν τῆς γνώσεως αὐτοῦ φανεροῦντι δι' ἡμῶν ἐν παντὶ

ᵛ add ὁ   ˣ γὰρ M.   ʸ ἐλθεῖν ἐν λύπῃ πρὸς ὑμᾶς   ᶻ add
ἐστιν   ᵃ add ὑμῖν   ᵇ ἔχω   ᶜ μέρους, ἵνα μὴ ἐπιβαρῶ πα τα:
ᵈ om. μᾶλλον M.   ἢ M.   ᶠ εἰ τι κεχάρισμαι, ᾧ κεχάρισμαι.

τόπῳ. ὅτι Χριστοῦ εὐωδία ἐσμὲν τῷ Θεῷ ἐν τοῖς σωζο- 15 μένοις καὶ ἐν τοῖς ἀπολλυμένοις· οἷς μὲν ὀσμὴ ᵍἐκ‖ θανάτου 16 εἰς θάνατον, οἷς δὲ ὀσμὴ ᵍἐκ‖ ζωῆς εἰς ζωήν. καὶ πρὸς ταῦτα τίς ἱκανός; οὐ γάρ ἐσμεν ὡς οἱ πολλοί, καπηλεύοντες τὸν 17 λόγον τοῦ Θεοῦ· ἀλλ' ὡς ἐξ εἰλικρινείας, ἀλλ' ὡς ἐκ Θεοῦ, ʰκατέναντι Θεοῦ‖ ἐν Χριστῷ λαλοῦμεν.

Ἀρχόμεθα πάλιν ἑαυτοὺς συνιστάνειν; ⁱἤ‖ μὴ χρῄζομεν, 3 ὥς τινες, συστατικῶν ἐπιστολῶν πρὸς ὑμᾶς ἢ ἐξ ὑμῶν ᵏ—‖; ἡ ἐπιστολὴ ἡμῶν ὑμεῖς ἐστε, ἐγγεγραμμένη ἐν ταῖς καρδίαις 2 ἡμῶν, γινωσκομένη καὶ ἀναγινωσκομένη ὑπὸ πάντων ἀνθρώπων· φανερούμενοι ὅτι ἐστὲ ἐπιστολὴ Χριστοῦ, διακονηθεῖσα 3 ὑφ' ἡμῶν, ἐγγεγραμμένη οὐ μέλανι ἀλλὰ Πνεύματι Θεοῦ ζῶντος, οὐκ ἐν πλαξὶ λιθίναις ἀλλ' ἐν πλαξὶ ¹καρδίαις‖ σαρκίναις. πεποίθησιν δὲ τοιαύτην ἔχομεν διὰ τοῦ Χριστοῦ 4 πρὸς τὸν Θεόν· οὐχ ὅτι ᵐἀφ' ἑαυτῶν ἱκανοί ἐσμεν‖ λογί- 5 σασθαί τι ὡς ἐξ ἑαυτῶν, ἀλλ' ἡ ἱκανότης ἡμῶν ἐκ τοῦ Θεοῦ· ὃς καὶ ἱκάνωσεν ἡμᾶς διακόνους καινῆς διαθήκης· οὐ γράμμα- 6 τος, ἀλλὰ πνεύματος· τὸ γὰρ γράμμα ἀποκτείνει, τὸ δὲ πνεῦμα ζωοποιεῖ. εἰ δὲ ἡ διακονία τοῦ θανάτου ἐν γράμμα- 7 σιν ἐντετυπωμένη ⁿ—‖ λίθοις ἐγενήθη ἐν δόξῃ, ὥστε μὴ δύνασθαι ἀτενίσαι τοὺς υἱοὺς Ἰσραὴλ εἰς τὸ πρόσωπον Μωσέως διὰ τὴν δόξαν τοῦ προσώπου αὐτοῦ τὴν καταργουμένην, πῶς οὐχὶ μᾶλλον ἡ διακονία τοῦ πνεύματος ἔσται ἐν 8 δόξῃ; εἰ γὰρ ᵒἡ διακονία‖ τῆς κατακρίσεως δόξα, πολλῷ 9 μᾶλλον περισσεύει ἡ διακονία τῆς δικαιοσύνης ᵖ—‖ δόξῃ. καὶ γὰρ ᵠοὐ‖ δεδόξασται τὸ δεδοξασμένον ἐν τούτῳ τῷ 10 μέρει, ἕνεκεν τῆς ὑπερβαλλούσης δόξης. εἰ γὰρ τὸ κα- 11 ταργούμενον διὰ δόξης, πολλῷ μᾶλλον τὸ μένον ἐν δόξῃ.

Ἔχοντες οὖν τοιαύτην ἐλπίδα πολλῇ παρρησίᾳ χρώμεθα, 12 καὶ οὐ καθάπερ Μωσῆς ἐτίθει κάλυμμα ἐπὶ τὸ πρόσωπον 13

ᵍ om. ἐκ   ʰ κατενώπιον τοῦ Θεοῦ   ⁱ εἰ S.   ᵏ add συστατικῶν   ˡ καρδίας   ᵐ ἱκανοί ἐσμεν ἀφ' ἑαυτῶν   ⁿ add ἐν   ᵒ τῇ διακονίᾳ M.   ᵖ add ἐν   ᵠ οὐδὲ

ʳαὐτοῦ‖, πρὸς τὸ μὴ ἀτενίσαι τοὺς υἱοὺς Ἰσραὴλ εἰς τὸ
14 τέλος τοῦ καταργουμένου· ἀλλ᾽ ἐπωρώθη τὰ νοήματα αὐτῶν· Cp. Mat.
ἄχρι γὰρ τῆς σήμερον ˢἡμέρας⁷ τὸ αὐτὸ κάλυμμα ἐπὶ τῇ 13.11 sqq.
ἀναγνώσει τῆς παλαιᾶς διαθήκης ᵗμένει μὴ ἀνακαλυπτόμενον,
15 ὅ τι ἐν Χριστῷ καταργεῖται.‖ ἀλλ᾽ ἕως σήμερον, ἡνίκα
ᵘἂν ἀναγινώσκηται‖ Μωσῆς, κάλυμμα ἐπὶ τὴν καρδίαν αὐτῶν
16 κεῖται. ἡνίκα δ᾽ ἂν ἐπιστρέψῃ πρὸς Κύριον, περιαιρεῖται τὸ Cp.Ex.34.
17 κάλυμμα. ὁ δὲ Κύριος τὸ Πνεῦμά ἐστιν· οὗ δὲ τὸ Πνεῦμα 34.
18 Κυρίου, ˣ⁻‖ ἐλευθερία. ἡμεῖς δὲ πάντες, ἀνακεκαλυμμένῳ
προσώπῳ τὴν δόξαν Κυρίου κατοπτριζόμενοι, τὴν αὐτὴν
εἰκόνα μεταμορφούμεθα ἀπὸ δόξης εἰς δόξαν, καθάπερ ἀπὸ
Κυρίου Πνεύματος.
4 Διὰ τοῦτο ἔχοντες τὴν διακονίαν ταύτην, καθὼς ἠλεήθημεν,
2 οὐκ ʸἐγκακοῦμεν⁷· ἀλλ᾽ ἀπειπάμεθα τὰ κρυπτὰ τῆς αἰσχύ-
νης, μὴ περιπατοῦντες ἐν πανουργίᾳ μηδὲ δολοῦντες τὸν
λόγον τοῦ Θεοῦ, ἀλλὰ τῇ φανερώσει τῆς ἀληθείας συνι-
στῶντες ἑαυτοὺς πρὸς πᾶσαν συνείδησιν ἀνθρώπων ἐνώπιον
3 τοῦ Θεοῦ. εἰ δὲ καὶ ἔστι κεκαλυμμένον τὸ εὐαγγέλιον ἡμῶν,
4 ἐν τοῖς ἀπολλυμένοις ἐστὶ κεκαλυμμένον· ἐν οἷς ὁ Θεὸς τοῦ
αἰῶνος τούτου ἐτύφλωσε τὰ νοήματα τῶν ἀπίστων, εἰς τὸ μὴ
αὐγάσαι ᶻ⁻‖ τὸν φωτισμὸν τοῦ εὐαγγελίου τῆς δόξης τοῦ
5 Χριστοῦ, ὅς ἐστιν εἰκὼν τοῦ Θεοῦ. οὐ γὰρ ἑαυτοὺς κηρύσ- Cp. Col. 1.
σομεν ἀλλὰ Χριστὸν Ἰησοῦν Κύριον, ἑαυτοὺς δὲ δούλους 15.
6 ὑμῶν διὰ ᵃἸησοῦν‖. ὅτι ὁ Θεὸς ὁ εἰπὼν ᵇἘκ σκότους φῶς Cp. Gen.
λάμψει‖, ὃς ἔλαμψεν ἐν ταῖς καρδίαις ἡμῶν, πρὸς φωτισμὸν 1.3.
τῆς γνώσεως τῆς δόξης τοῦ Θεοῦ ἐν προσώπῳ Ἰησοῦ
Χριστοῦ.
7 Ἔχομεν δὲ τὸν θησαυρὸν τοῦτον ἐν ὀστρακίνοις σκεύεσιν,
ἵνα ἡ ὑπερβολὴ τῆς δυνάμεως ᾖ τοῦ Θεοῦ, καὶ μὴ ἐξ ἡμῶν·

ʳ ἑαυτοῦ   ˢ om. ἡμέρας   ᵗ μένει, μὴ ἀνακαλυπτό-
μενον ὅτι ἐν Χριστῷ καταργεῖται. Μ.   ᵘ ἀναγινώσκεται
ˣ add ἐκεῖ   ʸ ἐκκακοῦμεν   ᶻ add αὐτοῖς   ᵃ Ἰησοῦ Μ.
ᵇ ἐκ σκότους φῶς λάμψαι

ἐν παντὶ θλιβόμενοι, ἀλλ' οὐ στενοχωρούμενοι· ἀπορούμενοι, 8 ἀλλ' οὐκ ἐξαπορούμενοι· διωκόμενοι, ἀλλ' οὐκ ἐγκαταλει- 9 πόμενοι· καταβαλλόμενοι, ἀλλ' οὐκ ἀπολλύμενοι· πάντοτε 10 τὴν νέκρωσιν τοῦ ᶜ⁻ǁ Ἰησοῦ ἐν τῷ σώματι περιφέροντες, ἵνα καὶ ἡ ζωὴ τοῦ Ἰησοῦ ἐν τῷ σώματι ἡμῶν φανερωθῇ. ἀεὶ γὰρ ἡμεῖς οἱ ζῶντες εἰς θάνατον παραδιδόμεθα διὰ Ἰη- 11 σοῦν, ἵνα καὶ ἡ ζωὴ τοῦ Ἰησοῦ φανερωθῇ ἐν τῇ θνητῇ σαρκὶ ἡμῶν. ὥστε ὁ ᵈ⁻ǀ θάνατος ἐν ἡμῖν ἐνεργεῖται, ἡ δὲ ζωὴ ἐν 12 ὑμῖν. ἔχοντες δὲ τὸ αὐτὸ πνεῦμα τῆς πίστεως, κατὰ τὸ γε- 13 γραμμένον, Ἐπίστευσα, διὸ ἐλάλησα, καὶ ἡμεῖς πιστεύομεν, διὸ καὶ λαλοῦμεν· εἰδότες ὅτι ὁ ἐγείρας τὸν ᵉΚύριονǁ Ἰησοῦν 14 καὶ ἡμᾶς ᶠσὺν ǀ Ἰησοῦ ἐγερεῖ, καὶ παραστήσει σὺν ὑμῖν. τὰ 15 γὰρ πάντα δι' ὑμᾶς, ἵνα ἡ χάρις πλεονάσασα διὰ τῶν πλειόνων τὴν εὐχαριστίαν περισσεύσῃ εἰς τὴν δόξαν τοῦ Θεοῦ.

Διὸ οὐκ ᵍἐγκακοῦμεν ǀ· ἀλλ' εἰ καὶ ὁ ἔξω ἡμῶν ἄνθρωπος 16 διαφθείρεται, ἀλλ' ὁ ʰἔσω ἡμῶν ǀ ἀνακαινοῦται ἡμέρᾳ καὶ ἡμέρᾳ. τὸ γὰρ παραυτίκα ἐλαφρὸν τῆς θλίψεως ἡμῶν καθ' 17 ὑπερβολὴν εἰς ὑπερβολὴν αἰώνιον βάρος δόξης κατεργάζεται ἡμῖν, μὴ σκοπούντων ἡμῶν τὰ βλεπόμενα ἀλλὰ τὰ μὴ βλε- 18 πόμενα· τὰ γὰρ βλεπόμενα πρόσκαιρα, τὰ δὲ μὴ βλεπόμενα αἰώνια.

Οἴδαμεν γὰρ ὅτι, ἐὰν ἡ ἐπίγειος ἡμῶν οἰκία τοῦ σκήνους 5 καταλυθῇ, οἰκοδομὴν ἐκ Θεοῦ ἔχομεν, οἰκίαν ἀχειροποίητον, αἰώνιον, ἐν τοῖς οὐρανοῖς. καὶ γὰρ ἐν τούτῳ στενάζομεν, τὸ 2 οἰκητήριον ἡμῶν τὸ ἐξ οὐρανοῦ ἐπενδύσασθαι ἐπιποθοῦντες· εἴ γε καὶ ἐνδυσάμενοι οὐ γυμνοὶ εὑρεθησόμεθα. καὶ γὰρ 3, 4 οἱ ὄντες ἐν τῷ σκήνει στενάζομεν βαρούμενοι· ⁱἐφ' ᾧǁ οὐ θέλομεν ἐκδύσασθαι, ἀλλ' ἐπενδύσασθαι, ἵνα καταποθῇ τὸ θνητὸν ὑπὸ τῆς ζωῆς. ὁ δὲ κατεργασάμενος ἡμᾶς εἰς αὐτὸ 5 τοῦτο Θεός, ὁ ᵏ⁻ǀ δοὺς ἡμῖν τὸν ἀρραβῶνα τοῦ Πνεύματος.

ᶜ add Κυρίου   ᵈ add μέν   ᵉ om. Κύριον M.   ᶠ διὰ
ᵍ ἐκκακοῦμεν   ʰ ἔσωθεν   ⁱ ἐπειδὴ S.   ᵏ add καὶ

6 θαρροῦντες οὖν πάντοτε, καὶ εἰδότες ὅτι ἐνδημοῦντες ἐν τῷ Cp. Phil.
7 σώματι ἐκδημοῦμεν ἀπὸ τοῦ Κυρίου (διὰ πίστεως γὰρ περι- 1.21 sqq.
8 πατοῦμεν, οὐ διὰ εἴδους), θαρροῦμεν δέ, καὶ εὐδοκοῦμεν
μᾶλλον ἐκδημῆσαι ἐκ τοῦ σώματος, καὶ ἐνδημῆσαι πρὸς τὸν
9 Κύριον. διὸ καὶ φιλοτιμούμεθα, εἴτε ἐνδημοῦντες εἴτε ἐκ-
10 δημοῦντες, εὐάρεστοι αὐτῷ εἶναι. τοὺς γὰρ πάντας ἡμᾶς Cp. Joh.
φανερωθῆναι δεῖ ἔμπροσθεν τοῦ βήματος τοῦ Χριστοῦ, ἵνα Acts10.42.
κομίσηται ἕκαστος τὰ διὰ τοῦ σώματος, πρὸς ἃ ἔπραξεν, Rom. 14.
εἴτε ἀγαθόν, εἴτε ¹φαῦλον. 10.
11 Εἰδότες οὖν τὸν φόβον τοῦ Κυρίου ἀνθρώπους πείθομεν, Rev.20.12
Θεῷ δὲ πεφανερώμεθα· ἐλπίζω δὲ καὶ ἐν ταῖς συνειδήσεσιν
12 ὑμῶν πεφανερῶσθαι. οὐ ᵐ⁻¹ πάλιν ἑαυτοὺς συνιστάνομεν
ὑμῖν, ἀλλὰ ἀφορμὴν διδόντες ὑμῖν καυχήματος ὑπὲρ ἡμῶν,
ἵνα ἔχητε πρὸς τοὺς ἐν προσώπῳ καυχωμένους καὶ ⁿμὴ ἐν ¹
13 καρδίᾳ. εἴτε γὰρ ἐξέστημεν, Θεῷ· εἴτε σωφρονοῦμεν, ὑμῖν.
14 ἡ γὰρ ἀγάπη τοῦ Χριστοῦ συνέχει ἡμᾶς, κρίναντας τοῦτο,
ὅτι ᵒ⁻ εἰς ὑπὲρ πάντων ἀπέθανεν, ἄρα οἱ πάντες ἀπέθανον·
15 καὶ ὑπὲρ πάντων ἀπέθανεν, ἵνα οἱ ζῶντες μηκέτι ἑαυτοῖς ζῶ- Cp. Rom.
16 σιν ἀλλὰ τῷ ὑπὲρ αὐτῶν ἀποθανόντι καὶ ἐγερθέντι. ὥστε 14.7.
ἡμεῖς ἀπὸ τοῦ νῦν οὐδένα οἴδαμεν κατὰ σάρκα· εἰ ᵖ⁻ᴵᴵ καὶ
ἐγνώκαμεν κατὰ σάρκα Χριστόν, ἀλλὰ νῦν οὐκέτι γινώσκο-
17 μεν. ὥστε εἴ τις ἐν Χριστῷ, καινὴ κτίσις· τὰ ἀρχαῖα Cp. Gal.
18 παρῆλθεν· ἰδού, γέγονε καινά ᵠ⁻ᴵᴵ. τὰ δὲ πάντα ἐκ τοῦ Isa. 43. 18
Θεοῦ τοῦ καταλλάξαντος ἡμᾶς ἑαυτῷ διὰ ʳ⁻ Χριστοῦ sq.
19 καὶ δόντος ἡμῖν τὴν διακονίαν τῆς καταλλαγῆς, ὡς ὅτι
Θεὸς ἦν ἐν Χριστῷ κόσμον καταλλάσσων ἑαυτῷ, μὴ λο-
γιζόμενος αὐτοῖς τὰ παραπτώματα αὐτῶν, καὶ θέμενος ἐν
ἡμῖν τὸν λόγον τῆς καταλλαγῆς.
20 Ὑπὲρ Χριστοῦ οὖν πρεσβεύομεν, ὡς τοῦ Θεοῦ παρα-
καλοῦντος δι' ἡμῶν· δεόμεθα ὑπὲρ Χριστοῦ, καταλλάγητε
21 τῷ Θεῷ. τὸν ᴮ⁻ᴵᴵ μὴ γνόντα ἁμαρτίαν ὑπὲρ ἡμῶν ἁμαρτίαν Cp. Gal.
3. 13.

¹ κακόν   ᵐ add γάρ   ⁿ οὐ   ᵒ add εἰ   ᵖ add δὲ
ᵠ add τὰ παντα   ʳ add Ἰησοῦ   ˢ add γαρ

ἐποίησεν, ἵνα ἡμεῖς ᵗγενώμεθα" δικαιοσύνη Θεοῦ ἐν αὐτῷ.
συνεργοῦντες δὲ καὶ παρακαλοῦμεν μὴ εἰς κενὸν τὴν χάριν 6
τοῦ Θεοῦ δέξασθαι ὑμᾶς (λέγει γάρ, Καιρῷ δεκτῷ ἐπή- 2
κουσά σου, καὶ ἐν ἡμέρᾳ σωτηρίας ἐβοήθησά σοι· ἰδού,
νῦν καιρὸς εὐπρόσδεκτος, ἰδού, νῦν ἡμέρα σωτηρίας)· μη- 3
δεμίαν ἐν μηδενὶ διδόντες προσκοπήν, ἵνα μὴ μωμηθῇ ἡ
διακονία· ἀλλ᾽ ἐν παντὶ συνιστῶντες ἑαυτοὺς ὡς Θεοῦ διά- 4
κονοι, ἐν ὑπομονῇ πολλῇ, ἐν θλίψεσιν, ἐν ἀνάγκαις, ἐν
στενοχωρίαις, ἐν πληγαῖς, ἐν φυλακαῖς, ἐν ἀκαταστασίαις, 5
ἐν κόποις, ἐν ἀγρυπνίαις, ἐν νηστείαις, ἐν ἁγνότητι, ἐν γνώ- 6
σει, ἐν μακροθυμίᾳ, ἐν χρηστότητι, ἐν Πνεύματι Ἁγίῳ, ἐν
ἀγάπῃ ἀνυποκρίτῳ, ἐν λόγῳ ἀληθείας, ἐν δυνάμει Θεοῦ, 7
διὰ τῶν ὅπλων τῆς δικαιοσύνης τῶν δεξιῶν καὶ ἀριστερῶν,
διὰ δόξης καὶ ἀτιμίας, διὰ δυσφημίας καὶ εὐφημίας· ὡς 8
πλάνοι, καὶ ἀληθεῖς· ὡς ἀγνοούμενοι, καὶ ἐπιγινωσκόμενοι· 9
ὡς ἀποθνήσκοντες, καὶ ἰδού, ζῶμεν· ὡς παιδευόμενοι, καὶ
μὴ θανατούμενοι· ὡς λυπούμενοι, ἀεὶ δὲ χαίροντες· ὡς 10
πτωχοί, πολλοὺς δὲ πλουτίζοντες· ὡς μηδὲν ἔχοντες, καὶ
πάντα κατέχοντες.

Τὸ στόμα ἡμῶν ἀνέῳγε πρὸς ὑμᾶς, Κορίνθιοι, ἡ καρδία 11
ἡμῶν πεπλάτυνται. οὐ στενοχωρεῖσθε ἐν ἡμῖν, στενοχω- 12
ρεῖσθε δὲ ἐν τοῖς σπλάγχνοις ὑμῶν. τὴν δὲ αὐτὴν ἀντιμι- 13
σθίαν (ὡς τέκνοις λέγω) πλατύνθητε καὶ ὑμεῖς.

Μὴ γίνεσθε ἑτεροζυγοῦντες ἀπίστοις· τίς γὰρ μετοχὴ 14
δικαιοσύνῃ καὶ ἀνομίᾳ; ᵘἢ τίς" κοινωνία φωτὶ πρὸς
σκότος; τίς δὲ συμφώνησις ˣΧριστοῦ' πρὸς ʸΒελίαλ'; 15
ἢ τίς μερὶς πιστῷ μετὰ ἀπίστου; τίς δὲ συγκατάθεσις ναῷ 16
Θεοῦ μετὰ εἰδώλων; ᶻἡμεῖς' γὰρ ναὸς Θεοῦ ᵃἐσμεν' ζῶν-
τος· καθὼς εἶπεν ὁ Θεὸς ὅτι Ἐνοικήσω ἐν αὐτοῖς, καὶ
ἐμπεριπατήσω, καὶ ἔσομαι αὐτῶν Θεός, καὶ αὐτοὶ ἔσονταί

ᵗ γινώμεθα   ᵘ τίς δὲ   ˣ Χριστῷ   ʸ Βελίαρ S.M.
ᶻ ὑμεῖς   ᵃ ἐστε

17 ᵇμου‖ λαός. διὸ Ἐξέλθετε ἐκ μέσου αὐτῶν καὶ ἀφορί-
σθητε, λέγει Κύριος, καὶ ἀκαθάρτου μὴ ἅπτεσθε· κἀγὼ εἰσ-
18 δέξομαι ὑμᾶς, καὶ ἔσομαι ὑμῖν εἰς πατέρα, καὶ ὑμεῖς ἔσεσθέ
μοι εἰς υἱοὺς καὶ θυγατέρας, λέγει Κύριος παντοκράτωρ.
7 ταύτας οὖν ἔχοντες τὰς ἐπαγγελίας, ἀγαπητοί, καθαρίσωμεν
ἑαυτοὺς ἀπὸ παντὸς μολυσμοῦ σαρκὸς καὶ πνεύματος, ἐπι-
τελοῦντες ἁγιωσύνην ἐν φόβῳ Θεοῦ.
2 Χωρήσατε ἡμᾶς· οὐδένα ἠδικήσαμεν, οὐδένα ἐφθείραμεν,
3 οὐδένα ἐπλεονεκτήσαμεν. ᶜπρὸς κατάκρισιν οὐ‖ λέγω· προ-
είρηκα γάρ, ὅτι ἐν ταῖς καρδίαις ἡμῶν ἐστε εἰς τὸ συναπο-
4 θανεῖν καὶ συζῆν. πολλή μοι παρρησία πρὸς ὑμᾶς, πολλή
μοι καύχησις ὑπὲρ ὑμῶν· πεπλήρωμαι τῇ παρακλήσει, ὑπερ-
περισσεύομαι τῇ χαρᾷ ἐπὶ πάσῃ τῇ θλίψει ἡμῶν.
5 Καὶ γὰρ ἐλθόντων ἡμῶν εἰς Μακεδονίαν οὐδεμίαν ἔσχηκεν
ἄνεσιν ἡ σὰρξ ἡμῶν, ἀλλ' ἐν παντὶ θλιβόμενοι· ἔξωθεν
6 μάχαι, ἔσωθεν φόβοι. ἀλλ' ὁ παρακαλῶν τοὺς ταπεινοὺς
7 παρεκάλεσεν ἡμᾶς, ὁ Θεός, ἐν τῇ παρουσίᾳ Τίτου· οὐ μόνον
δὲ ἐν τῇ παρουσίᾳ αὐτοῦ, ἀλλὰ καὶ ἐν τῇ παρακλήσει ᾗ
παρεκλήθη ἐφ' ὑμῖν, ἀναγγέλλων ἡμῖν τὴν ὑμῶν ἐπιπόθη-
σιν, τὸν ὑμῶν ὀδυρμόν, τὸν ὑμῶν ζῆλον ὑπὲρ ἐμοῦ, ὥστε
8 με μᾶλλον χαρῆναι. ὅτι εἰ καὶ ἐλύπησα ὑμᾶς ἐν τῇ ἐπι-
στολῇ, οὐ μεταμέλομαι, εἰ καὶ μετεμελόμην· βλέπω ᵈγὰρ
ὅτι ἡ ἐπιστολὴ ἐκείνη, εἰ καὶ πρὸς ὥραν, ἐλύπησεν ὑμᾶς.
9 νῦν χαίρω, οὐχ ὅτι ἐλυπήθητε, ἀλλ' ὅτι ἐλυπήθητε εἰς μετά-
νοιαν· ἐλυπήθητε γὰρ κατὰ Θεόν, ἵνα ἐν μηδενὶ ζημιωθῆτε
10 ἐξ ἡμῶν. ἡ γὰρ κατὰ Θεὸν λύπη μετάνοιαν εἰς σωτηρίαν
ἀμεταμέλητον ᵉἐργάζεται ᶠ· ἡ δὲ τοῦ κόσμου λύπη θάνατον
11 κατεργάζεται. ἰδοὺ γάρ, αὐτὸ τοῦτο, τὸ κατὰ Θεὸν λυπη-
θῆναι ᶠ⁻‖, πόσην κατειργάσατο ὑμῖν σπουδήν, ἀλλὰ ἀπο-
λογίαν, ἀλλὰ ἀγανάκτησιν, ἀλλὰ φόβον, ἀλλὰ ἐπιπόθησιν,

ᵇ μοι   ᶜ οὐ πρὸς κατάκρισιν   ᵈ om. γὰρ M.   ᵉ κατερ-
γάζεται   ᶠ add ὑμᾶς

ΕΠΙΣΤΟΛΗ 7. 11-

ἀλλὰ ζῆλον, ἀλλ' ἐκδίκησιν. ἐν παντὶ συνεστήσατε ἑαυτοὺς ἁγνοὺς εἶναι ᵍ—" τῷ πράγματι. ἄρα εἰ καὶ ἔγραψα ὑμῖν, 12 οὐχ εἵνεκεν τοῦ ἀδικήσαντος, οὐδὲ εἵνεκεν τοῦ ἀδικηθέντος, ἀλλ' εἵνεκεν τοῦ φανερωθῆναι ʰτὴν σπουδὴν ὑμῶν τὴν ὑπὲρ ἡμῶν" πρὸς ὑμᾶς ἐνώπιον τοῦ Θεοῦ. διὰ τοῦτο ⁱπαρακε- 13 κλήμεθα· ἐπὶ δὲ τῇ παρακλήσει ἡμῶν περισσοτέρως μᾶλλον" ἐχάρημεν ἐπὶ τῇ χαρᾷ Τίτου, ὅτι ἀναπέπαυται τὸ πνεῦμα αὐτοῦ ἀπὸ πάντων ὑμῶν. ὅτι εἴ τι αὐτῷ ὑπὲρ 14 ὑμῶν κεκαύχημαι, οὐ κατῃσχύνθην· ἀλλ' ὡς πάντα ἐν ἀληθείᾳ ἐλαλήσαμεν ὑμῖν, οὕτω καὶ ἡ καύχησις ἡμῶν ἡ ἐπὶ Τίτου ἀλήθεια ἐγενήθη. καὶ τὰ σπλάγχνα αὐτοῦ περισσο- 15 τέρως εἰς ὑμᾶς ἐστιν, ἀναμιμνησκομένου τὴν πάντων ὑμῶν ὑπακοήν, ὡς μετὰ φόβου καὶ τρόμου ἐδέξασθε αὐτόν. χαίρω 16 ᵏ—ˡ ὅτι ἐν παντὶ θαρρῶ ἐν ὑμῖν.

Cp. Rom. 15. 26.

Γνωρίζομεν δὲ ὑμῖν, ἀδελφοί, τὴν χάριν τοῦ Θεοῦ τὴν 8 δεδομένην ἐν ταῖς ἐκκλησίαις τῆς Μακεδονίας· ὅτι ἐν πολλῇ 2 δοκιμῇ θλίψεως ἡ περισσεία τῆς χαρᾶς αὐτῶν καὶ ἡ κατὰ βάθους πτωχεία αὐτῶν ἐπερίσσευσεν εἰς ˡτὸ πλοῦτος" τῆς ἁπλότητος αὐτῶν. ὅτι κατὰ δύναμιν, μαρτυρῶ, καὶ ᵐπαρὰ" 3 δύναμιν, αὐθαίρετοι, μετὰ πολλῆς παρακλήσεως δεόμενοι 4 ἡμῶν, τὴν χάριν καὶ τὴν κοινωνίαν τῆς διακονίας τῆς εἰς τοὺς ἁγίους ⁿ—". καὶ οὐ καθὼς ἠλπίσαμεν, ἀλλ' ἑαυτοὺς 5 ἔδωκαν πρῶτον τῷ Κυρίῳ καὶ ἡμῖν διὰ θελήματος Θεοῦ·

Cp. vv. 17, 23, 12. 18.

εἰς τὸ παρακαλέσαι ἡμᾶς Τίτον, ἵνα καθὼς προενήρξατο, 6 οὕτω καὶ ἐπιτελέσῃ εἰς ὑμᾶς καὶ τὴν χάριν ταύτην. ἀλλ' 7

Cp. 1 Cor. 1. 5 sq.

ὥσπερ ἐν παντὶ περισσεύετε, πίστει, καὶ λόγῳ, καὶ γνώσει, καὶ πάσῃ σπουδῇ, καὶ τῇ ᵒἐξ ὑμῶν ἐν ἡμῖν" ἀγάπῃ, ἵνα καὶ ἐν ταύτῃ τῇ χάριτι περισσεύητε. οὐ κατ' ἐπιταγὴν λέγω, 8

ᵍ add ἐν   ʰ τὴν σπουδὴν ἡμῶν τὴν ὑπὲρ ὑμῶν A.
ⁱ παρακεκλήμεθα ἐπὶ τῇ παρακλήσει ὑμῶν· περισσοτέρως δὲ μᾶλλον   ᵏ add οὖν A.   ˡ τὸν πλοῦτον   ᵐ ὑπὲρ
ⁿ add δέξασθαι ἡμᾶς   ᵒ ἐξ ἡμῶν ἐν ὑμῖν M.

ΠΡΟΣ ΚΟΡΙΝΘΙΟΥΣ Β.

ἀλλὰ διὰ τῆς ἑτέρων σπουδῆς καὶ τὸ τῆς ὑμετέρας ἀγάπης
9 γνήσιον δοκιμάζων. γινώσκετε γὰρ τὴν χάριν τοῦ Κυρίου
ἡμῶν Ἰησοῦ Χριστοῦ, ὅτι δι' ὑμᾶς ἐπτώχευσε πλούσιος ὤν,
10 ἵνα ὑμεῖς τῇ ἐκείνου πτωχείᾳ πλουτήσητε. καὶ γνώμην ἐν
τούτῳ δίδωμι· τοῦτο γὰρ ὑμῖν συμφέρει, οἵτινες οὐ μόνον
τὸ ποιῆσαι ἀλλὰ καὶ τὸ θέλειν προενήρξασθε ἀπὸ πέρυσι.
11 νυνὶ δὲ καὶ τὸ ποιῆσαι ἐπιτελέσατε, ὅπως, καθάπερ ἡ προ-
θυμία τοῦ θέλειν, οὕτω καὶ τὸ ἐπιτελέσαι ἐκ τοῦ ἔχειν.
12 εἰ γὰρ ἡ προθυμία πρόκειται, καθὸ ἐὰν ἔχῃ $^{p-7}$, εὐπρόσ-
13 δεκτος, οὐ καθὸ οὐκ ἔχει. οὐ γὰρ ἵνα ἄλλοις ἄνεσις, ὑμῖν
14 $^{q-\prime}$ θλῖψις· ἀλλ' ἐξ ἰσότητος· ἐν τῷ νῦν καιρῷ τὸ ὑμῶν
περίσσευμα εἰς τὸ ἐκείνων ὑστέρημα, ἵνα καὶ τὸ ἐκείνων
περίσσευμα γένηται εἰς τὸ ὑμῶν ὑστέρημα, ὅπως γένηται
15 ἰσότης· καθὼς γέγραπται, Ὁ τὸ πολὺ οὐκ ἐπλεύνασε, καὶ
ὁ τὸ ὀλίγον οὐκ ἠλαττόνησε.
16 Χάρις δὲ τῷ Θεῷ τῷ διδόντι τὴν αὐτὴν σπουδὴν ὑπὲρ ὑμῶν
17 ἐν τῇ καρδίᾳ Τίτου. ὅτι τὴν μὲν παράκλησιν ἐδέξατο,
σπουδαιότερος δὲ ὑπάρχων αὐθαίρετος ἐξῆλθε πρὸς ὑμᾶς.
18 συνεπέμψαμεν δὲ ^{r}τὸν ἀδελφὸν μετ' αὐτοῦ$^{\prime\prime}$ οὗ ὁ ἔπαινος ἐν
19 τῷ εὐαγγελίῳ διὰ πασῶν τῶν ἐκκλησιῶν· οὐ μόνον δέ, ἀλλὰ
καὶ χειροτονηθεὶς ὑπὸ τῶν ἐκκλησιῶν συνέκδημος ἡμῶν ^{s}ἐν$^{\prime}$
τῇ χάριτι ταύτῃ τῇ διακονουμένῃ ὑφ' ἡμῶν πρὸς τὴν $^{t-\prime\prime}$ τοῦ
20 Κυρίου δόξαν καὶ προθυμίαν ^{u}ἡμῶν· στελλόμενοι τοῦτο,
μή τις ἡμᾶς μωμήσηται ἐν τῇ ^{x}ἀδρότητι ταύτῃ τῇ διακονου-
21 μένῃ ὑφ' ἡμῶν· ^{y}προνοοῦμεν γὰρ καλὰ οὐ μόνον ἐνώπιον
22 Κυρίου ἀλλὰ καὶ ἐνώπιον ἀνθρώπων. συνεπέμψαμεν δὲ
αὐτοῖς τὸν ἀδελφὸν ἡμῶν, ὃν ἐδοκιμάσαμεν ἐν πολλοῖς
πολλάκις σπουδαῖον ὄντα, νυνὶ δὲ πολὺ σπουδαιότερον
23 πεποιθήσει πολλῇ τῇ εἰς ὑμᾶς. εἴτε ὑπὲρ Τίτου, κοινωνὸς
ἐμὸς καὶ εἰς ὑμᾶς συνεργός· εἴτε ἀδελφοὶ ἡμῶν, ἀπόστολοι

^{p} add τις ^{q} add δὲ ^{r} μετ' αὐτοῦ τὸν ἀδελφὸν
^{s} σὺν ^{t} add αὐτοῦ ^{u} ὑμῶν ^{x} ἁδρότητι S. ^{y} προ-
νοούμενοι

ἐκκλησιῶν, δόξα Χριστοῦ. τὴν οὖν ἔνδειξιν τῆς ἀγάπης 24 ὑμῶν καὶ ἡμῶν καυχήσεως ὑπὲρ ὑμῶν εἰς αὐτοὺς ἐνδείξασθε ᶻ⁻¹ εἰς πρόσωπον τῶν ἐκκλησιῶν.

Περὶ μὲν γὰρ τῆς διακονίας τῆς εἰς τοὺς ἁγίους περισσόν 9 μοί ἐστι τὸ γράφειν ὑμῖν· οἶδα γὰρ τὴν προθυμίαν ὑμῶν, ἣν 2 ὑπὲρ ὑμῶν καυχῶμαι Μακεδόσιν, ὅτι Ἀχαΐα παρεσκεύασται ἀπὸ πέρυσι· καὶ ὁ ᵃ⁻|| ὑμῶν ζῆλος ἠρέθισε τοὺς πλείονας. ἔπεμψα δὲ τοὺς ἀδελφούς, ἵνα μὴ τὸ καύχημα ἡμῶν τὸ ὑπὲρ 3 ὑμῶν κενωθῇ ἐν τῷ μέρει τούτῳ· ἵνα, καθὼς ἔλεγον, παρεσκευασμένοι ἦτε· μή πως, ἐὰν ἔλθωσι σὺν ἐμοὶ Μακεδόνες 4 καὶ εὕρωσιν ὑμᾶς ἀπαρασκευάστους, καταισχυνθῶμεν ἡμεῖς (ἵνα μὴ λέγωμεν ὑμεῖς) ἐν τῇ ὑποστάσει ταύτῃ ᵇ⁻||. ἀναγ- 5 καῖον οὖν ἡγησάμην παρακαλέσαι τοὺς ἀδελφούς, ἵνα προέλθωσιν εἰς ὑμᾶς, καὶ προκαταρτίσωσι τὴν ᶜπροεπηγγελμένην || εὐλογίαν ὑμῶν, ταύτην ἑτοίμην εἶναι οὕτως ὡς εὐλογίαν καὶ μὴ ᵈὡς|| πλεονεξίαν.

Τοῦτο δέ, ὁ σπείρων φειδομένως φειδομένως καὶ θερίσει, 6 καὶ ὁ σπείρων ἐπ᾽ εὐλογίαις ἐπ᾽ εὐλογίαις καὶ θερίσει. ἕκαστος καθὼς ᵉπροῄρηται|| τῇ καρδίᾳ, μὴ ἐκ λύπης ἢ ἐξ 7 ἀνάγκης· ἱλαρὸν γὰρ δότην ἀγαπᾷ ὁ Θεός. ᶠδυνατεῖ|| δὲ 8 ὁ Θεὸς πᾶσαν χάριν περισσεῦσαι εἰς ὑμᾶς, ἵνα ἐν παντὶ πάντοτε πᾶσαν αὐτάρκειαν ἔχοντες περισσεύητε εἰς πᾶν ἔργον ἀγαθόν· καθὼς γέγραπται, Ἐσκόρπισεν, ἔδωκε τοῖς 9 πένησιν· ἡ δικαιοσύνη αὐτοῦ μένει εἰς τὸν αἰῶνα. ὁ δὲ 10 ἐπιχορηγῶν σπέρμα τῷ σπείροντι, καὶ ἄρτον ᵍεἰς βρῶσιν, χορηγήσει καὶ πληθυνεῖ|| τὸν σπόρον ὑμῶν, καὶ ʰαὐξήσει|| τὰ γεννήματα τῆς δικαιοσύνης ὑμῶν· ἐν παντὶ πλουτιζόμενοι 11 εἰς πᾶσαν ἁπλότητα, ἥτις κατεργάζεται δι᾽ ἡμῶν εὐχαριστίαν τῷ Θεῷ. ὅτι ἡ διακονία τῆς λειτουργίας ταύτης οὐ μόνον 12 ἐστὶ προσαναπληροῦσα τὰ ὑστερήματα τῶν ἁγίων, ἀλλὰ καὶ

ᶻ add καί   ᵃ add ἐξ   ᵇ add τῆς καυχήσεως   ᶜ προκατηγγελμένην   ᵈ ὥσπερ   ᵉ προαιρεῖται   ᶠ δυνατὸς ᵍ εἰς βρῶσιν χορηγήσαι, καὶ πληθύναι   ʰ αὐξήσαι

13 περισσεύουσα διὰ πολλῶν εὐχαριστιῶν τῷ Θεῷ· διὰ τῆς δοκιμῆς τῆς διακονίας ταύτης δοξάζοντες τὸν Θεὸν ἐπὶ τῇ ὑποταγῇ τῆς ὁμολογίας ὑμῶν εἰς τὸ εὐαγγέλιον τοῦ Χριστοῦ, 14 καὶ ἁπλότητι τῆς κοινωνίας εἰς αὐτοὺς καὶ εἰς πάντας· καὶ αὐτῶν δεήσει ὑπὲρ ὑμῶν ἐπιποθούντων ὑμᾶς διὰ τὴν ὑπερ-15 βάλλουσαν χάριν τοῦ Θεοῦ ἐφ᾽ ὑμῖν. χάρις ⁱ⁻ᶦᶦ τῷ Θεῷ ἐπὶ τῇ ἀνεκδιηγήτῳ αὐτοῦ δωρεᾷ.

10 Αὐτὸς δὲ ἐγὼ Παῦλος παρακαλῶ ὑμᾶς διὰ τῆς πραότητος καὶ ἐπιεικείας τοῦ Χριστοῦ, ὃς κατὰ πρόσωπον μὲν ταπεινὸς Cp. ver. 10. 2 ἐν ὑμῖν ἀπὼν δὲ θαρρῶ εἰς ὑμᾶς· δέομαι δέ, τὸ μὴ παρὼν θαρρῆσαι τῇ πεποιθήσει ᾗ λογίζομαι τολμῆσαι ἐπί τινας 3 τοὺς λογιζομένους ἡμᾶς ὡς κατὰ σάρκα περιπατοῦντας. ἐν 4 σαρκὶ γὰρ περιπατοῦντες οὐ κατὰ σάρκα στρατευόμεθα (τὰ Cp. 6. 7. γὰρ ὅπλα τῆς στρατείας ἡμῶν οὐ σαρκικά, ἀλλὰ δυνατὰ τῷ 5 Θεῷ πρὸς καθαίρεσιν ὀχυρωμάτων), λογισμοὺς καθαιροῦντες καὶ πᾶν ὕψωμα ἐπαιρόμενον κατὰ τῆς γνώσεως τοῦ Θεοῦ, καὶ αἰχμαλωτίζοντες πᾶν νόημα εἰς τὴν ὑπακοὴν τοῦ Χριστοῦ, 6 καὶ ἐν ἑτοίμῳ ἔχοντες ἐκδικῆσαι πᾶσαν παρακοήν, ὅταν πλη-7 ρωθῇ ὑμῶν ἡ ὑπακοή. τὰ κατὰ πρόσωπον ᵏβλέπετε.ᶦᶦ εἴ τις πέποιθεν ἑαυτῷ Χριστοῦ εἶναι, τοῦτο λογιζέσθω πάλιν ˡἐφ᾽ ˡ ἑαυτοῦ, ὅτι καθὼς αὐτὸς Χριστοῦ, οὕτω καὶ ἡμεῖς ᵐ⁻. 8 ἐάν τε γὰρ ⁿ⁻ᶦᶦ περισσότερόν τι καυχήσωμαι περὶ τῆς ἐξουσίας ἡμῶν (ἧς ἔδωκεν ὁ Κύριος ᵒ⁻ᶦᶦ εἰς οἰκοδομὴν καὶ οὐκ 9 εἰς καθαίρεσιν ὑμῶν), οὐκ αἰσχυνθήσομαι· ἵνα μὴ δόξω ὡς Cp. 7. 8 10 ἂν ἐκφοβεῖν ὑμᾶς διὰ τῶν ἐπιστολῶν. ὅτι, Αἱ μὲν ἐπιστολαί, ˢᵠᵠ. φησί, βαρεῖαι καὶ ἰσχυραί, ἡ δὲ παρουσία τοῦ σώματος Cp. ver. 1. 11 ἀσθενὴς καὶ ὁ λόγος ἐξουθενημένος. τοῦτο λογιζέσθω ὁ τοιοῦτος, ὅτι οἷοί ἐσμεν τῷ λόγῳ δι᾽ ἐπιστολῶν ἀπόντες, 12 τοιοῦτοι καὶ παρόντες τῷ ἔργῳ. οὐ γὰρ τολμῶμεν ἐγκρῖναι ἢ συγκρῖναι ἑαυτοὺς τισι τῶν ἑαυτοὺς συνιστανόντων· ἀλλὰ

ⁱ add δὲ   ᵏ βλέπετε: A.S.M.   ˡ ἀφ᾽   ᵐ add Χριστοῦ
ⁿ add καὶ   ᵒ add ἡμῖν

D d

αὐτοὶ ἐν ἑαυτοῖς ἑαυτοὺς μετροῦντες, καὶ συγκρίνοντες ἑαυτοὺς ἑαυτοῖς, οὐ συνιοῦσιν. ἡμεῖς δὲ οὐχὶ εἰς τὰ ἄμετρα καυχη- 13 σόμεθα, ἀλλὰ κατὰ τὸ μέτρον τοῦ κανόνος οὗ ἐμέρισεν ἡμῖν ὁ Θεὸς μέτρου ἐφικέσθαι ἄχρι καὶ ὑμῶν. οὐ γὰρ ὡς μὴ 14 ἐφικνούμενοι εἰς ὑμᾶς ὑπερεκτείνομεν ἑαυτούς· ἄχρι γὰρ καὶ ὑμῶν ἐφθάσαμεν ἐν τῷ εὐαγγελίῳ τοῦ Χριστοῦ· οὐκ εἰς τὰ 15 ἄμετρα καυχώμενοι ἐν ἀλλοτρίοις κόποις, ἐλπίδα δὲ ἔχοντες, αὐξανομένης τῆς πίστεως ὑμῶν, ἐν ὑμῖν μεγαλυνθῆναι κατὰ τὸν κανόνα ἡμῶν εἰς περισσείαν, εἰς τὰ ὑπερέκεινα ὑμῶν 16 εὐαγγελίσασθαι, οὐκ ἐν ἀλλοτρίῳ κανόνι εἰς τὰ ἕτοιμα καυχήσασθαι. ὁ δὲ καυχώμενος ἐν Κυρίῳ καυχάσθω· οὐ 17, 18 γὰρ ὁ ἑαυτὸν συνιστῶν, ἐκεῖνός ἐστι δόκιμος, ἀλλ᾿ ὃν ὁ Κύριος συνίστησιν.

Ὄφελον ἀνείχεσθέ μου ᵖμικρόν τι ἀφροσύνης¹· ἀλλὰ καὶ 11 ἀνέχεσθέ μου. ζηλῶ γὰρ ὑμᾶς Θεοῦ ζήλῳ· ἡρμοσάμην γὰρ 2 ὑμᾶς ἑνὶ ἀνδρί, παρθένον ἁγνὴν παραστῆσαι τῷ Χριστῷ. φοβοῦμαι δὲ μή πως, ὡς ὁ ὄφις ᵠἐξηπάτησεν Εὔαν⁰ ἐν τῇ 3 πανουργίᾳ αὐτοῦ, ʳ—¹ φθαρῇ τὰ νοήματα ὑμῶν ἀπὸ τῆς ἁπλότητος ˢκαὶ τῆς ἁγνότητος⁰ τῆς εἰς τὸν Χριστόν. εἰ 4 μὲν γὰρ ὁ ἐρχόμενος ἄλλον Ἰησοῦν κηρύσσει ὃν οὐκ ἐκηρύξαμεν, ἢ πνεῦμα ἕτερον λαμβάνετε ὃ οὐκ ἐλάβετε, ἢ εὐαγγέλιον ἕτερον ὃ οὐκ ἐδέξασθε, καλῶς ᵗἀνέχεσθε⁰. λογί- 5 ζομαι γὰρ μηδὲν ὑστερηκέναι τῶν ὑπερλίαν ἀποστόλων. εἰ 6 δὲ καὶ ἰδιώτης τῷ λόγῳ, ἀλλ᾿ οὐ τῇ γνώσει· ἀλλ᾿ ἐν παντὶ ᵘφανερώσαντες⁰ ἐν πᾶσιν εἰς ὑμᾶς. ἢ ἁμαρτίαν ἐποίησα 7 ἐμαυτὸν ταπεινῶν ἵνα ὑμεῖς ὑψωθῆτε, ὅτι δωρεὰν τὸ τοῦ Θεοῦ εὐαγγέλιον εὐηγγελισάμην ὑμῖν; ἄλλας ἐκκλησίας 8 ἐσύλησα λαβὼν ὀψώνιον πρὸς τὴν ὑμῶν διακονίαν· καὶ 9 παρὼν πρὸς ὑμᾶς καὶ ὑστερηθεὶς οὐ κατενάρκησα οὐδενός· τὸ γὰρ ὑστέρημά μου προσανεπλήρωσαν οἱ ἀδελφοὶ ἐλθόντες

ᵖ μικρὸν τῇ ἀφροσύνῃ   ᵠ Εὔαν ἐξηπάτησεν   ʳ add οὕτω   ˢ om. καὶ τῆς ἁγνότητος   ᵗ ἠνείχεσθε   ᵘ φανερωθέντες

ἀπὸ Μακεδονίας· καὶ ἐν παντὶ ἀβαρῆ ˣἐμαυτὸν ὑμῖν ἐτή-
10 ρησα καὶ τηρήσω. ἔστιν ἀλήθεια Χριστοῦ ἐν ἐμοί, ὅτι ἡ
καύχησις αὕτη οὐ ʸφραγήσεται″ εἰς ἐμὲ ἐν τοῖς κλίμασι τῆς
11,12 Ἀχαίας. διατί; ὅτι οὐκ ἀγαπῶ ὑμᾶς; ὁ Θεὸς οἶδεν. ὁ
δὲ ποιῶ, καὶ ποιήσω, ἵνα ἐκκόψω τὴν ἀφορμὴν τῶν θελόντων
ἀφορμήν, ἵνα ἐν ᾧ καυχῶνται εὑρεθῶσι καθὼς καὶ ἡμεῖς.
13 οἱ γὰρ τοιοῦτοι ψευδαπόστολοι, ἐργάται δόλιοι, μετασχη-
14 ματιζόμενοι εἰς ἀποστόλους Χριστοῦ. καὶ οὐ ᶻθαῦμα·
αὐτὸς γὰρ ὁ Σατανᾶς μετασχηματίζεται εἰς ἄγγελον φωτός.
15 οὐ μέγα οὖν εἰ καὶ οἱ διάκονοι αὐτοῦ μετασχηματίζονται ὡς
διάκονοι δικαιοσύνης· ὧν τὸ τέλος ἔσται κατὰ τὰ ἔργα
αὐτῶν.
16 Πάλιν λέγω, μή τίς με δόξῃ ἄφρονα εἶναι· εἰ δὲ μή γε,
κἂν ὡς ἄφρονα δέξασθέ με, ἵνα ᵃκἀγὼ μικρόν τι″ καυχή-
17 σωμαι. ὃ λαλῶ, οὐ ᵇκατὰ Κύριον λαλῶ ¹, ἀλλ' ὡς ἐν
18 ἀφροσύνῃ, ἐν ταύτῃ τῇ ὑποστάσει τῆς καυχήσεως. ἐπεὶ
19 πολλοὶ καυχῶνται κατὰ τὴν σάρκα, κἀγὼ καυχήσομαι. ἡδέως
20 γὰρ ἀνέχεσθε τῶν ἀφρόνων φρόνιμοι ὄντες· ἀνέχεσθε γάρ,
εἴ τις ὑμᾶς καταδουλοῖ, εἴ τις κατεσθίει, εἴ τις λαμβάνει,
21 εἴ τις ἐπαίρεται, εἴ τις ᶜεἰς πρόσωπον ὑμᾶς″ δέρει. κατὰ
ἀτιμίαν λέγω, ὡς ὅτι ἡμεῖς ᵈἠσθενήκαμεν″. ἐν ᾧ δ' ἄν τις
22 τολμᾷ, (ἐν ἀφροσύνῃ λέγω) τολμῶ κἀγώ. Ἑβραῖοί εἰσι; Cp. Phil.
κἀγώ. Ἰσραηλῖταί εἰσι; κἀγώ. σπέρμα Ἀβραάμ εἰσι; κἀγώ. 3. 5.
23 διάκονοι Χριστοῦ εἰσι; (παραφρονῶν λαλῶ) ὑπὲρ ἐγώ· ἐν
κόποις περισσοτέρως, ᵉἐν φυλακαῖς περισσοτέρως, ἐν πλη-
24 γαῖς ὑπερβαλλόντως,″ ἐν θανάτοις πολλάκις. ὑπὸ Ἰουδαίων
25 πεντάκις τεσσαράκοντα παρὰ μίαν ἔλαβον, τρὶς ἐρραβδίσθην, Cp. Deut.
ἅπαξ ἐλιθάσθην, τρὶς ἐναυάγησα, νυχθήμερον ἐν τῷ βυθῷ 25. 3.
26 πεποίηκα· ὁδοιπορίαις πολλάκις, κινδύνοις ποταμῶν, κινδύ-

ˣ ὑμῖν ἐμαυτὸν   ʸ σφραγίσεται S.   ᶻ θαυμαστόν
ᵃ μικρόν τι κἀγὼ   ᵇ λαλῶ κατὰ Κύριον   ᶜ ὑμᾶς εἰς
πρόσωπον   ᵈ ἠσθενήσαμεν   ᵉ ἐν πληγαῖς ὑπερβαλλόν-
τως, ἐν φυλακαῖς περισσοτέρως,

νοις ληστῶν, κινδύνοις ἐκ γένους, κινδύνοις ἐξ ἐθνῶν, κινδύνοις ἐν πόλει, κινδύνοις ἐν ἐρημίᾳ, κινδύνοις ἐν θαλάσσῃ, κινδύνοις ἐν ψευδαδέλφοις, f–‖ κόπῳ καὶ μόχθῳ, ἐν ἀγρυπνίαις 27 πολλάκις, ἐν λιμῷ καὶ δίψει, ἐν νηστείαις πολλάκις, ἐν ψύχει καὶ γυμνότητι. χωρὶς τῶν παρεκτός, g ἡ ἐπίστασίς 28 μοι l ἡ καθ᾽ ἡμέραν, ἡ μέριμνα πασῶν τῶν ἐκκλησιῶν. τίς 29 ἀσθενεῖ, καὶ οὐκ ἀσθενῶ; τίς σκανδαλίζεται, καὶ οὐκ ἐγὼ πυροῦμαι; εἰ καυχᾶσθαι δεῖ, τὰ τῆς ἀσθενείας μου καυχή- 30 σομαι· ὁ Θεὸς καὶ πατὴρ τοῦ Κυρίου h–‖ Ἰησοῦ i–‖ οἶδεν, 31 ὁ ὢν εὐλογητὸς εἰς τοὺς αἰῶνας, ὅτι οὐ ψεύδομαι. ἐν 32 Δαμασκῷ ὁ ἐθνάρχης Ἀρέτα τοῦ βασιλέως ἐφρούρει τὴν Δαμασκηνῶν πόλιν πιάσαι με j–‖· καὶ διὰ θυρίδος ἐν 33 σαργάνῃ ἐχαλάσθην διὰ τοῦ τείχους, καὶ ἐξέφυγον τὰς χεῖρας αὐτοῦ.

k Καυχᾶσθαι l δεῖ,‖ οὐ συμφέρον μέν, ἐλεύσομαι δὲ‖ εἰς 12 ὀπτασίας καὶ ἀποκαλύψεις Κυρίου. οἶδα ἄνθρωπον ἐν 2 Χριστῷ πρὸ ἐτῶν δεκατεσσάρων (εἴτε ἐν σώματι οὐκ οἶδα, εἴτε ἐκτὸς τοῦ σώματος οὐκ οἶδα, ὁ Θεὸς οἶδεν), ἁρπαγέντα τὸν τοιοῦτον ἕως τρίτου οὐρανοῦ. καὶ οἶδα τὸν τοιοῦτον 3 ἄνθρωπον (εἴτε ἐν σώματι εἴτε m χωρὶς ‖ τοῦ σώματος οὐκ οἶδα, ὁ Θεὸς οἶδεν), ὅτι ἡρπάγη εἰς τὸν παράδεισον, καὶ 4 ἤκουσεν ἄρρητα ῥήματα, ἃ οὐκ ἐξὸν ἀνθρώπῳ λαλῆσαι. ὑπὲρ τοῦ τοιούτου καυχήσομαι· ὑπὲρ δὲ ἐμαυτοῦ οὐ καυχή- 5 σομαι, εἰ μὴ ἐν ταῖς ἀσθενείαις n–‖. ἐὰν γὰρ θελήσω 6 καυχήσασθαι, οὐκ ἔσομαι ἄφρων, ἀλήθειαν γὰρ ἐρῶ· φείδομαι δέ, μή τις εἰς ἐμὲ λογίσηται ὑπὲρ ὃ βλέπει με, ἢ ἀκούει o–‖ ἐξ ἐμοῦ. καὶ τῇ ὑπερβολῇ τῶν ἀποκαλύψεων— 7 p διὸ‖ ἵνα μὴ ὑπεραίρωμαι, ἐδόθη μοι σκόλοψ τῇ σαρκί, ἄγγελος Σατᾶν ἵνα με κολαφίζῃ, ἵνα μὴ ὑπεραίρωμαι. ὑπὲρ 8

f add ἐν   g ἡ ἐπισύστασίς μου   h add ἡμῶν   i add Χριστοῦ   j add θέλων   k Καυχᾶσθαι δὴ οὐ συμφέρει μοι· ἐλεύσομαι γὰρ   l δὲ M.   m ἐκτὸς   n add μου   o add τι   p om. διὸ (and the mark of a break)

τούτου τρὶς τὸν Κύριον παρεκάλεσα, ἵνα ἀποστῇ ἀπ' ἐμοῦ.
9 καὶ εἴρηκέ μοι, Ἀρκεῖ σοι ἡ χάρις μου· ἡ γὰρ δύναμις ᑫ—ʲ
ἐν ἀσθενείᵃ ʳτελεῖταιᵘ. ἥδιστα οὖν μᾶλλον καυχήσομαι ἐν
ταῖς ἀσθενείαις μου, ἵνα ἐπισκηνώσῃ ἐπ' ἐμὲ ἡ δύναμις τοῦ
10 Χριστοῦ. διὸ εὐδοκῶ ἐν ἀσθενείαις, ἐν ὕβρεσιν, ἐν ἀνάγκαις,
ἐν διωγμοῖς, ἐν στενοχωρίαις, ὑπὲρ Χριστοῦ· ὅταν γὰρ
ἀσθενῶ, τότε δυνατός εἰμι.
11 Γέγονα ἄφρων ˢ—· ὑμεῖς με ἠναγκάσατε. ἐγὼ γὰρ
ὤφειλον ὑφ' ὑμῶν συνίστασθαι· οὐδὲν γὰρ ὑστέρησα τῶν Cp. 11. 5.
12 ὑπερλίαν ἀποστόλων, εἰ καὶ οὐδέν εἰμι. τὰ μὲν σημεῖα τοῦ
ἀποστόλου κατειργάσθη ἐν ὑμῖν ἐν πάσῃ ὑπομονῇ, ᵗσημείοις Cp. Rom.
13 τεᵘ καὶ τέρασι καὶ δυνάμεσι. τί γάρ ἐστιν ὃ ἡττήθητε ὑπὲρ 1 Cor. 14.
τὰς λοιπὰς ἐκκλησίας, εἰ μὴ ὅτι αὐτὸς ἐγὼ οὐ κατενάρκησα 18.
ὑμῶν; χαρίσασθέ μοι τὴν ἀδικίαν ταύτην.
14 Ἰδού, τρίτον ᵘτοῦτοᵘ ἑτοίμως ἔχω ἐλθεῖν πρὸς ὑμᾶς, καὶ Cp. 1. 15.
οὐ καταναρκήσω ˣ—ᵘ· οὐ γὰρ ζητῶ τὰ ὑμῶν, ἀλλ' ὑμᾶς· οὐ 12. 1.
γὰρ ὀφείλει τὰ τέκνα τοῖς γονεῦσι θησαυρίζειν, ἀλλ' οἱ
15 γονεῖς τοῖς τέκνοις· ἐγὼ δὲ ἥδιστα δαπανήσω καὶ ἐκδαπα- Cp. 2 Tim.
νηθήσομαι ὑπὲρ τῶν ψυχῶν ʸὑμῶν. εἰʲ περισσοτέρως ὑμᾶς 2. 10.
16 ᶻἀγαπῶ,ʲ ἧττον ᵃἀγαπῶμαι·ʲ ἔστω δέ, ἐγὼ οὐ κατεβά-
ρησα ὑμᾶς, ἀλλ' ὑπάρχων πανοῦργος δόλῳ ὑμᾶς ἔλαβον.
17 μή τινα ὧν ἀπέσταλκα πρὸς ὑμᾶς, δι' αὐτοῦ ἐπλεονέκτησα Cp. 7. 2.
18 ὑμᾶς; παρεκάλεσα Τίτον, καὶ συναπέστειλα τὸν ἀδελφόν. Cp. 8. 6.
μή τι ἐπλεονέκτησεν ὑμᾶς Τίτος; οὐ τῷ αὐτῷ Πνεύματι
περιεπατήσαμεν; οὐ τοῖς αὐτοῖς ἴχνεσι;
19 ᵇΠάλαιᵘ δοκεῖτε ὅτι ὑμῖν ᶜἀπολογούμεθα.ᵘ ᵈκατέναντι
τοῦ Θεοῦ ἐν Χριστῷ λαλοῦμεν. τὰ δὲ πάντα, ἀγαπητοί,
20 ὑπὲρ τῆς ὑμῶν οἰκοδομῆς. φοβοῦμαι γάρ, μή πως ἐλθὼν
οὐχ οἵους θέλω εὕρω ὑμᾶς, κἀγὼ εὑρεθῶ ὑμῖν οἷον οὐ θέλετε·

ᑫ add μου   ʳ τελειοῦται   ˢ add καυχώμενος   ᵗ ἐν
σημείοις   ᵘ om. τοῦτο   ˣ add ὑμῶν   ʸ ὑμῶν.
εἰ καὶ   ᶻ ἀγαπῶν   ᵃ ἀγαπῶμαι.   ᵇ Πάλιν
ᶜ ἀπολογούμεθα; A.S.M.   ᵈ κατενώπιον

μή πως ⁿἔρις, ζῆλος," θυμοί, ἐριθεῖαι, καταλαλιαί, ψιθυρισμοί, φυσιώσεις, ἀκαταστασίαι· μὴ πάλιν ᶠἐλθόντος μου 21 ταπεινώσῃ με" ὁ Θεός μου πρὸς ὑμᾶς, καὶ πενθήσω πολλοὺς τῶν προημαρτηκότων, καὶ μὴ μετανοησάντων ἐπὶ τῇ ἀκαθαρσίᾳ καὶ πορνείᾳ καὶ ἀσελγείᾳ ᾗ ἔπραξαν. Τρίτον τοῦτο ἔρχομαι πρὸς ὑμᾶς. ἐπὶ στόματος δύο 13 μαρτύρων καὶ τριῶν σταθήσεται πᾶν ῥῆμα. προείρηκα καὶ 2 προλέγω, ὡς παρὼν τὸ δεύτερον, καὶ ἀπὼν ᵍνῦν," τοῖς προημαρτηκόσι καὶ τοῖς λοιποῖς πᾶσιν, ὅτι ἐὰν ἔλθω εἰς τὸ πάλιν, οὐ φείσομαι· ἐπεὶ δοκιμὴν ζητεῖτε τοῦ ἐν ἐμοὶ 3 λαλοῦντος Χριστοῦ, ὃς εἰς ὑμᾶς οὐκ ἀσθενεῖ, ἀλλὰ δυνατεῖ ἐν ὑμῖν· καὶ γὰρ ʰ—" ἐσταυρώθη ἐξ ἀσθενείας, ἀλλὰ ζῇ ἐκ 4 δυνάμεως Θεοῦ. καὶ γὰρ ἡμεῖς ἀσθενοῦμεν ⁱἐν" αὐτῷ, ἀλλὰ ᵏζήσομεν" σὺν αὐτῷ ἐκ δυνάμεως Θεοῦ εἰς ὑμᾶς. ἑαυτοὺς 5 πειράζετε εἰ ἐστὲ ἐν τῇ πίστει, ἑαυτοὺς δοκιμάζετε. ἢ οὐκ ἐπιγινώσκετε ἑαυτούς, ὅτι Ἰησοῦς Χριστὸς ἐν ὑμῖν ἐστιν; εἰ μή τι ἀδόκιμοί ἐστε. ἐλπίζω δὲ ὅτι γνώσεσθε ὅτι ἡμεῖς οὐκ 6 ἐσμὲν ἀδόκιμοι. ˡεὐχόμεθα" δὲ πρὸς τὸν Θεόν, μὴ ποιῆσαι 7 ὑμᾶς κακὸν μηδέν, οὐχ ἵνα ἡμεῖς δόκιμοι φανῶμεν, ἀλλ' ἵνα ὑμεῖς τὸ καλὸν ποιῆτε, ἡμεῖς δὲ ὡς ἀδόκιμοι ὦμεν. οὐ γὰρ 8 δυνάμεθά τι κατὰ τῆς ἀληθείας, ἀλλ' ὑπὲρ τῆς ἀληθείας. χαίρομεν γὰρ ὅταν ἡμεῖς ἀσθενῶμεν ὑμεῖς δὲ δυνατοὶ ἦτε· 9 τοῦτο ᵐ—" καὶ εὐχόμεθα, τὴν ὑμῶν κατάρτισιν. διὰ τοῦτο 10 ταῦτα ἀπὼν γράφω, ἵνα παρὼν μὴ ἀποτόμως χρήσωμαι κατὰ τὴν ἐξουσίαν ἣν ⁿὁ Κύριος ἔδωκέ μοι" εἰς οἰκοδομὴν καὶ οὐκ εἰς καθαίρεσιν.

Λοιπόν, ἀδελφοί, ᵒχαίρετε." καταρτίζεσθε, παρακαλεῖσθε, 11 τὸ αὐτὸ φρονεῖτε, εἰρηνεύετε· καὶ ὁ Θεὸς τῆς ἀγάπης καὶ εἰρήνης ἔσται μεθ' ὑμῶν. ἀσπάσασθε ἀλλήλους ἐν ἁγίῳ 12 φιλήματι.

ᵉ ἔρεις, ζῆλοι,   ᶠ ἐλθόντα με ταπεινώσῃ   ᵍ νῦν γράφω
ʰ add εἰ   ⁱ σὺν M.   ᵏ ζησόμεθα   ˡ εὔχομαι   ᵐ add
δὲ   ⁿ ἔδωκέ μοι ὁ Κύριος   ᵒ χαίρετε, S.: χαίρετε· A.M.

13 Ἀσπάζονται ὑμᾶς οἱ ἅγιοι πάντες.
14 Ἡ χάρις τοῦ Κυρίου Ἰησοῦ Χριστοῦ καὶ ἡ ἀγάπη τοῦ Θεοῦ καὶ ἡ κοινωνία τοῦ Ἁγίου Πνεύματος μετὰ πάντων ὑμῶν. ᴾ⁻ᵠ
q—‖

Η ΠΡΟΣ ΓΑΛΑΤΑΣ ΕΠΙΣΤΟΛΗ ΠΑΥΛΟΥ.

1 Παῦλος ἀπόστολος (οὐκ ἀπ' ἀνθρώπων, οὐδὲ δι' ἀνθρώπου, ἀλλὰ διὰ Ἰησοῦ Χριστοῦ καὶ Θεοῦ πατρὸς τοῦ ἐγείραντος 2 αὐτὸν ἐκ νεκρῶν), καὶ οἱ σὺν ἐμοὶ πάντες ἀδελφοί, ταῖς ἐκ-3 κλησίαις τῆς Γαλατίας· χάρις ὑμῖν καὶ εἰρήνη ἀπὸ Θεοῦ 4 ᵃπατρὸς καὶ Κυρίου ἡμῶν‖ Ἰησοῦ Χριστοῦ, τοῦ δόντος ἑαυτὸν ὑπὲρ τῶν ἁμαρτιῶν ἡμῶν, ὅπως ἐξέληται ἡμᾶς ἐκ ᵇτοῦ αἰῶνος τοῦ ἐνεστῶτος‖ πονηροῦ, κατὰ τὸ θέλημα τοῦ 5 Θεοῦ καὶ πατρὸς ἡμῶν· ᾧ ἡ δόξα εἰς τοὺς αἰῶνας τῶν αἰώνων. ἀμήν.

Cp. Acts 16. 6, 18. 23.
Cp. 2. 20, Eph. 5. 2, Titus 2.14.

6 Θαυμάζω ὅτι οὕτω ταχέως μετατίθεσθε ἀπὸ τοῦ καλέ-7 σαντος ὑμᾶς ἐν χάριτι Χριστοῦ εἰς ἕτερον εὐαγγέλιον, ὃ οὐκ ἔστιν ἄλλο, εἰ μή τινές εἰσιν οἱ ταράσσοντες ὑμᾶς καὶ θέ-8 λοντες μεταστρέψαι τὸ εὐαγγέλιον τοῦ Χριστοῦ. ἀλλὰ καὶ ἐὰν ἡμεῖς ἢ ἄγγελος ἐξ οὐρανοῦ ᶜεὐαγγελίσηται‖ ᵈὑμῖν‖ παρ' 9 ὃ εὐηγγελισάμεθα ὑμῖν, ἀνάθεμα ἔστω. ὡς προειρήκαμεν, καὶ ἄρτι πάλιν λέγω, εἴ τις ὑμᾶς εὐαγγελίζεται παρ' ὃ παρελά-

Cp. 2 Cor. 11. 4.
Cp. Acts 15. 24.

ᵖ add ἀμήν. ᵠ add subscription Πρὸς Κορινθίους δευτέρα ἐγράφη ἀπὸ Φιλίππων τῆς Μακεδονίας διὰ Τίτου καὶ Λουκᾶ.
ᵃ πατρὸς ἡμῶν καὶ Κυρίου M. ᵇ τοῦ ἐνεστῶτος αἰῶνος
ᶜ εὐαγγελίζηται ᵈ om. ὑμῖν M.

βετε, ἀνάθεμα ἔστω. ἄρτι γὰρ ἀνθρώπους πείθω; ἢ τὸν 10
Θεόν; ἢ ζητῶ ἀνθρώποις ἀρέσκειν; εἰ ᵉ⁻ ἔτι ἀνθρώποις
ἤρεσκον, Χριστοῦ δοῦλος οὐκ ἂν ἤμην. Γνωρίζω ᶠγὰρᶠ ὑμῖν, ἀδελφοί, τὸ εὐαγγέλιον τὸ εὐαγγε- 11
λισθὲν ὑπ' ἐμοῦ, ὅτι οὐκ ἔστι κατὰ ἄνθρωπον. οὐδὲ γὰρ 12
ἐγὼ παρὰ ἀνθρώπου παρέλαβον αὐτό, οὔτε ἐδιδάχθην, ἀλλὰ
δι' ἀποκαλύψεως Ἰησοῦ Χριστοῦ. ἠκούσατε γὰρ τὴν ἐμὴν 13
ἀναστροφήν ποτε ἐν τῷ Ἰουδαϊσμῷ, ὅτι καθ' ὑπερβολὴν
ἐδίωκον τὴν ἐκκλησίαν τοῦ Θεοῦ, καὶ ἐπόρθουν αὐτήν· καὶ 14
προέκοπτον ἐν τῷ Ἰουδαϊσμῷ ὑπὲρ πολλοὺς συνηλικιώτας
ἐν τῷ γένει μου, περισσοτέρως ζηλωτὴς ὑπάρχων τῶν πατρικῶν μου παραδόσεων. ὅτε δὲ εὐδόκησεν ὁ Θεὸς ὁ ἀφο- 15
ρίσας με ἐκ κοιλίας μητρός μου καὶ καλέσας διὰ τῆς χάριτος
αὐτοῦ ἀποκαλύψαι τὸν υἱὸν αὐτοῦ ἐν ἐμοί, ἵνα εὐαγγελίζωμαι 16
αὐτὸν ἐν τοῖς ἔθνεσιν, εὐθέως οὐ προσανεθέμην σαρκὶ καὶ
αἵματι· οὐδὲ ἀνῆλθον εἰς Ἱεροσόλυμα πρὸς τοὺς πρὸ ἐμοῦ 17
ἀποστόλους, ἀλλ' ἀπῆλθον εἰς Ἀραβίαν, καὶ πάλιν ὑπέστρεψα
εἰς Δαμασκόν.

Ἔπειτα μετὰ ἔτη τρία ἀνῆλθον εἰς Ἱεροσόλυμα ἱστορῆσαι 18
ᵍΚηφᾶν, καὶ ἐπέμεινα πρὸς αὐτὸν ἡμέρας δεκαπέντε. ἕτερον 19
δὲ τῶν ἀποστόλων οὐκ εἶδον, εἰ μὴ Ἰάκωβον τὸν ἀδελφὸν
τοῦ Κυρίου. ἃ δὲ γράφω ὑμῖν, ἰδοὺ ἐνώπιον τοῦ Θεοῦ ὅτι 20
οὐ ψεύδομαι. ἔπειτα ἦλθον εἰς τὰ κλίματα τῆς Συρίας καὶ 21
τῆς Κιλικίας. ἤμην δὲ ἀγνοούμενος τῷ προσώπῳ ταῖς ἐκ- 22
κλησίαις τῆς Ἰουδαίας ταῖς ἐν Χριστῷ· μόνον δὲ ἀκούοντες 23
ἦσαν ὅτι Ὁ διώκων ἡμᾶς ποτὲ νῦν εὐαγγελίζεται τὴν πίστιν
ἥν ποτε ἐπόρθει, καὶ ἐδόξαζον ἐν ἐμοὶ τὸν Θεόν. 24

Ἔπειτα διὰ δεκατεσσάρων ἐτῶν πάλιν ἀνέβην εἰς Ἱεροσό- 2
λυμα μετὰ Βαρνάβα, συμπαραλαβὼν καὶ Τίτον. ἀνέβην δὲ 2
κατὰ ἀποκάλυψιν, καὶ ἀνεθέμην αὐτοῖς τὸ εὐαγγέλιον ὃ κηρύσσω ἐν τοῖς ἔθνεσι, κατ' ἰδίαν δὲ τοῖς δοκοῦσι, μή πως

ᵉ add γάρ   ᶠ δὲ   ᵍ Πέτρον

3 εἰς κενὸν τρέχω ἢ ἔδραμον. ἀλλ' οὐδὲ Τίτος ὁ σὺν ἐμοί,
4 Ἕλλην ὤν, ἠναγκάσθη περιτμηθῆναι· διὰ δὲ τοὺς παρεισάκτους ψευδαδέλφους, οἵτινες παρεισῆλθον κατασκοπῆσαι τὴν ἐλευθερίαν ἡμῶν ἣν ἔχομεν ἐν Χριστῷ Ἰησοῦ, ἵνα ἡμᾶς
5 [h]καταδουλώσουσιν[i]· οἷς οὐδὲ πρὸς ὥραν εἴξαμεν τῇ ὑποταγῇ, ἵνα ἡ ἀλήθεια τοῦ εὐαγγελίου διαμείνῃ πρὸς ὑμᾶς.
6 ἀπὸ δὲ τῶν δοκούντων εἶναί τι (ὁποῖοί ποτε ἦσαν οὐδέν μοι διαφέρει, πρόσωπον Θεὸς ἀνθρώπου οὐ λαμβάνει)—ἐμοὶ γὰρ Cp. Deut. 10. 17.
7 οἱ δοκοῦντες οὐδὲν προσανέθεντο· ἀλλὰ τοὐναντίον, ἰδόντες ὅτι πεπίστευμαι τὸ εὐαγγέλιον τῆς ἀκροβυστίας καθὼς Πέ- Cp. Eph.
8 τρος τῆς περιτομῆς (ὁ γὰρ ἐνεργήσας Πέτρῳ εἰς ἀποστολὴν
9 τῆς περιτομῆς ἐνήργησε καὶ ἐμοὶ εἰς τὰ ἔθνη), καὶ γνόντες τὴν χάριν τὴν δοθεῖσάν μοι, Ἰάκωβος καὶ Κηφᾶς καὶ Ἰωάννης, οἱ δοκοῦντες στῦλοι εἶναι, δεξιὰς ἔδωκαν ἐμοὶ καὶ Cp. Rev. 3. 12.
Βαρνάβα κοινωνίας, ἵνα ἡμεῖς εἰς τὰ ἔθνη αὐτοὶ δὲ εἰς τὴν
10 περιτομήν· μόνον τῶν πτωχῶν ἵνα μνημονεύωμεν, ὃ καὶ Cp. Acts 11. 29.
ἐσπούδασα αὐτὸ τοῦτο ποιῆσαι.
11 Ὅτε δὲ ἦλθε [i]Κηφᾶς[i] εἰς Ἀντιόχειαν, κατὰ πρόσωπον Rom. 1. 25 sq.
12 αὐτῷ ἀντέστην, ὅτι κατεγνωσμένος ἦν. πρὸ τοῦ γὰρ ἐλθεῖν Cp. Act. 11. 3. τινὰς ἀπὸ Ἰακώβου μετὰ τῶν ἐθνῶν συνήσθιεν· ὅτε δὲ ἦλθον, ὑπέστελλε καὶ ἀφώριζεν ἑαυτὸν φοβούμενος τοὺς ἐκ
13 περιτομῆς. καὶ συνυπεκρίθησαν αὐτῷ καὶ οἱ λοιποὶ Ἰουδαῖοι, ὥστε καὶ Βαρνάβας συναπήχθη αὐτῶν τῇ ὑποκρίσει.
14 ἀλλ' ὅτε εἶδον ὅτι οὐκ ὀρθοποδοῦσι πρὸς τὴν ἀλήθειαν τοῦ εὐαγγελίου, εἶπον τῷ [k]Κηφᾷ ἔμπροσθεν πάντων, Εἰ σὺ Ἰουδαῖος ὑπάρχων ἐθνικῶς ζῇς καὶ οὐκ Ἰουδαϊκῶς, [l]πῶς τὰ
15 ἔθνη ἀναγκάζεις Ἰουδαΐζειν; ἡμεῖς φύσει Ἰουδαῖοι, καὶ οὐκ
16 ἐξ ἐθνῶν ἁμαρτωλοί, εἰδότες [m]δέ· ὅτι οὐ δικαιοῦται ἄνθρω- Cp. 3. 11. Rom. 3. 20. πος ἐξ ἔργων νόμου, ἐὰν μὴ διὰ πίστεως Ἰησοῦ Χριστοῦ, 28. καὶ ἡμεῖς εἰς Χριστὸν Ἰησοῦν ἐπιστεύσαμεν, ἵνα δικαιω- Acts 15. 11.

[h] καταδουλώσωνται   [i] Πέτρος   [k] Πέτρῳ   [l] τί
[m] om. δέ

θῶμεν ἐκ πίστεως Χριστοῦ, καὶ οὐκ ἐξ ἔργων νόμου· διότι οὐ δικαιωθήσεται ἐξ ἔργων νόμου πᾶσα σάρξ. εἰ δὲ ζη- 17 τοῦντες δικαιωθῆναι ἐν Χριστῷ εὑρέθημεν καὶ αὐτοὶ ἁμαρτωλοί, ἆρα Χριστὸς ἁμαρτίας διάκονος; μὴ γένοιτο. εἰ 18 γὰρ ἃ κατέλυσα, ταῦτα πάλιν οἰκοδομῶ, παραβάτην ἐμαυτὸν συνίστημι. ἐγὼ γὰρ διὰ νόμου νόμῳ ἀπέθανον, ἵνα Θεῷ 19 ζήσω. Χριστῷ συνεσταύρωμαι· ⁿζῶ δέ, οὐκέτι ἐγώ,‖ ζῇ δὲ 20 ἐν ἐμοὶ Χριστός· ὃ δὲ νῦν ζῶ ἐν σαρκί, ἐν πίστει ζῶ τῇ τοῦ υἱοῦ τοῦ Θεοῦ τοῦ ἀγαπήσαντός με καὶ παραδόντος ἑαυτὸν ὑπὲρ ἐμοῦ. οὐκ ἀθετῶ τὴν χάριν τοῦ Θεοῦ· εἰ γὰρ 21 διὰ νόμου δικαιοσύνη, ἄρα Χριστὸς δωρεὰν ἀπέθανεν.

Ὦ ἀνόητοι Γαλάται, τίς ὑμᾶς ἐβάσκανεν ᵒ⁻‖, οἷς κατ' 3 ὀφθαλμοὺς Ἰησοῦς Χριστὸς προεγράφη ᴾ⁻‖ ἐσταυρωμένος; τοῦτο μόνον θέλω μαθεῖν ἀφ' ὑμῶν, ἐξ ἔργων νόμου τὸ 2 Πνεῦμα ἐλάβετε; ἢ ἐξ ἀκοῆς πίστεως; οὕτως ἀνόητοί ἐστε; 3 ἐναρξάμενοι Πνεύματι νῦν σαρκὶ ἐπιτελεῖσθε; τοσαῦτα ἐπά- 4 θετε εἰκῆ; εἴ γε καὶ εἰκῆ. ὁ οὖν ἐπιχορηγῶν ὑμῖν τὸ Πνεῦμα 5 καὶ ἐνεργῶν δυνάμεις ἐν ὑμῖν, ἐξ ἔργων νόμου; ἢ ἐξ ἀκοῆς πίστεως; καθὼς Ἀβραὰμ ἐπίστευσε τῷ Θεῷ, καὶ ἐλογίσθη 6 αὐτῷ εἰς δικαιοσύνην. γινώσκετε ἄρα ὅτι οἱ ἐκ πίστεως, 7 οὗτοί εἰσιν υἱοὶ Ἀβραάμ. προϊδοῦσα δὲ ἡ γραφὴ ὅτι ἐκ 8 πίστεως δικαιοῖ τὰ ἔθνη ὁ Θεός, προευηγγελίσατο τῷ Ἀβραὰμ ὅτι Ἐνευλογηθήσονται ἐν σοὶ πάντα τὰ ἔθνη. ὥστε οἱ ἐκ 9 πίστεως εὐλογοῦνται σὺν τῷ πιστῷ Ἀβραάμ. ὅσοι γὰρ ἐξ 10 ἔργων νόμου εἰσίν, ὑπὸ κατάραν εἰσί· γέγραπται ᑫγὰρ ὅτι‖ Ἐπικατάρατος πᾶς ὃς οὐκ ἐμμένει ἐν πᾶσι τοῖς γεγραμμένοις ἐν τῷ βιβλίῳ τοῦ νόμου, τοῦ ποιῆσαι αὐτά. ὅτι δὲ ἐν 11 νόμῳ οὐδεὶς δικαιοῦται παρὰ τῷ Θεῷ δῆλον· ὅτι Ὁ δίκαιος ἐκ πίστεως ζήσεται· ὁ δὲ νόμος οὐκ ἔστιν ἐκ πίστεως, ἀλλ' 12 Ὁ ποιήσας αὐτὰ ʳ⁻‖ ζήσεται ἐν αὐτοῖς. Χριστὸς ἡμᾶς ἐξη- 13

ⁿ ζῶ δὲ οὐκέτι ἐγώ, M.   ᵒ add τῇ ἀληθείᾳ μὴ πείθεσθαι
ᵖ add ἐν ὑμῖν   ᑫ γάρ.   ʳ add ἄνθρωπος

γόρασεν ἐκ τῆς κατάρας τοῦ νόμου γενόμενος ὑπὲρ ἡμῶν Cp. 2 Cor.
κατάρα· ᵍὅτι γέγραπται‖, Ἐπικατάρατος πᾶς ὁ κρεμάμενος 5. 21.
14 ἐπὶ ξύλου· ἵνα εἰς τὰ ἔθνη ἡ εὐλογία τοῦ Ἀβραὰμ γένηται Deut. 21.
ἐν Χριστῷ Ἰησοῦ, ἵνα τὴν ἐπαγγελίαν τοῦ Πνεύματος λάβω- Cp. Acts
μεν διὰ τῆς πίστεως. 2. 33.
15 Ἀδελφοί, κατὰ ἄνθρωπον λέγω· ὅμως ἀνθρώπου κεκυρω-
16 μένην διαθήκην οὐδεὶς ἀθετεῖ ἢ ἐπιδιατάσσεται. τῷ δὲ
Ἀβραὰμ ἐρρήθησαν αἱ ἐπαγγελίαι, καὶ τῷ σπέρματι αὐτοῦ. Cp. Gen.
οὐ λέγει Καὶ τοῖς σπέρμασιν ὡς ἐπὶ πολλῶν, ἀλλ᾽ ὡς ἐφ᾽ 13. 15.
17 ἑνὸς Καὶ τῷ σπέρματί σου, ὅς ἐστι Χριστός. τοῦτο δὲ
λέγω, διαθήκην προκεκυρωμένην ὑπὸ τοῦ Θεοῦ ᵗ⁻‖ ὁ μετὰ Cp. Gen.
ᵘτετρακόσια καὶ τριάκοντα ἔτη‖ γεγονὼς νόμος οὐκ ἀκυροῖ, 17. 1
18 εἰς τὸ καταργῆσαι τὴν ἐπαγγελίαν. εἰ γὰρ ἐκ νόμου ἡ Ex. 12. 40
κληρονομία, οὐκέτι ἐξ ἐπαγγελίας· τῷ δὲ Ἀβραὰμ δι᾽ ἐπαγ- Cp. Rom.
19 γελίας κεχάρισται ὁ Θεός. τί οὖν ὁ νόμος; τῶν παραβάσεων 4. 14.
χάριν προσετέθη, ἄχρις οὗ ἔλθῃ τὸ σπέρμα ᾧ ἐπήγγελται,
20 διαταγεὶς δι᾽ ἀγγέλων ἐν χειρὶ μεσίτου. ὁ δὲ μεσίτης ἑνὸς Cp. Acts
21 οὐκ ἔστιν, ὁ δὲ Θεὸς εἷς ἐστιν. ὁ οὖν νόμος κατὰ τῶν ἐπαγ- 7. 53.
γελιῶν τοῦ Θεοῦ; μὴ γένοιτο. εἰ γὰρ ἐδόθη νόμος ὁ δυνά-
22 μενος ζωοποιῆσαι, ὄντως ἂν ἐκ νόμου ἦν ἡ δικαιοσύνη. ἀλλὰ Cp. Rom.
συνέκλεισεν ἡ γραφὴ τὰ πάντα ὑπὸ ἁμαρτίαν, ἵνα ἡ ἐπαγ- 3. 9.
γελία ἐκ πίστεως Ἰησοῦ Χριστοῦ δοθῇ τοῖς πιστεύουσι.
23 Πρὸ τοῦ δὲ ἐλθεῖν τὴν πίστιν ὑπὸ νόμον ἐφρουρούμεθα
ᵛσυγκλειόμενοι‖ εἰς τὴν μέλλουσαν πίστιν ἀποκαλυφθῆναι.
24 ὥστε ὁ νόμος παιδαγωγὸς ἡμῶν γέγονεν εἰς Χριστόν, ἵνα ἐκ
25 πίστεως δικαιωθῶμεν. ἐλθούσης δὲ τῆς πίστεως οὐκέτι ὑπὸ
26 παιδαγωγόν ἐσμεν. πάντες γὰρ υἱοὶ Θεοῦ ἐστε διὰ τῆς Cp. Joh.
27 πίστεως ἐν Χριστῷ Ἰησοῦ. ὅσοι γὰρ εἰς Χριστὸν ἐβαπ- 1. 12.
28 τίσθητε, Χριστὸν ἐνεδύσασθε. οὐκ ἔνι Ἰουδαῖος οὐδὲ Ἕλλην, Cp. 1 Cor.
οὐκ ἔνι δοῦλος οὐδὲ ἐλεύθερος, οὐκ ἔνι ἄρσεν καὶ θῆλυ· Col. 3. 10
sq.

ᵍ γέγραπται γάρ   ᵗ add εἰς Χριστὸν   ᵘ ἔτη τετρα-
κόσια καὶ τριάκοντα   ᵛ συγκεκλεισμένοι

πάντες γὰρ ὑμεῖς εἷς ἐστε ἐν Χριστῷ Ἰησοῦ. εἰ δὲ ὑμεῖς 29 Χριστοῦ, ἄρα τοῦ Ἀβραὰμ σπέρμα ἐστέ, x–|| κατ' ἐπαγγελίαν κληρονόμοι.

Λέγω δέ, ἐφ' ὅσον χρόνον ὁ κληρονόμος νήπιός ἐστιν, 4 οὐδὲν διαφέρει δούλου κύριος πάντων ὤν, ἀλλὰ ὑπὸ ἐπι- 2 τρόπους ἐστὶ καὶ οἰκονόμους ἄχρι τῆς προθεσμίας τοῦ πατρός. οὕτω καὶ ἡμεῖς, ὅτε ἦμεν νήπιοι, ὑπὸ τὰ στοιχεῖα τοῦ 3 κόσμου ἦμεν δεδουλωμένοι· ὅτε δὲ ἦλθε τὸ πλήρωμα τοῦ 4 χρόνου, ἐξαπέστειλεν ὁ Θεὸς τὸν υἱὸν αὐτοῦ, γενόμενον ἐκ γυναικός, γενόμενον ὑπὸ νόμον, ἵνα τοὺς ὑπὸ νόμον ἐξαγο- 5 ράσῃ, ἵνα τὴν υἱοθεσίαν ἀπολάβωμεν. ὅτι δέ ἐστε υἱοί, 6 ἐξαπέστειλεν ὁ Θεὸς τὸ Πνεῦμα τοῦ υἱοῦ αὐτοῦ εἰς τὰς καρδίας y ἡμῶν || κράζον, Ἀββᾶ ὁ πατήρ. ὥστε οὐκέτι εἶ 7 δοῦλος, ἀλλ' υἱός· εἰ δὲ υἱός, καὶ κληρονόμος z διὰ Θεοῦ||.

Ἀλλὰ τότε μὲν οὐκ εἰδότες Θεὸν ἐδουλεύσατε τοῖς 8 a φύσει μὴ || οὖσι θεοῖς· νῦν δὲ γνόντες Θεόν, μᾶλλον δὲ 9 γνωσθέντες ὑπὸ Θεοῦ, πῶς ἐπιστρέφετε πάλιν ἐπὶ τὰ ἀσθενῆ καὶ πτωχὰ στοιχεῖα, οἷς πάλιν ἄνωθεν δουλεύειν θέλετε; ἡμέρας παρατηρεῖσθε, καὶ μῆνας, καὶ καιρούς, καὶ ἐνιαυτούς. 10 φοβοῦμαι ὑμᾶς, μή πως εἰκῆ κεκοπίακα εἰς ὑμᾶς. 11

Γίνεσθε ὡς ἐγώ, ὅτι κἀγὼ ὡς ὑμεῖς, ἀδελφοί, δέομαι 12 ὑμῶν. οὐδέν με ἠδικήσατε· οἴδατε δὲ ὅτι δι' ἀσθένειαν τῆς 13 σαρκὸς εὐηγγελισάμην ὑμῖν τὸ πρότερον· καὶ τὸν πειρασμὸν 14 b ὑμῶν || ἐν τῇ σαρκί μου οὐκ ἐξουθενήσατε οὐδὲ ἐξεπτύσατε, ἀλλ' ὡς ἄγγελον Θεοῦ ἐδέξασθέ με, ὡς Χριστὸν Ἰησοῦν. c ποῦ || οὖν d–|| ὁ μακαρισμὸς ὑμῶν; μαρτυρῶ γὰρ ὑμῖν ὅτι, 15 εἰ δυνατόν, τοὺς ὀφθαλμοὺς ὑμῶν ἐξορύξαντες e–|| ἐδώκατέ μοι. ὥστε ἐχθρὸς ὑμῶν γέγονα ἀληθεύων ὑμῖν; ζηλοῦ- 16, 17 σιν ὑμᾶς οὐ καλῶς, ἀλλὰ ἐκκλεῖσαι ὑμᾶς θέλουσιν, ἵνα αὐτοὺς ζηλοῦτε. καλὸν δὲ f–' ζηλοῦσθαι ἐν καλῷ πάντοτε, 18

x add καὶ y ὑμῶν z Θεοῦ διὰ Χριστοῦ a μὴ φύσει b μου τὸν c τίς d add ἦν e add ἄν f add τὸ

19 καὶ μὴ μόνον ἐν τῷ παρεῖναί με πρὸς ὑμᾶς. τεκνία μου, οὓς
20 πάλιν ὠδίνω, ἄχρις οὗ μορφωθῇ Χριστὸς ἐν ὑμῖν, ἤθελον δὲ Cp. Rom.
παρεῖναι πρὸς ὑμᾶς ἄρτι, καὶ ἀλλάξαι τὴν φωνήν μου, ὅτι Cor. 13.5.
ἀπορούμαι ἐν ὑμῖν.
21 Λέγετέ μοι, οἱ ὑπὸ νόμον θέλοντες εἶναι, τὸν νόμον οὐκ
22 ἀκούετε; γέγραπται γάρ, ὅτι Ἀβραὰμ δύο υἱοὺς ἔσχεν, ἕνα Cp. Gen.
23 ἐκ τῆς παιδίσκης, καὶ ἕνα ἐκ τῆς ἐλευθέρας. ἀλλ' ὁ μὲν ἐκ 21. 2,
τῆς παιδίσκης κατὰ σάρκα γεγέννηται, ὁ δὲ ἐκ τῆς ἐλευθέρας Rom. 9. 7
24 g δι' ἐπαγγελίας". ἅτινά ἐστιν ἀλληγορούμενα· αὗται γάρ Cp. Gen.
εἰσι h—" δύο διαθῆκαι· μία μὲν ἀπὸ ὄρους Σινᾶ, εἰς δουλείαν 18. 10.
25 γεννῶσα, ἥτις ἐστὶν Ἄγαρ. τὸ i δὲ" k"Ἄγαρ ⁷ Σινᾶ ὄρος
ἐστὶν ἐν τῇ Ἀραβίᾳ, συστοιχεῖ δὲ τῇ νῦν Ἱερουσαλήμ·
26 δουλεύει ¹γὰρ" μετὰ τῶν τέκνων αὐτῆς. ἡ δὲ ἄνω Ἱερουσα- Cp. Heb.
27 λὴμ ἐλευθέρα ἐστίν, ἥτις ἐστὶ μήτηρ m—' ἡμῶν. γέγραπται Rev. 3. 12.
γάρ, Εὐφράνθητι, στεῖρα ἡ οὐ τίκτουσα, ῥῆξον καὶ βόησον, Isa. 54. 1.
ἡ οὐκ ὠδίνουσα· ὅτι πολλὰ τὰ τέκνα τῆς ἐρήμου μᾶλλον ἢ
28 τῆς ἐχούσης τὸν ἄνδρα. ⁿ ἡμεῖς δέ, ἀδελφοί, κατὰ Ἰσαὰκ Cp. Rom.
29 ἐπαγγελίας τέκνα ἐσμέν." ἀλλ' ὥσπερ τότε ὁ κατὰ σάρκα Cp. Gen.
30 γεννηθεὶς ἐδίωκε τὸν κατὰ Πνεῦμα, οὕτω καὶ νῦν. ἀλλὰ τί 21. 9.
λέγει ἡ γραφή; Ἔκβαλε τὴν παιδίσκην καὶ τὸν υἱὸν αὐτῆς, Gen. 21.10.
οὐ γὰρ μὴ κληρονομήσῃ ὁ υἱὸς τῆς παιδίσκης μετὰ τοῦ υἱοῦ
31 τῆς ἐλευθέρας. ᵒ διό", ἀδελφοί, οὐκ ἐσμὲν παιδίσκης τέκνα,
5 ἀλλὰ τῆς ἐλευθέρας. τῇ ἐλευθερίᾳ ᴾ ἡμᾶς Χριστὸς ἠλευθέ- Cp. Joh.
ρωσε· στήκετε οὖν," καὶ μὴ πάλιν ζυγῷ δουλείας ἐνέχεσθε. Acts 15.10.
2 Ἴδε, ἐγὼ Παῦλος λέγω ὑμῖν, ὅτι ἐὰν περιτέμνησθε, Χρισ-
3 τὸς ὑμᾶς οὐδὲν ὠφελήσει. μαρτύρομαι δὲ πάλιν παντὶ
ἀνθρώπῳ περιτεμνομένῳ, ὅτι ὀφειλέτης ἐστὶν ὅλον τὸν νόμον
4 ποιῆσαι. κατηργήθητε ἀπὸ τοῦ Χριστοῦ, οἵτινες ἐν νόμῳ
5 δικαιοῦσθε· τῆς χάριτος ἐξεπέσατε. ἡμεῖς γὰρ Πνεύματι ἐκ

g διὰ τῆς ἐπαγγελίας   h add αἱ   i γὰρ A.S.M.
k om. Ἄγαρ M.   l δὲ   m add πάντων   u ὑμεῖς
..... ἐστέ. M.   o ἄρα   p οὖν ᾗ Χριστὸς ἡμᾶς ἠλευ-
θέρωσε. στήκετε.

πίστεως ἐλπίδα δικαιοσύνης ἀπεκδεχόμεθα. ἐν γὰρ Χριστῷ 6
Ἰησοῦ οὔτε περιτομή τι ἰσχύει οὔτε ἀκροβυστία, ἀλλὰ
πίστις δι' ἀγάπης ἐνεργουμένη. ἐτρέχετε καλῶς· τίς ὑμᾶς 7
ᵠἐνέκοψε¹ τῇ ἀληθείᾳ μὴ πείθεσθαι; ἡ πεισμονὴ οὐκ ἐκ 8
τοῦ καλοῦντος ὑμᾶς. μικρὰ ζύμη ὅλον τὸ φύραμα ζυμοῖ. 9
ἐγὼ πέποιθα εἰς ὑμᾶς ἐν Κυρίῳ, ὅτι οὐδὲν ἄλλο φρονήσετε· 10
ὁ δὲ ταράσσων ὑμᾶς βαστάσει τὸ κρίμα, ὅστις ἂν ᾖ. ἐγὼ 11
δέ, ἀδελφοί, εἰ περιτομὴν ἔτι κηρύσσω, τί ἔτι διώκομαι;
ἄρα κατήργηται τὸ σκάνδαλον τοῦ σταυροῦ. ὄφελον καὶ 12
ἀποκόψονται οἱ ἀναστατοῦντες ὑμᾶς.
Ὑμεῖς γὰρ ἐπ' ἐλευθερίᾳ ἐκλήθητε, ἀδελφοί· μόνον μὴ τὴν 13
ἐλευθερίαν εἰς ἀφορμὴν τῇ σαρκί, ἀλλὰ διὰ τῆς ἀγάπης
δουλεύετε ἀλλήλοις. ὁ γὰρ πᾶς νόμος ἐν ἑνὶ λόγῳ ʳπεπλή- 14
ρωται", ἐν τῷ Ἀγαπήσεις τὸν πλησίον σου ὡς ᴮσεαυτόν".
εἰ δὲ ἀλλήλους δάκνετε καὶ κατεσθίετε, βλέπετε μὴ ὑπὸ 15
ἀλλήλων ἀναλωθῆτε.
Λέγω δέ, Πνεύματι περιπατεῖτε, καὶ ἐπιθυμίαν σαρκὸς οὐ 16
μὴ τελέσητε. ἡ γὰρ σὰρξ ἐπιθυμεῖ κατὰ τοῦ Πνεύματος 17
τὸ δὲ Πνεῦμα κατὰ τῆς σαρκός, ταῦτα ᵗγὰρ ἀλλήλοις ἀντί-
κειται, ἵνα μὴ ἃ ἂν θέλητε ταῦτα ποιῆτε. εἰ δὲ Πνεύματι 18
ἄγεσθε, οὐκ ἐστὲ ὑπὸ νόμον. φανερὰ δέ ἐστι τὰ ἔργα τῆς 19
σαρκός, ἅτινά ἐστι ᵘ⁻" πορνεία, ἀκαθαρσία, ἀσέλγεια, εἰδω- 20
λολατρεία, φαρμακεία, ἔχθραι, ˣἔρις¹, ζῆλοι, θυμοί, ἐριθεῖαι,
διχοστασίαι, αἱρέσεις, φθόνοι, ʸ⁻" μέθαι, κῶμοι, καὶ τὰ 21
ὅμοια τούτοις· ἃ προλέγω ὑμῖν, καθὼς ᶻ⁻¹ προεῖπον, ὅτι οἱ
τὰ τοιαῦτα πράσσοντες βασιλείαν Θεοῦ οὐ κληρονομήσουσιν.
ὁ δὲ καρπὸς τοῦ Πνεύματός ἐστιν ἀγάπη, χαρά, εἰρήνη, 22
μακροθυμία, χρηστότης, ἀγαθωσύνη, πίστις, πραότης, ἐγ- 23
κράτεια· κατὰ τῶν τοιούτων οὐκ ἔστι νόμος. οἱ δὲ τοῦ 24

ᵠ ἀνέκοψε   ʳ πληροῦται   ˢ ἑαυτόν   ᵗ δὲ ἀντί-
κειται ἀλλήλοις   ᵘ add μοιχεία,   ˣ ἔρεις   ʸ add
φόνοι,   ᶻ add καὶ

Χριστοῦ ᾰ Ἰησοῦ ʲ τὴν σάρκα ἐσταύρωσαν σὺν τοῖς παθήμασι Cp. Rom.
καὶ ταῖς ἐπιθυμίαις. 6. 6.

25, 26 Εἰ ζῶμεν Πνεύματι, Πνεύματι καὶ στοιχῶμεν. μὴ γινώμεθα κενόδοξοι, ἀλλήλους προκαλούμενοι, ἀλληλοις φθονοῦντες.

6 Ἀδελφοί, ἐὰν καὶ προληφθῇ ἄνθρωπος ἔν τινι παραπτώματι, ὑμεῖς οἱ πνευματικοὶ καταρτίζετε τὸν τοιοῦτον ἐν πνεύματι πραότητος, σκοπῶν σεαυτὸν μὴ καὶ σὺ πειρασθῇς.
2 ἀλλήλων τὰ βάρη βαστάζετε, καὶ οὕτως ἀναπληρώσατε τὸν Cp. Joh.
3 νόμον τοῦ Χριστοῦ. εἰ γὰρ δοκεῖ τις εἶναί τι μηδὲν ὤν, 1. 14.
4 ᵇφρεναπατᾷ ἑαυτόν ᶸ. τὸ δὲ ἔργον ἑαυτοῦ δοκιμαζέτω ἕκαστος, καὶ τότε εἰς ἑαυτὸν μόνον τὸ καύχημα ἕξει, καὶ οὐκ
5 εἰς τὸν ἕτερον. ἕκαστος γὰρ τὸ ἴδιον φορτίον βαστάσει.
6 Κοινωνείτω δὲ ὁ κατηχούμενος τὸν λόγον τῷ κατηχοῦντι Cp. 1 Cor.
7 ἐν πᾶσιν ἀγαθοῖς. μὴ πλανᾶσθε· Θεὸς οὐ μυκτηρίζεται· ὃ 9. 7 sq.
8 γὰρ ἐὰν σπείρῃ ἄνθρωπος, τοῦτο καὶ θερίσει. ὅτι ὁ σπείρων εἰς τὴν σάρκα ἑαυτοῦ ἐκ τῆς σαρκὸς θερίσει φθοράν, ὁ δὲ σπείρων εἰς τὸ Πνεῦμα ἐκ τοῦ Πνεύματος θερίσει ζωὴν
9 αἰώνιον. τὸ δὲ καλὸν ποιοῦντες μὴ ᶜἐγκακῶμεν ʲ· καιρῷ Cp. 2 Thes.
10 γὰρ ἰδίῳ θερίσομεν, μὴ ἐκλυόμενοι. ἄρα οὖν, ὡς καιρὸν 3. 13.
ἔχομεν, ἐργαζώμεθα τὸ ἀγαθὸν πρὸς πάντας, μάλιστα δὲ πρὸς τοὺς οἰκείους τῆς πίστεως.
11 Ἴδετε πηλίκοις ὑμῖν γράμμασιν ἔγραψα τῇ ἐμῇ χειρί.
12 ὅσοι θέλουσιν εὐπροσωπῆσαι ἐν σαρκί, οὗτοι ἀναγκάζουσιν ὑμᾶς περιτέμνεσθαι, μόνον ἵνα ᵈτῷ σταυρῷ τοῦ Χριστοῦ
13 μὴ ᶸ διώκωνται. οὐδὲ γὰρ οἱ ᵉπεριτεμνόμενοι ᶸ αὐτοὶ νόμον φυλάσσουσιν· ἀλλὰ θέλουσιν ὑμᾶς περιτέμνεσθαι, ἵνα ἐν τῇ
14 ὑμετέρᾳ σαρκὶ καυχήσωνται. ἐμοὶ δὲ μὴ γένοιτο καυχᾶσθαι εἰ μὴ ἐν τῷ σταυρῷ τοῦ Κυρίου ἡμῶν Ἰησοῦ Χριστοῦ, δι᾽
15 οὗ ἐμοὶ κόσμος ἐσταύρωται, κἀγὼ ᶠ⁻ʲ κόσμῳ. 8οὔτε γαρ Cp. 5. 6.

ᵃ om. Ἰησοῦ   ᵇ ἑαυτὸν φρεναπατᾷ   ᶜ ἐκκακῶμεν
ᵈ μὴ τῷ σταυρῷ τοῦ Χριστοῦ   ᵉ περιτετμημένοι M.   ᶠ add
τῷ   ᵍ ἐν γὰρ Χριστῷ Ἰησοῦ οὔτε περιτομή τι ἰσχύει

περιτομή τι ἔστιν οὔτε ἀκροβυστία, ἀλλὰ καινὴ κτίσις. καὶ ὅσοι τῷ κανόνι τούτῳ στοιχήσουσιν, εἰρήνη ἐπ' αὐτοὺς 16 καὶ ἔλεος, καὶ ἐπὶ τὸν Ἰσραὴλ τοῦ Θεοῦ.

Τοῦ λοιποῦ κόπους μοι μηδεὶς παρεχέτω· ἐγὼ γὰρ τὰ 17 στίγματα τοῦ ʰ⁻ⁱ Ἰησοῦ ἐν τῷ σώματί μου βαστάζω.

Ἡ χάρις τοῦ Κυρίου ἡμῶν Ἰησοῦ Χριστοῦ μετὰ τοῦ 18 πνεύματος ὑμῶν, ἀδελφοί. ἀμήν.

i–l

ΠΡΟΣ ΕΦΕΣΙΟΥΣ ΕΠΙΣΤΟΛΗ
ΠΑΥΛΟΥ.

Παῦλος ἀπόστολος ᵃΧριστοῦ Ἰησοῦⁱ διὰ θελήματος Θεοῦ 1

Cp. Acts τοῖς ἁγίοις τοῖς οὖσιν ᵇἐν Ἐφέσῳⁱ καὶ πιστοῖς ἐν Χριστῷ
18. 19,
19.1sqq. Ἰησοῦ· χάρις ὑμῖν καὶ εἰρήνη ἀπὸ Θεοῦ πατρὸς ἡμῶν καὶ 2
Κυρίου Ἰησοῦ Χριστοῦ.

Εὐλογητὸς ὁ Θεὸς καὶ πατὴρ τοῦ Κυρίου ἡμῶν Ἰησοῦ 3
Χριστοῦ, ὁ εὐλογήσας ἡμᾶς ἐν πάσῃ εὐλογίᾳ πνευματικῇ ἐν

Cp.2Thss. τοῖς ἐπουρανίοις ᶜἐνⁱ Χριστῷ, καθὼς ἐξελέξατο ἡμᾶς ἐν 4
2. 13.
Cp. Col. 1. αὐτῷ πρὸ καταβολῆς κόσμου, εἶναι ἡμᾶς ἁγίους καὶ ἀμώμους
22. κατενώπιον ᵈαὐτοῦ ἐν ἀγάπῃ, προορίσας ᵏ ἡμᾶς εἰς υἱοθεσίαν 5
διὰ Ἰησοῦ Χριστοῦ εἰς αὐτόν, κατὰ τὴν εὐδοκίαν τοῦ θελή-
ματος αὐτοῦ, εἰς ἔπαινον δόξης τῆς χάριτος αὐτοῦ, ᵉἧςⁱⁱ 6

Cp.Col. 1. ἐχαρίτωσεν ἡμᾶς ἐν τῷ ἠγαπημένῳ· ἐν ᾧ ἔχομεν τὴν 7
14,
Rom.3.24. ἀπολύτρωσιν διὰ τοῦ αἵματος αὐτοῦ, τὴν ἄφεσιν τῶν πα-
ραπτωμάτων, κατὰ ᶠτὸ πλοῦτοςⁱⁱ τῆς χάριτος αὐτοῦ, ἧς 8

ʰ add Κυρίου   ⁱ add subscription Πρὸς Γαλάτας ἐγράφη
ἀπὸ Ῥώμης.   ᵃ Ἰησοῦ Χριστοῦ   ᵇ om. ἐν Ἐφέσῳ Μ.
ᶜ om. ἐν S.   ᵈ αὐτοῦ· ἐν ἀγάπῃ προορίσας Μ.   ᵉ ἐν ᾗ
ᶠ τὸν πλοῦτον

-1. 22.   ΠΡΟΣ ΕΦΕΣΙΟΥΣ.   417

9 ἐπερίσσευσεν εἰς ἡμᾶς ἐν πάσῃ σοφίᾳ καὶ φρονήσει, γνωρί- Cp. Col. 1.
σας ἡμῖν τὸ μυστήριον τοῦ θελήματος αὐτοῦ, κατὰ τὴν 26.
10 εὐδοκίαν αὐτοῦ, ἣν προέθετο ἐν αὐτῷ εἰς οἰκονομίαν τοῦ Cp. Mk.
πληρώματος τῶν καιρῶν, ἀνακεφαλαιώσασθαι τὰ πάντα ἐν Gal. 4. 4.
τῷ Χριστῷ, ᵍτὰ ἐπὶ" τοῖς οὐρανοῖς καὶ τὰ ἐπὶ τῆς γῆς· ἐν
11 αὐτῷ, ἐν ᾧ καὶ ἐκληρώθημεν, προορισθέντες κατὰ πρόθεσιν Cp. Col. 1.
τοῦ τὰ πάντα ἐνεργοῦντος κατὰ τὴν βουλὴν τοῦ θελήματος 12.
12 αὐτοῦ, εἰς τὸ εἶναι ἡμᾶς εἰς ἔπαινον ʰ— δόξης αὐτοῦ τοὺς
13 προηλπικότας ἐν τῷ Χριστῷ· ἐν ᾧ καὶ ὑμεῖς, ἀκούσαντες τὸν Cp. Col. 1.
λόγον τῆς ἀληθείας, τὸ εὐαγγέλιον τῆς σωτηρίας ὑμῶν,—ἐν 5.
ᾧ καὶ πιστεύσαντες ἐσφραγίσθητε τῷ Πνεύματι τῆς ἐπαγγε- Cp. 4. 30.
14 λίας τῷ Ἁγίῳ, ⁱὅ ⁋ ἐστιν ἀρραβὼν τῆς κληρονομίας ἡμῶν, 2 Cor. 1 22.
εἰς ἀπολύτρωσιν τῆς περιποιήσεως, εἰς ἔπαινον τῆς δόξης Lk. 24.
αὐτοῦ. 49.
15 Διὰ τοῦτο κἀγώ, ἀκούσας τὴν καθ' ὑμᾶς πίστιν ἐν τῷ Cp. Col. 1.
16 Κυρίῳ Ἰησοῦ καὶ ᵏ—⁋ τὴν εἰς πάντας τοὺς ἁγίους, οὐ 3 sq.
παύομαι εὐχαριστῶν ὑπὲρ ὑμῶν, μνείαν ˡ— ποιούμενος ἐπὶ 9 sq.
17 τῶν προσευχῶν μου, ἵνα ὁ Θεὸς τοῦ Κυρίου ἡμῶν Ἰησοῦ
Χριστοῦ, ὁ πατὴρ τῆς δόξης, δῴη ὑμῖν πνεῦμα σοφίας καὶ
18 ἀποκαλύψεως ἐν ἐπιγνώσει αὐτοῦ, πεφωτισμένους τοὺς
ὀφθαλμοὺς τῆς ᵐκαρδίας ὑμῶν, εἰς τὸ εἰδέναι ὑμᾶς τίς
ἐστιν ἡ ἐλπὶς τῆς κλήσεως αὐτοῦ, ⁿ— τίς ὁ πλοῦτος τῆς Cp. 3. 8,
19 δόξης τῆς κληρονομίας αὐτοῦ ἐν τοῖς ἁγίοις, καὶ τί τὸ Col. 1. 27.
ὑπερβάλλον μέγεθος τῆς δυνάμεως αὐτοῦ εἰς ἡμᾶς τοὺς
πιστεύοντας κατὰ τὴν ἐνέργειαν τοῦ κράτους τῆς ἰσχύος Cp. Col.
20 αὐτοῦ, ἣν ἐνήργησεν ἐν τῷ Χριστῷ ἐγείρας αὐτὸν ἐκ νεκρῶν, 12.
21 καὶ ᵒκαθίσας⁋ ἐν δεξιᾷ αὐτοῦ ἐν τοῖς ἐπουρανίοις ὑπεράνω Cp.Ps. 110
πάσης ἀρχῆς καὶ ἐξουσίας καὶ δυνάμεως καὶ κυριότητος καὶ Col. 2. 10,
παντὸς ὀνόματος ὀνομαζομένου οὐ μόνον ἐν τῷ αἰῶνι τοιτω 3. 1,
22 ἀλλὰ καὶ ἐν τῷ μέλλοντι· καὶ πάντα ὑπέταξεν ὑπὸ τοὺς Cp.Ps.8.6.

ᵍ τά τε ἐν   ʰ add τῆς   ⁱ ὅς   ᵏ add τὴν ἀγάπην
A.S.M.   ˡ add ὑμῶν   ᵐ διανοίας   ⁿ add καὶ
ᵒ ἐκάθισεν

E e

πόδας αὐτοῦ, καὶ αὐτὸν ἔδωκε κεφαλὴν ὑπὲρ πάντα τῇ ἐκκλησίᾳ, ἥτις ἐστὶ τὸ σῶμα αὐτοῦ, τὸ πλήρωμα τοῦ Pτὰ ᵖ 23 πάντα ἐν πᾶσι πληρουμένου.

Καὶ ἱμᾶς ὄντας νεκροὺς τοῖς παραπτώμασι καὶ ταῖς ἁμαρ- 2 τίαις ᑫὑμῶν ᑫ, ἐν αἷς ποτὲ περιεπατήσατε κατὰ τὸν αἰῶνα τοῦ 2 κόσμου τούτου, κατὰ τὸν ἄρχοντα τῆς ἐξουσίας τοῦ ἀέρος, τοῦ πνεύματος τοῦ νῦν ἐνεργοῦντος ἐν τοῖς υἱοῖς τῆς ἀπει- θείας· ἐν οἷς καὶ ἡμεῖς πάντες ἀνεστράφημέν ποτε ἐν ταῖς 3 ἐπιθυμίαις τῆς σαρκὸς ἡμῶν, ποιοῦντες τὰ θελήματα τῆς σαρκὸς καὶ τῶν διανοιῶν, καὶ ʳἤμεθα ʳ τέκνα φύσει ὀργῆς, ὡς καὶ οἱ λοιποί·—ὁ δὲ Θεός, πλούσιος ὢν ἐν ἐλέει, διὰ τὴν 4 πολλὴν ἀγάπην αὐτοῦ ἣν ἠγάπησεν ἡμᾶς, καὶ ὄντας ἡμᾶς 5 νεκροὺς τοῖς παραπτώμασι ˢσυνεζωοποίησε τῷ Χριστῷ (χάριτί ἐστε σεσωσμένοι), καὶ συνήγειρε, καὶ συνεκάθισεν 6 ἐν τοῖς ἐπουρανίοις ἐν Χριστῷ Ἰησοῦ· ἵνα ἐνδείξηται ἐν τοῖς 7 αἰῶσι τοῖς ἐπερχομένοις ᵗτὸ ὑπερβάλλον πλοῦτος ᵗ τῆς χάριτος αὐτοῦ ἐν χρηστότητι ἐφ' ἡμᾶς ἐν Χριστῷ Ἰησοῦ· τῇ 8 γὰρ χάριτί ἐστε σεσωσμένοι διὰ ᵘ⁻ πίστεως, καὶ τοῦτο οὐκ ἐξ ὑμῶν· Θεοῦ τὸ δῶρον· οὐκ ἐξ ἔργων, ἵνα μή τις καυχή- 9 σηται. αὐτοῦ γάρ ἐσμεν ποίημα, κτισθέντες ἐν Χριστῷ 10 Ἰησοῦ ἐπὶ ἔργοις ἀγαθοῖς, οἷς προητοίμασεν ὁ Θεὸς ἵνα ἐν αὐτοῖς περιπατήσωμεν.

Διὸ μνημονεύετε, ὅτι ˣποτὲ ὑμεῖς ˣ τὰ ἔθνη ἐν σαρκί, οἱ 11 λεγόμενοι ἀκροβυστία ὑπὸ τῆς λεγομένης περιτομῆς ἐν σαρκὶ χειροποιήτου, ὅτι ἦτε ʸ—ʸ τῷ καιρῷ ἐκείνῳ χωρὶς Χριστοῦ, 12 ἀπηλλοτριωμένοι τῆς πολιτείας τοῦ Ἰσραὴλ καὶ ξένοι τῶν διαθηκῶν τῆς ἐπαγγελίας, ἐλπίδα μὴ ἔχοντες καὶ ἄθεοι ἐν τῷ κόσμῳ. νυνὶ δὲ ἐν Χριστῷ Ἰησοῦ ὑμεῖς οἱ ποτὲ ὄντες 13 μακρὰν ᶻἐγενήθητε ἐγγὺς ᶻ ἐν τῷ αἵματι τοῦ Χριστοῦ. αὐτὸς 14 γάρ ἐστιν ἡ εἰρήνη ἡμῶν, ὁ ποιήσας τὰ ἀμφότερα ἓν καὶ τὸ

ᵖ om. τὰ   ᑫ om. ὑμῶν   ʳ ἦμεν   ˢ συνεζωοποίη-
σεν ἐν Μ.   ᵗ τὸν ὑπερβάλλοντα πλοῦτον   ᵘ add τῆς
ˣ ὑμεῖς ποτὲ   ʸ add ἐν   ᶻ ἐγγὺς ἐγενήθητε

15 μεσότοιχον τοῦ φραγμοῦ λύσας, τὴν ἔχθραν ἐν τῇ σαρκὶ Cp. Col. 2.
αὐτοῦ, τὸν νόμον τῶν ἐντολῶν ἐν δόγμασι, καταργήσας· ἵνα 14.
τοὺς δύο κτίσῃ ἐν ᵃαὐτῷ ' εἰς ἕνα καινὸν ἄνθρωπον, ποιῶν
16 εἰρήνην, καὶ ἀποκαταλλάξῃ τοὺς ἀμφοτέρους ἐν ἑνὶ σώματι Cp. Col. 2.
τῷ Θεῷ διὰ τοῦ σταυροῦ, ἀποκτείνας τὴν ἔχθραν ἐν αὐτῷ·
17 καὶ ἐλθὼν εὐηγγελίσατο εἰρήνην ὑμῖν τοῖς μακρὰν καὶ ᵇεἰρή- Cp. Isa. 57.
18 νην'' τοῖς ἐγγύς· ὅτι δι' αὐτοῦ ἔχομεν τὴν προσαγωγὴν οἱ Λ (...)
19 ἀμφότεροι ἐν ἑνὶ Πνεύματι πρὸς τὸν πατέρα. ἄρα οὖν
οὐκέτι ἐστὲ ξένοι καὶ πάροικοι, ἀλλά ᶜἐστε συμπολῖται τῶν
20 ἁγίων καὶ οἰκεῖοι τοῦ Θεοῦ, ἐποικοδομηθέντες ἐπὶ τῷ θεμελίῳ Cp. 1 Co.
τῶν ἀποστόλων καὶ προφητῶν, ὄντος ἀκρογωνιαίου αὐτοῦ 1 Pet. 2. 4
21 ᵈΧριστοῦ Ἰησοῦ¹, ἐν ᾧ πᾶσα ᵉ⁻ οἰκοδομὴ συναρμολογου-
22 μένη αὔξει εἰς ναὸν ἅγιον ἐν Κυρίῳ, ἐν ᾧ καὶ ὑμεῖς συνοι-
κοδομεῖσθε εἰς κατοικητήριον τοῦ Θεοῦ ἐν Πνεύματι.
3 Τούτου χάριν ἐγὼ Παῦλος ὁ δέσμιος τοῦ Χριστοῦ Ἰησοῦ Cp. Col. 1.
2 ὑπὲρ ὑμῶν τῶν ἐθνῶν,—εἴγε ἠκούσατε τὴν οἰκονομίαν τῆς 24 sq.
3 χάριτος τοῦ Θεοῦ τῆς δοθείσης μοι εἰς ὑμᾶς, ὅτι κατὰ Cp. Gal.
ἀποκάλυψιν ᶠἐγνωρίσθη μοι τὸ μυστήριον, καθὼς προέ-
4 γραψα ἐν ὀλίγῳ, πρὸς ὃ δύνασθε ἀναγινώσκοντες νοῆσαι τὴν
5 σύνεσίν μου ἐν τῷ μυστηρίῳ τοῦ Χριστοῦ, ὃ ᵍ⁻ ἑτέραις Cp. Col. 2.
γενεαῖς οὐκ ἐγνωρίσθη τοῖς υἱοῖς τῶν ἀνθρώπων, ὡς νῦν
ἀπεκαλύφθη τοῖς ἁγίοις ἀποστόλοις αὐτοῦ καὶ προφήταις ἐν
6 Πνεύματι· εἶναι τὰ ἔθνη συγκληρονόμα καὶ σύσσωμα καὶ Cp. Act.
συμμέτοχα τῆς ἐπαγγελίας ʰ⁻ ἐν ⁱΧριστῷ Ἰησοῦ διὰ τοῦ 11. 17.
7 εὐαγγελίου, οὗ ᵏἐγενήθην διάκονος κατὰ τὴν δωρεὰν τῆς Cp. C. l. 1.
χάριτος τοῦ Θεοῦ ¹τῆς δοθείσης'' μοι κατὰ τὴν ἐνέργειαν τῆς 23. 25.
8 δυνάμεως αὐτοῦ. ἐμοὶ τῷ ἐλαχιστοτέρῳ πάντων ᵐ⁻ᶠ ἁγίων Cp. 1 C. r.
ἐδόθη ἡ χάρις αὕτη, ⁿ⁻ τοῖς ἔθνεσιν εὐαγγελίσασθαι ᵒτὸ

ᵃ ἑαυτῷ   ᵇ om. εἰρήνην   ᶜ om ἐστε   ᵈ Ἰησοῦ
Χριστοῦ   ᵉ add ἡ   ᶠ ἐγνωρίσε   ᵍ add ἐν   ʰ add
αὐτοῦ   ⁱ τῷ Χριστῷ   ᵏ ἐγενόμην   ¹ τὴν δοθεῖσάν
ᵐ add τῶν   ⁿ add ἐν   ᵒ τὸν ἀνεξιχνίαστον πλοῦτον

420   ΕΠΙΣΤΟΛΗ   3. 8-

ἀνεξιχνίαστον πλοῦτος ǁ τοῦ Χριστοῦ, καὶ φωτίσαι ᵖπάντας ǁ 9
Cp. Rom. τίς ἡ ᑫοἰκονομία ǁ τοῦ μυστηρίου τοῦ ἀποκεκρυμμένου ἀπὸ
16. 25 τῶν αἰώνων ἐν τῷ Θεῷ τῷ τὰ πάντα κτίσαντι ʳ⁻ǁ, ἵνα 10
sq.,
1 Cor. 2. 7, γνωρισθῇ νῦν ταῖς ἀρχαῖς καὶ ταῖς ἐξουσίαις ἐν τοῖς ἐπουρα-
Col. 1. 26
sq. νίοις διὰ τῆς ἐκκλησίας ἡ πολυποίκιλος σοφία τοῦ Θεοῦ,
κατὰ πρόθεσιν τῶν αἰώνων ἣν ἐποίησεν ἐν ˢτῷǁ Χριστῷ 11
Ἰησοῦ τῷ Κυρίῳ ἡμῶν, ἐν ᾧ ἔχομεν τὴν παρρησίαν καὶ ᵗ⁻ǁ 12
προσαγωγὴν ἐν πεποιθήσει διὰ τῆς πίστεως αὐτοῦ. διὸ 13
αἰτοῦμαι μὴ ᵘἐγκακεῖν ǁ ἐν ταῖς θλίψεσί μου ὑπὲρ ὑμῶν, ἥτις
ἐστὶ δόξα ὑμῶν.

Τούτου χάριν κάμπτω τὰ γόνατά μου πρὸς τὸν πατέρα ˣ⁻ǁ, 14
ἐξ οὗ πᾶσα πατριὰ ἐν οὐρανοῖς καὶ ἐπὶ γῆς ὀνομάζεται, 15
ἵνα ʸδῷǁ ὑμῖν κατὰ ᶻτὸ πλοῦτος ⁷ τῆς δόξης αὐτοῦ δυνάμει 16
κραταιωθῆναι διὰ τοῦ Πνεύματος αὐτοῦ εἰς τὸν ἔσω ἄνθρωπον,
κατοικῆσαι τὸν Χριστὸν διὰ τῆς πίστεως ἐν ταῖς καρδίαις 17
Cp. Col. 1. ὑμῶν· ἐν ἀγάπῃ ἐρριζωμένοι καὶ τεθεμελιωμένοι ἵνα ἐξισχύ- 18
23,
2. 7. σητε καταλαβέσθαι σὺν πᾶσι τοῖς ἁγίοις τί τὸ πλάτος καὶ
μῆκος καὶ ᵃὕψος καὶ βάθος ⁷, γνῶναί τε τὴν ὑπερβάλλουσαν 19
Cp. 1. 23, τῆς γνώσεως ἀγάπην τοῦ Χριστοῦ, ἵνα πληρωθῆτε εἰς πᾶν τὸ
Col. 1. 19. πλήρωμα τοῦ Θεοῦ.

Τῷ δὲ δυναμένῳ ὑπὲρ πάντα ποιῆσαι ὑπερεκπερισσοῦ ὧν 20
Cp. Col. 1. αἰτούμεθα ἢ νοοῦμεν, κατὰ τὴν δύναμιν τὴν ἐνεργουμένην ἐν
29. ἡμῖν, αὐτῷ ἡ δόξα ἐν τῇ ἐκκλησίᾳ ᵇκαὶ ǁ ἐν Χριστῷ Ἰησοῦ 21
εἰς πάσας τὰς γενεὰς τοῦ αἰῶνος τῶν αἰώνων. ἀμήν.

Cp. Col. 4. Παρακαλῶ οὖν ὑμᾶς ἐγώ, ὁ δέσμιος ἐν Κυρίῳ, ἀξίως 4
3; περιπατῆσαι τῆς κλήσεως ἧς ἐκλήθητε, μετὰ πάσης τα- 2
Phil. 1. 7,
2Tim.1.8; πεινοφροσύνης καὶ πραότητος, μετὰ μακροθυμίας, ἀνεχόμενοι
also Col.
1. 10 sq., ἀλλήλων ἐν ἀγάπῃ, σπουδάζοντες τηρεῖν τὴν ἑνότητα τοῦ 3
3. 12
sqq., Πνεύματος ἐν τῷ συνδέσμῳ τῆς εἰρήνης. ἓν σῶμα καὶ 4
Phil. 1. 27.
Cp. Rom. ᵖ om. πάντας M.   ᑫ κοινωνία   ʳ add διὰ Ἰησοῦ
12. 3 Χριστοῦ   ˢ om. τῷ   ᵗ add τὴν   ᵘ ἐκκακεῖν   ˣ add
sqq.,
1 Cor. 12. τοῦ Κυρίου ἡμῶν Ἰησοῦ Χριστοῦ   ʸ δῴη   ᶻ τὸν πλοῦταν
4 sqq.,
1Pet. 4. 10. ᵃ βάθος καὶ ὕψος   ᵇ om, καὶ

ἐν Πνεῦμα, καθὼς καὶ ἐκλήθητε ἐν μιᾷ ἐλπίδι τῆς κλήσεως
5, 6 ὑμῶν, εἷς Κύριος, μία πίστις, ἓν βάπτισμα, εἷς Θεὸς
καὶ πατὴρ πάντων, ὁ ἐπὶ πάντων καὶ διὰ πάντων καὶ ἐν
7 πᾶσιν c—ll. ἑνὶ δὲ ἑκάστῳ ἡμῶν ἐδόθη ἡ χάρις κατὰ τὸ
8 μέτρον τῆς δωρεᾶς τοῦ Χριστοῦ. διὸ λέγει, Ἀναβὰς εἰς Ps. 68 (67).
ὕψος ᾐχμαλώτευσεν αἰχμαλωσίαν, καὶ ἔδωκε δόματα τοῖς 18.
9 ἀνθρώποις. (τὸ δὲ Ἀνέβη τί ἐστιν εἰ μὴ ὅτι καὶ κατέβη
10 d—7 εἰς τὰ κατώτερα μέρη τῆς γῆς; ὁ καταβὰς αὐτός ἐστι Cp. Joh. 3.
καὶ ὁ ἀναβὰς ὑπεράνω πάντων τῶν οὐρανῶν, ἵνα πληρώσῃ τὰ sqq.
11 πάντα.) καὶ αὐτὸς ἔδωκε τοὺς μὲν ἀποστόλους, τοὺς δὲ Cp. Rom.
προφήτας, τοὺς δὲ εὐαγγελιστάς, τοὺς δὲ ποιμένας καὶ δι- 1 Cor. 12.
12 δασκάλους, πρὸς τὸν καταρτισμὸν τῶν ἁγίων, εἰς ἔργον 28.
13 διακονίας, εἰς οἰκοδομὴν τοῦ σώματος τοῦ Χριστοῦ· μέχρι
καταντήσωμεν οἱ πάντες εἰς τὴν ἑνότητα τῆς πίστεως καὶ
τῆς ἐπιγνώσεως τοῦ υἱοῦ τοῦ Θεοῦ, εἰς ἄνδρα τέλειον, εἰς
14 μέτρον ἡλικίας τοῦ πληρώματος τοῦ Χριστοῦ· ἵνα μηκέτι Cp. 1 Cor.
ὦμεν νήπιοι, κλυδωνιζόμενοι καὶ περιφερόμενοι παντὶ ἀνέμῳ Cp. Heb.
τῆς διδασκαλίας, ἐν τῇ κυβείᾳ τῶν ἀνθρώπων, ἐν πανουργίᾳ, 13. 9.
15 πρὸς τὴν μεθοδείαν τῆς πλάνης, ἀληθεύοντες δὲ ἐν ἀγάπῃ
αὐξήσωμεν εἰς αὐτὸν τὰ πάντα, ὅς ἐστιν ἡ κεφαλή, e—l Cp. Col. 1.
16 Χριστός, ἐξ οὗ πᾶν τὸ σῶμα συναρμολογούμενον καὶ συμ- 2. 19.
βιβαζόμενον διὰ πάσης ἁφῆς τῆς ἐπιχορηγίας, κατ' ἐνέργειαν
ἐν μέτρῳ ἑνὸς ἑκάστου μέρους, τὴν αὔξησιν τοῦ σώματος
ποιεῖται εἰς οἰκοδομὴν ἑαυτοῦ ἐν ἀγάπῃ.
17 Τοῦτο οὖν λέγω καὶ μαρτύρομαι ἐν Κυρίῳ, μηκέτι ὑμᾶς Cp. 1 Pet.
περιπατεῖν καθὼς καὶ τὰ f—ll ἔθνη περιπατεῖ ἐν ματαιότητι 4. 3.
18 τοῦ νοὸς αὐτῶν, ἐσκοτισμένοι τῇ gδιανοίᾳ ὄντες,ll ἀπηλλο-
τριωμένοι τῆς ζωῆς τοῦ Θεοῦ διὰ τὴν ἄγνοιαν τὴν οὖσαν
19 ἐν αὐτοῖς, διὰ τὴν πώρωσιν τῆς καρδίας αὐτῶν· οἵτινες
ἀπηλγηκότες ἑαυτοὺς παρέδωκαν τῇ ἀσελγείᾳ εἰς ἐργασίαν

c add ὑμῖν   d add πρῶτον A.S.M.   o add ὁ   f add
λοιπά   g διανοίᾳ, ὄντες

422 ΕΠΙΣΤΟΛΗ 4. 19–

ἀκαθαρσίας πάσης ἐν πλεονεξίᾳ. ὑμεῖς δὲ οὐχ οὕτως ἐμάθετε 20
τὸν Χριστόν· εἴγε αὐτὸν ἠκούσατε καὶ ἐν αὐτῷ ἐδιδάχθητε, 21

Cp. Rom. καθώς ἐστιν ἀλήθεια ἐν τῷ Ἰησοῦ· ἀποθέσθαι ὑμᾶς κατὰ 22
6. 6.
Col. 3. 9. τὴν προτέραν ἀναστροφὴν τὸν παλαιὸν ἄνθρωπον τὸν φθει-
Cp. Rom. ρόμενον κατὰ τὰς ἐπιθυμίας τῆς ἀπάτης, ἀνανεοῦσθαι δὲ τῷ 23
12. 2.
Col. 3. 10. πνεύματι τοῦ νοὸς ὑμῶν, καὶ ἐνδύσασθαι τὸν καινὸν ἄνθρω- 24
πον τὸν κατὰ Θεὸν κτισθέντα ἐν δικαιοσύνῃ καὶ ὁσιότητι τῆς
ἀληθείας.

Cp. Zech. Διὸ ἀποθέμενοι τὸ ψεῦδος λαλεῖτε ἀλήθειαν ἕκαστος μετὰ 25
8. 16.
Cp. Ps. 4. τοῦ πλησίον αὐτοῦ· ὅτι ἐσμὲν ʰἀλλήλων" μέλη. ὀργίζεσθε 26
4(Sept.). καὶ μὴ ἁμαρτάνετε· ὁ ἥλιος μὴ ἐπιδυέτω ἐπὶ ⁱ–" παρορ-
γισμῷ ὑμῶν, ᵏμηδέⁱ δίδοτε τόπον τῷ διαβόλῳ. ὁ κλέπ- 27,28

Cp. 1Thss. των μηκέτι κλεπτέτω, μᾶλλον δὲ κοπιάτω ἐργαζόμενος τὸ
4. 11,
2 Thss. 3. ἀγαθὸν ταῖς χερσίν, ἵνα ἔχῃ μεταδιδόναι τῷ χρείαν ἔχοντι.
12.
Cp. Col. 2. πᾶς λόγος σαπρὸς ἐκ τοῦ στόματος ὑμῶν μὴ ἐκπορευέσθω, 29
8, 16 sq. ἀλλ᾽ εἴ τις ἀγαθὸς πρὸς οἰκοδομὴν τῆς χρείας, ἵνα δῷ χάριν
Cp. Isa. τοῖς ἀκούουσι. καὶ μὴ λυπεῖτε τὸ Πνεῦμα τὸ Ἅγιον τοῦ 30
63. 10.
Cp. 1. 13. Θεοῦ, ἐν ᾧ ἐσφραγίσθητε εἰς ἡμέραν ἀπολυτρώσεως. πᾶσα 31
πικρία καὶ θυμὸς καὶ ὀργὴ καὶ κραυγὴ καὶ βλασφημία ἀρθή-
τω ἀφ᾽ ὑμῶν σὺν πάσῃ κακίᾳ· γίνεσθε δὲ εἰς ἀλλήλους 32

Cp. Mat. χρηστοί, εὔσπλαγχνοι, χαριζόμενοι ἑαυτοῖς, καθὼς καὶ ὁ Θεὸς
18. 32
sqq. ἐν Χριστῷ ἐχαρίσατο ˡὑμῖν".
1Joh.4.11. Γίνεσθε οὖν μιμηταὶ τοῦ Θεοῦ, ὡς τέκνα ἀγαπητά· καὶ 5 1, 2
Cp. Mat.
5. 48, περιπατεῖτε ἐν ἀγάπῃ, καθὼς καὶ ὁ Χριστὸς ἠγάπησεν ᵐὑμᾶς ,
Lk. 6. 36. καὶ παρέδωκεν ἑαυτὸν ὑπὲρ ⁿἡμῶν" προσφορὰν καὶ θυσίαν τῷ
Cp. Gal.
1. 4. Θεῷ εἰς ὀσμὴν εὐωδίας. πορνεία δὲ καὶ ᵒἀκαθαρσία πᾶσα" 3
Cp. Col. 3. ἢ πλεονεξία μηδὲ ὀνομαζέσθω ἐν ὑμῖν, καθὼς πρέπει ἁγίοις,
5. καὶ αἰσχρότης, καὶ μωρολογία ἢ εὐτραπελία, τὰ οὐκ ἀνήκοντα· 4
ἀλλὰ μᾶλλον εὐχαριστία. τοῦτο γὰρ ᵖἴστε ᵍ γινώσκοντες, 5
Cp. 1 Cor. ὅτι πᾶς πόρνος, ἢ ἀκάθαρτος, ἢ πλεονέκτης, ᵠὅ" ἐστιν εἰδω-
6. 9 sq.,
Gal. 5. 21. ʰ ἀλλήλοιν S. ⁱ add τῷ ᵏ μήτε ˡ ἡμῖν M.
ᵐ ἡμᾶς ⁿ ὑμῶν M. ᵒ πᾶσα ἀκαθαρσία ᵖ ἐστε
ᵍ ὅς

λολάτρης, οὐκ ἔχει κληρονομίαν ἐν τῇ βασιλείᾳ τοῦ Χριστοῦ
6 καὶ Θεοῦ. μηδεὶς ὑμᾶς ἀπατάτω κενοῖς λόγοις· διὰ ταῦτα
γὰρ ἔρχεται ἡ ὀργὴ τοῦ Θεοῦ ἐπὶ τοὺς υἱοὺς τῆς ἀπειθείας.
7, 8 μὴ οὖν γίνεσθε συμμέτοχοι αὐτῶν· ἦτε γάρ ποτε σκότος,
9 νῦν δὲ φῶς ἐν Κυρίῳ· ὡς τέκνα φωτὸς περιπατεῖτε (ὁ γὰρ
καρπὸς τοῦ ʳφωτὸς" ἐν πάσῃ ἀγαθωσύνῃ καὶ δικαιοσύνῃ
10 καὶ ἀληθείᾳ), δοκιμάζοντες τί ἐστιν εὐάρεστον τῷ Κυρίῳ·
11 καὶ μὴ συγκοινωνεῖτε τοῖς ἔργοις τοῖς ἀκάρποις τοῦ σκότους,
12 μᾶλλον δὲ καὶ ἐλέγχετε, τὰ γὰρ κρυφῇ γινόμενα ὑπ᾽ αὐτῶν
13 αἰσχρόν ἐστι καὶ λέγειν. τὰ δὲ πάντα ἐλεγχόμενα ὑπὸ τοῦ
14 φωτὸς φανεροῦται· πᾶν γὰρ τὸ φανερούμενον φῶς ἐστι. διὸ
λέγει, Ἔγειραι, ὁ καθεύδων, καὶ ἀνάστα ἐκ τῶν νεκρῶν, καὶ
ἐπιφαύσει σοι ὁ Χριστός.
15 Βλέπετε οὖν ˢἀκριβῶς πῶς" περιπατεῖτε, μὴ ὡς ἄσοφοι
16 ἀλλ᾽ ὡς σοφοί, ἐξαγοραζόμενοι τὸν καιρόν, ὅτι αἱ ἡμέραι
17 πονηραί εἰσι. διὰ τοῦτο μὴ γίνεσθε ἄφρονες, ἀλλὰ ᵗσυνίετε
18 τί τὸ θέλημα τοῦ Κυρίου. καὶ μὴ μεθύσκεσθε οἴνῳ, ἐν ᾧ
19 ἐστιν ἀσωτία, ἀλλὰ πληροῦσθε ἐν Πνεύματι, λαλοῦντες
ἑαυτοῖς ψαλμοῖς καὶ ὕμνοις καὶ ᾠδαῖς πνευματικαῖς, ᾄδοντες
20 καὶ ψάλλοντες ᵘ⁻ʲ τῇ καρδίᾳ ὑμῶν τῷ Κυρίῳ, εὐχαριστοῦν-
τες πάντοτε ὑπὲρ πάντων ἐν ὀνόματι τοῦ Κυρίου ἡμῶν Ἰησοῦ
21 Χριστοῦ τῷ Θεῷ καὶ πατρί, ὑποτασσόμενοι ἀλλήλοις ἐν
φόβῳ ˣΧριστοῦ ʲ.
22, 23 Αἱ γυναῖκες, τοῖς ἰδίοις ἀνδράσιν ʸ⁻ʲ ὡς τῷ Κυρίῳ· ὅτι
ᶻ⁻" ἀνήρ ἐστι κεφαλὴ τῆς γυναικός, ὡς καὶ ὁ Χριστὸς κε-
24 φαλὴ τῆς ἐκκλησίας, ᵃαὐτὸς" σωτὴρ τοῦ σώματος. ἀλλ᾽ ᵇὡς"
ἡ ἐκκλησία ὑποτάσσεται τῷ Χριστῷ, οὕτω καὶ αἱ γυναῖκες
25 τοῖς ᶜ⁻" ἀνδράσιν ἐν παντί. οἱ ἄνδρες, ἀγαπᾶτε τὰς γυναῖ-
κας ᵈ⁻", καθὼς καὶ ὁ Χριστὸς ἠγάπησε τὴν ἐκκλησίαν, καὶ
26 ἑαυτὸν παρέδωκεν ὑπὲρ αὐτῆς· ἵνα αὐτὴν ἁγιάσῃ καθαρίσας

ʳ Πνεύματος   ˢ πῶς ἀκριβῶς   ᵗ συνιέντες   ᵘ add ἐν
ˣ Θεοῦ   ʸ add ὑποτάσσεσθε   ᶻ add ὁ   ᵃ καὶ αὐτός
ἐστι   ᵇ ὥσπερ   ᶜ add ἰδίοις   ᵈ add ἑαυτῶν

τῷ λουτρῷ τοῦ ὕδατος ἐν ῥήματι, ἵνα παραστήσῃ ᵉαὐτὸς ᶠ 27
ἑαυτῷ ἔνδοξον τὴν ἐκκλησίαν, μὴ ἔχουσαν σπῖλον ἢ ῥυτίδα
ἤ τι τῶν τοιούτων, ἀλλ' ἵνα ᾖ ἁγία καὶ ἄμωμος. οὕτως 28
ᶠὀφείλουσι καὶ οἱ ἄνδρες ἀγαπᾶν τὰς ἑαυτῶν γυναῖκας ὡς
τὰ ἑαυτῶν σώματα. ὁ ἀγαπῶν τὴν ἑαυτοῦ γυναῖκα ἑαυτὸν
ἀγαπᾷ. οὐδεὶς γάρ ποτε τὴν ἑαυτοῦ σάρκα ἐμίσησεν, ἀλλ' 29
ἐκτρέφει καὶ θάλπει αὐτήν· καθὼς καὶ ὁ ᵍΧριστὸς ʰ τὴν ἐκ-
κλησίαν, ὅτι μέλη ἐσμὲν τοῦ σώματος αὐτοῦ ʰ⁻. Ἀντὶ 30, 31
τούτου καταλείψει ἄνθρωπος τὸν πατέρα ⁱ⁻ καὶ τὴν μητέρα,
καὶ προσκολληθήσεται πρὸς τὴν γυναῖκα αὐτοῦ, καὶ ἔσονται
οἱ δύο εἰς σάρκα μίαν. τὸ μυστήριον τοῦτο μέγα ἐστίν· 32
ἐγὼ δὲ λέγω εἰς Χριστὸν καὶ εἰς τὴν ἐκκλησίαν. πλὴν 33
καὶ ὑμεῖς οἱ καθ' ἕνα, ἕκαστος τὴν ἑαυτοῦ γυναῖκα οὕτως
ἀγαπάτω ὡς ἑαυτόν, ἡ δὲ γυνὴ ἵνα φοβῆται τὸν ἄνδρα.

Τὰ τέκνα, ὑπακούετε τοῖς γονεῦσιν ὑμῶν ἐν Κυρίῳ· τοῦτο θ
γάρ ἐστι δίκαιον. Τίμα τὸν πατέρα σου καὶ τὴν μητέρα (ἥτις 2
ἐστὶν ἐντολὴ πρώτη ἐν ἐπαγγελίᾳ), ἵνα εὖ σοι γένηται, καὶ 3
ἔσῃ μακροχρόνιος ἐπὶ τῆς γῆς. καὶ οἱ πατέρες, μὴ παρορ- 4
γίζετε τὰ τέκνα ὑμῶν, ἀλλ' ἐκτρέφετε αὐτὰ ἐν παιδείᾳ καὶ
νουθεσίᾳ Κυρίου.

Οἱ δοῦλοι, ὑπακούετε τοῖς ᵏκατὰ σάρκα κυρίοις ᶫ μετὰ 5
φόβου καὶ τρόμου ἐν ἁπλότητι τῆς καρδίας ὑμῶν ὡς τῷ
Χριστῷ, μὴ κατ' ὀφθαλμοδουλείαν ὡς ἀνθρωπάρεσκοι, ἀλλ' 6
ὡς δοῦλοι τοῦ Χριστοῦ ποιοῦντες τὸ θέλημα τοῦ Θεοῦ ἐκ
ψυχῆς, μετ' εὐνοίας δουλεύοντες ᶫὡς τῷ Κυρίῳ καὶ οὐκ 7
ἀνθρώποις, εἰδότες ὅτι ᵐἕκαστος ὃ ἐάν ⁿ ποιήσῃ ἀγαθόν, 8
τοῦτο κομιεῖται παρὰ ⁿ⁻ᶠ Κυρίου, εἴτε δοῦλος εἴτε ἐλεύθερος.
Καὶ οἱ κύριοι, τὰ αὐτὰ ποιεῖτε πρὸς αὐτοὺς ἀνιέντες τὴν 9

ᵉ αὐτὴν ᶠ ὀφείλουσιν ᵍ Κύριος ʰ add ἐκ τῆς
σαρκὸς αὐτοῦ καὶ ἐκ τῶν ὀστέων αὐτοῦ ⁱ add αὐτοῦ
ᵏ κυρίοις κατὰ σάρκα ᶫ om. ὡς S. ᵐ ὃ ἐάν τι ἕκαστος
ⁿ add τοῦ

ΠΡΟΣ ΕΦΕΣΙΟΥΣ.

ἀπειλήν, εἰδότες ὅτι °καὶ αὐτῶν καὶ ὑμῶν ' ὁ κύριός ἐστιν
ἐν οὐρανοῖς, καὶ προσωπολημψία οὐκ ἔστι παρ' αὐτῷ.
10 ᴾΤοῦ λοιποῦ ‖ ἐνδυναμοῦσθε ἐν Κυρίῳ καὶ ἐν τῷ κράτει
11 τῆς ἰσχύος αὐτοῦ. ἐνδύσασθε τὴν πανοπλίαν τοῦ Θεοῦ, πρὸς
τὸ δύνασθαι ὑμᾶς στῆναι πρὸς τὰς μεθοδείας τοῦ διαβόλου.
12 ὅτι οὐκ ἔστιν ἡμῖν ἡ πάλη πρὸς αἷμα καὶ σάρκα, ἀλλὰ πρὸς
τὰς ἀρχάς, πρὸς τὰς ἐξουσίας, πρὸς τοὺς κοσμοκράτορας τοῦ
σκότους ᑫ—' τούτου, πρὸς τὰ πνευματικὰ τῆς πονηρίας ἐν
13 τοῖς ἐπουρανίοις. διὰ τοῦτο ἀναλάβετε τὴν πανοπλίαν τοῦ
Θεοῦ, ἵνα δυνηθῆτε ἀντιστῆναι ἐν τῇ ἡμέρᾳ τῇ πονηρᾷ, καὶ
14 ἅπαντα κατεργασάμενοι στῆναι. στῆτε οὖν περιζωσάμενοι
τὴν ὀσφὺν ὑμῶν ἐν ἀληθείᾳ, καὶ ἐνδυσάμενοι τὸν θώρακα
15 τῆς δικαιοσύνης, καὶ ὑποδησάμενοι τοὺς πόδας ἐν ἑτοιμασίᾳ
16 τοῦ εὐαγγελίου τῆς εἰρήνης, ʳ ἐν‖ πᾶσιν ἀναλαβόντες τὸν
θυρεὸν τῆς πίστεως, ἐν ᾧ δυνήσεσθε πάντα τὰ βέλη τοῦ
17 πονηροῦ τὰ πεπυρωμένα σβέσαι. καὶ τὴν περικεφαλαίαν
τοῦ σωτηρίου δέξασθε, καὶ τὴν μάχαιραν τοῦ Πνεύματος,
18 ὅ ἐστι ῥῆμα Θεοῦ, διὰ πάσης προσευχῆς καὶ δεήσεως προσ-
ευχόμενοι ἐν παντὶ καιρῷ ἐν Πνεύματι, καὶ εἰς αὐτὸ ᴮ—ᵀ
ἀγρυπνοῦντες ἐν πάσῃ προσκαρτερήσει καὶ δεήσει περὶ πάν-
19 των τῶν ἁγίων, καὶ ὑπὲρ ἐμοῦ, ἵνα μοι ᵗδοθῇ ' λόγος ἐν
ἀνοίξει τοῦ στόματός μου ἐν παρρησίᾳ γνωρίσαι τὸ μυστή-
20 ριον τοῦ εὐαγγελίου ὑπὲρ οὗ πρεσβεύω ἐν ἁλύσει, ἵνα ἐν
αὐτῷ παρρησιάσωμαι, ὡς δεῖ με λαλῆσαι.
21 Ἵνα δὲ εἰδῆτε καὶ ὑμεῖς τὰ κατ' ἐμέ, τί πράσσω, παντα
ᵘγνωρίσει ὑμῖν‖ Τυχικὸς ὁ ἀγαπητὸς ἀδελφὸς καὶ πιστὸς
22 διάκονος ἐν Κυρίῳ· ὃν ἔπεμψα πρὸς ὑμᾶς εἰς αὐτὸ τοῦτο,
ἵνα γνῶτε τὰ περὶ ἡμῶν, καὶ παρακαλέσῃ τὰς καρδίας
ὑμῶν.
23 Εἰρήνη τοῖς ἀδελφοῖς καὶ ἀγάπη μετὰ πίστεως ἀπὸ Θεοῦ

° καὶ ὑμῶν αὐτῶν   ᵖ Τὸ λοιπόν, ἀδελφοί μου,   ᑫ add
τοῦ αἰῶνος   ʳ ἐπὶ   ˢ add τοῦτο   ᵗ δοθείη   ᵘ ὑμῖν
γνωρίσει

πατρὸς καὶ Κυρίου Ἰησοῦ Χριστοῦ. ἡ χάρις μετὰ πάντων 24
τῶν ἀγαπώντων τὸν Κύριον ἡμῶν Ἰησοῦν Χριστὸν ἐν ἀφ-
θαρσίᾳ.

Η ΠΡΟΣ ΤΟΥΣ ΦΙΛΙΠΠΗΣΙΟΥΣ

ΕΠΙΣΤΟΛΗ.

Παῦλος καὶ Τιμόθεος δοῦλοι ªΧριστοῦ Ἰησοῦ‖ πᾶσι τοῖς 1
ἁγίοις ἐν Χριστῷ Ἰησοῦ τοῖς οὖσιν ἐν Φιλίπποις, σὺν ἐπι-
σκόποις καὶ διακόνοις· χάρις ὑμῖν καὶ εἰρήνη ἀπὸ Θεοῦ 2
πατρὸς ἡμῶν καὶ Κυρίου Ἰησοῦ Χριστοῦ.

Εὐχαριστῶ τῷ Θεῷ μου ἐπὶ πάσῃ τῇ μνείᾳ ὑμῶν, πάντοτε 3, 4
ἐν πάσῃ δεήσει μου ὑπὲρ πάντων ὑμῶν μετὰ χαρᾶς τὴν
δέησιν ποιούμενος, ἐπὶ τῇ κοινωνίᾳ ὑμῶν εἰς τὸ εὐαγγέλιον 5
ἀπὸ ᵇτῆς‖ πρώτης ἡμέρας ἄχρι τοῦ νῦν, πεποιθὼς αὐτὸ 6
τοῦτο, ὅτι ὁ ἐναρξάμενος ἐν ὑμῖν ἔργον ἀγαθὸν ἐπιτελέσει
ἄχρις ἡμέρας Ἰησοῦ Χριστοῦ· καθώς ἐστι δίκαιον ἐμοὶ τοῦτο 7
φρονεῖν ὑπὲρ πάντων ὑμῶν, διὰ τὸ ἔχειν με ἐν τῇ καρδίᾳ
ὑμᾶς, ἔν τε τοῖς δεσμοῖς μου καὶ ᶜἐν‖ τῇ ἀπολογίᾳ καὶ βε-
βαιώσει τοῦ εὐαγγελίου συγκοινωνούς μου τῆς χάριτος πάν-
τας ὑμᾶς ὄντας. μάρτυς γάρ μου ᵈ–‖ ὁ Θεός, ὡς ἐπιποθῶ 8
πάντας ὑμᾶς ἐν σπλάγχνοις ᵉΧριστοῦ Ἰησοῦ‖. καὶ τοῦτο 9
προσεύχομαι, ἵνα ἡ ἀγάπη ὑμῶν ἔτι μᾶλλον καὶ μᾶλλον
περισσεύῃ ἐν ἐπιγνώσει καὶ πάσῃ αἰσθήσει, εἰς τὸ δοκιμά- 10
ζειν ὑμᾶς τὰ διαφέροντα, ἵνα ἦτε εἰλικρινεῖς καὶ ἀπρόσκοποι

ˣ add ἀμήν. S.   ʸ add subscription Πρὸς Ἐφεσίους ἐγράφη
ἀπὸ Ῥώμης διὰ Τυχικοῦ.   ª Ἰησοῦ Χριστοῦ   ᵇ om. τῆς
ᶜ om. ἐν   ᵈ add ἐστὶν   ᵉ Ἰησοῦ Χριστοῦ

11 εἰς ἡμέραν Χριστοῦ, πεπληρωμένοι ᶠκαρπὸν" δικαιοσύνης
ᵍτὸν" διὰ Ἰησοῦ Χριστοῦ, εἰς δόξαν καὶ ἔπαινον Θεοῦ.

12 Γινώσκειν δὲ ὑμᾶς βούλομαι, ἀδελφοί, ὅτι τὰ κατ' ἐμὲ
13 μᾶλλον εἰς προκοπὴν τοῦ εὐαγγελίου ἐλήλυθεν, ὥστε τοὺς
δεσμούς μου φανεροὺς ἐν Χριστῷ γενέσθαι ἐν ὅλῳ τῷ πραι-
14 τωρίῳ καὶ τοῖς λοιποῖς πᾶσι, καὶ τοὺς πλείονας τῶν ἀδελφῶν
ἐν Κυρίῳ πεποιθότας τοῖς δεσμοῖς μου περισσοτέρως τολμᾶν
15 ἀφόβως τὸν λόγον ʰτοῦ Θεοῦ" λαλεῖν. τινὲς μὲν καὶ διὰ
φθόνον καὶ ἔριν, τινὲς δὲ καὶ δι' εὐδοκίαν τὸν Χριστὸν κη-
16 ρύσσουσιν· ⁱοἱ μὲν ἐξ ἀγάπης, εἰδότες ὅτι εἰς ἀπολογίαν
17 τοῦ εὐαγγελίου κεῖμαι· οἱ δὲ ἐξ ἐριθείας τὸν Χριστὸν καταγ-
γέλλουσιν, οὐχ ἁγνῶς, οἰόμενοι θλῖψιν ἐγείρειν τοῖς δεσμοῖς
18 μου." τί γάρ; πλὴν ᵏὅτι" παντὶ τρόπῳ, εἴτε προφάσει εἴτε
ἀληθείᾳ, Χριστὸς καταγγέλλεται· καὶ ἐν τούτῳ χαίρω, ἀλλὰ
19 καὶ χαρήσομαι. οἶδα γὰρ ὅτι τοῦτό μοι ἀποβήσεται εἰς σω-
τηρίαν διὰ τῆς ὑμῶν δεήσεως καὶ ἐπιχορηγίας τοῦ Πνεύματος
20 Ἰησοῦ Χριστοῦ, κατὰ τὴν ἀποκαραδοκίαν καὶ ἐλπίδα μου
ὅτι ἐν οὐδενὶ αἰσχυνθήσομαι, ἀλλ' ἐν πάσῃ παρρησίᾳ ὡς
πάντοτε καὶ νῦν μεγαλυνθήσεται Χριστὸς ἐν τῷ σώματί
21 μου, εἴτε διὰ ζωῆς εἴτε διὰ θανάτου. ἐμοὶ γὰρ τὸ ζῆν
22 Χριστός, καὶ τὸ ἀποθανεῖν κέρδος. εἰ δὲ τὸ ζῆν ἐν σαρκί,
τοῦτό μοι καρπὸς ˡἔργου," καὶ τί ᵐαἱρήσομαι" οὐ γνωρίζω.
23 συνέχομαι ⁿδὲ" ἐκ τῶν δύο, τὴν ἐπιθυμίαν ἔχων εἰς τὸ ἀνα-
λῦσαι καὶ σὺν Χριστῷ εἶναι, πολλῷ ᵒγὰρ" μᾶλλον κρεῖσσον·
24, 25 τὸ δὲ ἐπιμένειν ᵖ—" τῇ σαρκὶ ἀναγκαιότερον δι' ὑμᾶς. καὶ Cp. 2. 24.
τοῦτο πεποιθὼς οἶδα ὅτι μενῶ, καὶ ᑫπαραμενῶ" πᾶσιν ὑμῖν,
26 εἰς τὴν ὑμῶν προκοπὴν καὶ χαρὰν τῆς πίστεως, ἵνα τὸ καύ-

ᶠ καρπῶν   ᵍ τῶν   ʰ om. τοῦ Θεοῦ   ⁱ οἱ μὲν ἐξ
ἐριθείας τὸν Χριστὸν καταγγέλλουσιν, οὐχ ἁγνῶς, οἰόμενοι
θλῖψιν ἐπιφέρειν τοῖς δεσμοῖς μου· οἱ δὲ ἐξ ἀγάπης, εἰδότες ὅτι
εἰς ἀπολογίαν τοῦ εὐαγγελίου κεῖμαι.   ᵏ om. ὅτι   ˡ ἔργου·
A. M.   ᵐ αἱρήσομαι; M.   ⁿ γὰρ   ᵒ om. γὰρ
ᵖ add ἐν   ᑫ συμπαραμενῶ

χῆμα ὑμῶν περισσεύῃ ἐν Χριστῷ Ἰησοῦ ἐν ἐμοὶ διὰ τῆς ἐμῆς παρουσίας πάλιν πρὸς ὑμᾶς. μόνον ἀξίως τοῦ εὐαγγε- 27 λίου τοῦ Χριστοῦ πολιτεύεσθε, ἵνα εἴτε ἐλθὼν καὶ ἰδὼν ὑμᾶς εἴτε ἀπὼν ἀκούσω τὰ περὶ ὑμῶν, ὅτι στήκετε ἐν ἑνὶ πνεύματι, μιᾷ ψυχῇ συναθλοῦντες τῇ πίστει τοῦ εὐαγγελίου, καὶ μὴ πτυρόμενοι ἐν μηδενὶ ὑπὸ τῶν ἀντικειμένων· ἥτις 28 ʳἐστὶν αὐτοῖς¹ ἔνδειξις ἀπωλείας, ˢὑμῶν" δὲ σωτηρίας, καὶ τοῦτο ἀπὸ Θεοῦ· ὅτι ὑμῖν ἐχαρίσθη τὸ ὑπὲρ Χριστοῦ, οὐ 29 μόνον τὸ εἰς αὐτὸν πιστεύειν, ἀλλὰ καὶ τὸ ὑπὲρ αὐτοῦ πάσχειν· τὸν αὐτὸν ἀγῶνα ἔχοντες οἷον ᵗεἴδετε¹ ἐν ἐμοί, 30 καὶ νῦν ἀκούετε ἐν ἐμοί.

Εἴ τις οὖν παράκλησις ἐν Χριστῷ, εἴ τι παραμύθιον 2 ἀγάπης, εἴ τις κοινωνία Πνεύματος, εἴ ᵘτις" σπλάγχνα καὶ οἰκτιρμοί, πληρώσατέ μου τὴν χαράν, ἵνα τὸ αὐτὸ φρονῆτε, 2 τὴν αὐτὴν ἀγάπην ἔχοντες, σύμψυχοι, τὸ ˣἐν" φρονοῦντες· μηδὲν κατὰ ἐριθείαν ʸμηδὲ κατὰ" κενοδοξίαν, ἀλλὰ τῇ τα- 3 πεινοφροσύνῃ ἀλλήλους ἡγούμενοι ὑπερέχοντας ἑαυτῶν· μὴ 4 τὰ ἑαυτῶν ᶻἕκαστοι σκοποῦντες", ἀλλὰ καὶ τὰ ἑτέρων ᵃἕκαστοι". ᵇτοῦτο φρονεῖτε" ἐν ὑμῖν ὃ καὶ ἐν Χριστῷ Ἰησοῦ, 5 ὃς ἐν μορφῇ Θεοῦ ὑπάρχων οὐχ ἁρπαγμὸν ἡγήσατο τὸ εἶναι 6 ἴσα Θεῷ, ἀλλ' ἑαυτὸν ἐκένωσε, μορφὴν δούλου λαβών, ἐν 7 ὁμοιώματι ἀνθρώπων γενόμενος· καὶ σχήματι εὑρεθεὶς ὡς ἄν- 8 θρωπος ἐταπείνωσεν ἑαυτόν, γενόμενος ὑπήκοος μέχρι θανάτου, θανάτου δὲ σταυροῦ. διὸ καὶ ὁ Θεὸς αὐτὸν ὑπερύψωσε, καὶ 9 ἐχαρίσατο αὐτῷ ᶜτὸ" ὄνομα τὸ ὑπὲρ πᾶν ὄνομα· ἵνα ἐν τῷ 10 ὀνόματι Ἰησοῦ πᾶν γόνυ κάμψῃ ἐπουρανίων καὶ ἐπιγείων καὶ καταχθονίων, καὶ πᾶσα γλῶσσα ἐξομολογήσηται ὅτι 11 Κύριος Ἰησοῦς Χριστὸς εἰς δόξαν Θεοῦ πατρός.

Ὥστε, ἀγαπητοί μου, καθὼς πάντοτε ὑπηκούσατε, μὴ ᵈὡς" 12 ἐν τῇ παρουσίᾳ μου μόνον, ἀλλὰ νῦν πολλῷ μᾶλλον ἐν τῇ

ʳ αὐτοῖς μέν ἐστιν   ˢ ὑμῖν   ᵗ ἴδετε S.   ᵘ τινα
ˣ αὐτὸ M.   ʸ ἢ   ᶻ ἕκαστος σκοπεῖτε   ᵃ ἕκαστος
ᵇ τοῦτο γὰρ φρονείσθω   ᶜ om. τὸ   ᵈ om. ὡς M.

ἀπουσίᾳ μου, μετὰ φόβου καὶ τρόμου τὴν ἑαυτῶν σωτηρίαν
13 κατεργάζεσθε· ᵉ⁻ǁ Θεὸς γάρ ἐστιν ὁ ἐνεργῶν ἐν ὑμῖν καὶ τὸ
14 θέλειν καὶ τὸ ἐνεργεῖν ὑπὲρ τῆς εὐδοκίας. πάντα ποιεῖτε
15 χωρὶς γογγυσμῶν καὶ διαλογισμῶν, ἵνα γένησθε ἄμεμπτοι
καὶ ἀκέραιοι, τέκνα Θεοῦ ᶠ ἄμωμα μέσον γενεᾶς σκολιᾶς καὶ
διεστραμμένης, ἐν οἷς φαίνεσθε ὡς φωστῆρες ἐν κόσμῳ,
16 λόγον ζωῆς ἐπέχοντες, εἰς καύχημα ἐμοὶ εἰς ἡμέραν Χριστοῖ,
17 ὅτι οὐκ εἰς κενὸν ἔδραμον οὐδὲ εἰς κενὸν ἐκοπίασα. ἀλλ᾽
εἰ καὶ σπένδομαι ἐπὶ τῇ θυσίᾳ καὶ λειτουργίᾳ τῆς πίστεως
18 ὑμῶν, χαίρω καὶ συγχαίρω πᾶσιν ὑμῖν· τὸ δ᾽ αὐτὸ καὶ ὑμεῖς
χαίρετε καὶ συγχαίρετέ μοι.
19 Ἐλπίζω δὲ ἐν Κυρίῳ Ἰησοῦ Τιμόθεον ταχέως πέμψαι
20 ὑμῖν, ἵνα κἀγὼ εὐψυχῶ γνοὺς τὰ περὶ ὑμῶν. οὐδένα γὰρ
ἔχω ἰσόψυχον, ὅστις γνησίως τὰ περὶ ὑμῶν μεριμνήσει·
21 οἱ πάντες γὰρ τὰ ἑαυτῶν ζητοῦσιν, οὐ τὰ τοῦ ᵍ Ἰησοῦ Χριστοῦ.
22 τὴν δὲ δοκιμὴν αὐτοῦ γινώσκετε, ὅτι ὡς πατρὶ τέκνον σὺν
23 ἐμοὶ ἐδούλευσεν εἰς τὸ εὐαγγέλιον. τοῦτον μὲν οὖν ἐλπίζω
24 πέμψαι, ὡς ἂν ἀπίδω τὰ περὶ ἐμέ, ἐξαυτῆς· πέποιθα δὲ ἐν
25 Κυρίῳ ὅτι καὶ αὐτὸς ταχέως ἐλεύσομαι. ἀναγκαῖον δὲ
ἡγησάμην Ἐπαφρόδιτον τὸν ἀδελφὸν καὶ συνεργὸν καὶ συ-
στρατιώτην μου, ὑμῶν δὲ ἀπόστολον καὶ λειτουργὸν τῆς
26 χρείας μου, πέμψαι πρὸς ὑμᾶς· ἐπειδὴ ἐπιποθῶν ἦν πάντας
27 ὑμᾶς ʰ⁻ǁ, καὶ ἀδημονῶν, διότι ἠκούσατε ὅτι ἠσθένησε· καὶ
γὰρ ἠσθένησε παραπλήσιον θανάτῳ· ἀλλ᾽ ὁ Θεὸς αὐτὸν
ἠλέησεν, οὐκ αὐτὸν δὲ μόνον, ἀλλὰ καὶ ἐμέ, ἵνα μὴ λύπην
28 ἐπὶ ⁱ λύπην ʲ σχῶ. σπουδαιοτέρως οὖν ἔπεμψα αὐτόν, ἵνα
29 ἰδόντες αὐτὸν πάλιν χαρῆτε, κἀγὼ ἀλυπότερος ὦ. προσδέ-
χεσθε οὖν αὐτὸν ἐν Κυρίῳ μετὰ πάσης χαρᾶς, καὶ τοὺς
30 τοιούτους ἐντίμους ἔχετε· ὅτι διὰ τὸ ἔργον ʲ Χριστοῦ ˡ
μέχρι θανάτου ἤγγισε, ᵏ παραβολευσάμενος τῇ ψυχῇ ἵνα
ἀναπληρώσῃ τὸ ὑμῶν ὑστέρημα τῆς πρός με λειτουργίας.

ᵉ add ὁ ᶠ ἀμώμητα ἐν μέσῳ ᵍ Χριστοῦ Ἰησοῦ ʰ add ἰδεῖν M.
ⁱ λύπῃ ʲ Κυρίου M.: τοῦ Χριστοῦ A S. ᵏ παραβολευσάμενος

Τὸ λοιπόν, ἀδελφοί μου, χαίρετε ἐν Κυρίῳ. τὰ αὐτὰ 3
γράφειν ὑμῖν ἐμοὶ μὲν οὐκ ὀκνηρόν, ὑμῖν δὲ ἀσφαλές.
βλέπετε τοὺς κύνας, βλέπετε τοὺς κακοὺς ἐργάτας, βλέπετε 2
τὴν κατατομήν· ἡμεῖς γάρ ἐσμεν ἡ περιτομή, οἱ Πνεύματι 3
¹ Θεοῦ λατρεύοντες, καὶ καυχώμενοι ἐν Χριστῷ Ἰησοῦ, καὶ
οὐκ ἐν σαρκὶ πεποιθότες· καίπερ ἐγὼ ἔχων πεποίθησιν καὶ ἐν 4
σαρκί· εἴ τις δοκεῖ ἄλλος πεποιθέναι ἐν σαρκί, ἐγὼ μᾶλλον·
ᵐπεριτομῇ ¹ ὀκταήμερος, ἐκ γένους Ἰσραήλ, φυλῆς Βενιαμίν, 5
Ἑβραῖος ἐξ Ἑβραίων, κατὰ νόμον Φαρισαῖος, κατὰ ⁿζῆλος" 6
διώκων τὴν ἐκκλησίαν, κατὰ δικαιοσύνην τὴν ἐν νόμῳ γενό-
μενος ἄμεμπτος. ἀλλ' ἅτινα ἦν μοι κέρδη, ταῦτα ἥγημαι 7
διὰ τὸν Χριστὸν ζημίαν. ἀλλὰ μενοῦνγε καὶ ἡγοῦμαι πάντα 8
ζημίαν εἶναι διὰ τὸ ὑπερέχον τῆς γνώσεως Χριστοῦ Ἰησοῦ
τοῦ Κυρίου μου· δι' ὃν τὰ πάντα ἐζημιώθην, καὶ ἡγοῦμαι
σκύβαλα ᵒ⁻" , ἵνα Χριστὸν κερδήσω, καὶ εὑρεθῶ ἐν αὐτῷ, 9
μὴ ἔχων ἐμὴν δικαιοσύνην τὴν ἐκ νόμου, ἀλλὰ τὴν διὰ
πίστεως Χριστοῦ, τὴν ἐκ Θεοῦ δικαιοσύνην ἐπὶ τῇ πίστει·
τοῦ γνῶναι αὐτόν, καὶ τὴν δύναμιν τῆς ἀναστάσεως αὐτοῦ, 10
καὶ ᵖ⁻" κοινωνίαν τῶν παθημάτων αὐτοῦ, ᵠσυμμορφιζό-
μενος¹ τῷ θανάτῳ αὐτοῦ, εἴ πως καταντήσω εἰς τὴν ἐξα- 11
νάστασιν ʳτὴν ἐκ" νεκρῶν. οὐχ ὅτι ἤδη ἔλαβον, ἢ ἤδη 12
τετελείωμαι· διώκω δέ, εἰ καὶ καταλάβω ἐφ' ᾧ καὶ κατελήφθην
ὑπὸ ᴮ⁻" Χριστοῦ Ἰησοῦ. ἀδελφοί, ἐγὼ ἐμαυτὸν ᵗοὔπω" 13
λογίζομαι κατειληφέναι· ἓν δέ, τὰ μὲν ὀπίσω ἐπιλανθανό-
μενος τοῖς δὲ ἔμπροσθεν ἐπεκτεινόμενος κατὰ σκοπὸν διώκω 14
ᵘεἰς" τὸ βραβεῖον τῆς ἄνω κλήσεως τοῦ Θεοῦ ἐν Χριστῷ
Ἰησοῦ. ὅσοι οὖν τέλειοι, τοῦτο φρονῶμεν· καὶ εἴ τι ἑτέρως 15
φρονεῖτε, καὶ τοῦτο ὁ Θεὸς ὑμῖν ἀποκαλύψει· πλὴν εἰς ὃ 16
ἐφθάσαμεν, τῷ αὐτῷ στοιχεῖν ᵛ⁻".

Συμμιμηταί μου γίνεσθε, ἀδελφοί, καὶ σκοπεῖτε τοὺς οὕτω 17

¹ Θεῷ   ᵐ περιτομὴ   ⁿ ζῆλον   ᵒ add εἶναι   ᵖ add τὴν
ᵠ συμμορφούμενος   ʳ τῶν   ˢ add τοῦ   ᵗ οὐ A.S.M.
ᵘ ἐπὶ   ᵛ add κανόνι, τὸ αὐτὸ φρονεῖν

18 περιπατοῦντας, καθὼς ἔχετε τύπον ἡμᾶς. πολλοὶ γὰρ περι- Cp. Rom.
πατοῦσιν, οὓς πολλάκις ἔλεγον ὑμῖν, νῦν δὲ καὶ κλαίων 16. 17 sq.
19 λέγω, τοὺς ἐχθροὺς τοῦ σταυροῦ τοῦ Χριστοῦ· ὧν τὸ τέλος
ἀπώλεια, ὧν ὁ θεὸς ἡ κοιλία, καὶ ἡ δόξα ἐν τῇ αἰσχύνῃ
20 αὐτῶν, οἱ τὰ ἐπίγεια φρονοῦντες. ἡμῶν γὰρ τὸ πολίτευμα
ἐν οὐρανοῖς ὑπάρχει, ἐξ οὗ καὶ σωτῆρα ἀπεκδεχόμεθα Κύριον Cp. 1 C. 1.
21 Ἰησοῦν Χριστόν, ὃς μετασχηματίσει τὸ σῶμα τῆς ταπει- Titus 2. 13,
νώσεως ἡμῶν ˣ⁻ᵘ σύμμορφον τῷ σώματι τῆς δόξης αὐτοῦ, 2 Pet. 3. 12;
κατὰ τὴν ἐνέργειαν τοῦ δύνασθαι αὐτὸν καὶ ὑποτάξαι ʸ αὐτῷᵘ 1 Cor. 1.
τὰ πάντα. Col. 3. 4.
4 Ὥστε, ἀδελφοί μου ἀγαπητοὶ καὶ ἐπιπόθητοι, χαρὰ καὶ 1 Joh. 3. 2.
στέφανός μου, οὕτω στήκετε ἐν Κυρίῳ, ἀγαπητοί.
2 Εὐωδίαν παρακαλῶ, καὶ Συντύχην παρακαλῶ, τὸ αὐτὸ
3 φρονεῖν ἐν Κυρίῳ. ᶻ ναί, ἐρωτῶ καί σε, ᵃ γνήσιε σύζυγεᵘ,
συλλαμβάνου αὐταῖς, αἵτινες ἐν τῷ εὐαγγελίῳ συνήθλησάν
μοι μετὰ καὶ Κλήμεντος καὶ τῶν λοιπῶν συνεργῶν μου ὧν
τὰ ὀνόματα ἐν βίβλῳ ζωῆς. Cp. I. k. 10.
4, 5 Χαίρετε ἐν Κυρίῳ πάντοτε· πάλιν ἐρῶ, χαίρετε. τὸ Rev. 20. 12.
ἐπιεικὲς ὑμῶν γνωσθήτω πᾶσιν ἀνθρώποις. ὁ Κύριος ἐγγύς. Cp. Heb.
6 μηδὲν μεριμνᾶτε, ἀλλ' ἐν παντὶ τῇ προσευχῇ καὶ τῇ δεήσει Jas. 5. 8.
μετὰ εὐχαριστίας τὰ αἰτήματα ὑμῶν γνωριζέσθω πρὸς τὸν Cp. Mat.
7 Θεόν. καὶ ἡ εἰρήνη τοῦ Θεοῦ, ἡ ὑπερέχουσα πάντα νοῦν, Lk. 12. 22.
φρουρήσει τὰς καρδίας ὑμῶν καὶ τὰ νοήματα ὑμῶν ἐν Χριστῷ
Ἰησοῦ.
8 Τὸ λοιπόν, ἀδελφοί, ὅσα ἐστὶν ἀληθῆ, ὅσα σεμνά, ὅσα
δίκαια, ὅσα ἁγνά, ὅσα προσφιλῆ, ὅσα εὔφημα, εἴ τις ἀρετὴ
9 καὶ εἴ τις ἔπαινος, ταῦτα λογίζεσθε. ἃ καὶ ἐμάθετε καὶ Cp. 2 Thss.
παρελάβετε καὶ ἠκούσατε καὶ εἴδετε ἐν ἐμοί· ταῦτα πράσσετε· 2. 15.
καὶ ὁ Θεὸς τῆς εἰρήνης ἔσται μεθ' ὑμῶν.
10 Ἐχάρην δὲ ἐν Κυρίῳ μεγάλως, ὅτι ἤδη ποτὲ ἀνεθάλετε

ˣ add εἰς τὸ γενέσθαι αὐτὸ   ʸ ἑαυτῷ   ᶻ καὶ   ⁿ σύζυγε
γνήσιε

τὸ ὑπὲρ ἐμοῦ φρονεῖν· ἐφ' ᾧ καὶ ἐφρονεῖτε, ἠκαιρεῖσθε δέ.
οὐχ ὅτι καθ' ὑστέρησιν λέγω· ἐγὼ γὰρ ἔμαθον, ἐν οἷς εἰμι, 11
αὐτάρκης εἶναι. οἶδα ᵇκαὶ" ταπεινοῦσθαι, οἶδα καὶ περισ- 12
σεύειν· ἐν παντὶ καὶ ἐν πᾶσι μεμύημαι καὶ χορτάζεσθαι καὶ
πεινᾶν, καὶ περισσεύειν καὶ ὑστερεῖσθαι. πάντα ἰσχύω ἐν 13
τῷ ἐνδυναμοῦντί με ᶜ⁻". πλὴν καλῶς ἐποιήσατε συγκοι- 14
νωνήσαντές μου τῇ θλίψει. οἴδατε δὲ καὶ ὑμεῖς, Φιλιππήσιοι, 15
ὅτι ἐν ἀρχῇ τοῦ εὐαγγελίου, ὅτε ἐξῆλθον ἀπὸ Μακεδονίας,
οὐδεμία μοι ἐκκλησία ἐκοινώνησεν εἰς λόγον δόσεως καὶ
λήψεως, εἰ μὴ ὑμεῖς μόνοι· ὅτι καὶ ἐν Θεσσαλονίκῃ καὶ 16
ἅπαξ καὶ δὶς εἰς τὴν χρείαν μοι ἐπέμψατε. οὐχ ὅτι ἐπιζητῶ 17
τὸ δόμα, ἀλλ' ἐπιζητῶ τὸν καρπὸν τὸν πλεονάζοντα εἰς
λόγον ὑμῶν. ἀπέχω δὲ πάντα, καὶ περισσεύω· πεπλήρωμαι, 18
δεξάμενος παρὰ Ἐπαφροδίτου τὰ παρ' ὑμῶν, ὀσμὴν εὐωδίας,
θυσίαν δεκτήν, εὐάρεστον τῷ Θεῷ. ὁ δὲ Θεός μου πλη- 19
ρώσει πᾶσαν χρείαν ὑμῶν κατὰ ᵈτὸ πλοῦτος" αὐτοῦ ἐν δόξῃ
ἐν Χριστῷ Ἰησοῦ. τῷ δὲ Θεῷ καὶ πατρὶ ἡμῶν ἡ δόξα εἰς 20
τοὺς αἰῶνας τῶν αἰώνων. ἀμήν.

Ἀσπάσασθε πάντα ἅγιον ἐν Χριστῷ Ἰησοῦ. ἀσπάζονται 21
ὑμᾶς οἱ σὺν ἐμοὶ ἀδελφοί. ἀσπάζονται ὑμᾶς πάντες οἱ 22
ἅγιοι, μάλιστα δὲ οἱ ἐκ τῆς Καίσαρος οἰκίας.

Ἡ χάρις τοῦ Κυρίου ᵉ⁻ᶠ Ἰησοῦ Χριστοῦ μετὰ ᶠτοῦ 23
πνεύματος" ὑμῶν. ᵍ⁻"
ʰ⁻"

ᵇ δὲ S.   ᶜ add Χριστῷ   ᵈ τὸν πλοῦτον   ᵉ add ἡμῶν
ᶠ πάντων   ᵍ add ἀμήν.   ʰ add subscription Πρὸς
Φιλιππησίους ἐγράφη ἀπὸ Ῥώμης δι' Ἐπαφροδίτου.

Η ΠΡΟΣ ΚΟΛΑΣΣΑΕΙΣ

ΕΠΙΣΤΟΛΗ ΠΑΥΛΟΥ.

1 Παῦλος ἀπόστολος [a] Χριστοῦ Ἰησοῦ ‖ διὰ θελήματος Θεοῦ,
2 καὶ Τιμόθεος ὁ ἀδελφός, τοῖς ἐν [b] Κολοσσαῖς ‖ ἁγίοις καὶ πιστοῖς ἀδελφοῖς ἐν Χριστῷ· χάρις ὑμῖν καὶ εἰρήνη ἀπὸ Θεοῦ πατρὸς ἡμῶν [c]–.
3 Εὐχαριστοῦμεν τῷ Θεῷ [d]– πατρὶ τοῦ Κυρίου ἡμῶν Ἰησου Cp. Epii.
4 Χριστοῦ πάντοτε περὶ ὑμῶν προσευχόμενοι, ἀκούσαντες τὴν 1. 15 sq.
πίστιν ὑμῶν ἐν Χριστῷ Ἰησοῦ καὶ τὴν ἀγάπην [e] ἣν ἔχετε ‖
5 εἰς πάντας τοὺς ἁγίους, διὰ τὴν ἐλπίδα τὴν ἀποκειμένην ὑμῖν ἐν τοῖς οὐρανοῖς, ἣν προηκούσατε ἐν τῷ λόγῳ τῆς ἀληθείας Cp. Eph.
6 τοῦ εὐαγγελίου τοῦ παρόντος εἰς ὑμᾶς, καθὼς καὶ ἐν παντὶ 1. 1 ;.
τῷ [f] κόσμῳ ἐστὶ ‖ καρποφορούμενον [g] καὶ αὐξανόμενον ‖,
καθὼς καὶ ἐν ὑμῖν ἀφ᾽ ἧς ἡμέρας ἠκούσατε καὶ ἐπέγνωτε
7 τὴν χάριν τοῦ Θεοῦ ἐν ἀληθείᾳ· καθὼς [h]–᾽ ἐμάθετε ἀπὸ Cp. 4. 1..,
Ἐπαφρᾶ τοῦ ἀγαπητοῦ συνδούλου ἡμῶν, ὅς ἐστι πιστὸς Philem...
8 ὑπὲρ [i] ἡμῶν ‖ διάκονος τοῦ Χριστοῦ, ὁ καὶ δηλώσας ἡμῖν τὴν ὑμῶν ἀγάπην ἐν Πνεύματι.
9 Διὰ τοῦτο καὶ ἡμεῖς, ἀφ᾽ ἧς ἡμέρας ἠκούσαμεν, οὐ παυό- Cp. Eph.
μεθα ὑπὲρ ὑμῶν προσευχόμενοι, καὶ αἰτούμενοι ἵνα πληρω- 1.15 sqq.
θῆτε τὴν ἐπίγνωσιν τοῦ θελήματος αὐτοῦ ἐν πάσῃ σοφίᾳ καὶ
10 συνέσει πνευματικῇ, περιπατῆσαι [k]–‖ ἀξίως τοῦ Κυρίου εἰς Cp. Eph.
  4. 1,
  Phil. 1. 27.

[a] Ἰησοῦ Χριστοῦ [b] Κολασσαῖς S. [c] add καὶ Κυρίου Ἰησοῦ Χριστοῦ [d] add καὶ [o] τὴν [f] κόσμῳ, καὶ ἔστι [g] om. καὶ αὐξανόμενον [h] add καὶ [i] ἱμῶν
A S.M. [k] add ὑμᾶς

πᾶσαν ἀρέσκειαν, ἐν παντὶ ἔργῳ ἀγαθῷ καρποφοροῦντες
καὶ αὐξανόμενοι ¹τῇ ἐπιγνώσει" τοῦ Θεοῦ· ἐν πάσῃ δυνάμει 11
δυναμούμενοι κατὰ τὸ κράτος τῆς δόξης αὐτοῦ εἰς πᾶσαν
ὑπομονὴν καὶ μακροθυμίαν μετὰ χαρᾶς· εὐχαριστοῦντες τῷ 12
πατρὶ τῷ ἱκανώσαντι ᵐἡμᾶς" εἰς τὴν μερίδα τοῦ κλήρου
τῶν ἁγίων ἐν τῷ φωτί· ὃς ἐρρύσατο ἡμᾶς ἐκ τῆς ἐξουσίας 13
τοῦ σκότους, καὶ μετέστησεν εἰς τὴν βασιλείαν τοῦ υἱοῦ
τῆς ἀγάπης αὐτοῦ, ἐν ᾧ ἔχομεν τὴν ἀπολύτρωσιν ⁿ⁻", τὴν 14
ἄφεσιν τῶν ἁμαρτιῶν, ὅς ἐστιν εἰκὼν τοῦ Θεοῦ τοῦ ἀοράτου, 15
πρωτότοκος πάσης κτίσεως· ὅτι ἐν αὐτῷ ἐκτίσθη τὰ πάντα, 16
ᵒ⁻" ἐν τοῖς οὐρανοῖς καὶ ᵒ⁻" ἐπὶ τῆς γῆς, τὰ ὁρατὰ καὶ τὰ
ἀόρατα, εἴτε θρόνοι εἴτε κυριότητες εἴτε ἀρχαὶ εἴτε ἐξουσίαι·
τὰ πάντα δι' αὐτοῦ καὶ εἰς αὐτὸν ἔκτισται· καὶ αὐτός ἐστι 17
πρὸ πάντων, καὶ τὰ πάντα ἐν αὐτῷ συνέστηκε. καὶ αὐτός 18
ἐστιν ἡ κεφαλὴ τοῦ σώματος, τῆς ἐκκλησίας· ὅς ἐστιν ἀρχή,
πρωτότοκος ἐκ τῶν νεκρῶν, ἵνα γένηται ἐν πᾶσιν αὐτὸς
πρωτεύων. ὅτι ἐν αὐτῷ εὐδόκησε πᾶν τὸ πλήρωμα κατοι- 19
κῆσαι, καὶ δι' αὐτοῦ ἀποκαταλλάξαι τὰ πάντα εἰς αὐτόν, 20
εἰρηνοποιήσας διὰ τοῦ αἵματος τοῦ σταυροῦ αὐτοῦ, δι' αὐτοῦ,
εἴτε τὰ ἐπὶ τῆς γῆς εἴτε τὰ ἐν τοῖς οὐρανοῖς. καὶ ὑμᾶς ποτὲ 21
ὄντας ἀπηλλοτριωμένους καὶ ἐχθροὺς τῇ διανοίᾳ ἐν τοῖς
ἔργοις τοῖς πονηροῖς, νυνὶ δὲ ᵖἀποκατήλλαξεν" ἐν τῷ σώματι 22
τῆς σαρκὸς αὐτοῦ διὰ τοῦ θανάτου, παραστῆσαι ὑμᾶς ἁγίους
καὶ ἀμώμους καὶ ἀνεγκλήτους κατενώπιον αὐτοῦ· εἴγε ἐπι- 23
μένετε τῇ πίστει τεθεμελιωμένοι καὶ ἑδραῖοι, καὶ μὴ μετακι-
νούμενοι ἀπὸ τῆς ἐλπίδος τοῦ εὐαγγελίου οὗ ἠκούσατε, τοῦ
κηρυχθέντος ἐν πάσῃ ᵠ⁻" κτίσει τῇ ὑπὸ τὸν οὐρανόν, οὗ
ἐγενόμην ἐγὼ Παῦλος διάκονος.
ʳΝῦν" χαίρω ἐν τοῖς παθήμασιν ˢ⁻" ὑπὲρ ὑμῶν, καὶ 24
ἀνταναπληρῶ τὰ ὑστερήματα τῶν θλίψεων τοῦ Χριστοῦ ἐν

¹ εἰς τὴν ἐπίγνωσιν   ᵐ ὑμᾶς M.   ⁿ add διὰ τοῦ αἵματος αὐτοῦ   ᵒ add τὰ   ᵖ ἀποκατηλλάγητε M.   ᵠ add τῇ
ʳ Ὃς νῦν A.   ˢ add μου

-2. 9.   ΠΡΟΣ ΚΟΛΑΣΣΑΕΙΣ.   435

τῇ σαρκί μου ὑπὲρ τοῦ σώματος αὐτοῦ, ὅ ἐστιν ἡ ἐκκλησία·
25 ἧς ἐγενόμην ἐγὼ διάκονος κατὰ τὴν οἰκονομίαν τοῦ Θεοῦ τὴν Cp. Eph.
26 δοθεῖσάν μοι εἰς ὑμᾶς, πληρῶσαι τὸν λόγον τοῦ Θεοῦ, τὸ 3. 7.
μυστήριον τὸ ἀποκεκρυμμένον ἀπὸ τῶν αἰώνων καὶ ἀπὸ τῶν Cp. Rom. 16.25 sq.,
27 γενεῶν· ᵗνῦν⁽⁾ δὲ ἐφανερώθη τοῖς ἁγίοις αὐτοῦ, οἷς ἠθέλησεν 1 Cor. 2. 7, Eph. 3. 9
ὁ Θεὸς γνωρίσαι ᵘτί τὸ⁽⁾ πλοῦτος τῆς δόξης τοῦ μυστηρίου sqq. Cp. Eph.
τούτου ἐν τοῖς ἔθνεσιν, ˣὅ⁽⁾ ἐστι Χριστὸς ἐν ὑμῖν, ἡ ἐλπὶς 1. 18,
28 τῆς δόξης· ὃν ἡμεῖς καταγγέλλομεν, νουθετοῦντες πάντα 3. 8.
ἄνθρωπον καὶ διδάσκοντες πάντα ἄνθρωπον ἐν πάσῃ σοφίᾳ,
ἵνα παραστήσωμεν πάντα ἄνθρωπον τέλειον ἐν Χριστῷ ʸ—·
29 εἰς ὃ καὶ κοπιῶ, ἀγωνιζόμενος κατὰ τὴν ἐνέργειαν αὐτοῦ τὴν Cp. Eph.
ἐνεργουμένην ἐν ἐμοὶ ἐν δυνάμει. 1. 19 sq

2 Θέλω γὰρ ὑμᾶς εἰδέναι ἡλίκον ἀγῶνα ἔχω ᶻὑπὲρ ὑμῶν
καὶ τῶν ἐν Λαοδικείᾳ, καὶ ὅσοι οὐχ ἑωράκασι τὸ πρόσωπόν Cp. 4 1.
2 μου ἐν σαρκί, ἵνα παρακληθῶσιν αἱ καρδίαι αὐτῶν, ᵃ συμβι- 15, 16
βασθέντες⁽⁾ ἐν ἀγάπῃ, καὶ εἰς ᵇπᾶν πλοῦτος⁽⁾ τῆς πληροφο-
ρίας τῆς συνέσεως, εἰς ἐπίγνωσιν τοῦ μυστηρίου τοῦ ᶜΘεοῦ,
3 Χριστοῦ,⁽⁾ ἐν ᾧ εἰσι πάντες οἱ θησαυροὶ τῆς σοφίας καὶ ᵈ—⁽⁾
4 γνώσεως ἀπόκρυφοι. τοῦτο ᵉ—⁽⁾ λέγω, ἵνα ᶠμηδεὶς⁽⁾ ὑμᾶς
5 παραλογίζηται ἐν πιθανολογίᾳ. εἰ γὰρ καὶ τῇ σαρκὶ ἄπειμι, Cp. 1 Cor.
ἀλλὰ τῷ πνεύματι σὺν ὑμῖν εἰμι, χαίρων καὶ βλέπων ὑμῶν 5. 3.
τὴν τάξιν, καὶ τὸ στερέωμα τῆς εἰς Χριστὸν πίστεως ὑμῶν.
6 Ὡς οὖν παρελάβετε τὸν Χριστὸν Ἰησοῦν τὸν Κύριον, ἐν Cp. Eph.
7 αὐτῷ περιπατεῖτε, ἐρριζωμένοι καὶ ἐποικοδομούμενοι ἐν αὐτῷ, Cp. 1. 23, 4. 1.
καὶ βεβαιούμενοι ᵍ—⁾ τῇ πίστει, καθὼς ἐδιδάχθητε, περισ- Eph. 3.18.
σεύοντες ʰ—⁽⁾ ἐν εὐχαριστίᾳ.

8 Βλέπετε μή τις ὑμᾶς ἔσται ὁ συλαγωγῶν διὰ τῆς φιλο-
σοφίας καὶ κενῆς ἀπάτης, κατὰ τὴν παράδοσιν τῶν ἀνθρώπων,
9 κατὰ τὰ στοιχεῖα τοῦ κόσμου, καὶ οὐ κατὰ Χριστόν· ὅτι Cp.ver.20, Gal. 4.3,9.

ᵗ νυνὶ   ᵘ τίς ὁ   ˣ ὅς   ʸ add Ἰησοῦ   ᶻ περὶ   Cp. 1. 19.
ᵃ συμβιβασθέντων   ᵇ πάντα πλοῦτον   ᶜ Θεοῦ καὶ πατρὸς
καὶ τοῦ Χριστοῦ,   ᵈ add τῆς   ᵉ add δὲ   ᶠ μή τις
ᵍ add ἐν   ʰ add ἐν αὐτῇ A.S.M.

F f 2

ἐν αὐτῷ κατοικεῖ πᾶν τὸ πλήρωμα τῆς θεότητος σωματικῶς,
καί ἐστε ἐν αὐτῷ πεπληρωμένοι, ὅς ἐστιν ἡ κεφαλὴ πάσης 10
ἀρχῆς καὶ ἐξουσίας· ἐν ᾧ καὶ περιετμήθητε περιτομῇ ἀχει- 11
ροποιήτῳ, ἐν τῇ ἀπεκδύσει τοῦ σώματος ⁱ⁻" τῆς σαρκός,
ἐν τῇ περιτομῇ τοῦ Χριστοῦ, συνταφέντες αὐτῷ ἐν τῷ βαπ- 12
τίσματι, ἐν ᾧ καὶ συνηγέρθητε διὰ τῆς πίστεως τῆς ἐνεργείας
τοῦ Θεοῦ τοῦ ἐγείραντος αὐτὸν ἐκ τῶν νεκρῶν. καὶ ὑμᾶς, 13
νεκροὺς ὄντας ᵏ⁻" τοῖς παραπτώμασι καὶ τῇ ἀκροβυστίᾳ τῆς
σαρκὸς ὑμῶν, συνεζωοποίησεν ¹ὑμᾶς" σὺν αὐτῷ, χαρισά-
μενος ᵐἡμῖν" πάντα τὰ παραπτώματα, ἐξαλείψας τὸ καθ' 14
ἡμῶν χειρόγραφον τοῖς δόγμασιν, ὃ ἦν ὑπεναντίον ἡμῖν· καὶ
αὐτὸ ἦρκεν ἐκ τοῦ μέσου, προσηλώσας αὐτὸ τῷ σταυρῷ·
ἀπεκδυσάμενος τὰς ἀρχὰς καὶ τὰς ἐξουσίας ἐδειγμάτισεν 15
ἐν παρρησίᾳ, θριαμβεύσας αὐτοὺς ἐν αὐτῷ.
Μὴ οὖν τις ὑμᾶς κρινέτω ἐν βρώσει ἢ ἐν πόσει, ἢ ἐν μέρει 16
ἑορτῆς ἢ νουμηνίας ἢ σαββάτων· ἅ ἐστι σκιὰ τῶν μελλόν- 17
των, τὸ δὲ σῶμα τοῦ Χριστοῦ. μηδεὶς ὑμᾶς καταβραβευέτω 18
θέλων ἐν ταπεινοφροσύνῃ καὶ θρησκείᾳ τῶν ἀγγέλων, ἃ ⁿ⁻"
ἑώρακεν ἐμβατεύων, εἰκῇ φυσιούμενος ὑπὸ τοῦ νοὸς τῆς
σαρκὸς αὐτοῦ, καὶ οὐ κρατῶν τὴν κεφαλήν, ἐξ οὗ πᾶν τὸ 19
σῶμα, διὰ τῶν ἁφῶν καὶ συνδέσμων ἐπιχορηγούμενον καὶ
συμβιβαζόμενον, αὔξει τὴν αὔξησιν τοῦ Θεοῦ.
Εἰ ᵒ⁻" ἀπεθάνετε σὺν ᵖ⁻" Χριστῷ ἀπὸ τῶν στοιχείων τοῦ 20
κόσμου, τί ὡς ζῶντες ἐν κόσμῳ δογματίζεσθε, Μὴ ἅψῃ, 21
μηδὲ γεύσῃ, μηδὲ θίγῃς (ἅ ἐστι πάντα εἰς φθορὰν τῇ ἀπο- 22
χρήσει), κατὰ τὰ ἐντάλματα καὶ διδασκαλίας τῶν ἀνθρώ-
πων; ἅτινά ἐστι λόγον μὲν ἔχοντα σοφίας ἐν ἐθελοθρησκείᾳ 23
καὶ ταπεινοφροσύνῃ καὶ ἀφειδίᾳ σώματος, οὐκ ἐν τιμῇ τινι
πρὸς πλησμονὴν τῆς σαρκός.
Εἰ οὖν συνηγέρθητε τῷ Χριστῷ, τὰ ἄνω ζητεῖτε, οὗ ὁ 3

ⁱ add τῶν ἁμαρτιῶν   ᵏ add ἐν   ˡ om. ὑμᾶς (συνε-
ζωοποίησε S.)   ᵐ ὑμῖν A.   ⁿ add μὴ A.S.M.   ᵒ add οὖν
ᵖ add τῷ

ΠΡΟΣ ΚΟΛΑΣΣΑΕΙΣ.

2 Χριστός ἐστιν ἐν δεξιᾷ τοῦ Θεοῦ καθήμενος. τὰ ἄνω φρο-
3 νεῖτε, μὴ τὰ ἐπὶ τῆς γῆς. ἀπεθάνετε γάρ, καὶ ἡ ζωὴ ὑμῶν
4 κέκρυπται σὺν τῷ Χριστῷ ἐν τῷ Θεῷ. ὅταν ὁ Χριστὸς
φανερωθῇ, ἡ ζωὴ ᵠἡμῶν, τότε καὶ ὑμεῖς σὺν αὐτῷ φανερω-
θήσεσθε ἐν δόξῃ.
5 Νεκρώσατε οὖν τὰ μέλη ʳ⁻‖ τὰ ἐπὶ τῆς γῆς, πορνείαν,
ἀκαθαρσίαν, πάθος, ἐπιθυμίαν κακήν, καὶ τὴν πλεονεξίαν,
6 ἥτις ἐστὶν εἰδωλολατρεία, δι᾽ ἃ ἔρχεται ἡ ὀργὴ τοῦ Θεοῦ
7 ˢἐπὶ τοὺς υἱοὺς τῆς ἀπειθείας‖· ἐν οἷς καὶ ὑμεῖς περιεπα-
8 τήσατέ ποτε, ὅτε ἐζῆτε ἐν ᵗτούτοις‖. νυνὶ δὲ ἀπόθεσθε καὶ
ὑμεῖς τὰ πάντα, ὀργήν, θυμόν, κακίαν, βλασφημίαν, αἰσχρο-
9 λογίαν ἐκ τοῦ στόματος ὑμῶν· μὴ ψεύδεσθε εἰς ἀλλήλους,
ἀπεκδυσάμενοι τὸν παλαιὸν ἄνθρωπον σὺν ταῖς πράξεσιν
10 αὐτοῦ, καὶ ἐνδυσάμενοι τὸν νέον τὸν ἀνακαινούμενον εἰς
11 ἐπίγνωσιν κατ᾽ εἰκόνα τοῦ κτίσαντος αὐτόν· ὅπου οὐκ ἔνι
Ἕλλην καὶ Ἰουδαῖος, περιτομὴ καὶ ἀκροβυστία, βάρβαρος,
Σκύθης, δοῦλος, ἐλεύθερος, ἀλλὰ τὰ πάντα καὶ ἐν πᾶσι
Χριστός.
12 Ἐνδύσασθε οὖν, ὡς ἐκλεκτοὶ τοῦ Θεοῦ, ἅγιοι καὶ ἠγα-
πημένοι, σπλάγχνα ᵘοἰκτιρμοῦ ᵗ, χρηστότητα, ταπεινοφρο-
13 σύνην, πραότητα, μακροθυμίαν· ἀνεχόμενοι ἀλλήλων, καὶ
χαριζόμενοι ἑαυτοῖς, ἐάν τις πρός τινα ἔχῃ μομφήν· καθὼς
14 καὶ ὁ ᵛΚύριος‖ ἐχαρίσατο ὑμῖν, οὕτω καὶ ὑμεῖς· ἐπὶ πᾶσι
δὲ τούτοις τὴν ἀγάπην, ˣὅ ᶦ ἐστι σύνδεσμος τῆς τελειότητος.
15 καὶ ἡ εἰρήνη τοῦ ʸΧριστοῦ‖ βραβευέτω ἐν ταῖς καρδίαις
ὑμῶν, εἰς ἣν καὶ ἐκλήθητε ἐν ἑνὶ σώματι· καὶ εὐχάριστοι
16 γίνεσθε. ὁ λόγος τοῦ ᶻΧριστοῦ ᶦ ἐνοικείτω ἐν ὑμῖν πλουσίως
ἐν πάσῃ σοφίᾳ· διδάσκοντες καὶ νουθετοῦντες ἑαυτοὺς ᵃψαλ-
μοῖς, ὕμνοις,‖ ᾠδαῖς πνευματικαῖς, ἐν χάριτι ᾄδοντες ἐν ᵇταῖς

ᵠ ὑμῶν M.   ʳ add ὑμῶν   ˢ om. ἐπὶ τοὺς υἱοὺς τῆς
ἀπειθείας M.   ᵗ αὐτοῖς   ᵘ οἰκτιρμῶν   ᵛ Χριστός
A.S.M.   ˣ ἥτις   ʸ Θεοῦ   ᶻ Κυρίου or Θεοῦ M.
ᵃ ψαλμοῖς καὶ ὕμνοις καὶ   ᶦ τῇ καρδίᾳ

καρδίαις" ὑμῶν τῷ ᶜΘεῷ· καὶ πᾶν ὅ τι ἂν ποιῆτε ἐν λόγῳ 17
ἢ ἐν ἔργῳ, πάντα ἐν ὀνόματι Κυρίου Ἰησοῦ, εὐχαριστοῦντες
τῷ Θεῷ ᵈ⁻" πατρὶ δι' αὐτοῦ. Αἱ γυναῖκες, ὑποτάσσεσθε τοῖς ᵉ⁻" ἀνδράσιν, ὡς ἀνῆκεν 18
ἐν Κυρίῳ. οἱ ἄνδρες, ἀγαπᾶτε τὰς γυναῖκας, καὶ μὴ πικραί- 19
νεσθε πρὸς αὐτάς. τὰ τέκνα, ὑπακούετε τοῖς γονεῦσι κατὰ 20
πάντα, τοῦτο γὰρ ᶠ εὐάρεστόν ἐστιν ἐν ᵍ Κυρίῳ. οἱ πατέρες, 21
μὴ ἐρεθίζετε τὰ τέκνα ὑμῶν, ἵνα μὴ ἀθυμῶσιν. οἱ δοῦλοι, 22
ὑπακούετε κατὰ πάντα τοῖς κατὰ σάρκα κυρίοις, μὴ ἐν ὀφ-
θαλμοδουλείαις ὡς ἀνθρωπάρεσκοι, ἀλλ' ἐν ἁπλότητι καρ-
δίας, φοβούμενοι τὸν ᵍ Κύριον"· ʰ ὃ ἐὰν ⁱ ποιῆτε, ἐκ ψυχῆς 23
ἐργάζεσθε, ὡς τῷ Κυρίῳ καὶ οὐκ ἀνθρώποις, εἰδότες ὅτι ἀπὸ 24
Κυρίου ἀπολήψεσθε τὴν ἀνταπόδοσιν τῆς κληρονομίας· τῷ
ⁱ⁻ᶦ Κυρίῳ Χριστῷ δουλεύετε. ὁ ᵏ γὰρ ᶦ ἀδικῶν κομιεῖται 25
ὃ ἠδίκησε· καὶ οὐκ ἔστι προσωποληψία. οἱ κύριοι, τὸ 4
δίκαιον καὶ τὴν ἰσότητα τοῖς δούλοις παρέχεσθε, εἰδότες
ὅτι καὶ ὑμεῖς ἔχετε κύριον ἐν ¹ οὐρανῷ".

Τῇ προσευχῇ προσκαρτερεῖτε, γρηγοροῦντες ἐν αὐτῇ ἐν 2
εὐχαριστίᾳ, προσευχόμενοι ἅμα καὶ περὶ ἡμῶν, ἵνα ὁ Θεὸς 3
ἀνοίξῃ ἡμῖν θύραν τοῦ λόγου, λαλῆσαι τὸ μυστήριον τοῦ
Χριστοῦ, δι' ὃ καὶ δέδεμαι, ἵνα φανερώσω αὐτὸ ὡς δεῖ με 4
λαλῆσαι. ἐν σοφίᾳ περιπατεῖτε πρὸς τοὺς ἔξω, τὸν καιρὸν 5
ἐξαγοραζόμενοι. ὁ λόγος ὑμῶν πάντοτε ἐν χάριτι, ἅλατι 6
ἠρτυμένος, εἰδέναι πῶς δεῖ ὑμᾶς ἑνὶ ἑκάστῳ ἀποκρίνεσθαι.

Τὰ κατ' ἐμὲ πάντα γνωρίσει ὑμῖν Τυχικὸς ὁ ἀγαπητὸς 7
ἀδελφὸς καὶ πιστὸς διάκονος καὶ σύνδουλος ἐν Κυρίῳ· ὃν 8
ἔπεμψα πρὸς ὑμᾶς εἰς αὐτὸ τοῦτο, ἵνα ᵐ γνῶτε" τὰ περὶ
ⁿ ἡμῶν" καὶ παρακαλέσῃ τὰς καρδίας ὑμῶν, σὺν Ὀνησίμῳ 9
τῷ πιστῷ καὶ ἀγαπητῷ ἀδελφῷ, ὅς ἐστιν ἐξ ὑμῶν. πάντα
ὑμῖν γνωριοῦσι τὰ ὧδε.

ᶜ Κυρίῳ   ᵈ add καὶ   ᵉ add ἰδίοις   ᶠ ἐστιν εὐάρ-
εστον τῷ   ᵍ Θεόν   ʰ καὶ πᾶν ὅ τι ἐὰν   ⁱ add γὰρ
ᵏ δὲ   ˡ οὐρανοῖς   ᵐ γνῷ   ⁿ ὑμῶν

-1. 1. ΠΡΟΣ ΘΕΣΣΑΛΟΝΙΚΕΙΣ Α. 439

10 Ἀσπάζεται ὑμᾶς Ἀρίσταρχος ὁ συναιχμάλωτός μου, καὶ
Μάρκος ὁ ἀνεψιὸς °Βαρνάβα‖ (περὶ οὗ ἐλάβετε ἐντολάς· ἐὰν
11 ἔλθῃ πρὸς ὑμᾶς, δέξασθε αὐτόν), καὶ Ἰησοῦς ὁ λεγόμενος
Ἰοῦστος, οἱ ὄντες ἐκ περιτομῆς· οὗτοι μόνοι συνεργοὶ εἰς
τὴν βασιλείαν τοῦ Θεοῦ, οἵτινες ἐγενήθησάν μοι παρηγορία.
12 ἀσπάζεται ὑμᾶς Ἐπαφρᾶς ὁ ἐξ ὑμῶν, δοῦλος Χριστοῦ ᴾἸη-
σοῦ‖, πάντοτε ἀγωνιζόμενος ὑπὲρ ὑμῶν ἐν ταῖς προσευχαῖς,
ἵνα στῆτε τέλειοι καὶ ᑫπεπληροφορημένοι ' ἐν παντὶ θελήματι
13 τοῦ Θεοῦ. μαρτυρῶ γὰρ αὐτῷ ὅτι ἔχει ʳπολὺν πόνον' ὑπὲρ
14 ὑμῶν καὶ τῶν ἐν Λαοδικείᾳ καὶ τῶν ἐν Ἱεραπόλει. ἀσπάζεται
15 ὑμᾶς Λουκᾶς ὁ ἰατρὸς ὁ ἀγαπητός, καὶ Δημᾶς. ἀσπάσασθε
τοὺς ἐν Λαοδικείᾳ ἀδελφούς, καὶ ᴮΝυμφᾶν', καὶ τὴν κατ᾿
16 οἶκον ᵗαὐτῶν ἐκκλησίαν. καὶ ὅταν ἀναγνωσθῇ παρ' ὑμῖν
ἡ ἐπιστολή, ποιήσατε ἵνα καὶ ἐν τῇ Λαοδικέων ἐκκλησίᾳ
ἀναγνωσθῇ, καὶ τὴν ἐκ Λαοδικείας ἵνα καὶ ὑμεῖς ἀναγνῶτε.
17 καὶ εἴπατε Ἀρχίππῳ, Βλέπε τὴν διακονίαν ἣν παρέλαβες ἐν
Κυρίῳ, ἵνα αὐτὴν πληροῖς.
18 Ὁ ἀσπασμὸς τῇ ἐμῇ χειρὶ Παύλου. μνημονεύετέ μου τῶν
δεσμῶν. ἡ χάρις μεθ' ὑμῶν. ᵘ–‖
x–‖

Cp.
Philem. 24;
Act. 20. 4.
27. 23
Act. 15. 7,
2 Tim. 4. 11.

Cp. 2. 1.
Cp.
Philem. 24.
2 Tim. 4. 10.
sq.

Cp.
Philem. 2.

Cp. 1 Cor.
16. 21.
2 Thss. 3.
17.

Η ΠΡΟΣ ΘΕΣΣΑΛΟΝΙΚΕΙΣ
ΕΠΙΣΤΟΛΗ ΠΑΥΛΟΥ ΠΡΩΤΗ.

1 Παῦλος καὶ Σιλουανὸς καὶ Τιμόθεος τῇ ἐκκλησίᾳ Θεσ- Cp. Acts
σαλονικέων ἐν Θεῷ πατρὶ καὶ Κυρίῳ Ἰησοῦ Χριστῷ· χάρις 17. 1
ὑμῖν καὶ εἰρήνη ᵃ– .   qq.
                                                            22. 1,
                                                            Phil. 4. 10.

° Βαρνάβᾳ A.   ᴾ om. Ἰησοῦ   ᑫ πεπληρωμένοι   ʳ ζῆλο:
πολὺν   ˢ Νύμφαν Μ   ᵗ αὐτοῦ A S : αὐτῆς M.   ᵘ ad l
ἀμήν.   ˣ add subscription Πρὸς Κολασσαεῖς ἐγράφη ἀπ᾿
Ῥώμης διὰ Τυχικοῦ καὶ Ὀνησίμου.   ᵃ add ἀπὸ Θεοῦ πατρ[
ἡμῶν καὶ Κυρίου Ἰησοῦ Χριστοῦ

440 ΕΠΙΣΤΟΛΗ 1. 2-

Εὐχαριστοῦμεν τῷ Θεῷ πάντοτε περὶ πάντων ὑμῶν μνείαν 2
b–‖ ποιούμενοι ἐπὶ τῶν προσευχῶν ἡμῶν, ἀδιαλείπτως μνη- 3
μονεύοντες ὑμῶν τοῦ ἔργου τῆς πίστεως καὶ τοῦ κόπου τῆς
ἀγάπης καὶ τῆς ὑπομονῆς τῆς ἐλπίδος τοῦ Κυρίου ἡμῶν Ἰη-
σοῦ Χριστοῦ ἔμπροσθεν τοῦ Θεοῦ καὶ πατρὸς ἡμῶν, εἰδότες, 4

Cp. 2 Thss. ἀδελφοὶ ^cἠγαπημένοι ὑπὸ Θεοῦ, τὴν ἐκλογὴν ὑμῶν,‖ ὅτι τὸ 5
2. 13. εὐαγγέλιον ἡμῶν οὐκ ἐγενήθη εἰς ὑμᾶς ἐν λόγῳ μόνον ἀλλὰ
καὶ ἐν δυνάμει καὶ ἐν Πνεύματι Ἁγίῳ καὶ ^{d–‖} πληροφορίᾳ
πολλῇ, καθὼς οἴδατε οἷοι ἐγενήθημεν ^{o–‖} ὑμῖν δι' ὑμᾶς. καὶ 6

Cp. Acts ὑμεῖς μιμηταὶ ἡμῶν ἐγενήθητε καὶ τοῦ Κυρίου, δεξάμενοι
17.5 sqq. τὸν λόγον ἐν θλίψει πολλῇ μετὰ χαρᾶς Πνεύματος Ἁγίου,
ὥστε γενέσθαι ὑμᾶς ^fτύπον‖ πᾶσι τοῖς πιστεύουσιν ἐν τῇ 7

Cp. Rom. Μακεδονίᾳ καὶ ^gἐν‖ τῇ Ἀχαΐᾳ. ἀφ' ὑμῶν γὰρ ἐξήχηται ὁ 8
1. 8. λόγος τοῦ Κυρίου οὐ μόνον ἐν τῇ Μακεδονίᾳ καὶ Ἀχαΐᾳ, ^hἀλλ'
ἐν‖ παντὶ τόπῳ ἡ πίστις ὑμῶν ἡ πρὸς τὸν Θεὸν ἐξελήλυθεν,
ὥστε μὴ χρείαν ⁱἔχειν ἡμᾶς‖ λαλεῖν τι. αὐτοὶ γὰρ περὶ 9
ἡμῶν ἀπαγγέλλουσιν ὁποίαν εἴσοδον ^jἔσχομεν‖ πρὸς ὑμᾶς,
καὶ πῶς ἐπεστρέψατε πρὸς τὸν Θεὸν ἀπὸ τῶν εἰδώλων, δου-

Cp. Acts λεύειν Θεῷ ζῶντι καὶ ἀληθινῷ, καὶ ἀναμένειν τὸν υἱὸν αὐτοῦ 10
1. 11. ἐκ τῶν οὐρανῶν, ὃν ἤγειρεν ἐκ ^kτῶν‖ νεκρῶν, Ἰησοῦν, τὸν
1 Cor. 1. 7, ῥυόμενον ἡμᾶς ^lἐκ‖ τῆς ὀργῆς τῆς ἐρχομένης.
Phil. 3. 20,
Titus 2.13.

Αὐτοὶ γὰρ οἴδατε, ἀδελφοί, τὴν εἴσοδον ἡμῶν τὴν πρὸς 2

Cp. Acts ὑμᾶς, ὅτι οὐ κενὴ γέγονεν· ἀλλὰ ^{m–‖} προπαθόντες καὶ ὑβρι- 2
16. 19 σθέντες, καθὼς οἴδατε, ἐν Φιλίπποις ἐπαρρησιασάμεθα ἐν
sqq.,
Phil. 1. 30. τῷ Θεῷ ἡμῶν λαλῆσαι πρὸς ὑμᾶς τὸ εὐαγγέλιον τοῦ Θεοῦ
ἐν πολλῷ ἀγῶνι. ἡ γὰρ παράκλησις ἡμῶν οὐκ ἐκ πλάνης, 3
οὐδὲ ἐξ ἀκαθαρσίας, ⁿοὐδὲ‖ ἐν δόλῳ· ἀλλὰ καθὼς δεδοκι- 4

Cp. 1 Tim. μάσμεθα ὑπὸ τοῦ Θεοῦ πιστευθῆναι τὸ εὐαγγέλιον, οὕτω
1. 11. λαλοῦμεν, οὐχ ὡς ἀνθρώποις ἀρέσκοντες, ἀλλὰ ^{o–‖} Θεῷ τῷ
Titus 1. 3.
Cp. Gal.
1. 10.

^b add ὑμῶν   ^c ἠγαπημένοι, ὑπὸ Θεοῦ τὴν ἐκλογὴν ὑμῶν,
^d add ἐν   ^e add ἐν   ^f τύπους   ^g om. ἐν   ^h ἀλλὰ
καὶ ἐν   ⁱ ἡμᾶς ἔχειν   ^j ἔχομεν S.   ^k om. τῶν
^l ἀπὸ   ^m add καὶ   ⁿ οὔτε   ^o add τῷ

-2. 16. ΠΡΟΣ ΘΕΣΣΑΛΟΝΙΚΕΙΣ Α. 441

5 δοκιμάζοντι τὰς καρδίας ἡμῶν. οὔτε γάρ ποτε ἐν λόγῳ
κολακείας ἐγενήθημεν, καθὼς οἴδατε, οὔτε ἐν προφάσει πλεο-
6 νεξίας, Θεὸς μάρτυς, οὔτε ζητοῦντες ἐξ ἀνθρώπων δόξαν,
οὔτε ἀφ᾽ ὑμῶν οὔτε ἀπ᾽ ἄλλων, δυνάμενοι ἐν βάρει εἶναι, ὡς Cp. 1 Cor.
7 Χριστοῦ ἀπόστολοι. ἀλλ᾽ ἐγενήθημεν Pἤπιοι ἐν μέσῳ ὑμῶν, 9. 4 sqq.
8 ὡς ἂν τροφὸς θάλπῃ τὰ ἑαυτῆς τέκνα· οὕτως qὁμειρόμενοι [
ὑμῶν εὐδοκοῦμεν μεταδοῦναι ὑμῖν οὐ μόνον τὸ εὐαγγέλιον
τοῦ Θεοῦ ἀλλὰ καὶ τὰς ἑαυτῶν ψυχάς, διότι ἀγαπητοὶ ἡμῖν
9 rἐγενήθητε ". μνημονεύετε γάρ, ἀδελφοί, τὸν κόπον ἡμῶν Cp. 2Thss.
καὶ τὸν μόχθον· νυκτὸς s—7 καὶ ἡμέρας ἐργαζόμενοι, πρὸς Acts 20.34.
τὸ μὴ ἐπιβαρῆσαί τινα ὑμῶν, ἐκηρύξαμεν εἰς ὑμᾶς τὸ εὐαγ-
10 γέλιον τοῦ Θεοῦ. ὑμεῖς μάρτυρες καὶ ὁ Θεός, ὡς ὁσίως
καὶ δικαίως καὶ ἀμέμπτως ὑμῖν τοῖς πιστεύουσιν ἐγενήθημεν·
11 καθάπερ οἴδατε, ὡς ἕνα ἕκαστον ὑμῶν, ὡς πατὴρ τέκνα
ἑαυτοῦ, παρακαλοῦντες ὑμᾶς καὶ παραμυθούμενοι καὶ tμαρ-
12 τυρόμενοι", εἰς τὸ uπεριπατεῖν" ὑμᾶς ἀξίως τοῦ Θεοῦ τοῦ Cp. Eph.
vκαλοῦντος ὑμᾶς εἰς τὴν ἑαυτοῦ βασιλείαν καὶ δόξαν. 4. 1.
Phil. 1. 27
13 xΚαὶ διὰ" τοῦτο καὶ ἡμεῖς εὐχαριστοῦμεν τῷ Θεῷ ἀδια- Col. 1. 10.
λείπτως, ὅτι, παραλαβόντες λόγον ἀκοῆς παρ᾽ ἡμῶν τοῦ
Θεοῦ, ἐδέξασθε οὐ λόγον ἀνθρώπων, ἀλλὰ (καθώς ἐστιν ἀλη-
θῶς) λόγον Θεοῦ, ὃς καὶ ἐνεργεῖται ἐν ὑμῖν τοῖς πιστεύουσιν.
14 ὑμεῖς γὰρ μιμηταὶ ἐγενήθητε, ἀδελφοί, τῶν ἐκκλησιῶν τοῦ
Θεοῦ τῶν οὐσῶν ἐν τῇ Ἰουδαίᾳ ἐν Χριστῷ Ἰησοῦ· ὅτι yτὰ Cp. Acts
αὐτὰ" ἐπάθετε καὶ ὑμεῖς ὑπὸ τῶν ἰδίων συμφυλετῶν, καθὼς 17. 5.
15 καὶ αὐτοὶ ὑπὸ τῶν Ἰουδαίων, τῶν καὶ τὸν Κύριον ἀποκτεινάν-
των Ἰησοῦν καὶ τοὺς z— προφήτας, καὶ aἡμᾶς ἐκδιωξάντων,
16 καὶ Θεῷ μὴ ἀρεσκόντων, καὶ πᾶσιν ἀνθρώποις ἐναντίων, κω- Cp. Acts
λυόντων ἡμᾶς τοῖς ἔθνεσι λαλῆσαι ἵνα σωθῶσιν, εἰς. τὸ 13. 50,
ἀναπληρῶσαι αὐτῶν τὰς ἁμαρτίας πάντοτε· ἔφθασε δὲ ἐπ᾽ &c.
αὐτοὺς ἡ ὀργὴ εἰς τέλος.

p νήπιοι M.   q ἱμειρόμενοι   r γεγένησθε   s add γὰρ
t μαρτυρούμενοι   u περιπατῆσαι   v καλέσαντος M.   x Διὰ
y ταὐτὰ   z add ἰδίους   a ὑμᾶς S.

442   ΕΠΙΣΤΟΛΗ   2. 17–

Ἡμεῖς δέ, ἀδελφοί, ἀπορφανισθέντες ἀφ' ὑμῶν πρὸς καιρὸν 17
ὥρας προσώπῳ οὐ καρδίᾳ, περισσοτέρως ἐσπουδάσαμεν τὸ
πρόσωπον ὑμῶν ἰδεῖν ἐν πολλῇ ἐπιθυμίᾳ· ᵇδιότι‖ ἠθελή- 18
σαμεν ἐλθεῖν πρὸς ὑμᾶς, ἐγὼ μὲν Παῦλος καὶ ἅπαξ καὶ δίς,
καὶ ἐνέκοψεν ἡμᾶς ὁ Σατανᾶς. τίς γὰρ ἡμῶν ἐλπὶς ἢ χαρὰ 19
ἢ στέφανος καυχήσεως; ἢ οὐχὶ καὶ ὑμεῖς ἔμπροσθεν τοῦ
Κυρίου ἡμῶν Ἰησοῦ ᶜ⁻‖ ἐν τῇ αὐτοῦ παρουσίᾳ; ὑμεῖς γάρ 20
ἐστε ἡ δόξα ἡμῶν καὶ ἡ χαρά.

Cp. Acts   Διὸ μηκέτι στέγοντες εὐδοκήσαμεν καταλειφθῆναι ἐν Ἀθή- 3
17. 15.   ναις μόνοι, καὶ ἐπέμψαμεν Τιμόθεον τὸν ἀδελφὸν ἡμῶν καὶ 2
18. 5.
            ᵈδιάκονον‖ τοῦ Θεοῦ ᵉ⁻‖ ἐν τῷ εὐαγγελίῳ τοῦ Χριστοῦ εἰς
Cp. Acts   τὸ στηρίξαι ὑμᾶς καὶ παρακαλέσαι ᶠὑπὲρ ᵍ τῆς πίστεως ὑμῶν,
14. 22.   ᵍτὸ‖ μηδένα σαίνεσθαι ἐν ταῖς θλίψεσι ταύταις· αὐτοὶ γὰρ 3
οἴδατε ὅτι εἰς τοῦτο κείμεθα. καὶ γὰρ ὅτε πρὸς ὑμᾶς ἦμεν, 4
προελέγομεν ὑμῖν ὅτι μέλλομεν θλίβεσθαι, καθὼς καὶ ἐγένετο
καὶ οἴδατε. διὰ τοῦτο κἀγὼ μηκέτι στέγων ἔπεμψα εἰς τὸ 5
γνῶναι τὴν πίστιν ὑμῶν, μή πως ἐπείρασεν ὑμᾶς ὁ πειράζων,
καὶ εἰς κενὸν γένηται ὁ κόπος ἡμῶν. ἄρτι δὲ ἐλθόντος Τι- 6
μοθέου πρὸς ἡμᾶς ἀφ' ὑμῶν, καὶ εὐαγγελισαμένου ἡμῖν τὴν
πίστιν καὶ τὴν ἀγάπην ὑμῶν, καὶ ὅτι ἔχετε μνείαν ἡμῶν
ἀγαθὴν πάντοτε, ἐπιποθοῦντες ἡμᾶς ἰδεῖν, καθάπερ καὶ ἡμεῖς
ὑμᾶς, διὰ τοῦτο παρεκλήθημεν, ἀδελφοί, ἐφ' ὑμῖν ἐπὶ πάσῃ 7
τῇ ʰἀνάγκῃ καὶ θλίψει‖ ἡμῶν διὰ τῆς ὑμῶν πίστεως· ὅτι νῦν 8
ζῶμεν, ἐὰν ὑμεῖς στήκητε ἐν Κυρίῳ. τίνα γὰρ εὐχαριστίαν 9
δυνάμεθα τῷ Θεῷ ἀνταποδοῦναι περὶ ὑμῶν ἐπὶ πάσῃ τῇ
χαρᾷ ᾗ χαίρομεν δι' ὑμᾶς ἔμπροσθεν τοῦ Θεοῦ ἡμῶν, νυκ- 10
τὸς καὶ ἡμέρας ὑπερεκπερισσοῦ δεόμενοι εἰς τὸ ἰδεῖν ὑμῶν
τὸ πρόσωπον καὶ καταρτίσαι τὰ ὑστερήματα τῆς πίστεως
ὑμῶν;

Αὐτὸς δὲ ὁ Θεὸς καὶ πατὴρ ἡμῶν, καὶ ὁ Κύριος ἡμῶν 11

ᵇ διὸ   ᶜ add Χριστοῦ   ᵈ συνεργὸν Μ.   ᵉ add
καὶ συνεργὸν ἡμῶν   ᶠ ὑμᾶς περὶ   ᵍ τῷ   ʰ θλίψει
καὶ ἀνάγκῃ

ΠΡΟΣ ΘΕΣΣΑΛΟΝΙΚΕΙΣ Α.

12 Ἰησοῦς ¹⁻ˡˡ, κατευθύναι τὴν ὁδὸν ἡμῶν πρὸς ὑμᾶς· ὑμᾶς
δὲ ὁ Κύριος πλεονάσαι καὶ περισσεύσαι τῇ ἀγάπῃ εἰς ἀλλή-
13 λους καὶ εἰς πάντας, καθάπερ καὶ ἡμεῖς εἰς ὑμᾶς, εἰς τὸ
στηρίξαι ὑμῶν τὰς καρδίας ἀμέμπτους ἐν ἁγιωσύνῃ ἔμ-
προσθεν τοῦ Θεοῦ καὶ πατρὸς ἡμῶν ἐν τῇ παρουσίᾳ τοῦ
Κυρίου ἡμῶν Ἰησοῦ ᵏ⁻ˡˡ μετὰ πάντων τῶν ἁγίων αὐ-
τοῦ. ¹⁻ˡˡ
4 ᵐ Λοιπὸνˡˡ οὖν, ἀδελφοί, ἐρωτῶμεν ὑμᾶς καὶ παρακα-
λοῦμεν ἐν Κυρίῳ Ἰησοῦ, ⁿἵνα⁷ καθὼς παρελάβετε παρ'
ἡμῶν τὸ πῶς δεῖ ὑμᾶς περιπατεῖν καὶ ἀρέσκειν Θεῷ, ᵒκαθὼς
2 καὶ περιπατεῖτε,ˡˡ ἵνα περισσεύητε μᾶλλον. οἴδατε γὰρ τίνας
3 παραγγελίας ἐδώκαμεν ὑμῖν διὰ τοῦ Κυρίου Ἰησοῦ. τοῦτο
γάρ ἐστι θέλημα τοῦ Θεοῦ, ὁ ἁγιασμὸς ὑμῶν, ἀπέχεσθαι
4 ὑμᾶς ἀπὸ τῆς πορνείας· εἰδέναι ἕκαστον ὑμῶν τὸ ἑαυτοῦ
5 σκεῦος κτᾶσθαι ἐν ἁγιασμῷ καὶ τιμῇ, μὴ ἐν πάθει ἐπιθυμίας,
6 καθάπερ καὶ τὰ ἔθνη τὰ μὴ εἰδότα τὸν Θεόν· τὸ μὴ ὑπερ-
βαίνειν καὶ πλεονεκτεῖν ἐν τῷ πράγματι τὸν ἀδελφὸν αὐτοῦ·
διότι ἔκδικος ᵖ⁻ˡˡ Κύριος περὶ πάντων τούτων, καθὼς καὶ
7 προείπαμεν ὑμῖν καὶ διεμαρτυράμεθα. οὐ γὰρ ἐκάλεσεν ἡμᾶς
8 ὁ Θεὸς ἐπὶ ἀκαθαρσίᾳ, ἀλλ' ἐν ἁγιασμῷ. τοιγαροῦν ὁ ἀθε-
τῶν οὐκ ἄνθρωπον ἀθετεῖ, ἀλλὰ τὸν Θεὸν τὸν ᵠδιδόνταˡˡ τὸ
Πνεῦμα αὐτοῦ τὸ Ἅγιον εἰς ʳὑμᾶς .
9 Περὶ δὲ τῆς φιλαδελφίας οὐ χρείαν ἔχετε γράφειν ὑμῖν·
αὐτοὶ γὰρ ὑμεῖς θεοδίδακτοί ἐστε εἰς τὸ ἀγαπᾶν ἀλλήλους·
10 καὶ γὰρ ποιεῖτε αὐτὸ εἰς πάντας τοὺς ἀδελφοὺς τοὺς ἐν ὅλῃ
τῇ Μακεδονίᾳ. παρακαλοῦμεν δὲ ὑμᾶς, ἀδελφοί, περισσεύειν
11 μᾶλλον, καὶ φιλοτιμεῖσθαι ἡσυχάζειν, καὶ πράσσειν τὰ ἴδια,
καὶ ἐργάζεσθαι ταῖς ˢ⁻ˡˡ χερσὶν ὑμῶν, καθὼς ὑμῖν παρηγ-
12 γείλαμεν· ἵνα περιπατῆτε εὐσχημόνως πρὸς τοὺς ἔξω, καὶ
μηδενὸς χρείαν ἔχητε.

ⁱ add Χριστός   ᵏ add Χριστοῦ   ˡ add ἀμήν. M
ᵐ Τὸ λοιπὸν   ⁿ om. ἵνα   ᵒ om. καθὼς καὶ περιπατεῖτε,
ᵖ add ὁ   ᵠ καὶ δόντα   ʳ ἡμᾶς   ˢ add ἰδίαις

444   ΕΠΙΣΤΟΛΗ   4. 13–

Cp. Joh. 5. 25, 6. 40, 1 Cor. 15. 20 sqq.

Οὐ ^tθέλομεν^{II} δὲ ὑμᾶς ἀγνοεῖν, ἀδελφοί, περὶ τῶν ^uκοι- 13 μωμένων^{II}, ἵνα μὴ λυπῆσθε, καθὼς καὶ οἱ λοιποὶ οἱ μὴ ἔχοντες ἐλπίδα. εἰ γὰρ πιστεύομεν ὅτι Ἰησοῦς ἀπέθανε 14 καὶ ἀνέστη, οὕτω καὶ ὁ Θεὸς τοὺς κοιμηθέντας διὰ τοῦ Ἰησοῦ ἄξει σὺν αὐτῷ. τοῦτο γὰρ ὑμῖν λέγομεν ἐν λόγῳ 15 Κυρίου, ὅτι ἡμεῖς οἱ ζῶντες, οἱ περιλειπόμενοι εἰς τὴν παρουσίαν τοῦ Κυρίου, οὐ μὴ φθάσωμεν τοὺς κοιμηθέντας.

Cp. Mat. 24. 31, 1 Cor. 15. 23, 52.

ὅτι αὐτὸς ὁ Κύριος ἐν κελεύσματι, ἐν φωνῇ ἀρχαγγέλου, 16 καὶ ἐν σάλπιγγι Θεοῦ, καταβήσεται ἀπ᾽ οὐρανοῦ· καὶ οἱ νεκροὶ ἐν Χριστῷ ἀναστήσονται πρῶτον· ἔπειτα ἡμεῖς οἱ 17 ζῶντες, οἱ περιλειπόμενοι, ἅμα σὺν αὐτοῖς ἁρπαγησόμεθα

Cp. Joh. 12. 26, 14. 3, 17. 24.

ἐν νεφέλαις εἰς ἀπάντησιν τοῦ Κυρίου εἰς ἀέρα· καὶ οὕτω πάντοτε σὺν Κυρίῳ ἐσόμεθα. ὥστε παρακαλεῖτε ἀλλήλους 18 ἐν τοῖς λόγοις τούτοις.

Περὶ δὲ τῶν χρόνων καὶ τῶν καιρῶν, ἀδελφοί, οὐ χρείαν 5

Cp. Mat. 24. 42 sq., Lk. 21. 34 sq., 2 Pet. 3. 10.

ἔχετε ὑμῖν γράφεσθαι. αὐτοὶ γὰρ ἀκριβῶς οἴδατε ὅτι ^{x–II} 2 ἡμέρα Κυρίου ὡς κλέπτης ἐν νυκτὶ οὕτως ἔρχεται. ὅταν ^{y–I} 3 λέγωσιν, Εἰρήνη καὶ ἀσφάλεια, τότε αἰφνίδιος αὐτοῖς ἐφίσταται ὄλεθρος, ὥσπερ ἡ ὠδὶν τῇ ἐν γαστρὶ ἐχούσῃ, καὶ οὐ μὴ ἐκφύγωσιν. ὑμεῖς δέ, ἀδελφοί, οὐκ ἐστὲ ἐν σκότει, 4

Cp. Lk. 16. 8, Eph. 5. 8.

ἵνα ἡ ἡμέρα ὑμᾶς ὡς ^zκλέπτης^I καταλάβῃ· πάντες ^aγὰρ^I 5 ὑμεῖς υἱοὶ φωτός ἐστε καὶ υἱοὶ ἡμέρας· οὐκ ἐσμὲν νυκτὸς οὐδὲ σκότους· ἄρα οὖν μὴ καθεύδωμεν ὡς ^{b–II} οἱ λοιποί, ἀλλὰ γρη- 6 γορῶμεν καὶ νήφωμεν. οἱ γὰρ καθεύδοντες νυκτὸς καθεύδουσι, 7 καὶ οἱ μεθυσκόμενοι νυκτὸς ^cμεθύουσιν^I. ἡμεῖς δὲ ἡμέρας 8

Cp. Eph. 6. 14.

ὄντες νήφωμεν, ἐνδυσάμενοι θώρακα πίστεως καὶ ἀγάπης καὶ περικεφαλαίαν ἐλπίδα σωτηρίας. ὅτι οὐκ ἔθετο ἡμᾶς 9 ὁ Θεὸς εἰς ὀργήν, ἀλλ᾽ εἰς περιποίησιν σωτηρίας διὰ τοῦ Κυρίου ἡμῶν Ἰησοῦ Χριστοῦ, τοῦ ἀποθανόντος ὑπὲρ ἡμῶν, 10 ἵνα εἴτε γρηγορῶμεν εἴτε καθεύδωμεν ἅμα σὺν αὐτῷ ζήσω-

---

^t θέλω   ^u κεκοιμημένων   ^x add ἡ   ^y add γὰρ   ^z κλέπτας M.   ^a om. γὰρ   ^b add καὶ   ^c μεθύουσι S.

-5. 28. ΠΡΟΣ ΘΕΣΣΑΛΟΝΙΚΕΙΣ Α. 445

11 μεν. διὸ παρακαλεῖτε ἀλλήλους, καὶ οἰκοδομεῖτε εἰς τὸν ἕνα, καθὼς καὶ ποιεῖτε.
12 Ἐρωτῶμεν δὲ ὑμᾶς, ἀδελφοί, εἰδέναι τοὺς κοπιῶντας ἐν Cp. Gal. ὑμῖν καὶ προϊσταμένους ὑμῶν ἐν Κυρίῳ καὶ νουθετοῦντας 6. 6. 1 Tim. 5.
13 ὑμᾶς, καὶ ἡγεῖσθαι αὐτοὺς ὑπερεκπερισσοῦ ἐν ἀγάπῃ διὰ Heb. 17. 13.
14 τὸ ἔργον αὐτῶν. εἰρηνεύετε ἐν ἑαυτοῖς. παρακαλοῦμεν δὲ 17. ὑμᾶς, ἀδελφοί, νουθετεῖτε τοὺς ἀτάκτους, παραμυθεῖσθε τοὺς ὀλιγοψύχους, ἀντέχεσθε τῶν ἀσθενῶν, μακροθυμεῖτε πρὸς
15 πάντας. ὁρᾶτε μή τις κακὸν ἀντὶ κακοῦ τινὶ ἀποδῷ· ἀλλὰ πάντοτε τὸ ἀγαθὸν διώκετε ᵈ⁻ʶ εἰς ἀλλήλους καὶ εἰς πάντας.
16, 17, 18 πάντοτε χαίρετε, ἀδιαλείπτως προσεύχεσθε, ἐν παντὶ εὐχαριστεῖτε· τοῦτο γὰρ θέλημα Θεοῦ ἐν Χριστῷ Ἰησοῦ εἰς
19, 20 ὑμᾶς· τὸ Πνεῦμα μὴ σβέννυτε, προφητείας μὴ ἐξου- Cp. 1 Cor.
21, 22 θενεῖτε, πάντα ᵉ⁻ʶ δοκιμάζετε, τὸ καλὸν κατέχετε, ἀπὸ 14. 1 sqq. παντὸς εἴδους πονηροῦ ἀπέχεσθε. 1 Joh. 4. 1.
23 Αὐτὸς δὲ ὁ Θεὸς τῆς εἰρήνης ἁγιάσαι ὑμᾶς ὁλοτελεῖς, και ὁλόκληρον ὑμῶν τὸ πνεῦμα καὶ ἡ ψυχὴ καὶ τὸ σῶμα ἀμέμπτως ἐν τῇ παρουσίᾳ τοῦ Κυρίου ἡμῶν Ἰησοῦ Χριστοῦ τηρη-
24 θείη. πιστὸς ὁ καλῶν ὑμᾶς, ὃς καὶ ποιήσει.
25 Ἀδελφοί, προσεύχεσθε ᶠ⁻ περὶ ἡμῶν.
26 Ἀσπάσασθε τοὺς ἀδελφοὺς πάντας ἐν φιλήματι ἁγίῳ. Cp. Rom.
27 ᵍἐνορκίζωʶ ὑμᾶς τὸν Κύριον ἀναγνωσθῆναι τὴν ἐπιστολὴν 16. 16. πᾶσι τοῖς ʰ⁻ʶ ἀδελφοῖς.
28 Ἡ χάρις τοῦ Κυρίου ἡμῶν Ἰησοῦ Χριστοῦ μεθ' ὑμῶν. ⁱ⁻ᶠ
k—ʶ

ᵈ add καὶ   ᵉ add δὲ Μ.   ᶠ add καὶ Μ.   ᵍ ὁρκίζω
ʰ add ἁγίοις A.S.M.   ⁱ add ἀμήν.   ᵏ add subscription
Πρὸς Θεσσαλονικεῖς πρώτη ἐγράφη ἀπὸ Ἀθηνῶν.

Η ΠΡΟΣ ΘΕΣΣΑΛΟΝΙΚΕΙΣ

ΕΠΙΣΤΟΛΗ ΔΕΥΤΕΡΑ.

Παῦλος καὶ Σιλουανὸς καὶ Τιμόθεος τῇ ἐκκλησίᾳ Θεσσα- 1
λονικέων ἐν Θεῷ πατρὶ ἡμῶν καὶ Κυρίῳ Ἰησοῦ Χριστῷ·
χάρις ὑμῖν καὶ εἰρήνη ἀπὸ Θεοῦ πατρὸς [a—ll] καὶ Κυρίου Ἰησοῦ 2
Χριστοῦ.

Εὐχαριστεῖν ὀφείλομεν τῷ Θεῷ πάντοτε περὶ ὑμῶν, ἀδελ- 3
φοί, καθὼς ἄξιόν ἐστιν, ὅτι ὑπεραυξάνει ἡ πίστις ὑμῶν, καὶ
πλεονάζει ἡ ἀγάπη ἑνὸς ἑκάστου πάντων ὑμῶν εἰς ἀλλήλους,

Cp. 1 Thss. ὥστε ἡμᾶς αὐτοὺς ἐν ὑμῖν [b]ἐγκαυχᾶσθαι ἐν ταῖς ἐκκλησίαις 4
3. 3 sqq. τοῦ Θεοῦ ὑπὲρ τῆς ὑπομονῆς ὑμῶν καὶ πίστεως ἐν πᾶσι
τοῖς διωγμοῖς ὑμῶν καὶ ταῖς θλίψεσιν αἷς ἀνέχεσθε, ἔνδειγμα 5
τῆς δικαίας κρίσεως τοῦ Θεοῦ, εἰς τὸ καταξιωθῆναι ὑμᾶς τῆς
βασιλείας τοῦ Θεοῦ, ὑπὲρ ἧς καὶ πάσχετε· εἴπερ δίκαιον 6
παρὰ Θεῷ ἀνταποδοῦναι τοῖς θλίβουσιν ὑμᾶς θλῖψιν, καὶ 7
Cp. 1 Thss. ὑμῖν τοῖς θλιβομένοις ἄνεσιν μεθ' ἡμῶν, ἐν τῇ ἀποκαλύψει
1. 10. τοῦ Κυρίου Ἰησοῦ ἀπ' οὐρανοῦ μετ' ἀγγέλων δυνάμεως αὐτοῦ
Cp. Rom. ἐν πυρὶ φλογός, διδόντος ἐκδίκησιν τοῖς μὴ εἰδόσι Θεὸν καὶ 8
2. 5 sqq. τοῖς μὴ ὑπακούουσι τῷ εὐαγγελίῳ τοῦ Κυρίου ἡμῶν Ἰησοῦ
Cp. Isa. 2. [c—ll·] οἵτινες δίκην τίσουσιν ὄλεθρον αἰώνιον ἀπὸ προσώπου 9
19. τοῦ Κυρίου καὶ ἀπὸ τῆς δόξης τῆς ἰσχύος αὐτοῦ, ὅταν ἔλθῃ 10
ἐνδοξασθῆναι ἐν τοῖς ἁγίοις αὐτοῦ καὶ θαυμασθῆναι ἐν πᾶσι
τοῖς [d]πιστεύσασιν (ὅτι ἐπιστεύθη τὸ μαρτύριον ἡμῶν ἐφ'

[a] add ἡμῶν [b] καυχᾶσθαι [c] add Χριστοῦ [d] πιστεύουσιν

11 ὑμᾶς) ἐν τῇ ἡμέρᾳ ἐκείνῃ. εἰς ὃ καὶ προσευχόμεθα πάντοτε περὶ ὑμῶν, ἵνα ὑμᾶς ἀξιώσῃ τῆς κλήσεως ὁ Θεὸς ἡμῶν, καὶ πληρώσῃ πᾶσαν εὐδοκίαν ἀγαθωσύνης καὶ ἔργον πίστεως 12 ἐν δυνάμει· ὅπως ἐνδοξασθῇ τὸ ὄνομα τοῦ Κυρίου ἡμῶν Ἰησοῦ θ—" ἐν ὑμῖν, καὶ ὑμεῖς ἐν αὐτῷ, κατὰ τὴν χάριν τοῦ Θεοῦ ἡμῶν καὶ Κυρίου Ἰησοῦ Χριστοῦ.

2 Ἐρωτῶμεν δὲ ὑμᾶς, ἀδελφοί, ὑπὲρ τῆς παρουσίας τοῦ Κυρίου ἡμῶν Ἰησοῦ Χριστοῦ καὶ ἡμῶν ἐπισυναγωγῆς ἐπ' 2 αὐτόν, εἰς τὸ μὴ ταχέως σαλευθῆναι ὑμᾶς ἀπὸ τοῦ νοός, f μηδὲ" θροεῖσθαι, μήτε διὰ πνεύματος μήτε διὰ λόγου μήτε δι' ἐπιστολῆς ὡς δι' ἡμῶν, ὡς ὅτι ἐνέστηκεν ἡ ἡμέρα τοῦ 3 g Κυρίου"· μή τις ὑμᾶς ἐξαπατήσῃ κατὰ μηδένα τρόπον· ὅτι ἐὰν μὴ ἔλθῃ ἡ ἀποστασία πρῶτον, καὶ ἀποκαλυφθῇ ὁ ἄνθρω- 4 πος τῆς h ἁμαρτίας", ὁ υἱὸς τῆς ἀπωλείας, ὁ ἀντικείμενος καὶ ὑπεραιρόμενος ἐπὶ πάντα λεγόμενον Θεὸν ἢ σέβασμα, ὥστε αὐτὸν εἰς τὸν ναὸν τοῦ Θεοῦ i—i καθίσαι, ἀποδεικνύντα ἑαυτὸν 5 ὅτι ἐστὶ Θεός. οὐ μνημονεύετε ὅτι ἔτι ὢν πρὸς ὑμᾶς ταῦτα 6 ἔλεγον ὑμῖν; καὶ νῦν τὸ κατέχον οἴδατε, εἰς τὸ ἀποκαλυφθῆ- 7 ναι αὐτὸν ἐν τῷ k αὐτοῦ" καιρῷ. τὸ γὰρ μυστήριον ἤδη ἐνεργεῖται τῆς ἀνομίας· μόνον ὁ κατέχων ἄρτι ἕως ἐκ 8 μέσου γένηται· καὶ τότε ἀποκαλυφθήσεται ὁ ἄνομος, ὃν ὁ Κύριος l Ἰησοῦς m ἀνελεῖ" τῷ πνεύματι τοῦ στόματος αὐτοῦ, καὶ καταργήσει τῇ ἐπιφανείᾳ τῆς παρουσίας αὐτοῦ· 9 οὗ ἐστιν ἡ παρουσία κατ' ἐνέργειαν τοῦ Σατανᾶ ἐν πάσῃ 10 δυνάμει καὶ σημείοις καὶ τέρασι ψεύδους, καὶ ἐν πάσῃ ἀπάτῃ n—" ἀδικίας o—" τοῖς ἀπολλυμένοις, ἀνθ' ὧν τὴν ἀγάπην τῆς 11 ἀληθείας οὐκ ἐδέξαντο εἰς τὸ σωθῆναι αὐτούς. καὶ διὰ τοῦτο p πέμπει" αὐτοῖς ὁ Θεὸς ἐνέργειαν πλάνης, εἰς τὸ πιστεῦσαι

θ add Χριστοῦ   f μήτε   g Χριστοῦ   h ἀνομίας M.
i add ὡς Θεὸν   k ἑαυτοῦ   l om. Ἰησοῦς A.S.M.
m ἀναλώσει A.S.M.   n add τῆς   o add ἐν   p πέμψει

αὐτοὺς τῷ ψεύδει, ἵνα κριθῶσι πάντες οἱ μὴ πιστεύσαντες 12
τῇ ἀληθείᾳ ἀλλ' εὐδοκήσαντες q—‖ τῇ ἀδικίᾳ.

Ἡμεῖς δὲ ὀφείλομεν εὐχαριστεῖν τῷ Θεῷ πάντοτε περὶ 13
ὑμῶν, ἀδελφοὶ ἠγαπημένοι ὑπὸ Κυρίου, ὅτι εἵλετο ὑμᾶς ὁ
Θεὸς ʳἀπ' ἀρχῆς εἰς σωτηρίαν ἐν ἁγιασμῷ Πνεύματος καὶ
πίστει ἀληθείας· εἰς ὃ ἐκάλεσεν ὑμᾶς διὰ τοῦ εὐαγγελίου ἡμῶν, 14
εἰς περιποίησιν δόξης τοῦ Κυρίου ἡμῶν Ἰησοῦ Χριστοῦ. ἄρα 15
οὖν, ἀδελφοί, στήκετε, καὶ κρατεῖτε τὰς παραδόσεις ἃς ἐδιδάχ-
θητε εἴτε διὰ λόγου εἴτε δι' ἐπιστολῆς ἡμῶν.

Αὐτὸς δὲ ὁ Κύριος ἡμῶν Ἰησοῦς Χριστός, καὶ ὁ Θεὸς ᴮὁ‖ 16
πατὴρ ἡμῶν ὁ ἀγαπήσας ἡμᾶς καὶ δοὺς παράκλησιν αἰωνίαν
καὶ ἐλπίδα ἀγαθὴν ἐν χάριτι, παρακαλέσαι ὑμῶν τὰς καρδίας 17
καὶ στηρίξαι ᵗ—‖ ἐν παντὶ ᵘἔργῳ καὶ λόγῳ ἀγαθῷ.

Τὸ λοιπόν, προσεύχεσθε, ἀδελφοί, περὶ ἡμῶν, ἵνα ὁ λόγος 3
τοῦ Κυρίου τρέχῃ καὶ δοξάζηται καθὼς καὶ πρὸς ὑμᾶς, καὶ 2
ἵνα ῥυσθῶμεν ἀπὸ τῶν ἀτόπων καὶ πονηρῶν ἀνθρώπων· οὐ
γὰρ πάντων ἡ πίστις. πιστὸς δέ ˣἐστιν ὁ Κύριος, ὅς 3
στηρίξει ὑμᾶς καὶ φυλάξει ἀπὸ τοῦ πονηροῦ. πεποίθαμεν δὲ 4
ἐν Κυρίῳ ἐφ' ὑμᾶς, ὅτι ἃ παραγγέλλομεν ʸ—‖ καὶ ποιεῖτε καὶ
ποιήσετε. ὁ δὲ Κύριος κατευθύναι ὑμῶν τὰς καρδίας εἰς 5
τὴν ἀγάπην τοῦ Θεοῦ καὶ εἰς ᶻτὴν ὑπομονὴν τοῦ Χριστοῦ.

Παραγγέλλομεν δὲ ὑμῖν, ἀδελφοί, ἐν ὀνόματι τοῦ Κυρίου 6
ἡμῶν Ἰησοῦ Χριστοῦ, στέλλεσθαι ὑμᾶς ἀπὸ παντὸς ἀδελφοῦ
ἀτάκτως περιπατοῦντος καὶ μὴ κατὰ τὴν παράδοσιν ἣν ᵃπαρ-
ελάβοσαν‖ παρ' ἡμῶν. αὐτοὶ γὰρ οἴδατε πῶς δεῖ μιμεῖσθαι 7
ἡμᾶς· ὅτι οὐκ ἠτακτήσαμεν ἐν ὑμῖν, οὐδὲ δωρεὰν ἄρτον 8
ἐφάγομεν παρά τινος, ἀλλ' ἐν κόπῳ καὶ μόχθῳ, ᵇνυκτὸς καὶ
ἡμέρας‖ ἐργαζόμενοι, πρὸς τὸ μὴ ἐπιβαρῆσαί τινα ὑμῶν·
οὐχ ὅτι οὐκ ἔχομεν ἐξουσίαν, ἀλλ' ἵνα ἑαυτοὺς τύπον δῶμεν 9

q add ἐν   ʳ ἀπαρχὴν M.   ˢ καὶ   ᵗ add ὑμᾶς
ᵘ λόγῳ καὶ ἔργῳ   ˣ ἐστι S.   ʸ add ὑμῖν   ᶻ om.
τὴν S.   ᵃ παρέλαβε Λ.S.: παρελάβετε M.   ᵇ νύκτα
καὶ ἡμέραν

10 ὑμῖν εἰς τὸ μιμεῖσθαι ἡμᾶς. καὶ γὰρ ὅτε ἦμεν πρὸς ὑμᾶς, τοῦτο παρηγγέλλομεν ὑμῖν ὅτι Εἴ τις οὐ θέλει ἐργάζεσθαι, 11 μηδὲ ἐσθιέτω. ἀκούομεν γάρ τινας περιπατοῦντας ἐν ὑμῖν 12 ἀτάκτως, μηδὲν ἐργαζομένους, ἀλλὰ περιεργαζομένους. τοῖς δὲ τοιούτοις παραγγέλλομεν, καὶ παρακαλοῦμεν ^cἐν Κυρίῳ Ἰησοῦ Χριστῷ, ἵνα μετὰ ἡσυχίας ἐργαζόμενοι τὸν ἑαυτῶν 13 ἄρτον ἐσθίωσιν. ὑμεῖς δέ, ἀδελφοί, μὴ ^dἐγκακήσητε["] καλο- (p. Gal. 14 ποιοῦντες. εἰ δέ τις οὐχ ὑπακούει τῷ λόγῳ ἡμῶν διὰ τῆς ἐπιστολῆς, τοῦτον σημειοῦσθε, ^eμὴ συναναμίγνυσθαι["] αὐτῷ, Cp. 1 Cor. 15 ἵνα ἐντραπῇ. καὶ μὴ ὡς ἐχθρὸν ἡγεῖσθε, ἀλλὰ νουθετεῖτε ὡς ἀδελφόν.
16 Αὐτὸς δὲ ὁ Κύριος τῆς εἰρήνης δῴη ὑμῖν τὴν εἰρήνην διὰ παντὸς ἐν παντὶ τρόπῳ. ὁ Κύριος μετὰ πάντων ὑμῶν.
17 Ὁ ἀσπασμὸς τῇ ἐμῇ χειρὶ Παύλου, ὅ ἐστι σημεῖον ἐν ( ). 1 C r.
18 πάσῃ ἐπιστολῇ· οὕτω γράφω. ἡ χάρις τοῦ Κυρίου ἡμῶν (1. 4 . .. Ἰησοῦ Χριστοῦ μετὰ πάντων ὑμῶν. ^{f-"}

^{g-"}

Η ΠΡΟΣ ΤΙΜΟΘΕΟΝ

ΕΠΙΣΤΟΛΗ ΠΡΩΤΗ.

1 Παῦλος ἀπόστολος ^aΧριστοῦ Ἰησοῦ' κατ' ἐπιταγὴν Θεοῦ 2 σωτῆρος ἡμῶν καὶ ^bΧριστοῦ Ἰησοῦ' τῆς ἐλπίδος ἡμῶν Τι- Cp Act: μοθέῳ γνησίῳ τέκνῳ ἐν πίστει· χάρις, ἔλεος, εἰρήνη ἀπὸ 1 Cor.4.17. Θεοῦ πατρὸς ^{c-"} καὶ Χριστοῦ Ἰησοῦ τοῦ Κυρίου ἡμῶν.

^c διὰ τοῦ Κυρίου ἡμῶν Ἰησοῦ Χριστοῦ ^d ἐκκακήσητε
^e καὶ μὴ συναναμίγνυσθε ^f add ἀμήν. ["] add subscription
Πρὸς Θεσσαλονικεῖς δευτέρα ἐγράφη ἀπὸ Ἀθηνῶν. ^a Ἰησοῦ
Χριστοῦ ^b Κυρίου Ἰησοῦ Χριστοῦ add ἡμῶν

Καθὼς παρεκάλεσά σε προσμεῖναι ἐν Ἐφέσῳ πορευόμενος 3
εἰς Μακεδονίαν, ἵνα παραγγείλῃς τισὶ μὴ ἑτεροδιδασκαλεῖν,
μηδὲ προσέχειν μύθοις καὶ γενεαλογίαις ἀπεράντοις, αἵτινες 4
ᵈἐκζητήσεις‖ παρέχουσι μᾶλλον ἢ ᵉοἰκονομίαν‖ Θεοῦ τὴν ἐν
πίστει,—τὸ δὲ τέλος τῆς παραγγελίας ἐστὶν ἀγάπη ἐκ καθαρᾶς 5
καρδίας καὶ συνειδήσεως ἀγαθῆς καὶ πίστεως ἀνυποκρίτου·
ὧν τινὲς ἀστοχήσαντες ἐξετράπησαν εἰς ματαιολογίαν, θέ- 6, 7
λοντες εἶναι νομοδιδάσκαλοι, μὴ νοοῦντες μήτε ἃ λέγουσι
μήτε περὶ τίνων διαβεβαιοῦνται. οἴδαμεν δὲ ὅτι καλὸς ὁ 8
νόμος, ἐάν τις αὐτῷ νομίμως χρῆται εἰδὼς τοῦτο, ὅτι δικαίῳ 9
νόμος οὐ κεῖται, ἀνόμοις δὲ καὶ ἀνυποτάκτοις, ἀσεβέσι καὶ
ἁμαρτωλοῖς, ἀνοσίοις καὶ βεβήλοις, πατραλῴαις καὶ μητρα-
λῴαις, ἀνδροφόνοις, πόρνοις, ἀρσενοκοίταις, ἀνδραποδισταῖς, 10
ψεύσταις, ἐπιόρκοις, καὶ εἴ τι ἕτερον τῇ ὑγιαινούσῃ διδα-
σκαλίᾳ ἀντίκειται, κατὰ τὸ εὐαγγέλιον τῆς δόξης τοῦ μακα- 11
ρίου Θεοῦ, ὃ ἐπιστεύθην ἐγώ.

ᶠΧάριν‖ ἔχω τῷ ᵍἐνδυναμώσαντί‖ με Χριστῷ Ἰησοῦ τῷ 12
Κυρίῳ ἡμῶν, ὅτι πιστόν με ἡγήσατο, θέμενος εἰς διακονίαν,
ʰτὸ‖ πρότερον ὄντα βλάσφημον καὶ διώκτην καὶ ὑβριστήν· 13
ἀλλ' ἠλεήθην ὅτι ἀγνοῶν ἐποίησα ἐν ἀπιστίᾳ, ὑπερεπλεύ- 14
νασε δὲ ἡ χάρις τοῦ Κυρίου ἡμῶν μετὰ πίστεως καὶ ἀγάπης
τῆς ἐν Χριστῷ Ἰησοῦ. πιστὸς ὁ λόγος καὶ πάσης ἀποδοχῆς 15
ἄξιος, ὅτι Χριστὸς Ἰησοῦς ἦλθεν εἰς τὸν κόσμον ἁμαρτωλοὺς
σῶσαι· ὧν πρῶτός εἰμι ἐγώ· ἀλλὰ διὰ τοῦτο ἠλεήθην, ἵνα ἐν 16
ἐμοὶ πρώτῳ ἐνδείξηται Ἰησοῦς Χριστὸς τὴν ⁱἅπασαν‖ μακρο-
θυμίαν πρὸς ὑποτύπωσιν τῶν μελλόντων πιστεύειν ἐπ' αὐτῷ
εἰς ζωὴν αἰώνιον. τῷ δὲ βασιλεῖ τῶν αἰώνων, ἀφθάρτῳ, 17
ἀοράτῳ, μόνῳ ᵏ—‖ Θεῷ, τιμὴ καὶ δόξα εἰς τοὺς αἰῶνας τῶν
αἰώνων. ἀμήν.

Ταύτην τὴν παραγγελίαν παρατίθεμαί σοι, τέκνον Τιμόθεε, 18

ᵈ ζητήσεις   ᵉ οἰκοδομίαν A.   ᶠ Καὶ χάριν   ᵍ ἐνδυνα-
μοῦντί M.   ʰ τὸν   ⁱ πᾶσαν   ᵏ add σοφῷ

κατὰ τὰς προαγούσας ἐπὶ σὲ προφητείας, ἵνα στρατεύῃ ἐν
19 αὐταῖς τὴν καλὴν στρατείαν ἔχων πίστιν καὶ ἀγαθὴν συνεί-
δησιν, ἥν τινες ἀπωσάμενοι περὶ τὴν πίστιν ἐναυάγησαν·
20 ὧν ἐστιν Ὑμέναιος καὶ Ἀλέξανδρος, οὓς παρέδωκα τῷ Σα-
τανᾷ, ἵνα παιδευθῶσι μὴ βλασφημεῖν.

2 Παρακαλῶ οὖν πρῶτον πάντων ποιεῖσθαι δεήσεις, προσευ-
2 χάς, ἐντεύξεις, εὐχαριστίας, ὑπὲρ πάντων ἀνθρώπων· ὑπὲρ
βασιλέων καὶ πάντων τῶν ἐν ὑπεροχῇ ὄντων, ἵνα ἤρεμον καὶ
ἡσύχιον βίον διάγωμεν ἐν πάσῃ εὐσεβείᾳ καὶ σεμνότητι.
3 τοῦτο ¹⁻‖ καλὸν καὶ ἀπόδεκτον ἐνώπιον τοῦ σωτῆρος ἡμῶν
4 Θεοῦ, ὃς πάντας ἀνθρώπους θέλει σωθῆναι καὶ εἰς ἐπίγνωσιν
5 ἀληθείας ἐλθεῖν. εἷς γὰρ Θεός, εἷς καὶ μεσίτης Θεοῦ καὶ
6 ἀνθρώπων ἄνθρωπος Χριστὸς Ἰησοῦς, ὁ δοὺς ἑαυτὸν ἀντί-
7 λυτρον ὑπὲρ πάντων, τὸ μαρτύριον καιροῖς ἰδίοις, εἰς ὃ ἐτέθην
ἐγὼ κῆρυξ καὶ ἀπόστολος (ἀλήθειαν λέγω ᵐ⁻, οὐ ψεύδομαι),
διδάσκαλος ἐθνῶν ἐν πίστει καὶ ἀληθείᾳ.
8 Βούλομαι οὖν προσεύχεσθαι τοὺς ἄνδρας ἐν παντὶ τόπῳ,
ἐπαίροντας ὁσίους χεῖρας χωρὶς ὀργῆς καὶ διαλογισμοῦ·
9 ὡσαύτως ⁿ⁻‖ γυναῖκας ἐν καταστολῇ κοσμίῳ μετὰ αἰδοῦς
καὶ σωφροσύνης κοσμεῖν ἑαυτάς, μὴ ἐν πλέγμασι ᵒκαὶ χρυ-
10 σίῳ‖ ἢ μαργαρίταις ἢ ἱματισμῷ πολυτελεῖ, ἀλλ' (ὃ πρέπει
γυναιξὶν ἐπαγγελλομέναις θεοσέβειαν) δι' ἔργων ἀγαθῶν.
11, 12 γυνὴ ἐν ἡσυχίᾳ μανθανέτω ἐν πάσῃ ὑποταγῇ. ᵖδιδάσκειν
δὲ γυναικὶ‖ οὐκ ἐπιτρέπω, οὐδὲ αὐθεντεῖν ἀνδρός, ἀλλ' εἶναι
13, 14 ἐν ἡσυχίᾳ. Ἀδὰμ γὰρ πρῶτος ἐπλάσθη, εἶτα Εὔα· καὶ
Ἀδὰμ οὐκ ἠπατήθη, ἡ δὲ γυνὴ ᑫἐξαπατηθεῖσα′ ἐν παρα-
15 βάσει γέγονε· σωθήσεται δὲ διὰ τῆς τεκνογονίας, ἐὰν μεί-
νωσιν ἐν πίστει καὶ ἀγάπῃ καὶ ἁγιασμῷ μετὰ ʳ σωφροσύνης.

3 Πιστὸς ὁ λόγος,‖ Εἴ τις ἐπισκοπῆς ὀρέγεται, καλοῦ
2 ἔργου ἐπιθυμεῖ. δεῖ οὖν τὸν ἐπίσκοπον ἀνεπίληπτον εἶναι,

ˡ add γὰρ ᵐ add ἐν Χριστῷ ⁿ add καὶ τὰς ᵒ ἢ
χρυσῷ ᵖ γυναικὶ δὲ διδάσκειν ᑫ ἀπατηθεῖσα ʳ σωφρο-
σύνης· πιστὸς ὁ λόγος. M.

μιᾶς γυναικὸς ἄνδρα, ᵍνηφάλιον", σώφρονα, κόσμιον, φιλόξε-
νον, διδακτικόν· μὴ πάροινον, μὴ πλήκτην, ᵗ⁻ ἀλλ' ἐπιεικῆ, 3
ἄμαχον, ἀφιλάργυρον· τοῦ ἰδίου οἴκου καλῶς προϊστάμενον, 4
τέκνα ἔχοντα ἐν ὑποταγῇ μετὰ πάσης σεμνότητος· (εἰ δέ τις 5
τοῦ ἰδίου οἴκου προστῆναι οὐκ οἶδε, πῶς ἐκκλησίας Θεοῦ
ἐπιμελήσεται;) μὴ νεόφυτον, ἵνα μὴ τυφωθεὶς εἰς κρῖμα 6
ἐμπέσῃ τοῦ διαβόλου. δεῖ δὲ ᵘ⁻ καὶ μαρτυρίαν καλὴν ἔχειν 7
ἀπὸ τῶν ἔξωθεν, ἵνα μὴ εἰς ὀνειδισμὸν ἐμπέσῃ καὶ παγίδα
τοῦ διαβόλου. διακόνους ὡσαύτως σεμνούς, μὴ διλόγους, μὴ 8
οἴνῳ πολλῷ προσέχοντας, μὴ αἰσχροκερδεῖς, ἔχοντας τὸ μυ- 9
στήριον τῆς πίστεως ἐν καθαρᾷ συνειδήσει. καὶ οὗτοι δὲ 10
δοκιμαζέσθωσαν πρῶτον, εἶτα διακονείτωσαν ἀνέγκλητοι ὄν-
τες. γυναῖκας ὡσαύτως σεμνάς, μὴ διαβόλους, νηφαλίους, 11
πιστὰς ἐν πᾶσι. διάκονοι ἔστωσαν μιᾶς γυναικὸς ἄνδρες, 12
τέκνων καλῶς προϊστάμενοι καὶ τῶν ἰδίων οἴκων. οἱ γὰρ 13
καλῶς διακονήσαντες βαθμὸν ἑαυτοῖς καλὸν περιποιοῦνται,
καὶ πολλὴν παρρησίαν ἐν πίστει τῇ ἐν Χριστῷ Ἰησοῦ.

Ταῦτά σοι γράφω ἐλπίζων ἐλθεῖν πρός σε ᵛἐν τάχει"· ἐὰν 14,15
δὲ βραδύνω, ἵνα εἰδῇς πῶς δεῖ ἐν οἴκῳ Θεοῦ ἀναστρέφεσθαι,
ἥτις ἐστὶν ἐκκλησία Θεοῦ ζῶντος, στῦλος καὶ ἑδραίωμα τῆς
ἀληθείας. καὶ ὁμολογουμένως μέγα ἐστὶ τὸ τῆς εὐσεβείας 16
μυστήριον· ˣὃς ἐφανερώθη ἐν σαρκί, ἐδικαιώθη ἐν πνεύ-
ματι, ὤφθη ἀγγέλοις, ἐκηρύχθη ἐν ἔθνεσιν, ἐπιστεύθη ἐν
κόσμῳ, ἀνελήφθη ἐν δόξῃ.

Τὸ δὲ Πνεῦμα ῥητῶς λέγει, ὅτι ἐν ὑστέροις καιροῖς ἀπο- 4
στήσονταί τινες τῆς πίστεως, προσέχοντες πνεύμασι πλάνοις
καὶ διδασκαλίαις δαιμονίων, ἐν ὑποκρίσει ψευδολόγων, κε- 2
καυτηριασμένων τὴν ἰδίαν συνείδησιν, κωλυόντων γαμεῖν, 3
ἀπέχεσθαι βρωμάτων, ἃ ὁ Θεὸς ἔκτισεν εἰς μετάληψιν μετὰ
εὐχαριστίας τοῖς πιστοῖς καὶ ἐπεγνωκόσι τὴν ἀλήθειαν. ὅτι 4

ˢ νηφάλεον S, and so in ver. 11.   ᵗ add μὴ αἰσχροκερδῆ.
ᵘ add αὐτὸν   ᵛ τάχιον   ˣ ὃ Μ.: Θεὸς A.S.

ΠΡΟΣ ΤΙΜΟΘΕΟΝ Α.

πᾶν κτίσμα Θεοῦ καλόν, καὶ οὐδὲν ἀπόβλητον, μετὰ εὐχα-
5 ριστίας λαμβανόμενον· ἁγιάζεται γὰρ διὰ λόγου Θεοῦ καὶ
ἐντεύξεως.
6 Ταῦτα ὑποτιθέμενος τοῖς ἀδελφοῖς καλὸς ἔσῃ διάκονος
ʸΧριστοῦ Ἰησοῦ, ἐντρεφόμενος τοῖς λόγοις τῆς πίστεως
7 καὶ τῆς καλῆς διδασκαλίας ᾗ παρηκολούθηκας· τοὺς δὲ βε-
βήλους καὶ γραώδεις μύθους παραιτοῦ. γύμναζε δὲ σεαυτὸν
8 πρὸς εὐσέβειαν· ἡ γὰρ σωματικὴ γυμνασία πρὸς ὀλίγον
ἐστὶν ὠφέλιμος· ἡ δὲ εὐσέβεια πρὸς πάντα ὠφέλιμός ἐστιν,
9 ἐπαγγελίαν ἔχουσα ζωῆς τῆς νῦν καὶ τῆς μελλούσης. πιστὸς
10 ὁ λόγος καὶ πάσης ἀποδοχῆς ἄξιος. εἰς τοῦτο γὰρ ᶻ⁻ᶦ
κοπιῶμεν καὶ ᵃἀγωνιζόμεθα ʹ, ὅτι ἠλπίκαμεν ἐπὶ Θεῷ ζῶντι,
11 ὅς ἐστι σωτὴρ πάντων ἀνθρώπων, μάλιστα πιστῶν. παρ-
12 άγγελλε ταῦτα καὶ δίδασκε. μηδείς σου τῆς νεότητος
καταφρονείτω, ἀλλὰ τύπος γίνου τῶν πιστῶν ἐν λόγῳ, ἐν
13 ἀναστροφῇ, ἐν ἀγάπῃ, ᵇ⁻ ἐν πίστει, ἐν ἁγνείᾳ. ἕως ἔρ-
χομαι, πρόσεχε τῇ ἀναγνώσει, τῇ παρακλήσει, τῇ διδασκα-
14 λίᾳ. μὴ ἀμέλει τοῦ ἐν σοὶ χαρίσματος, ὁ ἐδόθη σοι διὰ
προφητείας μετὰ ἐπιθέσεως τῶν χειρῶν τοῦ πρεσβυτερίου.
15 ταῦτα μελέτα, ἐν τούτοις ἴσθι, ἵνα σου ἡ προκοπὴ φανερὰ
16 ᾖ ᶜ⁻ʹ πᾶσιν. ἔπεχε σεαυτῷ καὶ τῇ διδασκαλίᾳ. ἐπίμενε
αὐτοῖς· τοῦτο γὰρ ποιῶν καὶ σεαυτὸν σώσεις καὶ τοὺς ἀκού-
οντάς σου.

5 Πρεσβυτέρῳ μὴ ἐπιπλήξῃς, ἀλλὰ παρακάλει ὡς πατέρα,
2 νεωτέρους ὡς ἀδελφούς, πρεσβυτέρας ὡς μητέρας, νεω-
3 τέρας ὡς ἀδελφὰς ἐν πάσῃ ἁγνείᾳ. χήρας τίμα τὰς ὄντως
4 χήρας. εἰ δέ τις χήρα τέκνα ἢ ἔκγονα ἔχει, μανθανέτωσαν
πρῶτον τὸν ἴδιον οἶκον εὐσεβεῖν, καὶ ἀμοιβὰς ἀποδιδόναι
τοῖς προγόνοις· τοῦτο γάρ ἐστιν ᵈ⁻ ἀπόδεκτον ἐνώπιον τοῦ
5 Θεοῦ. ἡ δὲ ὄντως χήρα καὶ μεμονωμένη ἤλπικεν ἐπὶ

ʸ Ἰησοῦ Χριστοῦ   - add καὶ   ᵃ ὀνειδιζόμεθα   ᵇ add ἐν
πνεύματι,   ᶜ add ἐν   ᵈ add καλὸν καὶ   ᵒ add τὸν

454   ΕΠΙΣΤΟΛΗ   5. 5—

Θεόν, καὶ προσμένει ταῖς δεήσεσι καὶ ταῖς προσευχαῖς νυκτὸς καὶ ἡμέρας. ἡ δὲ σπαταλῶσα ζῶσα τέθνηκε. καὶ 6, 7 ταῦτα παράγγελλε, ἵνα ἀνεπίληπτοι ὦσιν. εἰ δέ τις τῶν 8
Cp. 2 Tim. ἰδίων καὶ μάλιστα ᶠ—ᶥ οἰκείων οὐ προνοεῖ, τὴν πίστιν ἤρνηται
3. 5.
Titus 1. 16. καὶ ἔστιν ἀπίστου χείρων. χήρα καταλεγέσθω μὴ ἔλαττον 9 ἐτῶν ᵍἑξήκοντα γεγονυῖα, ἑνὸς ᶥ ἀνδρὸς γυνή, ἐν ἔργοις καλοῖς 10 μαρτυρουμένη, εἰ ἐτεκνοτρόφησεν, εἰ ἐξενοδόχησεν, εἰ ἁγίων πόδας ἔνιψεν, εἰ θλιβομένοις ἐπήρκεσεν, εἰ παντὶ ἔργῳ ἀγαθῷ ἐπηκολούθησε. νεωτέρας δὲ χήρας παραιτοῦ· ὅταν γὰρ κα- 11 ταστρηνιάσωσι τοῦ Χριστοῦ, γαμεῖν θέλουσιν, ἔχουσαι κρίμα 12 ὅτι τὴν πρώτην πίστιν ἠθέτησαν. ἅμα δὲ καὶ ἀργαὶ μαν- 13 θάνουσι, περιερχόμεναι τὰς οἰκίας, οὐ μόνον δὲ ἀργαί, ἀλλὰ
Cp. 1 Cor. καὶ φλύαροι καὶ περίεργοι, λαλοῦσαι τὰ μὴ δέοντα. βούλο- 14
7. 9. μαι οὖν νεωτέρας γαμεῖν, τεκνογονεῖν, οἰκοδεσποτεῖν, μηδεμίαν ἀφορμὴν διδόναι τῷ ἀντικειμένῳ λοιδορίας χάριν· ἤδη 15 γάρ τινες ἐξετράπησαν ὀπίσω τοῦ Σατανᾶ. εἴ τις ʰ—ᶥ πιστὴ 16 ἔχει χήρας, ἐπαρκείτω αὐταῖς, καὶ μὴ βαρείσθω ἡ ἐκκλησία· ἵνα ταῖς ὄντως χήραις ἐπαρκέσῃ.
Cp. 1 Cor. Οἱ καλῶς προεστῶτες πρεσβύτεροι διπλῆς τιμῆς ἀξιού- 17
9. 7 sqq. σθωσαν, μάλιστα οἱ κοπιῶντες ἐν λόγῳ καὶ διδασκαλίᾳ.
Deut. 25. 4; λέγει γὰρ ἡ γραφή, Βοῦν ἀλοῶντα οὐ φιμώσεις· καί, Ἄξιος 18
Lk. 10. 7. ὁ ἐργάτης τοῦ μισθοῦ αὐτοῦ. κατὰ πρεσβυτέρου κατηγορίαν 19
Cp. Deut. μὴ παραδέχου ἐκτὸς εἰ μὴ ἐπὶ δύο ἢ τριῶν μαρτύρων. τοὺς 20
19. 15. ἁμαρτάνοντας ἐνώπιον πάντων ἔλεγχε, ἵνα καὶ οἱ λοιποὶ φόβον ἔχωσι. διαμαρτύρομαι ἐνώπιον τοῦ Θεοῦ καὶ ⁱ Χριστοῦ 21 Ἰησοῦᶥ καὶ τῶν ἐκλεκτῶν ἀγγέλων, ἵνα ταῦτα φυλάξῃς χω-
Cp. 4. 14, ρὶς προκρίματος μηδὲν ποιῶν κατὰ πρόσκλισιν. χεῖρας 22
Acts 6. 6,
13. 3. ταχέως μηδενὶ ἐπιτίθει, μηδὲ κοινώνει ἁμαρτίαις ἀλλοτρίαις· σεαυτὸν ἁγνὸν τήρει. μηκέτι ὑδροπότει, ἀλλ' οἴνῳ ὀλίγῳ 23 χρῶ διὰ τὸν στόμαχον ʲ—ᶥ καὶ τὰς πυκνάς σου ἀσθενείας.

ᶠ add τῶν   ᵍ ἑξήκοντα, γεγονυῖα ἑνὸς   ʰ add πιστὸς ἢ
ⁱ Κυρίου Ἰησοῦ Χριστοῦ   ʲ add σου

-6. 12. ΠΡΟΣ ΤΙΜΟΘΕΟΝ Α. 455

24 τινῶν ἀνθρώπων αἱ ἁμαρτίαι πρόδηλοί εἰσι, προάγουσαι εἰς
25 κρίσιν, τισὶ δὲ καὶ ἐπακολουθοῦσιν. ὡσαύτως καὶ ᵏτὰ ἔργα
τὰ καλὰ'' πρόδηλα ¹⁻ , καὶ τὰ ἄλλως ἔχοντα κρυβῆναι οὐ
δύναται.
6 Ὅσοι εἰσὶν ὑπὸ ζυγὸν δοῦλοι τοὺς ἰδίους δεσπότας πάσης Cp. Eph.
τιμῆς ἀξίους ἡγείσθωσαν, ἵνα μὴ τὸ ὄνομα τοῦ Θεοῦ καὶ ἡ Col. 3. 22.
2 διδασκαλία βλασφημῆται. οἱ δὲ πιστοὺς ἔχοντες δεσπότας Titus 2. 9,
μὴ καταφρονείτωσαν, ὅτι ἀδελφοί εἰσιν· ἀλλὰ μᾶλλον δου- 1 Pet. 2.18.
λευέτωσαν, ὅτι πιστοί εἰσι καὶ ἀγαπητοὶ οἱ τῆς εὐεργεσίας
ἀντιλαμβανόμενοι. ταῦτα δίδασκε καὶ παρακάλει.
3 Εἴ τις ἑτεροδιδασκαλεῖ, καὶ μὴ προσέρχεται ὑγιαίνουσι Cp. 2 Tim.
λόγοις, τοῖς τοῦ Κυρίου ἡμῶν Ἰησοῦ Χριστοῦ, καὶ τῇ κατ' 1. 13.
4 εὐσέβειαν διδασκαλίᾳ, τετύφωται, μηδὲν ἐπιστάμενος, ἀλλὰ
νοσῶν περὶ ζητήσεις καὶ λογομαχίας, ἐξ ὧν γίνεται φθόνος, Cp. 2 Tim.
5 ἔρις, βλασφημίαι, ὑπόνοιαι πονηραί, ᵐδιαπαρατριβαὶ ¹ διεφ- Titus 3. 9.
θαρμένων ἀνθρώπων τὸν νοῦν καὶ ἀπεστερημένων τῆς ἀλη-
6 θείας, νομιζόντων πορισμὸν εἶναι τὴν εὐσέβειαν. ⁿ⁻ ἔστι δὲ
7 πορισμὸς μέγας ἡ εὐσέβεια μετὰ αὐταρκείας· οὐδὲν γὰρ
εἰσηνέγκαμεν εἰς τὸν κόσμον, ᵒ⁻ ὅτι οὐδὲ ἐξενεγκεῖν τι
8 δυνάμεθα· ἔχοντες δὲ διατροφὰς καὶ σκεπάσματα τούτοις
9 ἀρκεσθησόμεθα. οἱ δὲ βουλόμενοι πλουτεῖν ἐμπίπτουσιν
εἰς πειρασμὸν καὶ παγίδα καὶ ἐπιθυμίας πολλὰς ἀνοήτους
καὶ βλαβεράς, αἵτινες βυθίζουσι τοὺς ἀνθρώπους εἰς ὄλεθρον
10 καὶ ἀπώλειαν. ῥίζα γὰρ πάντων τῶν κακῶν ἐστιν ἡ φιλαρ-
γυρία· ἧς τινες ὀρεγόμενοι ἀπεπλανήθησαν ἀπὸ τῆς πίστεως,
καὶ ἑαυτοὺς περιέπειραν ὀδύναις πολλαῖς.
11 Σὺ δέ, ὦ ἄνθρωπε ᵖ⁻ ᵂ Θεοῦ, ταῦτα φεῦγε· δίωκε δὲ δικαι-
οσύνην, εὐσέβειαν, πίστιν, ἀγάπην, ὑπομονήν, ᵠπραϋπάθειαν .
12 ἀγωνίζου τὸν καλὸν ἀγῶνα τῆς πίστεως, ἐπιλαβοῦ τῆς αἰω-
νίου ζωῆς, εἰς ἣν ʳ⁻ ἐκλήθης, καὶ ὡμολόγησας τὴν καλὴν

ᵏ τὰ καλὰ ἔργα   ˡ add ἐστι   ᵐ παραδιατριβαὶ   ⁿ add
ἀφίστασο ἀπὸ τῶν τοιούτων.   ᵒ add δῆλον   ᵖ add τοῦ
ᵠ πραΰτητα   ʳ add καὶ

ὁμολογίαν ἐνώπιον πολλῶν μαρτύρων. παραγγέλλω σοι ἐνώ- 13
πιον τοῦ Θεοῦ τοῦ ᵍζωογονοῦντος ᵈ τὰ πάντα καὶ Χριστοῦ
Ἰησοῦ τοῦ μαρτυρήσαντος ἐπὶ Ποντίου Πιλάτου τὴν καλὴν
ὁμολογίαν, τηρῆσαί σε τὴν ἐντολὴν ἄσπιλον, ἀνεπίληπτον, 14
μέχρι τῆς ἐπιφανείας τοῦ Κυρίου ἡμῶν Ἰησοῦ Χριστοῦ· ἣν 15
καιροῖς ἰδίοις δείξει ὁ μακάριος καὶ μόνος δυνάστης, ὁ βα-
σιλεὺς τῶν βασιλευόντων καὶ κύριος τῶν κυριευόντων, ὁ 16
μόνος ἔχων ἀθανασίαν, φῶς οἰκῶν ἀπρόσιτον, ὃν εἶδεν οὐδεὶς
ἀνθρώπων οὐδὲ ἰδεῖν δύναται, ᾧ τιμὴ καὶ κράτος αἰώνιον.
ἀμήν.
Τοῖς πλουσίοις ἐν τῷ νῦν αἰῶνι παράγγελλε μὴ ὑψηλο- 17
φρονεῖν, μηδὲ ἠλπικέναι ἐπὶ πλούτου ἀδηλότητι, ἀλλ' ᵗἐπὶ ᶫ
Θεῷ ᵘ⁻ᶰ τῷ παρέχοντι ἡμῖν ˣπάντα πλουσίως ᶦ εἰς ἀπόλαυ-
σιν· ἀγαθοεργεῖν, πλουτεῖν ἐν ἔργοις καλοῖς, εὐμεταδότους 18
εἶναι, κοινωνικούς, ἀποθησαυρίζοντας ἑαυτοῖς θεμέλιον καλὸν 19
εἰς τὸ μέλλον, ἵνα ἐπιλάβωνται τῆς ʸὄντως ζωῆς.
Ὦ Τιμόθεε, τὴν ᶻπαραθήκην ᶰ φύλαξον, ἐκτρεπόμενος τὰς 20
βεβήλους κενοφωνίας καὶ ἀντιθέσεις τῆς ψευδωνύμου γνώ-
σεως, ἥν τινες ἐπαγγελλόμενοι περὶ τὴν πίστιν ἠστόχησαν. 21
Ἡ χάρις ᵃμεθ' ὑμῶν ᶦ. ᵇ⁻ᶰ
c—ᶰ

Η ΠΡΟΣ ΤΙΜΟΘΕΟΝ
ΕΠΙΣΤΟΛΗ ΔΕΥΤΕΡΑ.

Παῦλος ἀπόστολος ᵃΧριστοῦ Ἰησοῦ ᵈ διὰ θελήματος Θεοῦ 1
κατ' ἐπαγγελίαν ζωῆς τῆς ἐν Χριστῷ Ἰησοῦ Τιμοθέῳ ἀγαπη- 2

ˢ ζωοποιοῦντος   ᵗ ἐν τῷ   ᵘ add τῷ ζῶντι   ˣ πλου-
σίως πάντα   ʸ αἰωνίου   ᶻ παρακαταθήκην   ᵃ μετὰ σοῦ
ᵇ add ἀμήν.   ᶜ add subscription Πρὸς Τιμόθεον πρώτη ἐγράφη
ἀπὸ Λαοδικείας ἥτις ἐστὶ μητρόπολις Φρυγίας τῆς Πακατιανῆς.
ᵈ Ἰησοῦ Χριστοῦ

τῷ τέκνῳ· χάρις, ἔλεος, εἰρήνη ἀπὸ Θεοῦ πατρὸς καὶ Χριστοῦ Ἰησοῦ τοῦ Κυρίου ἡμῶν.

3 Χάριν ἔχω τῷ Θεῷ, ᾧ λατρεύω ἀπὸ προγόνων ἐν καθαρᾷ συνειδήσει, ὡς ἀδιάλειπτον ἔχω τὴν περὶ σοῦ μνείαν ἐν ταῖς 4 δεήσεσί μου, νυκτὸς καὶ ἡμέρας ἐπιποθῶν σε ἰδεῖν, μεμνη- 5 μένος σου τῶν δακρύων, ἵνα χαρᾶς ᵇπληρωθῶ·ǁ ὑπόμνησιν ᶜλαβὼνǁ τῆς ἐν σοὶ ἀνυποκρίτου πίστεως, ἥτις ἐνῴκησε πρῶτον ἐν τῇ μάμμῃ σου Λωΐδι καὶ τῇ μητρί σου Εὐνείκῃ, 6 πέπεισμαι δὲ ὅτι καὶ ἐν σοί. δι᾽ ἣν αἰτίαν ἀναμιμνήσκω σε ἀναζωπυρεῖν τὸ χάρισμα τοῦ Θεοῦ, ὅ ἐστιν ἐν σοὶ διὰ τῆς 7 ἐπιθέσεως τῶν χειρῶν μου. οὐ γὰρ ἔδωκεν ἡμῖν ὁ Θεὸς πνεῦμα δειλίας, ἀλλὰ δυνάμεως καὶ ἀγάπης καὶ σωφρονισ- 8 μοῦ. μὴ οὖν ἐπαισχυνθῇς τὸ μαρτύριον τοῦ Κυρίου ἡμῶν, μηδὲ ἐμὲ τὸν δέσμιον αὐτοῦ· ἀλλὰ συγκακοπάθησον τῷ εὐ- 9 αγγελίῳ κατὰ δύναμιν Θεοῦ τοῦ σώσαντος ἡμᾶς καὶ καλέ- σαντος κλήσει ἁγίᾳ, οὐ κατὰ τὰ ἔργα ἡμῶν, ἀλλὰ κατ᾽ ἰδίαν πρόθεσιν καὶ χάριν τὴν δοθεῖσαν ἡμῖν ἐν Χριστῷ Ἰησοῦ πρὸ 10 χρόνων αἰωνίων φανερωθεῖσαν δὲ νῦν διὰ τῆς ἐπιφανείας τοῦ σωτῆρος ἡμῶν ᵈΧριστοῦ Ἰησοῦǁ, καταργήσαντος μὲν τὸν θάνατον φωτίσαντος δὲ ζωὴν καὶ ἀφθαρσίαν διὰ τοῦ εὐαγ- 11 γελίου, εἰς ὃ ἐτέθην ἐγὼ κῆρυξ καὶ ἀπόστολος καὶ διδάσκαλος 12 ᵉ⁻ǁ. δι᾽ ἣν αἰτίαν καὶ ταῦτα πάσχω· ἀλλ᾽ οὐκ ἐπαισχύνομαι, οἶδα γὰρ ᾧ πεπίστευκα, καὶ πέπεισμαι ὅτι δυνατός ἐστι τὴν 13 παραθήκην μου φυλάξαι εἰς ἐκείνην τὴν ἡμέραν. ὑποτύπωσιν ἔχε ὑγιαινόντων λόγων, ὧν παρ᾽ ἐμοῦ ἤκουσας, ἐν πίστει καὶ 14 ἀγάπῃ τῇ ἐν Χριστῷ Ἰησοῦ. τὴν καλὴν ᶠπαραθήκην φύ- λαξον διὰ Πνεύματος Ἁγίου τοῦ ἐνοικοῦντος ἐν ἡμῖν.

15 Οἶδας τοῦτο, ὅτι ἀπεστράφησάν με πάντες οἱ ἐν τῇ Ἀσίᾳ· 16 ὧν ἐστι ᵍΦύγελοςǀ καὶ Ἑρμογένης. δῴη ἔλεος ὁ Κύριος τῷ Ὀνησιφόρου οἴκῳ· ὅτι πολλάκις με ἀνέψυξε, καὶ τὴν ἄλυσίν

ᵇ πληρωθῶ Μ.   ᶜ λαμβάνων   ᵈ Ἰησοῦ Χριστοῦ   ᵉ add ἐθνῶν   ᶠ παρακαταθήκην   ᵍ Φύγελλος

μου οὐκ ἐπῃσχύνθη, ἀλλὰ γενόμενος ἐν Ῥώμῃ ʰσπουδαίως" 17
ἐζήτησέ με καὶ εὗρε (δῴη αὐτῷ ὁ Κύριος εὑρεῖν ἔλεος παρὰ 18
Κυρίου ἐν ἐκείνῃ τῇ ἡμέρᾳ)· καὶ ὅσα ἐν Ἐφέσῳ διηκόνησε,
βέλτιον σὺ γινώσκεις.

Σὺ οὖν, τέκνον μου, ἐνδυναμοῦ ἐν τῇ χάριτι τῇ ἐν Χριστῷ 2
Ἰησοῦ. καὶ ἃ ἤκουσας παρ᾽ ἐμοῦ διὰ πολλῶν μαρτύρων, 2
Cp. Titus ταῦτα παράθου πιστοῖς ἀνθρώποις, οἵτινες ἱκανοὶ ἔσονται καὶ
1. 5 sqq. ἑτέρους διδάξαι. ⁱσυγκακοπάθησον" ὡς καλὸς στρατιώτης 3
ᵏΧριστοῦ Ἰησοῦʲ. οὐδεὶς στρατευόμενος ἐμπλέκεται ταῖς 4
τοῦ βίου πραγματείαις, ἵνα τῷ στρατολογήσαντι ἀρέσῃ. ἐὰν 5
δὲ καὶ ἀθλῇ τις, οὐ στεφανοῦται ἐὰν μὴ νομίμως ἀθλήσῃ.
τὸν κοπιῶντα γεωργὸν δεῖ πρῶτον τῶν καρπῶν μεταλαμ- 6
βάνειν. νόει ¹ὁ λέγω· ᵐδώσει ' γάρ σοι ὁ Κύριος σύνεσιν 7
Cp. 1 Cor. ἐν πᾶσι. μνημόνευε Ἰησοῦν Χριστὸν ἐγηγερμένον ἐκ νε- 8
15.4 sqq. κρῶν ἐκ σπέρματος Δαβὶδ κατὰ τὸ εὐαγγέλιόν μου· ἐν ᾧ 9
Cp. Eph. κακοπαθῶ μέχρι δεσμῶν ὡς κακοῦργος, ἀλλ᾽ ὁ λόγος τοῦ
4. 1. Θεοῦ οὐ δέδεται. διὰ τοῦτο πάντα ὑπομένω διὰ τοὺς ἐκλεκ- 10
Cp. 2 Cor.
12. 15. τούς, ἵνα καὶ αὐτοὶ σωτηρίας τύχωσι τῆς ἐν Χριστῷ Ἰησοῦ
Cp. Rom. μετὰ δόξης αἰωνίου. πιστὸς ὁ ⁿλόγος, Εἰ" γὰρ συναπεθάνο- 11
6. 8. μεν, καὶ συζήσομεν· εἰ ὑπομένομεν, καὶ συμβασιλεύσομεν· εἰ 12
Cp. Mat.
10. 33. ᵒἀρνησόμεθα", κἀκεῖνος ἀρνήσεται ἡμᾶς· εἰ ἀπιστοῦμεν, ἐκεῖ- 13
Lk. 12. 9. νος πιστὸς μένει· ἀρνήσασθαι ᵖγὰρ" ἑαυτὸν οὐ δύναται.

Ταῦτα ὑπομίμνησκε, διαμαρτυρόμενος ἐνώπιον τοῦ ᑫΚυ- 14
ρίου ' μὴ λογομαχεῖν ʳἐπ᾽' οὐδὲν χρήσιμον ἐπὶ καταστροφῇ
τῶν ἀκουόντων. σπούδασον σεαυτὸν δόκιμον παραστῆσαι τῷ 15
Θεῷ, ἐργάτην ἀνεπαίσχυντον, ὀρθοτομοῦντα τὸν λόγον τῆς
Cp. 1 Tim. ἀληθείας. τὰς δὲ βεβήλους κενοφωνίας περιΐστασο· ἐπὶ 16
6. 20 sq. πλεῖον γὰρ προκόψουσιν ἀσεβείας, καὶ ὁ λόγος αὐτῶν ὡς 17
Cp. 1 Tim. γάγγραινα νομὴν ἕξει· ὧν ἐστιν Ὑμέναιος καὶ Φιλητός, οἵ- 18
1. 20. τινες περὶ τὴν ἀλήθειαν ἠστόχησαν, λέγοντες ˢτὴν" ἀνάστα-

ʰ σπουδαιότερον   ⁱ σὺ οὖν κακοπάθησον   ᵏ Ἰησοῦ
Χριστοῦ   ˡ ἃ   ᵐ δῴη   ⁿ λόγος· εἰ Μ.   ᵒ ἀρνούμεθα
ᵖ om. γὰρ   ᑫ Θεοῦ Μ.   ʳ εἰς   ˢ om. τὴν Μ.

19 σιν ἤδη γεγονέναι, καὶ ἀνατρέπουσι τήν τινων πίστιν. ὁ μέντοι στερεὸς θεμέλιος τοῦ Θεοῦ ἕστηκεν, ἔχων τὴν σφραγίδα ταύτην, Ἔγνω Κύριος τοὺς ὄντας αὐτοῦ, καὶ Ἀποστήτω
20 ἀπὸ ἀδικίας πᾶς ὁ ὀνομάζων τὸ ὄνομα ᵗΚυρίου⁷. ἐν μεγάλῃ δὲ οἰκίᾳ οὐκ ἔστι μόνον σκεύη χρυσᾶ καὶ ἀργυρᾶ, ἀλλὰ καὶ ξύλινα καὶ ὀστράκινα, καὶ ἃ μὲν εἰς τιμήν, ἃ δὲ εἰς ἀτιμίαν.
21 ἐὰν οὖν τις ἐκκαθάρῃ ἑαυτὸν ἀπὸ τούτων, ἔσται σκεῦος εἰς τιμήν, ἡγιασμένον, ᵘ⁻¹ εὔχρηστον τῷ δεσπότῃ, εἰς πᾶν ἔργον
22 ἀγαθὸν ἡτοιμασμένον. τὰς δὲ νεωτερικὰς ἐπιθυμίας φεῦγε, δίωκε δὲ δικαιοσύνην, πίστιν, ἀγάπην, εἰρήνην, μετὰ τῶν ἐπι-
23 καλουμένων τὸν Κύριον ἐκ καθαρᾶς καρδίας. τὰς δὲ μωρὰς Cp. 1 Tim καὶ ἀπαιδεύτους ζητήσεις παραιτοῦ, εἰδὼς ὅτι γεννῶσι μάχας. Titus 3. 9.
24 δοῦλον δὲ Κυρίου οὐ δεῖ μάχεσθαι, ἀλλ' ἤπιον εἶναι πρὸς Cp. Titus
25 πάντας, διδακτικόν, ἀνεξίκακον, ἐν πραότητι παιδεύοντα τοὺς Cp. Titus ἀντιδιατιθεμένους· μήποτε ˣδῴη ⁷ αὐτοῖς ὁ Θεὸς μετάνοιαν 1. 9.
26 εἰς ἐπίγνωσιν ἀληθείας, καὶ ἀνανήψωσιν ἐκ τῆς τοῦ διαβόλου παγίδος ἐζωγρημένοι ὑπ' αὐτοῦ εἰς τὸ ἐκείνου θέλημα.
3 Τοῦτο δὲ γίνωσκε, ὅτι ἐν ἐσχάταις ἡμέραις ἐνστήσονται Cp. Acts
2 καιροὶ χαλεποί. ἔσονται γὰρ οἱ ἄνθρωποι φίλαυτοι, φιλάρ- 1 Tim. 4. 1. γυροι, ἀλαζόνες, ὑπερήφανοι, βλάσφημοι, γονεῦσιν ἀπειθεῖς, Jude 18.
3 ἀχάριστοι, ἀνόσιοι, ἄστοργοι, ἄσπονδοι, διάβολοι, ἀκρατεῖς,
4 ἀνήμεροι, ἀφιλάγαθοι, προδόται, προπετεῖς, τετυφωμένοι,
5 φιλήδονοι μᾶλλον ἢ φιλόθεοι, ἔχοντες μόρφωσιν εὐσεβείας
6 τὴν δὲ δύναμιν αὐτῆς ἠρνημένοι· καὶ τούτους ἀποτρέπου. ἐκ τούτων γάρ εἰσιν οἱ ἐνδύνοντες εἰς τὰς οἰκίας καὶ ʸαἰχμα- Cp. Lk. ο λωτίζοντες" γυναικάρια σεσωρευμένα ἁμαρτίαις, ἀγόμενα ἐπι- Titus 1. 11.
7 θυμίαις ποικίλαις, πάντοτε μανθάνοντα καὶ μηδέποτε εἰς
8 ἐπίγνωσιν ἀληθείας ἐλθεῖν δυνάμενα. ὃν τρόπον δὲ Ἰαννῆς Cp. Ex. 7. καὶ Ἰαμβρῆς ἀντέστησαν Μωϋσεῖ, οὕτως καὶ οὗτοι ἀνθίστανται τῇ ἀληθείᾳ, ἄνθρωποι κατεφθαρμένοι τὸν νοῦν, ἀδόκιμοι
9 περὶ τὴν πίστιν. ἀλλ' οὐ προκόψουσιν ἐπὶ πλεῖον· ἡ γὰρ

ᵗ Χριστοῦ   ᵘ add καὶ   ˣ δῴη   ʸ αἰχμαλωτεύοντες τα

ἄνοια αὐτῶν ἔκδηλος ἔσται πᾶσιν, ὡς καὶ ἡ ἐκείνων ἐγένετο. σὺ δὲ ᶻπαρηκολούθησάς⁽ᵃ⁾ μου τῇ διδασκαλίᾳ, τῇ ἀγωγῇ, τῇ 10 προθέσει, τῇ πίστει, τῇ μακροθυμίᾳ, τῇ ἀγάπῃ, τῇ ὑπομονῇ, τοῖς διωγμοῖς, τοῖς παθήμασιν, οἷά μοι ἐγένετο ἐν Ἀντιοχείᾳ, 11 ἐν Ἰκονίῳ, ἐν Λύστροις, οἵους διωγμοὺς ὑπήνεγκα, καὶ ἐκ πάντων με ἐρρύσατο ὁ Κύριος. καὶ πάντες δὲ οἱ θέλοντες 12 εὐσεβῶς ζῆν ἐν Χριστῷ Ἰησοῦ διωχθήσονται. πονηροὶ δὲ 13 ἄνθρωποι καὶ γόητες προκόψουσιν ἐπὶ τὸ χεῖρον, πλανῶντες καὶ πλανώμενοι. σὺ δὲ μένε ἐν οἷς ἔμαθες καὶ ἐπιστώθης, 14 εἰδὼς παρὰ ᵃτίνων⁽ᵇ⁾ ἔμαθες, καὶ ὅτι ἀπὸ βρέφους ᵇ—⁽ᶜ⁾ ἱερὰ 15 γράμματα οἶδας τὰ δυνάμενά σε σοφίσαι εἰς σωτηρίαν διὰ πίστεως τῆς ἐν Χριστῷ Ἰησοῦ. πᾶσα γραφὴ θεόπνευστος 16 καὶ ὠφέλιμος πρὸς διδασκαλίαν, πρὸς ᶜἔλεγμόν⁽ᵈ⁾, πρὸς ἐπανόρθωσιν, πρὸς παιδείαν τὴν ἐν δικαιοσύνῃ· ἵνα ἄρτιος ᾖ ὁ 17 τοῦ Θεοῦ ἄνθρωπος, πρὸς πᾶν ἔργον ἀγαθὸν ἐξηρτισμένος.

ᵈΔιαμαρτύρομαι ἐνώπιον τοῦ Θεοῦ καὶ ᵉΧριστοῦ Ἰησοῦ⁽ᵉ⁾ 4 τοῦ μέλλοντος κρίνειν ζῶντας καὶ νεκρούς, ᶠκαὶ τὴν ἐπιφάνειαν αὐτοῦ καὶ τὴν βασιλείαν ᵍαὐτοῦ,⁽ᶠ⁾ κήρυξον τὸν λόγον, 2 ἐπίστηθι εὐκαίρως ἀκαίρως, ἔλεγξον, ἐπιτίμησον, παρακάλεσον, ἐν πάσῃ μακροθυμίᾳ καὶ διδαχῇ. ἔσται γὰρ καιρὸς 3 ὅτε τῆς ὑγιαινούσης διδασκαλίας οὐκ ἀνέξονται, ἀλλὰ κατὰ τὰς ἐπιθυμίας τὰς ἰδίας ἑαυτοῖς ἐπισωρεύσουσι διδασκάλους κνηθόμενοι τὴν ἀκοήν, καὶ ἀπὸ μὲν τῆς ἀληθείας τὴν ἀκοὴν 4 ἀποστρέψουσιν, ἐπὶ δὲ τοὺς μύθους ἐκτραπήσονται. σὺ δὲ 5 νῆφε ἐν πᾶσι, κακοπάθησον, ἔργον ποίησον εὐαγγελιστοῦ, τὴν διακονίαν σου πληροφόρησον. ἐγὼ γὰρ ἤδη σπένδομαι, 6 καὶ ὁ καιρὸς τῆς ἐμῆς ἀναλύσεως ἐφέστηκε. τὸν ἀγῶνα 7 τὸν καλὸν ἠγώνισμαι, τὸν δρόμον τετέλεκα, τὴν πίστιν τετήρηκα· λοιπὸν ἀπόκειταί μοι ὁ τῆς δικαιοσύνης στέφανος, 8 ὃν ἀποδώσει μοι ὁ Κύριος ἐν ἐκείνῃ τῇ ἡμέρᾳ, ὁ δίκαιος

ᶻ παρηκολούθηκάς   ᵃ τίνος   ᵇ add τὰ   ᶜ ἔλεγχον
ᵈ Διαμαρτύρομαι. M.: Διαμαρτύρομαι οὖν ἐγὼ A.S.   ᵉ τοῦ
Κυρίου Ἰησοῦ Χριστοῦ   ᶠ κατὰ   ᵍ αὐτοῦ· M.

κριτής· οὐ μόνον δὲ ἐμοί, ἀλλὰ καὶ πᾶσι τοῖς ἠγαπηκόσι τὴν ἐπιφάνειαν αὐτοῦ. 9, 10 Σπούδασον ἐλθεῖν πρός με ταχέως· Δημᾶς γάρ με ἐγκατέλιπεν, ἀγαπήσας τὸν νῦν αἰῶνα, καὶ ἐπορεύθη εἰς Θεσσαλονίκην, Κρήσκης εἰς Γαλατίαν, Τίτος εἰς Δαλματίαν· 11 Λουκᾶς ἐστι μόνος μετ' ἐμοῦ. Μάρκον ἀναλαβὼν ἄγε μετὰ 12 σεαυτοῦ· ἔστι γάρ μοι εὔχρηστος εἰς διακονίαν. Τυχικὸν 13 δὲ ἀπέστειλα εἰς Ἔφεσον. τὸν φαιλόνην ὃν ἀπέλιπον ἐν Τρωάδι παρὰ Κάρπῳ ἐρχόμενος φέρε, καὶ τὰ βιβλία, μάλιστα 14 τὰς μεμβράνας. Ἀλέξανδρος ὁ χαλκεὺς πολλά μοι κακὰ ἐνεδείξατο· ʰἀποδώσει" αὐτῷ ὁ Κύριος κατὰ τὰ ἔργα αὐτοῦ· 15 ὃν καὶ σὺ φυλάσσου, λίαν γὰρ ⁱἀντέστη ' τοῖς ἡμετέροις 16 λόγοις. ἐν τῇ πρώτῃ μου ἀπολογίᾳ οὐδείς μοι ᵏπαρεγένετο", 17 ἀλλὰ πάντες με ἐγκατέλιπον· μὴ αὐτοῖς λογισθείη. ὁ δὲ Κύριός μοι παρέστη, καὶ ἐνεδυνάμωσέ με, ἵνα δι' ἐμοῦ τὸ κήρυγμα πληροφορηθῇ, καὶ ἀκούσῃ πάντα τὰ ἔθνη· καὶ 18 ἐρρύσθην ἐκ στόματος λέοντος. ¹⁻¹ ῥύσεταί με ὁ Κύριος ἀπὸ παντὸς ἔργου πονηροῦ, καὶ σώσει εἰς τὴν βασιλείαν αὐτοῦ τὴν ἐπουράνιον· ᾧ ἡ δόξα εἰς τοὺς αἰῶνας τῶν αἰώνων. ἀμήν.
19 Ἄσπασαι Πρίσκαν καὶ Ἀκύλαν, καὶ τὸν Ὀνησιφόρου οἶκον. 20 Ἔραστος ἔμεινεν ἐν Κορίνθῳ· Τρόφιμον δὲ ἀπέλιπον ἐν 21 Μιλήτῳ ἀσθενοῦντα. σπούδασον πρὸ χειμῶνος ἐλθεῖν. ἀσπάζεταί σε Εὔβουλος, καὶ Πούδης, καὶ Λῖνος, καὶ Κλαυδία, καὶ οἱ ἀδελφοὶ πάντες.
22 Ὁ Κύριος ᵐ⁻" μετὰ τοῦ πνεύματός σου. ἡ χάρις μεθ' ὑμῶν.
n—//
o—//

ʰ ἀποδῴη   ⁱ ἀνθέστηκε   ᵏ συμπαρεγένετο   ˡ add καὶ
ᵐ add Ἰησοῦς Χριστὸς   ⁿ add ἀμήν.   ᵒ add subscription
Πρὸς Τιμόθεον δευτέρα τῆς Ἐφεσίων ἐκκλησίας πρῶτον ἐπίσκοπον χειροτονηθέντα ἐγράφη ἀπὸ Ῥώμης ὅτε ἐκ δευτέρου παρέστη Παῦλος τῷ Καίσαρι Νέρωνι.

Η ΠΡΟΣ ΤΙΤΟΝ ΕΠΙΣΤΟΛΗ ΠΑΥΛΟΥ.

Παῦλος δοῦλος Θεοῦ ἀπόστολος δὲ Ἰησοῦ Χριστοῦ, κατὰ 1 πίστιν ἐκλεκτῶν Θεοῦ καὶ ἐπίγνωσιν ἀληθείας τῆς κατ᾽ εὐσέβειαν, ἐπ᾽ ἐλπίδι ζωῆς αἰωνίου, ἣν ἐπηγγείλατο ὁ ἀψευ- 2 δὴς Θεὸς πρὸ χρόνων αἰωνίων, ἐφανέρωσε δὲ καιροῖς ἰδίοις 3 τὸν λόγον αὐτοῦ ἐν κηρύγματι ὃ ἐπιστεύθην ἐγὼ κατ᾽ ἐπιταγὴν τοῦ σωτῆρος ἡμῶν Θεοῦ, Τίτῳ γνησίῳ τέκνῳ κατὰ κοινὴν 4 πίστιν· ᵃ χάρις καὶ" εἰρήνη ἀπὸ Θεοῦ πατρὸς καὶ ᵇ Χριστοῦ Ἰησοῦ" τοῦ σωτῆρος ἡμῶν.

Τούτου χάριν ᶜ ἀπέλιπόν" σε ἐν Κρήτῃ, ἵνα τὰ λείποντα 5 ἐπιδιορθώσῃ, καὶ καταστήσῃς κατὰ πόλιν πρεσβυτέρους, ὡς ἐγώ σοι διεταξάμην· εἴ τίς ἐστιν ἀνέγκλητος, μιᾶς γυναικὸς 6 ἀνήρ, τέκνα ἔχων πιστά, μὴ ἐν κατηγορίᾳ ἀσωτίας ἢ ἀνυπότακτα. δεῖ γὰρ τὸν ἐπίσκοπον ἀνέγκλητον εἶναι, ὡς Θεοῦ 7 οἰκονόμον, μὴ αὐθάδη, μὴ ὀργίλον, μὴ πάροινον, μὴ πλήκτην, μὴ αἰσχροκερδῆ, ἀλλὰ φιλόξενον, φιλάγαθον, σώφρονα, 8 δίκαιον, ὅσιον, ἐγκρατῆ, ἀντεχόμενον τοῦ κατὰ τὴν διδαχὴν 9 πιστοῦ λόγου, ἵνα δυνατὸς ᾖ καὶ παρακαλεῖν ἐν τῇ διδασκαλίᾳ τῇ ὑγιαινούσῃ καὶ τοὺς ἀντιλέγοντας ἐλέγχειν.

Εἰσὶ γὰρ πολλοὶ ᵈ—" ἀνυπότακτοι, ματαιολόγοι καὶ φρε- 10 ναπάται, μάλιστα οἱ ἐκ περιτομῆς, οὓς δεῖ ἐπιστομίζειν· 11 οἵτινες ὅλους οἴκους ἀνατρέπουσι διδάσκοντες ἃ μὴ δεῖ αἰσχροῦ κέρδους χάριν. εἶπέ τις ἐξ αὐτῶν ἴδιος αὐτῶν προ- 12

ᵃ χάρις, ἔλεος,   ᵇ Κυρίου Ἰησοῦ Χριστοῦ   ᶜ κατέλιπόν
ᵈ add καὶ

13 φήτης, Κρῆτες ἀεὶ ψεῦσται, κακὰ θηρία, γαστέρες ἀργαί. ἡ
μαρτυρία αὕτη ἐστὶν ἀληθής. δι' ἣν αἰτίαν ἔλεγχε αὐτοὺς
14 ἀποτόμως, ἵνα ὑγιαίνωσιν ἐν τῇ πίστει, μὴ προσέχοντες
Ἰουδαϊκοῖς μύθοις καὶ ἐντολαῖς ἀνθρώπων ἀποστρεφομένων Cp. 3. 9.
15 τὴν ἀλήθειαν. πάντα ᵉ⁻ᵈ καθαρὰ τοῖς καθαροῖς· τοῖς δὲ Cp. Rom.
μεμιασμένοις καὶ ἀπίστοις οὐδὲν καθαρόν, ἀλλὰ μεμίανται ₁Tim. 4. 4.
16 αὐτῶν καὶ ὁ νοῦς καὶ ἡ συνείδησις. Θεὸν ὁμολογοῦσιν εἰδέ-
ναι, τοῖς δὲ ἔργοις ἀρνοῦνται, βδελυκτοὶ ὄντες καὶ ἀπειθεῖς Cp. Jude 4.
καὶ πρὸς πᾶν ἔργον ἀγαθὸν ἀδόκιμοι.

2, 1, 2 Σὺ δὲ λάλει ἃ πρέπει τῇ ὑγιαινούσῃ διδασκαλίᾳ· πρεσ- Cp. 1. 9.
βύτας νηφαλίους εἶναι, σεμνούς, σώφρονας, ὑγιαίνοντας τῇ 1Tim.1.10. 2 Tim. 4.
3 πίστει, τῇ ἀγάπῃ, τῇ ὑπομονῇ· πρεσβύτιδας ὡσαύτως ἐν κατα-
στήματι ἱεροπρεπεῖς, μὴ διαβόλους, ᶠμηδὲ οἴνῳ πολλῷ δε-
4 δουλωμένας, καλοδιδασκάλους, ἵνα σωφρονίζωσι τὰς νέας φι-
5 λάνδρους εἶναι, φιλοτέκνους, σώφρονας, ἁγνάς, ᵍοἰκουργούς,
ἀγαθάς, ὑποτασσομένας τοῖς ἰδίοις ἀνδράσιν, ἵνα μὴ ὁ λόγος
6 τοῦ Θεοῦ βλασφημῆται· τοὺς νεωτέρους ὡσαύτως παρα-
7 κάλει σωφρονεῖν· περὶ πάντα σεαυτὸν παρεχόμενος τύπον Cp. 1 Tim.
καλῶν ἔργων, ἐν τῇ διδασκαλίᾳ ʰἀφθορίαν'', σεμνότητα, ἱ— 4. 12. 1 Pet. 5. 3.
8 λόγον ὑγιῆ, ἀκατάγνωστον, ἵνα ὁ ἐξ ἐναντίας ἐντραπῇ μηδὲν
9 ἔχων ᵏλέγειν περὶ ἡμῶν' φαῦλον· δούλους ἰδίοις δεσπόταις Cp. 1 Tim.
10 ὑποτάσσεσθαι, ἐν πᾶσιν εὐαρέστους εἶναι, μὴ ἀντιλέγοντας, μὴ 6. 1.
νοσφιζομένους, ἀλλὰ ˡπᾶσαν πίστιν ἐνδεικνυμένους ἀγαθήν,
ἵνα τὴν διδασκαλίαν ᵐτὴν ' τοῦ σωτῆρος ⁿἡμῶν ' Θεοῦ κοσ-
11 μῶσιν ἐν πᾶσιν. ἐπεφάνη γὰρ ἡ χάρις τοῦ Θεοῦ ᵒ⁻ σωτή- Cp. 3. 4.
12 ριος πᾶσιν ἀνθρώποις, παιδεύουσα ἡμᾶς, ἵνα ἀρνησάμενοι τὴν 1 Tim. 2. 4.
ἀσέβειαν καὶ τὰς κοσμικὰς ἐπιθυμίας σωφρόνως καὶ δικαίως
13 καὶ εὐσεβῶς ζήσωμεν ἐν τῷ νῦν αἰῶνι, προσδεχόμενοι τὴν Cp. 1 Cor.
μακαρίαν ἐλπίδα καὶ ἐπιφάνειαν τῆς δόξης τοῦ μεγάλου Θεοῦ Phil. 3. 20, 1. 7.
14 καὶ σωτῆρος ἡμῶν Ἰησοῦ Χριστοῦ, ὃς ἔδωκεν ἑαυτὸν ὑπὲρ 2 Pet. 3. 12. Cp. Gal.

ᵉ add μὲν   ᶠ μὴ   ᵍ οἰκουρούς   ʰ ἀδιαφθορίαν   1. 4.
ⁱ add ἀφθαρσίαν,   ᵏ περὶ ὑμῶν λέγειν   ˡ πίστιν πᾶσαν
ᵐ om. τὴν   ⁿ ὑμῶν S.   ᵒ add ἡ

ἡμῶν, ἵνα λυτρώσηται ἡμᾶς ἀπὸ πάσης ἀνομίας, καὶ καθαρίσῃ ἑαυτῷ λαὸν περιούσιον, ζηλωτὴν καλῶν ἔργων. Ταῦτα λάλει, καὶ παρακάλει καὶ ἔλεγχε μετὰ πάσης ἐπι- 15 ταγῆς. μηδείς σου περιφρονείτω. Ὑπομίμνησκε αὐτοὺς ἀρχαῖς ᵖ⁻‖ ἐξουσίαις ὑποτάσσεσθαι, 3 πειθαρχεῖν, πρὸς πᾶν ἔργον ἀγαθὸν ἑτοίμους εἶναι, μηδένα 2 βλασφημεῖν, ἀμάχους εἶναι, ἐπιεικεῖς, πᾶσαν ἐνδεικνυμένους πραότητα πρὸς πάντας ἀνθρώπους. ἦμεν γάρ ποτε καὶ ἡμεῖς 3 ἀνόητοι, ἀπειθεῖς, πλανώμενοι, δουλεύοντες ἐπιθυμίαις καὶ ἡδοναῖς ποικίλαις, ἐν κακίᾳ καὶ φθόνῳ διάγοντες, στυγητοί, μισοῦντες ἀλλήλους. ὅτε δὲ ἡ χρηστότης καὶ ἡ φιλανθρωπία 4 ἐπεφάνη τοῦ σωτῆρος ἡμῶν Θεοῦ, οὐκ ἐξ ἔργων τῶν ἐν δι- 5 καιοσύνῃ ᵠἃ ἐποιήσαμεν ἡμεῖς ἀλλὰ κατὰ ʳτὸ αὐτοῦ ἔλεος ʲ ἔσωσεν ἡμᾶς διὰ λουτροῦ παλιγγενεσίας καὶ ἀνακαινώσεως Πνεύματος Ἁγίου, οὗ ἐξέχεεν ἐφ' ἡμᾶς πλουσίως διὰ Ἰησοῦ 6 Χριστοῦ τοῦ σωτῆρος ἡμῶν, ἵνα δικαιωθέντες τῇ ἐκείνου χά- 7 ριτι κληρονόμοι ˢγενηθῶμεν‖ κατ' ἐλπίδα ζωῆς αἰωνίου. πισ- 8 τὸς ὁ λόγος, καὶ περὶ τούτων βούλομαί σε διαβεβαιοῦσθαι, ἵνα φροντίζωσι καλῶν ἔργων προΐστασθαι οἱ πεπιστευκότες ᵗ⁻‖ Θεῷ. ταῦτά ἐστι ᵘ⁻‖ καλὰ καὶ ὠφέλιμα τοῖς ἀνθρώποις· μωρὰς δὲ ζητήσεις καὶ γενεαλογίας καὶ ἔρεις καὶ μάχας νομι- 9 κὰς περιΐστασο· εἰσὶ γὰρ ἀνωφελεῖς καὶ μάταιοι. αἱρετικὸν 10 ἄνθρωπον μετὰ μίαν καὶ δευτέραν νουθεσίαν παραιτοῦ, εἰδὼς 11 ὅτι ἐξέστραπται ὁ τοιοῦτος καὶ ἁμαρτάνει ὢν αὐτοκατάκριτος. Ὅταν πέμψω Ἀρτεμᾶν πρός σε ἢ Τυχικόν, σπούδασον 12 ἐλθεῖν πρός με εἰς Νικόπολιν· ἐκεῖ γὰρ κέκρικα παραχειμάσαι. Ζηνᾶν τὸν νομικὸν καὶ Ἀπολλὼ σπουδαίως πρό- 13 πεμψον, ἵνα μηδὲν αὐτοῖς λείπῃ. μανθανέτωσαν δὲ καὶ οἱ 14 ἡμέτεροι καλῶν ἔργων προΐστασθαι εἰς τὰς ἀναγκαίας χρείας, ἵνα μὴ ὦσιν ἄκαρποι.

ᵖ add καὶ ᵠ ὧν ʳ τὸν αὐτοῦ ἔλεον ˢ γενώμεθα
ᵗ add τῷ ᵘ add τὰ

15 Ἀσπάζονταί σε οἱ μετ' ἐμοῦ πάντες. ἄσπασαι τοὺς φιλοῦντας ἡμᾶς ἐν πίστει.

Ἡ χάρις μετὰ πάντων ὑμῶν. x—y

y—ll

Cp. 1 Tim. 6. 21.

Η ΠΡΟΣ ΦΙΛΗΜΟΝΑ
ΕΠΙΣΤΟΛΗ ΠΑΥΛΟΥ.

1 Παῦλος δέσμιος Χριστοῦ Ἰησοῦ, καὶ Τιμόθεος ὁ ἀδελφός,
2 Φιλήμονι τῷ ἀγαπητῷ καὶ συνεργῷ ἡμῶν, καὶ Ἀπφίᾳ τῇ ᵃἀδελφῇ‖, καὶ Ἀρχίππῳ τῷ συστρατιώτῃ ἡμῶν, καὶ τῇ κατ'
3 οἶκόν σου ἐκκλησίᾳ· χάρις ὑμῖν καὶ εἰρήνη ἀπὸ Θεοῦ πατρὸς ἡμῶν καὶ Κυρίου Ἰησοῦ Χριστοῦ.

Cp. Col. 4. 17.

4 Εὐχαριστῶ τῷ Θεῷ μου πάντοτε μνείαν σου ποιούμενος
5 ἐπὶ τῶν προσευχῶν μου, ἀκούων σου τὴν ἀγάπην καὶ τὴν πίστιν ἣν ἔχεις πρὸς τὸν Κύριον Ἰησοῦν καὶ εἰς πάντας τοὺς
6 ἁγίους, ὅπως ἡ κοινωνία τῆς πίστεώς σου ἐνεργὴς γένηται ἐν ἐπιγνώσει παντὸς ἀγαθοῦ τοῦ ἐν ᵇὑμῖν‖ εἰς Χριστόν ᶜ—ᵈ.
7 ᵈχαρὰν‖ γὰρ ᵉπολλὴν ἔσχον ⁷ καὶ παράκλησιν ἐπὶ τῇ ἀγάπῃ σου, ὅτι τὰ σπλάγχνα τῶν ἁγίων ἀναπέπαυται διὰ σοῦ, ἀδελφέ.

Cp. Col. 1. 4.

8 Διό, πολλὴν ἐν Χριστῷ παρρησίαν ἔχων ἐπιτάσσειν σοι τὸ
9 ἀνῆκον, διὰ τὴν ἀγάπην μᾶλλον παρακαλῶ, τοιοῦτος ὢν ὡς Παῦλος πρεσβύτης, νυνὶ δὲ καὶ δέσμιος ᶠΧριστοῦ Ἰησοῦ·‖
10 παρακαλῶ σε περὶ τοῦ ἐμοῦ τέκνου, ὃν ἐγέννησα ἐν τοῖς δεσ-

Cp. Eph. 3. 1; 4. 1. Col. 4. 3, 18.

ˣ add ἀμήν. ʸ add subscription Πρὸς Τίτον τῆς Κρητῶν ἐκκλησίας πρῶτον ἐπίσκοπον χειροτονηθέντα ἐγράφη ἀπὸ Νικοπόλεως τῆς Μακεδονίας. ᵃ ἀγαπητῇ ᵇ ἡμῖν M. ᶜ add Ἰησοῦν ᵈ χάριν S. ᵉ ἔχομεν πολλὴν ᶠ Ἰησοῦ Χριστοῦ

466 ΕΠΙΣΤΟΛΗ ΠΡΟΣ ΦΙΛΗΜΟΝΑ. 10-

Cp. Col. 4. μοῖς ᵍ⁻ǁ, Ὀνήσιμον, τόν ποτε σοὶ ἄχρηστον νυνὶ δὲ σοὶ καὶ 11
9. ἐμοὶ εὔχρηστον, ὃν ʰἀνέπεμψά σοιǁ αὐτόν, τοῦτ᾽ ἔστι τὰ ἐμὰ 12
σπλάγχνα ⁱ⁻ǁ. ὃν ἐγὼ ἐβουλόμην πρὸς ἐμαυτὸν κατέχειν, 13
ἵνα ὑπὲρ σοῦ ᵏμοι διακονῇǁ ἐν τοῖς δεσμοῖς τοῦ εὐαγγελίου·
Cp. 2 Cor. χωρὶς δὲ τῆς σῆς γνώμης οὐδὲν ἠθέλησα ποιῆσαι, ἵνα μὴ ὡς 14
9. 7. κατὰ ἀνάγκην τὸ ἀγαθόν σου ᾖ ἀλλὰ κατὰ ἑκούσιον. τάχα 15
γὰρ διὰ τοῦτο ἐχωρίσθη πρὸς ὥραν, ἵνα αἰώνιον αὐτὸν ἀπέ-
χῃς· οὐκέτι ὡς δοῦλον, ἀλλ᾽ ὑπὲρ δοῦλον, ἀδελφὸν ἀγαπητόν, 16
μάλιστα ἐμοί, πόσῳ δὲ μᾶλλον σοί, καὶ ἐν σαρκὶ καὶ ἐν
Κυρίῳ. εἰ οὖν ˡμεǁ ἔχεις κοινωνόν, προσλαβοῦ αὐτὸν ὡς ἐμέ. 17
εἰ δέ τι ἠδίκησέ σε ἢ ὀφείλει, τοῦτο ἐμοὶ ᵐἐλλόγαǁ· ἐγὼ 18, 19
Παῦλος ἔγραψα τῇ ἐμῇ χειρί, ἐγὼ ἀποτίσω· ἵνα μὴ λέγω σοι
ὅτι καὶ σεαυτόν μοι προσοφείλεις. ναί, ἀδελφέ, ἐγώ σου 20
ὀναίμην ἐν Κυρίῳ· ἀνάπαυσόν μου τὰ σπλάγχνα ἐν ⁿΧριστ-
τῷǁ. πεποιθὼς τῇ ὑπακοῇ σου ἔγραψά σοι, εἰδὼς ὅτι καὶ 21
Cp. Phil. ὑπὲρ ᵒἃ ᶦ λέγω ποιήσεις. ἅμα δὲ καὶ ἑτοίμαζέ μοι ξενίαν· 22
1. 25, ἐλπίζω γὰρ ὅτι διὰ τῶν προσευχῶν ὑμῶν χαρισθήσομαι ὑμῖν.
2. 24.
Cp. Col. ᵖἈσπάζεταίǁ σε Ἐπαφρᾶς ὁ συναιχμάλωτός μου ἐν 23
1. 7, Χριστῷ Ἰησοῦ, Μάρκος, Ἀρίσταρχος, Δημᾶς, Λουκᾶς, οἱ 24
4. 12.
Cp. Col. συνεργοί μου.
4. 10 sqq. Ἡ χάρις τοῦ Κυρίου ᑫἡμῶνǁ Ἰησοῦ Χριστοῦ μετὰ τοῦ 25
πνεύματος ὑμῶν. ʳἀμήν.ǁ
ˢ⁻ǁ

ᵍ add μου   ʰ ἀνέπεμψα· σὺ δὲ   ⁱ add προσλαβοῦ
ᵏ διακονῇ μοι   ˡ ἐμὲ   ᵐ ἐλλόγει   ⁿ Κυρίῳ   ᵒ δ
ᵖ Ἀσπάζονταί   ᑫ om. ἡμῶν M.   ʳ om. ἀμήν. M.   ˢ add
subscription Πρὸς Φιλήμονα ἐγράφη ἀπὸ Ῥώμης διὰ Ὀνησίμου
οἰκέτου.

Η ΠΡΟΣ ΕΒΡΑΙΟΥΣ

ΕΠΙΣΤΟΛΗ ΠΑΥΛΟΥ.

1 Πολυμερῶς καὶ πολυτρόπως πάλαι ὁ Θεὸς λαλήσας τοῖς
2 πατράσιν ἐν τοῖς προφήταις ἐπ᾽ ᵃἐσχάτου" τῶν ἡμερῶν τούτων ἐλάλησεν ἡμῖν ἐν υἱῷ, ὃν ἔθηκε κληρονόμον πάντων, δι᾽ οὗ
3 καὶ ᵇἐποίησε τοὺς αἰῶνας"· ὃς ὢν ἀπαύγασμα τῆς δόξης καὶ χαρακτὴρ τῆς ὑποστάσεως αὐτοῦ, φέρων τε τὰ πάντα τῷ ῥήματι τῆς δυνάμεως αὐτοῦ, ᶜ—" καθαρισμὸν ᵈτῶν ἁμαρτιῶν ποιησάμενος" ἐκάθισεν ἐν δεξιᾷ τῆς μεγαλωσύνης ἐν ὑψη-
4 λοῖς, τοσούτῳ κρείττων γενόμενος τῶν ἀγγέλων ὅσῳ δια-
5 φορώτερον παρ᾽ αὐτοὺς κεκληρονόμηκεν ὄνομα. τίνι γὰρ εἶπέ ποτε τῶν ἀγγέλων, Υἱός μου εἶ σύ, ἐγὼ σήμερον γεγέννηκά σε; καὶ πάλιν, Ἐγὼ ἔσομαι αὐτῷ εἰς πατέρα, καὶ αὐτὸς
6 ἔσται μοι εἰς υἱόν; ὅταν δὲ πάλιν εἰσαγάγῃ τὸν πρωτότοκον εἰς τὴν οἰκουμένην λέγει, Καὶ προσκυνησάτωσαν αὐτῷ πάντες
7 ἄγγελοι Θεοῦ. καὶ πρὸς μὲν τοὺς ἀγγέλους λέγει, Ὁ ποιῶν τοὺς ἀγγέλους αὐτοῦ πνεύματα, καὶ τοὺς λειτουργοὺς αὐτοῦ
8 πυρὸς φλόγα· πρὸς δὲ τὸν υἱόν, Ὁ θρόνος σου, ὁ Θεός, εἰς τὸν αἰῶνα τοῦ αἰῶνος, ᵉκαὶ ἡ ῥάβδος τῆς εὐθύτητος ῥάβδος"
9 τῆς βασιλείας ᶠσου". ἠγάπησας δικαιοσύνην, καὶ ἐμίσησας ἀνομίαν· διὰ τοῦτο ἔχρισέ σε ὁ Θεός, ὁ Θεός σου, ἔλαιον
10 ἀγαλλιάσεως παρὰ τοὺς μετόχους σου. καί, Σὺ κατ᾽ ἀρχάς,

ᵃ ἐσχάτων ᵇ τοὺς αἰῶνας ἐποίησεν ᶜ add δι᾽ ἑαυτοῦ
ᵈ ποιησάμενος τῶν ἁμαρτιῶν ἡμῶν   ᵉ ῥάβδος εὐθύτητος ἡ ῥάβδος   ᶠ αὐτοῦ M.

Κύριε, τὴν γῆν ἐθεμελίωσας, καὶ ἔργα τῶν χειρῶν σου εἰσὶν
οἱ οὐρανοί· αὐτοὶ ἀπολοῦνται, σὺ δὲ διαμένεις· καὶ πάντες 11
ὡς ἱμάτιον παλαιωθήσονται, καὶ ὡσεὶ περιβόλαιον ᵍἑλίξεις" 12
αὐτούς, ʰὡς ἱμάτιον," καὶ ἀλλαγήσονται· σὺ δὲ ὁ αὐτὸς εἶ,
καὶ τὰ ἔτη σου οὐκ ἐκλείψουσι. πρὸς τίνα δὲ τῶν ἀγγέλων 13
εἴρηκέ ποτε, Κάθου ἐκ δεξιῶν μου, ἕως ἂν θῶ τοὺς ἐχθρούς
σου ὑποπόδιον τῶν ποδῶν σου; οὐχὶ πάντες εἰσὶ λειτουργικὰ 14
πνεύματα εἰς διακονίαν ἀποστελλόμενα διὰ τοὺς μέλλοντας
κληρονομεῖν σωτηρίαν;

Διὰ τοῦτο δεῖ περισσοτέρως ⁱπροσέχειν ἡμᾶς" τοῖς ἀκου- 2
σθεῖσι, μή ποτε παραρρυῶμεν. εἰ γὰρ ὁ δι' ἀγγέλων λαληθεὶς 2
λόγος ἐγένετο βέβαιος, καὶ πᾶσα παράβασις καὶ παρακοὴ
ἔλαβεν ἔνδικον μισθαποδοσίαν, πῶς ἡμεῖς ἐκφευξόμεθα τηλι- 3
καύτης ἀμελήσαντες σωτηρίας; ἥτις, ἀρχὴν λαβοῦσα λαλεῖ-
σθαι διὰ τοῦ Κυρίου, ὑπὸ τῶν ἀκουσάντων εἰς ἡμᾶς ἐβεβαιώθη,
συνεπιμαρτυροῦντος τοῦ Θεοῦ σημείοις τε καὶ τέρασι καὶ 4
ποικίλαις δυνάμεσι καὶ Πνεύματος Ἁγίου μερισμοῖς κατὰ
τὴν αὐτοῦ θέλησιν.

Οὐ γὰρ ἀγγέλοις ὑπέταξε τὴν οἰκουμένην τὴν μέλλουσαν, 5
περὶ ἧς λαλοῦμεν. διεμαρτύρατο δέ πού τις λέγων, Τί ἐστιν 6
ἄνθρωπος, ὅτι μιμνήσκῃ αὐτοῦ; ἢ υἱὸς ἀνθρώπου, ὅτι ἐπι-
σκέπτῃ αὐτόν; ἠλάττωσας αὐτὸν βραχύ τι παρ' ἀγγέλους· 7
δόξῃ καὶ τιμῇ ἐστεφάνωσας αὐτόν, ᵏκαὶ κατέστησας αὐτὸν
ἐπὶ τὰ ἔργα τῶν χειρῶν σου·" πάντα ὑπέταξας ὑποκάτω τῶν 8
ποδῶν αὐτοῦ. ἐν ˡτῷ γὰρ" ὑποτάξαι αὐτῷ τὰ πάντα οὐδὲν
ἀφῆκεν αὐτῷ ἀνυπότακτον. νῦν δὲ οὔπω ὁρῶμεν αὐτῷ τὰ πάντα
ὑποτεταγμένα. τὸν δὲ βραχύ τι παρ' ἀγγέλους ἠλαττωμένον 9
βλέπομεν, Ἰησοῦν, διὰ τὸ πάθημα τοῦ θανάτου δόξῃ καὶ
τιμῇ ἐστεφανωμένον, ὅπως χάριτι Θεοῦ ὑπὲρ παντὸς γεύ-
σηται θανάτου. ἔπρεπε γὰρ αὐτῷ, δι' ὃν τὰ πάντα καὶ δι' οὗ 10

ᵍ ἑλίξεις S.   ʰ om. ὡς ἱμάτιον,   ⁱ ἡμᾶς προσέχειν
ᵏ om. καὶ κατέστησας αὐτὸν ἐπὶ τὰ ἔργα τῶν χειρῶν σου· M.
ˡ γὰρ τῷ

ΠΡΟΣ ΕΒΡΑΙΟΥΣ.

τὰ πάντα, πολλοὺς υἱοὺς εἰς δόξαν ἀγαγόντα, τὸν ἀρχηγὸν Cp. 12. 2.
11 τῆς σωτηρίας αὐτῶν διὰ παθημάτων τελειῶσαι. ὅ τε γὰρ Acts 3. 15, 5. 31.
ἁγιάζων καὶ οἱ ἁγιαζόμενοι ἐξ ἑνὸς πάντες· δι' ἣν αἰτίαν Cp. 10. 10, 14.
12 οὐκ ἐπαισχύνεται ἀδελφοὺς αὐτοὺς καλεῖν λέγων, Ἀπαγγελῶ Ps. 22(21).
τὸ ὄνομά σου τοῖς ἀδελφοῖς μου, ἐν μέσῳ ἐκκλησίας ὑμνήσω 22.
13 σε. καὶ πάλιν, Ἐγὼ ἔσομαι πεποιθὼς ἐπ' αὐτῷ. καὶ πάλιν, Isa. 8. 17.
14 Ἰδού, ἐγὼ καὶ τὰ παιδία ἅ μοι ἔδωκεν ὁ Θεός. ἐπεὶ οὖν τὰ Isa. 8. 18.
παιδία κεκοίνωνηκεν ᵐαἵματος καὶ σαρκός, καὶ αὐτὸς παρα-
πλησίως μετέσχε τῶν αὐτῶν, ἵνα διὰ τοῦ θανάτου καταργήσῃ Cp. 1 Cor.
τὸν τὸ κράτος ἔχοντα τοῦ θανάτου, τοῦτ' ἔστι τὸν διάβολον, 2 Tim. 1.
15 καὶ ἀπαλλάξῃ τούτους, ὅσοι φόβῳ θανάτου διὰ παντὸς τοῦ 10.
16 ζῆν ἔνοχοι ἦσαν δουλείας. οὐ γὰρ δήπου ἀγγέλων ἐπιλαμ-
17 βάνεται, ἀλλὰ σπέρματος Ἀβραὰμ ἐπιλαμβάνεται. ὅθεν Cp. 4. 15,
ὤφειλε κατὰ πάντα τοῖς ἀδελφοῖς ὁμοιωθῆναι, ἵνα ἐλεήμων 7. 26. 9.11 sqq.
γένηται καὶ πιστὸς ἀρχιερεὺς τὰ πρὸς τὸν Θεόν, εἰς τὸ Cp. Rom.
18 ἱλάσκεσθαι τὰς ἁμαρτίας τοῦ λαοῦ. ἐν ᾧ γὰρ πέπονθεν 1 Joh. 2.
αὐτὸς πειρασθείς, δύναται τοῖς πειραζομένοις βοηθῆσαι. 4. 10.

3 Ὅθεν, ἀδελφοὶ ἅγιοι, κλήσεως ἐπουρανίου μέτοχοι, κατα- Cp. Phil.
νοήσατε τὸν ἀπόστολον καὶ ἀρχιερέα τῆς ὁμολογίας ἡμῶν 2. 14.
2 ⁿ⁻ᶦ Ἰησοῦν, πιστὸν ὄντα τῷ ποιήσαντι αὐτόν, ὡς καὶ Μωσῆς Cp. Num.
3 ἐν ὅλῳ τῷ οἴκῳ αὐτοῦ. πλείονος γὰρ ᵒοὗτος δόξης παρὰ
Μωσῆν ἠξίωται, καθ' ὅσον πλείονα τιμὴν ἔχει τοῦ οἴκου ὁ
4 κατασκευάσας αὐτόν. πᾶς γὰρ οἶκος κατασκευάζεται ὑπὸ
5 τινός· ὁ δὲ ᵖ⁻ πάντα κατασκευάσας Θεός. καὶ Μωσῆς
μὲν πιστὸς ἐν ὅλῳ τῷ οἴκῳ αὐτοῦ ὡς θεράπων, εἰς μαρτύριον
6 τῶν λαληθησομένων· Χριστὸς δὲ ὡς υἱὸς ἐπὶ τὸν οἶκον
αὐτοῦ· οὗ οἶκός ἐσμεν ἡμεῖς, ᑫἐὰν" τὴν παρρησίαν καὶ τὸ Cp. ver. 14.
καύχημα τῆς ἐλπίδος μέχρι τέλους βεβαίαν κατάσχωμεν. Mat.10.22. Col. 1. 23.
7 διό, καθὼς λέγει τὸ Πνεῦμα τὸ Ἅγιον, Σήμερον ἐὰν τῆς Ps. 95(94).
8 φωνῆς αὐτοῦ ἀκούσητε, μὴ σκληρύνητε τὰς καρδίας ὑμῶν 7 sqq.
ὡς ἐν τῷ παραπικρασμῷ κατὰ τὴν ἡμέραν τοῦ πειρασμοῦ ἐν Cp. Num. 14. 22.

ᵐ σαρκὸς καὶ αἵματος   ⁿ add Χριστὸν   ᵒ δόξης οὗτος
ᵖ add τὰ   ᑫ ἐάνπερ

τῇ ἐρήμῳ, οὗ ἐπείρασαν ʳ—" οἱ πατέρες ˢ ὑμῶν ἐν δοκιμασίᾳ," 9
καὶ εἶδον τὰ ἔργα μου τεσσαράκοντα ἔτη. διὸ προσώχθισα 10
τῇ γενεᾷ ᵗ ταύτῃ", καὶ εἶπον, Ἀεὶ πλανῶνται τῇ καρδίᾳ·
αὐτοὶ δὲ οὐκ ἔγνωσαν τὰς ὁδούς μου· ὡς ὤμοσα ἐν τῇ 11
ὀργῇ μου, Εἰ εἰσελεύσονται εἰς τὴν κατάπαυσίν μου. βλέ- 12
πετε, ἀδελφοί, μή ποτε ἔσται ἔν τινι ὑμῶν καρδία πονηρὰ
ἀπιστίας ἐν τῷ ἀποστῆναι ἀπὸ Θεοῦ ζῶντος· ἀλλὰ παρα- 13
καλεῖτε ἑαυτοὺς καθ' ἑκάστην ἡμέραν, ἄχρις οὗ τὸ σήμερον
καλεῖται, ἵνα μὴ σκληρυνθῇ τις ἐξ ὑμῶν ἀπάτῃ τῆς ἁμαρτίας·
μέτοχοι γὰρ ᵘ τοῦ Χριστοῦ γεγόναμεν", ἐάνπερ τὴν ἀρχὴν τῆς 14
ὑποστάσεως μέχρι τέλους βεβαίαν κατάσχωμεν· ἐν τῷ 15
λέγεσθαι, Σήμερον ἐὰν τῆς φωνῆς αὐτοῦ ἀκούσητε, μὴ σκλη-
ρύνητε τὰς καρδίας ὑμῶν ὡς ἐν τῷ παραπικρασμῷ. ˣ τίνες" 16
γὰρ ἀκούσαντες ʸ παρεπίκραναν ;" ἀλλ' οὐ πάντες οἱ ἐξελ-
θόντες ἐξ Αἰγύπτου διὰ ᶻ Μωσέως ;⁷ τίσι δὲ προσώχθισε 17
τεσσαράκοντα ἔτη; οὐχὶ τοῖς ἁμαρτήσασιν, ὧν τὰ κῶλα
ἔπεσεν ἐν τῇ ἐρήμῳ; τίσι δὲ ὤμοσε μὴ εἰσελεύσεσθαι εἰς τὴν 18
κατάπαυσιν αὐτοῦ, εἰ μὴ τοῖς ἀπειθήσασι; καὶ βλέπομεν ὅτι 19
οὐκ ἠδυνήθησαν εἰσελθεῖν δι' ἀπιστίαν.

Φοβηθῶμεν οὖν μή ποτε, καταλειπομένης ἐπαγγελίας 4
εἰσελθεῖν εἰς τὴν κατάπαυσιν αὐτοῦ, δοκῇ τις ἐξ ὑμῶν
ὑστερηκέναι. καὶ γάρ ἐσμεν εὐηγγελισμένοι, καθάπερ κἀ- 2
κεῖνοι· ἀλλ' οὐκ ὠφέλησεν ὁ λόγος τῆς ἀκοῆς ἐκείνους μὴ
ᵃ συγκεκερασμένους" τῇ πίστει τοῖς ἀκούσασιν. εἰσερχόμεθα 3
ᵇ γὰρ" εἰς τὴν κατάπαυσιν οἱ πιστεύσαντες, καθὼς εἴρηκεν,
Ὡς ὤμοσα ἐν τῇ ὀργῇ μου, Εἰ εἰσελεύσονται εἰς τὴν κατά-
παυσίν μου, καίτοι τῶν ἔργων ἀπὸ καταβολῆς κόσμου γενη-
θέντων. εἴρηκε γάρ που περὶ τῆς ἑβδόμης οὕτω, Καὶ 4
κατέπαυσεν ὁ Θεὸς ἐν τῇ ἡμέρᾳ τῇ ἑβδόμῃ ἀπὸ πάντων τῶν
ἔργων αὐτοῦ, καὶ ἐν τούτῳ πάλιν, Εἰ εἰσελεύσονται εἰς τὴν 5

ʳ add με   ˢ ὑμῶν, ἐδοκίμασάν με,   ᵗ ἐκείνῃ   ᵘ γεγό-
ναμεν τοῦ Χριστοῦ   ˣ τινὲς   ʸ παρεπίκραναν.   ᶻ Μωσέως.
ᵃ συγκεκερασμένος M.: συγκεκραμένος A.S.   ᵇ οὖν M.

ὁ κατάπαυσίν μου. ἐπεὶ οὖν ἀπολείπεται τινὰς εἰσελθεῖν εἰς αὐτήν, καὶ οἱ πρότερον εὐαγγελισθέντες οὐκ εἰσῆλθον δι' 7 ἀπείθειαν, πάλιν τινὰ ὁρίζει ἡμέραν, Σήμερον ἐν Δαβὶδ λέγων, μετὰ τοσοῦτον χρόνον, καθὼς ᶜπροείρηται ", Σήμερον Ps.95(94). ἐὰν τῆς φωνῆς αὐτοῦ ἀκούσητε, μὴ σκληρύνητε τὰς καρδίας 7. 8 ὑμῶν. εἰ γὰρ αὐτοὺς Ἰησοῦς κατέπαυσεν, οὐκ ἂν περὶ ἄλλης 9 ἐλάλει μετὰ ταῦτα ἡμέρας. ἄρα ἀπολείπεται σαββατισμὸς 10 τῷ λαῷ τοῦ Θεοῦ. ὁ γὰρ εἰσελθὼν εἰς τὴν κατάπαυσιν αὐτοῦ καὶ αὐτὸς κατέπαυσεν ἀπὸ τῶν ἔργων αὐτοῦ, ὥσπερ ἀπὸ 11 τῶν ἰδίων ὁ Θεός. σπουδάσωμεν οὖν εἰσελθεῖν εἰς ἐκείνην τὴν κατάπαυσιν, ἵνα μὴ ἐν τῷ αὐτῷ τις ὑποδείγματι πέσῃ τῆς 12 ἀπειθείας. ζῶν γὰρ ὁ λόγος τοῦ Θεοῦ, καὶ ἐνεργής, καὶ τομώτερος ὑπὲρ πᾶσαν μάχαιραν δίστομον, καὶ διϊκνούμενος ἄχρι μερισμοῦ ψυχῆς ᵈ⁻ⁱ καὶ πνεύματος, ἁρμῶν τε καὶ μυελῶν, 13 καὶ κριτικὸς ἐνθυμήσεων καὶ ἐννοιῶν καρδίας. καὶ οὐκ ἔστι Cp. Job κτίσις ἀφανὴς ἐνώπιον αὐτοῦ, πάντα δὲ γυμνὰ καὶ τετραχη- Prov. 15. λισμένα τοῖς ὀφθαλμοῖς αὐτοῦ πρὸς ὃν ἡμῖν ὁ λόγος. 11. 14 Ἔχοντες οὖν ἀρχιερέα μέγαν, διεληλυθότα τοὺς οὐρανούς, Cp. 7.26, 15 Ἰησοῦν τὸν υἱὸν τοῦ Θεοῦ, κρατῶμεν τῆς ὁμολογίας. οὐ γὰρ Cp. Rom. ἔχομεν ἀρχιερέα μὴ δυνάμενον συμπαθῆσαι ταῖς ἀσθενείαις Gal. 2. 20. ἡμῶν, ᵉπεπειρασμένον" δὲ κατὰ πάντα καθ᾽ ὁμοιότητα χωρὶς Cp. 2. 18. 16 ἁμαρτίας. προσερχώμεθα οὖν μετὰ παρρησίας τῷ θρόνῳ Lk. 22.28. τῆς χάριτος, ἵνα λάβωμεν ᶠἔλεος", καὶ χάριν εὕρωμεν εἰς εὔκαιρον βοήθειαν.

5 Πᾶς γὰρ ἀρχιερεὺς ἐξ ἀνθρώπων λαμβανόμενος ὑπὲρ ἀνθρώπων καθίσταται τὰ πρὸς τὸν Θεόν, ἵνα προσφέρῃ δῶρά 2 τε καὶ θυσίας ὑπὲρ ἁμαρτιῶν, μετριοπαθεῖν δυνάμενος τοῖς ἀγνοοῦσι καὶ πλανωμένοις, ἐπεὶ καὶ αὐτὸς περίκειται ἀσθέ- 3 νειαν· καὶ ᵍδι' αὐτὴν'" ὀφείλει καθὼς περὶ τοῦ λαοῦ οὕτω Cp. Lev. 4 καὶ περὶ ἑαυτοῦ προσφέρειν ʰπερὶ" ἁμαρτιῶν. καὶ οὐχ 9.7, 16.11. ἑαυτῷ τις λαμβάνει τὴν τιμήν, ἀλλὰ ⁱ— καλούμενος ὑπὸ τοῦ 15 sq. Cp. Ex. 28. 1.
ᶜ εἴρηται ᵈ add τε ᵉ πεπειραμένον S. ᶠ ἔλεον Num. 16. ᵍ διὰ ταύτην ʰ ὑπὲρ ⁱ add ὁ 40.

472 ΕΠΙΣΤΟΛΗ 5. 4-

Θεοῦ, ʲκαθώσπερ‖ καὶ ᵏ⁻‖ Ἀαρών. οὕτω καὶ ὁ Χριστὸς οὐχ 5
ἑαυτὸν ἐδόξασε γενηθῆναι ἀρχιερέα, ἀλλ' ὁ λαλήσας πρὸς
αὐτόν, Υἱός μου εἶ σύ, ἐγὼ σήμερον γεγέννηκά σε· καθὼς 6
καὶ ἐν ἑτέρῳ λέγει, Σὺ ἱερεὺς εἰς τὸν αἰῶνα κατὰ τὴν τάξιν
Μελχισεδέκ. ὃς ἐν ταῖς ἡμέραις τῆς σαρκὸς αὐτοῦ δεήσεις 7
τε καὶ ἱκετηρίας πρὸς τὸν δυνάμενον σώζειν αὐτὸν ἐκ θανάτου
μετὰ κραυγῆς ἰσχυρᾶς καὶ δακρύων προσενέγκας, καὶ εἰσακουσθεὶς
ἀπὸ τῆς εὐλαβείας, καίπερ ὢν υἱὸς ἔμαθεν ἀφ' ὧν 8
ἔπαθε τὴν ὑπακοήν, καὶ τελειωθεὶς ἐγένετο ˡπᾶσι τοῖς ὑπα- 9
κούουσιν αὐτῷ‖ αἴτιος σωτηρίας αἰωνίου, προσαγορευθεὶς ὑπὸ 10
τοῦ Θεοῦ ἀρχιερεὺς κατὰ τὴν τάξιν Μελχισεδέκ.

Περὶ οὗ πολὺς ἡμῖν ὁ λόγος καὶ δυσερμήνευτος λέγειν, 11
ἐπεὶ νωθροὶ γεγόνατε ταῖς ἀκοαῖς. καὶ γὰρ ὀφείλοντες εἶναι 12
διδάσκαλοι διὰ τὸν χρόνον πάλιν χρείαν ἔχετε τοῦ διδάσκειν
ᵐὑμᾶς τινὰˡ τὰ στοιχεῖα τῆς ἀρχῆς τῶν λογίων τοῦ Θεοῦ,
καὶ γεγόνατε χρείαν ἔχοντες γάλακτος, καὶ οὐ στερεᾶς τροφῆς.
πᾶς γὰρ ὁ μετέχων γάλακτος ἄπειρος λόγου δικαιο- 13
σύνης· νήπιος γάρ ἐστι· τελείων δέ ἐστιν ἡ στερεὰ τροφή, 14
τῶν διὰ τὴν ἕξιν τὰ αἰσθητήρια γεγυμνασμένα ἐχόντων πρὸς
διάκρισιν καλοῦ τε καὶ κακοῦ.

Διὸ ἀφέντες τὸν τῆς ἀρχῆς τοῦ Χριστοῦ λόγον ἐπὶ τὴν 6
τελειότητα φερώμεθα, μὴ πάλιν θεμέλιον καταβαλλόμενοι
μετανοίας ἀπὸ νεκρῶν ἔργων, καὶ πίστεως ἐπὶ Θεόν, βαπτισ- 2
μῶν ⁿδιδαχῆςˡ, ἐπιθέσεώς τε χειρῶν, ἀναστάσεώς τε νεκρῶν,
καὶ κρίματος αἰωνίου. καὶ τοῦτο ποιήσομεν, ἐάνπερ ἐπιτρέπῃ 3
ὁ Θεός. ἀδύνατον γὰρ τοὺς ἅπαξ φωτισθέντας, γευσαμένους 4
τε τῆς δωρεᾶς τῆς ἐπουρανίου, καὶ μετόχους γενηθέντας Πνεύματος
Ἁγίου, καὶ καλὸν γευσαμένους Θεοῦ ῥῆμα δυνάμεις τε 5
μέλλοντος αἰῶνος, καὶ παραπεσόντας, πάλιν ἀνακαινίζειν εἰς 6
μετάνοιαν, ἀνασταυροῦντας ἑαυτοῖς τὸν υἱὸν τοῦ Θεοῦ καὶ
παραδειγματίζοντας. γῆ γὰρ ἡ πιοῦσα τὸν ἐπ' αὐτῆς ᵒἐρχό- 7

ʲ καθάπερ   ᵏ add ὁ   ˡ τοῖς ὑπακούουσιν αὐτῷ πᾶσιν
ᵐ ὑμᾶς, τίνα A.S.M.   ⁿ διδαχήν M.   ᵒ πολλάκις ἐρχόμενον

ΠΡΟΣ ΕΒΡΑΙΟΥΣ.

μενον πολλάκις" ὑετόν, καὶ τίκτουσα βοτάνην εὔθετον ἐκείνοις
δι' οὓς καὶ γεωργεῖται, μεταλαμβάνει εὐλογίας ἀπὸ τοῦ Θεοῦ·
8 ἐκφέρουσα δὲ ἀκάνθας καὶ τριβόλους ἀδόκιμος καὶ κατάρας
ἐγγύς, ἧς τὸ τέλος εἰς καῦσιν.
9 Πεπείσμεθα δὲ περὶ ὑμῶν, ἀγαπητοί, τὰ κρείττονα καὶ
10 ἐχόμενα σωτηρίας, εἰ καὶ οὕτω λαλοῦμεν· οὐ γὰρ ἄδικος
ὁ Θεὸς ἐπιλαθέσθαι τοῦ ἔργου ὑμῶν, καὶ ᵖ⁻" τῆς ἀγάπης
ἧς ἐνεδείξασθε εἰς τὸ ὄνομα αὐτοῦ διακονήσαντες τοῖς Cp. Rom.
11 ἁγίοις καὶ διακονοῦντες. ἐπιθυμοῦμεν δὲ ἕκαστον ὑμῶν τὴν 2 Cor. 8. 4,
αὐτὴν ἐνδείκνυσθαι σπουδὴν πρὸς τὴν πληροφορίαν τῆς ἐλ- 9. 1, 12.
12 πίδος ἄχρι τέλους· ἵνα μὴ νωθροὶ γένησθε, μιμηταὶ δὲ τῶν Cp. Rom.
διὰ πίστεως καὶ μακροθυμίας κληρονομούντων τὰς ἐπαγ- 4.13 sqq.
γελίας.
13 Τῷ γὰρ Ἀβραὰμ ἐπαγγειλάμενος ὁ Θεός, ἐπεὶ κατ' οὐδενὸς
14 εἶχε μείζονος ὀμόσαι, ὤμοσε καθ' ἑαυτοῦ λέγων, ᑫ Εἰ" μὴν Gen. 22.
15 εὐλογῶν εὐλογήσω σε, καὶ πληθύνων πληθυνῶ σε. καὶ οὕτω 16 sq.
16 μακροθυμήσας ἐπέτυχε τῆς ἐπαγγελίας. ἄνθρωποι ʳ⁻ γὰρ
κατὰ τοῦ μείζονος ὀμνύουσι· καὶ πάσης αὐτοῖς ἀντιλογίας Cp. Ex.
17 πέρας εἰς βεβαίωσιν ὁ ὅρκος. ἐν ᾧ περισσότερον βουλό- 22. 11.
μενος ὁ Θεὸς ἐπιδεῖξαι τοῖς κληρονόμοις τῆς ἐπαγγελίας τὸ
18 ἀμετάθετον τῆς βουλῆς αὐτοῦ ἐμεσίτευσεν ὅρκῳ, ἵνα διὰ
δύο πραγμάτων ἀμεταθέτων, ἐν οἷς ἀδύνατον ψεύσασθαι
Θεόν, ἰσχυρὰν παράκλησιν ἔχωμεν οἱ καταφυγόντες κρα-
19 τῆσαι τῆς προκειμένης ἐλπίδος· ἣν ὡς ἄγκυραν ἔχομεν τῆς
ψυχῆς ἀσφαλῆ τε καὶ βεβαίαν καὶ εἰσερχομένην εἰς τὸ
20 ἐσώτερον τοῦ καταπετάσματος, ὅπου πρόδρομος ὑπὲρ ἡμῶν Cp. 9. 12,
εἰσῆλθεν Ἰησοῦς, κατὰ τὴν τάξιν Μελχισεδὲκ ἀρχιερεὺς γε- 24.
νόμενος εἰς τὸν αἰῶνα.
7 Οὗτος γὰρ ὁ Μελχισεδέκ, βασιλεὺς Σαλήμ, ἱερεὺς τοῦ Cp. Gen.
Θεοῦ τοῦ ὑψίστου, ὁ συναντήσας Ἀβραὰμ ὑποστρέφοντι 14. 18
2 ἀπὸ τῆς κοπῆς τῶν βασιλέων καὶ εὐλογήσας αὐτόν, ᾧ καὶ

ᵖ add τοῦ κόπου   ᑫ Ἡ   ʳ add μὲν

474 ΕΠΙΣΤΟΛΗ 7. 2–

δεκάτην ἀπὸ πάντων ἐμέρισεν Ἀβραάμ (πρῶτον μὲν ἑρμηνευόμενος βασιλεὺς δικαιοσύνης, ἔπειτα δὲ καὶ βασιλεὺς Σαλὴμ ὅ ἐστι βασιλεὺς εἰρήνης, ἀπάτωρ, ἀμήτωρ, ἀγενεαλόγητος, 3 μήτε ἀρχὴν ἡμερῶν μήτε ζωῆς τέλος ἔχων, ἀφωμοιωμένος δὲ τῷ υἱῷ τοῦ Θεοῦ), μένει ἱερεὺς εἰς τὸ διηνεκές.

Cp. Gen. 14. 20. Cp. Num. 18. 21. Θεωρεῖτε δὲ πηλίκος οὗτος, ᾧ ˢ⁻‖ δεκάτην Ἀβραὰμ ἔδωκεν 4 ἐκ τῶν ἀκροθινίων ὁ πατριάρχης. καὶ οἱ μὲν ἐκ τῶν υἱῶν 5 Λευὶ τὴν ἱερατείαν λαμβάνοντες ἐντολὴν ἔχουσιν ἀποδεκατοῦν τὸν λαὸν κατὰ τὸν νόμον, τοῦτ' ἔστι τοὺς ἀδελφοὺς αὐτῶν, καίπερ ἐξεληλυθότας ἐκ τῆς ὀσφύος Ἀβραάμ· ὁ δὲ 6 μὴ γενεαλογούμενος ἐξ αὐτῶν δεδεκάτωκεν ᵗ⁻‖ Ἀβραάμ, καὶ τὸν ἔχοντα τὰς ἐπαγγελίας εὐλόγηκε. χωρὶς δὲ πάσης ἀν- 7 τιλογίας τὸ ἔλαττον ὑπὸ τοῦ κρείττονος εὐλογεῖται. καὶ ὧδε 8 μὲν δεκάτας ἀποθνῄσκοντες ἄνθρωποι λαμβάνουσιν· ἐκεῖ δὲ μαρτυρούμενος ὅτι ζῇ. καὶ ὡς ἔπος εἰπεῖν διὰ Ἀβραὰμ καὶ 9 Λευὶ ὁ δεκάτας λαμβάνων δεδεκάτωται· ἔτι γὰρ ἐν τῇ ὀσφύϊ 10 τοῦ πατρὸς ἦν, ὅτε συνήντησεν αὐτῷ ᵘ⁻ᶦ Μελχισεδέκ.

Cp. Gal. 2. 21. Εἰ μὲν οὖν τελείωσις διὰ τῆς Λευϊτικῆς ἱερωσύνης ἦν (ὁ 11 λαὸς γὰρ ˣἐπ' αὐτῆς νενομοθέτηται ʸ), τίς ἔτι χρεία κατὰ τὴν τάξιν Μελχισεδὲκ ἕτερον ἀνίστασθαι ἱερέα, καὶ οὐ κατὰ τὴν τάξιν Ἀαρὼν λέγεσθαι; μετατιθεμένης γὰρ τῆς ἱερω- 12 σύνης ἐξ ἀνάγκης καὶ νόμου μετάθεσις γίνεται. ἐφ' ὃν γὰρ 13 λέγεται ταῦτα, φυλῆς ἑτέρας μετέσχηκεν, ἀφ' ἧς οὐδεὶς

Cp. Lk. 1. 32. προσέσχηκε τῷ θυσιαστηρίῳ. πρόδηλον γὰρ ὅτι ἐξ Ἰούδα 14 ἀνατέταλκεν ὁ Κύριος ἡμῶν, εἰς ἣν φυλὴν ʸπερὶ ἱερέων οὐδὲν‖ Μωσῆς ἐλάλησε. καὶ περισσότερον ἔτι κατάδηλόν 15 ἐστιν, εἰ κατὰ τὴν ὁμοιότητα Μελχισεδὲκ ἀνίσταται ἱερεὺς ἕτερος, ὃς οὐ κατὰ νόμον ἐντολῆς ᶻσαρκίνης‖ γέγονεν ἀλλὰ 16

Ps. 110 (109). 4. Cp. Rom. 8. 3. κατὰ δύναμιν ζωῆς ἀκαταλύτου· ᵃμαρτυρεῖται‖ γὰρ ὅτι Σὺ 17 ἱερεὺς εἰς τὸν αἰῶνα κατὰ τὴν τάξιν Μελχισεδέκ. ἀθέτησις 18

ˢ add καὶ ᵗ add τὸν ᵘ add ὁ ˣ ἐπ' αὐτῇ νενομοθέτητο ʸ οὐδὲν περὶ ἱερωσύνης ᶻ σαρκικῆς ᵃ μαρτυρεῖ

-8. 5. ΠΡΟΣ ΕΒΡΑΙΟΥΣ. 475

μὲν γὰρ γίνεται προαγούσης ἐντολῆς διὰ τὸ αὐτῆς ἀσθενὲς
19 καὶ ʰἀνωφελές (οὐδὲν γὰρ ἐτελείωσεν ὁ νόμος), ἐπεισαγωγὴ
20 δὲ" κρείττονος ἐλπίδος, δι' ἧς ἐγγίζομεν τῷ Θεῷ. καὶ καθ' Cp. Eph.
21 ὅσον οὐ χωρὶς ὁρκωμοσίας (οἱ μὲν γὰρ χωρὶς ὁρκωμοσίας 2. 18, 3. 12.
εἰσὶν ἱερεῖς γεγονότες, ὁ δὲ μετὰ ὁρκωμοσίας διὰ τοῦ λέ-
γοντος πρὸς αὐτόν, Ὤμοσε Κύριος καὶ οὐ μεταμεληθήσεται, Ps. 110
22 Σὺ ἱερεὺς εἰς τὸν αἰῶνα ᶜ⁻"), κατὰ τοσοῦτον ᵈκαὶ κρείττο- (109). 4.
23 νος διαθήκης γέγονεν ἔγγυος Ἰησοῦς. καὶ οἱ μὲν πλείονές
εἰσι γεγονότες ἱερεῖς διὰ τὸ θανάτῳ κωλύεσθαι παραμένειν·
24 ὁ δὲ διὰ τὸ μένειν αὐτὸν εἰς τὸν αἰῶνα ἀπαράβατον ἔχει
25 τὴν ἱερωσύνην. ὅθεν καὶ σώζειν εἰς τὸ παντελὲς δύναται
τοὺς προσερχομένους δι' αὐτοῦ τῷ Θεῷ πάντοτε ζῶν εἰς τὸ Cp. 9. 24.
ἐντυγχάνειν ὑπὲρ αὐτῶν. Rom. 8. 34. 1 Joh. 2. 1.
26 Τοιοῦτος γὰρ ἡμῖν ἔπρεπεν ἀρχιερεύς, ὅσιος, ἄκακος, ἀμί-
αντος, κεχωρισμένος ἀπὸ τῶν ἁμαρτωλῶν, καὶ ὑψηλότερος
27 τῶν οὐρανῶν γενόμενος· ὃς οὐκ ἔχει καθ' ἡμέραν ἀνάγκην,
ὥσπερ οἱ ἀρχιερεῖς, πρότερον ὑπὲρ τῶν ἰδίων ἁμαρτιῶν
θυσίας ἀναφέρειν, ἔπειτα τῶν τοῦ λαοῦ· τοῦτο γὰρ ἐποίησεν
28 ἐφάπαξ, ἑαυτὸν ἀνενέγκας. ὁ νόμος γὰρ ἀνθρώπους καθί-
στησιν ἀρχιερεῖς ἔχοντας ἀσθένειαν, ὁ λόγος δὲ τῆς ὁρκω-
μοσίας τῆς μετὰ τὸν νόμον υἱὸν εἰς τὸν αἰῶνα τετελειωμένον.
8 Κεφάλαιον δὲ ἐπὶ τοῖς λεγομένοις, τοιοῦτον ἔχομεν ἀρ-
χιερέα, ὃς ἐκάθισεν ἐν δεξιᾷ τοῦ θρόνου τῆς μεγαλωσύνης Cp. 1. 3,
2 ἐν τοῖς οὐρανοῖς, τῶν ἁγίων λειτουργὸς καὶ τῆς σκηνῆς τῆς Eph. 1. 20.
3 ἀληθινῆς, ἣν ἔπηξεν ὁ Κύριος, ᵉ⁻' οὐκ ἄνθρωπος. πᾶς γὰρ
ἀρχιερεὺς εἰς τὸ προσφέρειν δῶρά τε καὶ θυσίας καθίσταται·
4 ὅθεν ἀναγκαῖον ἔχειν τι καὶ τοῦτον ὃ προσενέγκῃ. εἰ μὲν
ᶠοὖν" ἦν ἐπὶ γῆς, οὐδ' ἂν ἦν ἱερεύς, ὄντων ᵍ⁻" τῶν προσφε-
5 ρόντων κατὰ ʰ⁻" νόμον τὰ δῶρα, οἵτινες ὑποδείγματι καὶ·Cp. 10. 1.
σκιᾷ λατρεύουσι τῶν ἐπουρανίων, καθὼς κεχρημάτισται Μω- Col. 2. 17.

ʰ ἀνωφελές· οὐδὲν γὰρ ἐτελείωσεν ὁ νόμος, ἐπεισαγωγὴ δὲ
ᶜ add κατὰ τὴν τάξιν Μελχισεδέκ   ᵈ om. καὶ   ᵉ add καὶ
ᶠ γὰρ   ᵍ add τῶν ἱερέων   ʰ add τὸν

476 ΕΠΙΣΤΟΛΗ 8. 5–

Ex. 25. 40. σῆς μέλλων ἐπιτελεῖν τὴν σκηνήν· Ὅρα γάρ, φησι, ¹ποιήσεις"
πάντα κατὰ τὸν τύπον τὸν δειχθέντα σοι ἐν τῷ ὄρει. νυνὶ 6
δὲ διαφορωτέρας ᵏτέτυχε" λειτουργίας, ὅσῳ καὶ κρείττονός
ἐστι διαθήκης μεσίτης, ἥτις ἐπὶ κρείττοσιν ἐπαγγελίαις νε-
νομοθέτηται. εἰ γὰρ ἡ πρώτη ἐκείνη ἦν ἄμεμπτος, οὐκ ἂν 7
Jer.31(38). δευτέρας ἐζητεῖτο τόπος. μεμφόμενος γὰρ αὐτοῖς λέγει, Ἰδού,. 8
31 sqq.   ἡμέραι ἔρχονται, λέγει Κύριος, καὶ συντελέσω ἐπὶ τὸν οἶκον
Ἰσραὴλ καὶ ἐπὶ τὸν οἶκον Ἰούδα διαθήκην καινήν· οὐ κατὰ 9
τὴν διαθήκην ἣν ἐποίησα τοῖς πατράσιν αὐτῶν ἐν ἡμέρᾳ ἐπι-
λαβομένου μου τῆς χειρὸς αὐτῶν ἐξαγαγεῖν αὐτοὺς ἐκ γῆς
Αἰγύπτου· ὅτι αὐτοὶ οὐκ ἐνέμειναν ἐν τῇ διαθήκῃ μου, κἀγὼ
ἠμέλησα αὐτῶν, λέγει Κύριος. ὅτι αὕτη ἡ διαθήκη ἣν δια- 10
θήσομαι τῷ οἴκῳ Ἰσραὴλ μετὰ τὰς ἡμέρας ἐκείνας, λέγει
Κύριος· διδοὺς νόμους μου εἰς τὴν διάνοιαν αὐτῶν καὶ ἐπὶ
καρδίας αὐτῶν ἐπιγράψω αὐτούς· καὶ ἔσομαι αὐτοῖς εἰς
Θεόν, καὶ αὐτοὶ ἔσονταί μοι εἰς λαόν· καὶ οὐ μὴ διδάξωσιν 11
ἕκαστος τὸν ¹πολίτην" αὐτοῦ καὶ ἕκαστος τὸν ἀδελφὸν
αὐτοῦ λέγων, Γνῶθι τὸν Κύριον· ὅτι πάντες εἰδήσουσί με,
ἀπὸ μικροῦ ᵐ⁻" ἕως μεγάλου αὐτῶν· ὅτι ἵλεως ἔσομαι ταῖς 12
ἀδικίαις αὐτῶν, καὶ τῶν ἁμαρτιῶν αὐτῶν ⁿ⁻" οὐ μὴ μνησθῶ
ἔτι. ἐν τῷ λέγειν Καινήν, πεπαλαίωκε τὴν πρώτην· τὸ δὲ 13
παλαιούμενον καὶ γηράσκον ἐγγὺς ἀφανισμοῦ.

Εἶχε μὲν οὖν καὶ ἡ πρώτη ᵒ⁻" δικαιώματα λατρείας τό τε 9
Cp.Ex.40. ἅγιον κοσμικόν. σκηνὴ γὰρ κατεσκευάσθη ἡ πρώτη, ἐν ᾗ ἥ 2
22 sqq.   τε λυχνία καὶ ἡ τράπεζα καὶ ἡ πρόθεσις τῶν ἄρτων, ἥτις
Cp.Ex.26. λέγεται ᴾἅγια". μετὰ δὲ τὸ δεύτερον καταπέτασμα σκηνὴ 3
33.   ἡ λεγομένη ἅγια ἁγίων, χρυσοῦν ἔχουσα θυμιατήριον καὶ 4
Cp.Ex.25.
10 sqq.,   τὴν κιβωτὸν τῆς διαθήκης περικεκαλυμμένην πάντοθεν χρυ-
40.20 sq. σίῳ, ἐν ᾗ στάμνος χρυσῆ ἔχουσα τὸ μάννα καὶ ἡ ῥάβδος
(18 sq.).
Cp.Ex.16. Ἀαρὼν ἡ βλαστήσασα καὶ αἱ πλάκες τῆς διαθήκης, ὑπεράνω 5
33 sq.,   δὲ αὐτῆς Χερουβὶμ δόξης κατασκιάζοντα τὸ ἱλαστήριον· περὶ
Num. 17.
10.
Cp.Ex.25.
17 sqq.   ¹ ποιήσῃς   ᵏ τέτευχε   ¹ πλησίον   ᵐ add αὐτῶν
           ⁿ add καὶ τῶν ἀνομιῶν αὐτῶν   ᵒ add σκηνὴ S.   ᴾ ἁγία S.

-9. 19. ΠΡΟΣ ΕΒΡΑΙΟΥΣ. 477

6 ὧν οὐκ ἔστι νῦν λέγειν κατὰ μέρος. τούτων δὲ οὕτω κατεσκευασμένων εἰς μὲν τὴν πρώτην σκηνὴν διαπαντὸς εἰσίασιν Cp. Ex. 30.
7 οἱ ἱερεῖς τὰς λατρείας ἐπιτελοῦντες, εἰς δὲ τὴν δευτέραν 6 sq., 40. 26 sq.
ἅπαξ τοῦ ἐνιαυτοῦ μόνος ὁ ἀρχιερεύς, οὐ χωρὶς αἵματος, (24 sq.); Ex. 30. 10,
ὃ προσφέρει ὑπὲρ ἑαυτοῦ καὶ τῶν τοῦ λαοῦ ἀγνοημάτων· Lev. 16. 2,
8 τοῦτο δηλοῦντος τοῦ Πνεύματος τοῦ Ἁγίου, μήπω πεφανε- Cp. 10. 19
ρῶσθαι τὴν τῶν ἁγίων ὁδὸν ἔτι τῆς πρώτης σκηνῆς ἐχούσης sq.
9 στάσιν· ἥτις παραβολὴ εἰς τὸν καιρὸν τὸν ἐνεστηκότα, καθ᾽
q ἣν" δῶρά τε καὶ θυσίαι προσφέρονται μὴ δυνάμεναι κατὰ
10 συνείδησιν τελειῶσαι τὸν λατρεύοντα, ʳμόνον (ἐπὶ ⁱ βρώμασι
καὶ πόμασι καὶ διαφόροις ˢβαπτισμοῖς) δικαιώματα σαρκός, ⁱ
μέχρι καιροῦ διορθώσεως ἐπικείμενα.
11 Χριστὸς δὲ παραγενόμενος ἀρχιερεὺς τῶν ᵗμελλόντων Cp. 10. 1.
ἀγαθῶν διὰ τῆς μείζονος καὶ τελειοτέρας σκηνῆς, οὐ χειρο-
12 ποιήτου, τοῦτ᾽ ἔστιν οὐ ταύτης τῆς κτίσεως, οὐδὲ δι᾽ αἵματος Cp. Acts
τράγων καὶ μόσχων, διὰ δὲ τοῦ ἰδίου αἵματος, εἰσῆλθεν 1 Pet. 1. 19
13 ἐφάπαξ εἰς τὰ ἅγια, αἰωνίαν λύτρωσιν εὑράμενος. εἰ γὰρ τὸ Sq. Cp. Lev.
αἷμα ᵘτράγων καὶ ταύρων ⁱ καὶ σποδὸς δαμάλεως ῥαντίζουσα 16. 14
τοὺς κεκοινωμένους ἁγιάζει πρὸς τὴν τῆς σαρκὸς καθαρό- Num. 19. 9.
14 τητα, πόσῳ μᾶλλον τὸ αἷμα τοῦ Χριστοῦ, ὃς διὰ Πνεύματος Cp. 12. 24.
αἰωνίου ἑαυτὸν προσήνεγκεν ἄμωμον τῷ Θεῷ, καθαριεῖ τὴν 1 Joh. 1. 7.
συνείδησιν ᵛὑμῶν" ἀπὸ νεκρῶν ἔργων εἰς τὸ λατρεύειν Θεῷ Cp. Titus
15 ζῶντι; καὶ διὰ τοῦτο διαθήκης καινῆς μεσίτης ἐστίν, ὅπως, Cp. 1.2. 24.
θανάτου γενομένου εἰς ἀπολύτρωσιν τῶν ἐπὶ τῇ πρώτῃ δια- 1 Tim. 2. 5. Cp. Rom.
θήκῃ παραβάσεων, τὴν ἐπαγγελίαν λάβωσιν οἱ κεκλημένοι 5. 24.
16 τῆς αἰωνίου κληρονομίας. ὅπου γὰρ διαθήκη, θάνατον ἀνάγκη
17 φέρεσθαι τοῦ διαθεμένου. διαθήκη γὰρ ἐπὶ νεκροῖς βεβαία,
18 ἐπεὶ μή ποτε ἰσχύει ὅτε ζῇ ὁ ʷδιαθέμενος; ὅθεν οὐδ᾽ ἡ
19 πρώτη χωρὶς αἵματος ἐγκεκαίνισται. λαληθείσης γὰρ πάσης ἐντολῆς κατὰ ˣτὸν ⁱ νόμον ὑπὸ Μωϋσέως παντὶ τῷ

q ὃν ʳ μόνον ἐπὶ ˢ βαπτισμοῖς. καὶ δικαιώμασι
σαρκός, ᵗ γενομένων Μ. ᵘ ταύρων καὶ τράγων ᵛ ἡμῶν Μ.
ʷ διαθέμενος. A.S.M. ˣ om. τὸν

λαῷ λαβὼν τὸ αἷμα τῶν μόσχων καὶ ʸτῶν [1] τράγων, μετὰ ὕδατος καὶ ἐρίου κοκκίνου καὶ ὑσσώπου, αὐτό τε τὸ βιβ- λίον καὶ πάντα τὸν λαὸν ἐρράντισε λέγων, Τοῦτο τὸ αἷμα 20 τῆς διαθήκης ἧς ἐνετείλατο πρὸς ὑμᾶς ὁ Θεός. καὶ τὴν 21 σκηνὴν δὲ καὶ πάντα τὰ σκεύη τῆς λειτουργίας τῷ αἵματι ὁμοίως ἐρράντισε. καὶ σχεδὸν ἐν αἵματι πάντα καθαρίζεται 22 κατὰ τὸν νόμον, καὶ χωρὶς αἱματεκχυσίας οὐ γίνεται ἄφεσις. Ἀνάγκη οὖν τὰ μὲν ὑποδείγματα τῶν ἐν τοῖς οὐρανοῖς 23 τούτοις καθαρίζεσθαι, αὐτὰ δὲ τὰ ἐπουράνια κρείττοσι θυσίαις παρὰ ταύτας. οὐ γὰρ εἰς χειροποίητα ἅγια ᶻεἰσῆλθε[11] 24 Χριστὸς ἀντίτυπα τῶν ἀληθινῶν, ἀλλ' εἰς αὐτὸν τὸν οὐρανόν, νῦν ἐμφανισθῆναι τῷ προσώπῳ τοῦ Θεοῦ ὑπὲρ ἡμῶν· οὐδ' 25 ἵνα πολλάκις προσφέρῃ ἑαυτόν, ὥσπερ ὁ ἀρχιερεὺς εἰσέρχεται εἰς τὰ ἅγια κατ' ἐνιαυτὸν ἐν αἵματι ἀλλοτρίῳ· ἐπεὶ 26 ἔδει αὐτὸν πολλάκις παθεῖν ἀπὸ καταβολῆς κόσμου· ᵃνυνὶ[11] δὲ ἅπαξ ἐπὶ συντελείᾳ τῶν αἰώνων εἰς ἀθέτησιν ἁμαρτίας διὰ τῆς θυσίας αὐτοῦ πεφανέρωται. καὶ καθ' ὅσον ἀπό- 27 κειται τοῖς ἀνθρώποις ἅπαξ ἀποθανεῖν μετὰ δὲ τοῦτο κρίσις, οὕτως ᵇκαὶ [1] ὁ Χριστὸς ἅπαξ προσενεχθεὶς εἰς τὸ πολλῶν 28 ἀνενεγκεῖν ἁμαρτίας ἐκ δευτέρου χωρὶς ἁμαρτίας ὀφθήσεται τοῖς αὐτὸν ἀπεκδεχομένοις εἰς σωτηρίαν.

Σκιὰν γὰρ ἔχων ὁ νόμος τῶν μελλόντων ἀγαθῶν, οὐκ αὐτὴν 10 τὴν εἰκόνα τῶν πραγμάτων, κατ' ἐνιαυτὸν ταῖς αὐταῖς θυσίαις ἃς προσφέρουσιν εἰς τὸ διηνεκὲς οὐδέποτε ᶜδύνανται[11] τοὺς προσερχομένους τελειῶσαι. ἐπεὶ οὐκ ἂν ἐπαύσαντο προσ- 2 φερόμεναι, διὰ τὸ μηδεμίαν ἔχειν ἔτι συνείδησιν ἁμαρτιῶν τοὺς λατρεύοντας ἅπαξ ᵈκεκαθαρισμένους[11]; ἀλλ' ἐν αὐταῖς 3 ἀνάμνησις ἁμαρτιῶν κατ' ἐνιαυτόν· ἀδύνατον γὰρ αἷμα ταύ- 4 ρων καὶ τράγων ἀφαιρεῖν ἁμαρτίας. διὸ εἰσερχόμενος εἰς 5 τὸν κόσμον λέγει, Θυσίαν καὶ προσφορὰν οὐκ ἠθέλησας,

---

ʸ om. τῶν   ᶻ εἰσῆλθεν ὁ   ᵃ νῦν   ᵇ om. καὶ
ᶜ δύναται A.S.M.   ᵈ κεκαθαρμένους

ΠΡΟΣ ΕΒΡΑΙΟΥΣ.

6 σῶμα δὲ κατηρτίσω μοι· ὁλοκαυτώματα καὶ περὶ ἁμαρτίας
7 οὐκ εὐδόκησας· τότε εἶπον, Ἰδού, ἥκω (ἐν κεφαλίδι βιβλίου γέγραπται περὶ ἐμοῦ) τοῦ ποιῆσαι, ὁ Θεός, τὸ θέλημά σου.
8 ἀνώτερον λέγων ὅτι ᵉΘυσίας" καὶ ᶠπροσφορὰς" καὶ ὁλοκαυτώματα καὶ περὶ ἁμαρτίας οὐκ ἠθέλησας οὐδὲ εὐδόκησας
9 (αἵτινες κατὰ ᵍ—" νόμον προσφέρονται), τότε εἴρηκεν, Ἰδού, ἥκω τοῦ ποιῆσαι ʰ—" τὸ θέλημά σου. ἀναιρεῖ τὸ πρῶτον,
10 ἵνα τὸ δεύτερον στήσῃ. ἐν ᾧ θελήματι ἡγιασμένοι ἐσμὲν Cp. Gal.
ⁱ—" διὰ τῆς προσφορᾶς τοῦ σώματος ᵏ—" Ἰησοῦ Χριστοῦ 1.4.
11 ἐφάπαξ. καὶ πᾶς μὲν ˡἱερεὺς" ἕστηκε καθ᾽ ἡμέραν λειτουρ- Cp. 7. 27.
γῶν, καὶ τὰς αὐτὰς πολλάκις προσφέρων θυσίας, αἵτινες
12 οὐδέποτε δύνανται περιελεῖν ἁμαρτίας· ᵐοὗτος" δὲ μίαν
ὑπὲρ ἁμαρτιῶν προσενέγκας θυσίαν εἰς τὸ διηνεκὲς ἐκάθισεν Cp. 1. 3.
13 ἐν δεξιᾷ τοῦ Θεοῦ, τὸ λοιπὸν ἐκδεχόμενος ἕως τεθῶσιν οἱ Ps. 110
14 ἐχθροὶ αὐτοῦ ὑποπόδιον τῶν ποδῶν αὐτοῦ. μιᾷ γὰρ προσ- (109). 1.
15 φορᾷ τετελείωκεν εἰς τὸ διηνεκὲς τοὺς ἁγιαζομένους. μαρτυρεῖ δὲ ἡμῖν καὶ τὸ Πνεῦμα τὸ Ἅγιον· μετὰ γὰρ τὸ
16 ⁿεἰρηκέναι", Αὕτη ἡ διαθήκη ἣν διαθήσομαι πρὸς αὐτοὺς μετὰ Jer.31(38).
τὰς ἡμέρας ἐκείνας, λέγει Κύριος· διδοὺς νόμους μου ἐπὶ 33 sq.
καρδίας αὐτῶν καὶ ἐπὶ ᵒτὴν διάνοιαν" αὐτῶν ἐπιγράψω
17 αὐτούς· καὶ τῶν ἁμαρτιῶν αὐτῶν καὶ τῶν ἀνομιῶν αὐτῶν οὐ
18 μὴ ᵖμνησθήσομαι" ἔτι. ὅπου δὲ ἄφεσις τούτων, οὐκέτι προσφορὰ περὶ ἁμαρτίας.
19 Ἔχοντες οὖν, ἀδελφοί, παρρησίαν εἰς τὴν εἴσοδον τῶν Cp. Eph.
20 ἁγίων ἐν τῷ αἵματι Ἰησοῦ, ἣν ἐνεκαίνισεν ἡμῖν ὁδὸν πρόσ- 2.13,18, 3.12.
φατον καὶ ζῶσαν, διὰ τοῦ καταπετάσματος, τοῦτ᾽ ἔστι τῆς
21 σαρκὸς αὐτοῦ, καὶ ἱερέα μέγαν ἐπὶ τὸν οἶκον τοῦ Θεοῦ,
22 προσερχώμεθα μετὰ ἀληθινῆς καρδίας ἐν πληροφορίᾳ πίστεως, ἐρραντισμένοι τὰς καρδίας ἀπὸ συνειδήσεως ᵠπονηρᾶς,"

ᵉ Θυσίαν ᶠ προσφορὰν ᵍ add τὸν ʰ add ὁ Θεός,
ⁱ add οἱ S. ᵏ add τοῦ ˡ ἀρχιερεὺς M. ᵐ αὐτὸς
ⁿ προειρηκέναι ᵒ τῶν διανοιῶν ᵖ μνησθῶ ᵠ πονηρᾶς· M.

καὶ λελουμένοι τὸ σῶμα ὕδατι ʳκαθαρῷ·ⁿ κατέχωμεν τὴν 23
ὁμολογίαν τῆς ἐλπίδος ἀκλινῆ, πιστὸς γὰρ ὁ ἐπαγγειλάμενος·
καὶ κατανοῶμεν ἀλλήλους εἰς παροξυσμὸν ἀγάπης καὶ καλῶν 24
ἔργων, μὴ ἐγκαταλείποντες τὴν ἐπισυναγωγὴν ἑαυτῶν, καθὼς 25
ἔθος τισίν, ἀλλὰ παρακαλοῦντες, καὶ τοσούτῳ μᾶλλον ὅσῳ
βλέπετε ἐγγίζουσαν τὴν ἡμέραν.

Cp. Mat. Ἑκουσίως γὰρ ἁμαρτανόντων ἡμῶν, μετὰ τὸ λαβεῖν τὴν 26
12. 43
sqq., ἐπίγνωσιν τῆς ἀληθείας, οὐκέτι περὶ ἁμαρτιῶν ἀπολείπεται
I.k. 11. 24
sqq., θυσία, φοβερὰ δέ τις ἐκδοχὴ κρίσεως, καὶ πυρὸς ζῆλος 27
2 Pet. 2. 20 ἐσθίειν μέλλοντος τοὺς ὑπεναντίους. ἀθετήσας τις νόμον 28
sq.
Cp. Deut. Μωσέως χωρὶς οἰκτιρμῶν ἐπὶ δυσὶν ἢ τρισὶ μάρτυσιν ἀποθνή-
19. 15.
Cp. 6. 6. σκει· πόσῳ, δοκεῖτε, χείρονος ἀξιωθήσεται τιμωρίας ὁ τὸν 29
υἱὸν τοῦ Θεοῦ καταπατήσας, καὶ τὸ αἷμα τῆς διαθήκης κοινὸν
ἡγησάμενος ἐν ᾧ ἡγιάσθη, καὶ τὸ Πνεῦμα τῆς χάριτος ἐνυβρί-
Deut. 32. σας; οἴδαμεν γὰρ τὸν εἰπόντα, Ἐμοὶ ἐκδίκησις, ἐγὼ ἀντα- 30
35.
Deut. 32. ποδώσω ˢ—ⁿ· καὶ πάλιν, ᵗΚρινεῖ Κύριοςⁿ τὸν λαὸν αὐτοῦ.
36. φοβερὸν τὸ ἐμπεσεῖν εἰς χεῖρας Θεοῦ ζῶντος. 31
Cp. Gal. Ἀναμιμνήσκεσθε δὲ τὰς πρότερον ἡμέρας, ἐν αἷς φωτισ- 32
3. 4.
Phil. 1. 29. θέντες πολλὴν ἄθλησιν ὑπεμείνατε παθημάτων, τοῦτο μὲν 33
Cp. Phil. ὀνειδισμοῖς τε καὶ θλίψεσι θεατριζόμενοι, τοῦτο δὲ κοινωνοὶ
4. 14.
Cp. 13. 3. τῶν οὕτως ἀναστρεφομένων γενηθέντες. καὶ γὰρ τοῖς 34
ᵘ δεσμίοιςⁿ συνεπαθήσατε, καὶ τὴν ἁρπαγὴν τῶν ὑπαρχόντων
ὑμῶν μετὰ χαρᾶς προσεδέξασθε, γινώσκοντες ἔχειν ˣἑαυ-
τοὺςⁿ κρείττονα ὕπαρξιν ʸ—ⁿ καὶ μένουσαν. μὴ ἀποβάλητε 35
οὖν τὴν παρρησίαν ὑμῶν, ἥτις ἔχει ᶻ μεγάλην μισθαποδοσίανⁿ.
Cp.Lk.21. ὑπομονῆς γὰρ ἔχετε χρείαν, ἵνα τὸ θέλημα τοῦ Θεοῦ ποιή- 36
19.
σαντες κομίσησθε τὴν ἐπαγγελίαν. ἔτι γὰρ μικρὸν ὅσον 37
Hab. 2. 3 ὅσον Ὁ ἐρχόμενος ἥξει, καὶ οὐ χρονιεῖ. ὁ δὲ δίκαιος ᵃμουⁿ 38
sq.
ἐκ πίστεως ζήσεται· καὶ ἐὰν ὑποστείληται, οὐκ εὐδοκεῖ ἡ

ʳ καθαρῷ. Μ.   ˢ add λέγει Κύριος   ᵗ Κύριος κρινεῖ
ᵘ δεσμοῖς μου   ˣ ἑαυτοῖς Μ.: ἐν ἑαυτοῖς A.S.   ʸ add
ἐν οὐρανοῖς   ᶻ μισθαποδοσίαν μεγάλην   ᵃ om. μου
A.S.M.

39 ψυχή μου ἐν αὐτῷ. ἡμεῖς δὲ οὐκ ἐσμὲν ὑποστολῆς εἰς ἀπώλειαν, ἀλλὰ πίστεως εἰς περιποίησιν ψυχῆς.
11 Ἔστι δὲ πίστις ἐλπιζομένων ὑπόστασις, πραγμάτων ἔλεγ- Cp. Rom.
2 χος οὐ βλεπομένων. ἐν ταύτῃ γὰρ ἐμαρτυρήθησαν οἱ πρεσ- 8. 24 sq.
3 βύτεροι. πίστει νοοῦμεν κατηρτίσθαι τοὺς αἰῶνας ῥήματι Θεοῦ, εἰς τὸ μὴ ἐκ φαινομένων ᵇτὸ βλεπόμενον‖ γεγονέναι.
4 πίστει πλείονα θυσίαν Ἄβελ παρὰ Κάϊν προσήνεγκε τῷ Θεῷ, Gen. 4. 4
δι᾿ ἧς ἐμαρτυρήθη εἶναι δίκαιος, μαρτυροῦντος ἐπὶ τοῖς δώροις sq.
αὐτοῦ ᶜτοῦ Θεοῦ‖· καὶ δι᾿ αὐτῆς ἀποθανὼν ἔτι ᵈλαλεῖ‖.
5 πίστει Ἐνὼχ μετετέθη τοῦ μὴ ἰδεῖν θάνατον, καὶ οὐχ εὑρί- Gen. 5. 24.
σκετο, διότι μετέθηκεν αὐτὸν ὁ Θεός· πρὸ γὰρ τῆς μετα-
6 θέσεως ᵉ⁻‖ μεμαρτύρηται εὐηρεστηκέναι τῷ Θεῷ· χωρὶς δὲ
πίστεως ἀδύνατον εὐαρεστῆσαι· πιστεῦσαι γὰρ δεῖ τὸν
προσερχόμενον τῷ Θεῷ, ὅτι ἔστι, καὶ τοῖς ἐκζητοῦσιν αὐτὸν
7 μισθαποδότης γίνεται. πίστει χρηματισθεὶς Νῶε περὶ τῶν Gen. 6. 13
μηδέπω βλεπομένων εὐλαβηθεὶς κατεσκεύασε κιβωτὸν εἰς sqq.
σωτηρίαν τοῦ οἴκου αὐτοῦ· δι᾿ ἧς κατέκρινε τὸν κόσμον,
8 καὶ τῆς κατὰ πίστιν δικαιοσύνης ἐγένετο κληρονόμος. πίστει Gen. 12. 1
καλούμενος Ἀβραὰμ ὑπήκουσεν ἐξελθεῖν εἰς ᶠ⁻‖ τόπον ὃν sqq.
ἤμελλε λαμβάνειν εἰς κληρονομίαν, καὶ ἐξῆλθε μὴ ἐπιστά-
9 μενος ποῦ ἔρχεται. πίστει παρῴκησεν εἰς ᵍ⁻ γῆν τῆς ἐπαγ-
γελίας ὡς ἀλλοτρίαν, ἐν σκηναῖς κατοικήσας, μετὰ Ἰσαὰκ
καὶ Ἰακὼβ τῶν συγκληρονόμων τῆς ἐπαγγελίας τῆς αὐτῆς·
10 ἐξεδέχετο γὰρ τὴν τοὺς θεμελίους ἔχουσαν πόλιν, ἧς τεχνίτης
11 καὶ δημιουργὸς ὁ Θεός. πίστει καὶ αὐτὴ Σάρρα δύναμιν εἰς Cp. Gen.
καταβολὴν σπέρματος ἔλαβε καὶ παρὰ καιρὸν ἡλικίας ʰ⁻‖, 18. 11
12 ἐπεὶ πιστὸν ἡγήσατο τὸν ἐπαγγειλάμενον· διὸ καὶ ἀφ᾿ ἑνὸς sqq.
ἐγεννήθησαν, καὶ ταῦτα νενεκρωμένου, καθὼς τὰ ἄστρα τοῦ Cp. Gen.
οὐρανοῦ τῷ πλήθει, καὶ ⁱὡς ἡ‖ ἄμμος ἡ παρὰ τὸ χεῖλος τῆς 15. 5.
θαλάσσης ἡ ἀναρίθμητος.

ᵇ τὰ βλεπόμενα   ᶜ τῷ Θεῷ M.   ᵈ λαλεῖται S.   ᵉ add
αὐτοῦ   ᶠ add τὸν   ᵍ add τὴν   ʰ add ἔτεκεν   ⁱ ὡσεὶ

I i

Κατὰ πίστιν ἀπέθανον οὗτοι πάντες, μὴ ᵏκομισάμενοι" τὰς 13
ἐπαγγελίας, ἀλλὰ πόρρωθεν αὐτὰς ἰδόντες ¹⁻" καὶ ἀσπασά-
μενοι, καὶ ὁμολογήσαντες ὅτι ξένοι καὶ παρεπίδημοί εἰσιν ἐπὶ
τῆς γῆς. οἱ γὰρ τοιαῦτα λέγοντες ἐμφανίζουσιν ὅτι πατρίδα 14
ἐπιζητοῦσι. καὶ εἰ μὲν ἐκείνης ἐμνημόνευον ἀφ᾿ ἧς ᵐἐξέβη- 15
σαν", εἶχον ἂν καιρὸν ἀνακάμψαι. ⁿνῦν" δὲ κρείττονος ὀρέγον- 16
ται τοῦτ᾿ ἔστιν ἐπουρανίου· διὸ οὐκ ἐπαισχύνεται αὐτοὺς ὁ
Θεός, Θεὸς ἐπικαλεῖσθαι αὐτῶν· ἡτοίμασε γὰρ αὐτοῖς πόλιν.
Πίστει προσενήνοχεν ᾿Αβραὰμ τὸν ᾿Ισαὰκ πειραζόμενος· 17
καὶ τὸν μονογενῆ προσέφερεν ὁ τὰς ἐπαγγελίας ἀναδεξάμε-
νος, πρὸς ὃν ἐλαλήθη ὅτι ᾿Εν ᾿Ισαὰκ κληθήσεταί σοι σπέρμα· 18
λογισάμενος ὅτι καὶ ἐκ νεκρῶν ἐγείρειν δυνατὸς ὁ Θεός· ὅθεν 19
αὐτὸν καὶ ἐν παραβολῇ ἐκομίσατο. πίστει ᵒκαὶ" περὶ μελ- 20
λόντων εὐλόγησεν ᾿Ισαὰκ τὸν ᾿Ιακὼβ καὶ τὸν ᵖ᾿Ησαῦ". πίστει 21
᾿Ιακὼβ ἀποθνήσκων ἕκαστον τῶν υἱῶν ᾿Ιωσὴφ εὐλόγησε, καὶ
προσεκύνησεν ἐπὶ τὸ ἄκρον τῆς ῥάβδου αὐτοῦ. πίστει 22
᾿Ιωσὴφ τελευτῶν περὶ τῆς ἐξόδου τῶν υἱῶν ᾿Ισραὴλ ἐμνημό-
νευσε, καὶ περὶ τῶν ὀστέων αὐτοῦ ἐνετείλατο. πίστει Μωσῆς 23
γεννηθεὶς ἐκρύβη τρίμηνον ὑπὸ τῶν πατέρων αὐτοῦ, διότι
εἶδον ἀστεῖον τὸ παιδίον· καὶ οὐκ ἐφοβήθησαν τὸ διάταγμα
τοῦ βασιλέως. πίστει Μωσῆς μέγας γενόμενος ἠρνήσατο 24
λέγεσθαι υἱὸς θυγατρὸς Φαραώ, μᾶλλον ἑλόμενος συγκα- 25
κουχεῖσθαι τῷ λαῷ τοῦ Θεοῦ ἢ πρόσκαιρον ἔχειν ἁμαρτίας
ἀπόλαυσιν, μείζονα πλοῦτον ἡγησάμενος τῶν ᵠΑἰγύπτου" 26
θησαυρῶν τὸν ὀνειδισμὸν τοῦ Χριστοῦ· ἀπέβλεπε γὰρ εἰς
τὴν μισθαποδοσίαν. πίστει κατέλιπεν Αἴγυπτον μὴ φοβη- 27
θεὶς τὸν θυμὸν τοῦ βασιλέως· τὸν γὰρ ἀόρατον ὡς ὁρῶν
ἐκαρτέρησε. πίστει πεποίηκε τὸ πάσχα καὶ τὴν πρόσχυσιν 28
τοῦ αἵματος, ἵνα μὴ ὁ ὀλοθρεύων τὰ πρωτότοκα θίγῃ αὐτῶν.
πίστει διέβησαν τὴν ᾿Ερυθρὰν θάλασσαν ὡς διὰ ξηρᾶς ʳγῆς". 29

ᵏ λαβόντες   ¹ add καὶ πεισθέντες,   ᵐ ἐξῆλθον   ⁿ νυνὶ
ᵒ om. καὶ   ᵖ ᾿Ησαῦ S.   ᵠ ἐν Αἰγύπτῳ   ʳ om. γῆς

30 ἧς πεῖραν λαβόντες οἱ Αἰγύπτιοι κατεπόθησαν. πίστει τὰ
31 τείχη Ἱεριχὼ ˢἔπεσαν‖ κυκλωθέντα ἐπὶ ἑπτὰ ἡμέρας. πίστει
Ῥαὰβ ἡ πόρνη οὐ συναπώλετο τοῖς ἀπειθήσασι δεξαμένη
32 τοὺς κατασκόπους μετ᾽ εἰρήνης. καὶ τί ἔτι λέγω; ἐπιλείψει
ᵗμε γὰρ‖ διηγούμενον ὁ χρόνος περὶ Γεδεών, ᵘΒαράκ, Σαμ-
ψών,‖ Ἰεφθάε, Δαβὶδ τε καὶ Σαμουὴλ καὶ τῶν προφητῶν·
33 οἳ διὰ πίστεως κατηγωνίσαντο βασιλείας, εἰργάσαντο δι-
καιοσύνην, ἐπέτυχον ἐπαγγελιῶν, ἔφραξαν στόματα λεόντων,
34 ἔσβεσαν δύναμιν πυρός, ἔφυγον στόματα μαχαίρας, ᵛἐδυ-
ναμώθησαν‖ ἀπὸ ἀσθενείας, ἐγενήθησαν ἰσχυροὶ ἐν πολέμῳ,
35 παρεμβολὰς ἔκλιναν ἀλλοτρίων. ἔλαβον γυναῖκες ἐξ ἀνα-
στάσεως τοὺς νεκροὺς αὐτῶν· ἄλλοι δὲ ἐτυμπανίσθησαν, οὐ
προσδεξάμενοι τὴν ἀπολύτρωσιν, ἵνα κρείττονος ἀναστάσεως
36 τύχωσιν. ἕτεροι δὲ ἐμπαιγμῶν καὶ μαστίγων πεῖραν ἔλαβον,
37 ἔτι δὲ δεσμῶν καὶ φυλακῆς· ἐλιθάσθησαν, ἐπρίσθησαν,
ἐπειράσθησαν, ἐν φόνῳ μαχαίρας ἀπέθανον· περιῆλθον ἐν
μηλωταῖς, ἐν αἰγείοις δέρμασιν, ὑστερούμενοι, θλιβόμενοι,
38 κακουχούμενοι (ὧν οὐκ ἦν ἄξιος ὁ κόσμος), ˣἐπὶ‖ ἐρημίαις
πλανώμενοι καὶ ὄρεσι καὶ σπηλαίοις καὶ ταῖς ὀπαῖς τῆς γῆς.
39 καὶ οὗτοι πάντες, μαρτυρηθέντες διὰ τῆς πίστεως, οὐκ ἐκομί-
40 σαντο τὴν ἐπαγγελίαν, τοῦ Θεοῦ περὶ ἡμῶν κρεῖττόν τι προ-
βλεψαμένου, ἵνα μὴ χωρὶς ἡμῶν τελειωθῶσι.
12 Τοιγαροῦν καὶ ἡμεῖς, τοσοῦτον ἔχοντες περικείμενον ἡμῖν
νέφος μαρτύρων, ὄγκον ἀποθέμενοι πάντα καὶ τὴν εὐπερί-
στατον ἁμαρτίαν δι᾽ ὑπομονῆς τρέχωμεν τὸν προκείμενον
2 ἡμῖν ἀγῶνα, ἀφορῶντες εἰς τὸν τῆς πίστεως ἀρχηγὸν καὶ
τελειωτὴν Ἰησοῦν, ὃς ἀντὶ τῆς προκειμένης αὐτῷ χαρᾶς ὑπέ-
μεινε σταυρόν, αἰσχύνης καταφρονήσας, ἐν δεξιᾷ τε τοῦ
3 θρόνου τοῦ Θεοῦ ʸκεκάθικεν‖. ἀναλογίσασθε γὰρ τὸν
τοιαύτην ὑπομεμενηκότα ὑπὸ τῶν ἁμαρτωλῶν εἰς ᶻἑαυτοὺς‖

ˢ ἔπεσε   ᵗ γάρ με   ᵘ Βαράκ τε καὶ Σαμψὼν καὶ
ᵛ ἐνεδυναμώθησαν   ˣ ἐν   ʸ ἐκάθισεν   ᶻ αὐτὸν A.S.:
ἑαυτὸν M.

ἀντιλογίαν, ἵνα μὴ κάμητε ταῖς ψυχαῖς ὑμῶν ἐκλυόμενοι. οὔπω μέχρις αἵματος ἀντικατέστητε πρὸς τὴν ἁμαρτίαν 4 ἀνταγωνιζόμενοι· καὶ ἐκλέλησθε τῆς παρακλήσεως, ἥτις 5 ὑμῖν ὡς υἱοῖς διαλέγεται, Υἱέ μου, μὴ ὀλιγώρει παιδείας Κυρίου, μηδὲ ἐκλύου ὑπ' αὐτοῦ ἐλεγχόμενος· ὃν γὰρ ἀγαπᾷ 6 Κύριος παιδεύει, μαστιγοῖ δὲ πάντα υἱὸν ὃν παραδέχεται. ªεἰς παιδείαν ὑπομένετε·‖ ὡς υἱοῖς ὑμῖν προσφέρεται ὁ 7 Θεός· τίς γὰρ ᵇ⁻‖ υἱὸς ὃν οὐ παιδεύει πατήρ; εἰ δὲ χωρίς 8 ἐστε παιδείας, ἧς μέτοχοι γεγόνασι πάντες, ἄρα νόθοι ᶜκαὶ οὐχ υἱοί ἐστε‖. εἶτα τοὺς μὲν τῆς σαρκὸς ἡμῶν πατέρας 9 εἴχομεν παιδευτάς, καὶ ἐνετρεπόμεθα· οὐ ᵈπολὺ‖ μᾶλλον ὑποταγησόμεθα τῷ πατρὶ τῶν πνευμάτων, καὶ ζήσομεν; οἱ 10 μὲν γὰρ πρὸς ὀλίγας ἡμέρας κατὰ τὸ δοκοῦν αὐτοῖς ἐπαίδευον· ὁ δὲ ἐπὶ τὸ συμφέρον, εἰς τὸ μεταλαβεῖν τῆς ἁγιότητος αὐτοῦ. πᾶσα ᵉμὲν‖ παιδεία πρὸς μὲν τὸ παρὸν οὐ δοκεῖ χαρᾶς 11 εἶναι, ἀλλὰ λύπης· ὕστερον δὲ καρπὸν εἰρηνικὸν τοῖς δι' αὐτῆς γεγυμνασμένοις ἀποδίδωσι δικαιοσύνης. διὸ τὰς πα- 12 ρειμένας χεῖρας καὶ τὰ παραλελυμένα γόνατα ἀνορθώσατε, καὶ τροχιὰς ὀρθὰς ποιήσατε τοῖς ποσὶν ὑμῶν, ἵνα μὴ τὸ 13 χωλὸν ἐκτραπῇ, ἰαθῇ δὲ μᾶλλον. Εἰρήνην διώκετε μετὰ πάντων, καὶ τὸν ἁγιασμὸν οὗ χωρὶς 14 οὐδεὶς ὄψεται τὸν Κύριον· ἐπισκοποῦντες μή τις ὑστερῶν 15 ἀπὸ τῆς χάριτος τοῦ Θεοῦ, μή τις ῥίζα πικρίας ἄνω φύουσα ἐνοχλῇ, καὶ διὰ ταύτης μιανθῶσιν ᶠοἱ‖ πολλοί, μή τις πόρνος 16 ἢ βέβηλος, ὡς Ἡσαῦ, ὃς ἀντὶ βρώσεως μιᾶς ἀπέδοτο τὰ πρωτοτόκια ᵍἑαυτοῦ‖. ἴστε γὰρ ὅτι καὶ μετέπειτα θέλων 17 κληρονομῆσαι τὴν εὐλογίαν ʰἀπεδοκιμάσθη‖ (μετανοίας γὰρ τόπον οὐχ εὗρε), καίπερ μετὰ δακρύων ἐκζητήσας αὐτήν. Οὐ γὰρ προσεληλύθατε ψηλαφωμένῳ ⁱ⁻‖ καὶ κεκαυμένῳ 18 πυρί, καὶ γνόφῳ, καὶ ʲζόφῳ‖, καὶ θυέλλῃ, καὶ σάλπιγγος 19

ª εἰ παιδείαν ὑπομένετε, ᵇ add ἐστιν ᶜ ἐστὲ καὶ οὐχ υἱοί ᵈ πολλῷ ᵉ δὲ ᶠ om. οἱ ᵍ αὐτοῦ ʰ ἀπεδοκιμάσθη· (no parenthesis) ⁱ add ὄρει ʲ σκότῳ

ἤχῳ, καὶ φωνῇ ῥημάτων, ἧς οἱ ἀκούσαντες παρῃτήσαντο μὴ
20 προστεθῆναι αὐτοῖς λόγον· οὐκ ἔφερον γὰρ τὸ διαστελλόμενον, Κἂν θηρίον θίγῃ τοῦ ὄρους, λιθοβοληθήσεται ᵏ⁻ˡ·
21 καὶ οὕτω φοβερὸν ἦν τὸ φανταζόμενον, Μωσῆς εἶπεν, Ἔκφο-
22 βός εἰμι καὶ ἔντρομος· ἀλλὰ προσεληλύθατε Σιὼν ὄρει, καὶ
πόλει Θεοῦ ζῶντος, Ἱερουσαλὴμ ἐπουρανίῳ, καὶ μυριάσιν
23 ˡἀγγέλων, πανηγύρει ᴵᴵ καὶ ἐκκλησίᾳ πρωτοτόκων ᵐἀπογε-
γραμμένων ἐν οὐρανοῖς ᴵᴵ, καὶ κριτῇ Θεῷ πάντων, καὶ πνεύ-
24 μασι δικαίων τετελειωμένων, καὶ διαθήκης νέας μεσίτῃ Ἰησοῦ,
καὶ αἵματι ῥαντισμοῦ ⁿκρεῖττον ᴵᴵ λαλοῦντι παρὰ ᵒτὸν ᴵᴵ Ἄβελ.
25 βλέπετε μὴ παραιτήσησθε τὸν λαλοῦντα. εἰ γὰρ ἐκεῖνοι
οὐκ ᴾἐξέφυγον ᴵᴵ ἐπὶ ᵍ⁻ˡˡ γῆς παραιτησάμενοι ʳτὸν ᴵᴵ χρηματί-
ζοντα, ˢπολὺ ᴵᴵ μᾶλλον ἡμεῖς οἱ τὸν ἀπ' οὐρανῶν ἀποστρεφό-
26 μενοι· οὗ ἡ φωνὴ τὴν γῆν ἐσάλευσε τότε, νῦν δὲ ἐπήγγελται
λέγων, Ἔτι ἅπαξ ἐγὼ ᵗσείσω ᴵᴵ οὐ μόνον τὴν γῆν, ἀλλὰ καὶ
27 τὸν οὐρανόν. τὸ δὲ Ἔτι ἅπαξ δηλοῖ ᵘτὴν τῶν σαλευομέ-
νων ᴵᴵ μετάθεσιν, ὡς πεποιημένων, ἵνα μείνῃ τὰ μὴ σαλευόμενα.
28 διὸ βασιλείαν ἀσάλευτον παραλαμβάνοντες ἔχωμεν χάριν,
δι' ἧς λατρεύωμεν εὐαρέστως τῷ Θεῷ μετὰ ˣεὐλαβείας καὶ
29 δέους ʸ· καὶ γὰρ ὁ Θεὸς ἡμῶν πῦρ καταναλίσκον.
13 1, 2 Ἡ φιλαδελφία μενέτω. τῆς φιλοξενίας μὴ ἐπιλανθά-
3 νεσθε· διὰ ταύτης γὰρ ἔλαθόν τινες ξενίσαντες ἀγγέλους. μιμ-
νήσκεσθε τῶν δεσμίων ὡς συνδεδεμένοι, τῶν κακουχουμένων
4 ὡς καὶ αὐτοὶ ὄντες ἐν σώματι. τίμιος ὁ γάμος ἐν πᾶσι, καὶ ἡ
κοίτη ἀμίαντος· πόρνους ʸγὰρ ᴵᴵ καὶ μοιχοὺς κρινεῖ ὁ Θεός.
5 ἀφιλάργυρος ὁ τρόπος· ἀρκούμενοι τοῖς παροῦσιν· αὐτὸς
γὰρ εἴρηκεν, Οὐ μή σε ἀνῶ, οὐδ' οὐ μή σε ἐγκαταλίπω·

Ex. 20. 19.

Ex. 19. 13.

Cp. Gal. 4. 26.
Cp. Lk. 10. 20.
Cp. 9. 15.
Cp. 1 Pet. 1, 2.
Cp. 2. 2, 10. 28.

Hag. 2. 6 (7).

Cp. Deut. 4. 24, 9. 3.
Cp. 1 Thss. 4. 9.
Cp. Gen. 18. 3, 19. 2.
Cp. 10. 34.

Cp. Deut. 31. 6, 8.

ᵏ add ἢ βολίδι κατατοξευθήσεται   ˡ ἀγγέλων πανηγύρει, S.M.
ᵐ ἐν οὐρανοῖς ἀπογεγραμμένων   ⁿ κρείττονα   ᵒ τὸ A.
ᴾ ἔφυγον. τὸν   ᵍ add τῆς   ʳ om. τὸν   ˢ πολλῷ
ᵗ σείω   ᵘ τῶν σαλευομένων τὴν   ˣ αἰδοῦς καὶ εὐλαβείας
ʸ δὲ

ὥστε θαρροῦντας ἡμᾶς λέγειν, Κύριος ἐμοὶ βοηθός, ᶻοὐ φο- 6
βηθήσομαι· τί ποιήσει μοι ἄνθρωπος;"
Μνημονεύετε τῶν ἡγουμένων ὑμῶν, οἵτινες ἐλάλησαν ὑμῖν 7
τὸν λόγον τοῦ Θεοῦ· ὧν ἀναθεωροῦντες τὴν ἔκβασιν τῆς ἀναστροφῆς μιμεῖσθε τὴν πίστιν. Ἰησοῦς Χριστὸς ᵃἐχθὲς" καὶ 8
σήμερον ὁ αὐτός, καὶ εἰς τοὺς αἰῶνας. διδαχαῖς ποικίλαις 9
καὶ ξέναις μὴ ᵇπαραφέρεσθε"· καλὸν γὰρ χάριτι βεβαιοῦσθαι τὴν καρδίαν, οὐ βρώμασιν, ἐν οἷς οὐκ ὠφελήθησαν οἱ
περιπατήσαντες. ἔχομεν θυσιαστήριον, ἐξ οὗ φαγεῖν οὐκ 10
ἔχουσιν ἐξουσίαν οἱ τῇ σκηνῇ λατρεύοντες. ὧν γὰρ εἰσφέρε- 11
ται ζώων τὸ αἷμα περὶ ἁμαρτίας εἰς τὰ ἅγια διὰ τοῦ ἀρχιερέως,
τούτων τὰ σώματα κατακαίεται ἔξω τῆς παρεμβολῆς. διὸ καὶ 12
Ἰησοῦς, ἵνα ἁγιάσῃ διὰ τοῦ ἰδίου αἵματος τὸν λαόν, ἔξω τῆς
πύλης ἔπαθε. τοίνυν ἐξερχώμεθα πρὸς αὐτὸν ἔξω τῆς παρεμ- 13
βολῆς τὸν ὀνειδισμὸν αὐτοῦ φέροντες. οὐ γὰρ ἔχομεν ὧδε 14
μένουσαν πόλιν, ἀλλὰ τὴν μέλλουσαν ἐπιζητοῦμεν. δι' αὐτοῦ 15
ᶜοὖν" ἀναφέρωμεν θυσίαν αἰνέσεως διαπαντὸς τῷ Θεῷ τοῦτ'
ἔστι καρπὸν χειλέων ὁμολογούντων τῷ ὀνόματι αὐτοῦ. τῆς 16
δὲ εὐποιΐας καὶ κοινωνίας μὴ ἐπιλανθάνεσθε· τοιαύταις γὰρ
θυσίαις εὐαρεστεῖται ὁ Θεός. πείθεσθε τοῖς ἡγουμένοις 17
ὑμῶν, καὶ ὑπείκετε· αὐτοὶ γὰρ ἀγρυπνοῦσιν ὑπὲρ τῶν ψυχῶν ὑμῶν ὡς λόγον ἀποδώσοντες· ἵνα μετὰ χαρᾶς τοῦτο
ποιῶσι, καὶ μὴ στενάζοντες, ἀλυσιτελὲς γὰρ ὑμῖν τοῦτο.
Προσεύχεσθε περὶ ἡμῶν· ᵈπειθόμεθα" γὰρ ὅτι καλὴν 18
συνείδησιν ἔχομεν, ἐν πᾶσι καλῶς θέλοντες ἀναστρέφεσθαι.
περισσοτέρως δὲ παρακαλῶ τοῦτο ποιῆσαι, ἵνα τάχιον ἀπο- 19
κατασταθῶ ὑμῖν.
Ὁ δὲ Θεὸς τῆς εἰρήνης, ὁ ἀναγαγὼν ἐκ νεκρῶν τὸν ποι- 20
μένα τῶν προβάτων τὸν μέγαν ἐν αἵματι διαθήκης αἰωνίου,
τὸν Κύριον ἡμῶν Ἰησοῦν, καταρτίσαι ὑμᾶς ἐν παντὶ ᵉ—" 21

ᶻ καὶ οὐ φοβηθήσομαι τί ποιήσει μοι ἄνθρωπος.   ᵃ χθὲς
ᵇ περιφέρεσθε   ᶜ om. οὖν M.   ᵈ πεποίθαμεν   ᵉ add ἔργῳ A.S.M.

-1. 8. ΕΠΙΣΤΟΛΗ ΙΑΚΩΒΟΥ. 487

ἀγαθῷ εἰς τὸ ποιῆσαι τὸ θέλημα αὐτοῦ, ποιῶν ἐν ᶠἡμῖν ʹ τὸ εὐάρεστον ἐνώπιον αὐτοῦ, διὰ Ἰησοῦ Χριστοῦ· ᾧ ἡ δόξα εἰς τοὺς αἰῶνας τῶν αἰώνων. ἀμήν.
22 Παρακαλῶ δὲ ὑμᾶς, ἀδελφοί, ἀνέχεσθε τοῦ λόγου τῆς
23 παρακλήσεως· καὶ γὰρ διὰ βραχέων ἐπέστειλα ὑμῖν. γινώσκετε τὸν ἀδελφὸν ᵍἡμῶν Τιμόθεον ἀπολελυμένον, μεθ' οὗ, Cp. Acts 16. 1.
ἐὰν τάχιον ἔρχηται, ὄψομαι ὑμᾶς.
24 Ἀσπάσασθε πάντας τοὺς ἡγουμένους ὑμῶν, καὶ πάντας Cp. vv. 7. 17.
τοὺς ἁγίους. ἀσπάζονται ὑμᾶς οἱ ἀπὸ τῆς Ἰταλίας.
25 Ἡ χάρις μετὰ πάντων ὑμῶν. ἀμήν.
h—ǁ

ΙΑΚΩΒΟΥ ΕΠΙΣΤΟΛΗ ΚΑΘΟΛΙΚΗ.

1 Ἰάκωβος Θεοῦ καὶ Κυρίου Ἰησοῦ Χριστοῦ δοῦλος ταῖς δώδεκα φυλαῖς ταῖς ἐν τῇ διασπορᾷ χαίρειν. Cp. 1 Pet. 1. 1.
2 Πᾶσαν χαρὰν ἡγήσασθε, ἀδελφοί μου, ὅταν πειρασμοῖς Joh. 7. 3ᶜ.
3 περιπέσητε ποικίλοις, γινώσκοντες ὅτι τὸ δοκίμιον ὑμῶν τῆς Cp. Rom. 5. 3 ·qq.
4 πίστεως κατεργάζεται ὑπομονήν. ἡ δὲ ὑπομονὴ ἔργον τέλειον ἐχέτω, ἵνα ἦτε τέλειοι καὶ ὁλόκληροι, ἐν μηδενὶ λειπόμενοι.
5 Εἰ δέ τις ὑμῶν λείπεται σοφίας, αἰτείτω παρὰ τοῦ διδόντος Cp. Prov. 2. 3 sqq.
Θεοῦ πᾶσιν ἁπλῶς καὶ μὴ ὀνειδίζοντος, καὶ δοθήσεται αὐτῷ.
6 αἰτείτω δὲ ἐν πίστει μηδὲν διακρινόμενος· ὁ γὰρ διακρινό- Cp. Mk. 11.23sq.
μενος ἔοικε κλύδωνι θαλάσσης ἀνεμιζομένῳ καὶ ῥιπιζομένῳ.
7 μὴ γὰρ οἰέσθω ὁ ἄνθρωπος ἐκεῖνος ὅτι λήψεταί τι παρὰ τοῦ
8 ᵃΚυρίου, ἀνὴρ δίψυχος, ἀκατάστατος ʹ ἐν πάσαις ταῖς ὁδοῖς αὐτοῦ.

ᶠ ὑμῖν A.S.M.   ᵍ om. ἡμῶν   ʰ add subscription Πρὸς Ἑβραίους ἐγράφη ἀπὸ τῆς Ἰταλίας διὰ Τιμοθέου.   ᵃ Κυρίου. ἀνὴρ δίψυχος ἀκατάστατος A.: Κυρίου ἀνὴρ δίψυχος, ἀκατάστατος M.

488   ΕΠΙΣΤΟΛΗ   1. 9–

Cp. Isa. 40.6 sqq.

Καυχάσθω δὲ ὁ ἀδελφὸς ὁ ταπεινὸς ἐν τῷ ὕψει αὐτοῦ· 9 ὁ δὲ πλούσιος ἐν τῇ ταπεινώσει αὐτοῦ· ὅτι ὡς ἄνθος χόρτου 10 παρελεύσεται. ἀνέτειλε γὰρ ὁ ἥλιος σὺν τῷ καύσωνι, καὶ 11 ἐξήρανε τὸν χόρτον, καὶ τὸ ἄνθος αὐτοῦ ἐξέπεσε, καὶ ἡ εὐπρέπεια τοῦ προσώπου αὐτοῦ ἀπώλετο· οὕτω καὶ ὁ πλούσιος ἐν ταῖς πορείαις αὐτοῦ μαρανθήσεται. Μακάριος ἀνὴρ ὃς ὑπομένει πειρασμόν· ὅτι δόκιμος γενό- 12 μενος λήψεται τὸν στέφανον τῆς ζωῆς, ὃν ἐπηγγείλατο ᵇ⁻‖ τοῖς ἀγαπῶσιν αὐτόν. μηδεὶς πειραζόμενος λεγέτω ὅτι Ἀπὸ 13 τοῦ Θεοῦ πειράζομαι· ὁ γὰρ Θεὸς ἀπείραστός ἐστι κακῶν, πειράζει δὲ αὐτὸς οὐδένα· ἕκαστος δὲ ᶜπειράζεται, ὑπὸ τῆς 14 ἰδίας ἐπιθυμίας ἐξελκόμενος‖ καὶ δελεαζόμενος. εἶτα ἡ ἐπι- 15 θυμία συλλαβοῦσα τίκτει ἁμαρτίαν· ἡ δὲ ἁμαρτία ἀποτελεσθεῖσα ἀποκυεῖ θάνατον. μὴ πλανᾶσθε, ἀδελφοί μου 16 ἀγαπητοί. πᾶσα δόσις ἀγαθὴ καὶ πᾶν δώρημα τέλειον 17 ἄνωθέν ἐστι, καταβαῖνον ἀπὸ τοῦ πατρὸς τῶν φώτων, παρ᾽ ᾧ οὐκ ἔνι παραλλαγὴ ἢ τροπῆς ἀποσκίασμα. βουληθεὶς 18 ἀπεκύησεν ἡμᾶς λόγῳ ἀληθείας, εἰς τὸ εἶναι ἡμᾶς ἀπαρχήν τινα τῶν αὐτοῦ κτισμάτων.

ᵈἼστε, ἀδελφοί μου ἀγαπητοί. ἔστω δὲ πᾶς‖ ἄνθρωπος 19 ταχὺς εἰς τὸ ἀκοῦσαι, βραδὺς εἰς τὸ λαλῆσαι, βραδὺς εἰς ὀργήν· ὀργὴ γὰρ ἀνδρὸς δικαιοσύνην Θεοῦ ᵉοὐκ ἐργάζεται‖. 20

Cp. 1 Pet. 2. 1.

διὸ ἀποθέμενοι πᾶσαν ῥυπαρίαν καὶ περισσείαν κακίας ἐν 21 πραΰτητι δέξασθε τὸν ἔμφυτον λόγον τὸν δυνάμενον σῶσαι

Cp. Mat. 7. 24 sqq.; Lk. 11. 28.

τὰς ψυχὰς ὑμῶν. γίνεσθε δὲ ποιηταὶ λόγου, καὶ μὴ μόνον 22 ἀκροαταὶ παραλογιζόμενοι ἑαυτούς. ὅτι εἴ τις ἀκροατὴς λόγου 23 ἐστὶ καὶ οὐ ποιητής, οὗτος ἔοικεν ἀνδρὶ κατανοοῦντι τὸ πρόσωπον τῆς γενέσεως αὐτοῦ ἐν ἐσόπτρῳ· κατενόησε γὰρ ἑαυ- 24 τὸν καὶ ἀπελήλυθε, καὶ εὐθέως ἐπελάθετο ὁποῖος ἦν. ὁ δὲ 25

Cp. 2. 12.

παρακύψας εἰς νόμον τέλειον τὸν τῆς ἐλευθερίας, καὶ παρα-

ᵇ add ὁ Κύριος   ᶜ πειράζεται ὑπὸ τῆς ἰδίας ἐπιθυμίας, ἐξελκόμενος M.   ᵈ Ὥστε, ἀδελφοί μου ἀγαπητοί, ἔστω πᾶς
ᵉ οὐ κατεργάζεται

μείνας, f—" οὐκ ἀκροατὴς ἐπιλησμονῆς γενόμενος ἀλλὰ ποιη-
26 τῆς ἔργου, οὗτος μακάριος ἐν τῇ ποιήσει αὐτοῦ ἔσται. εἴ τις
δοκεῖ θρῆσκος εἶναι g—", μὴ χαλιναγωγῶν γλῶσσαν αὐτοῦ
ἀλλ' ἀπατῶν καρδίαν αὐτοῦ, τούτου μάταιος ἡ θρησκεία.
27 θρησκεία καθαρὰ καὶ ἀμίαντος παρὰ τῷ Θεῷ καὶ πατρὶ αὕτη Cp. Isa. 1.
ἐστίν, ἐπισκέπτεσθαι ὀρφανοὺς καὶ χήρας ἐν τῇ θλίψει αὐ- Mat. 25.
τῶν, ἄσπιλον ἑαυτὸν τηρεῖν ἀπὸ τοῦ κόσμου. 34 sqq.

2 Ἀδελφοί μου, μὴ ἐν προσωποληψίαις ἔχετε τὴν πίστιν τοῦ
2 Κυρίου ἡμῶν Ἰησοῦ Χριστοῦ τῆς h δόξης." ἐὰν γὰρ εἰσέλθῃ Cp. 1 Cor.
εἰς i—" συναγωγὴν ὑμῶν ἀνὴρ χρυσοδακτύλιος ἐν ἐσθῆτι also Ps.
3 λαμπρᾷ, εἰσέλθῃ δὲ καὶ πτωχὸς ἐν ῥυπαρᾷ ἐσθῆτι, καὶ ἐπι- 24 (23).
βλέψητε ἐπὶ τὸν φοροῦντα τὴν ἐσθῆτα τὴν λαμπράν, καὶ 7 sqq.
εἴπητε k—", Σὺ κάθου ὧδε καλῶς, καὶ τῷ πτωχῷ εἴπητε, Σὺ
4 στῆθι ἐκεῖ, ἢ κάθου l—" ὑπὸ τὸ ὑποπόδιόν μου, m—" οὐ διε-
κρίθητε ἐν ἑαυτοῖς, καὶ ἐγένεσθε κριταὶ διαλογισμῶν πονηρῶν;
5 ἀκούσατε, ἀδελφοί μου ἀγαπητοί. οὐχ ὁ Θεὸς ἐξελέξατο Cp. Lk. 6.
τοὺς πτωχοὺς n τῷ κόσμῳ" πλουσίους ἐν πίστει, καὶ κληρο- Mat. 11.
νόμους τῆς βασιλείας ἧς ἐπηγγείλατο τοῖς ἀγαπῶσιν αὐτόν; Lk. 10. 21.
6 ὑμεῖς δὲ ἠτιμάσατε τὸν πτωχόν. οὐχ οἱ πλούσιοι καταδυ- 1 Cor. 1. 27.
ναστεύουσιν ὑμῶν, καὶ αὐτοὶ ἕλκουσιν ὑμᾶς εἰς κριτήρια;
7 οὐκ αὐτοὶ βλασφημοῦσι τὸ καλὸν ὄνομα τὸ ἐπικληθὲν ἐφ'
8 ὑμᾶς; εἰ μέντοι νόμον τελεῖτε βασιλικόν, κατὰ τὴν γραφήν,
Ἀγαπήσεις τὸν πλησίον σου ὡς σεαυτόν, καλῶς ποιεῖτε· Lev.19.18:
9 εἰ δὲ προσωποληπτεῖτε, ἁμαρτίαν ἐργάζεσθε ἐλεγχόμενοι 22. 39.
10 ὑπὸ τοῦ νόμου ὡς παραβάται. ὅστις γὰρ ὅλον τὸν νόμον Mk.12.31,
11 o τηρήσῃ, πταίσῃ" δὲ ἐν ἑνί, γέγονε πάντων ἔνοχος. ὁ γὰρ Lk. 10. 27.
εἰπὼν Μὴ μοιχεύσῃς εἶπε καὶ Μὴ φονεύσῃς. εἰ δὲ οὐ p μοι- Ex. 20. 13
12 χεύεις, φονεύεις p δέ, γέγονας παραβάτης νόμου. οὕτω λα- Deut. 5. 17
λεῖτε καὶ οὕτω ποιεῖτε ὡς διὰ νόμου ἐλευθερίας μέλλοντες Cp. 1. 25.

---

f add οὗτος   g add ἐν ὑμῖν   h δόξης; M.   i add τὴν
k add αὐτῷ   l add ὧδε   m add καί   n τοῦ κόσμου
τούτου   o τηρήσει, πταίσει   p μοιχεύσεις, φονεύσεις

κρίνεσθαι. ἡ γὰρ κρίσις ἀνίλεως τῷ μὴ ποιήσαντι ἔλεος· 13 ᵠ⁻ᶠ κατακαυχᾶται ἔλεος κρίσεως.

Τί τὸ ὄφελος, ἀδελφοί μου, ἐὰν πίστιν λέγῃ τις ἔχειν, 14 ἔργα δὲ μὴ ἔχῃ; μὴ δύναται ἡ πίστις σῶσαι αὐτόν; ἐὰν ʳ⁻ᶠ 15 ἀδελφὸς ἢ ἀδελφὴ γυμνοὶ ὑπάρχωσι καὶ λειπόμενοι ˢ⁻ᵗ τῆς ἐφημέρου τροφῆς, εἴπῃ δέ τις αὐτοῖς ἐξ ὑμῶν, Ὑπάγετε 16 ἐν εἰρήνῃ, θερμαίνεσθε καὶ χορτάζεσθε, μὴ δῶτε δὲ αὐτοῖς τὰ ἐπιτήδεια τοῦ σώματος, τί τὸ ὄφελος; οὕτω καὶ ἡ πίστις, 17 ἐὰν μὴ ᵗἔχῃ ἔργα", νεκρά ἐστι καθ' ἑαυτήν. ἀλλ' ἐρεῖ τις, 18 Σὺ πίστιν ἔχεις, κἀγὼ ἔργα ἔχω· δεῖξόν μοι τὴν πίστιν σου ᵘχωρὶς" τῶν ἔργων ˣ⁻ᶠ, κἀγὼ δείξω σοι ἐκ τῶν ἔργων μου τὴν πίστιν ʸ⁻. σὺ πιστεύεις ὅτι ᶻεἷς ἐστιν ὁ Θεός"· καλῶς 19 ποιεῖς· καὶ τὰ δαιμόνια πιστεύουσι, καὶ φρίσσουσι. θέλεις 20 δὲ γνῶναι, ὦ ἄνθρωπε κενέ, ὅτι ἡ πίστις χωρὶς τῶν ἔργων ᵃἀργή" ἐστιν; Ἀβραὰμ ὁ πατὴρ ἡμῶν οὐκ ἐξ ἔργων ἐδι- 21 καιώθη ἀνενέγκας Ἰσαὰκ τὸν υἱὸν αὐτοῦ ἐπὶ τὸ θυσιαστήριον; βλέπεις ὅτι ἡ πίστις συνήργει τοῖς ἔργοις αὐτοῦ, καὶ ἐκ τῶν 22 ἔργων ἡ πίστις ᵇἐτελειώθη," καὶ ἐπληρώθη ἡ γραφὴ ἡ λέ- 23 γουσα, Ἐπίστευσε δὲ Ἀβραὰμ τῷ Θεῷ, καὶ ἐλογίσθη αὐτῷ εἰς δικαιοσύνην, καὶ φίλος Θεοῦ ἐκλήθη. ὁρᾶτε ᶜ⁻ᶠ ὅτι ἐξ 24 ἔργων δικαιοῦται ἄνθρωπος, καὶ οὐκ ἐκ πίστεως ᵈμόνον." ὁμοίως δὲ καὶ Ῥαὰβ ἡ πόρνη οὐκ ἐξ ἔργων ἐδικαιώθη ὑπο- 25 δεξαμένη τοὺς ἀγγέλους καὶ ἑτέρᾳ ὁδῷ ἐκβαλοῦσα; ὥσπερ 26 γὰρ τὸ σῶμα χωρὶς πνεύματος νεκρόν ἐστιν, οὕτω καὶ ἡ πίστις χωρὶς ᵉ⁻" ἔργων νεκρά ἐστι.

Μὴ πολλοὶ διδάσκαλοι γίνεσθε, ἀδελφοί μου, εἰδότες ὅτι 3 μεῖζον κρίμα ληψόμεθα· πολλὰ γὰρ πταίομεν ἅπαντες. εἴ 2 τις ἐν λόγῳ οὐ πταίει, οὗτος τέλειος ἀνήρ, δυνατὸς χαλιναγωγῆσαι καὶ ὅλον τὸ σῶμα. ᶠεἰ δὲ" τῶν ἵππων τοὺς χαλι- 3

ᵠ add καὶ   ʳ add δὲ   ˢ add ὦσι   ᵗ ἔργα ἔχῃ
ᵘ ἐκ S.   ˣ add σου   ʸ add μου   ᶻ ὁ Θεὸς εἷς ἐστι
A.S.: εἷς Θεὸς ἔστι M.   ⁿ νεκρά   ᵇ ἐτελειώθη ; A.S.M.
ᶜ add τοίνυν   ᵈ μόνον ; S.   ᵉ add τῶν   ᶠ ἰδοὺ

νοῦς εἰς τὰ στόματα βάλλομεν ᵍεἰς ‖ τὸ πείθεσθαι αὐτοὺς
4 ἡμῖν, καὶ ὅλον τὸ σῶμα αὐτῶν μετάγομεν. ἰδού, καὶ τὰ πλοῖα,
τηλικαῦτα ὄντα καὶ ὑπὸ σκληρῶν ἀνέμων ἐλαυνόμενα, μετάγεται
ὑπὸ ἐλαχίστου πηδαλίου, ὅπου ʰ⁻ⁱ ἡ ὁρμὴ τοῦ εὐθύ-
5 νοντος ⁱβούλεται‖. οὕτω καὶ ἡ γλῶσσα μικρὸν μέλος ἐστί,
καὶ ᵏμεγάλα αὐχεῖ ˡ. ἰδού, ¹ἡλίκον πῦρ ἡλίκην ὕλην ἀνάπτει.
6 καὶ ἡ γλῶσσα ᵐπῦρ· ὁ κόσμος τῆς ἀδικίας ἡ γλῶσσα καθίσταται
ἐν τοῖς μέλεσιν ἡμῶν, ἡ σπιλοῦσα‖ ὅλον τὸ σῶμα
καὶ φλογίζουσα τὸν τροχὸν τῆς γενέσεως καὶ φλογιζομένη
7 ὑπὸ τῆς γεέννης. πᾶσα γὰρ φύσις θηρίων τε καὶ πετεινῶν,
ἑρπετῶν τε καὶ ἐναλίων, δαμάζεται καὶ δεδάμασται τῇ φύσει
8 τῇ ἀνθρωπίνῃ· τὴν δὲ γλῶσσαν οὐδεὶς δύναται ἀνθρώπων
δαμάσαι· ⁿἀκατάστατον‖ κακόν, μεστὴ ἰοῦ θανατηφόρου.
9 ἐν αὐτῇ εὐλογοῦμεν τὸν ᵒΚύριον ⁱ καὶ πατέρα, καὶ ἐν αὐτῇ
καταρώμεθα τοὺς ἀνθρώπους τοὺς καθ' ὁμοίωσιν Θεοῦ γεγο- Cp. Gen.
10 νότας· ἐκ τοῦ αὐτοῦ στόματος ἐξέρχεται εὐλογία καὶ κατάρα. 9. 6.
11 οὐ χρή, ἀδελφοί μου, ταῦτα οὕτω γίνεσθαι. μήτι ἡ πηγὴ
12 ἐκ τῆς αὐτῆς ὀπῆς βρύει τὸ γλυκὺ καὶ τὸ πικρόν; μὴ δύναται,
ἀδελφοί μου, συκῆ ἐλαίας ποιῆσαι; ἢ ἄμπελος σῦκα; ᵖοὔτε
ἁλυκὸν ˡ γλυκὺ ποιῆσαι ὕδωρ.
13 Τίς σοφὸς καὶ ἐπιστήμων ἐν ὑμῖν; δειξάτω ἐκ τῆς καλῆς
14 ἀναστροφῆς τὰ ἔργα αὐτοῦ ἐν πραΰτητι σοφίας. εἰ δὲ ζῆλον
πικρὸν ἔχετε καὶ ἐριθείαν ἐν τῇ καρδίᾳ ὑμῶν, μὴ κατακαυ-
15 χᾶσθε καὶ ψεύδεσθε κατὰ τῆς ἀληθείας. οὐκ ἔστιν αὕτη
ἡ σοφία ἄνωθεν κατερχομένη, ἀλλ' ἐπίγειος, ψυχική, δαι-
16 μονιώδης. ὅπου γὰρ ζῆλος καὶ ἐριθεία, ἐκεῖ ἀκαταστασία
17 καὶ πᾶν φαῦλον πρᾶγμα. ἡ δὲ ἄνωθεν σοφία πρῶτον μὲν Cp. 1. 17.

ᵍ πρὸς ʰ add ἂν ⁱ βούληται ᵏ μεγαλαυχεῖ ˡ ὀλίγον
ᵐ πῦρ, ὁ κόσμος τῆς ἀδικίας· οὕτως ἡ γλῶσσα κ.τ.λ. A.S.: πῦρ.
ὁ κόσμος τῆς ἀδικίας· ἡ γλῶσσα καθίσταται ἐν τοῖς μέλεσιν ἡμῶν
ἡ σπιλοῦσα or πῦρ· ὁ κόσμος τῆς ἀδικίας, ἡ γλῶσσα, καθίσταται
ἐν τοῖς μέλεσιν ἡμῶν ἡ σπιλοῦσα M. ⁿ ἀκατάσχετον
ᵒ Θεὸν ᵖ οὕτως οὐδεμία πηγὴ ἁλυκὸν καὶ

492   ΕΠΙΣΤΟΛΗ   3. 17-

ἁγνή ἐστιν, ἔπειτα εἰρηνική, ἐπιεικής, εὐπειθής, μεστὴ ἐλέους
καὶ καρπῶν ἀγαθῶν, ἀδιάκριτος, q−‖ ἀνυπόκριτος.   καρπὸς 18
δὲ τῆς δικαιοσύνης ἐν εἰρήνῃ σπείρεται τοῖς ποιοῦσιν εἰρήνην.
Πόθεν πόλεμοι καὶ ʳπόθεν‖ μάχαι ἐν ὑμῖν; οὐκ ἐντεῦθεν, 4

Cp. Rom. ἐκ τῶν ἡδονῶν ὑμῶν τῶν στρατευομένων ἐν τοῖς μέλεσιν
7. 23,
1 Pet.2.11. ὑμῶν; ἐπιθυμεῖτε, καὶ οὐκ ἔχετε· φονεύετε καὶ ζηλοῦτε, καὶ 2
οὐ δύνασθε ἐπιτυχεῖν· μάχεσθε καὶ πολεμεῖτε· οὐκ ἔχετε
ˢ−ᶦ διὰ τὸ μὴ αἰτεῖσθαι ὑμᾶς· αἰτεῖτε, καὶ οὐ λαμβάνετε, 3
διότι κακῶς αἰτεῖσθε, ἵνα ἐν ταῖς ἡδοναῖς ὑμῶν δαπανήσητε.

Cp. Joh. ᵗ−‖ μοιχαλίδες, οὐκ οἴδατε ὅτι ἡ φιλία τοῦ κόσμου ἔχθρα 4
15. 19.
1Joh.2.15; τοῦ Θεοῦ ἐστιν; ὃς ἂν οὖν βουληθῇ φίλος εἶναι τοῦ κόσμου,
alsoGal.
1. 10.   ἐχθρὸς τοῦ Θεοῦ καθίσταται.   ἢ δοκεῖτε ὅτι κενῶς ἡ γραφὴ 5
Cp.Ex.20. ᵘλέγει; πρὸς φθόνον ᶦ ἐπιποθεῖ τὸ πνεῦμα ὃ ˣκατῴκισεν‖
5.
Prov. 3.34. ἐν ʸἡμῖν;ᶦ μείζονα δὲ δίδωσι χάριν· διὸ λέγει, Ὁ Θεὸς 6
ὑπερηφάνοις ἀντιτάσσεται, ταπεινοῖς δὲ δίδωσι χάριν.   ὑπο- 7
Cp. Eph. τάγητε οὖν τῷ Θεῷ· ἀντίστητε ᶻδὲ‖ τῷ διαβόλῳ, καὶ φεύξε-
6. 11.
Cp.   ται ἀφ᾽ ὑμῶν. ἐγγίσατε τῷ Θεῷ, καὶ ἐγγιεῖ ὑμῖν.   καθαρίσατε 8
2 Chron.
15. 2.   χεῖρας, ἁμαρτωλοί, καὶ ἁγνίσατε καρδίας, δίψυχοι.   ταλαι- 9
πωρήσατε καὶ πενθήσατε καὶ κλαύσατε· ὁ γέλως ὑμῶν εἰς
Cp. Prov. πένθος μεταστραφήτω, καὶ ἡ χαρὰ εἰς κατήφειαν.   ταπεινώ- 10
29. 23,
Lk. 18. 14. θητε ἐνώπιον τοῦ Κυρίου, καὶ ὑψώσει ὑμᾶς.
Cp. Eph.   Μὴ καταλαλεῖτε ἀλλήλων, ἀδελφοί. ὁ καταλαλῶν ἀδελφοῦ, 11
4. 31.
ᵃἢ ᶦ κρίνων τὸν ἀδελφὸν αὐτοῦ, καταλαλεῖ νόμου, καὶ κρίνει
νόμον· εἰ δὲ νόμον κρίνεις, οὐκ εἶ ποιητὴς νόμου, ἀλλὰ κριτής.
εἷς ἐστιν ὁ νομοθέτης ᵇκαὶ κριτής,‖ ὁ δυνάμενος σῶσαι καὶ 12
Cp. Rom. ἀπολέσαι· σὺ ᶜδὲ‖ τίς εἶ ᵈὁ κρίνων τὸν πλησίον ᶦ;
14. 4.
Cp. Prov.   Ἄγε νῦν, οἱ λέγοντες, Σήμερον ᵉἢ‖ αὔριον ᶠπορευσόμεθα‖ 13
27. 1,
Lk. 12. 16 εἰς τήνδε τὴν πόλιν, καὶ ᵍποιήσομεν‖ ἐκεῖ ἐνιαυτόν ʰ−‖, καὶ
sqq.

q add καὶ   ʳ om. πόθεν   ˢ add δὲ   ᵗ add μοιχοὶ
καὶ   ᵘ λέγει, Πρὸς φθόνον A.S.M.   ˣ κατῴκησεν A.S.M.
ʸ ἡμῖν. M.   ᶻ om. δὲ   ᵃ καὶ   ᵇ om. καὶ κριτής,
ᶜ om. δὲ   ᵈ ὃς κρίνεις τὸν ἕτερον   ᵉ καὶ S.   ᶠ πορευ-
σώμεθα S.   ᵍ ποιήσωμεν S.   ʰ add ἕνα

-5. 11. ΙΑΚΩΒΟΥ. 493

14 ᾿ἐμπορευσόμεθα, καὶ κερδήσομεν · οἵτινες οὐκ ἐπίστασθε
τὸ τῆς αὔριον· ποία ᾐ—ᵈ ἡ ζωὴ ὑμῶν; ἀτμὶς γάρ ᵗἐστε″ ἡ Cp. Job
15 πρὸς ὀλίγον φαινομένη, ἔπειτα ᵐ καὶ ᵗ ἀφανιζομένη· ἀντὶ τοῦ 7. 7.
λέγειν ὑμᾶς, Ἐὰν ὁ Κύριος θελήσῃ, καὶ ⁿ ζήσομεν, καὶ Ps. 78(77).
16 ποιήσομενᵈ τοῦτο ἢ ἐκεῖνο. νῦν δὲ καυχᾶσθε ἐν ταῖς ἀλα- Cp. Acts
17 ζονείαις ὑμῶν· πᾶσα καύχησις τοιαύτη πονηρά ἐστιν. εἰδότι Heb. 6. 2.
οὖν καλὸν ποιεῖν, καὶ μὴ ποιοῦντι, ἁμαρτία αὐτῷ ἐστιν. Cp. Lk. 12.
5 Ἄγε νῦν, οἱ πλούσιοι, κλαύσατε ὀλολύζοντες ἐπὶ ταῖς Cp. Amos
2 ταλαιπωρίαις ὑμῶν ταῖς ἐπερχομέναις. ὁ πλοῦτος ὑμῶν σέ- 6. 4 sqq.
3 σηπε, καὶ τὰ ἱμάτια ὑμῶν σητόβρωτα γέγονεν. ὁ χρυσὸς
ὑμῶν καὶ ὁ ἄργυρος κατίωται, καὶ ὁ ἰὸς αὐτῶν εἰς μαρτύριον
ὑμῖν ἔσται, καὶ φάγεται τὰς σάρκας ὑμῶν ὡς πῦρ. ἐθησαυ-
4 ρίσατε ἐν ἐσχάταις ἡμέραις. ἰδού, ὁ μισθὸς τῶν ἐργατῶν Cp. Lev.
τῶν ἀμησάντων τὰς χώρας ὑμῶν ὁ ἀπεστερημένος ἀφ᾽ ὑμῶν Deut. 24.
κράζει· καὶ αἱ βοαὶ τῶν θερισάντων εἰς τὰ ὦτα Κυρίου Σα- 14 (16)
5 βαὼθ εἰσεληλύθασιν. ἐτρυφήσατε ἐπὶ τῆς γῆς, καὶ ἐσπα- sq.
ταλήσατε· ἐθρέψατε τὰς καρδίας ὑμῶν ᵒ—ᵈ ἐν ἡμέρᾳ σφαγῆς.
6 κατεδικάσατε, ἐφονεύσατε τὸν δίκαιον· οὐκ ἀντιτάσσεται
ὑμῖν.
7 Μακροθυμήσατε οὖν, ἀδελφοί, ἕως τῆς παρουσίας τοῦ
Κυρίου. ἰδού, ὁ γεωργὸς ἐκδέχεται τὸν τίμιον καρπὸν τῆς Cp. Deut
γῆς, μακροθυμῶν ἐπ᾽ αὐτῷ, ἕως ᵖ—ᵈ λάβῃ ὑετὸν πρώϊμον 11. 14.
8 καὶ ὄψιμον. μακροθυμήσατε καὶ ὑμεῖς, στηρίξατε τὰς καρ-
9 δίας ὑμῶν, ὅτι ἡ παρουσία τοῦ Κυρίου ἤγγικε. μὴ στενάζετε, Cp.
ᵠἀδελφοί, κατ᾽ ἀλλήλωνᵈ, ἵνα μὴ ʳκριθῆτεᵈ· ἰδού, ˢὁᵈ Phil. 4. 5.
10 κριτὴς πρὸ τῶν θυρῶν ἔστηκεν. ὑπόδειγμα λάβετε, ᵗἀδελ- Heb. 10.
φοί, τῆς κακοπαθείαςᵈ καὶ τῆς μακροθυμίας τοὺς προφήτας Cp. Mat.
11 οἳ ἐλάλησαν ᵘἐνᵈ τῷ ὀνόματι Κυρίου. ἰδού, μακαρίζομεν 24. 32.
τοὺς ˣὑπομείναντας‴· τὴν ὑπομονὴν Ἰὼβ ἠκούσατε, καὶ τὸ Cp. Job
42. 12.

ⁱ ἐμπορευσώμεθα, καὶ κερδήσωμεν S.   ᵏ add γάρ   ˡ ἐστιν
ᵐ δὲ   ⁿ ζήσωμεν, καὶ ποιήσωμεν S.   ᵒ add ὡς   ᵖ add ἂν
ᵠ κατ᾽ ἀλλήλων, ἀδελφοί   ʳ κατακριθῆτε   ˢ om. ὁ S.
ᵗ τῆς κακοπαθείας, ἀδελφοί μου,   ᵘ om. ἐν   ˣ ὑπομένοντας

τέλος Κυρίου εἴδετε, ὅτι πολύσπλαγχνός ἐστιν ὁ Κύριος καὶ οἰκτίρμων. Πρὸ πάντων δέ, ἀδελφοί μου, μὴ ὀμνύετε, μήτε τὸν οὐρα- 12 νόν, μήτε τὴν γῆν, μήτε ἄλλον τινὰ ὅρκον· ἤτω δὲ ὑμῶν τὸ ναὶ ναί, καὶ τὸ οὒ οὔ· ἵνα μὴ ʸὑπὸ κρίσιν‖ πέσητε. Κακοπαθεῖ τις ἐν ὑμῖν; προσευχέσθω. εὐθυμεῖ τις; ψαλ- 13 λέτω. ἀσθενεῖ τις ἐν ὑμῖν; προσκαλεσάσθω τοὺς πρεσ- 14 βυτέρους τῆς ἐκκλησίας, καὶ προσευξάσθωσαν ἐπ' αὐτὸν ἀλείψαντες αὐτὸν ἐλαίῳ ἐν τῷ ὀνόματι τοῦ Κυρίου· καὶ ἡ 15 εὐχὴ τῆς πίστεως σώσει τὸν κάμνοντα, καὶ ἐγερεῖ αὐτὸν ὁ Κύριος· κἂν ἁμαρτίας ᾖ πεποιηκώς, ἀφεθήσεται αὐτῷ. ἐξο- 16 μολογεῖσθε ᶻοὖν‖ ἀλλήλοις ᵃτὰς ἁμαρτίας‖, καὶ εὔχεσθε ὑπὲρ ἀλλήλων, ὅπως ἰαθῆτε. πολὺ ἰσχύει δέησις δικαίου ἐνεργουμένη. Ἠλίας ἄνθρωπος ἦν ὁμοιοπαθὴς ἡμῖν, καὶ 17 προσευχῇ προσηύξατο τοῦ μὴ βρέξαι· καὶ οὐκ ἔβρεξεν ἐπὶ τῆς γῆς ἐνιαυτοὺς τρεῖς καὶ μῆνας ἕξ. καὶ πάλιν προσηύξατο· 18 καὶ ὁ οὐρανὸς ὑετὸν ἔδωκε, καὶ ἡ γῆ ἐβλάστησε τὸν καρπὸν αὐτῆς.

Ἀδελφοί ᵇμου‖, ἐάν τις ἐν ὑμῖν πλανηθῇ ἀπὸ τῆς ἀλη- 19 θείας, καὶ ἐπιστρέψῃ τις αὐτόν, ᶜγινωσκέτω‖ ὅτι ὁ ἐπι- 20 στρέψας ἁμαρτωλὸν ἐκ πλάνης ὁδοῦ αὐτοῦ σώσει ψυχὴν ἐκ θανάτου, καὶ καλύψει πλῆθος ἁμαρτιῶν.

ΠΕΤΡΟΥ ΚΑΘΟΛΙΚΗ ΕΠΙΣΤΟΛΗ

ΠΡΩΤΗ.

Πέτρος ἀπόστολος Ἰησοῦ Χριστοῦ ἐκλεκτοῖς παρεπιδήμοις 1 διασπορᾶς Πόντου, Γαλατίας, Καππαδοκίας, Ἀσίας, καὶ Βι-

ʸ εἰς ὑπόκρισιν S.   ᶻ om. οὖν   ᵃ τὰ παραπτώματα
ᵇ om. μου   ᶜ γινώσκετε Μ.

-1. 15.   ΕΠΙΣΤΟΛΗ ΠΕΤΡΟΥ Α.   495

2 θυνίας, κατὰ πρόγνωσιν Θεοῦ πατρός, ἐν ἁγιασμῷ Πνεύματος, εἰς ὑπακοὴν καὶ ῥαντισμὸν αἵματος Ἰησοῦ Χριστοῦ· Cp. Heb.
χάρις ὑμῖν καὶ εἰρήνη πληθυνθείη. 12. 24.

3 Εὐλογητὸς ὁ Θεὸς καὶ πατὴρ τοῦ Κυρίου ἡμῶν Ἰησοῦ Χριστοῦ, ὁ κατὰ τὸ πολὺ αὐτοῦ ἔλεος ἀναγεννήσας ἡμᾶς εἰς ἐλπίδα ζῶσαν δι' ἀναστάσεως Ἰησοῦ Χριστοῦ ἐκ νεκρῶν,
4 εἰς κληρονομίαν ἄφθαρτον καὶ ἀμίαντον καὶ ἀμάραντον, τε-
5 τηρημένην ἐν οὐρανοῖς εἰς ᵃὑμᾶς∥ τοὺς ἐν δυνάμει Θεοῦ φρουρουμένους διὰ πίστεως εἰς σωτηρίαν ἑτοίμην ἀποκα-
6 λυφθῆναι ἐν καιρῷ ἐσχάτῳ. ἐν ᾧ ἀγαλλιᾶσθε, ὀλίγον ἄρτι,
7 εἰ δέον ἐστί, λυπηθέντες ἐν ποικίλοις πειρασμοῖς, ἵνα τὸ Cp. Ja>.
δοκίμιον ὑμῶν τῆς πίστεως ᵇπολυτιμότερον∥ χρυσίου τοῦ 1. 2.
ἀπολλυμένου διὰ πυρὸς δὲ δοκιμαζομένου εὑρεθῇ εἰς ἔπαινον
8 καὶ ᶜδόξαν καὶ τιμὴν∥ ἐν ἀποκαλύψει Ἰησοῦ Χριστοῦ· ὃν Cp. 1 Joh.
οὐκ ᵈἰδόντες∥ ἀγαπᾶτε, εἰς ὃν ἄρτι μὴ ὁρῶντες πιστεύοντες 4. 20.
9 δὲ ἀγαλλιᾶσθε χαρᾷ ἀνεκλαλήτῳ καὶ δεδοξασμένῃ, κομιζό- Cp. Rom.
10 μενοι τὸ τέλος τῆς πίστεως ὑμῶν, σωτηρίαν ψυχῶν. περὶ 6. 2:.
ἧς σωτηρίας ἐξεζήτησαν καὶ ἐξηρεύνησαν προφῆται οἱ περὶ
11 τῆς εἰς ὑμᾶς χάριτος προφητεύσαντες, ἐρευνῶντες εἰς τίνα
ἢ ποῖον καιρὸν ἐδήλου τὸ ἐν αὐτοῖς Πνεῦμα Χριστοῦ, προ- Cp.Lk. :4.
μαρτυρόμενον τὰ εἰς Χριστὸν παθήματα καὶ τὰς μετὰ ταῦτα Acts 26. 22
12 δόξας. οἷς ἀπεκαλύφθη ὅτι οὐχ ἑαυτοῖς ᵉὑμῖν∥ δὲ διηκό- sq.
νουν αὐτά, ἃ νῦν ἀνηγγέλη ὑμῖν διὰ τῶν εὐαγγελισαμένων ὑμᾶς ἐν Πνεύματι Ἁγίῳ ἀποσταλέντι ἀπ' οὐρανοῦ· εἰς ἃ ἐπιθυμοῦσιν ἄγγελοι παρακύψαι.
13 Διὸ ἀναζωσάμενοι τὰς ὀσφύας τῆς διανοίας ὑμῶν, νήφοντες, τελείως ἐλπίσατε ἐπὶ τὴν φερομένην ὑμῖν χάριν
14 ἐν ἀποκαλύψει Ἰησοῦ Χριστοῦ, ὡς τέκνα ὑπακοῆς μὴ συσχηματιζόμενοι ταῖς πρότερον ἐν τῇ ἀγνοίᾳ ὑμῶν ἐπιθυμίαις·
15 ἀλλὰ κατὰ τὸν καλέσαντα ὑμᾶς ἅγιον καὶ αὐτοὶ ἅγιοι ἐν

ᵃ ἡμᾶς S.   ᵇ πολὺ τιμιώτερον   ᶜ τιμὴν καὶ δόξαν
ᵈ εἰδότες S.   ᵉ ἡμῖν

Lev. 11. 44.	πάσῃ ἀναστροφῇ γενήθητε· διότι γέγραπται, Ἅγιοι ᶠἔσεσθεʲʲ, 16
Cp. Col. 3. 25.	ὅτι ἐγὼ ἅγιος ᵍ⁻ʲ. καὶ εἰ πατέρα ἐπικαλεῖσθε τὸν ἀπροσω- 17 ποληπτως κρίνοντα κατὰ τὸ ἑκάστου ἔργον, ἐν φόβῳ τὸν
Cp. Acts 20. 28.	τῆς παροικίας ὑμῶν χρόνον ἀναστράφητε, εἰδότες ὅτι οὐ 18
Heb. 9. 12 sqq.	φθαρτοῖς, ἀργυρίῳ ἢ χρυσίῳ, ἐλυτρώθητε ἐκ τῆς ματαίας
Cp. Ex.12. 5.	ὑμῶν ἀναστροφῆς πατροπαραδότου, ἀλλὰ τιμίῳ αἵματι ὡς 19
Lev.22.19.	ἀμνοῦ ἀμώμου καὶ ἀσπίλου Χριστοῦ, προεγνωσμένου μὲν 20
Joh. 1. 29.	πρὸ καταβολῆς κόσμου φανερωθέντος δὲ ἐπ' ʰἐσχάτουʲ
Rev. 13. 8; also Isa. 53. 7, Acts 8. 32.	τῶν χρόνων δι' ὑμᾶς τοὺς δι' αὐτοῦ ⁱπιστούςʲ εἰς Θεὸν 21 τὸν ἐγείραντα αὐτὸν ἐκ νεκρῶν καὶ δόξαν αὐτῷ δόντα, ὥστε τὴν πίστιν ὑμῶν καὶ ἐλπίδα εἶναι εἰς Θεόν. τὰς ψυχὰς 22
Cp. 1 Thss. 4. 9.	ὑμῶν ἡγνικότες ἐν τῇ ὑπακοῇ τῆς ἀληθείας ᵏ⁻ʲʲ εἰς φιλα-
Heb. 13. 1.	δελφίαν ἀνυπόκριτον ἐκ ¹⁻ʲʲ καρδίας ἀλλήλους ἀγαπήσατε
Cp. Joh. 1. 13.	ἐκτενῶς, ἀναγεγεννημένοι οὐκ ἐκ σπορᾶς φθαρτῆς ἀλλὰ 23 ἀφθάρτου διὰ λόγου ζῶντος Θεοῦ καὶ μένοντος ᵐ⁻ʲʲ. διότι 24
Isa. 40. 6 sqq.	Πᾶσα σὰρξ ὡς χόρτος, καὶ πᾶσα δόξα ⁿαὐτῆςʲʲ ὡς ἄνθος χόρτου. ἐξηράνθη ὁ χόρτος, καὶ τὸ ἄνθος ᵒ⁻ʲʲ ἐξέπεσε· τὸ 25 δὲ ῥῆμα Κυρίου μένει εἰς τὸν αἰῶνα. τοῦτο δέ ἐστι τὸ ῥῆμα τὸ εὐαγγελισθὲν εἰς ὑμᾶς.
Cp. Jas. 1. 21.	Ἀποθέμενοι οὖν πᾶσαν κακίαν καὶ πάντα δόλον καὶ ὑπο- 2 κρίσεις καὶ φθόνους καὶ πάσας καταλαλιὰς ὡς ἀρτιγέννητα 2 βρέφη τὸ λογικὸν ἄδολον γάλα ἐπιποθήσατε, ἵνα ἐν αὐτῷ
Cp. Ps. 34 (33). 8.	αὐξηθῆτε ᵖεἰς σωτηρίανʲʲ, ᑫεἰʲ ἐγεύσασθε ὅτι χρηστὸς ὁ 3
Cp. Eph. 2. 20.	Κύριος· πρὸς ὃν προσερχόμενοι, λίθον ζῶντα, ὑπὸ ἀνθρώ- 4 πων μὲν ἀποδεδοκιμασμένον παρὰ δὲ Θεῷ ἐκλεκτόν, ἔντιμον, καὶ αὐτοὶ ὡς λίθοι ζῶντες οἰκοδομεῖσθε οἶκος ʳπνευματικός,ʲʲ 5
Cp. Rom. 12. 1, Heb.13.15.	ˢεἰςʲʲ ἱεράτευμα ἅγιον, ἀνενέγκαι πνευματικὰς θυσίας εὐπροσ- δέκτους ᵗ⁻ʲʲ Θεῷ διὰ Ἰησοῦ Χριστοῦ. ᵘδιότιʲʲ περιέχει ἐν 6

ᶠ γένεσθε   ᵍ add εἰμι   ʰ ἐσχάτων   ⁱ πιστεύοντας
ᵏ add διὰ Πνεύματος   ˡ add καθαρᾶς A.S.M.   ᵐ add
εἰς τὸν αἰῶνα   ⁿ ἀνθρώπου   ᵒ add αὐτοῦ   ᵖ om.
εἰς σωτηρίαν   ᑫ εἴπερ   ʳ πνευματικὸς M.   ˢ om. εἰς
ᵗ add τῷ   ᵘ διὸ καὶ

ΠΕΤΡΟΥ Α.

x—‖ γραφῇ, Ἰδού, τίθημι ἐν Σιὼν λίθον ἀκρογωνιαῖον, ἐκλεκ- Isa. 28. 16.
τόν, ἔντιμον· καὶ ὁ πιστεύων ἐπ᾿ αὐτῷ οὐ μὴ καταισχυνθῇ.
7 ὑμῖν οὖν ἡ τιμὴ τοῖς πιστεύουσιν· ᵞἀπιστοῦσι δὲ ᶻΛίθος ⌐ ὃν Ps. 118
ἀπεδοκίμασαν οἱ οἰκοδομοῦντες, οὗτος ἐγενήθη εἰς κεφαλὴν (117).22.
8 γωνίας, καὶ λίθος προσκόμματος καὶ πέτρα σκανδάλου, οἳ Cp. Isa. 8.
προσκόπτουσι τῷ λόγῳ ἀπειθοῦντες, εἰς ὃ καὶ ἐτέθησαν. 14.
9 ὑμεῖς δὲ γένος ἐκλεκτόν, βασίλειον ἱεράτευμα, ἔθνος ἅγιον, Cp. Ex. 19.
λαὸς εἰς περιποίησιν, ὅπως τὰς ἀρετὰς ἐξαγγείλητε τοῦ ἐκ 5 sq.
10 σκότους ὑμᾶς καλέσαντος εἰς τὸ θαυμαστὸν αὐτοῦ φῶς, οἵ Cp. Hos.
ποτὲ οὐ λαός, νῦν δὲ λαὸς Θεοῦ, οἱ οὐκ ἠλεημένοι, νῦν δὲ 2. 23.
ἐλεηθέντες.
11 Ἀγαπητοί, παρακαλῶ ὡς παροίκους καὶ παρεπιδήμους ἀπέ- Cp. Ps. 39
χεσθαι τῶν σαρκικῶν ἐπιθυμιῶν, αἵτινες στρατεύονται κατὰ Cp. Jas. 4.
12 τῆς ψυχῆς· τὴν ἀναστροφὴν ὑμῶν ἐν τοῖς ἔθνεσιν ἔχοντες 1.
καλήν, ἵνα, ἐν ᾧ καταλαλοῦσιν ὑμῶν ὡς κακοποιῶν, ἐκ τῶν Cp. Mat.
καλῶν ἔργων ᵃἐποπτεύοντες ⌐ δοξάσωσι τὸν Θεὸν ἐν ἡμέρᾳ 5. 16.
ἐπισκοπῆς.
13 Ὑποτάγητε ᵇ—‖ πάσῃ ἀνθρωπίνῃ κτίσει διὰ τὸν Κύριον, Cp. Rom.
14 εἴτε βασιλεῖ, ὡς ὑπερέχοντι, εἴτε ἡγεμόσιν, ὡς δι᾿ αὐτοῦ Titus 3. 1.
πεμπομένοις εἰς ἐκδίκησιν ᶜ— κακοποιῶν ἔπαινον δὲ ἀγαθο-
15 ποιῶν· ὅτι οὕτως ἐστὶ τὸ θέλημα τοῦ Θεοῦ, ἀγαθοποιοῦντας
16 φιμοῦν τὴν τῶν ἀφρόνων ἀνθρώπων ἀγνωσίαν· ὡς ἐλεύθεροι, Cp. Gal. 5.
καὶ μὴ ὡς ἐπικάλυμμα ἔχοντες τῆς κακίας τὴν ἐλευθερίαν, 2 Pet. 2.
17 ἀλλ᾿ ὡς δοῦλοι Θεοῦ. πάντας τιμήσατε· τὴν ἀδελφότητα Jude 4.
ἀγαπᾶτε· τὸν Θεὸν φοβεῖσθε· τὸν βασιλέα τιμᾶτε. Cp. Prov.
18 Οἱ οἰκέται, ὑποτασσόμενοι ἐν παντὶ φόβῳ τοῖς δεσπόταις, Cp. Eph.
οὐ μόνον τοῖς ἀγαθοῖς καὶ ἐπιεικέσιν, ἀλλὰ καὶ τοῖς σκολιοῖς. 6. 5,
19 τοῦτο γὰρ χάρις, εἰ διὰ συνείδησιν Θεοῦ ὑποφέρει τις λύπας 1 Tim. 6. 1.
20 πάσχων ἀδίκως. ποῖον γὰρ κλέος, εἰ ἁμαρτάνοντες καὶ κο- Titus 2. 9.
λαφιζόμενοι ὑπομενεῖτε; ἀλλ᾿ εἰ ἀγαθοποιοῦντες καὶ πάσ-

ˣ add τῇ   ʸ ἀπειθοῦσι   ᶻ Λίθον   ᵃ ἐποπτεύσαντες
ᵇ add οὖν   ᶜ add μὲν

χοντες ὑπομενεῖτε, τοῦτο χάρις παρὰ Θεῷ. εἰς τοῦτο γὰρ 21 ἐκλήθητε, ὅτι καὶ Χριστὸς ἔπαθεν ὑπὲρ ᵈὑμῶν, ὑμῖν" ὑπολιμπάνων ὑπογραμμόν, ἵνα ἐπακολουθήσητε τοῖς ἴχνεσιν αὐτοῦ· ὃς ἁμαρτίαν οὐκ ἐποίησεν, οὐδὲ εὑρέθη δόλος ἐν τῷ στόματι 22 αὐτοῦ· ὃς λοιδορούμενος οὐκ ἀντελοιδόρει, πάσχων οὐκ ἠπεί- 23 λει, παρεδίδου δὲ τῷ κρίνοντι δικαίως· ὃς τὰς ἁμαρτίας 24 ἡμῶν αὐτὸς ἀνήνεγκεν ἐν τῷ σώματι αὐτοῦ ἐπὶ τὸ ξύλον, ἵνα ταῖς ἁμαρτίαις ἀπογενόμενοι τῇ δικαιοσύνῃ ζήσωμεν· οὗ τῷ μώλωπι ᵉ⁻ᵈ ἰάθητε. ἦτε γὰρ ὡς πρόβατα ᶠπλανώ- 25 μενοι ᶦ, ἀλλ᾽ ἐπεστράφητε νῦν ἐπὶ τὸν ποιμένα καὶ ἐπίσκοπον τῶν ψυχῶν ὑμῶν.

Ὁμοίως, ᵍ⁻ᶦ γυναῖκες, ὑποτασσόμεναι τοῖς ἰδίοις ἀνδράσιν, 3 ἵνα, καὶ εἴ τινες ἀπειθοῦσι τῷ λόγῳ, διὰ τῆς τῶν γυναικῶν ἀναστροφῆς ἄνευ λόγου ʰκερδηθήσονται", ἐποπτεύσαντες 2 τὴν ἐν φόβῳ ἁγνὴν ἀναστροφὴν ὑμῶν. ὧν ἔστω οὐχ ὁ ἔξω- 3 θεν ἐμπλοκῆς τριχῶν καὶ περιθέσεως χρυσίων ἢ ἐνδύσεως ἱματίων κόσμος, ἀλλ᾽ ὁ κρυπτὸς τῆς καρδίας ἄνθρωπος, ἐν 4 τῷ ἀφθάρτῳ τοῦ πρᾳέος καὶ ἡσυχίου πνεύματος, ὅ ἐστιν ἐνώπιον τοῦ Θεοῦ πολυτελές. οὕτω γάρ ποτε καὶ αἱ ἅγιαι 5 γυναῖκες αἱ ἐλπίζουσαι ᶦεἰς" Θεὸν ἐκόσμουν ἑαυτάς, ὑποτασσόμεναι τοῖς ἰδίοις ᵏἀνδράσιν· ὡς Σάῤῥα ὑπήκουσε τῷ 6 Ἀβραὰμ κύριον αὐτὸν καλοῦσα, ἧς ἐγενήθητε τέκνα," ἀγαθοποιοῦσαι καὶ μὴ φοβούμεναι μηδεμίαν πτόησιν.

Οἱ ἄνδρες, ὁμοίως, συνοικοῦντες κατὰ γνῶσιν, ὡς ἀσθενε- 7 στέρῳ σκεύει τῷ γυναικείῳ ἀπονέμοντες τιμήν, ὡς καὶ συγκληρονόμοι χάριτος ζωῆς, εἰς τὸ μὴ ˡἐγκόπτεσθαι" τὰς προσευχὰς ὑμῶν.

Τὸ δὲ τέλος, πάντες ὁμόφρονες, συμπαθεῖς, φιλάδελφοι, 8 εὔσπλαγχνοι, ᵐταπεινόφρονες", μὴ ἀποδιδόντες κακὸν ἀντὶ 9

ᵈ ἡμῶν, ἡμῖν   ᵉ add αὐτοῦ   ᶠ πλανώμενα   ᵍ add αἱ
ʰ κερδηθήσωνται   ᶦ ἐπὶ τὸν   ᵏ ἀνδράσιν (ὡς Σάῤῥα . . . .
ἐγενήθητε τέκνα), M.   ˡ ἐκκόπτεσθαι   ᵐ φιλόφρονες

-3. 22. ΠΕΤΡΟΥ Α. 499

κακοῦ ἢ λοιδορίαν ἀντὶ λοιδορίας, τοὐναντίον δὲ εὐλογοῦντες,
n—" ὅτι εἰς τοῦτο ἐκλήθητε, ἵνα εὐλογίαν κληρονομήσητε.
10 Ὁ γὰρ θέλων ζωὴν ἀγαπᾶν, καὶ ἰδεῖν ἡμέρας ἀγαθάς, παυσάτω Ps. 34 (33).
τὴν γλῶσσαν ο—" ἀπὸ κακοῦ, καὶ χείλη p—" τοῦ μὴ λαλῆσαι 12 sqq.
11 δόλον· ἐκκλινάτω q δὲ " ἀπὸ κακοῦ, καὶ ποιησάτω r ἀγαθόν·
12 ζητησάτω " εἰρήνην, καὶ διωξάτω αὐτήν· ὅτι s—" ὀφθαλμοὶ
Κυρίου ἐπὶ δικαίους, καὶ ὦτα αὐτοῦ εἰς δέησιν αὐτῶν· πρόσ-
ωπον δὲ Κυρίου ἐπὶ ποιοῦντας κακά.
13 Καὶ τίς ὁ κακώσων ὑμᾶς, ἐὰν τοῦ ἀγαθοῦ t ζηλωταὶ " γέ-
14 νησθε; ἀλλ' εἰ καὶ πάσχοιτε διὰ δικαιοσύνην, μακάριοι· Τὸν Cp. Mat.
15 δὲ φόβον αὐτῶν μὴ φοβηθῆτε, μηδὲ ταραχθῆτε, Κύριον δὲ Isa. 8. 12
τὸν u Χριστὸν 7 ἁγιάσατε ἐν ταῖς καρδίαις ὑμῶν· ἕτοιμοι sq.
x—" ἀεὶ πρὸς ἀπολογίαν παντὶ τῷ αἰτοῦντι ὑμᾶς λόγον περὶ 4. 6.
τῆς ἐν ὑμῖν ἐλπίδος, y ἀλλὰ ' μετὰ πραΰτητος καὶ φόβου·
16 συνείδησιν ἔχοντες ἀγαθήν, ἵνα, ἐν ᾧ z καταλαλεῖσθε ", καται- Cp. 2. 12,
σχυνθῶσιν οἱ ἐπηρεάζοντες ὑμῶν τὴν ἀγαθὴν ἐν Χριστῷ 4. 4.
17 ἀναστροφήν. κρεῖττον γὰρ ἀγαθοποιοῦντας, εἰ a θέλοι ' τὸ
18 θέλημα τοῦ Θεοῦ, πάσχειν ἢ κακοποιοῦντας. ὅτι καὶ Χριστὸς Cp. Rom.
ἅπαξ περὶ ἁμαρτιῶν h ἔπαθε ", δίκαιος ὑπὲρ ἀδίκων, ἵνα ἡμᾶς Heb. 9. 28.
προσαγάγῃ τῷ Θεῷ, θανατωθεὶς μὲν σαρκὶ ζωοποιηθεὶς δὲ
19 c— πνεύματι, ἐν ᾧ καὶ τοῖς ἐν φυλακῇ πνεύμασι πορευθεὶς
20 ἐκήρυξεν, ἀπειθήσασί ποτε, ὅτε d ἀπεξεδέχετο " ἡ τοῦ Θεοῦ Cp. Gen.
μακροθυμία ἐν ἡμέραις Νῶε, κατασκευαζομένης κιβωτοῦ, εἰς 6.13 sqq.
ἣν e ὀλίγοι ", τοῦτ' ἔστιν ὀκτὼ ψυχαί, διεσώθησαν δι' ὕδατος·
21 f ὅ " καὶ ε ὑμᾶς " ἀντίτυπον νῦν σώζει βάπτισμα, οὐ σαρκὸς Cp. Joh.
ἀπόθεσις ῥύπου ἀλλὰ συνειδήσεως ἀγαθῆς ἐπερώτημα εἰς Eph. 5. 26.
22 Θεόν, δι' ἀναστάσεως Ἰησοῦ Χριστοῦ, ὅς ἐστιν ἐν δεξιᾷ τοῦ Titus 3. 5.

n add εἰδότες   o add αὐτοῦ   p add αὐτοῦ   q om. δὲ
r om. ἀγαθόν· ζητησάτω S.   s add οἱ   t μιμηταὶ   u Θεὸν
x add δὲ   y om. ἀλλὰ   z καταλαλῶσιν ὑμῶν ὡς κακο-
ποιῶν   a θέλει   b ἀπέθανε Μ.   c add τῷ   d ἅπαξ
ἐξεδέχετο   e ὀλίγαι   f ᾧ Α.   g ἡμᾶς

K k 2

500 ΕΠΙΣΤΟΛΗ 3. 22-

Cp. 1 Cor. Θεοῦ, πορευθεὶς εἰς οὐρανόν, ὑποταγέντων αὐτῷ ἀγγέλων καὶ
15. 24 ἐξουσιῶν καὶ δυνάμεων.
sqq.,
Eph. 1. 20 Χριστοῦ οὖν παθόντος h—" σαρκὶ καὶ ὑμεῖς τὴν αὐτὴν 4
sq.
Cp. Rom. ἔννοιαν ὁπλίσασθε, ὅτι ὁ παθὼν i—⁷ σαρκὶ πέπαυται k ἁμαρ-
6. 2 sqq. τίας", εἰς τὸ μηκέτι ἀνθρώπων ἐπιθυμίαις ἀλλὰ θελήματι 2
Cp. Eph. Θεοῦ τὸν ἐπίλοιπον ἐν σαρκὶ βιῶσαι χρόνον. ἀρκετὸς γὰρ 3
2.3.4.17. 1—⁷ ὁ παρεληλυθὼς χρόνος m—" τὸ n βούλημα" τῶν ἐθνῶν
ο κατειργάσθαι⁷, πεπορευμένους ἐν ἀσελγείαις, ἐπιθυμίαις,
οἰνοφλυγίαις, κώμοις, πότοις, καὶ ἀθεμίτοις εἰδωλολατρείαις·
ἐν ᾧ ξενίζονται μὴ συντρεχόντων ὑμῶν εἰς τὴν αὐτὴν τῆς 4
Cp. 2 Tim. ἀσωτίας ἀνάχυσιν, βλασφημοῦντες· οἳ ἀποδώσουσι λόγον 5
4. 1. τῷ ἑτοίμως ἔχοντι κρῖναι ζῶντας καὶ νεκρούς. εἰς τοῦτο γὰρ 6
καὶ νεκροῖς εὐηγγελίσθη, ἵνα κριθῶσι μὲν κατὰ ἀνθρώπους
σαρκί, ζῶσι δὲ κατὰ Θεὸν πνεύματι.
Cp. Rom. Πάντων δὲ τὸ τέλος ἤγγικε· σωφρονήσατε οὖν καὶ νήψατε 7
13. 11, εἰς p—" προσευχάς· πρὸ πάντων q— τὴν εἰς ἑαυτοὺς ἀγάπην 8
1Cor.7.29,
1Joh.2.18. ἐκτενῆ ἔχοντες, ὅτι ἀγάπη r καλύπτει " πλῆθος ἁμαρτιῶν· φιλό- 9
Cp. Prov.
10. 12. ξενοι εἰς ἀλλήλους, ἄνευ s γογγυσμοῦ"· ἕκαστος καθὼς ἔλαβε 10
Cp. Rom.
12. 6 χάρισμα, εἰς ἑαυτοὺς αὐτὸ διακονοῦντες, ὡς καλοὶ οἰκονόμοι
sqq., ποικίλης χάριτος Θεοῦ· εἴ τις λαλεῖ, ὡς λόγια Θεοῦ· εἴ τις 11
1 Cor. 12.
4 sqq.; διακονεῖ, ὡς ἐξ ἰσχύος ἧς χορηγεῖ ὁ Θεός· ἵνα ἐν πᾶσι δοξά-
also
Titus 1. ζηται ὁ Θεὸς διὰ Ἰησοῦ Χριστοῦ, ᾧ ἐστιν ἡ δόξα καὶ τὸ
7. κράτος εἰς τοὺς αἰῶνας τῶν αἰώνων. ἀμήν.
Cp. Heb. Ἀγαπητοί, μὴ ξενίζεσθε τῇ ἐν ὑμῖν πυρώσει πρὸς πει- 12
12.3 sqq. ρασμὸν ὑμῖν γινομένῃ, ὡς ξένου ὑμῖν συμβαίνοντος· ἀλλὰ 13
Cp. Rom. καθὸ κοινωνεῖτε τοῖς τοῦ Χριστοῦ παθήμασι, χαίρετε, ἵνα
8. 17,
2Cor.4.10, καὶ ἐν τῇ ἀποκαλύψει τῆς δόξης αὐτοῦ χαρῆτε ἀγαλλιώμενοι.
Phil.3.10. εἰ ὀνειδίζεσθε ἐν ὀνόματι Χριστοῦ, μακάριοι· ὅτι τὸ τῆς 14
Cp. Acts
5. 41. δόξης καὶ τὸ τοῦ Θεοῦ Πνεῦμα ἐφ᾿ ὑμᾶς ἀναπαύεται. t—⁷ μὴ 15

h add ὑπὲρ ἡμῶν   i add ἐν   k ἁμαρτίαις M.   l add
ἡμῖν   m add τοῦ βίου   n θέλημα   o κατεργάσασθαι
p add τὰς   q add δὲ   r καλύψει   s γογγυσμῶν
t add κατὰ μὲν αὐτοὺς βλασφημεῖται, κατὰ δὲ ὑμᾶς δοξάζεται.

-5. 10. ΠΕΤΡΟΥ Α. 501

γάρ τις ὑμῶν πασχέτω ὡς φονεὺς, ἢ κλέπτης, ἢ κακοποιός,
16 ἢ ὡς ἀλλοτριοεπίσκοπος· εἰ δὲ ὡς Χριστιανός, μὴ αἰσχυ-
17 νέσθω, δοξαζέτω δὲ τὸν Θεὸν ἐν τῷ ᵘὀνόματι" τούτῳ. ὅτι Cp. 1. 4. 10.
ὁ καιρὸς τοῦ ἄρξασθαι τὸ κρῖμα ἀπὸ τοῦ οἴκου τοῦ Θεοῦ· Jer. 25. 29,
εἰ δὲ πρῶτον ἀφ᾿ ἡμῶν, τί τὸ τέλος τῶν ἀπειθούντων τῷ τοῦ Lk. 2. 51.
18 Θεοῦ εὐαγγελίῳ; καὶ Εἰ ὁ δίκαιος μόλις σώζεται, ὁ ἀσεβὴς Prov. 11.
19 καὶ ἁμαρτωλὸς ποῦ φανεῖται; ὥστε καὶ οἱ πάσχοντες κατὰ 31.
τὸ θέλημα τοῦ Θεοῦ ˣ–" πιστῷ κτίστῃ παρατιθέσθωσαν τὰς
ψυχὰς ʸαὐτῶν ' ἐν ἀγαθοποιίᾳ.
5 Πρεσβυτέρους ᶻοὖν ' ἐν ὑμῖν παρακαλῶ ὁ συμπρεσβύ- Cp. 1. 1.
τερος καὶ μάρτυς τῶν τοῦ Χριστοῦ παθημάτων, ὁ καὶ τῆς Cp. Rom.
2 μελλούσης ἀποκαλύπτεσθαι δόξης κοινωνός· ποιμάνατε τὸ 8. 17 sq.
ἐν ὑμῖν ποίμνιον τοῦ Θεοῦ, ᵃἐπισκοποῦντες" μὴ ἀναγκαστῶς
ἀλλ᾿ ἑκουσίως ᵇκατὰ Θεόν, μηδὲ αἰσχροκερδῶς ἀλλὰ προ-
3 θύμως, μηδ᾿ ὡς κατακυριεύοντες τῶν κλήρων ἀλλὰ τύποι Cp. 1 Tim.
4 γινόμενοι τοῦ ποιμνίου. καὶ φανερωθέντος τοῦ ἀρχιποίμενος Titus 2. 7.
5 κομιεῖσθε τὸν ἀμαράντινον τῆς δόξης στέφανον. ὁμοίως, Cp. 2. 25.
νεώτεροι, ὑποτάγητε ᶜπρεσβυτέροις. πάντες δὲ ἀλλήλοις"
ᵈ–" τὴν ταπεινοφροσύνην ἐγκομβώσασθε· ὅτι ὁ Θεὸς ὑπερη- Prov. 3 34.
6 φάνοις ἀντιτάσσεται, ταπεινοῖς δὲ δίδωσι χάριν. ταπεινώ- Cp. Lk. 14.
θητε οὖν ὑπὸ τὴν κραταιὰν χεῖρα τοῦ Θεοῦ, ἵνα ὑμᾶς ὑψώσῃ 11.
7 ἐν καιρῷ, πᾶσαν τὴν μέριμναν ὑμῶν ἐπιρρίψαντες ἐπ᾿ αὐτόν, Cp. P. 55
8 ὅτι αὐτῷ μέλει περὶ ὑμῶν. νήψατε, γρηγορήσατε· ᵒ– ὁ Mat. 6. 25
ἀντίδικος ὑμῶν διάβολος, ὡς λέων ὠρυόμενος, περιπατεῖ Lk. 12. 22
9 ζητῶν ᶠτινὰ καταπιεῖν"· ᾧ ἀντίστητε στερεοὶ τῇ πίστει, Cp. Eph.
εἰδότες τὰ αὐτὰ τῶν παθημάτων τῇ ἐν κόσμῳ ὑμῶν ἀδελ- 6. 11,
10 φότητι ἐπιτελεῖσθαι. ὁ δὲ Θεὸς πάσης χάριτος, ὁ καλέσας Jas. 4. 7.
ᵍὑμᾶς" εἰς τὴν αἰώνιον αὐτοῦ δόξαν ἐν Χριστῷ ʰ–', ὀλίγον

ᵘ μέρει   ˣ add ὡς   ʸ ἑαυτῶν   ᶻ τοὺς   ᵃ om.
ἐπισκοποῦντες M.   ᵇ om. κατὰ Θεόν A.S.M.   ᶜ πρεσβυτέροις·
πάντες δὲ ἀλλήλοις. M.   ᵈ add ὑποτασσόμενοι   ᵒ add ὅτι
ᶠ τινὰ καταπίῃ   ᵍ ἡμᾶς   ʰ add Ἰησοῦ

502 ΕΠΙΣΤΟΛΗ ΠΕΤΡΟΥ Α. 5. 10-

παθόντας αὐτὸς ¹καταρτίσει, στηρίξει, σθενώσειⁱⁱ· αὐτῷ ^{k-l} 11
τὸ κράτος εἰς τοὺς αἰῶνας τῶν αἰώνων. ἀμήν.

Cp. 2 Cor. Διὰ Σιλουανοῦ ὑμῖν τοῦ πιστοῦ ἀδελφοῦ, ὡς λογίζομαι, 12
1. 19. δι' ὀλίγων ἔγραψα, παρακαλῶν καὶ ἐπιμαρτυρῶν ταύτην εἶναι
ἀληθῆ χάριν τοῦ ¹Θεοῦ· εἰς ἣν στῆτε.¹ ἀσπάζεται ὑμᾶς ἡ 13
Cp. Col. 4. ἐν Βαβυλῶνι συνεκλεκτή, καὶ Μάρκος ὁ υἱός μου. ἀσπά- 14
10. σασθε ἀλλήλους ἐν φιλήματι ἀγάπης.
Cp. Rom.
16. 16. Εἰρήνη ὑμῖν πᾶσι τοῖς ἐν Χριστῷ ^m-. ^{u-ll}

ΕΠΙΣΤΟΛΗ ΠΕΤΡΟΥ ΚΑΘΟΛΙΚΗ
ΔΕΥΤΕΡΑ.

^aΣίμων ' Πέτρος δοῦλος καὶ ἀπόστολος Ἰησοῦ Χριστοῦ 1
τοῖς ἰσότιμον ἡμῖν λαχοῦσι πίστιν ἐν δικαιοσύνῃ τοῦ Θεοῦ
ἡμῶν καὶ σωτῆρος Ἰησοῦ Χριστοῦ· χάρις ὑμῖν καὶ εἰρήνη 2
πληθυνθείη ἐν ἐπιγνώσει τοῦ Θεοῦ καὶ Ἰησοῦ τοῦ Κυρίου
ἡμῶν, ὡς πάντα ἡμῖν τῆς θείας δυνάμεως αὐτοῦ τὰ πρὸς 3
ζωὴν καὶ εὐσέβειαν δεδωρημένης διὰ τῆς ἐπιγνώσεως τοῦ
καλέσαντος ἡμᾶς ^bἰδίᾳ δόξῃ καὶ ἀρετῇ^{ll}· δι' ὧν τὰ ^cτίμια 4
ἡμῖν καὶ μέγιστα^{ll} ἐπαγγέλματα δεδώρηται, ἵνα διὰ τούτων
Cp. Heb. γένησθε θείας κοινωνοὶ φύσεως, ἀποφυγόντες τῆς ἐν ^dτῷ ^l
6. 4, κόσμῳ ἐν ἐπιθυμίᾳ φθορᾶς. καὶ αὐτὸ τοῦτο δὲ σπουδὴν 5
1... 10. πᾶσαν παρεισενέγκαντες ἐπιχορηγήσατε ἐν τῇ πίστει ὑμῶν

ⁱ add θεμελιώσει M.: καταρτίσαι ὑμᾶς, στηρίξαι, σθενώσαι,
θεμελιῶσαι A.S. ^k add ἡ δόξα καὶ ^l Θεοῦ εἰς ἣν ἑστή-
κατε. ^m add Ἰησοῦ ⁿ add ἀμήν. ^a Συμεὼν S.M.
^b διὰ δόξης καὶ ἀρετῆς A.S.M. ^c μέγιστα ἡμῖν καὶ τίμια
^d om. τῷ

6 τὴν ἀρετήν, ἐν δὲ τῇ ἀρετῇ τὴν γνῶσιν, ἐν δὲ τῇ γνώσει τὴν ἐγκράτειαν, ἐν δὲ τῇ ἐγκρατείᾳ τὴν ὑπομονήν, ἐν δὲ τῇ ὑπο-
7 μονῇ τὴν εὐσέβειαν, ἐν δὲ τῇ εὐσεβείᾳ τὴν φιλαδελφίαν, ἐν Cp. Heb.
8 δὲ τῇ φιλαδελφίᾳ τὴν ἀγάπην. ταῦτα γὰρ ὑμῖν ὑπάρχοντα Lk. 10. -9
καὶ πλεονάζοντα οὐκ ἀργοὺς οὐδὲ ἀκάρπους καθίστησιν εἰς sqq.
9 τὴν τοῦ Κυρίου ἡμῶν Ἰησοῦ Χριστοῦ ἐπίγνωσιν. ᾧ γὰρ μὴ Cp. 1 Joh.
πάρεστι ταῦτα τυφλός ἐστι, μυωπάζων, λήθην λαβὼν τοῦ 2. 9 sqq.
10 καθαρισμοῦ τῶν πάλαι αὐτοῦ ἁμαρτιῶν. διὸ μᾶλλον, ἀδελ-
φοί, σπουδάσατε βεβαίαν ὑμῶν τὴν κλῆσιν καὶ ἐκλογὴν
11 ποιεῖσθαι· ταῦτα γὰρ ποιοῦντες οὐ μὴ πταίσητέ ποτε· οὕτω
γὰρ πλουσίως ἐπιχορηγηθήσεται ὑμῖν ἡ εἴσοδος εἰς τὴν
αἰώνιον βασιλείαν τοῦ Κυρίου ἡμῶν καὶ σωτῆρος Ἰησοῦ
Χριστοῦ.
12 Διὸ ᵃμελλήσω ἀεὶ ὑμᾶς" ὑπομιμνήσκειν περὶ τούτων,
καίπερ εἰδότας, καὶ ἐστηριγμένους ἐν τῇ παρούσῃ ἀληθείᾳ.
13 δίκαιον δὲ ἡγοῦμαι, ἐφ᾽ ὅσον εἰμὶ ἐν τούτῳ τῷ σκηνώματι,
14 διεγείρειν ὑμᾶς ἐν ὑπομνήσει, εἰδὼς ὅτι ταχινή ἐστιν ἡ ἀπό-
θεσις τοῦ σκηνώματός μου, καθὼς καὶ ὁ Κύριος ἡμῶν Ἰησοῦς Cp. Joh.
15 Χριστὸς ἐδήλωσέ μοι. σπουδάσω δὲ καὶ ἑκάστοτε ἔχειν 21. 18.
ὑμᾶς μετὰ τὴν ἐμὴν ἔξοδον τὴν τοίτων μνήμην ποιεῖσθαι. Cp. Lk. 9.
16 οὐ γὰρ σεσοφισμένοις μύθοις ἐξακολουθήσαντες ἐγνωρίσαμεν Cp. Lk. 1.
ὑμῖν τὴν τοῦ Κυρίου ἡμῶν Ἰησοῦ Χριστοῦ δύναμιν καὶ παρ- Acts 4. 20.
ουσίαν, ἀλλ᾽ ἐπόπται γενηθέντες τῆς ἐκείνου μεγαλειότητος· 1 Joh. 1. 1.
17 λαβὼν γὰρ παρὰ Θεοῦ πατρὸς τιμὴν καὶ δόξαν, φωνῆς ἐνεχ-
θείσης αὐτῷ τοιᾶσδε ὑπὸ τῆς μεγαλοπρεποῦς δόξης, Οὗτός Mat. 17. 5.
18 ἐστιν ὁ υἱός μου ὁ ἀγαπητός, εἰς ὃν ἐγὼ εὐδόκησα· καὶ Mat.17.6;
ταύτην τὴν φωνὴν ἡμεῖς ἠκούσαμεν ἐξ οὐρανοῦ ἐνεχθεῖσαν cp. Mk.
19 σὺν αὐτῷ ὄντες ἐν τῷ ὄρει τῷ ἁγίῳ. καὶ ἔχομεν βεβαιότερον Lk. 9. 35.
τὸν προφητικὸν λόγον, ᾧ καλῶς ποιεῖτε προσέχοντες. ὡς
λύχνῳ φαίνοντι ἐν αὐχμηρῷ τόπῳ, ἕως οὗ ἡμέρα διαυγάσῃ, Cp.Joh.5.
20 καὶ φωσφόρος ἀνατείλῃ ἐν ταῖς καρδίαις ὑμῶν· τοῦτο πρῶτον 35.

ᵃ οὐκ ἀμελήσω ὑμᾶς ἀεὶ

504   ΕΠΙΣΤΟΛΗ   1. 20-

γινώσκοντες, ὅτι πᾶσα προφητεία γραφῆς ἰδίας ἐπιλύσεως
οὐ γίνεται· οὐ γὰρ θελήματι ἀνθρώπου ἠνέχθη ^f προφητεία 21
ποτέ^ʰ, ἀλλ' ὑπὸ Πνεύματος Ἁγίου φερόμενοι ἐλάλησαν ^g ἀπὸ ^ʰ
Θεοῦ ἄνθρωποι.
Ἐγένοντο δὲ καὶ ψευδοπροφῆται ἐν τῷ λαῷ, ὡς καὶ ἐν 2
ὑμῖν ἔσονται ψευδοδιδάσκαλοι, οἵτινες παρεισάξουσιν αἱρέ-
σεις ἀπωλείας καὶ τὸν ἀγοράσαντα αὐτοὺς δεσπότην ἀρνού-
μενοι, ἐπάγοντες ἑαυτοῖς ταχινὴν ἀπώλειαν. καὶ πολλοὶ 2
ἐξακολουθήσουσιν αὐτῶν ταῖς ^h ἀσελγείαις^ʰ, δι' οὓς ἡ ὁδὸς
τῆς ἀληθείας βλασφημηθήσεται.   καὶ ἐν πλεονεξίᾳ πλα- 3
στοῖς λόγοις ὑμᾶς ἐμπορεύσονται· οἷς τὸ κρῖμα ἔκπαλαι οὐκ
ἀργεῖ, καὶ ἡ ἀπώλεια αὐτῶν οὐ νυστάζει.   εἰ γὰρ ὁ Θεὸς 4
ἀγγέλων ἁμαρτησάντων οὐκ ἐφείσατο, ἀλλὰ ⁱ σειροῖςⁱ ζόφου
ταρταρώσας παρέδωκεν εἰς κρίσιν ^j τηρουμένους ^ʰ·   καὶ 5
ἀρχαίου κόσμου οὐκ ἐφείσατο, ἀλλ' ὄγδοον Νῶε δικαιοσύνης
κήρυκα ἐφύλαξε κατακλυσμὸν κόσμῳ ἀσεβῶν ἐπάξας· καὶ 6
πόλεις Σοδόμων καὶ Γομόρρας τεφρώσας καταστροφῇ κατέ-
κρινεν, ὑπόδειγμα μελλόντων ἀσεβεῖν τεθεικώς, καὶ δίκαιον 7
Λὼτ, καταπονούμενον ὑπὸ τῆς τῶν ἀθέσμων ἐν ἀσελγείᾳ
ἀναστροφῆς, ἐρρύσατο (βλέμματι γὰρ καὶ ἀκοῇ ὁ δίκαιος, 8
ἐγκατοικῶν ἐν αὐτοῖς, ἡμέραν ἐξ ἡμέρας ψυχὴν δικαίαν ἀνό-
μοις ἔργοις ἐβασάνιζεν)· οἶδε Κύριος εὐσεβεῖς ἐκ ^k πειρασμοῦ^ʰ 9
ῥύεσθαι, ἀδίκους δὲ εἰς ἡμέραν κρίσεως κολαζομένους τηρεῖν,
μάλιστα δὲ τοὺς ὀπίσω σαρκὸς ἐν ἐπιθυμίᾳ μιασμοῦ πορευο- 10
μένους καὶ κυριότητος καταφρονοῦντας.   τολμηταί, αὐθά-
δεις, δόξας οὐ τρέμουσι βλασφημοῦντες· ὅπου ἄγγελοι, 11
ἰσχύι καὶ δυνάμει μείζονες ὄντες, οὐ φέρουσι κατ' αὐτῶν
παρὰ Κυρίῳ βλάσφημον κρίσιν.   οὗτοι δέ, ὡς ἄλογα ζῶα 12
^l γεγεννημένα φυσικὰ^ʰ εἰς ἅλωσιν καὶ φθοράν, ἐν οἷς ἀγνοοῦσι
βλασφημοῦντες ἐν τῇ φθορᾷ αὐτῶν ^m καὶ φθαρήσονται^ʰ,

^f ποτὲ προφητεία   ^k οἱ ἅγιοι   ^h ἀπωλείαις   ⁱ σειραῖς
A S.M.   ^j τετηρημένους   ^k πειρασμῶν A.   ^l φυσικὰ γεγε-
νημένα   ^m καταφθαρήσονται

-3. 3. ΠΕΤΡΟΥ Β. 505

13 ⁿἀδικούμενοί¹ μισθὸν ἀδικίας· ἡδονὴν ἡγούμενοι τὴν ἐν
ἡμέρᾳ τρυφήν, σπίλοι καὶ μῶμοι, ἐντρυφῶντες ἐν ταῖς Cp. Jude
14 ᵒἀγάπαις‖ αὐτῶν συνευωχούμενοι ὑμῖν, ὀφθαλμοὺς ἔχοντες   12.
μεστοὺς μοιχαλίδος καὶ ἀκαταπαύστους ἁμαρτίας, δελεάζοντες
ψυχὰς ἀστηρίκτους, καρδίαν γεγυμνασμένην ᵖπλεονεξίας‖
15 ἔχοντες, κατάρας τέκνα· ᑫκαταλείποντες‖ εὐθεῖαν ὁδὸν
ἐπλανήθησαν, ἐξακολουθήσαντες τῇ ὁδῷ τοῦ Βαλαὰμ τοῦ Num. 22.
16 ʳΒεώρ‖, ὃς μισθὸν ἀδικίας ἠγάπησεν, ἔλεγξιν δὲ ἔσχεν ἰδίας 5 sqq.:
παρανομίας· ὑποζύγιον ἄφωνον, ἐν ἀνθρώπου φωνῇ φθεγξά-   11.
17 μενον, ἐκώλυσε τὴν τοῦ προφήτου παραφρονίαν. οὗτοί εἰσι Cp. Jude
πηγαὶ ἄνυδροι, ˢκαὶ ὁμίχλαι‖ ὑπὸ λαίλαπος ἐλαυνόμεναι, οἷς   12.
18 ὁ ζόφος τοῦ σκότους ᵗ—‖ τετήρηται. ὑπέρογκα γὰρ ματαιότητος Cp. Jude
φθεγγόμενοι δελεάζουσιν ἐν ἐπιθυμίαις σαρκός, ἀσελγείαις,   16.
τοὺς ᵘὀλίγως ἀποφεύγοντας‖ τοὺς ἐν πλάνῃ ἀναστρεφομένους,
19 ἐλευθερίαν αὐτοῖς ἐπαγγελλόμενοι, αὐτοὶ δοῦλοι ὑπάρχοντες Cp. Rom.
20 τῆς φθορᾶς· ᾧ γάρ τις ἥττηται, τούτῳ καὶ δεδούλωται. εἰ Gal. 5. 1 ;.
γὰρ ἀποφυγόντες τὰ μιάσματα τοῦ κόσμου ἐν ἐπιγνώσει τοῦ Jude 4.
Κυρίου ˣ—¹ καὶ σωτῆρος Ἰησοῦ Χριστοῦ τούτοις δὲ πάλιν
ἐμπλακέντες ἡττῶνται, γέγονεν αὐτοῖς τὰ ἔσχατα χείρονα Cp. Mat.
21 τῶν πρώτων. κρεῖττον γὰρ ἦν αὐτοῖς μὴ ἐπεγνωκέναι τὴν sqq.,
ὁδὸν τῆς δικαιοσύνης, ἢ ἐπιγνοῦσιν ʸὑποστρέψαι‖ ἐκ τῆς Lk. 11. 24
22 παραδοθείσης αὐτοῖς ἁγίας ἐντολῆς. ᶻσυμβέβηκεν‖ αὐτοῖς Heb.10..6
τὸ τῆς ἀληθοῦς παροιμίας, Κύων ἐπιστρέψας ἐπὶ τὸ ἴδιον Cp. Prov.
ἐξέραμα, καὶ ὗς λουσαμένη εἰς κύλισμα βορβόρου.   26. 11.

3 Ταύτην ἤδη, ἀγαπητοί, δευτέραν ὑμῖν γράφω ἐπιστολήν,
ἐν αἷς διεγείρω ὑμῶν ἐν ὑπομνήσει τὴν εἰλικρινῆ διάνοιαν,
2 μνησθῆναι τῶν προειρημένων ῥημάτων ὑπὸ τῶν ἁγίων προ-
φητῶν, καὶ τῆς τῶν ἀποστόλων ᵃὑμῶν‖ ἐντολῆς τοῦ Κυρίου Cp. Jude
3 καὶ σωτῆρος· τοῦτο πρῶτον γινώσκοντες, ὅτι ἐλεύσονται ἐπ' Cp. Jude
   18.

ᵘ κομιούμενοι   ᵒ ἀπάταις A.S.M.   ᵖ πλεονεξίαις
ᑫ καταλιπόντες τὴν   ʳ Βοσόρ A.S.M.   ˢ νεφέλαι   ᵗ add
εἰς αἰῶνα   ᵘ ὄντως ἀποφυγόντας   ˣ add ἡμῶν M.   ʸ ἐπι-
στρέψαι   ᶻ συμβέβηκε δὲ   ᵃ ἡμῶν

ΕΠΙΣΤΟΛΗ ΠΕΤΡΟΥ Β. 3. 3–

ᵇἐσχάτων ‖ τῶν ἡμερῶν ᶜἐν ἐμπαιγμονῇ ‖ ἐμπαῖκται, κατὰ τὰς
ἰδίας ᵈἐπιθυμίας αὐτῶν ‖ πορευόμενοι, καὶ λέγοντες, Ποῦ ἐστιν 4
ἡ ἐπαγγελία τῆς παρουσίας αὐτοῦ; ἀφ' ἧς γὰρ οἱ πατέρες
ἐκοιμήθησαν, πάντα οὕτω διαμένει ἀπ' ἀρχῆς κτίσεως. λαν- 5
θάνει γὰρ αὐτοὺς τοῦτο θέλοντας, ὅτι οὐρανοὶ ἦσαν ἔκπαλαι,
καὶ γῆ ἐξ ὕδατος καὶ δι' ὕδατος συνεστῶσα, τῷ τοῦ Θεοῦ
λόγῳ, δι' ὧν ὁ τότε κόσμος ὕδατι κατακλυσθεὶς ἀπώλετο· οἱ 6, 7
δὲ νῦν οὐρανοὶ καὶ ἡ γῆ ᵉτῷ αὐτῷ ‖ λόγῳ τεθησαυρισμένοι
ᶠεἰσὶ πυρί,⁷ τηρούμενοι εἰς ἡμέραν κρίσεως καὶ ἀπωλείας τῶν
ἀσεβῶν ἀνθρώπων.

ᵍἛν δὲ τοῦτο μὴ λανθανέτω ὑμᾶς, ἀγαπητοί, ὅτι μία ἡμέρα 8
παρὰ Κυρίῳ ὡς χίλια ἔτη, καὶ χίλια ἔτη ὡς ἡμέρα μία. οὐ 9
βραδύνει ὁ Κύριος τῆς ἐπαγγελίας, ὥς τινες βραδυτῆτα ἡγοῦν-
ται, ἀλλὰ μακροθυμεῖ εἰς ᵍὑμᾶς, ‖ μὴ βουλόμενός τινας ἀπο-
λέσθαι, ἀλλὰ πάντας εἰς μετάνοιαν χωρῆσαι. ἥξει δὲ ʰ— 10
ἡμέρα Κυρίου ὡς κλέπτης ⁱ—, ἐν ᾗ οἱ οὐρανοὶ ῥοιζηδὸν
παρελεύσονται, στοιχεῖα δὲ καυσούμενα ᵏλυθήσεται ‖, καὶ γῆ
καὶ τὰ ἐν αὐτῇ ἔργα ˡκατακαήσεται ‖. τούτων ᵐοὕτως ‖ πάν- 11
των λυομένων ποταποὺς δεῖ ὑπάρχειν ὑμᾶς ἐν ἁγίαις ἀνα-
στροφαῖς καὶ εὐσεβείαις, προσδοκῶντας καὶ σπεύδοντας τὴν 12
παρουσίαν τῆς τοῦ Θεοῦ ἡμέρας, δι' ἣν οὐρανοὶ πυρούμενοι
λυθήσονται, καὶ στοιχεῖα καυσούμενα τήκεται; καινοὺς δὲ 13
οὐρανοὺς καὶ γῆν καινὴν κατὰ τὸ ἐπάγγελμα αὐτοῦ προσ-
δοκῶμεν, ἐν οἷς δικαιοσύνη κατοικεῖ.

Διό, ἀγαπητοί, ταῦτα προσδοκῶντες, σπουδάσατε ἄσπιλοι 14
καὶ ἀμώμητοι αὐτῷ εὑρεθῆναι ἐν εἰρήνῃ. καὶ τὴν τοῦ Κυρίου 15
ἡμῶν μακροθυμίαν σωτηρίαν ἡγεῖσθε, καθὼς καὶ ὁ ἀγαπητὸς
ἡμῶν· ἀδελφὸς Παῦλος κατὰ τὴν αὐτῷ δοθεῖσαν σοφίαν
ἔγραψεν ὑμῖν· ὡς καὶ ἐν πάσαις ⁿ—‖ ἐπιστολαῖς, λαλῶν 16

¹ ἐσχάτου ᶜ om. ἐν ἐμπαιγμονῇ ᵈ αὐτῶν ἐπιθυμίας
ᵉ αὐτοῦ S. ᶠ εἰσί. πυρὶ ᵍ ἡμᾶς ʰ add ἡ ⁱ add
ἐν νυκτί ᵏ λυθήσονται ˡ εὑρεθήσεται M. ᵐ οὖν
ⁿ add ταῖς

-1. 7. ΕΠΙΣΤΟΛΗ ΙΩΑΝΝΟΥ Α. 507

ἐν αὐταῖς περὶ τούτων· ἐν °αἷς' ἔστι δυσνόητά τινα, ἃ οἱ ἀμαθεῖς καὶ ἀστήρικτοι στρεβλοῦσιν, ὡς καὶ τὰς λοιπὰς 17 γραφάς, πρὸς τὴν ἰδίαν αὐτῶν ἀπώλειαν. ὑμεῖς οὖν, ἀγαπητοί, προγινώσκοντες φυλάσσεσθε, ἵνα μὴ τῇ τῶν ἀθέσμων 18 πλάνῃ συναπαχθέντες ἐκπέσητε τοῦ ἰδίου στηριγμοῦ. αὐξάνετε δὲ ἐν χάριτι καὶ γνώσει τοῦ Κυρίου ἡμῶν καὶ σωτῆρος Ἰησοῦ Χριστοῦ. αὐτῷ ἡ δόξα καὶ νῦν καὶ εἰς ἡμέραν αἰῶνος. ἀμήν.

ΕΠΙΣΤΟΛΗ ΙΩΑΝΝΟΥ ΚΑΘΟΛΙΚΗ ΠΡΩΤΗ.

1 Ὃ ἦν ἀπ' ἀρχῆς, ὃ ἀκηκόαμεν, ὃ ἑωράκαμεν τοῖς ὀφθαλ- Cp. Joh. μοῖς ἡμῶν, ὃ ἐθεασάμεθα, καὶ αἱ χεῖρες ἡμῶν ἐψηλάφησαν, Lk. 1. 1, 14, 2 περὶ τοῦ λόγου τῆς ζωῆς (καὶ ἡ ζωὴ ἐφανερώθη, καὶ ἑωράκα- Cp. Joh. μεν, καὶ μαρτυροῦμεν, καὶ ἀπαγγέλλομεν ὑμῖν τὴν ζωὴν 1. 4. τὴν αἰώνιον, ἥτις ἦν πρὸς τὸν πατέρα, καὶ ἐφανερώθη ἡμῖν), Cp. Joh. 3 ὃ ἑωράκαμεν καὶ ἀκηκόαμεν, ἀπαγγέλλομεν ᵃκαὶ' ὑμῖν, ἵνα 1. 1. καὶ ὑμεῖς κοινωνίαν ἔχητε μεθ' ἡμῶν· καὶ ἡ κοινωνία δὲ ἡ Cp. Joh. ἡμετέρα μετὰ τοῦ πατρὸς καὶ μετὰ τοῦ υἱοῦ αὐτοῦ Ἰησοῦ 17. 21. 4 Χριστοῦ· καὶ ταῦτα γράφομεν ᵇἡμεῖς", ἵνα ἡ χαρὰ ᶜἡμῶν" Cp. Joh. ᾖ πεπληρωμένη. 15. 11. 16. 24.

5 Καὶ αὕτη ἐστὶν ἡ ᵈἀγγελία" ἣν ἀκηκόαμεν ἀπ' αὐτοῦ καὶ ἀναγγέλλομεν ὑμῖν, ὅτι ὁ Θεὸς φῶς ἐστι, καὶ σκοτία ἐν αὐτῷ Cp. Joh. 6 οὐκ ἔστιν οὐδεμία. ἐὰν εἴπωμεν ὅτι κοινωνίαν ἔχομεν μετ' 1. 5, 9. αὐτοῦ, καὶ ἐν τῷ σκότει περιπατῶμεν, ψευδόμεθα καὶ οὐ 7 ποιοῦμεν τὴν ἀλήθειαν· ἐὰν δὲ ἐν τῷ φωτὶ περιπατῶμεν,

° οἷς   ᵃ om. καὶ   ᵇ ὑμῖν   ᶜ ὑμῶν A.M.   ᵈ ἐπαγγελία S.

ΕΠΙΣΤΟΛΗ 1. 7-

Cp. Heb. 9. 14, 12. 24.
Cp. Ps. 32 (31). 5.
Cp. Rom. 3. 4, 9. Gal. 3. 22.

ὡς αὐτός ἐστιν ἐν τῷ φωτί, κοινωνίαν ἔχομεν μετ' ἀλλήλων, καὶ τὸ αἷμα Ἰησοῦ ᵉ⁻ʺ τοῦ υἱοῦ αὐτοῦ καθαρίζει ἡμᾶς ἀπὸ πάσης ἁμαρτίας. ἐὰν εἴπωμεν ὅτι ἁμαρτίαν οὐκ ἔχομεν, 8 ἑαυτοὺς πλανῶμεν, καὶ ἡ ἀλήθεια οὐκ ἔστιν ἐν ἡμῖν. ἐὰν 9 ὁμολογῶμεν τὰς ἁμαρτίας ἡμῶν, πιστός ἐστι καὶ δίκαιος, ἵνα ἀφῇ ἡμῖν τὰς ἁμαρτίας, καὶ καθαρίσῃ ἡμᾶς ἀπὸ πάσης ἀδικίας. ἐὰν εἴπωμεν ὅτι οὐχ ἡμαρτήκαμεν, ψεύστην ποιοῦμεν 10 αὐτόν, καὶ ὁ λόγος αὐτοῦ οὐκ ἔστιν ἐν ἡμῖν.

Τεκνία μου, ταῦτα γράφω ὑμῖν, ἵνα μὴ ἁμάρτητε. καὶ ἐάν 2

Cp. Joh. 14. 16.
Cp. 4. 10, Joh. 1. 29, Rom. 3. 25.
Cp. Joh. 14. 21, 23.

τις ἁμάρτῃ, παράκλητον ἔχομεν πρὸς τὸν πατέρα, Ἰησοῦν Χριστὸν δίκαιον· καὶ αὐτὸς ἱλασμός ἐστι περὶ τῶν ἁμαρτιῶν 2 ἡμῶν, οὐ περὶ τῶν ἡμετέρων δὲ μόνον, ἀλλὰ καὶ περὶ ὅλου τοῦ κόσμου. καὶ ἐν τούτῳ γινώσκομεν ὅτι ἐγνώκαμεν αὐτόν, 3 ἐὰν τὰς ἐντολὰς αὐτοῦ τηρῶμεν. ὁ λέγων ᶠὅτιʺ Ἔγνωκα 4 αὐτόν, καὶ τὰς ἐντολὰς αὐτοῦ μὴ τηρῶν, ψεύστης ἐστί, καὶ ἐν τούτῳ ἡ ἀλήθεια οὐκ ἔστιν· ὃς δ' ἂν τηρῇ αὐτοῦ τὸν λόγον, 5 ἀληθῶς ἐν τούτῳ ἡ ἀγάπη τοῦ Θεοῦ τετελείωται. ἐν τούτῳ

Cp. Joh. 15. 4 sq.

γινώσκομεν ὅτι ἐν αὐτῷ ἐσμεν· ὁ λέγων ἐν αὐτῷ μένειν 6 ὀφείλει καθὼς ἐκεῖνος περιεπάτησε καὶ αὐτὸς ᵍ⁻ʺ περιπατεῖν.

Cp. Mat. 22. 39, Mk. 12. 31, Lk. 10. 27.
Cp. Joh. 13. 34.
Cp. Joh. 8. 12.

ʰἈγαπητοίʲ, οὐκ ἐντολὴν καινὴν γράφω ὑμῖν, ἀλλ' ἐν- 7 τολὴν παλαιάν, ἣν εἴχετε ἀπ' ἀρχῆς· ἡ ἐντολὴ ἡ παλαιά ἐστιν ὁ λόγος ὃν ἠκούσατε ⁱ⁻ʺ. πάλιν ἐντολὴν καινὴν 8 γράφω ὑμῖν, ὅ ἐστιν ἀληθὲς ἐν αὐτῷ καὶ ἐν ὑμῖν· ὅτι ἡ σκοτία παράγεται, καὶ τὸ φῶς τὸ ἀληθινὸν ἤδη φαίνει. ὁ 9 λέγων ἐν τῷ φωτὶ εἶναι καὶ τὸν ἀδελφὸν αὐτοῦ μισῶν ἐν τῇ σκοτίᾳ ἐστὶν ἕως ἄρτι. ὁ ἀγαπῶν τὸν ἀδελφὸν αὐτοῦ ἐν τῷ 10 φωτὶ μένει, καὶ σκάνδαλον ἐν αὐτῷ οὐκ ἔστιν. ὁ δὲ μισῶν 11

Cp. Joh. 12. 35.

τὸν ἀδελφὸν αὐτοῦ ἐν τῇ σκοτίᾳ ἐστί, καὶ ἐν τῇ σκοτίᾳ περιπατεῖ, καὶ οὐκ οἶδε ποῦ ὑπάγει, ὅτι ἡ σκοτία ἐτύφλωσε τοὺς ὀφθαλμοὺς αὐτοῦ.

ᵉ add Χριστοῦ   ᶠ om. ὅτι   ᵍ add οὕτως   ʰ Ἀδελφοί
ⁱ add ἀπ' ἀρχῆς

-2. 27.   ΙΩΑΝΝΟΥ Α.   509

12 Γράφω ὑμῖν, τεκνία, ὅτι ἀφέωνται ὑμῖν αἱ ἁμαρτίαι διὰ τὸ Cp. Lk. 24.
13 ὄνομα αὐτοῦ. γράφω ὑμῖν, πατέρες, ὅτι ἐγνώκατε τὸν ἀπ᾽ Acts 10. 43.
ἀρχῆς. γράφω ὑμῖν, νεανίσκοι, ὅτι νενικήκατε τὸν πονηρόν.
14 ᵏἔγραψα" ὑμῖν, παιδία, ὅτι ἐγνώκατε τὸν πατέρα. ἔγραψα
ὑμῖν, πατέρες, ὅτι ἐγνώκατε τὸν ἀπ᾽ ἀρχῆς. ἔγραψα ὑμῖν,
νεανίσκοι, ὅτι ἰσχυροί ἐστε, καὶ ὁ λόγος τοῦ Θεοῦ ἐν
15 ὑμῖν μένει, καὶ νενικήκατε τὸν πονηρόν. μὴ ἀγαπᾶτε τὸν Cp. Joh.
κόσμον, μηδὲ τὰ ἐν τῷ κόσμῳ. ἐάν τις ἀγαπᾷ τὸν κόσμον, 15. 19.
16 οὐκ ἔστιν ἡ ἀγάπη τοῦ πατρὸς ἐν αὐτῷ. ὅτι πᾶν τὸ ἐν τῷ Jas. 4. 4.
κόσμῳ, ἡ ἐπιθυμία τῆς σαρκός, καὶ ἡ ἐπιθυμία τῶν ὀφθαλ-
μῶν, καὶ ἡ ἀλαζονεία τοῦ βίου, οὐκ ἔστιν ἐκ τοῦ πατρός, ἀλλ᾽
17 ἐκ τοῦ κόσμου ἐστί. καὶ ὁ κόσμος παράγεται, καὶ ἡ ἐπιθυμία
αὐτοῦ· ὁ δὲ ποιῶν τὸ θέλημα τοῦ Θεοῦ μένει εἰς τὸν αἰῶνα.
18 Παιδία, ἐσχάτη ὥρα ἐστί· καὶ καθὼς ἠκούσατε ὅτι ˡ—" Cp. Mat.
ἀντίχριστος ἔρχεται, καὶ νῦν ἀντίχριστοι πολλοὶ γεγόνασιν· 24. 5. 24.
19 ὅθεν γινώσκομεν ὅτι ἐσχάτη ὥρα ἐστίν. ἐξ ἡμῶν ἐξῆλθον, Cp. Acts
ἀλλ᾽ οὐκ ἦσαν ἐξ ἡμῶν· εἰ γὰρ ἦσαν ἐξ ἡμῶν, μεμενήκεισαν 20. 30.
ἂν μεθ᾽ ἡμῶν· ἀλλ᾽ ἵνα φανερωθῶσιν ὅτι οὐκ εἰσὶ πάντες ἐξ
20 ἡμῶν. καὶ ὑμεῖς χρίσμα ἔχετε ἀπὸ τοῦ ἁγίου, καὶ οἴδατε Cp. 2 Cor.
21 ᵐπάντα ˡ. οὐκ ἔγραψα ὑμῖν, ὅτι οὐκ οἴδατε τὴν ἀλήθειαν, J oh. 14. 1.
ἀλλ᾽ ὅτι οἴδατε αὐτήν, καὶ ὅτι πᾶν ψεῦδος ἐκ τῆς ἀληθείας 16. 13.
22 οὐκ ἔστι. τίς ἐστιν ὁ ψεύστης, εἰ μὴ ὁ ἀρνούμενος ὅτι
Ἰησοῦς οὐκ ἔστιν ὁ Χριστός; οὗτός ἐστιν ὁ ἀντίχριστος,
23 ὁ ἀρνούμενος τὸν πατέρα καὶ τὸν υἱόν. πᾶς ὁ ἀρνούμενος Cp. Joh.
τὸν υἱὸν οὐδὲ τὸν πατέρα ἔχει· ⁿὁ ὁμολογῶν τὸν υἱὸν καὶ 15. 23.
24 τὸν πατέρα ἔχει." ὑμεῖς ᵒ—" ὃ ἠκούσατε ἀπ᾽ ἀρχῆς, ἐν ὑμῖν
μενέτω. ἐὰν ἐν ὑμῖν μείνῃ ὃ ἀπ᾽ ἀρχῆς ἠκούσατε, καὶ ὑμεῖς
25 ἐν τῷ υἱῷ καὶ ἐν τῷ πατρὶ μενεῖτε. καὶ αὕτη ἐστὶν ἡ ἐπαγ- Cp. Joh.
γελία, ἣν αὐτὸς ἐπηγγείλατο ᴾἡμῖν ˡ, τὴν ζωὴν τὴν αἰώνιον. 17. 2.
26, 27 ταῦτα ἔγραψα ὑμῖν περὶ τῶν πλανώντων ὑμᾶς. καὶ ὑμεῖς

ᵏ γράφω   ˡ add ὁ   ᵐ πάντες Μ.   ⁿ om. ὁ ὁμο-
λογῶν τὸν υἱὸν καὶ τὸν πατέρα ἔχει. Α.(?) S.   ᵒ add οὖν
ᴾ ὑμῖν Μ.

510 ΕΠΙΣΤΟΛΗ 2. 27-

Cp. Jer. 31 τὸ χρίσμα ὃ ἐλάβετε ἀπ᾽ αὐτοῦ, ᾳμένει ἐν ὑμῖν', καὶ οὐ
(38). 33 χρείαν ἔχετε ἵνα τις διδάσκῃ ὑμᾶς· ἀλλ᾽ ὡς τὸ ʳαὐτοῦᵘ
sq. χρίσμα διδάσκει ὑμᾶς περὶ πάντων, καὶ ἀληθές ἐστι, καὶ
οὐκ ἔστι ˢψεῦδος,¹ καὶ καθὼς ἐδίδαξεν ὑμᾶς, ᵗμένετεᵘ ἐν
αὐτῷ. καὶ νῦν, τεκνία, μένετε ἐν αὐτῷ· ἵνα ᵘἐὰνᵘ φανε- 28
ρωθῇ, ˣσχῶμενᵘ παρρησίαν, καὶ μὴ αἰσχυνθῶμεν ἀπ᾽ αὐτοῦ
ἐν τῇ παρουσίᾳ αὐτοῦ. ἐὰν εἰδῆτε ὅτι δίκαιός ἐστι, γινώ- 29
σκετε ὅτι ʸκαὶ' πᾶς ὁ ποιῶν τὴν δικαιοσύνην ἐξ αὐτοῦ
γεγέννηται.
Cp. Joh. Ἴδετε, ποταπὴν ἀγάπην δέδωκεν ἡμῖν ὁ πατήρ, ἵνα τέκνα 3
1. 12. Θεοῦ κληθῶμεν· ᶻκαί ἐσμεν.ᵘ διὰ τοῦτο ὁ κόσμος οὐ γι-
Cp. Joh. νώσκει ἡμᾶς, ὅτι οὐκ ἔγνω αὐτόν. ἀγαπητοί, νῦν τέκνα 2
16. 3.
Cp. 1 Cor. Θεοῦ ἐσμεν, καὶ οὔπω ἐφανερώθη τί ἐσόμεθα. οἴδαμεν ᵃ—
15. 49, ὅτι ἐὰν φανερωθῇ, ὅμοιοι αὐτῷ ἐσόμεθα, ὅτι ὀψόμεθα αὐτὸν
Phil. 3. 21,
Col. 3. 4. καθώς ἐστι. καὶ πᾶς ὁ ἔχων τὴν ἐλπίδα ταύτην ἐπ᾽ αὐτῷ 3
Cp. Mat. ἁγνίζει ἑαυτόν, καθὼς ἐκεῖνος ἁγνός ἐστι. πᾶς ὁ ποιῶν τὴν 4
5. 8.
ἁμαρτίαν καὶ τὴν ἀνομίαν ποιεῖ, καὶ ἡ ἁμαρτία ἐστὶν ἡ ἀνο-
Cp. Joh. μία. καὶ οἴδατε ὅτι ἐκεῖνος ἐφανερώθη, ἵνα τὰς ἁμαρτίας ᵇ—' 5
1. 29. ἄρῃ, καὶ ἁμαρτία ἐν αὐτῷ οὐκ ἔστι. πᾶς ὁ ἐν αὐτῷ μένων 6
οὐχ ἁμαρτάνει· πᾶς ὁ ἁμαρτάνων οὐχ ἑώρακεν αὐτόν, οὐδὲ
ἔγνωκεν αὐτόν. τεκνία, μηδεὶς πλανάτω ὑμᾶς· ὁ ποιῶν τὴν 7
Cp. Joh. 8. δικαιοσύνην δίκαιός ἐστι, καθὼς ἐκεῖνος δίκαιός ἐστιν· ὁ 8
44. ποιῶν τὴν ἁμαρτίαν ἐκ τοῦ διαβόλου ἐστίν, ὅτι ἀπ᾽ ἀρχῆς
ὁ διάβολος ἁμαρτάνει. εἰς τοῦτο ἐφανερώθη ὁ υἱὸς τοῦ
Θεοῦ, ἵνα λύσῃ τὰ ἔργα τοῦ διαβόλου. πᾶς ὁ γεγεννημέ- 9
Cp. 1 Pet. νος ἐκ τοῦ Θεοῦ ἁμαρτίαν οὐ ποιεῖ, ὅτι σπέρμα αὐτοῦ ἐν
1. 23. αὐτῷ μένει· καὶ οὐ δύναται ἁμαρτάνειν, ὅτι ἐκ τοῦ Θεοῦ
γεγέννηται. ἐν τούτῳ φανερά ἐστι τὰ τέκνα τοῦ Θεοῦ καὶ 10
τὰ τέκνα τοῦ διαβόλου· πᾶς ὁ μὴ ποιῶν δικαιοσύνην οὐκ
ἔστιν ἐκ τοῦ Θεοῦ, καὶ ὁ μὴ ἀγαπῶν τὸν ἀδελφὸν αὐτοῦ.

ᵠ ἐν ὑμῖν μένει   ʳ αὐτὸ   ˢ ψεῦδος· M.   ᵗ μενεῖτε
ᵘ ὅταν   ˣ ἔχωμεν   ʸ om. καὶ   ᶻ om. καί ἐσμεν.
ᵃ add δὲ   ᵇ add ἡμῶν

11 ὅτι αὕτη ἐστὶν ἡ ἀγγελία ἣν ἠκούσατε ἀπ' ἀρχῆς, ἵνα ἀγα-
12 πῶμεν ἀλλήλους· οὐ καθὼς Κάϊν ἐκ τοῦ πονηροῦ ἦν, καὶ
ἔσφαξε τὸν ἀδελφὸν αὐτοῦ. καὶ χάριν τίνος ἔσφαξεν αὐτόν;
ὅτι τὰ ἔργα αὐτοῦ πονηρὰ ἦν, τὰ δὲ τοῦ ἀδελφοῦ αὐτοῦ
δίκαια.
13 Μὴ θαυμάζετε, ἀδελφοί ^{c-l}, εἰ μισεῖ ὑμᾶς ὁ κόσμος.
14 ἡμεῖς οἴδαμεν ὅτι μεταβεβήκαμεν ἐκ τοῦ θανάτου εἰς τὴν
ζωήν, ὅτι ἀγαπῶμεν τοὺς ἀδελφούς. ὁ μὴ ἀγαπῶν ^{d-}' μένει
15 ἐν τῷ θανάτῳ. πᾶς ὁ μισῶν τὸν ἀδελφὸν αὐτοῦ ἀνθρωπο-
κτόνος ἐστί· καὶ οἴδατε ὅτι πᾶς ἀνθρωποκτόνος οὐκ ἔχει
16 ζωὴν αἰώνιον ἐν αὐτῷ μένουσαν. ἐν τούτῳ ἐγνώκαμεν τὴν
ἀγάπην ^{o-}, ὅτι ἐκεῖνος ὑπὲρ ἡμῶν τὴν ψυχὴν αὐτοῦ ἔθηκε·
καὶ ἡμεῖς ὀφείλομεν ὑπὲρ τῶν ἀδελφῶν τὰς ψυχὰς ^fθεῖναι^{ll}.
17 ὃς δ' ἂν ἔχῃ τὸν βίον τοῦ κόσμου, καὶ θεωρῇ τὸν ἀδελφὸν
αὐτοῦ χρείαν ἔχοντα, καὶ κλείσῃ τὰ σπλάγχνα αὐτοῦ ἀπ'
18 αὐτοῦ, πῶς ἡ ἀγάπη τοῦ Θεοῦ μένει ἐν αὐτῷ; τεκνία ^{g-l},
μὴ ἀγαπῶμεν λόγῳ μηδὲ ^hτῇ' γλώσσῃ, ἀλλ' ἐν ἔργῳ
19 καὶ ἀληθείᾳ. ^{j-l} ἐν τούτῳ ^k γνωσόμεθα^l ὅτι ἐκ τῆς ἀληθείας
ἐσμέν, καὶ ἔμπροσθεν αὐτοῦ πείσομεν ^lτὴν καρδίαν ἡμῶν,
20 ὅ τι^l ἐὰν καταγινώσκῃ ἡμῶν ἡ καρδία, ὅτι μείζων ἐστὶν ὁ
21 Θεὸς τῆς καρδίας ἡμῶν, καὶ γινώσκει πάντα. ἀγαπητοί, ἐὰν
ἡ καρδία ^{m-l} μὴ καταγινώσκῃ ἡμῶν, παρρησίαν ἔχομεν πρὸς
22 τὸν Θεόν, καὶ ὃ ἐὰν αἰτῶμεν, λαμβάνομεν ⁿἀπ'^l αὐτοῦ, ὅτι
τὰς ἐντολὰς αὐτοῦ τηροῦμεν, καὶ τὰ ἀρεστὰ ἐνώπιον αὐτοῦ
23 ποιοῦμεν. καὶ αὕτη ἐστὶν ἡ ἐντολὴ αὐτοῦ, ἵνα πιστεύσωμεν
τῷ ὀνόματι τοῦ υἱοῦ αὐτοῦ Ἰησοῦ Χριστοῦ, καὶ ἀγαπῶμεν
24 ἀλλήλους, καθὼς ἔδωκεν ἐντολὴν ἡμῖν. καὶ ὁ τηρῶν τὰς
ἐντολὰς αὐτοῦ ἐν αὐτῷ μένει, καὶ αὐτὸς ἐν αὐτῷ. καὶ ἐν
τούτῳ γινώσκομεν ὅτι μένει ἐν ἡμῖν, ἐκ τοῦ Πνεύματος οὗ
ἡμῖν ἔδωκεν.

^c add μου   ^d add τὸν ἀδελφὸν   ^e add τοῦ Θεοῦ A.   ^f τιθέναι
^g add μου   ^h om. τῇ   ⁱ om. ἐν   ^j add καὶ   ^k γινωσκομεν
^l τὰς καρδίας ἡμῶν. ὅτι   ^m add ἡμῶν   ^u παρ'

512 ΕΠΙΣΤΟΛΗ 4. 1—

Cp.1Thss. Ἀγαπητοί, μὴ παντὶ πνεύματι πιστεύετε, ἀλλὰ δοκιμάζετε 4
5.19sqq.
Cp.Jude 4. τὰ πνεύματα, εἰ ἐκ τοῦ Θεοῦ ἐστιν· ὅτι πολλοὶ ψευδοπρο-
φῆται ἐξεληλύθασιν εἰς τὸν κόσμον. ἐν τούτῳ γινώσκετε 2
Cp. 1 Cor. τὸ Πνεῦμα τοῦ Θεοῦ· πᾶν πνεῦμα ὃ ὁμολογεῖ Ἰησοῦν
12. 3.   Χριστὸν ἐν σαρκὶ ἐληλυθότα ἐκ τοῦ Θεοῦ ἐστι· καὶ πᾶν 3
πνεῦμα ὃ ᵒμὴ ὁμολογεῖ ‖ τὸν Ἰησοῦν ᵖ—‖ ἐκ τοῦ Θεοῦ οὐκ
ἔστι· καὶ τοῦτό ἐστι τὸ τοῦ ἀντιχρίστου, ὃ ἀκηκόατε ὅτι
Cp. Joh. ἔρχεται, καὶ νῦν ἐν τῷ κόσμῳ ἐστὶν ἤδη. ὑμεῖς ἐκ τοῦ 4
15. 19.
Cp. Joh. Θεοῦ ἐστε, τεκνία, καὶ νενικήκατε αὐτούς· ὅτι μείζων ἐστὶν
16. 33.   ὁ ἐν ὑμῖν ἢ ὁ ἐν τῷ κόσμῳ. αὐτοὶ ἐκ τοῦ κόσμου εἰσί· 5
διὰ τοῦτο ἐκ τοῦ κόσμου λαλοῦσι, καὶ ὁ κόσμος αὐτῶν
Cp. Joh. ἀκούει. ἡμεῖς ἐκ τοῦ Θεοῦ ἐσμεν· ὁ γινώσκων τὸν Θεὸν 6
8. 47.
14. 7.   ἀκούει ἡμῶν· ὃς οὐκ ἔστιν ἐκ τοῦ Θεοῦ, οὐκ ἀκούει ἡμῶν.
ἐκ τούτου γινώσκομεν τὸ πνεῦμα τῆς ἀληθείας καὶ τὸ πνεῦμα
τῆς πλάνης.
Ἀγαπητοί, ἀγαπῶμεν ἀλλήλους· ὅτι ἡ ἀγάπη ἐκ τοῦ Θεοῦ 7
ἐστι, καὶ πᾶς ὁ ἀγαπῶν ἐκ τοῦ Θεοῦ γεγέννηται καὶ γινώσκει
τὸν Θεόν. ὁ μὴ ἀγαπῶν οὐκ ἔγνω τὸν Θεόν· ὅτι ὁ Θεὸς 8
ἀγάπη ἐστίν. ἐν τούτῳ ἐφανερώθη ἡ ἀγάπη τοῦ Θεοῦ ἐν 9
ἡμῖν, ὅτι τὸν υἱὸν αὐτοῦ τὸν μονογενῆ ἀπέσταλκεν ὁ Θεὸς
Cp. Eph. εἰς τὸν κόσμον, ἵνα ζήσωμεν δι᾽ αὐτοῦ. ἐν τούτῳ ἐστὶν ἡ 10
2. 4.   ἀγάπη, οὐχ ὅτι ἡμεῖς ἠγαπήσαμεν τὸν Θεόν, ἀλλ᾽ ὅτι αὐτὸς
Cp. 2. 2. ἠγάπησεν ἡμᾶς, καὶ ἀπέστειλε τὸν υἱὸν αὐτοῦ ἱλασμὸν περὶ
Cp. Mat. τῶν ἁμαρτιῶν ἡμῶν. ἀγαπητοί, εἰ οὕτως ὁ Θεὸς ἠγάπησεν 11
18. 33.
Cp. Joh. ἡμᾶς, καὶ ἡμεῖς ὀφείλομεν ἀλλήλους ἀγαπᾶν. Θεὸν οὐδεὶς 12
1. 18,
6. 46,   πώποτε τεθέαται· ἐὰν ἀγαπῶμεν ἀλλήλους, ὁ Θεὸς ἐν ἡμῖν
1 Tim. 6. μένει, καὶ ἡ ἀγάπη αὐτοῦ τετελειωμένη ἐστὶν ἐν ἡμῖν· ἐν 13
16.
Cp. 3. 24. τούτῳ γινώσκομεν ὅτι ἐν αὐτῷ μένομεν, καὶ αὐτὸς ἐν ἡμῖν,
Cp. Joh. ὅτι ἐκ τοῦ Πνεύματος αὐτοῦ δέδωκεν ἡμῖν. καὶ ἡμεῖς τε- 14
1. 14;
3. 17;   θεάμεθα καὶ ᑫμαρτυροῦμεν‖ ὅτι ὁ πατὴρ ἀπέσταλκε τὸν
21. 24.

ᵒ λύει M.   ᵖ add Χριστὸν ἐν σαρκὶ ἐληλυθότα   ᑫ μαρ-
τοῦμεν S.

15 υἱὸν σωτῆρα τοῦ κόσμου. ὃς ἂν ὁμολογήσῃ ὅτι Ἰησοῦς
ἐστιν ὁ υἱὸς τοῦ Θεοῦ, ὁ Θεὸς ἐν αὐτῷ μένει, καὶ αὐτὸς ἐν
16 τῷ Θεῷ. καὶ ἡμεῖς ἐγνώκαμεν καὶ πεπιστεύκαμεν τὴν ἀγάπην
ἣν ἔχει ὁ Θεὸς ἐν ἡμῖν. ὁ Θεὸς ἀγάπη ἐστί, καὶ ὁ μένων
ἐν τῇ ἀγάπῃ ἐν τῷ Θεῷ μένει, καὶ ὁ Θεὸς ἐν αὐτῷ ʳμένει".
17 ἐν τούτῳ τετελείωται ἡ ἀγάπη μεθ' ἡμῶν, ἵνα παρρησίαν
ἔχωμεν ἐν τῇ ἡμέρᾳ τῆς κρίσεως, ὅτι καθὼς ἐκεῖνός ἐστι
18 καὶ ἡμεῖς ἐσμεν ἐν τῷ κόσμῳ τούτῳ. φόβος οὐκ ἔστιν ἐν
τῇ ἀγάπῃ· ἀλλ' ἡ τελεία ἀγάπη ἔξω βάλλει τὸν φόβον,
ὅτι ὁ φόβος κόλασιν ἔχει, ὁ δὲ φοβούμενος οὐ τετελείωται
19 ἐν τῇ ἀγάπῃ. ἡμεῖς ἀγαπῶμεν ˢ⁻", ὅτι αὐτὸς πρῶτος ἠγά-
20 πησεν ἡμᾶς. ἐάν τις εἴπῃ ὅτι Ἀγαπῶ τὸν Θεόν, καὶ τὸν
ἀδελφὸν αὐτοῦ μισῇ, ψεύστης ἐστίν· ὁ γὰρ μὴ ἀγαπῶν τὸν
ἀδελφὸν αὐτοῦ, ὃν ἑώρακε, τὸν Θεόν, ὃν οὐχ ἑώρακεν, ᵗοὐ
21 δύναται ἀγαπᾶν." καὶ ταύτην τὴν ἐντολὴν ἔχομεν ἀπ' αὐτοῦ,
ἵνα ὁ ἀγαπῶν τὸν Θεὸν ἀγαπᾷ καὶ τὸν ἀδελφὸν αὐτοῦ.
5 Πᾶς ὁ πιστεύων ὅτι Ἰησοῦς ἐστιν ὁ Χριστὸς ἐκ τοῦ Θεοῦ
γεγέννηται· καὶ πᾶς ὁ ἀγαπῶν τὸν γεννήσαντα ἀγαπᾷ καὶ
2 τὸν γεγεννημένον ἐξ αὐτοῖ. ἐν τούτῳ γινώσκομεν ὅτι ἀγαπῶμεν
τὰ τέκνα τοῦ Θεοῦ, ὅταν τὸν Θεὸν ἀγαπῶμεν, καὶ τὰς
3 ἐντολὰς αὐτοῦ ᵘποιῶμεν". αὕτη γάρ ἐστιν ἡ ἀγάπη τοῦ
Θεοῦ, ἵνα τὰς ἐντολὰς αὐτοῦ τηρῶμεν· καὶ αἱ ἐντολαὶ αὐτοῦ
4 βαρεῖαι οὐκ εἰσίν. ὅτι πᾶν τὸ γεγεννημένον ἐκ τοῦ Θεοῦ
νικᾷ τὸν κόσμον· καὶ αὕτη ἐστὶν ἡ νίκη ἡ νικήσασα τὸν
5 κόσμον, ἡ πίστις ἡμῶν. τίς ˣδέ" ἐστιν ὁ νικῶν τὸν κόσμον,
6 εἰ μὴ ὁ πιστεύων ὅτι Ἰησοῦς ἐστιν ὁ υἱὸς τοῦ Θεοῦ; οὗτός
ἐστιν ὁ ἐλθὼν δι' ὕδατος καὶ αἵματος, Ἰησοῦς ʸ⁻' Χριστός·
οὐκ ἐν τῷ ὕδατι μόνον, ἀλλ' ἐν τῷ ὕδατι καὶ ᶻἐν" τῷ αἵματι.
καὶ τὸ Πνεῦμά ἐστι τὸ μαρτυροῦν, ὅτι τὸ Πνεῦμά ἐστιν ἡ

ʳ om. μένει   ˢ add αὐτόν   ᵗ πῶς δύναται ἀγαπᾶν;
A.S.M.   ᵘ τηρῶμεν   ˣ om. δέ   ʸ add ὁ   ᶻ om.
ἐν

514 ΕΠΙΣΤΟΛΗ ΙΩΑΝΝΟΥ Α. 5. 6-

ἀλήθεια. ὅτι τρεῖς εἰσιν οἱ μαρτυροῦντες [a—ǁ], τὸ Πνεῦμα, 7, 8 καὶ τὸ ὕδωρ, καὶ τὸ αἷμα· καὶ οἱ τρεῖς εἰς τὸ ἕν [b]εἰσιν[ǁ]. εἰ 9 τὴν μαρτυρίαν τῶν ἀνθρώπων λαμβάνομεν, ἡ μαρτυρία τοῦ Θεοῦ μείζων ἐστίν· ὅτι αὕτη ἐστὶν ἡ μαρτυρία τοῦ Θεοῦ, [c]ὅτι[ǁ] μεμαρτύρηκε περὶ τοῦ υἱοῦ αὐτοῦ. ὁ πιστεύων εἰς 10 τὸν υἱὸν τοῦ Θεοῦ ἔχει τὴν μαρτυρίαν ἐν [d]αὐτῷ[ǁ]· ὁ μὴ πιστεύων τῷ Θεῷ ψεύστην πεποίηκεν αὐτόν, ὅτι οὐ πεπίστευκεν εἰς τὴν μαρτυρίαν, ἣν μεμαρτύρηκεν ὁ Θεὸς περὶ τοῦ υἱοῦ αὐτοῦ. καὶ αὕτη ἐστὶν ἡ μαρτυρία, ὅτι ζωὴν αἰώ- 11 νιον ἔδωκεν ἡμῖν ὁ Θεός, καὶ αὕτη ἡ ζωὴ ἐν τῷ υἱῷ αὐτοῦ ἐστιν. ὁ ἔχων τὸν υἱὸν ἔχει τὴν ζωήν· ὁ μὴ ἔχων τὸν υἱὸν 12 τοῦ Θεοῦ τὴν ζωὴν οὐκ ἔχει.

Ταῦτα ἔγραψα ὑμῖν [e—ǁ], ἵνα εἰδῆτε ὅτι ζωὴν ἔχετε αἰώ- 13 νιον, [f]τοῖς πιστεύουσιν[ǁ] εἰς τὸ ὄνομα τοῦ υἱοῦ τοῦ Θεοῦ. καὶ αὕτη ἐστὶν ἡ παρρησία ἣν ἔχομεν πρὸς αὐτόν, ὅτι ἐάν 14 τι αἰτώμεθα κατὰ τὸ θέλημα αὐτοῦ, ἀκούει [g]ἡμῶν[ǁ]· καὶ ἐὰν 15 οἴδαμεν ὅτι ἀκούει ἡμῶν ὃ ἂν αἰτώμεθα, οἴδαμεν ὅτι ἔχομεν τὰ αἰτήματα ἃ ᾐτήκαμεν παρ' αὐτοῦ. ἐάν τις ἴδῃ τὸν ἀδελ- 16 φὸν αὐτοῦ ἁμαρτάνοντα ἁμαρτίαν μὴ πρὸς θάνατον, [h]αἰτήσει, καὶ δώσει[i] αὐτῷ ζωὴν τοῖς ἁμαρτάνουσι μὴ πρὸς θάνατον. ἔστιν ἁμαρτία πρὸς θάνατον· οὐ περὶ ἐκείνης λέγω ἵνα ἐρωτήσῃ. πᾶσα ἀδικία ἁμαρτία ἐστί· καὶ ἔστιν ἁμαρτία οὐ 17 πρὸς θάνατον.

Οἴδαμεν ὅτι πᾶς ὁ γεγεννημένος ἐκ τοῦ Θεοῦ οὐχ ἁμαρ- 18 τάνει, ἀλλ' ὁ γεννηθεὶς ἐκ τοῦ Θεοῦ τηρεῖ [i]αὐτόν[ǁ], καὶ ὁ πονηρὸς οὐχ ἅπτεται αὐτοῦ. οἴδαμεν ὅτι ἐκ τοῦ Θεοῦ ἐσμεν, 19 καὶ ὁ κόσμος ὅλος ἐν τῷ πονηρῷ κεῖται. οἴδαμεν δὲ ὅτι 20 ὁ υἱὸς τοῦ Θεοῦ ἥκει, καὶ δέδωκεν ἡμῖν διάνοιαν, ἵνα [k]γινώ-

---

[a] add ἐν τῷ οὐρανῷ, ὁ πατήρ, ὁ λόγος, καὶ τὸ ἅγιον πνεῦμα· καὶ οὗτοι οἱ τρεῖς ἕν εἰσι. καὶ τρεῖς εἰσιν οἱ μαρτυροῦντες ἐν τῇ γῇ [b] εἰσι S. [c] ἦν [d] ἑαυτῷ [e] add τοῖς πιστεύουσιν εἰς τὸ ὄνομα τοῦ υἱοῦ τοῦ Θεοῦ [f] καὶ ἵνα πιστεύητε [g] ὑμῶν S. [h] αἰτήσει καὶ δώσει M. [i] ἑαυτόν [k] γινώσκωμεν

σκομεν τὸν ἀληθινόν, καί ἐσμεν ἐν τῷ ἀληθινῷ, ἐν τῷ υἱῷ
αὐτοῦ Ἰησοῦ Χριστῷ. οὗτός ἐστιν ὁ ἀληθινὸς Θεός, καὶ
21 l–‖ ζωὴ αἰώνιος. τεκνία, φυλάξατε m ἑαυτὰ‖ ἀπὸ τῶν εἰδώ-
λων. n–‖

ΕΠΙΣΤΟΛΗ ΙΩΑΝΝΟΥ ΔΕΥΤΕΡΑ.

1 Ὁ πρεσβύτερος a ἐκλεκτῇ‖ κυρίᾳ καὶ τοῖς τέκνοις αὐτῆς,
οὓς ἐγὼ ἀγαπῶ ἐν ἀληθείᾳ, καὶ οὐκ ἐγὼ μόνος ἀλλὰ καὶ
2 πάντες οἱ ἐγνωκότες τὴν ἀλήθειαν, διὰ τὴν ἀλήθειαν τὴν
3 μένουσαν ἐν ἡμῖν, καὶ μεθ᾽ ἡμῶν ἔσται εἰς τὸν αἰῶνα· ἔσται
μεθ᾽ b ἡμῶν‖ χάρις, ἔλεος, εἰρήνη παρὰ Θεοῦ πατρός, καὶ
παρὰ c–‖ Ἰησοῦ Χριστοῦ τοῦ υἱοῦ τοῦ πατρός, ἐν ἀληθείᾳ
καὶ ἀγάπῃ.
4 Ἐχάρην λίαν ὅτι εὕρηκα ἐκ τῶν τέκνων σου περιπατοῦντας
5 ἐν ἀληθείᾳ, καθὼς ἐντολὴν ἐλάβομεν παρὰ τοῦ πατρός. καὶ
νῦν ἐρωτῶ σε, κυρία, οὐχ ὡς ἐντολὴν d γράφων‖ σοι καινήν,
6 ἀλλὰ ἣν εἴχομεν ἀπ᾽ ἀρχῆς, ἵνα ἀγαπῶμεν ἀλλήλους. καὶ
αὕτη ἐστὶν ἡ ἀγάπη, ἵνα περιπατῶμεν κατὰ τὰς ἐντολὰς
αὐτοῦ. αὕτη e ἡ ἐντολή ἐστι‖, καθὼς ἠκούσατε ἀπ᾽ ἀρχῆς,
7 ἵνα ἐν αὐτῇ περιπατῆτε. ὅτι πολλοὶ πλάνοι f ἐξῆλθον‖ εἰς
τὸν κόσμον, οἱ μὴ ὁμολογοῦντες Ἰησοῦν Χριστὸν ἐρχόμενον
8 ἐν σαρκί. οὗτός ἐστιν ὁ πλάνος καὶ ὁ ἀντίχριστος. βλέπετε
ἑαυτούς, ἵνα μὴ g ἀπολέσητε‖ ἃ h εἰργασάμεθα‖, ἀλλὰ μισθὸν
9 πλήρη i ἀπολάβητε‖. πᾶς ὁ j προάγων‖ καὶ μὴ μένων ἐν
τῇ διδαχῇ τοῦ Χριστοῦ Θεὸν οὐκ ἔχει· ὁ μένων ἐν τῇ δι-
10 δαχῇ k–‖, οὗτος καὶ τὸν πατέρα καὶ τὸν υἱὸν ἔχει. εἴ τις

Cp. 1. 2.

Cp. 3 Joh.
1
1 Pet. 5. 1.
Cp. Joh.
8. 32.

Cp. 3 Joh.
3 sq.

Cp. 1 Joh.
2. 7.
Cp. 1 Joh.
3. 11.
Cp. 1 Joh.
5. 3.
Cp. 1 Joh.
2. 18
sqq.,
4. 2 sqq.

Cp. Rom.
16. 17,
Gal. 1. 8 sq.

l add ἡ   m ἑαυτοὺς   n add ἀμήν.   a Ἐκλεκτῇ S.
b ὑμῶν A.   c add Κυρίου   d γράφω S.   e ἐστὶν
ἡ ἐντολή   f εἰσῆλθον   g ἀπολέσωμεν   h εἰργάσασθε M.
i ἀπολάβωμεν   j παραβαίνων   k add τοῦ Χριστοῦ

ἔρχεται πρὸς ὑμᾶς, καὶ ταύτην τὴν διδαχὴν οὐ φέρει, μὴ λαμβάνετε αὐτὸν εἰς οἰκίαν, καὶ χαίρειν αὐτῷ μὴ λέγετε· ὁ γὰρ λέγων αὐτῷ χαίρειν κοινωνεῖ τοῖς ἔργοις αὐτοῦ τοῖς 11 πονηροῖς. Πολλὰ ἔχων ὑμῖν γράφειν οὐκ ἠβουλήθην διὰ χάρτου καὶ 12 μέλανος· ἀλλὰ ἐλπίζω ¹γενέσθαι ᶠ πρὸς ὑμᾶς, καὶ στόμα πρὸς στόμα λαλῆσαι, ἵνα ἡ χαρὰ ᵐὑμῶν‖ ᾖ πεπληρωμένη. ἀσπάζεταί σε τὰ τέκνα τῆς ἀδελφῆς σου τῆς ⁿἐκλεκτῆς‖. ᵒ—‖ 13

ΕΠΙΣΤΟΛΗ ΙΩΑΝΝΟΥ ΤΡΙΤΗ

Ὁ πρεσβύτερος Γαΐῳ τῷ ἀγαπητῷ, ὃν ἐγὼ ἀγαπῶ ἐν 1 ἀληθείᾳ.

Ἀγαπητέ, περὶ πάντων εὔχομαί σε εὐοδοῦσθαι καὶ ὑγιαίνειν, 2 καθὼς εὐοδοῦταί σου ἡ ψυχή. ἐχάρην γὰρ λίαν ἐρχομένων 3 ἀδελφῶν καὶ μαρτυρούντων σου τῇ ἀληθείᾳ, καθὼς σὺ ἐν ἀληθείᾳ περιπατεῖς. μειζοτέραν τούτων οὐκ ἔχω ᵃχαράν‖, 4 ἵνα ἀκούω τὰ ἐμὰ τέκνα ἐν ᵇτῇ‖ ἀληθείᾳ περιπατοῦντα.

Ἀγαπητέ, πιστὸν ποιεῖς ὃ ἐὰν ἐργάσῃ εἰς τοὺς ἀδελφοὺς 5 καὶ ᶜτοῦτο‖ ξένους, οἳ ἐμαρτύρησάν σου τῇ ἀγάπῃ ἐνώπιον 6 ἐκκλησίας· οὓς καλῶς ποιήσεις προπέμψας ἀξίως τοῦ Θεοῦ· ὑπὲρ γὰρ τοῦ ὀνόματος ᵈ—‖ ἐξῆλθον μηδὲν λαμβάνοντες ἀπὸ 7 τῶν ᵉἐθνικῶν ᵍ. ἡμεῖς οὖν ὀφείλομεν ᶠὑπολαμβάνειν‖ τοὺς 8 τοιούτους, ἵνα συνεργοὶ γινώμεθα τῇ ἀληθείᾳ.

Ἔγραψά ᵍτι ᵍ‖ τῇ ἐκκλησίᾳ· ἀλλ' ὁ φιλοπρωτεύων αὐτῶν 9 Διοτρεφὴς οὐκ ἐπιδέχεται ἡμᾶς. διὰ τοῦτο, ἐὰν ἔλθω, ὑπο- 10

¹ ἐλθεῖν   ᵐ ἡμῶν   ⁿ Ἐκλεκτῆς S.   ᵒ add ἀμήν.
ᵃ χάριν M.   ᵇ om. τῇ   ᶜ εἰς τοὺς   ᵈ add αὐτοῦ A.
ᵉ ἐθνῶν   ᶠ ἀπολαμβάνειν   ᵍ om. τι

-4. ΕΠΙΣΤΟΛΗ ΙΟΥΔΑ. 517

μνήσω αὐτοῦ τὰ ἔργα ἃ ποιεῖ λόγοις πονηροῖς φλυαρῶν ἡμᾶς· καὶ μὴ ἀρκούμενος ἐπὶ τούτοις οὔτε αὐτὸς ἐπιδέχεται τοὺς ἀδελφούς, καὶ τοὺς βουλομένους κωλύει, καὶ ἐκ τῆς
11 ἐκκλησίας ἐκβάλλει. ἀγαπητέ, μὴ μιμοῦ τὸ κακόν, ἀλλὰ τὸ Cp. Ps. 34 ἀγαθόν. ὁ ἀγαθοποιῶν ἐκ τοῦ Θεοῦ ἐστιν· ὁ ʰ—ǁ κακοποιῶν Cp. 1 Joh. (33). 14.
12 οὐχ ἑώρακε τὸν Θεόν. Δημητρίῳ μεμαρτύρηται ὑπὸ πάντων, 3. 6. καὶ ὑπ' αὐτῆς τῆς ἀληθείας· καὶ ἡμεῖς δὲ μαρτυροῦμεν, καὶ Cp. Joh. ⁱοἶδαςǁ ὅτι ἡ μαρτυρία ἡμῶν ἀληθής ἐστι. 21. 24.
13 Πολλὰ εἶχον ᵏγράψαι σοιǁ, ἀλλ' οὐ θέλω διὰ μέλανος Cp. 2 Joh.
14 καὶ καλάμου σοι ˡγράφεινǁ· ἐλπίζω δὲ εὐθέως ἰδεῖν σε, καὶ 12. στόμα πρὸς στόμα λαλήσομεν. εἰρήνη σοι. ἀσπάζονταί σε οἱ φίλοι. ἀσπάζου τοὺς φίλους κατ' ὄνομα.

ΕΠΙΣΤΟΛΗ ΤΟΥ ΙΟΥΔΑ

ΚΑΘΟΛΙΚΗ.

1 Ἰούδας Ἰησοῦ Χριστοῦ δοῦλος ἀδελφὸς δὲ Ἰακώβου τοῖς ἐν Θεῷ πατρὶ ᵃἠγαπημένοιςǁ καὶ Ἰησοῦ Χριστῷ τετηρημένοις
2 κλητοῖς· ἔλεος ὑμῖν καὶ εἰρήνη καὶ ἀγάπη πληθυνθείη.
3 Ἀγαπητοί, πᾶσαν σπουδὴν ποιούμενος γράφειν ὑμῖν περὶ τῆς κοινῆς ᵇἡμῶνⁱ σωτηρίας ἀνάγκην ἔσχον γράψαι ὑμῖν παρακαλῶν ἐπαγωνίζεσθαι τῇ ἅπαξ παραδοθείσῃ τοῖς ἁγίοις
4 πίστει. παρεισέδυσαν γάρ τινες ἄνθρωποι, οἱ πάλαι προγε- Cp. 2 Pet. γραμμένοι εἰς τοῦτο τὸ κρίμα, ἀσεβεῖς, τὴν τοῦ Θεοῦ ἡμῶν 2. 1, 19. χάριν μετατιθέντες εἰς ἀσέλγειαν, καὶ τὸν μόνον ᶜδεσπότηνǁ καὶ Κύριον ἡμῶν Ἰησοῦν Χριστὸν ἀρνούμενοι.

ᵇ add δὲ   ⁱ οἴδατε   ᵏ γράφειν   ˡ γράψαι   ᵃ ἡγια-
σμένοις   ᵇ om. ἡμῶν   ᶜ δεσπότην, M.: δεσπότην
Θεόν, A.S.

Ὑπομνῆσαι δὲ ὑμᾶς βούλομαι, εἰδότας d–" ἅπαξ ᵉπάντα", 5
ὅτι ὁ ᶠΚύριος", λαὸν ἐκ γῆς Αἰγύπτου σώσας, τὸ δεύτερον
τοὺς μὴ πιστεύσαντας ἀπώλεσεν. ἀγγέλους τε τοὺς μὴ τη- 6
ρήσαντας τὴν ἑαυτῶν ἀρχήν, ἀλλὰ ἀπολιπόντας τὸ ἴδιον
οἰκητήριον, εἰς κρίσιν μεγάλης ἡμέρας δεσμοῖς ἀϊδίοις ὑπὸ
ζόφον τετήρηκεν. ὡς Σόδομα καὶ Γόμορρα, καὶ αἱ περὶ αὐτὰς 7
πόλεις, τὸν ὅμοιον ᵍτρόπον τούτοις" ἐκπορνεύσασαι καὶ ἀπελ-
θοῦσαι ὀπίσω σαρκὸς ἑτέρας, πρόκεινται ʰδεῖγμα, πυρὸς αἰω-
νίου" δίκην ὑπέχουσαι. ὁμοίως μέντοι καὶ οὗτοι ἐνυπνιαζόμενοι 8
σάρκα μὲν μιαίνουσι, κυριότητα δὲ ἀθετοῦσι, δόξας δὲ βλασ-
φημοῦσιν. ὁ δὲ Μιχαὴλ ὁ ἀρχάγγελος, ὅτε τῷ διαβόλῳ 9
διακρινόμενος διελέγετο περὶ τοῦ Μωσέως σώματος, οὐκ
ἐτόλμησε κρίσιν ἐπενεγκεῖν βλασφημίας, ἀλλ' εἶπεν, Ἐπι-
τιμήσαι σοι Κύριος. οὗτοι δὲ ὅσα μὲν οὐκ οἴδασι βλασφη- 10
μοῦσιν· ὅσα δὲ φυσικῶς, ὡς τὰ ἄλογα ζῶα, ἐπίστανται, ἐν
τούτοις φθείρονται. οὐαὶ αὐτοῖς· ὅτι τῇ ὁδῷ τοῦ Κάϊν ἐπο- 11
ρεύθησαν, καὶ τῇ πλάνῃ τοῦ Βαλαὰμ μισθοῦ ἐξεχύθησαν, καὶ
τῇ ἀντιλογίᾳ τοῦ Κορὲ ἀπώλοντο. οὗτοί εἰσιν ⁱοἱ" ἐν ταῖς 12
ἀγάπαις ὑμῶν σπιλάδες, συνευωχούμενοι, ἀφόβως ἑαυτοὺς
ποιμαίνοντες· νεφέλαι ἄνυδροι, ὑπὸ ἀνέμων ᵏπαραφερό-
μεναι"· δένδρα φθινοπωρινὰ ἄκαρπα, δὶς ἀποθανόντα, ἐκρι-
ζωθέντα· κύματα ἄγρια θαλάσσης, ἐπαφρίζοντα τὰς ἑαυτῶν 13
αἰσχύνας· ἀστέρες πλανῆται, οἷς ὁ ζόφος τοῦ σκότους εἰς
1–" αἰῶνα τετήρηται. προεφήτευσε δὲ καὶ τούτοις ἕβδομος 14
ἀπὸ Ἀδὰμ Ἑνὼχ λέγων, Ἰδού, ἦλθε Κύριος ἐν ᵐἁγίαις
μυριάσιν" αὐτοῦ, ποιῆσαι κρίσιν κατὰ πάντων, καὶ ⁿἐλέγξαι" 15
πάντας τοὺς ἀσεβεῖς ᵒ–" περὶ πάντων τῶν ἔργων ἀσεβείας
αὐτῶν ὧν ἠσέβησαν, καὶ περὶ πάντων τῶν σκληρῶν ὧν ἐλά-
λησαν κατ' αὐτοῦ ἁμαρτωλοὶ ἀσεβεῖς. οὗτοί εἰσι γογγυσταί, 16

ᵈ add ὑμᾶς   ᵉ τοῦτο   ᶠ Ἰησοῦς M.   ᵍ τούτοις
τρόπον   ʰ δεῖγμα πυρὸς αἰωνίου, M.   ⁱ om. οἱ   ᵏ περι-
φερόμεναι   ˡ add τὸν   ᵐ μυριάσιν ἁγίαις   ⁿ ἐξελέγξαι
ᵒ add αὐτῶν

μεμψίμοιροι, κατὰ τὰς ἐπιθυμίας αὐτῶν πορευόμενοι (καὶ τὸ στόμα αὐτῶν λαλεῖ ὑπέρογκα), θαυμάζοντες πρόσωπα ὠφελείας χάριν.

17 Ὑμεῖς δέ, ἀγαπητοί, μνήσθητε τῶν ῥημάτων τῶν προειρημένων ὑπὸ τῶν ἀποστόλων τοῦ Κυρίου ἡμῶν Ἰησοῦ Χριστοῦ, 18 ὅτι ἔλεγον ὑμῖν, ᵖ⁻‖ ᑫ'Επ' ἐσχάτου χρόνου‖ ἔσονται ἐμπαῖκται κατὰ τὰς ἑαυτῶν ἐπιθυμίας πορευόμενοι τῶν ἀσεβειῶν. 19 οὗτοί εἰσιν οἱ ἀποδιορίζοντες ʳ⁻‖, ψυχικοί, Πνεῦμα μὴ ἔχοντες. 20 ὑμεῖς δέ, ἀγαπητοί, ˢ ἐποικοδομοῦντες ἑαυτοὺς τῇ ἁγιωτάτῃ 21 ὑμῶν πίστει,‖ ἐν Πνεύματι Ἁγίῳ προσευχόμενοι, ἑαυτοὺς ἐν ἀγάπῃ Θεοῦ τηρήσατε, προσδεχόμενοι τὸ ἔλεος τοῦ Κυρίου 22 ἡμῶν Ἰησοῦ Χριστοῦ εἰς ζωὴν αἰώνιον. καὶ οὓς μὲν ᵗ ἐλεᾶτε 23 διακρινομένους, οὓς δὲ σώζετε ἐκ πυρὸς ἁρπάζοντες, οὓς δὲ ἐλεᾶτε ἐν φόβῳ,‖ μισοῦντες καὶ τὸν ἀπὸ τῆς σαρκὸς ἐσπιλωμένον χιτῶνα.

24 Τῷ δὲ δυναμένῳ φυλάξαι ᵘ ὑμᾶς ⁺ ἀπταίστους, καὶ στῆσαι 25 κατενώπιον τῆς δόξης αὐτοῦ ἀμώμους ἐν ἀγαλλιάσει, μόνῳ ˣ⁻‖ Θεῷ σωτῆρι ἡμῶν, ʸ διὰ Ἰησοῦ Χριστοῦ τοῦ Κυρίου ἡμῶν,‖ ᶻ δόξα,‖ μεγαλωσύνη, κράτος καὶ ἐξουσία, ᵃ πρὸ παντὸς τοῦ αἰῶνος ‖ καὶ νῦν καὶ εἰς πάντας τοὺς αἰῶνας. ἀμήν.

Cp. 2 Pet. 3. 1 sqq.
Cp. 1 Tim. 4. 1,
2 Tim. 3. 1.
Cp. 1 Cor. 2. 14,
15. 44, 46,
Jas. 3. 15.
Cp. Rom. 8. 26,
Eph. 6. 18.

ᵖ add ὅτι   ᑫ ἐν ἐσχάτῳ χρόνῳ   ʳ add ἑαυτούς A.
ˢ τῇ ἁγιωτάτῃ ὑμῶν πίστει ἐποικοδομοῦντες ἑαυτούς,   ᵗ ἐλεεῖτε διακρινόμενοι, οὓς δὲ ἐν φόβῳ σώζετε, ἐκ τοῦ πυρὸς ἁρπάζοντες,
ᵘ αὐτοὺς S.   ˣ add σοφῷ   ʸ om. διὰ Ἰησοῦ Χριστοῦ τοῦ Κυρίου ἡμῶν,   ᶻ δόξα καὶ   ᵃ om. πρὸ παντὸς τοῦ αἰῶνος

ΑΠΟΚΑΛΥΨΙΣ
ΙΩΑΝΝΟΥ ΤΟΥ ΘΕΟΛΟΓΟΥ.

Ἀποκάλυψις Ἰησοῦ Χριστοῦ, ἣν ἔδωκεν αὐτῷ ᵃὁ Θεὸς 1 δεῖξαι τοῖς δούλοις αὐτοῦ, ἃ ˡ δεῖ γενέσθαι ἐν τάχει· καὶ ἐσήμανεν ἀποστείλας διὰ τοῦ ἀγγέλου αὐτοῦ τῷ δούλῳ αὐτοῦ Ἰωάννῃ, ὃς ἐμαρτύρησε τὸν λόγον τοῦ Θεοῦ καὶ τὴν μαρ- 2 τυρίαν Ἰησοῦ Χριστοῦ, ὅσα ᵇ⁻ˡ εἶδε. μακάριος ὁ ἀναγι- 3 νώσκων καὶ οἱ ἀκούοντες τοὺς λόγους τῆς προφητείας καὶ τηροῦντες τὰ ἐν αὐτῇ γεγραμμένα· ὁ γὰρ καιρὸς ἐγγύς.

Ἰωάννης ταῖς ἑπτὰ ἐκκλησίαις ταῖς ἐν τῇ Ἀσίᾳ· χάρις 4 ὑμῖν καὶ εἰρήνη ἀπὸ ᶜ⁻ˡ ὁ ὢν καὶ ὁ ἦν καὶ ὁ ἐρχόμενος· καὶ ἀπὸ τῶν ἑπτὰ πνευμάτων ἃ ᵈ⁻ˡˡ ἐνώπιον τοῦ θρόνου αὐτοῦ·

Cp. Acts καὶ ἀπὸ Ἰησοῦ Χριστοῦ, ὁ μάρτυς ὁ πιστός, ὁ πρωτότοκος 5
26. 23,
1 Cor. 15. ᵉ⁻ˡˡ τῶν νεκρῶν, καὶ ὁ ἄρχων τῶν βασιλέων τῆς γῆς. τῷ
20.
Col. 1. 18. ᶠἀγαπῶντιˡ ἡμᾶς, καὶ ᵍλύσαντιˡˡ ἡμᾶς ʰἐκˡˡ τῶν ἁμαρτιῶν
Cp. 1 Joh. ἡμῶν ἐν τῷ αἵματι αὐτοῦ· καὶ ἐποίησεν ἡμᾶς ⁱβασιλείαν,ˡˡ 6
1. 7.
Cp. Ex.19. ἱερεῖς τῷ Θεῷ καὶ πατρὶ αὐτοῦ· αὐτῷ ἡ δόξα καὶ τὸ κράτος
6,
1 Pet. 2. 9. εἰς τοὺς αἰῶνας ᵏτῶν αἰώνωνˡˡ. ἀμήν. ἰδού, ἔρχεται μετὰ 7
Cp. Dan. τῶν νεφελῶν, καὶ ὄψεται αὐτὸν πᾶς ὀφθαλμός, καὶ οἵτινες
7. 13.
Cp. Zech. αὐτὸν ἐξεκέντησαν, καὶ κόψονται ἐπ' αὐτὸν πᾶσαι αἱ φυλαὶ
12. 10, τῆς γῆς. ναί, ἀμήν.
Joh.19.37:
alsoMat. Ἐγώ εἰμι τὸ Α καὶ τὸ Ω, ˡ⁻ˡ λέγει ᵐΚύριος ὁ Θεός,ˡˡ ὁ 8
24. 30. ὢν καὶ ὁ ἦν καὶ ὁ ἐρχόμενος, ὁ παντοκράτωρ.
Cp.ver.18,
21. 6,
22. 13. ᵃ ὁ Θεός, δεῖξαι τοῖς δούλοις αὐτοῦ ἃ A.S.M. ᵇ add τε
ᶜ add τοῦ ᵈ add ἐστιν ᵉ add ἐκ ᶠ ἀγαπήσαντι
ᵍ λούσαντι A.S.M. ʰ ἀπὸ ⁱ βασιλεῖς καὶ ᵏ om.
τῶν αἰώνων M. ˡ add ἀρχὴ καὶ τέλος, ᵐ ὁ Κύριος, A.S.:
Κύριος, ὁ Θεός, M.

-1. 20. ΙΩΑΝΝΟΥ. 521

9 Ἐγὼ Ἰωάννης, ὁ ⁿ⁻ ἀδελφὸς ὑμῶν καὶ συγκοινωνὸς ἐν τῇ θλίψει καὶ °⁻‖ βασιλείᾳ καὶ ὑπομονῇ ᵖἐν Ἰησοῦ‖, ἐγε-
νόμην ἐν τῇ νήσῳ τῇ καλουμένῃ Πάτμῳ διὰ τὸν λόγον τοῦ
10 Θεοῦ καὶ ᑫ⁻ᶦ τὴν μαρτυρίαν Ἰησοῦ ʳ⁻ᶦ. ἐγενόμην ἐν Πνεύ- Cp. Mat.
ματι ἐν τῇ Κυριακῇ ἡμέρᾳ, καὶ ἤκουσα ὀπίσω μου φωνὴν 22. 43, Mk.12.36.
11 μεγάλην ὡς σάλπιγγος λεγούσης, ˢ⁻ᶦ ᶜΟ βλέπεις γράψον
εἰς βιβλίον, καὶ πέμψον ταῖς ᵗἑπτὰᶠ ἐκκλησίαις ᵘ⁻ᶦ, εἰς
Ἔφεσον, καὶ εἰς Σμύρναν, καὶ εἰς Πέργαμον, καὶ εἰς Θυά-
τειρα, καὶ εἰς Σάρδεις, καὶ εἰς Φιλαδέλφειαν, καὶ εἰς Λαοδί-
12 κειαν. καὶ ἐπέστρεψα βλέπειν τὴν φωνὴν ἥτις ˣἐλάλει
13 μετ' ἐμοῦ. καὶ ἐπιστρέψας εἶδον ἑπτὰ λυχνίας χρυσᾶς, καὶ
ἐν μέσῳ τῶν ʸ⁻ λυχνιῶν ὅμοιον υἱῷ ἀνθρώποι, ἐνδεδυμένον Cp. Dan.
ποδήρη, καὶ περιεζωσμένον πρὸς τοῖς μαστοῖς ζώνην χρυσῆν. 7. 13.
14 ἡ δὲ κεφαλὴ αὐτοῦ καὶ αἱ τρίχες λευκαὶ ᶻὡς‖ ἔριον λευκόν, Cp. Dan.
15 ὡς χιών· καὶ οἱ ὀφθαλμοὶ αὐτοῦ ὡς φλὸξ πυρός· καὶ οἱ 7. 9. 10. 6.
πόδες αὐτοῦ ὅμοιοι χαλκολιβάνῳ, ὡς ἐν καμίνῳ ᵃπεπυρω-
16 μένης · καὶ ἡ φωνὴ αὐτοῦ ὡς φωνὴ ὑδάτων πολλῶν. καὶ
ἔχων ἐν τῇ δεξιᾷ ᵇχειρὶ αὐτοῦ‖ ἀστέρας ἑπτά· καὶ ἐκ τοῦ
στόματος αὐτοῦ ῥομφαία δίστομος ὀξεῖα ἐκπορευομένη· καὶ
17 ἡ ὄψις αὐτοῦ, ὡς ὁ ἥλιος φαίνει ἐν τῇ δυνάμει αὐτοῦ. καὶ
ὅτε εἶδον αὐτόν, ἔπεσα πρὸς τοὺς πόδας αὐτοῦ ὡς νεκρός· Cp. Dan.
καὶ ᶜἔθηκε ᶦ τὴν δεξιὰν αὐτοῦ ᵈ⁻‖ ἐπ' ἐμὲ λέγων ᵉ⁻ , Μὴ 8. 17 sq., 10. 9 sq.
18 φοβοῦ· ἐγώ εἰμι ὁ πρῶτος καὶ ὁ ἔσχατος, καὶ ὁ ζῶν· καὶ Cp. Isa.
ἐγενόμην νεκρός, καὶ ἰδού, ζῶν εἰμι εἰς τοὺς αἰῶνας τῶν 41. 4. 44. 6,
αἰώνων, ᶠ⁻‖ καὶ ἔχω τὰς κλεῖς τοῦ ᵍθανάτου καὶ τοῦ ᾅδου ᶦ. 48. 12.
19 γράψον ʰοὖν ᶦ ἃ εἶδες, καὶ ἅ εἰσι, καὶ ἃ μέλλει γίνεσθαι
20 μετὰ ταῦτα· τὸ μυστήριον τῶν ἑπτὰ ἀστέρων ᶦοὕς ᶦ εἶδες ἐπὶ

ⁿ add καὶ   ᵒ add ἐν τῇ   ᵖ Ἰησοῦ Χριστοῦ   ᑫ add διὰ
ʳ add Χριστοῦ   ˢ add Ἐγώ εἰμι τὸ Α καὶ τὸ Ω, ὁ πρῶτος
καὶ ὁ ἔσχατος· καὶ   ᵗ om. ἑπτὰ S.   ᵘ add ταῖς ἐν Ἀσίᾳ
ˣ ἐλάλησε   ʸ add ἑπτὰ   ᶻ ὡσεὶ   ᵃ πεπυρωμένοι
ᵇ αὐτοῦ χειρὶ   ᶜ ἐπέθηκε   ᵈ add χεῖρα   ᵒ add μοι
ᶠ add ἀμὴν   ᵍ ᾅδου καὶ τοῦ θανάτου   ʰ om. οὖν   ᶦ ὧν

τῆς δεξιᾶς μου, καὶ τὰς ἑπτὰ λυχνίας τὰς χρυσᾶς. οἱ ἑπτὰ ἀστέρες ἄγγελοι τῶν ἑπτὰ ἐκκλησιῶν εἰσι· καὶ ᵏαἱ λυχνίαι αἱ ἑπτὰ" ἑπτὰ ἐκκλησίαι εἰσί.

Τῷ ἀγγέλῳ ¹τῷ ἐν Ἐφέσῳ" ἐκκλησίας γράψον, 2 Τάδε λέγει ὁ κρατῶν τοὺς ἑπτὰ ἀστέρας ἐν τῇ δεξιᾷ αὐτοῦ, ὁ περιπατῶν ἐν μέσῳ τῶν ἑπτὰ λυχνιῶν τῶν χρυσῶν· Οἶδα 2 τὰ ἔργα σου καὶ τὸν κόπον ᵐ—" καὶ τὴν ὑπομονήν σου, καὶ ὅτι οὐ δύνῃ βαστάσαι κακούς, καὶ ⁿἐπείρασας" τοὺς ºλέγοντας ἑαυτοὺς" ἀποστόλους, καὶ οὐκ εἰσί, καὶ εὗρες αὐτοὺς ψευδεῖς, ᵖκαὶ ὑπομονὴν ἔχεις καὶ ἐβάστασας διὰ τὸ ὄνομά 3 μου, καὶ οὐ κεκοπίακας." ἀλλ' ἔχω κατὰ σοῦ, ὅτι τὴν 4 ἀγάπην σου τὴν πρώτην ἀφῆκας. μνημόνευε οὖν πόθεν 5 ᑫπέπτωκας", καὶ μετανόησον, καὶ τὰ πρῶτα ἔργα ποίησον· εἰ δὲ μή, ἔρχομαί σοι ʳ—", καὶ κινήσω τὴν λυχνίαν σου ἐκ τοῦ τόπου αὐτῆς, ἐὰν μὴ μετανοήσῃς. ἀλλὰ τοῦτο ἔχεις, 6 ὅτι μισεῖς τὰ ἔργα τῶν Νικολαϊτῶν, ἃ κἀγὼ μισῶ. ὁ ἔχων 7 οὖς ἀκουσάτω τί τὸ Πνεῦμα λέγει ταῖς ἐκκλησίαις. τῷ νικῶντι δώσω αὐτῷ φαγεῖν ἐκ τοῦ ξύλου τῆς ζωῆς, ὅ ἐστιν ἐν ˢτῷ παραδείσῳ" τοῦ Θεοῦ.

Καὶ τῷ ἀγγέλῳ ᵗτῷ ἐν Σμύρνῃ ἐκκλησίας" γράψον, 8 Τάδε λέγει ὁ πρῶτος καὶ ὁ ἔσχατος, ὃς ἐγένετο νεκρὸς καὶ ἔζησεν· Οἶδά σου ᵘ—" τὴν θλῖψιν καὶ τὴν πτωχείαν (ˣἀλλὰ 9 πλούσιος" εἶ), καὶ τὴν βλασφημίαν ʸἐκ" τῶν λεγόντων Ἰουδαίους εἶναι ἑαυτούς, καὶ οὐκ εἰσίν, ἀλλὰ συναγωγὴ τοῦ Σατανᾶ. ᶻμὴ" φοβοῦ ἃ μέλλεις πάσχειν· ἰδού, μέλλει 10 ᵃβάλλειν ὁ διάβολος ἐξ ὑμῶν " εἰς φυλακήν, ἵνα πειρασθῆτε·

ᵏ αἱ ἑπτὰ λυχνίαι ἃς εἶδες ¹ τῆς Ἐφεσίνης ᵐ add σου
ⁿ ἐπειράσω º φάσκοντας εἶναι ᵖ καὶ ἐβάστασας, καὶ ὑπομονὴν ἔχεις, καὶ διὰ τὸ ὄνομά μου κεκοπίακας καὶ οὐ κέκμηκας· ᑫ ἐκπέπτωκας ʳ add τάχει ˢ μέσῳ τοῦ παραδείσου ᵗ τῆς ἐκκλησίας Σμυρναίων ᵘ add τὰ ἔργα καὶ ˣ πλούσιος δὲ ʸ om. ἐκ ᶻ μηδὲν ᵃ βαλεῖν ἐξ ὑμῶν ὁ διάβολος

καὶ ᵇἕξετε" θλῖψιν ἡμερῶν δέκα. γίνου πιστὸς ἄχρι θανάτου,
11 καὶ δώσω σοι τὸν στέφανον τῆς ζωῆς. ὁ ἔχων οὖς ἀκουσάτω
τί τὸ Πνεῦμα λέγει ταῖς ἐκκλησίαις. ὁ νικῶν οὐ μὴ ἀδικηθῇ Cp. 20. 6,
ἐκ τοῦ θανάτου τοῦ δευτέρου. 14, 21. 8.
12 Καὶ τῷ ἀγγέλῳ τῆς ἐν Περγάμῳ ἐκκλησίας γράψον,
Τάδε λέγει ὁ ἔχων τὴν ῥομφαίαν τὴν δίστομον τὴν ὀξεῖαν· Cp. 1. 16.
13 Οἶδα ᶜ⁻" ποῦ κατοικεῖς, ὅπου ὁ θρόνος τοῦ Σατανᾶ· καὶ
κρατεῖς τὸ ὄνομά μου, καὶ οὐκ ἠρνήσω τὴν πίστιν μου καὶ ἐν
ταῖς ἡμέραις ᵈ⁻" Ἀντίπας ὁ μάρτυς μου, ὁ πιστός ᵉμου", ὃς Cp. 17. 6,
14 ἀπεκτάνθη παρ᾽ ὑμῖν, ὅπου ᶠὁ Σατανᾶς κατοικεῖ ᵍ. ἀλλ᾽ ἔχω Acts 22.20.
κατὰ σοῦ ὀλίγα, ὅτι ἔχεις ἐκεῖ κρατοῦντας τὴν διδαχὴν
Βαλαάμ, ὃς ἐδίδασκε ᵍτῷ" Βαλὰκ βαλεῖν σκάνδαλον ἐνώ- Cp. Num.
πιον τῶν υἱῶν Ἰσραήλ, φαγεῖν εἰδωλόθυτα καὶ πορνεῦσαι. Cp. Num.
15 οὕτως ἔχεις καὶ σὺ κρατοῦντας τὴν διδαχὴν ʰ⁻" Νικολαϊτῶν 25. 1 sq.
16 ⁱὁμοίως". μετανόησον ᵏοὖν"· εἰ δὲ μή, ἔρχομαί σοι ταχύ,
καὶ πολεμήσω μετ᾽ αὐτῶν ἐν τῇ ῥομφαίᾳ τοῦ στόματός μου.
17 ὁ ἔχων οὖς ἀκουσάτω τί τὸ Πνεῦμα λέγει ταῖς ἐκκλησίαις.
τῷ νικῶντι δώσω αὐτῷ ˡ⁻" τοῦ μάννα τοῦ κεκρυμμένου, καὶ
δώσω αὐτῷ ψῆφον λευκήν, καὶ ἐπὶ τὴν ψῆφον ὄνομα καινὸν Cp. 3. 12,
γεγραμμένον, ὃ οὐδεὶς ᵐοἶδεν" εἰ μὴ ὁ λαμβάνων. 19. 12.
18 Καὶ τῷ ἀγγέλῳ τῆς ἐν Θυατείροις ἐκκλησίας γράψον, Cp. Acts
Τάδε λέγει ὁ υἱὸς τοῦ Θεοῦ, ὁ ἔχων τοὺς ὀφθαλμοὺς αὐτοῦ Cp. 1. 15.
ὡς φλόγα πυρός, καὶ οἱ πόδες αὐτοῦ ὅμοιοι χαλκολιβάνῳ·
19 Οἶδά σου τὰ ἔργα, καὶ τὴν ἀγάπην καὶ τὴν ⁿπίστιν καὶ τὴν
διακονίαν" καὶ τὴν ὑπομονήν σου, καὶ τὰ ἔργα ᵒσου τὰ ᵖ
20 ἔσχατα πλείονα τῶν πρώτων. ἀλλ᾽ ἔχω κατὰ σοῦ ᵖ⁻", ὅτι
ᵠἀφεῖς" τὴν γυναῖκα ʳ⁻" ˢἸεζάβελ", ᵗἡ λέγουσα ʳ ἑαυτὴν

ᵇ ἔχητε M.   ᶜ add τὰ ἔργα σου καὶ   ᵈ add ἐν αἷς
ᵉ om. μου   ᶠ κατοικεῖ ὁ Σατανᾶς   ᵍ τὸν A.: ἐν τῷ S.
ʰ add τῶν   ⁱ ὃ μισῶ   ᵏ om. οὖν   ˡ add φαγεῖν ἀπὸ
ᵐ ἔγνω   ⁿ διακονίαν καὶ τὴν πίστιν   ᵒ σου. καὶ τὰ
ᵖ add ὀλίγα   ᵠ ἐᾷς   ʳ add σου M   ˢ Ἰεζαβήλ
ᵗ τὴν λέγουσαν

προφῆτιν, ᵘκαὶ διδάσκει καὶ πλανᾷ τοὺς‖ ἐμοὺς δούλους,
πορνεῦσαι καὶ ˣφαγεῖν εἰδωλόθυτα‖. καὶ ἔδωκα αὐτῇ χρό- 21
νον ἵνα ʸμετανοήσῃ· καὶ οὐ θέλει μετανοῆσαι ἐκ τῆς πορ-
νείας αὐτῆς.‖ ἰδού, ᶻ‒‖ βάλλω αὐτὴν εἰς κλίνην, καὶ τοὺς 22
μοιχεύοντας μετ᾽ αὐτῆς εἰς θλῖψιν μεγάλην, ἐὰν μὴ μετα-
νοήσωσιν ἐκ τῶν ἔργων ᵃαὐτῆς‖. καὶ τὰ τέκνα αὐτῆς ἀπο- 23
κτενῶ ἐν θανάτῳ· καὶ γνώσονται πᾶσαι αἱ ἐκκλησίαι ὅτι
ἐγώ εἰμι ὁ ἐρευνῶν νεφροὺς καὶ καρδίας· καὶ δώσω ὑμῖν
ἑκάστῳ κατὰ τὰ ἔργα ὑμῶν. ὑμῖν δὲ λέγω ᵇτοῖς‖ λοιποῖς 24
τοῖς ἐν Θυατείροις, ὅσοι οὐκ ἔχουσι τὴν διδαχὴν ταύτην,
ᶜ‒‖ οἵτινες οὐκ ἔγνωσαν τὰ ᵈβαθέα‖ τοῦ Σατανᾶ, ὡς λέ-
γουσιν· οὐ ᵉβάλλω‖ ἐφ᾽ ὑμᾶς ἄλλο βάρος. πλὴν ὃ ἔχετε 25
κρατήσατε ἄχρις οὗ ἂν ἥξω. καὶ ὁ νικῶν καὶ ὁ τηρῶν ἄχρι 26
τέλους τὰ ἔργα μου, δώσω αὐτῷ ἐξουσίαν ἐπὶ τῶν ἐθνῶν·
καὶ ποιμανεῖ αὐτοὺς ἐν ῥάβδῳ ᶠσιδηρᾷ, ὡς τὰ σκεύη τὰ κερα- 27
μικὰ συντρίβεται,ᶠ ὡς κἀγὼ εἴληφα παρὰ τοῦ πατρός μου·
καὶ δώσω αὐτῷ τὸν ἀστέρα τὸν πρωϊνόν. ὁ ἔχων οὖς 28, 29
ἀκουσάτω τί τὸ Πνεῦμα λέγει ταῖς ἐκκλησίαις.

Καὶ τῷ ἀγγέλῳ τῆς ἐν Σάρδεσιν ἐκκλησίας γράψον, 3
Τάδε λέγει ὁ ἔχων τὰ ᵍἑπτὰ‖ πνεύματα τοῦ Θεοῦ καὶ τοὺς
ἑπτὰ ἀστέρας· Οἶδά σου τὰ ἔργα, ὅτι ʰ‒‖ ὄνομα ἔχεις ὅτι
ζῇς, καὶ νεκρὸς εἶ. γίνου γρηγορῶν, καὶ στήριξον τὰ λοιπὰ 2
ἃ ⁱἔμελλον‖ ἀποθανεῖν· οὐ γὰρ εὕρηκά σου ᵏ‒‖ ἔργα πεπλη-
ρωμένα ἐνώπιον τοῦ Θεοῦ ˡμου‖. μνημόνευε οὖν πῶς εἴληφας 3
καὶ ἤκουσας, καὶ τήρει, καὶ μετανόησον. ἐὰν οὖν μὴ γρηγο-
ρήσῃς, ἥξω ᵐ‒‖ ὡς κλέπτης, καὶ οὐ μὴ γνῷς ποίαν ὥραν ἥξω

ᵘ διδάσκειν καὶ πλανᾶσθαι   ˣ εἰδωλόθυτα φαγεῖν   ʸ μετα-
νοήσῃ ἐκ τῆς πορνείας αὐτῆς, καὶ οὐ μετενόησεν.   ᶻ add ἐγώ
ᵃ αὐτῶν A.S. : αὐτῶν M.   ᵇ καὶ   ᶜ add καὶ   ᵈ βάθη
ᵉ βαλῶ   ᶠ σιδηρᾷ· ὡς τὰ σκεύη τὰ κεραμικά, συντρίβεται· A.M.
ᵍ om. ἑπτὰ S.   ʰ add τὸ   ⁱ μέλλει   ᵏ add τὰ A.S M.
ˡ om. μου   ᵐ add ἐπί σε

4 ἐπί σε. ⁿἀλλὰ ᵗ ἔχεις ὀλίγα ὀνόματα ᵒ– ἐν Σάρδεσιν, ἃ
οὐκ ἐμόλυναν τὰ ἱμάτια αὐτῶν· καὶ περιπατήσουσι μετ' ἐμοῦ
5 ἐν λευκοῖς, ὅτι ἄξιοί εἰσιν. ὁ νικῶν ᴾοὕτως ‖ περιβαλεῖται
ἐν ἱματίοις λευκοῖς· καὶ οὐ μὴ ἐξαλείψω τὸ ὄνομα αὐτοῦ ἐκ
τῆς βίβλου τῆς ζωῆς, καὶ ᑫὁμολογήσω ‖ τὸ ὄνομα αὐτοῦ
ἐνώπιον τοῦ πατρός μου καὶ ἐνώπιον τῶν ἀγγέλων αὐτοῦ.
6 ὁ ἔχων οὖς ἀκουσάτω τί τὸ Πνεῦμα λέγει ταῖς ἐκκλησίαις.
7 Καὶ τῷ ἀγγέλῳ τῆς ἐν Φιλαδελφείᾳ ἐκκλησίας γράψον,
Τάδε λέγει ὁ ἅγιος, ὁ ἀληθινός, ὁ ἔχων τὴν ʳκλεῖν Δαβίδ‖,
ὁ ἀνοίγων καὶ οὐδεὶς ˢκλείσει‖, καὶ ᵗκλείων‖ καὶ οὐδεὶς
8 ἀνοίγει· Οἶδά σου τὰ ἔργα (ἰδού, δέδωκα ἐνώπιόν σου θύραν
ἀνεῳγμένην, ᵘἥν‖ οὐδεὶς δύναται κλεῖσαι αὐτήν), ὅτι μικρὰν
ἔχεις δύναμιν, καὶ ἐτήρησάς μου τὸν λόγον, καὶ οὐκ ἠρνήσω
9 τὸ ὄνομά μου. ἰδού, ˣδιδῶ‖ ἐκ τῆς συναγωγῆς τοῦ Σατανᾶ
τῶν λεγόντων ἑαυτοὺς Ἰουδαίους εἶναι, καὶ οὐκ εἰσίν, ἀλλὰ
ψεύδονται· ἰδού, ποιήσω αὐτοὺς ἵνα ʸἥξουσι καὶ προσκινή-
σουσιν‖ ἐνώπιον τῶν ποδῶν σου, καὶ γνῶσιν ὅτι ἐγὼ ἠγάπησά
10 σε. ὅτι ἐτήρησας τὸν λόγον τῆς ὑπομονῆς μου, κἀγώ σε
τηρήσω ἐκ τῆς ὥρας τοῦ πειρασμοῦ τῆς μελλούσης ἔρχεσθαι
ἐπὶ τῆς οἰκουμένης ὅλης, πειράσαι τοὺς κατοικοῦντας ἐπὶ τῆς
11 γῆς. ᶻ–‖ ἔρχομαι ταχύ· κράτει ὁ ἔχεις, ἵνα μηδεὶς λάβῃ
12 τὸν στέφανόν σου. ὁ νικῶν, ποιήσω αὐτὸν στῦλον ἐν τῷ
ναῷ τοῦ Θεοῦ μου, καὶ ἔξω οὐ μὴ ἐξέλθῃ ἔτι· καὶ γράψω
ἐπ' αὐτὸν τὸ ὄνομα τοῦ Θεοῦ μου, καὶ τὸ ὄνομα τῆς πόλεως
τοῦ Θεοῦ μου, τῆς καινῆς Ἰερουσαλήμ, ἡ καταβαίνουσα ἐκ
τοῦ οὐρανοῦ ἀπὸ τοῦ Θεοῦ μου, καὶ τὸ ὄνομά μου τὸ καινόν.
13 ὁ ἔχων οὖς ἀκουσάτω τί τὸ Πνεῦμα λέγει ταῖς ἐκκλησίαις.
14 Καὶ τῷ ἀγγέλῳ τῆς ᵃἐν Λαοδικείᾳ ἐκκλησίας ‖ γράψον,

ⁿ om. ἀλλά   ᵒ add καί   ᵖ οὗτος   ᑫ ἐξομολογή-
σομαι   ʳ κλεῖδα τοῦ Δαβίδ   ˢ κλείει   ᵗ κλείει
ᵘ καί   ˣ δίδωμι   ʸ ἥξωσι καὶ προσκυνήσωσιν   ᶻ add ἰδού
ᵃ ἐκκλησίας Λαοδικέων

Τάδε λέγει ὁ ἀμήν, ὁ μάρτυς ὁ πιστὸς καὶ ἀληθινός, ἡ ἀρχὴ τῆς κτίσεως τοῦ Θεοῦ· Οἶδά σου τὰ ἔργα, ὅτι οὔτε 15 ψυχρὸς εἶ οὔτε ζεστός· ὄφελον ψυχρὸς ᵇἦςⁿ, ἢ ζεστός. οὕτως ὅτι χλιαρὸς εἶ, καὶ οὔτε ᶜζεστὸς οὔτε ψυχρόςⁿ, μέλλω 16 σε ἐμέσαι ἐκ τοῦ στόματός μου. ὅτι λέγεις ὅτι Πλούσιός 17 εἰμι, καὶ πεπλούτηκα, καὶ ᵈοὐδὲνⁿ χρείαν ἔχω, καὶ οὐκ οἶδας ὅτι σὺ εἶ ὁ ταλαίπωρος καὶ ἐλεεινὸς καὶ πτωχὸς καὶ τυφλὸς καὶ γυμνός, συμβουλεύω σοι ἀγοράσαι παρ' ἐμοῦ χρυσίον 18 πεπυρωμένον ἐκ πυρός, ἵνα πλουτήσῃς, καὶ ἱμάτια λευκά, ἵνα περιβάλῃ, καὶ μὴ φανερωθῇ ἡ αἰσχύνη τῆς γυμνότητός σου, καὶ κολλούριον ᵉἐγχρῖσαιⁿ τοὺς ὀφθαλμούς σου, ἵνα βλέπῃς. ἐγὼ ὅσους ἐὰν φιλῶ, ἐλέγχω καὶ παιδεύω· ᶠζήλευεⁿ 19 οὖν καὶ μετανόησον. ἰδού, ἕστηκα ἐπὶ τὴν θύραν καὶ κρούω· 20 ἐάν τις ἀκούσῃ τῆς φωνῆς μου, καὶ ἀνοίξῃ τὴν θύραν, εἰσελεύσομαι πρὸς αὐτόν, καὶ δειπνήσω μετ' αὐτοῦ, καὶ αὐτὸς μετ' ἐμοῦ. ὁ νικῶν, δώσω αὐτῷ καθίσαι μετ' ἐμοῦ ἐν τῷ 21 θρόνῳ μου, ὡς κἀγὼ ἐνίκησα, καὶ ἐκάθισα μετὰ τοῦ πατρός μου ἐν τῷ θρόνῳ αὐτοῦ. ὁ ἔχων οὓς ἀκουσάτω τί τὸ Πνεῦμα 22 λέγει ταῖς ἐκκλησίαις.

Μετὰ ταῦτα εἶδον, καὶ ἰδού, θύρα ἠνεῳγμένη ἐν τῷ οὐ- 4 ρανῷ, καὶ ἡ φωνὴ ἡ πρώτη ἣν ἤκουσα ὡς σάλπιγγος λαλούσης μετ' ἐμοῦ, ᵍλέγωνⁿ, Ἀνάβα ὧδε, καὶ δείξω σοι ἃ δεῖ ʰγενέσθαι μετὰ ταῦτα.ⁿ ⁱ⁻ⁱ εὐθέως ἐγενόμην ἐν Πνεύ- 2 ματι· καὶ ἰδού, θρόνος ἔκειτο ἐν τῷ οὐρανῷ, καὶ ἐπὶ ᵏτὸν θρόνονⁿ καθήμενος· καὶ ὁ καθήμενος ¹⁻ⁿ ὅμοιος ὁράσει 3 λίθῳ ἰάσπιδι καὶ ᵐσαρδίῳⁿ· καὶ ἶρις κυκλόθεν τοῦ θρόνου ὅμοιος ὁράσει σμαραγδίνῳ. καὶ κυκλόθεν τοῦ θρόνου 4 θρόνοι ⁿεἰκοσιτέσσαρεςⁿ· καὶ ἐπὶ τοὺς θρόνους ᵒεἰκοσιτέσσαραςⁿ πρεσβυτέρους καθημένους, περιβεβλημένους ἐν ἱμα-

ᵇ εἴης   ᶜ ψυχρὸς οὔτε ζεστός   ᵈ οὐδενὸς   ᵉ ἔγχρισον
ᶠ ζήλωσον   ᵍ λέγουσα   ʰ γενέσθαι. μετὰ ταῦτα Μ.
ⁱ add καὶ   ᵏ τοῦ θρόνου   ˡ add ἦν   ᵐ σαρδίνῳ
ⁿ εἴκοσι καὶ τέσσαρες   ᵒ εἶδον τοὺς εἴκοσι καὶ τέσσαρας

-5. 3. ΙΩΑΝΝΟΥ. 527

τίοις λευκοῖς, καὶ ᵖ⁻‖ ἐπὶ τὰς κεφαλὰς αὐτῶν στεφάνους
5 χρυσοῦς. καὶ ἐκ τοῦ θρόνου ἐκπορεύονται ἀστραπαὶ καὶ
ᵃφωναὶ καὶ βρονταί‖. καὶ ἑπτὰ λαμπάδες πυρὸς καιόμεναι Cp. Ex. 37.
ἐνώπιον τοῦ θρόνου, αἵ εἰσι τὰ ἑπτὰ πνεύματα τοῦ Θεοῦ· 23 (38. 17),
6 καὶ ἐνώπιον τοῦ θρόνου ʳὡς‖ θάλασσα ὑαλίνη, ὁμοία κρυ- Zech. 4. 2.
στάλλῳ· καὶ ἐν μέσῳ τοῦ θρόνου καὶ κύκλῳ τοῦ θρόνου Cp. Ezek.
τέσσαρα ζῶα γέμοντα ὀφθαλμῶν ἔμπροσθεν καὶ ὄπισθεν. 1. 5 sqq.
7 καὶ τὸ ζῶον τὸ πρῶτον ὅμοιον λέοντι, καὶ τὸ δεύτερον ζῶον
ὅμοιον μόσχῳ, καὶ τὸ τρίτον ζῶον ᴮἔχων‖ τὸ πρόσωπον ὡς
ᵗἀνθρώπου‖, καὶ τὸ τέταρτον ζῶον ὅμοιον ἀετῷ ᵘπετομένῳ‖.
8 καὶ ˣτὰ‖ τέσσαρα ζῶα, ἓν ʸκαθ᾽ ἓν αὐτῶν‖ ᶻἔχων‖ ἀνὰ πτέ-
ρυγας ἕξ, κυκλόθεν καὶ ἔσωθεν ᵃγέμουσιν‖ ὀφθαλμῶν· καὶ
ἀνάπαυσιν οὐκ ἔχουσιν ἡμέρας καὶ νυκτὸς ᵇλέγοντες‖, ῞Αγιος, Cp. Isa. 6.
ἅγιος, ἅγιος Κύριος ὁ Θεὸς ὁ παντοκράτωρ, ὁ ἦν καὶ ὁ ὢν 3.
9 καὶ ὁ ἐρχόμενος. καὶ ὅταν δώσουσι τὰ ζῶα δόξαν καὶ τιμὴν
καὶ εὐχαριστίαν τῷ καθημένῳ ἐπὶ τοῦ θρόνου, τῷ ζῶντι εἰς Cp. Dan.
10 τοὺς αἰῶνας τῶν αἰώνων, πεσοῦνται οἱ ᶜεἰκοσιτέσσαρες‖ 12. 7.
πρεσβύτεροι ἐνώπιον τοῦ καθημένου ἐπὶ τοῦ θρόνου, καὶ
ᵈπροσκυνήσουσι‖ τῷ ζῶντι εἰς τοὺς αἰῶνας τῶν αἰώνων, καὶ
ᵉβαλοῦσι‖ τοὺς στεφάνους αὐτῶν ἐνώπιον τοῦ θρόνου λέ-
11 γοντες, ῎Αξιος εἶ, ᶠὁ Κύριος καὶ ὁ Θεὸς ἡμῶν‖, λαβεῖν τὴν Cp.5.12sq.
δόξαν καὶ τὴν τιμὴν καὶ τὴν δύναμιν· ὅτι σὺ ἔκτισας τὰ
πάντα, καὶ διὰ τὸ θέλημά σου ᵍἦσαν‖ καὶ ἐκτίσθησαν.

5 Καὶ εἶδον ἐπὶ τὴν δεξιὰν τοῦ καθημένου ἐπὶ τοῦ θρόνου Cp. Ezek.
βιβλίον γεγραμμένον ἔσωθεν καὶ ὄπισθεν, κατεσφραγισμένον 2. 9 sq.
2 σφραγῖσιν ἑπτά. καὶ εἶδον ἄγγελον ἰσχυρὸν κηρύσσοντα
ʰἐν‖ φωνῇ μεγάλῃ, Τίς ⁱ⁻‖ ἄξιος ἀνοῖξαι τὸ βιβλίον, καὶ
3 λῦσαι τὰς σφραγῖδας αὐτοῦ; καὶ οὐδεὶς ἠδύνατο ἐν τῷ

ᵖ add ἔσχον   ᵠ βρονταὶ καὶ φωναί   ʳ om. ὡς   ˢ ἔχον
ᵗ ἄνθρωπος   ᵘ πετωμένῳ   ˣ om. τὰ   ʸ καθ᾽ ἑαυτὸ
ᶻ εἶχον   ᵃ γέμοντα   ᵇ λέγοντα   ᶜ εἴκοσι καὶ τέσ-
σαρες   ᵈ προσκυνοῦσι   ᵉ βάλλουσι   ᶠ Κύριε   ᵍ εἰσὶ
ʰ om. ἐν   ⁱ add ἐστιν

528 ΑΠΟΚΑΛΥΨΙΣ 5. 3–

οὐρανῷ, οὐδὲ ἐπὶ τῆς γῆς, οὐδὲ ὑποκάτω τῆς γῆς, ἀνοῖξαι τὸ
βιβλίον, ᵏοὔτε" βλέπειν αὐτό. καὶ ἐγὼ ἔκλαιον ¹πολύ", 4
ὅτι οὐδεὶς ἄξιος εὑρέθη ἀνοῖξαι ᵐ⁻" τὸ βιβλίον, οὔτε βλέπειν
αὐτό· καὶ εἷς ἐκ τῶν πρεσβυτέρων λέγει μοι, Μὴ κλαῖε· 5

Cp. Gen. ἰδού, ἐνίκησεν ὁ λέων ὁ ⁿ⁻" ἐκ τῆς φυλῆς Ἰούδα, ἡ ῥίζα
49. 9;
Isa. 11. 10. Δαβίδ, ἀνοῖξαι τὸ βιβλίον, καὶ °⁻" τὰς ἑπτὰ σφραγῖδας αὐ-
τοῦ. καὶ εἶδον ᵖ⁻" ἐν μέσῳ τοῦ θρόνου καὶ τῶν τεσσάρων 6

Cp. 13. 8. ζῴων, καὶ ἐν μέσῳ τῶν πρεσβυτέρων, ἀρνίον ἑστηκὸς ὡς
Joh. 1. 29.
1 Pet. 1 19. ἐσφαγμένον, ᑫἔχων" κέρατα ἑπτὰ καὶ ὀφθαλμοὺς ἑπτά, οἵ

Cp. 3. 1. εἰσι τὰ ʳἑπτὰ ⁱ ˢπνεύματα τοῦ Θεοῦ, ἀπεσταλμένοι" εἰς
4. 5;
Zech. 4. 10. πᾶσαν τὴν γῆν. καὶ ἦλθε, καὶ εἴληφεν ᵗ⁻" ἐκ τῆς δεξιᾶς 7
τοῦ καθημένου ἐπὶ τοῦ θρόνου. καὶ ὅτε ἔλαβε τὸ βιβλίον, 8
τὰ τέσσαρα ζῷα καὶ οἱ εἰκοσιτέσσαρες πρεσβύτεροι ἔπεσον
ἐνώπιον τοῦ ἀρνίου, ἔχοντες ἕκαστος ᵘκιθάραν", καὶ φιάλας

Cp. Ps. 141 χρυσᾶς γεμούσας θυμιαμάτων, αἵ εἰσιν αἱ προσευχαὶ τῶν
(140). 2. ἁγίων. καὶ ᾄδουσιν ᾠδὴν καινὴν λέγοντες, Ἄξιος εἶ λαβεῖν 9
τὸ βιβλίον, καὶ ἀνοῖξαι τὰς σφραγῖδας αὐτοῦ· ὅτι ἐσφάγης,

Cp. 1 Cor. καὶ ἠγόρασας τῷ Θεῷ ˣ⁻ ἐν τῷ αἵματί σου ἐκ πάσης φυλῆς
7. 23.
καὶ γλώσσης καὶ λαοῦ καὶ ἔθνους, καὶ ἐποίησας ʸαὐτοὺς" 10

Cp. 1. 6. τῷ Θεῷ ἡμῶν ᶻβασιλείαν" καὶ ἱερεῖς, καὶ ᵃβασιλεύουσιν ᶜ
Ex. 19. 6. ἐπὶ τῆς γῆς. καὶ εἶδον, καὶ ἤκουσα φωνὴν ἀγγέλων πολλῶν 11
κυκλόθεν τοῦ θρόνου καὶ τῶν ζῴων καὶ τῶν πρεσβυτέρων,

Cp. Dan. ᵇκαὶ ἦν ὁ ἀριθμὸς αὐτῶν μυριάδες μυριάδων" καὶ χιλιάδες
7. 10.
χιλιάδων, λέγοντες φωνῇ μεγάλῃ, Ἄξιόν ἐστι τὸ ἀρνίον τὸ 12
ἐσφαγμένον λαβεῖν τὴν δύναμιν καὶ πλοῦτον καὶ σοφίαν καὶ

Cp. Phil. ἰσχὺν καὶ τιμὴν καὶ δόξαν καὶ εὐλογίαν. καὶ πᾶν κτίσμα 13
2. 10.
ὃ °⁻" ἐν τῷ οὐρανῷ καὶ ᵈἐπὶ τῆς γῆς" καὶ ὑποκάτω τῆς γῆς

ᵏ οὐδὲ   ¹ πολλά   ᵐ add καὶ ἀναγνῶναι   ⁿ add ὢν
° add λῦσαι   ᵖ add καὶ ἰδοὺ   ᑫ ἔχον   ʳ om. ἑπτὰ M.
ˢ τοῦ Θεοῦ πνεύματα τὰ ἀπεσταλμένα   ᵗ add τὸ βιβλίον
ᵘ κιθάρας   ˣ add ἡμᾶς   ʸ ἡμᾶς   ᶻ βασιλεῖς   ᵃ βασι-
λεύσομεν   ᵇ om. καὶ ἦν ὁ ἀριθμὸς αὐτῶν μυριάδες μυριάδων S.
ᶜ add ἐστιν   ᵈ ἐν τῇ γῇ

ΙΩΑΝΝΟΥ.

καὶ ἐπὶ τῆς θαλάσσης ο–' ἐστί, καὶ τὰ ἐν αὐτοῖς πάντα,
ἤκουσα λέγοντας, Τῷ καθημένῳ ἐπὶ τοῦ θρόνου καὶ τῷ ἀρνίῳ
ἡ εὐλογία καὶ ἡ τιμὴ καὶ ἡ δόξα καὶ τὸ κράτος εἰς τοὺς
14 αἰῶνας τῶν αἰώνων. καὶ τὰ τέσσαρα ζῶα ἔλεγον, Ἀμήν.
καὶ οἱ f–" πρεσβύτεροι ἔπεσαν καὶ προσεκύνησαν g–'.

6 Καὶ εἶδον ὅτε ἤνοιξε τὸ ἀρνίον μίαν ἐκ τῶν h ἑπτὰ i σφρα-
γίδων, καὶ ἤκουσα ἑνὸς ἐκ τῶν τεσσάρων ζώων λέγοντος ὡς
2 ἰφωνῇ' βροντῆς, Ἔρχου k–'. καὶ εἶδον, καὶ ἰδού, ἵππος
λευκός· καὶ ὁ καθήμενος ἐπ' ἰαυτὸν' ἔχων τόξον· καὶ ἐδόθη
αὐτῷ στέφανος· καὶ ἐξῆλθε νικῶν, καὶ ἵνα νικήσῃ.
3 Καὶ ὅτε ἤνοιξε τὴν m σφραγῖδα τὴν δευτέραν", ἤκουσα τοῦ
4 δευτέρου ζώου λέγοντος, Ἔρχου n–". καὶ ἐξῆλθεν ἄλλος
ἵππος πυρρός· καὶ τῷ καθημένῳ ἐπ' ἰ αὐτὸν " ἐδόθη αὐτῷ λα-
βεῖν τὴν εἰρήνην ο ἐκ ' τῆς γῆς, καὶ ἵνα ἀλλήλους p σφάξουσι'·
καὶ ἐδόθη αὐτῷ μάχαιρα μεγάλη.
5 Καὶ ὅτε ἤνοιξε τὴν q σφραγῖδα τὴν τρίτην", ἤκουσα τοῦ
τρίτου ζώου λέγοντος, Ἔρχου r–'. καὶ εἶδον, καὶ ἰδού, ἵππος
μέλας· καὶ ὁ καθήμενος ἐπ' ἰ αὐτὸν " ἔχων ζυγὸν ἐν τῇ χειρὶ
6 αὐτοῦ. καὶ ἤκουσα s ὡς" φωνὴν ἐν μέσῳ τῶν τεσσάρων ζώων
λέγουσαν, Χοῖνιξ σίτου δηναρίου, καὶ τρεῖς χοίνικες t κρι-
θῶν" δηναρίου· καὶ τὸ ἔλαιον καὶ τὸν οἶνον μὴ ἀδικήσῃς.
7 Καὶ ὅτε ἤνοιξε τὴν σφραγῖδα τὴν τετάρτην, ἤκουσα φωνὴν
8 τοῦ τετάρτου ζώου u λέγοντος", Ἔρχου x–'. καὶ εἶδον, καὶ
ἰδού, ἵππος χλωρός· καὶ ὁ καθήμενος ἐπάνω αὐτοῦ, ὄνομα
αὐτῷ ὁ θάνατος, καὶ ὁ yᾅδης" z ἠκολούθει" μετ' αὐτοῦ· καὶ
ἐδόθη αὐτοῖς ἐξουσία a ἐπὶ τὸ τέταρτον τῆς γῆς ἀποκτεῖναι"

o add ἅ   f add εἰκοσιτέσσαρες   g add ζῶντι εἰς τοὺς
αἰῶνας τῶν αἰώνων   h om. ἑπτά   i φωνῆς   k add
καὶ βλέπε A.S.M.   l αὐτῷ   m δευτέραν σφραγῖδα   n add
καὶ βλέπε A.S.M.   o ἀπὸ A.S. : om. ἐκ M.   p σφάξωσι
q τρίτην σφραγῖδα   r add καὶ βλέπε A.S.M.   s om. ὡς
t κριθῆς   u λέγουσαν   x add καὶ βλέπε A.S.M.
y Ἅδης S.   z ἀκολουθεῖ   a ἀποκτεῖναι ἐπὶ τὸ τέταρτον τῆς γῆς

530 ΑΠΟΚΑΛΥΨΙΣ 6. 8-

Cp. Ezek. ἐν ρομφαίᾳ καὶ ἐν λιμῷ καὶ ἐν θανάτῳ καὶ ὑπὸ τῶν θηρίων
14. 21. τῆς γῆς. Καὶ ὅτε ἤνοιξε τὴν πέμπτην σφραγῖδα, εἶδον ὑποκάτω τοῦ 9
Cp. 20. 4. θυσιαστηρίου τὰς ψυχὰς τῶν ἐσφαγμένων διὰ τὸν λόγον
Cp. Zech. τοῦ Θεοῦ καὶ διὰ τὴν μαρτυρίαν ἣν εἶχον, καὶ [b] ἔκραξαν" φωνῇ 10
1. 12, μεγάλῃ λέγοντες, Ἕως πότε, ὁ δεσπότης ὁ ἅγιος καὶ [c—"]
Lk. 18. 7. ἀληθινός, οὐ κρίνεις καὶ ἐκδικεῖς τὸ αἷμα ἡμῶν [d] ἐκ" τῶν
κατοικούντων ἐπὶ τῆς γῆς; καὶ [e] ἐδόθη αὐτοῖς ἑκάστῳ στολὴ 11
λευκή [f], καὶ ἐρρέθη αὐτοῖς ἵνα ἀναπαύσωνται ἔτι χρόνον
μικρόν, [f] ἕως πληρωθῶσι" καὶ οἱ σύνδουλοι αὐτῶν καὶ οἱ
ἀδελφοὶ αὐτῶν οἱ μέλλοντες ἀποκτείνεσθαι ὡς καὶ αὐτοί.

Καὶ εἶδον ὅτε ἤνοιξε τὴν σφραγῖδα τὴν ἕκτην, καὶ [g—"] 12
Cp. Isa. σεισμὸς μέγας ἐγένετο, καὶ ὁ ἥλιος ἐγένετο μέλας ὡς σάκκος
34. 4, τρίχινος, καὶ ἡ σελήνη [h] ὅλη [⁊] ἐγένετο ὡς αἷμα, καὶ οἱ ἀστέρες 13
Joel 2. 10, τοῦ οὐρανοῦ ἔπεσαν εἰς τὴν γῆν, ὡς συκῆ βάλλει τοὺς ὀλύν-
Mk. 13. 24. θους αὐτῆς ὑπὸ μεγάλου ἀνέμου σειομένη. καὶ [i] ὁ" οὐρανὸς 14
ἀπεχωρίσθη ὡς βιβλίον εἱλισσόμενον, καὶ πᾶν ὄρος καὶ νῆσος
Cp. Isa. 2. ἐκ τῶν τόπων αὐτῶν ἐκινήθησαν. καὶ οἱ βασιλεῖς τῆς γῆς, 15
17 sqq. καὶ οἱ μεγιστᾶνες, καὶ οἱ [k] χιλίαρχοι, καὶ οἱ πλούσιοι," καὶ οἱ
[l] ἰσχυροί [⁊], καὶ πᾶς δοῦλος καὶ [m—"] ἐλεύθερος, ἔκρυψαν ἑαυ-
Cp. Hos. τοὺς εἰς τὰ σπήλαια καὶ εἰς τὰς πέτρας τῶν ὀρέων, καὶ λέ- 16
10. 8, γουσι τοῖς ὄρεσι καὶ ταῖς πέτραις, Πέσετε ἐφ' ἡμᾶς, καὶ
Lk. 23. 30. κρύψατε ἡμᾶς ἀπὸ προσώπου τοῦ καθημένου ἐπὶ τοῦ θρόνου,
καὶ ἀπὸ τῆς ὀργῆς τοῦ ἀρνίου· ὅτι ἦλθεν ἡ ἡμέρα ἡ μεγάλη 17
τῆς ὀργῆς [n] αὐτῶν", καὶ τίς δύναται σταθῆναι;

[o] Μετὰ τοῦτο" εἶδον τέσσαρας ἀγγέλους ἑστῶτας ἐπὶ τὰς 7
τέσσαρας γωνίας τῆς γῆς, κρατοῦντας τοὺς τέσσαρας ἀνέ-
μους τῆς γῆς, ἵνα μὴ πνέῃ ἄνεμος ἐπὶ τῆς γῆς, μήτε ἐπὶ τῆς

[b] ἔκραζον   [c] add ὁ   [d] ἀπὸ   [e] ἐδόθησαν ἑκάστοις
στολαὶ λευκαί   [f] ἕως οὗ πληρώσονται A.S.: ἕως πληρώ-
σωσι M.   [g] add ἰδοὺ   [h] om. ὅλη   [i] om. ὁ S.   [k] πλού-
σιοι, καὶ οἱ χιλίαρχοι,   [l] δυνατοί   [m] add πᾶς   [n] αὐτοῦ
[o] Καὶ μετὰ ταῦτα

2 θαλάσσης, μήτε ᴾἐπί τι" δένδρον. καὶ εἶδον ἄλλον ἄγγελον
ᵠἀναβαίνοντα" ἀπὸ ἀνατολῆς ἡλίου, ἔχοντα σφραγῖδα Θεοῦ
ζῶντος· καὶ ἔκραξε φωνῇ μεγάλῃ τοῖς τέσσαρσιν ἀγγέλοις,
3 οἷς ἐδόθη αὐτοῖς ἀδικῆσαι τὴν γῆν καὶ τὴν θάλασσαν, λέγων,
Μὴ ἀδικήσητε τὴν γῆν, μήτε τὴν θάλασσαν, μήτε τὰ δένδρα,
ʳ ἄχρι ᵘ ˢσφραγίσωμεν" τοὺς δούλους τοῦ Θεοῦ ἡμῶν ἐπὶ Cp. Ezek.
4 τῶν μετώπων αὐτῶν. καὶ ἤκουσα τὸν ἀριθμὸν τῶν ἐσφρα- 9. 4.
γισμένων, ρμδ΄ χιλιάδες ἐσφραγισμένοι ἐκ πάσης φυλῆς
5 υἱῶν Ἰσραήλ. ἐκ φυλῆς Ἰούδα ιβ΄ χιλιάδες ἐσφραγισμένοι·
ἐκ φυλῆς Ῥουβὴν ιβ΄ χιλιάδες ᵗ⁻ᵘ· ἐκ φυλῆς Γὰδ ιβ΄ χιλιά-
6 δες ᵗ⁻ᵘ· ἐκ φυλῆς Ἀσὴρ ιβ΄ χιλιάδες ᵗ⁻ᵘ· ἐκ φυλῆς Νεφ-
θαλεὶμ ιβ΄ χιλιάδες ᵗ⁻ᵘ· ἐκ φυλῆς Μανασσῆ ιβ΄ χιλιάδες ᵗ⁻ᵘ·
7 ἐκ φυλῆς Συμεὼν ιβ΄ χιλιάδες ᵗ⁻ᵘ· ἐκ φυλῆς Λευὶ ιβ΄ χιλιά-
8 δες ᵗ⁻ᵘ· ἐκ φυλῆς ᵘἸσσαχὰρ ' ιβ΄ χιλιάδες ᵗ⁻ᵘ· ἐκ φυλῆς
Ζαβουλὼν ιβ΄ χιλιάδες ᵗ⁻ᵘ· ἐκ φυλῆς Ἰωσὴφ ιβ΄ χιλιάδες
9 ᵗ⁻ᵘ· ἐκ φυλῆς Βενιαμὶν ιβ΄ χιλιάδες ἐσφραγισμένοι. μετὰ
ταῦτα εἶδον, καὶ ἰδού, ὄχλος πολύς, ὃν ἀριθμῆσαι αὐτὸν
οὐδεὶς ἠδύνατο, ἐκ παντὸς ἔθνους καὶ φυλῶν καὶ λαῶν
καὶ γλωσσῶν, ἑστῶτες ἐνώπιον τοῦ θρόνου καὶ ἐνώπιον τοῦ
ἀρνίου, ˣπεριβεβλημένους" στολὰς λευκάς, καὶ φοίνικες ἐν
10 ταῖς χερσὶν αὐτῶν· καὶ ʸκράζουσι" φωνῇ μεγάλῃ λέγοντες,
Ἡ σωτηρία ᶻτῷ Θεῷ ἡμῶν τῷ καθημένῳ ἐπὶ τοῦ θρόνου" Cp. Ps. 3.
11 καὶ τῷ ἀρνίῳ. καὶ πάντες οἱ ἄγγελοι ἑστήκεσαν κύκλῳ τοῦ 8.
θρόνου καὶ τῶν πρεσβυτέρων καὶ τῶν τεσσάρων ζώων· καὶ
ἔπεσον ἐνώπιον τοῦ θρόνου ἐπὶ ᵃτὰ πρόσωπα" αὐτῶν, καὶ
12 προσεκύνησαν τῷ Θεῷ λέγοντες, Ἀμήν· ἡ εὐλογία καὶ ἡ
δόξα καὶ ἡ σοφία καὶ ἡ εὐχαριστία καὶ ἡ τιμὴ καὶ ἡ δύναμις
καὶ ἡ ἰσχὺς τῷ Θεῷ ἡμῶν εἰς τοὺς αἰῶνας τῶν αἰώνων. ἀμήν.
13 καὶ ἀπεκρίθη εἷς ἐκ τῶν πρεσβυτέρων λέγων μοι, Οὗτοι οἱ

ᵖ ἐπὶ πᾶν   ᵠ ἀναβάντα S.   ʳ ἄχρις οὗ   ˢ σφρα-
γίζωμεν S.   ᵗ add ἐσφραγισμένοι   ᵘ Ἰσαχὰρ S.   ˣ περι-
βεβλημένοι   ʸ κράζοντες   ᶻ τῷ καθημένῳ ἐπὶ τοῦ
θρόνου τοῦ Θεοῦ ἡμῶν S.   ᵃ πρόσωπον

περιβεβλημένοι τὰς στολὰς τὰς λευκάς, τίνες εἰσί; καὶ πόθεν ἦλθον; καὶ εἴρηκα αὐτῷ, ᵇΚύριέ μου", σὺ οἶδας. καὶ εἶπέ 14 μοι, Οὗτοί εἰσιν οἱ ἐρχόμενοι ἐκ τῆς θλίψεως τῆς μεγάλης, καὶ ἔπλυναν τὰς στολὰς αὐτῶν, καὶ ἐλεύκαναν ᶜαὐτὰς" ἐν τῷ αἵματι τοῦ ἀρνίου. διὰ τοῦτό εἰσιν ἐνώπιον τοῦ θρόνου 15 τοῦ Θεοῦ, καὶ λατρεύουσιν αὐτῷ ἡμέρας καὶ νυκτὸς ἐν τῷ ναῷ αὐτοῦ· καὶ ὁ καθήμενος ἐπὶ τοῦ θρόνου σκηνώσει ἐπ᾽ αὐτούς. οὐ πεινάσουσιν ἔτι, οὐδὲ διψήσουσιν ἔτι, οὐδὲ μὴ πέσῃ ἐπ᾽ 16 αὐτοὺς ὁ ἥλιος, οὐδὲ πᾶν καῦμα· ὅτι τὸ ἀρνίον τὸ ἀναμέσον 17 τοῦ θρόνου ποιμανεῖ αὐτούς, καὶ ὁδηγήσει αὐτοὺς ἐπὶ ᵈζωῆς" πηγὰς ὑδάτων, καὶ ἐξαλείψει ὁ Θεὸς πᾶν δάκρυον ᵉἐκ" τῶν ὀφθαλμῶν αὐτῶν.

Καὶ ᶠὅταν" ἤνοιξε τὴν σφραγῖδα τὴν ἑβδόμην, ἐγένετο 8 σιγὴ ἐν τῷ οὐρανῷ ὡς ἡμιώριον. καὶ εἶδον τοὺς ἑπτὰ ἀγγέ- 2 λους, οἳ ἐνώπιον τοῦ Θεοῦ ἑστήκασι, καὶ ἐδόθησαν αὐτοῖς ἑπτὰ σάλπιγγες.

Καὶ ἄλλος ἄγγελος ἦλθε καὶ ἐστάθη ἐπὶ ᵍτοῦ θυσιαστη- 3 ρίου" ἔχων λιβανωτὸν χρυσοῦν· καὶ ἐδόθη αὐτῷ θυμιάματα πολλά, ἵνα ʰδώσει" ταῖς προσευχαῖς τῶν ἁγίων πάντων ἐπὶ τὸ θυσιαστήριον τὸ χρυσοῦν τὸ ἐνώπιον τοῦ θρόνου. καὶ 4 ἀνέβη ὁ καπνὸς τῶν θυμιαμάτων ταῖς προσευχαῖς τῶν ἁγίων ἐκ χειρὸς τοῦ ἀγγέλου ἐνώπιον τοῦ Θεοῦ. καὶ εἴληφεν ὁ 5 ἄγγελος τὸ λιβανωτόν, καὶ ἐγέμισεν αὐτὸ ἐκ τοῦ πυρὸς τοῦ θυσιαστηρίου, καὶ ἔβαλεν εἰς τὴν γῆν· καὶ ἐγένοντο ⁱβρονταὶ καὶ φωναὶ" καὶ ἀστραπαὶ καὶ σεισμός.

Καὶ οἱ ἑπτὰ ἄγγελοι ᵏοἱ" ἔχοντες τὰς ἑπτὰ σάλπιγγας 6 ἡτοίμασαν ˡαὐτοὺς" ἵνα σαλπίσωσι.

Καὶ ὁ πρῶτος ᵐ—" ἐσάλπισε, καὶ ἐγένετο χάλαζα καὶ πῦρ 7 μεμιγμένα ⁿἐν" αἵματι, καὶ ἐβλήθη εἰς τὴν γῆν· ᵒκαὶ τὸ

ᵇ Κύριε   ᶜ στολὰς αὐτῶν S.   ᵈ ζώσας   ᵉ ἀπὸ
ᶠ ὅτε   ᵍ τὸ θυσιαστήριον   ʰ δώσῃ   ⁱ φωναὶ καὶ βρονταί·   ᵏ om. οἱ S.   ˡ ἑαυτοὺς   ᵐ add ἄγγελος
ⁿ om. ἐν   ᵒ om. καὶ τὸ τρίτον τῆς γῆς κατεκάη,

τρίτον τῆς γῆς κατεκάη,' καὶ τὸ τρίτον τῶν δένδρων κατεκάη, καὶ πᾶς χόρτος χλωρὸς κατεκάη.

8 Καὶ ὁ δεύτερος ἄγγελος ἐσάλπισε, καὶ ὡς ὄρος μέγα πυρὶ καιόμενον ἐβλήθη εἰς τὴν θάλασσαν· καὶ ἐγένετο τὸ τρίτον 9 τῆς θαλάσσης αἷμα, καὶ ἀπέθανε τὸ τρίτον τῶν κτισμάτων τῶν ἐν τῇ θαλάσσῃ, τὰ ἔχοντα ψυχάς, καὶ τὸ τρίτον τῶν πλοίων ᵖδιεφθάρησαν'.

10 Καὶ ὁ τρίτος ἄγγελος ἐσάλπισε, καὶ ἔπεσεν ἐκ τοῦ οὐρανοῦ ἀστὴρ μέγας καιόμενος ὡς λαμπάς, καὶ ἔπεσεν ἐπὶ τὸ τρίτον 11 τῶν ποταμῶν καὶ ἐπὶ τὰς πηγὰς ᑫτῶν" ὑδάτων· καὶ τὸ ὄνομα τοῦ ἀστέρος λέγεται ʳὁ "Αψινθος· καὶ ᵇἐγένετο" τὸ τρίτον ᵗτῶν ὑδάτων" εἰς ἄψινθον, καὶ πολλοὶ ᵘτῶν' ἀνθρώπων ἀπέθανον ἐκ τῶν ὑδάτων, ὅτι ἐπικράνθησαν.

12 Καὶ ὁ τέταρτος ἄγγελος ἐσάλπισε, καὶ ἐπλήγη τὸ τρίτον τοῦ ἡλίου καὶ τὸ τρίτον τῆς σελήνης καὶ τὸ τρίτον τῶν ἀστέρων, ἵνα σκοτισθῇ τὸ τρίτον αὐτῶν, καὶ ἡ ἡμέρα μὴ ˣφάνῃ" τὸ τρίτον αὐτῆς, καὶ ἡ νὺξ ὁμοίως.

13 Καὶ εἶδον, καὶ ἤκουσα ἑνὸς ʸἀετοῦ πετομένου" ἐν μεσουρανήματι λέγοντος φωνῇ μεγάλῃ, Οὐαί, οὐαί, οὐαὶ ᶻτοὺς κατοικοῦντας" ἐπὶ τῆς γῆς, ἐκ τῶν λοιπῶν φωνῶν τῆς σάλπιγγος τῶν τριῶν ἀγγέλων τῶν μελλόντων σαλπίζειν.

9 Καὶ ὁ πέμπτος ἄγγελος ἐσάλπισε, καὶ εἶδον ἀστέρα ἐκ τοῦ οὐρανοῦ πεπτωκότα εἰς τὴν γῆν· καὶ ἐδόθη αὐτῷ ἡ κλεὶς τοῦ 2 φρέατος τῆς ἀβύσσου. καὶ ἤνοιξε τὸ φρέαρ τῆς ἀβύσσου, καὶ ἀνέβη καπνὸς ἐκ τοῦ φρέατος ὡς καπνὸς καμίνου μεγάλης, καὶ ἐσκοτίσθη ὁ ἥλιος καὶ ὁ ἀὴρ ἐκ τοῦ καπνοῦ τοῦ φρέατος. 3 καὶ ἐκ τοῦ καπνοῦ ἐξῆλθον ἀκρίδες εἰς τὴν γῆν, καὶ ἐδόθη αὐταῖς ἐξουσία, ὡς ἔχουσιν ἐξουσίαν οἱ σκορπίοι τῆς γῆς. 4 καὶ ἐρρέθη αὐταῖς ἵνα μὴ ἀδικήσωσι τὸν χόρτον τῆς γῆς, οὐδὲ πᾶν χλωρόν, οὐδὲ πᾶν δένδρον, εἰ μὴ τοὺς ἀνθρώπους ᵃ—"

ᵖ διεφθάρη   ᵠ om. τῶν   ʳ om. ὁ   ˢ γίνεται
ᵗ om. τῶν ὑδάτων S.   ⁿ om. τῶν   ˣ φαίνῃ   ʸ ἀγγέλου πετωμένου   ᶻ τοῖς κατοικοῦσιν   ᵃ add μονους

οἵτινες οὐκ ἔχουσι τὴν σφραγῖδα τοῦ Θεοῦ ἐπὶ τῶν μετώπων
b—//. καὶ ἐδόθη αὐταῖς ἵνα μὴ ἀποκτείνωσιν αὐτούς, ἀλλ' ἵνα 5
c βασανισθήσονται// μῆνας πέντε· καὶ ὁ βασανισμὸς αὐτῶν
ὡς βασανισμὸς σκορπίου, ὅταν παίσῃ ἄνθρωπον. καὶ ἐν ταῖς 6
ἡμέραις ἐκείναις ζητήσουσιν οἱ ἄνθρωποι τὸν θάνατον, καὶ
d οὐ μὴ εὕρωσιν// αὐτόν, καὶ ἐπιθυμήσουσιν ἀποθανεῖν, καὶ
e φεύγει// ὁ θάνατος ἀπ' αὐτῶν. καὶ τὰ ὁμοιώματα τῶν ἀκρί- 7
δων ὅμοια ἵπποις ἡτοιμασμένοις εἰς πόλεμον, καὶ ἐπὶ τὰς
κεφαλὰς αὐτῶν ὡς στέφανοι ὅμοιοι χρυσῷ, καὶ τὰ πρόσωπα
αὐτῶν ὡς πρόσωπα ἀνθρώπων. καὶ εἶχον τρίχας ὡς τρίχας 8
γυναικῶν, καὶ οἱ ὀδόντες αὐτῶν ὡς λεόντων ἦσαν. καὶ εἶχον 9
θώρακας ὡς θώρακας σιδηροῦς, καὶ ἡ φωνὴ τῶν πτερύγων
αὐτῶν ὡς φωνὴ ἁρμάτων ἵππων πολλῶν τρεχόντων εἰς πό-
λεμον. καὶ ἔχουσιν οὐρὰς ὁμοίας σκορπίοις, καὶ f κέντρα· 10
καὶ ἐν ταῖς οὐραῖς αὐτῶν ἡ ἐξουσία// αὐτῶν ἀδικῆσαι τοὺς ἀν-
θρώπους μῆνας πέντε. g—// ἔχουσιν h ἐπ' αὐτῶν βασιλέα 11
τὸν ἄγγελον τῆς ἀβύσσου· ὄνομα αὐτῷ Ἑβραϊστὶ Ἀβαδδών,
καὶ ἐν τῇ Ἑλληνικῇ ὄνομα ἔχει Ἀπολλύων.
Ἡ οὐαὶ ἡ μία ἀπῆλθεν· ἰδού, i ἔρχεται// ἔτι δύο οὐαὶ μετὰ 12
ταῦτα.
Καὶ ὁ ἕκτος ἄγγελος ἐσάλπισε, καὶ ἤκουσα φωνὴν μίαν ἐκ 13
τῶν k—// κεράτων τοῦ θυσιαστηρίου τοῦ χρυσοῦ τοῦ ἐνώπιον
τοῦ Θεοῦ, l λέγοντα// τῷ ἕκτῳ ἀγγέλῳ m ὁ ἔχων// τὴν σάλ- 14
πιγγα, Λῦσον τοὺς τέσσαρας ἀγγέλους τοὺς δεδεμένους ἐπὶ
τῷ ποταμῷ τῷ μεγάλῳ, Εὐφράτῃ. καὶ ἐλύθησαν οἱ τέσσαρες 15
ἄγγελοι οἱ ἡτοιμασμένοι εἰς τὴν ὥραν καὶ ἡμέραν καὶ μῆνα
καὶ ἐνιαυτόν, ἵνα ἀποκτείνωσι τὸ τρίτον τῶν ἀνθρώπων. καὶ 16
ὁ ἀριθμὸς n τῶν // στρατευμάτων τοῦ ἱππικοῦ δύο μυριάδες
μυριάδων· o—// ἤκουσα τὸν ἀριθμὸν αὐτῶν. καὶ οὕτως εἶδον 17

b add αὐτῶν   c βασανισθῶσι   d οὐχ εὑρήσουσιν
e φεύξεται   f κέντρα ἦν ἐν ταῖς οὐραῖς αὐτῶν· καὶ ἡ ἐξουσία
g add καὶ   h ἐφ' αὐτῶν S.   i ἔρχονται   k add τεσσάρων
l λέγουσαν   m ὃς εἶχε   n om. τῶν S.   o add καὶ

ΙΩΑΝΝΟΥ.

τοὺς ἵππους ἐν τῇ ὁράσει, καὶ τοὺς καθημένους ἐπ᾽ αὐτῶν,
ἔχοντας θώρακας πυρίνους καὶ ὑακινθίνους καὶ θειώδεις· καὶ
αἱ κεφαλαὶ τῶν ἵππων ὡς κεφαλαὶ λεόντων, καὶ ἐκ τῶν στο-
18 μάτων αὐτῶν ἐκπορεύεται πῦρ καὶ καπνὸς καὶ θεῖον. ᵖἀπὸ ǁ
τῶν τριῶν ᑫπληγῶν ᴸ τούτων ἀπεκτάνθησαν τὸ τρίτον τῶν
ἀνθρώπων, ἐκ τοῦ πυρὸς καὶ ʳ⁻ǁ τοῦ καπνοῦ καὶ ʳ⁻ǁ τοῦ
19 θείου τοῦ ἐκπορευομένου ἐκ τῶν στομάτων αὐτῶν. ᴮἡ γὰρ
ἐξουσία ǁ ᵗτῶν ἵππων ǁ ἐν τῷ στόματι αὐτῶν ᵘἐστι ǁ, ˣκαὶ ἐν
ταῖς οὐραῖς αὐτῶν ǁ· αἱ γὰρ οὐραὶ αὐτῶν ὅμοιαι ὄφεσιν, ἔχου-
20 σαι κεφαλάς, καὶ ἐν αὐταῖς ἀδικοῦσι. καὶ οἱ λοιποὶ τῶν ἀν-
θρώπων, οἳ οὐκ ἀπεκτάνθησαν ἐν ταῖς πληγαῖς ταύταις, ʸοὐ ′
μετενόησαν ἐκ τῶν ἔργων τῶν χειρῶν αὐτῶν, ἵνα μὴ ᶻπροσ-
κυνήσουσι ″ τὰ δαιμόνια, καὶ ᵃτὰ ǁ εἴδωλα τὰ χρυσᾶ καὶ τὰ
ἀργυρᾶ καὶ τὰ χαλκᾶ καὶ τὰ λίθινα καὶ τὰ ξύλινα, ἃ οὔτε
21 βλέπειν ᵇδύνανται ′ οὔτε ἀκούειν οὔτε περιπατεῖν· καὶ οὐ
μετενόησαν ἐκ τῶν φόνων αὐτῶν, οὔτε ἐκ τῶν ᶜφαρμάκων ′
αὐτῶν, οὔτε ἐκ τῆς πορνείας αὐτῶν, οὔτε ἐκ τῶν κλεμμάτων
αὐτῶν.

Cp. Ps. 135
(134). 15
sqq.,
Dan. 5. 23.

10 Καὶ εἶδον ἄλλον ἄγγελον ἰσχυρὸν καταβαίνοντα ἐκ τοῦ
οὐρανοῦ, περιβεβλημένον νεφέλην, καὶ ᵈἡ ǁ ἶρις ἐπὶ ᵉτὴν
κεφαλὴν αὐτοῦ ǁ, καὶ τὸ πρόσωπον αὐτοῦ ὡς ὁ ἥλιος, καὶ
2 οἱ πόδες αὐτοῦ ὡς στῦλοι πυρός, καὶ ᶠἔχων ǁ ἐν τῇ χειρὶ
αὐτοῦ βιβλαρίδιον ἀνεῳγμένον· καὶ ἔθηκε τὸν πόδα αὐτοῦ
τὸν δεξιὸν ἐπὶ ᴳτῆς θαλάσσης ǁ τὸν δὲ εὐώνυμον ἐπὶ ʰτῆς
3 γῆς ǁ, καὶ ἔκραξε φωνῇ μεγάλῃ ὥσπερ λέων μυκᾶται· καὶ
ὅτε ἔκραξεν, ἐλάλησαν αἱ ἑπτὰ βρονταὶ τὰς ἑαυτῶν φωνάς.
4 καὶ ὅτε ἐλάλησαν αἱ ἑπτὰ βρονταί ⁱ⁻′, ἔμελλον γράφειν· καὶ

Cp. Mat.
17. 2.

ᵖ ὑπὸ   ᑫ om. πληγῶν   ʳ add ἐκ   ˢ αἱ γὰρ ἐξουσίαι S.
ᵗ αὐτῶν A.S.   ᵘ εἰσιν S.   ˣ om. καὶ ἐν ταῖς οὐραῖς
αὐτῶν S.   ʸ οὔτε S.   ᶻ προσκυνήσωσι   ᵃ om. τὰ S.
ᵇ δύναται   ᶜ φαρμακειῶν   ᵈ om. ἡ   ᵉ τῆς κεφαλῆς
ᶠ εἶχεν   ᴳ τὴν θάλασσαν   ʰ τὴν γῆν   ⁱ add τὰς
φωνὰς ἑαυτῶν

ἤκουσα φωνὴν ἐκ τοῦ οὐρανοῦ λέγουσαν k—", Σφράγισον ἃ
ἐλάλησαν αἱ ἑπτὰ βρονταί, καὶ μὴ ¹αὐτὰ" γράψῃς. καὶ ὁ 5
ἄγγελος, ὃν εἶδον ἑστῶτα ἐπὶ τῆς θαλάσσης καὶ ἐπὶ τῆς γῆς,
ἦρε τὴν χεῖρα αὐτοῦ ᵐτὴν δεξιὰν" εἰς τὸν οὐρανόν, καὶ ὤμο- 6
σεν ἐν τῷ ζῶντι εἰς τοὺς αἰῶνας τῶν αἰώνων, ὃς ἔκτισε τὸν
οὐρανὸν καὶ τὰ ἐν αὐτῷ καὶ τὴν γῆν καὶ τὰ ἐν αὐτῇ ⁿκαὶ τὴν
θάλασσαν καὶ τὰ ἐν αὐτῇ", ὅτι χρόνος ᵒοὐκέτι ἔσται", ἀλλὰ 7
ἐν ταῖς ἡμέραις τῆς φωνῆς τοῦ ἑβδόμου ἀγγέλου, ὅταν μέλλῃ
σαλπίζειν, καὶ ᵖἐτελέσθη" τὸ μυστήριον τοῦ Θεοῦ, ὡς εὐηγ-
γέλισε ᑫτοὺς ἑαυτοῦ δούλους τοὺς προφήτας". καὶ ἡ φωνὴ 8
ἣν ἤκουσα ἐκ τοῦ οὐρανοῦ, πάλιν ʳλαλοῦσαν" μετ' ἐμοῦ, καὶ
ˢλέγουσαν", Ὕπαγε, λάβε τὸ ᵗβιβλίον" τὸ ἠνεῳγμένον ἐν τῇ
χειρὶ ᵘτοῦ" ἀγγέλου τοῦ ἑστῶτος ἐπὶ τῆς θαλάσσης· καὶ ἐπὶ
τῆς γῆς. καὶ ἀπῆλθον πρὸς τὸν ἄγγελον λέγων ˣαὐτῷ δοῦ- 9
ναί" μοι τὸ βιβλαρίδιον. καὶ λέγει μοι, Λάβε καὶ κατάφαγε
αὐτό· καὶ πικρανεῖ σου τὴν κοιλίαν, ἀλλ' ἐν τῷ στόματί σου
ἔσται γλυκὺ ὡς μέλι. καὶ ἔλαβον τὸ βιβλαρίδιον ἐκ τῆς χει- 10
ρὸς τοῦ ἀγγέλου, καὶ κατέφαγον αὐτό· καὶ ἦν ἐν τῷ στόματί
μου ὡς μέλι γλυκύ· καὶ ὅτε ἔφαγον αὐτό, ἐπικράνθη ἡ κοιλία
μου. καὶ ʸλέγουσί" μοι, Δεῖ σε πάλιν προφητεῦσαι ἐπὶ λαοῖς 11
καὶ ἔθνεσι καὶ γλώσσαις καὶ βασιλεῦσι πολλοῖς.
Καὶ ἐδόθη μοι κάλαμος ὅμοιος ῥάβδῳ, ᶻ—" λέγων, Ἔγειραι, 11
καὶ μέτρησον τὸν ναὸν τοῦ Θεοῦ, καὶ τὸ θυσιαστήριον, καὶ
τοὺς προσκυνοῦντας ἐν αὐτῷ. καὶ τὴν αὐλὴν τὴν ᵃἔξωθεν" 2
τοῦ ναοῦ ἔκβαλε ᵇἔξωθεν", καὶ μὴ αὐτὴν μετρήσῃς, ὅτι
ἐδόθη τοῖς ἔθνεσι, καὶ τὴν πόλιν τὴν ἁγίαν πατήσουσι μῆνας
τεσσαράκοντα δύο. καὶ δώσω τοῖς δυσὶ μάρτυσί μου, καὶ 3

ᵏ add μοι   ˡ ταῦτα   ᵐ om. τὴν δεξιὰν   ⁿ om.
καὶ τὴν θάλασσαν καὶ τὰ ἐν αὐτῇ M.   ᵒ οὐκ ἔσται ἔτι
ᵖ τελεσθῇ   ᑫ τοῖς ἑαυτοῦ δούλοις τοῖς προφήταις   ʳ λαλοῦσα
ˢ λέγουσα   ᵗ βιβλαρίδιον   ᵘ om. τοῦ S.   ˣ αὐτῷ, Δός
ʸ λέγει   ᶻ add καὶ ὁ ἄγγελος εἱστήκει A.   ᵃ ἔσωθεν S.
ᵇ ἔξω S.

-11. 12.   ΙΩΑΝΝΟΥ.   537

προφητεύσουσιν ἡμέρας χιλίας διακοσίας ἑξήκοντα περιβε-
4 βλημένοι σάκκους. οὗτοί εἰσιν αἱ δύο ἐλαῖαι, καὶ ᶜαἱ" δύο Cp. Zech.
5 λυχνίαι αἱ ἐνώπιον τοῦ ᵈΚυρίου ᴸ τῆς γῆς ᵉἑστῶτες". καὶ 4. 3.
εἴ τις αὐτοὺς ᶠθέλει" ἀδικῆσαι, πῦρ ἐκπορεύεται ἐκ τοῦ στό-
ματος αὐτῶν, καὶ κατεσθίει τοὺς ἐχθροὺς αὐτῶν· καὶ εἴ τις
ᵍθελήσῃ αὐτούς' ἀδικῆσαι, οὕτω δεῖ αὐτὸν ἀποκτανθῆναι.
6 οὗτοι ἔχουσι ʰτὴν ἐξουσίαν κλεῖσαι τὸν οὐρανόν, ἵνα μὴ Cp.
ⁱὑετὸς βρέχῃ τὰς ἡμέρας τῆς προφητείας αὐτῶν · καὶ ἐξου- 1 Kings 17.
σίαν ἔχουσιν ἐπὶ τῶν ὑδάτων, στρέφειν αὐτὰ εἰς αἷμα, καὶ Cp. Ex. 7.
πατάξαι τὴν γῆν ᵏἐν ᴸ πάσῃ πληγῇ, ὁσάκις ἐὰν θελήσωσι. 19.
7 καὶ ὅταν τελέσωσι τὴν μαρτυρίαν αὐτῶν, τὸ θηρίον τὸ ἀνα-
βαῖνον ἐκ τῆς ἀβύσσου ποιήσει ˡμετ' αὐτῶν πόλεμον", καὶ
8 νικήσει αὐτούς, καὶ ἀποκτενεῖ αὐτούς. καὶ ᵐτὸ πτῶμα" αὐ-
τῶν ἐπὶ τῆς πλατείας ⁿτῆς" πόλεως τῆς μεγάλης, ἥτις κα-
λεῖται πνευματικῶς Σόδομα καὶ Αἴγυπτος, ὅπου καὶ ὁ Κύριος
9 ᵒαὐτῶν" ἐσταυρώθη. καὶ ᵖβλέπουσιν ¹ ἐκ τῶν λαῶν καὶ
φυλῶν καὶ γλωσσῶν καὶ ἐθνῶν ᑫτὸ πτῶμα αὐτῶν ἡμέρας
τρεῖς καὶ ἥμισυ, καὶ τὰ πτώματα αὐτῶν οὐκ ʳἀφίουσι ᴸ τεθῆ-
10 ναι εἰς ˢμνῆμα". καὶ οἱ κατοικοῦντες ἐπὶ τῆς γῆς ᵗχαίρουσιν "
ἐπ' αὐτοῖς, καὶ ᵘεὐφραίνονται", καὶ δῶρα πέμψουσιν ἀλλή-
λοις, ὅτι οὗτοι οἱ δύο προφῆται ἐβασάνισαν τοὺς κατοι-
11 κοῦντας ἐπὶ τῆς γῆς. καὶ μετὰ τὰς τρεῖς ἡμέρας καὶ ἥμισυ
πνεῦμα ζωῆς ἐκ τοῦ Θεοῦ εἰσῆλθεν ˣἐν αὐτοῖς", καὶ ἔστησαν Cp. Ezek.
ἐπὶ τοὺς πόδας αὐτῶν, καὶ φόβος μέγας ʸἐπέπεσεν" ἐπὶ τοὺς 37.5 ˢᑫᑫ
12 θεωροῦντας αὐτούς. καὶ ἤκουσαν ᶻφωνῆς μεγάλης" ἐκ τοῦ
οὐρανοῦ ᵃλεγούσης" αὐτοῖς, ᵇ'Ἀνάβατε ὧδε. καὶ ἀνέβησαν

ᶜ om. αἱ S.   ᵈ Θεοῦ   ᵉ ἑστῶσαι   ᶠ θελῃ   ᵏ αὐτοὺς
θέλῃ   ʰ om. τὴν   ⁱ βρέχῃ ὑετὸς ἐν ἡμέραις αὐτῶν τῆς
προφητείας   ᵏ om. ἐν   ˡ πόλεμον μετ' αὐτῶν   ᵐ τὰ
πτώματα   ⁿ om. τῆς S.   ᵒ ἡμῶν   ᵖ βλέψουσιν
ᑫ τὰ πτώματα   ʳ ἀφήσουσι   ˢ μνήματα   ᵗ χαροῦσιν
ᵘ εὐφρανθήσονται   ˣ ἐπ' αὐτούς   ʸ ἔπεσεν   ᶻ φωνὴν
μεγάλην   ᵃ λέγουσαν   ᵇ 'Ἀνάβητε

εἰς τὸν οὐρανὸν ἐν τῇ νεφέλῃ, καὶ ἐθεώρησαν αὐτοὺς οἱ ἐχθροὶ αὐτῶν. καὶ ἐν ἐκείνῃ τῇ ὥρᾳ ἐγένετο σεισμὸς μέγας, 13 καὶ τὸ δέκατον τῆς πόλεως ἔπεσε, καὶ ἀπεκτάνθησαν ἐν τῷ σεισμῷ ὀνόματα ἀνθρώπων χιλιάδες ἑπτά· καὶ οἱ λοιποὶ ἔμφοβοι ἐγένοντο, καὶ ἔδωκαν δόξαν τῷ Θεῷ τοῦ οὐρανοῦ.

Ἡ οὐαὶ ἡ δευτέρα ἀπῆλθεν· c–‖ ἰδού, ἡ οὐαὶ ἡ τρίτη 14 ἔρχεται ταχύ.

Καὶ ὁ ἕβδομος ἄγγελος ἐσάλπισε, καὶ ἐγένοντο φωναὶ 15 μεγάλαι ἐν τῷ οὐρανῷ, d λέγοντες‖, e Ἐγένετο ἡ βασιλεία τοῦ κόσμου τοῦ Κυρίου ἡμῶν, καὶ τοῦ Χριστοῦ αὐτοῦ, καὶ βασιλεύσει εἰς τοὺς αἰῶνας τῶν αἰώνων. καὶ οἱ f εἴκοσι- 16 τέσσαρες‖ πρεσβύτεροι, g οἱ‖ ἐνώπιον τοῦ Θεοῦ h κάθηνται i ἐπὶ τοὺς θρόνους αὐτῶν, ἔπεσαν ἐπὶ τὰ πρόσωπα αὐτῶν, καὶ προσεκύνησαν τῷ Θεῷ λέγοντες, Εὐχαριστοῦμέν σοι, Κύριε 17 ὁ Θεός, ὁ παντοκράτωρ, ὁ ὢν καὶ ὁ ἦν i–j, ὅτι εἴληφας τὴν δύναμίν σου τὴν μεγάλην, καὶ ἐβασίλευσας. καὶ τὰ ἔθνη 18 ὠργίσθησαν, καὶ ἦλθεν ἡ ὀργή σου, καὶ ὁ καιρὸς τῶν νεκρῶν κριθῆναι, καὶ δοῦναι τὸν μισθὸν τοῖς δούλοις σου τοῖς προφήταις καὶ τοῖς ἁγίοις καὶ τοῖς φοβουμένοις τὸ ὄνομά σου, j τοὺς μικροὺς καὶ τοὺς μεγάλους‖, καὶ διαφθεῖραι τοὺς διαφθείροντας τὴν γῆν.

Καὶ ἠνοίγη ὁ ναὸς τοῦ Θεοῦ k ὁ‖ ἐν τῷ οὐρανῷ, καὶ ὤφθη 19 ἡ κιβωτὸς τῆς διαθήκης αὐτοῦ ἐν τῷ ναῷ αὐτοῦ, καὶ ἐγένοντο ἀστραπαὶ καὶ φωναὶ καὶ βρονταὶ καὶ σεισμὸς καὶ χάλαζα μεγάλη.

Καὶ σημεῖον μέγα ὤφθη ἐν τῷ οὐρανῷ, γυνὴ περιβεβλη- 12 μένη τὸν ἥλιον, καὶ ἡ σελήνη ὑποκάτω τῶν ποδῶν αὐτῆς, καὶ ἐπὶ τῆς κεφαλῆς αὐτῆς στέφανος ἀστέρων δώδεκα, καὶ ἐν 2 γαστρὶ ἔχουσα· l καὶ‖ κράζει ὠδίνουσα, καὶ βασανιζομένη

c add καὶ A.   d λέγουσαι   e Ἐγένοντο αἱ βασιλεῖαι
f εἴκοσι καὶ τέσσαρες   g οἱ   h καθήμενοι   i add
καὶ ὁ ἐρχόμενος   j τοῖς μικροῖς καὶ τοῖς μεγάλοις   k om. ὁ
l om. καὶ (and the colon)

-12. 12. ΙΩΑΝΝΟΥ. 539

3 τεκεῖν. καὶ ὤφθη ἄλλο σημεῖον ἐν τῷ οὐρανῷ, καὶ ἰδού, δράκων ᵐπυρρὸς μέγας‖, ἔχων κεφαλὰς ἑπτὰ καὶ κέρατα
4 δέκα, καὶ ἐπὶ τὰς κεφαλὰς αὐτοῦ ⁿἑπτὰ διαδήματα‖. καὶ ἡ οὐρὰ αὐτοῦ σύρει τὸ τρίτον τῶν ἀστέρων τοῦ οὐρανοῦ, καὶ Cp. Dan. ἔβαλεν αὐτοὺς εἰς τὴν γῆν. καὶ ὁ δράκων ᵒἕστηκεν‖ ἐνώπιον 8. 10. τῆς γυναικὸς τῆς μελλούσης τεκεῖν, ἵνα, ὅταν τέκῃ, τὸ τέκνον
5 αὐτῆς καταφάγῃ. καὶ ἔτεκεν υἱόν, ᵖἄρσεν‖, ὃς μέλλει ποι- Cp. Ps. μαίνειν πάντα τὰ ἔθνη ἐν ῥάβδῳ σιδηρᾷ· καὶ ἡρπάσθη τὸ 2. 9. τέκνον αὐτῆς πρὸς τὸν Θεὸν καὶ ᵠπρὸς ʹ τὸν θρόνον αὐτοῦ.
6 καὶ ἡ γυνὴ ἔφυγεν εἰς τὴν ἔρημον, ὅπου ἔχει ʳἐκεῖ τόπον ἡτοιμασμένον ἀπὸ τοῦ Θεοῦ, ἵνα ἐκεῖ τρέφωσιν αἰτὴν ἡμέρας χιλίας διακοσίας ἑξήκοντα.
7 Καὶ ἐγένετο πόλεμος ἐν τῷ οὐρανῷ· ὁ Μιχαὴλ καὶ οἱ Cp. Dan. ἄγγελοι αὐτοῦ ˢτοῦ πολεμῆσαι μετὰ ʹ τοῦ δράκοντος· καὶ 10. 13.
8 ὁ δράκων ἐπολέμησε, καὶ οἱ ἄγγελοι αὐτοῦ, καὶ οὐκ ἴσχυσαν, 21. 12. 1.
9 ᵗοὐδὲ ʹ τόπος εὑρέθη αὐτῶν ἔτι ἐν τῷ οὐρανῷ. καὶ ἐβλήθη ὁ δράκων ὁ μέγας, ὁ ὄφις ὁ ἀρχαῖος, ὁ καλούμενος διάβολος Cp. 20. 2. καὶ ὁ Σατανᾶς, ὁ πλανῶν τὴν οἰκουμένην ὅλην· ἐβλήθη εἰς Gen. 3. 1,
10 τὴν γῆν, καὶ οἱ ἄγγελοι αὐτοῦ μετʹ αὐτοῦ ἐβλήθησαν. καὶ Wisd. 2. ἤκουσα φωνὴν μεγάλην ᵘἐν τῷ οὐρανῷ λέγουσαν ʹ, Ἄρτι Ecclus. 21. ἐγένετο ἡ σωτηρία καὶ ἡ δύναμις καὶ ἡ βασιλεία τοῦ Θεοῦ -7. ἡμῶν, καὶ ἡ ἐξουσία τοῦ Χριστοῦ αὐτοῦ· ὅτι ˣἐβλήθη‖ ὁ κατήγορος τῶν ἀδελφῶν ἡμῶν, ὁ κατηγορῶν αὐτῶν ἐνώπιον
11 τοῦ Θεοῦ ἡμῶν ἡμέρας καὶ νυκτός. καὶ αὐτοὶ ἐνίκησαν αὐτὸν διὰ τὸ αἷμα τοῦ ἀρνίου, καὶ διὰ τὸν λόγον τῆς μαρτυρίας αὐτῶν, καὶ οὐκ ἠγάπησαν τὴν ψυχὴν αὐτῶν ἄχρι θανάτου.
12 διὰ τοῦτο εὐφραίνεσθε, ʸ—‖ οὐρανοὶ καὶ οἱ ἐν αὐτοῖς σκηνοῦντες· οὐαὶ ᶻ—‖ τὴν γῆν καὶ τὴν θάλασσαν, ὅτι κατέβη

ᵐ μέγας πυρρός   ⁿ διαδήματα ἑπτά   ᵒ ἕστηκεν
ᵖ ἄρρενα   ᵠ om. πρός   ʳ om. ἐκεῖ   ˢ ἐπολέμησαν
κατὰ   ᵗ οὔτε   ᵘ λέγουσαν ἐν τῷ οὐρανῷ   ˣ κατεβλήθη   ʸ add οἱ   ᶻ add τοῖς κατοικοῦσι

ὁ διάβολος πρὸς ὑμᾶς ἔχων θυμὸν μέγαν, εἰδὼς ὅτι ὀλίγον καιρὸν ἔχει. Καὶ ὅτε εἶδεν ὁ δράκων ὅτι ἐβλήθη εἰς τὴν γῆν, ἐδίωξε τὴν 13 γυναῖκα ἥτις ἔτεκε τὸν ἄρρενα. καὶ ἐδόθησαν τῇ γυναικὶ 14 ᵃαἱ" δύο πτέρυγες τοῦ ἀετοῦ τοῦ μεγάλου, ἵνα πέτηται εἰς τὴν ἔρημον εἰς τὸν τόπον αὐτῆς, ὅπου τρέφεται ἐκεῖ καιρὸν καὶ καιροὺς καὶ ἥμισυ καιροῦ, ἀπὸ προσώπου τοῦ ὄφεως. καὶ ἔβαλεν ὁ ὄφις ᵇἐκ τοῦ στόματος αὐτοῦ ὀπίσω τῆς γυ- 15 ναικὸς" ὕδωρ ὡς ποταμόν, ἵνα ᶜαὐτὴν" ποταμοφόρητον ποιήσῃ. καὶ ἐβοήθησεν ἡ γῆ τῇ γυναικί, καὶ ἤνοιξεν ἡ γῆ 16 τὸ στόμα αὐτῆς, καὶ κατέπιε τὸν ποταμὸν ὃν ἔβαλεν ὁ δράκων ἐκ τοῦ στόματος αὐτοῦ. καὶ ὠργίσθη ὁ δράκων ἐπὶ τῇ γυ- 17 ναικί, καὶ ἀπῆλθε ποιῆσαι πόλεμον μετὰ τῶν λοιπῶν τοῦ σπέρματος αὐτῆς, τῶν τηρούντων τὰς ἐντολὰς τοῦ Θεοῦ καὶ ἐχόντων τὴν μαρτυρίαν ᵈἸησοῦ· καὶ ἐστάθη" ἐπὶ τὴν 13 ἄμμον τῆς θαλάσσης.

Καὶ εἶδον ἐκ τῆς θαλάσσης θηρίον ἀναβαῖνον, ἔχον ᵉκέρατα δέκα καὶ κεφαλὰς ἑπτά", καὶ ἐπὶ τῶν κεράτων αὐτοῦ δέκα διαδήματα, καὶ ἐπὶ τὰς κεφαλὰς αὐτοῦ ᶠὀνόματα" βλασφημίας. καὶ τὸ θηρίον, ὃ εἶδον, ἦν ὅμοιον παρδάλει, καὶ οἱ πόδες 2 αὐτοῦ ὡς ᵍἄρκου", καὶ τὸ στόμα αὐτοῦ ὡς στόμα λέοντος· καὶ ἔδωκεν αὐτῷ ὁ δράκων τὴν δύναμιν αὐτοῦ, καὶ τὸν θρόνον αὐτοῦ, καὶ ἐξουσίαν μεγάλην. καὶ ʰ—" μίαν ⁱἐκ" τῶν κε- 3 φαλῶν αὐτοῦ ὡς ἐσφαγμένην εἰς θάνατον· καὶ ἡ πληγὴ τοῦ θανάτου αὐτοῦ ἐθεραπεύθη, καὶ ᵏἐθαύμασεν ὅλη ἡ γῆ" ὀπίσω τοῦ θηρίου· καὶ προσεκύνησαν ˡτῷ δράκοντι, ὅτι" ἔδωκε 4 ᵐτὴν" ἐξουσίαν τῷ θηρίῳ, καὶ προσεκύνησαν ⁿτῷ θηρίῳ" λέγοντες, Τίς ὅμοιος τῷ θηρίῳ; ᵒκαὶ" τίς δύναται πολε-

ᵃ om. αἱ   ᵇ ὀπίσω τῆς γυναικὸς ἐκ τοῦ στόματος αὐτοῦ
ᶜ ταύτην   ᵈ τοῦ Ἰησοῦ Χριστοῦ. καὶ ἐστάθην   ᵉ κεφαλὰς
ἑπτὰ καὶ κέρατα δέκα   ᶠ ὄνομα   ᵍ ἄρκτου   ʰ add
εἶδον   ⁱ om. ἐκ   ᵏ ἐθαυμάσθη ἐν ὅλῃ τῇ γῇ S.   ˡ τὸν
δράκοντα ὃς   ᵐ om. τὴν   ⁿ τὸ θηρίον   ᵒ om. καὶ

5 μῆσαι μετ' αὐτοῦ· καὶ ἐδόθη αὐτῷ στόμα λαλοῦν μεγάλα Cp. Dan.
καὶ βλασφημίας· καὶ ἐδόθη αὐτῷ ἐξουσία ποιῆσαι μῆνας 7. 8.
6 τεσσαράκοντα δύο. καὶ ἤνοιξε τὸ στόμα αὐτοῦ εἰς ᵖβλασ-
φημίας" πρὸς τὸν Θεόν, βλασφημῆσαι τὸ ὄνομα αὐτοῦ, καὶ
7 τὴν σκηνὴν αὐτοῦ, ᑫ—" τοὺς ἐν τῷ οὐρανῷ σκηνοῦντας. ʳκαὶ
ἐδόθη αὐτῷ ˢποιῆσαι πόλεμον" μετὰ τῶν ἁγίων, καὶ νικῆσαι Cp. Dan.
αὐτούς·" καὶ ἐδόθη αὐτῷ ἐξουσία ἐπὶ πᾶσαν φυλὴν ᵗκαὶ 7. 21.
8 λαὸν" καὶ γλῶσσαν καὶ ἔθνος. καὶ προσκυνήσουσιν ᵘαὐτὸν"
πάντες οἱ κατοικοῦντες ἐπὶ τῆς γῆς, ˣοὗ οὐ γέγραπται ʸτὸ
ὄνομα αὐτοῦ ᶥ ἐν ᶻτῷ βιβλίῳ' τῆς ζωῆς τοῦ ἀρνίου ᵃτοῦ" Cp. 3. 5,
9 ἐσφαγμένου ἀπὸ καταβολῆς κόσμου. εἴ τις ἔχει οὖς, ἀκου- 17. 8 :
10 σάτω. εἴ τις ᵇεἰς" αἰχμαλωσίαν ᶜ—', εἰς αἰχμαλωσίαν ὑπάγει· Pet. 1.
εἴ τις ἐν μαχαίρᾳ ἀποκτενεῖ, δεῖ αὐτὸν ἐν μαχαίρᾳ ἀποκταν- Cp. Mat.
θῆναι. ὧδέ ἐστιν ἡ ὑπομονὴ καὶ ἡ πίστις τῶν ἁγίων. 26. 52.
11 Καὶ εἶδον ἄλλο θηρίον ἀναβαῖνον ἐκ τῆς γῆς, καὶ εἶχε
12 κέρατα δύο ὅμοια ἀρνίῳ, καὶ ἐλάλει ὡς δράκων. καὶ τὴν
ἐξουσίαν τοῦ πρώτου θηρίου πᾶσαν ποιεῖ ἐνώπιον αὐτοῦ.
καὶ ποιεῖ τὴν γῆν καὶ τοὺς ᵈἐν αὐτῇ κατοικοῦντας" ἵνα
ᵉπροσκυνήσουσι" τὸ θηρίον τὸ πρῶτον, οὗ ἐθεραπεύθη ἡ
13 πληγὴ τοῦ θανάτου αὐτοῦ. καὶ ποιεῖ σημεῖα μεγάλα, ἵνα Cp. Mat.
καὶ πῦρ ποιῇ ᶠἐκ τοῦ οὐρανοῦ καταβαίνειν' εἰς τὴν γῆν 24. 24,
14 ἐνώπιον τῶν ἀνθρώπων. καὶ πλανᾷ τοὺς κατοικοῦντας ἐπὶ 2Thss.2 9.
τῆς γῆς διὰ τὰ σημεῖα ἃ ἐδόθη αὐτῷ ποιῆσαι ἐνώπιον τοῦ
θηρίου, λέγων τοῖς κατοικοῦσιν ἐπὶ τῆς γῆς ποιῆσαι εἰκόνα
τῷ θηρίῳ ᵍὅς" ἔχει τὴν πληγὴν τῆς μαχαίρας καὶ ἔζησε.
15 καὶ ἐδόθη ʰαὐτῇ" δοῦναι πνεῦμα τῇ εἰκόνι τοῦ θηρίου, ἵνα
καὶ λαλήσῃ ἡ εἰκὼν τοῦ θηρίου, καὶ ᶦποιήσῃ" ᵏἵνα" ὅσοι

ᵖ βλασφημίαν   ᑫ add καί   ʳ om. καὶ ἐδόθη αὐτῷ ποιῆσαι
πόλεμον μετὰ τῶν ἁγίων. καὶ νικῆσαι αὐτούς· M.   ˢ πόλεμον
ποιῆσαι   ᵗ om. καὶ λαὸν   ᵘ αὐτῷ   ˣ ἄν   ʸ τὰ ὀνόματα
ᶻ τῇ βίβλῳ   ᵘ om. τοῦ   ᵇ om. εἰς   ᶜ add συνάγει
ᵈ κατοικοῦντας ἐν αὐτῇ   ᵉ προσκυνήσωσι   ᶠ καταβαίνειν
ἐκ τοῦ οὐρανοῦ   ᵍ ὅ   ʰ αὐτῷ   ᶦ ποιήσει M.   ᵏ om. ἵνα

542   ΑΠΟΚΑΛΥΨΙΣ   13. 15-

¹ ἐὰν " μὴ προσκυνήσωσι ᵐτῇ εἰκόνι " τοῦ θηρίου ⁿ⁻" ἀποκταν- θῶσι. καὶ ποιεῖ πάντας, τοὺς μικροὺς καὶ τοὺς μεγάλους, 16 καὶ τοὺς πλουσίους καὶ τοὺς πτωχούς, καὶ τοὺς ἐλευθέρους καὶ τοὺς δούλους, ἵνα ᵒδῶσιν " αὐτοῖς χάραγμα ἐπὶ τῆς χειρὸς αὐτῶν τῆς δεξιᾶς, ἢ ἐπὶ ᵖτὸ μέτωπον " αὐτῶν, καὶ ἵνα μή τις 17 δύνηται ἀγοράσαι ἢ πωλῆσαι, εἰ μὴ ὁ ἔχων τὸ χάραγμα, ᵠ⁻" τὸ ὄνομα τοῦ θηρίου ἢ τὸν ἀριθμὸν τοῦ ὀνόματος αὐτοῦ. ὧδε 18 ἡ σοφία ἐστίν. ὁ ἔχων ʳ⁻" νοῦν ψηφισάτω τὸν ἀριθμὸν τοῦ θηρίου· ἀριθμὸς γὰρ ἀνθρώπου ἐστί· καὶ ὁ ἀριθμὸς αὐτοῦ ˢχξς´".

Καὶ εἶδον, καὶ ἰδού, ᵗτὸ" ἀρνίον ἑστηκὸς ἐπὶ τὸ ὄρος Σιών, 14 καὶ μετ' αὐτοῦ ἑκατὸν τεσσαράκοντα τέσσαρες χιλιάδες, ἔχουσαι τὸ ὄνομα ᵘαὐτοῦ καὶ τὸ ὄνομα" τοῦ πατρὸς αὐτοῦ γεγραμμένον ἐπὶ τῶν μετώπων αὐτῶν. καὶ ἤκουσα φωνὴν 2 ἐκ τοῦ οὐρανοῦ ὡς φωνὴν ὑδάτων πολλῶν, καὶ ὡς φωνὴν βροντῆς μεγάλης· καὶ ˣἡ φωνὴ ἣν ἤκουσα ὡς κιθαρῳδῶν" κιθαριζόντων ἐν ταῖς κιθάραις αὐτῶν· καὶ ᾄδουσιν ὡς ᾠδὴν 3 καινὴν ἐνώπιον τοῦ θρόνου, καὶ ἐνώπιον τῶν τεσσάρων ζώων καὶ τῶν πρεσβυτέρων· καὶ οὐδεὶς ἠδύνατο μαθεῖν τὴν ᾠδήν, εἰ μὴ αἱ ἑκατὸν τεσσαράκοντα τέσσαρες χιλιάδες, οἱ ἠγορασ- μένοι ἀπὸ τῆς γῆς. οὗτοί εἰσιν οἱ μετὰ γυναικῶν οὐκ ἐμο- 4 λύνθησαν· παρθένοι γάρ εἰσιν. οὗτοι ʸ⁻" οἱ ἀκολουθοῦντες τῷ ἀρνίῳ ὅπου ἂν ὑπάγῃ. οὗτοι ἠγοράσθησαν ἀπὸ τῶν ἀνθρώπων, ἀπαρχὴ τῷ Θεῷ καὶ τῷ ἀρνίῳ. καὶ ἐν τῷ στό- 5 ματι αὐτῶν οὐχ εὑρέθη ᶻψεῦδος"· ᵃἄμωμοί εἰσιν."

Καὶ εἶδον ἄλλον ἄγγελον ᵇπετόμενον" ἐν μεσουρανήματι, 6 ἔχοντα εὐαγγέλιον αἰώνιον εὐαγγελίσαι ᶜἐπὶ" τοὺς ᵈκαθημέ-

Cp. 5. 9,
1 Cor. 7. 23.

¹ ἂν   ᵐ τὴν εἰκόνα   ⁿ add ἵνα   ᵒ δώσῃ   ᵖ τῶν μετώπων   ᵠ add ἢ   ʳ add τὸν   ˢ χις´ M.   ᵗ om. τὸ   ᵘ om. αὐτοῦ καὶ τὸ ὄνομα   ˣ φωνὴν ἤκουσα κιθαρῳδῶν   ʸ add εἰσιν   ᶻ δόλος   ᵃ ἄμωμοι γάρ εἰσιν ἐνώπιον τοῦ θρόνου τοῦ Θεοῦ.   ᵇ πετώμενον   ᶜ om. ἐπὶ   ᵈ κατοικοῦντας

νους" ἐπὶ τῆς γῆς καὶ ᵉἐπὶ" πᾶν ἔθνος καὶ φυλὴν καὶ γλῶσ-
7 σαν καὶ λαόν, ᶠλέγων" ἐν φωνῇ μεγάλῃ, Φοβήθητε τὸν Θεόν,
καὶ δότε αὐτῷ δόξαν, ὅτι ἦλθεν ἡ ὥρα τῆς κρίσεως αὐτοῦ,
καὶ προσκυνήσατε τῷ ποιήσαντι τὸν οὐρανὸν καὶ τὴν γῆν καὶ
θάλασσαν καὶ πηγὰς ὑδάτων.
8 Καὶ ἄλλος ᵍδεύτερος" ἄγγελος ἠκολούθησε λέγων, Ἔπεσεν Cp. 18. 2,
ἔπεσε Βαβυλὼν ʰ⁻" ἡ μεγάλη, ⁱἡ ⁱ ἐκ τοῦ οἴνου τοῦ θυμοῦ Isa. 21. 9.
τῆς πορνείας αὐτῆς πεπότικε πάντα ᵏτὰ ˡ ἔθνη. Cp. Jer. 51
9 Καὶ ˡἄλλος ἄγγελος τρίτος ˡ ἠκολούθησεν αὐτοῖς λέγων ἐν (28). 7.
φωνῇ μεγάλῃ, Εἴ τις ᵐπροσκυνεῖ τὸ θηρίον" καὶ τὴν εἰκόνα
αὐτοῦ, καὶ λαμβάνει χάραγμα ἐπὶ τοῦ μετώπου αὐτοῦ ἢ ἐπὶ
10 τὴν χεῖρα αὐτοῦ, καὶ αὐτὸς πίεται ἐκ τοῦ οἴνου τοῦ θυμοῦ Cp. Ps. 75
τοῦ Θεοῦ, τοῦ κεκερασμένου ἀκράτου ἐν τῷ ποτηρίῳ τῆς Jer. 25. 15
ὀργῆς αὐτοῦ, καὶ βασανισθήσεται ἐν πυρὶ καὶ θείῳ ἐνώπιον (32. 1).
11 ⁿἀγγέλων ἁγίων", καὶ ἐνώπιον τοῦ ἀρνίου· καὶ ὁ καπνὸς Cp. Isa.
τοῦ βασανισμοῦ αὐτῶν ᵒεἰς αἰῶνας αἰώνων ἀναβαίνει · καὶ 34. 10.
οὐκ ἔχουσιν ἀνάπαυσιν ἡμέρας καὶ νυκτὸς οἱ προσκυνοῦντες
τὸ θηρίον καὶ τὴν εἰκόνα αὐτοῦ, καὶ εἴ τις λαμβάνει τὸ χά-
12 ραγμα τοῦ ὀνόματος αὐτοῦ. ὧδε ᵖἡ" ὑπομονὴ τῶν ἁγίων
ἐστίν, ᵠ⁻ˡ οἱ τηροῦντες τὰς ἐντολὰς τοῦ Θεοῦ καὶ τὴν πίστιν
Ἰησοῦ.
13 Καὶ ἤκουσα φωνῆς ἐκ τοῦ οὐρανοῦ λεγούσης ʳ⁻", Γράψον,
Μακάριοι οἱ νεκροὶ οἱ ἐν Κυρίῳ ˢἀποθνήσκοντες ἀπ' ἄρτι·
ναί," λέγει τὸ Πνεῦμα, ἵνα ᵗἀναπαήσονται" ἐκ τῶν κόπων
αὐτῶν· τὰ ᵘγὰρ" ἔργα αὐτῶν ἀκολουθεῖ μετ' αὐτῶν.
14 Καὶ εἶδον, καὶ ἰδού, νεφέλη λευκή, καὶ ἐπὶ τὴν νεφέλην Cp. Dan.
ˣκαθήμενον ὅμοιον υἱὸν" ἀνθρώπου, ἔχων ἐπὶ τῆς κεφαλῆς 7. 13.

ᵒ om. ἐπὶ   ᶠ λέγοντα   ᵍ om. δεύτερος   ʰ add
ἡ πόλις   ⁱ ὅτι   ᵏ om. τὰ   ˡ τρίτος ἄγγελος   ᵐ τὸ
θηρίον προσκυνεῖ   ⁿ τῶν ἁγίων ἀγγέλων   ᵒ ἀναβαίνει
εἰς αἰῶνας αἰώνων   ᵖ om. ἡ   ᵠ add ὧδε   ʳ add μοι
ˢ ἀποθνήσκοντες. ἀπ' ἄρτι ναί, M.   ᵗ ἀναπαύσωνται   ᵘ δὲ
ˣ καθήμενος ὅμοιος υἱῷ

αὐτοῦ στέφανον χρυσοῦν, καὶ ἐν τῇ χειρὶ αὐτοῦ δρέπανον ὀξύ. καὶ ἄλλος ἄγγελος ἐξῆλθεν ἐκ τοῦ ναοῦ, κράζων ἐν 15 μεγάλῃ φωνῇ τῷ καθημένῳ ἐπὶ τῆς νεφέλης, Πέμψον τὸ δρέπανόν σου καὶ θέρισον, ὅτι ἦλθεν ʸ⁻‖ ἡ ὥρα ᶻ⁻‖ θερίσαι, ὅτι ἐξηράνθη ὁ θερισμὸς τῆς γῆς. καὶ ἔβαλεν ὁ καθήμενος 16 ἐπὶ ᵃτῆς νεφέλης‖ τὸ δρέπανον αὐτοῦ ἐπὶ τὴν γῆν, καὶ ἐθερίσθη ἡ γῆ.

Καὶ ἄλλος ἄγγελος ἐξῆλθεν ἐκ τοῦ ναοῦ τοῦ ἐν τῷ οὐρανῷ, 17 ἔχων καὶ αὐτὸς δρέπανον ὀξύ. καὶ ἄλλος ἄγγελος ἐξῆλθεν 18 ἐκ τοῦ θυσιαστηρίου, ᵇὁ‖ ἔχων ἐξουσίαν ἐπὶ τοῦ πυρός, καὶ ἐφώνησε ᶜφωνῇ‖ μεγάλῃ τῷ ἔχοντι τὸ δρέπανον τὸ ὀξὺ λέγων, Πέμψον σου τὸ δρέπανον τὸ ὀξὺ καὶ τρύγησον τοὺς βότρυας ᵈτῆς ἀμπέλου‖ τῆς γῆς, ὅτι ἤκμασαν αἱ σταφυλαὶ αὐτῆς. καὶ ἔβαλεν ὁ ἄγγελος τὸ δρέπανον αὐτοῦ εἰς τὴν 19 γῆν, καὶ ἐτρύγησε τὴν ἄμπελον τῆς γῆς, καὶ ἔβαλεν εἰς τὴν ληνὸν τοῦ θυμοῦ τοῦ Θεοῦ τὴν μεγάλην. καὶ ἐπατήθη ἡ 20 ληνὸς ᵒἔξωθεν‖ τῆς πόλεως, καὶ ἐξῆλθεν αἷμα ἐκ τῆς ληνοῦ ἄχρι τῶν χαλινῶν τῶν ἵππων, ἀπὸ σταδίων χιλίων ἑξακοσίων.

Καὶ εἶδον ἄλλο σημεῖον ἐν τῷ οὐρανῷ μέγα καὶ θαυμα- 15 στόν, ἀγγέλους ἑπτὰ ἔχοντας πληγὰς ἑπτὰ τὰς ἐσχάτας, ὅτι ἐν αὐταῖς ἐτελέσθη ὁ θυμὸς τοῦ Θεοῦ.

Καὶ εἶδον ὡς θάλασσαν ὑαλίνην μεμιγμένην πυρί, καὶ 2 τοὺς νικῶντας ἐκ τοῦ θηρίου, καὶ ἐκ τῆς εἰκόνος αὐτοῦ, καὶ ᶠ⁻‖ ἐκ τοῦ ἀριθμοῦ τοῦ ὀνόματος αὐτοῦ, ἑστῶτας ἐπὶ τὴν θάλασσαν τὴν ὑαλίνην, ἔχοντας κιθάρας τοῦ Θεοῦ. καὶ 3 ᾄδουσι τὴν ᾠδὴν Μωσέως ᵍτοῦ‖ δούλου τοῦ Θεοῦ, καὶ τὴν ᾠδὴν τοῦ ἀρνίου, λέγοντες, Μεγάλα καὶ θαυμαστὰ τὰ ἔργα σου, Κύριε ὁ Θεός, ὁ παντοκράτωρ· δίκαιαι καὶ ἀληθιναὶ αἱ

ʸ add σοι   ᶻ add τοῦ   ᵃ τὴν νεφέλην   ᵇ om. ὁ
ᶜ κραυγῇ   ᵈ om. τῆς ἀμπέλου S.   ᵒ ἔξω   ᶠ add ἐκ
τοῦ χαράγματος αὐτοῦ,   ᵍ om. τοῦ

-16. 5.   ΙΩΑΝΝΟΥ.   545

4 ὁδοί σου, ὁ βασιλεὺς τῶν ʰαἰώνων ᵈ. τίς οὐ μὴ φοβηθῇ ⁱ⁻ᵗ, Κύριε, καὶ ᵏδοξάσει‖ τὸ ὄνομά σου; ὅτι μόνος ὅσιος· ὅτι πάντα τὰ ἔθνη ἥξουσι καὶ προσκυνήσουσιν ἐνώπιόν σου, ὅτι τὰ δικαιώματά σου ἐφανερώθησαν.

5 Καὶ μετὰ ταῦτα εἶδον, καὶ ˡ⁻ ἠνοίγη ὁ ναὸς τῆς σκηνῆς Cp.Ex.28. 6 τοῦ μαρτυρίου ἐν τῷ οὐρανῷ· καὶ ἐξῆλθον οἱ ἑπτὰ ἄγγελοι 9. ᵐοἱ‖ ἔχοντες τὰς ἑπτὰ πληγὰς ἐκ τοῦ ναοῦ, ἐνδεδυμένοι ⁿλίθον‖ καθαρὸν ᵒ⁻‖ λαμπρόν, καὶ περιεζωσμένοι περὶ τὰ 7 στήθη ζώνας χρυσᾶς. καὶ ἓν ἐκ τῶν τεσσάρων ζώων ἔδωκε τοῖς ἑπτὰ ἀγγέλοις ἑπτὰ φιάλας χρυσᾶς γεμούσας τοῦ θυ-
8 μοῦ τοῦ Θεοῦ τοῦ ζῶντος εἰς τοὺς αἰῶνας τῶν αἰώνων. καὶ Cp. ἐγεμίσθη ὁ ναὸς καπνοῦ ἐκ τῆς δόξης τοῦ Θεοῦ, καὶ ἐκ τῆς ¹ Kings 8. 10 sq., δυνάμεως αὐτοῦ· καὶ οὐδεὶς ἠδύνατο εἰσελθεῖν εἰς τὸν ναόν, Isa. 6. 4. ἄχρι τελεσθῶσιν αἱ ἑπτὰ πληγαὶ τῶν ἑπτὰ ἀγγέλων.

16 Καὶ ἤκουσα φωνῆς μεγάλης ἐκ τοῦ ναοῦ λεγούσης τοῖς ἑπτὰ ἀγγέλοις, Ὑπάγετε, καὶ ἐκχέατε τὰς ᵖἑπτὰ φιάλας τοῦ θυμοῦ τοῦ Θεοῦ εἰς τὴν γῆν.

2 Καὶ ἀπῆλθεν ὁ πρῶτος, καὶ ἐξέχεε τὴν φιάλην αὐτοῦ ᵠεἰς‖ τὴν γῆν· καὶ ἐγένετο ἕλκος κακὸν καὶ πονηρὸν ʳἐπὶᵗ τοὺς Cp. Ex. 9. ἀνθρώπους τοὺς ἔχοντας τὸ χάραγμα τοῦ θηρίου, καὶ τοὺς 9. ˢπροσκυνοῦντας τῇ εἰκόνι αὐτοῦ‖.

3 Καὶ ὁ δεύτερος ᵗ⁻‖ ἐξέχεε τὴν φιάλην αὐτοῦ εἰς τὴν θάλασσαν· καὶ ἐγένετο αἷμα ὡς νεκροῦ, καὶ πᾶσα ψυχὴ ᵘζωῆς Cp. Ex. 7. ἀπέθανε, ˣτὰ‖ ἐν τῇ θαλάσσῃ. 20 sq.

4 Καὶ ὁ τρίτος ʸ⁻‖ ἐξέχεε τὴν φιάλην αὐτοῦ εἰς τοὺς ποταμοὺς καὶ ᶻ⁻‖ τὰς πηγὰς τῶν ὑδάτων· καὶ ᵃἐγένετο‖ αἷμα.

5 καὶ ἤκουσα τοῦ ἀγγέλου τῶν ὑδάτων λέγοντος, Δίκαιος ᵇ⁻

ᵇ ἁγίων A.S.: ἐθνῶν M.   ⁱ add σε   ᵏ δοξάσῃ   ˡ add ἰδοὺ   ᵐ om. οἱ   ⁿ λίνον A.S.M.   ᵒ add καὶ   ᵖ om. ἑπτὰ   ᵠ ἐπὶ   ʳ εἰς   ˢ τῇ εἰκόνι αὐτοῦ προσκυνοῦντας ᵗ add ἄγγελος   ᵘ ζῶσα   ˣ om. τὰ   ʸ add ἄγγελος ᶻ add εἰς   ᵃ ἐγένοντο M.   ᵇ add Κύριε,

N n

εἶ, ὁ ὢν καὶ ὁ ἦν, c-‖ ὁ d ὅσιος‖, ὅτι ταῦτα e ἔκρινας·[f] ὅτι 6
αἷμα ἁγίων καὶ προφητῶν ἐξέχεαν, καὶ αἷμα αὐτοῖς f δέ-
δωκας·[g] πιεῖν· ἄξιοί ε-[h] εἰσι. καὶ ἤκουσα h-‖ τοῦ θυσιαστη- 7
ρίου λέγοντος, Ναί, Κύριε ὁ Θεός, ὁ παντοκράτωρ, ἀληθιναὶ
καὶ δίκαιαι αἱ κρίσεις σου.

Καὶ ὁ τέταρτος i-‖ ἐξέχεε τὴν φιάλην αὐτοῦ ἐπὶ τὸν 8
ἥλιον· καὶ ἐδόθη αὐτῷ καυματίσαι τοὺς ἀνθρώπους ἐν πυρί.
καὶ ἐκαυματίσθησαν οἱ ἄνθρωποι καῦμα μέγα, καὶ ἐβλασ- 9
φήμησαν τὸ ὄνομα τοῦ Θεοῦ τοῦ ἔχοντος k τὴν‖ ἐξουσίαν
ἐπὶ τὰς πληγὰς ταύτας, καὶ οὐ μετενόησαν δοῦναι αὐτῷ
δόξαν.

Καὶ ὁ πέμπτος l-‖ ἐξέχεε τὴν φιάλην αὐτοῦ ἐπὶ τὸν 10
θρόνον τοῦ θηρίου· καὶ ἐγένετο ἡ βασιλεία αὐτοῦ ἐσκοτω-
μένη· καὶ ἐμασσῶντο τὰς γλώσσας αὐτῶν ἐκ τοῦ πόνου,
καὶ ἐβλασφήμησαν τὸν Θεὸν τοῦ οὐρανοῦ ἐκ τῶν πόνων 11
αὐτῶν καὶ ἐκ τῶν ἑλκῶν αὐτῶν, καὶ οὐ μετενόησαν ἐκ τῶν
ἔργων αὐτῶν.

Καὶ ὁ ἕκτος m-‖ ἐξέχεε τὴν φιάλην αὐτοῦ ἐπὶ τὸν ποτα- 12
μὸν τὸν μέγαν, τὸν Εὐφράτην· καὶ ἐξηράνθη τὸ ὕδωρ αὐτοῦ,
ἵνα ἑτοιμασθῇ ἡ ὁδὸς τῶν βασιλέων τῶν ἀπὸ ἀνατολῶν ἡλίου.
καὶ εἶδον ἐκ τοῦ στόματος τοῦ δράκοντος, καὶ ἐκ τοῦ στόμα- 13
τος τοῦ θηρίου, καὶ ἐκ τοῦ στόματος τοῦ ψευδοπροφήτου,
πνεύματα τρία ἀκάθαρτα n ὡς βάτραχοι‖· εἰσὶ γὰρ πνεύματα 14
o δαιμονίων‖ ποιοῦντα p σημεῖα, ἃ ἐκπορεύεται‖ ἐπὶ τοὺς βα-
σιλεῖς q-‖ τῆς οἰκουμένης ὅλης, συναγαγεῖν αὐτοὺς εἰς r τὸν ‖
πόλεμον τῆς ἡμέρας s-‖ τῆς μεγάλης τοῦ Θεοῦ τοῦ παντο-
κράτορος. (Ἰδού, ἔρχομαι ὡς κλέπτης. μακάριος ὁ γρηγορῶν 15

Cp. 3. 3.
Mat. 24. 42
sq.,
1 Thss. 5. 2,
2 Pet. 3. 10.

c add καί d ἐσόμενος A. e ἔκρινας. M. f ἔδωκας
g add γάρ h add ἄλλου ἐκ i add ἄγγελος k om. τὴν
l add ἄγγελος m add ἄγγελος n ὅμοια βατράχοις
o δαιμόνων p σημεῖα ἐκπορεύεσθαι S. q add τῆς γῆς καὶ
r om. τὸν s add ἐκείνης

καὶ τηρῶν τὰ ἱμάτια αὐτοῦ, ἵνα μὴ γυμνὸς περιπατῇ, καὶ
16 βλέπωσι τὴν ἀσχημοσύνην αὐτοῦ.) καὶ συνήγαγεν αὐτοὺς
εἰς τὸν τόπον τὸν καλούμενον Ἑβραϊστὶ ᵗ'Ἀρμαγεδών.
17 Καὶ ὁ ἕβδομος ᵘ⁻ᵘ ἐξέχεε τὴν φιάλην αὐτοῦ ˣἐπὶ ' τὸν
ἀέρα· καὶ ἐξῆλθε φωνὴ μεγάλη ʸἐκ τοῦ ναοῦ ᶻ⁻' ἀπὸ τοῦ
18 θρόνου λέγουσα, Γέγονε· καὶ ἐγένοντο ᵘἀστραπαὶ καὶ φωναὶ
καὶ βρονταί ', καὶ σεισμὸς ἐγένετο μέγας, οἷος οὐκ ἐγένετο
ἀφ' οὗ ᵇ⁻' ᶜἄνθρωποι ἐγένοντο ' ἐπὶ τῆς γῆς, τηλικοῦτος
19 σεισμός, οὕτω μέγας. καὶ ἐγένετο ἡ πόλις ἡ μεγάλη εἰς τρία
μέρη, καὶ αἱ πόλεις τῶν ἐθνῶν ἔπεσον· καὶ Βαβυλὼν ἡ με-
γάλη ἐμνήσθη ἐνώπιον τοῦ Θεοῦ, δοῦναι αὐτῇ τὸ ποτήριον Cp. Isa. 51.
20 τοῦ οἴνου τοῦ θυμοῦ τῆς ὀργῆς αὐτοῦ. καὶ πᾶσα νῆσος   22 sq.
21 ἔφυγε, καὶ ὄρη οὐχ εὑρέθησαν. καὶ χάλαζα μεγάλη ὡς τα-
λαντιαία καταβαίνει ἐκ τοῦ οὐρανοῦ ἐπὶ τοὺς ἀνθρώπους·
καὶ ἐβλασφήμησαν οἱ ἄνθρωποι τὸν Θεὸν ἐκ τῆς πληγῆς τῆς
χαλάζης, ὅτι μεγάλη ἐστὶν ἡ πληγὴ αὐτῆς σφόδρα.
17 Καὶ ἦλθεν εἷς ἐκ τῶν ἑπτὰ ἀγγέλων τῶν ἐχόντων τὰς
ἑπτὰ φιάλας, καὶ ἐλάλησε μετ' ἐμοῦ λέγων ᵈ⁻ᵈ, Δεῦρο,
δείξω σοι τὸ κρῖμα τῆς πόρνης τῆς μεγάλης τῆς καθημένης Cp. Jer. 51
2 ἐπὶ ᵉὑδάτων πολλῶν, μεθ' ἧς ἐπόρνευσαν οἱ βασιλεῖς τῆς   (.8). 13.
γῆς, καὶ ἐμεθύσθησαν ᶠοἱ κατοικοῦντες τὴν γῆν ἐκ τοῦ οἴνου Cp. Jer. 51
3 τῆς πορνείας αὐτῆς ᶠ. καὶ ἀπήνεγκέ με εἰς ἔρημον ἐν Πνεύ- (.8). 7.
ματι· καὶ εἶδον γυναῖκα καθημένην ἐπὶ θηρίον κόκκινον, ᵍγέ- Cp. Ezek.
μοντα ὀνόματα ʰ βλασφημίας, ἔχον κεφαλὰς ἑπτὰ καὶ κέρατα   sq. 8. 3.
4 δέκα. καὶ ἡ γυνὴ ʰἦν ʰ περιβεβλημένη ⁱπορφυροῦν καὶ
κόκκινον ⁱ, καὶ κεχρυσωμένη ᵏχρυσίῳ ʰ καὶ λίθῳ τιμίῳ καὶ
μαργαρίταις, ἔχουσα ˡποτήριον χρυσοῦν ʰ ἐν τῇ χειρὶ αὐτῆς·

ᵗ Ἀρμαγεδών   ᵘ add ἄγγελος   ˣ εἰς   ʸ ἀπὸ
ᶻ add τοῦ οὐρανοῦ   ᵃ φωναὶ καὶ βρονταὶ καὶ ἀστραπαί
ᵇ add οἱ   ᶜ ἄνθρωπος ἐγένετο M.   ᵈ add μοι   ᵉ τῶν
ὑδάτων τῶν πολλῶν   ᶠ ἐκ τοῦ οἴνου τῆς πορνείας αὐτῆς οἱ
κατοικοῦντες τὴν γῆν   ᵍ γέμον ὀνομάτων   ʰ ἡ S
ⁱ πορφύρᾳ καὶ κοκκίνῳ   ᵏ χρυσῷ   ˡ χρυσοῦν ποτήριον

γέμον βδελυγμάτων, καὶ ᵐτὰ ἀκάθαρτα τῆς" πορνείας αὐ-
τῆς, καὶ ἐπὶ τὸ μέτωπον αὐτῆς ὄνομα γεγραμμένον, ⁿΜυστή- 5
ριον, Βαβυλὼν ἡ μεγάλη, ἡ μήτηρ τῶν πορνῶν καὶ τῶν
βδελυγμάτων τῆς γῆς. καὶ εἶδον τὴν γυναῖκα μεθύουσαν 6
ἐκ τοῦ αἵματος τῶν ἁγίων, καὶ ἐκ τοῦ αἵματος τῶν μαρτύρων
Ἰησοῦ· καὶ ἐθαύμασα, ἰδὼν αὐτήν, θαῦμα μέγα. καὶ εἶπέ 7
μοι ὁ ἄγγελος, Διατί ἐθαύμασας; ἐγὼ ᵒἐρῶ σοι" τὸ μυστή-
ριον τῆς γυναικός, καὶ τοῦ θηρίου τοῦ βαστάζοντος αὐτὴν
τοῦ ἔχοντος τὰς ἑπτὰ κεφαλὰς καὶ τὰ δέκα κέρατα. ᵖτὸ" 8
θηρίον, ὃ εἶδες, ἦν, καὶ οὐκ ἔστι, καὶ μέλλει ἀναβαίνειν ἐκ
τῆς ἀβύσσου, καὶ εἰς ἀπώλειαν ᑫὑπάγειν". καὶ θαυμάσονται
οἱ κατοικοῦντες ἐπὶ τῆς γῆς, ὧν οὐ γέγραπται ʳτὸ ὄνομα
ἐπὶ τὸ βιβλίον τῆς ζωῆς ἀπὸ καταβολῆς κόσμου, ˢβλεπόν-
των" τὸ θηρίον, ᵗὅτι ἦν, καὶ οὐκ ἔστι, καὶ παρέσται." ὧδε 9
ὁ νοῦς ὁ ἔχων σοφίαν. αἱ ἑπτὰ κεφαλαὶ ᵘἑπτὰ ὄρη εἰσίν",
ὅπου ἡ γυνὴ κάθηται ἐπ᾽ αὐτῶν· καὶ βασιλεῖς ἑπτά εἰσιν· 10
οἱ πέντε ἔπεσαν, ˣ⁻" ὁ εἷς ἔστιν, ὁ ἄλλος οὔπω ἦλθε· καὶ
ὅταν ἔλθῃ, ὀλίγον αὐτὸν δεῖ μεῖναι. καὶ τὸ θηρίον, ὃ ἦν, 11
καὶ οὐκ ἔστι, καὶ αὐτὸς ὄγδοός ἐστι, καὶ ἐκ τῶν ἑπτά ἐστι,
καὶ εἰς ἀπώλειαν ὑπάγει. καὶ τὰ δέκα κέρατα, ἃ εἶδες, 12
δέκα βασιλεῖς εἰσιν, οἵτινες βασιλείαν οὔπω ἔλαβον, ἀλλ᾽
ἐξουσίαν ὡς βασιλεῖς μίαν ὥραν λαμβάνουσι μετὰ τοῦ θη-
ρίου. οὗτοι μίαν γνώμην ἔχουσι, καὶ τὴν δύναμιν καὶ ʸ⁻' 13
ἐξουσίαν ᶻαὐτῶν" τῷ θηρίῳ ᵃδιδόασιν". οὗτοι μετὰ τοῦ 14
ἀρνίου πολεμήσουσι, καὶ τὸ ἀρνίον νικήσει αὐτούς, ὅτι κύριος
κυρίων ἐστὶ καὶ βασιλεὺς βασιλέων, καὶ οἱ μετ᾽ αὐτοῦ κλη-
τοὶ καὶ ἐκλεκτοὶ καὶ πιστοί. καὶ λέγει μοι, Τὰ ὕδατα, ἃ 15
εἶδες, οὗ ἡ πόρνη κάθηται, λαοὶ καὶ ὄχλοι εἰσὶ καὶ ἔθνη καὶ
γλῶσσαι. καὶ τὰ δέκα κέρατα, ἃ εἶδες, ᵇκαὶ" τὸ θηρίον, 16

ᵐ ἀκαθάρτητος   ⁿ μυστήριον, Μ.   ᵒ σοι ἐρῶ   ᵖ om. τὸ S.
ᑫ ὑπάγει Μ.   ʳ τὰ ὀνόματα   ˢ βλέποντες   ᵗ ὅ τι ἦν,
καὶ οὐκ ἔστι, καίπερ ἔστιν.   ᵘ ὄρη εἰσὶν ἑπτά   ˣ add καὶ
ʸ add τὴν   ᶻ ἑαυτῶν   ᵃ διαδιδώσουσιν   ᵇ ἐπὶ

οὗτοι μισήσουσι τὴν πόρνην, καὶ ἠρημωμένην ποιήσουσιν αὐτὴν καὶ γυμνήν, καὶ τὰς σάρκας αὐτῆς φάγονται, καὶ αὐτὴν 17 κατακαύσουσιν ἐν πυρί. ὁ γὰρ Θεὸς ἔδωκεν εἰς τὰς καρδίας αὐτῶν ποιῆσαι τὴν γνώμην αὐτοῦ, καὶ ποιῆσαι μίαν γνώμην καὶ δοῦναι τὴν βασιλείαν αὐτῶν τῷ θηρίῳ, ἄχρι ᶜτελεσθή-18 σονται οἱ λόγοι" τοῦ Θεοῦ. καὶ ἡ γυνή, ἣν εἶδες, ἐστὶν ἡ πόλις ἡ μεγάλη ἡ ἔχουσα βασιλείαν ἐπὶ τῶν βασιλέων τῆς γῆς.

18 ᵈΜετὰ" ταῦτα εἶδον ᵉἄλλον' ἄγγελον καταβαίνοντα ἐκ τοῦ οὐρανοῦ, ἔχοντα ἐξουσίαν μεγάλην· καὶ ἡ γῆ ἐφωτίσθη 2 ἐκ τῆς δόξης αὐτοῦ. καὶ ἔκραξεν ᶠἐν ἰσχυρᾷ φωνῇ" λέγων, Ἔπεσεν ἔπεσε Βαβυλὼν ἡ μεγάλη, καὶ ἐγένετο κατοικητήριον Cp. 14. 8, ᵍδαιμονίων', καὶ φυλακὴ παντὸς πνεύματος ἀκαθάρτου, καὶ Isa. 21. 9; Isa. 13. 21, 3 φυλακὴ παντὸς ὀρνέου ἀκαθάρτου καὶ μεμισημένου. ὅτι ἐκ Jer.50(27). 39. ʰτοῦ οἴνου" τοῦ θυμοῦ τῆς πορνείας αὐτῆς ⁱπέπτωκαν' Cp.Jer. 51 πάντα τὰ ἔθνη, καὶ οἱ βασιλεῖς τῆς γῆς μετ' αὐτῆς ἐπόρνευ- (.8) 7. σαν, καὶ οἱ ἔμποροι τῆς γῆς ἐκ τῆς δυνάμεως τοῦ στρήνους αὐτῆς ἐπλούτησαν.

4 Καὶ ἤκουσα ἄλλην φωνὴν ἐκ τοῦ οὐρανοῦ λέγουσαν, Ἐξέλθετε, ʲὁ λαός μου, ἐξ αὐτῆς", ἵνα μὴ συγκοινωνήσητε Cp. Isa.52. 11, ταῖς ἁμαρτίαις αὐτῆς, καὶ ᵏἐκ τῶν πληγῶν αὐτῆς ἵνα μὴ Jer.50(7). 5 λάβητε"· ὅτι ˡἐκολλήθησαν" αὐτῆς αἱ ἁμαρτίαι ἄχρι τοῦ 8, 51 (.8). 6. οὐρανοῦ, καὶ ἐμνημόνευσεν ὁ Θεὸς τὰ ἀδικήματα αὐτῆς. 6 ἀπόδοτε αὐτῇ ὡς καὶ αὐτὴ ἀπέδωκε ᵐ—, καὶ διπλώσατε Cp. Jer. 50 ⁿτὰ διπλᾶ" κατὰ τὰ ἔργα αὐτῆς· ἐν τῷ ποτηρίῳ ᾧ ἐκέρασε P. 1.7 (27). 15, 7 κεράσατε αὐτῇ διπλοῦν. ὅσα ἐδόξασεν ᵒαὐτὴν" καὶ ἐστρη- (136). 8. νίασε, τοσοῦτον δότε αὐτῇ βασανισμὸν καὶ πένθος· ὅτι ἐν Cp.I-a 47. 8 q. τῇ καρδίᾳ αὐτῆς λέγει ᵖὅτι" Κάθημαι βασίλισσα, καὶ χήρα

ᶜ τελεσθῇ τὰ ῥήματα   ᵈ Καὶ μετὰ   ᵉ om. ἀλλον S.
ᶠ ἐν ἰσχύϊ, φωνῇ μεγάλῃ   ᵍ δαιμόνων   ʰ om. τοῦ οἴνου M.
ⁱ πέπωκε A.S.M.   ʲ ἐξ αὐτῆς ὁ λαός μου   ᵏ ἵνα μὴ
λάβητε ἐκ τῶν πληγῶν αὐτῆς   ˡ ἠκολούθησαν   ᵐ add
ὑμῖν   ⁿ αὐτῇ διπλᾶ   ᵒ ἑαυτὴν   ᵖ om. ὅτι

550 ΑΠΟΚΑΛΥΨΙΣ 18. 7–

οὐκ εἰμί, καὶ πένθος οὐ μὴ ἴδω. διὰ τοῦτο ἐν μιᾷ ἡμέρᾳ 8
ἥξουσιν αἱ πληγαὶ αὐτῆς, θάνατος καὶ πένθος καὶ λιμός,
καὶ ἐν πυρὶ κατακαυθήσεται, ὅτι ἰσχυρὸς ᑫΚύριοςᵘ ὁ Θεὸς
ὁ ʳκρίναςⁱⁱ αὐτήν. καὶ κλαύσονται ᵍ⁻ⁱⁱ καὶ κόψονται ἐπ᾽ 9
ᵗαὐτὴνⁱⁱ οἱ βασιλεῖς τῆς γῆς οἱ μετ᾽ αὐτῆς πορνεύσαντες
καὶ στρηνιάσαντες, ὅταν βλέπωσι τὸν καπνὸν τῆς πυρώ-
σεως αὐτῆς, ἀπὸ μακρόθεν ἑστηκότες διὰ τὸν φόβον τοῦ 10
βασανισμοῦ αὐτῆς, λέγοντες, Οὐαί, οὐαί, ἡ πόλις ἡ μεγάλη,
Βαβυλών, ἡ πόλις ἡ ἰσχυρά, ὅτι ᵘ⁻ⁱⁱ μιᾷ ὥρᾳ ἦλθεν ἡ
κρίσις σου. καὶ οἱ ἔμποροι τῆς γῆς κλαίουσι καὶ πεν- 11
θοῦσιν ἐπ᾽ ˣαὐτήνⁱⁱ, ὅτι τὸν γόμον αὐτῶν οὐδεὶς ἀγοράζει
οὐκέτι, γόμον χρυσοῦ καὶ ἀργύρου καὶ λίθου τιμίου καὶ 12
ʸμαργαριτῶν καὶ ᶻβυσσίνουⁱⁱ καὶ πορφύρας καὶ ᵃσιρικοῦⁱⁱ
καὶ κοκκίνου, καὶ πᾶν ξύλον θύϊνον καὶ πᾶν σκεῦος ἐλε-
φάντινον καὶ πᾶν σκεῦος ἐκ ξύλου τιμιωτάτου καὶ χαλκοῦ
καὶ σιδήρου καὶ μαρμάρου, καὶ ᵇκιννάμωμονⁱⁱ ᶜκαὶ ἄμω- 13
μονⁱⁱ καὶ θυμιάματα καὶ μύρον καὶ λίβανον καὶ οἶνον
καὶ ἔλαιον καὶ σεμίδαλιν καὶ σῖτον καὶ κτήνη καὶ πρό-
βατα, καὶ ἵππων καὶ ῥεδῶν καὶ σωμάτων, καὶ ψυχὰς ἀν-
θρώπων. καὶ ἡ ὀπώρα ᵈσου τῆς ἐπιθυμίας τῆς ψυχῆςⁱⁱ 14
ἀπῆλθεν ἀπὸ σοῦ, καὶ πάντα τὰ λιπαρὰ καὶ τὰ λαμπρὰ
ᵉἀπώλετοⁱⁱ ἀπὸ σοῦ, καὶ οὐκέτι ᶠαὐτὰ οὐ μὴ εὑρήσουσινⁱⁱ. οἱ 15
ἔμποροι τούτων, οἱ πλουτήσαντες ἀπ᾽ αὐτῆς, ἀπὸ μακρόθεν
στήσονται διὰ τὸν φόβον τοῦ βασανισμοῦ αὐτῆς, κλαίοντες
καὶ πενθοῦντες, ᵍ⁻ⁱ λέγοντες, Οὐαί, οὐαί, ἡ πόλις ἡ μεγάλη, 16
ἡ περιβεβλημένη βύσσινον καὶ πορφυροῦν καὶ κόκκινον, καὶ
κεχρυσωμένη ʰχρυσίῳⁱⁱ καὶ λίθῳ τιμίῳ καὶ ⁱμαργαρίτῃⁱⁱ,
ὅτι μιᾷ ὥρᾳ ἠρημώθη ὁ τοσοῦτος πλοῦτος. καὶ πᾶς κυβερ- 17

ᑫ om. Κύριος M. ʳ κρίνων ᵍ add αὐτὴν ᵗ αὐτῇ
ᵘ add ἐν ˣ αὐτῇ ʸ μαργαρίτου ᶻ βύσσου ᵃ σηρικοῦ
ᵇ κινάμωμον ᶜ om. καὶ ἄμωμον ᵈ τῆς ἐπιθυμίας τῆς
ψυχῆς σου ᵉ ἀπῆλθεν ᶠ οὐ μὴ εὑρήσῃς αὐτά ᵍ add καὶ
ʰ ἐν χρυσῷ ⁱ μαργαρίταις

νήτης, καὶ πᾶς ᵏὁ ἐπὶ τόπον πλέων'', καὶ ναῦται, καὶ ὅσοι
18 τὴν θάλασσαν ἐργάζονται, ἀπὸ μικρόθεν ἔστησαν, καὶ ˡἔκ-
ραξαν βλέποντες'' τὸν καπνὸν τῆς πυρώσεως αὐτῆς, λέ-
19 γοντες, Τίς ὁμοία τῇ πόλει τῇ μεγάλῃ; καὶ ἔβαλον χοῦν Cp. Joshu 1
ἐπὶ τὰς κεφαλὰς αὐτῶν, καὶ ᵐἔκραξαν'' κλαίοντες καὶ πεν- 7. 6.
θοῦντες, λέγοντες, Οὐαί, οὐαί, ἡ πόλις ἡ μεγάλη, ἐν ᾗ ἐπλού-
τησαν πάντες οἱ ἔχοντες ⁿτὰ πλοῖα ἐν τῇ θαλάσσῃ ἐκ τῆς
20 τιμιότητος αὐτῆς, ὅτι μιᾷ ὥρᾳ ἠρημώθη. εὐφραίνου ἐπ' Cp. Deut.
ᵒαὐτῇ'', οὐρανέ, καὶ οἱ ἅγιοι ᴾκαὶ οἱ'' ἀπόστολοι καὶ οἱ Isa. 44. 23.
προφῆται, ὅτι ἔκρινεν ὁ Θεὸς τὸ κρῖμα ὑμῶν ἐξ αὐτῆς. 49. 13.
21 Καὶ ἦρεν εἷς ἄγγελος ἰσχυρὸς λίθον ὡς ᑫμύλινον'' μέγαν, Cp. Jer. 51
καὶ ἔβαλεν εἰς τὴν θάλασσαν λέγων, Οὕτως ὁρμήματι βλη- (63). 63,
θήσεται Βαβυλών, ἡ μεγάλη πόλις, καὶ οὐ μὴ εὑρεθῇ ἔτι.
22 καὶ φωνὴ κιθαρῳδῶν καὶ μουσικῶν καὶ αὐλητῶν καὶ σαλ- Cp. Ezek
πιστῶν οὐ μὴ ἀκουσθῇ ἐν σοὶ ἔτι, καὶ πᾶς τεχνίτης ʳπάσης, 26. 13.
τέχνης'' οὐ μὴ εὑρεθῇ ἐν σοὶ ἔτι, καὶ φωνὴ μύλου οὐ μὴ
23 ἀκουσθῇ ἐν σοὶ ἔτι, καὶ φῶς λύχνου οὐ μὴ ˢφανῇ'' ἐν σοὶ Cp.Jer. 25.
ἔτι, καὶ φωνὴ νυμφίου καὶ νύμφης οὐ μὴ ἀκουσθῇ ἐν σοὶ 10.
ἔτι· ὅτι οἱ ἔμποροί σου ἦσαν οἱ μεγιστᾶνες τῆς γῆς· ὅτι Cp. Isa.
24 ἐν τῇ φαρμακείᾳ σου ἐπλανήθησαν πάντα τὰ ἔθνη. καὶ ἐν 23. 8.
αὐτῇ ᵗαἵματα'' προφητῶν καὶ ἁγίων εὑρέθη, καὶ πάντων τῶν
ἐσφαγμένων ἐπὶ τῆς γῆς.
19 ᵘΜετὰ ⁷ ταῦτα ἤκουσα ˣὡς φωνὴν ʸμεγάλην ὄχλου πολ-
λοῦ ἐν τῷ οὐρανῷ ᶻλεγόντων'', Ἀλληλούϊα· ἡ σωτηρία
2 καὶ ἡ δόξα ᵃ⁻'' καὶ ἡ δύναμις ᵇτοῦ Θεοῦ'' ἡμῶν· ὅτι ἀλη-
θιναὶ καὶ δίκαιαι αἱ κρίσεις αὐτοῦ· ὅτι ἔκρινε τὴν πόρνην
τὴν μεγάλην, ἥτις ἔφθειρε τὴν γῆν ἐν τῇ πορνείᾳ αὐτῆς,
καὶ ἐξεδίκησε τὸ αἷμα τῶν δούλων αὐτοῦ ἐκ ᶜ— χειρὸς αὐτῆς.

ᵏ ἐπὶ τῶν πλοίων ὁ ὅμιλος ˡ ἔκραζον ὁρῶντες ᵐ ἔκραζον
ⁿ om. τὰ ᵒ αὐτήν ᴾ om. καὶ οἱ ᑫ μύλοι ʳ om.
πάσης τέχνης M. ˢ φανῇ ᵗ αἷμα ᵘ Καὶ μετὰ
ˣ om. ὡς ʸ ὄχλου πολλοῦ μεγάλην ᶻ λέγοντος ᵃ add
καὶ ἡ τιμὴ ᵇ Κυρίῳ τῷ Θεῷ ᶜ add τῆς

552   ΑΠΟΚΑΛΥΨΙΣ   19. 3-

Cp. Isa 34. 10.

καὶ δεύτερον εἴρηκαν, Ἀλληλούϊα· καὶ ὁ καπνὸς αὐτῆς ἀνα- 3
βαίνει εἰς τοὺς αἰῶνας τῶν αἰώνων. καὶ ἔπεσαν οἱ πρεσ- 4
βύτεροι οἱ ^d εἰκοσιτέσσαρες["], καὶ τὰ τέσσαρα ζῶα, καὶ
προσεκύνησαν τῷ Θεῷ τῷ καθημένῳ ἐπὶ ^eτῷ θρόνῳ["] λέ-
γοντες, Ἀμήν· Ἀλληλούϊα. καὶ φωνὴ ^fἀπὸ¹ τοῦ θρόνου 5
ἐξῆλθε λέγουσα, Αἰνεῖτε ^gτῷ Θεῷ¹ ἡμῶν, πάντες οἱ δοῦλοι
αὐτοῦ, ^{h—"} οἱ φοβούμενοι αὐτόν, ^{h—"} οἱ μικροὶ καὶ οἱ μεγάλοι.
καὶ ἤκουσα ὡς φωνὴν ὄχλου πολλοῦ, καὶ ὡς φωνὴν ὑδάτων 6
πολλῶν, καὶ ὡς φωνὴν βροντῶν ἰσχυρῶν, ⁱλεγόντων["], Ἀλλη-
λούϊα· ὅτι ἐβασίλευσε Κύριος ὁ Θεὸς ^kἡμῶν["], ὁ παντο-
κράτωρ. χαίρωμεν καὶ ^lἀγαλλιώμεν["], καὶ δῶμεν τὴν δόξαν 7

Cp. Mat. 22. 2 qq.,

αὐτῷ· ὅτι ἦλθεν ὁ γάμος τοῦ ἀρνίου, καὶ ἡ γυνὴ αὐτοῦ ἡτοί-
μασεν ἑαυτήν. καὶ ἐδόθη αὐτῇ ἵνα περιβάληται βύσσινον 8

Eph. 5. 25 sqq. Cp. Ps. 132(131). 9.

^mλαμπρὸν καθαρόν["]· τὸ γὰρ βύσσινον τὰ δικαιώματα ⁿτῶν
ἁγίων ἐστί["]. καὶ λέγει μοι, Γράψον, Μακάριοι οἱ εἰς τὸ 9
δεῖπνον τοῦ γάμου τοῦ ἀρνίου κεκλημένοι. καὶ λέγει μοι,

Cp. 22. 9, Acts 10.26, 14. 14.

Οὗτοι οἱ λόγοι ἀληθινοὶ ^oτοῦ Θεοῦ εἰσι . καὶ ἔπεσον ἔμ- 10
προσθεν τῶν ποδῶν αὐτοῦ προσκυνῆσαι αὐτῷ· καὶ λέγει
μοι, Ὅρα μή· σύνδουλός σου εἰμὶ καὶ τῶν ἀδελφῶν σου
τῶν ἐχόντων τὴν μαρτυρίαν ^{p—} Ἰησοῦ· τῷ Θεῷ προσκύ-
νησον· ἡ γὰρ μαρτυρία ^{p—"} Ἰησοῦ ἐστι τὸ πνεῦμα τῆς
προφητείας.

Καὶ εἶδον τὸν οὐρανὸν ἀνεῳγμένον, καὶ ἰδού, ἵππος λευκός, 11
καὶ ὁ καθήμενος ἐπ᾽ αὐτὸν ^qκαλούμενος¹ πιστὸς καὶ ἀλη-

Cp.Isa.11. 3 sqq.; Rev. 1. 14.

θινός, καὶ ἐν δικαιοσύνῃ κρίνει καὶ πολεμεῖ· οἱ δὲ ὀφθαλμοὶ 12
αὐτοῦ ^{r—"} φλὸξ πυρός, καὶ ἐπὶ τὴν κεφαλὴν αὐτοῦ διαδήματα

Cp. 2. 17, 3. 12. Cp. Isa. 63. 2.

πολλά· ἔχων ὄνομα γεγραμμένον ὃ οὐδεὶς οἶδεν εἰ μὴ αὐτός,
καὶ περιβεβλημένος ἱμάτιον ^sῥεραντισμένον["] αἵματι· καὶ ^tκέ- 13

^d εἴκοσι καὶ τέσσαρες   ^e τοῦ θρόνου   ^f ἐκ   ^g τὸν
Θεὸν   ^h add καὶ   ⁱ λέγοντας   ^k om. ἡμῶν   ^l ἀγαλ-
λιώμεθα   ^m καθαρὸν καὶ λαμπρόν   ⁿ ἐστι τῶν ἁγίων
^o εἰσι τοῦ Θεοῦ   ^p add τοῦ   ^q om. καλούμενος M.
^r add ὡς   ^s βεβαμμένον A.S.M.   ^t καλεῖται

14 κληται¹ τὸ ὄνομα αὐτοῦ Ὁ λόγος τοῦ Θεοῦ. καὶ τὰ στρα- Cp. Joh.
τεύματα ᵘτὰ¹ ἐν τῷ οὐρανῷ ἠκολούθει αὐτῷ ἐφ᾽ ἵπποις ¹. ¹.
15 λευκοῖς ἐνδεδυμένοι βύσσινον λευκὸν ˣ⁻¹ καθαρόν. καὶ Cp. 1. :6.
ἐκ τοῦ στόματος αὐτοῦ ἐκπορεύεται ῥομφαία ὀξεῖα, ἵνα ἐν
αὐτῇ ʸπατάξῃ¹ τὰ ἔθνη· καὶ αὐτὸς ποιμανεῖ αὐτοὺς ἐν ῥάβ- Cp. Ps. ∴.
δῳ σιδηρᾷ· καὶ αὐτὸς πατεῖ τὴν ληνὸν τοῦ οἴνου τοῦ θυμοῦ Cp. 9. Isa
16 ᶻ⁻¹ τῆς ὀργῆς τοῦ Θεοῦ τοῦ παντοκράτορος. καὶ ἔχει ἐπὶ τὸ 63. 3.
ἱμάτιον καὶ ἐπὶ τὸν μηρὸν αὐτοῦ ᵃ⁻¹¹ ὄνομα γεγραμμένον,
Βασιλεὺς βασιλέων καὶ κύριος κυρίων. Cp. 17. 14.
17 Καὶ εἶδον ἕνα ἄγγελον ἑστῶτα ἐν τῷ ἡλίῳ· καὶ ἔκραξε Deut. 10. 17,
φωνῇ μεγάλῃ λέγων πᾶσι τοῖς ὀρνέοις τοῖς ᵇπετομένοις¹¹ ¹ Tim. 6. 15.
ἐν μεσουρανήματι, Δεῦτε, ᶜσυνάχθητε¹¹ εἰς τὸ δεῖπνον ᵈ τὸ Cp. Ezek.
18 μέγα τοῦ¹¹ Θεοῦ, ἵνα φάγητε σάρκας βασιλέων, καὶ σάρκας 39. 17
χιλιάρχων, καὶ σάρκας ἰσχυρῶν, καὶ σάρκας ἵππων καὶ τῶν qq.
καθημένων ἐπ᾽ ᶜαὐτούς¹, καὶ σάρκας πάντων, ἐλευθέρων ᶠτε¹¹
καὶ δούλων, καὶ μικρῶν καὶ μεγάλων.
19 Καὶ εἶδον τὸ θηρίον καὶ τοὺς βασιλεῖς τῆς γῆς καὶ τὰ
στρατεύματα αὐτῶν συνηγμένα ποιῆσαι ᵍτὸν¹¹ πόλεμον μετὰ
τοῦ καθημένου ἐπὶ τοῦ ἵππου καὶ μετὰ τοῦ στρατεύματος
20 αὐτοῦ. καὶ ἐπιάσθη τὸ θηρίον, καὶ ʰμετ᾽ αὐτοῦ¹¹ ὁ ψευ-
δοπροφήτης ὁ ποιήσας τὰ σημεῖα ἐνώπιον αὐτοῦ, ἐν οἷς
ἐπλάνησε τοὺς λαβόντας τὸ χάραγμα τοῦ θηρίου, καὶ τοὺς
προσκυνοῦντας τῇ εἰκόνι αὐτοῦ· ζῶντες ἐβλήθησαν οἱ δύο
21 εἰς τὴν λίμνην τοῦ πυρὸς ⁱτῆς καιομένης¹¹ ἐν ᵏ⁻¹¹ θείῳ· καὶ
οἱ λοιποὶ ἀπεκτάνθησαν ἐν τῇ ῥομφαίᾳ τοῦ καθημένου ἐπὶ
τοῦ ἵππου τῇ ¹ἐξελθούσῃ¹¹ ἐκ τοῦ στόματος αὐτοῦ· καὶ
πάντα τὰ ὄρνεα ἐχορτάσθησαν ἐκ τῶν σαρκῶν αὐτῶν.
20 Καὶ εἶδον ἄγγελον καταβαίνοντα ἐκ τοῦ οὐρανοῦ, ἔχοντα

ᵘ om. τὰ S. ˣ add καὶ ʸ πατάσσῃ ᶻ add καὶ
ᵃ add τὸ S. ᵇ πετωμένοις ᶜ καὶ συνάγεσθε ᵈ τοῦ
μεγάλου ᵉ αὐτῶν ᶠ om. τε S. ᵍ om. τὸν ʰ μετὰ
τούτου ⁱ τὴν καιομένην ᵏ add τῷ ¹ ἐκπορευο-
μένῃ

την ᵐκλεῖν' τῆς ἀβύσσου, καὶ ἅλυσιν μεγάλην ἐπὶ τὴν χεῖρα αὐτοῦ. καὶ ἐκράτησε τὸν δράκοντα, τὸν ὄφιν τὸν 2 ἀρχαῖον, ὅς ἐστι διάβολος καὶ ⁿὁ" Σατανᾶς, καὶ ἔδησεν αὐτὸν χίλια ἔτη, καὶ ἔβαλεν αὐτὸν εἰς τὴν ἄβυσσον, καὶ 3 ἔκλεισε ᵒ⁻' καὶ ἐσφράγισεν ἐπάνω αὐτοῦ, ἵνα μὴ πλανήσῃ ᴾἔτι τὰ ἔθνη', ἄχρι τελεσθῇ τὰ χίλια ἔτη· ᑫ⁻" μετὰ ταῦτα δεῖ ʳλυθῆναι αὐτὸν'' μικρὸν χρόνον.

Καὶ εἶδον θρόνους, καὶ ἐκάθισαν ἐπ' αὐτούς, καὶ κρίμα 4 ἐδόθη αὐτοῖς· καὶ τὰς ψυχὰς τῶν πεπελεκισμένων διὰ τὴν μαρτυρίαν Ἰησοῦ καὶ διὰ τὸν λόγον τοῦ Θεοῦ, καὶ οἵτινες οὐ προσεκύνησαν ˢτὸ θηρίον οὐδὲ" τὴν εἰκόνα αὐτοῦ, καὶ οὐκ ἔλαβον τὸ χάραγμα ἐπὶ τὸ μέτωπον ᵗ⁻" καὶ ἐπὶ τὴν χεῖρα αὐτῶν· καὶ ἔζησαν, καὶ ἐβασίλευσαν μετὰ ᵘτοῦ ' Χριστοῦ ᵛ⁻" χίλια ἔτη. οἱ ˣ⁻" λοιποὶ τῶν νεκρῶν οὐκ ʸἔζησαν 5 ἄχρι τελεσθῇ τὰ χίλια ἔτη. αὕτη ἡ ἀνάστασις ἡ πρώτη. μακάριος καὶ ἅγιος ὁ ἔχων μέρος ἐν τῇ ἀναστάσει τῇ πρώτῃ· 6 ἐπὶ τούτων ᶻὁ δεύτερος θάνατος" οὐκ ἔχει ἐξουσίαν, ἀλλ' ἔσονται ἱερεῖς τοῦ Θεοῦ καὶ τοῦ Χριστοῦ, καὶ βασιλεύσουσι μετ' αὐτοῦ ᵃ⁻" χίλια ἔτη.

Καὶ ὅταν τελεσθῇ τὰ χίλια ἔτη, λυθήσεται ὁ Σατανᾶς ἐκ 7 τῆς φυλακῆς αὐτοῦ, καὶ ἐξελεύσεται πλανῆσαι τὰ ἔθνη τὰ 8 ἐν ταῖς τέσσαρσι γωνίαις τῆς γῆς, τὸν Γὼγ καὶ ᵇ⁻ Μαγώγ, συναγαγεῖν αὐτοὺς εἰς ᶜτὸν" πόλεμον, ὧν ὁ ἀριθμὸς ᵈαὐτῶν ὡς ἡ ἄμμος τῆς θαλάσσης. καὶ ἀνέβησαν ἐπὶ τὸ πλάτος 9 τῆς γῆς, καὶ ᵉἐκύκλευσαν" τὴν παρεμβολὴν τῶν ἁγίων καὶ τὴν πόλιν τὴν ἠγαπημένην· καὶ κατέβη πῦρ ᶠ⁻ ἐκ τοῦ οὐρανοῦ, καὶ κατέφαγεν αὐτούς. καὶ ὁ διάβολος ὁ πλανῶν 10

ᵐ κλεῖδα   ⁿ om. ὁ   ᵒ add αὐτόν,   ᵖ τὰ ἔθνη ἔτι
ᑫ add καὶ   ʳ αὐτὸν λυθῆναι   ˢ τῷ θηρ῾ῳ. οὔτε   ᵗ add
αὐτῶν   ᵘ om. τοῦ   ᵛ add τὰ S.   ˣ add δὲ   ʸ ἀνέ-
ζησαν ἕως   ᶻ ὁ θάνατος ὁ δεύτερος   ᵃ add τὰ M.   ᵇ add
τὸν   ᶜ om. τὸν   ᵈ om. αὐτῶν   ᵉ ἐκύκλωσαν   ᶠ add
ἀπὸ τοῦ Θεοῦ A.S.M.

-21. 4. ΙΩΑΝΝΟΥ. 555

αὐτοὺς ἐβλήθη εἰς τὴν λίμνην τοῦ πυρὸς καὶ θείου, ὅπου
ᵍκαὶ" τὸ θηρίον καὶ ὁ ψευδοπροφήτης· καὶ βασανισθήσονται ἡμέρας καὶ νυκτὸς εἰς τοὺς αἰῶνας τῶν αἰώνων.

11 Καὶ εἶδον θρόνον ʰμέγαν λευκόν", καὶ τὸν καθήμενον ἐπ'
αὐτοῦ, οὗ ἀπὸ ⁱτοῦ ʲ προσώπου ἔφυγεν ἡ γῆ καὶ ὁ οὐρανός,
12 καὶ τόπος οὐχ εὑρέθη αὐτοῖς. καὶ εἶδον τοὺς νεκρούς, ᵏτοὺς
μεγάλους καὶ τοὺς μικρούς, ἑστῶτας ἐνώπιον τοῦ ᶥθρόνου·
καὶ βιβλία ᵐἠνοίχθησαν¹· καὶ ⁿἄλλο βιβλίον ἠνοίχθη ʲ, ὅ
ἐστι τῆς ζωῆς· καὶ ἐκρίθησαν οἱ νεκροὶ ἐκ τῶν γεγραμμένων
13 ἐν τοῖς βιβλίοις κατὰ τὰ ἔργα αὐτῶν. καὶ ἔδωκεν ἡ θάλασσα
τοὺς °νεκροὺς τοὺς ἐν αὐτῇ", καὶ ὁ θάνατος καὶ ὁ ᾅδης ἔδωκαν τοὺς ᵖνεκροὺς τοὺς ἐν αὐτοῖς ·· καὶ ἐκρίθησαν ἕκαστος
14 κατὰ τὰ ἔργα αὐτῶν. καὶ ὁ θάνατος καὶ ὁ ᾅδης ἐβλήθησαν
εἰς τὴν λίμνην τοῦ πυρός· ᵠοὗτος ὁ θάνατος ὁ δεύτερός
15 ἐστιν, ἡ λίμνη τοῦ πυρός." καὶ εἴ τις οὐχ εὑρέθη ἐν τῇ
βίβλῳ τῆς ζωῆς γεγραμμένος, ἐβλήθη εἰς τὴν λίμνην τοῦ
πυρός.

21 Καὶ εἶδον οὐρανὸν καινὸν καὶ γῆν καινήν· ὁ γὰρ πρῶτος
οὐρανὸς καὶ ἡ πρώτη γῆ ʳἀπῆλθον, καὶ ἡ θάλασσα οὐκ
2 ἔστιν ἔτι. καὶ ˢ—" τὴν πόλιν τὴν ἁγίαν, ᵗἹερουσαλὴμ καινήν,
ᵘεἶδον" καταβαίνουσαν ᵛἐκ τοῦ οὐρανοῦ ἀπὸ τοῦ Θεοῦ",
3 ἡτοιμασμένην ὡς νύμφην κεκοσμημένην τῷ ἀνδρὶ αὐτῆς. καὶ
ἤκουσα φωνῆς μεγάλης ἐκ τοῦ ʷθρόνου" λεγούσης, Ἰδού, ἡ
σκηνὴ τοῦ Θεοῦ μετὰ τῶν ἀνθρώπων, καὶ σκηνώσει μετ'
αὐτῶν, καὶ αὐτοὶ λαοὶ αὐτοῦ ἔσονται, καὶ αὐτὸς ὁ Θεὸς ˣμετ'
4 αὐτῶν ἔσται", ʸΘεὸς αὐτῶν," καὶ ἐξαλείψει ᶻ—" πᾶν δά-

ᵍ om. καὶ   ʰ λευκὸν μέγαν   ⁱ om. τοῦ   ᵏ μικροὺς
καὶ μεγάλους   ˡ Θεοῦ   ᵐ ἠνεῴχθησαν   ⁿ βιβλίον
ἄλλο ἠνεῴχθη   ° ἐν αὐτῇ νεκρούς   ᵖ ἐν αὐτοῖς νεκρούς
ᵠ οὗτός ἐστιν ὁ δεύτερος θάνατος.   ʳ παρῆλθε   ˢ add
ἐγὼ Ἰωάννης εἶδον   ᵗ Ἱερουσαλήμ, καινὴν Μ.   ᵘ om. εἶδον
ᵛ ἀπὸ τοῦ Θεοῦ ἐκ τοῦ οὐρανοῦ   ʷ οὐρανοῦ   ˣ ἔσται μετ'
αὐτῶν   ʸ om. Θεὸς αὐτῶν, Μ.   ᶻ add ὁ Θεὸς

κρυον ᵃἐκ" τῶν ὀφθαλμῶν αὐτῶν· καὶ ὁ θάνατος οὐκ ἔσται ἔτι· οὔτε πένθος, οὔτε κραυγή, οὔτε πόνος οὐκ ἔσται ἔτι· ᵇ—" τὰ πρῶτα ἀπῆλθον. καὶ εἶπεν ὁ καθήμενος ἐπὶ ᶜτῷ 5 θρόνῳ", Ἰδού, καινὰ ᵈποιῶ πάντα". καὶ λέγει ᵉ—", ᶠΓράψον· ὅτι οὗτοι" οἱ λόγοι ᵍπιστοὶ καὶ ἀληθινοί" εἰσι. καὶ εἶπέ 6 μοι, ʰΓέγοναν". ἐγὼ ⁱ—" τὸ Α καὶ τὸ Ω, ἡ ἀρχὴ καὶ τὸ τέλος. ἐγὼ τῷ διψῶντι δώσω ἐκ τῆς πηγῆς τοῦ ὕδατος τῆς ζωῆς δωρεάν. ὁ νικῶν κληρονομήσει ᵏταῦτα", καὶ ἔσο- 7 μαι αὐτῷ Θεός, καὶ αὐτὸς ἔσται μοι ˡ—" υἱός. ᵐτοῖς δὲ 8 δειλοῖς" καὶ ἀπίστοις καὶ ἐβδελυγμένοις καὶ φονεῦσι καὶ πόρνοις καὶ ⁿφαρμακοῖς" καὶ εἰδωλολάτραις, καὶ πᾶσι τοῖς ψευδέσι, τὸ μέρος αὐτῶν ἐν τῇ λίμνῃ τῇ καιομένῃ πυρὶ καὶ θείῳ, ὅ ἐστιν ᵒὁ θάνατος ὁ δεύτερος".

Καὶ ἦλθεν ᵖ—" εἷς ᑫἐκ" τῶν ἑπτὰ ἀγγέλων τῶν ἐχόντων 9 τὰς ἑπτὰ φιάλας ʳτῶν γεμόντων' τῶν ἑπτὰ πληγῶν τῶν ἐσχάτων, καὶ ἐλάλησε μετ' ἐμοῦ λέγων, Δεῦρο, δείξω σοι τὴν νύμφην, ˢτὴν γυναῖκα τοῦ ἀρνίου". καὶ ἀπήνεγκέ με 10 ἐν Πνεύματι ἐπ' ὄρος μέγα καὶ ὑψηλόν, καὶ ἔδειξέ μοι τὴν πόλιν ᵗ—" τὴν ἁγίαν, Ἱερουσαλήμ, καταβαίνουσαν ἐκ τοῦ οὐρανοῦ ἀπὸ τοῦ Θεοῦ, ἔχουσαν τὴν δόξαν τοῦ Θεοῦ· ᵘ—" 11 ὁ φωστὴρ αὐτῆς ὅμοιος λίθῳ τιμιωτάτῳ, ὡς λίθῳ ἰάσπιδι κρυσταλλίζοντι· ˣἔχουσα" τεῖχος μέγα καὶ ὑψηλόν, ʸἔχουσα" 12 πυλῶνας δώδεκα, καὶ ἐπὶ τοῖς πυλῶσιν ἀγγέλους δώδεκα, καὶ ὀνόματα ἐπιγεγραμμένα, ἅ ἐστι τῶν δώδεκα φυλῶν ᶻ—" υἱῶν Ἰσραήλ. ἀπ' ἀνατολῆς πυλῶνες τρεῖς, ᵃκαὶ ͪ ἀπὸ βορρᾶ πυ- 13 λῶνες τρεῖς, ᵃκαὶ" ἀπὸ νότου πυλῶνες τρεῖς, ᵃκαὶ" ἀπὸ

ᵃ ἀπό   ᵇ add ὅτι   ᶜ τοῦ θρόνου   ᵈ πάντα ποιῶ
ᵉ add μοι   ᶠ Γράψον ὅτι Οὗτοι Μ.   ᵍ ἀληθινοὶ καὶ πιστοί
ʰ Γέγονε   ⁱ add εἰμι   ᵏ πάντα   ˡ add ὁ   ᵐ δειλοῖς δὲ
ⁿ φαρμακεῦσι   ᵒ δεύτερος θάνατος   ᵖ add πρός με   ᑫ om.
ἐκ   ʳ τὰς γεμούσας   ˢ τοῦ ἀρνίου τὴν γυναῖκα   ᵗ add
τὴν μεγάλην,   ᵘ add καί   ˣ ἔχουσάν τε   ʸ ἔχουσαν
ᶻ add τῶν   ᵃ om. καί

14 δυσμῶν πυλῶνες τρεῖς. καὶ τὸ τεῖχος τῆς πόλεως ᵇἔχων θεμελίους δώδεκα, καὶ ᶜἐπ' αὐτῶν δώδεκα" ὀνόματα τῶν
15 δώδεκα ἀποστόλων τοῦ ἀρνίου. καὶ ὁ λαλῶν μετ' ἐμοῦ εἶχε ᵈμέτρον," κάλαμον χρυσοῦν, ἵνα μετρήσῃ τὴν πόλιν
16 καὶ τοὺς πυλῶνας αὐτῆς καὶ τὸ τεῖχος αὐτῆς. καὶ ἡ πόλις τετράγωνος κεῖται, καὶ τὸ μῆκος αὐτῆς ᵒ⁻" ὅσον ᶠ⁻" τὸ πλάτος. καὶ ἐμέτρησε τὴν πόλιν τῷ καλάμῳ ἐπὶ σταδίων δώδεκα χιλιάδων· τὸ μῆκος καὶ τὸ πλάτος καὶ τὸ ὕψος
17 αὐτῆς ἴσα ἐστί. καὶ ἐμέτρησε τὸ τεῖχος αὐτῆς ἑκατὸν τεσσαράκοντα τεσσάρων πηχῶν, μέτρον ἀνθρώπου, ὅ ἐστιν ἀγ-
18 γέλου. καὶ ᵍ⁻" ἡ ʰἐνδώμησις" τοῦ τείχους αὐτῆς ἴασπις. καὶ ἡ πόλις χρυσίον καθαρόν, ⁱὅμοιον ⁱ ὑάλῳ καθαρῷ. ᵏ⁻
19 οἱ θεμέλιοι τοῦ τείχους τῆς πόλεως παντὶ λίθῳ τιμίῳ κεκοσμημένοι· ὁ θεμέλιος ὁ πρῶτος ἴασπις, ὁ δεύτερος σάπφειρος, ὁ τρίτος χαλκηδών, ὁ τέταρτος σμάραγδος,
20 ὁ πέμπτος σαρδόνυξ, ὁ ἕκτος ¹σάρδιον', ὁ ἕβδομος χρυσόλιθος, ὁ ὄγδοος βήρυλλος, ὁ ἔνατος τοπάζιον, ὁ δέκατος χρυσόπρασος, ὁ ἑνδέκατος ὑάκινθος, ὁ δωδέκατος
21 ἀμέθυστος. καὶ οἱ δώδεκα πυλῶνες δώδεκα μαργαρῖται· ἀνὰ εἷς ἕκαστος τῶν πυλώνων ἦν ἐξ ἑνὸς μαργαρίτου. καὶ ἡ πλατεῖα τῆς πόλεως χρυσίον καθαρόν, ὡς ὕαλος ᵐδιαυγής'.
22 καὶ ναὸν οὐκ εἶδον ἐν αὐτῇ· ὁ γὰρ Κύριος ὁ Θεός, ὁ παντο-
23 κράτωρ, ναὸς αὐτῆς ἐστι, καὶ τὸ ἀρνίον. καὶ ἡ πόλις οὐ χρείαν ἔχει τοῦ ἡλίου, οὐδὲ τῆς σελήνης, ἵνα φαίνωσιν ⁿ⁻" αὐτῇ· ἡ γὰρ δόξα τοῦ Θεοῦ ἐφώτισεν αὐτήν, καὶ ὁ λύχνος
24 αὐτῆς τὸ ἀρνίον. ᵒκαὶ περιπατήσουσι τὰ ἔθνη διὰ τοῦ φωτὸς αὐτῆς·" καὶ οἱ βασιλεῖς τῆς γῆς φέρουσι τὴν δόξαν ᵖ⁻"
25 αὐτῶν εἰς αὐτήν. καὶ οἱ πυλῶνες αὐτῆς οὐ μὴ κλεισθῶσιν

ᵇ ἔχον   ᶜ ἐν αὐτοῖς   ᵈ om. μέτρον,   ᵉ add τοσοῦτόν ἐστιν   ᶠ add καὶ   ᵍ add ἦν   ʰ ἐνδόμησις   ⁱ ὁμοία
ᵏ add καὶ   ¹ σάρδιος   ᵐ διαφανής   ⁿ add ἐν   ᵒ καὶ τὰ ἔθνη τῶν σωζομένων ἐν τῷ φωτὶ αὐτῆς περιπατήσουσι·   ᵖ add καὶ τὴν τιμὴν

558 ΑΠΟΚΑΛΥΨΙΣ 21. 25-

ἡμέρας (νὺξ γὰρ οὐκ ἔσται ἐκεῖ)· καὶ οἴσουσι τὴν δόξαν καὶ 26
τὴν τιμὴν τῶν ἐθνῶν εἰς αὐτήν· καὶ οὐ μὴ εἰσέλθῃ εἰς αὐτὴν 27
πᾶν ᵠκοινόν", καὶ ʳὁ ποιῶν" βδέλυγμα καὶ ψεῦδος· εἰ μὴ οἱ
γεγραμμένοι ἐν τῷ βιβλίῳ τῆς ζωῆς τοῦ ἀρνίου. καὶ ἔδειξέ 22
μοι ˢ⁻" ποταμὸν ὕδατος ζωῆς λαμπρὸν ὡς κρύσταλλον, ἐκ-
πορευόμενον ἐκ τοῦ θρόνου τοῦ Θεοῦ καὶ τοῦ ᵗἀρνίου, ἐν 2
μέσῳ τῆς πλατείας αὐτῆς. καὶ" τοῦ ποταμοῦ ἐντεῦθεν καὶ
ᵘἐκεῖθεν" ξύλον ζωῆς, ποιοῦν καρποὺς δώδεκα, κατὰ μῆνα
ˣ⁻" ἕκαστον ἀποδιδοῦν τὸν καρπὸν αὐτοῦ· καὶ τὰ φύλλα
τοῦ ξύλου εἰς θεραπείαν τῶν ἐθνῶν. καὶ πᾶν ʸκατάθεμα" 3
οὐκ ἔσται ἔτι· καὶ ὁ θρόνος τοῦ Θεοῦ καὶ τοῦ ἀρνίου ἐν αὐτῇ
ἔσται· καὶ οἱ δοῦλοι αὐτοῦ λατρεύσουσιν αὐτῷ, καὶ ὄψονται 4
τὸ πρόσωπον αὐτοῦ· καὶ τὸ ὄνομα αὐτοῦ ἐπὶ τῶν μετώπων
αὐτῶν. καὶ νὺξ οὐκ ἔσται ᶻἔτι'· καὶ χρείαν οὐκ ἔχουσι ᵃφω- 5
τὸς" λύχνου καὶ φωτὸς ἡλίου, ὅτι Κύριος ὁ Θεὸς ᵇφωτίσει
ἐπ' αὐτούς"· καὶ βασιλεύσουσιν εἰς τοὺς αἰῶνας τῶν αἰώνων.

Καὶ εἶπέ μοι, Οὗτοι οἱ λόγοι πιστοὶ καὶ ἀληθινοί· καὶ ᶜὁ" 6
Κύριος, ὁ Θεὸς ᵈτῶν πνευμάτων τῶν προφητῶν", ἀπέστειλε
τὸν ἄγγελον αὐτοῦ δεῖξαι τοῖς δούλοις αὐτοῦ ἃ δεῖ γενέσθαι
ἐν τάχει. ᵉκαὶ ' ἰδού, ἔρχομαι ταχύ. μακάριος ὁ τηρῶν τοὺς 7
λόγους τῆς προφητείας τοῦ βιβλίου τούτου.

Καὶ ἐγὼ Ἰωάννης ὁ ᶠἀκούων καὶ βλέπων ταῦτα'. καὶ ὅτε 8
ἤκουσα καὶ ἔβλεψα, ἔπεσα προσκυνῆσαι ἔμπροσθεν τῶν
ποδῶν τοῦ ἀγγέλου τοῦ δεικνύοντός μοι ταῦτα. καὶ λέγει 9
μοι, Ὅρα μή· σύνδουλός σου ᵍ⁻" εἰμί, καὶ τῶν ἀδελφῶν
σου τῶν προφητῶν, καὶ τῶν τηρούντων τοὺς λόγους τοῦ
βιβλίου τούτου· τῷ Θεῷ προσκύνησον.

Καὶ λέγει μοι, Μὴ σφραγίσῃς τοὺς λόγους τῆς προφητείας 10

ᵠ κοινοῦν   ʳ ποιοῦν   ˢ add καθαρὸν   ᵗ ἀρνίου.
ἐν μέσῳ τῆς πλατείας αὐτῆς καὶ A.S.M.   ᵘ ἐντεῦθεν   ˣ add
ἕνα   ʸ κατανάθεμα   ᶻ ἐκεῖ   ᵃ om. φωτὸς   ᵇ φωτίζει
αὐτούς   ᶜ om. ὁ   ᵈ τῶν ἁγίων προφητῶν   ᵉ om. καὶ
ᶠ βλέπων ταῦτα καὶ ἀκούων   ᵍ add γάρ

-22. 19.   ΙΩΑΝΝΟΥ.   559

11 τοῦ βιβλίου τούτου· ʰὁ καιρὸς γὰρ" ἐγγύς ἐστιν. ὁ ἀδικῶν   Cp. Dan.
ἀδικησάτω ἔτι· καὶ ὁ ʲῥυπαρὸς ῥυπανθήτω" ἔτι· καὶ ὁ δί-   12. 10, 2 Tim. 3.
καιος ᵏδικαιοσύνην ποιησάτω ˡ ἔτι· καὶ ὁ ἅγιος ἁγιασθήτω   15.
12 ἔτι. ˡἰδού," ἔρχομαι ταχύ, καὶ ὁ μισθός μου μετ' ἐμοῦ,   Cp.1:a.40.
13 ἀποδοῦναι ἑκάστῳ ὡς τὸ ἔργον ᵐἐστὶν αὐτοῦ". ἐγὼ ⁿ⁻"   10, 62. 11.
τὸ Α καὶ τὸ Ω, ᵒὁ πρῶτος καὶ ὁ ἔσχατος, ἡ ἀρχὴ καὶ τὸ   Cp. 1. 8, 18,
14 τέλος." μακάριοι οἱ ᵖπλύνοντες τὰς στολὰς αὐτῶν", ἵνα   21. 6. Cp. 7. 14.
ἔσται ἡ ἐξουσία αὐτῶν ἐπὶ τὸ ξύλον τῆς ζωῆς, καὶ τοῖς πυ-   Cp. 2. 7.
15 λῶσιν εἰσέλθωσιν εἰς τὴν πόλιν. ἔξω ᑫ⁻" οἱ κύνες καὶ οἱ
φαρμακοὶ καὶ οἱ πόρνοι καὶ οἱ φονεῖς καὶ οἱ εἰδωλολάτραι,
καὶ πᾶς ὁ φιλῶν καὶ ποιῶν ψεῦδος.
16 Ἐγὼ Ἰησοῦς ἔπεμψα τὸν ἄγγελόν μου μαρτυρῆσαι ὑμῖν
ταῦτα ἐπὶ ταῖς ἐκκλησίαις. ἐγώ εἰμι ἡ ῥίζα καὶ τὸ γένος ʳ⁻ˡ   Cp. Isa.11.
Δαβίδ, ὁ ἀστὴρ ὁ λαμπρὸς ˢὁ πρωϊνός".   10. Cp. 2. 28.
17 Καὶ τὸ Πνεῦμα καὶ ἡ νύμφη λέγουσιν, ᵗἜρχου ˡ. καὶ ὁ
ἀκούων εἰπάτω, ᵗἜρχου". καὶ ὁ διψῶν ᵘἐρχέσθω ˡ· ˣ⁻" ὁ   Cp.1:a 55.
θέλων ʸλαβέτω ὕδωρ" ζωῆς δωρεάν.   1, Joh. 7. 37.
18 ᶻΜαρτυρῶ ἐγώ" παντὶ ᵃτῷ" ἀκούοντι τοὺς λόγους τῆς   Cp. Deut.
προφητείας τοῦ βιβλίου τοιτουν· ἐάν τις ᵇἐπιθῇ ἐπ' αὐτά ˡ,   4. 12. 32.
ἐπιθήσει ὁ Θεὸς ἐπ' αὐτὸν τὰς πληγὰς τὰς γεγραμμένας ἐν
19 ᶜτῷ" βιβλίῳ τούτῳ· καὶ ἐάν τις ᵈἀφέλῃ" ἀπὸ τῶν λόγων
ᵉτοῦ βιβλίου" τῆς προφητείας ταύτης, ᶠἀφελεῖ" ὁ Θεὸς τὸ
μέρος αὐτοῦ ἀπὸ ᵍτοῦ ξύλου" τῆς ζωῆς, καὶ ἐκ τῆς πόλεως   Cp. 2. 7.
τῆς ἁγίας, ʰ⁻ʸ τῶν γεγραμμενων ἐν ⁱ τῷ " βιβλίῳ τούτῳ.

ʰ ὅτι ὁ καιρὸς   ʲ ῥυπῶν ῥυπωσάτω   ᵏ δικαιωθήτω
ˡ καὶ ἰδοὺ   ᵐ αὐτοῦ ἔσται   ⁿ add εἰμι   ᵒ ἀρχὴ
καὶ τέλος, ὁ πρῶτος καὶ ὁ ἔσχατος.   ᵖ ποιοῦντες τὰς ἐντο-
λὰς αὐτοῦ   ᑫ add δὲ   ʳ add τοῦ   ˢ καὶ ὀρθρινός
ᵗ Ἐλθέ   ᵘ ἐλθέτω   ˣ add καὶ   ʸ λαμβανέτω τὸ
ὕδωρ   ᶻ Συμμαρτυροῦμαι γὰρ   ᵃ om. τῷ   ᵇ ἐπι-
τιθῇ πρὸς ταῦτα   ᶜ om. τῷ   ᵈ ἀφαιρῇ   ᵉ βίβλου
ᶠ ἀφαιρήσει   ᵍ βίβλου   ʰ add καὶ   ⁱ om. τῷ

560 ΑΠΟΚΑΛΥΨΙΣ ΙΩΑΝΝΟΥ.

Cp. 3. 11,
Phil. 4. 5.

Λέγει ὁ μαρτυρῶν ταῦτα, [j] Ναί· ἔρχομαι ταχύ. ἀμήν· 20 ἔρχου,‖ Κύριε Ἰησοῦ. Ἡ χάρις τοῦ Κυρίου [k]–‖ Ἰησοῦ [l]–‖ [m] μετὰ τῶν ἁγίων.‖ 21 ἀμήν.

---

[j] Ναὶ ἔρχομαι ταχύ. ἀμήν, ναὶ ἔρχου,   [k] add ἡμῶν
[l] add Χριστοῦ A.S.M.   [m] μετὰ πάντων. M.: μετὰ πάντων ὑμῶν. A.S.

ΤΕΛΟΣ.